Stekel, Wilhelm

Der Fetischismus

Stekel, Wilhelm

Der Fetischismus

Inktank publishing, 2018

www.inktank-publishing.com

ISBN/EAN: 9783747762028

DER FETISCHISMUS

DARGESTELLT FÜR

ÄRZTE UND KRIMINALOGEN

VON

DR. WILHELM STEKEL
NERVENARZT IN WIEN

MOTTO:

War ich krank? Bin ich genesen?
Und wer ist mein Arzt gewesen?
Jetzt erst glaub' ich dich genesen.
Denn gesund ist, wer vergaß.

NIETZSCHE

MIT 54 ABBILDUNGEN IM TEXT.

URBAN & SCHWARZENBERG
BERLIN — WIEN
N., FRIEDRICHSTRASSE 105b — I., MAHLERSTRASSE 4
1923.

Vorwort.

Das vorliegende Buch war schon 1914 in großen Umrissen fertiggestellt. Ich war nachher in der glücklichen Lage einige neue Fälle analysieren und so meine längst gewonnenen Erkenntnisse festigen und erweitern zu können.

Die Durchforschung der einschlägigen Literatur war im vorliegenden Falle eine wichtige Aufgabe. Es handelte sich nicht darum, eine vollständige Kasuistik des Fetischismus zu geben. Aber die Kenntnis zahlreicher Beobachtungen ermöglicht eine Art vergleichender Psychologie, welche der analytischen zu Hilfe kommt.

Ich glaube die Psychopathologie des Fetischismus um ein gutes Stück vorwärts gebracht zu haben, wenngleich ich mir nicht verhehlen kann, daß noch vieles zu enträtseln bleibt. Leider ist das Material nicht nur selten, sondern außerordentlich spröde.

Der nächste Band wird das Thema „Masochismus und Sadismus" behandeln. Meine Leser werden schon erkannt haben, daß die einzelnen Bände sich organisch aus den vorhergehenden entwickeln. Deshalb ist der Fetischismus die Fortsetzung der Impulshandlungen — ist er doch selbst eine Impulshandlung — und leitet, wie besonders die letzten Kapitel beweisen, zum wichtigen Thema des Sadismus hinüber.

Für Leser, denen meine neue Nomenklatur, die nun in dem ganzen Werke einheitlich durchgeführt wird, unbekannt ist, teile ich mit, daß überall „Parapathie" für „Neurose", „Paralogie" für „Psychose" und „Paraphilie" für „Perversion" steht.

Es erübrigt mir noch, allen Korrektoren für die fleißige Mitarbeit zu danken. Ich fühle mich besonders den Herren Havelock Ellis, Ludwig Binswanger und Sigg für die Erlaubnis der Publikation ihrer interessanten Fälle verpflichtet. Herrn Dr. Anton Mißriegler, meinem fleißigen Mitarbeiter, danke ich herzlichst für Korrektur, zahlreiche Anregungen und Abfassung der verschiedenen Register.

Dezember 1922, Wien-Salmannsdorf (Lindenhof).

Dr. Wilhelm Stekel.

Inhaltsangabe.

I.

Abgrenzung des Fetischismus.

Zu den rätselhaftesten Erscheinungen der Sexualpathologie gehört wohl das Phänomen des Fetischismus, von dessen allgemeiner Verbreitung und Bedeutung wir aber noch immer keinen rechten Begriff haben. Wir kennen das Variationsbedürfnis des Normalmenschen und wissen, daß er trotzdem an gewisse Liebesbedingungen gebunden ist. Die individuelle Form der Geschlechtsliebe wird bei jedem Menschen durch eine Art von Fetischismus bestimmt. Jeder Einzelne bevorzugt gewisse Eigenschaften seines Sexualobjektes, ja sie sind für ihn geradezu die Liebesbedingung. Hand, Fuß, Ohr, Stimme, Augen, Teint, Geruch, Busen und andere Körperteile sind immer „Fetische" gewesen. Man nennt sie normale Fetische. Zu pathologischen werden sie erst, wenn sie das ganze Wesen in den Hintergrund drängen und die Funktion des Liebesobjektes übernehmen. Z. B. wenn ein Liebender sich mit dem Schuh des Weibes begnügt und ihm der Besitz des Weibes dabei Nebensache, ja in vielen Fällen sogar störend und überflüssig wird. Ich sagte der Besitz des Weibes und hätte mich fast auf den Standpunkt vieler Autoren gestellt, welche die Tatsache nicht berücksichtigen, daß es einen homosexuellen Fetischismus gibt. Ja, nach meinen Erfahrungen ist er sogar das Ende eines jeden Fetischismus, dessen tiefstes Wesen sich eigentlich restlos als ein Abrücken von dem Weibe, eine Flucht vor dem Weibe erklären läßt.[1]) Immer geht der Fetischismus mit einer Entwertung des Weibes vor sich, gleichgültig aus welchen Ursachen. Ähnlich in den spärlichen Fällen von weiblichem Fetischismus, die ich zu beobachten Gelegenheit hatte. Hier tritt eine Entwertung des Mannes ein und das Bestreben, eine Art der Sexualbefriedigung zu finden, welche den geschlechtlichen Partner überflüssig macht. Meist liegt jene wichtige Erscheinung zugrunde, welche *Adler* die „Furcht vor dem geschlechtlichen Partner" genannt hat. Diese Furcht spielt in dem Kampfe der

---

[1]) Es wäre gerechter zu sagen: Ein Abrücken vom anderen Geschlechte.

Geschlechter eine große, ja eine überragende Rolle und wirft einiges Licht auf manche dunkle Erscheinungen des Sexuallebens.[1])

Binet hat eine Erklärung für den Fetischismus gegeben, die sehr verlockend scheint und allgemein, so auch von *Krafft-Ebing*, *Moll* und *Merzbach* akzeptiert wurde. Nach diesem verdienstvollen Autor beruhe jede sexuelle Perversion auf einem „Accident agissant sur un sujet prédisposé." Der erste sexuelle Eindruck wird dauernd mit dem ganzen Sexualempfinden verlötet, so daß nur die Erinnerung an diesen Eindruck eine Erregung auslösen kann. Ein Knabe sieht den nackten Busen seiner Erzieherin und wird dabei zum ersten Male geschlechtlich erregt. Er wird nun Busenfetischist und ist dann immer auf der Suche nach diesem ersten Eindrucke. Es ist das Gesetz von der Wiederkehr des gleichen, das in der Parapathie eine große Rolle spielt. Wir sehen aber in diesem Gedanken von *Binet*[2]) eigentlich die Keime zur bekannten Theorie von *Freud*, in der das Trauma, wenn es auf ein disponiertes Individuum trifft, die Ursache einer Parapathie wird. Diese Theorie erklärt uns aber nicht alle merkwürdigen Eigenschaften der Fetischisten. Auch erklärt sie nicht den Umstand, warum nicht alle Kinder auf solche Eindrücke mit der Etablierung eines Fetischismus antworten.

Wir können nicht genug energisch betonen, daß sich alle diese Formen der Paraphilie beim Normalmenschen finden. Untersucht man die sogenannten Normalmenschen genau, so findet man, daß sie alle ihre Prädilektionsstellen (erogenen Zonen) haben, die sie bevorzugen und die libidosteigernd wirken. Ich stehe hier ganz auf dem Standpunkt von *Eulenburg*[3]), der sagt:

„Nur eine allgemeinere Bemerkung möchte ich noch vorausschicken. Die sämtlichen eben angeführten Formen sexueller Perversionen, so sehr sie auch untereinander verschieden sind, haben alle doch etwas Gemeinschaftliches: daß sie nämlich ihre Wurzeln bis tief hinab in den Boden des natürlichen normalen Geschlechtslebens hineinsenken, daß sie irgendwie dort in den Empfindungen und Äußerungen unserer physiologischen Erotik fest verankert sind und daß sie nur krankhaft einseitige Auswüchse oder ins Maßlose gesteigerte Übertreibungen, Verzerrungen, monströse Ausartungen gewisser Teil- und Begleiterscheinungen dieser als „normal" betrachteten, mindestens noch als innerhalb der gesunden Breite liegend anerkannten Erotik darstellen. So findet der Fetischismus seine physiologische Grundlage in den individuellen Liebesbedingungen, den auch bei der Liebesobjektwahl der Gesunden vielfach obwaltenden Tendenzen bewußter oder unbewußter Teilanziehung — der Exhibitionismus in der auch dem normalen Liebes-

---

[1]) Vgl. das Kapitel „Der Kampf der Geschlechter" in meinem Buche „Das liebe Ich". (Otto Salle, Berlin 1913.)

[2]) *Binet*. Du fétischisme dans l'amour. Revue philosophique, 1877.

[3]) Über sexuelle Perversionen. Ztschr. f. Sexualwissenschaft, Bd. I, H. 8, 1914.

verkehr anhaftenden Neigung und Notwendigkeit schamverletzender Entblößung — Sadismus und Masochismus in gewissen häufigen Begleiterscheinungen des sexuellen Orgasmus im Liebesakt (bei Tieren und Menschen), in der wollusterhöhenden Wirkung gewisser dem geliebten Objekt zugefügter Verletzungen oder umgekehrt von diesem erduldeter Demütigungen und selbst Mißhandlungen. Es verhält sich also mit dieser physiologischen Grundlage der sexuellen Perversionen ähnlich wie mit manchen Erscheinungen funktioneller Psychosen, z. B. dem Größen- und Verfolgungswahn des echten Paranoikers, in dem wir auch vielfach nur krankhafte Ausartungen und Exzesse ihm schon vor der Erkrankung ursprünglich inhärierender Züge der Selbstüberschätzung und der mißtrauischen Beurteilung anderer zu erblicken haben.

Auch im gesunden, normalen Liebesleben spielt ja, wie besonders *Magnus Hirschfeld* in einer interessanten Monographie dieses Gegenstandes durchzuführen gesucht hat, dieses Prinzip der T e i l a n z i e h u n g mehr oder weniger bewußt und unbewußt fast durchwegs eine ganz hervorragende Rolle. Den einen reizen ausschließlich schlanke, grazile Gestalten, der andere schwärmt für vollentwickelte, üppige Rubenssche Fülle; der eine für Blondinen, der andere für Brünette und auch Schwarz- und Rothaarigen fehlt es nicht an begeisterten Verehrern — ebenso wenig wie den poetisch angesungenen blauen, braunen und schwarzen Augen. Alle Sinneseinflüsse spielen dabei eine mitunter dominierende Rolle; Gang, Stimme, der vom Körper oder einzelnen Körperteilen ausströmende Duft, der bekannte „odor di femina" machen ihre Einwirkung geltend und werden zur Ursache dauernder unwiderstehlicher Anziehung (oder im umgekehrten Falle auch oft unüberwindbarer Abstoßung). Auf wie viele kann eine „schicke" Kleidung, die die Körperreize plastisch hervortreten läßt, die Füße klein, die Taille schmal, die Hüften üppig erscheinen läßt, oder kann schon die ganze Art der Aufmachung als solche, Stoff und Schnitt der Kleidung, das Werk des Schneiders und Kostümkünstlers allein im höchsten Maße verführerisch, Begierden anregend wirken! Hier haben wir allenthalben schon die Übergänge nicht bloß zum Körperteilfetischismus, sondern selbst zum Kleidungs- und Stoffetischismus — kurz vom „physiologischen" zum pathologischen Fetischismus. Ähnliches findet sich auch bei Frauen, bei denen allerdings nicht nur die Vor- und Übergangsformen, sondern auch der echte pathologische Fetischismus viel seltener sind oder wenigstens zu sein scheinen, weil ihre individuellen Liebesbedingungen, ihre „Teilanziehungen" (und Teilabstoßungen) mehr im Verborgenen bleiben, ungleich weniger an die Öffentlichkeit heraustreten; aber die Vorliebe für bärtige oder unbärtige, große und starke oder kleine und zierliche Manneserscheinungen und die einem Teile der Frauenwelt wenigstens früher nachgesagte Vorliebe für „zweierlei Tuch", das neuerdings häufig beobachtete Schwärmen für exotische, andersrassige und andersfarbige Exemplare der Männlichkeit, für braune Turkos, schwarze Somalis, gelbliche Ostasiaten usw. wären immerhin in dieser Richtung zu nennen."

Viele Autoren beschreiben „individuelle Liebesbedingungen" als Fetischismus. Wir wollen einmal einen solchen Fall näher betrachten. Er wurde von *Garnier* als Objektfetischismus eines Invertierten (Homosexuellen) beschrieben.

1*

Fall Nr. 1. Gustave L., 32 Jahre alt, Bedienter, von mittlerer Statur und normaler physischer Entwicklung, ist wegen eines Attentates auf seinen treulosen Geliebten X. angeklagt. Aus seiner Lebensgeschichte ist zu erwähnen, daß er schon mit 10 Jahren ein gewisses Lustgefühl empfand, als ihn ein Mann umarmte und er dabei die Berührung des Bartes auf seiner Wange fühlte. Er versuchte auf jede Weise wieder das gleiche Lustgefühl zu erreichen. Kurz danach erregte ihn der Anblick eines urinierenden Mannes so, daß er onanieren mußte. Mit 13 Jahren bemerkte er, daß ihn Arbeiter in ihrem Arbeitsgewande sexuell erregten. Besonders war es eine gut sitzende Bluse, deren bloße Vorstellung einen Orgasmus auslösen konnte. Jede andere Kleidung, selbst die Uniform der Soldaten ließ ihn kalt. Er knüpfte Beziehungen mit Frauen an, ohne dabei besondere Lust zu empfinden. Er tat es mehr aus Eitelkeit, um es seinen Kameraden gleich zu tun. Eine einzige Frau konnte den 23jährigen fesseln, obwohl sie schon 46 Jahre alt war, weil er in ihren Geliebten verliebt war. Dieser Geliebter trug auch eine Bluse. Während des Verkehres stellte er sich diesen Mann vor, konnte so zum Orgasmus kommen. Nichtsdestoweniger wurde er dieser Frau müde, lief fortwährend herum, um sein Ideal zu finden, so daß er sich auf keinem Platze halten konnte. Endlich gelang es ihm, mit einem solchen Manne Beziehungen anzuknüpfen. In enthusiastischen Ausdrücken schildert er *Garnier* die verschiedenen Phasen und Praktiken (mutuelle Masturbation und Päderastie). Sein Schmerz war grenzenlos, als er bemerkte, daß sein Freund Beziehungen mit Frauen hatte. Er erkrankte infolge der Aufregung an Gelbsucht. Nach einer schrecklichen Depression, kompliziert mit Schlaflosigkeit, gepeinigt von namenloser Eifersucht bedrohte er den treulosen Geliebten mit dem Revolver und kam so vors Gericht.

Dieser Fall zeigt nur gewisse Züge des Fetischisten. Gustave ist ruhelos, er wechselt seine weiblichen Objekte, aber er ist scheinbar mit seinem Geliebten zufrieden. Die Bluse ist eine individuelle Liebesbedingung, welche wahrscheinlich auf infantile Eindrücke zurückzuführen ist. Durchforscht man die Lebensgeschichte von Normalmenschen, so wird man mit Erstaunen finden, daß derartige individuelle Liebesbedingungen in der Kindheit und speziell in den Flegeljahren (Pubertät) eine große Rolle spielen, daß aber im Laufe der Jahre dieser Infantilismus überwunden wird und die ersten Eindrücke sozusagen verblassen. Der intellektuelle Kulturmensch legt zu großen Wert auf die seelischen Eigenschaften, er freut sich der Übereinstimmung der Anschauungen und Neigungen und nur unbewußt scheint manchmal die individuelle Liebesbedingung bei der Wahl des Partners den Ausschlag zu geben. Je gesünder ein Mensch ist, desto leichter überwindet er die Tyrannei der Symbolismen. Aber wer könnte von sich sagen, daß er in dieser Hinsicht vollkommen frei ist? Es wäre eine lohnende Aufgabe, eine Reihe von Normalmenschen zu analysieren und ihre individuellen Liebesbedingungen zu erforschen.

Havelock-Ellis hat damit begonnen, die erotische Biographie von Normalmenschen zu publizieren. Die Fälle sind sehr lehrreich und haben auch *Freud* dahin bestimmt, seine Ansichten über die Sexualität der Parapathiker zu ändern. Der Parapathiker krankt nicht an einer pathologischen Sexualität, sondern er krankt an seinem Verhältnis zur Sexualität. Er wehrt sich gegen seine Sexualität. Ich kenne zahllose Beispiele, daß Menschen ganz gesund bleiben, wenn sie ihre Abweichungen vom Normalen nicht tragisch nehmen. Als Beispiel mag der folgende Fall gelten.

Fall Nr. 2. G. S., 20 Jahre, cand. chem. „Die Masturbation lernte ich kennen beim ersten Unterricht im Geräteturnen, d. h. im 8. Lebensjahr, und zwar beim Klettern sowohl an harten Eisenstangen wie noch lieber am weichen, schmiegsamen Tau. Daher war ich einer der besten Kletterer meiner Klasse. Soviel ich weiß, hatte ich nur den Wunsch und Willen, das „schöne Gefühl" (so nannte ich es) um jeden Preis herbeizuführen. Daß ich bei den Orgasmen nicht mal von oben heruntergefallen bin, wundert mich heute noch. Ich ließ mich unter Umständen, wenn ich vor dem Orgasmus oben war, noch einmal halb herunterrutschen, um ihn beim nochmaligen Hochklettern herbeizuführen. Im Hofe unserer früheren Wohnung stand ein Reck, das auch als Schaukel benutzt werden konnte; auch an diesen Seilen bin ich oft genug hochgeklettert. Das sah mein ältester Bruder einmal von einem Fenster seines Arbeitszimmers aus, ich wußte kaum, wo ich mich vor Scham verkriechen sollte. Überhaupt war ich sorgfältig darauf bedacht, es von Anfang an vor jedermann zu verbergen. (Weshalb eigentlich?)

Nicht nur das Klettern, noch etwas anderes erregte mich wahnsinnig: das Reiten und alles, was damit zusammenhing. Im Jahre 1897 verbrachten meine Eltern die Sommerferien mit uns in B. Wir Jungens durften dort mal auf den Strandeseln reiten, wobei es bei mir natürlich zur Masturbation kam, ich hatte dazu nur nötig, mich etwas fester gegen den Sattelknopf zu drücken. Und dabei scheute ich mich furchtbar, Worte wie: Reiten, Sattel, Steigbügel, Sporn, Reithose, Reitstiefel u. dgl. überhaupt auszusprechen!

In der Folgezeit, bis etwa zum 14.—15. Lebensjahr, trat das Klettern in den Hintergrund (schon deshalb, weil ich keinen Turnunterricht mehr genoß) und das Reiten kam obenauf. Noch immer hatte ich keine Ahnung, was das alles zu bedeuten hatte, auch masturbierte ich nicht mit der Hand, sondern folgendermaßen: ich blies ein Gummiluftkissen, wie es mir als Sitzunterlage diente, ziemlich stark auf und knickte es dann zusammen, so daß es, von der Seite gesehen, folgende Form hatte:  , also ungefähr die eines Sattels! So legte ich es auf einen Stuhl, setzte mich darauf, stemmte die Hände davor, damit das weiche Gummi nicht auswich, und fing an zu arbeiten. So machte ich es in der Badestube auch oft mit entsprechend aufgetürmten Badetüchern. Mehrmals habe ich auch des Vaters Jagdstiefel oder meiner Mutter hohe Gummistiefel zur Erhöhung des Lustgefühles angezogen. Manchmal habe ich auch in dem Pferdestall einer befreundeten Familie X. auf dem dort liegenden Sattel masturbiert (immer unter großer Angst vor Entdeckung!), zweimal habe ich auch des Herrn X. hohe Reitstiefel, an denen sich noch dazu Sporen befanden, unter großen Ängsten auf dem Klosett im 1. Stock angezogen. Die Stiefel standen ebenfalls im 1. Stock in einer dunklen Ecke neben dem Schlafzimmer von Herrn und Frau X. Die Häufigkeit der

Masturbation ist wohl durchschnittlich 1—2mal täglich gewesen. Ich hatte immer Vorstellungen vom Reiten und allem, was damit zusammenhängt, sprach gewöhnlich auch Worte wie die obengenannten vor mich hin. Dann traten noch zwei mich stark erregende Dinge hinzu: Damenstiefel und -schuhe mit hohen Absätzen und Sporthosen, die unterhalb des Knies mit Knöpfen geschlossen werden. Besonders der eigenartige Faltenwurf dieser Hosen beim Sitzen regte mich stark auf, so daß ich, der ich diese Hosen um keinen Preis getragen hätte, heimlich mit Strumpfbändern und Bindfaden dasselbe zu erreichen suchte und dabei dann masturbierte. Hierzu gebrauchte ich erst zirka vom 15. Lebensjahre ab die Hand, bis dahin erzielte ich den Orgasmus durch Reiben des Penis an irgend einem anderen weichen Gegenstand.

Einmal wurde ich geradezu wild, als ich in der Auslage eines Schuhgeschäftes ein Paar durchbrochene und bis zum Knie hinaufgehende Damenstiefel mit sehr hohen Absätzen (wie man sie wohl im Zirkus sieht) erblickte. Von diesem Anblick hatte ich mehrere Wochen zu zehren; ja, ich erwog ernstlich den Gedanken, sie zu stehlen. Oft malte ich mir auch Reitstiefel, Damenschuhe oder dergleichen auf Papier, um mich daran zu erregen und den Orgasmus schneller herbeizuführen. Etwa vom 16. Jahre ab traten dann die speziellen weiblichen Reize hinzu.

Schon in der untersten Klasse des Gymnasiums wurde ich von einem Mitschüler sehr unschön „sexuell aufgeklärt". Was dieser mir erzählte, glaubte ich wohl, doch rührte es mich im übrigen gar nicht. Ich hatte ja keine Ahnung, daß meine damaligen Masturbationen überhaupt einen sexuellen Akt bedeuteten. Natürlich habe auch ich mich mit meinen Kameraden über anrüchige Stellen der „heiligen", Verzeihung „Heiligen Schrift" und dem Gesangsbuch lustig gemacht, doch ohne recht zu wissen weshalb. Nun kam das alles allmählich hervor. Ich beobachtete selbst an mir, wie die „verbotenen" Sachen zunächst vereinzelt sich in meine wollüstigen Phantasien drängten, sich dann eine Zeitlang die Wage hielten, bis die Vorstellung der weiblichen Reize die Oberhand behielt und behalten hat. Denn weder das Reiten noch was irgend damit zusammenhängt (außer vielleicht ich sehe eine Dame im Herrensattel reiten, z. B. bei den Schauerdramen „Aus dem wilden Westen" im Kientopp!!) noch Klettern oder ähnliches können mich jetzt irgendwie aufregen, wohl aber — doch davon nachher.

In die Zeit des Besuches der drei obersten Gymnasialklassen (ich war stets ein oft leichtsinnig fauler, aber sehr guter Schüler) fällt auch die der häufigsten Masturbationsakte, 4—5 pro Tag, Höchstleistung: einmal 7mal! Da ich vormittags im Gymnasium nicht zu masturbieren wagte, geschah dies stets im Laufe des Nachmittags. Mit einem Vetter, der bei uns wohnte, habe ich mehrfach masturbiert, einmal sogar den Versuch der Immissio penis in anum bei ihm versucht, jedoch mit völligem Mißerfolge!

Da ich unter dieser „üblen Gewohnheit" litt, hat es natürlich auch nicht an Versuchen gefehlt, die Sache endlich aufzugeben. Einmal gelang mir das sogar 8 Tage hindurch, hatte dann aber eine nächtliche Pollution und vorbei wars mit der Abstinenz. Diese längste Zeit meiner Abstinenz war bewirkt durch den Vortrag eines Pastors, der mich, meiner damaligen Meinung nach, sehr erhoben hatte. Wie die Wirkung dieses pastörlichen Vortrages so hielten auch die Versprechungen, die ich mir selbst gab, nicht lange vor. Ich war immer der Meinung, zwar nicht Sünde (obwohl dieser Gedanke wohl auch ab und zu durchbrach), wohl aber Unrecht, wenn überhaupt dieser Begriff von dem der Sünde zu trennen ist, und vor allem meiner (a propos beneidenswerten) Gesundheit Schaden zu tun.

Gegen Ende des vorletzten Schuljahres waren und blieben die weiblichen Reize in meinen Phantasien vorherrschend, alle anderen Vorstellungen wurden durch sie zurückgedrängt. Lange Zeit hindurch war ich gegen meine Mutter und Schwestern, besonders die älteste, sehr zärtlich und küßte sie, wo ich nur konnte. Mein Verhalten änderte sich jedoch mit dem Moment, als ich gelegentlich einer der äußerst seltenen Pollutiones nocturnae die älteste Schwester zu koitieren suchte, natürlich im Traum. Am Morgen hatte ich einen derartigen moralischen Katzenjammer, daß ich meine Zärtlichkeiten von nun ab aufgab und bis heute noch keine Lust verspüre, sie zu erneuern.

Seit diesem Ereignis werde ich bis heute durch folgendes sexuell erregt:

Nicht das nackte Weib, sondern der eben verhüllte Körper, der die Formen ahnen läßt oder sie eben zart andeutet, vor allem die Brust, erregt mich. Ich kann geradezu außer Rand und Band geraten, wenn ich ein leicht angezogenes Mädel laufen und ihre Brust den Bewegungen des Laufens durch die Bluse hindurch folgen sehe. Ferner sind wohlgeformte weibliche Beine (die gar nicht durchaus mit durchbrochenen Strümpfen bekleidet zu sein brauchen) und Füße Gegenstand meiner Phantasien. Allerdings nicht nackte, sondern mit hübschen Schuhen mit halblangen, geraden Absätzen versehene Füße, besonders wenn sie noch einen Teil des Beines freilassen; der Schuh für sich würde mich kalt lassen. Dabei brauchen Füße und Schuhe gar nicht so klein zu sein, obwohl ich auch andrerseits keinen Wert auf große Füße lege. Ich kann z. B. stante pede eine Erektion bekommen, wenn ich ein hübsches und hübschgebautes Mädel gegen den Wind ankämpfen sehe, der ihre Kleider gegen den Körper preßt. Sie darf a b e r k e i n K o r s e t t anhaben! Korsetts reizen mich nur, und zwar in erheblichem Maße, auf Bildern, wie sie z. B. in den „Lustigen Blättern" und der „Jugend" u. a. zu finden sind. Bilder von Bayros reizen mich in hohem Maße, weniger Reznicek.

Aufgeschlitzte Röcke, die die Beine oft bis zu den Kniekehlen im Halbdunkel sichtbar machen, wie es jetzt Mode ist, rufen sehr oft Erektionen hervor, denn was lassen sie nicht alles ahnen, wenn man in Gedanken die Beine höher hinauf denkt! Ausgeschnittene Kleider reizen mich nur dann, wenn sie sehr breit und tief ausgeschnitten sind, Haare und Kleidungsstücke für sich gar nicht.

Seit langem und bis heute masturbiere ich manuell einmal täglich. In Ferien und am Sonntag, überhaupt an Tagen, wo man nicht zu arbeiten pflegt, wird es zuweilen auch 2—3mal; doch kann ich auch ohne weiteres einen oder zwei Tage aussetzen, ohne am dritten Tage das Versäumte nachzuholen. Geschieht es am Tage, so hole ich mir dazu eine der oben genannten Zeitschriften herbei und belebe die Bilder mit Phantasien: etwa was ich tun würde, wenn ich sie küssen würde, sie nach und nach ausziehen, meinen Kopf zwischen ihre Brüste vergraben würde; und schließlich würde sie meinen Penis nehmen und ihn in ihre Vagina stecken und dann würden wir vor Lust vergehen. Das sind die gewöhnlichen Vorstellungen, für die gewöhnlich solche Objekte herhalten müssen, die ich unter Tag gesehen und die mich erregt haben. Schuh und Strümpfe muß sie aber beim Koitus anbehalten zur Erhöhung der Wollust. Ich stelle mir dann vor, wie sie mich mit ihren Beinen umklammern soll und wir dann Leib auf Leib und Brust auf Brust pressen werden . . .

Gelegentlich meines zweiten Aufenthaltes (Sommer 1913) in England koitierte ich zum ersten Male, doch zu Hause angelangt, konnte ich nicht umhin, mit dem Gedanken an die Puella zu masturbieren, besonders wie sie mein Membrum in ihre Vagina hineintat.

Zwar hatte ich die Hochschule mit dem besten Vorsatz, nicht in dem „Sünden- und Lasterpfuhl" zu versinken und „rein" zu bleiben, bezogen. Allmählich jedoch, je mehr sich nämlich mein Denken von den Fesseln der Schule und Kirche befreite, dachte ich auch freier in punkto Sexualität und begann mich mit allen Sinnen, mit Denken und Fühlen nach dem Weibe zu sehnen und tue das heute mehr denn je. Da ich nun am Sonntag die unfern wohnenden Eltern besuchen mußte, wagte ich, vorzüglich aus Angst vor meinem Vater, in Deutschland nicht zu koitieren. Ich wollte und will aber nicht eine ordinäre Prostituierte, sondern ein Mädel, ein frisches, offenes, süßes, mit Interesse für Wissenschaft und Kunst. Das ist's, was ich bisher vergebens suchte, doch immer hielt mich Schüchternheit und eben Angst vor zu Hause, besonders vor meinem Vater zurück. In England war ich ja — Gott sei Dank! — weit genug entfernt. Ich machte denn auch dort verschiedene Bekanntschaften, wobei wenigstens sich meine Schüchternheit zu verlieren begann, aber die eine war mir zu widerwärtig geworden, einige andere kamen nicht zum Rendezvous und noch eine andere war mir zu schade, reizte mich auch nicht.

In die Heimat zurückgekehrt, habe ich das Suchen nicht aufgegeben, doch herrscht hier — meiner Meinung nach — ein Mangel an geeignetem Material. Eine sehr eklige Geschichte hielt mich temporär vom Weibe dann ab: ein guter Bekannter und Kollege von mir, mit dem ich sehr viel zusammen bin, holte sich einen Tripper. So habe ich hier sicher ein Dutzend (für meine Verhältnisse sehr viel) um Rendezvous gebeten, eine einzige hielt die Verabredung ein, alle anderen haben mich sitzen lassen und diese eine war beim folgenden Rendezvous verhindert, da ließ ich sie denn auch schießen.

Trotzdem gab und gebe ich meine Versuche nicht auf. Oft bin ich bei Nacht und Nebel hinausgelaufen, weil alles in mir nach dem Weibe schrie! Ich wußte und weiß einfach nicht, wo ich mich bergen soll. Ich habe mich dann ausgelaufen, auch wohl eine Straßenprostituierte aufgesucht, die aber immer darnach war, daß ich sie trotz meiner furchtbaren Not laufen ließ und zum „Handwerk" zurückkehrte."

Ich unterbreche hier die Schilderung des Herrn G. S. Ich erwähne nur, daß er den Weg zum Weibe gefunden hat und sich trotz seiner fetischistischen Neigungen nicht als Kranker fühlt. Bemerkenswert ist die Angabe über die Häufigkeit der Onanie. Bedenkt man, daß es sich um einen kerngesunden, blühend aussehenden Mann handelt, so wird man erkennen, was von den Übertreibungen zu halten ist, die in bezug auf die Schädlichkeit der Onanie von den bedeutendsten Sexualforschern verbrochen werden.

Wir sehen aber, wie sein Fetischismus auf der normalen Leitlinie zum Weibe liegt. Über diesen Punkt muß ich ausführlicher sprechen. Es wäre vielleicht vorteilhafter, bei solchen Neigungen gar nicht von Fetischismus zu sprechen. Sonst müßte man einen kleinen und einen großen, einen falschen und einen echten Fetischismus unterscheiden. Für diese Fälle genügt es vielleicht, den Ausdruck von *Eulenburg* „Partialismus“ anzuwenden. Nun wissen wir jetzt, daß jeder Mensch seine bestimmten Teilanziehungen hat. Der echte Fetischismus wäre dann für jene komplizierten Fälle zu reservieren, die ich am Schlusse dieses Werkes ausführlich analysieren und besprechen will.

Der echte Fetischist verzichtet auf einen sexuellen Partner und begnügt sich mit einem Symbol. Dieses Symbol kann ein Kleidungsstück, kann aber auch ein Teil seines Körpers sein (Schamhaare, Nägel, Zopf), es kann aber auch ein von ihm gebrauchter Gegenstand sein (Irrigator, Prothese, Sacktuch, Schürze, Unterrock, Hemd, Bürste usw.).

Wir müssen also dreierlei Arten von erotischem Symbolismus (*Havelock-Ellis*) unterscheiden.

1. Die Bedeutung der Teilanziehung. Das Sexualobjekt muß eine bestimmte sexuelle Bedingung erfüllen. Ist diese Bedingung vorhanden, so wird der Geschlechtsverkehr ausgeführt.

2. Der Paraphile sucht bestimmte Eigenschaften am Sexualobjekte, findet an der Partialstelle seine Befriedigung. (Erguß in Nase, Ohr, inter mammas usw.).

3. Der Paraphile verzichtet auf das Weib, begnügt sich mit den Symbolen und benützt den erotischen Symbolismus, um den Partner zu umgehen. Für diese Fälle wollen wir den Namen „Fetischismus“ reservieren.

Ich habe schon betont, daß alle Menschen gewisse fetischistische Anlagen zeigen. Diese spielen jedoch lange nicht die Rolle wie beim echten Fetischismus, weil sie Wege zum Besitz des Weibes und zur Erzielung eines allerotischen Orgasmus sind, während der echte Fetischismus seinen Träger von dem Sexualobjekt unabhängig macht, ihn immer freier und autoerotischer umgestaltet, so daß der Fetischismus eine scheinbare Ursache der Impotenz wird. Ich sage scheinbar, weil die Impotenz nur einer Angst vor dem Geschlechtsakte entspringt, der als Sünde gewertet wird, oder einer Angst vor dem geschlechtlichen Partner. So betont *Moll*, daß der Fetischismus zur Impotenz führe und *Krafft-Ebing* kommt der Wahrheit noch näher, wenn er ausführt: „So ist es vielleicht besser, das Kriterium für das Pathologische auf dem Gebiete des Körperteil-Fetischismus auf ganz subjektivem psychischen Boden zu suchen. Die Konzentration des sexuellen Interesses auf einen bestimmten Körperteil, welcher, das ist hier hervorzuheben, nie eine direkte Beziehung zum Sexus hat (wie Mammae, äußere Genitalien), führt die Körperteilfetischisten oft dahin, daß sie als eigentliches Ziel ihrer geschlechtlichen Befriedigung nicht den Koitus betrachten, sondern irgend eine Manipulation an dem betreffenden, als Fetisch wirksamen Körperteil."

Hier sehen wir schon zwei bedeutsame Symptome des Fetischismus hervorgehoben: Es wird ein Fetisch gewählt, der eine nur entfernte Beziehung zum Sexus hat, manchmal auch gar keine und es wird dann mit Hilfe dieses Fetisch der Koitus umgangen.[1]) Damit soll nicht bestritten werden, daß es Fetischisten gibt, die den normalen Koitus ausführen. Ich kenne auch solche Fälle, wenn sie auch selten sind. Aber in allen diesen Fällen wird man die Tendenz konstatieren können, dem Koitus auszuweichen und ihn nur gezwungen als eine soziale Verpflichtung zu absolvieren.

Trotz zahlreicher Krankengeschichten, die wir über Fetischisten gelesen haben, kann ich ruhig behaupten, daß wir das Wesen des Fetischismus noch nicht kennen. Der Fetischismus ist eine komplizierte Religion, eine kunstvolle Konstruktion, die sich ihrer Struktur nach nur mit der Zwangsneurose vergleichen läßt. Ja, man kann fast der Wahrheit am nächsten kommen, wenn man den Fetischismus als Zwangsneurose auffaßt.

Es ist jetzt Mode geworden, über die Gefahren und die Nachteile der Psychanalyse loszuziehen. Aber man vergesse nicht, ihr das eine zu gute zu halten: Sie hat uns Gelegenheit gegeben, uns monatelang, ja jahrelang mit den Kranken und ihrer Parapathie zu beschäftigen. Und haben wir erst gelernt, uns von vorgefaßten Meinungen, aprioristischen Problemstellungen und bestimmten Forschungsrichtungen zu befreien, so muß diese intensive Beschäftigung mit dem Kranken dem vorurteilslosen Forscher Gelegenheit geben, die intimen Details der Krankheit kennen zu lernen, die der Kranke in den ersten Stunden und Berichten regelmäßig verschweigt. Nun hat gerade die Psychanalyse auf dem Gebiete der Paraphilie sehr wenig geleistet. Wenn wir von der grundlegenden *Freud*schen Arbeit „Drei Abhandlungen zur Sexualtheorie" absehen, sind einige Forschungen auf dem Gebiete der Paraphilien *(Sadger)* und kleine Beiträge zum Fußfetischismus *(Abraham)* zu verzeichnen, auf die wir noch zurückkommen werden. Das kommt daher, weil *Freud* die Paraphilie als etwas Fertiges ansieht, das sich nicht weiter zerlegen und analysieren läßt. Das Kind ist nach dem oft zitierten Ausspruche dieses Forschers „polymorph-pervers". Sublimiert es diese perversen Triebe, d. h. gelingt es, sie in soziale

[1]) *Paul Garnier* charakterisiert den Fetischisten folgendermaßen: „Timide dans les choses de l'amour normal, le fétichiste, bien loin d'être un excité sexuel au point de vue des plaisirs vénériens, est bien plutôt un insuffisant que rien n'attire vers l'union des sexes, le plus souvent. Génitalement, il pèche bien plus par défaut que par excés."

Kräfte umzuwerten, so wird es ein gesunder Mensch; verdrängt es diese Triebe nur, so daß sie im „Unbewußten" ihre Wirksamkeit beibehalten und symptombildende Kräfte darstellen, so wird das Individuum parapathisch; bleiben aber die perversen Triebe bestehen, so ist oder bleibt eigentlich der Mensch ein „Perverser".

Hier gibt es also nichts zu analysieren. „Die Neurose ist das Negativ der Perversion", sagt *Freud*. Ich habe diesen Satz noch bestritten, als ich mit *Freud* im persönlichen Verkehre stand und als sein Schüler unter dem mächtigen Einfluß seiner Ideen schaffte. Heute kann ich nur längst Gesagtes wiederholend ausführen: Die Paraphilie (Perversion) zeigt sehr oft nichts anderes als das uns bekannte Bild der Parapathie (Neurose). Die Paraphilie (Perversion) ist in vielen Fällen das Positiv einer Parapathie. Dies kann ich gerade am Fetischismus und konnte ich auch an der Homosexualität nachweisen. Die Grenze zu ziehen, wie weit das konstitutionelle Entgegenkommen und der psychische Überbau an dem Zustandekommen der Parapathie beteiligt sind, das bin ich heute nicht imstande. Aber ich kann am Fetischismus den geistigen Überbau nachweisen, während sich die von Freudianern in ihrer Verlegenheit immer wieder hervorgezogene „Konstitution" als unerforschbarer und hypothetischer Faktor in den Hintergrund stellt.

Freud hat seine Ansichten jetzt unter dem Drucke der Erfahrungen modifiziert und kennt jetzt Grenzfälle zwischen Perversion und Neurose. Seine letzten Ansichten werden von *Sadger*[1]) folgendermaßen wiedergegeben:

„Die schon von Binet gegebene Erklärung des rein zufälligen zeitlichen Zusammentreffens von Fetisch mit genitaler Erregung ist also mindest nicht erschöpfend. Es bleibt ja auch gar nicht einzusehen, warum eine zufällige Gleichzeitigkeit so dauernde Macht gewinnen kann, und die Verschiebung auf die Degeneration ist mehr Ausrede als eine wirkliche Deutung."

„Hier setzen nun die weiteren Forschungen *Freuds* ein. Er ging davon aus, daß beim Fetischismus ganz regelmäßig Verstärkung einzelner geschlechtlicher Teiltriebe zu finden sind, in erster Linie der sexuellen Schau-, in zweiter der Riechlust. Ein Kleiderfetischist erwies sich z. B. als einer, der von frühester Kindheit ab Zuschauer beim Entkleiden seiner Mutter gewesen. Nicht, daß zwischen beiden das geringste vorgefallen wäre. Doch jene, die in ihren Sohn von allem Anfang an verliebt gewesen, duldete kein „Genieren" beim Entkleiden und so zogen sich beide skrupellos vor einander aus. Dies steigerte natürlich die schon konstitutionell verstärkte Schaulust bis zum Voyeurtum. Anlage und Erziehung wirkten begünstigend aufeinander. Als später seine Schaulust Verdrängung erfuhr, ward der Sohn zum Kleiderfetischisten, indem er von der Kleiderlosigkeit auf die Kleider verschob. Statt

[1]) „Die Lehre von den Geschlechtsverirrungen (Psychopathia sexualis) auf psychoanalytischer Grundlage." I. F. Deuticke, Wien, 1922.

für das nackte Weib Interesse zu haben, besaß er ein solches für dessen Gewandung. Auch auf geistigem Gebiete fand sich hiezu eine bedeutsame Parallele. Der Mann war nämlich spekulativer Philosoph geworden, d. h. er hatte sein Interesse von den Dingen weg auf die Worte gewandt, die ja gewissermaßen die Kleider der Begriffe sind, woraus sich der Reiz der Philosophie für ihn erklärte."

„Der Mechanismus des Falles war etwa so: es handelte sich um einen verstärkten Sehtrieb, der schauen wollte und durch Entkleidung zu befriedigen war. Die folgende Verdrängung aber ward eingeleitet durch eine Spaltung des Komplexes, an den sich jene Schaulust knüpfte. Ein Teil desselben, der Leib der nackten Mutter nämlich, hatte gänzliche Unterdrückung erfahren, der andere hingegen, mit dem Verdrängten in bestimmter Weise assoziiert, ward idealisiert, mit übertriebener Hochschätzung umgeben, zum Fetisch erhoben, eine Reaktion, die die Mitte hält zwischen völliger Unterdrückung und Sublimierung. Der Sohn wollte also jetzt nicht mehr sehen und auch nicht mehr daran erinnert werden, aber er verehrte fortab die Kleider, demnach dasjenige, was ihn früher am Sehen gehindert hatte, ward Kleiderfetischist nach Verdrängung der Schaulust und Spaltung des Komplexes. Theoretisch bedeutsam an dieser Aufklärung ist, daß sie uns zeigt, dieser Fall von Fetischismus rühre nicht von einer Früherinnerung, sondern einer Triebverdrängung her, mit Spaltung des dazugehörigen Komplexes."

In einem anderen Falle von Fußfetischismus fand *Freud* aber wieder die Schaulust entscheidend. Als Kind hatte nämlich dieser Perverse den Frauen stets unter die Röcke geguckt und dazu mit dem Anschauen der Füße begonnen, um an ihnen entlang die Genitalien zu erblicken. Bei dieser Sexualforschung traf ihn nun ein schweres psychisches Trauma. Er bekam zwar nicht das Genitale seiner Mutter zu schauen, wohl aber das seiner kleinen Schwester, das ihm jetzt als Beweis erschien für die Möglichkeit einer ihm schon früher angedrohten Kastration. Damit aber war die Einschüchterungsarbeit der Erziehung vollendet. Er bekam einen großen Schreck und von da ab trat die Hemmung ein, zunächst eine lokale oder geographische Reaktion. Er durfte jetzt nicht mehr zum Genitale, sondern mußte zurück und ward jetzt gewaltsam an die Anfangsstrecke dieser Bahn fixiert, d. h. den Fuß. Bei noch stärkerem Rückschlage wäre er nicht bloß auf diesen zurückgeworfen worden, sondern auf den Schuh, ja in besonders schweren Fällen hätte nicht einmal der Fuß mehr darin zu stecken gebraucht, der Schuh als solcher hätte genügt. Die Wahl des Fußes besaß hier eine doppelte Begründung: geographisch und ferner auch symbolisch als Penis des Weibes. Die Bedingung dieses Falles war offenbar, daß zunächst die Mutter selber von Haus aus eine erhöhte Erogenität des Fußes mitbrachte,[1]) und darum den Fuß ihres Kindes besonders abküßte. Hier trafen also Vererbung und Erwerb in einem einzigen Ziel zusammen. Es fand dann ferner während der Sexualentwicklung infolge Einschüchterung eine Regression statt und endlich Fixierung in der Pubertät. Damit sich nämlich eine Perversion einwurzeln kann, muß eine neue Verstärkung kommen in der Zeit des Reifens. Also eine kongenitale Anlage, Einschüchterung mit Rückschlag in der Kindheit und

[1]) „Diese ist nicht zu verwechseln mit der vagen, allgemeinen und völlig unbestimmten „nervösen Disposition". Hier handelt es sich vielmehr um eine ganz bestimmte erogene Zone, deren Reizung oder Erregung von Haus aus verstärkte Geschlechtslust setzt." *(Sadger.)*

endlich eine zweite in der Pubertät, die dann erst zu dauernder Festlegung führt."

Die Konstitution der Freudianer ist jetzt ersetzt durch die „Disposition der erogenen Zone". Das ist kein Fortschritt, das heißt mit anderen Worten: Der Fetischist ist durch die angeborene höhere Erogenität bestimmter Körperstellen für sein Leiden disponiert. Die Paraphilie entstünde dann durch Bevorzugung eines bestimmten Teiltriebes. Der Fetisch ersetzt ein Genitale.

Diese Darstellung ist einseitig, trifft für einzelne Fälle zu, erschöpft aber nicht das Wesen des echten Fetischismus. Auch ist der Vorgang oft ein verkehrter, als wie ihn *Sadger* schildert. Gerade das Sehen eines verbotenen Körperteiles kann zur Unterdrückung der Sehlust führen und die anderen Sinnesqualitäten hervortreten lassen. Der normale Liebende sieht sein Liebesobjekt gerne, er hat Lust an der Berührung, die Küsse schmecken ihm, er ist entzückt von dem spezifischen Geruche seines Partners, die Stimme klingt ihm wunderbar lieblich. Er liebt mit allen fünf Sinnen. Die Hervorhebung einer Sinnesqualität zugunsten der anderen vier hängt oft mit dem Umstande zusammen, daß gerade die unterdrückten Sinnesqualitäten der Verdrängung anheimgefallen sind, weil sie mit verbotenen Regungen assoziiert sind.

Die Darstellung von *Sadger* kann wohl einzelne Fälle von Partialismus erklären. Sie reicht aber keineswegs für den echten Fetischismus aus, der mit der angeborenen Disposition (d. h. mit den verstärkten erogenen Zonen) nichts zu schaffen hat.

Der Fetischismus ist also eine Krankheit und kein Fatum. Er ist eine Parapathie. Er ist eine Konstruktion der Kranken mit einer ganz bestimmten Tendenz. Dies läßt uns auch alle Fälle vom sogenannten „normalen Fetischismus" als nicht zum Fetischismus gehörend ausscheiden. Wenn jemand für kleine Ohren schwärmt und sich nur Damen sucht, die kleine Ohren aufweisen, so ist er noch lange kein Fetischist. Er zeigt einfach irgend eine Form der sexuellen Variationen, die so unendlich sind, daß ihre Beschreibung unmöglich wäre. Aber seine Variation liegt, um einen treffenden Ausdruck, den *Blüher* in Anlehnung an *Adler* geprägt hat, auf der sexuellen Leitlinie zum Weibe. Der normale Fetischismus ermöglicht dem Träger den Besitz des Weibes und steigert sogar die Libido. Diese Fälle haben mit dem Fetischismus, wie ich ihn beschreiben will, nichts zu tun, ja, sie stehen zu ihm im Gegensatz und man täte am besten, in solchen Fällen gar nicht von Fetischismus zu sprechen. Der echte Fetischist braucht seinen Fetisch, um sich das Weib zu ersetzen, der Normale bevorzugt gewisse erogene Zonen, die den Besitz des Weibes wertvoller machen. Der

Fetischist entwertet das Weib, der Normale überwertet den Träger seiner bevorzugten erogenen Zonen.

Das ließe sich auch in den meisten Fällen von Partialismus nachweisen. So äußert sich *Havelock-Ellis* über den Fußfetischismus in sehr interessanter Weise:

„Die Neigung, die wir in dieser Weise für frühere Kulturperioden normal finden, nämlich die sexuelle Symbolisierung des Frauenfußes und seiner Entblößung, ferner die von ihm ausgehende faszinative Wirkung hat eine gewisse Bedeutung auch für die Erklärung der sporadischen Erscheinung des Fußfetischismus bei uns selbst. So exzentrisch der Fußfetischismus erscheinen mag, so ist er doch nur das Wiederauftauchen eines sinnlichen oder emotionellen Zwanges infolge einer Art Pseudoatavismus oder Entwicklungshemmung, wie er von unseren Vorvätern wohl früher und wie er jetzt noch von unseren kleinen Kindern verspürt werden mag. Das gelegentliche Wiedererscheinen dieses verschwundenen Impulses und die Zähigkeit, mit der dieser sich erhalten kann, werden dergestalt bedingt durch übersensible Reaktion eines abnorm nervösen und gemeinhin vorzeitig entwickelten Organismus auf Einwirkungen hin, die unter der durchschnittlichen und gewöhnlichen Bevölkerung Europas heute nicht mehr gespürt oder rasch überwunden oder in den höchst komplexen Prozessen, die der Ablauf der sexuellen Vorgänge und der Tumeszenz im Individuum hervorruft, prompt unterdrückt werden."

„In diesem Sinne kann man, wenn es auch gewagt wäre, von Fetischismus als einem echten Atavismus zu sprechen, wohl vertreten, daß er sich auf kongenitaler Basis entwickelt. Er stellt die seltene Weiterentwicklung eines angeborenen Keimes, welcher in früheren Epochen häufig eine allgemeinere und gewissermaßen noch in der Breite der Norm passende Entfaltung annahm."

„Wenn auch der gewöhnliche unsensitive Durchschnittsmensch nichts davon zu merken braucht, so sind sie für den aufmerksamen und phantasievollen Liebenden selbst ein hervorragender Gravitationspunkt in der hochkomplizierten Konstellation seines leidenschaftlichen Gefühlsensembles. Eine besonders nervös veranlagte Person kann, wenn einmal ein solcher Symbolismus sich fest konstituiert hat, in ihm ein wirklich unerläßliches Element des Reizes der geliebten Person finden. Schließlich ist für ein völlig erkranktes Individuum das Symbol die Hauptsache: die Person als solche wird gar nicht mehr gesucht, nur noch als Appendix des Symbols angesehen oder sie tritt überhaupt vollkommen in den Hintergrund und nur noch das Symbol ist das Ziel und genügt vollständig und allein zur geschlechtlichen Befriedigung. Wenn es schon als krankhaft bezeichnet werden muß, ein Symbol als fast die Hauptsache am Reize einer geliebten Person zu betrachten, so haben wir doch nur im letzten Falle, in welchem das Symbol allein Befriedigung verschafft, eine echte und vollständige Perversion vor uns. In den weniger ausgesprochenen Formen des Symbolismus wird immer noch das Weib gesucht und die Fortpflanzung gewährleistet; wird das Weib ignoriert und das Symbol an sich ist ein adäquater und sogar willkommener Stimulus zur Detumeszenz, so ist die Sache entschieden etwas rein Pathologisches."

Auch *Havelock-Ellis* sieht das Pathologische des Fetischismus darin, daß das Symbol den geschlechtlichen Partner ersetzt. Er betont die atavistische Grundlage des Fußfetischismus, was ja mit der Schweißfußtheorie von *Abraham* und *Freud* übereinstimmen würde. Ich würde für den Fußfetischismus schon lieber die Hypothese von *Alfred Adler* stützen: Wer an seiner großen Zehe gelutscht hat, der wird dann Fußfetischist. Es würde dies zu meiner Behauptung stimmen: Der Fetisch entspricht der eigenen erogenen Zone. Wir lieben an dem anderen, was wir an uns lieben, wir erzeugen nur an jenen Zonen Libido, deren Reizung uns Libido erzeugt.

Dieses Gesetz wird sich überall im Sexualleben bestätigen lassen. Allerdings kommt es dann zu allerlei Verschiebungen. Hatte uns in der Kindheit der nackte Fuß Freude bereitet, machte es uns Vergnügen, den nackten Fuß der anderen zu sehen, so überspringt diese Libidobesetzung auf den Schuh, der den Fuß verhüllt. Wir haben ja im Fall Nr. 2, G. S., S. 5, gesehen, wie das Verhüllende den größten Reiz bildet, weil die Phantasie den Reiz des Verhüllten gewaltig erhöht und steigert.

Studieren wir verschiedene Fälle von Fetischismus· Die Tendenz, vor dem Weibe zu fliehen, wird immer wieder aufs deutlichste hervortreten. Da ist der bekannte Fall, den *Moll* als Rosenfetischismus beschrieben hat. Ein Mann lebt eigentlich in völliger Abstinenz. Er führt keinen Koitus mit Frauen aus, ja, er behauptet sogar, er hätte eine Antipathie gegen alle Frauen. Er sieht eines Abends eine Dame, die auf ihrem Busen eine schöne Rose trägt, und verliebt sich — in die Dame oder eigentlich in die Rose. Wohl verlobt er sich heimlich mit der Dame, aber sein Verlangen geht nur nach ihren Rosen. Er ruht nicht, bis diese Rosen sein Eigentum werden. Daheim beriecht er die Rosen und hat die höchsten Lustgefühle dabei. Er ruht nicht eher, bis er eine ganze Sammlung von solchen Rosen zu Hause hat. eine Erscheinung, die wir immer wieder finden werden und die ich als Haremskult der Fetischisten bezeichnet habe. Dieser Haremskult fehlt in keinem Falle von echtem Fetischismus; er ist ein charakteristisches Symptom des echten Fetischismus und drückt die symbolische Darstellung eines latenten, im Kampfe mit der inneren Moral befindlichen Don Juanismus aus. Der Fetischist ist ein Don Juan oder hat wenigstens seine heimlichen Gelüste wie ein Don Juan. Aber er sammelt statt der Frauen[1]) seine fetischistischen Objekte.

[1]) Es wird aufgefallen sein, daß ich immer vom männlichen Fetischismus spreche. Ich kenne auch einen Schmuckfetischismus einer Frau und andere Ansätze zum weiblichen Fetischismus. Aber der Fetischismus ist im allgemeinen eine Krankheit der Männer. Für die seltenen Fälle von weiblichem Fetischismus gelten natürlich die gleichen

Jeder Fetischist hat seinen Harem an Sacktüchern, Unterhosen, Schuhen, Zöpfen, Photographien, Haaren, Miedern, Strumpfbändern usw. Jeder einzelne Fetisch verliert bald seine fetischistische Kraft und der Fetischist sucht gierig nach einem anderen Objekte, um das alte nach einer Zeit wieder hervorzuziehen, wie es ein Pascha in seinem Harem macht. Immer gibt es eine bestimmte Favoritin.

Nun zurück zu unserem Rosenfetischisten. Heiratet er die Dame, in deren Rose er sich so heiß verliebte, daß er sich mit ihr verlobte? Keineswegs. Er macht es wie alle Fetischisten. Er zieht sich aus irgend welchen rationalistischen Gründen zurück. Er löst seine Verlobung und bleibt nur seinen Rosen treu. Der Fetisch hat seinen Dienst erfüllt. Er hat ihn vom Weibe abgehalten und das Weib ersetzt.

Hinter dieser scheinbaren Paraphilie steckt eine heimliche Angst. Dieser Mensch steht zwischen satanischen und frommen Tendenzen. Er ist ein Don Juan ohne den Mut zur Sünde. Das Weib verliert für ihn jeden Reiz, weil er den Reiz gewaltsam auf ein kleineres Objekt, die Rose, verschoben hat. Rosen küssen ist doch keine Sünde. Rosen können seine Potenz nicht erproben, es kommt bei der Rose nicht zu dem Kampfe der Geschlechter, dem der Fetischist vorsichtig ausweicht.

Das erklärt uns auch eine Form des Fetischismus, der eigentlich in meinem Sinne eben kein Fetischismus ist. Es ist dies die Vorliebe für alte, kleine, verwachsene, häßliche, bucklige, schielende, hinkende, kurz mißgestaltete Frauenzimmer. Der bekannte Fall des *Descartes*, der nur schielende Frauen lieben konnte, gehört hieher. Ich möchte schon an dieser Stelle darauf hinweisen, daß Männer Frauen suchen, die eine Krücke tragen oder ein Bein amputiert haben. Die meisten dieser Fälle dürften außer der bekannten naheliegenden infantilen Wurzel (Erinnerung an ein Sexualobjekt der Jugend!) noch eine andere Motivierung haben. Diesen entstellten Frauen gegenüber empfindet man Mitleid. Sie werden nicht als vollwertig genommen. Sie sind vom Schicksal gezeichnet und schon entwertet. Der von *Merzbach* beobachtete Fall, von dem ich später sprechen werde, bestätigt diese Annahme. Das Persönlichkeitsgefühl des Mannes, das bei der sexuellen Werbung und Eroberung eine so große Rolle spielt, kommt diesen Krüppeln gegenüber eher zur Geltung. Solchen halben Frauen gegenüber kann sich der Mann eben als ganzer Mann fühlen. Das erklärt uns

---

Gesichtspunkte, wie ich sie hier für den männlichen darstelle. *Howard* hat Fälle von weiblichem Kleiderfetischismus beschrieben. Eine 39jährige Frau, die Beinkleider stiehlt, eine 21jährige Frau, welche die Unterhosen des seligen Mannes liebkost, ein 17jähriges Mädchen, das einen Haremskult mit männlichen Strumpfbändern treibt. (Ztschr. f. Sexualwissenschaft, H. 3. Jänner 1914.) Weitere Beispiele von weiblichem Fetischismus finden sich im dritten Kapitel. Die sehr wichtige Frage, warum der Fetischismus eigentlich eine Männerkrankheit ist, werde ich im letzten Kapitel ausführlich behandeln.

auch die gute Potenz mancher Männer bei Dirnen und ihr Versagen bei anständigen Frauen. Solche Männer überschätzen das anständige Weib und fühlen sich ihr gegenüber unterlegen, was eine sexuelle Aggression in vielen Fällen ausschließt, weil Potenz und Überlegenheitsgefühl innig zusammenhängen. In solchen Fällen läßt sich der Mann zum entwerteten, „gezeichneten" Weibe herab, er beglückt es mit seiner Gunst, während er sich sonst beglücken läßt.[1])

Immer wieder werden wir bei den beschriebenen Fällen von Fetischismus betont finden, daß der davon Befallene eigentlich keusch gelebt habe. So sagt *Lippmann* von seinem Zopffetischisten: „Niemals zeigte er eine Spur von Sinnlichkeit. Gespräche über Mädchen bzw. über geschlechtliche Dinge interessierten ihn gar nicht. Er trat auf Wunsch eines Freundes in einen Studentenverein ein, der das Keuschheitsprinzip zur Bedingung der Mitgliedschaft machte. Er erklärte, daß es ihm nicht schwer falle, ein derartiges Versprechen zu geben." Daß es sich aber nur um verdrängte Sexualität gehandelt hat, beweist der Umstand, daß er einmal gegen seine sonstige Gewohnheit berauscht, auf die Wirtin zuspringt und sie bei den Haaren zaust. Solche die Hemmungen aufhebende und den Charakter scheinbar ver-

[1]) In einzelnen solchen Fällen konnte ich einen sekundären seelischen Mechanismus konstatieren, den ich das Prinzip der „fertigen Sache" nenne nach einem bekannten Witze, den ich hier seiner psychologischen Wurzel wegen erzählen muß. Ein Heiratsvermittler trägt einem jungen Manne ein reiches Mädchen an; der Bewerber hält dem Vermittler als großen Nachteil der „Partie" entgegen, daß das Mädchen sich einmal das Bein gebrochen habe und nun hinke. „Ach was", sagt der Vermittler, „stellen Sie sich vor: Sie sind schon verheiratet. Sie gehen mit Ihrer Frau spazieren. Da kommt ein Auto. Ihre Frau wird überfahren. Jetzt müssen Sie sofort mit der Rettungsgesellschaft in das Sanatorium fahren, es kommt der Professor, Sie verleben einige Wochen der fürchterlichsten Aufregung, Sie haben dann die enormen Kosten zu tragen. So aber kommen Sie gleich zu einer fertigen Sache." Dies Prinzip der fertigen Sache spielt in einzelnen Fällen von Pseudofetischismus eine große Rolle. Vorerst ein anderer hieher gehörender Fall. Ein Mann kommt zu der Frau seines Freundes, die ihn immer kalt gelassen hat, und findet sie ganz verprügelt. In diesem Momente erwacht seine ganze Sexualität und er stürzt sich förmlich auf sie. Die Frau hat auch ein intensives Bedürfnis, sich an ihrem Manne zu rächen. Sie empfinden beide eine ungeheure Libido beim Koitus, die sich aber nicht wieder einstellt. Der Mann war ein Sadist, dem seine grausamen Instinkte nicht deutlich bewußt werden durften. Hier kam er zu einer „fertigen Sache". Fetischisten, die amputierte Frauen suchen, haben auch das Stück Sadismus verdrängt, das eine Zerstückelung der Frau verlangt. Der amputierte Arm oder das fehlende Bein ist dann das Stück Realität, an dem die Phantasie ansetzt, der Schein eines roten Blutes für die farblosen Schemen. Die Psychologie des Mitleids läßt sich von diesem Gesichtspunkt auch neu beleuchten. Sie arbeitet auch nach dem Prinzipe „Lust ohne Schuld". Die grausamen Taten vollbringt ein anderer oder das Schicksal. Wir ziehen unsere Lust daraus in der Form, wie sie das ethische Gewissen verlangt. Die Schadenfreude, welche dem Mitleide so häufig vorangeht, es heimlich begleitet, ist der bewußte Ausdruck der gleichen Tendenzen.

ändernde Wirkungen des Alkohols kann man in sexualibus oft beobachten und solchen Personen ist die Abstinenz geradezu notwendig und hütet sie vor Entgleisungen. (Der Fall zitiert nach *Merzbach*, Die krankhaften Erscheinungen des Geschlechtsinnes. Alfred Hölder, 1909.)

Dieser Kranke gibt an: „Eine sinnliche Regung zu Personen anderen Geschlechtes habe er nie empfunden. Es sei ihm das recht klar worden, als in dem Verein Ethos über die Schwierigkeiten gesprochen wurde, geschlechtlichen Anfechtungen zu widerstehen. Er habe damals aus ehrlicher Überzeugung gesagt, für sich könne er garantieren und habe nicht begriffen, daß auf andere die Versuchung so stark einwirken könne." . . . Wir merken, daß der Patient schon von Jugend auf dem Weibe ausweicht, offenbar weil er es gar nicht auf den Kampf der Geschlechter ankommen lassen will. Der Mann fürchtet immer die Überlegenheit des Weibes, wie ich es schon bei der Bevorzugung krüppelhafter Frauen betont habe. Ein Patient von *Merzbach*, der sich nur verwachsene Mädchen als Partnerinnen auswählte, sagte, daß es seine Begierde mächtig errege, wenn seine Partnerin und er alle möglichen Künste aufwenden müßten, um die verwachsene Frau durch Kissen und Decken in die richtige Lage zu bringen, wozu noch der Umstand käme, daß sich solchen von der Natur vernachlässigten weiblichen Personen „zur Geschlechtslust noch die Dankbarkeit geselle". . . . Und offenbar kommt es dem Partner nur auf die Dankbarkeit und auf das Gefühl der persönlichen Überlegenheit an. Die schon besprochene Tatsache, daß es eine Menge Männer gibt, die bei der Dirne potent sind und der anständigen Frau gegenüber auch in der Ehe versagen, entspringt diesem feinen Spiele des Ichbewußtseins.

Ich könnte diese Behauptungen an vielen Fällen von Fetischismus nachweisen, die von anderen Autoren publiziert wurden. Ob es sich um Neigung zu Schuhnägeln, Rosen, Taschentüchern, Korsetts handelt, immer ist die Tendenz dieser Menschen ein Abrücken vom Weibe, ein starker Zug zur Abstinenz im Gegensatz zu ausschweifenden Phantasien. Immer liegen Satanismus und Religiosität bei ihnen im Kampfe.

Erotische Sonderlichkeiten (der „Picazismus" *Eulenburgs*) haben nichts mit dem Fetischismus zu tun. Sie sind in den meisten Fällen fixierte Infantilismen, wie ich sie in Bd. V beschrieben habe.

Ich wähle zur Abgrenzung des Fetischismus einige Fälle aus der „Sexualpathologie" von *Magnus Hirschfeld*.

Der erste Fall lautet:

„In einem anderen Fall wurde ein Mann von dem Drange verfolgt, sich auf einen Platz zu setzen, von dem sich unmittelbar zuvor eine Dame erhoben hatte; er konnte dies in den meist stark besetzten Wagen der Straßenbahnen und Stadtbahnzüge unbemerkt und leicht durchführen. Die dem Platze noch anhaftende Wärme des weiblichen Gesäßes rief bei ihm oft Erektionen hervor. Sich dorthin zu setzen, wo vorher ein Herr gesessen hatte, erzeugte in ihm großes Unbehagen und war ihm schließlich ganz unmöglich. In Hotels, auf der Eisenbahn und auch sonst vielfach benutzte er mit Vorliebe Damentoiletten, was ihm nicht selten Zurechtweisungen eintrug."

Dieser Mann hat wahrscheinlich schon in der Kindheit mit Vorliebe den Abort benützt, wenn ein weibliches Mitglied der Familie vorher dort gewesen war. Die Wärme des Brettes erzeugte ihm Lustgefühle. Die Berührung des Brettes weckte die Assoziation zur Berührung des Körpers. (Das bekannte Tertium defäcationis, das im Kinderleben eine große Rolle spielt.) Die verdrängte Homosexualität äußert sich in der Abneigung, sich auf einen Platz zu setzen, wo vorher ein Mann gesessen ist. Dieser Fall ist ein typischer Fall von „psychosexuellem Infantilismus" mit verdrängter Homosexualität und mit verdrängter Analsexualität.

Nun zum zweiten Falle von *Hirschfeld:*

„Ein Mann meiner Praxis, galizischer Kaufmann, war von einem sadistischen Haß gegenüber roten Haaren erfüllt. Gleichwohl heiratete er schließlich eine Frau mit „knallrotem" Haar. Zu seiner Rechtfertigung gab er zwei Gründe an: Er hätte geglaubt, durch die eheliche Gewöhnung würde er sich seine Abneigung „abgewöhnen" können, außerdem sei seine Frau so vermögend gewesen, daß er um dieses Vorzugs willen das körperliche Defizit in den Kauf genommen hätte, zumal alle, die er gefragt habe, das feurige Haar eher schön als häßlich gefunden hätten. Um seinen Ekel hypnotisch heilen zu lassen, suchte er mich auf. Ich schlug zunächst der Frau vor, ihr Haar färben zu lassen. Sie lehnte dies energisch ab. Den Widerwillen ihres Mannes faßte sie als persönliche Beleidigung, bestenfalls als eine Marotte auf, die er, „wenn er sie wirklich liebe, aufgeben müsse"; ähnliche Gedankengänge kommen bei der Unkenntnis und Unterschätzung fetischistischer Zwangszustände im Publikum allzu häufig vor. Die Ehe wurde getrennt."

Es handelt sich um einen Fall von „Partialismus", um eine individuelle Liebesbedingung negativer Art, wie sie früher von *Hirschfeld* als „Antifetischismus" beschrieben wurde. Der Mann kämpft gegen eine übermächtige Neigung zu Frauen mit rotem Haar (Erinnerungsbild aus der Jugend?). Er verwandelt diese Zuneigung in das Gegenteil. Er erliegt der Anziehungskraft des roten Haares und rationalisiert seine Heirat mit dem fadenscheinigen Motiv, sich durch die Ehe den „sadistischen Haß" abgewöhnen zu wollen. Die hemmenden Faktoren erweisen sich als stärker. Die Heilung könnte durch eine Psychanalyse leicht vollzogen

2*

werden, ebenso wie die psychologische Aufhellung dieses Falles, der keineswegs in die Gruppe des Fetischismus gehört.

Nun zum dritten Falle von *Hirschfeld.*

„Ich gebe das Beispiel eines Haarfetischisten. Patient, der über 10 Jahre in meiner Behandlung steht, ist höherer Regierungsbeamter, 50 Jahre alt; aus seinen Berichten geht folgendes hervor:

Als Patient 7 Jahre alt war, kam eines Abends, als die Kinder schon im Bette lagen, ihr junges Dienstmädchen zu ihnen und umarmte sie, da sie wegging. Dieser Moment steht Patient noch deutlich vor Augen, wie er ihr damals ins Haar gegriffen hat. Mit Eintritt der Pubertät kommt der Zusammenhang der sexuellen Erregung beim Anblick oder Berühren eines schönen Scheitels zum Vorschein. Es beschränkt sich die Auslösung der Erregung von da ab nur auf das Haar bei Männern. Frauenhaar flößt ihm absolut keine Beachtung mehr ein und auch bei Männern nur das glatte, braunschwarze Haar mit einem Scheitel, der durchgezogen sein muß. Zwar beachtet Patient auch den vorderen Anfang des Scheitels, doch ist die Lage nicht so sehr von Bedeutung, ein zu weites Sitzen nach der Seite wird nicht als schön empfunden. Patient bevorzugt junge schüchterne Leute, sie müssen sich aber recht natürlich geben: besonderen Genuß und Auslösung seiner sexuellen Erregungszustände findet er beim Frisieren. Er nimmt dies folgendermaßen vor: Er steht hinter dem Betreffenden, feuchtet das Haar an mit Öl und Pomade, die er ebenso wie Kämme stets in der Tasche trägt, und zieht dann einen Scheitel. Beim Durchziehen des Scheitels über den Wirbel tritt Ejakulation ein, doch auch schon das Streichen des glatten Haares mit den Händen, das „Glätten", löst bei ihm diesen Moment aus, zumal wenn er die Rückseite des Betreffenden mit seinem Körper bei Annäherung an den Scheitel leicht berührt. Er entblößt dabei nicht seine Geschlechtsteile, doch meint er, daß dies ihm größeren Genuß bereiten würde, aber aus Schamgefühl unterbleibt es. Er selbst trägt auch einen durchgezogenen Scheitel und frisiert sich sehr oft. Doch bringt es ihm viel größeren Genuß, wenn er einen anderen frisieren kann. Allein der Anblick eines Scheitels läßt ihn dem betreffenden Träger hinterherlaufen und ihn ansprechen; wenn er als junger Offizier zu einem Mädchen ging, um es zu koitieren, zog er sich selbst einen sehr gutsitzenden Scheitel; im entscheidenden Moment stellte er sich einen schönen Scheitel vor als höchstes Symbol seiner sexuellen Empfindung. Das Abschneiden von Haaren zur Erinnerung oder aus Zwang ist Patient nicht verständlich, doch könne er sich vorstellen, „daß er von einem sehr lieben Freund, der auf dem Sterbebette läge und ihm endgültig verloren ginge, eine Locke zum Andenken mitnehmen würde". Seine Hauptideenassoziation läuft über den Anblick eines schönen Scheitels zurück zur Erinnerung an die schönsten Stunden, in denen er jungen Leuten einen Scheitel ziehen durfte, „als Ausdruck seiner höchsten Gefühls- und Gedankenwelt, in der er sich wie in einem geschlossenen Ring bewegt, dessen Zentrum ein schön durchgezogener, festanliegender, braunschwarzer Scheitel bildet, der Brennpunkt in seinem Weltsystem, in dem nur wenig Licht in weiter Finsternis das Leben verrät". Patient, der durch sein seltsames Gebaren verschiedentlich auffällig geworden, führt in den Lokalen, in denen er sich mit Vorliebe aufhält, den Beinamen der „Frisierer". Diese Lokale entsprechen übrigens in keiner Weise seiner aristokratischen Abstammung, sondern dem volkstümlichen Milieu, in dem er sich am wohlsten fühlt."

Auch dieser Fall hat mit dem Fetischismus nichts zu tun. Es handelt sich um einen typischen Fall von „psychosexuellem Infantilismus" mit Homosexualität.

Meine Leser werden schon begierig sein, die Krankengeschichte eines echten Fetischisten kennen zu lernen. Ich werde später einige eingehende Analysen mitteilen, will aber schon jetzt zur Abgrenzung einen sehr charakteristischen Fall von *Paul Garnier*[1]) anführen:

Fall Nr. 3. Der 26jährige Schriftsteller Louis X. hatte im Park von Vincennes öffentlich onaniert und wurde wegen Verletzung der Sittlichkeit angeklagt und von den Gerichtsärzten *Paul Garnier* und *Legras* auf seinen Geisteszustand untersucht. Ihrem Gutachten entnehme ich folgende Tatsachen:

X. entstammt einer reichen Familie und ist mütterlicherseits erblich ziemlich schwer belastet. Er zeigt keine besonderen Degenerationszeichen. Er macht einen auffallend gepflegten und eleganten Eindruck. Er trägt Lackschuhe, die einen ganz besonderen Glanz zeigen. Er benützt Zwicker und Monokel, ohne kurzsichtig zu sein, nur um sich eine interessante Pose zu geben. Seine Haltung ist ruhig, seine Bewegungen beherrscht; seine Stimme klingt monoton und eher weiblich. Er ist groß, schlank, trägt einen hellblonden Vollbart. Seine Hände erwecken infolge außerordentlicher Pflege den Eindruck soignierter Frauenhände; die Nägel sind so lang, daß sie ihn zu jeder manuellen Beschäftigung unfähig machen.

Er hat sich immer einer ungetrübten körperlichen Gesundheit erfreut; psychisch zeigt er beträchtliche Anomalien. Er war immer furchtsam, zeigte geringe Aggressionstendenz. „Wir haben ihn nie lachen gesehen", berichtet sein Bruder. Er liebt die Einsamkeit und verbringt seine Tage meistens in seinem verschlossenen Zimmer. Er zeigte stets Neigung zu Paradoxen, zu Ironie und Entwertung. Andrerseits gab er nie Anlaß zu Tadel, weder zu Hause noch in der Schule, was mehr auf seine Passivität als auf seinen Ehrgeiz zurückzuführen ist.

[1]) Les Fétichistes. Paris. Bellière et fils. 1896.

Seine Gewohnheiten waren stets bizarr; man machte sich über seine Manieren lustig. Schon mit 12 Jahren verwendete er große Sorgfalt für seine Toilette, salbte seinen Körper mit Pomaden, puderte ihn dann ein und betrachtete sich fortwährend wie eine eitle Frau im Spiegel. Auf dem Lande behütete er in lächerlicher Weise seinen Teint und wich den Sonnenstrahlen aus. Oft fand ihn der Bruder in einer grotesken Pose im Bette, den Kopf mit dem Leintuch bedeckt, auf dem Bauche liegend . . .

Mit 13 Jahren wurde X. im Lyzeum zur Onanie verleitet. Daheim benützte er die Ausgänge seiner Familie, um ungestört zu onanieren. Von dieser Zeit an konnte er beim Onanieren nur durch das Betrachten von Lackschuhen zum Orgasmus gelangen.

Dieses Anstarren der Schuhe trat schon in frühester Kindheit auf. Alle anderen onanistischen Prozeduren, ausgenommen die manuellen, flößten ihm tiefen Ekel ein. Er wurde 17 Jahre alt, ohne irgend eine Neigung für das weibliche Geschlecht zu empfinden. Er kam auf die Hochschule, studierte die Rechte ohne tieferes Interesse. Die Schriftstellerei zog ihn an. Er beschloß, Schriftsteller zu werden, veröffentlichte mehrere Werke mit vollständigem Mißerfolg. Während des einjährigen Militärdienstes versuchte er sexuelle Beziehungen mit Frauen anzuknüpfen, da ihn seine Kameraden wegen seiner mädchenhaften Schüchternheit verlachten. Der Koitus machte ihm kein Vergnügen, er kehrte daher zur Onanie zurück. Nachher bereitete er sich auf das Doktorat vor und publizierte zwei Romane, die unbemerkt in Vergessenheit versanken. Seine Lieblingslektüre waren pikante Schriftsteller.

Mit 22 Jahren fühlte er das erste Mal ein unbestimmtes Verlangen zur passiven Päderastie und machte schüchterne aber erfolglose Versuche in dieser Richtung. Er begann nun mit großem Vergnügen hübsche und elegante Burschen zu betrachten. Sein Lustgefühl steigerte sich, wenn seine Objekte Lackschuhe trugen. Diese Lackschuhe stellte er sich vor, wenn er zu Hause onanierte, wobei er immer den letzten aktuellen Anlaß benützte.

Er war immer überzeugt, daß er als Schriftsteller einen großen Erfolg haben werde und wußte seine Familie in geschickter Weise durch 4 Jahre zu täuschen. Er behauptete, bei einem Advokaten angestellt zu sein. Er begab sich jeden Tag angeblich ins Büro, benützte alle möglichen Ausflüchte, um die Wachsamkeit seiner Mutter und seines älteren Bruders zu hintergehen. Er erzählte allerlei Details über sein Studium und die Intensität seiner Arbeit. Auch von den Erfolgen seiner Stücke wußte er zu berichten. Täglich verließ er zur selben Stunde seine Wohnung, wanderte in verschiedenen Museen herum oder sammelte Schmetterlinge. Während dieser Wanderungen suchte er vergeblich sein Ideal, von dem er folgende Schilderung entwirft: „Ich sehnte mich nach einem eleganten, gebildeten, jungen Mann. Wir sollten täglich mehrere Stunden mit Gesprächen über Literatur, Philosophie usw. verbringen. Dazwischen sollten wir Liebkosungen austauschen und uns gegenseitig masturbieren. Von diesem Ideal würde ich nie die Päderastie verlangen, die widerlichen Details könnten unsere Freundschaft zerstören. Hingegen wünschte ich mir, wenigstens einmal von einem anderen Manne besessen zu werden, nur um dieses Gefühl kennen zu lernen. Aber keiner dieser Träume sollte sich jemals erfüllen."

Entmutigt durch die Erfolglosigkeit seiner literarischen Bemühungen, gepeinigt von der Angst vor der Entdeckung seines komplizierten Lügengewebes, verstört durch die Unmöglichkeit, seine päderastischen Träume zu realisieren, die ihm wie eine Fata morgana schwanden, wenn er sie durch allerlei mehr oder minder burleske Abenteuer realisieren wollte, kam er nach Hause, wurde erregt, mißgestimmt und von einem hartnäckigen Stirnkopfschmerz gequält. Um seine Leidenschaft zu beschwichtigen, kam er auf den Gedanken, den Penis durch eine Billardkugel zu ersetzen. Die erste war zu groß und verletzte ihn. Endlich fand er das gewünschte Kaliber. Die betreffende Prozedur schildert er folgendermaßen: „Mit einer rosaseidenen Damenhose bekleidet, die ich lange Zeit vorher gekauft hatte, führte ich kauernd die mit Vaselin eingefettete Kugel in den Anus ein. Sorgsam schützte ich die Hose durch einen alten Leinentampon vor Beschmutzung. Dann drängte ich die Kugel mit der linken Hand gegen den Anus, um sie förmlich schnappen (happer) zu können, während ich mit der rechten die Hose festhielt. In diesem Momente hatte ich nur eine halbe Erektion, der wahre Genuß begann für mich, wenn die Kugel schon im Anus eingeführt war. Während ich mit der rechten Hand onanierte, bemühte ich mich, die Kugel herauszudrängen. Gelang es mir, so drängte ich sie mit der linken Hand wieder zurück und wiederholte dieses Manöver 6—8, 10—12 Mal. Mein Lustgefühl steigerte sich, wenn es mir gelang, die Kugel mit einem Griff einzuführen. Dabei versuchte ich, die Ejakulation so lange als möglich hinauszuschieben und kam zum Orgasmus, wenn ich die Kugel nach ihrem letzten Ausstoßen zwischen meinen Nates festgezwängt hielt."

Die Sensationen während des Aktes schildert er als außerordentlich kompliziert und viel weniger klar als die Onaniephantasien früherer Jahre. Er hatte ein doppeltes Vergnügen: 1. Er stellte sich beim Einführen und Herauspressen der Kugel das Glied eines seiner letzten Objekte vor, das ihn durch seine Eleganz und besonders durch die Lackschuhe entzückt hatte. „Ihre Bilder erschienen mir in Reihen von 4, 5, 6, bis ich bei dem verlockendsten Bilde stehen blieb und zum Orgasmus gelangte." 2. Es schien ihm, als ob seine Objekte ihn während des päderastischen Aktes zu gleicher Zeit masturbierten. Diese sonderbaren Prozeduren genügten ihm aber nicht. Er annoncierte an öffentlichen Orten durch stereotype Inschriften, die etwa folgendermaßen lauteten: „Ich biete meine Nates schönen Männern, welche Lackschuhe tragen, an." Dabei sparte er nicht mit widerlichen Versprechungen. Während des Schreibens des Wortes Lackschuhe trat eine Erektion ein. Die Lackschuhe waren seine Zwangsvorstellung. Auf der Gasse sah er jedem Menschen auf die Füße. Der Dreiklang: Lackschuhe, schöner, junger Mann, Eleganz, führte sofort zu einer Erektion. Stundenlang stand er vor Schuhwarengeschäften, machte die größten Umwege, um zu den verschiedenen Läden zu gelangen, und es kostete ihm große Mühe, sich dem Zustande der Trunkenheit zu entreißen, in den er durch diesen Anblick versank. Je glänzender sie waren, desto mehr erlag er ihrer Faszination. Bei Nacht träumte er, daß er die Schuhe aus dem Laden raubte. Endlich kam er auf den Gedanken, sich ein Paar Lackstiefel zu kaufen, wie sie die Zöglinge der Militärschule zu tragen pflegen. Was nun folgte, war ein Rausch des Besitzes, den er folgendermaßen beschreibt: „Mit ungeheurer Erregung trug ich sie nach Hause. Mein Herz schlug zum Zerspringen, ich schloß mich in mein Zimmer ein, um meine Acquisition nach Herzenslust genießen zu können. Ich stellte die Schuhe auf die seidene Hose. Meine sexuelle Erregung erreichte mit heftiger Erektion ihren Höhepunkt. „Endlich, endlich habe ich sie!" wiederholte ich mir. „Vor dem Schlafengehen stellte ich meinen Schatz auf das Nachtkästchen, so daß er von der Lampe grell beleuchtet wurde. Ich konnte meine Blicke nicht abwenden. Meine sinnliche Begeisterung äußerte sich in permanenter Erektion. Den nächsten Morgen mußte ich sie lange anblicken, bevor ich mich entscheiden konnte, auszugehen. Jeden Tag holte ich von da an meine Stiefeln aus dem Karton hervor und starrte sie lange an."

X. behandelt die Lackstiefel mit der eifersüchtigen Aufmerksamkeit eines Geliebten. Eines Tages hatte das Dienstmädchen sie beim Aufräumen auf einen anderen Platz gestellt. Er war davon sehr betroffen und sperrte sie nun sorgfältig in einen Kasten.

Seine größte Freude ist es, sie täglich hervorzuziehen und zu betrachten. Er versäumt kein Mittel, um ihren Glanz zu erhöhen. Er stellt sie ins Fenster, um sich an dem Reflex der Sonnenstrahlen zu weiden. Er bewundert sie. Er ist so fasziniert, daß es zum Orgasmus kommt. Lange schwankte er, ob er in den Stiefeln ausgehen solle. Endlich entschließt er sich, im Reitkostüm die Lackstiefel auszuführen. Er hofft, Aufsehen zu erregen und von einem seiner Objekte begehrt zu werden. Er erreicht sein Ziel nicht. „Ich kehrte heim", führte er aus, „außerordentlich übererregt und konnte keinen Bissen zu mir nehmen. Zwar wendeten sich viele Leute auf der Gasse um, um meine Stiefel zu betrachten. Aber da diese Personen meinem Ideale nicht entsprachen, machte es mir kein Vergnügen. Überdies bemerkte ich an den Lackstiefeln einen kleinen Sprung ... Das betrübte mich so, als wenn ich die erste Falte in dem Gesichte eines geliebten Wesens erblicken würde. Seit damals ziehe ich sie nicht mehr an".

Der Fetisch wirkt bei ihm nicht nur durch das Sehen. Auch der leiseste Geruch seiner Lackstiefel kann zu Orgasmus führen. Er riecht sie mit außerordentlichem Vergnügen. Ihre Berührung vermittelt ihm wunderbare Genüsse. Des Morgens nimmt er sie in sein Bett und drückt sie zwischen seine Schenkel, wobei er sich beherrschen muß, als ob er Angst hätte, sie zu beschädigen. Von seinen Beziehungen zu den Lackstiefeln entwirft X. folgendes Bild:

„Ich ziehe meine rosa Seidenhose und meine Stiefel an. Ich steige mit gespreizten Beinen auf zwei Sessel und betrachte mich im Spiegel. Ich onaniere und fixiere die ganze Zeit immer meine Nates, meine Schenkel und besonders meine Stiefel. In diesem Momente könnte ich mich selbst lieben, meinen ganzen Körper liebkosen, wie ich ihn im Spiegel sehe. Der Anblick kann mich so erregen, daß ich manchmal die Billardkugel gar nicht benötige, um zum Orgasmus zu kommen. Mein Ziel ist es dann, den Strahl des Spermas in die Stiefelschachtöffnung zu dirigieren. Gelingt es mir, so fühle ich einen Paroxismus der Lust. Ein anderes Mal reibe ich vor der Ejakulation die Nates, die Schenkel und den Anus mit einem Stiefel, während ich hartnäckig und unverwandt den Reflex des Lichtes auf dem anderen betrachte. Aber fast immer stelle ich jeden Stiefel auf einen Sessel nahe dem Fenster, drehe sie so lange, bis sie möglichst stark glänzen, stelle sie in eine bestimmte Distanz, um sie während der Ejakulation so erreichen zu können, daß ich in eine der Öffnungen spritzen kann. Im Momente, da der Samen den Stiefel berührt, empfinde ich neben einem außerordentlichen Orgasmus ein Gefühl des Triumphes und des Sieges."

Nun schritt X. zur Verwirklichung seiner Phantasien. Er geht in seinen Stiefeln aus. Er sieht einen jungen Radfahrer, der ihm gefällt. Der Radfahrer blickt sich nach ihm um und betrachtet seine Stiefel. Endlich hat er sein Ideal gefunden! Im Paroxismus seiner Erregung exhibiert er seine Genitalien. Seine Enttäuschung ist groß, als sich der Unbekannte kühl entfernt. Das Resultat dieser Demonstration war, daß er auf die Anzeige eines Passanten arretiert wurde.

Das Gutachten der beiden Sachverständigen wies auf die erbliche Belastung des Kranken, auf den zwanghaften Charakter der Impulshandlung hin und plädierte für Internierung des X. in eine Irrenanstalt. Das Gericht schloß sich diesem Vorschlage an.

Dieser bemerkenswerte, geradezu einzige Fall zeigt die charakteristischen Merkmale eines echten Fetischisten. In erster Linie sehen wir ein Ausweichen vor dem Weibe. X. versucht einige Male den Koitus, aber er macht ihm kein Vergnügen. Er baut dann seine homosexuelle Komponente aus und tut so, als ob er einen Partner suchen würde. Aber er findet keinen. Er hat keine Kraft zu einer Aggression und weicht in Wirklichkeit allen Gelegenheiten aus. Zeigt ihm ein junger Mann Entgegenkommen, so findet er, daß jener seinem Ideale nicht entspricht. Kurz, er weicht der Realität aus und lebt in seinen Phantasien.

Der echte Fetischist lebt sich in der Onanie aus. Es gibt keinen Fetischismus ohne Onanie. Auch X. ist ganz der Onanie verfallen. Die Realität hat für ihn den Wert verloren. Er lebt in der Welt der Träume!

Aber diese Welt der Träume reicht in seine Kindheit zurück. X. ist wie alle Fetischisten ein typischer Fall von psychosexuellem Infantilismus. Zugleich drängt es ihn zu einer Impulshandlung. Er könnte die Stiefel aus der Auslage stehlen! Er exhibitioniert schließlich im Bois de Vincennes. Leser, welche Bd. V und VI studiert haben, werden die verschiedenen lächerlichen Prozeduren des Herrn X. leicht verstehen. Die Stiefel repräsentieren ihm zwei lebende Personen (vielleicht die Eltern!), sie sind für ihn Symbole bestimmter Personen und Ereignisse, mit Hilfe von Affektverschiebungen (Verladungen) werden mächtige, aus der Kindheit stammende Affekte von ihrem ursprünglichen Objekte scheinbar abgezogen und auf die Stiefel verladen. Die Stiefel werden dann ein Idol, ein wirklicher Gott, ein echter Fetisch.

In allen Fällen von Fetischismus finden wir Reihenbildung und einen Harem. Hier scheint eine Treue an ein Objekt vorhanden zu sein. Die Reihenbildung zeigt sich in der Wahl der verschiedenen Partner, der Objekte, von denen er sich beim Onanieren ein halbes Dutzend vorstellt, bis er schließlich bei einem Favoriten haften bleibt. Der Wiederholungszwang des onanistischen Aktes deutet auf die mangelnde Befriedigung hin. Die Phantasie erreicht nicht den gewünschten Effekt, d. h. das ursprüngliche Ziel ist durch ein fiktives ersetzt worden. Es kann daher erst die Befriedigung durch Erschöpfung eintreten. Wir werden in den meisten dieser Fälle gehäufte Onanie bei einem Dutzend Mal im Tage beobachten können.

Dabei besteht ein Drang zur Exhibition, zur öffentlichen Masturbation, zur Aussprache der heimlichen Wünsche. X. kündigt sich durch Inschriften an, er macht sich auffallend, er exhibitioniert schließlich an einem öffentlichen Orte.

Alle diese Kranken leiden unter der gährenden Kraft des Geheimnisses. Sie verbergen sich scheu und leben in ihrer Traumwelt, aber eine zweite Kraft drängt sie dazu, sich zu verraten, sich mitzuteilen, ihr Geheimnis symbolisch oder offen aller Welt kundzugeben.

Wir sehen auch im Falle X. das Herumlauten in einem Dämmerzustande (hyponoischer Zustand *Kretschmers*), den wir bei Besprechung der Impulshandlungen so oft feststellen konnten. Wir sehen eine außerordentliche Fähigkeit zur Schauspielerei und einen Narzißmus, der sich im Onanieren vor dem Spiegel äußert. Der starke Narzißmus fehlt in keinem Falle von Fetischismus. Das Onanieren vor dem Spiegel ist sehr charakteristisch.

Wir haben also in Louis X. einen echten Fetischisten kennen gelernt. Wir könnten uns in verschiedene Vermutungen über die symbolische Bedeutung seiner Lackschuhe und seiner verschiedenen Manipulationen einlassen. Meine Leser werden ja selbst vermuten können, daß die beiden Stiefel vielleicht die Eltern vorstellen können, daß es sich um pluralistische Phantasien, um eine Verdichtung von Geburtsphantasien und anderen sexuellen Vorgängen handelt. Ich werde ähnliche Fälle durch Analyse aufklären. X. ist nicht analysiert worden und kam ins Irrenhaus. Er hätte durch eine Analyse von dem Leiden befreit werden können.

Betrachten wir noch einen interessanten Fall, ehe wir zur Abgrenzung des Fetischismus schreiten.

In den „Archives internat. d. Neurologie", 1922, Heft 1, veröffentlicht *Viollet* folgenden Fall:

Fall Nr. 4. Herr D., 25 Jahre, ist der älteste Sohn einer Familie mit 3 Kindern, die zweite Schwester ist mit 18 Jahren gestorben, die dritte ist 16 Jahre alt. Der Vater leidet an chronischer Bronchitis „et a des habitudes d'éthylisme". Die Mutter ist beschränkt, brutal und boshaft. Sonst ist erbliche Belastung nicht bekannt.

D. ist nie schwer krank gewesen, aber hatte stets eine schwache Gesundheit. Während des Krieges ist er erst 3 Jahre später als seine Altersgenossen eingezogen worden und nicht ins Feld gekommen.

Kurz vor der Einberufung heiratete er und hat ein 4 Monate altes Kind, das eine spina bifida incompleta und eine Atresie des Anus aufweist.

Masturbiert hat er schon mit 8 Jahren. Er will von selbst darauf gekommen sein und hat besonders zwei Vorstellungen dabei. Die eine: Er onaniert auf („sur") seinem Kopfpolster, einem Kinderkopfkissen, mit Federfüllung oder indem er sich ein kleines Mädchen, das in der Nähe wohnt, vorstellt.

Mit diesen Phantasien onaniert er seit seiner Kindheit. Trifft er das „kleine Mädchen", das jetzt 25 Jahre alt ist, auf der Straße, so hat er sofort eine Erektion, geht nach Hause, sucht sein Kissen hervor, versteckt sich gewöhnlich auf dem Boden und onaniert. Wenn das Lustgefühl dann kommt, steht das Bild des Mädchens wie leibhaftig vor ihm und er hat ein sehr großes Vergnügen.

Er versteckt sich, weil ihn seine Mutter jedesmal, wenn sie ihn beim Onanieren traf, furchtbar geschlagen hat.

Einmal hat ihn auch seine Frau mit der Mutter zusammen verprügelt, um ihn zu heilen. Er wohnt nämlich mit seiner Frau bei seinen Eltern.

Vor seiner Mutter hat er große Angst. Seine Frau findet er hübsch, aber sie ärgere sich über sein Onanieren.

Geschlechtlichen Verkehr mit seiner Frau hat er täglich, aber das ist für ihn weniger genußvoll, als wenn er mit seinem Kissen allein ist. Einmal fand ihn seine Frau beim Onanieren und sagte ihm, er solle doch mit ihr koitieren und das lassen, aber beim Versuche verging die Erektion sofort.

Das ist öfter vorgekommen und D. versichert, daß er, wenn er mit seinem Kissen zusammen ist und eine Erektion hat, den Akt nie mit einem normalen Koitus beenden kann.

Dieses Kopfkissen muß stets da sein. Beim Schlafen hat es einen sauberen Bezug, aber wenn er es beim Onanieren braucht, zieht er einen alten schmierigen Bezug darüber, der noch nie gewaschen worden ist.

Einmal hatte seine Frau das Kissen unter der Matratze versteckt, da suchte er es ängstlich, aber er onanierte nicht ohne Kissen. Erst als er es wieder in Händen hatte, onanierte er wieder. Die Vorstellung des Mädchens allein kann zwar eine Erektion hervorrufen, aber wenn das Kissen fehlt, kommt es nicht zum Onanieakt.

Mit diesem Mädchen, das in seiner Phantasie eine solche Rolle spielt, hat D. keinerlei Beziehungen angeknüpft, im Gegenteil, er vermeidet es sogar, mit ihr zu tanzen. An einen Beischlaf mit ihr hat er nie gedacht. Er stellt sie sich immer so alt vor, wie sie wirklich ist und mit den Kleidern, in denen er sie auf der Straße traf. Dabei hätte er das Mädchen, die aus den gleichen Gesellschaftskreisen stammt wie er selbst, sehr leicht kennen lernen, sie auch heiraten können. Aber er versucht es nie. Außerhalb seiner Onaniephantasien existiert sie nicht für ihn, er liebt sie nicht.

Verfasser konnte nicht klar entscheiden, um was für eine Form der (Besessenheit) Zwangsvorstellung es sich handelt. „Il m'a été impossible de découvrir décisivement s'il s'agissait là d'une obsession."

D. ist ängstlich und sehr einsilbig, er ist ganz gutwillig, aber er versteht den Sinn der Fragen, die an ihn gestellt werden, wohl gar nicht.

Jedenfalls onanierte D. aber auch, ohne die Frau gesehen zu haben. Nur mußte er allein und ungestört sein und sein Kissen haben. Dann konnte auch die Frauenphantasie völlig aus dem Spiel bleiben.

Aber das Kissen und Einsamkeit waren dringendes Bedürfnis. Die fand er zu Hause schließlich nicht, da er von Mutter und Frau dauernd bewacht wurde.

Und so wurde D. in einer Gasse nahe seiner Wohnung von zwei Frauen bemerkt, wie er auf seinem Kissen onanierte. Daraufhin wurde er verhaftet.

Hiezu bemerkt *Viollet*, daß es nicht das Bedürfnis des D. gewesen sei, öffentlich zu onanieren, wie das Gericht annahm, sondern, daß er hoffte, an dieser Stelle ungestört zu sein, als er dort von den Frauen überrascht wurde. Hätte er zu Hause in Ruhe onanieren können, so hätte er dazu keinen öffentlichen Weg aufgesucht.

D. ist im übrigen von männlichem Aussehen, arbeitet ganz gut und verdient seinen Lebensunterhalt für sich und seine Familie. Er ist keineswegs ein asoziales Individuum.

Jedoch erscheint er debil: äußerst geringe Bildung, beschränkter Verstand, krankhafte Furchtsamkeit und große Willensschwäche. Daneben ist er Trinker, d. h. so wie man sie häufig in Burgund findet. Die Leute trinken Rotwein und kauen dazu Brotkrusten, und zwar sehr viel Krusten.

Aber er ist kein Alkoholiker im strengen Sinne. Trinkersymptome weist er nicht auf und „der Alkohol kann in seinem Falle keine Rolle spielen".

Da D. während seiner Militärzeit, als er das Kissen nicht bei sich hatte, und in der Zeit, während der die Frau das Kissen versteckte, nicht onaniert hat, glaubt *Viollet*, nach Verbrennung des Kissens würde der Antrieb zum Onanieren fehlen. Daneben hält er gütiges und rücksichtsvolles Benehmen der beiden Frauen für notwendig.

Es handelt sich um einen atypischen Fall von Fetischismus, d. h. um eine rudimentäre Form. D. war imstande zu heiraten und den Koitus auszuführen. Aber er war nicht imstande, auf seinen Fetisch zu verzichten. Sehr deutlich sehen wir zwei Formen der Verladung: Die eine auf das Mädchen und die andere auf das Kissen. In beiden Fällen handelt es sich um eine Regression zu einem infantilen Ideale, wahrscheinlich zur Mutter. Hier fehlt die Reihenbildung. Durch die Ehe wurde die Ausbildung des echten Fetischismus verhindert. Auch sehen wir statt der Reihe, statt des Harems eine pathologische Treue zum Fetisch und zum Mädchen, ähnlich wie sie Louis X. zu seinen Lackschuhen zeigte. Wahrscheinlich würde eine tiefere Analyse die Reihenbildung nachweisen können. Auch in diesem Falle führt die „gährende Macht des Geheimnisses" zu einem exhibitionistischen Akt, der den Täter mit dem Gesetze in Konflikt bringt. Die vorgeschlagene Therapie (Verbrennung des Kissens) scheint mir lächerlich und erfolglos zu sein. Das Kissen wird wahrscheinlich durch einen Harem von neuen Kissen ersetzt werden.

Wir kommen vorläufig zu folgenden Schlüssen:

In einem Falle von echten Fetischismus finden wir:

1. Der Fetisch ersetzt den Partner! Dadurch entsteht ein deutliches Abrücken von der aktiven Sexualität. Der männliche Fetischist flieht oder entwertet das

Weib, die weibliche Fetischistin ist beim Manne anästhetisch oder sie vermeidet den Koitus gänzlich.

2. Der Fetischist leidet an einem psychosexuellen Infantilismus und lebt diesen Infantilismus in seinen Onaniephantasien aus.

3. In den meisten Fällen findet eine Reihenbildung statt. (Haremskult des Fetischisten.)

4. Die Tendenz, die verbotene infantile Lust wieder zu erleben, führt zu allerlei Impulshandlungen. Die Fetischisten sind Wanderer, Kleptomanen, Exhibitionisten usw.)

5. Der Fetisch entsteht durch Affektverschiebung und Symbolisierung. Er absorbiert allmählich die ganze sexuelle Aktivität.

6. Der Fetischismus ist eine komplizierte Zwangsneurose und dient auch asketischen Tendenzen. Er ist Buße und Lust zu gleicher Zeit.

7. Die Impulshandlungen gehen in einer Art Dämmerzustand vor sich. Der Fetischist ist ein Tagträumer, dem die Grenzen zwischen Realität und Traum vollkommen verschwimmen.

8. In allen Fällen läßt sich auch eine kriminelle Komponente nachweisen. (Sadistische Komponente des F.)

9. Der Fetischismus ist eine Art Religion.

10. Der Symbolismus des Fetischismus kann nur durch eine tiefgehende Analyse aufgeklärt werden.

Diese Ausführungen mögen vorläufig genügen. In den späteren Kapiteln werden wir Gelegenheit haben, diesen zehn Punkten wichtige Ergänzungen hinzuzufügen.

II.

Analyse einer individuellen Liebesbedingung.

Wenn wir also den Ausdruck „Fetischismus“ für jene schweren Fälle von Paraphilie reservieren müssen, in denen der Fetisch das Sexualobjekt ersetzt und den Kern eines komplizierten Systems bildet, so müssen wir eine Menge von anderen Absonderlichkeiten ausscheiden, die bisher als Fetischismus beschrieben wurden. Wir begeben uns auf ein bekanntes Gebiet, das der spezifischen Liebesbedingungen. Ich brauche meine Leser nur auf Band III (die Kapitel „Die Liebe auf den ersten Blick“ und „Individuelle Liebesbedingungen“) und auf Band IV („Die Bedingungen der männlichen Potenz“) zu verweisen.

Das Gebiet des „Partialismus“ ist fast unerschöpflich. Jedermann hat seine sexuellen Prädilektionsstellen, wobei einerseits konstitutionelle, andererseits konditionelle Faktoren eine Rolle spielen. Je tiefer ich in die Materie eindringe, desto erstaunter bin ich über die unerwartete Fülle der „erogenen Zonen“ und der spezifischen Liebesbedingungen.

Ich habe nicht die Absicht, auf die verschiedenen Formen des Partialismus einzugehen, die wissenschaftlich an und für sich wenig interessant sind, bloß als Kuriosa zu gelten haben. Ich will an Hand einiger Analysen nachweisen, daß die Verhältnisse oft ein bißchen kompliziert liegen und sich mitunter wunderbare Determinationen des Partialismus ergeben. Ich wähle als Beispiel die Analyse eines Falles von sogenanntem „Busen- und Popofetischismus“, der, mit einer Impotenz kombiniert, leicht zur Annahme eines echten Fetischismus hätte verleiten können. Der Fall ist interessant, weil er sich mit Kleptomanie kombiniert, also auch Impulshandlungen zeigt. In den nächsten Kapiteln werde ich zwei Fälle von Wadenpartialismus eingehend analysieren und etwas tiefer in die Psychogenese dieser Störungen eindringen können.

Nun zu unserem Falle:

Fall Nr. 5. Herr I. O., Bankbeamter. 38 Jahre alt, konsultiert mich wegen vollständiger Impotenz. Seit 2 Jahren ist er unfähig, einen Koitus auszuführen. Vor einiger Zeit hatte er noch eine schwache Erektion und es kam zu einer Ejaculatio praecox. Jetzt sei auch diese Erektionsfähigkeit geschwunden.

Er habe nur ein Jahr lang onaniert, als er zwischen 15 und 16 Jahre alt war, und dann die Onanie aufgegeben.

Über besondere Phantasien und Bedingungen befragt, gesteht er, daß er eine Szene in der Erinnerung habe, die ihn sehr errege und die er sich immer vorstellen müsse. Er war mit 17 Jahren in einem Schneidergeschäft angestellt. Die Schneider faßten die Mädchen oft an den Brüsten und an den Hinterteilen. Diese Griffe seien seine Liebesbedingung. Er stelle sich immer vor, daß er hinter einem Mädchen stehe und ihren Busen greife. Ohne diesen Griff sei er vorher impotent gewesen. Jetzt helfe ihm auch der Griff nicht mehr.

Auf den Vorschlag einer Analyse geht er gerne ein.

— —

Er erzählt die obligate, belanglose Jugendgeschichte. Sie waren 7 Geschwister, er war der Jüngste und wurde sehr verzärtelt. Er wurde nie geschlagen, lernte mit 15 Jahren die Onanie durch einen Kameraden kennen und gab sie bald auf.

Er zeigt deutliche Widerstände gegen die Analyse.

— —

Er habe die Überzeugung, daß man ihm nicht helfen könne. Er zweifle nicht an meinem Können und meinem guten Willen, er sei aber ein verlorener Fall. Er wird belehrt, daß er sich vor den weiteren Enthüllungen fürchte und aus diesem Grunde die Analyse abbrechen wolle.

Er berichtet, daß er durch 8 Jahre (von 20—28) zu einer blonden Dirne gegangen war, die ihn sehr anzog, so daß er bei ihr nie impotent war. Dabei hatte er ein eigenes Zeremoniell, das er einhalten mußte, um die Erektion zu erzielen: Er stellte sich mit der Dirne vor einen Spiegel, so daß er sie nackt sehen konnte. Er stand hinter ihr und faßte sie fest an den Brüsten. So blieb er eine Weile stehen, dann griff er an die Nates, worauf der Koitus in der natürlichen Lage erfolgte. Es passierte ihm oft, daß er bei anderen Dirnen impotent war, bei dieser konnte er immer den Koitus durchführen.

„Hat diese Dirne eine Ähnlichkeit mit irgend einer Person, die in Ihrer Jugend eine Rolle gespielt hat?"

Erst sagt er: „Nein", dann besinnt er sich:

„Ich finde, daß sie meiner um 5 Jahre älteren Schwester auffallend ähnlich ist. Nicht so sehr im Aussehen. Aber die Mienen, die Bewegungen, das liebe Wesen . . ."

Er gibt also die Möglichkeit einer Fixierung an seine Schwester zu. (Patient hat keine Ahnung von den *Freud*schen Forschungen.)

Er berichtet, daß er noch öfters in den letzten Jahren onaniert hat. Dabei muß er eine merkwürdige Position einnehmen. Er steckt das Glied zwischen die Füße weit nach rückwärts und massiert es dann an der Wurzel so lange, bis die Ejakulation erfolgt.

Plötzlich erinnert er sich an einen Onkel, der ihm das Onanieren verboten hatte und ihm allerlei Krankheiten prophezeite. Der Onkel starb, als er 8 Jahre alt war. Er hatte also schon vor dem 8. Jahre onaniert und war vor den Folgen gewarnt worden.

Jetzt verstehen wir, warum er heute wieder hartnäckig wiederholt, er wisse, er sei durch das Onanieren impotent geworden. Das Schuldgefühl stammt aus der Kindheit.

— — — — — — — — — — — — — — — — — — —

Er ist ein ausgesprochener Familiensklave. Er kennt nichts als seine Familie. Er lebt mit der Mutter und einer ledigen Schwester, mit der er immerfort Differenzen hat. Wegen Kleinigkeiten kommt es zu großen Streitereien. Er denkt oft daran, die Schwester zu verheiraten, aber sie ist sehr wählerisch und schlägt alle Freier ab. Eine ältere Schwester ist sehr gut verheiratet, sehr wohlhabend; sie möchte sozial nicht unter der älteren Schwester stehen.

Er dachte sich einmal: Wenn die Schwester heiratet, so ziehe ich zu ihr. Dieser Gedanke wunderte ihn sehr, da er ja scheinbar die Schwester nicht ausstehen kann.

— — — — — — — — — — — — — — — — — — —

Er berichtet zögernd, daß er einmal einen Traum hatte, in dem er die Schwester koitierte. Dieser Traum war ihm sehr peinlich.

Er behandelt jedes Mädchen jetzt wie eine Schwester, jede Weiblichkeit ist für ihn „tabu".

Wir verstehen jetzt, warum er die Frauen von rückwärts angehen muß. Er will ihr Gesicht nicht sehen, um die Fiktion einer Schwester festhalten zu können.

Er verliebte sich einmal im Spitale in eine „Krankenschwester", zu welcher Neigung ihm die Assoziationsbrücke „Schwester" verholfen hatte. Auf einem Ausfluge küßte er sie und fühlte nur Hingabe und keinen Widerstand. Trotzdem wagte er aus einer unerklärlichen Scheu und Angst vor einer Blamage den Koitus nicht.

— — — — — — — — — — — — — — — — — — —

Spontan berichtet er von einer Neigung, die er zu einem schönen Mitschüler hatte. Es tritt eine starke homosexuelle Komponente zutage. Er war vor einigen Tagen im Dampfbade. Da reizten ihn offenbar die Männer. Denn beim Waschen mit Seife führte er den Finger in den Anus ein und sagte sich: „Das machen die Homosexuellen!" Dann fühlte er eine heftige Abscheu gegen diese Art der Befriedigung. Sonst sind ihm Homosexuelle nicht ekelhaft, im Gegenteil, er hält sie für bedauernswerte Geschöpfe.

Die rückwärtige Stellung erklärt sich auch aus der homosexuellen Triebrichtung. Er denkt dabei offenbar auch an einen Mann. Er führte bei Dirnen auch öfters das Glied rückwärts zwischen die Schenkel und erzielte so eine größere Steife des Gliedes, so daß er früher mit Hilfe dieses Kunstgriffes den Koitus ausführen konnte.

— — — — — — — — — — — — — — — — — — —

Patient erinnert sich, daß er bis zum 5. Jahre auf den Topf gesetzt wurde, weil die Eltern Angst hatten, er könnte in den Abort fallen. Diese Angst blieb ihm noch die ersten Jahre in der Schule, so daß er einmal in der Not in die Hosen defäzierte.

Da seine Schwestern auch den Topf benützten, kam es vor, daß er sie in dieser Stellung beobachten konnte. Dieser Anblick — die Schwester von rückwärts — dürfte der Ursprung seiner Paraphilie sein.

Er hat zahlreiche Idiosynkrasien aus der Kindheit, die ihm geblieben sind. So kann er kein Butterbrot essen, auch keinen Schweizerkäse, weil ihm der Geruch unangenehm ist. Die nähere Erforschung ergibt, daß ihm der Geruch unangenehm ist, weil er an den Vaginalgeruch erinnert. Er kennt einen Vers, den er in der Schule hörte und der auf ihn einen lebhaften Eindruck machte: „Schweizerkäs und Mädchenloch — stinken, aber schmecken doch!" — — —

Von dieser Erinnerung bis zu der Phantasie eines Kunnilingus ist ein kleiner Schritt. Er gibt zu, daß er von solchen Phantasien beherrscht wird, aber sich immer dachte, er könnte es nur einem reinen, appetitlichen Mädchen machen. Dirnen waren ihm immer unappetitlich und mit Mädchen anderer Art hatte er nie zu tun gehabt.

Er bringt eine Fülle von Erinnerungen, welche beweisen, wie er die Schwester liebt und wie er an ihr hängt. Er holte sie immer aus dem Büro ab, sie teilten alle guten Bissen, er ging nur mit ihr spazieren.

— —

Er will über eine merkwürdige Erscheinung Bescheid wissen. Er ist gezwungen, immer nachzudenken, was geschehen würde, wenn der oder jener Schwager oder gar die Mutter sterben würde. Dieser Todesgedanken kann er sich nicht erwehren. Aufschluß über die Quelle dieser Phantasien bringt uns der folgende Traum des Kranken:

> Ich war in einer Wohnung — ich weiß nicht, ob es meine oder eine andere war —, wo ich mich sehr heimlich gefühlt habe. Dort wohnte auch der sozialdemokratische Abgeordnete Domes (den ich gar nicht kenne). Dieser war dort fremd, während ich dort heimisch war. D. war enthoben als Feldarbeiter. Mein Schwager Max Weinberg war gleichfalls enthoben als Kaufmann, weil er auf seinem Praterkomplex ein ganz kleines Stückchen Feld hatte, das er bebaute. Ich rechnete es meinem Schwager als besondere Tüchtigkeit an, daß er wegen dieses unbedeutenden Stückchen Feldes enthoben wurde. Auf einmal sehe ich meinen Bruder vor mir gleichsam an Stelle dieses Domes. Er war eingerückt (?). Ich habe darauf hingewiesen, wie tüchtig mein Schwager ist, da es ihm wegen dieses kleinen Plätzchens gelungen ist, enthoben zu werden im Gegensatz zu meinem Bruder.

Vorher ein Wachtraum:

> Mein Bruder hat mich zum Apparat gerufen und sagte mir: „Wer glaubst, wer dich aufruft? Der Kaiser!" Ich war darüber sehr erfreut und erwachte.

Der Kaiser im Traume repräsentiert die herrschende Macht, den leitenden Gedanken, den Menschen, den man am meisten liebt. Wir werden bald erfahren, wer dieser Mensch ist. Der nächste Traum verrät uns, daß es sich um seine Lieblingsschwester handelt, die an Herrn Weinberg verheiratet ist.

Die Wohnung, um die es sich handelt, ist die Wohnung der Schwester. Er ist dort zu Hause und der Schwager ist eigentlich ein Fremder. Der Abgeordnete Domes ist unlängst gestorben. Er hörte ihn einst in einer Versammlung reden und beneidete ihn. Sein Schwager W. hat einen sehr großen Penis und seine Schwester beklagte sich, daß er ihr keine Ruhe lasse. Die Familie intervenierte und forderte Herrn W. auf, die junge Frau zu schonen. Ihn, den Impotenten, erregte diese Leistungsfähigkeit aufs höchste, er fand die Schwester sehr heruntergekommen und schlecht aussehend, ventilierte sogar die Frage einer Scheidung, da sie sich nicht glücklich fühlte.

Der Schwager betonte ihm oft, daß er koitieren könne, wann er wolle. Er war ein sehr tüchtiger Arbeiter „im Weinberge des Herrn". Seinem Bruder aber war die Frau gestorben. Wenn aber der Mann seiner Schwester im Feld gefallen wäre (er stand später an der nördlichen Front und wurde schwer verwundet), so säße er heute mit ihr in der schönen Wohnung und wäre den Schwager und die Eifersucht los. Also Todeswünsche gegen seinen hochpotenten Schwager, der ein ganzer Mann war, während er sich als minderwertig und impotent fühlte.

— —

Noch tiefer in die verwickelten Probleme seiner Parapathie bringt uns der nächste Traum:

> Ich ging nach Tisch in die Ungargasse zum Reitlehrinstitut. Vor dem Eingangstor zog ich meine ärarischen Schuhe aus, wahrscheinlich um zu schlafen. Vor einigen Militärpersonen, die aus- und eingingen, hatte ich Angst. Nach Sonnenuntergang nahm ich meine Schuhe, um sie anzuziehen, da lagen ein Paar neue, braune, ärarische Halbschuhe aus schönem, zeltartigen Stoff daneben. Ich wollte diese nehmen und weggehen, aber bloßfüßig konnte ich nicht und deshalb legte ich die Halbschuhe neben mich und begann meine Schuhe anzuziehen. Zum rechten brauchte ich unendlich lange, etwa ½ Stunde, denn es wurde schon dunkel. Da kam ein großer, energischer Mann ohne Bluse — ich hielt ihn für den Feldwebel —, nahm die Halbschuhe und fragte mich barsch: „Woher hast Du die Schuhe?" Vor Angst antwortete ich, daß sie mir gehören. Er drehte die Schuhe um, um das ärarische Zeichen zu suchen, das ich in dem Moment bemerkte, da fürchtete ich, für den Dieb gehalten zu werden und wollte schon sagen, daß sie hier gelegen waren, sagte aber statt dessen: „Wenn sie Dir gefallen, behalte sie." Ich sprach ihn gleichfalls per Du an, um zu dokumentieren, daß wir Kollegen seien, denn ich war nur Korporal, aber auch Unteroffizier. Während dieses Gespräches begann ich meinen linken Schuh anzuziehen, die Zunge war auch lose und mußte mit dem Riemen durch 8 oder 10 Ringe am Schuh befestigt werden. Als ich im Schuh war, bemerkte ich, daß die Zunge, die ich innen befestigt hatte, außen war und nur mit einem Ringerl am Schuh hängte; ich zog ihn also wieder aus, um von vorne zu beginnen. Währenddem ging der Mann auf und ab, dabei stehen bleibend und mich durchbohrend musternd. Ich konnte seinen Blick nicht ertragen und fürchtete mich sehr vor ihm, dachte, der Mann sieht ganz intelligent aus, vielleicht ist er Hauptmann oder überhaupt Offizier und böse, weil du ihm Du sagtest, du mußt ihn also nächstens per Sie ansprechen. Dann erwachte ich.

Der Feldwebel des Traumes erinnert ihn an seinen Vater. So strenge war sein Vater mit ihm und achtete auf die Moral des Hauses. Der Feldwebel wird hier der Vertreter der Autorität. (Vater — Arzt — Gott.) Die Angst vor den Menschen erinnert ihn an einen Vorfall, den er in der Militärzeit erlebte. Er hatte den Auftrag, für seine Kompagnie auf dem Lande Lebensmittel einzukaufen und benützte diese Einkäufe, um auch seine Familie zu versorgen. Auf einer dieser Hamsterfahrten wurde er von dem Gendarmen angehalten und angezeigt, so daß er vor das Militärgericht kam. Er stand damals große Angst aus. Er hat Angst vor allen Behörden. In diesem Traume fürchtet er die Männer, die ein- und ausgehen. Das ist seine Angst vor der Homosexualität. Reiten symbolisiert koitieren. Er soll das Koitieren lernen. Es gibt da zweierlei Arten. Man kann es gewöhnlich machen (Kommisschuhe) oder man kann es wie die Lebemänner machen (feine Halbschuhe). Aber wie soll er ein Lebemann werden, wenn er impotent ist? Ihm gefallen immer die Frauen und die Bräute seiner Freunde und Bekannten. Es würde ihn reizen, mit ihnen „anzubandeln". Er phantasiert, daß die Männer sterben und die Frauen dann ihm gehören. Wie kann er aber den Weg der Moral wandeln, ohne sich durch Impotenz zu schützen? Seine Manneschwäche wird durch das Schuhanziehen deutlich symbolisiert. Das Hineinstecken geht noch, aber dann gibt es große Schwierigkeiten „anzubandeln". Rechter und linker Schuh werden entsprechend der Symbolik von rechts und links[1]) im Traume gesondert behandelt. Rechts geht es noch nach großer Mühe, aber links macht ihm die Zunge Schwierigkeiten.

Hier wird der Traum durchsichtig und verrät Beziehungen seiner Zunge zu seiner Impotenz und zu seiner „spezifischen Phantasie". Unter Widerständen gibt er zu, daß er sich viel in Gedanken mit Fellatio und Kunnilingus beschäftigt. Er würde sehr gerne den Kunnilingus ausführen, wenn er eine Jungfrau oder ein „reines Mädchen" zur Verfügung hätte. Auch eine Fellatio hat er sich einmal machen lassen, die Wiederholung aber vermieden, weil er der Meinung sei, daß es „furchtbar schädlich" sein müsse.

Ich vermute, daß irgend ein wichtiges Erlebnis mit dem Traume im Zusammenhange stehen müsse, was er leugnet. Er kenne keinen Feldwebel und glaube, das ganze sei eine Erinnerung an Erlebnisse seiner Dienstzeit. Nur eine dunkle Erinnerung, als sei er als Kind einmal zu einer Schwester gekrochen und der Vater hätte ihn dabei erwischt. Er weiß auch, daß der Vater ihn aus dem Bette der Mutter (Reitinstitut) gewiesen hat. Vor den Augen des Vaters (durchbohrender Blick!) hatte er immer Angst. Der Vater verlangte, daß die Kinder ihm Sie sagen sollten, während in anderen Familien die Kinder die Eltern duzten.

Eine viel wichtigere Bedeutung des Traumes wird uns erst später bekannt werden.

— —

Traum der nächsten Nacht:

> Ich kam 5 Minuten nach ¼9, also 20 Minuten zu spät ins Büro. Um dem Generaldirektor nicht zu begegnen, kürzte ich den Weg ab und ging durch das Büro des Prokuristen, der mich wegen des Zuspätkommens in höflicher Form zur Rede stellte. Ich sagte irgend etwas zur Entschuldigung . . . .

Wir finden in diesem Traume wieder die Angst vor jeder Autorität und die Angst, durchschaut und auf unrechten Wegen ertappt zu werden.

Die Analyse geht weiter. Er erinnert sich an verschiedene infantile Phantasien. So dachte er oft darüber nach, die älteste Schwester zu erstechen (zu vergewaltigen!) und dann in den Kerker zu kommen. Seine Verwandten würden ihn besuchen, er aber würde stumm bleiben und kein Wort sprechen. Über die Familie käme dann eine große Schande.

---

[1]) Vgl. „Sprache des Traumes" das Kapitel X.

3*

Die Eltern lebten unglücklich. Der Vater war sehr streng und hatte immer etwas an der Mutter zu tadeln. Rachephantasien scheinen schon sehr früh entstanden zu sein und entsprechen seinem latenten Sadismus, der sich auch in Schändungsphantasien äußerte, die noch vor ein paar Jahren auftauchen wollten und verdrängt wurden. Der Krieg mag da mancherlei zur Reaktivierung beigetragen haben . . .

Wenn er sich vom Klosett ins Büro zurückbegibt, so schämt er sich, wenn er Damen begegnet, an denen ihm gelegen ist. Es ist ihm, als hätte er etwas Schmutziges oder Verbotenes getan.

Er hatte heute eine Tagesphantasie von einem verlorenen Ring und berichtet über eine Zwangsvorstellung, die gar nicht selten vorkommt. Ich gebe sie mit seinen Worten wieder:

> „Ich habe die Vorstellung, wenn ich mich einem offenen Fenster nähere, daß mein Ring, der einen schönen r e i n e n Brillanten hat, von dem Finger fällt und in die Tiefe stürzt. Da will ich immer meine jüngste Schwester rufen, damit sie achtgibt, daß niemand den Ring aufhebt und damit verschwindet. (Im Büro bezieht sich diese Vorstellung auf das Fräulein L.)"
>
> „Zu beiden Personen habe ich das Vertrauen, ich halte sie für vernünftig und energisch. Dabei habe ich auch das Angstgefühl, daß der Ring nicht aufgefunden wird und nicht mehr zum Vorschein kommt."

Zu dieser Vorstellung fällt ihm zuerst der reine weiße Brillant ein. Er will seine Reinheit nicht verlieren. Fräulein L. ist ein armes, 30jähriges Mädchen, das sich tugendhaft erhalten hat. Auch seine Schwester ist tugendhaft. Er hat sich ein Junktim geschaffen, das seine Impotenz determiniert. „So lange ich tugendhaft bleibe, wird meine Schwester ihre Jungfernschaft nicht verlieren." Fräulein L. ist nur eine Imago der Schwester.

Man sieht, daß der Ring auch seine Liebe darstellt. Diese will er der Schwester geben. Seine Inzestphantasien äußern sich jetzt in der Form, daß er krampfhaft für die Schwester einen Bräutigam sucht, weil er glaubt, daß sie geschlechtliche Befriedigung nötig habe. Er hat aber aus Motiven der Eifersucht nie einen Kollegen ins Haus eingeführt, was ihm seine Schwester schon wiederholt vorgeworfen hat.

Den bewußten Ring erhielt er von seiner Familie, als er ins Feld ging. Der Ring ist ein Talisman und symbolisiert die Liebe der Familie. Nur wenn er die Liebe zur Familie aufgibt, kann er sich an ein anderes Wesen binden. Er ist aber gegen Liebe und Ehe gut gesichert. Er sah zu Hause die unglückliche Ehe und seine Schwestern sind entweder nicht glücklich oder sie beherrschen den Mann. Er will aber nicht beherrscht werden. Er leidet an Angst vor der Ehe. Angeblich hätte er längst geheiratet. Aber wie darf ein impotenter Mann an eine Ehe denken?

— —

Er träumte heute:

> Ich habe im Traume eine Pollution gehabt. Ich sah auf der Decke einen feuchten Fleck. Ich wußte, daß die Mutter des Morgens zu mir hereinkommen werde und hatte Angst, daß sie den feuchten Fleck sehen werde.

Er erwachte und hatte gar keine Pollution gehabt. Er schildert dann seine Mutter als eifersüchtig auf die Liebe ihrer Kinder. Sie habe sogar seiner verheirateten Schwester Vorwürfe gemacht, daß sie ihren Mann mehr liebe als ihre Mutter.

Er schlief oft in der Wohnung bei dieser und der anderen Schwester und hörte dann, wie eine die Zärtlichkeiten des Schwagers abwehrte, was ihn sehr erregte. Er hörte, wie sie einmal sagte: „Gib doch endlich die Hand weg!" Seit damals hat er die Gewohnheit (ein ewiges Gedenken!), die Hand immer bei den Genitalien zu halten.

— —

Er träumte:

> Ich habe Buchungen von der Prima Nota in das Saldo-Konto übertragen, zirka eine halbe Seite. Wie ich etwa die Hälfte verbucht hatte, kam mir der Gedanke: Du hast vielleicht eine Post gebucht, die dich nicht tangiert und mußt sie gleich richtig stellen. Ich schaute nach und sah, daß ich ganz richtig gebucht hatte (daß ich diese Post noch nicht gebucht hatte).

Das Buch war in Ordnung.

Der Traum enthüllt uns das Geheimnis seines inneren Schuldbuches. Er macht die Analyse mit sich selbst im Traum ab, prüft Soll und Haben und ist mit sich zufrieden. Wir müssen aber annehmen, daß er uns einen sehr wichtigen Schuldposten verschwiegen hat. Das drückt auch die zweifache Fassung am Schluß des Traumes aus. Er hat die Post gebucht und doch nicht gebucht.

— —

Er ist redselig wie gewöhnlich, aber seine Einfälle bringen viel belangloses Material.

Er berichtet über seine kleptomanischen Regungen, über kleinere Vergehen und Neigung zu Unredlichkeiten. Ich sehe, daß die Analyse — dem Patienten überlassen — auf Abwege gerät und greife jetzt das Thema seiner sexuellen Einstellung (Frau von hinten — Griff an den Busen) direkt an. Ich will wissen, wann dieser Griff zuerst erfolgt. Er meint bei der Dirne Anna, mit der er 8 Jahre verkehrte und die seiner Schwester ähnlich war.

Und nun gesteht er erst, daß ihm sein Bruder diese Dirne empfohlen habe und daß sie auch der Bruder jahrelang besuchte.

Wir verstehen ihre Wertigkeit für seine Erotik. Der Bruder wurde von ihm auf dem Umweg der Dirne besessen. Die Position von rückwärts entspricht seinen homosexuellen Neigungen.

Aber diese Position gestattet auch, sich in die Gestalt des Mädchens andere Mädchen hineinzudenken.

Er gesteht sofort, daß er diese üble Gewohnheit hatte. Damals liebte er ein Mädchen „Franzi" in leidenschaftlicher Weise. Er heiratete sie nicht, weil sie arm war und er weitausgreifende Pläne hatte. Er wollte immer reich sein.

Aber dieses Mädchen war das einzige, das er wirklich geliebt hatte. Ein Jahr lang schon hatte er jede Liebesbeziehung zu ihr abgebrochen. Die Liebesbeziehungen bestanden in Küssen. Weiter wagte er nicht zu gehen. Sie war ihm zu anständig und er fürchtete, sich zu binden und sie heiraten zu müssen. Eines Tages traf er sie in einer Ecke des Zimmers (er war damals 21 Jahre alt!) und da machte er das erste Mal den erwähnten Griff.

Dann wiederholte er den Griff bei der Dirne, wobei er sich Franzi vorstellte.

— —

Es kommt immer stärker die verdrängte Liebe zu Franzi zutage. Er liebte sie namenlos. Er traf sie immer nach dem Geschäfte, in dem er mit seinem Bruder angestellt war, auf der Straße. Sie gingen dann spazieren und küßten sich in dunklen Ecken. Da forderte sie ihn eines Tages auf, sie zu besuchen. Sie wollte ihn ihren Eltern vorstellen. Das fürchtete er. Er wollte sich nicht binden. Sie war leichtsinnig. Er hätte sie besitzen können. Aber er liebte sie zu heftig und schreckte vor dem Besitze zurück. Er wäre dann verloren gewesen und hätte sie heiraten müssen.

So zog er sich zurück. Aber er litt Höllenqualen. Er kam zu seinem Schwager und bat um Rat. Er liebe dieses Mädchen. Wie soll er vergessen können? Sein Schwager meinte: Vergiß sie in den Armen einer anderen.

Er stellte sich dann immer Franzi vor, wenn er bei der Dirne Anna war. Auch sein Bruder bewarb sich um die Gunst von Franzi und brachte es zu einem Kusse. Eifersüchtig wie er war, litt er unsägliche Schmerzen. Er hörte ihre telephonischen Gespräche, mußte sich berichten lassen, daß sie leichtsinnig sei und mit dem einen und dem anderen Verhältnisse hatte. Er folgte ihr heimlich auf der Straße nach. Er beobachtete sie und wurde mit ihr nicht fertig.

Sie trat bald aus dem Geschäfte aus und wurde Chansonette. Er traf sie noch einige Male, aber er flüchtete immer im letzten Momente und vermied es, die Stätten aufzusuchen, an denen sie wirkte. Sie wurde berühmt und er erfuhr, daß sie mit einem Komponisten ein Verhältnis hatte. Es war während des Krieges. Der Komponist war Feldwebel. Jetzt wird der Traum von der Reitschule verständlich. Sie heißt . . . Schimmel. Er dachte immer: Auf diesem Schimmel möchte ich reiten. Er wußte, daß er keine Ruhe haben werde, wenn er sie nicht besessen habe. Im Traum schläft er vor einer Reitschule (wo man Schimmel reitet). Der Feldwebel ist ihr jetziger Geliebter. Sie wird auch durch die arischen Halbschuhe symbolisiert. Er ist Jude und sie Christin (Arierin). Die Kommisschuhe stellen die Dirne dar. Auch der Kaiser des Traumes ist Franzi. Ebenso bezieht sich die falsche Buchung auf Franzi.

Nun bricht in der Analyse die lang zurückgestaute Liebe hervor. Er fühlt, daß er nur Franzi begehrt und keine Ruhe finden kann, wenn er sie nicht erringt. Was sollen ihm alle anderen Mädchen und Frauen, wenn er Franzi nicht besitzen kann? Sie steht ewig vor seiner Seele. Es ist die Macht des unerfüllten Wunsches, die sich in seiner hartnäckig festgehaltenen Liebesbedingung äußert. Er kann es sich nicht verzeihen, daß er Franzi nicht genommen hat. Es wäre ihm ein leichtes gewesen und er hätte sie nicht heiraten brauchen. Heute nach 12 Jahren liebt er sie, wie er sie als Jüngling geliebt hatte. Er traf sie vor einigen Monaten auf der Straße. Er renommierte vor ihr wie ein Knabe. Sie fand, daß er sehr frisch und unverbraucht aussehe. Er meinte, er wisse nicht, wie sie zu der Behauptung käme. Er hätte zahllose Verhältnisse, die schönsten Mädchen und die feschesten Frauen. Dann reichten sie sich die Hände und gingen auseinander, jedes den Wunsch im Herzen, mit dem anderen zusammenzukommen. Nun ist er aber durch seine Impotenz vor der Verführung gefeit. Wie sollte er ihr zu nahen wagen, ihr der Erfahrenen und Raffinierten, die schon so viele Männer erprobt hatte, wo er doch impotent war?

Seine Impotenz ist ein Selbstschutz gegen Franzi. Wäre er potent, er würde sie noch heute holen und mit ihr leben.

Jetzt verstehe ich, weshalb er sich so erregte, als ein Bekannter ein Mädchen heiratete, das schon andere vor ihm besessen hatten. Er tat furchtbar entrüstet und erklärte, ihm wäre so etwas unmöglich. Sein Schreien sollte aber nur die Sehnsucht nach Franzi übertönen.

Sie ist das Mädchen, das seinen Ring finden könnte. Die L. im Büro steht für Franzi. Der Ring ist seine Liebe. Sie könnte er nur an die Schwester wegwerfen oder an Franzi.

— —

Lange Zeit spricht er nur von der Liebe zu Franzi. Bei ihr wäre er potent — das wisse er sicher. Bei ihr hätte er auf seinen Griff von rückwärts nach vorne verzichten können. Er glaubt nicht, daß er diesen Griff schon vorher verlangt hatte. Zufällig stand Franzi so, daß er sie rückwärts greifen konnte. Dann setzte er die Liebkosung fort und kam an den Busen. Die Nates und der Busen seien das einzige, was ihn an Frauen interessiere. Das Interesse allerdings bestehe schon seit der Kindheit.

Eine Fülle von Erinnerungen bestätigt das Vorhandensein der beiden erogenen Zonen seit den Kindertagen. Er hatte mit einer jüngeren Schwester gespielt und ihre Nates besichtigt. Bei allen Mäderln und Spielkameraden interessierte er sich für die Form der Nates.

Bei seinen Schwestern interessierte ihn das Wachsen des Busens. Franzi hat übrigens eine gewisse Ähnlichkeit mit seiner Lieblingsschwester. Sie hat die gleichen Augen und, wie er glaubt, die gleiche Figur, d. h. die gleiche Form der Posteriora. Er betrachtet alle Frauen von rückwärts. Während es oft vorkommt, daß er ein Gesicht übersieht und verkennt, identifiziert er die Menschen untrüglich, wenn er sie von rückwärts sieht.

— —

Er war wieder bei einer Dirne und konnte ohne Hilfe des Griffes den normalen Koitus ausüben. Er hat den Vorsatz, bald zu heiraten. Franzi möchte er nicht aufsuchen. Er fürchtet sie noch immer, glaubt aber, daß er endlich mit seiner Liebe fertig ist, weil er die Identifizierung mit seiner Schwester zerstört hat. Er begreift auch, daß seine homosexuelle Einstellung zu dem Bruder, der Franzi geküßt und vielleicht besessen hat, seine Liebe zu diesem Mädchen gesteigert hat. Er weiß auch, daß ihre Dirnenhaftigkeit ihn als Umweg zu den Männern gegen seinen Willen angezogen hat.

— —

Noch einige Bemerkungen über seine kleptomanischen Handlungen. Es ist ihm aufgefallen, daß er immer nur runde Gegenstände stiehlt. Es macht ihm Freude, einen Apfel oder eine Orange zu stehlen. Vor den Läden der Wiener Krämer stehen oft Körbe mit Obst. Wenn er einen großen Apfel stehlen kann, so ist er überglücklich. Am nächsten Tage geht er dann in den Laden und kauft verschiedene Gegenstände ein, um den Krämer schadlos zu halten. Oft hat er ihm schon anonym Geld eingeschickt, um ihn zu entschädigen. Er hat auch bei Freunden eine runde Glaskugel und einmal eine kugelrunde Vase gestohlen, die er dann fortgeworfen hat. Er hatte als Knabe den Impuls, seinen Schwestern an die Nates zu greifen, weshalb er vom Vater verwiesen und einmal strenge bestraft wurde. Der kleptomanische Impuls ist die Umwertung des sexuellen Impulses, der vermöge der Inzestschranke unterdrückt wurde. Auch zwischen ihm und seinem Bruder kamen diese unter Kindern sehr beliebten Griffe vor. Einmal stellte er auf dem Sessel seines Bruders einen Bleistift auf, so daß der Bruder sich beim Niedersetzen leicht verletzte. Diese Symbolhandlung ist gleichfalls sehr durchsichtig.

Von seinen weiteren Schicksalen ist mir nichts bekannt.

Der Fall ist deshalb lehrreich, weil er uns die Entstehung einer speziellen Liebesbedingung nach dem 20. Lebensjahre zeigt. Die angebliche Liebesbedingung war eine ewige Erinnerung an die verlorene Geliebte und hieß eigentlich: Ich wünsche Franzi zu besitzen.

Seine Vorliebe für Nates und Busen ist nicht im geringsten pathologisch. Wie ich schon ausführte, hat jeder Mann und jede Frau ihre erogenen Zonen, die sie vorziehen, Prädilektionsstellen, die für die Liebeswahl bezeichnend sind und den sexuellen Geschmack darstellen. Diese Formen haben mit dem „Fetischismus" nichts zu tun. Sie können als „Teilanziehung" oder „Partialismus" aufgefaßt werden, wenn die Befriedigung an der erogenen Zone vollzogen wird. Es gibt Männer, die den Koitus inter mammas vorziehen, ja, für die er die einzig mögliche Form der Befriedigung ist. Ich sah auch Männer, die Koitus inter femora mulieris a tergo vollziehen und auf den sogenannten normalen Koitus (in vaginam) verzichten. Es sind Fälle von Partialismus, die oft eine infantile Wurzel zeigen, oft aber erst in der Pubertät und sogar nach der Pubertät entstanden sind. Ich kenne ein Mädchen, das mit 16 Jahren von ihrem Chef verführt wurde, ihn mit der Hand bis zur Immissio zu reizen, während er sie am Nacken leckte, küßte und biß. Diese Form der Befriedigung ist für sie auch heute nach 10 Jahren diejenige geblieben, welche ihr die größte Lust bereitet. Dabei spielen die Zähne des Partners eine große Rolle. Wenn er breite, schaufelförmige Zähne (wie der erste Geliebte) hat, wird sie sehr erregt und stellt sich seinen Kuß und Biß vor.

Auch der erste sexuelle Eindruck des Erwachsenen kann fixiert und zur individuellen Liebesbedingung ausgestaltet werden.

Dabei haben wir durch die Analyse des in diesem Kapitel beschriebenen Falles gelernt, daß infantile Erlebnisse und inzestuöse Einstellungen den Erlebnissen der Erwachsenen eine spezifische Resonanz verleihen können.

III.

Erotischer Symbolismus.

(Vorliebe für Puppen-, Stoffe und Kleidungsstücke, die zu Impulshandlungen führt.)

Wir haben gesehen, daß die Kleptomanen eigentlich einem Eindruck aus ihrer Jugend nachlaufen und die Vergangenheit neu beleben wollen. Das stimmt nicht mit den Beobachtungen von *Clerambault* überein, der eine besondere Art von kleptomanischem Fetischismus, die Vorliebe für gewisse Stoffe, unter dem Namen „Hephephilie" beschrieben hat.[1]) Er betont, daß seine Fälle eine auffallende Gleichgültigkeit gegenüber der Vergangenheit zeigen (indifférence au passé). Aber *Kurt Boas*[1]) bezweifelt mit Recht diese Annahme und weist nach, daß eine genaue Analyse der Fälle gerade das Gegenteil beweist. Er sagt: „Es besteht absolut keine „indifférence au passé", dagegen besteht eine sexuelle Anästhesie oder, besser gesagt, Hypästhesie gegenüber dem normalen Koitus." Es besteht also Abkehr vom sexuellen Partner, die wir in vielen Fällen konstatieren konnten.

Diese Indifferenz der Vergangenheit gegenüber ist eine scheinbare. In Wirklichkeit sind alle diese Kranken Sklaven der Vergangenheit. Sie sind geradezu infantil geblieben und ich hätte sie mit dem gleichen Rechte in Band V als Beispiele für „psychosexuellen Infantilismus" beschreiben können.

Während die Fälle von echtem Fetischismus eine sehr komplizierte psychische Konstruktion aufweisen, sind die Fälle von Partialanziehung sehr einfach gebaut und mitunter sehr leicht auf einen infantilen Eindruck zurückzuführen. Immer wieder können wir konstatieren, daß diese Kranken in der Vergangenheit leben, also einen typischen psychosexuellen Infantilismus aufweisen.

---

[1]) *De Clerambault*. Passion érotique des étoffes chez la femme. Archives d'anthropologie criminelle et de médicine legale, 1908, 1910. Ich habe die Originalarbeit nicht zur Verfügung und entnehme diese Angaben der ausgezeichneten kritischen Arbeit des Sexualforschers Dr. *Kurt Boas*, „Über Hephephilie", eine angebliche Form des weiblichen Fetischismus. *H. Groß'* Archiv. Bd. 61.

Ich führe nur einen Fall von *Laquer* als Beweis an: „So werde ich in den nächsten Wochen einen 18jährigen, schwer belasteten und degenerierten Musikschüler zu begutachten haben, der allerdings nicht im Warenhause, aber aus einer offenstehenden Ladenkasse in einer Wirtschaft zweimal Geld zu dem Zwecke gestohlen hat, um sich einen Kinderanzug, Bluse und Kniehosen zu kaufen: In diesem Aufzuge ist der an sich infantil aussehende Mensch zwei Stunden auf den Straßen spazieren gegangen; denn es gewährt ihm „Befriedigung und Wonnegefühl, ein Kind zu sein" bzw. dafür gehalten, geduzt und von Erwachsenen geküßt zu werden. Sexuelle Momente kommen hier nicht in Betracht. (?) Er hat den im Warenhause erworbenen Anzug, nachdem er ihn getragen hatte, wieder weggeworfen. Er leide an dieser perversen Idee, die ihm plötzlich gekommen sei, seitdem er ein Institut inmitten von minderjährigen Knaben besuchte und den Wunsch hegte, ihnen gleich zu sein!

Wir sehen in diesem Falle eine sehr häufige Kombination von psychosexuellem Infantilismus und Kleptomanie — selbstverständlich aus sexuellen Motiven. Die Impulshandlung bedeutet dann eine Regression in das Infantile. Diese Art von Kombination findet sich sehr häufig bei weiblichen Personen.

Charakteristisch ist für diese weiblich-infantilen Patienten, daß so oft eine Vorliebe für Puppen auftritt, ja daß sogar diese Puppen zum „Fetisch" werden, daß die Puppen erst einen Wert erhalten, wenn sie gestohlen werden.

Die Puppe steht dann für eine reale Puppe oder sie kann das Kind symbolisieren, sie kann aber ein Symbol des Genitales sein, worauf ich schon vor Jahren in meinem Buche „Die Sprache des Traumes" hingewiesen habe. Sehr treffend bemerkt *Kurt Boas* bei der kritischen Besprechung der Puppenliebe[1]):

„Als ein besonders häufiges Vorkommnis bezeichnet *Vinchon* die Kombination von Puppenfetischismus und Homosexualität, wobei der Verfasser sowohl die Uranier wie die Lesbierinnen im Auge hat. In der Tat zeigt ja sein erster Fall lesbische Beziehungen zu einer Prostituierten. Daß sich dies Lesbiertum nicht allein auf die beiden Weiber selbst bezog, sondern auch auf den Puppenfetischismus übergriff, zeigt das Entgegenkommen der anderen Partnerin: diese schenkte der Kranken eine große Puppe, die sie als ihr gemeinsames Kind bezeichneten. Die Puppe trug prachtvolle rosa oder blaue Kleider (die Lieblingsfarben der Kranken). Sie ruhte auf einem kleinen Fauteuil in der Ecke ihres Zimmers und trug um

[1]) Über Warenhausdiebinnen mit besonderer Berücksichtigung sexueller Motive. *H. Groß'* Archiv. Bd. 65.

den Hals eine Sparbüchse, in die die vorübergehenden Liebhaber der Prostituierten einen freiwilligen Obulus hineinwarfen. Daß bei den Weibern die Puppe nicht nur ein Gegenstand zum Neppen war, geht daraus hervor, daß beide der Puppe wie einem wirklichen Wesen zugetan waren. Namentlich die Kranke sprach von ihr mit auffallender Bewegung.

Auffallend häufig sind Puppen in den Behausungen der Demimondänen, Prostituierten und Bordellinsassinnen zu finden. Von letzteren hat fast jede ihre Puppe, der sie zumeist ihren eigenen Vornamen oder denjenigen ihres Kindes beilegen. Stets sind die Puppen weiblichen Geschlechts. Es scheint, als ob die Puppen nicht für die männlichen Besucher bestimmt sind, etwa zu gewissen perversen Zwecken. Aber zu Dekorationszwecken allein dienen sie sicher auch nicht lediglich. Vielfach findet man, wie in dem Falle *Vinchons*, die Kombination des Angenehmen mit dem Nützlichen: die Puppe als Sparbüchse. Im übrigen haften der Puppe in solchem Falle sicher bewußte sexuelle Eigenschaften an: sie ist für die Prostituierte das Symbol der Reinheit, der Unschuld; vielleicht soll sie auch das Genitale („die kleine Schwester", wie das Genitale oft bezeichnet wird) repräsentieren. Für eine Lesbierin braucht man solche „Dame" deswegen nicht gleich zu halten. Ich glaube, daß das Lesbiertum bei heimlichen und kontrollierten Prostituierten besonders im Anfang ihrer Laufbahn eine Rolle spielt, namentlich bei gemeinschaftlicher Freiheitsentziehung, wie sie durch den zwangsweisen Aufenthalt in einer Abteilung für Geschlechtskrankheiten gegeben ist. Der ältere Typus der Prostituierten hat auch diese Stufe überwunden und wird zum Schluß sexuell völlig indifferent. Nun gibt es Prostituierte, die direkt nicht lesbisch sind, die aber dennoch Puppenfetischistinnen sind. Sie stehen nicht, wie im Falle *Vinchons*, in Beziehungen von Vater zu Mutter zueinander, aus denen das Kind, die Puppe, entsprießt, sondern der Vater oder die Mutter, jedenfalls eines der beiden Eltern, fällt aus, so daß der Dreibund nur aus Vater oder Mutter und Puppe besteht. Diese Puppe wird dann meist verhätschelt, wird tadellos ausstaffiert und nach jeder Richtung hin verwöhnt. Nachts weicht sie nicht von der Seite und teilt ihr Bett mit der Fetischistin.

Wir sehen auf dem Wege dieser Deduktionen, wie verkehrt es ist, von Puppenfetischismus zu reden. Was berechtigt uns denn überhaupt dazu, hier von Fetischismus zu sprechen?"

Boas hat vollkommen recht. Es handelt sich um einen psychosexuellen Infantilismus mit Sammeltrieb (Haremskult). Wir haben bei der Besprechung des Infantilismus gesehen, daß die Patienten Bücher aus ihrer Jugend aufbewahren, kindische Erinnerungen, Spielzeug, und damit spielen. Warum nicht die Puppe, die so geeignet ist, verschiedene Kindheitserinnerungen zu symbolisieren?

Ich führe zuerst einen Fall eigener Beobachtung an:

Fall Nr. 6. Frau G. J., eine Dame in den Vierzigern, will immer wieder ein Kind spielen. Sie benützt die Kindersprache, sie trägt mit Vorliebe ganz kurze Kleider, was die gegenwärtige Mode sehr begünstigt. Wenn sie allein ist, hüpft sie wie ein Kind im Zimmer herum und sucht aus ihrer Lade die alten Spielsachen hervor. Darunter gibt es auch einige Puppen, mit denen sie spielt wie in schöner alter Zeit. Sie beginnt die Puppe zu verzärteln und stellt sich vor, daß sie selbst die Puppe ist. Sie möchte um keinen Preis älter werden.

Sie wuchs bei einer Tante auf, welche sie ganz ungewöhnlich verzärtelte. Die Tante starb, als sie 13 Jahre alt war. Seit dieser Zeit kämpft sie gegen das Altwerden. Ihr Mann war die ersten Jahre mit ihr sehr zärtlich. Nun vernachlässigt er sie. Sie hat aber ein ungeheures Zärtlichkeitsbedürfnis, das sie bei den Puppen stillt.

Sie begnügte sich mit diesem Puppenspiel, das täglich im verschlossenen Zimmer stattfand. Sie fühlte sich in diesen Stunden glücklich und war ganz Kind. Aber ihr Mann hatte von diesen Spielen keine Ahnung.[1]) Einmal kam er unvermutet nach Hause und fand seine Frau mitten in ihren Reliquien, mit einer Puppe unter dem Arm, von Puppen und Spielzeug umgeben. Er geriet in Wut über diese kindischen Spielereien. Mit der untrüglichen Ahnung der Liebenden erkannte er, daß die Puppen seine Rivalen waren. Die Eifersucht machte ihn blind und unvernünftig. Er riß ihr die Puppen aus der Hand, zerriß sie, zerstörte alle Reliquien und warf die jammervollen Reste in den Kamin, wo ein mächtiges Feuer brannte.

Die arme Frau sah hilflos und stumm dem Treiben zu. Dann fiel sie in Ohnmacht. Oder war es ein hysterischer Anfall? Sie erwachte im Bette, ein Arzt saß neben ihr, der Mann weinte und flehte sie um Verzeihung an. Sie konnte nicht sprechen. Der Arzt konstatierte hohe Temperaturen. Sie war schwer krank. Das Fieber dauerte vier Wochen. Die Diagnose schwankte. Man dachte an Typhus, einige Konsiliarii sprachen die Vermutung aus, es könnte sich um eine versteckte Tuberkulose handeln, ein Arzt sprach von hysterischem Fieber. Das Fieber klang ab, sie wurde zusehends besser, aber ihre Natur hatte sich geändert. Sie war vorher sehr lebenslustig und heiter, nun war sie ernst und neigte zu Traumzuständen. Sie war nicht mehr fähig, ein Buch zu lesen, sie interessierte sich nicht mehr für Theater und Kunst.

Vorher hatte sie zuweilen beim Koitus Orgasmus gehabt, war immer leicht von der Klitoris aus zu erregen und zu Orgasmus zu bringen. Nun war sie anästhetisch. Sie konnte ihrem Manne den Mord an ihren Puppen nicht verzeihen. Sie hörte auf, ein Kind zu sein. Sie fühlte sich alt und sprach oft davon, daß sie vom Leben nichts mehr zu erwarten hatte. Wozu lebt man denn? — das war ihre ständige Frage.

Und nun setzten die kleptomanischen Impulse ein. Sie stahl in Warenhäusern kleine und größere Puppen, die sie im Kasten versperrte. Eines Tages wurde sie ertappt und ihr Mann entdeckte ihren Puppenharem. Sie hatte absolut keine Erinnerung, daß sie die Puppen gestohlen hatte und behauptete, sie hätte sie gekauft. Tatsächlich hatte sie das eine oder andere Mal Puppen gekauft, wenn keine Möglichkeit vorhanden war, sie zu stehlen. Sie erzählt über die Einkäufe, daß sie sich in namenloser Aufregung befunden hätte. Plötzlich habe sie etwas getrieben, in die Läden zu gehen und nach schönen Puppen zu suchen. Sie war wie in einem Rausch und zitterte am ganzen Körper, als hätte sie ein Unrecht begangen. Sie sprach immer davon, daß sie für ihr Kind ein schönes Spielzeug suche und schämte sich, die Leute könnten glauben und erkennen, daß sie die Puppen für sich benötige.

[1]) Man wird unwillkürlich an *Ibsens* Nora (Ein Puppenheim) erinnert. Der Dichter scheint seine Beobachtung dem Leben entnommen zu haben.

In diesem Stadium kam sie zu mir. Die Analyse ergab, daß sie als Kind eine merkwürdige Häufung von Traumen durchzumachen hatte, wie es wohl selten bei einem Mädchen aus besserem Hause vorkommt. Mit 7 Jahren hatte ihr 9jähriger Bruder mit ihr gespielt und an ihr den Kunnilingus vollzogen. Dann brachte er einmal drei Freunde mit, die alle mit ihr spielten. Später schlief sie mit der Tante im Bette, die sie in übertriebener Weise liebkoste, am ganzen Körper streichelte und immer „mein Pupperl" nannte. Sie sagte ihr immer, sie sei schön wie eine Puppe. Das nächste Trauma war mit dem Hauslehrer ihres Bruders, der sie oft in einem versteckten Winkel des Hauses abküßte und ihr an die Genitalien griff. Sie gibt zu, daß sie sehr kokett war und die älteren Männer förmlich herausforderte, mit ihr zu spielen. Sie war 13 Jahre alt, da wurde sie die Geliebte ihres Klavierlehrers. Es kam wohl nicht zum Koitus, aber er gab ihr sein Glied in die Hand und reizte sie manuell. Mit 15 Jahren wurde sie von einem Arzte defloriert, den sie eigentlich dazu aufgefordert hatte. Dann kamen noch einige Erlebnisse, bis sie ihren zukünftigen Mann kennen lernte, der sehr naiv war, sich mit ihr verlobte, mit ihr immer spielte, ohne sie zu koitieren, obwohl sie ihm keinen Widerstand leistete. In den ersten Wochen der Ehe war er impotent und als ihm endlich die Immissio gelang, war er so aufgeregt, daß er gar nicht merkte, daß sie keine Virgo war.

Sie hatte sich vorgenommen, ihrem Manne treu zu bleiben und hatte diesen Vorsatz ausgeführt. Ihre Untreue lebte sie mit den Puppen aus. Jede Puppe stellte ihr eine andere Episode aus ihrem Leben dar. Die Puppen hatten Namen, welche den Namen aus der Vergangenheit entsprachen. Ihre Tante hieß Rosa. Ihre Lieblingspuppe (die Favoritin in dem Harem) hieß Rosalinde. Der Bruder Karl figurierte als Lottchen (Charlottchen), der Klavierlehrer Franz als Franzi usw. . . .

Nach der großen Szene mit ihrem Manne erwachte ihr Haß und sie beschloß, sich zu rächen. Obwohl sie sich als Kind gefühlt hatte und wie alle Kindweiber sehr jung aussah, fühlte sie sich nun alt und zeigte das Kontrastgefühl der Parapathiker, das im Gegensatz zu ihrer Fiktion steht Sie behauptete, eine alte Frau zu sein, die niemandem gefallen konnte. Aber es trieb sie, die Vergangenheit wieder zu erleben und sich an ihrem Manne zu rächen. Sie wollte alle die Menschen aus ihrer Vergangenheit wieder aufsuchen. Aber wo sie finden? Der Klavierlehrer war mittlerweile ein alter Mann geworden, der Bruder war in Amerika, die anderen Männer schienen unnahbar und hatten die kleine Gespielin längst vergessen.

Sie mußte daher diese Männer in der Phantasie wieder erobern. Sie erlebte das Verbotene in Traumzuständen und wurde Kleptomanin.

Nach längerer Analyse vollkommene Heilung.

Hier sehen wir einen Racheimpuls. Der dominierende Gedanke lautete: Du mußt etwas tun, um dich zu rächen. Du mußt deinem Manne etwas antun. Du mußt dir die alte Lust verschaffen, die er dir zerstört hat. Von allen Bildern war das Bild der Tante und des Klavierlehrers am deutlichsten vor ihren Augen. Sie wollte wieder das Pupperl der Tante sein und wieder mit dem Penis des Klavierlehrers spielen. So kam sie dazu, die *Groß*sche Formel zu erfüllen: Das Verbotene in die Hand zu nehmen.

Sonderbarerweise hatte sie sich immer geweigert, ihrem Manne diesen Liebesdienst zu tun. Es war die unangenehme Erinnerung an die Vergangenheit, die sie daran gehindert hatte. Dieser Griff gehörte einer anderen fiktiven Welt an und durfte nicht in die Realität hinübergenommen werden. Die Kranken hängen an ihren Phantasien und scheuen deren Entweihung durch die Realität. Die Wirklichkeit entwertet die Fiktion und würde sie überflüssig machen. Man kann das sehr oft beobachten. Es ist nicht richtig, daß Parapathiker ihre spezifische Phantasie immer in Wirklichkeit umsetzen wollen. Viele fliehen die Realität und reservieren die spezifische Szene für ihre Phantasien und onanistischen Manipulationen.

Wenden wir uns einigen anderen Beobachtungen zu. Da ist ein Fall von *Duboisson*, mehrere Fälle von *Vinchon*, die ich der Arbeit von *Kurt Boas* entnehme. Leider fehlt allen diesen Fällen die psychologische Analyse. Trotzdem bieten sie sehr viele interessante Gesichtspunkte und werden verständlich, wenn man die Analyse ähnlicher Fälle kennt.

Ich beginne mit dem Fall von *Duboisson:*

Fall Nr. 7. Frau C. ist eine Frau von 33 Jahren, groß und stark, die in physischer Beziehung keine weiteren besonderen Merkmale aufweist als jenen bleichen, ein wenig gelblichen Teint leberleidender Personen.

In jungen Jahren hatte sie die verschiedenen Kinderkrankheiten, wie Masern, Scharlach, Pocken usw. durchgemacht, doch wurde sie von keiner hart mitgenommen. Sie litt weder an Krämpfen noch an Typhus, doch zeigte sie sich von Beginn der Pubertätsperiode an nervös und reizbar.

Sie regte sich schon als Kind über die geringste Kleinigkeit auf, konnte nicht auf ihrem Platze bleiben, weinte oder lachte fast auf Wunsch, am häufigsten ohne Grund und zuweilen wurde sie von Lachkrämpfen befallen, deren sie nicht Herr zu werden vermochte. Der Vater starb an Lungenentzündung, die Mutter, die bei Lebzeiten von außerordentlicher Reizbarkeit war, erlag einem Herzleiden. Bei der geringsten Erregung verfiel die Mutter in Ohnmachtszustände.

Zwischen dem 13. und 14. Lebensjahre erlitt Frau C. neue Anfälle. Die Entwicklung vollzog sich sehr langsam, das Erscheinen der Regel war von starken Schmerzen und einer merklichen Verschlimmerung ihres Gesamtzustandes begleitet. Sie wälzte sich auf der Erde, schrie und verfiel in Anfälle, die wirklichen Krampfanfällen sehr nahe kamen. Gleichzeitig empfand sie zum ersten Mal jenes Gefühl der Zusammenziehung von Brust und Hals, das eines der charakteristischen Symptome der Hysterie ist.

Seither haben sich diese Symptome eher verschlechtert als vermindert. Frau C. hat ein ständiges Bewegungs- und Deplazierungsbedürfnis, sogar ihr Schlaf ist unruhig und von Muskelzuckungen und sonstigen krampfartigen Kontraktionen begleitet. Sie ist von außerordentlicher Erregbarkeit, von schwankender Laune und immer zum Lachen oder Weinen bereit. Dabei entsteht bei der leichtesten Erregung das Gefühl, als wenn ihr eine Kugel in den Kehlkopf steigen würde, eine Einzelheit, die sie als Geheimnis mitteilt, denn sie hat bis dahin aus einem unbekannten Grunde weder ihrem

Gatten noch ihrem Arzte von dieser Erscheinung Mitteilung gemacht. Es versteht sich von selbst, daß sich diese krankhaften Erscheinungen unter gewissen Einflüssen noch verschlimmerten. Sie erreichten allmonatlich zur Zeit der Regel ihren Höhepunkt, ebenso zu drei verschiedenen Malen während der drei Schwangerschaften der Kranken. Zur Vervollständigung des Krankheitsbildes möchte ich noch hinzufügen, daß sie von einem Leberleiden (Cholelithiasis) befallen ist, das sich in mehr oder weniger starken periodischen Anfällen äußert und dessen Rückwirkung auf den geistigen oder seelischen Zustand der Patientin keineswegs gleichgültig erscheint.

Wenn wir Frau C. vom psychischen Standpunkte aus ins Auge fassen, so finden wir, daß ihre Intelligenz sicherlich unter dem Durchschnitt steht. Sie hat den Elementarunterricht erhalten, aber nichts weiter. Sie schreibt orthographisch richtig, versteht eine Addition, eine Subtraktion, sogar eine Division zu machen, vermochte aber niemals eine noch so einfache Rechenaufgabe zu lösen. Zwischen ihrem 12. und 15. Lebensjahre kam sie nach Deutschland, erlernte dort ohne Schwierigkeit die deutsche Sprache und sprach sie bei ihrer Rückkehr nach Frankreich ganz geläufig. Heute weiß sie kein deutsches Wort mehr. Sie gibt selbst zu, daß sie das Gedächtnis vollständig verloren hat. Dies rührt zum größten Teile daher, daß ihr, wie vielen Kranken dieser Art, die Aufmerksamkeit vollständig abgeht. Sie vermag ihren Geist nicht zu fixieren. Daher ist sie auch zu jeder ernsten Beschäftigung untauglich. Ihr Gatte, ein hervorragender Literat, wollte sie für seine eigenen Arbeiten interessieren, aber alles, was er von ihr zu erlangen imstande war, waren einige Kopien und sie hatte diese so schlecht gemacht, daß er in der Folge darauf verzichten mußte.

Bevor ich auf die der Beschuldigten vorgeworfenen Handlungen eingehe, muß ich noch einige Details in bezug auf die häuslichen Verhältnisse erwähnen.

Es besteht im Hause C. nur eine Störungsursache, nämlich ein Kind. Frau C. hat zwei Kinder, einen Knaben und ein Mädchen, welches das älteste ist und das heute $5^1/_2$ Jahre zählt, ist seit seiner Geburt die große und einzige Sorge der Mutter. Dieses Kind, das nach einer außerordentlich schwierigen Schwangerschaft zur Welt kam, wurde, noch nicht drei Monate alt, von sehr ernsten Anfällen betroffen, die den Ärzten bald den Verdacht nahelegten, daß es sich um tuberkulöse Hirnhautentzündung handle. Dank der sorgfältigen Behandlung, die dem Kinde in überreichem Maße zuteil wurde, blieb es am Leben und hat heute sein 5. Lebensjahr überschritten, sein Gesundheitszustand ist jedoch nicht weniger fragwürdig und macht eine außerordentliche Überwachung nötig. Von dem Tage ab, an dem dieses Kind krank wurde, ließ Frau C. alles andere beiseite und lebte nur noch für dieses. Sie machte sich zum Sklaven der Kleinen und widmete ihr ihren Tag und die Nacht. Ihrethalben beraubt sie sich jeder Zerstreuung, jedes Vergnügens; wenn sie manchmal ohne das Kind ausgeht, geschieht es nur, um ihm irgendeinen Gegenstand zu besorgen, den es nötig hat oder den es wünscht. Bis dahin ist nichts Außergewöhnliches zu bemerken. Viele Mütter opfern ja ihre Person dem Kinde, das sie lieben. Aber es liegt in dieser Mutterliebe der Frau C. noch etwas mehr darin, noch etwas Außerordentliches und Krankhaftes. Es ist bekannt, wie sehr die Mehrzahl der Hysteriker Zwangsvorstellungen unterliegen, aber im allgemeinen sind diese Zwangsvorstellungen wechselnd; bei Frau C. ist der Zwang unveränderlich und einzig. Der Gedanke, ihr Kind zu befriedigen und dem geringsten seiner Wünsche nachzugeben, ist bei ihr bis zu jenem Punkte getrieben, wo er die Gesundheit, ja das Leben des Kindes gefährdet. Es nützt dem von dem Gatten unterstützten Arzte nichts, der Mutter vorzustellen, daß es nichts Gefährlicheres gibt, als ein derartiges Entgegenkommen gegenüber allen Phantasien und Launen der kleinen Kranken, die beruhigt, nicht ständig aufgeregt werden müßte. Aber alles nützt nichts gegen diese überschäumende Mutterliebe, das einzige, was der Arzt zuwege brachte, war, daß ihn die Mutter als ihren Feind betrachtete.

Kommen wir nun zu der verbrecherischen Handlung.

Auf den Rat des Arztes sah sich der Gatte, der übrigens über die für Nichtigkeiten seitens seiner Frau ausgegebenen Summen entsetzt war, genötigt, ihr das tägliche Einkaufen von Spielzeug zu untersagen. Er fand, daß einige vierzig Puppen mit allem Zubehör dem Kinde eine ausreichende Zerstreuung bieten müßten. Da sie die ihrem Verlangen entgegengesetzte und nur zu gerechte Opposition als Animosität auffaßte, wußte sie nichts anderes zu tun, als das, was man ihr zu kaufen nicht gestattete, einfach wegzunehmen, indem sie sich sagte, daß ihr Gatte gezwungen wäre, die Gegenstände dann zu zahlen, wenn sie erst einmal im Hause wären.

Es hat nicht den Anschein, als ob eine wohlerwogene Absicht dabei vorherrschte. Wenn man ihr darin Glauben schenken darf, so war dies ihr Gedanke in den letzten Novembertagen im Magazin de Printemps einem Gegenstande gegenüber, der ihr geeignet erschien, das Gefallen ihres Kindes zu erregen (ein Schaf); sie gab sich dieser lächerlichen Erwägung hin; sie leistete ihr auch unmittelbar darauf Folge. 14 Tage nachher erschien sie wieder und trug zu wiederholten Malen gegen 60 Artikel hinweg; Kinderspielzeug, Puppenartikel oder Stoff für Puppenkleider, alles in allem zu einem Werte von 300 Franks. Nachdem sie ohne Unfall nach Hause gekommen, verbarg sie alle Gegenstände im Schranke und erwartete ungeduldig den Weihnachtsabend, um das Kind mit all den Geschenken zu überhäufen und ihren Mann von ihrer Tat zu benachrichtigen.

Frau C. gibt selbst zu, daß sie sehr gut wußte, daß sie stehle, aber in ihrem Kopfe erschien dieser Diebstahl außerordentlich milde, wenn nicht gar durch den Gedanken völlig entschuldigt, daß ihr Mann unweigerlich früher oder später die Gegenstände bezahlen werde. Es war ihrer Absicht nach gewissermaßen eine Anleihe und kein Diebstahl. Mit einer wahrhaft bewundernswerten Naivität erklärte sie, wie sehr sie es diesem beruhigenden Gedanken verdankte, daß sie sich ihren verbrecherischen Entwendungen mit vollkommener Seelenruhe, in voller Sicherheit des Gewissens, ohne jede Erregung, sie, die Aufgeregte, und ohne die geringsten Gewissensbisse hingeben konnte. Selbst als sie auf frischer Tat ertappt und vor den Kommissär geführt wurde, war ihre Haltung so ruhig, so heiter, daß ein zufällig hinzugetretener Zeuge nicht umhin konnte, über den Geisteszustand Verdacht zu schöpfen und sich beeilte, ihrem Gatten davon Mitteilung zu machen. Es bedurfte erst aller Scherereien einer richterlichen Untersuchung, um sie etwas zu beunruhigen und ihr klar zu machen, daß die von ihr begangenen Handlungen nicht so leicht zu nehmen seien. Heute noch ist ihre Überzeugung in dieser Beziehung nicht vollständig geklärt und auf alle Fälle will sie nicht glauben, daß es zum mindesten unentschuldbar ist, wenn man so handelt, wie sie es getan. Frau C. kann treffend mit einem Worte geschildert werden: Sie ist ein Kind, aber dieses 33jährige Kind ist hysterisch, und zwar mit allen zerebralen Mängeln, die ein solcher Zustand mit sich bringt.

Wir sehen einen charakteristischen Fall, der sich eigentlich wenig von dem meinigen unterscheidet. Wie in den meisten dieser Fälle handelt es sich um eine verheiratete Frau mit ausgesprochenem psychosexuellen Infantilismus. Wir dürfen in allen diesen Fällen das eine Motiv nicht vergessen. Die Ehe und die Verpflichtung der Treue werden als Zwang gewertet. Die Kleptomanie entspricht einer Phase im Kampf der Geschlechter. Sie hat auch die Tendenz, den Mann zu kränken, ihn zu beschäftigen, ihm Scherereien zu machen, seine Liebe auf eine harte Probe zu stellen. Es ist gar keine Frage, daß die Frau das Kind mehr liebt als ihren Mann. Die Formel ihrer Handlung wäre: Ich will meinem Kinde Freude bereiten auf die Gefahr hin, meinem Manne weh zu tun. Der Umstand, daß Frau C. ihren Mann von der Tat am Weihnachtsabend verständigte, zeigt das fein ausgesponnene Rachebedürfnis dieser Frau. Offenbar spielen Erinnerungen an ihre Kindheit mit, an die Weihnachtsabende, an denen sie so reich beschenkt wurde. Ihr Mann hatte ihr bei 40 Puppen Halt geboten. Nun zeigte sie ihm, daß sie imstande war, sein Verbot zu übertreten. (So weit kommt es, wenn du mir nicht in allem nachgibst.) Die Tendenz, ihn zu demütigen und sich einen Triumph zu verschaffen, tritt in diesem Falle deutlich hervor.

Nun wenden wir uns einem Falle von *Vinchon*[1]) zu, den ich in der meisterhaften Übersetzung von *Kurt Boas* wiedergebe.

Fall Nr. 8. Jeanne C., Carmen genannt, wird zum ersten Male im Juni 1908 aufgenommen mit folgendem Attest: „Progressive Paralyse, Abnahme der geistigen Fähigkeiten, Euphorie, kindisches Benehmen, kein Krankheitsbewußtsein. Der Beginn der Krankheit scheint bis Anfang Jänner zurückzuliegen und durch einen heftigen moralischen Shock verursacht zu sein." Es folgen die Gutachten dreier Sachverständiger. Die Feststellungen in der Klinik bestätigten anfänglich diese Schlußfolgerungen.

Im Jänner 1903 schien Carmen, die heute 45 Jahre alt ist, tatsächlich das Gedächtnis verloren zu haben, im Anschluß an einen Wagenunfall. Darauf war ihr Charakter und ihr ganzes Wesen ganz und gar kindisch geworden. Ihre früheren Neigungen nahmen an Stärke nur zu. Sie hob alles, was sich in ihrem Bereiche befand, auf, stahl einem Vorübergehenden eine Zeitung usw. Infolge dieser geringfügigen Gesetzesübertretung wurde sie interniert.

Carmen verläßt die Irrenanstalt im Oktober 1903 in sehr gebessertem Zustande. Ihre Handlungen und Redensarten tragen dagegen stets noch ein kindisches Gebaren zur Schau. In guter Bewachung bleibt sie bis 1906 ruhig. Zu diesem Zeitpunkte führte sie einen vergeblichen Diebstahl aus. Man hielt ihre Verhaftung aufrecht, weil man bei ihr eine Sammlung von Gegenständen fand, welche die Verwunderung des Polizeikommissärs erregten. Infolge eines forensisch-psychiatrischen Gutachtens wurde sie provisorisch unter Aufsicht ihres Freundes in Freiheit belassen, bald darauf jedoch stellte sie sich spontan an der Pforte der „Infirmerie spéciale" ein, hielt bizarre Ansprachen

[1]) Journal de médicine de Paris, 1914.

und wurde von neuem verhaftet. Diesmal nahm der Arzt bei ihr Simulation an, obgleich er ihre Entartung anerkannte. Bei der Aufnahme wurde sie nach einigen erregten Tagen ruhig und konnte wieder die Anstalt verlassen. Sechs Jahre hindurch, von 1906—1912, bot sie an krankhaften Erscheinungen lediglich ein kurzes schlecht ausgesprochenes Erregungsstadium dar. Dieser Zustand trat im Sommer 1910 ein. Im Sommer ist sie in der Regel nervöser und Anfällen dieser Art unterworfen. Im März 1912 wurde sie wieder in der Anstalt Sainte-Clotilde interniert während eines Leichenbegängnisses. Der Gutachter sah sie noch einmal als eine Simulantin an. Während ihres Aufenthaltes in Saint-Lazare machte sie einen Erregungszustand durch, wurde einer erneuten ärztlichen Untersuchung unterzogen und auf die Abteilung Magnan verlegt mit der Diagnose: geistiger Schwächezustand mit manischer Erregung. Anfänglich war Carmen ganz und gar nicht geneigt, uns zu Vertrauten ihrer Angelegenheiten zu machen. Wenn man mit ihr über ihre Diebstahlsaffäre sprach, gab sie an, sich an nichts zu erinnern. Trotzdem erzählte sie mit einer amüsanten Verve von alter Art, eine Menge von Einzelheiten aus ihrem früheren Leben, u. a. die Geschichte, die bei einer Frau in ihrem Alter überrascht, von Puppen, die sie nicht verlassen und denen sie nur für einige Wochen entsagt hat, weil sie damals sich mit einem kleinen Jungen zu beschäftigen hatte.

Sie hat zwei Puppen, alle beide sind blond, die eine ist groß wie ein Baby und liegt stets auf ihrem Bett hinter ihr. Die andere ist von ganz kleiner Gestalt und sie kann sie mit sich nehmen. In zahllosen Kartons häuft sie Seidenreste, Enden von Spitzen, verschiedenartige Bänder an. Ihr höchstes Vergnügen ist es, von diesen Gegenständen Gebrauch zu machen, um daraus Kleider für ihre Puppen zu verfertigen. Sie bevorzugt namentlich die Seide und die stark leinwandhaltigen Stoffe, ebenso die Spitzen, deren Verarbeitung ihr besonders angenehm ist. Die Kenntnisnahme dieser Dinge bringt uns auf den Gedanken, Carmen eine kleine Puppe zu reichen, da sie sich darüber beklagt, keine mehr zu besitzen. Carmen hat sie kaum bemerkt, als sie sie ergreift, sie gegen sich drückt und sie unter ihrer Kleidung versteckt. Sie legt dabei eine starke Erregung an den Tag, kann kaum sprechen, murmelt mit erstickter Stimme: „Danke schön" und versucht uns zu umarmen. Ihr Aussehen drückt dabei den Höhepunkt der Leidenschaft aus.

Eine Stunde später lassen wir sie in das ärztliche Untersuchungszimmer kommen. Ihre Antworten sind noch verworren, die Mimik drückt die Scham und die Verzerrung aus, bis sie sich endlich entschließt. uns das nachfolgende mitzuteilen:

Sie hätte viel intimen Verkehr früher unterhalten, heute hätte sie keine normalen geschlechtlichen Neigungen mehr. Früher wäre Carmen syphilitisch gewesen. Obgleich sie behandelt worden sei, ist es ihrer Ansicht nach heute dieselbe Krankheit, die wiederkehrt und ihre Erregungszustände hervorruft. Schon als Kind onanierte sie, indem sie sich gegen die Lehnen der Stühle und die Ecken der Tische rieb, weil ihre Eltern, die ihr Laster bemerkt hatten, sie veranlaßten, die ganze Zeit die Hände hinter dem Rücken zu halten. Sie war ein sehr feuriges kleines Mädchen, das bereits mit dem Besitz mancher Spielzeuge den Gedanken einer sexuellen Befriedigung verknüpfte. Diese Veranlagung verschwand in der Pubertät, um in den Wechseljahren wieder in Erscheinung zu treten, die vor etwa

10 Jahren eintraten (1903 zählte Carmen 44 Jahre). Zu diesem Zeitpunkte führte sie die ersten Diebstähle aus.

Carmen hat niemals widerstanden. Es ergreift sie urplötzlich. An den vorhergehenden Tagen ist sie etwas aufgeregt.

Sie geht in eine Kirche, die sie für gewöhnlich benutzt, in Sainte-Clotilde, einem reichen Kirchensprengel. Sie verspürt ein unbestimmtes Mißbehagen im Magen, dann nehmen ihre Wünsche einen bestimmten Ausdruck an und sie braucht einen der kleinen Gegenstände, wie sie die Pompadours der Damenwelt zu beherbergen pflegen, mit besonderer Vorliebe eine Büchse mit Reispuder.

Sie versucht sich in den Besitz dieses Gegenstandes zu setzen, ihr Ungeschick verhindert sie jedoch an dem Gelingen, so daß sie festgenommen wird. In diesem Augenblick wird ihr Gesicht kongestioniert, der Schweiß tropft von ihrer Stirn, die Genitalorgane sind feucht, der Besitz des Gegenstandes führt eine tatsächliche geschlechtliche Wollust herbei, die sie mit folgenden Worten schildert: „Dann mache ich mein Ding." Einige Zeit lang nimmt der gestohlene Gegenstand den Rang eines Fetischs ein und sie reiht ihn in die Sammlung ein, die sie bei sich trägt und deren Anblick für sie eine Quelle des Vergnügens ist, oder sie empfindet Ekel davor, macht ihn entzwei und wirft ihn fort.

Manchmal ersetzt sie den Diebstahl durch den Ankauf des Gegenstandes. Dann jedoch tritt das Vergnügen weniger lebhaft zutage. Dies läßt sie übrigens den Gegenstand nicht verachten, denn sie denkt mit Freuden an die Zeit zurück, da sie das Geld mit vollen Händen ausgeben konnte und sich nach Hause ganze Berge von Bändern, Spitzen und kleinen Krämereiartikeln schicken ließ. Ihr Freund tauscht meistens diese Gegenstände wieder um; wenn er sie ihr beläßt, so zieht sie damit ihre Puppen an.

Diese „Sucht zum Stehlen" — so drückt sie sich aus — macht sie sehr unglücklich, sie möchte sich am liebsten das Leben nehmen, um ihr zu entrinnen; sie empfindet jedoch bei diesen Worten ein zwiespältiges Gefühl. Denn es entsteht bei ihr einerseits die Erinnerung des Ekels und des Genusses, die diesen Akt begleiten, zusammen oder getrennt.

Kaum hat Carmen dieses Bekenntnis abgelegt, als sie darüber Reue empfindet und uns übelnimmt, daß wir es ihr entrissen haben. Sie verfällt zuerst in einen heftigen Zorn, der nicht vorgetäuscht ist; dann beruhigt sie sich und bittet uns, nichts davon ihrem Liebhaber zu berichten. Sie schämt sich dessen und will lieber für eine Diebin gelten. „Im übrigen hat man es in Saint-Lazare nicht schlecht, die Schwestern sind sehr nett zu ihr."

Auf der Abteilung konnten wir einen ähnlichen Fall beobachten, der denen zur Seite zu stellen ist, von denen sie uns berichtet hat. Nach einer kurzen Zeit der Erregung versuchte sie eines Morgens im Lauf des Monats Oktober 1912 ein Band an sich zu nehmen, welches das Haar einer Krankheitsgenossin zierte. Dieselben Erscheinungen traten bei diesem Anlaß zutage; nur daß es diesmal genügte, den Gegenstand lediglich zu berühren, um ihre wollüstigen Wünsche zu befriedigen. Alsbald ergriff sie das Band und verlangte, daß es vernichtet werde.

Was die Puppe anbelangt, so umgibt sie Carmen mit einem wahren Kultus. Sie hat Angst, daß man sie ihr wieder wegnimmt und verbirgt sie vor Eifersucht am Tage unter ihren Kleidern, nachts im Bett. Sie läßt Stoffreste kommen, verfertigt mehrere Kleider, namentlich einen Trikotmantel aus blauer Leinwand, gegen den sie ihre Wange mit besonderer Vorliebe reibt. Diese Puppe erinnert sie ganz an das kleine Kind, mit dem sie sich früher so gern zu beschäftigen pflegte.

Mit der Puppe, erzählte sie uns, hat sie den besten Schutz gegen die diebischen Neigungen. Diese treten nur auf, wenn ihr spezielles Interesse für diese Gegenstände erloschen ist, so daß sie ohne Wirkungen sind. Mit dem kleinen Kinde ist es ebenso.

Sie hat keinen Begriff von der moralischen Bedeutung ihrer Handlungen. Die Kenntnis der Strafen, die die Gesellschaft den Dieben zudiktiert, hat niemals dazu geführt, sie davon abzubringen. Sie liebt die berufsmäßigen Diebinnen, obgleich sie sie verachtet. Mit diesen Frauen, sagt sie, kann man sich vertragen wie man will, d. h. eher schlecht. Die zweifelhafte Freundschaft ging einmal so weit, daß sie lesbische Beziehungen zu einer Frau anknüpfte, die — es sei dies als eine bemerkenswerte Einzelheit hier angeführt — in einem Kreise von Neurologen verkehrte. Eine andere Gefährtin, ebenfalls eine internierte Diebin wie sie, und alte Rückfällige, hat ihr vorgeschlagen, zusammen zu leben und „ebenso zusammen zu arbeiten" bei ihrer Entlassung.

Ihrem Liebhaber gegenüber scheint Carmen liebevoll zu sein, aber ein Nichts genügt, um sie zornig werden zu lassen. Sie ist unfähig, ununterbrochen aufmerksam zu sein und steht ständig unter Stimmungswechsel. Ihre große Voreingenommenheit ist das Alter und der physische Verfall, unter dem sie steht.

Carmen hat alle Kinderkrankheiten durchgemacht. Ihre Erziehung war jammervoll und ihre Mutter hat sie sehr verwöhnt. Sie konnte es nicht in der Pension aushalten und mußte im Elternhause erzogen werden. Eine Lehrerin erteilte ihr Unterricht und brachte ihr Lesen und etwas Musik bei. Seit ihrem 20. Lebensjahre wohnt sie in Paris, bald als Demimondäne, bald als Modell, je nach den Umständen ihr Leben fristend. Sie gab sich häufigen Champagner- und Alkoholexzessen hin, die sie sehr schlecht vertrug.

Ich verweise auf die trefflichen epikritischen Bemerkungen, die *Kurt Boas* an diesen Fall knüpft, und möchte nur hervorheben, daß die Beziehung der Vorliebe für Puppen zur Homosexualität ziemlich klar vorliegt. Sie wurde von der Mutter arg verwöhnt. Sie sehnt sich nach dieser Zeit zurück. Sie spielt mit der Puppe ihre eigene Vergangenheit. Sie gesteht übrigens eine lesbische Beziehung offen zu.

Sehr häufig treten Wutanfälle gegen den Liebhaber auf. Ich habe solche Fälle öfters analysiert. Es handelt sich um Frauen, die an irgend eine Form der lesbischen Befriedigung gewöhnt sind. (Bei Prostituierten kommt der gegenseitige Kunnilingus sehr häufig vor!) Sie sind dann bei dem Manne kalt und reagieren infolge mangelnder Befriedigung auf geringfügige Anlässe mit Wutanfällen. Dabei betonen sie ihre übergroße Liebe, erzählen von den glänzenden Vorzügen ihres Mannes oder Liebhabers, sagen ihm im Wutanfall die gräßlichsten Gemeinheiten, die sie dann bedauern und zurücknehmen, betonend, daß es sich um sinnlose Schimpfereien, um krankhafte Ausgeburten der Phantasie handelt. Eine meiner Patientinnen warf dem Manne im Wutanfalle homosexuelle Verhältnisse mit seinen Freunden vor und verriet so die Wurzel ihres Grolles.

Im vorerwähnten Fall ist der Diebstahl der Puderbüchse sehr charakteristisch für Homosexualität, ebenso das Stehlen eines Bandes, das eine Krankheitsgenossin zierte.

Wenden wir uns einem zweiten Falle von Puppenfetischismus zu, den *Vinchon* unter dem Titel „Le Fétichisme de la poupée et le vol aux étalages" im Journal de médecine, 1914, publiziert hat.[1])

Fall Nr. 9. Es handelt sich um ein Mädchen Luise, welches einer Lyoner Seidenweberfamilie — dieser Beruf ist für die Entstehung der geschlechtlichen Perversität von Wichtigkeit — angehörte. Sie kam dann aus der Provinz nach Paris. Dort war sie Mitglied einer familiären Warenhausdiebstahlgesellschaft, der außer ihr selbst noch ihre Töchter, Schwiegertöchter und ihr Sohn angehörten. Aus der Anamnese ist folgendes von Bedeutung:

Der Vater und einer der Brüder waren Epileptiker. Ein Onkel mütterlicherseits ist idiotisch. Eine Schwester der Kranken hat Suizid begangen. Die Kranke selbst ist in der Schule zurückgeblieben. Sie hat erst mit fünf Jahren mühsam zu sprechen gelernt. Mit sieben Jahren litt sie an „Nervenfieber" infolge von Angstzuständen; ein Mensch wäre ihr auf der Straße nachgelaufen und hätte sie bezichtigt, einen kleinen Hund gestohlen zu haben. In der Schule lernte sie schlecht und zog die Handarbeiten vor.

Sie war traurig, ängstlich, litt häufig an Kopfschmerzen und suchte viel die Einsamkeit auf. Zu dieser Zeit hatte sie auch Zustände von pathologischer Reizbarkeit, von hysterischer Natur, die bei der geringsten Aufregung zutage traten.

Mit fünfzehn Jahren war sie gewerblich tätig, arbeitete zunächst etwas in allen Zweigen der Schneiderei und bildete sich speziell in der Zurichtung von Seidenkorsetts aus. Ihr Geschmack für diesen Stoff trat seit dem siebenten Lebensjahre in die Erscheinung. Einer ihrer Onkel überraschte sie damals, als sie im Begriffe war, den Stoff zu reiben, an dem sie gerade arbeitete. Sie empfand dabei ein Gefühl, das sie als eine Art von Schauer (frisson) schilderte.

Mit siebzehn Jahren menstruierte sie zum ersten Male. Sie erkrankte damals im Anschluß an einen schweren Typhus an Chorea minor, die erst nach drei Jahren wieder verschwand dank einer Isolierung in einer Anstalt.

Nach ihrer Wiederherstellung nahm sie dann wieder ihren Beruf auf und wurde schließlich Vorarbeiterin bei einer Schneiderin in Lyon mit einem Gehalte von 300 Frank monatlich.

Außerdem wurde sie von einem Geliebten ausgehalten, einem Schriftsteller, mit dem sie seit ihrem 21. Lebensjahre zusammenlebte, und von dem sie ein lebendes Kind hatte. Zwei andere starben im zarten Alter, außerdem hatte sie drei Fehlgeburten und dann noch eine Tochter, die stets kränkelt. Während ihrer Schwangerschaften war sie oft auf Eßwaren scharf, hatte sich jedoch niemals dazu hinreißen lassen, sich in den Besitz solcher durch Diebstahl zu setzen.

[1]) Mitgeteilt von *Kurt Boas* in *H. Groß'* Archiv, Bd. 68, „Kleinere Mitteilungen". „Weitere Beiträge zur forensischen Bedeutung des Puppenfetischismus."

Ihr Geliebter starb nach zehnjähriger Gemeinschaft. L., die damals 31 Jahre alt war, nahm einige Zeit darauf die Gewohnheit an, mit Seide zu masturbieren, ist jedoch dem Seidendiebstahl noch nicht ergeben. Wutanfälle gehen wechselseitig einher mit hysteriformen Anfällen, wenn die Versuchung über sie kommt und sie sich nicht befriedigen kann. Bei anderen Gelegenheiten dagegen kann sie sehr leicht widerstehen.

Mit 36 Jahren macht sie abermals einen Typhus durch. Während der Rekonvaleszenz will sie das erste Mal gestohlen haben unter nicht näher feststellbaren Umständen. Seither lebt sie in Paris und von dieser Zeit an datiert der Beginn ihrer Betätigung als Seidenfetischistin.

Die ersten Diebstähle ließen sie ein lebhafteres Wollustgefühl verspüren als das von ihr früher gekannte, als sie noch mit Seidenstoffen Onanie betrieb. Der Kontakt der Seide, namentlich solcher von roter Farbe, und ihr Rauschen genügten, um den sexuellen Pyarismus auszulösen. Sie war derartig erregt, daß sie keine Vorsichtsmaßregeln traf und sich jedesmal abfassen ließ.

Nach dem Diebstahl empfindet sie Abscheu und Scham, versucht die Seide wegzuwerfen oder sie ist erleichtert und verspürt eine allgemeine Ermüdung. Wie all die Kranken dieser Art empfindet Luise eine große Scheu davor, Fragen über diesen Gegenstand zu beantworten.

Bald kann sie es an keiner Stelle aushalten. Man setzt sie vor die Tür der Warenhäuser, in denen sie beschäftigt ist, sobald man bemerkt, daß die Seide verschwindet. Sie wird eine gewerbsmäßige Diebin und sucht auf diese Weise ihren täglichen Lebensunterhalt zu gewinnen.

Die Impulse zum Stehlen traten namentlich während g e w i s s e r D e p r e s s i o n s z u s t ä n d e auf, nach ihrem zweiten Typhusfieber, bei ihrem Klimakterium usw. Während dieser Perioden war sie weniger zur Arbeit aufgelegt als gewöhnlich und trug sich mit Selbstmordgedanken. Sie unternahm mehrfach Versuche dieser Art, versuchte sich die Pulsader mittelst eines Messers zu öffnen, sich zu erdrosseln, sich die Treppe oder vom Fenster herunterzustürzen und sich von einem Eisenbahnzug überfahren zu lassen.

Luise wurde 20mal verhaftet, erlitt im ganzen 11 Verurteilungen zu 18 Monaten Gefängnis und brachte 9 Monate in der Irrenanstalt zu seit 1911. (Sie war damals 45 Jahre alt.) Jedesmal machte sie dieselben Erzählungen. Während ihres jedesmaligen Aufenthaltes stellte man bei ihr hysterieartige Erscheinungen fest und sie wies zu den schönen Zeichen der Hysterie die vollständige Gruppe der Symptome dieser Neurose auf.

Luise entwich viermal aus der Irrenanstalt, dank der Beihilfe ihrer Kinder und zweifellos auch gewisser Individuen, die sich ihrer als einer ausgezeichneten Kraft beim Diebstahl bedienen, die sie ausschicken, um Seidenreste und alte Teppiche zu entwenden, von deren Erlös sie dann profitieren. Sie selbst verschwinden dann, sobald die Kranke verhaftet ist.

Als Kind hat Luise die Puppen leidenschaftlich geliebt. Damals schon machte es ihr außerordentliches Vergnügen, ihnen kleine Seidenkleider zu verfertigen. Bis in die letzten Zeiten hinein hat sie damit fortgefahren und sie erzählt nun selbst, daß sie, um nicht lächerlich zu erscheinen, wo sie einmal Mutter, sagte, sie arbeite für ihre Kinder, wie sie dies jetzt ihrer Angabe nach für ihre Enkelkinder tut.

Die Puppe selbst ist kein weiblicher Fetisch. Um es zu werden, muß sie mit einem seidenen Kleide angetan sein, wobei sie rot bevorzugt.

Das Vergnügen, das sie bei der Manipulation verspürte, war sehr lebhaft und ehemals sexueller Natur. Jetzt sind ihr bloß noch die Anregungen an angenehme Gefühle geblieben.

Wir haben einen typischen Fall von psychosexuellem Infantilismus vor uns, der seinen lebhaften Ausdruck in den Puppenspielen findet. Wir finden hier wieder die Wutanfälle gegen den Geliebten, auf die wir im vorigen Falle hingewiesen haben. *Kurt Boas* hat recht, wenn er betont, daß nach dem Tode des Geliebten die Regression auf die alten Bilder des Seidenfetischismus eintraten, „die unterschwellig stets an der Schwelle des Bewußtseins gestanden hatten". Eine zweite Ursache der Regression bildete die zweite Typhuskrankheit. Wir können es sehr häufig beobachten — worauf ich in Band V aufmerksam gemacht habe —, daß Regressionen nach einem längeren Krankenlager zustande kommen. Auch das Klimakterium, das kritische Alter der Frau, der Kampf gegen das Altern (vgl. Band III, das Kapitel: Das kritische Alter der Frau, 2. Aufl.), mag eine Rolle gespielt haben, worauf auch *Boas* hinweist, der noch einige interessante epikritische Bemerkungen zu dem Falle hinzufügt:

— — — — — — — — — — — — — — — — — — — —

„Zu einigen Bemerkungen *Vinchons* soll Stellung genommen werden. Zunächst wird hingewiesen auf das häufige Vorkommen des Puppenkultus bei Homosexuellen, insbesondere bei Lesbierinnen."

„Zum Beweise dessen, daß der Puppenkult häufig bei Homosexuellen vorkommt, führt *Vinchon* mehrere Fälle aus *v. Krafft-Ebing* an. Ein Fräulein Marie schrieb in einem Brief an ihre lesbische Freundin Sandor: „Ich liebe nicht mehr die Kinder der anderen, sondern ein kleines Baby meines Sandi, eine reizende kleine Puppe. Ach, welches Glück gewährt mir mein Sandi."

„Auch männliche Homosexuelle betreiben gelegentlich den Puppenkult. Ein Fall von *Laquer*[1]) war bereits früher kurz erwähnt. *v. Krafft-Ebing* berichtet über einen Uranier, der das Bekenntnis ablegte, gern mit Mädchen zu spielen, die Puppen besaßen. Für letztere verfertigte er dann Kleidungsstücke. Noch mit dreißig Jahren legte er ein großes Interesse für Puppen an den Tag. Auch die Fälle 122, 124 und 129 aus der *v. Krafft-Ebing*schen Kasuistik gaben von den Mädchenspielen den Puppenspielen den Vorzug und schneiderten ebenfalls für ihre Puppen."

[1]) *Laquer*, „Der Warenhausdiebstahl". Sammlung zwangloser Abhandlungen aus dem Gebiete der Nerven- und Geisteskrankheiten. Halle a. S. 1907, Bd. VII, H. 5.

„*Vinchon* selbst hebt hervor, daß hier von einem echten Puppenfetischismus keine Rede sein könne. Dazu fehlen auch alle von *Stekel*[1]) und mir angegebenen Kriterien."

„Wenn *Vinchon* weiterhin äußert, daß es neben dem ausgesprochenen Puppenkultus Grenzzustände und fließende Übergänge gibt, so ist er zweifellos darin im Recht. Hierhin gehört die Beobachtung, daß bei den Weihnachts- und anderen Bescherungen in den Irrenanstalten sich die Puppen einer besonderen Beliebtheit erfreuen und nie zahlreich genug als Geschenke figurieren können."

„Auch draußen, besonders in den Großstädten, trifft man den Puppenfetischismus im gewöhnlichen Sinne des Wortes (nach *Vinchon*) sehr häufig an, besonders in manchen Milieus, wie im Schneiderinnen- und Konfektionsgewerbe. In den Nachtlokalen werden die Puppen mit Bonbons und Rauchutensilien gefüllt verkauft; ferner, aber dann weniger auffällig, in einer Schachtel, die Kokain enthält. Jede Frau hat ihren bevorzugten Puppentypus. Diejenigen, die besonders grotesk sind, haben oft die besten Abnehmer."

„*Vinchon* führt dann Beispiele für den Puppenkultus aus den Zeiten der alten Griechen und Römer, Japaner und Chinesen an. Bei letzteren verfertigten besondere Künstler wertvolle seidene Kleider mit allerlei Zierat versehen und richteten allerlei Kostbarkeiten für sie an."

„Man muß sich hüten, all diese Fälle unter der pathologischen Lupe zu betrachten und sie von vornherein als Fetischismus zu stempeln. *Vinchon* empfiehlt, sich an die Definition von *Garnier*[2]) zu halten, der ich freilich die von *Stekel* und mir angegebenen Kriterien des echten Fetischismus vorziehe."

— — — — — — — — — — — — — — — — — — — —

Ich möchte diesen trefflichen Bemerkungen von *Kurt Boas* noch einige Erläuterungen hinzufügen.

Der letzte Fall zeigt uns eine außerordentliche Vorliebe für gewisse Stoffe, einen sexuellen Symbolismus — ich hüte mich, den mißbrauchten Ausdruck Fetischismus anzuwenden —, der außerordentlich häufig ist. Bekannt ist die Vorliebe für Pelze, welche auch das Objekt kleptomanischer Gelüste werden können. Das Verständnis für die Pelz-

[1]) *Stekel*, „Zur Psychologie und Therapie des Fetischismus". Zentralblatt für Psychoanalyse und Psychotherapie, 1914, Bd. IV, S. 316; vgl. auch meine Arbeit: „Kriminalistische Studien". Beitrag zur Psychopathologie der Fetischisten. Lion Archiv. Bd. 64, S. 71.

[2]) Ich gebe sie hier nach der Darstellung *Vinchons* wörtlich wieder: „Le fétichisme est une perversion sexuelle obsédante et impulsive conférant tantôt à un objet auquel nos usages prêtent une signification sexuelle (fétichisme impersonel), tantôt à une partie du corps (fétichisme corporel), le pouvoir exclusif de l'orgasme génital, le fétiche étant soit directement, soit par évocation ou représentation mentale l'élément à la fois nécessaire et suffisant de l'excitation sexuelle."

liebe gibt uns die Vorliebe für Haare. Die Pelze sind das Symbol des haarigen Körpers, besonders des Bartes, der Achselhaare, der haarigen Vulva.[1]) Ebenso bekannt ist auch die Vorliebe für Samt. Oft ist das Sexualobjekt nur anziehend, wenn es in Samt gekleidet ist. Aber auch Vorliebe für ordinäre Stoffe habe ich gefunden und wir werden bei Besprechung des echten Fetischismus einen solchen Fall kennen lernen. Diese Anziehungskraft eines Stoffes kann auch negativ betont sein. Damen in Seide verlieren jede Anziehungskraft, während Wollstoffe Liebesbedingung sind.

Solche Fälle von sexueller Wirkung der Stoffe hat außer *Clérambault* auch *Langlois*[2]) beschrieben. Der erste vermeidet den falschen Ausdruck Fetischismus, während der zweite immer wieder von Stofffetischismus spricht, was *Kurt Boas*[3]) mit Recht in seiner erschöpfenden Besprechung dieser Materie tadelt. Ich bringe die Fälle in der Übersetzung von *Kurt Boas:*

Fall Nr. 10. Die erste Patientin *de Clérambaults*, eine 40jährige Frau, gab über ihre Vita sexualis folgendes an: Sie sei mit 15 Jahren aus der Pension gekommen. Mit 16½ Jahren habe sie geheiratet. An dem sexuellen Verkehr mit ihrem Manne habe sie nie Gefallen gehabt, zuletzt sogar Ekel und Abscheu davor empfunden. Sie hätte sich dann durch Onanie Befriedigung verschafft. Onaniert hat sie bereits vor der Ehe.

Die Onanie hat sie spontan betrieben. Eines Tages war sie allein in ihrem Zimmer. Plötzlich verspürte sie ein eigenartiges wollüstiges Gefühl bei der plötzlichen Berührung eines Stuhles mit ihren Geschlechtsteilen. Sie gibt hierüber folgende Auskunft: „Ich saß nicht aufrecht wie gewöhnlich, sondern zu Pferde. Der Stuhl war mit Samt ausgeschlagen. Da ich an den Gefühlen Wohlgefallen empfand, so habe ich diesen Gebrauch wieder aufgenommen. Ich habe damals über dergleichen sprechen hören, der Gebrauch des Fingers kam mir erst später."

Die Patientin machte im ganzen 17 Schwangerschaften durch, darunter vier Aborte. Sie hatte einen Liebhaber, dem sie sehr zugetan war. Der geschlechtliche Verkehr mit diesem befriedigte sie jedoch stets viel weniger als die Masturbation. Jeden Morgen, nachdem ihr Liebhaber weggegangen war, masturbierte sie. Ferner hatte sie häufig erotische Träume, in denen sie sich in einem geschlechtlichen Verkehr mit einem Hunde wähnte oder mit Männern, die mit ihr außerordentliche Dinge trieben („qui lui faisaient des choses épouvantables").

Die Veranlassung zu der psychiatrischen Beobachtung der Patientin war wiederholter Seidendiebstahl. Sie war bereits viermal wegen Diebstahls von Seidenkupons vorbestraft und zur Zeit wegen Rückfalldiebstahls in Untersuchungshaft. Den ersten Diebstahl beging sie im Alter von 32 Jahren.

---

[1]) Vgl. den außerordentlich wichtigen Fall von *Féré*, angeführt in Bd. II, S. 339.

[2]) Une observation de fétichisme des étoffes chez la femme. Thèse de Montepellier 1912, Nr. 51.

[3]) Über Hephephilie. Eine angebliche Form des Fetischismus. *Groß'* Archiv, Band 61.

Irgendwelche Veranlassung dazu hatte sie nicht, da sie genug Seide im Hause hatte. Sie empfand bei dem Diebstahl ein gewisses wollüstiges Gefühl. Dies hatte sie aber nur, wenn sie stahl. Der käufliche Erwerb löste diesen wollüstigen Zustand nicht aus. Nach Ausführung des Diebstahles bringt sie die Seide in Berührung mit ihrem Geschlechtsteile und führt Reibebewegungen aus.

Auch Hinweise auf eine gewisse homosexuelle Neigung finden sich bei der Patientin, indem diese masturbiert und sich dabei ein völlig entkleidetes 16jähriges Mädchen vorstellt.

Auf die Frage, ob sie nicht das Masturbieren lassen könnte, meint sie, sie fühle nicht die moralische Kraft dazu. Sie wollte davon loskommen und hätte sich zu diesem Zwecke einen Liebsten angeschafft.

Bei diesem Falle wäre hervorzuheben: Sie war anästhetisch bei ihrem Manne, später traten Abscheu und Ekel auf; bei ihrem Liebhaber eine relative Anästhesie. Die ersten Erregungen traten — so weit erinnerlich — beim Onanieren auf einem Samtsessel auf, wahrscheinlich in Anlehnung an einen verdrängten infantilen Eindruck. Schließlich die fast nie fehlende homosexuelle Determination der Kleptomanie, welche vielleicht auf eine Fixierung an eine Person der Jugend hinweist, welche Seidenstoffe getragen hatte. Übrigens kann der Seidenstoff auch ein Ersatz für eine feine (seidenweiche) Haut sein.

Fall Nr. 11. Die zweite Patientin datiert ihre Vorliebe für Samt und Leinwand bis ins 6. Lebensjahr zurück. Später ging sie zur Seide über und Stoffreiben mit den Seidenabfällen ihrer schneidernden Schwester. Sie fühlte sich dabei vollkommen elend. Dies hörte erst auf, als sie normalen Geschlechtsverkehr unterhielt. Seide kann sie heute nicht mehr tragen, trotzdem es keinen größeren sexuellen Genuß gibt als die körperliche Berührung mit Seidenstoffen. Samt übt keine so große Attraktion auf sie aus. Aus Liebe zur Seide hat sie sich zu wiederholten Malen des Seidendiebstahles schuldig gemacht. Das letzte Mal entwendete sie ein im Schaufenster eines Korsettgeschäftes ausgestelltes seidenes Korsett gemeinsam mit ihrer Tochter. Gegen die Versuchung, Seide zu stehlen, vermag sie nicht anzukämpfen. Von besonderem Reiz für sie sind seidene Bänder, Kupons, Röcke und Korsetts. Wenn sie das Rauschen der Seide verspürt, fühlt sie ein eigenartiges Kribbeln in den Nagelspitzen. Sie kann alsdann nicht widerstehen. Kämpft sie doch dagegen an, so muß sie weinen und fühlt sich erschöpft. Nimmt sie die Seide an sich, so reibt sie sie hin und her, wobei sie ein eigenartig wohltuendes Gefühl in der Magengegend hat. Sie empfindet dann eine Art Wollust, die ihr den Atem anhält. Sie begibt sich darauf an einen einsamen Ort, um mit der Seide allerhand Manipulationen vorzunehmen. Wenn der Sinnenrausch verschwunden ist, fühlt sich die Patientin niedergeschlagen, all ihre Glieder sind matt.

In manchen Beziehungen bestehen zwischen diesem Falle und dem zuerst geschilderten Ähnlichkeiten. In beiden ist der „Fetischismus“ schon sehr früh aufgetreten, überhaupt die erste Art von sexueller Betätigung gewesen. Erst später wurde der Übergang zum normalen Geschlechtsverkehr vollzogen.

Fall Nr. 12. Der dritte Fall *de Clérambaults* betrifft eine 45jährige Witwe, die mit ihrem Manne stets in glücklichster Ehe gelebt hat, trotzdem sie eine Abneigung gegen den geschlechtlichen Verkehr hatte. In den Jahren 1881—1889 ist Patientin dreimal bestraft, einmal wegen Diebstahl, einmal wegen Fälschung, das dritte Mal aus unbekannten Gründen. Mit 38 Jahren trat die Cessatio mensium bei ihr ein. Wegen dieser Zustände wandte sie sich dem Genuß von Äther zu, nahm auch Morphium, Kokain, Rum oder Eau de Cologne mit Äther zu sich. Seit dem Gebrauch von Äther (mit 39 Jahren) hat sie die Sucht, Seide zu stehlen. Sie verspürt dabei eigenartige Wollustgefühle, die sie in charakteristischer Weise mitteilt. Taffet regt sie noch mehr auf, da es feinste Seide ist. Auch für Samt erwärmt sie sich, weniger jedoch als für Seide. Schwere Seidenstoffe schätzte sie weniger, sie würden sie in zu große Aufregung versetzen. Gerne möchte sie in Seide schlafen, hält dies jedoch einer anständigen Frau für unwürdig. Schlafen würde sie dabei allerdings nicht können, sie würde dabei ein brennendes Gefühl verspüren, aufstehen und sich mit Wasser abkühlen müssen. Während sie die Waren stiehlt, verspürt sie ein Angstgefühl, das sich jedoch löst und einer wollüstigen Empfindung Platz macht.

Epikrise von Dr. *Boas*: „Auch hier werden wir, um es gleich vorwegzunehmen, die Diagnose „Fetischismus" ohne weiteres ablehnen müssen. Die Begründung hierfür dürfen wir uns ersparen. Hier ist die „Kleptomanie" in den Wechseljahren aufgetreten. Die Cessatio mensium an sich dürfte wohl nicht für die Diebstähle verantwortlich zu machen sein, sondern der dauernde Gebrauch toxisch wirkender Substanzen, besonders des Äthers, der die Patientin in einen allgemeinen Erregungszustand versetzte, in dem sie sich der Tragweite ihrer Handlungen nicht bewußt war."

Fall Nr. 13. Fall IV *de Clérambaults*. Der nunmehr zur Diskussion stehende Fall ähnelt dem eben geschilderten fast aufs Haar. Er betrifft ebenfalls eine 49jährige Witwe, die eine fragwürdige Vergangenheit besonders auch in sexueller Beziehung hinter sich hat. Sie ist schwer belastet. Vater und Mutter begingen Suizid, ein Bruder befindet sich in der Irrenanstalt.

Bereits mit 7 oder 8 Jahren verlegte sich die Patientin aufs Masturbieren, das sie teils allein, teils mit einem kleinen Mädchen betrieb, mit dem sie Vater und Mutter spielte. Mit 12 Jahren trat bei ihr die Periode ein. Mit 26 Jahren ging sie die Ehe ein, jedoch hat sie niemals eine Befriedigung beim Koitus verspürt. Die Vorliebe für Seide verlegt sie in sehr frühe Zeit (genaue Angaben hierüber fehlen leider). Ihr Motiv zum Heiraten war überhaupt nur, sich in den Besitz einer schwarzseidenen Robe zu setzen. Ihre Worte sind so charakteristisch, lassen sich aber in deutscher Sprache so schlecht wiedergeben, daß ich sie hierher setzen möchte: „La soie a un froufrou, un cricri qui me fait jouir." Bereits das Wort Seide oder der Gedanke daran bringt sie in sexuelle Ekstase. Sie empfindet dabei eine „érection des parties sexuelles". Der Orgasmus wird vollends bei ihr ausgelöst, wenn sie die Seide gegen ihre Geschlechtsorgane scheuert. Nebenbei huldigt sie Alkohol- und Ätherexzessen und betrieb täglich Masturbation. Wiederholt hat sie sich des Warenhausdiebstahles schuldig gemacht.

1914 brachte sie drei derartige Diebstähle zur Ausführung. Einer davon betraf eine schwarze Robe im Werte von 160 Franks, die sie zusammenraffte und unter ihrem Unterrocke zwischen den Beinen versteckte. Eines Tages ging sie in demselben Jahre in ein Warenhaus infolge einer plötzlichen Eingebung. Vorher hatte sie Äther zu sich genommen. In der Abteilung für Seidenstoffe erblickte sie ein blauweißes Seidenkleid, das sie in Verzückung versetzte. Sie ließ dasselbe in einer großen Tasche unter ihrem Kleiderrock verschwinden. Dann masturbierte sie öffentlich vor allen Leuten in dem Warenhause.

Die Masturbation an sich schafft ihr keine vollständige Befriedigung, sie muß dabei stets an das Rauschen der Seide denken, um den Orgasmus zu erzielen. Manchmal beschäftigt sie sich beim Masturbieren in ihrer Phantasie auch mit Männern, obgleich diese keine sexuelle Anziehungskraft auf sie ausüben.

Fall Nr. 14. Der fünfte Fall von Hephephilie (*Langlois*) betrifft eine 25jährige Frau, die seit 5 Jahren verheiratet und Mutter von 3 Kindern ist. Über ihre Vita sexualis ist folgendes mitzuteilen:

Das Erwachen des Geschlechtstriebes datiert die Patientin vom 18. Lebensjahre ab, wo bei ihr die ersten Menses auftraten, also zu einem auffallend späten Termin. Bald darauf ergab sie sich der Masturbation, wobei sie sich zuerst des Fingers bediente. Irgendwelche somatische Schädigungen verspürte die Patientin dabei nicht. Eines Tages entdeckte sie ihre eigentümliche Vorliebe für Samtstoffe. Sie empfand, wie sie sich ausdrückte, eine große Freude und geriet in Versuchung beim Hantieren mit Samt. Sie bedauerte teils, teils war sie glücklich, nicht am Samtlager des Warenhauses, an dem sie tätig war, beschäftigt zu sein. Sie meinte, sie hätte, wenn sie daselbst tätig gewesen wäre, Samt stehlen müssen, wobei ihre Perversion ans Tageslicht gekommen wäre.

Damen ihrer Kundschaft, die in Samt gekleidet kamen, fuhr sie über die Kleider und verspürte dabei wollüstige Gefühle. Eines Tages ging ihr der Gedanke durch den Kopf, wie schön es wäre, mit Hilfe von Samt zu masturbieren. Sie schützte daher wenige Tage vor dem Einsetzen der Periode ein Unwohlsein vor, legte sich auf das Bett und masturbierte unter Zuhilfenahme von Samt. Die Patientin empfand dabei „une sensation indéfinissable qui la transportait et la faisait jouir".

All diese Vorgänge spielten sich in ihrem 18. Lebensjahre ab und seitdem hat der Trieb nur noch zugenommen. Besonders vor der Periode wird sie davon beherrscht, ohne daß ihre Angehörigen ihr jemals dabei auf die Spur gekommen wären. Sie empfindet dabei ein intensives Juckgefühl an den Genitalien und ein ausgesprochenes Hitzegefühl, die sie immer und immer wieder zur Masturbation veranlassen. Für den normalen Koitus empfindet sie nichts, dagegen malt sie sich (genau wie die vorige Patientin) die Ehe als ein Mittel zur Erlangung ihrer sexuellen Wünsche in bezug auf den Kauf von Samtkleidern aus.

Die Heirat ging sie auf Wunsch ihrer Eltern ein. Der normale Koitus gewährte ihr keine Befriedigung, sie gab vielmehr auf Drängen ihres Mannes nach. Bei der Beschaffung der Möbeleinrichtung wußte sie es so einzurichten, daß das Schlafzimmer in Samt gehalten wurde. Auch der Bettüberzug wurde auf ihren Wunsch aus Samt hergestellt. Man machte sich über diesen bizarren Geschmack keine weiteren Gedanken, sondern willfahrte den Wünschen der jungen Frau. Für diese bedeutete es das höchste Vergnügen, sich in diesem Samtmilieu allein zu bergen und der Masturbation zu fröhnen. Die Samtbekleidung nahm sie dabei nicht zu Hilfe aus Furcht, dieselbe bei ihren masturbatorischen Akten zu beschmutzen. Auch legte sie jetzt ständig Samtbekleidung an. Eines Tages hatte sie einen wollüstigen Traum, in dem sie sich ganz nackt in Samt gehüllt wähnte. In ihren Gedanken ist ein derartiger Traum nicht mehr bei ihr wiedergekehrt. Im Anschluß daran trat sie mit dem Geständnis hervor, ihr Mann würde sie weit eher sexuell anziehen, wenn er Samtkleidung anlegen würde und wäre es auch nur die Tracht der Zimmerleute zum Beispiel. Weiter über diesen Punkt befragt, gab sie noch an, ein anderer wie ihr Mann würde sie selbst in Samtkleidung reizen können. Sie gibt an, daß die Vorstellung ihres Mannes in Samtkleidung ihre sexuelle Erregung beim normalen Koitus steigern würde. Sie ist der Überzeugung, dabei mehr Wollust zu verspüren als bei der Masturbation mit Samt. Die ausdrückliche Frage, ob sie sich zu Frauen sexuell hingezogen fühle, verneinte sie; ebenso die Frage, ob die Samtmasturbation sie an einen Mann erinnere. Sie gab dazu allerdings ergänzend an, sie würde einen besonderen Genuß dabei empfinden, wenn der Samt die Geschlechtsteile ihres Mannes berührt hätte. Der Ehemann wußte von all diesen perversen Vorgängen gar nichts und führte den Pruritus vulvae bei seiner Frau auf den zu häufigen geschlechtlichen Verkehr zurück anstatt auf die masturbatorischen Akte.

Die Patientin masturbierte meist bei Tage, wenn der Mann infolge seiner Beschäftigung auswärts weilte. Wurde sie dabei erwischt, so schützte sie Migräne als Grund der Bettlägerigkeit vor. Die Patientin zeigte die geschilderte Vorliebe nur für Samt, dagegen nicht für Seide, Pelz oder andere Stoffe. Oftmals beschmutzte sie mit den Vaginalsekretionen die beim Masturbieren verwendeten Samtkupons. Eine gewisse Bedeutung hat die Wahl der Farbe. Am meisten schätzt die Patientin schwarzen Samt. Meist verbrennt sie die Samtlappen, die sie anfänglich gescheut habe, mit den Abgängen aus ihren Geschlechtsteilen zu beschmutzen.

Es sind Fälle, die *Eulenburg* als sexuellen Picazismus bezeichnen möchte. Charakteristisch für diese Frau ist die Geschlechtskälte für den normalen Koitus und der Impuls, den wir wiederholt als einen Rückstoß in die Vergangenheit entlarvt haben. Leider fehlt die Psychanalyse dieser Fälle, die rein deskriptiv wiedergegeben wurden.

Der Fall nähert sich aber entschieden dem echten Fetischismus. Die Frau ist beim Koitus anästhetisch, was einer männlichen Impotenz entsprechen würde. Sie lebt ihr Sexualleben in der Onanie aus, wobei die spezifische Phantasie ihrem Bewußtsein nicht zugänglich zu sein scheint. Sie zeigt den gleichen kleptomanischen Impuls wie ihre Vorgängerinnen in diesem Buche.

Über einen „Diebstahl aus Fetischismus bei gleichzeitigem Alkoholismus" berichtet zu *Groß'* Archiv, Bd. XXIII, S. 365, *Kersten:*

Fall Nr. 15. „Eines Maitags 1905 stahl der 53jährige Fabriksarbeiter (Lampenputzer) F. in einem Städtchen auf offener Straße einem Kinde aus dessen Puppenwagen ein Puppenkopfkissen. Er gab den Diebstahl zu mit dem Bemerken, er sei sich selbst nicht klar darüber gewesen, was er mit dem Kissen habe machen wollen, er sei angetrunken gewesen. Seine wiederholten Diebstahlsvorstrafen, die stets die Entwendung von Bettstücken bei Kinderbetten betrafen, wiesen darauf hin, daß der von seiner Frau geschiedene F., der in seinem Wesen nichts Auffälliges hatte, auch seine Arbeit im allgemeinen zur Zufriedenheit verrichtete, ein Fetischist war.

Nach dem gerichtlichen Gutachten wurde bei ihm der Geschlechtstrieb angeregt durch den Anblick von Betten und Bettstücken. Ein auch nur geringer Genuß von alkoholischen Getränken verstärkte den Trieb so sehr, daß F. ihm nicht widerstehen konnte, zumal er dem Trunke derart ergeben war, daß er schon allein wegen hochgradiger Alkoholzerrüttung als geisteskrank angesehen werden mußte. Einstellung des Verfahrens. (Akten der kgl. Staatsanwaltschaft Dresden, St. A. VIII./94/05.)

Es ist die gleiche Erfahrung, die wir bei allen Impulshandlungen gemacht haben. Der Alkohol zerstört die Hemmungen und macht die infantilen Impulse frei.

Einen hochinteressanten Fall von homosexuellen Kleiderfetischismus berichtet *M. Pappenheim:*

Fall Nr. 16. „Der 35jährige Zuckerbäckergehilfe K. L. wurde am 1. Juni 1919 abends bei der belebten Endstation einer Wiener Straßenbahnlinie angehalten, als er einem Manne einen zusammengelegten Plüschhut aus dessen Rocktasche entwendete. L. hatte bei der Verhaftung einen zweiten Plüschhut und vier Männergürtel bei sich, die er sich kurz vorher bei der gleichen Haltestelle angeeignet hatte. Bei einer Hausdurchsuchung fand man sodann in der Wohnung des L. noch 8 Hüte und 39 Männergürtel, die L. nach seinem Geständnisse auf gleiche Weise gestohlen hatte.

L. war bereits dreimal, und zwar in den Jahren 1913, 1915 und 1916 wegen kleiner Diebstähle vorbestraft worden. Der letzte Diebstahl war analog dem jetzt verübten. Im Jahre 1913 war L. gleichfalls beim Diebstahl eines Plüschhutes betroffen worden; man hatte aber damals in seiner Wohnung außer 9 Plüschhüten auch einen photographischen Apparat, 3 Operngläser und 1 Zigarrentasche gefunden, die gleichfalls von Diebstählen herrührten. Im Jahre 1915 hatte L. in der Statistengarderobe der Oper, wo er aushilfsweise beschäftigt war, einen Winterrock gestohlen.

L. will nie schwere Krankheiten durchgemacht haben. Im Alter von 9 bis 10 Jahren habe er einen Entzündungsprozeß am Gliede gehabt, wie er glaube, weil er immer mit demselben gespielt habe. Er könne sich erinnern, daß ihn der Vater deswegen viel geschlagen und ihm die Nägel kurz geschnitten habe.

Als Kind, berichtet L., sei er immer brav gewesen. Er erzählt spontan, mit verlegenem Lächeln, daß er schon als Kind „Eigenheiten" gehabt habe. Er habe immer gerne mit Puppen gespielt, habe sie sogar in der Schultasche in die Schule genommen, und sei vom Vater geschlagen worden, bis er sich das abgewöhnt habe. Zu Hause habe er gerne Krippen und Häuser aus Modellierbogen gefertigt, ferner sei er am liebsten beim Herd gewesen, habe gerne gekocht, Fußboden gescheuert u. dgl. Freunde habe er nicht gehabt; er sei immer allein gewesen, sei im Sommer im nahegelegenen Wald spazieren gegangen, habe Schmetterlinge gefangen u. dgl. Er sei immer ein ruhiger Mensch gewesen, ernster Natur, habe alles schwer genommen. Als Kind habe er sehr gerne Märchen gelesen, später Romane aus der Volksbibliothek.

Über sein sexuelles Vorleben berichtet L. folgendes: Erotische Beziehungen zu Kameraden in der Schule habe er nicht gehabt. Vor vielen Jahren, er sei damals etwa 18 Jahre alt gewesen, habe er 2—3mal zu onanieren versucht, da er davon sprechen hörte, habe es aber zu keiner Erektion gebracht. Mit etwa 19 Jahren sei er, weil ihm die andern damit aufgezogen, daß er noch nicht geschlechtlich verkehrt habe, und weil er viel an Ausschlägen gelitten habe (an einer Akne offenbar, die man im Volke mit sexueller Enthaltsamkeit in Zusammenhang zu bringen pflegt), zu einer Prostituierten gegangen, habe aber keine Erektion bekommen. Auch ein zweiter Versuch, während eines Zusammenseins durch eine ganze Nacht, sei gescheitert. Später habe er den Geschlechtsverkehr nicht mehr versucht. Er habe sich bei den damaligen Versuchen einen Tripper zugezogen, der bald geheilt sei. In dieser Zeit sei er auch einmal im Dampfbad von einem Manne beim Gliede angepackt worden, habe aber dabei kein besonderes Gefühl gehabt. Die ersten abnormen Empfindungen habe er nach seiner Rückkehr aus Deutschland, mit etwa 25 Jahren bemerkt, indem er die Wahrnehmung gemacht habe, daß er, wenn er in belebten Straßen an Männer anstreife, „ein eigentümliches Gefühl" habe. Hie und da habe sich auch eine Erektion eingestellt. Er habe dann auch gerne übertragene Anzüge, insbesondere solche mit Gürteln, getragen, trotzdem er es nicht nötig gehabt habe, übertragene Sachen zu kaufen. Um diese Zeit habe er begonnen, in Kinos Gürtel zu stehlen. Er sei zum ersten Male bei einem Diebstahle ertappt worden, als er das schon einige Jahre praktiziert habe. In der letzten Zeit habe er nur Plüschhüte und Gürtel genommen; die anderen Gegenstände erwiderte er auf Vorbehalt, habe er auch Männern entwendet. Der Mann, dem er den Winterrock genommen habe, erinnere er sich, sei auch sportmäßig gekleidet gewesen.

L. schildert, wie er, wenn er einen Hut in einer Rocktasche stecken sehe, aufgeregt werde — er könne das Gefühl nicht schildern, es sei so ein Klopfen innen — und daß er dann häufig eine Erektion bekomme. Wenn das Herausnehmen des Hutes oder das Herausziehen des Gürtels mit Schwierigkeiten verbunden sei, dann komme es, — L. stellt das in seiner primitiven Ausdrucksweise dar — nach einem schmerzhaften Gefühl, als ob er urinieren müsse, zum Samenerguß, wonach sich ein gewisses Gefühl von Mattigkeit einstelle. Gelinge die Entwendung des Gegenstandes leicht, dann habe er kein besonderes Gefühl. L. bestätigt auf Befragen, daß er Angst habe vor dem Ertapptwerden; daß er aber dennoch nicht widerstehen könne. Im Gespräche mit Männern, gibt L. an, fühle er keinerlei geschlechtliche Erregung. Auch das Gefühl, das er früher beim Anstreifen an Männer gehabt habe, habe er jetzt nicht mehr. Nur wenn er einen Mann mit einem Plüschhut oder einem Gürtel sehe, werde er aufgeregt, und zwar, wie er auf Fragen angibt, nicht eigentlich in jedem Falle. Er wisse nicht, ob es bestimmte Leute oder bestimmte Gürtel seien, die ihn besonders anziehen. Nur soviel läßt sich durch Fragen heraus bekommen, daß er Männer mit „geschneckelten" (gelockten) Haaren bevorzuge. Zu Hause hebe er die Gegenstände auf, die Plüschhüte mit einem weißen Tuch bedeckt, auch die Gürtel schön zusammengelegt. Er nehme die Gegenstände oft in die Hand, betaste sie, fühle hie und da eine leichte Erektion. Bei seinem eigenen Hut habe er dieses Gefühl nie, nur bei entwendeten Hüten.

Das Besondere aber in dem geschilderten Falle, das mir seine Veröffentlichung berechtigt erscheinen ließ — ich fand bei einer, allerdings nur flüchtigen Durchsicht der Literatur keinen derartigen Fall —, ist, daß im Fetischmus des L. eine homosexuelle Komponente zutagetritt, indem ihm als Fetisch männliche Kleidungsstücke dienen, die er Männern entwendet."

„Über einen Fall von Kleidungsfetischismus homosexueller Art." Zeitschrift für Sexualwissenschaft, Bd. VII, Dez. 1920, H. 19.

Es handelt sich um einen Fall von echtem Fetischismus. Der Täter ist nur in seiner Phantasie homosexuell. Der Hut, der in einer Tasche steckt, symbolisiert ihm offenbar einen in einer Vagina oder im Anus steckenden Phallus. Wir sehen die überwältigende Impulshandlung, das Ausleben einer infantilen Phantasie und den Haremskult. Der Hut hat für diesen Kranken phallische Bedeutung, vielleicht auch der Gürtel.

Es gibt kein Kleidungsstück, das nicht zum Zentrum der fetischistischen Konstruktion gemacht werden könnte. Auch die spezifische Form und Art der Kleider kommt dabei in Betracht. *Garnier* beschreibt einen Fall, in dem das B r a u t k l e i d Liebesbedingung war.

Einen D i e b s t a h l aus F e t i s c h i s m u s teilt *Kersten* (*Groß'* Archiv, Bd. XXV) mit:

Fall Nr. 17. „Eines Februarabends 1906 wurde in dem Dorfe L. aus einem umfriedeten Garten mittels Einbruch ein B a l l k l e i d gestohlen. Der als Täter ermittelte S., ein 40jähriger Steinbruchsarbeiter, der seit 15 Jahren in kinderloser Ehe verheiratet und bisher unbescholten ist, gestand den Diebstahl zu; nachdem seine Wohnung durchsucht und darin eine ganz auffällig große Anzahl Frauenkleider, Unterröcke und dergleichen gefunden worden war, räumte er weiter ein, seit 2 Jahren fortgesetzt aus Gärten Frauenkleidungsstücke, die dort zum Trocknen hingen, zur Abendzeit unter dem Schutz der Dunkelheit, zum Teil mittels Einbruchs oder Einsteigens, entwendet zu haben, und zwar zur Befriedigung seines Geschlechtstriebes.

Die gerichtsärztliche Untersuchung ergab, daß S. ein Fetischist ist, bei dem eine krankhafte, die freie Willensbestimmung ausschließende Störung der Geistestätigkeit bei Begehung der Straftaten vorhanden war. Der übermächtige Trieb ist bei S., der anscheinend aus einer geistig gesunden Familie stammt, jedenfalls auf dem Boden des angeborenen Schwachsinnes entstanden. Wenn S. einen Frauenrock hängen sieht, so wird sein Geschlechtstrieb angeregt, besonders dann, wenn der Rock durch den Wind Gestalt bekommt. Es treibt ihn mit unwiderstehlichem Drange dazu, sich des Rockes zu bemächtigen. Er nimmt ihn und preßt ihn an sich, was für ihn schon eine Art Befriedigung ist. Heimgekehrt, zieht er den Rock nach Frauenart an und wohnt so seiner Frau bei. Das Bestreben S.s, der angeblich seit 2 Jahren niemals mehr ohne Frauenrock den Beischlaf vollzogen hat, geht dahin, stets einen neuen, d. h. eben erst gestohlenen Rock zu verwenden. Nur im Notfall griff er zu einem alten; dann war aber auch der Genuß nicht der gleiche. Einstellung des Verfahrens."

Akten der kgl. Staatsanwaltschaft Dresden, St. A. VII. 103/06.

Wir sehen in allen diesen Fällen eine Kombination des erotischen Symbolismus mit Impulshandlungen kleptomanischer Natur. Der echte Fetischist ist ein Sammler und jeder monomane Sammler ist unter Umständen ein Dieb. Die Leser des vorigen Bandes werden verstehen, daß der kleptomanische Impuls in diesen Fällen ein unwiderstehlicher ist. Die gewaltige Affektverschiebung ermöglicht einen Affektrausch, der das Bewußtsein einengt und zu einer erotischen Ekstase führt.

Der Impuls stammt aus der Kindheit und versucht eine Neubelebung der Vergangenheit. Das Stehlen der Puppen ist ein ausgesprochen infantiler Zug. Es ist, als ob sich diese Parapathiker mit einem Griffe wieder die Vergangenheit erobern könnten. In der voranalytischen Ära konnte man in solchen Fällen von Degeneration und Impulshandlung auf konstitutionell-degenerativer Grundlage sprechen. Erst die Psychanalyse hat die Macht der infantilen Erlebnisse und frühen Einstellungen aufgedeckt. Aber mit der Aufhellung der infantilen Phantasien allein ist noch nichts getan. Wer den Fetischismus mit dem Schlüssel des infantilen Traumas auflösen wollte, würde bald durch seine Mißerfolge eines Besseren belehrt werden.

Der echte Fetischist ist ebenso wie der erotische Symbolist ein Schauspieler und hat die Gabe, sich durch Annullierung der Realität in eine Rolle hinein zu denken und hinein zu fühlen. Es gibt keinen Gegenstand, den er nicht in sein System ziehen und zum Träger der Affekte machen könnte. Ist der Gegenstand — wie eine Puppe — geeignet, ihm die Vergangenheit zu repräsentieren, kann er die symbolische Vertretung eines Genitales oder einer sexuellen Handlung übernehmen, um so leichter wird er der Träger eines komplizierten Bauwerkes, das ich ein „fixiertes Luftschloß“ bezeichnen möchte.

Es bleibt aber nicht immer beim Denken und Phantasieren.

Der Zug in die Vergangenheit, ein unerfüllter Wunsch der Kindheit, das Bestreben, eine alte Szene neu zu beleben, drängen den Fetischisten zu einer Impulshandlung und bringen ihn mit den Gesetzen in Konflikt. Oft erreicht er dadurch ein geheimes Ziel: sich interessant zu machen und den Märtyrer zu spielen, zu leiden und sich an seinem eigenen Leide zu weiden.

IV.

Die Hieroglyphen des Fetischisten.

Die meisten der sogenannten Fetischisten haben ein kompliziertes System und eine ganz besonders originelle Geschmacksrichtung. Sie überraschen den Arzt durch eine Fülle von Details, deren Wichtigkeit sie mit Nachdruck hervorheben, und fügen oft hinzu: „So etwas Verrücktes werden Sie wohl in Ihrem ganzen Leben nicht gehört haben!" Sie haben den heimlichen Stolz auf die neurotische Fiktion, auf ihre sexuelle Neubildung, auf ihre Krankheit, einen Stolz, den man in dieser Ausbildung nur noch bei ausgesprochenen typischen Hypochondern findet, die man als narzißtische Fetischisten bezeichnen könnte. Die Fetischisten zeigen oft Züge von Hypochondrie, während die Hypochonder aus ihrer Krankheit und ihren Symptomen einen Fetisch machen, in den sie förmlich verliebt sind.

Der Fetischist schreibt seine eigentlichen Tendenzen und die Ursachen seines sexuellen Symbolismus in einer Geheimschrift. Er bemüht sich, während der Analyse diese Geheimschrift immer besser zu verbergen. Er ist unglücklich, wenn er merkt, daß der Arzt seine Geheimschrift zu enträtseln anfängt und ergreift gewöhnlich die Flucht. Ich kann daher allen Analytikern den Rat geben, ihre Erkenntnisse nicht zu früh preiszugeben und dem Fetischisten nicht zu früh zu verraten, daß sie ihn durchschaut und sein System erkannt haben.

Es kommen nämlich die merkwürdigsten Verschiebungen vor. Eine Hand, die Gegenstand eines leidenschaftlichen Partialismus ist, steht gar nicht für sich selbst, sondern ist das Symbol einer einmal mit der Hand begangenen Handlung. Je komplizierter das sexuelle System ist, desto verdächtiger muß es uns erscheinen.

Alle diese Kranken verlangen jammernd die Heilung und versprechen ewige Dankbarkeit, wenn man sie aus den Fesseln ihres sexuellen Symbolismus befreien wird. Man glaube ihnen nicht! Sie stellen sich nur so, als ob sie befreit werden wollten. In Wahrheit hängen sie an ihrer Fiktion, klammern sich an ihre Symbole, wollen von einer Heilung nichts wissen.

Wir haben ja gesehen, daß der sexuelle Symbolismus die Tendenz hat, seinen Träger vom geschlechtlichen Partner abzuhalten, indem er die Bedingungen der Liebeswahl immer mehr einschränkt und sie oft so unmöglich gestaltet, daß Fetischismus gleichbedeutend wird mit Askese. Schließlich drängt er seinen Träger von dem Menschen auf ein Symbol, einen Körperteil, der möglichst wenig Zusammenhang mit dem Sexus hat, oder gar auf einen Gegenstand.

Aber immer bemüht er sich, die Geheimschrift beizubehalten und deren Entzifferung mit allen Kräften zu verhindern.

Der folgende Fall bietet hiefür ein sehr lehrreiches Beispiel.

Fall Nr. 18. Fritz K., ein 29jähriger Chemiker, leidet an vollständiger Unfähigkeit zur Arbeit. Er war ursprünglich von seinem Vater zum Kaufmannsstande bestimmt worden. Mit 17 Jahren erwachte sein Ehrgeiz, er begann zu studieren, machte die Reifeprüfung für das Gymnasium mit gutem Erfolge, kam auf die Hochschule und absolvierte seine Studien mit großer Mühe, so daß er nach Überwindung innerer Schwierigkeiten endlich seinen Doktor machen konnte. Nun scheint er zu jeder Arbeit unfähig. Er hat viele Interessen, aber er bleibt immer an der Oberfläche haften. Er ist ein ausgezeichneter Musiker, kann am Klavier improvisieren, aber es fehlen ihm die gründlichen Studien. Er kann sich für keinen Beruf entscheiden. Die Chemie gefällt ihm nicht mehr, sie langweilt ihn. Er möchte Musiker oder Philosoph werden. Er glaubt, daß seine krankhafte Sexualität die Ursache seiner Willensschwäche ist. Er onaniert seit früher Jugend, und zwar immer mit ein und derselben Phantasie:

> Er stellt sich vor, wie zwei Frauen miteinander ringen. Die eine ist schlank und hat ein wunderbares Tanzbein. Sie trägt weiße, durchbrochene Seidenstrümpfe. Die andere ist stark, robust und untersetzt und trägt schwarze Strümpfe. Der Kampf ist sehr hartnäckig. Es scheint, als ob die Schlanke siegen würde. Aber im letzten Moment siegen die schwarzen Strümpfe. In diesem Augenblicke erfolgt bei ihm die Ejakulation. Oft aber muß er mehrere Male (sogar fünfmal in einer Nacht) onanieren.

Er ist immer unruhig und außer Stande, sich zu konzentrieren. Wenn er onaniert hat, wird er etwas gefaßter und aufnahmsfähiger.

Es ist, als ob ihn ein Motor rastlos durch die Welt treiben würde. Er war in verschiedenen Städten, suchte Ärzte auf und verließ sie nach kurzer Zeit. In Wien ist er unruhig. Er kann nicht in seiner Wohnung bleiben, eilt ins Café, vom Café wieder ins Theater, wo er sich langweilt. Er möchte ein Buch lesen, beginnt es mit großem Interesse und legt es nach einer Viertelstunde weg.

Er sucht fortwährend. Er läuft die Straßen auf und ab, um sich die entsprechenden Sexualobjekte zu finden. Ihn interessiert nur die bekleidete Wade. Am meisten erregen ihn Damen in durchbrochenen Seidenstrümpfen.

Er kann ihnen stundenlange nachlaufen. Dann eilt er nach Hause und onaniert mit dem Bilde, indem er die gesehene Dame mit einer anderen ringen läßt.

5*

Er versucht auch den normalen Koitus. Er hat gute Potenz, aber sehr schwachen Orgasmus, während der Genuß der Onanie sehr groß ist. Er hat sehr viele analytische Bücher gelesen, was für die Behandlung eine schlechte Prognose bietet.

— —

Zweite Sitzung: Er kommt um eine Viertelstunde zu spät. Er habe beim Friseur so lange warten müssen. (Wird aufmerksam gemacht, daß der ihm vorausgesagte Widerstand prompt eingetreten ist.)

Die Onanie war mitunter ein Ausbruch seiner Verzweiflung. Er wollte sich auf diese angenehme Weise ruinieren. Er fühlte nach jedem Akte einen moralischen und hygienischen Katzenjammer. Seit der Lektüre meines Buches über Onanie hat er den hygienischen Katzenjammer verloren. Der moralische Katzenjammer nach einem autoerotischen Akte ist ihm geblieben.

Das Ringen hat ihn immer sehr interessiert. Er hat als Junge in der Schule sehr viel gerungen, wobei er sich die schwächeren Knaben aussuchte, um immer siegen zu können. Einmal nur hat er einen Damenringkampf in Wirklichkeit gesehen, der ihn sehr aufgeregt hat. Das war aber vor drei Jahren. Da war die Zwangsvorstellung schon gänzlich ausgebildet. Er hat auch gegen die Onanie gerungen. (Er wird aufmerksam gemacht, daß er in jeder Hinsicht ein Ringer ist, und nach dem Verhältnis seiner Eltern gefragt.) Die Eltern lebten wie Hund und Katze. Es gab immer Streit und er hörte nie ein zärtliches Wort zwischen Vater und Mutter. Der Vater war ein Trinker und verübte Selbstmord. (Auch einer seiner Brüder!) Er war damals 19 Jahre alt, der Vater 56.

Die Mutter war dem Vater geistig überlegen und flüchtete oft in die Krankheit, so daß sie ihren Willen durchsetzen konnte. Er beschuldigt die Mutter, sie wäre die Ursache seines Leidens. Sie habe ihn verzärtelt, zur Selbstbeobachtung erzogen. Er war auch als Kind immer allein und spielte mit seinem Steinbaukasten. Er kam mit 10 Jahren aus dem Hause. Die Briefe seiner Mutter waren voll von Imperativen. Das sollst du tun und das darfst du nicht tun. Du sollt deine Eltern ehren, daß es dir wohl ergehe auf Erden. Dann habe sie ihn zu fromm erzogen. Er war von 5—14 außerordentlich fromm. Er entsinnt sich eines sehr strengen Religionslehrers, der alles dazu tat, um sein Herz mit Gottesangst zu füllen. Er fürchtete daher immer vor der Strafe Gottes. Er leidet an einem drückenden Schuldbewußtsein, das er bis heute noch nicht losgeworden ist. Zuletzt beichtete er noch mit 18 Jahren, „dann habe er den ganzen Krempel überwunden". Allerdings seien immer Ersatzreligionen eingetreten. Er wurde erst evangelisch, dann schwärmte er für Johannes Müller, Lhotzky, Mulford usw.

Er suchte bei Gott Hilfe gegen die Onanie. Schon als Knabe kämpfte er gegen das „Laster". Er weiß sich zu erinnern, daß er selbst auf die Onanie kam. Er beugte sich zum Fenster hinaus und fühlte plötzlich einen Kitzel in der Gegend der Prostata. Da mußte er mechanisch die Hand an das Glied geben und sein Unglück begann. Seine ersten Onaniephantasien waren nur mit schönen Beinen verknüpft; Mädchen auf der Straße, die gelbe Strümpfe anhatten, waren seine ersten Lustobjekte. Seine Ringkampfphantasien wurden erst in den letzten drei Jahren systematisch ausgebaut.

— —

Seine Onaniephantasien sind nicht immer so einfach, wie er sie mir geschildert hat. Die Hauptsache ist, daß die beiden Frauen um ihn ringen. Als ob zwei Ritter um ein Burgfräulein kämpfen würden. Ihn reizt die Frage: Welche von beiden werde ich dann besitzen? Das Verschlingen der Beine beim Ringkampf macht den größten Reiz aus. Oft stellt er sich vor, in jedem Lande gäbe es eine Art Gladiatorenschule für Weiber. Sie werden dort ausgebildet. Jedes Land sucht die besten Ringerinnen aus, die dann miteinander ringen müssen. Die beste Ringerin wird dann seine Geliebte. Die Zuschauer bei diesen Ringkämpfen sind nur Männer. Es gibt drei Räume. In dem ersten beginnt der Ringkampf, dann schleift die Stärkere die Schwächere durch alle Zimmer in das dritte. Dort ringt sie mit der Schwächeren und besiegt sie.

Er fährt fort: Ich messe im Geiste Fessel und Wadenumfang. Z. B. Fessel 18, Wadenumfang 32. Die andere hat Fessel 16, aber stärkeren Wadenumfang . . . also 34. Sie siegt also. Immer ringen Gegensätze. Es siegt meist die Schwarze über die Blonde. Er war 23 Jahre alt, da reizte ihn ein zehnjähriges Mädel auf der Straße. Er kämpfte gegen den Impuls, sich auf das Kind zu stürzen. Er möchte gerne ein Kind vergewaltigen. Es reizt ihn, daß er der Stärkere ist. Wenn Frauen sich von ihm tragen lassen, hat er einen großen Reiz. Er trug einst ein Mädchen über einen Bach. Das erregte ihn gewaltig.

Er hat gestern nicht onaniert. Warum? (Er wird belehrt, daß er wußte, daß er sich beobachten werde, um mir die Phantasien zu berichten.) Was er mir so ausführlich geschildert habe, erschöpfe seine spezifischen Onaniephantasien nicht.

Im Beginne des Krieges war er so erregt (Ringkampf zwischen Deutschland und Frankreich), daß er auf das Onanieren vergaß. Das dauerte einige Monate. Dann wurde er verwundet und kam ins Lazarett. Natürlich verfiel er dann wieder seinen Phantasien und mußte onanieren. Das Onanieren sei aber nicht immer Lust. Er wolle sich umbringen und sich bestrafen. Im Kriege wurde es oft besser, wenn er eine ordentliche Verwendung hatte, wo er kommandieren konnte.

Er schildert seinen Lebenslauf und legt dar, wie er sich vom Zufall leiten ließ. Er hatte immer Glück. Er fand immer Leute, die sich für ihn interessierten und ihm Mittel für seine Ausbildung zur Verfügung stellten.

— —

Er bringt wieder eine Ergänzung seiner Ringkampfphantasien. Die Zeit spielt eine große Rolle. Die beiden Frauen ringen erst 5 Minuten. Da kann es vorkommen, daß die Schwächere siegt. Dann kommt eine längere Pause. Dann ringen sie 10 Minuten. In diesen 10 Minuten siegt die Schwächere vielleicht nur einmal, aber die Stärkere sechsmal. Die Siegerin hat dann das Recht, einen Koitus auszuführen. Sie stürzt sich auf die Partnerin, umschlingt sie mit den Beinen und macht die Koitusbewegungen, bis die Schwächere erschöpft sich für besiegt erklärt. Die Stärkere setzt dann der Gegnerin das Knie auf die Brust. In diesem Momente erfolgt der Orgasmus.

Als Kind sah er in der „Modernen Kunst" ein Bild, das sich Rivalinnen benannte. Zwei Frauen im Kampfe. Die eine liegt mit aufgelösten Haaren am Boden, während die andere ihr das Knie auf die Brust stemmt. Er war damals 8 Jahre alt. Er glaubt, daß er dieses Bild verwendet, weil es auf ihn einen starken erotischen Eindruck machte.

Er dachte schon darüber nach, ob er nicht den Koitus der Eltern belauscht habe. Der Vater kam oft betrunken nach Hause. Er weiß, daß die Mutter ihn nicht mehr liebte. Vielleicht habe eine Art von Ringkampf stattgefunden, in dem die Mutter unterlegen war. Er war vielleicht Zeuge. Aber er hat keine bestimmte Erinnerung. Er hält diese Annahme für eine wahrscheinliche Konstruktion.

Er hat eine ungeheure Sehnsucht nach einem feinen Weibe, nach einer idealen Liebe. Er lernte einmal vor einigen Jahren ein sehr liebes Mädchen kennen. Er glaubte sie zu lieben. Er hatte in dieser Zeit gar keine Ringkampfphantasien. Aber er hat in Wirklichkeit nicht geliebt. Er glaubt, die wahre Liebe zu einem edlen, geistigen Wesen könnte ihn retten. Er wundert sich auch, daß er bei keuschen, feinen Frauen niemals Beinphantasien hat. Ihn erregen nur die sinnlichen, provozierenden Weiber.

„Können Sie mir diese Erscheinung erklären?"

„Ich glaube: Ja! Ich verstehe auch jetzt Ihren Ringkampf. In Ihnen kämpfen zwei Strömungen. Sie haben das Bedürfnis, seelisch zu lieben, einem einzigen Weibe anzugehören, sie nach den Satzungen der katholischen Religion (nach dem Sakrament der Ehe) heimzuführen. Ich würde das die himmlische Liebe nennen. Sie kennen doch das bekannte Bild von Tizian: Himmlische und irdische Liebe?"

„Freilich! Ich kenne und schätze es."

„Sie können nur onanieren und Orgasmus haben, wenn die irdische Liebe siegt. In Ihnen kämpfen Eros und Sexualität, Trieb und Sublimierung, Rückenmark und Gehirn. Sie wollen den Gott in sich ertöten, das Bedürfnis nach einer reinen Liebe durch rohe Sinnlichkeit niederringen. Der Teufel kämpft mit Gott. (Denken Sie an Hiob und Faust!) Diesen Kampf projizieren Sie nach außen. Sie sehen ihn bildlich vor sich."

Der Kranke denkt nach und bestätigt mir diese Deutung. Nun verstehen wir auch die drei Zimmer. Sie entsprechen seinen drei Jahrzehnten. Immer hat die sinnliche Liebe die seelische besiegt. Immer hat der Satanismus über seinen Katholizismus den Sieg davongetragen. Auch die Minuten lassen sich auf diese Weise erklären. Er war 5 Jahre sehr fromm, dann kam eine Pause und dann kam die satanische Periode, die jetzt wohl an die 10 Jahre dauert. Der schwarze Strumpf symbolisiert das schwarze, sündenbefleckte Weib. Der weiße Strumpf ist ein Symbol der Reinheit.

Er berichtet von den furchtbaren religiösen Eindrücken der Kindheit. Er entstammt einer Familie, in der immer Freigeister mit Zeloten kämpften. Ihm wurde von seiner Mutter die Religion mit den stärksten Imperativen ins Hirn eingegraben. Es macht ihm die größte Freude, die religiösen Verwandten zu einer modernen Religion zu bekehren. Drei Brüder seiner Mutter sind Freigeister geworden und versuchten, sie dem Glauben abspenstig zu machen. Freilich nur mit teilweisem Erfolge. Er glaubt, daß ihre Hysterie erst dann ausbrach, als ihr Glaube erschüttert wurde.

„Wollten Sie nicht Geistlicher werden?"

Er zögert mit der Antwort. Dann gibt er zu, daß man ihm als Kind einen kleinen Altar geschenkt habe. Er spielte dann Prediger, las Messen und gebärdete sich als Geistlicher. Damals war für ihn der Beruf eines Pfarrers das Ideal. Er hatte einen geradezu fanatischen Glauben.

„Sie sind im Innern noch fromm geblieben. Der Glaube ist ein Gefühl, er ist ein Affekt. Ihr Unglaube ist ein Produkt Ihres Intellektes. Der Intellekt kann nie einen Affekt bezwingen. Es ist der Kampf eines Walfisches mit einem Elephanten. Sie kommen nie zusammen. Ihr Glaube hat sich ins

Unbewußte zurückgezogen und wird durch die Parapathie gesichert. Ihre Ringkampfphantasie sichert Ihre Keuschheit. Denn Sie nähern sich dem Weibe in Wirklichkeit sehr selten."

Er gibt zu, daß er noch immer fromm ist und zeitweilig besonders im Felde gebetet hat. Er möchte gerne diesen „lächerlichen Glauben" ausrotten, was ihm bis heute noch nicht gelungen ist.

Nun weiß er, warum er mit keinem Berufe zufrieden ist. Er hält im Innern an seinem Ideale fest. Er möchte Geistlicher werden. Sein Chemiestudium war ein Zufall. Seine Musik ersetzt ihm die Religion. Er betet, während er spielt. Choräle zur Ehre Gottes tauchen nach wilden Kampfmelodien auf.

— —

Die Widerstände steigern sich. Er kommt später, die Einfälle sind stockend. Neu ist, daß er jetzt hinzufügt, er habe auch Phantasien, in denen er selbst mit einer Frau ringt. Und zwar nur mit dem derb-sinnlichen Weibe; niemals mit dem vergeistigten Weibe, das er verehrt und seelisch lieben könnte. Den zweiten Typus möchte er nie mit seinen Waden- und Ringkampfphantasien in Verbindung bringen. Nur manchmal macht er sich eine Kombinationsfrau: Sie ist derb-sinnlich und trotzdem feinsinnig. Mit dieser kann er phantasieren, doch viel schwerer als mit dem ersten Typus.

In ihm ringen immer Wille und Gegenwille. Das ist ihm jetzt deutlich bewußt worden. Er träumte heute Nacht. Eine Stimme sagte: Du wirst dem Dr. *Stekel* den Traum mitteilen! Nein! sagt der Gegenwille: Du wirst ihm nichts mitteilen! Und er vergißt den Traum. Das geht den ganzen Tag. In ihm ringen zwei Gewalten miteinander. Es ringt auch das männliche Prinzip mit dem weiblichen. Er will ein Mann sein und bleibt doch ein Weib . . .

— —

Er kommt immer mehr zur Erkenntnis, daß die unterdrückte Religiosität die Ursache seines „Fetischismus" ist. Er sieht in dem Ringkampf der beiden Frauen den Kampf zwischen Sinnlichkeit und Glauben.

Er hatte diese Nacht zwei Träume:

> Ich habe eine Bergpartie gemacht. Es ist mir, als ob mein Bruder abgestürzt wäre.
>
> Mein Vater hatte ein großes geschäftliches Unternehmen. Ein großer Diebstahl wurde entdeckt. Es gab einen unangenehmen Krawall . . .

Zum ersten Traum fällt ihm ein, daß er einmal mit einem Mädchen eine Bergpartie machte. Sie gerieten in dichten Nebel und verloren den Weg. Schließlich kamen sie an eine Stelle, wo sie nicht weiter konnten. Er versuchte es und stürzte 30 Meter in die Tiefe, verletzte sich nur leicht, aber konnte dann den Weg zu einer Hütte finden. Dort wurde eine Rettungsexpedition ausgerüstet, man suchte das Mädchen und befreite sie aus der unangenehmen Lage. Es war schon finster und kalt, sie war in Gefahr zu erfrieren.

Zum zweiten Traum fällt ihm ein, daß sein Vater in geschäftliche Schwierigkeiten geriet und sich aus Verzweiflung erhängte. Er glaubt aber, daß die unglückliche Ehe auch dazu beigetragen hat, dem Vater das Leben zu verbittern.

Es wird immer deutlicher, daß er Angst vor dem Weibe und vor der Ehe hat. Die unglückliche Ehe seiner Eltern wirkte auf ihn schon in der Jugend wie eine „ewige Warnung". Er nahm sich vor, keinem Weibe zu erliegen. Deshalb konstruierte er sich seinen Fetischismus, der es ihm ermöglichte, den Frauen auszuweichen und seine Triumphe in der Phantasie zu erleben. Für ihn war jede Ehe ein Ringkampf, in dem der Stärkere siegte. Der Schwächere mußte aus dem Leben gehen wie der Vater . . .

Nun wird der erste Traum verständlich. Der Bruder befindet sich in den Alpen und macht Bergtouren. Aus der Kindheit hat er den Wunsch, der Bruder möge sterben, so daß er der alleinige Erbe des kleinen Vermögens seiner Mutter wird. Aber neben diesem Wunsche hat der Traum eine andere Bedeutung. Der Bruder ist das Symbol seiner Parapathie, seines zweiten Ich, des frommen, nach Ehe und Liebe lechzenden Menschen. Er versucht mit einem Weibe die Höhe zu ersteigen, aber es wird Nacht, er verirrt sich im Nebel und stürzt ab. Der zweite Traum hat eine religiöse Bedeutung. Der Vater steht für Gott Vater. Er wollte Wanderprediger werden und den Menschen das neue Evangelium der Liebe geben. Er wollte das Wort Gottes sprechen. Er hat Gott bestohlen, er hat sich um seinen Glauben gebracht. Daher der Aufruhr (der Krawall) in seinem Herzen.

Er hat eine eigene Auffassung der Religion. Religion ist für ihn Altruismus. Wenn er für andere und nicht für den eigenen Vorteil arbeitet, so fühlt er sich fromm. Wenn er um der Sache willen liebt (nicht um des Besitzes willen), so fühlt er, daß es die echte Liebe ist. Also Religion ist Liebe ohne Besitz. In ihm kämpfen der Egoist und der Altruist . . .

— —

Er träumt:

> In einem Postamte, in dem der Bruder Vorsteher ist, wird eine Revision vom Oberpostinspektor vorgenommen. Es gab einen großen Skandal, da die Bücher schlecht geführt wurden.

Ich bin der Revisor, der mit der Analyse nicht zufrieden ist. Er selbst ist mit seinem bisherigen Leben unzufrieden.

Er bringt einige bedeutsame Erinnerungen. Er war 3 Jahre alt, als sein 14jähriger Bruder in sein Bett kam und ihm den erigierten Penis in die Hand gab. Im 8. Lebensjahre badete er mit einem anderen Bruder und sie spielten mit den Gliedern.

Seine Sexualität begann sehr früh. Er erinnert sich sehr deutlich, daß er Lustempfindungen hatte, wenn er als kleines Kind (2—3 Jahre) mit anderen Kindern spielte und sich auf sie legte. Sie spielten Hunde, liefen auf allen Vieren und bellten „Wau-Wau!"; dann war er der stärkere Hund, der sich auf den anderen legte. Dabei das Gefühl einer starken Lust. Später hatte er beim Ringen mit anderen Knaben immer Lustempfindungen, und zwar in dem Momente, wo er das Kreuz des Gegners umbog, also knapp bevor der Partner zu Boden fiel. Seine ersten Ringkampfphantasien waren rein homosexuell. Auch reizte ihn zuerst das Bein von Jungens. Noch heute erregen ihn Jungens. Er war vor einigen Tagen im Sonnenbade. Da lag neben ihm ein kleiner Junge in Florstrümpfen. Sofort fühlte er eine heftige Erektion.

— —

Er ist sehr beunruhigt, daß er so mächtige sadistische Impulse hat. Auf der Straße kann er plötzlich Mädchen (zwischen 17 und 20) nachgehen und ringt mit dem Bedürfnis, sich auf sie zu stürzen und sie zu vergewaltigen. Das nennt er seinen Anfall. Eine Dame, mit der er einen Anfall hat, ist für ihn erledigt. (Selbstschutz!) Er verehrt jetzt eine Dame; es sind rein geistige Beziehungen. Plötzlich hatte er den Anfall (Vergewaltigungsimpuls). In diesem Augenblicke war die vorher verehrte Dame für ihn erledigt.

Er ist sehr eitel und möchte immer einen guten Eindruck machen. Menschen gegenüber, an deren Urteil ihm viel gelegen ist, wird er verlegen und konfus. Es fehlt ihm die Harmlosigkeit des Genießens. Er beobachtet sich immer. Er hatte Zeiten, wo er die fremde Aufmerksamkeit erzwingen und immer angesehen werden wollte.

In seinen Ringkampfphantasien reizt ihn ein Gegensatz zwischen Fessel und Wade. Die Wade erinnert ihn an einen Penis. Es scheint sich um ein bisexuelles Symbol zu handeln.

— — — — — — — — — — — — — — — — — — — —

Immer stärker tritt das homosexuelle Moment hervor. Die Mädchen im kurzen Rock machen einen knabenhaften Eindruck. Die ringenden Frauen sind in seiner Phantasie Pagen. Deshalb befriedigt ihn ein Koitus nie. Nach jedem Koitus muß er onanieren. Ein einziges Mal gab es eine Ausnahme, das war bei einer Dirne hier in Wien, die kurz geschnittenes Haar hatte (einen Wuschelkopf) und wie ein Knabe gebaut war. Er möchte nämlich nicht in der normalen Lage koitieren, sondern mit eng verschlungenen Beinen. Er schlingt beim Onanieren die Beine zusammen. Beim Druck kommt er in eine Art Ekstase. Vor der Ejakulation preßt er das rechte Bein fest an das linke. (Er spielt mit dem rechten Bein den Mann, mit dem linken die Frau.) Bei der Frau kann er den Introitus vaginae nicht finden und läßt sich den Penis immer einführen. (Er sucht den Anus und möchte auch jede Aktivität, jede Schuld von sich abwälzen. Er ist der Verführte.) Es ist der Gegensatz zu seinen Vergewaltigungsphantasien. Der Mann in ihm war ursprünglich sadistisch, jetzt ist er masochistisch. Ihn reizen die Bewegungen der Frauen. Eine liegende Frau reizt ihn nicht. Nur das Bewegungsspiel der Muskeln, besonders der Waden reizt ihn. Ihn reizen verschiedene Farben. Wenn die Schuhe schwarz, der Strumpf licht ist, der Rock eine dritte Farbe hat, so erregen ihn die Gegensätze, während gleich abgestimmte Farben ihn kalt lassen.

Seinen höchsten Orgasmus erzielte er beim Ringen mit Knaben, wenn er sah, daß seine Kräfte nachließen und er noch oben mit der letzten Kraft seinen Gegner umbiegen konnte.

Plötzlich fällt ihm ein, daß seine Mutter sich sehr viel mit seinen Beinen beschäftigte. Sie klatschte auf die Beine, mitunter auch auf seinen Popo.

Er hat einen älteren Bruder, der schwachsinnig ist. Er war 8 Jahre alt, als der 17jährige einen päderastischen Akt versuchte, der aber mißlang, da er heftig schrie.

Er schielt zuweilen, wenn er Frauen ansieht. Ein Auge weicht ab. Er weiß, daß es sich um ein parapathisches Schielen handelt. Das Schielen begann in der Jugend und tritt nur zeitweilig auf. Er hatte allerlei Zwangshandlungen. Er hüpfte wie ein Frosch im Zimmer auf und ab und geriet in eine Art Ekstase. Mitunter stellt er sich vor, er sei eine große Persönlichkeit und führt allerlei Ritte im Zimmer aus. (Ein General, der die Front abreitet usw.) Er hat eine so lebhafte Phantasie, daß seine Traumgestalten Leben annehmen. Wenn er sich vorstellt, auf dem Boden einen Leichnam zu sehen, so sieht er ihn wirklich und könnte ihn greifen. Er kann manchmal Phantasie und Realität nicht auseinander halten. Er glaubt, der König von Japan zu sein und geht stundenlange mit dieser Phantasie umher.

Schrecklich ist das Erwachen. Besonders nach der Onanie. Da hat er das Gefühl, daß er wahnsinnig sei.

Jedes Bein, das er auf der Straße sieht, ist für ihn ein neues Trauma. Es löst zahllose Phantasien aus. Dabei ist er ein unglücklicher Mensch. Das ganze Leben ist für ihn eine Enttäuschung. Ein Liebespaar auf der Straße stimmt ihn traurig. Er kennt das Glück der Liebe nicht. Er möchte in einem Weibe aufgehen. Er tröstet sich mit den Phantasien für seine Enttäuschungen. Nach jeder Depression onaniert er und nach dem onanistischen Akt hat er wieder eine neue Depression. Dabei hat er das Gefühl, daß die Phantasien mit ihm durchgehen und im Nebel zerrinnen.

— —

Gestern hatte er ein charakteristisches Erlebnis. Er sah ein Mädchen auf der Straße vor einem Theater stehen. Sie hatte sehr schöne Beine und elegante, durchbrochene Strümpfe. Er sprach sie an. Sie zögerte erst und ließ sich dann bewegen, mit ihm in ein Café zu gehen. Dort verleitete sie ihn zum Trinken, verlangte von ihm Geld. Willenlos gab er ihr dreimal Geld, immer mehr, war schrecklich erregt, zitterte am ganzen Körper. Dann begleitete er sie nach Hause. Sie verabschiedete ihn vor dem Haustore, obwohl sie ihm Geschlechtsverkehr versprochen hatte. Er wagte nicht, das Geld zurückzuverlangen oder sie zu zwingen, ihn mitzunehmen.

Als nächste Assoziation zu dem Erlebnis fällt ihm ein Apachentanz ein, der ihn sexuell sehr erregt hatte. In diesem Apachentanz tötete der Tänzer scheinbar seine Partnerin, nachdem sie ihm zu Willen war.

Es zeigt sich, daß er gegen die Phantasie eines Lustmordes kämpft. Er ist bei allen Dirnen scheu und hat Tics, so daß sie sich vor ihm fürchten. Eine sagte ihm: „Du bist unheimlich!"

Er hat seinen ursprünglichen Sadismus verdrängt. Er kann kein Blut sehen, ist sehr mitleidig, könnte einem schwer wehe tun. Trotzdem weiß er, daß er die Frauen haßt und sie töten möchte.

— —

Er bringt eine Menge von Notizen. Es sind Einfälle, die er während des Tages gesammelt hat. Ich warne alle analytisch arbeitenden Kollegen, diese Art von Analyse zu betreiben. Sie verdeckt den Widerstand und ermöglicht dem Kranken, den freien Assoziationen auszuweichen. Ich lehne daher die Mitteilung dieses „hochinteressanten Materials" ab.

Er weigert sich, seine freien Assoziationen mitzuteilen. Es fällt ihm nichts ein. Dann aber beginnt er über mich zu sprechen und seinen Tadel vorzubringen. Freilich erst, bis ich ihn aufmerksam gemacht habe, daß er mit meinem Benehmen unzufrieden ist. Er erwartet mehr Aufmerksamkeit. Spaziergänge, Freundschaft usw. Er wird aufmerksam gemacht, daß dies die Analyse stören würde. Wir benötigen das Pathos der Distanz. Endlich bringt er vor, daß er an seinen Sadismus nicht bedingungslos glaube. Er glaube und zweifle andrerseits daran. Als nächsten Einfall gesteht er:

„Ich habe einmal ein Bild gesehen, das mich gewaltig aufgeregt hat. Ein Mädchen an die Eisenbahnschienen angeschnallt. Man sieht den Zug heranbrausen, der sie überfahren und töten wird."

Den größten Eindruck empfing er, als er einst einen Stier eine Kuh bespringen sah. Die rohe Gewalt imponierte ihm außerordentlich. Er onanierte gestern mit der Phantasie, er sei ein Mann, der einen Arm verletzt hat und in einer Schlinge trägt. Er ringt mit einer Frau und besiegt sie mit e i n e m Arme.

Die Onanie ist für ihn eine Kastration. Er entmannt sich für einige Zeit. Er hat auch die Phantasie, der Penis sei das Weib, seine rechte Hand der Mann. Er besiegt das Weib.

Es fällt ihm ein altes Haus seiner Jugend ein. Dort gab es Schmutz und Ratten. Es war ihm unheimlich. Er traute sich nicht hineinzugehen. Das Haus soll mit einem unterirdischen Gang mit einem Schloß verbunden sein. Er wäre für sein Leben gerne in diesen unterirdischen Gang gekrochen. Er fürchtete sich zu sehr . . .

Er wird aufmerksam gemacht, daß er bildlich seinen Widerstand gegen die Aufdeckung seines Unbewußten mitgeteilt hat. Seine Parapathie, seine Vergangenheit ist das alte Haus. Er traut sich nicht in den unterirdischen Gang, der zu seinem verdrängten Ich führt.[1])

Er bestätigt diese Deutung und gibt zu, daß er sich nicht traut, sein unbewußtes Ich zu erblicken. Er würde am liebsten vor sich selbst fliehen.

— —

Er hatte ein aufregendes Erlebnis. Er war im Postamte und mußte warten. Da sah er eine Dame vor einem Pulte stehen und etwas schreiben. Sie erregte ihn gewaltig, denn sie hatte wunderschöne Waden. Er sah sie nur von rückwärts. Er eilte nach Hause und w o l l t e d e r M u t t e r e i n e n B r i e f s c h r e i b e n. Er konnte nicht. Er mußte onanieren, wobei er sich nur die Beine des Mädchens vorstellte. Dann schrieb er den Brief. Darauf verfiel er in einen tiefen, tiefen Schlaf. Er erwachte dann wie neugeboren. E r h ä t t e e i n e n B a u m a u s r e i ß e n k ö n n e n.

Man achte auf die Sprache der Kranken. Der Vergleich ist ein psychischer Verrat. Ich hoffe, wir werden später sehen können, was er damit ausdrücken wollte. Jedenfalls scheint der ungeheure Aufregungszustand, den er schildert, mit Phantasien inzestuöser Natur (Mutter?) zusammenzuhängen.

Zu dem Mädchen assoziiert er den Namen Marie. (Mutter Gottes?) Er kann sich aber an keine Marie erinnern, die in seinem Leben eine Rolle gespielt hat.

Er schildert seine parapathischen Symptome. Er hat Angst vor hohen Bergen, Angst, aus dem Fenster zu blicken. Es zieht ihn in die Tiefe. Er fühlt sich schwach und klein wie ein Kind.

In seinen Ringkampfphantasien kommt es auch vor, daß der Schwache siegt. Ja, bei seinen Ringkämpfen mit den Knaben ließ er manchmal den Schwächeren siegen und hatte ein enormes Lustgefühl. (Phantasie mit dem Vater zu ringen? Er identifiziert sich mit dem Vater, während er der Knabe ist. Diese Erklärung wird ihm nicht mitgeteilt.) Oft kommt es vor, daß

[1]) Überdies enthält die Assoziation eine deutliche Mutterleibsphantasie.

er das Weib gegen den Mann siegen läßt. Das ist gegen sein Gefühl, aber es erzeugt einen großen Orgasmus. Auch wenn das Weib den Mann umbringt, hat er Wollustgefühle.

(Das Weibliche in ihm besiegt das Männliche und er unterwirft sich seinem Vater — dem Repräsentanten des Mannes.)

— —

Am nächsten Tage bringt er mir einen Traum. Er mußte am Abend dreimal onanieren. Nach dem dritten Male schlief er ein und hatte einen Traum. Vor dem zweiten autoerotischen Akte hatte er eine Wachphantasie, die er notierte:

Wachtraum vor dem 2. onanistischen Akt:

Es ringen 2 Menschen, wovon der eine ein Weib, der andere auch ein Weib (oder ein Mann) ist. Das erste Weib ist schlank, zart und schön, (aber) gewandt und muskulös. Fesselumfang 12,3 *cm*, Wadenumfang 23,8 *cm*, Gewicht 112 Pfund. Differenz: 11,5 *cm*, also fast 100%.

Das zweite Weib hat bedeutend stärkeren Knochenbau, ist von Natur aus stärker und überlegener (was rohe Muskelkraft anlangt), aber plumper, ungewandter. Fesselumfang 19,4 *cm*, Wadenumfang 25,1 *cm*, Gewicht 135 Pfund. Differenz: 5,7 *cm*, also nur zirka 30%.

Bei dem Ringkampf geht immer wieder deutlich die rohe Überlegenheit des zweiten Weibes hervor. Trotzdem siegt das erste Weib infolge ihrer größeren Gewandtheit, vor allem aber infolge ihrer feineren Muskelkraft, der größeren Differenz.

Symbol der zarten Fessel: Schwäche. Symbol der entwickelten Wade bzw. der größeren Differenz: Stärke.

Tiefer Traum nach dem 3. onanistischen Akt

(Zeit: ½2—½3 Uhr nachts):

Ein älterer Herr führt mich in seinen Garten (Wohnung) und zeigt mir diesen. Dieser Garten (?) liegt in der Mitte zwischen einem fremden Besitztum. (Was wir in diesem Garten gemacht haben, ist mir entfallen.) Plötzlich merke ich, daß ich den Haustorschlüssel vergessen habe. Der ältere Herr sieht auf seine Taschenuhr und sagt: „Es ist ¾10 Uhr.“ Ich antworte: „Da komme ich gerade noch zurecht, um 10 Uhr muß ich zu Hause sein.“ Zu meinem Entsetzen entdecke ich, daß mir einige Kleidungsstücke fehlen. (Hosen?)

Es kommt ein junger Mann und es wird zu Nacht gegessen. Dieser junge Mann sagt an der Tafel (anscheinend zur Wirtin, der Frau des älteren Herrn): „Wenn noch einmal (¾10) so spät gegessen wird, kündigt er und geht!“ Der ältere Herr sieht daraufhin den jungen Mann ganz entrüstet an und zeigt auf mich, den Besuch (sozusagen darstellend, daß er hier nicht „allein“ ist).

Ich tue so (schreibe), als wenn ich nichts gesehen hätte.

Es kommt häufig vor, daß Patienten erzählen, sie hätten mehrere Male in einer Nacht onanieren müssen.

Das verrät einen unwiderstehlichen sexuellen Impuls, der durch die Onanie nicht befriedigt werden kann, weil die spezifische Phantasie nicht zum Bewußtsein gelassen und durch Ersatzphantasien mitigiert wird. Patient meint, ihn beschäftigen nur die Ringkampfphantasien, er weiß kein Vorbild für diese mysteriösen Ringerinnen, er sah ja einen Ringkampf erst, nachdem er schon in diesen Phantasien geschwelgt hat. Die Wachphantasie zeichnet sich durch eine merkwürdige — bis auf Zehntel ausgerechnete — Präzision der Zahlen aus. Solche Zahlen können nicht willkürlich erfunden sein, sie müssen eine Beziehung zu seiner Paraphilie und besonders zu der spezifischen Onaniephantasie haben. Wir können annehmen, daß wir durch diese Zahlen zum tieferen Verständnis seiner Parapathie gelangen werden, wenn uns der Patient willig sein Material, d. h. seine Einfälle überläßt. Aber ich rechne mit einem erbitterten Widerstande. Ich kann nicht erwarten, daß er mir das Geheimnis dieser Zahlen mitteilt.

Ich sage ihm: „Was mich bei der Ringkampfphantasie überrascht und interessiert, ist die Präzision der Zahlen. Haben Sie zu den Zahlen einen Einfall? Bedenken Sie die Differenz 11,5 und 5,7. Haben diese Zahlen einen Bezug zu Ihrer Familiengeschichte?

Er schweigt und denkt nach. Dann sagt er: „Solche Zahlen fallen mir massenhaft ein. Sie entspringen meiner spielerischen Phantasie. Ich kann beim besten Willen keine Beziehung zu den Zahlen finden."

Ich bin aber überzeugt, daß die Zahlen determiniert sind und wende mich zur Analyse des Traumes. Ich hoffe, vom Traume aus einen Zugang zu den Zahlen zu finden.

Da haben wir zuerst die Episode mit dem älteren Herrn, der ihn in seinen Garten führt. Sofort falle „ich" ihm ein. Die funktionale Deutung des Traumes ist klar.

Ich führe ihn in den Garten meiner Wissenschaft, die zwischen zwei fremden Besitztümern liegt. (Religion — und Parapathie.) Er soll mir helfen, die Auflösungen seiner Parapathie zu finden. Aber er hat den Schlüssel vergessen. Ich mache ihn aufmerksam, daß es Zeit ist zu genesen und nach Hause zu gehen, d. h. den Weg zur Reinheit und zur Arbeit zu finden. Es ist schon ³/₄10, die Zeit der Haustorsperre kommt näher und näher. Um 10 werden die Haustore gesperrt.[1]) Er will auf den Schlüssel verzichten und nach Hause laufen (diesmal zu seiner Mutter, zu der es ihn mächtig zieht). Aber er hat sich vor mir schon entkleidet. Es fehlen ihm einige Kleidungsstücke. Er hat sich gehörig vor mir entblößt. Er ist mit der Behandlung unzufrieden. Es wird zu spät zu materiellen Genüssen übergegangen. Er wird die Behandlung aufgeben und gehen. Er merkt diese Tendenzen seines neurotischen Ich und stellt sich so, als ob er die Behandlung fortsetzen wollte und nichts von der Entrüstung seines inneren Menschen, seines Bruders, merken würde.

Aber er hat zu den Zahlen ³/₄10 und 10 noch ein rezentes Erlebnis mitzuteilen. Er glaubt, dieses Erlebnis sei die Ursache seiner onanistischen Akte. Er war gestern nach der Analyse sehr aufgeregt und hatte den Impuls, umherzulaufen und ein Weib zu suchen, egal ob Mädchen oder Frau. Ein Sexualobjekt mit durchbrochenen Strümpfen und enger Fessel. An dem Strumpfe reizte ihn gestern das erste Mal der Gedanke, ob er auch ein Strumpfband sehen könne und wie der Strumpf angebunden sei. (Fessel und Strumpfband ein Symbol des Druckes und des Eingeschnürtseins!) Er sprach ein Mädchen an, das ganz einfach gekleidet war. Er merkte sofort, daß es eine

---

[1]) In Wien werden um 10 Uhr die Haustore gesperrt.

Jüdin war. Obwohl er ein Vollblutarier und Deutschnationaler ist, schwärmt er für Jüdinnen. Sie hätten mehr Rasse . . . Er forderte sie auf, mit ihm spazieren zu gehen, sie willigte ein und erzählte ihre traurige Lebensgeschichte. Ihre Eltern seien gestorben, sie sei bei Verwandten. Trotzdem er scheinbar sehr gerührt war, hatte er sein Ziel im Auge. Er wollte sie ins Hotel führen. Er versuchte sie zu küssen. Das Mädchen wehrte ab. „Was glauben Sie von mir? Ich bin ein anständiges Mädchen. Ich bin arm, aber ich bin keine Dirne." Plötzlich sah das Mädchen auf die Uhr und sagte: „Ich muß um ³/₄10, spätestens um 10 zu Hause sein." Er begleitete sie nach Hause und frug, ob er sie wiedersehen könne. Das Mädchen meinte, sie wolle es dem Zufall überlassen.

Dieser Vorfall war eine arge Demütigung für ihn. Er empfand diese Antwort als Zurücksetzung. Er ist gewohnt, alle Menschen zu erobern, die er erobern will. Und die kleine Jüdin, die er so leicht genommen hatte, zeigte so viel Widerstandskraft. Ist er nicht so liebenswert und so anregend, daß jedermann glücklich sein sollte, mit ihm zu verkehren?

Nun gingen die Gedanken auf meine Person. Er empfindet es als Herabsetzung, daß ich ihn analysiere und ganz auf jeden privaten Verkehr verzichte. Ich lasse ihn nicht an der Intimität des Hauses teilnehmen. Im Traume rächt er sich, er ist Mitglied meiner Familie, er sieht alle häßlichen Familienszenen an, er ist aber diskret und macht so, als ob er nichts gesehen hätte.

Noch deutlicher ist die grob materiale Deutung. Ihm fällt es ein, daß der Streifen, der schmale Streifen zwischen zwei Besitztümern, die Spalte zwischen den Hinterbacken ist. Der Garten ist der Anus, seine Hosen sind heruntergelassen, er aber ist wie das Mädchen, er identifiziert sich mit mir, er gibt mir seinen Penis nicht (er hat den Schlüssel zu Hause gelassen), er muß nach Hause, er rächt sich für meine Zurücksetzung durch eine Absage. Er ist dann der junge Herr und kündigt mir die Behandlung.

Während die sexuelle Deutung seinem Hirne entspringt, mache ich ihn auf die bevorstehende Beendigung der Behandlung aufmerksam.

Er lacht und meint, er wäre glücklich, endlich einen Arzt gefunden zu haben, der die Sache verstehe. Der junge Mann könnte auch jemand anderer sein.

„Hat jemand diesen Ausspruch getan: ‚Wenn noch einmal so spät gegessen wird, so kündige ich und gehe fort!'?"

„Natürlich", sagt er und springt auf, „das waren die Worte meines Bruders".

„Welchen Bruders?"

„Nun, meines älteren Bruders, der Selbstmord begangen hat."

„Um wie viel Jahre ist ihr Bruder älter?"

„Etwa um 5 Jahre."

„Können Sie das nicht genau präzisieren? Jahre und Monate."

Er rechnet nach. Und siehe da: Die Altersdifferenz beträgt 5 Jahre und 7 Monate (5,7), während die Altersdifferenz mit einem anderen, lebenden Bruder 11 Jahre 5 Monate (11,5) ausmacht.

Die Zahlen lassen sich folgendermaßen erklären: Während er 19 Jahre 4 Monate alt war, hatte sein Bruder das Alter von 25 Jahren und einem Monat. Sein eigenes Gewicht beträgt 135 Pfund!

Die Daten des ersten Ringkampfes beziehen sich auch auf einen Bruder, und zwar auf den älteren Bruder.

Es zeigt sich also die bemerkenswerte Tatsache, daß die Zahlen mit den weiblichen Waden nichts zu tun haben und nur die Alters- und Gewichtsdifferenz zwischen ihm und seinen Brüdern ausdrücken!

Die ganze Wadenspielerei ist Lug und Trug! Es handelt sich gar nicht um Frauenwaden. Es handelt sich um sein Verhältnis zu seinen Brüdern. Wir wissen aus seinen Erzählungen, daß homosexuelle Spielereien zwischen ihm und seinen Brüdern stattgefunden haben. Der Bruder führte ihn in den verbotenen Garten der Homosexualität. Nun ist der Bruder kühl, hat geheiratet und kommt für ihn als Sexualobjekt gar nicht in Betracht.

Er war auf seine Brüder wahnsinnig eifersüchtig. Er war eifersüchtig, wenn sie untereinander zärtlich und vertraulich waren und er ausgeschlossen war. Er war eifersüchtig auf den Vater und besonders auf die Mutter, bei der er der Hahn im Korbe sein wollte. Er wünschte allen seinen Rivalen den Tod. Und er hat das Schuldbewußtsein, daß er an dem Selbstmorde des Vaters und des Bruders Schuld habe, weil er ihnen den Tod gewünscht hat.

Der Ringkampf der schwächeren mit der stärkeren Frau stellt seinen Kampf mit dem älteren (stärkeren) Bruder dar. Aber der jüngere und gewandtere siegt trotz des geringeren Körpergewichtes. Der Sieger besitzt dann den höchsten Preis, die Mutter, er darf ihr Leben teilen. Der um 11,5 ältere Bruder wohnt jetzt bei der Mutter. Das hat ihn aus dem Haus getrieben. Er will entweder den Bruder oder die Mutter für sich allein besitzen.

Er trägt sich mit Mordgedanken. Er wurde Chemiker, um Leute aus dem Wege zu räumen. Auch in diesem Traume wird ein Mahl serviert, an dem er nicht teilnimmt, sondern zusieht, als ob es ihm nichts anginge.

Die Wirkung der Aufklärung, daß die Zahlen die Altersdifferenz zwischen ihm und seinen Brüdern darstelle, war verblüffend. Ich habe im Leben noch nie einen solchen Eindruck der Überraschung mitgemacht. Er war nicht freudig erregt, sondern stand da wie ein Verbrecher, der auf frischer Tat ertappt wird. Er wurde rot, suchte nach Worten und konnte die Tatsachen nicht bestreiten.

— — — — — — — — — — — — — — — — — — — —

Ich hatte gemerkt, daß ich einen Fehler gemacht habe und rechnete damit, daß der „entzückte" Patient nicht mehr kommen würde. Am nächsten Tage sagte er meinem Stubenmädchen, seine Mutter sei krank, er müsse nach Hause reisen und verabschiedete sich von ihr, mir nicht eine Zeile hinterlassend.

Monate hörte ich nichts von ihm. Dann kam ein reuiger Brief. Ich sei der einzige, der ihn verstanden hätte, er möchte um jeden Preis die Behandlung fortsetzen. Ob ich ihm seine Flucht verzeihen könne? Seine Mutter sei inzwischen gestorben, seine Ahnung habe ihn nicht betrogen. Jetzt habe er nur ein Ziel: die Wadenphantasien zu überwinden und gesund zu werden.

Ich antwortete zustimmend, da mich die weitere Analyse interessierte. Aber Roß und Reiter sah man niemals wieder!

— — — — — — — — — — — — — — — — — — —

In diesem Falle sehen wir die echten Zeichen eines Fetischismus.

1. Das System. Der Fetischist baut sich ein kompliziertes System mit allerlei verrückten und absonderlichen Liebesbedingungen. Dieses System enthält die Hinweise auf die Entstehung der Parapathie und auf seine Familiengeschichte.

2. Der Fetischismus wird benützt, um dem geschlechtlichen Partner auszuweichen. Unser Patient hat bei Frauen keinen Orgasmus, er verkehrt sehr selten, obwohl er die Frauen mühelos erobert. Er bleibt bei keinem Weibe länger, er verzichtet auf sie — und bleibt bei seiner Onanie. Im letzten Jahre hat er nur zweimal einen Verkehr versucht und jedesmal einen Mißerfolg zu verzeichnen gehabt.

3. Der Haremskult. Er hat unzählige Photos von zahlreichen Favoritinnen, natürlich Wadenphotos, die er abwechselnd zur Onanie benützt.

4. Hinter dem Fetischismus steckt die Zwangsneurose. Er zeigt den bekannten Impuls zu suchen, zu laufen, was wir schon als einen Impuls in die Vergangenheit erkannt haben.

5. Er ist fromm und macht aus seiner Frömmigkeit seinen Fetischismus. Er ist innerlich fromm, äußerlich ein Freigeist, der die Mitglieder seiner Familie zu neuen ethischen Religionen bekehrt. Der Fetischismus ermöglicht ihm eine Abkehr vom Weibe. Er kompliziert die Bedingungen immer mehr, bis er schließlich die Realität ganz entwertet hat. Denn wann wird unser Kranker Gelegenheit haben, einem solchen Ringkampfe beizuwohnen?

Interessant ist, daß er diese Ringkämpfe meidet. Obwohl gerade in dieser Zeit in Wien Damenringkämpfe ausgefochten wurden, blieb er zu Hause, angeblich um nicht seiner Paraphilie ganz zu verfallen.

Wir wissen es besser. Die Ringkämpferinnen interessieren ihn gar nicht. Es ist der Ringkampf mit seinen Brüdern, der Kampf um die bessere Stellung im Leben, der Kampf um die Liebe der Mutter und um die Liebe eines jeden seiner Brüder, der ihn permanent beschäftigt und zu jeder Arbeit unfähig macht.

V.

Fetischismus und Inzest.

Ein besonders wichtiger Fall von Fetischismus gelangte in die Beobachtung von Dr. *Sigg*. Der Autor, der den Fall in der Jahresversammlung der Schweizer Psychiater (1914) vorgetragen hat, stellte mir das noch nicht publizierte Referat für dieses Buch zur Verfügung. Infolge des Krieges verzögerte sich die Drucklegung meines Werkes, das schon 1914 fertiggestellt war. Ich vertiefte die einzelnen Teile und fahndete nach neuen einschlägigen Fällen. Die Arbeit von Dr. *Sigg* wurde durch meine Vermittlung in der Zeitschrift für Sexualwissenschaft unter dem Titel „Zur Kasuistik des Fetischismus" (1915) mit einigen ergänzenden Bemerkungen von mir („Ergänzende Bemerkungen zum Falle von Dr. *Sigg*", ibidem) publiziert. Ich bringe sie mit seiner Autorisation an dieser Stelle, da der Fall ganz außerordentlich interessant und lehrreich ist. Ich lasse also Dr. *Sigg* das Wort:

Fall Nr. 19. „Mit 4 Jahren ist der körperlich gesunde, intelligente, jetzt 30jährige Patient zu den Eltern ins Bett gegangen; man spielte zusammen. Er habe sich die Mutter immer mit einem Penis vorgestellt, bis er durch die kleinere Schwester eines Besseren belehrt wurde. Habe sich mehr an die Mutter als an den Vater gehalten, weil sie sanfter war. Bis zum 7. Jahre schlief er im Nebenzimmer der Eltern. Seine Mutter habe er mit Vorliebe am Halse oder auf der Brust geküßt; er habe auch gerne an seinem Penis herumgespielt, habe aber dafür immer Schläge bekommen. Es habe geheißen, wenn er das weiter mache, so wachse er nicht mehr. Als er mit 4 Jahren eine Schwester bekam, glaubte er noch an die Storchfabel, im Gegensatze zum 11. Jahre, zu welcher Zeit er bereits sexuell aufgeklärt war und wußte, woher seine neugeborene Schwester stammte. Erinnert sich nicht, je seine Eltern nackt gesehen zu haben. Obschon er sich Mühe gegeben, die Eltern nachts zu belauschen, habe er nie etwas Besonderes wahrgenommen. So sei er durch die zweite Schwangerschaft der Mutter (er war 10 Jahre alt) überrascht worden.

Als Knabe war er unordentlich, wasserscheu, unselbständig, nicht sparsam. Einen sehr strengen Onkel hat er seiner Schläge wegen sehr gefürchtet. Spielte mit 4 Jahren gern mit dem Penis, schob ihn mit Vorliebe ganz ins Skrotum zurück. Sei mit 6 Jahren einem Mädchen nachgegangen, habe es „heiraten" wollen. Mit 7 Jahren war er viel mit einem etwas jüngeren Vetter zusammen, man onanierte mutuell, preßte sich den erigierten Penis zwischen die Oberschenkel des anderen, man spielte „Vater und Mutter“. Neben diesen onanistischen Manipulationen hatte zu dieser Zeit bereits etwas anderes eine sexuelle Lustbetonung, das der Patient aber stets geheim hielt, „aus Furcht, es könnte aufkommen“.

Mit 9 Jahren gab er einem inneren Verlangen nach den braunen Lederhandschuhen der Mutter nach, nahm sie zu sich, preßte sie sich im Bette zwischen Anus und Skrotum fest gegen den Damm, zog sie an und onanierte damit. Die Tatsache, daß sie gerade der Mutter gehörten, soll keine Rolle gespielt haben. Er habe sie „des Gefühles wegen angezogen“, habe „ein angenehmes Gefühl“ gehabt; „das Fühlen des Leders machte mir Freude“. Damit sei sicherlich etwas Sinnliches verbunden gewesen. Im selben Kasten fand er Gummischläuche zu Irrigatoren, die er entweder mit sich, wie die Handschuhe, in der Tasche herumtrug oder gelegentlich in unbewachten Augenblicken ebenfalls gegen den Damm preßte oder den Penis damit umwickelte. Dabei habe er einen „angenehmen Schmerz“ empfunden. Um diese Zeit begann er sich auch für die Handschuhe von Mädchen zu interessieren, engagierte im Tanzkurse nur Mädchen, die Glacéhandschuhe trugen. Graue Handschuhe gefielen ihm recht gut, während ihn die wollenen der Lehrerin absolut gleichgültig ließen. Er betrieb dabei täglich seine Onanie.

Im 12. Jahre bemerkte er die erste Ejakulation. Bald darauf bekam auch der Handschuh eine noch ausgesprochenere sexuelle Bedeutung. Fühlte er das Leder der Handschuhe, so kam es zu einer Erektion, er dachte an Mädchen, die diese tragen könnten; Koitusideen will er damit nicht verbunden haben. Auf Spaziergängen zählte er die Anzahl der gesehenen Handschuhe. „Meine Augen waren wie gefesselt.“ Sein Hauptinteresse galt den schwarzen oder braunen Handschuhen. Seidene oder gar weiße machten gar keinen Eindruck auf ihn. Um die gleiche Zeit kam es beim Raufen mit anderen Knaben zur Erektion, auch beim Klettern stemmte er sich mit Wollust an den Baumstamm.

Zu Hause gefundene Gummisonden benützte er, um seine Urethra bis in die Blase zu sondieren und spürte dabei einen „angenehmen Schmerz“. Selbstgemachte Rektumeinläufe behielt er, wie auch den Urin, möglichst lange Zeit zurück. Wie für ihn das Berühren von Leder der Handschuhe oder von Gummisachen lustbetont war, so roch er gerne an diesen Sachen, bestreitet aber, je an seinen Exkrementen und deren Geruch ein Interesse gehabt zu haben. Seine Hauptintention ging darauf hinaus, möglichst oft mit Gummi oder Leder in Kontakt zu kommen. (Irgendwelche Liebschaften pflegte er nicht, er war sehr stolz darauf, ein Knabe zu sein.) Mit Vorliebe blieb er möglichst lange auf dem Abort.

Mit 16 Jahren bekam sein Autoerotismus schon weitere Grenzen. Er verwendete elastische Bänder von Schachteln dazu, sie zusammenzubinden und damit den Penis und das Skrotum zu umbinden oder er schob den Penis ins Skrotum zurück. Auch Schläuche benutzte er dazu. Mit der Zeit band er diese Gegenstände in ganz bestimmten Touren um die Peniswurzel, das Skrotum oder um beides. Dabei legte er großen Wert darauf, daß der Damm gedrückt wurde. Aus diesem Grunde befestigte er daselbst über nußgroße Knoten, um fortwährend den Druck gegen das Perinäum zu spüren. „ich hatte so immer etwas Schmerzen, aber es befriedigte mich“.

Diese neben der täglich ausgeführten Masturbation betriebenen Handlungen hatten mit der Versetzung in ein Knabeninstitut ein vorläufiges Ende.

Immerhin versuchte er Handschuhe mit sich ins Bett bis zu deren Entdeckung zu nehmen. Dagegen brachte er es mit der Harnretention so weit, daß schließlich ärztliche Hilfe beigezogen werden mußte. Patient lag da 6 Wochen zu Bett, will aber an einer Appendizitis gelitten haben. Der Arzt habe gemeint, „es komme von der Onanie".

Vor der Abreise in das Institut hat er mit einigen Kameraden eine Dirne aufgesucht und da zum ersten Male koitiert. Seither drehten sich seine Phantasien beim Onanieren oft um die normalgestillte Befriedigung. Er ging auch Mädchen nach, habe es aber bei unschuldigen Liebeleien bewenden lassen. In der Fremde benutzte er dann seine Freiheit, um den Handschuhen wieder erneute Aufmerksamkeit zu schenken. Er machte Bekanntschaften mit Damen, die braune oder schwarze neue Handschuhe trugen, verschenkte solche und verlangte sie nach einiger Zeit wieder zurück. Beim Spazieren war es sein größtes Vergnügen, die Handschuhe seines Mädchens in seiner Hand zu spüren, er fühlte sich sexuell befriedigt und erregt. Ein Schaufenster eines Sanitätsgeschäftes war für ihn einer der größten Genüsse. Er kaufte sich schwarze Irrigatorenschläuche, band sie sich nach der früheren Gewohnheit tourenweise um Penis und Skrotumwurzel, trug sie bei sich in der Tasche oder nahm sie ins Bett. Er machte auch die Bekanntschaft eines älteren Herrn; es kam zu etlichen mutuellen Masturbationen. In seinen Phantasien beschäftigte ihn dieser Herr noch oft.

Nach Hause zurückgekehrt, machte er in verschiedenen Vereinen mit, war in Komitees, turnte, spielte Theater, übernahm Frauenrollen, trieb etwas Musik, litt aber immer unter seiner recht labilen Stimmung. Im Grunde genommen war er menschenscheu, nie mit sich selber zufrieden, hatte öfters Suizidgedanken. Zu Hause war er meist verstimmt. Während er als Knabe mit Eifer Indianergeschichten gelesen hat, so interessierte er sich jetzt immer mehr für den Sadismus des Mittelalters, wo mit Folterwerkzeugen gequält wurde; er schaffte sich solche Lektüre an. Daneben kaufte er sich immer reichlicher Gummiwaren ein. Mit langen Schläuchen machte er Achtertouren um Hüften und Skrotum, hängte Präservativs um, rollte eine Bettflasche aus Gummi um Penis und Skrotum, stieß Schläuche in den After, machte sich große Einläufe, schob Sonden in Nase und Ohren. Um seine sadistischen Gelüste zu befriedigen, suchte er mit Vorliebe verschiedene Museen auf und konnte sich von den Folterinstrumenten fast nicht mehr trennen, um nachher sie in seinen Phantasien weiter zu gebrauchen, in denen er sich selber als Folterobjekt vorstellte. Zur gleichen Zeit hatte er ein sexuell normales Verhältnis, bei dem er etliche Male in der Woche normaliter koitierte. Dadurch sei die Onanie etwas zurückgedrängt worden. Er hatte da auch weniger das Bedürfnis, seine Gummisammlung mit sich herumzutragen. Er machte viel Militärdienst, ohne seine Fetische mit sich zu nehmen. Wie sein illegitimes Verhältnis zu Ende ging, nahm er wieder Zuflucht zu seinen früheren Gepflogenheiten, er kaufte sich immer mehr Gummi ein, onanierte mit einer Urinflasche aus Gummi, trug sie am Tage bei sich, indem er Penis und Skrotum in die Öffnung zwängte und so befriedigt herumlief. „Ich habe so anhaltend Wollust empfunden." Vor sexueller Infektion hatte er große Angst, las viel über Syphilis, will auch aus diesem Grunde den normalen Verkehr beschränkt haben.

Seine onanistischen Handlungen steigerten sich von Jahr zu Jahr. Dabei war es nicht sein Bestreben, es zur Ejakulation kommen zu lassen.

6*

sondern die Hauptsache blieb immer die mit der Onanie verbundene Phantasie, wie er reich sein werde, eine schöne Zukunft haben werde usw.; oder er phantasierte von Folterungen, die man an ihm vollführte. Er will ganze Nächte onaniert und dabei masochistische Sachen gelesen haben.[1])

Schließlich verlobte er sich, hatte dabei im Auge, für sein Geschäft eine geeignete Kraft zu bekommen. Während der beiden Verlobungsjahre betrieb er seinen Gummi- und Handschuhfetischismus weiter, er „wollte es noch recht ausnützen". Der Braut gegenüber wußte er seine, mit sich geführte Gummisammlung zu vertuschen. Bald nach der Heirat erwischte die Frau seinen Taschenvorrat, merkte auch, daß es der Mann mit der Ordnung und Sauberkeit nicht genau nahm. Seinem Verlangen an sie, beim Ausgehen immer Handschuhe zu tragen, widersetzte sie sich. Nach 4 Jahren konsultierte man verschiedene Spezialisten, die eine trübe Prognose stellten. Dabei litt die Frau unter den vielfachen Verstimmungen und den vielen Streitigkeiten, die entstanden, wenn sie den Mann bei seinen Gummispielereien ertappte. Geschäftsreisen und Ferien benutzte der Patient, um seinem geheimen fetischistischen Verlangen nachzukommen, oder anderweitig zu verkehren. Die Frau gebar drei Kinder, von denen das jüngste schon im zweiten Jahre durch starken Sexualtrieb und „Spielen am Gliede und Erektionen" auffiel.

Die Hoffnungen, die er sich einst gemacht haben will, durch die Heirat von seinen Perversitäten loszukommen, erfüllten sich keineswegs. Die Frau befriedigte ihn bald nicht mehr. Dabei interessierten ihn die Handschuhe mehr als je. In der Straßenbahn nahm er mit Vorliebe einen Platz ein, wo er alle Damen übersehen konnte. Auch in Theater oder Konzerten schaute er nach den Handschuhen aus. Sieht er neue braune oder schwarze Damenhandschuhe, so steigt gleich der Wunsch in ihm auf, diese in seine Hand zu nehmen, das Leder zu berühren. Er meinte, daß er nicht zu anderen Frauen gegangen wäre, wenn seine Frau die ihr oft zurechtgelegten Handschuhe zum Spazieren angezogen hätte. Er drohte ihr daher oft, wenn sie sich weigere, gehe er zu solchen Frauen, von denen er wisse, daß sie seinem Wunsche willfahren würden. Die Handschuhe haben dermaßen auf ihn gewirkt, daß er immer erst die Augen habe reiben müssen, um den Blick von ihnen abwenden zu können. Gleichzeitig habe er gewünscht, mit solchen Handschuhen onanieren oder sexuellen Verkehr mit deren Trägern pflegen zu können. S i e m ü s s e n g a n z s t r a f f a n l i e g e n, es darf keine Falten geben, sie müssen absolut sauber sein; defekte kann er nicht sehen. Auch gewöhnliche Handschuhe aus Hirschleder interessieren ihn keineswegs. Verschenkte Handschuhe, die er wieder zurückverlangte und sie gegen andere austauschte, trug er mit Vorliebe in der Tasche bei sich. Er schloß sie in das Innere seiner Hand, drückte, rieb beständig daran herum und war dabei befriedigt. Er konnte lange Zeit Damen mit neuen schwarzen Handschuhen nachgehen und so seine beruflichen Obliegenheiten ganz vergessen. Immer aber drückte ihn das beängstigende Gefühl, dabei von Bekannten erwischt zu werden. So hatte er im Theater beständig Angst vor seinen Blicken auf Handschuhe. Er zog sich zu Hause selber Handschuhe an, onanierte dabei, aber nur, wenn er sich sicher fühlte oder im Bett, wo er auf raffinierte Weise seine Frau zu täuschen wußte. B e i m G r ü ß e n m u ß t e e r s i c h i m m e r e r s t d i e H ä n d e r e i b e n, a b w i s c h e n, n a c h s e h e n, o b s i e t r o c k e n s e i e n. Der Frau gegenüber machte er immer wieder Ver-

[1]) Vide den Bücherauszug.

sprechungen, war aber nie imstande, sich seiner Handlungen zu enthalten. In seinen onanistischen Phantasien spielte seine Frau keine Rolle; er sah sich als reichen Geschäftsmann, träumte von rapider Entwicklung seines Geschäftes usw.

Bald begann er sich für sadistische Literatur zu interessieren, kaufte eine Menge entsprechender Bücher und vergrößerte beständig seine Fetischsammlung. Er hatte auch eine Maitresse, die aber für perverse Betätigungen nicht zu haben war. Beim Verkehre mit seiner Frau befriedigte ihn immer mehr, was er dabei phantasierte. Er befriedigte sie, nicht aber sich. Einige Male urinierte er ins Bett. Auf seine außerehelichen Verhältnisse will er immer durch die Handschuhe gekommen sein. Er fühlte sich, je länger er verheiratet war, desto mehr als Sklave seiner Frau und doch wollte er ihr nicht nachgeben. Die vielfachen Zwistigkeiten und jene Momente, wo er sich ertappen ließ, waren in einer Beziehung auch für ihn wieder lustbetont. Er sah seine Frau am liebsten in Unterkleidern, liebkoste sie, hatte auch nach dem Essen vielfach das plötzliche Verlangen zu sexuellem Verkehr. In seinen onanistischen Phantasien stellte er sich oft vor, als werde er von ihr gestraft und geprügelt. Und doch litt er wieder sehr unter den Streitigkeiten mit der Frau, auf die er sehr eifersüchtig war. Er hatte immer Angst, sie suche sich einen Ersatz, da sie ihm gegenüber öfters ihre vielen Bewerber rühmte. In seinen suizidalen Verstimmungen habe er nie an einen Selbstmord denken können, ohne den Vorsatz, vorher seine Frau zu töten, damit sie sich nicht noch einmal verheiraten könne. Zu außerehelichem Verkehre paßten, sofern keine perversen Züge ihn anzogen, magere schlanke Gestalten, nicht aber Weiber von männlichem Habitus.

Ging er auf Reisen, so schickte er im Verborgenen immer seine Fetischsammlung voraus und freute sich kindlich auf die Nacht, wo er ungestört sich selber leben konnte. Es war eine große Kartonschachtel mit: Magensonden, Irrigatorenschläuchen, Gummiflaschen, langen schwarzen Strümpfen, Badehauben, Eisbeutel, Präservativs und einigen Dutzend Ansätzen zu Pravazspritzen, ferner fanden sich da Lederschürzen, ein mit Leder gefüttertes Korsett (selbst angefertigt), Ledergamaschen, eine Ledermaske über den Kopf mit Öffnungen für Augen, Nase und Mund, Lederärmel, die von der Schulter bis zu den Fingern reichten, und schwarze Lederhandschuhe sowie eine Menge gesammelter Handschuhe und kleiner Gummiartikel, die er sich auch unter das Kissen legte. Patient sagt selber, er habe immer einen möglichst engen Kontakt mit dem Leder gesucht, und zwar habe alles möglichst fest auf der Haut aufsitzen müssen. Patient war ein leidenschaftlicher Raucher, kein eigentlicher Trinker. Immer spricht er vom Damme als seine am meisten lustbetonte Gegend am ganzen Körper. Bevor er sich in seine Lederkleidung stürzte, die er sich aus feinstem Handschuhleder selber verfertigt hat, preßte er mit Schläuchen zusammengerollte Handschuhe gegen seinen Damm, legte Schläuche und elastische Binden um Hüften und Genitalien. Er bevorzugte den Gummi zwischen den Beinen, da dieser waschbar ist, wechselte überhaupt seine Utensilien öfters, um immer am Neuen dort wieder gleiche Befriedigung zu haben. Die mit warmem Wasser gefüllte Gummiblase legte er sich an den After, band sich die Füße zusammen. Alles am Körper mußte straff anliegen.

wozu eine Menge Riemen benutzt wurden. Schließlich bedurfte er, um völlig befriedigt zu sein, einer stundenlang andauernden Onanie ohne Ejakulation, deren ungesunden Einfluß er immer fürchtete. Als Lektüre dienten ihm dabei meist „les Gants de l'Idole" oder ähnliche passende minderwertige Romane. Wenn möglich, stellte er vis-à-vis seinem Bette einen Spiegel auf, um sich darin betrachten zu können. Er meint selber, der Gummi habe für ihn mehr sensible, das Leder optische Bedeutung gehabt. In facto sagte ihm die Ansicht von Leder und Haut am meisten zu.

Tagsüber legte er sich Schlauchansätze in den After und ging so herum. Den Penis hüllte er mit Vorliebe in Präservativs und hielt den Urin möglichst lange Zeit zurück. An das Orificium urethrae brachte er Spritzen mit Oliven, preßte Wasser bis in die Blase, nachdem er sich vorher mit bloßen Urethralspülungen begnügt hatte. Seinen Penis drückte er mit Vorliebe gegen harte Gegenstände oder klemmte ihn ein. Die Erektion beim matrimoniellen Koitus blieb nur bestehen, wenn er beständig in die Dammgegend gezwickt wurde. Zu einer Ejaculatio praecox ist es nie gekommen. Seine passive und auch etwas aktive Algolagnie wurde durch den Verkehr mit einer gleichermaßen perversen Frau sehr unterstützt. Immerhin behielt seine Passivität die Oberhand. Er ließ sich fast blutig schlagen, freute sich nach dem Schlagen an dem „warmen Gefühle", das er mit einer Bekleidung mit warmen Hosen verglich. Er ließ sich in Kreuzstellung mit nach oben gewendetem Rücken aufs Bett schnallen. Bei der Geißelung sei es zu keiner Erektion gekommen, „ich ließ mich schlagen, weil sie Freude daran hatte". Nachher wurde die gleiche Prozedur an der Dirne gemacht und beim Schlagen etwelche Wollust empfunden. Sie stachen sich gegenseitig gegen 20 Nadeln in Gesäß und Oberschenkel, freuten sich, wenn es zu heftigen Blutungen kam. Allein fesselte er sich auch und ließ dann in seiner Phantasie alle möglichen Prozeduren, wie Kaltwasserdusche, bei der geringsten Bewegung in Funktion treten. Er geißelte sich selber mit seinen Magensonden über Rücken, Gesäß und Oberschenkel bis zu Sugillationen. Die Wollust wurde durch gleichzeitige Onanie verstärkt. Nach diesen Selbstgeißelungen betrachtete er sich immer noch im Spiegel. Seine Fetischistin habe er dabei oft beinahe erwürgt.

Von seiner eigenen Frau entfremdete er sich immer mehr. Er wurde schließlich ihr gegenüber impotent, simulierte Befriedigung, bis ihn die ausbleibende Erektion verriet, die bald ohne Fetisch-Onanie nicht mehr möglich war. Durch die strenge Beobachtung seitens der Frau mußte er seine außerehelichen Beziehungen aufgeben. Um so mehr war er an die Gummi- und Ledersachen gefesselt, konnte nicht mehr ohne sie existieren, er kapselte sich immer mehr ein und lebte unter Vernachlässigung seines Geschäftes nur noch seiner Perversität.

Wegen der Nachstellungen seitens seiner Frau versteckte er seinen Vorrat in seinem nahegelegenen Landhause, trieb sich dort, als ihm dieselbe für einige Zeit das Haus verbot, während mehrerer Tage mit seinen Perversitäten herum. Er machte sich immerhin wegen seiner Impotenz Gedanken, ängstigte sich, die Frau werde sich von ihm scheiden lassen und er würde damit an den Pranger gestellt. Im Militärdienste konnte er sich immer mit Leichtigkeit alles dessen enthalten, was ihn im privaten geheimen Leben fesselte. Dagegen wußte er immer Damenbekanntschaften zu machen, diese mit seinem Handschuhfetischismus zu begründen. (Mit Vorliebe sah er auch Vieh schlachten.) Trotzdem er ein leidenschaftlicher Raucher war, benutzte er nie einen Mundansatz, er mochte ihn zwischen den Zähnen nicht leiden, er hatte auch sein Vergnügen daran, die Zigarren auf unmerkliche Weise zu kauen. An den Bleistiften dagegen will er nie gekaut haben. Hatte er tagsüber keine Gummisachen umgebunden, so mußte er wenigstens ein Taschentuch oder einen Teil seines Hemdes dermaßen an den Damm legen, daß er es spüren konnte. Die Onaniephantasien wurden immer wichtiger für ihn, sie nahmen immer mehr masochistischen Charakter an, er fühlte sich als Sklave brutalster Eingriffe, er sah sich am liebsten an den Füßen hängen. Ein Wortmasochismus bestand nicht, er reagierte sehr empfindlich, wenn er geschimpft, soll aber auch eine gewisse Freude daran gehabt haben, wenn er von der Frau erwischt wurde. In seinen Träumen spielte dieses „Sichertappenlassen" eine eminente Rolle. Er war oft schlechter Laune, verkehrte immer weniger in Gesellschaft, litt unter dem steten unmotivierten Stimmungswechsel. Nach seinen Exzessen war er besonders empfindlich, konnte wegen geschäftlichen Kleinigkeiten tagelang nichts mehr reden. Irgendwelche Neigung zu Männern will er seit seiner Jugend nie mehr gehabt haben.

Der körperlich völlig gesunde, sehr intelligente Mann im mittleren Alter konnte sich unter Sedobrolbehandlung mit wenigen Ausnahmen sehr bald des Onanierens enthalten. Dagegen konnte er im Gespräch nie seine Hände ruhig halten; immer neigten sie nach den Genitalien. Sein Äußeres vernachlässigte er anfangs auffallend, war aber im Verkehr völlig ungehemmt, musizierte, tanzte, munterte andere Patienten auf und wurde schließlich ein angenehmer Gesellschafter. In seinen Taschen trug er nichts mehr, hatte anfangs Mühe, sein Interesse von den Handschuhen abzulenken. Seine Lieblingsbeschäftigung bestand in der Korbschnitzerei, in der er erfolgreich arbeitete. Von irgendwelchen schizophrenen Symptomen war nie etwas zu bemerken, er war aber ein Introvertierter. Seine freien affektativen Reaktionen fielen seiner Umgebung immer sehr auf. Er verfügte über eine anhaltende Initiative zur Unterhaltung. Er wünschte sehr sein Leiden loszuwerden, mußte aber leider allzu bald wieder des Geschäftes wegen zurück, nachdem man vorher seinen ganzen Fetischvorrat und eine aus zirka fünfzig Büchern perversen Inhaltes bestehende Bibliothek entfernt hatte. Zu einer Kohabitation mit seiner Frau kam es zuerst nicht. Infolge seiner Launenhaftigkeit gab es anfangs unhaltbare Zustände zu Hause. Ich fürchtete ein Rezidiv, bis er mich plötzlich aufsuchte, mir die Erlaubnis zur wissenschaftlichen Verwertung des Falles erteilte. Er lebe glücklich mit seiner Frau zusammen, verkehre normal und befriedigt sich dabei, arbeite mit großem Eifer in seinem Geschäfte. Selten könne er dem Onaniedrang nicht widerstehen und müsse noch einen Handschuh in der Tasche tragen. Irgendwelche weitere Fetische habe er nie benutzt.

Wir haben einen Menschen vor uns, der von Jugend auf immer onanierte. Auf der Onanie hat sich seine ganze Perversität aufgebaut. Sie wurde durch die fetischistischen, masochistischen und sadistischen Triebe noch extra lustbetont, in ihr gipfelte aber je länger je mehr seine ganze Sexualität. *Stekel* hat wohl recht, wenn er den früh infantilen Erinnerungen nicht allzu großen Glauben schenkt. Es können nachträgliche Produkte sein. Als grundlegendes Moment finden wir beim Patienten mit 9 Jahren ein großes Interesse an den Handschuhen der Mutter, die er gleich zum Fetisch machte, sie gegen seine Genitalien preßte, damit onanierte oder sie bei sich trug. Was aber die direkte Ursache dieser ersten perversen Richtung war, darüber konnte keine Klarheit erhalten werden. Ob die Tatsache, daß diese Handschuhe der Mutter braun waren, nun dazu geführt haben, den späteren Fetischismus für Handschuhe auch auf die braune Farbe zuzuschneiden, weiß man nicht. Es wäre möglich, entbehrt aber des Beweises. Von Interesse ist, daß dieser Handschuh außer am Penis noch am Damme die größte sexuelle Lust erzeugte und daß dieser primäre autoerotische Ort für das ganze spätere perverse Leben des Patienten immer die gleiche große Bedeutung beibehalten hat. Das Leder machte in jener Gegend mit der Zeit aus Reinlichkeits- und Billigkeitsgründen dem Gummi Platz. An Stelle des früher bloßen Handschuhknäuels kam es zu immer komplizierteren Applikationen, die alle auf den „angenehmen Druck" gegen den Damm hinausgingen (Koitusphantasien). Er wünschte sich seinen „angenehmen Schmerz" und war damit befriedigt. Von einfachen Touren um Skrotum und Penis schritt er zu komplizierteren Dreiertouren, schließlich wickelte er in Achtertouren Hüften und Genitalien ein. Damit dehnte er seine erogene Zone schon bedeutend nach oben aus. Immer richtete er die Tendenz auf eine möglichst intensive Berührung des Leders mit der Haut. Diese Erotik fand auch auf alle irgendwie zugänglichen Schleimhäute ihre Ausdehnung. Es kam zu Sondierungen der Urethra und zu Blasenspülungen, zum Einkeilen von Gegenständen in den After und zu großen Rektaleinläufen, zu Nasen- und Magenspülungen und zum Verstopfen der Ohren mit Gummi. Schließlich mußte die ganze Hautoberfläche den Fetisch spüren. Mit Korsetts, Gamaschen und Binden kapselte er sich förmlich in Leder ein und fand in dieser Zwangslage seine Befriedigung resp. die günstige Vorbereitung zur genußreichen Onanie. Dieser Hautfetisch mußte die Beschaffenheit seines ursprünglichen Sexualfetisch haben, welch letzterer sein ganzes perverses Leben dirigiert hat. Vom Handschuh verlangte er, der sein Äußeres je länger je mehr vernachlässigte, peinliche Sauberkeit, desgleichen von seinen übrigen Utensilien. Die Lust war im Fetisch am größten, wenn er einschnürte, ein Verlangen, das schon beim Handschuh existiert hat. Das Gezwungene, Gepreßte, Einschnürende geht durch die ganze Perversität hindurch. Der Zwang erhöhte den fetischistischen Genuß. Nur zu Zeiten, in denen er aus äußeren Gründen dieser Zwanglust nicht nachkommen konnte, genügte ihm der unsichtbare Kontakt mit dem Fetisch in Taschen oder unter den Kleidern.

Neben dieser fetischistischen Richtung hat sich aber seine normale Sexualität ungehemmt entwickelt. Schon mit 17 Jahren kam es zum ersten Koitus und seither während vieler Jahre recht reichlich. Wenn Patient behauptet, daß bei seiner Verlobung, die auf einem Balle stattfand, die Handschuhe auch ihre Rolle gespielt haben, so war jedenfalls doch die Tendenz, bewußt und unbewußt, Ausschlag gebend, eine wackere Stütze im Geschäfte zu finden, um sich um so eher seiner Perversität widmen zu können und um sich um so weniger um seine beruflichen Pflichten bemühen zu müssen. Obschon während der Verlobungszeit seine abnorme Triebrichtung auffiel, so kam es doch zur Heirat, d. h. zur Sicherung des Geschäftsinteresses. Soweit wußte Patient doch sicherlich seine Lage zu überblicken, daß er es mit seinem Wunsche, sich noch vor der Heirat ausleben zu wollen, nicht ernst meinte. Die außerehelichen Beziehungen blieben auch nach der Heirat bestehen, wurden sogar zum Ersatze der ehelichen sexuellen Gemeinschaft, die jede Fetischbeimischung, soweit man sie nicht noch als normale betrachten kann, unmöglich machte. Mit der Zunahme der masochistischen und sadistischen Beigaben einerseits rückte er andrerseits immer weiter vom eigenen Weibe ab. Seine berufliche Minderwertigkeit wurde von der Frau zur Genüge kompensiert. Die Frau verschaffte ihm dadurch erst recht die Gelegenheit zu seiner perversen Freiheit. Sein Verhältnis mit einer Fetischistin bildete, um mit dem Patienten zu reden, den Glanzpunkt seines perversen Trieblebens. Strenge und unaufhaltsame Drohungen seitens der eigenen Frau sowie Angst vor öffentlicher Bloßstellung zwangen schließlich den Patienten, wieder Autoerotiker zu werden. Gleichzeitig wurde er auch impotent. Es resultierte schließlich jene eigenartig autistisch-perverse Selbstbefriedigung, wie sie kaum noch weiter ausgebaut werden kann. Hand in Hand mit der Zunahme der Impotenz stieg seine Eifersucht gegenüber seiner Frau. Nach der Entfremdung von seiner Frau genügte ihm noch einige Zeit eine andere mit perverser Veranlagung, bis er endlich da anlangte, wo ihm der Fetisch das Weib völlig zu ersetzen schien.

Überblicken wir diese allmähliche Entwicklung dieser abnormen Sexualität, ihr Überwuchern über die normalen Triebe, so sieht man denn doch im ganzen eine Zwangsneurose im vollsten Sinne des Wortes. Wir haben es, wie es *Stekel* trefflich sagt, mit einer Flucht vor dem Weibe zu tun. Es ist ziemlich sicher, daß auch im Falle, daß seine Frau seiner Perversität entgegengekommen wäre, sie nicht auf die Dauer hätte genügen können.

Mit dem von *Abraham* veröffentlichten Korsettfetischismus finden wir hier eine Menge Übereinstimmungen. „Meine Augen wurden wie von magischer Gewalt auf weibliche Schuhe gezogen, . . . ein uneleganter Schuh stößt mich ab und flößt mir Abscheu ein" sagt *Abrahams* Patient. Wir brauchen statt der Schuhe die Handschuhe einzusetzen, so stimmt der Ausspruch wörtlich auf unseren Patienten. Auch spielte im Handschuhfetischismus stets der Gedanke eine große Rolle, wie die Hand in dem eng anliegenden Handschuh zusammengepreßt werde. Das Interesse für der Mutter Korsett hatte Patient ebenfalls mit 16—18 Jahren, er zog es sich etliche Male im geheimen an und fühlte sich wohl darin. Seine perversen Neigungen waren gegenüber seiner Umgebung immer ein strenges Geheimnis. Infantile psychische Traumata konnten auch nicht aufgefunden werden. Im Interesse für der Mutter Handschuhe steckte schon die Perversion. Dagegen differiert unser Fall insofern von dem *Abrahams*, als hier die normale Sexualität recht früh zur Geltung kam. Die Regression zum Autoerotismus erfolgte erst viel später. Eine Zeitlang war sein Sexualziel vorläufig auf die Handschuhe fixiert, sein sexuelles Verlangen ging nicht über das Betrachten resp. Berühren von Handschuhen hinaus. Seine Schaulust war in dieser Beziehung eine außerordentliche. Übereinstimmend finden wir in beiden Fällen einerseits die „affektative Ablehnung" bei unpassender Form oder Farbe des Fetisch, andrerseits eine sehr hohe, anspruchsvolle Anforderung an ihn. Dagegen fehlt ihm die koprophile Riechlust, nicht aber die Kastrationsphantasien. Er freute sich riesig an seinem Genitale und träumte vielfach von dessen Größe und davon, wie es von anderen bewundert werde. Zu betonen ist auch seine Lust, die Exkremente und gemachte Einläufe zurückzuhalten. Ob diese gleiche Tendenz bei den Selbstfesselungen mitspielte, war nicht aus dem Patienten herauszubringen. Wohl hatte er seine besondere Freude daran, möglichst lange bewegungslos dazuliegen und sich eine Einrichtung zu phantasieren, mittelst welcher er, der Wasserscheue, mit einer kalten Dusche bestrahlt würde, falls er sich rege. Ich getraue mich aber nicht, diese Phantasie mit seiner Lust der Zurückhaltung der Exkremente zusammenzubringen. Eine bedeutende Rolle spielte auch hier die Einklemmung der Genitalien, diese starke Betonung der Analzone. In seinen Träumen war das Wasser auch ein immer wiederkehrendes Symbol.

Unser Patient muß schon in früher Zeit von einer besonderen psychologischen Entwicklung gewesen sein, wie die Handschuhe in seine Sexualität eingriffen. Vielen anderen Kindern begegnet das Gleiche, ohne daß sie dadurch sexuell verändert werden. Für andere bedeuten die Handschuhe einfach etwas anderes als es für den Patienten bedeutet hat. Er knüpfte an diesen ersten Fetisch eine sexuelle Betätigung in einer ganz bestimmten erogenen Zone. Neben dieser Perversität entwickelte sich die normale Sexualität richtig. Erst nach der ehelichen und illegitimen Sexualperiode kam es zu einer raschen Steigerung der perversen und zu einem raschen Abflauen des normalen Sexualtriebes. Er ist auf seine früheren autoerotischen Handlungen zurückgegangen, hat aber diese seiner intellektuellen Entwicklung gemäß entsprechend ausgearbeitet. Die Libido fand je länger je mehr homosexuelle Betätigungen. Seine Sexualität war nie eine rein normale. Aus der infantilen Zeit hat er die Onanie mit sich genommen, sie nicht abstreifen können, wie es der Normale tut. *Jung* sagt: „Es gehört zum Begriffe der normalen Sexualität, daß alle früh infantilen an und für sich nicht sexuellen Neigungen möglichst von ihr abgestreift werden. Je weniger dies der Fall ist, desto perverser droht die Sexualität zu werden. Die Grundbedingung der Perversität ist ein infantiler, mangelhaft entwickelter Zustand der Sexualität.“ Er erblickt in der Perversität ein Zerstörungsprodukt der ausgebildeten Sexualität und nicht wie *Freud* eine Vorstufe der Sexualität. Den Beweis dafür liefert unser Fall. Die normale Sexualität war da, zerfiel aber wieder zu perversen Neigungen, die von neuem libidinös besetzt wurden. Und zwar war es die übertriebene, durch die Perversität bedingte und an sie geknüpfte Phantasietätigkeit, für welche fast die gesamte Libido aufgebracht wurde, anstatt zur entsprechenden Realanwendung (*Jung*). In dieser phantastischen Anwendungsweise blieb sie stecken und kam in meine Behandlung.

Der Erfolg meiner analytischen Behandlung ist nun der, daß der Mann, der der eigenen Frau gegenüber völlig fremd und impotent gewesen ist, wieder normaliter mit ihr verkehrt, arbeitsfreudig ist und keine Perversitäten mehr betreibt. Schon die bloße analytische kathartische Erforschung seiner Perversität und die dadurch gewonnene Übertragung haben zu einem annehmbaren Ziele geführt, trotzdem die Analyse des Unbewußten fehlt. Ob der Erfolg daher von Dauer sein wird, weiß ich nicht, aber eine Reihe Spezialisten haben vor Jahren die Prognose dermaßen ungünstig gestellt, daß Patient keine Behandlung gewagt hat, bis ihn die Not dazu zwang. Die gründliche Aussprache über die Perversität riß den Patienten aus seiner Isolierung heraus, welche die Perversität an sich bisher so lustbetont gestaltet hat und die ihm wie jedem Perversen so wertvoll gewesen. Er hat seine Phantasien auf mich übertragen, sein größtes Geheimnis preisgegeben, das ihn schon mit 13 Jahren gefesselt hat. Dadurch verlor er die Lust an der Perversität, die er immer geheim und still betrieben hat. Einen Teil der Libido hat er außerdem auf seine Frau und seinen Beruf übertragen, auf reale Objekte, statt wie bisher auf seine Phantasien. Die Libido ist aus der Perversität in normale Bahnen zurückgekehrt, und falls nicht für dauernd, einzig deshalb, weil der Patient weder sein Unbewußtsein kennen gelernt, noch weil diese Erkennung nicht mit seiner Zukunft konstruktiv in Übereinstimmung hat gebracht werden können.

Die interessante Entwicklung dieses Falles von Perversität hat mich zu einer ausführlichen Bearbeitung veranlaßt."

Literatur des Patienten:

1. Die Macht der Rute und die Macht der Frauen. 2. Qualvolle Stunden. 3. Die Peitsche als letztes Erziehungsmittel. 4. Der Sklave seiner Sklavin. 5. Die Prügelzucht in der Pension. 6. Die Selbstbewahrung (84. Aufl.). 7. Die Zuchtrute von Tante Anna: von Else Romberg. 8. Sexuelle Irrwege; von Steingiesser. 9. Die Folter in der deutschen Rechtspflege sonst und jetzt. 10. Die Leibes- und Lebensstrafen. 11. Venus im Pelz: von L. v. Sacher-Masoch. 12. Im Rausche der Sinne. 13. Unter *strenger Hand. 14. Klostersitten und Nonnendisziplin. 15. Grausame Frauen; von L. v. Sacher-Masoch. 16. Ärztliche Untersuchungen und Scham- und Sittlichkeitsgefühl des weiblichen Geschlechts. 17. En 1592: Le tour d'europe d'un Flagellant. 18. La ceinture de chasteté de Casanova. 19. Le château du fouet. 20. En Louisiane. 21. Les grands marchés d'esclaves. 22. Contes Paillards. 23. Le journal d'une flagellée. 24. L'esclave gantée. 25. Souvenirs cuisants. 26. Les mille et une nuits. 27. Le jardin des supplices. 28. La divine Marquise. 29. Les déséquilibrées de l'amour: L'abbé Ecornilleur. 30. L'inceste perverse. 31. Le fouet au moyen age. 32. Mémoires d'une fouetee. 33. Le triomphe du fouet. 34. Nos belles flagellantes. 35. La philosophie du fouet. 36. La terreur du fouet. 37. L'école du fouet. 38. Vierges fouettérs. 39. La revanche du marmon. 40. Le pensionat du fouet. 41. Les humiliations de Miss Magde. usw. usw.

Ich lasse nun meine „Ergänzenden Bemerkungen zum Falle von Dr. *Sigg*" folgen:

„Den genauen Kenner des echten Fetischismus werden Fälle wie der vorhergehende nicht überraschen. Sie sind gar nicht so selten, als deren Entdecker meinen und als es sich die Kranken einbilden. Aber sie kommen selten zur Kenntnis der Ärzte, weil das Geheimnis der Absonderlichkeit eines der psychischen Momente darstellt, welche der Krankheit Reiz und Wert verleihen. Auch der Patient des Kollegen *Sigg* verlor die Freude an seinem Fetischismus, als er sein lange gehütetes Geheimnis aller Welt preisgab.

Es gehört zur Charakteristik dieser Fetischisten, daß sie sich einbilden der „Einzige" zu sein, der an einer solchen Perversion leide. Das erzeugt einen „Stolz auf die Krankheit", welcher auch für den Hypochonder und jeden Zwangsneurotiker charakteristisch ist.

Wenn ich mir erlaube, einige Bemerkungen an die Publikation von Dr. *Sigg* anzuschließen, so tue ich das, weil dieser Fall eine außerordentlich deutliche durchsichtige Bestätigung meiner Thesen bildet. die ich in meiner Arbeit „Zur Psychologie und Therapie des Fetischismus"[1]) aufgestellt habe.

[1]) Zbl. f. Psychoanalyse, Bd. 4. 1914.

Wir finden zuerst den „H a r e m s k u l t“, der keinem echten Fetischisten fehlt. Jeder Fetischist hat eine ganze Sammlung von Fetischen, welche immer erweitert wird und in der Phantasie einen Harem ersetzt. Unter den Fetischen gibt es immer bestimmte Favoritinnen, welche bald ihren Platz einer anderen Favoritin räumen müssen.

Sehr häufig finden wir die Angabe, daß der e r s t e Fetisch dem Inventar der Mutter entnommen wurde. (Auch Gegenstände des Vaters und der Schwester können eine Rolle spielen!) Das zeigt uns Brücken zu dem Inzestproblem, dessen Erforschung in seinen Beziehungen zum Fetischismus noch aussteht. Ich stehe nicht an zu behaupten, daß der Kern der Fetischneurose eine verbotene Liebe zu einer nahverwandten Person sein kann. Diese Liebe unterliegt einer Hemmung, welche dann auf das ganze Geschlecht übertragen wird. In dem Falle *Siggs* wäre das so zu verstehen: Seine erste Neigung galt der Mutter; die Handschuhe wurden der symbolische Ersatz der Mutter. Das mag e i n e der Wurzeln sein und erklären, warum er sich auf der Flucht vor dem Weibe befindet. Jedes Weib wird zur Inkarnation der Mutter und damit zur Vertreterin der sündigen Gedanken. Die Liebe zur Mutter wurde dann auf das Leder und das Gummi übertragen. Er hüllte sich in seine Liebe ein, sie preßte ihn, sie schnürte ihn, sie war der Zwang, dem er nicht entgehen konnte.

Auch dieser Fall zeigt das Moment der „a u t o s y m b o l i s c h e n D a r s t e l l u n g d e s Z w a n g e s“, auf das ich ein so großes Gewicht lege. Der Fetisch muß den Zwang symbolisch zur Darstellung bringen. Also enge Hosen, enge Schnürstiefel, fest umgebundene Schürzen. Verbände, Mieder, Hosenträger, Bauchbinden werden bevorzugt. (Unter meinen Fällen befindet sich auch ein Bauchbindenfetischist, der sich die fremden Bauchbinden so fest anlegt, daß er den Druck als leisen Schmerz empfindet.) Unser Patient schnürt sich in einen Lederanzug. So preßt ihn die selbstgewählte Neurose ein, welche eigentlich ein Abrücken vom Weibe auf eine nebensächliche Sache darstellt. D i e s P h ä n o m e n d e r V e r s c h i e b u n g v o m F l e i s c h e a u f t o t e s M a t e r i a l zeichnet den echten Fetischisten aus. Der Fetisch ist nicht nur ein Neutrum, das bisexuellen Tendenzen dienen kann, er ist überdies eine Sache, die mit der lebenden Natur nichts zu tun hat, er ist der tote Vertreter einer Phantasie, wehrlos dem Willen des Fetischisten ausgeliefert. In negativer Form tritt die gleiche Tendenz in den masochistischen Phantasien und Betätigungen unseres Kranken auf. (Gesetz der Bipolarität!) Er läßt sich zwingen, sich schlagen, martern, empfindet dabei Lust, weil er unwillkürlich „Schuld und Sühne“ zu einem Akt zusammenschweißt. Beim Militär verschwinden diese Tendenzen, weil der starke Zwang des Militärdienstes jeden anderen Zwang, auch den des Fetisch überflüssig macht. Ist doch der Sinn der Neurose: Ich möchte zu etwas gezwungen werden, damit ich nicht daran schuld bin. (Lust ohne Schuld!)

Auffallend ist auch der spezifisch infantile Charakter der beschriebenen Perversionen. Der Patient uriniert ins Bett, wird ein kleines Kind, das mit seinen Puppen spielt. Dazu stimmt das „Sich-Ertappenlassen", ein typisch infantiles Gefühl, das auf die bekannten Kinderspiele zurückgeht.

Was ist das tiefere Motiv dieser absonderlichen Erkrankung? Was die treibende Kraft, welche ihn immer in Atem hält? Ich erlaube mir hier meine Schlußfolgerungen aus der erwähnten Arbeit anzuführen:

„Der Fetischismus ist eine Ersatzreligion. Er bietet seinem Träger in Form einer Perversion eine neue Religion, in der er seinem Bedürfnis nach Glauben gerecht werden kann. Er entspringt aus einem Kompromiß zwischen einer übermächtigen Sexualität und einer starken Frömmigkeit. Er gewährleistet seinem Träger die Möglichkeit einer mehr oder minder vollkommenen Askese. Unter dem Bilde des Satanismus und der Libertinage verbirgt sich eine Frömmigkeit, deren Ziele weit über diese Welt hinausgehen. Der Fetischist ist im offenen Kampfe mit jeder Autorität, besonders aber mit Gott, dem er sich im geheimen unterwirft und dem er durch besondere Entbehrungen zu dienen glaubt."

Mit anderen Worten jeder echte Fetischist kopiert Christus. Er leidet an einer „Christusneurose". Er bildet sich innerlich ungeheuer viel auf seine Leiden ein und erhofft sich durch die Besonderheit seiner Leiden einen besonderen Vorzug im Jenseits . . .

Diese Behauptung scheint sehr kühn. Nur eine eingehende Analyse kann in jedem Falle diese versteckten religiösen Tendenzen aufdecken. Der echte Fetischist bleibt eigentlich keusch. Er ist ein Lamm im Wolfspelze.

Auch in dem Falle *Siggs* fehlt der Hinweis auf Christus nicht. Erzählt doch der Kranke, daß er sich in Kreuzstellung aufs Bett schnallen und geißeln ließ. Dabei mag ihm das Bild des Erlösers vorgeschwebt haben."

— —

Zu diesem Falle ist ergänzend noch zu bemerken: Er enthält eine ganze Reihe von Bestätigungen für meine Ausführungen. Wir sehen erstens den ganz außerordentlichen Haremskult, ferner das allmähliche vollkommene Abrücken vom Weibe. Wir sehen aber auch die infantile Einstellung und die Maskierung der Inzestphantasien. Wie in einem Falle das von der Schwester benützte Steckkissen Symbol der Schwester wurde, so wirkt hier der Handschuh der Mutter, der als erster die Fülle fetischistischer Beziehungen einleitet, als Symbol der Mutter. Wahrscheinlich sind durch die bei der Kinderpflege entstandenen Streichungen des Dammes libidinöse Empfindungen ausgelöst worden, welche den Damm dann zur erogenen Zone machten. Wir sehen aber auch hier die Wichtigkeit des Fesselns und Schnürens, des Einpressens mit deutlicher Beziehung auf die Lage in den Windeln. Denn der Kranke preßt manchmal das Hemd zwischen die Schenkel, ebenso wie die Windeln bei Säuglingen durchgezogen werden. (Psychosexueller Infantilismus.) Bei allen Fetischisten finden wir die Freude an den Schaufenstern, in denen Waren ausgestellt sind, welche sie fetischistisch reizen.

Dies Starren auf eine Auslage ist eine Rückversetzung in die Kindheit und hat auch eine bestimmte symbolische Bedeutung. Es ist ein Blicken nach rückwärts in die Auslagen der Erinnerung, ebenso wie der Wandertrieb nach rückwärts tendiert. Vor den Auslagen tritt immer ein träumerischer Zustand ein, eine Art Absence, in der die Rückversetzung stattfindet. Auch diese Triebhandlungen gehen in diesem Traumzustand vor sich, welcher dem Patienten eine Regression in die Säuglingszeit gestattet, vielleicht sogar in den Mutterleib. Das Pressen am Damm drückt die Geburt aus, welche für diese Kranken eine religiöse Wiedergeburt bedeutet, also auch eine anagogische Tendenz aufweist.

Der Gummi aber ist wieder ein Symbol und steht für den Phallus Was der Patient wünscht, ist ein Phallus, den er sich um den Leib winden kann, den er in den Anus stecken kann. Er will alle Lust aus sich schöpfen. Er ist der potenzierte Autoerotist. Deshalb das Verliebtsein in den eigenen Penis, das Blicken in den Spiegel. Er will Weib und Mann zugleich sein. Seine homosexuelle Einstellung verschwindet in dem Fetischismus. Diese typisch infantile Einstellung zeigt sich auch in dem ins Betturinieren, der Harnretention [Urinsexualität[1])] und in dem Sicherwischenlassen, bekanntlich bei Kindern eines der lustbetontesten Spiele. Seine Frau muß immer den Popanz spielen, der ihn erwischt . . .

Auf die Christusneurose deutet auch das Bedürfnis nach symbolischen Waschungen und der schon erwähnte Umstand, daß er sich in Kreuzstellung ans Bett fesseln und geißeln ließ.

[1]) Vgl. das Kapitel „Urinsexualität" in Band V.

Kriminelle Impulse brechen in den sadistischen Impulsen durch; so wollte er seine fetischistische Partnerin erdrosseln. Es ist sehr wahrscheinlich, daß sich der Haß gegen das Weib als Repräsentantin der Sünde richtet. Es ist dies die Auffassung der christlichen Religion, die Auffassung der Bibel. Das Weib als Inkarnation der Sünde, wie es sich in den Schilderungen der Kirchenväter findet. Wir werden bald sehen, daß ein Traum[1]) diese Auffassung vollkommen zu bestätigen scheint.

Dieser Traum, der uns so viel von der Psyche eines Fetischisten erzählen kann, lautet:

> Ich befinde mich in einem äußeren Viertel einer Großstadt. (Paris?) Auf dem Trottoir steht ein Tisch mit Geflügel an einer Straßenecke. Die Vorübergehenden bedienen sich, ohne etwas zu bezahlen. Ich greife nach einem Stücke, werde aber gleich schief angesehen. Es kommt mir der Gedanke an Apachen und ich gehe schnell weg. Es springen Leute mit Messern auf mich ein, springen mir nach. Ich springe immer stärker. Eine Dirne kommt mir entgegen, ruft: „Ich packe ihn schon, ich werde ihn stechen.“ Sie stach mich in die Zunge und rief: „Jetzt ist er vergiftet.“ Ich spüre einen Schmerz auf der Zunge, ängstige mich gleich wegen Blutvergiftung, biß mir gleich ein Stück der Zunge ab... Plötzlich bin ich zu Hause im Zimmer der Eltern. Weitere Familienangehörige sind da. Auch die Dirne erscheint, besser gekleidet als auf der Straße, offeriert ein Pulver, um damit die Hände einzureiben. Die Hände sollten damit schön glatt werden. Ich nehme das Pulver, reibe meine Hände damit ein. Gleich spüre ich ein unangenehmes Kitzeln, es brennt, ich will meine Hände waschen. Im Wasser aber brennt die Haut erst recht, es entsteht eine Säure. Die Hände werden voll von Blutwunden, ich denke an Schwefelsäure. Ich rufe den Angehörigen zu, ja nicht die giftigen Wunden zu berühren, auch das Pulver der Dirne nicht. Ich bekomme an beiden Händen dicke Krusten und erwache mit einem starken Angstgefühl.

(Von anderen Träumen erzählt Dr. *Sigg:* Im Traume hatte er oft einen übermäßig entwickelten Penis, man gratulierte ihm dafür und bewunderte ihn vielfach. Weiter war er im Traum viel auf dem Wasser, auf schmalen Schiffen, die zur Hälfte unter Wasser oder dann in der Luft fuhren. Er selber ging im Traume viel in der Luft zirka 30 *cm* über dem Erdboden z. B. vom Geschäfte in seine Wohnung oder zurück. Andere Leute, die ihn bewunderten, wollten es nachahmen, brachten es aber nicht fertig.)

Die Analyse dieses Traumes ergibt eine ganze Menge von wichtigen Gesichtspunkten. Es ist an und für sich schon sehr merkwürdig, daß er nicht von seinen Fetischen träumt. Das ist eine Erscheinung,

[1]) Die beiden folgenden Träume wurden mir in liebenswürdiger Weise von Doktor *Sigg* (Zürich) zur Verfügung gestellt.

die wir oft werden beobachten können. Die Träume der Fetischisten leben in einer ganz anderen Welt. Sie sündigen am Tage und werden in der Nacht zu Heiligen. Sie kämpfen schwere Kämpfe mit den Sünden und Versuchungen und gehen aus diesen Kämpfen als Sieger hervor. Oder sie sind selbst Heilige und triumphieren über die anderen Sterblichen. Es zeigt sich immer, daß der Hintergrund des Fetischismus ein religiöser ist. Die Grundtendenz ist, das Leben zu verträumen oder es noch einmal zu beginnen und als reiner Mensch durchzuleben. Deshalb spielt der Gegensatz zwischen weiß und schwarz, zwischen schmutzig und rein bei ihnen eine sehr große Rolle. Doch gehen wir zur Analyse des Traumes über.

„Ich befinde mich im äußeren Viertel einer Großstadt. (Paris?) Auf dem Trottoir steht ein Tisch mit Geflügel an einer Straßenecke."

Die Szene spielt im Sündenbabel Paris. Das soll heißen, die Welt ist voller Sünden und Versuchungen. Schon auf der Gasse lauert die Versuchung. (Geflügel phallische Symbole. Tisch für Bett.) . . .

„Die Vorübergehenden bedienen sich, ohne etwas zu bezahlen. Ich greife nach einem Stücke, werde aber gleich schief angesehen."

Alle anderen Menschen können sündigen und werden dafür nicht zur Rechenschaft gezogen. Sie brauchen ihre Sünden nicht zu büßen (zahlen). Ich aber muß für jede sündige Regung sofort Buße tun. „Ich wage es kaum, von den Genüssen zu kosten, die allen zur Verfügung stehen, und schon zürnt man mir" . . . Die Apachen symbolisieren die Vorwürfe in der eigenen Brust. Es sind die gleichen Gestalten wie die Erinnyen. Sie verfolgen ihn und stechen nach ihm. Er will ihnen entfliehen. Er flieht auch vor den homosexuellen Gedanken. (Siehe das Geflügel als phallische Symbole.)

Nun kommt die Dirne und er wird von ihr gestochen und infiziert. Er macht den Versuch, die Sünde zu entfernen und sich das Stück infizierter Zunge abzubeißen. (Kastrationskomplex. Vernichtung der Sexualität.) Der Mund dürfte seine stärkste erogene Zone sein. Die Beziehungen zu der infantilen Lust des Saugens sind ja klar. Die Syphilis aber wird ein Symbol des Unreinen überhaupt und des Inzestes. Er ist von bösen Gedanken infiziert. Nun macht er die Regression von Paris (Quo vadis?) in die frühe Kindheit. Folgerichtig ist er zu Hause bei seiner Mutter im Zimmer der Eltern. Der Traum stellt die Beziehung zwischen der Dirne und der Mutter dar. Hier scheinen die Gegensätze verschwunden zu sein. Die Dirne ist auch das Symbol der Sinnenlust schlechtweg. Sie ist die Sünde, die Sexualität als Gegensatz zur scheinbar asexualisierten Mutter. Das Pulver, das eingerieben wird, scheint mir die Sünde der Onanie zu bedeuten; erst lustbetont und dann brennend. Er will sich diese Sünden abwaschen.

Aber im Wasser brennen die Wunden. Er wird immer mehr infiziert, er ist von eitrigen Wunden bedeckt, er ist ein Lazarus. Die Blutwunden weisen auf sein freiwilliges Märtyrertum, auf seinen Fetischismus hin. Die Angst vor der Verantwortung, die Angst, die Mutter könnte von diesem Gifte infiziert werden, läßt ihn erwachen.

Interessant sind ferner die Träume vom Fahren auf schmalen Schiffen und dem Fliegen durch die Luft. Das sind Spermatozoenträume und sie besagen alle: „Ich will ein neues Leben beginnen. Ich will versuchen, ohne Sünde als ein reiner Mensch durch das Leben zu wandeln. Ich will vor allen anderen Menschen stehen, ich will sie überragen. Ich will etwas Besonderes sein.“ Jetzt ist die Parapathie des Fetischismus seine Besonderheit, sie macht ihn zum Einzigen, zum Auserwählten . . .

Der übermäßig entwickelte Penis seiner Träume zeigt uns aber, daß meine Auffassung, er wolle einen so großen Penis haben, daß er ihn in den Mund und in den Anus stecken könne, richtig ist. Die Gummischläuche sind die Fortsetzung seines eigenen Penis. Sie ersetzen wie ein Gummibusen das ihm fehlende Stück. Es ist ein uralter Kindertraum, der sich ihm erfüllt, den größten Penis der ganzen Welt zu haben, jedenfalls größer als die anderen, die er gesehen.

Dr. *Sigg* stellte mir noch einige Träume dieses Patienten zur Verfügung. Es ist schwer, ohne Analyse über Träume zu urteilen. Immerhin dürften sich einige Schlüsse ziehen lassen.

Weitere Träume:

1. Ich habe dem Zar Schuhe angepaßt, mußte sie breiter machen . . . Ich suchte dann eine Droschke mit einer Kusine, ein Werkmeister war auch dabei, ich fand aber keine, ich irrte umher.

2. Beim Essen fühlte ich mich verletzt, ich ging deshalb vom Tische weg ins Zimmer, wo einer im Bette lag und eine Flasche Wein trank. Der Wein lief diesem vom Munde ins Bett, was mich sehr ärgerte. Unangenehmes Erwachen. (Der Wein war eine rote klebrige Flüssigkeit, „es gab eine Schweinerei im Bett. Ich ängstigte mich, vertrieben zu werden, ich hatte keine Ruhe mehr, habe vor Schmerz geweint.“)

3. Ich bin im Militärdienste als Rekrut (ist i. f. Hauptmann), sollte Soldatenschule auf der Straße machen. Ich mußte dazu mein Gewehr, das auf dem Estrich lag, holen. Ich mußte zu diesem Zwecke über zwei umgekehrt daliegende Boote kriechen. Oben auf dem Estrich waren mehrere Zimmer nebeneinander. Ich komme in ein kleines, sollte mich da umkleiden. Beim Zimmer gingen immer Leute vorbei, sie genierten mich. Es ging Zeit verloren. Beim Zurückgehen war ich Fourier, sollte für unsere Küche ein Kantonnement suchen, alles war schon mit Truppen überfüllt. Ein Kamerad verlangte von mir zu trinken. Ich habe keinen Wein bei mir, reiche ihm eine Flasche mit Sirup. Dieser schimpft, es sei ja nur Wasser, und wirklich überzeuge ich mich geärgert, daß nur noch Wasserreste in der Flasche waren.

4. Befinde mich in Herrengesellschaft mit bis zu den Knien herabgelassenen Hosen. Es ist ein Lesezimmer, keine Damen zugegen. (Sich oft wiederholender Traum.)

5. Ich bin unter Schulkameraden. Ich gehe betrübt herum, da es heißt, ich müsse fortgehen, man sprach von Geschlechtskrankheit. Der Arzt sagt, die Krankheit rühre nicht vom Geschlechtsverkehre her. Ich bin traurig, weil man an eine Geschlechtskrankheit denkt.

6. Ich spaziere mit einem Bekannten B. Wir gehen in ein Hotel. Da heißt es, es sei jemand ermordet worden. Man habe Banknoten gestohlen. Es heißt, ich und B. haben gemordet. Der Untersuchungsrichter kommt. Man verhört uns. Bei B. findet man eine große Menge Banknoten. (B. ist mittellos.) Mir hält der Untersuchungsrichter einen Revolver an den Hals, so daß ich die Kälte des Laufes verspüre. Er droht mit Erschießen. Nachher geht der Richter zu B., der gesteht. Man schießt ihm in den Kopf, B. ist wie tot, kommt wieder zu sich, er sagt, die Kugel sei noch im Kopfe drin. Man erblickt Blut auf dem Sofa. Auch die Banknoten liegen da.

Der erste Traum bringt das häufige Symbol des Zaren. Der Zar, der Alleinherrscher, ist das Symbol der dominierenden Kraft, der Autokratie, also hier des Fetischismus. (Bild des Zwanges!) Er findet seine Schuhe zu eng. Die Parapathie drückt ihn. Er will die Schuhe breiter machen. Er drückt die prospektive Tendenz aus, die Fesseln der Parapathie, also des Fetischismus zu lockern. Dann sucht er einen Wagen, der ihn weiter befördern will (die Kusine als Inzestkompromiß, als mitigierter Inzest) und irrt umher. Dieses Herumirren, dieses Suchen nach dem rechten Wege werden wir in den Träumen aller dieser Kranken wiederfinden. Sie spielen auch das Irren am Tage, sie irren in den Straßen, können den Weg zum Arzt nicht finden, wissen plötzlich nicht, wo sie sind, weil sie ja von einem Impulse im Traumzustande einem unbekannten Ziele zugetrieben werden.

Der zweite Traum scheint mir Beziehungen zur Urinsexualität zu haben (Wein statt Urin!). Vielleicht Hinweise auf Urolagnie und Kannibalismus. Jeder Affekt ist für den Traum von Bedeutung. Der Affekt ist die Erkenntnis, daß sein Bettgenosse, sein alter Ego, ein Schwein ist, er hat Angst vor seinen eigenen Trieben . . .

Zum dritten Traume ist folgendes zu bemerken: Die meisten Fetischisten träumen, daß sie beim Militär sind und niedere Dienste machen müssen. Sie sind Rekruten. Der Zwang des Fetischismus wird durch den Zwang des Militärs ausgedrückt. Er, der Hauptmann, ist wieder Rekrut, d. h. ein gemeiner Soldat. (Wir werden später einen ähnlichen Soldatentraum eines Fetischisten ausführlich analysieren.) Seine Demut drückt er auch durch das Kriechen aus. Er benötigt eine neue Weltanschauung. Das drückt er durch das Umkleiden aus. Wieder taucht die Trinkszene auf. Der rote Wein ist diesmal durch Sirup ersetzt. Aber es ist gar kein Sirup, es ist nur Wasser, so daß der Kamerad schimpft. Es scheint sich um ein religiöses Symbol zu handeln. Die heilige Kommunion. Der Leib und das Blut Christi. Aber seine Frömmigkeit ist ebenso wenig wie sein Fetischismus echt.

Der vierte Traum ist von Bedeutung, weil er ein stereotyper Traum ist und sich öfters wiederholt. Es scheint sich um eine homosexuelle Exhibition zu handeln.

Der fünfte Traum drückt seine Trauer darüber aus, daß er mit paraphilen Vorstellungen infiziert, daß er also nicht rein ist.

Im sechsten Traume kommt die Wurzel seines Schuldbewußtseins hervor. B. ist sein zweites Ich, ist Dieb und Mörder. Die sexuelle Symbolik des Traumes ist sehr durchsichtig und läßt auf irgend eine Begebenheit in früherer Zeit schließen, von der er noch Erinnerungsspuren im Unbewußten hat. (Kugel im Kopfe.) Der Untersuchungsrichter dürfte der Arzt sein („Der Arzt sagt, die Krankheit komme nicht vom Geschlechtsverkehre her" — in Traum 5), auf den er überträgt. Sein zweites Ich Herr B. soll getötet werden.

So weit sich aus diesen Träumen schließen läßt, besteht eine hypertrophische Urinsexualität. Damit stimmt auch seine Retention, an der er einst gelitten hat.

Bei dieser Gelegenheit möchte ich erwähnen, daß sehr viele Fetischisten diese Neigung zeigen, den Harn zurückzuhalten, mitunter auch den Stuhl. Ihr Ziel ist die Überwindung des Sexualtriebes auf einem Umwege, d. h. auf dem Wege einer Paraphilie. Aber auch die anderen Triebe fordern diese Menschen zu einem spielerischen Kampf heraus. Sie wollen probieren, ob sie sich überwinden können. Sie sind sehr häufig Asketen, haben das Rauchen und Trinken aufgegeben, sind Vegetarier. Sie haben die Eigenschaft, Stuhl- und Urindrang zurückzuhalten, bis sie Schmerzen empfinden. Die Defäkation und die Miktion sind dann mit Lustgefühlen verbunden. Diese Eigenschaft teilen sie mit vielen Kindern.

Vielleicht liegt in diesem Zwange, einen organischen Zwang zu überwinden, in dem Zwang des Willens gegen den Zwang des Triebes, die infantile Wurzel des Fetischismus.

Was ist schließlich ein Heiliger? Ein Mensch, der den Zwang seiner Urtriebe durch den Zwang der Religion überwindet. *Freud* hat die Religion treffend mit einer Zwangsneurose verglichen. Der Fetischismus hat mit der Religion den Gegenzwang gemeinsam; aber noch mehr, er hat die gleiche Tendenz: Den Sexualtrieb auszuschalten. Die Religion greift die Sexualität direkt an, der Fetischismus schiebt sie auf ein Nebengeleise.

7*

Das Schuldbewußtsein drängt den Fetischisten in die Bahn der Religiosität. Er flieht eigentlich nicht den normalen Geschlechtsverkehr. Er flieht die Sünde. Und der Geschlechtsverkehr wird zur Sünde, weil sich während des Koitus inzestuöse Phantasien vordrängen und das vorliegende Sexualobjekt mit einem imaginären verwechselt wird. Dieses imaginäre Sexualobjekt ist in dem letzten Falle die Mutter. Das ist ziemlich durchsichtig.

Es gibt aber Fälle, die eine noch deutlichere Sprache zeigen.

Diese Inzesteinstellung teilen die Fetischisten mit vielen anderen Parapathikern. Wir müssen annehmen, daß es sich um Menschen mit einem abnorm starken Sexualtrieb handelt, um Rückschlagserscheinungen. Das widerspricht der Ansicht von *Freud*[1]), der behauptet: „Eine gewisse Herabsetzung des Strebens nach dem normalen Sexualziel scheint für alle Fälle Voraussetzung. (Exekutive Schwäche des Sexualapparates.)“ Und in einer Anmerkung meint er: „Diese Schwäche entspräche der konstitutionellen Voraussetzung.“ Allerdings schwächte er die Behauptung ab, wenn er hinzufügt: „Die Psychoanalyse hat als akzidentelle Bedingung die frühzeitige Sexualeinschüchterung nachgewiesen, welche vom normalen Sexualziel abdrängt und zum Ersatz desselben anregt.“ Aber die konstitutionelle Schwäche des Sexualapparates ist für *Freud* conditio sine qua non. Das widerspricht direkt meinen Erfahrungen.

Der Fetischist ist ein Wesen mit abnorm starkem Sexualtrieb, der infolge dessen früh auf die Objekte der Familie gerichtet ist und sich durch eine starke Betonung aller Paraphilien auszeichnet. Deshalb sucht er nach Schutzvorrichtungen und findet sie — in der Religion. Aber diese frühe infantile Einstellung zur Familie mag *Sadger*[2]) bewogen haben, die Behauptung aufzustellen: „Der eigentliche Fetisch, der immer wieder, wenn auch in verschiedener Umhüllung oder Symbolisierung, erspäht und erstrebt wird, ist der nackte Geschlechtsteil von Mutter oder Muttterersatz.“

Wie stimmt das mit dem Falle von Fußfetischismus eines Mannes, dem die Mutter bei der Geburt gestorben ist? Sollte die Amme oder die Erzieherin auch unter die verbotenen Tabu-Personen fallen? Wir werden sehen, daß es der Vater war, an den dieser Fetischist pathologisch fixiert war. Wir können nur das eine mit Sicherheit behaupten: Der Fetischist zeigt eine pathologische, infantile Fixierung an seine Familie!

Der nächste Fall zeigt uns die Beziehungen eines Fetischisten zu seiner Mutter in außerordentlich durchsichtiger Weise:

---

[1]) Drei Abhandlungen zur Sexualtheorie. 4. Aufl., S. 20.

[2]) l. c. S. 328.

Fall Nr. 20. *Max Rudolf Senf* (*Groß'* Archiv, Bd. 60) beschreibt einen Fall von Unterrockfetischismus. Der 30jährige kräftige Landarbeiter hatte trotz mannigfacher Gelegenheit nie mit einem Weibe verkehrt. Vor 13 Jahren habe er begonnen, die Unterröcke der Mutter und Schwester zwischen die Beine zu nehmen und zu onanieren. Vorher begann er schon mit einer Z u d e c k e zu onanieren. Der Mann sagte: „Die Zudecke und später der Frauenrock sind für mich ein Mädchen." *Senf* konstatiert auch, daß er bei dem wegen Diebstahls von Unterröcken verhafteten Mann einen Brief an die Mutter fand, der durch seinen „überschwenglich sentimentalen Ton" auffiel. Der Schreiber — ein Landarbeiter — teilt dem Mutterherz mit, daß er einmal nach Hause kommen würde und daß dann für alle „ein neuer Liebesfrühling anbrechen würde, wie ihn die Dichter besingen".

Dieser Casus von Dr. *Senf* zeigt uns ein bestimmtes Moment, das so oft wiederkehrt, daß wir es als typisch für den Fetischismus bezeichnen können. Der Landarbeiter erzählt, daß er zuerst mit dem Unterrocke der Schwester und der Mutter zu onanieren begann. Hält man sich die Angaben über sein Verhältnis zur Mutter vor Augen, so liegt der Schluß nahe, daß der Fetisch sehr häufig einen Inzest ersetzt.

Der Beginn dieses Fetischismus wird für das 16. Jahr festgestellt. Das zeigt mit anderen Erfahrungen, daß nicht immer die früheste Kindheit zur Erklärung des Fetischismus herangezogen werden darf. Aber die Beziehungen des Fetischismus zur infantilen Einstellung zur Familie sind so durchsichtig, daß nur böser Wille dazu gehört, um sie nicht zu sehen. Es waren immer Kleidungsstücke der Mutter, welche als Symbol der ganzen Mutter zu onanistischen Zwecken benützt wurden. Das erklärt uns die Neigung zur Askese. Die Entstehungsgeschichte des Fetischismus hat große Ähnlichkeit mit der der Homosexualität. Auch der Fetischist hat einen Horror vor dem weiblichen Geschlechte und flüchtet entweder in eine asexuelle, homosexuelle oder auto-erotische Betätigung.

Der Weg zum Weibe ist dem männlichen Fetischisten verschlossen. Vor dem Weibe steht drohend die Gestalt der Mutter (und der Schwester). So wird jeder Koitus zur schweren Sünde. Nicht nur weil das Weib das Symbol des Bösen ist, sondern weil seine sexuelle Libido der Mutter oder ihrem jüngeren Ebenbilde, der Schwester, gehört. Dadurch wird der Koitus zur zehnfach schwereren Sünde und die Wagschale der Askese lastet schwerer. Das Unerreichbare des Zieles läßt den Fetischisten auf alle Frauen verzichten. Das ewige Suchen ist aber ein Verbergen des eigentlichen Zieles. Der Fetischist benimmt sich wie der Don Juan. Beide haben den gleichen Haremskult. Beide stellen sich so, als ob sie bestimmte Objekte suchen würden und wollen das eigentliche Sexualziel nicht sehen. Erwachsene spielen mit Kindern häufig so, daß sie einen bestimmten Gegenstand krampfhaft suchen, von dem sie wohl wissen, wo er verborgen ist. So sucht der Fetischist ewig seine Befriedigung im Symbole. Das Symbol gleicht jeder geistigen Nahrung. Es sättigt die physischen Bedürfnisse nicht. Es muß eine ungeheure Kraft aufgestapelt werden, weil ein unbefriedigter Wunsch unzerstörbar ist und sich wie ein unangetastetes Kapital auch durch die Zinsen der Begleitaffekte immer vermehrt. Das Verlangen wächst und macht aus dem Symbol bald die Karikatur des Symboles.

Oft sind die infantilen inzestuösen Bindungen verdrängt und der sexuelle Symbolist hat keine Ahnung, wie er zu seinem sonderbaren Geschmack gekommen ist.

Eine Patientin, die in der Jugend ihren Vater pflegte und ihm öfters die Urinflasche und die Leibschüssel reichte sowie einen Gummipolster unterlegte, gestand mir, daß sie beim Anblick dieser Trias in der Auslage von Sanitätsgeschäften unwillkürlich in Erregung kommt und deutlichen Orgasmus empfindet. Oft genügt eine Urinflasche oder eine Leibschüssel, mitunter der Geruch von Gummi, der sie an das Luftpolster erinnert, um den Orgasmus auszulösen. Es ist selbstverständlich, daß diese Dame im Kriege Krankenschwester wurde. Ihre Geständnisse hatte sie mir vor dem Kriege gemacht. Sie war etwas verlegen, als ich eines Tages ein Krankenzimmer übernahm, in dem sie als Schwester waltete.

Solche Erfahrungen machen uns die Fälle wie den nachfolgenden verständlich, der eine schöne Ergänzung zu dem Fall von Irrigatorliebe bildet. Es handelt sich um einen Fall, den *Hirschfeld* (Sexualpathologie, Bd. III) als Gummikissenfetischismus beschreibt:

Fall Nr. 21. Herr B. Z., Student der Nationalökonomie, 21 Jahre alt, zeigt eine eigenartige Form von Fetischismus, nämlich eine hochgradige sexuelle Reaktion auf G u m m i l u f t k i s s e n. Herr Z., dessen sehr feminines Wesen seiner Familie schon längst aufgefallen war, ohne daß sie von den wahren Ursachen seines Wesens eine Ahnung hatte, beobachtete an sich nach Beendigung des 14. Lebensjahres ganz plötzlich einen merkwürdigen Drang, sich Luftkissen zu beschaffen, diese prall aufzublasen und sich an den Leib zu legen. Mit diesen heimlichen Manipulationen, die ihm völlig unverständlich waren, vermochte er zunächst keine Vorstellung zu verbinden, da er keinerlei Kenntnisse über sexuelle Dinge besaß. Der rein triebhafte Drang, sich mit den Luftkissen einzuschließen, sich ständig mit ihnen in Kontakt zu wissen, wuchs immer stärker an und führte nach kurzer Zeit zu tiefgehenden Verstimmungen, da keine Entspannung eintrat, bis eines Abends, etwa 4 Wochen nach dem ersten Auftreten dieses eigenartigen Begehrens, die erste Ejakulation erfolgte. Er hatte an diesem Abend wie immer im Bett das Luftkissen prall aufgeblasen, sich dann spontan daraufgelegt, so daß sich die Genitalzone und die Unterbauchregion mit dem Luftkissen berührten. Die von dem Fetisch ausgehenden Reize waren in der Hauptsache taktiler Natur, sekundär erfolgte dann später assoziativ eine erotische Anregung durch die bloße Wahrnehmung des Gummigeruches, wie er dem Luftkissen eigen war. Auf optischem Wege vermochte das Luftkissen nur geringe sexuelle

Wirkungen auszuüben, während der akustische Weg in diesem Falle gänzlich ausgeschaltet war.

Die Vorstellungen nun, die während des ersten, ganz spontan gefundenen Onanieaktes auftraten, der nun täglich während der folgenden 6 Jahre mit wenigen Unterbrechungen wiederholt wurde, wiesen stets das gleiche Grundmotiv auf: einen großen, starken, fetten Mann, der von der Phantasie in irgend eine Situation mit masochistischer Tendenz gesetzt wurde. Die lustbetontesten Vorstellungen von feisten Schenkeln und dickem Leib wurden durch Betasten und Pressen des glatten prallen Luftkissens hervorgerufen. Bemerkenswert ist, wie in den späteren Jahren die Symbolisierung von dem Drange, in den Besitz des begehrten lebenden Partners zu gelangen, immer mehr zu einem Surrogat hinsteuerte; da jedoch das adäquate Sexualobjekt nicht erreichbar war, arrangierte Z. eine Situation, die auf den ersten Blick narzißtischen Charakter zu besitzen scheint, jedoch heterogener Natur ist. Herr Z. zog sich einen sehr weiten Herrenanzug an, den er mit Hilfe des aufgeblasenen Luftkissens ausstopfte; durch den Anblick des Spiegelbildes, in dem er dann nicht sich, sondern das begehrte Sexualobjekt erblickte, erfolgte die Auslösung der sexuellen Entspannung. Als Ausstopfungsmaterial wurden stets Luftkissen benutzt, da andere Gegenstände, wie etwa Federkissen, keine sexuelle Wirkung hatten. Die ersten sexuellen Regungen traten, wie erwähnt, im 14. Jahre auf. Jedoch konnte ein Erinnerungskomplex aufgefunden werden, der aus dem 8. Jahre stammt und eine gewisse Beziehung zu dem Luftkissenfetischismus aufweist. In diesem Alter sah Z. zum ersten Male ein Luftkissen und an einem der folgenden Tage im Zirkus in einer humoristischen Nummer einen Mann, der wie ein Gummiball aufgeblasen war. Diese beiden Erlebnisse interessierten ihn sehr, gerieten jedoch zunächst in Vergessenheit, um erst mit dem Einsetzen der sexuellen Reife von der Psyche als adäquate Sexualmotive wieder aufgenommen zu werden.

In diesem Falle fehlt die Analyse, so daß wir nur auf Vermutungen angewiesen sind. Aber die eingehenden Analysen in den nächsten Kapiteln werden uns zeigen, wie kompliziert die Psychogenese eines solchen Falles sein kann. Wir registrieren ihn nur als Ergänzung zu dem Irrigatorfall von Dr. *Sigg*. Analytiker mit einiger Erfahrung werden selbst die nötigen Schlüsse ziehen können.

Sehr häufig sind es Gebrauchsgegenstände, die mit dem Körper in Berührung kommen, welche dann zum Fetisch werden. Es wird daher verständlich, daß Artikel, wie man sie zur Krankenpflege verwendet, erotischen Symbolwert erlangen. Alles, was den Körper berührt, kann zum Fetisch werden. Daher werden Hemden, Unterhosen, Bruchbänder, Leibbinden unter Umständen Fetische, wobei sie irgend ein Mitglied der Familie zu vertreten haben. Eine große Rolle spielt das Hemd, wobei der spezifische Geruch des Trägers mit in Rechnung zu stellen ist. In den früheren Bänden finden sich einige einschlägige Beispiele. Aus meiner Erfahrung kann ich folgenden Fall mitteilen:

Fall Nr. 22. Herr Adolf N., 35 Jahre alt, Reisender, aus gesunder Familie stammend, organisch ganz gesund, leidet an einer krankhaften Manie für Frauenhemden. Er hat zu Hause eine große Sammlung verschiedener Hemden. Er kann viele Stunden vor Damenwäschegeschäften stehen und die Hemden betrachten. Er lauft oft tagelang von einem Geschäfte zum andern, um schließlich ein Hemd zu erstehen. Das Hemd erhält erst für ihn einen Wert, wenn er einmal in das Hemd uriniert hat, so daß es einen spezifischen Uringeruch hat. Am liebsten würde er alte, getragene Hemden, die nach Schweiß und Urin riechen, erwerben und jeden Preis für sie bezahlen. Die Scheu hat ihn bisher abgehalten, ein solches Hemd zu erwerben. Dagegen hat er schon zweimal in Hotels Hemden gestohlen. Er macht, als ob er sich in der Zimmertür irren würde. An Stelle des gestohlenen Hemdes legt er ein anderes, das einen größeren Wert hat. Er onaniert vor dem Spiegel, nachdem er sich eines der feuchten oder trockenen Hemden anzieht. Er weiß, daß er diese Leidenschaft schon mit sieben Jahren hatte. Er pflegte das Nachthemd seiner Mutter zu beriechen, das einen charakteristischen Geruch von Schweiß und Urin hatte, wobei er in sexuelle Ekstase geriet. Er versuchte auch einmal, sich eines solchen Hemdes zu bemächtigen, um es des Nachts bei sich im Bette zu behalten. Aber die Mutter entdeckte das Fehlen des Hemdes und er hatte Mühe, sich herauszulügen, als wenn er es zwischen seiner Wäsche gefunden hätte.

Er hat einige Male den Koitus versucht und konnte dabei nicht zum Orgasmus kommen. Nur ein einziges Mal konnte eine Dirne bei ihm Ejakulation erzielen. Sie hatte ein schmutziges Hemd an, das stark nach Urin roch.

Er gibt die Inzestfixierung zu seiner Mutter zu, da er mehrere Träume hatte, in denen er mit seiner Mutter verkehrte.

Die Verbindung von Fetischismus und Inzest in diesem und ähnlichen Fällen ist ziemlich durchsichtig. Hieher gehört auch ein Fall von *Garnier:*

Fall Nr. 23. Louis I., ein junger Fleischhauer, wurde in folgendem Aufzuge ins Spital gebracht. Er trug unter einem weiten Überrock: 1. Ein Korsett aus schwarzem Tuch. 2. Darunter ein zweites Korsett. 3. Noch ein Korsett. 4. Ein Kamisol. 5. Einen Damenkragen. 6. Ein feines Trikot. 7. Zum Schluß ein Frauenhemd. Er hatte feine Strümpfe und Strumpfbänder an. In seinem 10. Lebensjahre hatte er e i n e n brennenden Wunsch: Das Hemd seiner um 4 Jahre älteren Schwester anzuziehen. Während seiner Pubertät schlich er sich oft in das Zimmer seiner Schwester und legte ihr Hemd an. Wenn das Hemd seine Haut berührte, war seine sexuelle Erregung ganz außerordentlich und es kam zur Ejakulation. Dann zog er traurig seine Kleider wieder an und kehrte in den Fleischerladen seines Vaters zurück. Später kaufte er sich zuerst Damenhemden und nach Jahren die anderen Toilettegegenstände, die auf seinem Leibe gefunden wurden. (l. c. S. 62—63.)

„*Armand Silvestre* sagt vom Hemde, daß es nicht die Frau selbst sei, aber derjenige Gegenstand ihrer Kleidung, der ihre „Seele“ am besten bewahre. Zur Zeit des Direktoriums wurde die ganze Bekleidung hemdartig, um so das Weib als solches deutlicher hervortreten zu lassen. Die moderne Mode hat in der Anfertigung von seidenen, leinenen Battisthemden das denkbar größte Raffinement entfaltet, so daß es kein Wunder nimmt, wenn besonders in Frankreich diese pikante Gestaltung der früher sehr einfachen intimsten Körperhülle eine große Zahl von sogenannten „Hemdfetischisten" erzeugt hat, die eifrig auf die Jagd nach Frauenhemden ausgehen und in deren Besitze und Liebkosung einzig und allein ihre geschlechtliche Befriedigung finden. In einem Gedichte des dekadenten Poeten *Rollinat* übergibt ein Mädchen ihrem Geliebten ihr Hemd mit den Worten:

Conserve la toujours! Qu'elle soit pour ton âme
La chair mystérieuse et vague de la femme
Qu'elle soit l'oreiller de tes regrets moroses.
Qu'elle soit l'oreiller de tes regrets moroses.
Quand tu la baiseras, songe aux nudités roses
Qui furent ton festin charnel!

Que les parfums ambrés de ma peau qui l'imprègnent,
Pour l'odorat subtil de tes rêves y règnent,
Candides et luxurieux!

Qu'elle garde à jamais l'empreinte de mes formes!
J'ai dit à mon amour: „J'exige que tu dormes
Entre ses plis mystérieux",

und der Geliebte sagt echt fetischistisch:

„Adieu!" — J'ai conservé la mignonne chemise.
Je l'exhume parfois du coffre où je l'ai mise,
Et je la baise avec ferveur;

Et mon rêve est si chaud, qu'en elle il fait revivre
Ce corps si capiteux dont je suis encore ivre,
Car il m'en reste la saveur.[1])

Das Hemd repräsentiert die Trägerin! Es wird vermöge der „Verladung" spezifischer Stoffe und vermöge der Affektverschiebung die Trägerin selbst. Im Laufe der Jahre übernimmt es dann die symbolische Vertretung der Person, von der der erste Reiz ausgegangen ist. Diese Person ist gewöhnlich ein Mitglied der Familie.

Ich habe bisher noch keinen Fall von Fetischismus analysiert, in dem sich nicht diese Wurzel nachweisen ließ. Dieses ursprüngliche Objekt kann entweder homosexuell oder heterosexuell begehrt werden. Der Fetischismus des Homosexuellen kann auf eine solche Fixierung an Vater oder Bruder zurückzuführen sein. Aber nicht in allen Fällen. Oft kann es sich um eine Fixierung an die Mutter oder Schwester, Großmutter oder Tante handeln, so daß die Wurzeln des Fetischismus sich mit denen der Homosexualität verfilzen.

In allen diesen Fällen zeigt sich ein ausgesprochener „psychosexueller Infantilismus" und eine Neigung zu „Impulshandlungen". Daß aber mit dieser inzestuösen Fixierung das Rätsel des Fetischismus nicht restlos erklärt werden kann, das werden die weiteren Ausführungen beweisen. Im nächsten Kapitel werden wir Gelegenheit haben, auf die krankhafte Vorliebe für Hemden noch einmal zurückzukommen.

---

[1]) Zitiert nach Dr. *Periphantor*, „Der Fetischismus". Berlin. Singer & Co.

VI.

Waden-Partialismus, Sadismus, Kleptomanie.

Hat man Gelegenheit, einen Fall von Partialismus zu analysieren, so gelingt es in den meisten Fällen nachzuweisen, daß der sogenannte Partialismus ein Symptom einer komplizierten Parapathie darstellt, das nur in Zusammenhang mit den anderen Symptomen erklärt werden kann. Oft komplizieren sich die Fälle mit Sadismus und Masochismus und anderen Paraphilien. Fast immer läßt sich ein mehr oder minder ausgesprochener psychosexueller Infantilismus nachweisen. In dem nachfolgenden Fall war der Partialismus nur ein Symptom in einer schweren Zwangsneurose, die ihren Träger in seinem Berufe empfindlich hinderte. Ich habe einmal die Zwangsneurose den Imperativ der Reue genannt. Die Reue ist aber oft nur der Vorwand, in einer lustbetonten Erinnerung der Vergangenheit zu schwelgen.

Diese Kranken konsultieren oft den Arzt wegen Impotenz. D. h. mit anderen Worten, ihre Potenz ist an bestimmte Bedingungen geknüpft. Wenn ihnen ihre individuellen Potenzbedingungen nicht erfüllt werden, so geben sie das Bild eines Impotenten.

Nun ist jedem Menschen das Streben nach dem Normalen innewohnend. Es ist sozusagen ein immanenter Imperativ. Während die Parapathie auf die kürzeste Formel reduziert heißt: Anders sein wollen als die anderen!, zeigt sich die Heilungstendenz in dem Bestreben, normal zu sein, d. h. so zu sein wie die anderen.

Zwischen beiden Tendenzen besteht ein hartnäckiger Kampf, in den nun der Psychotherapeut einzugreifen hat. Jede Parapathie zeigt einen ausgesprochenen Konservatismus. Der Kranke will sich nicht verändern. Er will auf seine infantilen Lustquellen nicht verzichten. Er möchte genesen, ohne seine Phantasien und die die Phantasien determinierenden infantilen Erlebnisse zu opfern.

Der folgende Fall zeigt uns in wunderbarer Weise die Psychogenese einer Zwangsneurose, die Ursache des Partialismus und die sexuelle Wurzel der Kleptomanie. Er ist auch ein Beitrag zur Psychogenese der relativen Impotenz.

Fall Nr. 24. Herr G. T., ein 38jähriger Schauspieler, konsultiert mich wegen Impotenz. Seit 2 Jahren verheiratet, ist er jetzt außerstande, einen Koitus mit seiner auffallend schönen Frau zu vollziehen. Im Beginne der Ehe debutierte er mit Ejaculatio praecox. Seit 6 Monaten bei der Frau absolut keine Erektion, während er bei anderen Frauen unter bestimmten Bedingungen den Koitus vollziehen kann.

Über diese Bedingungen erfahre ich folgende Tatsachen: Patient — nennen wir ihn Georg — gehört zu jener Gruppe von Männern, welche nur auf Waden fliegen. Wenn er auf der Gasse eine Dame mit schönen Strümpfen und wohlgeformten Waden sieht, ist er verloren. Oft Erektion beim Anblick der Wade und bei der Vorstellung, daß er diese Wade mit einer Rute peitschen werde.

Seit er sich erinnert — und er hat eine glänzende Erinnerung bis in die ersten Kinderjahre — haben ihn nur die Waden gereizt. In der Jugend Waden von Mädchen und Knaben, jetzt aber nur die Waden von jungen Frauen, Mädchen und von Kindern.

Die objektive Untersuchung ergibt ein kleines Genitale, Gynäkomastie, weibliches Becken, sonst normale Verhältnisse. Keine erbliche Belastung. Er unterzieht sich einer analytischen Behandlung.

Seine Vorliebe für kleine Mädchen und Knaben mit schönen Waden macht ihm jeden Spaziergang zu einem großen erotischen Erlebnis. Er geht schon mit der Absicht aus, „sich etwas zu finden". Dabei entwickelt er einen psychologischen Scharfsinn und fällt selten hinein. Wir werden später hören, was er mit den Mädchen macht. In den ersten Stunden sagt er: Nur so kleine, ein bißerl sadistische Spielereien und das Normale. Einmal oder zweimal in der Woche wird er wie rasend. Er ist unruhig, er kann nicht in der Wohnung, nicht im Café bleiben, er muß herumrennen und sich etwas suchen. In diesen Zuständen ist er wie verwirrt und da fällt er hinein, da ist er schon sogar das Opfer von Dirnen geworden, während es ihm bei klaren Sinnen nie passiert. Das Rennen ist ein unwiderstehlicher Zwang. Wenn er mit einem Mädchen im Hotel war, wird er etwas ruhiger. Aber nur eine Weile. Dann könnte er wieder anfangen zu laufen, zu suchen, etwas zu machen. Er weiß nicht, was er machen würde, um sich zu beruhigen.

In solchen Zuständen ist es schon vorgekommen, daß er gestohlen hat. Er macht bei seinen Bekannten einen Besuch und steckt irgend einen Gegenstand ein. Meistens eine wertlose Sache. Die wirft er dann weg oder schickt sie zurück. Er hat auch den Spaß ausgebildet, bei seinen Kollegen Taschentücher zu ziehen und sie ihnen zurückzugeben. Es macht ihm Spaß, sie eine Weile bei sich zu tragen.

Er hätte noch eine Passion. Von Frauen, die ihm gefallen, möchte er die getragene Wäsche stehlen und sie bei sich im Bette halten. Er hat es aber nur einmal getan und gesagt, es war ein Versehen. Es war ein Hemd seiner Kusine, die ihm immer gefallen hat und an einen älteren Herrn verheiratet ist. Er hat einige Tage bei ihnen geschlafen. Da hat er ihr Hemd zwischen seine Wäsche gegeben und das Hemd bei Nacht angezogen.

In diesen Anfällen fühlt er auch oft den Geruch von alter Wäsche oder den Geruch eines Abortes (wie Stuhl). Er kann sich diese Halluzinationen nicht erklären.

Er erzählt aus seinen ersten Lebensjahren: „Ich erinnere mich an alle Ereignisse meiner Kindheit mit einer ganz außerordentlichen Klarheit. Meine erste sexuelle Erregung stammt aus dem 5. Lebensjahre. Ich stand zwischen den Beinen der Mutter und streifte, eigentlich streichelte ihre Wade. Meine Mutter war eine sehr schöne und sehr kräftige Frau. Da fühlte ich ein sehr starkes Lustgefühl, mein Glied wurde steif."

„Dieser Eindruck war für mein ganzes Leben bestimmend. Ich suchte immer wieder die Wade der Mutter und verlangte danach, sie zu streicheln. Anfangs duldete es die Mutter. Bald aber bemerkte sie meine sexuelle Ekstase und verbot mir dies Spiel. Ich wußte mir aber zu helfen. Ich wartete, bis die Mutter schlief und legte mich dann zu ihr auf das Sofa, und zwar immer neben ihre Waden. Ich streichelte sie und trachtete, mit dem Gliede an der Wade zu wetzen. Dabei hatte ich ein außerordentliches Lustgefühl. Bald aber war mir das nicht genug. Ich begann auch ohne die Mutter zu onanieren. Ich suchte mir einen ihrer Unterröcke aus, roch daran, steckte ihn zwischen die Beine und begann so lange zu wetzen, bis das schöne Lustgefühl kam. Oft überraschte mich meine um 4 Jahre ältere Schwester und fragte: „Was machst du da?" Ich stammelte irgend eine Erklärung. Sie schwieg und sagte niemandem etwas darüber. Sie schien es verstanden zu haben. Ich hatte auch eine jüngere Schwester. Weder die ältere noch die jüngere waren meine Sexualobjekte. Sie waren mir immer ekelhaft und spielten als Sexualwesen gar keine Rolle, während ich schon mit 5 Jahren in eine kleine Kusine feurig verliebt war und immer wieder verlangte, zu ihr geführt zu werden."

„Mit 6 Jahren kam ich in die Volksschule. Ich onanierte während der Stunde und, wie ich mich deutlich erinnere, mit der sadistischen Phantasie, Mädchen zu schlagen, besonders aber auf die nackten Waden. Ich war 14 Jahre alt, da schaute ich zum Fenster hinaus. Ein Vetter gab mir einen Schlag auf die Nates und berührte dabei meinen Anus. Das war der Beginn eines schweren Leidens, das bis heute andauert. Ich glaubte, er habe mir das Rückgrat verletzt und litt an einer Unmenge von Zwangsvorstellungen, über die ich später berichten werde. Besonders verfolgte mich die Angst, eine Ratte könnte mich in den Popo beißen. Dabei wohnten wir im dritten Stock. Es war unmöglich, daß Ratten hinaufkommen konnten. Überdies war es ein englischer — nicht offener — Abort."

Diese Angst ist bei Homosexuellen und besonders bei Unbewußt-Homosexuellen außerordentlich häufig. Ich frage daher den Patienten, ob er auch homosexuelle Phantasien beim Onanieren produziert hatte.

Er wird sehr erregt und versichert, daß er niemals homosexuelle Gedanken hatte. Nie habe ihn ein Mann gereizt. Davor habe er nur Ekel. Er gibt aber zu, daß er in der Kindheit auch Jungens mit der Rute züchtigen wollte. Er fährt in seiner Erzählung fort:

„Mit 15 Jahren wollte ich der Onanie und meinen sadistischen Phantasien ein Ende machen. Ich ging zu einer Dirne. Ich absolvierte den Koitus ohne Vergnügen. Ich war in einigen Sekunden fertig. Diese Schwäche ist mir bis heute geblieben. Ich konnte niemals einen längeren Koitus vollziehen und habe nie den starken Genuß wie bei der Onanie."

— —

„Ich erinnere mich auch, mit 6 Jahren die Wade meiner Tante gestreichelt zu haben. Ich war wie ein Hund. Ich stürzte mich auf jede Wade. Auch heute spielt die Wade in meinem Leben die führende Rolle. Ich weiß, daß ich mit 6 Jahren immer mit Gedanken an die Wade onanierte. Nach dem Besuch der Tante stellte ich mir ihre Wade vor. Ich steckte ein Polster zwischen die Beine und dachte, es wäre die Wade der Tante.

Einmal erwischte mich der Vater und verbot mir sehr strenge das Onanieren. Ich wartete dann, bis die Eltern schliefen, stellte mich schlafend und konnte dann meinen Lüsten fröhnen. Ich hatte aber ein böses Gewissen. Ich dachte: „Der liebe Gott sieht es und Vater hat gesagt, daß es eine große Sünde ist!" . . . Ich erhielt auch einmal Schläge, weil ich trotz des Verbotes des Vaters onanierte.

Ich war sehr eitel. Ich trug lange Locken und bis zum 4. Jahre Mädchenkleider. Alles hielt mich für ein Mädel und sagte: „Ei, ist das ein schönes Mäderl!" Ich sträubte mich gegen die Hosen und sehnte mich immer nach den Mädchenkleidern.

Ich legte oft die Kleider der Mutter an, was mich immer zum Onanieren reizte. Oft nahm ich einen Unterrock der Mutter ins Bett, zog ihn über den Kopf, so daß ich ihren Geruch genießen konnte, und onanierte. (Es stellt sich später heraus, daß es sich um Mutterleibsphantasien handelte.)

Zwischen den Eltern gab es viel Streit. Ich hörte alles und nahm gewöhnlich für die Mutter Partei. Ich lag im Bette zwischen den Eltern. Das weiß ich. Ich erinnere mich nicht, damals den Koitus der Eltern belauscht zu haben. Später habe ich oft den Koitus der Mutter belauscht. Der Vater verarmte, er verlor im Bankrott all sein Geld. Schmalhans wurde Küchenmeister. Meine Mutter holte sich Herren, um Geld zu verdienen. Ich war 11 Jahre alt, sie nahm mich mit, ergatterte sich einen Herrn und kam dann nach Hause. Wir Kinder mußten aus dem Zimmer gehen und machten unsere Spässe. Der „Herr Onkel" versprach mir oft Geschenke, gab mir auch Geld, was meine Mutter immer einsteckte und dann behauptete, sie hätte es verloren.

Später hatte meine Schwester auch Verhältnisse, wobei die Mutter die Kupplerin spielte."

— —

Die ersten masochistischen Phantasien hatte ich mit 6 Jahren, wenn ich gegen die Onanie ankämpfte, um dem lieben Gott gefällig zu sein. Ich stellte mir vor, daß ich geschlagen würde. Erst später entwickelten sich sadistische Phantasien. Doch weiß ich nicht sicher, ob ich nicht vorher diese sadistischen Phantasien gehabt habe.

Bei uns wohnten zwei Mädchen, Klavierlehrerinnen, in die ich schon mit 6 Jahren verliebt war. Ich war entsetzlich eifersüchtig, wenn sie mit den Schwestern freundlicher waren als mit mir. Ich war auf meine Schwestern überhaupt sehr eifersüchtig.

Mit 17 Jahren hatte ich eine Aversion gegen die ganze Familie. Meine Schwestern waren doch Schönheiten. Meine Mutter noch immer eine fesche Frau. Ich konnte keine ansehen, brummte immer, war mit allem unzufrieden.

Sie haben mich aufgeklärt, daß ich mich befreien und eine Distanz errichten wollte. Ich verstehe jetzt meine Einstellung. Dann begannen meine sadistischen Prozeduren."

Ich erkundige mich nach seinen sadistischen Prozeduren und erfahre folgende Einzelheiten:

Er sucht sich seine Opfer auf der Straße. Am liebsten hat er junge Mädchen mit kindlichem Typus. Er spricht sie an, ist sehr freundlich und fragt, ob sie nicht tanzen lernen wollten. Er könnte ihnen ein glänzendes Engagement bei einer Tänzerinnentruppe verschaffen. Bedingung aber sei ein strenges Training. Dann geht er mit seinem Opfer ins Hotel, wo er gut bekannt ist und wo hohe Trinkgelder ihm eine bevorzugte Stellung verschafft haben.

Das Mädchen muß sich bis auf Strümpfe und Schuhe nackt ausziehen. Nach den ersten Tanzschritten findet er einen Fehler und beginnt das Mädchen leicht auf die Wade zu schlagen. Er benützt eine Gerte. Wenn sie erschreckt und feige ist und er merkt, daß sie gefügig ist, werden die Schläge stärker, mitunter schlägt er auch das Gesäß. Er bindet das Mädchen ans Fensterkreuz, so daß sie auf den Fußspitzen stehen muß, und weidet sich an ihren Schmerzen. Am Schluß vollzieht er mit schwacher Potenz einen Koitus, der kaum einige Sekunden dauert.

Viele Mädchen zeigen für diese Prozedur Verständnis und scheinen fasziniert. Die meisten sind erschreckt und weinen. Wenn die Mädchen sich wehren oder schreien, hört er sofort auf und versucht einen Spaß aus der Sache zu machen. Dieses Spiel wiederholt er zweimal in der Woche immer mit einem anderen Opfer.

Er hat auch das Verlangen, Kinder zu schänden und auf die Waden zu schlagen, hat sich aber bisher aus Angst vor dem Strafgesetz zu beherrschen gewußt.

Er träumt:

> Ich ging mit meinem Kollegen Otto spazieren. Er war sehr freundlich. Dann sah ich, daß seine beiden Hände an ein Brett genagelt waren.

Otto ist ein Artist, der ihm sehr gut gefällt. Er möchte mit ihm spielen und sich karessieren lassen. Im Traume sind die Hände Ottos angenagelt, womit er die Tatsache ausdrückt, daß Otto verheiratet ist.

Ottos Frau ist ihm sehr unsympathisch. Er kann sie nicht ansehen. Aber diese Antipathie ist gleich seiner Antipathie gegen seine schönen Schwestern, nur die Umkehrung einer Neigung. (Selbstschutztendenz!)

Der Kollege Otto ist sein zweites Ich, stellt seine Parapathie dar. Er hat seinen inneren Menschen gefesselt. Was er ausführt, ist offenbar nur ein sehr kleiner Teil seines Programmes. Andrerseits ist auch zu verstehen, daß er an seine Parapathie genagelt ist. Ihm sind die Hände gebunden. Er kann nichts Böses anstellen. Er muß also mit den Händen gesündigt haben.

Er hat auch den unbewußten Wunsch, Otto solle mit seinem Penis spielen. Das kann er nicht, wenn seine Hände angenagelt sind. Bretter stellen Fleisch dar. Otto ist verheiratet. Er ist nicht frei. Georg aber, unser Patient, ist eifersüchtig und möchte Otto für sich haben.

So gefesselt fühlt sich auch Georg durch die Ehe. Er hat seine Frau geliebt und ist nun impotent bei ihr. Die Liebe scheint erstorben zu sein. Er empfindet nur seelische Liebe für sie. Endlich sehen wir einen Hinweis auf Christus (Christusneurose). Er ist mit beiden Händen angenagelt wie der Erlöser. Georg ist trotz seiner Paraphilien fromm und bestraft sich täglich durch selbst inszenierte Niederlagen und Demütigungen.

Nächste Nacht träumt er:

> Ich habe die Frau von Otto auf den Arm geküßt, am Arm gesogen und dabei große Wollust empfunden.

Es fällt ihm dazu ein, daß ihn zuweilen auch schöne Arme interessieren und daß Frau Otto sehr schöne Arme hat. Keine weiteren Einfälle. Widerstände. Die Frau von Otto scheint für eine andere Person zu stehen.

Ein dritter Traum:

> Ein sehr dicker schmutziger Herr, ich glaube ein bei uns angestellter Artist, wollte auftreten. Ich schimpfte, „Wie können Sie in diesem Zustande in unser feines Lokal kommen? Ich werde Sie nicht auftreten lassen. Solche Schweine gehören nicht in mein Geschäft."

Um diesen Traum zu verstehen, müssen wir uns mit seinen Zwangsvorstellungen beschäftigen. Er hat den ganzen Tag mit Zwangsvorstellungen zu tun, die sich auf sein Auftreten beziehen. Wenn er das oder das nicht tut, wird er keinen Erfolg haben. Er hat allerlei Zeremonielle, auf die ich noch zurückkommen werde. Aber das Wichtigste: Er gönnt sich keinen großen Erfolg. Er verdirbt sich seine Erfolge. Er sagt sich immer (nach einer sadistischen Szene): Du wirst jetzt keinen Erfolg haben! Du verdienst das nicht! und bringt sich so um seine schönsten Schlager.

Wir verstehen nun den Traum. Er ist der Mann, der auftreten soll und so schmutzig ist, und er verbiete sich selbst den Erfolg. Er ist das Schwein! Er ist ein ausgesprochener Masochist und hatte als Kind eine ausgesprochen masochistische Periode.

— —

Es fällt ihm nachträglich ein, daß die masochistische Periode nur eine einzige Woche gedauert hat. Vorher schwelgte er in sadistischen Phantasien. Um sich die sadistischen Phantasien abzugewöhnen, dachte er, daß er ein sehr schönes Mädchen sei, von aller Welt bewundert, das aber von ihrem Geliebten geschlagen wird.

Sein Sadismus ist die Reaktion auf seine weiblichen Tendenzen. Er will ein Mann sein und den Frauen beweisen, daß er ein Mann ist.

Eine wichtige Rolle in seinem Kinderleben spielte ein Dienstmädchen, das viele Jahre bei ihnen bedienstet und die Vertraute und Freundin seiner Mutter war. Das Mädchen teilte Leid und Freud mit ihnen.

Sie war aber gleich seinen Schwestern für ihn Tabu und kein Sexualobjekt.

Mit 6 Jahren begannen die ersten Zwangsvorstellungen. Er begann zu grübeln: „Was ist die Freude? Ich darf kein Vergnügen haben!

Er erinnert sich, wie ihn sein Vater geschlagen hatte, weil er frech war. Er stellte sich, als ob er in Ohnmacht fallen würde. Seit damals benützte er Krankheiten, um aus allen unangenehmen Situationen in die Krankheit zu flüchten.

Nach den Schlägen (seine Mutter rettete ihn; sie rief dem Vater zu: Jetzt ist es genug!) haßte er seinen Vater und wünschte ihm den Tod. Zur Strafe setzten die erwähnten Zwangsvorstellungen ein. Er verdarb sich jede Freude. Was hat man von der Freude? Tut die Freude so wohl? Mit 7 Jahren forderte ihn ein Mitschüler auf, sein Glied zu zeigen. Sie könnten miteinander spielen. Er empfand Ekel und wollte mit ihm nichts mehr zu tun haben. (Deckerinnerung?)

Kurz darnach, also im 7. Jahre, gab ihm sein Vetter den Schlag auf den Hintern. (Zuerst hatte er dies Erlebnis in das 14. Jahr verlegt.) Er glaubte lange Zeit, er werde nun rückenmarkskrank werden. Er lauschte, wenn die Erwachsenen sprachen und bildete sich alle Krankheiten ein, die erwähnt wurden. Besonders fürchtete er, daß seine Adern aufreißen werden. (Beginnende Hypochondrie infolge von Schuldbewußtsein.)

In dieser Zeit fiel er einmal beim Blindekuhspiel auf den Kopf, schlug sich die Schläfe wund und war eine Zeitlang ohnmächtig. Die Mutter sagte ihm damals, das sei die Strafe Gottes. Seit damals glaubte er fest, er müsse an einer Krankheit sterben, wenn er einen bösen Gedanken hatte.

Im 3. Lebensjahre wurde er an dem Gliede operiert. Er erinnert sich an die Vorfälle nach der Operation, an die Schwestern, an den Arzt, auch wie ihm vorher die Locken abgeschnitten wurden, wie er weinte, wenn er verbunden wurde, aber er weiß nicht, warum er operiert wurde. Er war ein ungezogenes Kind und sagte der Wärterin: „Sie können mich in den A .... lecken!"

Er litt nie an Kastrationsangst. Er war nur später unglücklich, weil er ein kleines Genitale hatte und glaubte, es wäre die Folge der Onanie. Er fürchtete, das Glied werde nicht wachsen, und war sehr glücklich, wenn es bei der Erektion größer wurde.

Mit 11 Jahren wurde er sehr fromm. Er betete und glaubte, daß der liebe Gott ihm helfen und von der Onanie erlösen werde. Aber er benützte die Onanie, um sich krank zu machen. Er war mit 13 Jahren in einem Geschäfte als Lehrjunge angestellt. Er wurde schlecht behandelt. Da onanierte er 6mal in einer Nacht, um sich krank zu machen und hatte am nächsten Tage Anfälle. Er wurde ohnmächtig. Solche Anfälle von Traumzuständen und süßer Ohnmacht hatte er zu dieser Zeit auch auf der Straße. Es war ihm plötzlich, als ob er sehr leicht würde und er sagte sich: „Ich bin nicht mehr da!" . . .

In dieser Zeit verdarb er sich jede Freude, indem er sich sagte: Das verdienst du nicht! Er trat erst in einem Verein als Komiker auf und hatte einen ungeheuren Erfolg. Bald begann er sich den Erfolg zu verderben. Er mußte immer auf seine Hand sehen. (Es war die Erinnerung an die Onanie!) Er sagte sich vor dem Auftreten: „Du wirst nicht an die Hand denken." Natürlich mußte er den ganzen Abend an die Hand denken. Er wußte nicht, was er mit ihr anfangen sollte. Sie genierte ihn. Es war die Hand, mit der er gesündigt hatte. Die Onaniephantasien sind ihm nicht klar. Er glaubt, es wären sadistische Phantasien gewesen.

Er hatte zwei merkwürdige Träume:

Frau L. hat einen Schlögel in der Hand, es sah wie ein Arm oder wie ein Bein aus. Ich wollte es dazu haben. Die Zuwage . . . Dann zeigt sie mir etwas in dem Hintergrunde, das wie ein langer Knochen aussah. Ich wußte, daß ich die Sachen nicht sehen darf.

Der zweite Traum lautet:

Ich hatte einen heftigen Streit mit meiner Mutter. Ich bin im Zorne weggelaufen und war nackt auf der Straße. Zwei Leute kamen mir entgegen und machten Bemerkungen. Ich zog mir mein Nachthemd an. Dann war ich in einer Art Rumpelkammer. Meine Mutter sagte: „Das habe ich jetzt zerrissen!" — und zerriß ein rotbackiges, dickes Gesicht. Es war wie eine fleischige Larve. Ich war sehr wütend. „So, jetzt wirst d u den Vortrag halten! Ich brauche die Maske zum Vortrag." Ich hörte noch, daß sie diese Larve zerrissen hat, weil sie etwas angestellt hat.

Die Analyse des ersten Traumes ergab, daß der fehlende Knochen der Penis ist. In Wien erhält man zum Fleisch eine Zuwage von Knochen. Er sucht bei Frau L., die ihn immer reizt, eine Zuwage, den männlichen Penis. Er hatte als Kind geglaubt, daß die Frauen auch einen Penis haben. Die Wade war ihm ein Penisersatz.

Im zweiten Traume zerreißt die Mutter seine Larve. Er hatte schon als Kind mit der Mutter Streit und rief ihr zu: „Du kannst mich in den A. lecken!" Wenn die Mutter dann weinte, zeigte er tiefe Reue. Seine Gleichgültigkeit gegen die Mutter im späteren Alter war nur eine Maske. Wenn er sich nackt zeigen würde wie in dem Traume auf der Straße oder wenn man ihm die heuchlerische Larve vom Gesicht reißen würde, so müßte man sehen, wie er seine Mutter liebte und begehrte. Die Mutter starb vor zwei Jahren. Er ist sich seiner Inzestgedanken bewußt. Aber das vierte Gebot: „Ehre Vater und Mutter!" ließ ihn erschauern und er versuchte immer wieder eine Verdrängung der Inzestwünsche. Er sah als Kind so aus wie die Larve: Rotwangig und fleischig. Seine Mutter zerriß das Bild seiner Kindheit. Er haßte seine Mutter, wenn sie mit fremden Herren ging. Jetzt kommt der Haß im Traume zum Durchbruch. Er reißt seiner Mutter die Larve vom Gesicht. Sie war eine Hure und ist an seiner Krankheit schuld. Darum haßt er alle Frauen. In jeder Frau martert er seine Mutter . . .

Verräterisch ist der Satz des ersten Traumes: „Ich wußte, daß ich die Sachen nicht sehen darf." Er erinnert sich, daß sich seine Mutter vor den Kindern gar nicht genierte und nicht nur ihre Toilette, sondern auch die täglichen Bedürfnisse vor ihren Kindern verrichtete. Dabei sah er ihre Beine und noch mehr. Wollte er aber als Knabe gerne das Genitale sehen? Er hat gar keine Erinnerung, daß er bei den Schwestern oder bei der Mutter ein Genitale gesehen hat. Er war ein frecher, sehr aufgeweckter Junge. Er begreift es nicht, warum seine Schwestern und das Dienstmädchen für ihn sexuell gar nicht in Betracht kamen, auch heute noch seine Schwestern ihn kalt lassen. Er betont das mit so viel Emphase, daß er sich verdächtig macht und wir eine Fixierung an die Schwestern vermuten, ohne ihm von unserer Vermutung Mitteilung zu machen.

— —

Wenn er einen Schrecken fühlt, so kitzelt es in der Hodengegend. Bei jedem gruseligen Eindruck die gleiche Sensation. Er führt das auf die Operation zurück, die er im 3. Jahre überstanden hat. Es war eine Hodenoperation nach Quetschung des Hodens. So berichtete es ihm seine ältere Schwester, die er darum befragte. Er kommt auf den Knaben zu sprechen, der ihm einen homosexuellen Antrag machte. Es war in der ersten Volksschulklasse. Bisher hatte er angeblich doch immer nur in der Phantasie genossen. Endlich gab es einen Partner. Trotzdem hatte er ein Grausen, als er das Glied des Freundes berühren sollte. Es scheint, daß der Vater ihm das Berühren des Gliedes als etwas besonders Ekelhaftes geschildert hatte. Er vermied es als Kind nach Möglichkeit, sich unten zu berühren. Nur bei der Onanie und beim Urinieren übertrat er das strenge Verbot. Er mußte jede Woche mehrere Male onanieren.

Erst mit 14 Jahren verbot ihm ein Arzt das Onanieren und er stellte es prompt ein. Aber seine Parapathie wurde immer schlimmer.

Der Grundzug seines Wesens ist Trotz. Er trotzt auch mit sich selbst und verdirbt sich seine besten Erfolge. Gestern hatte er den ersten guten Tag nach vielen Jahren und seinen besten Erfolg. Er fühlt sich durch die Analyse sehr erleichtert.

— —

Ich setze die Analyse des letzten Traumes fort, da ich von ihm wichtige Enthüllungen erwarte und fordere ihn auf, mir die Einfälle zur Maske zu sagen, die seine Mutter im Traume zerreißt. Er sagt:

„Die Maske ist rot und rund. Sie hat einen Bart. Sie sah aus wie ein Thermophor. Sie hatte oben einen Riß. Die Mutter sagte: Daher verbrenne ich sie . . ."

„Verbrenne? Sie sagten doch zerreiße ich sie in der ersten Fassung?"

„Verbrenne — oder — zerreiße . . . Weil sie einen Riß hat, also verdorben ist."

„Wie sah der Bart der Maske aus?"

„Ein Bart und Gesicht wie ein Fleischhauer. Ein roher, ordinärer Geselle. Vielleicht war es das Gesicht des Anton." (Es war der Bursche, der ihm den ominösen Stoß gegeben hatte. Deckerinnerung?)

„Hatte Ihr Vater diesen Bart?"

„O nein! Mein Vater hatte einen Spitzbart und ein feines Gesicht. Es war ein ordinäres Gesicht. Ich weiß nicht. Ich muß mich doch daran erinnern. Wie sah er nur aus?" (Denkt nach und ruft plötzlich aus): „Ich habs. Es war der Mann, über den wir gelacht haben. Eine lustige Geschichte. Dumm! Nicht wichtig!"

„Erzählen Sie mir die Geschichte."

„Nun, die Mutter holte sich von der Gasse einen Mann, der sah roh und ordinär aus wie ein Fleischhauer. Dann ging sie mit ihm ins Zimmer und sperrte die Türe ab. Ich und die Schwester wollten durchs Schlüsselloch sehen und konnten nichts entnehmen. Dann hörten wir Stöhnen, leises Kichern und allerlei verdächtige Laute. Die beiden kamen dann aus dem Zimmer. Der Mann war rot im Gesichte, wischte sich den Schweiß von der Stirne, er sah aus wie die Maske . . ."

„Waren Sie eifersüchtig oder zornig auf die Mutter?"

„Gar keine Rede! Wir lachten und unterhielten uns köstlich . . ."

Er schweigt eine Weile. Dann fährt er fort:

„Ich weiß nicht, warum ich bei meiner Frau impotent bin. Sie hat die reizendste Wade, die Sie sich vorstellen können. Und wenn ich eine Frau mit ähnlichen Waden sehe, bin ich impotent. Mich reizt am meisten ein Kind. Mit jedem Kinde möchte ich spielen und es quälen. Schon als Kind stellte ich mir ein Mäderl vor. Am Schluß der Onanie war ich früher selig, als wenn ich in den Himmel fahren würde. Ein herrliches Lustgefühl! Höchste Wonne! Oft habe ich später ein ähnliches Gefühl gehabt, wenn ich die Anfälle hatte. Ich konnte sie mir künstlich auf der Gasse erzeugen."

„Haben Sie immer mit der Vorstellung, daß Sie ein Mäderl strafen, onaniert?"

„O nein. Manchmal, sehr oft gebrauchte ich, wie ich schon erwähnte, ein Hemd oder einen Rock der Mutter. Ich hüllte mich darin ein, roch daran und dachte mir dann, die Mutter wird bestraft, weil sie so — stinkt."

„Wer bestraft die Mutter? Der Vater?"

„Nein! Niemals der Vater. Das störte meine Onanie. Da war mir die ganze Freude verdorben. Immer ein anderer. Der Vater hatte mit der

Mutter immer Streit. Ich erinnere mich, daß es für mich das größte Glück war, wenn Vater mit Mutter ruhig sprach. Ich fühlte mich wie im Paradiese."

Er schweigt . . .

„Woran denken Sie?"

„An den Traum. Ich war im Traume auf die Mutter wütend. Das erinnert mich an die Szene mit dem Veloziped. Es kam öfters ein Onkel zu uns, Herr S. Er kam regelmäßig zweimal die Woche. „Ein Abonnent!", sagte meine Mutter. Wir waren sehr glücklich, wenn er kam, da bekam die Mutter Geld und wir hatten dann ein gutes warmes Nachtmahl. Einmal gab er der Mutter 20 Kronen für mich, sie sollte mir ein kleines Kinderfahrrad kaufen. Er ging und die Mutter wollte nicht das Spielzeug kaufen. Ich schrie und weinte so lange, beschimpfte die Mutter, nannte sie „Hure", bis die Mutter sich aufmachte, das Rad zu kaufen. Am Wege sagte sie, sie habe das Geld verloren. Ich glaubte es ihr und war unglücklich. Sie kaufte mir dann irgend eine Kleinigkeit. Heute weiß ich, daß sie das Geld fürs Essen brauchte. O, ich erinnere mich, daß wir sehr unglücklich waren, weil einmal statt des Herrn S. ein Dienstmann mit einer Karte kam, der die Absage brachte. Wir hatten an diesem Tage kein Nachtmahl, nur trockenes Brot. Die Mutter zeigte mir die Karte: „Ich bedauere, heute nicht kommen zu können!" Ich war 7 Jahre alt und konnte schon lesen. Was sagen Sie zu dieser „Erziehung?"

„Sie müssen doch die Mutter verachtet oder gehaßt haben?"

„Gehaßt? Nur weil sie mir das Fahrrad nicht gekauft hat. Ich habe gewöhnlich die Partei der Mutter genommen, wenn Streit im Hause war. Ich erinnere mich, daß der Vater der Mutter immer Vorwürfe wegen ihrer Vergangenheit machte. Es hat auch am Anfang der Ehe etwas gegeben."

„Und das alles haben Sie gehört?"

„Ja, meinen Eltern war es ganz Wurst, ob ich im Zimmer anwesend war oder nicht. Daher hatte ich so früh Einblick in alle diese Verhältnisse."

Damit schließt diese Sitzung ab.

— — — — — — — — — — — — — — — — — — — —

Er kommt auf die Szenen mit der Mutter zurück. Er erinnert sich, daß sie alle glücklich waren, wenn der „Abonnent" Herr S. kam. Sie aßen oft nur trockenes Brot und ein Stückchen kalte Wurst. S. bedeutete ein gutes warmes Nachtmahl. Trotzdem hat er die dunkle Erinnerung, daß sich etwas in ihm gegen S. sträubte und daß er doch eifersüchtig war. Er scheint seine Eifersucht ganz verdrängt zu haben. Auch weiß er sich nicht zu erinnern, ob er mit der jüngeren Schwester nicht mittlerweile auch gespielt hatte. Nein! Er weiß es bestimmt. Das war ausgeschlossen. Die jüngere Schwester war nie ein Sexualobjekt für ihn.

Sie unterhielten sich nur köstlich, wenn S. ganz rot und aufgeregt aus dem Zimmer kam.

„Haben Sie durchs Schlüsselloch gesehen?"

Er schweigt. Er kann sich nicht erinnern. Er meint, es könne der Fall gewesen sein.

Er träumte:

Ich hielt einen Vortrag über Luft. Dann drehte es sich um Mark und Krone. Ich sprach mit einem Deutschen darüber. Er hat mich irgendwie beruhigt. Dann bin ich am Klosett gesessen. Das war ganz schmutzig mit Urin. Irgend jemand sagte: Es ist doch gut, daß die

8*

Deutschen herkommen, daß da Ordnung wird! Plötzlich spüre ich rückwärts kitzeln, drehe mich um und oben aus dem Loch ist ein ganz kleiner Ratz herausgekommen, der mich gekitzelt hat. Ich hatte merkwürdigerweise keinen Ekel und keinen Schrocken wie im Leben.

Dann sind wir im Omnibus gefahren. Da war ein sehr grober Kondukteur. Meine Frau ist erst später eingestiegen und hat sich neben mich gesetzt. Wie der Kondukteur das gesehen, daß sie keine Karte genommen hat, sagte er: „Ah, Sie reden mit der Frau!" — als ob wir wegen der Karten schwindeln wollten. Dadurch bin ich in Streit geraten. Am Stephansplatz habe ich ihm irgend ein Schimpfwort zugerufen. Er sagte: „Ich werde Sie einsperren lassen!" Ich wollte mich über die Brüstung herunterlassen, um auf ihn hinzufahren und mit ihm zu raufen.

Ich war in einem Theater im Bühneneingang. Auf einmal war ein Paket, das ich in der Hand hatte, verschwunden. „Machts keine Dummheiten! Das hat einer versteckt!" Ich rankelte mich mit einem kleinen mießen Kerl, der stärker als ich war. Ich konnte ihm nicht beikommen. Dann bekam ich das Paket. Darin war ein schweres beschmutztes Tischtuch und darin waren andere Sachen. Ich bin mit dem Paket nach Hause gegangen zu meiner Frau, habe mit ihr geschimpft, daß sie nicht bei mir war die ganze Zeit. Wie ich das Paket aufmache, war das rote Tischtuch weg. Ich bin zurück zum Theater. Da fanden sie das rote Tischtuch.

Ich bin in die Wohnung nach Hause gegangen, es war wie in der K . . . gasse in der Jugend. Es war finster. Ich habe mich gefürchtet vor Einbrechern. Im dritten Zimmer war eine Gestalt, eine ganz magere alte schmale Frau, gebückt. Sie hatte ein Tuch um. Sie hätte nichts zum Anziehen. Ich solle ihr doch etwas Kleider geben. Ich gab ihr etwas. Es war ihr nicht genug. Sie schaute nach und wollte Bücher haben, schaute in einem Stoß Bücher nach.

Dann änderte sich die Szene. Ich suche auf der Straße einen Wagen. Da sehe ich plötzlich meinen Vater. Er kam mir fremd vor. Trotzdem hatte ich eine Freude, ihn mir einzuladen, mit dem Wagen zu fahren. Ich habe aber keinen bekommen.

Wieder ein Wagen. Wir fahren drei einen Berg hinunter. Ein dicker Mann, ich und noch jemand. Wir fuhren ein Stückerl steil herunter, da stieg der dicke Herr aus, um auf einen anderen Berg aufs Klosett zu gehen. Der Kutscher sagte: Er hätte einen kürzeren Weg aus dem Klosett gehen können.

Ich wende mich der Analyse dieses wichtigen Traumes zu. Er wird aufgefordert, seine Einfälle zu „Luft" zu sagen. „Gedanken sind Luft!" So beginnt er, dann wundert er sich, wie sich die Luft im Traume in Mark und Kronen verwandeln kann. Dann allerdings kommt er auf die Entwertung des Geldes zu sprechen und meint, das Geld sei jetzt wie Luft. (Wir sehen die Zusammenhänge Luft — Stuhl — Geld — Analkomplex.) Seine Frau habe gestern einen Wind gelassen, ohne sich zu genieren. Er sagte ihr: „Du bist wirklich ein erstklassiges Frauenzimmer. Eine ordinäre Person würde sich genieren und einbilden, das passe sich nicht!" Dann kommt er auf seine Mutter. Sie habe sich gar nicht geniert. Sie hatte allerlei ekelhafte Gewohnheiten. Sie fuhr sich mit den Fingern zwischen die Zehen und steckte sich den Schweiß in den Mund. Sie hatte oft die Hand bei ihrer Scheide, so daß die Hand sehr stark roch. Deshalb ekelten sie sich oft beim Essen. Wenn sie auf dem Abort saß, gab es dann einen fürchterlichen Gestank. Er wollte nie nach der Mutter hinausgehen. Der Vater hingegen war ein peinlich reiner Mensch . . .

Plötzlich erinnert er sich an allerlei wichtige Dinge aus seiner Kindheit. Er roch seinen eigenen Flatus sehr gerne. Er zog die Decke über die Ohren und machte sich eine Höhle, um den Flatus recht lange festzuhalten. Die Defäkation war ihm nach seinem Ausspruche immer ein Fest. Sie war mit sehr starken Lustgefühlen verbunden. Nach dem Stoße seines Vetters kam die Angst, im Abort sei eine Ratte. (Er sagt immer männlich: ein Ratz!) Die Ratte werde ihn beißen. Nun war ihm die Freude im Abort verdorben. Erst stellte er sich auf das Brett, dann aber hockte er verkehrt, so daß er es sehen hätte können, wenn der Ratz hervorkommen würde. Später verrichtete er seine Notdurft auf einem Papier und warf dann den Stuhl in den Abtritt. Erst mit 17 Jahren gab er auf das Zureden eines Arztes hin die Ratzphobie auf. Seit damals ist aber auch das Vergnügen an der Defäkation ganz geschwunden.

Wir sehen deutlich, wie er sich seine Freude selbst zerstört hat. In diesem Traume tritt statt des Ekels vor dem Ratz das direkte Lustgefühl, ein angenehmer Kitzel auf.

Wir setzen die Analyse des Traumes fort. Ein kurzer Traum dieser Nacht versetzte ihn zu einem anderen Analytiker. Er überraschte mich dort, sieht, daß ich selber ein Parapathiker bin, der sich einer Analyse unterzieht. Es ist die Rache des Kranken, der sich der Autorität des Arztes beugen muß.

Seine nächsten Einfälle zu Luft sind: Es handelte sich um dicke und dünne Luft. Dann kommt er zum Passus: „Es waren mehrere Deutsche da."

„Was fällt Ihnen zu den Deutschen ein?"

„Deutsche sind ordnungsliebend, sie sind rein. Der Vater war auch rein. Die Deutschen sind homosexuell. Ich hasse die Homosexualität . . . Sie haben mir einmal gesagt, daß der Ratz für einen Mann steht, für Homosexualität. Der Ratz kam aus einem Rohr heraus."

Die weitere Analyse ergibt, daß es sich um eine Mutterleibsphantasie handelt. Das Klosett ist die Mutter. Es kommen viele Liebhaber zu ihr. (Das beschmutzte Klosett.) Der Vater duldet das nicht. (Es wird Ordnung gemacht durch die Deutschen.) Aus dem Rohr (der Scheide) kommt der Penis des Vaters. (Der Ratz.) Er erzählt ausführlich von seinem Ekel vor Homosexuellen und daß er nie einen homosexuellen Akt hätte machen können.

Wir gehen zur zweiten Traumstelle vom Omnibus über. Zum Kondukteur assoziiert er: „Ein grober, dicker Kerl wie ein Bierbrauer. Ein sehr strenger Mann."

„Wer fällt Ihnen zu dem Mann ein?"

„Mir kann nur der Vater einfallen. Er war sehr streng und wir fürchteten uns vor ihm."

Die bipolare Einstellung zum Vater (Liebe und Haß) bricht deutlich durch. Wenn der Vater mit der Mutter die Auftritte hatte, so nahm er immer Partei für die Mutter. Wäre er größer gewesen, er hätte den Vater geschlagen. Im Traume holt er diese Reaktion nach. Der Vater sprach mit der Mutter oft wochenlange kein Wort. Darauf bezieht sich die Traumstelle: „Ah, Sie reden mit der Frau!" Die Frau steht statt der Mutter. Die weitere Analyse ergibt, daß er auch eine Verladung von seinen Schwestern auf die Frau vollzogen hat. Aus diesem Grunde ist er impotent. Er hat mit ihr ein Verhältnis wie Bruder und Schwester.

Wir kommen zur Stelle vom „Einsperrenlassen". Einsperren war für ihn immer eine ekelhafte und angstbetonte Vorstellung. Er wurde als Kind oft eingesperrt. Auch wissen wir, daß er sadistische Szenen in dem Hotel aufgeführt hat und Angst vor dem Gericht hatte, ja, daß er jetzt einen Drohbrief von einem Advokaten erhalten hat. Die Angst, eingesperrt zu werden, ist berechtigt und bricht durch die Traumgedanken. Er fürchtet, wegen seiner Szenen mit der Polizei in Konflikt zu kommen. Andrerseits stellt der Omnibus eine Frau dar. Er assoziierte das bekannte Witzwort: „Wenn meine Großmutter Räder hätte, so wäre sie ein Omnibus." Er hat die Phantasie, mit seiner Schwester im Mutterleibe eingesperrt zu sein und sie dort zu züchtigen.

Sein nächster Einfall zu „züchtigen" ist notzüchtigen. Er hörte schon als Kind von Notzucht und Unzucht und zerbrach sich den Kopf über die Unterschiede. Als er onanierte, sagte ihm sein Vater drohend, er treibe Unzucht. Er stellte sich in der Kindheit immer vor, daß der Mann die Frau schlägt und vergewaltigt, daß er sie züchtigt. Er sah einen Hahn mit einer Henne verkehren und sagte: Der Hahn züchtigt die Henne. Dabei verstand er, daß es sich um einen Verkehr handelte.

Er glaubte auch die erste Zeit, daß alle die fremden Herren die Mutter schlagen würden und hatte Mitleid mit ihr. Die Vorstellung: Er wolle ein Mäderl schlagen, heißt, er wolle mit einem Mäderl einen sexuellen Verkehr haben.

Er ist ein ausgesprochenes Kind und hängt an allen seinen Infantilismen. Er hat die Entwicklung zum Manne noch nicht mitgemacht. Er ist das Bubi geblieben.

Mit seiner Frau spricht er nur in der Kindersprache. Er nennt sie: Maupi, Kraupi, Mutzi, Schutzi, Schnuzzi und erhält von ihr ähnliche Namen.

Wie er sich als 6jähriges Kind die Freude verderben wollte, war es seine Absicht, sich die Freude am Onanieren zu zerstören. Das gelang aber nicht, so daß er sich sagen mußte: „Von dieser Freude habe ich doch etwas!"

Schon in diesem Alter stand er oft vor dem Spiegel und bezweifelte seine Identität. (Dieses Phänomen können wir bei Mutterleibsphantasten sehr häufig beobachten.) Er fragte sich: „Bin ich das? Nein, das kann ich nicht sein!" Er kam sich fremd vor. Er bekam Angst vor dem Spiegel, weil er dort ein fremdes Gesicht sah und sich fragte: „Wer ist das?"

Die Mutterleibsphantasten haben die merkwürdige Erscheinung des „Déjà vu" und auch das Gegenteil, daß ihnen eine Straße fremd und neu vorkommt. Alle Jahre erlebt er einmal eine Situation, in der er sich sagt: „Das hast du schon alles einmal erlebt. In der gleichen Gegend, die gleichen Gegenstände, die gleiche Stimmung."

Er war 9 Jahre alt, als ihm ein Dienstmädchen ihre Genitalien zeigte. Er solle sich einen schwarzen Punkt anschauen. Nachträglich kam sie mit Syphilis ins Spital. Er verstand schon damals, daß es sich um eine schwere Geschlechtskrankheit handelte. Die Hauptsache bei der Sexualität war das Strafen (Züchtigen).

Er stellte sich auch beim Onanieren vor, daß ein Zimmerherr, der beim Militär diente, bestraft wurde. Der Zimmerherr war Einjährig-Freiwilliger und erzählte von den verschiedenen Strafen, wie Anbinden, Fesseln, Einsperren. Diese Erzählungen gestaltete er in seiner Phantasie aus. Dann ließ er seine Schulkameraden auf die Waden peitschen, was eine seiner Lieblingsphantasien war.

Alle diese Einfälle erzählt er bei der Analyse des Traumes. Sie stellen einen Teil der latenten Traumgedanken dar und beziehen sich auf seine Schuld. Damit kommen wir nun zur Analyse des Traumstückes, das von Einbrechern und von der alten Frau handelt. Zur alten Frau fällt ihm die Großmutter ein. Sie war eine ehrsame, rechtschaffene Frau, ein starker Gegensatz zu seiner Mutter. Er fürchtet sich vor den Reuegedanken, die in seine Seele einbrechen wollen. Diese Reuegedanken verdichten sich zur ehrwürdigen Gestalt seiner Großmutter, welche die Bücher seiner Seele kontrolliert. Wie hast du dein Leben verbracht? Warum bist du kein anständiger Mensch worden? Nun will er den Lebensweg mit dem Bilde seines Vaters beenden.

Der letzte Teil des Traumes enthüllt seine Reuegedanken, daß er seine Frau betrügt. Er ist der dicke Mann, der unter großen Mühen ein Klosett auf einem Berge aufsucht und ein anderes ganz in der Nähe hat. (Einfall: „Das Weib ist ein Klosett" aus dem Eulenburgprozeß.)

Der Traum sagt: „Bleibe bei deiner Frau und lasse alle Eskapaden. Werde ein anständiger Mensch." Es ist die Stimme seines Gewissens, die in der Symptombildung seiner Parapathie die Dominante darstellt.

Auch das schmutzige Tischtuch soll durch ein reines ersetzt werden. Er grollt seiner Frau, daß sie ihn nicht vor Untreue bewahren kann. Der kleine mieße Kerl ist sein zweites Ich. Er streitet mit seinem inneren Menschen . . .

Das rote Tischtuch weist auf den Blutkomplex hin. Es ist, als ob er seiner Frau etwas vorwerfen müßte, was mit seinen blutigen Phantasien zusammenhängt. Er bringt mehrere Einfälle, welche das Thema des Lustmordes berühren. (Will er seine Frau umbringen und ist deshalb impotent?)

— —

Er träumte:

> Dr. *Stekel* hatte ein kleines Mäderl, welches mit seinem Dienstmädchen eine sexuelle Handlung vollzogen hat.

Als ersten Einfall bringt er, daß er gestern Abend ein Jucken im After hatte, das mit einem Wohlgefühl verbunden war. Dabei hatte er die Phantasie, daß er ein Weib sei. Das war als Kind sein größter Wunsch und er erinnert sich seiner Schmerzen, als ihm im 3. Jahre seine schönen blonden Locken abgeschnitten wurden. Er glaubt, daß ihr Dienstmädchen, die Vinzi, ihm die Locken abgeschnitten hat. Zu meinem Dienstmädchen fällt ihm auch die Vinzi ein. Er erinnert sich, daß er oft bei ihr im Bett gelegen ist. Er glaubt nicht, daß etwas vorgefallen ist. Beim Waschen habe er immer sehr geschrieen. Er sagte oft: „Mir wird schlecht!" — besonders nach dem erwähnten Stoß von seinem Vetter, so daß seine besorgte Mutter mit ihm wiederholt zum Arzt ging, der nichts Ernsthaftes konstatieren konnte.

Als Kind hatte er einen typischen Traum, der sich oft wiederholte:

> Auf dem Dache der Schule war eine runde Arena, wie eine Kugel. Ich wunderte mich, wie ich so hoch oben bleiben konnte.

Oft war in dieser Arena Schnee, aber immer in kugelförmiger Gestalt. Er mußte durch allerlei dunkle Gänge und enge Löcher kriechen, um hinaufzukommen. Es ist ein stereotyper Traum, der die Erinnerung an die gewaltige Brust seiner Mutter (sie war eine auffallend üppige Frau) festhält. Zum Busen gelangt er nach der Geburt.

Er dachte oft an Geburt und Tod. Schon als Kind grübelte er über die Frage, warum die Menschen sterben müssen, und hoffte, er werde unsterblich sein. Wenn er andere Kinder liebte, so mußte er sie so heftig drücken, daß sie aufschrieen. (Erinnerungen an die Umarmungen seiner Mutter.)

Er lebte mit 7 Jahren einige Monate auf dem Lande. Da sah er abends oft weiße Gestalten im Garten und hatte furchtbare Angst.

— —

Ich übergehe einige Traumanalysen, die alte Motive bringen: Unangenehme Affären mit Mädchen, die er geschlagen hat, Reue wegen seiner Untreue, homosexuelle Phantasien.

Ein wichtiger Traum:

> Die Elektrische ist zweimal vor der Haltestelle stehen geblieben. Ich habe mir gedacht: Es ist schwierig, gefährlich, unmöglich, an das Ziel heranzukommen.

Der Sinn dieses Traumes ist, daß es gefährlich ist, ein Ziel zu erreichen. Welches ist sein Ziel? Ihm fallen seine sadistischen Szenen ein und wir erfahren, daß er eigentlich das Weib erwürgen oder erstechen möchte und immer aus Angst vor dem Gesetze knapp vor seinem Sexualziele stehen bleibt.

Dieses Trauma hat auch große Bedeutung: Er ist in der Analyse zweimal nahe bei den entscheidenden Enthüllungen gewesen, aber es war unmöglich, heranzukommen.

Zu seinem Wadenfetischismus fällt ihm ein, daß er das erste Mal an die Waden dachte, als er noch nicht 3 Jahre alt war. Tante Rosa bekam ein Kind und ihm wurde gesagt, daß sie der Storch in das Bein gebissen hat.

„Wo?“ fragte er.

„In die Wade!“ war die Antwort. Er glaubte, daß die Kinder aus der Wade kommen. Er sucht immer Frauen mit sehr dicker Wade und einer kleinen Vagina.

— —

Er träumte:

> Ich fühlte im Traume eine schwere Hand auf dem Kopfe. Ich habe mich an einer älteren Frau begeilt. Sie gab mir einen Stich in den Kopf.
>
> Ich war auf einem Rennplatz. Auf einer Anhöhe ein kleines Haus, in dem sich meine Frau befand. Ein Pferd ging durch. Alles flüchtete. Leute schrieen mir zu, ich solle das Pferd aufhalten. Das Pferd verwandelte sich in einen Menschen, der war verrückt. Ich lief davon. Eine kleine Peitsche hinderte mich daran. Dann war ich in einem Zimmer und sperrte die Türe ab. Da bemerkte ich mit Schrecken, daß eine zweite Türe noch offen war. Ich erwachte mit Angst.

Der Traum ist leicht zu erklären. Er ist das durchgegangene Pferd, der verrückte Mann. (Er leidet an Angst vor dem Wahnsinn.) Er fürchtet seinen eigenen Sadismus. Er sollte doch seine Leidenschaften hemmen (das Pferd aufhalten). Aber seine Leidenschaft zu peitschen, hindert ihn daran, mit seiner Paraphilie fertig zu werden. Die Haupttüre hat er verschlossen, aber der Sadismus kann durch die andere Türe hereinkommen.

Er interessiert sich für die Hinrichtung von Frauen. Er möchte gerne ein Scharfrichter sein.

Eine andere Determination seines Frauenhasses: Er möchte das Weib in sich erschlagen.

Zur älteren Frau, an der er sich begeilt hat, fällt ihm seine Mutter ein, an der er noch mit großer Liebe hing, als sie schon alt war und ihre Reize verloren hatte. Die Mutter legte ihm die Hand auf den Kopf, wenn er Fieber hatte. Oft klagte er: „Es sticht mich im Kopf." Dann war die Mutter besonders lieb und machte ihm kalte Umschläge und saß an seinem Bette.

Die Stelle von der schweren Hand auf dem Kopfe wird erst später verständlich werden.

— —

Märchen haben stets einen starken Eindruck auf ihn gemacht. Die Stelle in Schneewittchen, da der Jäger dem Kinde das Herz ausschneiden sollte, sah er in einer Kindervorstellung. Sie kehrte dann in seinen Onaniephantasien wieder. Er macht sehr gerne Ausflüge, traut sich aber nicht mit seiner Frau allein zu gehen. Es geht immer ein Freund mit. Wie die Analyse ergibt, benötigt er den Freund als Selbstschutz, um sich gegen die Mordtendenzen zu sichern.

Er war 13 Jahre alt, da spielte er mit einer kleinen 6jährigen Nichte. Er gab ihr Zuckerln und brachte sie dahin, daß sie sich gefallen ließ, wenn er sein Glied zwischen die Waden steckte und einen Koitus imitierte. Um diese Zeit hatte er schon Orgasmus mit Ejakulation. Nachträglich korrigiert er, daß er die erste Zeit noch keine Ejakulationen hatte, sie erst mit 14 oder 15 Jahren auftraten. Diese Spiele dauerten dann mehrere Jahre . . .

Mit 13 Jahren verliebte er sich in einen Knaben. Es war ein wunderschöner Mitschüler. Er wollte ihm um jeden Preis gleichen, kleidete sich wie er und buhlte um seine Freundschaft. Er war sehr eitel, wollte sehr gerne der schönste Mann sein. Mit 15 Jahren ging er zu einer Dirne, weil er hörte, daß man durch Onanie häßlich werde, während ein Koitus ein Verschönerungsmittel sei.

Sie hatten einen Zimmerherrn, der ihn angeblich nicht viel beachtete. Später wurde dieser Zimmerherr sein Lehrer in der Elementarschule. Er und ein anderer Lehrer waren Homosexuelle, die sich gegenseitig schöne Knaben schickten und mit ihnen spielten.

Dieser Lehrer schlug die Knaben auf die nackten Waden, was ihn sehr erregte.

Wir erinnern uns, daß er in seinen sadistischen Hotelszenen immer den Lehrer spielt. Diese Szene scheint seine sadistischen Phantasien determiniert zu haben. Er verlegt sie freilich in die früheste Kindheit, es kann sich aber um Erinnerungstäuschungen handeln.

Er wollte durchaus Lehrer werden, um kleine Knaben schlagen zu können. Die ersten Objekte seiner sadistischen Phantasie waren kleine Knaben . . .

— —

Die Behandlung geht unter großen Schwierigkeiten weiter. Er erinnert sich widerstrebend an verschiedene Akte, die er mit Kindern begangen hat. Noch heute ist es das Kind, das ihn am meisten reizt. Seine Frau sieht er immer nur als Kind.

Die Geschichte dieser Ehe ist charakteristisch für seinen Seelenzustand. Er lernte seine Frau kennen, als sie 16 Jahre alt war. Nach kurzer Zeit ihrer Bekanntschaft wurde sie seine Geliebte. Er wunderte sich, daß er bei ihr potent war, obwohl er gar keine sadistischen Phantasien hatte. Bald wurde er jedoch ihrer überdrüssig, wurde aber eifersüchtig, als er merkte, daß sie sich mit anderen Männern einließ. Er warb wieder um ihre Gunst, um sie nach kurzer Zeit abermals zu verlassen. Dieses Spiel wiederholte sich fast ein Dutzendmal. Immer war er schwer melancholisch, wenn er auf sie verzichtete. Lebten sie zusammen, so gab es Zank und Hader, schließlich heiratete er sie, weil er einsah, daß er ohne sie nicht leben konnte und ein Ende seiner Leiden erhoffte. Aber schon 2 Wochen nach der Hochzeit war er bei seiner Frau impotent und ist es bis auf den heutigen Tag geblieben. Ich merkte, daß er eine Identifizierung mit seiner Schwester vollzogen hatte, und forderte ihn auf, alle Erinnerungen, die er aus der Jugendzeit an die Schwester hat, mitzuteilen.

Es ergab sich nun die merkwürdige Tatsache, daß trotz seines glänzenden Gedächtnisses für Jugenderlebnisse alle Erinnerungen an Spiele mit der Schwester ausgelöscht waren. Dagegen drängte sich immer die Erinnerung an eine Kusine vor. Dunkel sieht er eine Szene in einem Gartenhaus vor sich, wo er mit Lieschen, so der Name der Kusine, Vater und Mutter gespielt hatte. Lieschen heißt aber auch seine Frau. Die weitere Analyse ergibt, daß Lieschen eine Deckperson ist und sich dahinter die Schwester verbirgt. Er behandelt seine Frau als Schwester. Sie ist für ihn noli me tangere.

In den ersten Volksschulklassen sagte ihm einmal ein Knabe: „Mit einer Schwester spielt man nicht, da hat man keinen Genuß!" Es fällt ihm ein, daß er mit seiner Schwester oft gespielt hatte; sie waren 2 Frauen, die Schwester war die reiche und er die arme Frau. Da kamen sie wie auf einem Marktplatz zusammen, klagten über die schweren Zeiten und über die schlechten Wirtschaftsverhältnisse. Aber sexuelle Spiele seien nicht vorgekommen. Darauf könne er einen Eid leisten. Er erinnere sich an alles ganz genau.

Wir wollen jetzt einen Blick auf seine Zwangsvorstellungen werfen. Die Zwangsvorstellungen beziehen sich auf sein Auftreten als Künstler. Wenn es ihm schlecht geht, so muß er immer wie hypnotisiert auf die linke Hand schauen. Er fürchtet dann, er wird keinen Erfolg haben, weil Gott ihn strafen wird. In der letzten Zeit ging es ihm sehr gut. Er sagte sich: „Du brauchst dich nicht zu strafen, es wird sein, wie es sein wird!" Dabei hat er aber immer die Angst, es könnte ihm ein schlechter Gedanke einfallen. Es hat den Anschein, als ob er sich für ein Erlebnis seiner Jugend strafen würde, bei dem seine Hand eine Rolle spielte. Er träumte wiederholt, daß seine linke Hand schwer auf seinem Kopfe liege. Unter seinen Zwangsvorstellungen gibt es eine besonders quälende, daß er die schlechten Gedanken nicht vergessen kann. (Er hat etwas verdrängt, was somit durch diese schlechten Gedanken symbolisiert wird.)

Es kommt vor, daß er einen ungeheuren Unterschied zwischen der rechten und linken Hand merkt. Als wenn es zwei verschiedene Hände wären, die einander nicht kennen würden. (Auflösung: die rechte Hand darf nicht wissen, was die linke getan hat.)

Ich mache ihn aufmerksam, daß links Inzest und Homosexualität bedeutet und daß rechts das Normale darstellt. Seine Sehnsucht sei, normal zu sein. Das sei ihm aber nicht möglich.

Er kommt auf die Homosexualität zu sprechen. Ich mache ihn auf die Differenz in den Angaben aufmerksam. Die Szene mit dem Vetter hätte er zuerst auf das 14. Jahr, später auf das 7. verlegt. Diese Unsicherheit verrate, daß es sich um zwei Szenen handelt.

Er wird aufgefordert, die Szene mit dem Vetter genau zu erzählen.

„Ich war 7 Jahre alt und lehnte zum Fenster hinaus. Da kam der Vetter und gab mir einen Schlag auf den Hintern. Da habe ich gefürchtet, er habe mir etwas verletzt. Ich hielt mir immer die Hand vor den Popo. Nach kurzer Zeit kam die Rattenangst. Eine Ratte könnte mich in den Hintern beißen."

Ich mache ihn aufmerksam, daß die ganze Geschichte etwas unwahrscheinlich klingt und daß es sich offenbar um eine Deckerinnerung handelt. Er leide an Traumzuständen und solche Menschen haben die Gabe, etwas im Dämmerzustand zu erleben und dann angeblich zu vergessen.

Er solle sich doch an den Zimmerherrn erinnern, der offenbar zu seiner Parapathie gewisse Beziehungen habe.

— —

Er erzählt von dem Zimmerherrn, der offenbar ein perverser Mann war. Er hatte mit der Mutter und wahrscheinlich auch mit der Vinzi ein Verhältnis gehabt. Einmal waren beide Frauenzimmer lange Zeit im Zimmer des Lehrers. Er hörte Lachen und Weinen und dann eine sehr erregte, lustige Unterhaltung.

„Waren Sie nie im Zimmer beim Zimmerherrn?"

„Nein! Bestimmt nicht!"

Nach einer Weile sagt er: „Oder doch . . . es kommt mir so vor, daß er mich unterrichtet hat. Er rief mich in sein Zimmer und ließ mich etwas lernen. Ja, jetzt sehe ich es vor mir. Er hat mich mit einer Rute auf die Waden und auf das nackte Gesäß geschlagen."

„Hat er sonst etwas mit Ihnen gemacht?"

„Ausgeschlossen." . . .

Es folgen allerlei homosexuelle Phantasien aus seiner Kindheit und seine Erlebnisse mit Homosexuellen, die ihm wiederholt die lockendsten Anträge gemacht hätten. Er habe alle Anträge mit Ekel und Entrüstung zurückgewiesen.

Während der Erzählung bittet er um Entschuldigung. Er habe plötzlich einen heftigen Stuhldrang bekommen. Er kommt zurück.

„Es ist unanständig. Aber ich muß es Ihnen sagen. Es war mir so, als ob ein dicker Stuhl rückwärts stecken würde. Und es war gar nichts. So kann man sich täuschen . . ."

Ich merke, daß es sich um eine homosexuelle Phantasie gehandelt hat und mache ihn darauf aufmerksam. Er scheine sich doch über ein Erlebnis seiner Jugend nicht im Klaren zu sein.

Er kann nichts dazu sagen. Die Übertragung gibt er zu, lehnt aber eine andere Form der Liebe als die seelische zu Männern als gemein und unverständlich ab. Er habe angeblich nie homosexuelle Phantasien.

— —

Die Behandlung stockt. Es gibt allerlei Widerstände. Er sträubt sich gegen eine Erkenntnis. Einige Träume bringen uns ein Stück weiter.

Er träumte:

> Ein kleiner Raum. Ich bin mit meiner Mutter und der Schwester. Ich klingle dem Dienstmädchen. Ein schönes blondes Mädchen erscheint. Ich klingle 10mal.

Zu diesem Traume fällt ihm ein, daß das Dienstmädchen das Gesicht seiner Schwester hatte. Die Zahl 10 verfolgt ihn seit einiger Zeit. Vor einigen Tagen wachte er auf und hörte die Zahl 10 ausrufen.

Der zweite Traum lautet:

> Es war in unserer kleinen Wohnung. Daselbst schliefen auch mehrere Aristokraten. Es war dort ein Diener, der alles anzuschaffen hatte. Er war eine wichtige Persönlichkeit. (Ein großer Macher.) Es war eine Art Wettkampf. Ich hatte vom Bett ins Vorzimmer zu reiten. Ich war Sieger und erhielt 6 Punkte. Dann ritten die Aristokraten mit dem Diener in den Prater, ohne sich um mich zu kümmern. Ich ritt nach rückwärts zum Trabrennplatz.
>
> Dann sah ich einen häßlichen großen Vogel, auf dessen Schnabel meine Frau saß. Endlich sah ich meinen Vater und mehrere andere Personen wegfahren. Immer weiter weg, bis sie mir entschwanden.

Auffallend war ihm die Frau auf dem Vogel. Es fällt ihm ein, daß er gestern ein wenig einnickte. Seine Frau weckte ihn. Da sah er nicht sie, sondern eine alte runzelige häßliche Frau. Sein Einfall zum Vogel lautet: Der Vogel ist ein Storch, der die Kinder bringt.

Der Vogel ist hier also das phallische Symbol seines Vaters. Seine Frau steht für seine Schwester. (Storch- und Spermatozoentraum.) Das alte häßliche Gesicht erinnert ihn an die Großmutter. Er weiß nun, daß sie und nicht die Vinzi ihm mit 3 Jahren die Haare geschnitten hat. (Samsonkomplex — Impotenz. Bei seiner Frau ist er nach wie vor impotent.) Es fällt ihm ein, daß das Wettreiten von dem Bette ins Vorzimmer stattfand. Im Vorzimmer schlief einst seine Schwester. Er weiß sich nicht zu erinnern, ob er zu ihr geritten ist. Er weiß nur, daß er ein Hutschpferd hatte, das ihm aus unbekannten Gründen weggenommen wurde. Er scheint darauf onaniert zu haben. Mit der Schwester spielte er oft Pferderl; auch Kutscher und Pferd. Das weggenommene Pferd scheint als eine Deckerinnerung für die Schwester zu stehen.

Die ersten sadistischen Regungen scheint er gegen das Pferd ausgeübt zu haben. Das Pferd kam auf den Dachboden in die Rumpelkammer. Es wurde ihm immer versprochen: „Wenn du brav bist, bringe ich dir das Pferd herunter." Aber es kam niemals, niemals wieder . . . Die anderen Teile des Traumes sind derzeit nicht zu deuten.

Wir sehen hier deutlich den „Entziehungskomplex" — von *Freud* „Kastrationskomplex" genannt. Vielleicht stimmt zur Kastration, daß er seinem Spielpferde den Schwanz ausgerissen hat.

— —

Ein Traum setzt das Thema vom Pferd fort:

Ich war am Laurenzerberg und wollte mit meiner Frau in einen Einspänner einsteigen. Der Kutscher fiel vom Bock nach vorne über das Pferd. Ich lief dann mit meiner Frau davon und ließ den neuen Anzug im Wagen. Ich war im Hemde und hatte einen Anzug in der Hand. Auf der Brandstätte kamen aus einem Haustor ein Mann und eine Frau.

Am Laurenzerberg[1]) hatte er sein vorletztes unangenehmes Erlebnis vor der Ehe. Er lief damals in ein Geschäft, weil er eine Peitsche kaufen wollte. Er hatte ein Mädchen gefunden, das mit ihm ins Hotel ging und sich dann als eine Hure entpuppte, die ihm ordentlich das Geld abknöpfte. Auch auf der Brandstätte[1]) hatte er ein peinliches Erlebnis, das letzte vor seiner Ehe. Dann beschloß er zu heiraten, um sich von der Paraphilie zu heilen.

Wir sehen also, daß seine Ehe eine Beziehung zur Paraphilie hat. Er fürchtet, gesund zu werden und seine Paraphilie zu verlieren. Darum ist er bei seiner Frau impotent. Er könnte dann die Lust an den Peitschszenen verlieren, die ein kostbarer Schatz aus seiner Jugend sind und sich auf seine Schwester zu beziehen scheinen. Der neue Anzug bedeutet die neue Einstellung zum Leben. Aber der Kutscher (sein Bewußtsein) erliegt der Macht der Impulse.

Er erinnert sich, daß er mit 4 Jahren einen Ballen geschlagen hat, weil er ihm nicht gefolgt hat. Dann nahm er einen Trichter und steckte ihn in den Ballen, so daß er ein großes Loch machte und der Ballen dann verdorben war, worüber er sehr weinte.

Die näheren Beziehungen dieser Erinnerung zu seiner Paraphilie sind noch nicht klar. Das sadistische Moment (Ballen — Frau) scheint deutlich erkennbar zu sein.

— —

Aus verschiedenen Träumen ergeben sich Anhaltspunkte, daß er sein erstes Erlebnis mit seiner Schwester hatte. Er erinnert sich dunkel, daß er als Kind zu ihr ins Bett kroch. Auch bei der Mutter lag er oft im Bette und fühlte sich sehr wohl neben ihrem warmen weichen Körper.

In diesem Stadium bricht er die Analyse ab . . .

— —

Nach einer Pause von 4 Wochen setzt er die Analyse fort und ersucht um Analyse folgenden Traumes:

Ich habe mit einem Kind (Mizzi?) etwas gemacht und irgend eine Frau ist mir darauf gekommen. (Mutter der Mizzi?) Nachher ist das Kind im Bett gelegen und hat zwei Stangen in der Luft gehalten, dünne Stangen, und forderte mich auf, wieder mit ihr etwas zu machen. Ich habe absichtlich gesagt: Nein, ich mache es nicht!, damit die es verboten hat, hören soll, daß ich es nicht mache.

Wie ich aus dem Traume erwachte, hatte ich das Gefühl, daß ich mir rechts und links eine Stange in die Rippen stoße.

Zu den Stangen fallen ihm spontan die Beine seiner Schwester ein.

— —

[1]) Gasse in der Inneren Stadt.

Es ist unmöglich, etwas Näheres über den Traum zu erfahren. Er spricht über Aktualitäten, kommt zur Sitzung zu spät und zeigt heftige Widerstände. Ich entschließe mich zu einer anderen Technik und hypnotisiere ihn. Er läßt sich leicht hypnotisieren. In der Hypnose erhält er den Auftrag, über den Traum nachzudenken und eine Szene aus der Jugend zu reproduzieren, die ihm einfällt und welche den Traum erklärt.

Er spricht ungefähr folgendermaßen:

„Ich sehe meine Schwester. Ich sehe ihren schönen blonden Kopf. Sie hat ein blaues Mascherl. Es ist Abend. Die Eltern sind ins Theater gegangen. Vinzi (das Dienstmädel) läßt uns allein. Wir spielen Schule. Sie ist die Lehrerin. Wir sitzen erst in einer Bank. Sie unterrichtet mich. Dann spielen wir Hunderl. Ich bin der Hund und fange sie zu beißen an. Ich beiße ganz sanft die Arme und die Wangen. Dann fällt sie zu Boden und liegt ruhig, wie willenlos, da. Ich stürze mich auf sie und sie gibt die Beine auseinander. Sie rührt sich nicht. Dann lecke ich sie. Sie zuckt heftig mit den Beinen und hält mich umklammert. Dann springe ich auf. Sie droht mit dem Finger: Du ekelhafter Bub du! — — Wir spielen wieder. Ich wiederhole das Spiel einige Male. Da kommt die Vinzi ins Zimmer und droht, sie wird es der Mama sagen. Sie schlägt mich ganz leicht auf den Hintern. Dann sind wir still. Ich esse ein Butterbrot. Wir gehen ins Vorzimmer. Vinzi ist wieder weggegangen. Sie — die Schwester — setzt sich aufs Fensterbrett. Ich lecke wieder und beiße in die Wade."

Er wird aus der Hypnose erweckt.

Er weiß nicht, was er gesprochen hat. Die Szene wird ihm mitgeteilt. Er zeigt heftigen Brechreiz.

— —

In der nächsten Sitzung wiederholt er die Szene mit Ausschmückung einzelner Besonderheiten. Der Kunnilingus scheint sich mehrere Male wiederholt zu haben. Dann kommt es zu einer neuen Enthüllung. Ohne daß ich eine Frage an ihn gestellt habe, berichtet er ungefähr folgendermaßen:

„Ich sehe einen großen, weißen — einen mächtigen Bauch. Ich habe meine Finger unten. Ich rieche an meinen Fingern und stecke sie in den Mund . . . Ich liege zwischen den Eltern im Bette. Ich richte mich auf. Beide Eltern schlafen fest. Ich krieche zur Mutter ins Bett. Sie läßt sich es gefallen. Ich krieche zu ihren Füßen und umarme ihre Waden. Ich lecke ihre Füße und lecke dann die Waden. Langsam krieche ich höher . . . Pause . . . Nein! Das ist nicht möglich! Doch! Ich sehe es ganz deutlich. Ich lecke meine Mutter. Sie schließt die Beine eng zusammen, so daß mich ihre Knie berühren. Sie kraut meinen Kopf . . ."[1])

Es folgen dann Einzelheiten und Wiederholungen, die ich übergehen kann. Die Mutter war — wie mir zufällig bekannt wurde — eine Meretrix und genoß den schlechtesten Ruf. Ihre Sinnlichkeit war pathologisch. Noch im hohen Alter oblag sie ihrem Gewerbe, teils aus Lust, teils aus Gründen des Erwerbes.

— —

Er wird aufgefordert, seine Einfälle zur Rattenphobie zu sagen. Er sah (8. Jahr) im Prater zwei Riesenratten. Die hatten einen so großen Bauch

[1]) Vgl. den ersten Teil des Traumes von der „schweren Hand auf dem Kopfe" Seite 120.

und gewaltige Schwänze. Sah in der Kindheit ein furchtbares Bild: Hatto im Mäuseturm, bei Wasser und Brot sitzend. Die Mäuse liefen hin und her. — Der Rattenfänger von Hammeln. — Kaulquappen haben auch bewegliche Schwänze. — Die Ratten haben bewegliche Schwänze. — Ich sehe Schlangen, die sich winden und drehen. — Ich sehe jetzt, daß ich eine Nudel[1]) im Munde habe und wie die Nudel, fett und glatt, feucht und glitschig, langsam herunterrutscht. — Ich beiße an einem Penis und lasse ihn nicht los, wie ein Hund, der etwas im Maule hält und es nicht auslassen will. — Ich sehe einen kleinen Penis ohne Haare wie ein Brunnenrohr. — Stadtpark, Donauweibchen. (Eine halbnackte Brunnenfigur.) Kinder spielen im Sande. — Mit einer Rute, die hin- und herbewegt wird. — Schlangenförmig wird sie bewegt. — Jemand schreckt uns mit dem Schwanz einer toten Ratte . . . Ekelhaft. — — Angst und Ekel. — Zwei Schwänze, die sich hakenförmig in einander verschlingen, einer hängt an dem anderen. — Zwei Männer umarmen sich, sie umschlingen sich. Sie gehen Hand in Hand mit verschlungenem Penis fort. — Eine Ratte steigt einem Manne auf den Fuß und kraxelt an ihm herauf (Ekel). Die Nudel im Munde. — Ein Kanarienvogel. Mit 5 Jahren sah ich das Glied des Vaters. Wenn ich onanierte und mir die Freude stören wollte, dachte ich an das Glied des Vaters und die Freude war sofort verschwunden. Jetzt habe ich Ekel vor jedem Gliede wie vor einer Ratte. Es fällt mir der Lehrer ein, der homosexuelle, der bei uns wohnte. Er war ein schöner Mann. Ich war in seinem Zimmer. Was war in dem Zimmer?" ... Hier bricht die Erinnerung ab.

Seine Schwester hatte ihm mitgeteilt, daß er noch mit 13 Jahren an der Wade der schlafenden Mutter onaniert hatte. Sie war das bei ihm schon gewohnt. Die Mutter hatte einen entsetzlichen Geruch. Beim Onanieren war ihm der Geruch nicht störend, sondern wirkte aufreizend.

— —

Er träumte:

Es ist das Zimmer in der R.-Straße. Ich sitze beim Schreibtisch, habe auf dem Schoß ein kleines Mäderl und lecke ihr die Augen aus, welche tränen. Im Nebenzimmer ist die Türe offen, da ist ein runder Tisch, da sitzt die Familie, darunter ein Herr mit Zwicker. Pollution ...

Ich habe einen Streit mit Herrn Pfeiffer. Er gab mir eine Ohrfeige, ich war feig und habe ihm nur zum Scheine einen kaum angedeuteten Backenstreich zurückgegeben, mehr aus Hetz, so daß er sich brüsten konnte, er habe mir wirklich eine Ohrfeige gegeben.

Ich hatte eine Einladung in ein Sanatorium. Das Sanatorium war auf einem Berg in Wien und doch am Lande. Wir sind von rückwärts angekommen, es war ein schmales Haus und wie wir hineingehen, haben Bauernkinder gespielt und ich habe gesagt: Schön ist es auf dem Land, wenn die Sonne spielt. Ein Herr, der mit seiner Frau angekommen ist, dachte in dem Momente dasselbe. Im Foyer großer Andrang beim Portier und der hat uns gekannt. (Wir waren schon einmal da.) Drinnen wie eine Vorstellung. Ich habe vorne einen Platz gehabt und zwei Leute, darunter ein mießer Jud, waren mit mir, runder gebogener Rücken, größer als ich. Ich habe ein Papier genommen und es ihm rückwärts

[1]) In Wien wird Nudel für Penis gebraucht.

hineingesteckt, so daß die Leute über ihn gelacht haben. Er setzte sich auf meinen Platz.

Der erste Traum erhält einen Nachtrag: seine Schwester war auch dabei. Er enthält die Wiederholung und Bestätigung der Kunnilingusszene. Das Auge steht für die Vagina. Der Herr mit dem Zwicker ist der Vater, der ihn einmal aus dem Bett der Mutter gewiesen und beim Onanieren ertappt und dafür gestraft hat.

Der zweite Traum stellt seinen inneren Kampf dar.

Das dritte Traumstück erhält seine Erklärung durch den Portier, zu dem ihm der verstorbene Schwager einfällt. Seine Schwester führte einen leichtsinnigen Lebenswandel wie seine Mutter. (Im Foyer großer Andrang — das Sanatorium ist ein Bordell.) Der große mieße Jud macht seiner Frau den Hof. Er nimmt seinen Platz ein. Er fürchtet betrogen zu werden wie sein Vater. Die Kinder, die in der Sonne spielen, symbolisieren die Genitalien.

Es fällt mir auf, daß in dem nicht gedeuteten Traume von den Aristokraten (S. 124) Georg nach rückwärts zum Trabrennplatz reitet. In diesem Traum steckt er dem mießen Juden ein Papier rückwärts hinein, so daß die Leute lachen.

Er bittet um eine Hypnose. Er wird leicht eingeschläfert und aufgefordert, seine Einfälle zum Traume (S. 124) zu sagen. „Wer ist der Diener?"

Er gibt folgende Erklärung:

„Die Aristokraten sind die Erwachsenen, die Kinder sind die gewöhnlichen Menschen. Die Aristokraten fahren in den Prater, das bedeutet, daß die Eltern in den Prater gegangen sind. Der Diener, der alles anzuschaffen hatte, ist der Zimmerherr. Er hatte auch einen Zwicker. Er war der Mann mit dem Zwicker. Er war der Geliebte meiner Mutter und der Vinzi. Im Vorzimmer hatte ich mit der Schwester gespielt. Der Diener, der große Macher und der große Vogel sind das Glied des Zimmerherrn. Er hatte ein sehr großes Glied . . ."

„Woher wissen Sie das?"

„Ich habe es Ihnen ja erzählt."

„Bitte erzählen Sie noch einmal." (In Wirklichkeit hatte er nichts von dem Gliede des Zimmerherrn erzählt, offenbar hatte er sich vorgenommen, darüber zu sprechen und glaubt, daß er es getan hat, was in der Analyse außerordentlich häufig vorkommt.)

„Nun ja . . . Der Lehrer hat mich unterrichtet. Wir waren oft allein in seinem Zimmer. Da gab er mir das Glied in die Hand, das ich in meiner linken Hand hielt und rieb, bis ein weißer Saft herauskam."

Wie oft kann das vorgekommen sein?"

„Zehnmal . . ."

„Sie wissen es bestimmt?"

„Ja, zehnmal." (Siehe den Traum S. 124.)

„Was bedeutet das im Traume: Wir sind von rückwärts angekommen? Warum stecken Sie das Papier rückwärts hinein?"

„Der Lehrer ließ mich entkleiden und schlug mich mit einer Rute ganz leicht auf die Waden. Das hat er später in der Schule auch gemacht. Er versuchte auch, sein Glied in meinen After einzuführen. Ich hatte Schmerzen und habe sehr geschrieen. Da hat er mir den Finger eingeführt und ich habe dabei ein großes Vergnügen gehabt. Ich stand ganz in seinem Banne. Er war der Lehrer und sagte, ich müsse alles machen. Wenn ich aber darüber sprechen würde, so müßte ich sofort sterben."

„Wissen Sie noch, wie der Lehrer heißt?"

„Natürlich weiß ich das. Sonnenthal!" („Schön ist es auf dem Land, wenn die Sonne spielt.")

„Er ist auch der Herr mit dem Zwicker. Er hat mich am ganzen Körper, besonders in die Wangen und in den Popo gezwickt. Er hat dann verlangt, ich solle mein Glied bei ihm einführen. Er hat dann den Rücken nach vorne gebogen. Er war eigentlich ein mießer Jud." („Drinnen war Vorstellung. Ein mießer Jud mit rundem gebogenen Rücken war mit mir.")

„Erinnern Sie sich an alle diese Dinge ganz deutlich?"

„Ja."

„Weshalb haben Sie denn vorher nichts davon erzählt?"

„Ich weiß es nicht. Herr Doktor, kann ich die Augen aufmachen? Ich schlafe gar nicht. Ich bin ja wach. Ich weiß überhaupt nicht, ob ich bei der ersten Hypnose geschlafen habe oder ob ich gespielt habe. Ich glaube, die Sache mit dem Sonnenthal habe ich immer gewußt. Ich wollte sie nicht wissen, wie Sie so richtig schreiben. Ich begreife nun, warum ich so auf der Gasse herumlaufe. Ich will alle die Sachen wieder erleben, die ich in der Jugend erlebt habe. Ich laufe meiner Jugend nach."

Es war noch die Impotenz in seiner Ehe zu erklären. Auch diese fand eine unerwartete Lösung. Es kommt zum Vorschein, daß er sich die Impotenz selbst inszeniert. Er hat doch seit der Jugend den Kampf mit der Freude. Er darf keine große Freude haben und hat sich schon als Kind eine sonderbare Fragestellung zurechtgelegt: Was habe ich von der Freude? Er stellte sich vor, er wäre nach der Freude und dann wäre ja alles das gleiche. Er hat bei seiner Frau eine gute Erektion. Im Momente, in dem er den Beischlaf vollziehen will, fällt ihm der „philosophische Gedanke" ein: „Stelle dir vor, es ist eine halbe Stunde später. Was hast du dann von der Freude?" . . . Und die Erektion geht dann prompt zurück.

Die Erklärung dieser Inszenierung einer Niederlage geht auf die Kindheit zurück. Er hatte ein heißes Begehren auf seine Schwestern. Er verdarb sich sein Begehren durch die Frage: „Was hast du von der Freude nach einer halben Stunde? Was hast du von der Freude morgen? Was hast du von der Freude nach deinem Tode?" Kurz, es gelang ihm, seine Schwestern zu entwerten und so in den Hintergrund des bewußten Begehrens zu schieben, daß er im Beginne der Behandlung von dieser Einstellung keine Ahnung hatte und wiederholt die Frage aufwarf, wieso es komme, daß er gar keine sexuellen Erinnerungen an seine Schwestern habe. Nun, wir haben es gelernt, daß er allen Grund hatte, ein böses Gewissen zu haben. Er fürchtet Gott und will sich jede Freude im Leben verderben. Er ist bei seiner Frau impotent, weil er sie begehrt und nicht verdient. Schon als Kind glaubte er: Alle Menschen sind mit Gott gegen mich verschworen! Und diesen Glauben hat er noch heute. Er ist ein Pechvogel, weil er kein Glück haben darf. Er hat die schönste Frau und kann ihr nicht beiwohnen. Er beginnt zu philosophieren, in dem Momente, wo er koitieren sollte. Das ist kein Fatum. Das ist eine selbst gewollte und geschickt inszenierte Niederlage.

— —

Die Analyse war beendet. Die Zwangsvorstellungen quälten Georg nicht mehr, er konnte auftreten, ohne sich seinen Erfolg zu hindern. Er verlor den Drang, Mädchen nachzulaufen und die sadistischen Szenen aufzuführen und es gelang ihm nach einer Übergangszeit von 3 Wochen mit seiner Frau den Koitus auszuführen. Sie war ihm nicht mehr Schwester- und Muttterersatz.

Der Fall bietet in mannigfacher Hinsicht ein ganz außerordentliches Bild. Wir sehen erstens die Macht der infantilen Erlebnisse und den Einfluß des Milieus. Eine verderbte Mutter, die ihr Kind benützte, um mit dem Schein der Ehrbarkeit (eine verheiratete Frau mit einem Kind — ein Kunstgriff vieler Dirnen, die sich zu diesem Zwecke Kinder ausborgen, auch eine Spekulation auf pädophile Einstellungen) Männer zu erobern und ihrem Gewerbe nachzugehen. Als Gegensatz ein sittenstrenger Vater, der als Vertreter der Moral neben der frommen Großmutter die Forderungen der Religion vertrat. Der Zwiespalt in seiner Seele war durch diese Umgebung von Jugend an festgelegt.

Die Heirat war ein Versuch, sich aus den Banden des Infantilismus zu befreien. Aber durch die Identifizierung seiner Frau mit der Schwester wurde sie Tabu — und der Weg zu seiner Paraphilie war wieder geöffnet.

Wir sehen einen mächtigen Impuls, der eine Wiederholung der kindlichen Erlebnisse verlangt. Die Szene, die er im Hotel aufführt, ist eigentlich ein Mixtum compositum und aus mehreren Erlebnissen zusammengestellt. (Mutter, Schwester und Lehrer.) Sein permanenter Kampf gegen die Homosexualität führt zu Verdrängung und Einbeziehung seines homosexuellen Erlebnisses in die spezifische Szene. Er wird der Lehrer und das Mädchen wird der kleine Bub, der auf die Waden geschlagen wird. Es erklärt sich auch, daß er bei dem nachfolgenden Koitus so ungeschickt ist und den Introitus vaginae nicht finden kann. Er sucht eigentlich den Anus des Lehrers.

Die Kleptomanie spielt eine nebensächliche Rolle, sie wird aber durch die Beziehung zur getragenen Wäsche sexuell interessant und geht auf einen primitiven Trieb, auf den Riechtrieb zurück. Schon als kleiner Knabe benützte er die Wäsche seiner Mutter, um zu onanieren. Reste dieser Neigung sind ihm geblieben und er würde auch jetzt als Erwachsener gerne wieder Wäsche stehlen, wenn es nicht so gefährlich wäre.

Nicht alle diese Fälle zeigen eine Beziehung zum Inzest, wie der vorhergehende.

Wagner-Jauregg beschreibt einen Fall eines Dienstmädchens, welches die Hemden ihres Dienstherrn stahl, um sie des Nachts zu tragen. Ich kenne ein Dienstmädchen, das die schmutzigen Hemden ihrer Frau gleichfalls als Nachthemden benützte und von der Frau überrascht wurde. Sie erlitt einen hysterischen Anfall und wurde mir zur Begutachtung gebracht. Es war nicht schwer zu konstatieren, daß dieses Mädchen in ihre Frau verliebt war und sich am Geruche ihrer Wäsche erregte.

Es gibt Kleptomanen, welche Unterhosen, Strümpfe, Sacktücher, Mieder usw. stehlen, um sich durch sie zu erregen. Sie werden gewöhnlich als Fetischisten beschrieben. Wenn unser Patient sich nur mit den Wäschestücken begnügt, sich einen Harem solcher Stücke angelegt, auf die Frauen ganz verzichtet hätte, so könnte man ihn als Fetischisten bezeichnen. Sein Wadenpartialismus ist durch mehrere Erlebnisse determiniert. Die Behauptung von *Sadger*, die angeblich *Freuds* Ansicht darstellt, jeder Fetisch repräsentiere das Genitale (die weiblichen Genitalien) erschöpft das Problem nicht.

Als Beweis werden Fälle angeführt, die sich nach der Analyse gebessert hätten. Ein Busenfetischist (*Sadgers* Bezeichnung!) verliert nach der Analyse das monopolisierende Interesse für den Busen und beginnt zu koitieren, d. h. sich für das Genitale zu interessieren. Das ist natürlich kein Beweis, daß der Busen das Genitale im wörtlichen Sinne vertritt. Jede erogene Zone kann schließlich genitalisiert werden, die Rolle eines Genitales spielen. Wird die infantile Fixierung aufgehoben, so tritt das Interesse für das Zentrum der sexuellen Beziehungen in den Vordergrund.

Wir haben in dem vorigen Fall (Kapitel II) von Busenpartialismus gesehen, wie besondere Umstände das Interesse für eine bestimmte erogene Zone auch nach der Pubertät ohne inzestuöse Beziehung fixieren können. In dem erwähnten Falle war der Busen das Erinnerungsbild der unvergessenen ersten Geliebten.

Der Partialismus ist so verbreitet, daß wir ihn als eine vollkommen normale Erscheinung auffassen können. Er hat natürlich seine individuelle Begründung. Wie viele Fälle müßte ich anführen, wollte ich alle Fälle von Partialismus psychologisch und analytisch aufklären! Die angeführten Beispiele mögen genügen. Das Buch hat nicht die Aufgabe, ein Kuriosenkabinett zu sein. Haben wir einige dieser Kuriosa analytisch erklärt, so ist unsere Aufgabe vollendet und wir wenden uns der komplizierten Aufgabe zu, die Fälle von echtem Fetischismus analytisch zu deuten.

Kehren wir nach dieser allgemeinen Auseinandersetzung zu dem vorliegenden Fall zurück. Georg spielt eine bestimmte Szene — und er spielt immer die gleiche. Es ist ihm nicht gelungen, die infantile Tyrannei der Symbolismen zu überwinden und sich an ein Objekt der Gegenwart zu fixieren. Er unterliegt dem Zwange der Reihenbildung, er ist auch nicht imstande, sein Begehren dauernd auf e i n e Person zu richten, die.

9*

selber Masochistin, allen seinen Wünschen bereitwillig entgegenkommt. Er versucht wohl noch ein paar Wiederholungen, aber bleibt nicht bei seinem willfährigen Objekte. Er muß auf die Straße, er muß nach neuen Objekten Ausschau halten. Er sucht nicht das Mädchen, das sich willig fesseln und schlagen läßt, er sucht den W i d e r s t a n d, den er überwinden muß und kann.

Der Zufall fügte es, daß einige Zeit nach Abschluß dieser Analyse bei mir ein Kollege mit einer Patientin erschien, welcher der Meinung war, das Mädchen leide an einer Paralogie mit Halluzinationen, weil sie einen ganz unwahrscheinlichen Roman über ihre Vergewaltigung konstruiert habe. Ich ließ das Mädchen diesen Roman erzählen und erkannte sofort, daß es sich um ein Opfer Georgs handelte.[1]) Ihre Schilderung deckte sich mit den mir sattsam bekannten Tatsachen. Ich konnte den Kollegen beruhigen. Es handelte sich nicht um eine Paralogie und Erfindungen, sondern um traurige Tatsachen. Bei dieser Gelegenheit erfuhr ich, daß Georg mir seine sadistischen „Spielereien" viel harmloser dargestellt hatte, als sie sich in Wirklichkeit abspielten. Das Mädchen war von einem Herrn an ihn empfohlen worden, um tanzen zu lernen. Georg führte sie auf eine halbdunkle Bühne und ließ sich einige Schritte vormachen. Elise — so wollen wir das Mädchen nennen — eine 21jährige überspannte Hysterika, hatte nur e i n e n brennenden Wunsch: eine berühmte Tänzerin zu werden. Sie hatte aber früher nichts gelernt und konnte nur einige Tanzschritte und graziöse Knixe vormachen. Georg sagte ihr, sie müsse sich eine strenge Schule gefallen lassen, um eine Berühmtheit zu werden. Er ohrfeigte sie und sperrte sie eine halbe Stunde in ein dunkles Zimmerchen, riß sie beim Kopfe nach unten, schließlich führte er sie in sein Hotel. Dort ließ er sie bis aufs Hemd entkleiden, schlug sie mit einer Gerte — er konnte sich keine Reitpeitsche verschaffen — auf die Waden, wenn sie „schlechte Schritte" machte. Er befahl ihr, die Hände nach rückwärts zu geben. Elise folgte willenlos gänzlich fasziniert von dem einen Gedanken, eine berühmte Tänzerin zu werden. In einem Momente hatte er ihre Hände rückwärts zusammengebunden. Dann wurde er immer strenger und grausamer. Sie begann sich zu wehren. Sie biß und sie schrie um Hilfe. Niemand kam. Aber er wurde immer böser und warf sie schließlich quer aufs Bett, so daß ihre Beine an seinen Leib gepreßt waren. Sie flehte, er möge sie schonen. Sie sei noch eine Jungfrau. Er lachte höhnisch und meinte: „Beim Theater brauchen wir keine Jungfrauen!" Ihr Widerstand ermattete und er deflorierte sie mit einem Koitus, der nur einige Sekunden währte, aber sehr schmerzhaft war. Dann band er sie los und gab ihr schließlich Geld

[1]) Die Analyse dieses Mädchens wird in Band VIII als Fall von Masochismus erscheinen.

das sie widerstrebend annahm. Die weiteren Schicksale Elisens interessieren uns hier nicht. Eines möchte ich erwähnen. Sie versuchte gerichtliche Schritte, wandte sich an einen Advokaten. Es war ohne Erfolg. Der Unhold hatte es so schlau angestellt, daß man ihm nichts antun konnte.[1])

Wir sehen deutlich, daß er bei seiner großen Szene vier Ereignisse vermengt: 1. Die Schläge des Vaters. 2. Haß und Liebe zur Mutter. 3. Die Szene mit dem Lehrer. 4. Die Szene mit der Schwester.

Es war mir im ersten Momente aufgefallen, daß Elise gänzlich die Züge Georgs hatte. Sie sah wie seine Schwester aus und glich speziell der jüngeren Schwester, die ich persönlich kannte und wegen einer schweren Parapathie behandelt hatte.

Folgen wir seiner Szene, so sehen wir, daß den Hauptanteil das Erlebnis mit dem Lehrer für sich in Anspruch nimmt.

1. Er ist der Lehrer.

Er wird bestraft. Er soll angeblich im Zimmerchen lernen, wird aber zu einem homosexuellen Akt gezwungen. Seine Ruhelosigkeit kommt daher, daß er immer wieder diese eine Szene erleben möchte.

2. Er ist der Vater!

Der sadistische Anteil an dieser Impulshandlung stammt von seinem Vater, seinem ersten Lehrer. Dieser hatte ihm „Kopfstücke" gegeben und strafweise in die dunkle Speisekammer gesperrt.

3. Er schlägt seine Mutter — die Hure!

Die Schläge auf die Waden sind die sadistische Umdichtung seiner Liebesszenen mit der Mutter. (Andererseits wissen wir aus der Analyse, daß ihn die Waden schöner Knaben wiederholt sehr gereizt haben, besonders in der Zeit zwischen sieben und vierzehn Jahren.)

4. Er wiederholt die Szene mit der Schwester.

Der Koitus wird gewaltsam auf dem Bette vollzogen, so daß die Beine seinen Leib umklammern. (Siehe den Traum S. 125.) Statt des Kunnilingus macht er den Koitus. Er gibt aber zu, daß er manchmal auch Kunnilingus praktiziert.

5. Er zahlt dem Mädchen, wie die Männer seiner Mutter gezahlt haben.

Er identifiziert sich mit einem der unzähligen Liebhaber der Mutter und vielleicht auch der Schwester.

Es ist nicht zum Vorschein gekommen, daß die Wade das Genitale der Mutter repräsentiert, wie es *Sadger* und *Freud* behaupten. Die Wade selbst setzt sich aus den Waden der Mutter und der Schwester und den Waden des Dienstmädchens zusammen, die immer mit nackten Waden

[1]) Sein Advokat schrieb Elisen, daß die Frau Georgs sie wegen Ehebruch belangen werde. Die Annahme des Geldes hatte sie gerichtlich wehrlos gemacht.

und barfuß herumspazierte. Überdies repräsentieren die Waden Knabenwaden und den Phallus, an den er homosexuell fixiert ist. Er hat einen kleinen Phallus, wie viele Sadisten, welche sich dafür an der ganzen Menschheit rächen wollen. Sein Haß gegen die Frauen stammt aus seiner Einstellung zur Mutter, die eine Dirne war. Folgerichtig hat er eine Frau mit einer mehr als fraglichen Vergangenheit geheiratet, d. h. zur Mutter gemacht. (Auch zur Schwester, die ihr Leben getreu nach den Lehren der Mutter begann, dann aber sich in den Hafen der Ehe rettete, um ihre Tugend mit einer schweren Parapathie zu bezahlen.)

Die „Wade" ist also ein komplexes Symbol, wie in dem Falle, den ich im Kapitel IV beschrieben habe, wo sie den Phallus des Bruders und viele andere Komplexe repräsentiert.

Es ist gefährlich, Paraphilien mit einem einzigen Schlüssel auflösen zu wollen. Sie sind meistens sehr kompliziert aufgebaut. Wir werden bei der Analyse von echten Fetischisten diese Tatsache genügend zu würdigen haben.

Im vorliegenden Falle sehen wir, wie die Erziehung einen gut veranlagten, hochbegabten, sonst liebenswürdigen und beliebten Menschen auf die Bahn des Verbrechens drängt. Die Schuldige ist eigentlich die Mutter Georgs . . .

———

VII.

Partialismus und Haremskult.

Variatio delectat! Unermeßlich sind die Variationen, welche der Eros erfindet, um die eintönige Langeweile des natürlichen Sexualorganes für den Sexualforscher interessant zu machen. Der häufigste Partialismus ist die Leidenschaft für Füße. Es hat mich immer gewundert, daß es mehr sogenannte Fuß- als Handfetischisten gibt. Allerdings habe ich die Bedeutung der Hand für das Sexualleben des Menschen beim Studium des Autoerotismus und der männlichen und weiblichen Impotenz genau studiert und kennen gelernt. In den vorhergehenden Bänden dieses Werkes finden sich Beispiele genug, welche die Bedeutung der Hand für das menschliche Sexualleben bezeugen. Verhältnismäßig selten sind Partialisten, welche nur nach dem Besitz der Hand streben, deren Begehren sich in Streicheln und Drücken, Küssen und Saugen der Finger erschöpft. Viel häufiger sind die Schätzer der schönen Hände, welchen die Hand die Brücke zum Begehren und Lieben wird. Ich kenne viele Ästheten, welche keine Frau küssen können, deren Hände sie abstoßend finden. Andererseits sind mir Fälle von Liebe auf den ersten Blick bekannt, in denen der Anblick der wohlgeformten oder eine spezifische Liebesbedingung erfüllenden Hände den Kurzschluß zwischen Liebesbereitschaft und Verlieben ermöglichte.[1])

In zwei folgenden Fällen steht die Hand in dem Mittelpunkte des sexuellen Interesses. Beide zeigen aber ein Abrücken von dem Weibe. Es kommt dabei nicht darauf an, ob einem Kranken einmal oder mehrere Male ein Koitus gelungen ist. Das entscheidende ist, daß sich hinter dem Partialismus eine antifeministische Tendenz, sogar eine antisexuelle, asketische Tendenz verborgen kann.

Über den ersten Fall berichtet *Moll:*

Fall Nr. 25. P. L., 28 Jahre alt, Kaufmann in Westfalen, zeigt keine erbliche Belastung. Über sein sexuelles Leben macht Patient auf hinzielende

---

[1]) *Gabriele D'Annunzio* hat sein Drama „Giaconda" den schönen Händen der Duse gewidmet.

Fragen folgende Angaben: Die ersten Anfänge geschlechtlicher Erregung stellten sich bei ihm, soweit ihm in Erinnerung ist, bereits im 7. Lebensjahre ein. Si pueri eiusdem fere aetatis mingentis membrum adspexit, valde libidinibus excitatus est. L. behauptet mit Sicherheit, daß diese Aufregung mit deutlichen Erektionen verbunden war. Verführt durch einen anderen Knaben, wurde L. im Alter von 7 oder 8 Jahren zur Onanie veranlaßt. „Als sehr leicht erregbare Natur", sagt L., „gab ich mich sehr häufig der Onanie bis zum 18. Lebensjahre hin, ohne daß mir die schädlichen Folgen oder überhaupt über die Bedeutung des Vorganges eine klare Vorstellung gekommen wäre". Besonders liebte er es, cum nonnullis commilitonibus mutuam masturbationem tractare, keineswegs aber war es ihm gleichgültig, wer der andere Knabe war, vielmehr konnten ihm nur wenige Altersgenossen nach dieser Richtung hin genügen. Auf die Frage, was ihn besonders veranlaßte, diesen oder jenen Knaben vorzuziehen, antwortete L., daß ihn bei seinen Schulkameraden besonders eine weiße, schöngeformte Hand verlockte, mit ihnen gegenseitig Masturbation zu treiben. L. erinnert sich ferner daran, daß er häufig bei Beginn der Turnstunde sich ganz allein auf einem entfernt stehenden Barren mit Turnen beschäftigte; er tat dies in der Absicht, ut quam maxime excitaretur idque tantopere assecutus est, ut membro manu non tacto, sine ejaculatione — puerili aetate erat — voluptatem clare senserit. Interessant ist noch ein Vorgang, dessen der Patient sich aus seiner früheren Lebenszeit erinnert. Der eine Lieblingskamerad N., mit dem L. mutuelle Masturbation trieb, machte ihm eines Tages folgenden Vorschlag: ut L. membrum N.-i apprehendere conaretur, er, N., wolle sich möglichst sträuben und den L. daran zu verhindern suchen. L. ging auf den Vorschlag ein. Es war somit die Onanie direkt mit einem Kampfe der beiden Beteiligten verbunden, wobei N. stets besiegt wurde.[1])

Der Kampf endete nämlich regelmäßig damit, ut N. tandem coatus sit membrum masturbari. L. versichert mir, daß diese Art der Masturbation ihm sowohl wie dem N. ein ganz besonders großes Vergnügen bereitet hätte. In dieser Weise setzte nun L. bis zum 18. Lebensjahre sehr oft die Onanie fort. Von seinem Freunde belehrt, bemühte er sich nun, mit allem Aufwand von Energie gegen seine üble Angewohnheit anzukämpfen. Es gelang ihm dies auch nach und nach immer mehr, bis er endlich, nach Ausführung des ersten Koitus, gänzlich von der Onanie abstand. Dies geschah aber erst im Alter von 21½ Jahren. Unbegreiflich erscheint es jetzt dem Patienten, und es erfüllt ihn angeblich mit Ekel, daß er jemals daran Gefallen finden konnte, mit Knaben Onanie zu treiben. Keine Macht könnte ihn heute dazu bringen, eines anderen Mannes Glied zu berühren, dessen Anblick ihm schon unangenehm ist. Es hat sich jede Neigung zu Männern verloren und Patient fühlt sich durchaus zum Weibe hingezogen.

Es sei aber erwähnt, daß, trotzdem L. entschiedene Neigung zum Weibe hat, doch eine abnorme Erscheinung bei ihm besteht.

Was ihn nämlich bei dem weiblichen Geschlechte wesentlich aufregt, ist der Anblick einer schönen Hand; bei weitem mehr reizt es den L., wenn er eine weibliche schöne Hand berührt, quam si eandam feminam plane nudatam adspiceret.

Wie weit die Vorliebe des L. für die schöne Hand eines weiblichen Wesens geht, erhellt aus folgendem Vorgang.

[1]) Also eine Art von rudimentärem Sadismus bei L. und Masochismus bei N.

L. kannte eine schöne junge Dame, der alle Reize zur Verfügung standen; aber ihre Hand war ziemlich groß und hatte keine schöne Form, war vielleicht auch manchmal nicht rein, wie L. beanspruchte. Es war dem L. infolge dessen nicht nur unmöglich, ein tieferes Interesse für die Dame zu fassen, sondern er war nicht einmal imstande, die Dame zu berühren. L. meint, daß es im allgemeinen nichts Ekelhafteres für ihn gebe, als unsaubere Fingernägel; diese allein machten es ihm unmöglich, eine sonst noch so schöne Dame zu berühren. Übrigens hat L. häufig den Koitus in früheren Jahren dadurch ersetzt, ut puellam usque ad eiaculationem effectam membrum suum manu tractare iusserit.

Auf die Frage, was ihn an der Hand des Weibes besonders anziehe, insbesonders, ob er in ihr das Symbol der Macht sehe und ob es ihm Genuß bereite, von dem Weibe eine direkte Demütigung zu erfahren, antwortete Patient, daß nur die schöne F o r m der Hand ihn reize, daß von einem Weibe gedemütigt zu sein, ihm keinerlei Befriedigung gewähre und daß ihm noch niemals ein Gedanke daran gekommen sei, in der Hand das Symbol oder das Werkzeug der Macht des Weibes zu finden. Die Vorliebe für die Hand des Weibes ist noch heute so groß, ut majore voluptate afficiatur si manus feminae membrum tractat quam coitu in vaginam. Dennoch möchte Patient diesen lieber ausführen, weil er ihm die natürliche, das erstere aber als eine krankhafte Neigung erscheint. Die Berührung seines Körpers durch eine schöne weibliche Hand verursacht dem Patienten sofort Erektion; er meint, daß Küssen und andere Berührungen bei weitem nicht so starken Einfluß ausüben.

Patient hat nur in den letzten Jahren öfters den Koitus ausgeführt, a b e r e s f i e l i h m d e r E n t s c h l u ß d a z u a u ß e r o r d e n t l i c h s c h w e r. A u c h f a n d e r i n d e m K o i t u s n i c h t d i e v o l l e B e f r i e d i g u n g, die er suchte. Wenn sich aber L. in der Nähe eines weiblichen Wesens befindet, das er gern besitzen möchte, so erhöht sich im bloßen Ansehen der Betreffenden zuweilen die sexuelle Aufregung des L. bis zu dem Grade, daß Ejakulation erfolgt. L. versichert ausdrücklich, daß er hiebei absichtlich sein Glied nicht berühre oder drücke; die unter solchen Umständen erfolgte Spermaentleerung gewähre dem L. einen bei weitem größeren Genuß als der wirklich vollzogene Beischlaf.

Die Träume des Patienten L. betreffen niemals den Beischlaf. Wenn er des Nachts Pollutionen hat, so kommen sie fast stets in Verbindung mit ganz anderen Gedanken vor, als dies bei normalen Männern der Fall ist. Die betreffenden Träume des Patienten sind Rekapitulationen aus der Schulzeit. In dieser hatte nämlich Patient, abgesehen von der oben erwähnten mutuellen Onanie, auch dann Samenerguß, wenn ihn eine große Ängstlichkeit überfiel. Wenn z. B. der Lehrer ein Extemporale diktierte und L. beim Übersetzen nicht zu folgen vermochte, so trat öfters Ejakulation ein. Die jetzigen, in der Nacht zeitweise auftretenden Pollutionen sind stets nur von Träumen begleitet, die den gleichen oder verwandten Inhalt haben, wie die eben erwähnten Vorgänge auf der Schule. Patient hält sich infolge seines unnatürlichen Fühlens und Empfindens für unfähig, ein Weib dauernd zu lieben.

Hier sehen wir deutlich eine ausgesprochen bisexuelle Tendenz und eine Flucht vor dem Weibe. Die Träume verraten ein geheimes Sexualziel, das dem Bewußtsein des Patienten verborgen ist. Alle diese Angstträume vom Nicht-Fertig-Werden und vom Nicht-Erreichen zeigen — wie meine Erfahrungen lehren — daß eine bestimmte Zielvorstellung besteht, die nicht erreicht werden kann. Es ist ganz falsch, zu glauben, daß die Angst, nicht fertig zu werden, den Orgasmus einer Pollution auslöst. Der psychische Mechanismus ist folgender. Hinter die gestellte Aufgabe schiebt sich eine andere viel größere und schwerere Aufgabe. Die Aufgabe wird zum Symbol eines anderen versteckten Sexuallebens. Du wirst dein Sexualziel nicht erreichen! (In dem Falle von *Moll* ist es natürlich nicht durch eine Analyse aufgedeckt worden.) Die Aufgabe wird dann zu einer Art Orakel. Wenn du diese Aufgabe vollendest, wird auch die andere, viel schwerere Aufgabe gelöst werden. Es handelt sich aber um eine verbotene Aufgabe. (Meistens Inzest oder eine schwere Paraphilie.) Daher ist der Impuls durch Angst gehemmt und gebändigt. Die Angstentwicklung begleitet dann die Auslösung des Orgasmus.

Viel tiefer können wir in die psychische Struktur des Handfetischismus in dem nächsten Falle hineinsehen.

Fall Nr. 26. Herr G. L., ein Mediziner im Alter von 23 Jahren, möchte von einer Leidenschaft befreit werden, die ihn jetzt so beherrscht, daß sie sein ganzes Denken in Anspruch nimmt. Er denkt den ganzen Tag an schöne Frauen- oder Mädchenhände, so daß er nicht mehr arbeiten kann. Es ist eben für den echten Fetischismus sehr charakteristisch, daß er das ganze Interesse des Trägers in Anspruch nimmt. Wie ein Unkraut überwuchern die fetischistischen Vorstellungen den ganzen seelischen Acker. Selbst die vorübergehende fetischistische Befriedigung schafft keine wahre Ruhe. Das ist eben der Unterschied zwischen der normalen Befriedigung und der zwangsmäßigen. Wenn ein Normalmensch von heftiger Libido gequält wird, so gibt es für ihn eine Sättigung, nach der eine lange Pause der relativen Ruhe und sexuellen Indifferenz kommt. Bei den fetischistischen Paraphilien, die ja Zwangsneurosen sind, ist die Befriedigung und die Beruhigung nur eine sehr kurze und der alte unstillbare Drang tritt bald aufs neue auf.

G. L. schildert seinen Fetischismus folgendermaßen:

„Ich habe seit meiner frühesten Kindheit eine krankhafte Vorliebe für Hände und benütze jede Gelegenheit, einem Mädchen die Hand küssen zu können. Die Lustempfindung habe ich aber gewöhnlich nicht während des Handkusses, sondern wenn ich mir in Gedanken den Vorgang vergegenwärtige. Die Wollust entsteht also bei mir wahrscheinlich nicht durch die Berührung von ‚Hand und Lippe', sondern durch das damit verbundene Gefühl von Demütigung. Ich erinnere mich, daß ich schon als 5jähriges Kind meiner Erzieherin die Hände küßte und sie — wenn niemand dabei war — „gnädiges Fräulein" nannte, was ihr wie mir Vergnügen bereitete. Ich habe vom 8. bis zum 17. Lebensjahre fast täglich, manchmal auch mehrmals täglich onaniert und malte mir dabei immer alle erdenklichen Erniedrigungen aus. Ich erinnere mich einer besonders wollüstigen Phantasie: ich träumte, Plantagenbesitzer zu sein und mich von meinen schwarzen Sklavinnen peitschen und mit Füßen treten zu lassen. Zur Onanie kam ich auf folgende Weise. Ich besuchte nur ein halbes Jahr eine öffentliche Volksschule. Wir hatten eine Rechenaufgabe zu lösen, die mir zu schwer war. Ich empfand heftige Angst, die bald in ein rätselhaftes Gefühl von Wollust überging. Ich machte eine unwillkürliche Bewegung mit der

Hand, wodurch die Wollust gesteigert wurde. Im Gymnasium war ich auf mein gefährliches Geheimnis sehr stolz, doch spürte ich bald eine starke Nervenzerrüttung. In den oberen Klassen hatte ich eine ausgesprochene Neigung zur Homosexualität. *Ich „liebte" einen Kollegen*, es ist aber niemals außer unschuldigen Zärtlichkeiten zu irgendwelchen Vertraulichkeiten gekommen. Ich empfand den Umstand, daß er Antisemit war und meine Schwärmerei für ihn mehr duldete als förderte, als luststeigernd. Ich kann noch jetzt den Typus, den er verkörpert, nicht ohne gewisse Erregung sehen. Gegen ihn aber empfinde ich, als ob er meine Abnormität verschuldet hätte (was nicht der Fall ist), einen heftigen Haß und habe mir oft ausgemalt, daß ich ihn kaltblütig ermorden könnte. Mädchen begannen mich erst dadurch zu interessieren, daß ich (in Tanzschulen usw.) veranlaßt wurde, gegen sie galant zu sein. Sobald ein Mädchen allzu freundlich gegen mich ist, gewinne ich sie lieb, aber sie hört auf, mich sinnlich zu reizen. Ich bin immer auf der Suche nach Abwechslung in den Erniedrigungen. Gegen die Lustempfindung beim bloßen Handkuß und beim Niederknien bin ich schon etwas abgestumpft. Dagegen habe ich durch überschwängliche Huldigungen in letzter Zeit ein Mädchen dazu gebracht, daß sie mir manchmal unaufgefordert die Hand zum Kusse reicht, daß sie die Hand an meine Lippen hebt. In solchen Augenblicken hatte ich schon wiederholt Ejakulationen, die mich immer sehr erschöpften. Wenn ich in der Elektrischen einer Dame meinen Platz anbiete, so fühle ich, daß meine Stimme zittert. Wenn ich vor vielen Leuten einem Mädchen die Hand küsse, so zucken meine Lippen. Ich spreche sehr gerne über meine Leidenschaft, leide überhaupt an einem gewissen Mangel von Schamgefühl. Masochistische Bücher habe ich bis jetzt noch nicht gelesen. Ich begehe sehr gerne Taktlosigkeiten, die ich nachher bitter bereue. Jeden Morgen wache ich mit einem heftigen Angstgefühl auf, das erst vergeht, wenn ich auf die Straße komme. *Ich bin mit meiner Zeit sehr geizig und mache mir über jede Viertelstunde, die ich vertrödelt habe, heftige Vorwürfe.* Ich hatte die Gewohnheit, sehr oft verstohlen auf die Uhr zu schauen. Dabei bin ich aber durch meine Nervosität oft ganze Tage arbeitsunfähig. Ich habe eine heftige Sehnsucht nach Selbständigkeit, lasse mir sehr ungern Bücher empfehlen, habe gegen Leute, mit denen man mich zusammenbringen will, sofort einen starken Widerwillen und höre Ratschläge gewöhnlich höflich an, um sie dann nicht zu befolgen. Ich lüge sehr gerne und habe gerade mit meinen besten Freunden vielleicht noch kein wahres Wort gesprochen. Ich bin manchmal sehr feige, manchmal beinahe tollkühn und immer sehr launenhaft. Ich habe Anwandlungen von Geiz, die sich sehr komisch äußern: ich kann z. B. auf einem Blatt Papier keine unbeschriebene Zeile ohne ein gewisses Unbehagen sehen und überlege mir manchmal eine Stadtbahnfahrt, gebe aber dann wieder ziemlich viel Geld für überflüssige Sachen aus, verliere auch häufig Geld. Ich habe weder Personengedächtnis noch Ortssinn und bin sehr zerstreut. Ich kann auch bei Vorträgen nur kurze Zeit aufmerksam zuhören. Früher ging ich leidenschaftlich gerne ins Theater, jetzt kann ich mich oft kaum dazu zwingen, auf die Bühne zu schauen. Ich habe die Gewohnheit, notwendige Arbeiten immer auf die letzte Minute zu lassen, und lasse sehr gerne Leute auf mich warten. Ich habe oft an Sonntagen drei oder vier Verabredungen gleichzeitig und habe ein *Triumphgefühl*, wenn ich umsonst erwartet wurde. Ich interessiere mich sehr für Philosophie und Literatur und habe eine Abneigung gegen Spezialwissenschaften. Ich habe seit vielleicht 12 Jahren die feste Absicht, Schriftsteller zu werden. Ich ändere meine Pläne sehr häufig, aber in diesem einen Plan würde ich mich durch nichts beirren lassen, er ist beinahe zur fixen Idee geworden. Ich glaube auch an mein Talent und bin gegen Neckereien von Kollegen sowie gegen sachliche Einwendungen ziemlich unempfindlich. Dagegen können mich gut gemeinte Ratschläge, namentlich wenn sie von autoritativer Seite kommen, zu wahren Wutanfällen bringen (z. B. „Lyrik liest man nicht, es ist besser, Kaufmann zu werden"). Ich habe sehr oft mit dem Gedanken gespielt, Selbstmord zu begehen. Seit 10 Jahren führe ich ein ziemlich genaues Tagebuch, das aber (wenigstens so weit es von mir abhängt), noch kein Mensch gelesen hat. Ich war niemals imstande, auf normale Weise geschlechtlich zu verkehren, spüre aber, daß ich von Tag zu Tag sinnlicher werde. Ich habe übrigens — vielleicht unbewußt — auch in meinem nur für mich bestimmten Tagebuche die Neigung, Tatsachen so zu fälschen, daß sie mich in ein günstigeres Licht setzen. Meine Träume sind häufig masochistisch gefärbt.

Dieser Kranke zeigt eine Reihe von Zwangshandlungen, die sehr durchsichtig sind, wenn man weiß, daß seine Mutter am 5. November (5./11.) gestorben ist und er sich wegen der Todeswünsche gegen die Mutter heftige Vorwürfe macht.

Der Patient berichtet:

Ich beschließe jede Eintragung in mein Tagebuch seit dem Tode meiner Schwester mit den Worten: „Ich grüße meine Toten!" Ich habe noch niemals eine Zeile in meinem Tagebuche freigelassen. Wenn auf einer Seite noch ein paar Zeilen frei sind, so schreibe ich gleichgültige Worte hin, um sie zu füllen. Bei wichtigen Ereignissen pflegte ich für meine verstorbenen Verwandten in folgender (streng eingehaltenen) Reihenfolge zu beten: Mutter, Schwester, Großeltern, Großvater (väterlicherseits). In meinem ersten Schmerze nach eines großen Künstlers Tode wollte ich auch ihn in mein Gebet aufnehmen, doch erschien mir das bald als eine Pietätlosigkeit gegen meine Mutter. Ich habe auch die Gewohnheit, vor Entscheidungen das Wort „Mutter" 5 oder 11 Mal in Gedanken zu wiederholen. Die Zahlen 5 und 11 beherrschen mich ununterbrochen. Ich habe dafür folgende Erklärung: Ich bemühe mich, beim Treppensteigen immer mit dem rechten Fuß zu beginnen und aufzuhören. Dabei stelle ich mir Aufgaben, z. B. ich muß, bevor mir jemand entgegenkommt, 3 Stufen zurückgelegt haben („Aller guten Dinge sind drei") und diese drei Stufen müssen für mich völlig überwunden sein, d. h. ich muß mich durch je einen Schritt mit dem linken und dem rechten Bein vom Endpunkt (nämlich der 3. Stufe) entfernt haben. Mit anderen Worten: Für meine Entwicklung darf es keinen endgültigen Ruhepunkt geben. Das gleiche gilt für 9 (3 mal 3) und 2. Ich zähle erst von 1 bis 11, dann von 11 bis 1 und wiederhole schließlich 11mal das Wort „Null". Beim Telephonieren muß ich, bevor ich das Gespräch beginne, zuerst auf dem linken, dann auf dem rechten und schließlich auf beiden Füßen so lange stehen, daß ich rasch bis 5 oder bis 11 zählen kann. Ich gerate in tödliche Verlegenheit, wenn ich in Gegenwart meines Vaters mit jemandem ein Gespräch führen soll. Ich gebrauche bestimmten Menschen gegenüber immer wieder dieselben Redewendungen, ohne es zu wollen. So sage ich z. B. einem Kollegen, so oft ich ihn treffe, daß ich sein Phlegma für verhaltene Kraft halte. Ein Mädchen hat mir einmal gesagt, daß sie sich für Gespräche über Reisen und über Philosophie nicht interessiere, und so oft ich mit ihr zusammenkomme, serviere ich ihr nur diese zwei Themen. Ich habe einen Bekannten — er ist gar nicht komisch — bei dessen Anblick ich förmlich Lachkrämpfe bekomme, nur weil er mir einmal gesagt hat: „Sie haben so ein nervöses Lachen.“ Solange ich einen Kollegen „liebte“, kam ich täglich mehrere Mal unwillkürlich an seinem Hause vorbei, und während meiner Schwärmerei für den großen Künstler ging ich sehr oft, beinahe ohne es zu wollen, in die Oper, wo er wirkte (auch vormittags), obwohl ich in entgegengesetzter Richtung vom Hause weggegangen war. Auf der Straße habe ich das Bestreben, möglichst viele Leute zu überholen, vor allem Liebespaare. Da habe ich die Empfindung: Ich bringe es im Leben (und in der Liebe) weiter als sie und ihre Nachkommen. Heuer im Winter hatte ich eine Zeitlang die fixe Idee, täglich mindestens einem Mädchen die Hand zu küssen. Den Tag, an dem mir die Erfüllung meines Wunsches unmöglich war, betrachtete ich als verloren. Die Vorstellung, „Zeit zu verlieren“, peinigt mich ununterbrochen. Wenn ich mich wirklich wohlfühlen soll, muß ich etwas, das sich schütteln läßt (am liebsten einen langen Grashalm oder eine Haferrispe) in der Hand halten. Es gibt Leute, die ich sehr lieb habe und denen gegenüber ich doch noch kein herzliches Wort über die Lippen gebracht habe. Ich habe die Gewohnheit, jedes Glas Wasser, das vor mir steht, auszutrinken, auch wenn ich keinen Durst habe. Auf diese Art habe ich schon manchmal ohne Durst ganze Krüge ausgetrunken.“

Diese Zwangshandlungen erfordern eine eingehende Analyse. Zuerst sehen wir einen Totenkult, der an die Gebräuche der Primitiven erinnert, welche die Rache der Toten und besonders der Getöteten fürchten.[1]) Er hat allen Grund, die Rache der Toten zu fürchten. Denn sein Gefühl beim Tode eines andern ist immer Schadenfreude und Genugtuung: Gut, daß ich es nicht bin! Was für Vorteil habe ich davon? Also eine ausgesprochene Urreaktion, auf die er dann mit moralischen Kulturgefühlen reagiert. Auch der Tod seiner Mutter und seiner Schwester war für ihn eine Quelle der Genugtuung. Sein Vater war nun auf ihn angewiesen. Er konnte ihn ganz haben. Daß er für alle Verstorbenen betet (dabei brüstet er sich, Freigeist und Atheist zu sein!) beweist, daß er seine sündigen Gedanken überkompensieren will. Wenn sie schon tot sind, so möge es ihnen gut gehen. Was er den Lebenden nicht gegönnt hat, das wünscht er den Toten: Seligkeit! Nach dem Tode eines großen Künstlers versagte er sich, für ihn zu beten. Er hatte auch keinen Anlaß. Denn der Tod dieses Künstlers hatte ihn wirklich erschüttert. Er hatte einen Menschen verloren, der ihm immer Genuß bereitet hatte, einen Menschen, dem er nie den Tod gewünscht hatte.

Er verträgt keine freie Zeile in seinem Tagebuche. Er verträgt keinen leeren Raum im Tage. Er zeigt den bekannten horror vacui der Parapathiker, die bestimmte Gedanken nicht denken dürfen, welche ihr Schuldbewußtsein ausdrücken würden. Vor wichtigen Entscheidungen spricht er das Wort „Mutter“ aus. Sie soll ihn schützen, die Frau, die er

[1]) Vgl. *Freud*. Totem und Tabu, und *Lewy Brühl*, Das Seelenleben der Naturvölker. Deutsch von *W. Jerusalem*. Braumüller, Wien und Leipzig. 1921.

so geliebt und der er trotzdem aus Eifersucht den Tod gewünscht hatte, weil er sie ganz allein für sich besitzen wollte.

Die Zwangszahlen 5 und 11 erklären sich sehr einfach, wenn man weiß, daß der 5./XI. der Todestag seiner Mutter war. Alle seine anderen Erklärungen sind nur Rationalisierungen.

Mit der 11fachen Wiederholung der Null annulliert er einen ihm unangenehmen Vorfall der Vergangenheit. Er hat gewisse Stereotypien im Umgange, die seine Verlegenheit verbergen sollen. Er gebraucht sie besonders bei Menschen, zu denen er sexuell eingestellt ist. Auch seinem Vater gegenüber ist er verlegen, besonders wenn fremde Menschen dabei sind, weil er fürchtet, sie könnten seine Einstellung erraten. Er könnte sich durch ein unbedachtes Wort verraten. Vor diesem Verrat sichert ihn der Mechanismus der Stereotypie. Andere kleine Züge verraten seine Grausamkeit und sein Gefühl der Überlegenheit, das mit dem Gefühle der Minderwertigkeit und des Neides abwechselt. Er ist unendlich ehrgeizig und will der Erste sein. Deshalb arrangiert er die Wettläufe auf der Straße, die er als Orakel auffaßt.[1])

Er ist abergläubisch wie alle Zwangsneurotiker und sieht sich von mystischen Wundern umgeben. Er glaubt an die Allmacht seiner Gedanken. Daher ist er der Mörder seiner Anverwandten und aller Toten, welche er im Leben einmal beneidet hat.

Er muß jeden Tag einem anderen Mädchen die Hand küssen. Hier begegnen wir der bekannten Reihenbildung der Fetischisten, die sich nie mit einem Objekte begnügen. Unser Patient hat seinen eigenen Harem von schönen Händen.

Er hat eine große Auswahl und bleibt keiner Hand treu. Das ist charakteristisch und gibt diesen Fällen ihr ureigenstes Gepräge. Würde er die schönste Hand der Welt finden, er könnte ihr nicht treu bleiben. Es würde ihn zu einer anderen Hand treiben.

Wenden wir uns zur Analyse des hochinteressanten Falles. Der wichtigste Punkt der Mitteilungen scheint mir der Umstand zu sein, daß er schon in der Kindheit allen Leuten gerne die Hände küßte. Es war dies in der Kindheit ein artiges Spiel, für das er immer gelobt wurde. Es hieß dann: „Ei, ist der Kleine ein artiger, höflicher Junge!“ Er zeigte schon als Kind böse Eigenschaften, die ihm bis heute geblieben sind. Er verträgt es nicht, daß er den Menschen gleichgültig ist. Er verlangt, daß alle Welt ihn liebe und bewundere. Wo das nicht der Fall ist, wird er unangenehm und ärgert die Menschen. Er kann außerordentlich boshaft werden, wenn es gilt, Mädchen in Affekt zu bringen, von denen er merkt, daß er ihnen gleichgültig ist. Die Pose der Frauenverehrung ist nur eine scheinbare.

[1]) Vgl. das Kapitel „Der Wettlauf auf der Straße“ in „Masken der Sexualität“. Verlag Paul Knepler, Wien 1922, 2. Aufl.

Er hat für die Frauen zwei Gefühle: Angst und Verachtung. Angst, weil er keine Herrschaft, die dauernd ist, verträgt, und Verachtung, weil er ihre Leistungen geringschätzt und sie eigentlich alle als Verführerinnen und Sexualwesen betrachtet. („Ein Uterus mit etwas Dame daran.") Er behauptet auch, er könne jede Dame in sich verliebt machen. Die Pose der Unterwerfung, der demütige Handkuß ist nur der Weg, um so sicherer über alle Frauen zu triumphieren. Die Phantasie des Kusses ist ihm wichtiger als die Realität. Das beweist uns, daß sich gewichtige Vorgänge hinter dem Handkuß verbergen, die ihm nicht bewußt sind. Seine Unterwerfung ist nur eine scheinbare. Er gefällt sich in der Pose des Weiberfreundes und Masochisten. Seine Grundlage aber ist eine durchaus sadistische. Es ist dies ein Moment, das wir bei der Besprechung des Masochismus noch ausführlich besprechen werden. Die Masochisten sind Sadisten, die ihre Grausamkeit gegen sich selbst gerichtet haben. G. L. hatte auch in der Kindheit eine rein sadistische Periode, in der er in grausamen Phantasien schwelgte. Da er aber von allen geliebt sein wollte, empfand er jedes geringere Maß von Liebe als Zurücksetzung und haßte alle Menschen, welche dieser Liebe im Wege standen. Die Schwester war sein stärkster Rivale. Er wünschte ihr daher den Tod und mußte dann, als sie starb, von heftiger Reue gefoltert werden. Denn sein Charakter zeigt das Bestreben, alle die ursprünglichen sadistischen und egoistischen Triebregungen im altruistischen Sinne zu verarbeiten. Er krankt an seiner überempfindlichen Moral, welche eine strenge und geradezu fromme ist. Er mag sich atheistisch gebärden. Er ist innerlich fromm und durch unzählige Gelübde gebunden.

So fesselt ihn auch das Gelübde: „Du wirst nie ein Weib ganz besitzen, denn du mußt dich empfindlich bestrafen!" Nach dem Tode der inniggeliebten und wie alle geliebten Personen, die seine geheimen Wünsche nicht erfüllten, auch deshalb von ihm gehaßten Mutter, gab er sich das Gelübde, das er nur mit Hilfe seines Handfetischismus halten kann. Dies Gelübde war ihm nicht bewußt und trat erst in der Analyse zutage.

Wiederholt hatte er Gelegenheit, mit Mädchen zu verkehren. Sie kamen auf sein Zimmer, sie boten sich ihm an. Er blieb doch immer trotz heftigster Erektion in den Grenzen mehr oder weniger harmloser Spiele.

Dabei kam es ihm darauf an, den Vater glauben zu lassen, daß er ein großer Don Juan wäre, um seinen Vater eifersüchtig zu machen. Seine stärkste Liebe und die wichtigste Ursache seiner Krankheit war sein Vater. Nach dem Tode der Mutter bezog er das Bett der Verstorbenen und schlief neben dem Vater. Dieser wieder verzichtete zugunsten seines Sohnes auf jedes Liebesglück. So bildete sich langsam eine Art Ehe zwischen den beiden aus. Nur war er dem Vater gegenüber verschlossen so geliebt und der er trotzdem aus Eifersucht den Tod gewünscht hatte, weil er sie ganz allein für sich besitzen wollte.

Die Zwangszahlen 5 und 11 erklären sich sehr einfach, wenn man weiß, daß der 5./XI. der Todestag seiner Mutter war. Alle seine anderen Erklärungen sind nur Rationalisierungen.

Mit der 11fachen Wiederholung der Null annulliert er einen ihm unangenehmen Vorfall der Vergangenheit. Er hat gewisse Stereotypien im Umgange, die seine Verlegenheit verbergen sollen. Er gebraucht sie besonders bei Menschen, zu denen er sexuell eingestellt ist. Auch seinem Vater gegenüber ist er verlegen, besonders wenn fremde Menschen dabei sind, weil er fürchtet, sie könnten seine Einstellung erraten. Er könnte sich durch ein unbedachtes Wort verraten. Vor diesem Verrat sichert ihn der Mechanismus der Stereotypie. Andere kleine Züge verraten seine Grausamkeit und sein Gefühl der Überlegenheit, das mit dem Gefühle der Minderwertigkeit und des Neides abwechselt. Er ist unendlich ehrgeizig und will der Erste sein. Deshalb arrangiert er die Wettläufe auf der Straße, die er als Orakel auffaßt.[1])

Er ist abergläubisch wie alle Zwangsneurotiker und sieht sich von mystischen Wundern umgeben. Er glaubt an die Allmacht seiner Gedanken. Daher ist er der Mörder seiner Anverwandten und aller Toten, welche er im Leben einmal beneidet hat.

Er muß jeden Tag einem anderen Mädchen die Hand küssen. Hier begegnen wir der bekannten Reihenbildung der Fetischisten, die sich nie mit einem Objekte begnügen. Unser Patient hat seinen eigenen Harem von schönen Händen.

Er hat eine große Auswahl und bleibt keiner Hand treu. Das ist charakteristisch und gibt diesen Fällen ihr ureigenstes Gepräge. Würde er die schönste Hand der Welt finden, er könnte ihr nicht treu bleiben. Es würde ihn zu einer anderen Hand treiben.

Wenden wir uns zur Analyse des hochinteressanten Falles. Der wichtigste Punkt der Mitteilungen scheint mir der Umstand zu sein, daß er schon in der Kindheit allen Leuten gerne die Hände küßte. Es war dies in der Kindheit ein artiges Spiel, für das er immer gelobt wurde. Es hieß dann: „Ei, ist der Kleine ein artiger, höflicher Junge!" Er zeigte schon als Kind böse Eigenschaften, die ihm bis heute geblieben sind. Er verträgt es nicht, daß er den Menschen gleichgültig ist. Er verlangt, daß alle Welt ihn liebe und bewundere. Wo das nicht der Fall ist, wird er unangenehm und ärgert die Menschen. Er kann außerordentlich boshaft werden, wenn es gilt, Mädchen in Affekt zu bringen, von denen er merkt, daß er ihnen gleichgültig ist. Die Pose der Frauenverehrung ist nur eine scheinbare.

---

[1]) Vgl. das Kapitel „Der Wettlauf auf der Straße" in „Masken der Sexualität". Verlag Paul Knepler. Wien 1922. 2. Aufl.

Er hat für die Frauen zwei Gefühle: Angst und Verachtung. Angst, weil er keine Herrschaft, die dauernd ist, verträgt, und Verachtung, weil er ihre Leistungen geringschätzt und sie eigentlich alle als Verführerinnen und Sexualwesen betrachtet. („Ein Uterus mit etwas Dame daran.") Er behauptet auch, er könne jede Dame in sich verliebt machen. Die Pose der Unterwerfung, der demütige Handkuß ist nur der Weg, um so sicherer über alle Frauen zu triumphieren. Die Phantasie des Kusses ist ihm wichtiger als die Realität. Das beweist uns, daß sich gewichtige Vorgänge hinter dem Handkuß verbergen, die ihm nicht bewußt sind. Seine Unterwerfung ist nur eine scheinbare. Er gefällt sich in der Pose des Weiberfreundes und Masochisten. Seine Grundlage aber ist eine durchaus sadistische. Es ist dies ein Moment, das wir bei der Besprechung des Masochismus noch ausführlich besprechen werden. Die Masochisten sind Sadisten, die ihre Grausamkeit gegen sich selbst gerichtet haben. G. L. hatte auch in der Kindheit eine rein sadistische Periode, in der er in grausamen Phantasien schwelgte. Da er aber von allen geliebt sein wollte, empfand er jedes geringere Maß von Liebe als Zurücksetzung und haßte alle Menschen, welche dieser Liebe im Wege standen. Die Schwester war sein stärkster Rivale. Er wünschte ihr daher den Tod und mußte dann, als sie starb, von heftiger Reue gefoltert werden. Denn sein Charakter zeigt das Bestreben, alle die ursprünglichen sadistischen und egoistischen Triebregungen im altruistischen Sinne zu verarbeiten. Er krankt an seiner überempfindlichen Moral, welche eine strenge und geradezu fromme ist. Er mag sich atheistisch gebärden. Er ist innerlich fromm und durch unzählige Gelübde gebunden.

So fesselt ihn auch das Gelübde: „Du wirst nie ein Weib ganz besitzen, denn du mußt dich empfindlich bestrafen!" Nach dem Tode der inniggeliebten und wie alle geliebten Personen, die seine geheimen Wünsche nicht erfüllten, auch deshalb von ihm gehaßten Mutter, gab er sich das Gelübde, das er nur mit Hilfe seines Handfetischismus halten kann. Dies Gelübde war ihm nicht bewußt und trat erst in der Analyse zutage.

Wiederholt hatte er Gelegenheit, mit Mädchen zu verkehren. Sie kamen auf sein Zimmer, sie boten sich ihm an. Er blieb doch immer trotz heftigster Erektion in den Grenzen mehr oder weniger harmloser Spiele.

Dabei kam es ihm darauf an, den Vater glauben zu lassen, daß er ein großer Don Juan wäre, um seinen Vater eifersüchtig zu machen. Seine stärkste Liebe und die wichtigste Ursache seiner Krankheit war sein Vater. Nach dem Tode der Mutter bezog er das Bett der Verstorbenen und schlief neben dem Vater. Dieser wieder verzichtete zugunsten seines Sohnes auf jedes Liebesglück. So bildete sich langsam eine Art Ehe zwischen den beiden aus. Nur war er dem Vater gegenüber verschlossen und zeigte kein offenes Gefühl, so daß der Vater glauben konnte, der Sohn liebe ihn nicht. Diese scheinbare Kälte war eine Sicherung gegen seine allzu große Liebe. Er liebte eigentlich die Männer und verachtete die Frauen. Im Leben spielte er die umgekehrte Rolle.

Er erinnert sich nur an eine einzige große, ihn ganz ausfüllende Liebe. Es war dies der Kollege, der ihn wahrscheinlich an seine Schwester und Mutter erinnerte. Er glaubt auch, daß er ihm selbst ähnlich war, so daß wir auch hier eine narzißtische Wurzel konstatieren können. Jetzt aber dreht sich sein ganzes Sinnen und Trachten um den Vater. Er stellt sich aber so, als ob er einen fanatischen Mutterkult treiben würde. Ihr Bild steht auf seinem Schreibtisch, außerdem trägt er eines immer bei sich, ebenso wie einen Ring, den sie ihm schenkte. Diese Pietät hat die Tendenz, die Eifersucht des Vaters aufzustacheln und ihm Schmerzen zu bereiten, weil jener ihn nicht nach seinem Sinne liebt.

Der infantile Zug in seinem Gehaben zeigt sich in dem Festhalten der kindlichen Handkußszenen und in seinen Spielereien mit der Zeit. Er behandelt die Zeit wie eine Geliebte, die man bald liebt, bald haßt. Er will nicht alt werden. Er will ein Kind bleiben, denn er fürchtet den Moment, da ihn die Liebe zu einem Weibe von der Seite des Vaters reißen könnte. Denn alle Hände, die er küßt, sind des Vaters Hände.

Er hat den Glauben an seine große historische Mission. Christus beschäftigt ihn unausgesetzt. Er fühlt sich selbst als Christus und hat allerlei Erlöserideen.

Auch die Handkußszene hat einen Zusammenhang mit seiner Christusneurose. Es gibt eine Szene im neuen Testamente, die ihn immer sehr aufgeregt hat. Es ist dies die Szene, da Maria Magdalena dem Herrn die Füße mit Tränen benetzt und küßt. „Ihr sind viele Sünden vergeben, denn sie hat viel geliebet; welchem aber wenig vergeben wird, der liebte wenig."

Diese Szene schwebt seiner Phantasie vor, wenn er eine Handkußepisode aufführt. Er ist der Büßer, der Reuige, der Sünder, dem Gott verziehen hat. Von dem Weibe erwartet er die Erlösung. Er ist Maria Magdalena. Er spielt und lebt sich so in die Rolle ein, daß er manchmal an seiner Männlichkeit zweifelt, so daß er seine ganze Sexualität auf diese Fiktion zuschneidet. Allmählich aber geht die Idee von Christus und einem Apostel in die Auffassung über, er hätte als Dichter der Welt eine neue Religion zu geben. Er betrachtet sein ganzes Leben als eine Vorbereitung zu diesem hohen Berufe. Frauen würden ihn stören, der Ruhm ist ihm wichtiger als die Liebe.

Seine Zwangsvorstellungen sind lauter Bußhandlungen in gloriam Dei. Aber diese Buße soll nur Gott versöhnen, daß er milder gestimmt werde und seinen endgültigen Triumph nicht verhindere. Er will allen andern vorkommen. Er ist maßlos neidisch auf alle anderen Leistungen und will sich diesen Neid in den seltensten Fällen eingestehen. Oft flüchtet er vor dem Neide in eine rückhaltslose und grenzenlose Bewunderung. Dabei fühlt er sich allen Menschen gegenüber überlegen und besonders den Mädchen gegenüber, denen er die Hände küßt. Alles soll ihm gehören, aus allen Quellen des Wissens und der Erkenntnis will er trinken, jeden Zug bis zum Ende. Was er im Leben nicht kann (den Becher der Freude leeren), das macht er in unzähligen Zwangshandlungen.

Die Hand aber soll ihm ein Schutz sein gegen alle Versuchungen dieser Welt. Mit der Hand hat er gesündigt, onaniert, sie zum Schlage gegen andere erhoben, an der Hand muß er büßen. Überall sieht er Hände. Vom Himmel strahlen ihm Riesenhände, die Hände Gottes, die er immer über seinem Haupte fühlt. Er ist ein Auserwählter und darf daher nicht in die jämmerlichen Schwachheiten der gewöhnlichen Erdenkinder verfallen.

Er fühlt die Absonderlichkeit seines Sexuallebens als eine Auszeichnung. Man glaube diesen Kranken nicht, wenn sie zum Arzte kommen und um Heilung flehen. Innerlich beherrscht sie der Stolz auf ihre Eigenart, welche die anderen Menschen nicht kennen. Wie schwer wird es einem anderen Manne, ein Weib zu erobern! Unser Patient braucht ihr nur die Hand zu küssen und schon kommt es zu Orgasmus und Ejakulation. Er steht mit dieser Art von Befriedigung nicht vereinzelt da. Denn ich kenne einige Männer, die sich auf diese Weise befriedigen. Man beobachte manche Männer beim Handkuß und man wird die Fetischisten sofort erkennen. Sie riechen an den Händen, sie saugen sich daran fest und sie bekommen den eigentümlichen Glanz in den Augen, der die sexuelle Ekstase erraten läßt. Ich kannte einen großen Künstler, der sich nur auf diese Weise befriedigte. Auch dieser Mann hatte immer Erlöserideen, war ein Religionsstifter, wollte eine eigene Sekte gründen, wurde Wanderprediger und sonderte sich von allen Menschen ab. Er verzichtete mit Hilfe der Hand auf den Besitz des Weibes und konnte seine Keuschheit bewahren, zeigte eine stark asketische Tendenz, die im späteren Alter siegreich durchbrach, als er plötzlich den Entschluß faßte, Missionär zu werden. Er hatte Einsiedlerideen, wollte sich auf einem Berge ein einsames Häuschen bauen u. dgl. Phantasien mehr.

Wie treffend schildert *Havelock Ellis* diese Eigenschaft der Fetischisten:

„Die Ursache der krankhaften und gefährlichen Isolierung des Fetischisten ist in der extremen Individualität, die die Entwicklung des erotischen Symbolismus voraussetzt, zu suchen. Der Liebhaber, der sich durch alle die

Elemente der sexuellen Selektion leiten läßt, wird stets durch den Gemeinschaftsgeist, der ihn mit der Gesellschaft der anderen menschlichen Wesen verbindet, auf seinem rechten Weg erhalten werden, er hat zur Seite das Gefühl seiner Abstammung, seiner Nation, wenigstens das der Mode. Sogar der konträr Sexuelle kann sich in den meisten Fällen bald ein Milieu von Personen, deren Ideale mit seinem eigenen übereinstimmen, schaffen. Nicht so ist es bei dem erotischen Symbolisten. Dieser bleibt fast stets allein. Er ist von vornherein der Einsamkeit verfallen, denn es scheint, daß auf der Grundlage übermäßiger Scheu und Ängstlichkeit auch die Entstehung des erotischen Symbolismus am leichtesten sich vollzieht. Wenn dann endlich der Symbolist zur Ausführung seiner Wünsche schreitet, welche ihm meistenteils als etwas ganz neues erscheinen, und dabei erfährt, wie weit diese von denen der anderen Menschen verschieden sind, so wird seine von Natur bestehende Abgeschlossenheit noch stärker werden. Er ist ein Einsamer. Seine höchsten Ideale sind für alle seine Nebenmenschen kindische Wunderlichkeiten oder widerwärtige Gemeinheiten, möglicherweise auch ein Gegenstand für das Einschreiten der Polizei. Wir haben es vergessen, daß alle diese Impulse, die uns so unnatürlich erscheinen, die Apotheose des Fußes und anderer Körperteile, die Anstaunung der Akte der Miktion und Defäkation, die Neigung zum Kongressus mit Tieren, die emphatische Selbstexhibition auch sämtlich ethisch auf unsere Vorfahren zurückgehen und bei diesen mit den Begriffen der höchsten Lebensgefühle und tiefmystischem Empfinden vergesellschaftet waren.

Ohne ursprünglich abnorme Anlage kann indessen niemand sich so weit von selbst in seinen Trieben von denen der sonstigen Menschenwelt entfernen. Zum mindesten wird er eine neuropathische Eindrucksfähigkeit für abnorme Reize besitzen. Nicht selten besteht noch mehr Abnormes: Deutliche Degenerationszeichen, machmal ein gewisser Grad angeborenen Schwachsinnes oder eine Disposition zu Geisteskrankheiten.

Im ganzen bieten die Erscheinungen des erotischen Symbolismus, abgesehen von der Häufigkeit, mit der sie auf angeborene krankhafte Abnormität hinweisen, für den sorgsamen und unvoreingenommenen Seelenforscher das höchste Interesse. Sie erscheinen oft als absurd, manchmal als widerwärtig, aber von allen abnormen und normalen sexualpsychologischen Äußerungen sind sie diejenigen, welche am spezifischten menschlich sind. Mehr als alle anderen enthüllen sie die gewaltige plastische Macht der Imagination. Sie führen uns den extremen Individualisten vor, der nicht nur nicht im Einklang, sondern im Gegensatz mit seinen Altersgenossen lebt, sich selbst sein eigenes Paradies schaffend. Sie sind der Gipfel der menschlichen Idealisationskraft."[1])

Es ist sicher richtig, daß man unter den Geisteskranken und Degenerierten häufig Ansätze zum Fetischismus findet. Das mag mit der stärkeren Betonung ihrer Infantilität zusammenhängen. An und für sich ist der Fetischismus nie ein Degenerationszeichen. Man darf nicht vergessen, daß die Paralogie eine Regression auf die Kindheit bedeutet. Sie zeigt die gleichen Mechanismen wie die Parapathie. Der Umstand, daß einer fetischistische Neigungen hat, läßt den Schluß auf Belastung noch nicht zu. Ich habe gerade unter den Feti-

[1]) „Die krankhaften Geschlechtsempfindungen."

schisten Menschen gefunden, in deren Anamnese sich nicht eine Spur von Belastung nachweisen ließ, die ein hoher Intellekt auszeichnete. Zwei solcher Fälle werden uns ja im nächsten Kapitel beschäftigen. Oft ist diese abnorme Art des geschlechtlichen Fühlens das einzig Krankhafte, das man an dem Menschen entdecken kann. Dann findet man immer den unterdrückten psychischen Konflikt zwischen Sexualbegehren und Sexualangst, die Angst vor dem geschlechtlichen Partner, die innere Frömmigkeit und die Neigung, die infantilen Erlebnisse für alle Zeiten zu fixieren.

Ich will nun an dieser Stelle die merkwürdige Eigenschaft der Reihenbildung besprechen, die ich beim Fetischismus „Haremskult" genannt habe. Der Fetischist entschädigt sich für seine Einsamkeit durch eine Menge von Phantasiegestalten, welche sich in einem Symbol leibhaftig verkörpern. Aber diese Vielheit ersetzt eigentlich eine Einheit, wie der Fall des Polster-Fetischisten (Nr. 4, S. 26) beweist. (Diese Fälle scheinen nach meiner Erfahrung gar nicht so selten zu sein.)

Einer der merkwürdigsten Fälle und für unsere Untersuchungen von großer Bedeutung ist der von Dr. *R. Hahn*. (Ein merkwürdiger Fall von Diebstahl aus Gegenstandsfetischismus. [*H. Groß*' Archiv, Bd. 60] 1914.)

Fall Nr. 27. Es handelte sich um einen Tischler T., der seinerzeit bei der Entwendung von Kinderbettzeug ertappt worden war und deshalb in Haft genommen wurde. Im Verlaufe der Untersuchung stellte es sich heraus, daß Inkulpat, ein im übrigen völlig unbescholtener Mensch, bereits mehrfach wegen der gleichen Delikte vorbestraft war und daß er die Diebstähle, die auffälligerweise immer nur Kinderbettzeug betrafen, niemals aus eigentlicher Bereicherungsabsicht, sondern aus einem, wie es schien, sexuell betonten abnormen Antriebe heraus begangen hatte. Er wurde infolgedessen gerichtsärztlich untersucht und begutachtet.

Sein Lebensgang bietet nichts Auffälliges dar. Er gibt an, in seinem 12. Lebensjahre durch Zufall, resp. durch die verhängnisvolle Wirkung eines besonderen Erlebnisses zur Onanie gekommen zu sein. Es sei ihm damals ein die ehelichen und geschlechtlichen Verhältnisse in allen Details enthüllendes Buch in die Hände gefallen, durch dessen Lektüre er sexuell in hohem Grade erregt worden sei. Gerade um diese Zeit sei seine hochschwangere Schwester nach Hause gekommen und habe die Bettchen und das sonstige Kinderzeug für das erwartete Kind zurechtgemacht. Das Zusammentreffen jener Lektüre mit dem Anblick der schwangeren Schwester und der Kinderwäsche hätten einen außerordentlich starken Eindruck auf ihn gemacht, lebhafte Erektion bei ihm hervorgerufen und ihn dazu gedrängt, den sexuellen Antrieb durch Masturbation zu befriedigen, und zwar sei er darauf geraten, durch welche besonderen Erwägungen wisse er selbst nicht, zu diesem Zwecke das Kinderzeug zu verwenden. Seitdem onanierte er fast täglich und benützte dazu möglichst immer die Steckbettchen der Schwester, da mit Hilfe derselben, wie er bald bemerkt habe, der Genuß für ihn ein größerer gewesen sei. In der Folgezeit habe sich dann die geschlechtliche Erregung

10*

immer enger mit dem Gedanken an das Kinderzeug und den Anblick desselben verknüpft.

Nach erfolgter Konfirmation erlernte er das Tischlerhandwerk. Er habe stets befriedigende Arbeit geleistet und ein im ganzen solides, ordentliches Leben geführt, eine Angabe, die in den ihm ausgestellten Zeugnissen durchwegs Bestätigung fand; speziell hat er niemals groben Mißbrauch mit alkoholischen Getränken getrieben oder Intoleranz dagegen gezeigt oder seine strafbaren Handlungen etwa unter dem Einfluß einer Alkoholintoxikation begangen. Als Lehrling und Geselle fuhr er fort, in exzessiver Weise zu onanieren. Wiederholt versuchte er, wie er beteuerte, sich von seiner verderblichen Gewohnheit zu befreien; angeblich gelang es ihm auch, sich mit aller Anstrengung einige Wochen lang des Lasters zu enthalten, darnach aber wuchs der Trieb, wie er immer enger mit dem Gedanken an das Kinderzeug und den Anblick desselben in verdoppeltem Maße masturbierte. Dabei sei er bei Befriedigung seines sexuellen Triebes immer an den Gebrauch von Steckbettchen, bzw. Kinderwäsche gebunden geblieben. Wiederholt kaufte er sich solche zum Zweck der Masturbation; da er aber dasselbe Bettchen nicht gern längere Zeit benützte, auch nicht immer Geld zum Ankauf übrig oder zur Verfügung hatte und der Anreiz von solchem gekauften Zeug überhaupt niemals so mächtig war wie von solchem, das bereits benützt war, so sei er schließlich dazu gekommen, sich Steckbettchen und Kinderzeug auf widerrechtlichem Wege anzueignen, sofern sie seinem Zugriffe nur irgendwie zugänglich gewesen wären.

Am 5. November 1898 habe er versucht, sich aus Verzweiflung über sein widernatürliches Triebleben mittels Revolver ins Herz zu schießen.

Mit einem Mädchen habe er niemals ein Verhältnis gehabt. Da er überhaupt kein sehr lebhaftes Bedürfnis nach Umgang mit dem weiblichen Geschlechte empfunden habe, habe er auch niemals einen Tanzboden besucht. Mit 19 Jahren habe er freilich zum ersten Male mit Hilfe einer Prostituierten einen Koitus zustande gebracht. Seit 1903 habe er dann öfter — im ganzen aber doch nur ziemlich selten — ein Bordell frequentiert. Wiederholt habe er dort auch den Koitus in der gewöhnlichen Weise vollzogen; *doch habe er es immer nur mühsam zu Erektion und Ejakulation gebracht*, in der Regel auch nur so, daß er sich Steckbettchen vorstellte und die Spitze am Kopfkissen der betreffenden Prostituierten (es scheint immer dieselbe gewesen zu sein) ins Auge faßte. Wirkliche Befriedigung habe er aber niemals dabei gefunden; meist habe er die sexuellen Triebe *nach dem Koitus noch durch Masturbation befriedigt*. Jedenfalls sei durch diese Versuche normaler Geschlechtsbetätigung seine Lage nicht im mindesten gebessert und sein leidenschaftlicher Drang nach Befriedigung am Kinderzeug in keiner Weise gemindert worden. Er habe seine Versuche normaler Geschlechtsbetätigung daher auch bald wieder ganz aufgegeben.

Selbst nach mehrfach erlittenen, zum Teil recht empfindlichen Gefängnisstrafen, die er wiederholt wegen Entwendung von Kinderbettzeug akquiriert hatte, kehrte der Drang, sich Steckbettchen zu verschaffen, mit unwiderstehlicher Gewalt immer aufs neue zurück. Wenn er nur irgendwo Steckbettchen und Kinderzeug erblicke, so dränge es ihn, sich dieser Dinge zu bemächtigen. Er zwinge sich, vorbeizugehen; zwei-, dreimal kehre er um, schließlich könne er doch nicht widerstehen. Er habe sich schon den schwersten Mühen unterzogen, habe oft die größten Schwierigkeiten zu überwinden gehabt, sich oft sogar den drohendsten Gefahren ausgesetzt, um zum Ziele zu gelangen.

So habe er z. B. — und alles das fand sich in den Akten durch Zeugenaussagen und sonstige Erhebungen bestätigt — aus den Etagen heraus die am Fenster hängenden Bettchen heruntergeholt, ohne daran zu denken, daß er dabei gesehen werden könnte; auch Leitern habe er gelegentlich zu solchem Zwecke herbeigeschafft, oder er sei über Zäune u. dgl. geklettert und in fremde Grundstücke und Wohnungen eingestiegen usw., nur um sich in den Besitz des Kinderzeugs zu setzen. Oft habe ihn dabei eine fast fieberhafte Erregung befallen, die erst zur Lösung gelangte, wenn er in den Besitz des begehrten Bettchens gelangt war. Nie habe sich sein Drang, sich fremde Gegenstände anzueignen, auf etwas anderes erstreckt; nie habe er sich durch diese Diebstähle etwa zu bereichern gestrebt; nie habe er sich in anderer Weise bisher jemals etwa strafbar gemacht. Die entwendeten Sachen habe er stets mit nach Hause genommen; schon ihre Erlangung habe ihm innere Befriedigung und hohen Genuß verschafft, meist habe es ihn aber noch zur Masturbation daran gedrängt; zu Hause habe er sie gewöhnlich eine Zeit lang irgendwo verborgen gehalten und zur Onanie benützt; dann habe er sie schließlich immer vernichtet, weil sie ihn stets nur einige Zeit zu reizen vermochten.

Insgesamt konnten ihm etwa 80 bis 90 derartige, zum Teil unter großen persönlichen Beschwerden und Gefahren ausgeführte Diebstähle nachgewiesen werden.

Nur Steckbettchen mit roten oder allenfalls rot- und weißgestreiftem Inlet, mit geblümtem Überzug und Spitzenbesatz reizten ihn geschlechtlich so, daß er bei ihrem Anblick schon Erektionen bekomme und nun keinen anderen Gedanken weiter habe, als sich an ihnen zu befriedigen. Diese Vorliebe für so beschaffene Steckbettchen führt er darauf zurück, daß seine Schwester, wie er sich noch sehr genau erinnern könne, seinerzeit ganz ähnliches Kinderbettzeug verwendet habe. Je größer die Ähnlichkeit damit sei, um so lebhafter fühle er sich dadurch gereizt und zur Aneignung derselben um jeden Preis angestachelt. Steckbettchen mit blauem, braunem oder irgendwie anders beschaffenem Inlet ließen ihn stets ganz kalt. Beim Anblick entsprechender Bettchen dagegen komme der Trieb immer ganz plötzlich und mit unwiderstehlicher Gewalt über ihn; er könne dann nicht erst nach Hause gehen, um sich Geld zum Ankauf entsprechender Bettchen zu holen, es treibe und dränge ihn dann geradezu zu seinem widernatürlichen Handeln; aber wenn er auch sein Unrecht einsehe — meist freilich komme ihm das Verwerfliche seines Tuns erst hinterher so recht zum Bewußtsein — so wisse er doch nicht, wie er sich vor seinem unglückseligen Drange schützen könne; ja er fürchte, daß er wie bisher so auch in Zukunft wohl immer wieder rückfällig werden würde. Habe er die Bettchen einige Zeit besessen, so reizten sie ihn nicht mehr, dann müsse er immer wieder neue haben. Er habe sich, das könne er bestimmt versichern, schon oft aufs ernsthafteste bemüht, seinen unnatürlichen Geschlechts- und Stehltrieb, über den er tief unglücklich sei, zu beherrschen, zu unterdrücken und zurückzudrängen; aber wenn ihm das auch mit Aufbietung aller Energie vielleicht einmal auf einige Wochen gelungen sei, beim Anblick entsprechenden Kinderbettzeugs verfalle er eben doch immer wieder seinem Triebe. Selbst in seine Träume verfolge ihn seine unglückselige Leidenschaft; er erlebe darin oft ganz ähnliche Situationen, wie er sie schon wiederholt durchgemacht habe, während er sich an andersartige sexuelle Träume nicht zu erinnern vermöchte.

und erwache dann nicht selten mit Erektion oder nach eingetretener Ejakulation. Für ihn wäre es wohl, erklärt er unter Tränen, das beste gewesen, er hätte seinerzeit Erfolg mit seinem Selbstmordversuch gehabt; ob er jetzt noch einmal den Mut fände, zum Revolver zu greifen, wisse er nicht recht; so aber sei er ja doch zu nichts mehr nütze auf der Welt!

Da das damals eingeforderte ärztliche Gutachten, dem sich das Gericht anschloß, die Zurechnungsfähigkeit des Inkulpaten nicht für ausgeschlossen erachtete, so wurde er zu erneuter längerer Gefängnisstrafe verurteilt. Im Untersuchungsgefängnisse wurde er wiederholt beim Onanieren betroffen; im übrigen blieb er stets bei seinen oben skizzierten Aussagen. Sein Geschick selbst schien er mit innerer Gefaßtheit zu ertragen. Ausgesprochen psychische Störungen wurden bei ihm niemals konstatiert. Über das weitere Schicksal des Inkriminierten konnte Näheres leider nicht in Erfahrung gebracht werden.

Wohl selten erhält man einen so deutlichen Einblick in die Psychogenese eines nicht komplizierten Falles. Die Verschiebung von den Sexualphantasien mit der schwangeren Schwester, mit dem Steckbettchen, muß selbst dem Nichtanalytiker auffallen, wenn er nicht verblendet ist und den Zusammenhang nicht sehen will. Das Steckbettchen ist nur die Brücke für die Assoziation zur schwangeren Schwester, die bald ein Kind haben wird. Das unerfüllte Begehren nach der Schwester erzeugt einen pathologischen Drang. Das Verbotene der Neigung überträgt sich auf kleptomanische Vorgänge nach einem Mechanismus, den wir eingehend geschildert haben. Der Haremskult ist besonders auffallend (80 bis 90 Steckbettchen!) und erweist sich einer weiteren analytischen Aufklärung zugänglich.

Die Vielheit tritt immer ein, wenn uns ein bestimmtes Objekt nicht zugänglich ist. Die unendliche Reihe soll den Ausgangspunkt in eine größere Distanz setzen und unkenntlich machen.

Ich habe ja bei der Besprechung des Don Juan[1]) auf diese Reihenbildung als Ersatz Bezug genommen. Unbefriedigte Wünsche erzeugen Symbolhandlungen, deren unendlich häufige Wiederholung das Suchen und Nichtfinden symbolisch ausdrücken.

Der infantile Charakter der kleptomanischen Handlungen und der Lustgewinnung wird durch die Wahl des Sexualobjektes besonders unterstrichen. Der Koitus befriedigt ihn nicht, wird nur durch Hilfsvorstellungen von Steckbettchen möglich. Nach dem Koitus kommt es oft zu onanistischen Akten, weil die Onanie als adäquate Befriedigung mit Orgasmus endet. In der onanistischen Phantasie sind offenbar die Inzestphantasien eingeschmuggelt.

Unbegreiflich ist es, daß sich Richter finden konnten, die den armen Kranken zu einer „längeren Gefängnisstrafe" verurteilten. Der Charakter

[1]) Band II, Kapitel „Don Juan und Messalina".

des übermächtigen Zwanges ist so deutlich ausgesprochen, die verminderte Zurechnungsfähigkeit im Momente der Tat so deutlich, daß man nur unsere mangelhafte Ausbildung in der Sexualwissenschaft für das schwere Urteil verantwortlich machen kann.

Der Haremskult bringt die verschiedenen kleptomanischen Sammler dem psychologischen Verständnis nahe. Es handelt sich um eine Reihenbildung, d. h. um Ersatzobjekte. Der Impuls ist ursprünglich auf ein anderes Objekt gerichtet. In dem letzten Falle richtete sich der Impuls auf die Schwester. Der Wunsch: „O wäre ich ihr Kind und würde ich von ihr gepflegt und verzärtelt“, ist die treibende Kraft. Er identifiziert sich mit der Schwester und er ist das Kind im Steckkissen. Er spielt beide Rollen. Da er aber nie eine reale Befriedigung erlangt, da der wirkliche Wunsch unerfüllt bleibt und unerfüllt bleiben muß, so kommt der Impuls nie zur Ruhe. Er ist ein psychisches Perpetuum mobile. Das erklärt uns das Ruhelose und Treibende dieser Kranken. Sie unterliegen dem Wiederholungszwang, der nach *Freud* ein Bestreben darstellt, eine vergangene Situation besser auszunützen, die unlustbetonte Situation in eine lustbetonte zu verwandeln. „Hätte ich mich damals auf die Schwester gestürzt, ich hätte sie besitzen können!“ Er wiederholt das Spiel mit Ersatzobjekten. Nach einem kurzen Rausche muß die Ernüchterung folgen, das Perpetuum mobile kommt nicht zur Ruhe. Das Verbotene des Wunsches drückt sich in einer verbotenen Handlung (Kleptomanie) aus. Das unterlassene Ergreifen der Schwester, die unterdrückte Aktivität tobt sich im Wiederholungszwang symbolisch aus. Es ist der Imperativ der Reue über die unterlassene Aggression, die ihn zu neuen symbolischen Aggressionen treibt.

Ich führe noch einige Beispiele von Haremskult der Fetischisten an, ohne eine psychologische Erklärung zu geben. Nach den vorhergehenden Ausführungen ist es klar, daß es aber eine solche Erklärung geben muß. Sie kann nur durch eine Psychanalyse der Kranken erfolgen.

Fall Nr. 28. Über einen Perückenfetischisten referiert *Kurt Boas* im Archiv von *H. Groß* (Bd. 39, H. 1 u. 2, Kriminalistische Revue). Ein ausgesprochener Transvestite trachtet immer, sich eine große moderne Damenperücke zu verschaffen und betrachtet sich dann wohlgefällig im Spiegel. Bedeutend erhöht und zum erwünschten Abschluß (Ejakulation) gebracht wird dann sein Glück, wenn er auf diese Frisur einen modernen Damenhut setzen kann, von Topf-, Glocken- oder Storchnestform. Wenn man aus Traumanalysen weiß, daß der Hut das Genitale symbolisiert, so wird Erregung und Fetischismus verständlich. Das Aufsetzen des Hutes auf die Perücke vertritt für diesen Fetischisten die geschlechtliche Vereinigung. Viele Formen des Fetischismus beruhen auf einer „Überwertigkeit des Symbols“, welche die Realitätswerte depossediert hat.

tiellen Transvestiten unterschied er sich dadurch, daß es niemals ungetragene Wäsche sein durfte. In der Hauptverhandlung vertrat ich den Standpunkt, daß bei dem erblich schwer belasteten Manne zum mindesten die freie Willensbestimmung nicht mit der Sicherheit bejaht werden könne, wie es das Gesetz erforderte. Mein Gegengutachter, ein Universitätsprofessor, legte dem Gerichte dar, daß es für die Beurteilung des Diebstahls völlig unerheblich sei, ob der Täter sich bereichern oder sexuell befriedigen wolle. In beiden Fällen suche er doch nur seinen Vorteil. Der Gerichtshof schloß sich dieser Beweisführung an und verurteilte den Mann wegen Einbruches ohne mildernde Umstände. Wenige Tage später fand man ihn in seiner Zelle tot vor; er hatte sich erhängt." (*Hirschfeld*, Sexualpathologie, Bd. III.)

Die Leser, welche die vorigen Kapitel aufmerksam gelesen haben und sich an meine Ausführungen über das Hemd erinnern, werden den Fall psychologisch sofort verstehen. Vielleicht hat der Kranke die Entkleidung eines Familienmitgliedes beobachtet.

Oft erreicht der Sammelfanatismus dieser armen Kranken eine unglaubliche Intensität. Die nächsten Fälle bringen uns schöne Beispiele:

Fall Nr. 32. K., 45 Jahre alt, Schuhmacher, angeblich erblich nicht belastet, von eigentümlichen Wesen, geistig wenig begabt, von männlichem Habitus, ohne Degenerationszeichen, sonst tadellos in seinem Benehmen, wurde ertappt, als er am 13. Juli 1876 abends aus einem Versteck gestohlene Frauenwäsche abholte. Es fanden sich bei ihm etwa 300 Toilettegegenstände von Frauen vor, darunter neben Frauenhemden und Beinkleidern auch Nachthauben, Strumpfbänder, sogar eine weibliche Puppe. Als er verhaftet wurde, hatte er gerade ein Frauenhemd auf dem Leibe. Schon seit 13 Jahren hatte er seinem Drange, Frauenwäsche zu stehlen, gefrönt, war, das erste Mal deshalb bestraft, vorsichtig geworden und hatte in der Folge mit Raffinement und Glück gestohlen. Wenn dieser Drang über ihn kam, sei ihm eigentlich der Kopf ganz schwer geworden. Er habe dann nicht widerstehen können, koste es, was es wolle. Es sei ihm ganz gleich gewesen, wem er die Sachen wegnehme.

Die gestohlenen Sachen habe er nachts im Bette angezogen, dabei sich schöne Weiber vorgestellt und wollüstige Gefühle und Samenabgang verspürt.

Dies war offenbar das Motiv seiner Diebstähle, jedenfalls hatte er nie sich eines der gestohlenen Gegenstände entäußert, vielmehr dieselben da und dort versteckt.

Er gab an, daß er in früheren Zeiten mit Weibern normal geschlechtlich verkehrt habe. Onanie, Päderastie und andere sexuelle Akte stellte er in Abrede. Mit 25 Jahren will er verlobt gewesen sein, jedoch sei diese Verlobung ohne seine Schuld zurückgegangen. Das Krankhafte seines Zustandes, das Unrechte seiner Handlungen vermochte er nicht einzusehen. (*Passow*, Vierteljahrsschrift f. ger. Mediz. N. F. XXVIII, S. 61. *Kraus*, Psychologie des Verbrechens, 1884, S. 190.)

Fall Nr. 33. Ein bisher unbescholtener, 32 Jahre alter, lediger Bäckergehilfe wurde ertappt, als er einer Dame ein Taschentuch stahl. Er gestand mit aufrichtiger Reue, daß er bereits 80 bis 90 derartiger Sacktücher entwendet hatte. Er hatte es nur auf solche abgesehen und zwar ausschließlich bei jüngeren und ihm zusagenden Frauenzimmern.

Inkulpat bietet in seiner äußeren Erscheinung nichts Auffälliges. Er kleidet sich sehr gewählt, zeigt ein eigentümliches, teils ängstlich depressives, teils unmännlich devotes Wesen und Benehmen, das sich oft bis zu einem larmoyanten Ton und Tränen steigert. Auch eine unverkennbare Unbehilflichkeit, Schwäche in der Auffassung, Trägheit in der Orientierung und Reflexion gibt er zu erkennen. Eine seiner Schwestern ist epileptisch. Er lebt in guten Verhältnissen, war nie schwer krank, entwickelte sich gut. In der Mitteilung seiner Lebensgeschichte zeigt er Gedächtnisschwäche, Unklarheit; auch das Rechnen fällt ihm schwer, obwohl er früher gut gelernt hatte und auffaßte. Sein ängstliches, unsicheres Wesen macht den Verdacht der Onanie rege. Inkulpat gestand, daß er seit dem 19. Jahre diesem Laster in exzessiver Weise ergeben war.

Seit einigen Jahren hatte er infolge seines Lasters an Abgeschlagenheit, Mattigkeit, Zittern der Beine, Rückenschmerzen, Unlust zur Arbeit gelitten. Öfters kam auch eine traurig-ängstliche Stimmung über ihn, in welcher er die Leute mied. Von den Folgen geschlechtlichen Verkehres mit Frauenzimmern hatte er übertriebene, abenteuerliche Vorstellungen und konnte sich nicht zu solchem entschließen. In letzter Zeit hatte er jedoch an Verehelichung gedacht.

Mit tiefer Reue und in schwachsinniger Weise gestand nun X., daß er vor einem halben Jahre im Menschengedränge beim Anblick eines jungen hübschen Mädchens sich heftig geschlechtlich erregt fühlte, sich an dasselbe drängen mußte und den Drang empfand, durch Wegnahme des Taschentuches sich für eine ausgiebige Befriedigung seiner geschlechtlichen Regung zu entschädigen.

In der Folge wurde er, sobald er ein ihm zusagendes Frauenzimmer gewahr wurde, unter heftiger geschlechtlicher Erregung, Herzklopfen, Erektion und Impetus coeundi vom Drange erfaßt, sich an die betreffende Person zu drängen und ihr — faute de mieux — das Taschentuch zu entwenden. Obwohl ihm keinen Moment das Bewußtsein der Strafbarkeit seiner Handlung verließ, konnte er seinem Drange nicht Widerstand leisten. Dabei fühlte er Angst, die teils durch den zwangsmäßigen geschlechtlichen Trieb, teils durch die Furcht vor Entdeckung bedingt war.

Das Gutachten macht mit Recht den angeborenen Schwachsinn, den zerrüttenden Einfluß der Onanie geltend und führt das abnorme Gelüste auf einen perversen Geschlechtstrieb zurück, wobei ein interessanter und physiologisch auch gekannter Konnex zwischen Geruchs- und Geschlechtssinn bestehe. X. wurde nicht bestraft. (*Zippe*, Wiener med. Wochenschrift, 1879, Nr. 23.)

Sacktücher sind sehr beliebte Objekte des Haremkults, weil sie leicht zu beschaffen, zu stehlen und zu verbergen sind, ähnlich wie Strumpfbänder und Halstücher. („Schaff mir ein Halstuch von ihrer Brust, — ein Strumpfband meiner Liebeslust" ruft Faust aus.) Ich verweise auf den Fall Nr. 5 im zweiten Kapitel. Viele Patienten gestehen, daß sie in das Sacktuch das erste Mal onaniert haben. Oft ist es das Sacktuch eines Mitgliedes der Familie, welcher Umstand ihm eine besondere Wertigkeit gibt.

Über die Bedeutung der Taschentücher berichtet ein Patient von *Sadger*. [1])

[1]) Die Lehre von den Geschlechtsverirrungen. Wien und Leipzig 1921.

„Ja, noch etwas von den Taschentüchern. Das betreffende Mädchen muß einmal in das Taschentuch geweint haben und dies ein wenig nach Parfüm riechen. Ich sehe dann in dem Tuche das Gesicht des Mädchens drin, so eine Art Photographie, die ich dann küsse. Wenn sie vorher weint, hat sie ja das Taschentuch an das Gesicht angedrückt. Das erste Taschentuch bekam ich mit 16 Jahren von meiner Braut, darnach bestand ich bei jeder Bekanntschaft auf einem Taschentuch, doch unter der Bedingung, daß sie vorher darin geweint hat." — „Und welches war das allererste Weib in der Kindheit, das mit einem solch durchweinten Taschentuch in Beziehung steht?" — „Meine Mutter. Als ich 3, 4 Jahre zählte, kam die Botschaft, die Großmutter sei gestorben, worüber meine Mutter furchtbar weinte. Ich wollte auch mitheulen, brachte es aber nicht zustande. Mutter ging den ganzen Tag mit dem Taschentuch herum und weinte beständig. Da wollte ich sie lehrmeistern, wie sie früher mich, wenn sie sagte, ich ginge wie eine Bauernliese mit einem Taschentuch umher, nahm ihr das Tuch weg und versteckte es. Sie suchte und suchte, aber ich verriet mich nicht und nannte sie auch eine Bauernliese. Natürlich hatte ich aber doch ein böses Gewissen, es ließ mir keine Ruhe. Später habe ich ganz darauf vergessen und erst bei der Übersiedlung wurde es in der Schublade des Diwans gefunden, worauf ich der Mutter alles erzählte. Sie wusch es aus und gab es mir mit den Worten: ‚Wenn ich es ihr genommen habe, solle ich es auch behalten; sie behalte sich dafür die schönen Taschentücher, die sie mir gekauft habe.' Darauf wollte ich natürlich nicht eingehen, sondern stritt fest mit ihr. Ich wollte es ihr durchaus zurückgeben und meine dafür bekommen, ging auch gekränkt schlafen und weinte die ganze Nacht um meine Taschentücher. Sogar im Traume setzte es sich fort. Am nächsten Tage gab sie mir Mutter wieder. Ihr Taschentuch war auch fein parfümiert wie ihre gesamte Wäsche, und für diese Wäsche hatte ich eine furchtbare Vorliebe."

„Nun setzte ich das Examen fort: „Warum wollten Sie in dem Taschentuch immer das Gesicht des Mädchens sehen? Sind Sie vielleicht von dem Gesicht der Mutter zurückgewiesen worden, daß sie sich nicht küssen ließ?" — „Das tat sie öfters, wenn sie mir böse war; da ließ sie sich nicht streicheln und nicht küssen. Dann habe ich mir rasch etwas von ihr angeeignet, um doch etwas von ihr zu besitzen, Nadel, Taschentuch, Brosche oder überhaupt was ich bei ihr fand, und bin davon. Die Zopfschleifen habe ich deswegen gesammelt, um sie zu den Gitarrebändern hinzuhängen. Sie waren so eine Art Kriegsbeute, wenn ich ein Mädchen erobert hatte. Außerdem ist die Gitarre wegen ihrer Form auch ein Symbol des Weibes. Auf beiden spielt man ja auch." — „Wie kamen Sie aber zu den Zopfbändern?" — „Die erste Gitarre bekam ich mit 11 Jahren. Ich hatte eine solche bei einem Freunde gesehen und auch, daß er durch Singen und Spielen darauf besonders Glück bei den Weibern hatte. Das Spielen habe ich bei ihm gelernt, eine Gitarre habe ich mir bei der Mutter ausgebeten und hatte dann auch tatsächlich Erfolge bei den Mädchen. Bei dem Freunde hatte ich auch Zopfbänder gesehen und wollte sie nun auch haben. Das erste war ein Zopfband der Mutter, dann habe ich mir bei allen bekannten Weibern Zopfschleifen ausgebettelt, gewissermaßen als Siegestrophäe. Ich besitze jetzt 54 solcher Bänder und auf jedes habe ich den Namen des Mädchens eingeschrieben. Noch eins: Das Taschentuch meiner Braut habe ich beständig bei mir getragen, auch draußen im Felde, bis jetzt, wo ich mit ihr brach. Mir war, als hätte ich damit ein Stück von ihr, als hätte ich mir ihr Gesicht so mitgenommen. Da ich ins Feld ging und Abschied nahm, weinte sie. Ich tröstete und umarmte sie und habe ihr zum Abschied das Sacktuch weggenommen."

In diesem Falle scheint das Taschentuch das Gesicht zu vertreten. Es handelt sich um einen Fall von symbolischer „Verladung".

Wulffen berichtet teils aus eigener, teils aus fremder Erfahrung über den kleptomanischen Sammler einige interessante Details.

„Ein 45jähriger Schuhmacher, körperlich ohne Degenerationszeichen, stahl seit seinem 13. Jahre Frauenwäsche. Er zog sie nachts im Bette an, stellte sich hiebei Frauen vor und hatte Samenabgang. Es wurden bei ihm verschiedene Toilettenstücke gefunden. Ein anderer hatte seit dem 11. Jahre den Drang, ein Hemd seiner älteren Schwester anzuziehen, wobei es dann in späteren Jahren zur Ejakulation kam. Später kaufte er sich immer Frauenhemden, die er mit sexuellem Wohlgefühl anzog. Ein anderer hatte beim Zerreißen von Frauenwäsche Samenabgang. Ein vierter onanierte mit 15 Jahren angesichts einer zum Trocknen aufgehängten Schürze. Später hatte er stets angesichts einer Schürze, mochte sie ein Weib oder Mann tragen, sexuelle Lustgefühle. Die Schürze hat wohl schon durch die Leibesstelle, vor der sie getragen wird, sexuelle Beziehung. Ein Kleiderfetischist stahl weiße Röcke von den Wäscheplätzen, probierte sie an, was ihm bereits Genuß gewährte, zog sie an, wenn er seiner Frau beiwohnte. Er hatte angeblich seit Jahren niemals ohne Frauenrock den Beischlaf vollzogen. Sein Bestreben ging dahin, immer einen neuen, eben erst gestohlenen zu verwenden. Mit Verwendung eines alten Rockes war der Geschlechtsgenuß nicht derselbe *(Kersten)*. Ein anderer Fetischist stellte auf einem Feldplatze Stangen im Kreise herum auf und hing die gestohlenen Unterröcke darüber. Er ging um die Puppen herum, streichelte und umarmte einige derselben. Plötzlich stürzte er sich auf eine derselben los, drückte sie mit Inbrunst an sich und onanierte. Er verübte also außer Diebstahl auch noch öffentliches Ärgernis durch unzüchtige Handlung. Er behauptete, sein Drang, der von Zeit zu Zeit auftrat, sei meist unwiderstehlich. Mitten in der Nacht springe er auf, eile ins Freie, hole sich ein Wäschestück und befriedige sich. Er sei dann so toll, daß er nicht wisse, wo er sei und was er tue. Wenn er zu sich komme, finde er sich in Wald oder Feld wieder."

Dieser erotische Sammeltrieb kann die merkwürdigsten Formen annehmen. Mitunter sind es die Siegestrophäen, die der Don Juan sammelt, wobei er verrät, daß es ihm mehr auf die Trophäen als auf die Eroberung ankommt. Ein älterer Herr zeigte mir ein großes Buch, in das niedliche Visitkarten eingeklebt waren. Sie waren alle Karten von Dirnen, die er vor jedem oder nach jedem Koitus verlangt hatte. Niemals besuchte er eine Dirne das zweite Mal. Auf jeder Karte war das Datum verzeichnet. Auf einigen war auch der Vermerk einer Paraphilie oder einer Infektion zu lesen. Ein anderer sammelte Kotillonorden, die er der Dame auf dem Balle gewaltsam genommen hatte. Der dritte hatte eine Lockensammlung. (Bekanntlich nicht selten.) Bekannt sind die Sammler der Schamhaare.

Über einen solchen Partialisten berichtet *Sadger*. (l. c.)

Fall Nr. 34. „Schon mit 13 Jahren habe ich statt des Geschlechtsteiles der Frau ihre Schamhaare verlangt. Damals sagte ich unserem Dienstmädchen, sie solle mir ihre Haare geben, aber nicht vom Kopf, sondern zwischen den Beinen müsse sie sie mir herausschneiden, und diese haben mich dann riesig gereizt, kolossales Wohlgefühl in mir erweckt. Ich habe eine ganze Sammlung solcher Haare angelegt, von jeder Geliebten ein Büschel abgeschnitten und es fein säuberlich mit einem Bändchen umwunden, auf das ich den Namen seiner Trägerin schrieb." Ein Anderer berichtet gar aus seinem 8. bis 9. Jahre: „Damals, zu einer Zeit also, da ich selber noch gar keine Schamhaare hatte, stürzte ich mich schon auf die ausgegangenen Haare im Kamm meiner Schwester und band sie um mein Glied herum. Wenn ich jetzt bei meiner Freundin ein Haar sehe, das ihr beim Kämmen ausgegangen ist, bin ich schon furchtbar aufgeregt, ebenso wenn ich einem Weibe durch das Kopfhaar fahre, oder beim Anblick ihrer Achselhaare. Als meine Mutter schlief — sie lag da stets wie tot — wühlte ich, der als Kind mit ihr zusammen im Bette lag, gerne in ihren Schamhaaren und zog daran. Auch mit meinen eigenen zu spielen, bereitet mir besonderes Wollustgefühl. Ich rieche auch sehr gerne zu den Schamhaaren und rege mich bei ihrem Geruche auf. Ich erinnere mich dabei an den Geruch, wenn ich mit jenen der Mutter spielte."

In allen diesen Fällen ist wohl zu unterscheiden, ob der Sammler sich mit dem Objekt allein begnügt oder ob das Objekt als Erinnerungsbild den Vorgang der Eroberung repräsentieren soll. In dem letzten Falle spielt der Geruch eine große Rolle. Wir haben schon bei Besprechung der Leibwäsche-Fetischisten auf diesen Umstand aufmerksam gemacht. Hieher gehören die bekannten Sammler von Klosettpapieren und ähnlichen mit Körperduft geschwängerten Gegenständen. Ich möchte in diesem Zusammenhange auf zwei einschlägige Fälle hinweisen.

Ich verfüge nur über eine einzige ähnliche Beobachtung:

Fall Nr. 35. Frau W. H. gibt an, nur dann sexuell erregt zu werden, wenn der Mann Juchtenstiefel trägt. Der Geruch dieser Stiefel wirkt an und für sich schon so erregend, daß sie zum Orgasmus kommt. Sie behauptet, von einem Reitknecht in ihrem 7. Lebensjahre sehr oft gereizt worden zu sein. Sie kam oft in den Stall und er setzte sie aufs Pferd. Später spielte er an ihren Genitalien. Das Erinnerungsbild ist wohl unauslöschlich eingegraben und verlangt nach Wiederholung. Sie besitzt eine ganze Sammlung von Lederflecken, die sie aus alten Stiefeln herausgeschnitten hat.

Magnus Hirschfeld (Sexualpathologie, III. Teil) berichtet über einen ähnlichen Fall:

Fall Nr. 36. Es zeigte mir einmal eine Dame ein kleines Stück Juchtenleder, das sie an einem Bande befestigt unter ihrer Bluse trug. In starken Superlativen schildert sie die Bedeutung, welche der Geruch des Leders für sie besitze. Die erotische Neigung zu ihrem Manne, der von auffallender Häßlichkeit gewesen wäre — sie war früh verwitwet — sei ganz von Gerüchen beherrscht gewesen, vor allem von einem „mit Mannesgeruch vermischten Tabaks- und Juchtengeruch". Sie berausche sich noch viel an den Kleidern des Mannes, denen immer noch ziemlich viel von diesem „süßen Aroma" anhafte. Es würde für sie große Beherrschungskraft erfordern, einem Manne Widerstand zu leisten, der sich ihr gegenüber dieses Lockmittels bedienen würde. In einem mir bekannt gewordenen Falle ließ die Frau sich die Hemden ihres im Felde stehenden Mannes schicken, um, ihren Duft einsaugend, sich bis zum Orgasmus zu erregen.[1])

Ich habe die Psychologie des Sammlers ausführlich in Band IV beschrieben. Ich möchte nur einige ergänzende Bemerkungen hinzufügen. Jeder Sinn kommt beim Sammler in Betracht. In erster Linie der Gesichtssinn, der Geruch, der Tastsinn, aber ich kenne Fälle, bei welchen das Gehör und der Geschmack eine Rolle spielen. Den Fetischisten als erotischen Sammler haben wir zum Beispiele beim Hemdfetischisten kennen gelernt, wobei die Geruchsqualität des Urines und des Schweißes den Fetisch wertvoll macht. Die Stoff-Fetischistin erfreut sich am weichen feinen Eindruck, den Seide und Stoffe beim Betasten machen. Die Absonderlichkeiten der Sammelwut finden nur durch eine analytische Forschung ihre Erklärung. Ich möchte noch zwei Fälle erwähnen, die ich einer Mitteilung des Herrn O. B. verdanke.

Fall Nr. 37. Herr N. K. sammelt Wurstscheiben aus aller Herren Länder. Er hat ein ganzes Museum von Wurstscheiben, die in Formalinspiritus konserviert werden. Jedes Scheibchen steht in einer Vitrine, die eine Aufschrift trägt, die über Ort und Zeit der Erwerbung Kenntnis gibt. Es werden weite Reisen unternommen, um das Museum um interessante Stücke zu bereichern.

Welche sonderbaren Erlebnisse können diesen Sammler auf eine solche Absonderlichkeit gebracht haben? Wie ist sein Sexualleben? Bedeutet die Wurst Phallusersatz oder Kastration? Darauf kann mir mein Gewährsmann keine Auskunft geben.

Etwas tiefer war er imstande, in den zweiten Fall zu blicken und seine analytischen Kenntnisse zu verwerten. Ich lasse Herrn O. B. das Wort:

Fall Nr. 38. „Ich hatte während des Krieges mein Zimmer mit Hauptmann E. zu teilen. Er war ein sehr entgegenkommender, aber verschlossener Mensch, der sich an mich gewöhnt hatte und mich sichtlich bevorzugte, so daß wir immer die gleichen Quartiere bezogen. Es war mir aufgefallen, daß E. außer seinem Gepäck noch einen sehr schweren Koffer herumschleppte, den er sorgfältig versperrte und in den er mich nie blicken ließ. Erst nach Monaten vertraute er mir das Geheimnis dieses Koffers an. Es befanden sich dort die verschiedensten Schlüssel, die E. nicht erworben, sondern zusammengestohlen hatte. Er gestand mir, daß er einen unüberwindlichen Hang habe, Schlüssel zu stehlen. Jeder Schlüssel erhält einen Zettel, der oben angebunden wird und über Ort und Zeit des Diebstahls Kunde gibt. Die Sammlung enthielt die verschiedensten Schlüssel: große, kleine, grobe, feine, einfache, kunstvolle und kunstlose. Über den Ursprung dieser Manie konnte E. mir keine Auskunft geben. Eines Tages sprachen wir über Schamgefühl. Wir sahen ein Hundepaar kopulieren. Ich bemerkte, wie ungeheuer stark jetzt sich das Schamgefühl

[1]) Vergleiche auch Dr. *A. Hagen*. „Über die geschlechtlichen Gerüche". (Verlag H. Barsdorf, Berlin 1900.)

entwickelt habe. ‚Ah was' — sagte E. — ‚die Menschen sind nicht besser. Ich habe meine Eltern wiederholt beobachten können, als ich ein kleines Kind war, und noch später als 7jähriger Junge.'

‚Wie haben Sie das bewerkstelligt?'

‚In der frühesten Kindheit haben meine Eltern ungeniert vor mir den Beischlaf vollzogen. Dann wurde ich hinausgeschickt. Aber ich blickte durch das Schlüsselloch und konnte doch mein Ziel erreichen. Nur einmal kam der Vater darauf und sperrte die Türe zu, drehte den Schlüssel so um, daß ich nicht durch das Loch hineinsehen konnte.' —

Nun hörte ich auch auf meine Frage, daß E., der alle Frauen mied und als Sonderling galt, jenen Schlüssel, der ihm den Einblick in das Paradies der Eltern verwehrte, stehlen wollte, um wieder den Anblick der Kopulation genießen zu können. E. hatte mir damit die Wurzel seiner Kleptomanie verraten.'

Wir sehen hier ein wunderschönes Beispiel von Wiederholungszwang im Dienste des erotischen Symbolismus. E. benimmt sich so, als ob er die alte Szene noch einmal erleben könnte. Aber der Vater kann ihm jetzt den Anblick nicht verwehren. Er hat ihn in seinem Besitz — den bösen Schlüssel, der ihm den Einblick verwehrt hat. Er hält ihn fest in seinen Händen. Die Wiederholung bedeutet im Sinne *Freuds* eine Korrektur einer infantilen Situation, sie bedeutet aber auch eine Wiederholung, wobei jeder Schlüssel als phallisches Symbol die homosexuelle Komponente zu befriedigen hat. Der Diebstahl ersetzt die Aggression auf den Phallus des Kameraden. Die ganze Sexualität ist auf ein Nebengeleise verschoben, was vermöge einer ungeheuren Affektverschiebung ermöglicht wurde.

In allen diesen Fällen besteht eine deutliche Tendenz zu Tagträumen. Diese Menschen haben die Gabe, in einer Welt der Phantasien zu leben. Auch ihre Taten werden im hyponoischen Zustande ausgeführt.

Aber nicht alle Fälle sind so einfach und durchsichtig, wie der des Hauptmannes E. Der Fetischismus ist gewöhnlich ganz außerordentlich kompliziert, wie die weiteren Ausführungen beweisen werden. Aber das Verständnis einfacher und durchsichtiger Fälle wird uns das Eindringen in die komplizierten erleichtern und ermöglichen.

VIII.

Die Bibel des Fetischisten.

Der Haremskult der Fetischisten kann sich auch in der Weise äußern, daß sie sich ein Buch mit Zeichnungen und Geständnissen anlegen, welche ihren Fetischismus ausdrücken. ***Merzbach*** beschreibt den Fall eines Mannes, der die Schamhaare seiner Geliebten sammelte und sie in ein Buch klebte, so daß er dann eine artige Sammlung dieser Trophäen aufweisen konnte.[1]) Es handelte sich nicht um einen echten Fetischisten, sondern um einen Fall von Partialismus mit Sammeltrieb.

Ich kenne aber Fetischisten, die sich eine Art fetischistischer Bibel anlegen. Dieses Buch öffnen sie, wenn sie ihrem Fetischismus frönen wollen. Sie verbergen diese Bibel sehr scheu. Es ist schwer, in ein solches Buch Einblick zu gewinnen. Sie geben es nicht aus der Hand und — wenn sie es tun — haben sie eben die Absicht, mit ihrer Paraphilie Schluß zu machen. Die Größe dieses Opfers kann der Normalmensch gar nicht beurteilen.

Um ein Bild von so einer fetischistischen Bibel zu geben, will ich hier einen Fall von Korsettfetischismus anführen, der vor 4 Jahren in meine Behandlung kam. Die Art und Weise, wie er die Behandlung einleitete, war schon sonderbar genug. Er erkundigte sich Monate vorher nach der Art der Behandlung, nach dem Preise, nach der Dauer, er überlegte und überlegte und kam schließlich nicht, um seinen Fetischismus zu heilen, sondern um sich von seiner Impotenz befreien zu lassen.

Es handelt sich um einen schwerkranken Menschen, der sich aus der Hölle satanischer Phantasien in die Reinheit eines geregelten ehelichen

---

[1]) „Herr B. ist Kaufmann, in den 50er Jahren und ausgesprochener Liebhaber rothaariger Frauen. Er begnügt sich aber nicht mit dem Genusse des Augenblicks, sondern er sorgt für eine Wiederauffrischung dieses Genusses in seiner Erinnerung dadurch, daß er jeder von diesen Rothaarigen, mit der er geschlechtlich verkehrt hat, eine Schamhaarlocke abschneidet. Diese formt er zierlich, schmückt sie mit einem schwarzen Seidenfaden und klebt sie in ein Buch seiner Erinnerungen ein, wo er das teure Pfand glücklicher Stunden mit Namen und Datum versieht und seine Befriedigung in dem Durchblättern dieser fetischistischen Reminiszenzen findet."

Lebens retten will. Seine Aufzeichnungen sind ein wertvolles „Document humain".

Fall Nr. 39. Der 36jährige Polizeibeamte W. G. — nennen wir ihn Wilhelm — war sein ganzes Leben lang impotent. Diese Impotenz führt er auf maßlose Onanie zurück. Vor zwei Jahren heiratete er. Es war ihm trotz guter Erektion nicht möglich, einen Koitus auszuführen. Er meint, es wäre die Ungeschicklichkeit seiner Frau, aber er muß zugeben, daß er auch bei Dirnen total versagt hat. Er ist vollkommen normal gebaut, zeigt keinerlei Degenerationszeichen und stammt aus einer gesunden Familie. Er gesteht, daß er sich eigentlich nur für Korsetts und für engeingeschnürte starke Weiber interessiert und daß seine Frau diesem Typus nicht entspricht. Sie ist mager und trägt gar kein Korsett. Ihn reizen sehr dicke Frauen, die eng gemiedert sind, so daß er die Empfindung hat, sie könnten in ihrem Mieder kaum atmen. Dieses enge Einschnüren ist unbedingte Liebesbedingung. Er hat nie ein solches Weib besessen.

Er führt sein Interesse für Mieder auf einen Eindruck der Pubertät zurück. Er war 14 Iahre alt, da fesselte sein Interesse eine üppige Blondine, die neben seiner Wohnung lebte. Sie war sehr stark gemiedert und war angeblich das Objekt seiner ersten Onaniephantasien.

Er zeigt den bekannten Impuls der Fetischisten. Er läuft viele Stunden herum, bis er ein geeignetes Objekt findet, dann eilt er nach Hause, zieht sich ein Mieder an und onaniert vor dem Spiegel mit der Vorstellung, daß er diese Frau ist. Bevor ich auf die Resultate der Analyse eingehe, will ich einige Stellen aus seiner Bibel mitteilen. Er gibt mir nämlich nach einer Woche ein sehr elegant gebundenes, abgegriffenes Buch. Ich solle es studieren, er werde nach 14 Tagen wiederkommen.

Der größte Teil des Buches ist stenographisch, einiges in Kurrentschrift abgefaßt. Im Anfange sind mehrere längere Gedichte, die seine Phantasien ausdrücken, gut gemeint, sehr naiv. Er ist ein schlechter Dichter trotz seiner lebhaften Phantasie. Dann kommen Geständnisse und schließlich eine Reihe von Bildern, meistens Ausschnitte aus Zeitungen und Zeitschriften, von denen wir später einige Proben geben werden. Die meisten Bilder sind verändert. Er zeichnet obszöne Figuren hinein, Genitalien, ergänzt zu den Miedern üppige Busen usw. . . .

Ich beginne also mit einigen seiner Aufzeichnungen:

Hiemit heute am 18. III. 1905 unweigerlicher Schluß sämtlicher geistigen Onanieaufzeichnungen! Ursache: Selbsterkenntnis, weil dadurch Ursache und Verlauf des Leidens genügend beschrieben, Heilung unmöglich wäre, Geist sich auf dem Wege des Wahnsinns (Gehirnerweichung, geschlechtliche Verblödung) befände! Lieber, wenn es nicht mehr anders sein kann, Unzucht mit einem Weibe, ob Jungfrau, Frau oder Witwe, besonders kommt da die öffentliche Hure in Betracht, in Wirklichkeit als zwecklose, konstant veränderliche Ent- und Abartungen bezüglich des weiblichen Verkehres zu Papier zu bringen. Nur ernste, die Geschlechtssphäre wirklich betreffende Aufzeichnungen, wie Ergebnisse und Verlauf diesbezüglicher ärztlicher Untersuchungen sowie Abmeßtabellen über Frauen-(Huren-)körper sowie „Liebesblätter"-Notizen werde ich in Zukunft notieren. Das walte, mit Hinsicht auf meine bevorstehende Heilung von geistiger und körperlicher Onanie, Gott!

Gestern abends ½8—8 Uhr erstes und vielleicht doch nicht letztes Mal bei meinem langjährigen Beichtvater, der es seit zirka 1896 ist, früher Pfarrer, P. Erhardus. Räumlichkeit: großes behagliches Zimmer und links anstoßendes Kabinett. Hübsch und rein, elektrisches Licht! (Geistlichkeit ist recht gut versorgt!)

Ging hin, nachdem ich am 2. II. 1903 unten in der Kirche mit ihm gesprochen, um zu beichten. Betonte natürlich die Onanie, mein Unglück. Er weiß mein Leiden, die Verkettung trauriger Umstände, er kennt meine materiellen Verhältnisse ziemlich!

Kurzer Inhalt seiner Aussprüche, weil ich ihn dringend fragte, ob unehelicher Beischlaf absolut von Gott aus Sünde und strafbar oder ob dies dem reifen, es nicht mehr „aushaltenden Mann" gestattet sei:

„Jeder uneheliche Beischlaf, ganz gleich ob zur Zeit der Reife oder später ausgeübt, ist sündhaft! Nur die Ehe gibt das religiöse Recht, das ja dann zur Pflicht wird."

Wäre jeder Mann und jedes Weib so durchdrungen von dem heiligen Gebote Gottes, keusch zu sein und bleiben zu müssen bis zur ehelichen Verbindung, gleichgültig ob die Heirat früh oder spät infolge Existenzbedingungen vor sich geht, so fallen gut die größte Anzahl Sorgen und Übel hinweg, vielleicht 99% des Unglücks! Dann wäre das Leben nicht so elend, wie es heute ist und vielen dünkt, eben weil sie sich durch Ansteckung oder Verlust ihrer Keuschheit nicht vor weiteren Fehltritten zu halten vermochten! Auf meine Behauptung, daß es ungerecht sei, so leiden zu müssen und vielleicht erst mit 35—40 Jahren heiraten zu können, während ein glücklicherer, Existenzmittel besitzender Mensch vielleicht mit 20 Jahren heiratet, gibt er mit Zuversicht der Anschauung Ausdruck, daß es oft Vorsehung und gut für manche ist, daß es nicht früher sein konnte. Weiter sagte er:

„Eheliche Liebe, die ja verrauscht, muß gegenseitige Hochachtung beider in sich schließen und den festen Willen, auch bei etwaiger eintretender Geschlechtsunfähigkeit des einen Teiles dem anderen Teil zeitlebens treu bleiben zu wollen."

„Der Weg zum Verlust der Keuschheit ist gewiß leichter und hat den Zwang, den unehelichen Beischlaf fortzusetzen und immer tiefer hinein zu geraten, und dann Jungfrau, Mädchen und Ehefrau, weil man es nicht aushalten kann und sich aus Leidenschaft gehen läßt, zu verführen, als die Rückkehr zur Mäßigung und Aufgabe des weiteren unehelichen Beischlafs." Hilfsmittel gegen die Unkeuschheit: Beständige Wachsamkeit durch Mäßigkeit, Gebet, Gottvertrauen und Arbeit, Scham, Schaffen, hartes Lager usw.

Er verlangte von mir schließlich das Versprechen, um mir die Lossprechung geben zu können, „jeden unehelichen Beischlaf mit Anwendung aller Mittel dagegen unterlassen zu wollen".

„Wenn ich kann, ja", sagte ich.

„Ich frage nicht, wenn Sie können, denn mit den Geboten Gottes gibt es kein Streiten, diese müssen befolgt werden und wenn deren Erfüllung noch so unmöglich erscheint und schwer fällt, sofern Sie willens sind und mir versprechen, keusch zu bleiben."

Einige Augenblicke tiefe Stille.

Gespannt wartet er im Kabinett, neben mir auf einem Stuhle sitzend, ich knie im Betschemel ihm zugewandt, auf Antwort.

11*

„Nein, das kann ich nicht versprechen“, sage ich beklommen, aber aufrichtig. Dieser Augenblick, in dem sich Herz und Wille entschieden gegen des Schöpfers Vorschrift aussprachen, war mir entsetzlich, aber ich konnte nicht anders. Mißtrauen gegen die Wahrheiten und Vorschriften der katholischen Religion, Widerwillen gegen die „tote Hand“, gegen die Macht des Klerus, ein Wunsch, mich nicht der Volksverdummung zu beugen, sondern jetzt zuzuwarten, nach Heilung zu suchen, auch ärztlichen Ausspruches teilhaftig zu werden und im Notfall auch als Mensch zu fehlen, im Bewußtsein, nicht mit frevlerischem Übermut Gott beleidigt zu haben, sondern nur, um in Gottes Welt weiter zu kommen, als aus Gefügigkeit gegen die Träger der Religion, welche dann zur Unterdrückung menschlichen Ehrgeizes und Fortschrittes gehandhabt wird, als Bekennen der Volksaufklärung, vielleicht (weil ich allerdings nicht mehr Herr der wachsenden Leidenschaft sein kann) um dann zu heiraten und dann als bedrängter Familienvater mich nie des Lebens freuen könnte, während andere meiner höhnen und diesen Trieb nicht aus Not, sondern aus Vergnügen ausschöpften, um dann in entsprechender Stellung besser bzw. sich sehr gut zu verheiraten und etwas von ihrer Jugend hatten, während ich mit meiner Sehnsucht ungestillt früh altere. Ist ja doch das „Zölibat“ die offizielle Keuschheit, aber doch die inoffizielle Ärgernisursache, welche, weil nichts von vielen gehalten wird, dem Ansehen der katholischen Kirche schadet, aber, aufgehoben, ihre mit dem Mantel des göttlichen Nimbus gedeckte Macht schwächt. Dann erst würde ich zu einem Priester mit Verehrung aufblicken, weil man von ihm als Mensch nur Menschliches und nicht, wie ich glaube, Übertriebenes, zu Entsagungsreiches verlangt. Ich begreife, daß viele Katholiken zum Protestantismus übertreten bzw. wollen, wie auch mein Studiengenosse Josef B. Dort heiratet wenigstens auch die Geistlichkeit.

„Dann kann ich nichts mehr sprechen“, sagte kopfschüttelnd der Pater, „kann Ihnen die Absolution nicht, sondern nur den Segen geben“.

Er sprach den „Segen“, ich bekreuzte mich, dankte ihm, fühlte mich mit innerlicher Freude über meine Aufklärung beruhigt, sprach dann noch von der Entscheidung durch den Arzt, bat ihn, nicht böse zu sein.

„Nein, Sie sind ja aufrichtig“, sagte er und nahm kühlen Abschied. Er ließ mich auch durch die geöffnete Türe hinaus, versperrte hinter mir und ging, weil es gleich zum Speisen läutete, hinter mir wahrscheinlich in den Speisesaal. Aber, offenherzig gestanden, beschämt und aufgeregt schritt ich schnell von ihm weg und war froh, als seine Schritte innehielten, weil er mit dem bei der Speiseglocke im 1. Stock bereitstehenden Diener sprach. Als ich die Tür des Vorhauses schloß und in den großen Hof trat, schlug es 8 Uhr.

Aufgeregt kam ich heim. Mit Gott und der Welt hadernd, mit Sehnsucht zu heiraten, im Bewußtsein meines Dranges, auch aus Furcht vor Gottes Richterspruch, wenn ich meine Keuschheit vor Eheschluß vernichte. Vorläufig sistiere ich weiteres Denken, lasse dann möglichst rasch Dr. F. die Entscheidung fällen, halte aber Ausschau nach baldiger Heirat mit hübschem, mitverdienenden oder vermögenden Mädchen. Gelingt es nicht, so müßte ich vielleicht ein 15—18jähriges Mädchen verführen, 10 Jahre mit ihr gehen, bevor ich sie als kleiner Beamter heiraten könnte. Oder, wenn ich es über mich bringen kann, dann huren. (Wozu erst unaufrichtig „unehelicher Beischlaf sagen?“) Aber ich hoffe, daß Gottes Hilfe jetzt, wo die

Not am größten, doch noch alles getreu seinen Geboten zu einem glücklichen Ende führt.

Einsichtsvoll sage ich, Pater E. hat gestern „goldene Worte" gesprochen. Er hat recht, ich wäre glücklich, so ideal vorgehen zu können. Aber die Welt ist anders, nicht so gut und nicht so ideal. Und weil eben viel Ideales im Leben höchst real und prosaisch wird, so muß auch die höchste Idealität des Beischlafes einer natürlichen Anschauung, hervorgerufen durch einen unehelichen Notbeischlaf, Platz machen. Ich glaube, alles andere geht nicht, kann ausnahmsweise in dem Jammertale, Welt genannt, zustande kommen. Es mag ja enthaltsame, sozusagen bedürfnislose Individuen geben, ich bin es nicht.

Pater N. ganz richtiger Standpunkt, daß Beischlaf nicht ein Vergnügen, sondern Lust-Pflicht sei, denn wäre dieser Akt nicht mit so viel Genuß verbunden, so würde es mit dem Kindermachen der mächtigen Kindersorge wegen aus sein.

Allerdings hat er auch Recht, als er mir vorwarf, was würde ich denn machen können, wenn ein von Natur siecher Körper mir den Beischlaf verbieten würde. Er sagte, daß er genug in allen Kreisen, bei Gesunden und Kranken, auch Irrsinnigen, Beichte gehört hatte, genug des menschlichen Leides erfahren — aus eigener Schuld!

Wahnsinn kann infolge des Mißtrauens in der Kraft zum Guten, aus Nachgeben zur Leidenschaft, nicht aber aus Keuschheitsschaden zustande kommen. Auch sie behaupteten, es nicht aushalten gekonnt zu haben, fielen aber aus eigener Schwäche, aus Glaubenslosigkeit gegen Gottes unanfechtbare keusche Sittenvorschrift. Verheiratete Frauen klagten ihm oft, mit dem Manne nicht bzw. nicht mehr leben zu können. Warum, weil Ehebruch — von Pater N. erfahren — diesem Ausspruch vorhergegangen war.

Je mehr einer gegen Gott, gegen Gebet und Kirche wettert, schimpft und in Versammlungen dagegen schreit, dann könnte Pater N. ruhig sagen: „Je größer deine Abneigung, dein Geschrei gegen Gott und seine Kirche, desto mehr Schuld, die in deinem Herzen sich aufhäufte, bist du dir bewußt und suchst Ruhe zu finden durch Gegnerschaft, welche Herzensruhe du aber nicht finden kannst. Du fühlst des Herzens Leere."

Daher ist Pater N. auch ein Gegner des Vereines zur Wiederverheiratung geschiedener katholischer Eheleute.

Ich wollte über letzteren Punkt nicht mit ihm debattieren, es wäre sonst ins Unendliche gegangen. Denn wie viele treten buchstäblich brave Frauen wie Tiere mit Füßen. Ja, soll sie denn dem Liebe entgegenbringen; vielleicht ihn erhalten und warten, bis er stirbt, anstatt doch noch an der Seite eines anderen glücklich zu werden?

Die Abneigung gegen diesen Verein ist von ihm generalisiert, vielleicht jesuitisch-klerikal. Allerdings auch ein Körnchen Wahrheit liegt in seiner Meinung. Hätten beide früher einander besser kennen gelernt, nicht erst dann, als es zu spät. Er sagte dies nicht, aber ich glaube, es wäre seine Antwort gewesen.

Schlußbemerkungen: Wie richtig die Einsicht ist, diese geistiger Onanie entspringenden Perversitäten ein für allemal abzuschließen, nachdem schon genug in den vorherigen Aufzeichnungen davon gesprochen wurde, beweist das in der Buchtasche befindliche Feuilleton von Montag, den 27. März

1905, aus dem „Neuen Wiener Tagblatte“ „Irrsinn und Phantasie“. Würde dies Buch leidenschaftlich in dieser Art fortgesetzt, dann würde dieser Artikel mein Schicksal zeichnen. Dann Irrsinn, entstanden durch geistige und körperliche Onanie, durch überhitzte Phantasie, durch krankhaft entwickelte Einbildungskraft, die vielleicht schaffend sein könnte. Denn der Grundzug und Verlauf meiner phantastischen Aufregungen in geschlechtlicher Hinsicht war und ist immer folgender:

Die meine Leidenschaft erregt habenden weiblichen Geschöpfe, gleichgültig welchen Alters, Standes, Bekenntnisses und Bildungsgrades, werden meine „Opfer“, die mir untertan sind.

1. Ich begeile mich platonisch an ihrem Wesen, an ihren Sinnen und an ihrem angekleideten schönen Körper. Ich mache dann durch mich, durch die Umgebung, durch mein Küssen, Umarmen, Betasten, Reden, Belästigungen und Handeln die Mädchen und Weiber geil, geiler und höchst geil. Quäle sie auch durch Nichtbefriedigung ihrer platonischen oder geschlechtlichen Sinnesäußerungen, betöre sie, blende sie durch Unterhaltung, Putz und Luxus.

2. Ich unterwerfe sie mehr oder minder langsam, schnell, kühl oder heftig in den verschiedensten Toiletten, den verschiedensten sie mehr oder minder erregenden, schmerzlichen, aber ungefährlichen Folterungen, wie Liege-, Hänge-, Rad-, Binde-, Kitzel-, Peitschmassage, Hetz-, Strick-, Wasser- und der überaus beliebten Miederfolter. Diese Folterepoche, die meiner ersten Begeilungsepoche folgt, wird auf das verschiedenste bei der Frau angewendet, wiederholt stets aufs neue variiert. Z. B. das Kind, Mädchen, Backfisch, Jungfrau, dann Ehefrau, Mutter, Matrone wird vielmals anders umgekleidet, wieder gefoltert, mehr und mehr ausgezogen, entweder von mir allein oder im Verein mit ihren „Dienerinnen“ (Huren, schon verdorbenen Verführten), aufs neue abermals verschiedenen Folterqualen unterworfen, dabei begeilt und in der Körperkraft durch die Beugungen und ungewohnte Bänder- und Strickfesselungen ermüdet, auf das raffinierteste in den reizendsten Stellungen photographiert, angekleidet, geschnürt, gefilzt, gekitzelt, gedudelt, gezwickt, massiert usw. Ohnmachten. Aufwecken in ihren luxuriösen Heimen, Erholungszeiten, auch Unterhaltung und Nichtstun in den „Lustgebäuden“, währenddessen Kameradinnen und Geschlechtsgenossinnen weiter seufzen und aufs neue mißhandelt werden.

3. Je nach Stärke der „Gefolterten“, je nach der Schönheit und Leidenschaft des Opfers sowie je nach der Beschaffenheit des sie marternden Herrn folgt für das anständige Weib die dritte und letzte Phase des Leidens und der vielleicht heimlichen Freude. Größte Scham, größter Genuß, wechselnd, endlos geboten, nicht von einem Manne, sondern von Männern, ja selbst von Geschlechtsgenossinnen. Es ist der Beischlaf, die Schändungsepoche, die beste, angenehmste, aber auch aufregendste, mitunter selbst für das stärkste Weib. Größter Genuß für den das Weib „behandelnden“ Mann, fröhlichste Austobungszeit für die Gefährtinnen (Huren, und zwar immer nur fünfe) und kombinierte, raffinierte, nervenaufpeitschendste Lustenarten des Weiberleibes.

Wie viele Kinder, Mädchen von 10 Jahren aufwärts, Schülerinnen der Normalschulen und Handelsschulen, Backfische werden überfallen, genotzüchtigt, wie viele reife Jungfrauen und Damen geschändet, welche Zahl von weiblichen Bräuten, Ehefrauen, Witwen vergewaltigt, geschiedene Frauen, Mütter, gleichgültig ob weniger oder vieler, kleiner oder großer Kinder, junge und alte Mütter und Matronen „titilare“[1]), schwangere Frauenspersonen ein Leckerbissen!

Da nützt bei allen drei Epochen kein Widerstand der Scham, des Schmerzes oder der Verzweiflung. Der Backfisch, die Jungfrau, die junge, eben verheiratete Frau, die schon verblühte Gattin, die Mutter wird durch des Mannes Kraft niedergezwungen; genügt die nicht oder will sich der Mann nicht anstrengen, so sind ja die fünf, zu allem, auch zu den scheußlichsten Orgien mit Vergnügen bereiten, schönen, jungen und auch älteren Huren da, welche, eine links, eine rechts, je einen Arm der Dulderin halten, während der rasenden Züchtigen je eines ihrer schönen Beine, z. B. das linke von einer Hure emporgehoben wird, das andere, rechte Bein seitwärts gehalten, gezogen wird, so daß der entzückte Mann die Schreiende bis zu der Schenkelhöhe in aufgeschlagenen Röcken sieht, ihre Kleider höher hebt, sie am . . .[2]) mit der Hand kitzelt, während die 5. Hure lächelnd der, gellende Schreie, Flüche und Verwünschungen ausstoßenden röchelnden Halbohnmächtigen den Mund verhält; jetzt betasten des Geliebten Hände ihre vollen, stark wogenden Brüste, Umarmungen ihres Leibes, Niederschleppen in ein Bett, die Zuckende ringt vergebens, die Bluse wird ihr aufgemacht, das Mieder vorne aufgerissen, die Seidenröcke zerknittert, oft abgerissen, das schöne Höschen an der kitzlichsten Bauchstelle zerfetzt, in wildem Kampf helfen oft Mann und Hure die zu Schändende splitternackt entkleiden, Ohnmachtsanfälle, Samenflüsse, schließlich Entkleidung des Mannes vor der bebenden Schönen und ihre gewaltsame Verführung!

Die Schreie verhallen, ihr Widerstand verschwindet, man läßt die in Liebesrasen versunkene allein im Bette. Entweder hoffnungslos zerknirscht oder verzweifelt oder erleichtert, dankbar und verliebt findet sich das verliebte Opfer in ihrem Blute oder in ihren Samenausflüssen allein mit einem nackten liebenden Manne im schwellenden Liebesbett und prachtvollen Zimmer. Ruhepause. Liebesbelohnung durch achtungsvolles Wesen ihrer sie vorhin schamlos behandelnden Dienerinnen durch Kleider, Unterhaltung und Luxus und erneute, stets leidenschaftlichere und schönere Liebesnächte.

Das ist nur sozusagen ein Schulbeispiel aus der unzähligen Masse von Sittlichkeitsvergehungen der Männer gegen Frauen. Wie viele Orgien trieb ich z. B. mit jenen schönen Mädchen und Frauen, die ich 1905 in der V. Internationalen Automobilausstellung in der „Gartenbau“ gesehen! Wie wurde in meiner Phantasie die hochelegant gekleidete Prinzessin H. begeilt, gefoltert, ausgezogen, zwischen den überstarken . . . .[3]). Wie schnell wurde die reizende Frau W. platonisch, dann auf der Folter geliebt, dann entkleidet und unter den Achseln von zwei Männern, ad vaginam von einem Mann, am Busen und im Mund . . . . .[4])! Also an ihr wurde ein Exzeß verübt, den nur ihre Körperschönheiten entfesselt hatten. Krank, halb wahnsinnig vor Scham, Schauder, Ekel und Wollust wurde sie in ihr Ruhebett gezerrt.

[1]) Im Originale ein ordinärer Wiener Dialektausdruck: „Φιλτσεν“.

[2]) Ordinärer Wiener Dialektausdruck für Vagina: „Φουδ“.

[3]) Eine in ordinären Wiener Dialektausdrücken sich ergehende Schilderung einer „Cohibitatio inter mammas cum quinque ejaculationibus et cum erectione permagnarum mammarum“.

[4]) Fellatio: „γεπουδερτ“.

Wie schrie die Fürstin Y., als ihr neuestes Mieder mit gerader Front ihr in ihrem Boudoir von August auf das engste zusammengepreßt wurde und sie hochaufatmend auf die weiche Ottomane sitzend niedersank, während August die von 90 *cm* auf 40 *cm* festgeschnürte Mitte umklammerte, während seine Augen ihre in tiefstem Negligée (sehr tief ausgeschnittenes, parfümiertes Battisthemd, Seidenhose, Strümpfe durchbrochen und Atlasstrumpfbänder) sich zeigende schöne Gestalt verschlangen und Hals und Antlitz, Haar und rosige Schulter an ihr geküßt wurden. Zitternd und halb gezwungen, denn eine Stunde lang stellte ihr August ihre ganze Zwangslage vor, daß sie doch seine Liebe in jeder Form nehmen müsse, sich so wie seine Frau zu benehmen habe, widrigenfalls ihre fünf Zofen und extra noch grausame Folterungen ihr „Nachgeben" erzwingen würden. Wie schreit sie nur auf, als er sie so fest umfaßt, daß ihr voller herausgepreßter Busen an seiner nur mit einem dünnen, feinen Battisthemd bekleideten Brust fast eingedrückt wird. Ihre Arme stoßen ihn von sich, Küsse regnet es jetzt auf ihre von ihm ergriffenen Brüste und Arme. Sie schreit. Jetzt duddelt er sie, holt ihre vollen Brüste aus dem Hemde. Klatsch! Er erhält eine Ohrfeige. Krach! Er reißt ihr das Hemd bis zur Miedergrenze von Busen und Schultern herab. Zugleich packt er die zur Tür fliehen wollende Fürstin an ihren fest herausgeschnürten Hüften und bittet sie um Verzeihung. Stöhnend vor Miederschmerz fällt sie in seine Arme. Jetzt f.... er sie ruhig am Busen, A... und Bauch, trägt die halb ohnmächtige Aristokratin vor den Spiegel und versucht ihre Schenkel und den Bauch ....[1]. Kaum fühlt sie die unkeuschen Manneshände auf ihrem Geschlechtsteile, als sie sich schnell aufrafft, noch weiter den Kampf, bei dem das fest geschnürte Mieder kracht, als ob es zerreißen wollte, vergebens auf ihr schönes Spiegelbild aufmerksam gemacht, sie schnell die „Hose" schließt, seine Hand von ihrem Unterleib wegstößt und unter fürchterlichem Geschrei die Tür aufstoßend ruft: „Zu Hilfe, zu Hilfe, Rettung vor Notzucht!" August aber hat sie erwischt und, die sich Sträubende überall betastend, ruft er den auf den Gängen herbeieilenden Huren zu. (Es waren ihre fünf Huren sowie einige andere Huren, welche soeben einen jüdischen, üppigen Backfisch sowie eine protestantische Jungfrau und eine christliche ahnungslose Ehefrau spazieren begleiten wollten.) Schnell eilten die fünf Huren herbei. Aber die drei Opfer hatten die Fürstin verstanden, als sie so aufgeregt schrie, in einem Kostüm sich befindend, wie nur die vertrauteste Zofe sie gesehen, noch dazu in wildem Begehrungskrampfe mit einem fast fremden Manne. Auch sie wollten helfen, kamen aber nicht dazu, ihre Begleiterinnen zogen die durch diesen Vorgang zitternden drei Opfer über den Gang fort. Auf ihr stürmisches Fragen erhielten sie eine die Wahrheit verdeckende Antwort mit dem Hinweise, daß sie es noch erfahren würden. Tatsächlich wurde diesen Abend der 14jährige Backfisch (die Ida!) vergewaltigt, den nächsten Tag die Jungfrau Elsa während einer Unterhaltung in ihrem Zimmer verführt, während die Frau, unten angelangt, nach Absolvierung der „Verführungsszenen" in ihr Zimmer zurückgebracht, 2 Stunden darauf genau wußte, was dieser schreienden Dame geschehen hätte sollen.

[1] Titillare locum minoris restitentiae.

Die Fürstin atmete auf. Aber die Huren drängten sie zurück, die Fürstin erschrack, packten sie doch fremde Hände, fesselten ihre kleinen Füße, während ihr eine den kleinen Mund zuhält. Mit Entsetzen fühlte sie verdoppelt Augusts Angriffe, als sie sogar auf die Ottomane niedergepreßt wurde und nochmals durch Öffnen des wunderbar gearbeiteten Höschens ihre . . . . . .[1]) sichtbar ward, fiel sie in Weinkrämpfe. Als sie beruhigt wurde, hörte sie mit Entsetzen, daß die Zofen August vollständig gehorchten und zur Strafe für ihren Widerstand die Foltergeräte herbeischafften. Sie bat August um Schonung. Er wollte nichts hören. Sie bat, sie flehte. Die Huren drohten ihr mit furchtbaren Folterschmerzen, mit Peitschen und Zwicken, ja sogar Brennen ihres total entkleideten Leibes durch August während des Folterns. Die Fürstin hatte furchtbare Angst vor jeder Folter, auch vor der Liege-, Hänge- oder Radfolter. Ihre Angst war durch geschicktes Drohen durch ihre Zofen und August übertrieben. Sie ließ sich lieber „tot schnüren" als tot foltern, sagte sie. Sie sah Augusts Liebe, sie sah die Foltern bereit richten. Mit passivem Widerstand ließ sie sich jetzt schon wie eine Hure von August herum . . . . . . und wenden, ja, sie sah ihn sogar verliebt an, als er ihren Busen küßte und A . . . und Bauch tätschelte. Die Huren machten recht viel Lärm mit dem Rücken der Foltern und Richten der Riemen und Schnüre und Stricke. „Therese, gib an neuchen Riem her, sonst reißt der alte, wenn er die Fürstin, die ja recht stark und gestellt ist, festbindet." Oder: „Steffi, bring a Reservemieder, sowie ihr jetziges ebenfalls unzerreißbar, sonst leidet die Fürstin zu viel und stirbt vielleicht, wann ihr die Stricke den Leib zu viel einschnüren täten." „Leer den Kübel aus, Olga, sonst spritzt die Fürstin beim Speiben alles an." „Glaubst net, Mizzi, daß August die Fürstin erst halbtot von der Folter herunternehmen darf — sie verträgt als verwöhnte Frau eh net viel —, weil sie vorhin ihm net gehorcht hat?" „Wart nur, Annerl, die Fürstin wird na spitzen, wanns auf dem Rad festbunden ist, dann tut scho alles ihm geben, aber dann is z' spät, denn bis die Folterschmerzen vergangen san, is 14 Tage schwerkrank gewesen" usw.

Die Fürstin hörte dies alles. Sie fürchtete sich nun mehr vor der Folter als vor der Liebe Augusts. Sie fiel in Ohnmacht. Durch einen Streit erwachte sie. Fingiert war er! August nahm eine Hure, die schuldig war, folterte sie teils selbst, teils ließ er sie von ihren Kolleginnen vielseitig foltern, ankleiden, dann fest zusammenschnüren, peitschen und in Eisenmieder einpressen. Die Hure jammerte und bat um Gnade, fiel in Ohnmacht und, anscheinend die fürchterlichsten Schmerzen bei Peitschen und Radfolter erduldend, küßte sie die Füße der Fürstin mit der Bitte um Fürsprache bei August. Bleich vor Angst und Aufregung wurde die Fürstin, von August und zwei Huren gehalten, während die zwei anderen ihre Kollegin gemartert hatten, weich und da ihr neuerdings gedroht wurde, wenn sie nicht alles mit August dulden würde, ginge es ihr ebenso, legte sie sich ganz dicht an ihn auf die Ottomane nieder, schrie nicht, als er ihr in vaginam verstohlen fuhr, sondern schmiegte sich geil an ihn mit der Bitte um Gnade für die in eine stille Ecke gezerrte schluchzende Hure. „Gebt die Steffi frei! Ich verzeih ihr!" Die 4 Zofen eilten mit ihrer müden Kollegin wieder zu der schon zum Ehebruch geneigt scheinenden Fürstin und dankten ihr. „Nicht wahr, jetzt werde ich auch nicht mehr gefoltert", bat die Fürstin. August blieb abweisend und die Fürstin wurde aufgeregt. Die Huren baten für sie. August

[1]) Vagina.

nahm die ihn vor Freude küssende Fürstin um ihre Taille und riß ihren üppigen Leib — nicht ins Bett, wie sie hoffte, sondern zur Folter. Ach wie schmerzlich! Auf seinen Wink wurde die reizende Frau niedergelegt, gehängt und gerädert. Ohnmächtig nahm man die Fürstin herab, schnürte sie auf, und als sie erwachte, radelte sie August noch enger zusammen. Als sie neuerdings von ihm am Popo erfaßt und zur Folter kommen sollte, fiel sie ihm um den Hals, küßte ihn stürmisch und sagte, ihre Brüste ihm zeigend:

„Nimm mich hin, mein Geliebter, ich liebe dich, sei mein!“

„Habe Dank, schöne Geliebte, ich liebe dich, werde dich nicht mehr foltern, aber zur Warnung, daß du nicht mehr so spröde bist, noch etwas biegen!“ Die fassungslose Fürstin im Verein mit den Huren am ganzen Leibe hin- und herzerrend, sie im Zimmer hetzend, Bauch und Busen wollüstig bearbeitend, ihren schönen Leib so fest in Radform auf der Ottomane zusammenbiegend, daß einige Miedernähte rissen und selbst die Huren seufzend die Köpfe senkten und sagten: „Lassen mir's gehen, August, es zwei habt schon genug!“ Wahnsinnig stürzte August über das schöne, in Ohnmacht fallende Weib, legte sie in ihr Liebesbett und brachte sie zu sich.

Die Huren hatten sich entfernt, die Fürstin sah keine Foltern mehr, in August nur mehr ihren Liebhaber — freiwillig brach sie die Ehe — und streckte sich in unendlicher Geilheit, nach und nach sich von August ganz entkleiden lassend, zum Beischlaf hin, der ihr oft und ausreichend zuteil wurde. So hatte die Fürstin und August ausgewollüstet! Die Fürstin war genug „gep . . . . .“. Nach gehöriger Bewunderung ihres nunmehr entehrten Leibes schnürte August wieder die geliebte Fürstin auf 40 *cm* zusammen und lobte ihre Körperschönheit. Geschmeichelt ließ sich die Fürstin in diesem heftig geschnürten Zustand p . . . . Wohlgefällig strich sie sich über ihre vollen, kugeligen „ . . . . .“[1]), über das Atlasmieder, drehte ihre Wespentaille und ihren weißen Bauch und ihr kräftig modelliertes Becken. Sie war glücklich, am Vorabend den „Siegespreis“ als sich am stärksten schnürende Dame erhalten zu haben. Den 2. „Schnürpreis“ erhielt weil in bezug auf gesamte Körperbildung zu viel geradelte eine 18jährige jüdische Ballerine und eine 20jährige christliche Konfektioneuse. Die Fürstin, welche 32 Jahre alt war, hatte, angekleidet von rückwärts gesehen, an Taillenbreite nur ein Viertel der entsprechenden Breite des Beckens. Bei den meisten anderen betrug es bis zu einem Drittel des Hüftumfanges. Daher war die Fürstin Siegerin.

Und solche Vorgänge wurden in Unzahl variiert, mit Mädchen und Frauen und „Huren“. Denn auch die sogenannten Dienerinnen wurden oft so behandelt mit ihren Herrinnen zugleich. Oft liegen Hunderte von geschnürten und entkleideten Weibern in einem Orgiensaale gebunden in allen Stellungen in den Teppichen und die Weiber sprangen, durch Peitschenhiebe getrieben, auf die S . . . . . ihrer Männer los oder forderten sie wie Huren zum „Begatten“ auf. Dort sah man alle Bauarten von Weiberleibern beim Sprung von einem stockhohen Trampolin in untergelegte Federmatratzen, weil den in vollständiger Toilette befindlichen Damen beim Hinunterspringen die Röcke aufschlugen, viele schrien in der Luft in dieser Erkenntnis fürchterlich auf, denn ihre Zofen hatten sie keine Hosen anziehen lassen und jetzt sahen die unten stehenden Männer ihre weißen Schenkel und ihr süßes „F . .“. Kaum unten, fühlten sie sich auch schon ergriffen, am „F . .“ gef . . . . und

[1]) „θουδέλν“.

an Scheide und Busen und Achsel abwechselnd „gep . . . . ." usw. — — ad infinitum!

Ich wiederhole kurz: Äußerlich keusch lebend, ein strenger Asket, bin ich im Innern in krankhafter Triebentwicklung ein Verbrecher am Weibe, der in ein Irrenhaus gehört. Aber in meiner Phantasie gilt mir kein Gesetz der Welt, keine Kindes- und Mädchenunschuld, keine Frauenehre. So oft ich Onanie treibe, kehren diese drei Grundelemente wieder: Zuerst 1. begeile ich mich und die Weiber, ob nun angekleidet oder nicht; 2. dann foltere ich diese mit Geräten, Stricken, Bändern, Maschinen usw., besonders mit engen hochfeinen Miedern; schließlich 3. zwinge ich sie noch, aber nicht mehr gefoltert, zum „Beischlaf", ob es ihnen nun paßt oder nicht, bis sie genug haben — und auch ich!

Während des ersten Punktes gebe ich widerwillig meiner geistigen Selbstbefleckung nach, welche beim zweiten Punkt immer mehr ansteigt und Vorbereitungen zur körperlichen Onanie treffen läßt. Und beim dritten Punkt, während die Unglückliche in größtem Schmerz sich dem höchsten Lustgefühle nähern muß, erreicht meine geistige Onanie den Höhepunkt, verbunden mit dem Vollzuge der körperlichen Onanie. Mit dem Abgange meines Samens, dem Fallen des Gliedes sinkt rapid die Phantasie, mich interessiert meine eingebildete Frauenlust und Folteranstalt nicht mehr — und ich bin unglücklicher denn je, weil ich weiß, unnatürlich an Geist und an Körper gefehlt zu haben!

Ich bitte zerknirscht Gott um Verzeihung für meine Schwäche, für mein oftbewußtes Sündigen. Mich könnten nur mehr retten:

1. Entweder Willenskraft und Gottvertrauen durch Gebet, Wachsamkeit und Sakramentempfang.

2. Unverhoffte materielle Besserung, wie Haupttreffer, Beförderung, lohnende Nebenbeschäftigung.

3. Sehnlichst erwünscht: Heftige reine platonische Liebe so wie meine Jugendliebschaft zu einer reizenden Nachbarin, einem keuschen blühenden Mädchen.

4. Oder wirklicher Beischlaf, mit einer eigenen Frau ausgeübt; das wäre mein größtes Glück — und es ist mein größter Jammer, daß ich noch nicht heiraten konnte bzw. weil ich nur eine mit Vermögen heiraten kann; denn dann käme keine Geldnot, so wie sie mich jetzt bedrückt.

5. Unehelicher Beischlaf mit Ehefrau, Jungfrau oder Weibern oder Hure ausgeübt.

Bemerkungen zu den obigen 5 Punkten:

1. Leider nur selten der Fall gewesen! Mein Wille ist zu schwach!

2. Wurde 1908 definitiv angestellt. Mein Gehalt ist größer. Aber er reicht nicht aus. Ich will reich sein.

3. Liste der keuschen Jungfrauen: Anna B. — Rosa L. — Marie Z. . . .

4. Frauen sind falsch und betrügen ihren Mann. 18. XI. 1901. Hansi F., Schriftsetzersgattin, 30 Jahre, geküßt, umarmt, sonst nichts, hätte sie 10. XI. 1902 abends fast verführt, wenn nicht Küsse und Umarmungen die Anwesenheit ihrer in der Küche befindlichen 12jährigen Schwester dies verhindert hätte.

5. Folge meiner stürmischen, leider nur platonischen F.-Anbetung vom 18. XI. 1901. Besuch einer am Franziskanerplatz wohnhaft gewesenen 32jäh-

rigen ihr gleichenden Hure; mein Begeilen zog sie aus, sah aber nur Leib und Glieder, „F . .“ nicht, griff aber hin. Schnüren, Küssen, Umarmen, ...[1]) usw., aber mich nicht entkleidet, nicht die „Junggesellenschaft“ verloren! Aber zum Teufel! Warum? Hätte ich nicht „entjungfert“ sein können? Ist schon ein Erfolg als erster „Besuch“ zum Zwecke der Begattung. In meine „Liebesblättersammlung“, meine Satansbibel, als Muster aufgenommen.

Ist mein endgültiger Sturz eingetreten und ich durch ersten Besuch bei einer Hure, durch ersten „Beischlaf“ nicht mehr Jüngling, sondern Mann, so will ich das erste Mal meine genossene Geliebte durch 75malige Abmessungen mir dauernd vergegenwärtigen, um von ihrem Körperausmaße einen Maßstab für das als meine Frau erkorene Mädchen zu finden. Die 75 Maße sind Längen und Breiten und Umfangsmaße. 14 Messungen an ihr angekleidet vorgenommen, 14 Messungen an ihrem nackten, 27 Gliedmaßenabmessungen. 20 besondere Maße, an ihrem nackten bzw. geschnürten Leibe gemessen. Summe: 75 Abmessungen mit Zentimeter Schneidermaß.

Vorläufig probenweise Ausarbeitung in der „Buchtasche“, genaue Reinarbeit, dann nach vollzogenem Beischlaf hier vermerkt und aufgezeichnet; bis dahin ad acta gelegt. Dies gilt nur vom ersten Besuch einer öffentlichen bzw. Bordellhure. Dann ab der zweiten „Begattung, Weiberschönheit“ werden die „Liebesblätter“ zur Erinnerung nur ihre Personalien und 10 an ihrem Körper vorgenommene Messungen angelegt.

Diese 10 Messungen geben mir einen Überblick und Gefühl der Dimensionen der Frauenkörper, so daß ich dann ziemlich genau weiß, welcher Bau einer Geliebten mein Sinnes- und Schönheitsbedürfnis stillen würde. Diese wenigen, teilweise sprichwörtlichen nackten Tatsachen beendigen diese bald zu weit gediehen gewesenen Abhandlungen und bezwecken (keine Ansteckung vorausgesetzt), mich vor der Ruchlosigkeit und Krankhaftigkeit jeglicher Onanie gründlich geheilt zu haben. Freilich, mit Liebe eingegangene Ehe, mit ihrem heiligen Beischlafe, wäre unsagbares Glück! O allmächtiger Gott, ich bitte dich um mein geliebtes eheliches Weib und um ihre Freuden!

Geschlossen am Großjährigkeitstage, den 28. April 1907. 24 Jahre!

— — — — — — — — — — — — — — — — — — — —

Hier schließt dieser Teil des Tagebuches. Wilhelm hat seit diesem Tage die „Satansbibel“ nicht fortgesetzt. Keine Bilder mehr eingetragen, keine Phantasien mitgeteilt. Er kämpfte gegen seine furchtbare Paraphilie mit aller Macht. Erst versuchte er sich durch normalen Beischlaf zu retten. Er suchte verschiedene Dirnen auf, ließ sie mitgebrachte Mieder anziehen, aber konnte niemals Erektion und Beischlaf erreichen. Er begann, dann aber kam fürchterliches Herzklopfen, so daß er davonlaufen mußte.

Er suchte einen Arzt auf, der eine Herzneurose konstatierte und ihm Schonung und Aufgeben jedes Sportes anordnete. Sein einziges Vergnügen waren bisher Bergpartien gewesen. Diese fielen weg und er kam in Gefahr, wieder in seine Phantasien zu versinken. Die sadistischen Phantasien traten immer mehr zurück, er beschränkte sich nur

[1]) „Φιλτσιν“.

auf Folterungen mit dem Mieder, schließlich genügte ihm die Vorstellung des engen Mieders, das der Trägerin sehr unbequem ist und ihre Taille fest einschnürt.

Seine Frömmigkeit nahm sichtlich zu, er ging häufiger in die Kirche, schränkte das Onanieren ein. Seine Sehnsucht nach einer Ehe wurde immer stärker. Sein Gehalt war höher, aber er reichte nicht aus, ihm den notwendigen Luxus zu verschaffen. Er verlangte unbedingt: 1. Ein kleines Häuschen, womöglich eine kleine Villa 2. Einen eigenen großen Garten. 3. Ein Auto. Ohne Auto konnte er sich kein glückliches Leben vorstellen.

Er suchte vergebens, fand aber schließlich ein Mädchen, das ein eigenes Geschäft hatte. Es war eine Hutmacherin, die ein ganz schönes Einkommen hatte. Sie war nicht mehr jung, schon 36 Jahre alt, aber sie gefiel ihm. Er wußte, daß sie häuslich und sparsam war. Aber sie war Jüdin und er konnte sie nur zivil heiraten. Erst sträubte sich sein religiöses Gefühl gegen die Heirat, dann sagte er sich: Jüdinnen schmecken besser, sie sind leidenschaftlicher und dabei viel bessere Hausfrauen. Sie sind treu. Du wirst nicht betrogen werden. Sie ist nicht so schön, daß ihr andere Männer nachlaufen werden.

Er entschloß sich zur Ehe. Das Resultat habe ich eingangs dieser Ausführungen geschildert. Er war impotent, es gab Streit, seine Frau war enttäuscht, sie hatte Liebesfreuden erwartet und fand einen Mann, der große Reden führte, aber es nie zu einem Koitus bringen konnte. Er ließ die Frau von einem Gynäkologen untersuchen. Sie müsse einen Fehler haben, das Hymen sei zu stark. Der Gynäkologe fand sie normal, das Hymen war kaum angedeutet, es bestand kein Hindernis für die Begattung.

Sie hatten beide Ersparnisse. Die Idee des kleinen Häuschens war keine Utopie mehr. Sie konnte ausgeführt werden. Ja — sogar die Möglichkeit eines kleinen Autos war vorhanden. Er begann seine Frau zu diesen Käufen zu überreden und meinte, er werde dann sicher potent sein. Da kam der Krieg und alle Ersparnisse gingen zum Teufel. Nun hatte er die Frau, die er nicht liebte, und keiner seiner Wünsche ging in Erfüllung. Er kam zu mir, um sich seine Impotenz heilen zu lassen und übergab mir die erwähnte „Satansbibel".

Ich führe nun einige Stellen und Bilder aus diesem Buche an, die beweisen, wie sich sein ganzes Denken um Mieder drehte. Er schnitt alle Annoncen aus, welche sich auf Mieder bezogen. Ich bringe jetzt einige Proben aus seinen eigenen Zeichnungen. (Fig. 1—4.)

Er hält einige Figuren von der Straße fest. Neben den Bildern finden sich eingehende Schilderungen der Reize dieser Frauen. Man sieht überall einen stark eingeschnürten Busen.

Die Miederphantasien werden durch verschiedene Einleitungen mit beiliegender Annonce eingeleitet. (Fig. 5, 6, 7, 14--18.)

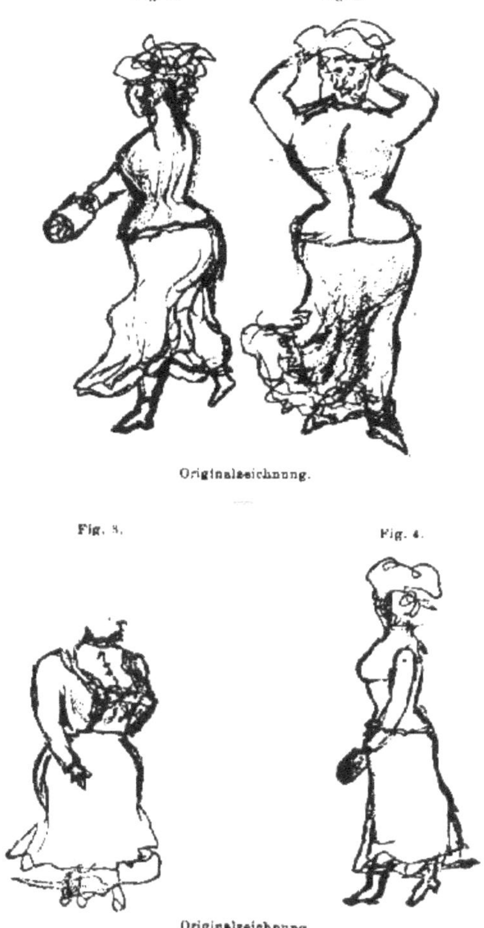

Fig. 1. Fig. 2.

Originalzeichnung.

Fig. 3. Fig. 4.

Originalzeichnung.

Es folgen nun einige Miederannoncen, die alle offenbar ein sehr verständnisvolles Lesepublikum finden.

Neben den Annoncen finden sich Bemerkungen wie die nachfolgende:

„Sehr tief ausgeschnittene Dame (auch Dienerin), sehr elegant gekleidet und geschnürt, erwartet spielend „Herrenbesuch". Ha, welche

Lust, die wahnsinnig geschnürte Dame auszuziehen und zu notzüchtigen. (Vorher reißt ihr das Mieder vor schämigen Kampf in Stücke.)“

Fig. 5. Miederannonce.

Fig. 6. Miederannonce.

Er beginnt aber die Bilder zu verändern und hineinzuzeichnen. Er entkleidet im Geiste die Damen. (Fig. 8—10.)

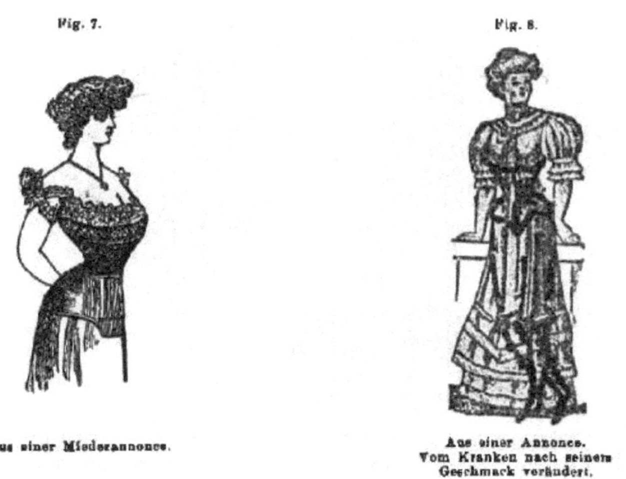

Fig. 7. Aus einer Miederannonce.

Fig. 8. Aus einer Annonce. Vom Kranken nach seinem Geschmack verändert.

Möbelannoncen werden benützt, um die gefolterten Frauen hineinzuzeichnen. (Fig. 11 u. 13.)

Aus verschiedenen Annoncen werden die Miederbilder gesammelt. Die umfangreiche Sammlung zeigt, daß der Zeichner offenbar auch auf erotische Wirkungen ausgeht.

Jede Zeitungsnotiz wird sorgfältig gesammelt, wenn sie imstande ist, erregend zu wirken. Mitunter werden die Notizen durch Bilder und Bemerkungen kommentiert, wie das nachfolgende Beispiel beweist:

Fig. 9.

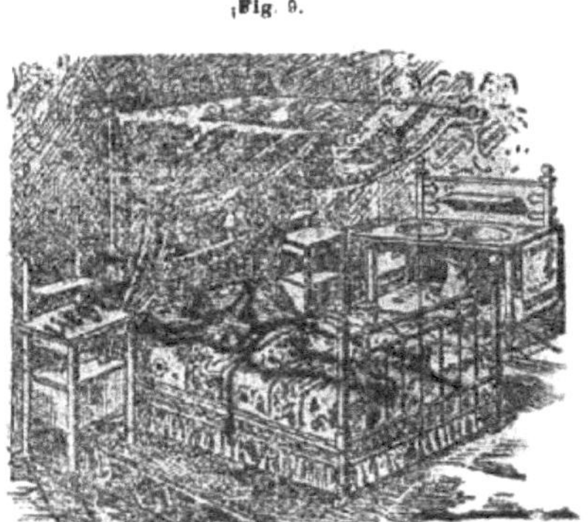

In eine Möbelannonce eingezeichnete Kreuzstellung.

Fig. 10.

In eine Möbelannonce eingezeichnet.
Die Dame wird aufgehängt. Übergang von der Kreuzstellung.

(Belästigung von Theaterbesucherinnen.) Aus Berlin, 30. d., wird uns telegraphisch berichtet: Während der gestrigen Vorstellung im Neuen königlichen Operntheater wurde ein hier zu Besuch weilender Zahnarzt vom Kriminalbeamten verhaftet. Er hatte während der Vorstellung Frauen und Mädchen, die gleich ihm Stehplätze benützten, in unerhörter Weise belästigt. Der bisher unbescholtene Verhaftete gestand, die sittlichen Verfehlungen, unter denen in jüngster Zeit viele Theaterbesucherinnen litten, begangen zu haben. (31. 1. 1905.)

„Ich stellte mir mit Vergnügen dies so vor: Mit meiner rechten Hand filzte ich im Deutschen Volkstheater, Stehparterre, eine üppige

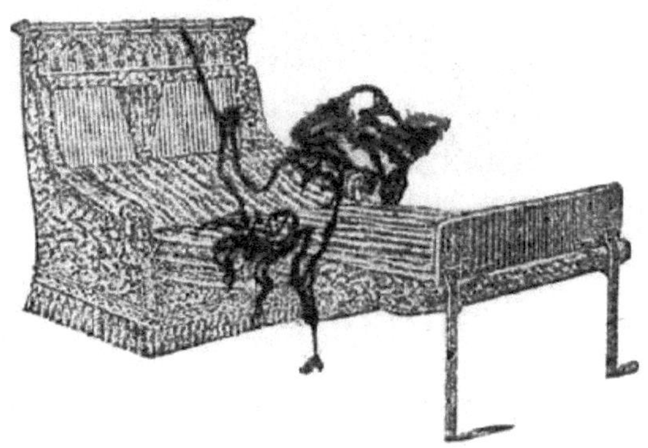

In eine Möbelannonce hineingezeichnet. Für eine Vergewaltigung vorbereitete Dame.

Fig. 12

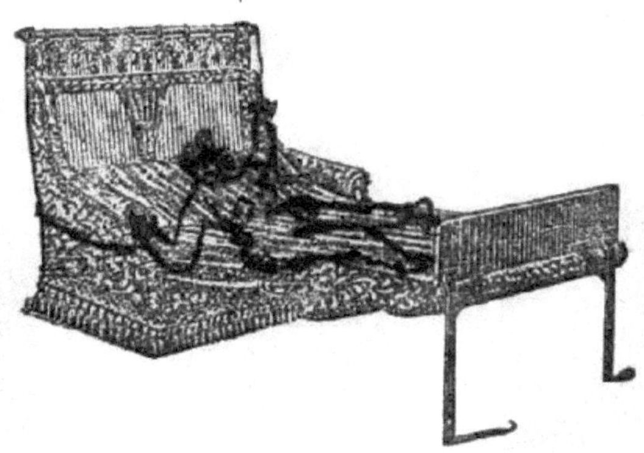

In eine Möbelannonce eingezeichnet. Kreuzstellung. Vorbereitung einer Vergewaltigung.

Jüdin Olga P. am Oberarm, meine linke legte sich von rückwärts um ihre weiche Mitte, Busen und Bauch, meine Füße preßten sich um ihre Röcke und Glieder. Schade, daß sich das Rendezvous von I., Adlergasse 4, zerschlug (Oktober 1902). Die ließ sich „filzen", die schwarze üppige Jüdin Olga P." (Fig. 19—21.)

Ich beschließe damit die Mitteilungen aus der „Satansbibel". Man wird es verstehen, daß diese Kranken sich durch Lektüre solcher Bücher

Fig. 13.

In eine Möbelannonce eingezeichnet.

Fig. 14. Fig. 15. Fig. 16

Annonce für Miedergewerbe. Miederannonce. Miederannonce

immer wieder Anregungen verschaffen und sich immer aufs neue die nötigen Reize für die onanistischen Akte verschaffen können.

Sein Entschluß, sich von diesem Buche zu trennen, zeigt einen starken Willen zur Genesung und entspricht auch seiner religiösen, anagogischen Tendenz. Wir sehen an diesem Beispiele sehr deutlich die zwei Mächte, die um die Herrschaft in seiner Seele ringen. Die Re-

Fig. 17. Miederannonce.

Fig. 18. Miederannonce mit sadistischem Einschlag.

Fig. 19. Fig. 20. Fig. 21.

Die Szene aus dem Deutschen Volkstheater in der Phantasie des Kranken.

ligion und der Satanismus. Scheinbar hat er sich dem Satanismus unterworfen. Aber wie sieht es mit der Realität aus? Er ist doch keusch geblieben. Seit dem 24. Jahre onaniert er nicht mehr, er hat seine Satansbibel fortgegeben, er hat auch keine seiner Phantasien ausgeführt. Noch mehr! Er ist in seiner Ehe keusch geblieben.

In der Analyse trat zutage, daß er den Koitus als die eigentliche Ursünde der Menschen betrachtet. Von dieser Sünde hält er sich frei, er kommt immer mehr auf die Bahn der Askese, er ist auf dem Wege, sein altes Ideal zu erfüllen und ein Heiliger zu werden.

Die Analyse eines solchen Fetischisten ist unendlich schwierig und gelingt am besten bei ganz naiven Naturen, die von der Analyse keine Kenntnis haben. Nun sind diese Fetischisten oft sehr komplizierte Naturen, hochgebildet und für philosophische Fragen geschult. Sie verstehen es, die infantilen Motive in geschickter Weise zu verbergen. Unser Patient kam mit dem Willen, geheilt zu werden, aber er verlangte Einhaltung seines Programmes und erst Absolvierung seiner Lebensbeichte. Diese wurde durch 6 Wochen trotz meines Protestes fortgesetzt. Unterbrach ich den Strom seiner Rede, so setzten die Einfälle aus und jede Bemühung war ohne Erfolg. Die ganze Technik der Analyse ließ mich in Stich. Ich erfuhr nur, daß seine Mutter eine starke Frau war, die sich eng zusammenschnürte und daß er schon als Kind großes Interesse für das Mieder der Mutter zeigte. Er benützte seit dem 11. Jahre zur Onanie immer das Korsett der Mutter, das er anlegte und das ihm angeblich vorzüglich paßte. Außerdem machte er die damalige Miedermode und mehrere Eindrücke aus der Nachbarschaft für seinen Fetischismus verantwortlich.

Er blieb in der Analyse aus, weil er aufs Land mußte und kam erst nach 2 Jahren wieder, um sich zu erkundigen, ob er zu mir kommen könnte, versprach, eine Stunde telephonisch zu vereinbaren, aber er kam nicht dazu. Ich sehe ihn alle Jahre ganz flüchtig zu den unmöglichsten Zeiten, immer sich erkundigend, ob er kommen kann. Er kommt nicht. Ich weiß, daß er noch immer nicht den Koitus ausgeführt hat und sich mit dem Gedanken trägt, sich scheiden zu lassen und Mönch zu werden. Seine Frömmigkeit hat zugenommen, er verträgt sich mit seinem Beichtvater sehr gut und hat die Opposition gegen die Kirche aufgegeben.[1])

Der Fall gewährt uns einen grauenvollen Einblick in die Phantasiewelt eines asketischen Fetischisten. Ich habe diese Publikation gewagt, weil sie von höchstem wissenschaftlichem Interesse ist und uns die Kenntnis der Psychologie eines Sammlers gewährt. Im Mittelpunkte seiner Weltanschauung steht die gemiederte Frau. Alles, was mit dem Korsett zusammenhängt, ist für ihn Gegenstand eines gesteigerten Interesses. Wir sehen hier mehrere Symptome des echten Fetischisten: 1. Die strenge, trotz der Ehe eingehaltene Askese. 2. Die krankhafte Phantasie-

[1]) Patient war während der Drucklegung dieses Werkes bei mir und versprach, sich in den nächsten Monaten analysieren zu lassen. Ich werde die Analyse — falls sie gelingt — im Anhang oder in der nächsten Auflage bringen.

tätigkeit, die sich im onanistischen Akte auslebt. 3. Den Haremskult, der hier durch eine „Satansbibel“ ersetzt wird. 4. Als neues Moment eine sadistische Einstellung zu den Frauen. 5. Das fetischistische Symbol (Mieder) drückt einen Zwang aus.

Dieser Mann ist im Leben ein sanfter, feiner, gefälliger Mann. Nie hat er sich in seiner Ehe hinreißen lassen, seiner Frau ein unzartes Wort zuzurufen, geschweige sie tätlich zu insultieren oder gar zu martern. Er strebt nach einer höheren, ethischen Lebensführung, er ist tiefreligiös und zugleich in seiner Phantasie ein Lüstling, der die grausamen Praktiken eines Marquis de Sade übertreffen könnte.

Man wendet sich schaudernd von den Ausgeburten dieser höllischen Phantasie ab. Man würde ihn für einen Verbrecher halten, wenn seine Realität nicht einen unüberbrückbaren Gegensatz zu seiner Phantasiewelt bilden würde. Aber dieser Gegensatz ist das typische Zeichen des echten Fetischisten. Jeder Versuch, seine Phantasie in die Wirklichkeit umzusetzen, scheitert. Auch bei den anderen Fetischisten, die ich beobachtet habe, kam es nur zu ganz schüchternen, meist erfolglosen Versuchen, die weit hinter der Realität zurückblieben.

Der Sadismus fehlt in keinem Falle von echtem Fetischismus. Er scheint die tiefste Ursache dieses Leidens, wie jeder Zwangsneurose, zu sein.

Als Reaktion gegen diesen Sadismus wird der Selbstschutz der Religion verstärkt. Als Buße für die sadistischen Phantasien wird die sexuelle Leitlinie der Askese aufgestellt und mehr oder weniger strenge eingehalten.

Dieser primäre Sadismus wandelt sich in Folge der religiösen Bußideen zum Masochismus. Der Fetischist führt seine Martern an sich selbst aus.

Auch Wilhelm schnürte sich in Mieder und versuchte sich selbst zu foltern. Er legte sich im eng eingeschnürten Mieder in Kreuzesstellung aufs Bett und versuchte sich selbst zu binden. (Siehe Fig. 10 u. 12.)

Er näherte sich damit der Fiktion, ein Märtyrer zu sein und näherte sich seinem Ideale — Christus. (Christus-Neurose.) Sein Gang zum Beichtvater, den er so drastisch geschildert hat, zeigt seine anagogisch-religiöse Tendenz.

Andererseits ist er Satan. Er ist der Verkünder einer neuen Religion, in deren Mittelpunkt das Mieder steht. In einem seiner Träume ringen Christus und Satan um die Herrschaft der Welt. Christus berührt den Teufel, der ein Korsett trägt, mit dem Kreuze und der Satan löst sich in Rauch und Dunst auf.

Leider war es nicht möglich, die infantilen Wünsche seiner Paraphilie aufzuweisen. Aber die Inzesteinstellung zu seiner Mutter erklärt uns den Beginn und die Hartnäckigkeit des Leidens.

Um seine Paraphilie zu verstehen, müssen wir die endopsychische Darstellung seiner Krankheit auflösen. Er ist das Weib, das er überwältigen will. Der Mann ist in seiner Paraphilie der Satan, der das Weibliche in ihm vergewaltigen will. Das Weib wird in der Phantasie das Symbol der Keuschheit, während es im Leben das Inkarnat der Sünde darstellt.

Dieser Gegensatz zwischen bewußter und unbewußter Einstellung macht den Kranken liebesunfähig. Das Mieder stellt den Zwang der Askese dar und ist zugleich seine höchste Lust. So vereinigen sich Askese und Begierde in einem einzigen Symbol. Im Kampfe gegen seine Askese ruft er 5 Huren, d. i. seine 5 Sinne, seine leidenschaftlichen Begierden zu Hilfe. Er will sich in die Richtung der Lebensfreude und Sinneslust drängen, während seine infantile Leitlinie (*Adler*) zu Gott und zur ewigen Seligkeit führt. Er ist gläubig und ungläubig zugleich, ein Wüstling und ein Asket, eine echte Faustnatur ohne die Geistesgaben eines Faust. Er sucht und flieht die Analyse. Er möchte gesund werden und fürchtet, die Analyse könnte seine asketische Weltanschauung vernichten und ihn seiner Religion berauben.

Neben seiner Satansbibel lag manchmal sein Gebetbuch. So drückte er symbolisch die Zerrissenheit seiner Seele aus, die sich im Kampfe zwischen Unglauben und Glauben in eine Ersatzreligion flüchtete.

— — — — — — — — — — — — — — — — — — — —

Der Korsettfetischismus ist verhältnismäßig häufig. Immer handelt es sich um den Druck des Mieders und den Schmerz, den der Druck verursacht. Der Korsettfetischismus ist oft mit Schuhfetischismus kombiniert. Einen interessanten einschlägigen Fall teilt *Hammond* mit:

Fall Nr. 40. Der Patient ist ein feingebildeter, hochachtbarer Herr und Vater von 4 gesunden Kindern, die aus einer äußerst glücklichen Ehe stammen. „Früh schon", sagte er, „lange vor meiner Pubertät, besaß ich eine Vorliebe für häusliche Beschäftigungen, weibliche Spiele und selbst Kleidung, obwohl ich es hinsichtlich der letzteren nur bis zum Tragen von Mädchenschuhen brachte. Ich bewunderte auch bei Damen enge Taillen und versuchte, im Alter von 14 Jahren mir selbst ein Korsett zu verschaffen. Als ich älter wurde, wuchs meine Vorliebe für weibliche Kleidung, aber da ich keine Schwestern hatte, so bestand meine ganze Befriedigung darin, daß ich Romane las, die von einer Frau handelten etc. Ich verfaßte mehrere Erzählungen unter dem Titel: „Abenteuer in der Krinoline" und schrieb noch andere Novellen ähnlichen Inhalts. Sie wurden gedruckt und reißend abgesetzt. Auch heute noch lasse ich selten eine Gelegenheit vorübergehen, wenn ich Frauenrollen von Männern auf der Bühne dargestellt sehen kann."

Mit 21 Jahren trug er selbst Korsetts, die er über alles liebte und, obwohl er sich mehrere Jahre sehr eng schnürte, schien er doch in seiner Gesundheit keine Beeinträchtigung erlitten zu haben. Er gab zu, daß er immer eine gewisse sinnliche Befriedigung dadurch erlangt habe. Zuerst zwar stellten sich Schmerzempfindungen in der Regio pubica und Erektionen ein. Bald aber fand er heraus, wenn er sein Korsett ganz fest anzog, daß die Erektionen aufhörten und Kopulation sowie Masturbation ganz unmöglich wurden.

Aus Furcht vor der Impotenz und anderen nachteiligen Wirkungen, die infolge der Onanie eintreten konnten, vermied er ängstlich jede willkürliche Samenentleerung und hielt sich bis zu seiner Verheiratung völlig abstinent. Er erinnerte sich indessen, daß er dreimal unwillkürliche Samenentleerungen am Tage gehabt habe. Das erste Mal passierte dies während des Reitens, was ihn veranlaßte, diese sonst heilsame Übung aufzugeben. Die anderen Pollutionen traten ein, während er ein Paar ganz enge Schuhe (Damenschuhe mit französischen Absätzen) anzog und sie zuknöpfte.

Nach seiner Verheiratung trug er kein Korsett und auch sonst keine Frauenkleidung (mit seltenen Ausnahmen), bis 2 Kinder ihn von seiner Potenz überzeugten.

Zu dieser Zeit begann unser Patient den Versuchungen, die ihn überall verfolgten, nachzugeben und verfiel wieder in das alte Laster. Aber ich will ihn selbst reden lassen: „Ich kaufte mir", sagte er, „ein Paar sehr elegante hohe Damenschuhe mit französischen Absätzen, die mir anfangs so eng saßen, daß ich hinken mußte". Diese Stiefel trug er bei schönem Wetter offen auf der Promenade, indem er die Beinkleider hochhob, um die Absätze zeigen zu können. Bei schlechtem Wetter pflegte er jene Stiefel einmal in der Woche anzuziehen und sie vor einem großen Spiegel zuzuknöpfen. Dies brachte fast immer eine Erektion und sogar eine Samenentleerung hervor.

Als dies den Reiz der Neuheit verloren hatte, kaufte er sich wieder ein Korsett. So oft er nun unbemerkt tun konnte, trug er dasselbe und schnürte es manchmal so fest, daß er fast ohnmächtig wurde. Diese beiden Gegenstände, Knopfschuhe und Korsetts, schienen einen ganz besonderen Einfluß auf ihn auszuüben. Oft hatte er in der Pferdebahn, wenn eine Dame mit schmaler Taille und zierlichem Fuß ihm gegenüber saß, eine Art idealen Beischlafs oder, wie er es nannte, ein Ausströmen seiner Gefühle zur Geliebten hin. *Roubaud* erwähnt einen ganz ähnlichen Fall, in dem ein junger Mann nur bei Blondinen, wenn sie ein Korsett, hohe Stiefel und ein seidenes Kleid trugen, nicht impotent war. Die letzten drei Gegenstände hatten auch auf unseren Patienten einen großen Einfluß, mochte der Träger derselben ein Mann oder eine Frau sein.

Bald gab er sich seinem Hange immer mehr hin, indem er neben verschiedenen anderen weiblichen Kleidungsstücken sich schließlich ein schwarzseidenes Kleid kaufte, das ihm ganz eng saß und auf das er sehr stolz war. Locken und Reifen, falsches Haar, Ohrringe und Busennadeln, alles mußte seine Leidenschaften schüren. Ja, er konnte stundenlang eng geschnürt sitzen, während ein Friseur seine Haare nach Frauenart kräuselte und frisierte. Zuletzt trug er sein neues schwarzseidenes Kleid sogar, wenn er spazieren oder in die Kirche ging und hob es auf der einen Seite auf, um die weiße, gefaltete Rockborte und die Stiefel mit den hohen französischen Absätzen zu zeigen. Mit stark ausgepolsterter Brust, eng geschnürter Taille und enormen Cul de Paris, mit phantastisch geformtem Haar, Ohrringen und äußerst engen und unbequemen Stiefeln konnte er zu seiner größten Freude meilenweit gehen und stundenlang tanzen. Es schien wirklich der körperliche Schmerz für seine Glückseligkeit nötig zu sein und er weidete sich förmlich daran, wofern der Schmerz nur durch ein weibliches Kleidungsstück verursacht wurde. Wenn er auch die Manieren und Gewohnheiten von Frauen nachahmte, so mißbrauchte er seine Verkleidung doch niemals zu unlauteren Zwecken, abgesehen davon, daß er gelegentlich eine Ejakulation hervorrief.

Wie bereits erwähnt, empfahl er das enge Schnüren aufs wärmste; er hatte viel über diese Materie gelesen und die ganze Literatur gesammelt, die für oder gegen diesen Gegenstand geschrieben war. Er versuchte öfters sich so eng zu schnüren, daß er ohnmächtig werden würde, jedoch gelang ihm dies nicht. Er überredete auch seine Frau, sich zu schnüren und zog ihr Korsett täglich enger, bis er ihre Taille um fast 6 Zoll im Umfange verkleinert hatte, was ihm ebenfalls eine sinnliche Befriedigung gab. Ein Kind, das sie bald nachher gebar, war vollkommen gesund und wohlgebildet.

„Er zeigte mir", berichtet Dr. *Hammond*, der mir den Fall mitgeteilt hat, „mehrere Photographien, die ihn in allen möglichen Verkleidungen darstellten: als Ballettänzerin, als Königin Elisabeth, als eine Polin, als eine alte Magd, als die Göttin der Freiheit, als Julia, dann in einem einfachen Straßenkleid, welches er einige Jahre vorher zur Kirche trug".

Oft schwor er, davon zu lassen, aber immer wieder fiel er in sein altes Laster zurück. Manchmal hielt er sich Wochen und Monate lang frei, jedoch kehrte es bald in der alten Stärke wieder. Er aß hauptsächlich animalische Nahrung, aber kein Fett. Nur Albuminate behagten ihm. Ich verordnete ihm eine vegetabilische Diät, aber er ekelte sich so davor, daß ich gezwungen war, meine Verordnung zurückzunehmen. Von Genußmitteln gebrauchte er nur schwachen Tee und Kaffee. Es wurde ihm eine Zeitlang Brom verabreicht, um den krankhaften Hang allmählich zu beseitigen.

Dieser Fall ist kein echter Fetischismus, er würde vielleicht von *Hirschfeld* als Transvestismus (Verkleidungstrieb) aufgefaßt werden. Er zeigt aber zwei charakteristische Momente. Das Schnüren durch das Mieder und das Einpressen des Fußes in enge Schuhe. Von Bedeutung ist in diesem Falle, daß der Patient das Mieder selbst trägt sowie auch die engen Frauenschuhe anzieht. Züge dieser Identifizierung des Fetischträgers mit dem anderen Geschlechte kommen in jedem von mir beobachteten Falle vor. Ich habe immer darauf hingewiesen. Die Schmerzen entsprechen der nie fehlenden masochistisch-sadistischen Komponente. Ich würde den Fall als einen „rudimentären Fetischismus" bezeichnen.

Eine sehr interessante Beobachtung eines Falles von Fuß- und Korsettfetischismus verdanken wir *Abraham*.[1]) Wir werden auf diesen interessanten Fall später eingehen.

[1]) Jahrbuch für psychoanalytische Forschungen, Bd. III.

IX.

Analyse eines Fußfetischisten.

Es ist nicht die Aufgabe dieses Buches, die symbolische Bedeutung der einzelnen Körperteile zu erschöpfen. Gerade die verschiedenen Formen des Partialismus und Fetischismus zeigen eine bestimmte spezifisch-individuelle Ätiologie, daß man versucht wäre, auf das Allgemein-Symbolische zu verzichten. Aber es gibt auch ein geheimes Gedächtnis des Individuums für Symbole. Es gibt eine Mneme der Symbolik, so daß wir in Träumen und anderen hyponoischen Zuständen auf das Denken und Fühlen der Urzeit zurücksinken. Es wäre interessant, beim Fetischismus das archaische Denken nachzuweisen und durchzuführen, daß jede dieser Paraphilien eigentlich eine Regression auf irgend einen Urzustand der Menschheit bedeutet. Ich weiß, daß manche psychotherapeutischen Schulen auf diese Zusammenhänge großen Wert legen. Haben sie irgend eine Bedeutung für die Praxis des Analytikers? Bringen sie uns der Erkenntnis der Parapathie näher?

Ich könnte die Zusammenhänge zwischen individueller und allgemeiner Symbolik gerade beim Fußfetischismus spielend durchführen. Wir besitzen eine gründliche Arbeit von Dr. *Aigremont*: „Fuß- und Schuhsymbolik und — Erotik" (Folkloristische und sexualwissenschaftliche Untersuchungen, Leipzig, Deutsche Verlags-Aktiengesellschaft, 1909), welche jedes Spezialstudium überflüssig macht. Der hochgelehrte Verfasser kommt zu folgenden Schlußfolgerungen: Die sexuelle Fuß- und Schuhsymbolik ist außerordentlich verbreitet und uralten Ursprunges. Der weibliche Fuß ist das Symbol der Fruchtbarkeit, weil er die Erde berührt, der männliche das Zeichen der Zeugung. Der Schuh ist das Symbol der Vulva, der Fuß das Zeichen des Penis. (Unzählige Bestätigungen durch ethnographische und folkloristische Forschungen.) Aber die uralten heiligen Symbole der Heidenwelt, die in dem Zeugen und Gebären geheimnisvolle heilige Akte göttlicher Lebenskraft sah, verwandelten sich in der neuen spiritualistischen Weltanschauung des Christentums zum

Sündhaften und Gemeinen. Wie in manche geschlechtliche Symbolik schlich sich auch in diese ein gewisser Zynismus, eine Art Frivolität ein.

Schließlich meint *Aigremont*, bei den Forschungen über Fuß- und Schuhsymbolik sei die uralte Geschlechtssymbolik nicht außer acht zu lassen.

Wir anerkennen die Berechtigung dieser Forderung. Aber wie weit würde eine solche Forschung führen? Sicherlich, der Instinkt als die Erfahrung des Unbewußten spielt auch eine Rolle bei der Wahl des Symbols und *Binet* hat sich die Sache sehr einfach gemacht, wenngleich viele Beobachtungen die Wahrheit seiner Anschauungen bestätigen. Es gibt eben verschiedene Fälle von Fetischismus. Die Fälle, die ich als echten Fetischismus bezeichne, sind alle sehr kompliziert und zeigen das Symbol in mehrfacher Verwendung.

Der Fußfetischismus oder sagen wir lieber die Anziehungskraft des Fußes und des Schuhes, der Wade und der Strümpfe ist so außerordentlich groß, daß ich diese Körperteile (und ihre Hüllen) fast zu den sekundären Geschlechtsmerkmalen zählen könnte. Auch in der Literatur finden sich unzählige Verherrlichungen des Fußes und des Schuhes und es lassen sich auch Beweise für diese Annahme erbringen.

Wenden wir uns aber einem bestimmten Falle zu, der uns den Fuß nicht als Vermittler zum sexuellen Besitze des Ganzen, sondern als Brennpunkt der Wünsche zeigt. Wir lernen am besten, wenn wir uns in einen Fall vertiefen und versuchen, die psychischen Wurzeln einer schweren Parapathie ausfindig zu machen.

Ich wähle aus der Zahl der Fußschwärmer, die ich zu beobachten Gelegenheit gehabt habe, den Fall heraus, den ich am längsten analysiert habe. Es war zur Zeit meiner *Freud*-Ära ,wo ich noch an die langen Behandlungszeiten glaubte. Der Fall war mehr als ein Jahr in meiner Beobachtung und ich hatte reichlich Zeit, seine Parapathie zu studieren.

Fall Nr. 41. Herr Beta, ein 30jähriger, unabhängiger Privatier, dem Berufe nach Privatgelehrter, leidet an verschiedenen parapathischen Symptomen, von denen ich besonders zwei hervorhebe, weil er sie als bedrückend empfindet: seine Straßenangst und seinen Fußfetischismus.

Er kann nicht allein ausgehen, er muß immer begleitet werden. Nur gewisse Wege im Umkreise seiner Wohnung kann er ohne Hilfe seines Dieners zurücklegen. Aber zu weiteren Wegen benötigt er eine Begleitung. Das zweite Leiden steht im direkten Gegensatz zum ersten. Er schwärmt für Füße und muß Menschen nachlaufen, die Füße haben, wie er sie zu sehen wünscht. Trifft er sein „Ideal" auf der Straße, so könnte er ihm stundenlang nachlaufen, möchte es ansprechen und es ersuchen, ihm den nackten Fuß zu zeigen. In der ersten Zeit der analytischen Behandlung verlor er die Straßenangst und konnte weite Strecken allein gehen. Was tat er dann am liebsten? Er suchte sich auf der Straße ein Ideal aus und stieg ihm nach, ohne den Mut zu haben, das Ideal anzusprechen. Er konnte dann stundenlang herumlaufen und lief am liebsten zur Donau, wo es zeitweise Männer gibt, welche die Schuhe ausziehen, die Füße von schmutzigen Lappen befreien, sie in der Sonne wärmen oder im Donauwasser kühlen. Beta lockte nicht der zierliche, schöne, reizende Frauenfuß. Es reizten ihn auch nicht wohlgeformte Frauenwaden oder feines Schuhwerk, wie viele seiner Geschmacksgenossen. Er sah bei jedem Menschen — Mann oder Weib — zuerst auf den Fuß und beurteilte Leute nach dem Schuhwerk. Frauen als solche ließen ihn kalt. Der Fuß muß sehr enge im Schuhwerk sitzen. In der Vorstellung des Engen, Gedrückten liegt für ihn ein großer Reiz. Hühneraugen regen ihn geschlechtlich auf. Er beneidet jeden Hühneraugenoperateur.

Er schwärmt nur für Männerfüße, und zwar für rote, schmutzige, womöglich schweißige, entzündete Männerfüße. *Abraham*, auf dessen Arbeit ich noch zurückkommen werde, führt bekanntlich den Fußfetischismus auf die Unterdrückung der Riechlust des schweißigen Fußes zurück und *Freud* legt auf diese Hypothese großen Wert. Er meint, der Mensch habe sich durch die aufrechte Stellung vom Nasentier zum Augentier entwickelt und die Funktionen des Geruchsinnes arg vernachlässigt. Im Fetischismus breche dieser verdrängte Trieb (Partialverdrängung!) durch und alle Fußfetischisten schwärmten eigentlich für den Schweißfuß. Diese Neigung der orthodoxen *Freud*schule, den Fetischismus auf verdrängte Triebregungen zurückzuführen, würde ja in diesem Falle, wo ein Schweißfuß bevorzugt wird, scheinbar seine Bestätigung finden. Wir werden bald sehen, daß viel wichtigere Mechanismen hier hineinspielen. Unser Kranker — als ein solcher fühlte er sich, und er kam zu mir, um von der Tyrannei des Fetischismus befreit zu werden — hätte ja in Seebädern reichliche Gelegenheit, Männerfüße zu sehen, wenn es sich nur um den Fuß handeln würde. Er müßte nur eine Kur in Wörishofen nach *Kneipp*schen Prinzipien durchmachen und könnte unbemerkt seiner Paraphilie frönen.[1]) Aber diese leicht erreichbaren Genüsse reizen ihn gar nicht. Der Fuß der Reichen läßt ihn kalt. Der Fuß eines Mannes, der arbeitet, der womöglich unterdrückt ist, der ein Knecht ist, der sich in abhängiger Stellung befindet, der gezwungen wird, barfuß zu gehen, dessen Fuß einem großen Drucke ausgesetzt wird, bei dem der Fuß womöglich gepreßt wird, so daß man auf der Haut die Abdrücke des Schuhes sehen kann, nur dieser Fuß macht auf ihn einen großen Eindruck.

Ich mache hier einen Augenblick halt und verweise auf dieses so oft in den Krankengeschichten der Fetischisten vorkommende Moment. Was einem Zwange ausgesetzt ist, erhöht den Wert des Fetisch. Schon dieses Moment enthält eine symbolische Darstellung des Fetischismus selbst. Der Fetischismus sitzt seinem Träger wie ein enger Schuh an und preßt ihn ein. Er hält ihn unter einem starken Zwange. Hier sehen wir die große Ähnlichkeit des Fetischismus mit der Zwangsneurose.

Der masochistische Zug des Fetischismus als Reaktion auf den nie fehlenden Sadismus zeigt sich immer in dieser Form.

Beta sucht also seltsame Orte auf, um seinen Fetischismus zu befriedigen. Wie ich schon erwähnte, geht er an heißen Tagen zur Donau. Dort liegen die

[1]) Wie viele Moden in der Medizin gehen auf geheime fetischistische Neigungen zurück! Der Fußfetischismus ist ungeheuer verbreitet und viele dieser Fetischisten pilgern gerne nach Wörishofen. Die Exhibitionisten schwärmen für Sonnenbäder und Nacktkultur, die Masochisten werden sich gerne allen Abstinenzbewegungen anschließen und Vegetarianer, Keuschheitsapostel, Antialkoholisten usw. werden.

armen Arbeiter in Haufen und baden ihre schweißigen, roten Füße. Dieser Anblick erregt ihn dann mächtig. Er eilt nach Hause und onaniert. In solchen Fällen ist es immer wichtig, zu konstatieren, was sich der Onanist bei dem Akte hinzuphantasiert. Wer glauben würde, daß Herr Beta den Fuß dieses Mannes berühren wollte oder gar einen homosexuellen Akt mit ihm ausüben wollte, der würde sich arg täuschen. Herr Beta stellt sich vor, er sei der Arbeiter mit dem roten, geschwollenen, schweißigen Fuße. Dadurch erzeugt er sich den größten Orgasmus. Dies ist eine Erscheinung, die ebenfalls typisch für den echten Fetischisten ist. Der Fetischist identifiziert sich mit seinem Sexualobjekte. So wird Beta selbst der Träger des roten schweißig-schwieligen Fußes.

Nun könnten wir nach Träumen aus der Jugend forschen und Beta hat uns eine Menge dieser Dinge erzählt, die ich später in den Traumanalysen mitteilen werde. Er behauptet, er habe gesehen, wie ein Soldat, der Geliebte der Köchin, sich die Stiefel in der Küche ausgezogen habe und bei dieser Gelegenheit habe ihm der rote Fuß sehr imponiert. Auch erzählt er, daß er von dem Soldaten auf dem Fuße geschaukelt wurde und dabei hohe Lustempfindungen erlebte. Doch diese Vorfälle erklären uns nicht den komplizierten Mechanismus seiner Parapathie und sind alle eigentlich nicht präzis erinnert. Ja, ich halte dafür, daß sie nachträglich in seine Familien- und Jugendgeschichte hineingezeichnet wurden. Ich glaube, daß sich die Fetischisten eine Jugendgeschichte nachträglich dichten und in dieselbe alle Erlebnisse eintragen, welche auf der Linie des Fetisch liegen. Ihre Erinnerungen sind Trugerinnerungen. (Deckerinnerungen, aber nicht im *Freud*schen Sinne.)[1])

So werden wir auch bei unserem Fußfetischisten die Lebensgeschichte erwarten, die uns alle Fetischisten und auch alle homosexuellen Männer erzählen. Es gab eine Zeit, da sie das ganze Weib und der ganze Mann interessierten, besonders aber die Genitalien. Dann aber kam es zu kleinen Veränderungen. Erst trat der Frauenfuß in den Vordergrund, dann allmählich der Männerfuß, und erst im Laufe der Jahre entstand das Interesse für den roten, geschwollenen Schweißfuß. Der erste Eindruck des Soldaten müßte aber die sexuelle Leitlinie gleich in diesem Sinne determiniert haben, während wir ersehen, daß er aus der Vorratskammer der Erinnerungen hervorgesucht wurde, als Flucht vor der Sexualität und besonders vor dem Weibe — in diesem Falle auch vor dem Manne — begonnen hatte. Man bedenke: Wie viele Menschen haben als Kinder solche Erlebnisse und verhältnismäßig wie wenige werden Fetischisten!

Wir betonen, daß sich diese Geschmacksrichtung im Laufe der Jahre erst entwickelte und zu diesem Ergebnis herausgebildet hat. Das ist auch eine Eigenschaft des Fetischismus, die betont werden muß. Er bleibt sich nicht gleich. Das Sexualziel wird immer verändert, und zwar immer im einschränkenden, erschwerenden Sinne. Es setzen sich immer neue Zwangsformeln der ersten sexuellen Formel an, ganz wie bei

---

[1]) Die Deckerinnerung *Freuds* verbirgt hinter einer harmlosen Szene einen wichtigen Vorgang. Diese Trugerinnerungen machen aus harmlosen Szenen wichtige Erlebnisse. Das Archiv der Erinnerung wird durchstöbert und daraus werden brauchbare Szenen hervorgeholt und neubearbeitet.

der Zwangsneurose. So war es hier der Frauenfuß, der schon ein Abgehen von den Genitalien bezweckte und das erotische Interesse von den Genitalien auf den geschlechtlich indifferenten Fuß lenkte. Dann kam aber der Männerfuß dazu. Erst später entstanden die Forderungen nach einem roten, sehr heißen, geschwollenen, gepreßten Schweißfuße. Als ob sich Beta fürchten müßte, sein Sexualziel zu leicht und mühelos zu erreichen. Als ob er sich künstlich Hindernisse und Schwierigkeiten machen wollte, die einer geheimen asketischen Tendenz entspringen.

Beta verkehrt aber mit Frauen oder besser gesagt, er versucht immer wieder, mit Frauen zu verkehren. Er gehört einer Gesellschaftsschichte an, in der man eine Geliebte haben muß. Seine Kameraden besuchen nach einem Spiele im Klub fleißig die Bordelle und er kann sich nicht ausschließen. Sein Benehmen in einem Lupanar ist sehr charakteristisch. Er reagiert sehr rasch auf eine Meretrix, die ihm gefällt, wobei er auf die Füße gar keinen Wert legt. Hier sucht er nur das schöne Gesicht. Er bekommt sehr bald eine sehr starke Erektion, die aber in dem Momente aufhört, wo er die immissio in vaginam vollziehen will. Wir merken hier die Funktion einer Hemmung, die geheimen moralischen Tendenzen entspringt. Als ob eine Stimme ihm sagen würde: „Das darfst du nicht machen, das ist eine Sünde!" Beta läßt nun den Phallus von der Dirne extra vaginam manu stuprare usque ad ejaculationem. Dieser Vorgang entspricht dem Leitmotiv aller Parapathiker, das ich „Lust ohne Schuld" genannt habe. Seine passive Rolle beim Akte ermöglicht ihm die Fiktion einer Schuldlosigkeit. Diese Logik ist infantil, aber für alle Parapathiker sehr charakteristisch. Er sagt sich: Du bist ja nicht schuld, sie hat es gemacht. Deshalb gelingen Praktiken, in denen ihm eine passive Rolle zukommt, immer besser, was auch auf seine feminine Einstellung zurückzuführen ist. Die immissio penis ist nur in sehr seltenen Fällen gelungen oder nur bei halber Erektion. Einmal nur gelang ein tadelloser Kongressus, als eine Dirne ihm einen Backenstreich gab und meinte, er wäre Schläge wert. Da erwachte ein mächtiger Zorn in ihm, er wollte sie zurückschlagen, sie würgen, sie demütigen, ihr seine Kraft beweisen; in diesem Momente hatte er eine kräftige Erektion, er fühlte sich männlich, konnte eine aggressive Stellung einnehmen und seine Potenz ausnützen.

Nach diesen Versuchen und halben Akten bei Dirnen fühlt er sich beschmutzt und muß sofort ein Bad nehmen. Alle seine Pläne, sich eine schöne Geliebte zu nehmen, mißlangen. Verführungsversuche und eindeutige Annäherungen von Frauen aus seiner Gesellschaftsklasse hatten bei ihm gar keinen Erfolg. Er begann das Spiel sehr gerne, ließ es aber nie auf eine Entscheidung ankommen, welche für ihn mit einer Demütigung hätte enden können.

Die Anamnese und psychanalytische Erforschung der Jugend ergibt aber viele sehr gewichtige Momente. Beta war schon früh ein sehr erotisches Kind mit starken aggressiven Anlagen. Er hatte in seinem 7. Lebensjahre eine Freundschaft mit einer Spielkollegin, die täglich aus der Nachbarschaft zu Besuch kam. Eines Tages machte er aus instinktiven Trieben heraus den Versuch einer Kohabitation, was zu einer Verletzung des Mädchens führte. Die Bestrafung — denn die Sache kam der Erzieherin, einer Engländerin, zu Ohren —, die endlosen Reden über seine Schlechtigkeit hatten zur Folge, daß sich sein Charakter allmählich verwandelte. Dieses Erlebnis wirkte als „ewige Warnung" und stand drohend am Eingange seines Lebens.

Noch immer führte seine Leitlinie zum Weibe. Es kamen dann verschiedene Liebschaften mit Kusinen, kleine Abenteuer mit Dienstmädchen.

Mit 21 Jahren verliebte er sich in eine Tänzerin. Sein Vater aber benützte die Gelegenheit, um mit ihm über Frauen zu sprechen. Er gebe ihm vollkommene Freiheit. Aber man könne nicht genug vorsichtig sein. Außer den verschiedenen venerischen Krankheiten könne es passieren, daß man vollkommen unter die Herrschaft einer gewissenlosen Frau käme. Er solle nur vorsichtig sein und sich an keine bestimmte Frau binden. Kurz, Beta kam zur Einsicht, daß dem Vater, den er abgöttisch liebte und verehrte, ein Verhältnis mit der Tänzerin und überhaupt eine jede Liaison unangenehm wäre. Er band sich durch ein Gelübde, den Vater nicht zu kränken und, so lange jener lebe, nicht mit Frauen zu verkehren, außer hie und da mit einer Dirne! Nach einigen Jahren starb der Vater. Das Gelübde hatte unwillkürlich zur Folge gehabt, daß er sich den Tod des Vaters herbeiwünschte, welchen Wunsch er aus dem Bewußtseinsfelde bei Seite schieben mußte, d. h. nicht denken durfte. Er „verdrängte" diesen Gedanken.[1])

Was tat er nun, als der Vater starb? Abgesehen davon, daß er dem Arzte drohte, er werde den Tod des Vaters nicht überleben, leistete er sofort ein neues Gelübde. Er schwor sich, er werde nun drei Jahre mit keiner Frau verkehren! Also drei Jahre strenger Abstinenz! Das Gelübde hielt er nur ein Jahr und brach es dann mit der Motivierung, es wäre nicht im Geiste seines Vaters. Aber er brach es unter heftigen inneren Widerständen, die psychische Impotenz prägte sich immer stärker aus und immer deutlicher traten die Formen seines Fetischismus zutage.

Kalter Schweiß bedeckte ihn, wenn er sich schließlich gezwungen hatte, mit der Dirne zu verkehren. Ein heftiges Schuldbewußtsein trat unter allerlei Maskierungen auf. Besonders quälte ihn die Angst, er hätte sich eine sexuelle Infektion zugezogen.

Er war äußerlich ein Freigeist, aber innerlich fromm. Er stand unter der Herrschaft von zwei widerstrebenden Tendenzen. Sein Vater war ein bekannter Liberaler; es war dies die Tradition seiner Familie. Aber ein klerikaler Erzieher hatte den Knaben in strenger Gottesfurcht erzogen und sein Kinderhirn mit allerlei abergläubischen Vorstellungen von Sühne und Vergeltung gefüllt.

Die Erklärung seines Fetischismus kam auf sonderbare Weise zustande. Er gestand mir eines Tages, daß ihn der blutende Fuß am meisten interessierte und besonders aufrege. Häufig habe er die Phantasie, daß er sich

[1]) Ich sage nicht mehr, daß dieser Wunsch für ihn „unbewußt" wurde. Für *Freud* gilt die Verdrängung, als ein Hinabstoßen ins Unbewußte, als ein Nicht-Wissen. Für mich ist die Verdrängung ein nur bei Seite Schieben, ein nicht Wissen-Wollen. *Klages* hat auf dem einen Kongreß für medizinische Psychologie die Frage aufgeworfen: „Ist die Verdrängung ein nicht Gewußtes oder ein nicht Gedachtes?" Ich sprach meine Überzeugung aus, daß die Verdrängung ein nicht Gedachtes sei und definierte die Verdrängung als jenen psychischen Mechanismus, durch den wir einen bestimmten Gedanken nicht denken wollen, weil er mit bestimmten Unlustempfindungen assoziiert ist. Dieser Gedanke oder sagen wir lieber diese Vorstellung ist von dem inneren Richter (von dem Gewissen!) als nicht erlaubt aus dem Zentrum des Bewußtseinsfeldes verdrängt worden. Er darf nicht gedacht werden und kommt entweder in negativer Form als Entrüstung, Angst, oder in symbolischer Form in das Zentrum des geistigen Blickfeldes. So wollte Beta nicht sehen, daß er auf den Tod des Vaters lauerte, um ein freies Leben nach seinem Sinne zu beginnen.

einen Nagel in den Fuß gestoßen habe und dann bluten müsse. Der Fuß mit dem Nagel kam immer deutlicher in seinen sexuellen Phantasien hervor. Kurz, es kam jene Phantasie zutage, die ich so häufig bei Parapathikern konstatieren konnte: die Christusneurose!

Jetzt verstehen wir seine Identifizierung mit dem Träger eines Schweißfußes. Er war passionierter Jäger und Schweiß bedeutet ihm in der Jägersprache immer nur Blut. Er hat einen blutenden Fuß, der mit einem Nagel durchbohrt ist, er ist Christus. Mit dieser Vorstellung onaniert er.

Wir erkennen aber, daß der Fetischismus eine wichtige Funktion hat. Er soll seine Keuschheit sichern, er soll ihm eine Askese garantieren, für die er einen himmlischen Lohn erwartet. Er hat sich durch diese Beschränkung ein Anrecht auf Heiligkeit erworben! Deshalb interessiert ihn bloß der Fuß der Armen und der Unterdrückten. Christus war nicht der Gott der Reichen, denen ja das Himmelreich verschlossen war. Christus war der Gott der Bedrückten und Dienenden. Und je mehr man sich im diesseitigen Leben demütigte, desto sicherer war man, im Jenseits belohnt zu werden. Und da Herr Beta innerlich fromm war, so gab es für seinen Fetischismus nur eine Heilung: Die Ehe. Hier war der Kongressus keine Sünde mehr. Dieser Fall zeigt auch klar, daß der Fetischismus eine Maske für seine asketischen, frömmlerischen Tendenzen war. Denn in der Ehe schwand das Interesse für den roten, blutenden Fuß vollkommen und die Potenz war — nach den ersten in solchen Fällen üblichen Schwankungen — vollkommen zufriedenstellend.

Ich habe darauf aufmerksam gemacht, daß der Fetischismus den Hinweis auf einen Zwang enthalten muß. Das was drückt, preßt, einschnürt, was man gezwungen tut, dient der symbolischen Darstellung der Parapathie.

Wir werden in keinem Falle von echtem Fetischismus diesen Hinweis auf den Zwang vermissen.

Mit eisernem Zwange hatte Beta seine Impulse in das Prokrustesbett seiner Parapathie gezwängt. Er konstruierte sich die Straßenangst, um den Gefahren der Straße zu entgehen. Er reduzierte sein Begehren auf den Fuß, um sich von allen anderen sündigen Gedanken abzulenken.

Beta hatte das Unglück, seine Mutter bei der Geburt zu töten. Er fühlte sich als ein geborener Frauenmörder. Aber er hatte auch Impulse, Frauen zu töten, sie zu erwürgen, weil er sie glühend haßte. Sein Vater war ein Don Juan und die Frauen standen zwischen ihm und dem Vater. Schon in der Jugend war er zu den Erziehungspersonen seines Hauses bipolar eingestellt. Er haßte die Erzieherin, weil sie auch die Geliebte des Vaters war, und war zugleich an sie fixiert. Sie hatte auffallend große Füße, die fast Männerfüßen glichen. Aber auch der Fuß des Vaters war für ihn ein Sexualobjekt.

Ich unterbreche jetzt diese Darstellung, führe eine Reihe von Traumanalysen an,[1]) die uns die vorhergehenden Behauptungen beweisen werden. Die Analysen sind durchwegs auf die Einfälle des Patienten, der ein denkender Geist war, aufgebaut. Es war der erste Fall von Fetischismus, den ich so gründlich kennen lernte. Es wird interessant sein zu konstatieren, wie mir diese Erkenntnisse gekommen sind.

[1]) Ein Teil dieser Traumanalysen ist bereits in „Die Sprache des Traumes" (II. Aufl., Bergmann, München) enthalten.

Er träumt:

> Ich sehe ein großes hölzernes Christusbild vor mir. Ich nehme mir ein Stück heraus.

Dieser Traum ist symbolisch aufzufassen. Der Träumer ist in seinem Innern noch gläubig, sogar strenggläubig, nach außen hin ein fanatischer Freidenker. Er hatte am Tage vor dem Traume ein Buch gelesen, das sich „La folie de Jésus" (Dr. *Binet-Sanglée*, Paris, A. Maloine, 1908) betitelt. Er mußte plötzlich in der Lektüre abbrechen. Er kann nicht angeben, warum. Es war wie ein Zwang. Wie ein Gebot: Jetzt höre auf, zu lesen! Die tieferen Beweggründe enthüllt uns dieser Traum. Er hat sich etwas gegen seine Gottheit herausgenommen.

Eine zweite Determination: Er ist selbst der Christus. Aber er ist nur ein Teil von Christus. Er hat sich ein Stück aus dem Leben Christi adoptiert. Er ist daher nicht mehr Fleisch — er ist Holz. Er kann nicht mehr in sündiger Fleischeslust entbrennen. Zugleich wird die bipolare Tendenz ausgedrückt: Er besteht aus Holz, aus leicht brennbarem Materiale und könnte leicht in Flammen aufgehen. Welches Stück hat er sich herausgenommen? Er weiß es nicht, aber wir werden es aus späteren Traumanalysen erfahren. Das Stück, das er sich herausgenommen hat — sollte es nicht der Fuß sein? Sein Fetisch, seine Ersatzreligion, seine Buße?
Weitere Bedeutungen wird ein späterer Traum enthüllen.

Ein anderer Traum:

> Ich las von einer Klage des Herrn X. gegen den am selben Tage verstorbenen Gymnasialdirektor Weihrich. Es waren drei Klagepunkte, und Weihrich wurde nur wegen des dritten Punktes verurteilt, und zwar zu einem Gang in Sandalen und noch etwas. Das konnte ich nicht verstehen.

Nachtrag:

> Ich sah eine Photographie Geßmanns und sprach mit ihm davon

Am Vorabend aß der Träumer einen schwarzen Wecken mit Butter, der in Wien Bosniak oder nach einem bosnischen Insurgentenführer Hadschi-loja genannt wird. Er erbrach nach kurzer Zeit und hatte heftige Schmerzen in der Nierengegend. Wie er glaubt, wegen der Säuren. Alle Säuren machen ihn angeblich erbrechen. Auch nach saftigen Birnen leidet er an ähnlichen Schmerzen und Diarrhöen.

Die Analyse ergibt wichtige Einfälle zu Direktor Weihrich. Zuerst die Assoziationen: Weihrauch — Weihe — Weiher — Wei (geschrieen). In Verbindung mit X (-Füßen) Wei- und Geßmann, einem Wiener Antisemiten, eine Schmähung seines Arztes. Er beklagt sich, daß dieser ihm die Lust an seinen Perversionen verdorben habe. Man mache ihm einen Schwindel (Rauch) vor! Der Schwindel führt zu Schaukeln. Er erinnert sich, daß er als kleiner Knabe auf dem Fuße eines Soldaten geschaukelt hat.

Das ist eine Wurzel seines Fußfetischismus. Dazu kommt noch die von *Adler* hervorgehobene Tatsache, daß er an seiner großen Zehe gelutscht hat.

Sein Verlangen geht danach, einen schmutzigen, schweißigen Fuß, resp. die große Zehe in den Mund zu stecken. Nach der symbolischen Gleichung kann Fuß für Hand, die große Zehe für den Daumen, den Penis und die eine Mamma stehen. Von hier führen Fäden zur Paraphilie (Fellatio) und zum Ammenkomplex.

Der Bosniak ist ein Wiener Ausdruck für einen bosnischen Soldaten, Hatschi-loja führt ihn auf hatschen — gehen. Sein Erbrechen, die Schmerzen, die Diarrhöe gehen auf die Phantasie zurück, eine Zehe (Butylsäure — Butter) in den Mund gesteckt und Schweißsäuren geschluckt zu haben. Vor der Traumanalyse hatte er Wachphantasien, einen großen Fuß zu schlucken und in sich aufzunehmen.

Eine andere Wurzel des Fußfetischismus: Man hatte ihm den Penis als etwas Ekelhaftes, dessen man sich schämen muß, dargestellt. Er übertrug alle Libido auf den erogen betonten Fuß.

Geßmann geht auf „guess", (englisch) erraten, zurück. Ich bin der Mann, der nur errät und nichts weiß. Die Photographie (mein Bild!) ist ihm sehr schlecht vorgekommen. Sie war viel zu weiß. (Geßmann ist ein Schwarzer.) Weiß führt wieder zu Schweiß und zu seiner Idiosynkrasie gegen blutiges Roastbeef. Blut heißt in der Jägersprache Schweiß. Auch das Roastbeef erinnert ihn an Schweiß, der durch das Gehen in Sandalen vermindert wird. (Symbolische Gleichung: Blut, Schweiß, Eiter, Schleim, Urin, Sperma, Luft, Sprache, Geld usw.)

Die drei Punkte des Traumes sind: 1. Seine Engländerin. 2. Sein Bruder. 3. Der Schweißfuß. Von den ersten beiden habe ich ihn schon durch Psychanalyse getrennt; jetzt will ich ihm noch den Schweißfuß entreißen. Deshalb die Schmähung, deshalb der Vorwurf: Fuß — Plattfüße — Weigeschrieen! Weitere Gedanken gehen zum „Ewigen Juden" von Eugen *Sue*, der wieder zu „suer" (schwitzen) führt.

Der Ahasver ist aber wieder er selber. Er ist in einer seiner Lieblingsphantasien, Ahasver, der fliegende Holländer oder ein anderer ewig Verdammter. Seine Fußideen sind alle masochistisch gefärbt und Bußideen. Er muß ewig wandern.

Was er nicht verstehen kann, ist das, was er bei mir lernt. Er will es nicht verstehen. In dem Augenblicke, wo er es versteht, ist es mit dem Zwange vorüber. Es hängt aber zu viel Lust an diesen infantilen Dingen. Er will sie nicht aufgeben.

Dieser Traum enthält eine Reihe schwerer Affekte. Es sind grobe Schmähungen gegen mich enthalten. Doch so versteckt, daß der Traum scheinbar gar keinen Affekt enthält.

Schließlich bin ich ja gestorben. Er wirft mich zu den Toten. Der Gang in Sandalen ist der Marsch in die Ewigkeit. Manchmal versteht er mich nicht. „Es ist ihm etwas zu geistreich." Ich werde hier auch zu einem Geist (Geßmann — Geistmann). Ein Geist ist weiß, bleich. Ich bin ihm viel zu schwarz. Ich lebe für ihn nur noch im Bilde (Photographie). Das führt zu einer neuen Fährte: zu seinem Teufelsglauben. Ich bin für ihn der Teufel. Ich will ihn potent machen, d. h. zum Weibe bringen. Er will in der Askese bleiben und ein Heiliger sein. Er sucht immer Situationen, wo ihm ein Unrecht geschieht. Er wird zu einer Soirée geladen. Die Hausfrau sagt aus irgend welchen Gründen ab. Sofort konstruiert er sich eine schwere Beleidigung. Er braucht ungerechte Kränkungen! Er will unschuldig leiden. So schrieb er mir nach der Absage der Soirée und einer Jagd folgenden hochinteressanten Brief:

„Die Absage der morgigen Soirée, die Einladung und die darauf sofort erfolgte Absage eines anderen Besuches hat mich in einen Zustand einer ganz enormen Depression gebracht, obwohl ich eigentlich die Absage der Jagd sehr angenehm empfand, da mich die ganze Jagd ‚nervös' macht. Ja, auch die Depression war keine verzweifelte, sondern ich f ü h l t e sie angenehm. Es war eine Enttäuschung, eine Zurücksetzung, aus der ich L u s t schöpfte. Ich bin eben Masochist. Und ein Masochist ist ein P a s s i v e r. Passiv ist aber die Frau, aktiv der Mann. Daher empfindet der Masochist nach Frauenart und will einen Mann über sich kommen lassen, einen a k t i v e n, daher die Vorliebe für einen Berufssoldaten, einen a k t i v e n Soldaten. Die Hauptlust des Passiven, des Masochisten ist das ‚passio', die ‚Passion', daher die Bußideen; seine ärgste Unlust die ‚Aktion', der Koitus."

„Es muß mir in der Kindheit einmal ein großes Unrecht getan worden sein, aus dem ich Lustgefühl abschöpfte und das zu reproduzieren ich stets gesonnen bin."

„Und jetzt, versage ich mir denn nicht alles? Meine Krankheit ist ein Sich-alles-versagen. Ich koitiere nicht, ich treibe Asexualität, ich sehe kaum einen Menschen mehr, ich gehe in kein Theater, ich schließe mich immer mehr ab und umgebe mich mit lieben Büchern, ja ich gehe nicht aus, das erste, was man machen muß, um etwas zu unternehmen. Meine Angst ist Schutz vor der Lust."

„Jetzt habe ich Momente, in denen ich nichts sehnlicher herbeiwünschen würde, als zu sterben und vergessen zu werden: höchster Masochismus."

„In diesen Depressionen kam mir auch ein ganz merkwürdiger Phantasietraum (eine Wachphantasie):

> Es war ein Mann, der wegen eines Mordes unschuldig verurteilt wurde. Das Merkwürdige war, daß er sich kaum verteidigte und das Urteil mit einer Ruhe hinnahm, wie es eben nur jemand kann, der fälschlich beschuldigt wird, aber rein wie ein Engel ist. Er wird zu lebenslänglichem Kerker verurteilt. Im Kerker ist er so g r o ß, daß selbst alle Wärter in ihm einen Heiligen betrachten, er tröstet Kranke, heilt sie, ja wirkt fast Wunder. Nach Jahren und Jahren dringt selbst zu dem Regenten die Kunde von der Heiligkeit des Verbrechers. Er b e g n a d i g t ihn, ohne das Urteil aufzuheben. Es wird dem Heiligen hinterbracht. Der aber versteht nichts mehr von der Welt und ihren kleinlichen Schmerzen. Er ist ganz verklärt, e r i s t C h r i s t u s s e l b s t; sein enormster Triumph ist, daß er durch seine Heiligkeit das Genitale verloren hat. Er ist geschlechtslos und zieht wie ein unendlicher Lichtstrahl zum Himmel. Der Regent ist sprachlos, aber unfähig, ihm auch nur im geringsten nahe zu kommen; er lebt sein gewöhnliches Leben weiter!"

Hier schließt sein Brief, der wichtige Geständnisse enthält. Das Wichtigste ist wohl der mitgeteilte Tagtraum, die Wachphantasie.

Diese Phantasie enthüllt uns die Wurzel seiner Askese. Er klagt sich bitter an, daß er ein Verbrecher, ein Mörder ist und bedauert, daß er kein Heiliger ist, sondern ein sündiges Leben führt.

Das Wort „W e i h r i c h" ist vom Unbewußten genial gewählt. Er geht auf seinen Teufels- und R i e c h-Komplex. (Der Teufel stinkt!) Es führt aber auch zum Heiligenkomplex über W e i h r a u c h. Der Direktor steht für den Vater. Von diesem hatte er einmal ungerechterweise Schläge erhalten. Dieser infantilen Situation läuft er im Leben nach. „Selig sind, die Verfolgung leiden um der Gerechtigkeit willen. Denn ihrer ist das Himmelreich." Das ist sein Leitmotiv.

Und er will ins Himmelreich. Er will seinen Vater übertreffen. Er will durch Askese einen höheren Platz im Himmel erobern. Er will ein Weib sein und keinen Penis haben. Allein diese weiblichen Tendenzen sollen dazu dienen, über den Vater zu triumphieren. Im ewigen Leben wird er über seinem Vater stehen und triumphieren. Er der Heilige und der Vater der Sünder. Vor Gottes Stuhl wird er gegen den Vater (Direktor), gegen den Toten drei Anklagen erheben. Allein aus welchen Quellen stammt sein Haß gegen seinen Vater? Aus einer uralten Rivalität — wegen seiner Engländerin. Die Engländerin war seine stärkste Liebe. Nach der Entlassung der Amme wurde die „nurse" sein alles. Sie durfte mit keinem anderen freundlich sein. Da konnte er wütend werden. Sein Vater war mit der englischen Kinderpflegerin sehr liebenswürdig. Beta belauschte viele kleine und eine große Szene, die ihn tief unglücklich machte. Wie? „Seine" Franziska konnte einen anderen Mann küssen? Das stachelte seine Empfindlichkeit und seinen Egoismus zu verbrecherischen Rachephantasien auf. Das Kind ist den Großen gegenüber wehrlos. Aber wenn es ein Gift hätte, so könnte es sich an seinen Feinden rächen! Deshalb das Erbrechen und das Übelsein, die Diarrhöen nach dem Genusse des Hadschi-loja! Der Vater war ein Pascha und hatte einen Harem. Seine masochistischen Ideen sind die Buße für die kriminellen Phantasien seiner Kindheit.

Deutlich enthüllt er seine Kastrationsphantasie. Er wollte den Vater kastrieren, weil er mit der Engländerin verkehrte. Nun will er sich selbst entmannen. Das Stück, das er sich entnehmen will (siehe den ersten Traum S. 192) ist das Genitale. Dann kann er Christus werden. Er ist der Verbrecher, der Muttermörder, der doch an diesem Morde unschuldig ist. Deutlich sehen wir auch die Wurzel des Wandertriebes (Gang in Sandalen) und das neurotische Zerrbild des Wandertriebes — die Straßenangst. Er wollte auch den Bruder töten, um den geliebten Vater für sich allein zu haben.

Die wichtigste Bedeutung des Traumes: Er klagt sich dreier Verbrechen an und muß wegen des dritten Verbrechens Buße tun. Er muß wandern und seine Sünde büßen. Welches sind die drei Verbrechen? Was hat er begangen, daß er auf irdisches Glück verzichten will? Darauf werden uns die weiteren Träume Antwort geben.

— —

Ein anderer Traum:

Der kletternde Affe.

Es war in Tirol. Die Straße war beängstigend steil. Es waren dort Franziska, mein Bruder, ich. Es kamen drei Lastwagen und ein Auto herauf. Ein einspänniger Lastwagen kam herunter. Ich kletterte wie ein Affe und hatte enorme Ängsten. Dann riß ich mit der linken Hand einen Ast aus. Meine Kraft wurde bewundert.

Ein Onanietraum. Er ist der arme Mann, der einspännig fahren muß, d. h. ohne Weib, und dabei herunter kommt. (Ein einspänniger Lastwagen kam herunter.) Er trägt die schwere Last einer Parapathie und fühlt sich immer matt und zerschlagen. Im Gegensatz der Wunsch: „Meine Kraft wurde bewundert!" Seine Potenz läßt ihn bei Frauen immer in Stich. Der Weg zum Weibe ist ihm zu steil. Er findet den Weg i die Vagina nicht. Er kann nie die Immisio penis vollziehen. Er ist kein Mann Er kann nur onanieren. (Auto und Ast ausreißen.) Seine Einfälle gehen jetz einen merkwürdigen Weg. Wir müssen ihnen gehorsam folgen. Die Siebe Aß — Ast — und Last führen zu Laster und Syphilis. Ein A nennt man einen Furunkel. Von einem Pick-Aß handeln manche seine Träume (Pick — Wimmerl — Pocken.) Er fürchtet Infektionen.

Wer sind die drei Wagen und das Auto? Drei Menschen, die er lieb und zwischen denen er hin und her schwankt. Er identifiziert sich bal mit dem einen, bald mit dem andern. (Der Affe drückt außer dem Träge eines langen Schwanzes und dem Kletterer sehr häufig die Fähigkei der Identifizierung aus.) Er macht allen alles nach. Er äfft seine Bruder nach, der einen leichtsinnigen Lebenswandel führt. Die drei Wage sind: der Vater, die Erzieherin (Franziska) und die Amme. Das Auto is er selber.

Seine größte Angst ist: zu fallen. Das Klettern führt auf de Ammenkomplex. Er ist einmal von einer Amme fallen gelassen worden. E fürchtet, Franziska (die Engländerin) könnte ihn fallen lassen, d. h. ihn au hören zu lieben. Sie könnte fallen, einem anderen gehören, sie könnte de Bruder, seine stärkste Eifersucht, erhören. Er entmannt den Bruder. Er reiß den Ast aus. Seine liebste Phantasie: Er ist Zeus, der den Kronos entmann Er hat seinen Vater entmannt und ist nun der Stärkere. Er ist auch au seinen Vater eifersüchtig. Wenn der Vater Gott ist (Kronos), so ist e Gottes Sohn: Christus. Er ist der Mensch, dem es gelungen ist, die Ze (Chronos) zu überwinden. Er wird ewig leben. Er ist Ahasver. Verfluch unglücklich ewig wandernd, ewig suchend, aber er hat ein ewiges Lebe

Das war seine große Erfindung! Er glaubte, in der Jugend die Erfindun gemacht zu haben, die ewiges Leben und Götterkraft verleiht. Diese E findung — bewundern wir wieder die Bipolarität aller parapathischen E scheinungen — war die Onanie. Sie war ihm in den ersten Lebensjahren nur de Ersatz für die Brust der Amme. Er wurde bis zum 13. Lebensmonat an de Brust gelassen. Das Trauma der Entwöhnung spielt eine große Rolle in seine Phantasien. Er wurde plötzlich von der Brust weggerissen. Seine Rach gedanken gehen dahin, es bei Fremden auch so zu machen. Den Busen und di symbolischen Ersatzstücke (Penis, Füße, alles paarweise wie Ohren usw.) mi einer Schere wegzuschneiden oder abzureißen. Er will es wie ein Affe nach machen.

Wir stoßen wieder auf den Kastrationskomplex. Er reißt mit der link Hand einen Ast aus, er reißt seinen eigenen Penis aus dem Baume seine Lebens. Er reißt sich die Sexualität aus dem Leibe. Bei der Frau ist sein größte Angst, der Penis könnte eingezwickt und abgezwickt werden, sie könnt ihm den Penis abbeißen. Er vollzieht ja eine freiwillige Kastration, da er au die Frauen verzichtet hat und sich nur gezwungen in das Bordell schleppe läßt, wo er eigentlich gar nichts zusammenbringt. Zu dieser Selbstkastratio benötigt er eine ungeheure Kraft, die allseitige Bewunderung erregen wir denn er will ja ein Heiliger werden wie der heilige Franziskus. Der Hinwe auf den Fußfetischismus findet sich in dem unscheinbarem Worte Franzisk Er ist ja ein Franziskaner, ein Minorit, ein Bettelmönch, der barfuß von Lan zu Land bettelt und das Gelübde der Armut und Keuschheit gegeben hat. De halb spielt der Traum in Tirol, im Lande der frommen Bauern. Der Weg zu Himmel geht sehr steil und er schleppt die bewußten drei Sünden (sündig

Last) hinauf und eine vierte Sünde, seine schwerste, die er nicht überwinden kann: das Auto. Wie eine Drohung sieht er den Lastwagen hinunterrasen. So wird es dir ergehen, wenn du die Pfade der Sünde wandelst. Du wirst immer mehr und mehr herunterkommen! Du bist ja kein Mensch, du bist ein Tier, du bist ein Affe!

Im Mittelpunkte des Traumes steht der starke Angstaffekt. Die drei Personen sind er selbst: Er, sein unbewußter Bruder, seine Parapathie und seine weibliche (kastrierte) Komponente, der Franziskaner. Er muß aber in die Höhe kommen und alle Hindernisse überwinden. Er hat Angst, sein Ziel nicht zu erreichen. Er hat Angst, in die Tiefe zu sausen und die ewige Seligkeit zu verlieren.

Um die polare Spannung zwischen bewußten und nebenbewußten Tendenzen zu ermessen, die ihn in die Schauspielerei einer Paraphilie drängen, bedenke man, daß er im bewußten Leben ein Freigeist ist, die Mönche und besonders die Schwestern haßt (er könnte sie zerreißen!), sich Lektüre wählt, welche den Glauben zerstören soll (La Folie de Jésus!)

— —

Es folgen nun drei Träume, die in einer Nacht geträumt wurden.

Ich hatte eine alte Jacke mit alten Tüchern in einer Schachtel. Nun öffnete ich sie, da war die Schachtel nur mehr mit roten Spänen voll, das war nur ein Teil vom Kreuz Christi mit seinem Blute. Nun konnte ich die Schachtel nur mehr mit Mühe zumachen. Nun war mein rechter Daumen und Zeigefinger voll Blut; ich erschrak entsetzlich und konnte es nur mit Mühe wegwaschen.

Papa, mein Bruder und ich wollten im Orientexpreß von Pest nach Wien reisen. Wir sprachen mit dem K o n d u k t e u r und bestellten drei Plätze. Ich sagte, ich schlafe mit Papa, mein Bruder könne allein schlafen.

Mein Freund M. telephonierte mir, daß ich eine Verständigung wegen des Monotelephons erhalten werde.

Das M o n o t e l e p h o n ist wieder eine geistreiche Bezeichnung der Onanie. Die Träume sind verkehrt zu lesen. Er muß onanieren. Er ist von seinem Freunde M. verständigt worden, daß die Onanie schädlich sei.

Er wird bald sterben. Er bestellt beim Kondukteur (meistens der Tod!) die Plätze. Allein, er s c h l ä f t beim Vater. Der Bruder, der mit Frauen verkehrt und ein Don Juan ist, gehört nicht zum Vater, nach dessen Tode er sich ein Jahr vollkommene Abstinenz auferlegt hat.

Er büßt eine alte Schuld. Er hat sich gegen seinen Vater schwer vergangen. (Siehe den schon analysierten Christustraum mit dem herausgenommenen Stück!).

An seinen Fingern klebt Blut! Das Blut Christi. Er kann das Blut nicht wegwaschen.

Aber sonderbar, das Kreuz, das ihm einfällt, hat eine merkwürdige Form. Es besteht aus vier Halbkugeln, die mit einander verbunden sind.

Von diesem Kreuz kommt er auf die Vorstellung von vier blutgefüllten Tassen — Halbkugeln. Von Blut kommt er auf Milch. Er trinkt das Blut Christi. Auch der O r i e n t expreß geht auf die Christusphantasie. Wie ich schon ausgeführt habe, schwankte er zwischen zwei Extremen: Christus und Antichrist (Satan).

Die Onanie war auch seine Buße und Strafe für seine sündigen Mordgedanken. An seinen Fingern klebt Blut.[1]) Er möchte sich gerne reinwaschen. Er möchte ein Heiliger sein. Als er nun gehört hatte, die Onanie sei für die Gesundheit verderblich, onanierte er, um sich zu strafen und zu töten. Da klebte das Sperma (nach der symbolischen Gleichung statt Blut) an seinen Fingern. Die Schachtel ist die Büchse der Pandora. Alle seine Lüste und Begierden stiegen aus der nun nicht mehr zu schließenden Büchse.

Fig. 22.

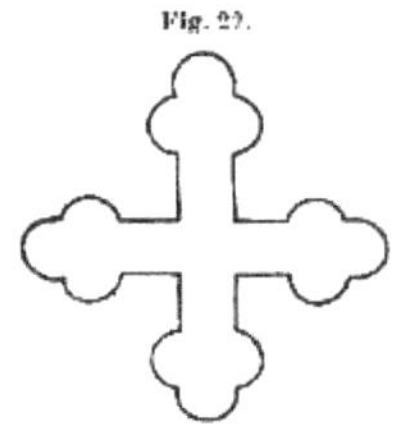

Alle drei Träume handeln von seiner Onanie. Die mit Sperma befleckten Finger (Selbstbefleckung), der Expreßzug, das Monotelephon, sie sind drei Variationen des einen Themas „Onanie". Die alten Tücher beziehen sich auf die Sacktücher, die er beim Onanieren verwendet.

Der Kondukteur führt über den Leichenkondukt zu seinen Todesphantasien. Alle sollen sterben (schlafen). Er soll allein (Monotelephon) zurückbleiben. Die Jacke führt über Jack, den Aufschlitzer, zu Mord- und Blutphantasien, die sich in dem Bilde einer mit einem Messer aufgemachten alten Schachtel unschwer erkennen lassen. (Erinnerungen an geöffnete Puppen, die mit Sägespänen gefüllt waren.)

Das wichtigste: Er ist ein Weib und kein Mann. Er hat eine Jacke und eine Schachtel.[2]) Er hat die Menstruation. Er schläft mit dem Papa wie die Engländerin. Er hat ein Telephon mit einer Muschel.

Dieser Phantasie entspricht seine Lage beim Onanieren. Er muß am Rücken liegen, um zu einer Libido zu kommen. Seine sadistischen Mordinstinkte wurden als männlich verdrängt. Als Weib ist er passiv und Masochist. Er duldet. Hier führt die Phantasie, ein Weib zu sein, zu dem ans Kreuz genagelten Christus. Auch seine liebste Phantasie ist es, sich nageln (besitzen) zu lassen.

Die Onanie (Mono!) ermöglicht ihm das hartnäckige Festhalten der weiblichen Phantasien. Dabei ist er mit der rechten Hand ein Mann und benützt seine linke Seite. Er onaniert mit bisexuellen Phantasien. Auch im nächsten Traume ist er das Pferd und der Reiter in einer Person.

Er onaniert nur mit der linken Hand. (Er ist Linkshänder!) Er reißt im vorhergehenden Traume den Ast mit der linken Hand aus.

Die wichtigste (funktionale) Bedeutung des Traumes. Die Jacke mit den alten Tüchern, die er in einer Schachtel verborgen hat, ist seine alte Fröm

[1]) Seine Mutter starb bei seiner Geburt.

[2]) „Alte Schachtel" nannte er oft die Engländerin.

migkeit, die ihm von dem klerikalen Erzieher eingeimpft wurde, der ihm unzählige Geschichten von den Wundern des Blutes Christi erzählt hatte. Aber er hat seinen Glauben verloren. Die Jacke, die kleidet und wärmt, ist verloren! Es sind nur Reste von seinem Christus da, Sägespäne. Er hat doch in einem Traume dem Christus etwas herausgeschnitten. (Siehe den 1. Traum S. 192.) Er hat sein Heiligenbild zerstört. Nun klebt das Blut an seinen Fingern. Er hat gegen seinen Glauben gewütet!

Er will fromm sein. Er will Pest (die Sünde ist die Pest) verlassen und zu seinem Vater, d. h. in den Himmel, zum himmlischen Vater. Er wird schon ein Zeichen von Gott erhalten. Er ist der Einzige, der Auserlesene, ein Stück von Christus (Monos!). Er wartet auf das Wunder der Erleuchtung. Er möchte solche Wunder erleben, wie sie ihm sein Erzieher geschildert hatte.

Vergebens wird man in seinen Träumen die Spuren seiner Paraphilie suchen. Sehr selten tauchen sexuelle Bilder auf und niemals träumt er von nackten Männern mit schweißigen Füßen. Er ist bewußt ein Paraphiler, unbewußt ein Frömmling!

Ein anderer Onanietraum des Herrn Beta:

> Mein Bruder, ein Rittmeister, und ich ritten im Prater mit einem Reitburschen. Der Rittmeister und ich waren voraus und er meinte, ich sollte langsam angaloppieren, aber ja nicht zu schnell, damit die anderen Pferde nicht nachdrängten. So tat ich auch, trotzdem drängte mein kleines Pferd, „Nana" geheißen, und ich spielte mit den Zügeln wie mit einer Elastikschnur, wobei ich mich sehr nach rückwärts beugte, ja mitunter ließ ich dabei, ich glaube zweimal, mit den Knien los und wäre bald nach rückwärts gefallen. Ein bißchen Angst.

Wieder vier Personen. Es ist ein Ritt in den Tod. Der Vater stirbt zuerst, mahnt seinen Sohn, das Leben nicht zu vergeuden. Sein Pferd heißt Nana--Nani und bedeutet seine Onanie. Er aber spielt mit den elastischen Zügeln (dem Penis) und macht dabei die charakteristischen Bewegungen. Er onaniert zu viel und wird sich in den Tod onanieren.

Er wird der erste sterben — v o r a n g a l o p p i e r e n. Das Pferd, eine Erinnerung an die Nachfolgerin der Amme, ein Kindermädchen, das mit seinem Penis spielte. Er war furchtbar ungebärdig nach der Entwöhnung. Das Kindermädchen beruhigte ihn durch eine neue Form der Befriedigung.

Dieser infantilen Kinderlust rennt er nach. Er wünscht von jedem Menschen diese Art der Liebkosung und verlangte sie auch von seinem Vater.

Doch wichtiger ist die funktionale Bedeutung des Traumes. Es ist wieder ein Angsttraum und die Angst ist: Er könnte fallen! Sein Rittmeister lehrt ihn, das Leben nicht zu vergeuden und nicht zu rasch zu reiten. Aber die Nana drängt vor. Nana ist bekanntlich die Dirnenfigur, die Zola so trefflich geschildert hat. Er fürchtet, die Dirne könnte ihn erreichen. Er hat die Zügel nicht fest in der Hand. Die Zügel sind dehnbar. Pferde bedeuten Leidenschaften. Wird er seine Leidenschaft zügeln können?

Auch in diesem Traume kommen weder die Füße noch andere Hinweise auf seinen Fetischismus vor. Dagegen sehen wir die Angst vor dem Weibe (Nana), die in seiner Paraphilie eine so hervorragende Bedeutung hat.

Der nächste Traum lautet:

Ich war mit meinem Bruder auf einer Reise nach Reichenberg gekommen. Dort suchten wir den Bahnhof. Alles war deutsch. Nun fanden wir den Bahnhof, aber sahen kein Geleise. Zu diesen mußte man in den ersten Stock des Bahnhofes gehen. Mein Bruder fuhr im Lift hinauf, aber dieser blieb stecken und mein Bruder sprang heraus. Dann fuhr ein Bediensteter hinauf, es wurde uns gesagt, früher sei die Bahn unten im Tale gefahren, bis das „große Unglück" geschehen sei.

Versuchen wir in der Analyse dieses Traumes nur dem Gedankengange des Träumers zu folgen und halten wir uns zum Schlusse die Deutung nach unseren eigenen Erkenntnissen bevor. Dem Träumer fällt zuerst auf, daß von Reichenberg die Rede ist. Es fällt ihm ein Sänger Reichberg ein, der im Irrenhause an Paralyse gestorben ist. Offenbar hatte er eine Lues, ebenso wie ein anderer Sänger G. und wie man es vom Dichter Lenau behauptet hatte. Reichberg ist aber auch der reiche Berg, der Busen, die milchstrotzenden Euter der Kuh. „Mir hat es immer imponiert", sagt der Träumer, „wenn Homer den Ausdruck gebrauchte: ‚Die Euter des Ackerlandes'. Den habe ich oft im Tage tausendmal wiederholt. Auch ein anderer Berg fällt mir ein: der Mons veneris. Wieder denke ich an einen Sänger, an den armen, so früh verstorbenen Reichenmann. Es ist doch sicher eine Verleumdung, daß er ein ‚Homosexueller' war? Soll nicht von Reichberg eine Verbindung zu Armental gehen? Die Umkehrung wäre das arme Tal und da fällt mir eine Oper ein, in der der leider auch schon gestorbene Bassist Hesch den Marquis von D'Armental gesungen hat. Der arme Hesch! Er ist auch so früh gestorben! Ich schwärme für alle Bassisten".

Ihm gefällt auch der Ausdruck fürbaß schreiten! (Hier kommt der Träumer auf seine wichtigste Leidenschaft, seinen Fußfetischismus.) Baß bringt ihn auf das französische bas—Basis und von hier fällt ihm der Fuß ein. Jeder Berg hat einen Fuß. Man spricht vom Fuße des Berges und man spricht von einer Talsohle; jetzt fällt ihm über Reichenberg, Reichmann ein gewisser Hermann ein, dessen Füße als Kind sein Entzücken waren. Er war ein kleiner Knabe von wenigen Jahren und es machte auf ihn einen großen Eindruck, daß der um einige Jahre ältere Hermann immer mit nackten Füßen im Hofe herumging.

Hier verlassen die Assoziationen die Stadt Reichenberg. Wir merken, daß die Gedanken sich der Körpersymbolik zuwenden und daß sich hinter Reichenberg eine wichtige Gestalt der Jugend verbirgt.

Nach einer kurzen Pause kommt er auf den Satz: „Dort suchten wir den Bahnhof" und erzählt mir, er habe als Kind die Gewohnheit gehabt, alle Worte umzukehren. Bahn umgekehrt gab Nab. Zu Nab fällt ihm Nabel ein und jetzt weiß er es bestimmt, der Bahnhof stellt in diesem Traume den Nabel dar. Von da gehen seine Gedanken plötzlich auf den Mond. Er glaubt, der Traum habe sich im Mondenschein abgespielt. Der Mond hat einen Hof, daher das Wort Bahnhof. Der Bahnhof ist der Nabel. Gestern hatte er im Gehen plötzlich beim „Österreichischen Hof" einen heftigen Angstanfall. Jetzt fällt ihm ein, daß seine selige Mutter dort gewohnt hat. Der Angstanfall erklärt sich durch Assoziationen, welche auf das tiefste Problem seiner Paraphilie gehen. Der „Österreichische Hof" wird mit der Mutter identifiziert, die dort gewohnt hat. „Jenseits des Bahnhofes" (Nabel) führt ihn auf die für ihn charakteristische Mutterleibsphantasie. Jenseits des Nabels, jenseits der Bahn war einmal seine Wohnung. Die Assoziationsreihen gehen über Nabel, Tunnel, Halle, Schmutz zur Eisenbahnsymbolik. In den Bahnhof fahren Züge hinein und hinaus. Er erinnert sich an seine Onanie. Machine heißt französisch der Penis. Il a gaté sa machine. Er hat seinen Penis ruiniert . . . Er ist impotent. Ihm fällt ein Zug ein, der auf offenem Felde stehen bleiben mußte, weil die Maschine verdorben war. Er hat auch durch die Onanie seine Maschine ruiniert. Er symbolisiert mit Hilfe seines Präputiums auch die Halle des Bahnhofes sowie das Ein- und Ausfahren der Züge und hat eine bestimmte Angst: das Präputium könnte heruntergestreift werden; er will die Vorhaut auch während des Kongressus immer oben lassen, als wäre das Membrum ein Kind und müßte immer in einem geschützten Raume sein. (Symbolisierung der Mutterleibsphantasie durch den Penis.)

Einen Tag vorher hatte ich ihm den Auftrag gegeben, trotz der Angst auszugehen, was er mit Hilfe der bisherigen Behandlung auch durchsetzte. Beim „Österreichischen Hof" produzierte er einen großen Angstanfall und es zeigte sich, wie richtig die von *Freud* betonte Regel ist, einen Angstneurotiker zum Gehen zu bewegen. Die Phobie ist eine Art geistiger Vorbau, ein Schutzwall aus Vorstellungen, die er nicht aufgeben und nicht verraten will. Durch das Gehen wird nun Angst produziert, welche uns die Elemente des Vorbaues psychanalytisch verständlich machen kann. Jetzt bringt der Träumer plötzlich einen Einfall, der von großer Bedeutung ist. Er sagt: „Je kleiner der Raum ist, desto wohler fühle ich mich. Ich weiß auch heute, warum. Weil ich etwas ober meinem Kopfe habe. Je größer der Raum ist, desto unangenehmer ist er mir, besonders wenn er nach oben nicht gedeckt ist." Wir bemerken sofort die strenge Durchführung, die Identifizierung mit dem Penis (die schützende Decke über dem Kopfe, das Präputium, das nicht abgezogen werden darf, sonst empfindet er Angst). Ebenso geht es ihm als Ganzem. Am wohlsten fühlt er sich — — am Klosett, weil der Raum klein und nach oben gedeckt ist. Das ist auch der Raum, dem er die größte Sorgfalt widmet und wo er sich unter Umständen sehr lange aufhält. (Eine sehr häufige Erscheinung bei Parapathikern, die an der Mutterleibsphantasie leiden.)

Dem Einsichtigen wird es klar, daß hier die Mutterleibsphantasie, die schon beim „Österreichischen Hof" zum Vorschein kam, deutlich durchbricht. Jetzt verstehen wir auch, was das „große Unglück" ist, von dem am Schlusse des Traumes die Rede ist. Er hatte das wirkliche Unglück, die Mutter bei der Geburt zu verlieren. Er war der Mörder seiner Mutter. In den Mutterleib zurückzukehren, das heißt in seiner symbolischen Sprache ins Grab gehen. Das Grab ist ein Raum, der eng und oben gedeckt ist. Auch masochistische Vorstellungen, unschuldig verurteilt zu sein und in der Zelle sitzen zu müssen, gehen auf die Idee des engen, kleinen Raumes zurück.

Seine Angst auf der Gasse hängt mit dem Gehen innig zusammen. Das Gehen ist für ihn ein Sexualakt. Er hat als Kind beim Gehen durch das Reiben der Hose onaniert. Deshalb ging er immer mit den Füßen nach einwärts. (Dieser Gang hat sich während der Psychanalyse vollkommen geändert. Er geht nun auswärts, wie die Mehrzahl der Menschen.[1])

[1]) Das Gehen als sexuellen Akt faßt auch *Aigremont* auf. Alle Sprachen nehmen darauf Rücksicht. Im Lateinischen heißt beischlafen coire, d. h. eigentlich zusammen-

Seine Angst auf der Straße ist hauptsächlich eine Gehangst. Die Mutter Erde wird zur wirklichen Mutter und Gehen bedeutet für ihn einen Sexualakt.

Es zeigt sich aber noch ein neuer Parallelismus zwischen Gehen und Erotik. Er ist nicht imstande, seinen Penis in eine Vagina zu stecken. Sofort kollabiert der Penis, wenn die Erektion vorher noch so kräftig war. Heute fällt ihm die Lösung ein. „Ich bin ja froh, daß ich aus einer Frau herausgekommen bin! Soll ich so dumm sein, da wieder hinein zu gehen?“ Es war bei der Geburt, wie er nachträglich vernommen, die Rede gewesen, ihn zu opfern, um die Mutter zu retten. Wie leicht hätte das der Fall sein können! Er ist eigentlich glücklich, daß die Ärzte nicht i h n geopfert haben und hat infolge dessen für alle Ärzte ein großes Gefühl der Dankbarkeit und Liebe. Er will also nicht zum Weibe, er will auch nicht in den Himmel.[1]) Ihm fällt ein Witz aus den Fliegenden Blättern ein: „Lieber Gott, mach' mich fromm, daß ich in den Himmel komm'“ soll ein Kind beten und das Kind sagt: „Ich bin gerade vom Himmel gekommen, ich will da nicht wieder hinein kommen.“

Jetzt kommt eine längere Pause. Dann fällt ihm wieder etwas ein: Er hat als Jüngling ein Märchen geschrieben von einer Fee, die sich in einen Berg verwandelt (Mons veneris?) und dann wieder auseinander fällt. Die Fee gab einem sie erlösenden Ritter ungeheure Schätze, so daß der Ritter diese Fee heiratete. Ein neuer Weg für unsere Erkenntnisse. Hier führt die Fee von seiner M u t t e r zu seiner E r z i e h e r i n, deren Bild mit dem der Mutter zu einem zusammengeschmolzen ist. Überdies wohnten beide einmal zusammen im „Österreichischen Hof“. Diese ersten dichterischen Versuche sind vom psychanalytischen Standpunkte aus sehr interessant. Sie enthalten meist den psychischen Konflikt, mit dem das Kind nicht fertig werden kann, und bedeuten einen Versuch, sich davon zu befreien. (Vgl. meine Abhandlung: „Dichtung und Neurose“ bei J. F. Bergmann, 1909.)

Die Erzieherin, die Mutterstelle bei ihm vertrat, lehrte ihn beten, auch das Ave Maria. Besonders eine Stelle regte ihn sehr auf: Gebenedeit ist die F r u c h t d e i n e s L e i b e s. Er dachte viele Monate jeden Abend darüber nach: „Was ist denn das — die Frucht deines Leibes?“ Wie kam die Frucht da hinein? Wie kam sie heraus? Am Ende gar vom Anus? Hier gehen die Gedanken wieder auf den Abort und auf seine Vorliebe für kleine Räume. Im großen Raume hat er Angst vor P o l y p e n a r m e n, die sich nach ihm ausstrecken. Auf der Gasse hat er die Empfindung, a l s w e n n d i e H ä u s e r g r o ß e F r a u e n w ä r e n, d i e i h n e r g r e i f e n k ö n n t e n. Ein Teil der Angst auf der Straße entschleiert sich als Angst vor den Prostituierten.

gehen. Ebenso Kongressus (eigentlich ‚das Zusammengehen') der Beischlaf. Im Wienerischen heißt ‚mit einem geh'n' mit ihm geschlechtlich verkehren. Man beachte ferner die Ausdrücke: Fehltritt, Ausschreitung, ausschweifen, Steigen, welche alle für sexuelle Vorgänge verwendet werden. Ebenso die anderen Bewegungen: Springen (bespringen, Springer), Tanzen, welche alle sexuelle Bedeutung, sowohl im Leben als im Traume, haben. Im Englischen sagt man gleichfalls ‚She goes with him' — sie geht mit ihm. Im Französischen heißt ‚marcher' so viel wie das deutsche steigen. Le vieux marcheur: der alte Steiger. Das ist nur eine willkürliche Auslese. Aber sie beweist den innigen Zusammenhang des ‚Gehens' mit erotischen Vorstellungen.

[1]) Natürlich nur Schauspielerei vor sich selbst.

Jedes Haus ist ein Weib.[1]) Polypen nennt man aber Polizeileute. In Reichenberg sollten die Polizeileute Pickelhauben erhalten wie in Preußen. Pickelhauben, wichtige Assoziation zu Pocken und zu Lues, was ja die Gedanken eingangs des Traumes, Reichberg, G. und Lenau bestätigen. Die Haube führt auf eine infantile Sexualtheorie, in einer Haube geboren zu sein. Während des Angstanfalles hält er sich den Hut am Kopfe krampfhaft fest, als könnte der Hut infolge des Wehens des Windes (Geburtswehen) davonfliegen. Das heißt, er könnte um seine Glückshaube kommen. Er hat die infantile Sexualtheorie, daß die Kinder wie Eier gelegt werden und in einer Eihaut zutage kommen.[2]) Die Vorhaut ersetzt ihm auch jetzt die Eihaut. Er spielt die Geburt bei jedem sexuellen Akt.

Von Reichenberg, Pickelhaube gehen die Assoziationen zu Deutsch. Deutsch erinnert ihn an das deutsche Laster (le vice allemand, die Homosexualität). Er flüchtet vor dem Weibe zum Manne. Der Kongressus ist der gefährliche Weg zum Weibe, während die edle Liebe zum Manne das Leben erhält. Wichtige Beziehungen ergeben sich auch aus dem Umstande, daß die Mutter eine Reichsdeutsche und der Vater ein Österreicher war.

Der erste Teil des Traumes heißt so viel als: Er ist sein Leben lang auf der Suche nach dem Manne gewesen und hat immer das Weib gefunden, wobei die Angst vor der Lues eine große Rolle spielt. Nun kommen wir in der Analyse zu dem Satze: „Nun fanden wir den Bahnhof, aber fanden kein Geleise." Da fällt ihm ein Witz ein. Ein Herr sitzt auf einer Eisenbahnfahrt einer Dame gegenüber, die ihr Kleid so geschickt drapiert hat, daß der Herr ihre durchbrochenen Strümpfe sieht. Er sagt darauf: „Sie haben ja da reizende Geleise." Kurz, sie verlangt eine gewisse Summe, um die Station zu zeigen, wohin die Geleise führen.

---

[1]) Ich zitiere hier folgende sehr charakteristische Stelle aus ‚Das Leben des Traumes' von *Karl Albert Scherner*. „Die allgemeine Phantasiebezeichnung für den menschlichen Leib überhaupt ist das aus Mauer, Ziegel und Gebälk errichtete Gebäude, insgemein also das, was wir ein ‚Haus' nennen. Es ist klar, daß die Phantasie, indem sie dieses Symbol für den Leib wählt, damit zutreffend das organische Gebäude des Leibes bezeichnet, welches, ähnlich dem Gebäude aus Mauer und Ziegel, seine Architektonik besitzt und mit diesen zugleich eine Menge innerer Höhlungen und Räume gemein hat; nächst dem aber erscheint durch diese Bezeichnung die Vernunftanschauung sich zu manifestieren, daß die Seele im Leibe wie in ihrem Hause wohne; und endlich mag das unmittelbare Bewußtsein, daß alles weltwirkliche Handeln und Treiben des Menschen sich ebenso an Haus und Herd knüpfe wie alle innere Tätigkeit der Seele unmittelbar an und im Leibgebäude vorgeht und damit verschmolzen auftritt, zur unmittelbaren Erwählung dieses Symboles beigetragen haben."

[2]) Ein zweiter Oberbau führt von Eihaut — Ei zur Eichel. Seine Eichel ist zerbrechlich wie ein Ei und könnte beim Hineinstecken zerplatzen; oder eine Ader bei der Eichel könnte platzen. Das geht wieder auf eine ‚infantile Sexualtheorie' zurück. Er glaubte, beim Koitus müsse man ein Stück des Gliedes verlieren. Das abgeschnittene Stück werde dann hineingesteckt. Diese ‚infantile Sexualtheorie' kommt aus dem Vergleiche mit dem Pflanzen der Bäume und mit dem Inokulieren. Sie ist gar nicht so selten und eine Wurzel der psychischen Impotenz. Auch der vielen Kindern mysteriöse Vorgang der Beschneidung spielt dabei eine Rolle. Unser Patient sah als Kind ein Bild, das auf ihn einen großen Eindruck machte: ‚Die Beschneidung Christi'. (Kastrations-Komplex!)

Er meint, die Summe wäre zu hoch. Er könnte ihr um den halben Preis den Stationsvorstand mit der roten Kappe zeigen.

Die Geleise sind also der Weg zum Weibe, den er trotz allen Suchens und Bemühens wegen seiner Homosexualität nicht finden kann. Und jetzt kommt die merkwürdige Vorstellung des Traumes, daß er, um die Geleise zu finden, in den ersten Stock des Bahnhofes steigen muß, und sofort fällt ihm ein, der erste Stock symbolisiere das erste Lebensjahr. Man muß bis zum ersten Lebensjahre in der Analyse kommen, um ihn auf den richtigen Weg zu bringen. (Der erste Stock ist die Brust der Amme!) Aber auch eine andere Deutung des ersten Stockes ergibt sich, die der Auffassung von *Scherner* nahe kommt. Wenn die Vagina das Mezzanin oder Parterre ist, so ist der Nabel um einen Stock höher. Jetzt fällt ihm Neapel ein und das Wort: Vede Napoli, e poi mori!

Es taucht eine neue infantile Sexualtheorie auf. „Ich glaubte," sagt er, „die Kinder kämen aus dem Nabel. Der Bauch platzt und das Kind stürzt heraus". Er leidet an beständiger Angst, sein Nabel könnte platzen, er läßt sich nicht am Nabel anrühren. Er glaubte als Kind, er sei gar kein Knabe, er sei ein Mädchen. Die Frau hat nur einen größeren Nabel als der Mann. Sein Nabel war seine Vagina. Später glaubte er, er sei ein Zwitter. Seine noch heute bestehende Desorientiertheit beim Weibe, bei der er das Foramen nie ohne fremde Hilfe finden kann, beruht auf der Verwechslung zwischen Vagina und Nabel. Er steigt immer einen Stock zu hoch. Weitere Gedanken gehen auf die Amme, die ihn noch einen Stock höher hinaufgeführt hat, wie ein Lift.

Der Lift ist ihm aber im Gegensatz zur Amme etwas Schreckliches. Er leidet Angst, der Lift könnte stecken bleiben und er könnte dann nicht heraus. Wir sehen, es ist seine Angst auf der Gasse: er bleibt dort stecken und kommt nicht weiter; ebenso seine Angst beim Weibe: der Penis könnte in der Vagina abgezwickt werden, er könnte im Mutterleibe stecken bleiben, er könnte eingesperrt werden. Oder eine Phantasie: Er hat einen homosexuellen Akt begangen oder man könnte ihn eines solchen ungerecht beschuldigen und ihn einsperren.

Seine höchste Angst wäre es, auf einem Balkon eingesperrt zu sein. Oben offen, unten ein Abgrund. Hier kommen wir auf den früher erwähnten Ammenkomplex. Durch die Erinnerung dringt etwas durch, als hätte ihn seine Amme einmal fallen lassen. Der Balkon, das häufigste Symbol für den starken Busen. „Nach oben offen, unten ein Abgrund", symbolisiert deutlich die Situation des Kindes am Arme der Amme. Er hatte als Kind Angst vor dem „Schupfen und Aufheben". Am wohlsten hat er sich schon als Kind im Kinderwagen befunden. Er wollte immer ein Bett mit Baldachin haben. Das Haus ist für ihn immer eine Frau. Die Angst auf der Gasse: die Frau könnte ihn ergreifen und schupfen. In einem Garten hat er gar keine Angst, auch auf der Straße nicht, wenn er in einen Wagen steigt, weil jeder Wagen für ihn der Kinderwagen ist. Er will immer mit den Füßen am Boden haften bleiben. Er kann nicht gehen, weil er einen Fuß aufheben müßte. Es fällt ihm eine Illustration aus den Fliegenden Blättern ein, in der die Häuser als Menschen dargestellt sind. Die Häuser reproduzieren Erinnerungen an die schrecklichen Leute, die ihn aufgehoben und „geschupft" haben. Der Lift erinnert ihn an die Amme; to lift a child, heißt englisch, ein Kind aufheben. To lift up heißt aufheben. Er hat als

Kind schon sehr früh nur „englisch" gesprochen. In einem Lift empfand er seine erste Angst.

Jetzt kommt ihm die distinkte Erinnerung, eine Frau habe ihn fallen lassen. Wahrscheinlich seine Erzieherin. Das „große Unglück" ist nicht nur der Tod der Mutter, sondern auch der „eigene Fall". Von Fall kommt er auf Sündenfall. Dann auf Omphale und Phallus. Die Gedanken gehen wieder auf den Sündenfall auf der Straße. Er hat besonders auf der Straße Angst, wenn ein Wind weht. (Er wäre ja durch „Wehen" bald getötet worden!) Es fällt ihm ein Bild aus dem Struwelpeter ein, auf dem der Wind ein Kind davonträgt.[1]) Den größten Eindruck hatte immer auf ihn der Ganymed von Rembrandt gemacht, der die Entführung eines Knaben durch die Lüfte darstellt. Der Wind kann einen ebenso aufheben, wie die Häuser auf der Gasse. Es gibt ja auch eine „Windsbraut". Es wird ihm immer klarer: Während der ganzen Kinderzeit hatte er die Angst, aufgehoben zu werden. Deshalb schwärmt er für große Füße. Der große Fuß gibt einen sicheren Boden. Er hat auch Angst auf dem Schiffe. Wenn die Wellen das Schiff heben, erinnert ihn das an das Schaukeln, als ob ihn eine Amme schaukeln würde. Er muß dann in seine „enge Kabine" flüchten und ruhig liegen; dort fühlt er sich besser. Er hat auch Angst vor dem Luftballon; er könnte nie in einem Luftballon fliegen. (Er hatte Angst, Bleriot könnte mit dem Aeroplan auf seinen Kopf fallen.) Er würde aus jedem Luftballon herausspringen, wie sein Bruder im Traume aus dem Lift, und sich gar nicht schämen, obwohl er sich schämte, wenn seine Erzieherin auf der Gasse mit ihm zärtlich war. Schon als Knabe küßte sie ihn immer und die Leute lachten ihn aus. Deshalb kann er bei Nacht ohne Angst gehen, er sieht keine Menschen, die ihn auslachen. Er war 12 Jahre alt, als ihn die Erzieherin einmal vor der Schule erwartete und ihn küßte. Er bekam einen Wutanfall. Er will nicht ewig das Kind bleiben. Er möchte sich auf eigene Füße stellen. Er lernte heuer tanzen, um in Gesellschaft gehen zu können; es fällt ihm ein, wie seine Erzieherin immer mit Kindern herumtanzte, um sie zu beruhigen. Sofort taucht eine neue Erinnerung auf an einen Lift in Reichenhall, wo er fast eingequetscht worden wäre. Jetzt kommt wieder eine neue Angst; er hat die Angst, daß sein Brustkorb eingedrückt wird. Er weiß auch, wie diese Angst zustande gekommen ist. Er kennt ihre infantilen Wurzeln. Seine Erzieherin war es, die ihn immer so an sich gedrückt hat und dabei schrie: „Ich erdrück' dich noch, ich werde dich noch auffressen." Die Szene in Reichenhall[2]) beim Lift war so· Ein Liftboy sprang aus dem Lift; er selbst sprang ihm rasch nach, während der Bruder und Vater weiterfuhren.

Hier stoßen wir auf einen wichtigen Komplex. Er will vor dem Bruder aus dem Mutterleib gekommen sein, er beneidet den Bruder um die Erst-

---

[1]) Der Struwelpeter war für ihn ein großes Trauma. Besonders das Bild, auf dem der Schneider (Beschneider!) dem Daumenlutscher die Daumen abschneidet, hat ihm Grauen und Entsetzen eingeflößt. (Kastrations-Komplex!)

[2]) In Reichenhall starb sein Vater an einem Lungenleiden. Das war für ihn ein ‚großes Unglück'. Nach dem Tode meldete sich das Schuldbewußtsein. Vorwürfe peinigten ihn, er habe manches versäumt, was das teure Leben hätte retten können. Die Vorwürfe bezogen ihre Affekte aus der Kindheit, da der Vater ihn mit Drohungen (Kastration!) am Onanieren und Lutschen hinderte. Damals dachte er: Wenn der Vater stirbt, kann ich ungestört onanieren. Überdies kennen wir ja das Junktim, das er zwischen dem Tode seines Vaters und seiner sexuellen Freiheit gemacht hat.

geburt. Wieder spielt die Mutterleibsphantasie eine Rolle. Auch ein anderer Gedanke: Vater und Bruder sollen sterben (abfahren), er will sich retten. Es fällt ihm ein Erlebnis aus dem fünften Lebensjahre ein. Vater und Bruder blieben einmal im Lift stecken und er brüllte wie wahnsinnig vor Angst, der Vater könnte erdrückt werden, er könnte gepreßt werden. Bei der Bahn interessiert ihn am meisten der Expreßzug: Er will immer nach Preßburg fahren. Matrosen interessieren ihn, weil sie „gepreßt" werden. Er liest immer die „Neue Freie Presse". Die alte Presse war ihm unsympathisch. Die Neue Freie Presse ist ihm sympathisch. Er interessiert sich für das Weinpressen, weil es mit nackten Füßen gemacht wird. Am Schlusse eines Weges hatte er immer Angst, er ist pressiert. Seine Onanie geht durch Pressen des Penis vor sich. Ihn interessieren Soldaten mit engen Uniformen, Soldaten, die in die Uniformen gepreßt werden. „Pedem (passum) premere" heißt schnell gehen. Ihn interessieren die ledernen Stiefel des Vorreiters bei der Artillerie, weil der Fuß hineingepreßt wird. Er findet seine größte Libido, wenn er beim Absetzen der Fäkalien stark pressen kann.

Wenn er von einem Arzte untersucht wird, so betont er immer, daß ihm der Nabel nicht berührt werden dürfe, er könnte sonst sterben.[1]) Wir sehen aus dieser Analyse, welche kolossal verzweigte und wichtige Gedankengänge sich an ein scheinbar harmloses Traumbild knüpfen können. Ich habe absichtlich die ausführliche und doch noch nicht erschöpfende Analyse des Traumes mitgeteilt, um zu zeigen, daß mit der Übersetzung eines Traumes als solcher nichts gedient ist. Wir erhalten wohl einige wichtige Einblicke in die Struktur des Traumes, aber das wichtigste muß uns doch der Träumer selbst liefern.

Wir merken, daß der verdrängte Wunschgedanke der ist: O, wären der Vater und der Bruder damals in Reichenhall gestorben, wie meine Mutter bei meiner Geburt gestorben ist, und ich stünde allein auf der Welt! Das ist tatsächlich eine seiner Lieblingsphantasien. Er will der einzige sein. Alle Menschen sollen aussterben. Ein großes Unglück soll die Welt treffen und er allein bleibt bestehen. Er, der Kleine, Schamhafte, Ängstliche, Gedrückte, der dann der Größte und Erhabenste wird.

Wir sehen ferner die kolossale Bedeutung der infantilen Eindrücke des Aufhebens, Schupfens und Pressens von Seiten der Erziehungspersonen für die Entstehung der Angst. Diese Erziehungspersonen sind im Traume als „Bedienstete" angedeutet.

Diese Bedienstete führt uns auf eine neue Spur. Es ist dies eine Kindergärtnerin, die den Namen Deutsch führte und aus Preußen war. Sie wurde „La Prussienne" im Hause genannt. Wir erinnern uns der Worte „deutsch" (deutsches Laster) und Preußen (preußische Pickelhaube). Es steigt die Erinnerung an ein großes Trauma der Jugend auf. Tiefste infantile Schichte. Die Bonne ging mit ihm in den ersten Stock zu einem fremden Herrn, woselbst das Kind einer wenig verhüllten erotischen Szene beiwohnte. Das war auch ein „großes Unglück". Er erinnerte sich deutlich an einen exhibitionistischen Akt des Herrn.

Nun verstehen wir erst den Traum. Der Bruder ist sein Penis, der herausspringen will. Er hat einmal von seinem Vater eine Ohrfeige be-

[1]) Homosexuelle Einstellung zum Arzte als Vater-Imago.

kommen, weil er auf der Promenade den Penis heraussteckte und so herumging. Jetzt hat er die Phantasie, mit nackten Füßen und einer großen Z e h e über den Ring spazieren zu gehen. Die Tendenz zur Exhibition ist durch eine Verlegung nach unten transformiert.

Allein, seine Angst auf der Straße demaskiert sich als Angst vor seinen Trieben. Er möchte am liebsten die Hose l ü f t e n, den Penis herausstecken und so herumgehen. Er fürchtet, diesen Akt im Wahnsinn zu machen. (Reichenberg, G. Lenau usw.). Er wünscht den Wahnsinn oder er möchte gerne den Wahnsinnigen spielen, um dieser Lust zu frönen. Der Österreichische Hof", wo er den Angstanfall erlitt, liegt am F l e i s c h m a r k t. Er möchte seine „F l e i s c h b u d e" exhibitionieren.

Warum? Weil er immer eine Szene spielt: s e i n e G e b u r t. Der Penis ist der Kleine, das Abbild des Großen. Der soll geboren werden, ohne daß ein Unglück geschieht. Das heißt, er identifiziert sich mit der Mutter, den Penis mit ihrem Kind, sich selber. Eines von beiden muß geopfert werden. Entweder das Kind oder die Mutter. Dem ersten Gedanken entsprechen K a s t r a t i o n s phantasien; dem zweiten seine große Angst, die Todesangst. Wenn ein Mann seinen Fuß aus dem Schuh zieht, so ist ihm das ein Symbol der Geburt. Die große Zehe ist das schmutzige, neugeborene, gepreßte, rote Kind.

Der Angstanfall spielt die Szene in einer Verlegung nach oben. Er hat Angst, daß der Hut davon fliegen könnte und hält ihn krampfhaft fest. Er fürchtet, den Kopf zu entblößen. Hier steht das Kaput für die Glans penis.

Jetzt fährt die Bahn oben. Alles spielt sich am Kopf (oder an den Füßen) ab. Jetzt spielt sich alles o b e n, d. h. im Kopfe (geistig) ab. Früher ging die Onanie „unten" vor sich. Während die Bahn unten gefahren ist, begab sich das große Unglück mit der Ohrfeige, die er noch heute nicht vergessen hat.

Die Szene tritt immer deutlicher vor sein geistiges Auge. Er badete mit seinem älteren Bruder. Sie spielten mit den Genitalien. Da stürzte die Erzieherin hinein und drohte mit den strengsten Strafen. M a n w e r d e d e n K i n d e r n d a s P i p i a b s c h n e i d e n. Von diesem Spielen käme eine „fürchterliche Krankheit". Schließlich erhielt er noch vom Vater eine Ohrfeige. Er, der Klügere, war der Verführer. Der andere kam mit einer Strafpredigt davon.

Die Eisenbahn ist hier die Onanie. Er hat am Gliede gezogen (Zug). Er hat dadurch seine Maschine ruiniert. Er muß sterben. Die furchtbare Warnung seiner Erzieherin klingt ihm noch immer in den Ohren: „W e n n d u d a u n t e n w e i t e r s p i e l s t, s o w i r d d i r d a s P i p i[1]) a b f a l l e n u n d d u w i r s t s t e r b e n." Dazu kam das Trauma der Ohrfeige. Für ihn war es ein großes Trauma, weil er vorher nie geschlagen wurde und maßlos ehrgeizig und empfindlich war.

Von diesem Erlebnis datieren die Haß- und Rachegedanken, die in Phantasien gipfeln: Vater und Bruder (letzterer hatte ihn wegen der Ohrfeige verspottet) sollen sterben. Hier wird zur Erfüllung dieses Wunsches die Eisenbahn und der Lift herangezogen. (Das Steckenbleiben des Lifts drückt sich parapathisch in der Unfähigkeit aus, in einer Vagina stecken zu bleiben.) Ferner gönnt er seinem Bruder eine L u e s, an der er bald sterben soll.

[1]) In Österreich bedeutet in der Kindersprache „Pipi" der Penis.

Warum? Weil der Bruder reich ist (Reichenberg) und er sein Geld erben will. Der Berg (sein Märchen) soll zerfallen — und er soll die Schätze heben.

Darum will er ein Weib sein. Einem Weibe kann man das Pipi nicht abschneiden. Einem Weibe kann das Pipi nicht abfallen. Ein Weib sündigt nicht. Es ist passiv. Er will ein Weib und ein Heiliger sein und so über den Vater triumphieren. Oben, d. h. im ewigen Leben, wird er der Sieger sein. Dazu soll ihm die Askese verhelfen. Er ist nicht würdig zu genießen. Er war ein Mörder in Gedanken. Die Eisenbahn und der Lift hätten seinen Vater, seinen Bruder und seine Erzieherin töten sollen, damit er ungestört onanieren könne. Eisenbahn und Lift sind hier Todessymbole.

Schließlich betrachtet der Träumer die Zeichnung und sagt: „Es handelt sich um einen ‚Durchschnitt'. Dieses Bild drückt mein doppeltes Wesen aus: Halb Mann und halb Weib. Ich betreibe die Onanie als Weib. Und das wichtigste, glaube ich, ist der Umstand, daß das Allein-auf-der-Straße-gehen für mich ‚Onanieren' bedeutet. Ich schäme mich auf der Straße. Ich glaube noch immer, man merke mir die alte Onanie an. Deshalb wünsche ich, allein zu sein. Möge die ganze Welt zugrunde gehen. Dann kann ich ohne Scham und Angst meiner Lust leben. Das ist mein „psychischer Anarchismus".[1])

Dieser Traum zeigt uns die sexuelle Bedeutung des Gehens und die mehrfache Verwendung, welche der Fuß in seiner Phantasie gefunden hat. Seine Geh-Angst ist Angst vor dem Weibe, sein Fußfetischismus Schutz vor dem Weibe. Er sichert sich durch seine Askese den endgültigen Triumph über seinen Bruder. Sein Fetischismus hilft ihm, die Askese festzuhalten. Der Fuß mahnt ihn an seine Geburt und an seine Sünden, mahnt ihn daran, daß er ein büßender Pilger, ein Franziskaner ist.

— —

Es folgen sieben Träume:

1. Traum: „Es war ein sehr hübscher, junger Mann, der mir und allen Damen und Herren erzählte, er sei sehr gesund, nur habe er Schweißfüße. Dagegen gäbe es nichts, die habe er ererbt vom Vater und Großvater."

2. Traum: „Ich ging in ein Tal hinab und sah einen Matrosen in einem Landhause verschwinden. Ich suchte ihn und fand ihn nicht mehr."

3. Traum: „Papa, Bruder und auch ein Herr F. und ich spielten Billard. Ich schlug aber auf die Bälle wie beim Golfspiel. Auch probierte ich sehr lange, bis ich einen trefflichen Coup vollführte. Dann saßen alle; Herr F. aß zwei Büchsen Sardinen aus und erklärte dann, um Mitternacht noch zu einem Freunde essen zu gehen, den er recht gerne habe, obwohl dieser erklärte: ‚Ich bin ein Christlichsozialer'.

[1]) Die Symbole ‚Oben' und ‚Unten', denen *Adler* im Sinne von ‚Männlich und Weiblich' einen so großen Wert beimißt, finden hier, wie in vielen anderen Träumen, eine einfache Erklärung: Die Kinder stehen ‚unten' und die Erwachsenen ‚oben'. Das Kind muß zu den Erwachsenen emporblicken. Der psychische Infantilismus drückt sich durch ‚unten' aus. Der brennendste Wunsch des Kindes, ‚groß zu sein' und ‚größer zu sein, als die Großen' findet in Träumen durch Situationen, in denen der Träumer ‚oben' ist, seine ersehnte Erfüllung. Eine andere schon erwähnte Determination von ‚Oben' und ‚Unten' beruht auf dem religiösen Komplex und bedeutet: Himmel und Hölle. Am Balkon sieht Beta immer oben den Himmel, unten die Hölle.

Dann war Papa auf einmal sterbenskrank, und zwar am Herzen. Er durfte sich nicht rühren und es wurde nur ein halbes Abendblatt der ‚N. Fr. Presse‘ gekauft, das ich las. Ein ganzes hätte ihm schaden können. Dann war aber doch ein ganzes ‚Erstes Nachmittagsblatt‘ da. Nun dachte ich, wie sei denn das, daß Papa noch einmal stürbe, er sei ja doch schon tot.“

4. Traum: „Ich warf meine Uhr auf den Boden, sie brach nicht, sondern es sprang nur der Deckel auf.“

5. Traum: „Ein Ökonom, Herr Christians, und ich waren mit einem dicken Herrn in einem kleinen Zimmer. Christians hatte gesagt: Wir werden folgendes Spiel machen. Zuerst wird er in einem Badezimmer baden, dann ich und schließlich der Dicke, wenn noch ein Badezimmer da ist. Christians badet in einem Einzelbadezimmer (nur für eine Person bestimmt), ich in einem, das für vier war. Der Dicke ist weggegangen, weil kein Badezimmer mehr da war. Christians hat mich sexuell aufgeregt. Wir waren beide ganz nackt und ich habe mich gewundert, daß er größer ist als ich. Jetzt ist mein Bruder gekommen und hat mich gefragt, was ich gemacht habe und ob ich gar nichts von seinem Penis gesehen habe. ‚Nicht einmal so viel!‘ sagte ich und zeigte auf den Finger.“

6. Traum: „Eine Frau mit einem Stock oder einen Penis in der Hand neigt sich über ein Kind (Jesukind?) in der Wiege.“

7. Traum: „Ich will in die Gruft am Zentralfriedhof hinuntersteigen. Dann graut mir davor und ein Engel verwehrt mir den Eintritt.“

Der erste Traum betont den Fußfetischismus, durch den der Träumer ausgezeichnet ist. Er ist der „hübsche junge Mann“ und er fühlt sich vollkommen gesund bis auf den Fußfetischismus, der hier sehr charakteristisch durch „Schweißfüße“ dargestellt wird. Sein erstes Kindermädchen litt an Schweißfüßen. Jetzt besteht infolge der Verdrängung Ekel vor Schweißfüßen. Dagegen gefällt ihm ein dunkel geröteter, d. h. erhitzter Fuß. Wir müssen an die zweite Bedeutung des Schweißes „Blut“ denken. Der „blutige Fuß“ ebenso wie „der Fuß, der mit Kot beschmiert ist“ (das Hereinsteigen in Kot) spielen in seiner Phantasie eine sehr große Rolle. Eine andere Bedeutung des Traumes: Seine Schuld stinkt zum Himmel. Dieser Traum soll alle persönliche Schuld auf erbliche Belastung durch Vater und Großvater schieben. Wir werden später noch eine zweite Bedeutung kennen lernen. Vom Vater und Großvater hat er ein großes Vermögen geerbt.

Der zweite Traum spielt auf das schwere Trauma seines Lebens an. Sein Vater (der Matrose, d. h. der große Schiffer) hat in einem Landhause einer Bäuerin (der Engländerin auf dem Lande) nächtliche Besuche gemacht. Diesen Vorfall hat er verdrängt. Er wollte ihn nicht sehen. Der Traum erfüllt seinen Wunsch. Er sucht (die Erinnerung) und findet sie nicht mehr. Im zweiten Traume stirbt der Vater wieder. Er verschwindet in der Gruft, so daß er ihn nicht mehr finden kann. Der dritte Traum ist von fundamentaler Bedeutung. Sein Vater ist wieder am Leben, er ist auferstanden. Darüber wundert er sich. Er hat ein großes Wunder erlebt. Der Vater stirbt zum zweiten Male. Das hat — wie wir wissen — eine große Bedeutung. Bis jetzt lebte er ihm noch. Er stand unter der Herrschaft väterlicher Imperative. Jetzt wird er frei — das ist das eine große Wunder — und jetzt erst ist der Papa für ihn gestorben. Das ist das wichtige Problem vom

S t e r b e n bereits G e s t o r b e n e r. Der Wunsch, mit ihnen fertig zu werden und sie endlich zu den Toten zu werfen.

Das Spiel mit den Bällen hat eine eigene Bewandtnis. Es fällt ihm zuerst der P l a t t f u ß und dann das F u ß b a l l s p i e l ein. Der B a l l e n des Fußes interessiert ihn am Fuße am meisten. Er hat angeblich Ekel vor Füßen, die Hühneraugen haben, die er ebenfalls B a l l e n nennt.[1]) Auch andere Ballen interessierten ihn, nämlich die beiden Mammae. Der Golf heißt ja lateinisch sinus (der Busen) und im Deutschen Meer b u s e n. Sein Fußfetischismus ist auch eine Verlegung von oben nach unten. Die beiden Fußballen stehen für die beiden Mammae. Herr F. steht für den Vater. Herr F. ist „der große Analerotiker", wie er ihn nennt, welcher immer B l a s p h e m i e n im Munde führt, die innige Beziehungen zum Traume haben, die ich aber unmöglich hier mitteilen kann.

Die beiden Ausgaben des Vaters (Faust und Mephisto) werden hier durch den Vater und F. dargestellt. Der Vater hat zwei Geliebte (das Kindermädchen, d. h. das Landhaus und die Engländerin), die als Schachteln ohne Kopf (Schwanz) dargestellt werden. Doch zu Sardinen fällt ihm Piemont ein, das er als pied-mont, d. h. F u ß des Berges auflöst. (Siehe S. 200.)

Schon jetzt fällt uns auf, daß im zweiten Traume der Träumer ins Tal hinabging, d. h. auf den Fuß des Berges. Was das zu bedeuten hat, sollen wir gleich erfahren. Herr F. soll zu einem Freund gehen, der ein Christlich-Sozialer ist, um dort zu essen. Es handelt sich um das heilige Abendmahl, das die Griechisch-Katholischen nach Mitternacht nehmen. Der Freund heißt Zimmermann. Es fällt ihm aber sofort ein Sohn eines Zimmermannes (zweite Bedeutung Frauenzimmermann — Don Juan) ein . . . Christus. Der Vater soll sich zu Christus bekehren und fromm werden. Zweite Determination: Der Vater soll sich zu ihm (Christus) bekehren.

Das ist der große Konflikt seines Lebens. Wie ich schon erzählte, waren der Vater und der Großvater überzeugte Liberale und beteten niemals, gingen in keine Kirche. Sein erster Hofmeister war ein fanatischer Klerikaler. Das ist die Belastung vom Vater und Großvater. Er hat von ihnen den Liberalismus, d. h. den U n g l a u b e n übernommen. Nach außen und vor sich ein überzeugter Freigeist, ist er im Innern ein überzeugter Klerikaler (Christlich-Sozialer).

„D a n n w a r P a p a a u f e i n m a l s t e r b e n s k r a n k, u n d z w a r a m H e r z e n." An seinem Herzen fraß der Unglaube, er sollte bekehrt und erlöst werden. Deshalb durfte er nicht das „Judenblatt", die „Neue Freie Presse" lesen. Nur die halbe Zeitung, d. h. die „Presse", wie die mehr konservative, fast klerikale Mutter der „Neuen Freien Presse" geheißen hat. Die Z e i t u n g ist hier auch in zweiter Bedeutung das W e i b. Die freie Presse (ein Freimädel, die Männer preßt), eine Dirne. Die halbe Presse — demi monde. Ein ganzes Blatt hätte ihm schaden können. Der Papa sollte nicht noch einmal heiraten und keine Verhältnisse mit „ganzen", d. h. vollwertigen Frauen haben.

---

[1]) Später zeigte es sich, daß die Ballen und Hühneraugen ihn sexuell erregten. Die Angaben von Ekel erfolgten in den ersten Monaten der Behandlung. Die Hühneraugen waren für ihn ein „Anti-Fetisch", der sich bald in einen Pro-Fetisch zurückverwandelte.

„Halbes Abendblatt" führt zu den Gedanken vom „Heiligen Abendmahl". „Erstes Nachmittagsblatt" konnte nicht gedeutet werden. Wahrscheinlich Anspielung an eine Szene zwischen Vater und Kindermädchen.

Der vierte Traum zeigt uns die Uhr als Symbol des Herzens. Sein Herz (der Vater) stirbt nicht. Er wirft sie zu Boden, sie bricht nicht. Er merkt nur, wieviel es geschlagen hat. (Der Deckel springt auf.) Der Vater hat ihn nach der ersten Szene geschlagen. Aufspringen des Deckels — die Auferstehung — die Toten steigen aus den Gräbern.

Der fünfte Traum brachte uns eigentlich die Lösung einer Reihe von Träumen, auch der vorhergegangenen. Denn die Analyse dauert zirka 10 Stunden. Hier sind bloß die Resultate dargestellt.

Zum Ökonom fällt ihm sein Bruder ein. Die Bäder blieben rätselhaft, bis ich darauf dringe, daß dieser Traum Beziehungen zum religiösen Komplex haben müsse. Er verneint dies; findet jedoch Anspielungen auf seinen Geiz, seine Sucht, Geld zu erwerben, ökonomisch zu leben. Weitere Einfälle gehen über Aaron zum „goldenen Kalb".

Diese Schmähung zielt wohl auf den dicken Herrn, der seinen Vater darstellt, obwohl er sehr ordinär, wie ein ungebildeter Fiakerkutscher aussah. Auch stand er da wie tot und starr, was wir ja verstehen werden, da es sich um den toten Vater handelt. (Kutscher, der Lenker der Familie — der Vater; Fiaker, Zweigespann — Ehe, Fiakerkutscher — Ehemann, der Vater.)

Dann fällt ihm ein, daß es gar kein Bad war, nur eine Dusche, ein Benetzen des Hauptes. Schließlich erkennt er den Ökonom als einen Menschen, der an einem chronischen Ekzem leidet und löst ihn in „Ecce-homo" auf. Aaron — Jean (Johannes), Ko — Kohn und Christus. Das Baden bedeutet die Taufe. (Johannes der Täufer!) Christus hat als erster die Taufe genommen. Er ist der große Einser! Der Einzige (Monos! — Monotheist — siehe S. 199), den er verehrt und anbetet. Er hat eine Zeitlang gezweifelt, ob er überhaupt getauft wurde, und beneidete Kaiser Konstantin (er nennt seinen Freund Kohn konstant Ko) darum, daß er sich am Totenbette taufen ließ und dann rein in den Himmel einziehen und die ewige Seligkeit erwerben konnte. Der „abscheuliche Dicke" hat auf die Taufe und die Wiedertäufer verzichtet, d. h. das Himmelreich verloren.

Doch das wichtigste ist der Umstand, daß ihn der Ökonom im Traume sexuell erregte. Auch die Frage des Bruders, ob er den Penis gesehen habe, wird verständlich. Christus war seine erste religiöse und erotische Liebe. Die Schweißfüße sind die blutigen Füße des Sohnes Gottes.

Aber seine Sünden sind noch viel, viel größer. Er litt in der Kindheit eine Zeitlang an Größenwahn, selber der Sohn Gottes zu sein. Er war sich selber Christus. Seine Familie war die heilige Familie. Der Vater Gott, der Bruder der heilige Geist und er der „Sohn Gottes". Deshalb wundert er sich im Traume, daß Christus größer ist als er. Er ist der Erlöser. Er büßt die Sünden seines Vaters und hat sich ans Kreuz der Parapathie geschlagen. Seine Hauptsünde: sein Gott war seine erotische Liebe. Er hat es als Knabe bedauert, daß Christus immer ein Tuch um die Lenden getragen hat. Eine andere Sünde: Er wollte einmal den Penis des Vaters sehen und sagte: „Bitte, Papa, zeig' mir dein Pipi." Dafür kriegte er ordentliche Hiebe und Schelte. Darauf bezieht sich die Frage des Bruders am Schlusse des Traumes. Am nächsten Tage träumt er eine Variante — den sechsten Traum. Die Frau schildert er: Eine dicke, ordinäre Person, grauslich, gewinnsüchtig, lüstern, eine Köchin.

14*

die die schlechten Eigenschaften aller seiner kindlichen Bekanntschaften hat. Der bisexuelle Charakter des Träumers ist deutlich. Die Hauptsache, daß er den Vater (den Dicken des fünften Traumes) als altes Weib darstellt. Er ist das Jesukind. Der Vater hindert ihn am Onanieren.

Im letzten Traume packt ihn die Reue für die Schmähungen, die er dem geliebten Vater angetan hat. Er will zum Vater in die Gruft hinab.[1]) Selbstmordgedanken. Ein Engel (sein Arzt) hindert ihn daran. Der Engel erinnert ihn an das Bild von der Auferstehung Christi. Diese ist ja im dritten Traume (das Wunder als „sich wundern" ausgedrückt) ausgeführt. Auch das Springen des Uhrdeckels ist das Springen der Gruft, da Christus auferstand. Der Engel ist auch der Engel mit flammendem Schwerte, der die Sünder aus dem Paradiese vertreibt. Wir erfahren den tiefsten Grund seiner Impotenz. Er kann zum Weibe nicht gehen, weil er nicht würdig ist, ein Weib zu besitzen. Der Engel vertreibt ihn aus dem Paradiese. (Zentralfriedhof — Gruft — Vagina.) Er hat ein Grauen vor dem Weibe, das ihm die Sünde personifiziert. Sein Penis klappte jedesmal zusammen, wenn er ihn in die Vagina stecken will. Zwischen ihm und dem Weibe stehen der Tod und die Sünde.

Er träumt von der Auferstehung! Das ist das große Wunder. Er erwartet die Renaissance seiner Potenz. Sein Penis soll auferstehen. Sein Membrum ist seine Gottheit. Sein Gott ist tot. Er kann nicht glauben und nicht beten — aber auch nicht ein Weib besitzen.

Der zweite Traum zeigt ihm den Tod des Vaters und die verlorene Potenz. Er hat keinen Penis mehr. Nur einen Fuß. Sein Fußfetischismus ist die Buße für die vermeintlichen Sünden seines Vaters und seine eigenen Vergehen.

Durch alle Träume klingt es wie Hoffnung auf eine baldige Genesung. Der Coup gelingt. Der Vater stirbt. Die Uhr fällt zu Boden und ein Engel bewahrt ihn vor dem Verderben.

Auch in anderer Form spielt der Glaube an seine Parapathie hinein. Er leidet an Straßenangst. Eigentlich Angst vor „Revenants". Der Vater könnte wieder auferstehen und ihm mahnend entgegentreten. Der Teufel könnte ihn holen.

Es hat ein Jahr emsiger Arbeit bedurft, um diesen verschütteten religiösen Komplex zu heben. Der religiöse Komplex fehlt fast bei keiner Parapathie, mögen sich die Kranken noch so aufgeklärt und atheistisch gebärden. Sie glauben alle, sind Frömmlinge dem Gefühle nach. Im Intellekt haben sie wohl den Glauben überwunden. Aber die infantilen Affekte sind für ewig ins Herz gebrannt und melden sich in den bösen Stunden. Das Herz, das unerschütterliche Kinderherz glaubt noch immer, wenn der Verstand sich jenseits von Glauben und Frömmigkeit dünkt.

Auch der Träumer, der an Stelle seiner Mutter die Bibel sieht, ist ein fanatischer Freidenker und Häckelianer. Ein „Monist" strengster Observanz. Doch nur nach außen. Der religiöse Komplex verschmilzt meistens mit dem Elternkomplex zu einem unlöslichen Ganzen. Gott Vater und der Vater werden zu einer Einheit. Die Sünde wider die Eltern wird zur Sünde wider die Religion . . .

Wir sehen mit Erstaunen, wie oft wir bei diesem Kranken auf den Christus-Komplex stoßen. (Er drückt sich schon in den Worten „Christlich-Sozialer" und „Christians" aus. Überdies erscheint dann das Jesus-Kind.) Im

[1]) Andeutung von Nekrophilie. Er liebt auch den toten Vater.

Fuße vereinigen sich die religiösen und sexuellen Symbole zu einer Einheit, die merkwürdig genug ist. Aber diese Verschmelzung fehlt in keinem Falle von echtem Fetischismus, wenn man sich die Mühe nimmt, die Fälle bis auf die Tiefe zu analysieren. Freilich, die Traumanalyse ist eine Kunst und erfordert große Geduld und Eingehen auf die oft wirren Gedankengänge des Träumers.

In den ersten Träumen sind diese Komplexe sehr versteckt angedeutet. Man kann erst nachträglich die Bedeutung dieser ersten Träume erkennen, die aber das ganze Problem der Parapathie enthalten.

— — — — — — — — — — — — — — — — — — — —

Ich bringe nun gegen den Schluß dieser Analyse den ersten Traum meines Patienten. Solche erste Träume sind sehr wichtig. Sie enthalten das ganze Programm der Parapathie.

> Ich sah ein Stück im Burgtheater. Ich war nicht allein. Jedenfalls mit ein paar Bekannten (M. R. und K. R.). Da ist ein Stück aufgeführt worden, da waren zwei Personen. Der eine war der Kainz, der andere, glaube ich, der Gregori. Das Stück spielte, glaube ich, im Altertum, weil wir alle in togaartigen Gewändern, wie in Bademänteln, gehen. Ich weiß nur, daß wir alle darüber gelacht haben. Auf einmal hat der eine Schauspieler viel geredet und ist davon gelaufen (Gregori), nachdem er fürchterlich laut geredet hat. Der andere hat jetzt weiter geredet und auf einmal mit dem Rufe: „Jetzt müssen alle herschauen!" hat er seine Toga ausgezogen und ist folgendermaßen dagestanden: Am Oberkörper nackt, wie ein Handtuch um die Lenden[1]) und jetzt kommt das merkwürdigste. Vor dem Penis ein keilförmiges, braunes Stück Holz. Auf das hin waren wir alle entsetzt und sind davon gegangen. Der Akt war aus.
>
> Jetzt weiß ich noch, daß wir gesagt haben, der nächste Akt beginnt in zehn Minuten, und daß wir noch länger in einer langen Gasse gegangen sind und dann zurückkehren wollten.

Von der Verdichtungsarbeit dieses Traumes kann man sich kaum eine Vorstellung machen. Die bedeutsamsten Vorfälle des Lebens sind in den einzelnen Traumstücken enthalten. Wer die vorhergehenden Träume des Herrn Beta aufmerksam gelesen hat, wird schon ohne Analyse viele unbewußte Traumgedanken finden können. Bevor ich die wichtigste Bedeutung dieses Traumes, nämlich das Erlebnis mitteile, möchte ich nur einige Bruchstücke der Traumanalyse wenigstens andeutungsweise wiedergeben.

Das Stück im Burgtheater weist, wie wir schon wissen, auf das Elternhaus hin. Er war nicht allein; das stimmt, denn die wichtigsten Akteure bei diesem Stück waren außer ihm sein Bruder, die Erzieherin und der Erzieher. Die zwei Personen des Stückes, K a i n z und G r e g o r i, gehen vor allem auf die Spaltung in seiner Brust. Er sah die beiden Schauspieler zuerst im „Faust". Gregori gab den Faust, Kainz den Mephisto. Beide Seelen wohnen in seiner Brust; der Teufel und der nach dem Höchsten strebende Faust sind Inkarnationen seiner eigenen Person. Gregori erinnert ihn zuerst an das griechische „ἐγρεγεῖν" (Erwachen) auch an Gregorius, den Säulen-Heiligen, den Papst Gregor usw. Kainz spielt auf „keins" (keines) und auch auf den biblischen „K a i n" an. Daraus ergeben sich die verschiedensten Beziehungen. Die Szene spielt im Altertum, d. h. in seinem Altertum, in der

[1]) Nachtrag: Erinnerte ihn an einen Künstler, den er in einem Trikot in einem V a r i e t é gesehen hatte. Dieser Künstler hieß Silvester Schäffer

Kindheit. Die Schauspieler agieren in Bademänteln, was ihm komisch vorkommt und ihn einigermaßen an die römische Toga erinnert. Jetzt kommt diese merkwürdige Szene mit dem Stück Holz, die lange nicht erklärt werden konnte. Die wichtigste Beziehung ist wohl die, daß das Holz den Kastrationskomplex ausdrückt, über den wir speziell bei diesem Falle so viel gesprochen haben.

Doch nun zum Trauma, das sich dahinter versteckt. Einmal nach einem Bade schlichen er und sein Bruder sich vor das Zimmer der Engländerin. Sie waren beide in Bademänteln. Sie holten nun einen Sessel, bestiegen ihn abwechselnd und konnten durchs Schlüsselloch verschiedene ergötzliche Situationen (Koitus!) zwischen den Personen, denen ihre Erziehung anvertraut war, beobachten. Plötzlich bekam der Bruder Angst und lief schreiend davon. Er begann auch fürchterlich zu schreien und wollte davon laufen, blieb aber wie gelähmt im nächsten Zimmer stehen. Der Bruder war in seinem Bette schon in Sicherheit, als auch er den sicheren Hafen erreichen wollte. Er wurde schließlich erwischt und bekam Ohrfeigen und Schläge, die er sich für sein Lebenlang gemerkt hat. Es waren die unangenehmsten Schläge seines Lebens. Diese Szene des Erwischtwerdens, wobei er den sicheren Port, das ist sein Schlafzimmer, nicht erreichen kann, spielt er jetzt auf der Straße immer wieder, sie erweist sich als eine der wichtigsten Wurzeln seiner Straßenangst. Die zweite Bedeutung des Traumes geht über Kain und Abel zum Brudermord. Er war immer der Prügelknabe für den Bruder. Auch in diesem Falle heimste er die Schläge ein, während sein Bruder sich ins Fäustchen lachte. Daher rühren seine finsteren Rachegedanken auf den Bruder. Eine zweite Bedeutung geht noch über A b e l. Sie waren in der Kindheit beim Ballett „Sonne und Erde“, in welchem eine bekannte Mimikerin, Frau A b e l, die Sonne darstellte. Sie war nackt im Trikot, und monatelang vergnügten sich die Knaben daran, einander die Konstatierung zuzurufen: „Die Abel hat kein Pipi“, d. h. sie ist kastriert. Aber auch der Abel, d. h. der Bruder, sollte kein Pipi haben. Seine sadistischen Rachephantasien gingen dahin, am Bruder[1]) eine Kastration zu vollziehen. Als Strafe trägt er nun seine psychische Impotenz. Bemerkenswert ist auch der bisexuelle Charakter des Traumes. Die Schauspieler tragen Bademäntel, die eigentlich ein weibliches Kleidungsstück darstellen. (Wie schon oft betont, werden in ähnlicher Bedeutung auch der Talar, die Soutane, der Schlafrock usw. verwendet.) In einem Bade haben sich zwischen ihm und seinem Bruder verschiedene homosexuelle Szenen abgespielt. Dieses Stück führte er mit seinem Bruder „allein“ auf. Jetzt ist er Kainz, der Mann, der „keins“ hat. Er möchte das Weib sein. Das nächste Trauma spielt sich zehn Jahre später ab, als die Engländerin mit einem anderen Hofmeister ein Liebesverhältnis hatte, das so offen betrieben wurde, daß der betreffende Hofmeister das Haus verlassen mußte. Der letzte Absatz von der langen Gasse, in der er längere Zeit herumgeht, der „unendlich lange Weg“, ist ein Hinweis auf seinen Lebensweg. Das Holz statt des Busens. Die Erzieherin hatte nur ein B r e t t, wo er eine volle runde Brust erwartete. (Eine andere Determinierung geht auf den Hosenlatz, den die steirischen Hosen haben. Außerdem Beziehungen zur Amme, nach deren Entlassung er fürchterlich geschrieen hatte und viele Wochen nicht zu beruhigen war. (Trauma der Entwöhnung — nach *Stärke* das Urbild der Kastration.)

---

[1]) Und am Vater!

Nach einigen Monaten brachte mir Herr Beta die letzte Lösung dieses Traumes. Die Geschichte mit dem beobachteten Koitus war richtig, bezog sich aber auf andere Personen. (Ein Soldat und ein Kindermädchen.) Aus Rache wurde sie auf seinen Erzieher und Vater umgedichtet. Die traumatische Szene spielte sich folgendermaßen ab: Die beiden Burschen waren nach dem Bade in einem Bette gemeinsam. Sie spielten Mann und Frau. Beta war unten und wurde in den Nabel gestoßen. Dann trieben sie allerlei Allotria. Da kam unvermutet der Vater herein und gab jedem eine tüchtige Tracht Prügel. Solche Ereignisse verhindern die Aggressionskraft des Individuums und führen zur Fixation einer weiblichen Rolle infolge von Trotz (*Adler*). So war es auch hier. Er wollte ein Weib bleiben und deshalb hat er keinen Penis, sondern ein Stück Holz.

Am wichtigsten ist die Tatsache, daß er ein Stück spielt, daß er ein Schauspieler ist und seine Rolle glänzend ausführt. Er ist Faust, der Gottsucher, und Mephisto, der Gottesleugner, in einer Person. Er spielt als Mephisto den Fetischisten, den Paraphilen, den Entarteten, und als Faust den Frommen, Gläubigen, nach Erlösung Lechzenden, den Auserwählten. Das togaartige Gewand ist sein Mönchsgewand.

Und wie steht er da? Erst läßt er die Frömmigkeit laufen, dann produziert er sich nackt mit einem Handtuche um die Lenden. Wir verstehen jetzt diese Figur: er spielt Christus. Aber er hat kein Genitale. Er hat unten ein Stück Holz, das seinen Penis verdeckt und die Funktion hindert. Es ist das gleiche Stück Holz, das er sich im ersten Traume (S. 192) herausgenommen hat. Er schützt sich gegen die sexuellen Betätigungen durch seine Christusneurose. Nun will er in der dunklen Gasse des Lebens längere Zeit wandeln und dann zu seiner Frömmigkeit zurückkehren.

Wir haben den fundamentalen Traum des Herrn Beta besprochen. Ich habe das wichtige Trauma, das im Traume behandelt wird, mitgeteilt. Ich möchte nun einige Auszüge aus anderen Träumen des Herrn Beta bringen. Sie sind lehrreich. Denn sie zeigen, wie einzelne wichtige Elemente immer wiederkehren. Andererseits werden wir verschiedene Darstellungen dieses Traumas kennen lernen.

Zuerst einen kleinen Traum seines Bruders:

> Ich sollte in einem Varieté als Frau auftreten. Ich sah zu meinem Entsetzen, daß ich nur einen Bademantel anhatte und fürchtete, daß dieser aufgehen könnte und alle mich sehen. Ich setzte mich dann in den Zuschauerraum.

Auch der Bruder ist ein schwerer Parapathiker. Wir sehen, wie das gleiche Milieu, die gleichen Erziehungsfehler und das gemeinsame Trauma einen fast identischen Traum zeitigen. Wir finden die Schaubühne (Silvester Schäffer), den Bademantel, das Entsetzen, das Teilnehmen an einer Vorstellung.

> Ich war in einer Kinematographenvorstellung. Da sah man einen Gletscher, darauf kam ein Ehepaar und ein Führer herunter. Zuerst ging die Frau in einem langen Touristenmantel wie in einem Bademantel, dann kam der Mann mit einer Kapuze. Dann verschwand der Führer und an seiner Stelle war ein Kreuz. Das Kreuz verwandelte sich in einen weißen Geist. Ich wollte aus dem Kinematographen entfliehen. Ich blieb plötzlich stecken, der Geist mir nach. Ich erwachte mit Schrecken.

Die bekannten Schemen tauchen wieder auf. Er blickt in den Kinematographen seiner Seele. Er sieht einen Gletscher, der wohl ein Symbol für seine vereiste Sexualität darstellt. Sein Führer ist Christus. Er verwandelt sich ja in ein Kreuz! Er selbst ist in den zwei Komponenten (weiblich — männlich) als Ehepaar dargestellt. Wieder erscheinen der Bademantel und die Kapuze. Er ist ja bekanntlich der Büßer, der Franziskaner. Der Geist Christi verfolgt ihn und bedroht ihn. Er hat Angst, die Gebote der Religion zu überschreiten.

Am Schlusse dieser Traumreihe ein außerordentlich deutliches hypnagoges Bild (hypnagoger Traum).

> Ich wünsche, mein Leben sei eine Buße. Zuerst käme eine öffentliche Beichte in der Franziskanerkirche, darnach eine lange Buße, bei den Mönchen, besonders öffentliche Durchpeitschungen, wobei ich auf ein Kreuz gespannt würde. Darauf fragte ich, warum ich so leiden müsse? Ja, ich beichtete, ich hätte Mutter und Vater getötet. Erstes wurde mir verziehen, letztes aber nicht. Nun fragte ich, wie hätte ich den Vater töten wollen? Ja, wurde gesagt, ich hätte ihn töten wollen, weil ich ihm das Hineinstecken mißgönnt hätte. Mir fiel die Ausseer Szene ein und ich hörte Gott Vaters donnernde Worte: „Zur Strafe, daß du ihn andern nicht hineinstecken ließest, sollst du ihn nie hineinstecken können! Dein Samen soll nutzlos auf den Boden spritzen! Deine Strafe soll sein, deinen Penis immer abzuschneiden und er soll dir immer wieder nachwachsen, eine ewige Qual! Denn du wünschtest, dem Vater den Penis abzuschneiden!" Nun bekam ich zur Strafe bei der Züchtigung konstant Pollutionen, die als ein Opfer aufs Kreuz fielen. Aber ich war zu schlecht für die Mönche und wurde zu ärmeren Teufeln, den Soldaten gesteckt; mit diesen zog ich in den Krieg und wurde in Afrika von Schwarzen gefangen und zu Tode gemartert. Im letzten Moment kommt Rettung, aber ich sehe die Heimat nicht mehr. Doch Christus schwebt herbei in den Wolken und nimmt mich zu sich. Er ist ewig rein und sagt mir: „Du bist Sieger, du hast das Fleisch getötet."

Dieser hypnagoge Traum spricht so beredt für sich und faßt alle Elemente der Christusneurose zu einem so deutlichen Bilde zusammen, daß ich mir füglich die Analyse ersparen kann.

Alle diese vorgebrachten Träume variieren das eine Thema von der großen traumatischen Szene seines Lebens: Sein Vater überraschte ihn im Bade, als er gerade mit seinem Bruder *spielte*. Deshalb bringen alle Träume ein Spiel. (Theater, Varieté, Kinematograph, Kartenspiel, Wetturnen usw.)

Diese Szene war das große Unglück seines Lebens. Bei jeder Aggression meldete sich die Erinnerung an die Schläge, die er damals erhalten hatte. Eine innere Stimme rief ihm zu: „*Nicht anrühren!*"

Am nächsten Tage nach der Badeszene kam der Vater zu den Knaben und sprach mit ihnen ruhig und freundlich über die schrecklichen Folgen der Onanie. Davon sterbe man und werde gelähmt, das Rückenmark rinne aus usw. *Man könne dann nicht gehen* und *müsse im Wagen geführt werden.* In dieser Belehrung sieht Herr Beta das schwerste Trauma seines Lebens und die Wurzel seiner Straßenangst. *Er kann nicht gehen.* Die Prophezeiung des Vaters ist eingetroffen . . .

Der Vater ist der Unglücksrabe, der ihm sein Schicksal prophezeit hatte. Aus diesem Grunde und weil der Vater der Störenfried gewesen, der ihn und den Bruder an den erotischen Spielen verhinderte, setzten sich die finsteren Rachegedanken in seiner Seele fest. Jetzt verstehen wir erst seinen Fußfetischismus. Er ist Lust und Buße zugleich. Auch die fetischistischen Erscheinungen können durch kriminelle infantile Phantasien fixiert sein. Vielleicht ist das überhaupt der reguläre Mechanismus. Darüber können nur weitere Analysen, die das kriminelle Moment berücksichtigen, entscheiden. Im Falle Beta war das folgendermaßen: Nach einem Bade (!) lief er mit nackten Füßen ohne Pantoffel im Zimmer herum. Seine Engländerin kam schreiend ins Zimmer und rief: „Du wirst dich erkälten, dir eine Lungenentzündung holen und sterben!" Das Barfußgehen erhielt so eine Assoziation zum Tod. Seine (passiven) kriminellen Wünsche waren dann: O, möge der Vater sich erkälten! Das war seine Rache für die Badeszene und die Drohung wegen der Onanie. Dieser Wunsch wandelte sich dann zur Angst. Der teure, vergötterte Vater durfte nie ohne Pantoffel durch das Zimmer gehen. Immer peinigte Beta der Gedanke, der Vater könnte sich erkälten. Eine zweite Angst war die Vorstellung, sich durch einen Schiefer eine Infektion zuzuziehen. Auch diese Angst entsprach einem verdrängten kriminellen Wunsche.

Sein größtes Trauma ist der Tod des Vaters. Der Vater erkältete sich und starb an einer Lungenentzündung. Der Vater hatte ihn vor einem Verhältnis mit der Tänzerin gewarnt. Er wußte, wenn der Vater stirbt, so würde er frei. Alte Todeswünsche erneuerten sich. Er wünschte dem Vater den Tod. Als Reaktion auf diesen Wunsch trat die Angst auf, der Vater könnte sterben. Wir wissen, daß er nach dessen Tode drohte, sich das Leben zu nehmen. Daß er sich einen Eid gab, drei Jahre nicht mit einem Weibe zu verkehren. Bekanntlich hat er diesen Eid gebrochen. Er machte Versuche, die allerdings resultatlos verliefen. Aber sein Fußfetischismus wurde immer stärker und stärker.

Nun kennen wir seine drei Sünden, die drei Lasten, die er herumschleppt. Die erste der Tod der Mutter, die zweite der Tod des Vaters und die dritte, die Onanie — ist seine schwerste. Diese drei Sünden muß er büßen.

Er will sich kastrieren und hat sich geistig kastriert. Aber er hat auch mit dem Gedanken gespielt, sich kastrieren zu lassen, um ein Heiliger zu werden und die Onanie zu überwinden.

Seine Paraphilie ist durch den Kastrationskomplex noch weiter determiniert. Das werden wir gleich ersehen.

Ich analysiere gerade mit Herrn Beta einen interessanten Traum. Derselbe lautet:

> Obwohl mein Schnurrbart kurz war, schnitt ich ihn noch mehr ab, und zwar mit einer Schere. Da war er so kurz, daß ich so gut wie ganz rasiert aussah.

Er bringt selber die Deutung. Er will ein Weib sein und keinen Penis haben. Schnurrbart ist ein bekanntes Phallussymbol. Die Frauen fliegen auf einen großen Schnurrbart. Er verspricht gleich einer großen Nase einen großen Phallus. (Blaubart, der große Frauenverzehrer, heißt nach Grimm ein potenter Mann mit großem schwarzen Barte.)

Beim Schneiden der Nägel hat Herr Beta Lustempfindungen. Er träumt auch häufig vom Schneiden der Nägel. Wozu soll die Kastration dienen?

Mitten in der Analyse schläft er für eine Sekunde ein. Er hat ein merkwürdiges Traumbild. Eine Mandoline, in der er einen Menschen sieht. Dann merkt er, daß er der Mensch in der Mandoline ist. Er zeichnet sein Traumbild folgendermaßen auf:

Fig. 28.

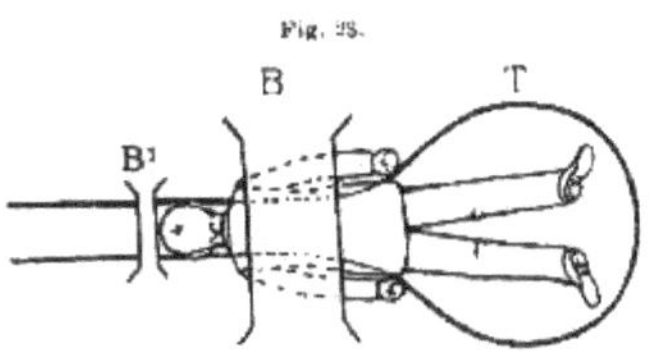

Das Traumbild lautet:

Ich stand ober dem runden Teich T. Dann fiel ich nach vorne mit dem Kopfe zwischen Brücke B und Brett B' und konnte nicht heraus.

Vorher dachte ich an einen Herrn Triasangoli, der einen bösen Raufhandel mit einem Diener hatte.

Nach allem, was wir gelernt haben, merken wir, daß es sich um eine Mutterleibsphantasie handelt. Einzelne Bestandteile des Traumbildes sind uns wohlbekannt. Die Brücke, das Holz. Der runde Teich ist der Mutterleib, die Brücke die Vagina — der Weg ins Leben. Das Brett verstellt den Ausgang.

Nun ist Herr Beta der Träumer, der seine Mutter bei der Geburt getötet hatte.

Er phantasiert sich in die Lage zurück — nur mit einer Variation. Er kann nicht heraus . . . Eine seiner infantilen Geburtstheorien (seiner eigenen Geburt) ging dahin, er habe der Mutter den Leib mit seinem großen Nagel der großen Zehe aufgerissen.

Nun wird alles klar. Der große Nagel der großen Zehe ist der Penis. Er hat die Phantasie, er habe seine Mutter durch den erigierten Penis verletzt. Deshalb kann er keinem Weibe den Penis hineinstecken. (Oft stammt diese Angst von der Beobachtung der sich begattenden Hunde, welche häufig nach dem Akte nicht auseinander können. Beta behauptet bestimmt, dies Bild noch nie gesehen zu haben; dagegen will er es schon in früheren Jahren an Maikäfern, Fliegen und Schmetterlingen gesehen haben.) Sofort verschwindet die Erektion unter Angstgefühlen.

Seine Angst auf der Gasse ist die Angst in der Scheide. Auf dem Lande, im Freien hat er keine Angst. Im Freien (außerhalb der Vagina) steht auch sein Penis.

Der Raufhandel deutet auf die Verletzung. Zu Triasangoli assoziiert er T r i a s und A n g e l. Das heißt die charakteristische Dreizahl, die wir so oft als Genitale entschleiert haben, und eine Angel, womit man Fische verletzt. Er hält seinen Penis für eine Angel, die hat einen Widerhaken und so könnte er eine jede Frau damit verletzen. Deshalb will er sich kastrieren! Deshalb die Schere, die ihm den Schnurrbart abschneidet. Diese sadistischen Phantasien brechen auch unverhüllt ins Bewußtsein. Beta hat allen Grund, seine Sexualität einzudämmen. Er ist gegen die Frauen mit Haß eingestellt.

Er ist ein Frauenmörder. Er möchte einen Riesenphallus besitzen, der die Frauen durchbohrt und tötet. Er ist Jack der Aufschlitzer.

Er muß daher den Frauen ausweichen und sich auf den Fuß zurückziehen.

Das „Nichthineinstecken-können" hat auch eine deutliche kriminelle Wurzel. Beta wollte ja seinen Vater erstechen! Um eines Weibes willen (wegen seiner Engländerin) und um mit seinem Bruder ungestört spielen zu können, wollte er seinen Vater entfernen. Die Ohrfeigen und die Störung nach dem Bade hatten seinen Haß aufgepeitscht. Jetzt leidet er an dem Imperativ der Reue. Deshalb entfernt er die Spitzen seines Schnurrbartes; deshalb ist der Herr Triasangoli, der einen bösen Raufhandel hatte, in dem hypnagogen Traumbilde erwähnt. Der sexuelle Akt des Hineinsteckens ist mit dem kriminellen Komplex zu innig verbunden. Jeder sexuelle Akt ist ein Mord! Jeder Mord ist verboten!

Er hat aber auch allen Grund, sein Leben neu zu beginnen. Deshalb die Mutterleibsphantasie! Er ist in seinen Fetischismus eingezwängt wie die Figur in der Mandoline. Er kann sich nicht mehr rühren. Er hat in dieser Figur auch eine symbolische Darstellung seines Zwanges gegeben, den er auf sich selbst ausgeübt hat.

Andererseits muß ich hier auf eine bedeutsame infantile Wurzel hinweisen, welche uns alle diese Störungen als „Psychosexuellen Infantilismus" auffassen läßt. Der erste Zwang, den ein Individuum erdulden muß, ist das Einschnüren im Wickelpolster.[1]) In unserer Gegend ist das Einpacken der Kinder durch Bänder allgemein gebräuchlich gewesen, während es jetzt in besseren Kreise nicht mehr üblich ist. (In Amerika und England längst aufgegeben.) Das Wickelkind — nicht das im Steckkissen liegende Kind — ist oft das Vorbild der verschiedenen Einschnürungsphantasien. Beta gleicht in dieser Zeichnung auffallend einem Wickelkinde. Er ist also ein ewiger Säugling, was durch manchen seiner Träume bestätigt wird.

Die psychische Impotenz Betas ist nicht nur Infantilismus, sie ist die Strafe für seine kriminellen Gedanken. Auf diese Weise ist fast jede Impotenz zu erklären. Aus diesem Grunde träumen alle diese Kranken von Gewehren, Revolvern, die nicht losgehen. Aus diesem Grunde ist der Selbstmord junger Leute eine so häufige Erscheinung. Wenn der Revolver schon losgehen soll, so kann er nur gegen die eigene Brust gerichtet werden.

Das hypnagoge Bild hat zu diesen Gedanken eine innige Beziehung.

Die zwei B in der Zeichnung: B die Brücke und B das Brett geben bezeichnenderweise BB — das ist ein Bebé. Als solches steckt er ja noch im Mutterleibe. Er macht seine Geburt rückgängig und kommt als Mädchen (ohne Penis) zur Welt. Folglich kann seine teure Mutter am Leben bleiben. Er ist kein Muttermörder. (Er will aber auch kein Vatermörder sein.)

Der runde Teich ist der Mutterleib. Der Diener symbolisiert den Vater. Er mußte als Kind vor dem Vater eine Verbeugung machen, was man einen „Diener machen" nannte. Das böse Holz, das wir aus dem großen Traume von Kainz und Gregori (S. 213) kennen, hat hier noch eine weitere Bedeutung. Sein Kopf ist mit einem Brett vernagelt. Die bösen Folgen der Onanie (Spielen der Mandoline) haben seine Parapathie verursacht. Ein Weib kann sich durch die Onanie nicht schwächen, weil es keinen Samenverlust hat. Dies hypnagoge

[1]) Vielleicht vorher das Gepreßtwerden im Mutterleib, das später als Rückphantasie eine so große Bedeutung hat.

Bild beweist uns, wie rasch sich die komplizierten und verworrenen Gedankengänge eines Parapathikers in ein Traumbild verwandeln. Die Mutterleibsphantasie setzte sich für einige Sekunden durch, als wollte er dem dringenden Wunsche Ausdruck geben: O könnte ich mein Leben noch einmal beginnen!

Derartige hypnagoge Bilder sind zu verstehen als ein Übergang von den unbewußten Tagesphantasien zu den Träumen. Oft brechen solche Bilder auch bei Tage in das Bewußtsein der Patienten und sie sind meistens sehr erstaunt, daß sie solche Phantasien haben. Alle diese Kranken haben ein doppeltes Denken. Neben dem bewußten Strome fließt ununterbrochen ein Strom der Phantasien.

Man kann diese Phantasien durch ein Verfahren bewußt machen, das ich als Produzieren von „künstlichen Träumen" bezeichnet habe.

Man kann ruhig den Versuch wagen, jeden Menschen einen Traum dichten zu lassen. Dieser Traum wird häufig alle wichtigen Komplexe zum Ausdruck bringen und eine von den normalen Träumen sehr wenig abweichende Struktur zeigen. Man erhält so mühelos einen Tagtraum, der oft das wichtigste Material für die Psychanalyse zutage fördert. Ich lasse einen künstlichen Traum Betas folgen. Ich verdanke ihm sogar einen tiefen Einblick in das unbewußte Seelenleben des Träumers. Es war gerade eine Stunde, da dem Kranken nichts einfallen wollte. Ich forderte ihn auf, einen Traum zu „dichten". Ich stellte nur eine Bedingung: Er möchte nicht nachdenken und sofort zu erzählen beginnen. Der Tagträumer schloß seine Augen und sprach — ohne zu überlegen — so rasch, daß ich kaum folgen konnte:

> Ich war in einem Labyrinth mit ungezählten Gängen. Da war irgend wer vor mir; so sehr ich mich bemühte, ich konnte ihn nicht erreichen. Ich bin viel später hingekommen und mit Mühe und Not herausgekommen. Es kommt mir vor, als wäre ich zu rasch herausgekommen. Ich war auf Kreta und sah den Minos. Ich sah ihn mit einer Krone und einer furchtbar großen, dicken Schlange um den Leib. Mit der Schlange haut er auf das Labyrinth, so daß es zusammenstürzt. Ich steige auf ein kleines Schiff und werde im ganzen Mittelländischen Meer von einem Sturm herumgejagt, bis ich beim Papst Ruhe finde, der mich beauftragt, barfuß nach Jerusalem zu pilgern. Dann werde ich gesund.

Von einem wirklichen Traume unterscheidet sich dieses psychische Gebilde durch eine gewisse logische Struktur — es fehlt das Groteske und Unsinnige mancher Träume — und durch einen siegreichen Optimismus. Der Träumer setzt hier mit einer Mutterleibsphantasie ein. Der Mann, der vor ihm war, ist der Bruder, den er um die Erstgeburt beneidet. Er läuft ihm immer nach und kann ihn nie einholen. Er hat aber eine andere Empfindung: Er wollte diesem „Jemand" so rasch als möglich nachlaufen und hatte dabei mit einem Fußtritt seine Mutter umgebracht. Wir kennen ja diese Phantasien des unschuldigen Muttermörders, bei dessen Geburt die Mutter starb. Die Mutterleibsphantasie setzt sich im nächsten Bild fort. Der Vater erscheint hier als Minos. (Vergl. „Der Erlkönig mit Kron' und Schweif"), mit einem riesigen, dicken Membrum. „Mit der Schlange haut er" usw., verrät die Vorstellung einer Kohabitation, wobei die Mutter zugrunde geht. Nicht er ist Schuld an dem Tode der Mutter, sondern der Vater, der sie durch die Befruchtung und seine furchtbar dicke Schlange umgebracht hat. Auch direkte Phantasien, der Vater habe die Mutter umgebracht, um mit anderen Frauen zu leben und ihr Geld zu erben, sind ja bei diesem Träumer nachzuweisen. Wegen dieser grundlosen Verdächtigungen machte er sich heftige Vorwürfe. Viele seiner Bußhandlungen sind nachträglicher Gehorsam und tiefe Reue.

Noch einmal taucht die Mutterleibsphantasie auf (kleines Schiff — Mittelländisches Meer!). Aber auch Motive der Erlösung, der fliegende Holländer, Ahasver und Tannhäuser gestalten sich zu einem Bilde. Die religiösen Reuegedanken verdichten sich zu einem Bußgang zum Papst, der auch den Vater (Papa) repräsentiert. Der Weg nach Jerusalem hat mehrfache Determination: 1. Die heilige Stätte. 2. Der Arzt. 3. Er liest einen Roman „Der heilige Scarabäus" von Else Jerusalem, der von Dirnen handelt. Religion, Medizin und die käuflichen Frauen sollen ihn heilen. Dabei soll die Buße, die der Papst ihm auferlegt, seine höchste Lust sein. Mit nackten Füßen wandern ist ein permanenter Kitzel, eine immerwährende Lust. Die Schlange weist noch auf das Paradies und auf den Sündenfall. Er sucht — wie der Patient *Morels* (B. VI.) das Paradies der Tugend. Die Erde ist die Mutter — Mutter Erde. Er will wieder mit nackten Füßen die Mutter Erde immerwährend berühren.

Wundervoll ist die Plastizität dieses Traumbildes, wenn man es vom funktionalen Standpunkte aus betrachtet. Seine Seele ist ein Labyrinth mit ungezählten Gängen. Vor ihm geht jemand, den er nicht erreichen kann — sein Ideal Christus, der edle, reine Mensch. Er strebt einem göttlichen Ziele zu. Aber er wird gerichtet. Minos ist der Richter der Unterwelt. Dieser Richter war ich, der ich ihm ein Spiegelbild seines inneren Menschen gezeigt habe. Das ganze Labyrinth seiner Parapathie bricht zusammen. Daß ich mit einer Schlange das Labyrinth zerstöre, ist seine Angst, ich könnte ihn zur Sünde verleiten. Er sucht eine anagogische Orientierung. (*Silberer*.) Er findet, daß ich ihm zu früh die Freiheit gebe. Er will noch büßen und sich in die bewußte Religion retten.

Überblicken wir die ganze Krankengeschichte, so sehen wir in erster Linie, daß der vermeintliche Paraphile (Perverse) eine Krankheit gewählt hat, die ihm gestattet, das Weib zu meiden und seine Askese siegreich durchzuführen. Für alle diese Kranken ist das Weib das Instrumentum diaboli, die Inkarnation der Sünde. Die Onanie wird noch als die geringere Sünde angesehen. Beta war so schlau, sich die Onanie als Strafe und Buße, als lebensverkürzendes Moment, als eigene Erfindung zurechtzulegen. Wenn ich schon Lust empfinde, so zahle ich es mit meinem Leben und meiner Lebenskraft.

Seine sadistische Einstellung zum Weibe — wie oft werden wir ihr noch in diesem Buche begegnen! — trieb ihn in die Impotenz und diente dazu, die Paraphilie immer mehr auszugestalten. Der Fuß wurde ihm ein Symbol seiner Sünde und seines Strebens. Es war der enge, in einem Stiefel eingeschnürte Fuß, es war der gequälte, durch Druck und Hitze verwundete Fuß, der ihn am meisten interessierte und erregte. Der Fuß wurde ein Symbol seiner Krankheit, seiner Seele, seiner eingesperrten Triebe, seines Ich. Impulse, die er zu fürchten hatte, wurden durch den Zwang des Fetischismus unschädlich gemacht. Er war groß in der Kunst des Umkehrens und Verkehrens in das Gegenteil. Sein maßloser Ehrgeiz, der kein Ventil fand, weil seine Kräfte zu großen Schöpfungen nicht ausreichten, führte ihn auf die Bahn des Verzichtens. Alles durch Verzicht zu erreichen! Ein zweiter Christus zu werden. Er, der Hasser und Mörder wollte ein Heiliger werden. Aber dieses Ziel war tief in seinem Innern versteckt. Nach außen spielte er den Ungläubigen, den Monisten, den Atheisten, den Freigeist, der sich über die Zeremonien der Religion lustig machte. Aber sein Fetischismus war eine Religion, die er sich selbst konstruiert hatte, und sein Gott hieß: der Fuß.

Es ist interessant, daß er die Analyse als Ungeheilter verließ. Er war zu sehr mit Trotz zu seinem Arzte eingestellt und gönnte ihm nicht den Triumph. Er begab sich zu einem Masseur, der ihn nach zwei Wochen allgemeiner Körpermassage heilen konnte. Er suchte einen Vorwand zu seiner Heilung und gönnte den Sieg lieber einem unscheinbaren Masseur als einem Analytiker. Kurze Zeit nachher heiratete er und ist heute Vater mehrerer blühender Kinder. Der Fußfetischismus, die Platzangst und alle anderen parapathischen Symptome sind gänzlich verschwunden. Aber er ist fromm geworden und macht aus seiner Frömmigkeit gar kein Hehl. Er benötigt nicht mehr den Umweg des Fetischismus. Er hat einen direkten Weg zu seinem Gott gefunden.

Er hat auf seine große historische Mission verzichtet und sucht das Glück in erreichbarer Nähe. Sein Schuldbewußtsein wurde zerstört, seit er in der Analyse das Allgemein-Menschliche seiner Regungen kennen gelernt hatte. Er ist nicht mehr Sadist. Er fürchtet seinen Sadismus nicht. Er hat ihn durch das einzige Mittel überwinden gelernt, das ich ihm empfohlen habe: durch die Liebe. Vorher wich er der Liebe aus. Er war unfähig, sich zu verlieben, weil er die Frauen entwertete und floh, sobald er sich gefährdet sah. Er mußte erst seine Einstellung zu den Frauen und zur ganzen Welt korrigieren.

Der Fetischismus ist eine Religion des Hasses. Der Haß ist versteckt, aber er bricht bei verschiedenen Gelegenheiten durch. Jeder Zwang führt zu Haß gegen den Zwang, der schließlich zum Haß gegen Alles und alle umschlägt. Die Zwangsneurose ist eine ausgesprochene Haßneurose.

Der Mensch ist ursprünglich mit Haß zu seiner Umgebung eingestellt. Jede Entziehung der Lust weckt die Urreaktion des Hasses. Im Falle Beta sehen wir die Bedeutung des „E n t z i e h u n g s k o m p l e x e s“, welcher Ausdruck dem einseitigen Worte „Kastrationskomplex“ entschieden vorzuziehen ist.

Die e r s t e Entziehung war die Entwöhnung im 13. Lebensmonate. Ich halte es für einen großen Erziehungsfehler, Kinder so lange an der Ammenbrust zu halten. Sie reagieren viel heftiger auf die Entziehung und merken sich haßerfüllt den brutalen Eingriff in ihre lustvolle Ernährungsweise.

Die zweite Entziehung war das Onanieverbot des Vaters und der Engländerin. Die Onanie hatte die Aufgabe, das Leben mit Lust zu bereichern. Durch die Drohungen der Umgebung wurde das Kind gezwungen, auf seine glorreiche Erfindung zu verzichten. Die Reaktion war Haß gegen die Umgebung.

Die dritte Entziehung war die Warnung vor der Tänzerin im 21. Lebensjahre. Beta versuchte, sich eine normale sexuelle Befriedigung zu verschaffen. Er war reich genug, sich diese Tänzerin als Geliebte zu bezahlen, wie es viele seiner Standesgenossen taten. Das Machtwort des Vaters machte dem ersten Liebesfrühling ein rasches Ende. So kam Beta dazu, die Haßregungen seiner ersten Jugend zu reaktivieren und dem Störer seiner Lust den Tod zu wünschen. Aber er liebte seinen Vater ebenso leidenschaftlich, wie er ihn haßte. (Bipolare Einstellung!) Seine Logik war: „Du hast mir so viel Lust geraubt, du wärest verpflichtet, mir die geraubte Lust zu ersetzen."

Es ist sehr charakteristisch, daß der große Ausbau seines Fußfetischismus nach dem 21. Lebensjahre erfolgte. Immer noch war ihm der Weg zum Weibe offen. Da erkrankte sein geliebter Vater und sein erster Gedanke war: „Wenn er jetzt stirbt, so bist du frei und der Weg zum Weibe ist dir offen!" Als Reaktion auf diesen Wunsch trat eine pathologische Angst auf, der Vater könnte sterben. Er erklärte dem Arzte, er werde sich sofort nach dem Tode des Vaters erschießen. Er gebärdete sich wie ein Wahnsinniger. Trotzdem konnte er am Grabe des Vaters keine Träne vergießen.

Nun war er reif für die Buße. Nun konnte er sich in seinen Fetischismus vertiefen und den geschwollenen Fuß zu seinem Ideal erheben. Er war ein großer Linguist. Er kannte, wie die Analyse beweist, die alten und modernen Sprachen sehr genau. Der „Schwellfuß" war für ihn Oedipus.

Er hatte seine Mutter getötet. Er hatte vielleicht auch seinen Vater getötet, weil er ihm den Tod gewünscht hatte. Er wollte auch seinen großen Rivalen, den einzigen Bruder töten.

Das sind seine drei Verbrechen, um deretwillen er Buße tun muß. Die Fußreligion erlaubte ihm, die Bußideen mit einer komplizierten Paraphilie zu einem Gebilde zu vereinen. Der Fuß wurde ihm Genitale und Religion, Sünde und Lust, Strafe und Belobung.

Wir sehen, wie kompliziert die psychischen Gebilde des Fetischismus gebaut sind. Als wichtigstes Moment konnten wir in diesem Falle die „Christusneurose" nachweisen.

Dr. *Mißriegler* entwarf folgendes, sehr brauchbare Schema dieses Falles:

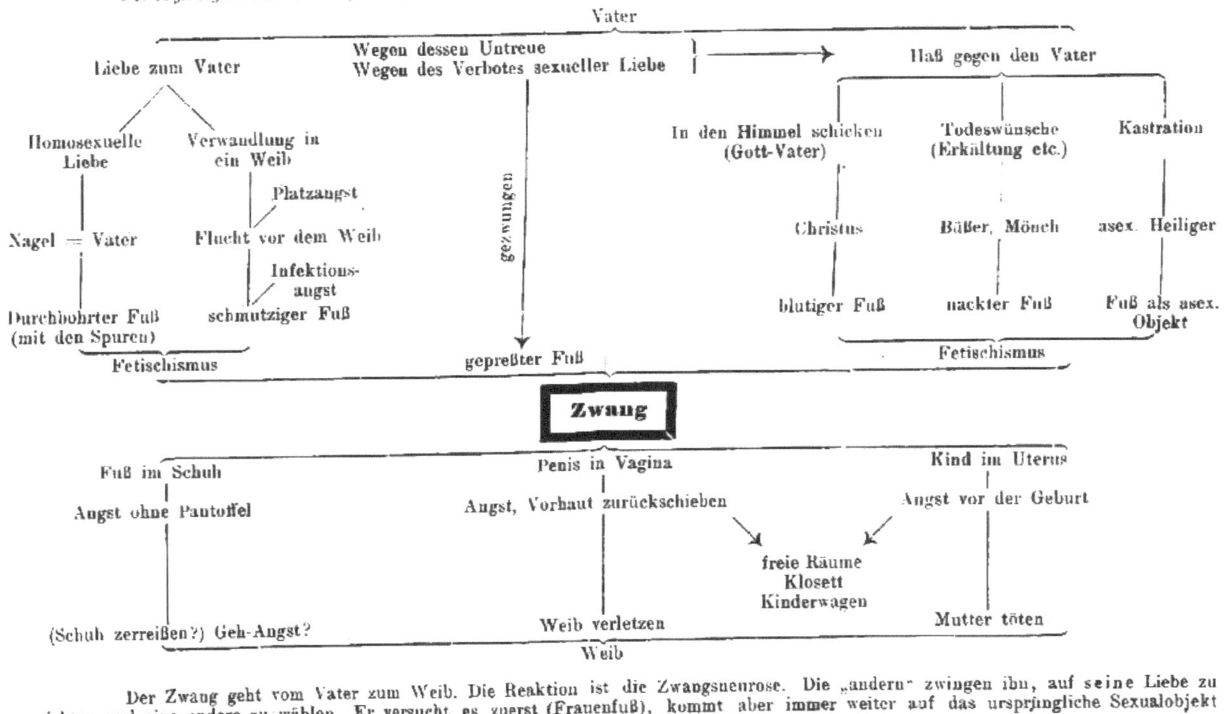

Der Zwang geht vom Vater zum Weib. Die Reaktion ist die Zwangsneurose. Die „andern" zwingen ihn, auf **seine** Liebe zu verzichten und eine **andere** zu wählen. Er versucht es **zuerst** (Frauenfuß), kommt aber **immer** weiter auf das ursprüngliche Sexualobjekt zurück und **endet** in der **sublimierten Erfüllung**: Religion. (Gott-Vater!)

Versuchen wir den komplizierten Fußfetischismus in seine einzelnen Bestandteile zu zerlegen. Der Fuß bedeutet:

1. Genitale Bedeutung.
   a) Der Phallus mit der Vorhaut. (Schuh.)
   b) Lingam: Phallus und Vagina. (Schuh.)
   c) Die Erektion.
2. Seine Paraphilie.
   a) Sein Fetischismus.
   b) Das Kind.
   c) Die Geburt. (Ausziehen des Schuhes.)
   d) Symbolisierung des Zwanges.
3. Kriminelle Ideen.
   a) Der Fuß als Waffe.
   b) Der Nagel als Waffe.
   c) Der blutende Mensch. (Objekt und Subjekt.)
   d) Der Schwellfuß. (Oedipus — Vatermord.)
4. Religiöse Ideen. (Prospektive Tendenz.)
   a) Der Fuß Christi — mit dem Nagel ans Kreuz geheftet.
   b) Der Büßer. (Ahasver — der fromme Pilger — Fliegende Holländer.)
   c) Strafe für seine Haßgedanken.
   d) Erlösungsideen.
   e) Der Märtyrer.
5. Mutterleibsphantasien.
   a) Geburt. (Ausziehen des Schuhes.)
   b) Schutz im Mutterleib. (Regression — retrospektive Tendenz.)

Siehe Schema S. 224.

Wir stoßen hier auf das Phänomen der Symbolverdichtung.

Näheres über dieses und die anderen Phänomen des Fetischismus werden wir in den nächsten Kapiteln erfahren.

X.

Der Symbolismus des Zwanges.

Ich habe am vorhergehenden Beispiele ausgeführt, wie mächtig der Drang des Patienten ist, einen eingezwängten Fuß zu sehen. Ein Fuß in einem weiten bequemen Schuh reizt ihn gar nicht. Der Fuß soll die Spuren einer Mißhandlung, eines Schmerzes, eines Zwanges, eines Eingeschnürtseins tragen.

Damit symbolisiert der Parapathiker seine eigene Parapathie. Der eingeschnürte Fuß wird das Symbol seiner eingeschnürten in ein künstliches System eingezwängten Parapathie.

Jeder Fall von echtem Fetischismus, den wir analysieren, wird dieses Zeichen des Zwanges aufweisen, ja, der betreffende Gegenstand oder Körperteil kann nur fetischistisches Symbol werden, wenn er einen Zwang ausübt oder wenn auf ihn ein Zwang ausgeübt werden kann. An dieser Erkenntnis, die wir durch zahlreiche Beispiele belegen können, müssen wir unbedingt festhalten. Wir ersehen aus ihr die spielerische Verwendung des Symbols. Was der Fetischist einzwängt, das ist seine eigene Sexualität. Er scheint sich über dem Normalen zu erheben, aber in Wahrheit rückt er ja von der normalen Geschlechtsbetätigung ab, er ist eigentlich abstinent, wie wir sehen werden, fromm, asketisch und windet sich unter den Qualen der Askese.

Ich führe zur Illustrierung einen wunderbaren Fall von *Havelock-Ellis* an, den ich mit seiner Erlaubnis an dieser Stelle publiziere.[1])

Ich bringe diese hochinteressante Krankengeschichte etwas verkürzt. Sie bietet uns eine Fülle von Perspektiven. Ich kenne kaum einen zweiten Fall, der uns so viel Menschliches und Symbolisches in so gedrängter Weise berichten kann:

Fall Nr. 42. C. P., 38 Jahre alt, Heredität günstig. Von 9 oder 10 Jahren bis zu 14 masturbierte er gelegentlich aus physischem Bedürfnis, wobei er den Akt selbst entdeckt hatte. Im übrigen war er ganz unwissend, über die

[1]) Die krankhaften Geschlechtsempfindungen auf dissoziativer Grundlage. Deutsche Ausgabe von Dr. *Ernst Jentsch*. Würzburg. Kurt Kabitzsch. 1907.

sexuellen Dinge unkundig und hatte weder von Dienstboten noch von anderen Kindern je etwas darüber erfahren.

„Begegne ich einer Frau, die mir sehr reizvoll erscheint", schreibt er, „so ist mein Wunsch nicht, daß ich geschlechtliche Verbindung mit ihr im gewöhnlichen Sinne haben möchte, sondern daß ich auf dem Fußboden auf dem Rücken liegen und von ihr mit Füßen getreten werden möge. Dieser merkwürdige Wunsch tritt selten auf, nur wenn der Gegenstand meiner Bewunderung eine wirkliche Dame und schön gebaut ist. Sie muß elegant gekleidet sein — am liebsten in einen Abendmantel, ziemlich hohe Absätze und niedrige Schuhe haben, die entweder offen, so daß der Spann sichtbar wird, oder nur durch einen einzigen Riemen oder Band geschlossen sind. Die Rockränder müssen genügend erhoben sein, um mir den Anblick der Füße und eines nicht zu geringen Anteils der Knöchelgegend zu gestatten, aber durchaus nicht etwa bis zum Knie oder darüber, denn dann wird die Wirkung sehr gering. Wenn ich auch oft eine geistvolle oder schöne Frau bewundere, so übt doch sexuell kein anderer Teil eine wirkliche Anziehung auf mich aus als ihr Bein vom Knie abwärts und der Fuß, ferner muß sie sehr sorgfältig gekleidet sein. Unter dieser Bedingung steigt mein Wunsch nach sexueller Befriedigung durch Berührung mit dem Teile, der mich an dem Weib interessiert. Verhältnismäßig wenige Frauen haben ein Bein oder einen Fuß, die schön genug sind, um mich ernsthaft und nachhaltig zu erregen; wenn dies indes der Fall ist oder ich mutmaße es, so scheue ich keinen Zeitverlust und keine Anstrengung, unter ihren Fuß zu kommen und ich erwarte dann mit ängstlicher Spannung, mit der größten Energie getreten zu werden."

„Das Treten muß einige Minuten lang geschehen und zwar auf Brust, Abdomen, Inguinalgegend, zuletzt auf den Penis, der in heftiger Erektion längs des Abdomen zu konsistent ist, um durch die Kompression Schaden zu erleiden. Ich habe übrigens auch Genuß daran, wenn mir durch einen Frauenfuß die Kehle zugedrückt wird."

„Preßt die Dame schließlich mit dem Gesicht mir zugewendet mit dem Niederschuh des einen Fußes meinen Penis, so daß mir der hohe Absatz ungefähr auf das Skrotalende des Penis fällt, während die Sohle den größten Teil seines Restes bedeckt und mit dem andern das Abdomen, in das ich das Eindringen des Fußes sehen und fühlen kann, wenn sie ihr Gewicht von dem einen Fuß auf den andern verschiebt, so erfolgt fast unmittelbar Ejakulation. Diese ist unter den geschilderten Umständen für mich ein Sturm des Entzückens, während dessen das ganze Gewicht der Dame durchaus auf dem Penis ruhen muß."

„Eine Ursache für meinen besonderen Genuß durch diese Art des Kontaktes scheint zu sein, daß zuerst der Absatz und dann die Sohle des tretenden Pantoffels den Durchtritt des Sperma und deshalb die wollüstige Erregung beträchtlich verlängert. Auch eine merkwürdige psychische Erscheinung ist bei der Angelegenheit zu beachten. Ich stelle mir gern vor, daß die Dame, die mich tritt, meine Herrin, ich ihr Sklave sei und daß sie es tut um mich für einen gemachten Fehler zu bestrafen oder sich selbst (nicht mir) Genuß zu verschaffen."

„Es folgt daraus, daß, je größer die Mißachtung und die Strenge, mit der ich „bestraft" werde, ist, um so größer mein Genuß wird. Die Vorstellung von „Bestrafung" oder „Sklaverei" tritt selten auf, wenn ich große Schwierigkeiten habe, meinen Wunsch zu realisieren und die tretende Person mehr

15*

als gewöhnlich hübsch und schwer und das Treten schonungslos ist. Ich bin manchmal so lange und so unbarmherzig getreten worden, daß ich jedesmal, wenn der Schuh auf meinen schmerzenden Körper aufgesetzt wurde, auszuweichen versuchte und tagelang nachher braun und blau aussah. Ich bin eifrig bestrebt, Frauen zu diesem Verfahren zu veranlassen, wenn ich glaube, daß ich sie nicht beleidige, und habe damit erstaunlich viel Glück gehabt. Ich muß unter den Füßen von wenigstens hundert Frauen gelegen haben, von denen viele aus der guten Gesellschaft waren, die niemals daran denken würden, den gewöhnlichen Sexualverkehr zu gestatten, die aber durch die Vorstellung, den in dieser Weise zu vollziehen, derart gereizt oder belustigt worden sind, daß sie es oft wiederholt getan haben. Ich brauche wohl nicht zu sagen, daß bei Herbeiführung des Orgasmus in dieser Weise weder meine noch die Kleidung der Damen verschoben oder in Unordnung gebracht wird. Nach langen und verschiedenfachen Erfahrungen kann ich sagen, daß mein Lieblingsgewicht 10—11 Stone beträgt und daß schwarze Schuhe mit sehr hohen Absätzen und braunseidene Strümpfe mir anscheinend den größten Genuß verschaffen und in mir die stärksten Wünsche erregen."

„Stiefel oder Straßenschuhe verleiten mich nicht entfernt so stark, obwohl ich bei einigen Gelegenheiten ziemlich großen Genuß durch ihre Anwendung empfunden habe. Nackte Frauen stoßen mich zurück; ich finde auch kein Vergnügen, Weiber in Hosen zu sehen. Ich mißachte den normalen Sexualverkehr nicht und übe ihn gelegentlich aus. Doch ist für mich der Genuß viel geringer als der, getreten zu werden. Ich habe auch viel Vergnügen — und gewöhnlich starke Erektion —, wenn ich ein Weib sehe, welches, wie ich oben beschrieben habe, gekleidet sein muß und welches auf irgend etwas unter seinen Füßen befindliches herumtritt — etwa in einer Kutsche auf dem Fußkissen, in einem Lehnstuhl mit Fußschemel usw. Ich bin oft hinter ein paar hübschen Damen hergeschlendert bei einem Piknik oder einem Gartenfest, nur um zu sehen, wie das Gras, auf das sie getreten hatten, sich langsam wieder aufrichtete, nachdem ihr Fuß es niedergedrückt hatte. Ich sehe sogar mit Vergnügen einen Wagenauftritt unter einer Dame — als etwas, das den Druck des Fußes verlangt."

Ich will jetzt erklären, wie meine Empfindungen diese Richtung genommen haben.

„Als ich ein Knabe von ungefähr 14 Jahren war, befand ich mich einmal lange zum Besuche einiger Bekannter meiner Eltern. Die Tochter des Hauses — das einzige Kind —, ein hübsches kräftiges Mädchen, das ungefähr sechs Jahre älter war als ich, war mein hauptsächlicher Spielgefährte."

„Dieses Mädchen war immer hübsch gekleidet, besaß zierliche Füße und Knöchel und wußte dies natürlich. Wenn angängig, so kleidete sie sich so, daß ihre Vorzüge am besten zur Geltung kamen — also mit kurzen Röcken und gewöhnlich mit kleinen Niederschuhen, die hohe Absätze hatten — und sie war nicht abgeneigt, diese in sehr unterhaltender koketter Manier zur Schau zu stellen. Sie schien eine gewisse Vorliebe zu haben, auf Dinge zu treten, die unter ihren Füßen nachgaben und zusammenfielen, z. B. Blumen, kleines Fallobst, Eicheln, Heuhaufen, Stroh und frisches Schnittgras. Bei unseren Spaziergängen durch den Garten, bei denen wir uns völlig überlassen blieben, hatte ich mir angewöhnt, ihr bei diesem Manöver zuzusehen und schalt sie deshalb gewöhnlich. Nun war es mir damals ein besonderes Vergnügen — und ich tue es jetzt noch gern — ausgestreckt auf einen dicken Kaminteppich vor einem tüchtigen Kaminfeuer zu liegen. Eines Abends befand ich mich wieder in dieser Stellung, wir waren allein und A. ging durchs Zimmer, um etwas vom Kaminsims zu holen. Statt über mich weg den Arm auszustrecken, trat sie in neckischer Weise auf mich, wobei sie meinte, sie wolle mir zeigen, wie sie das mit dem Stroh und Heu täte. Naturgemäß ging ich auf den Scherz ein und lachte. Nachdem sie einige Momente auf mir gestanden hatte, erhob sie ihren Rocksaum leicht und streckte, indem sie sich an dem Kaminsims festhielt, einen ihrer zierlichen Füße im braunseidenen Strumpfe und Stöckelschuh in den Lichtschein des Kaminfeuers, um ihn zu wärmen, wobei sie auf mich herabblickte und über mein erhitztes Gesicht lachte. Sie war ein ganz unbefangenes, sehr reizvolles Mädchen und bin ich ziemlich sicher, daß sie, wiewohl ihr sichtlich meine Erregung und die Berührung meines Körpers unter ihrem Fuße behagte, bei dieser ersten Gelegenheit meinen Zustand nicht klar erkannte, ich erinnere mich auch nicht, daß, obwohl mich das Verlangen nach sexueller Befriedigung fast außer mir brachte, bei ihr ein entsprechendes Gefühl durchgebrochen ist. Ich faßte den erhobenen Fuß und küßte ihn und führte ihn in absolut unwiderstehlichem Drange an meinen erigierten Penis. Fast im Augenblick, als ihr Gewicht auf diesen fiel, entstand zum erstenmal in meinem Leben ein vollständiger wirklicher Orgasmus. Keine Schilderung kann einen Begriff von meinen Gefühlen geben — ich weiß nur, daß von dem Augenblick ab mein verschobener sexueller Brennpunkt für immer fixiert war. Unzählige Male nach diesem Abende fühlte ich das Gewicht ihres zierlichen Pantoffels und nichts wird jemals dem Andenken an den Genuß gleichkommen, den ich damals bei ihr erfuhr. Ich weiß, daß A. mich mit eben solchem Vergnügen trat, als ich es selbst daran hatte, getreten zu werden. Sie konnte sich ziemlich viel Toilettenausgaben gestatten, und da sie bemerkte, daß sie mir Vergnügen machte, so kaufte sie immerfort hübsche Strümpfe und zierliche Schuhe mit so hohen und spitzen Absätzen als sie finden konnte und demonstrierte sie mir dann mit dem größten Behagen, indem sie darauf bestand, ich müsse mich niederlegen und sie auf mir anprobieren lassen. Sie gab zu, daß sie sie gerne in meinen Körper einsinken sehe, wenn sie darauf trete, und freute sich über das Knacken der Muskeln unter dem Absatz, wenn sie diesen bewegte. Nach einigen Minuten führte ich immer ihren Schuh an meinen Penis und sie trat behutsam, aber mit ihrem ganzen Gewicht, ungefähr neun Stein, auf mich und betrachtete mich mit glänzenden Augen, geröteten Wangen, zitternden Lippen, wenn sie, was deutlich der Fall gewesen sein muß, das Pochen des Penis unter dem Fuß spürte, wenn die Ejakulation erfolgte. Ich habe nicht den geringsten Zweifel, daß sie gleichzeitig Orgasmus hatte, obgleich wir niemals offen davon sprachen. Dies geschah mehrere Jahre hindurch fast bei jeder günstigen Gelegenheit, die wir hatten und nach einem oder zwei Monaten der Trennung, vier- oder fünfmal an jedem Tage. Einige Male masturbierte ich in A.'s Abwesenheit, indem ich mit ihrem Schuh, so stark ich konnte, meinen Penis drückte und mir dabei vorstellte, sie träte mich. Der Genuß war dabei natürlich viel schwächer. Niemals war zu irgend einer Zeit zwischen uns die Rede von normalem Sexualverkehr und wir waren beide sehr zufrieden und ließen die Dinge so gehen. Als ich etwas über 20 Jahre alt war, ging ich auf Reisen, nach meiner Wiederkehr, drei Jahre später, fand ich sie verheiratet. Obwohl wir uns häufig sahen, wurde doch nie auf den Gegenstand angespielt, wir blieben aber gute Freunde. Ich gestehe, ich habe dann oft, wenn es nicht beobachtet werden konnte, nach ihrem Fuß gesehen und würde gern das Vergnügen akzeptiert haben, das sie mir durch gelegentliche Wiederaufnahme unserer merkwürdigen Praktik hätte gewähren können. Aber es kam nie dazu."

„Ich ging dann wiederum auf Reisen. Jetzt ist sie und ihr Mann tot."

„Von Zeit zu Zeit hatte ich gelegentlich Beziehungen zu Prostituierten, stets in der gedachten Weise, ich ziehe gleichwohl eine Dame aus meiner gesellschaftlichen Klasse oder darüber vor, die das Treten an mir ausüben will. Das hat aber merkwürdige Schwierigkeiten."

„Von den etwa 100 Weibern (die meiner Schätzung nach in der Heimat und in der Fremde auf meinem Körper gestanden haben), kann ich sagen, daß 80—85 keine Prostituierten waren. Höchstens 10—12 empfanden dabei sexuelle Erregung, aber wenn sie auch offenbar Erregung zeigten, so wurden sie doch nicht befriedigt. Soviel ich weiß, hatte A. allein davon vollständiges sexuelles Genügen. Ich habe nie eine Frau mit vielen Worten aufgefordert, mich zu treten um mich sexuell zu befriedigen (Prostituierte ausgenommen), sondern immer versucht, dies in scherzhafter oder neckender Weise herbeizuführen und es ist sehr zweifelhaft, ob mehr als einige wenige verheiratete Frauen wirklich gewußt haben, selbst wenn sie mir den äußersten Genuß gegeben hatten, daß sie es getan hatten, da meine Aufregung und die Bewegung meinerseits unter ihren Füßen ebenso gut den Tritten zugerechnet werden konnte, mit denen sie mich regalierten. Gewiß haben viele verstanden, nachdem sie es einmal getan hatten (und die meisten taten es nur einmal), um was es sich handelte, und obwohl weder sie noch ich je davon sprachen, so waren sie doch nicht abgeneigt, mich so viel zu treten als ich verlangte. Ich glaube nicht, daß sie selbst dabei ein sexuelles Vergnügen hatten, obwohl sie offen sehen konnten, daß ich es hatte und sie weigerten sich nicht, es mir zu gewähren. Ich habe bei mancher Frau mehr als ein Jahr gebraucht, um meinem Wunsche immer näher zu kommen — und habe oft zuletzt erreicht, was ich wollte, noch öfter ist es mir aber mißglückt. Ich riskiere es nie, bis ich sicher bin, daß ich mit meinem Verlangen Glück haben werde und habe nie eine ernste Zurückweisung erlebt. In sehr vielen Fällen kann ich sagen, ist die Gewährung meines Ansinnens von dem betreffenden Weib als Nachgeben auf eine einfältige, vielleicht spaßhafte Grille betrachtet worden, an welcher ihr außer der Neuheit des Reizes einen Mann zu treten, nicht viel gelegen war. Ganz wie bei der normalen Verführung ist der Versuch, das Weib dazu zu bestimmen, was ich will, ohne ihren Widerstand zu erregen, ein großer Teil des Reizes für mich und je höher die Gesellschaftsklasse ist, der es angehört, um so schwerer wird dies und um so anziehender. Ich habe gefunden, daß drei Prostituierte anderen Männern denselben Dienst erzeigt haben und alles Nötige darüber wußten. Es ist nicht uninteressant, daß diese drei Weiber sämtliche von schönem starken Körperbau waren — das eine ungefähr 10 Zoll und 5 Fuß und fast 14 Stein schwer —, aber eigentlich nichtssagende Gesichter hatten. Das Gewicht, der Körperbau und die Kleidung erregt mich gleichzeitig ebenfalls sehr stark. Ich finde, daß ein plötzlicher Stoß im äußersten Moment des sexuellen Genusses diesen zu erhöhen und zu verlängern imstande ist. Mein psychisches Genügen geht auf den Umstand zurück, daß, wenn die Frau mit ihrem ganzen

Gewicht auf meinem Penis steht, welcher zwischen ihrem Fuß und der nachgiebigen Unterlage meines eigenen Abdomen liegt, in welchen er tief eindringt, die Ejakulationszeit und der Orgasmus außerordentlich lange währt. Deshalb habe ich auch die große Vorliebe für die Niederschuhe mit den hohen Absätzen. Das Sperma muß durch zwei verschiedene Hindernisse hindurchgepreßt werden — einmal den Druck des Absatzes dicht an der Peniswurzel und zweitens den Fußballen, der die obere Hälfte zusammenschnürt; zwischen diesen bleibt nur das Stück unter der gewölbten Sohle des Schuhs frei. Der Genuß ist durch die Urinretention sehr erhöht und ich suche deshalb immer soviel Urin, wie mir möglich ist, zurückzuhalten. Gewicht, Körperbau und Kleidung tragen sehr zu dem Wunsche bei, gerade von dem bestimmten Weibe, das man liebt, getreten zu werden.

Ich habe diesen Fall hier mitgeteilt, obwohl es sich um eine Mischform handelt. Denn der Mann verkehrt mit Frauen, seine Paraphilie verlangt die Anwesenheit der Frau, der Stiefel wird nur im Notfalle zur Onanie herangezogen. Die Paraphilie hat ihn noch nicht isoliert, noch nicht ganz vom Weibe abgedrängt. Er ist nicht impotent und nicht asozial. Auch die Eroberung der Frau macht ihm große Libido. Die Realität siegt leicht über die Phantasie.

Aber der Fall zeigt die Macht des ersten Eindruckes . . . Und doch? Was hätte dieser Eindruck auf einen anderen Menschen wirken können, dessen spezifische Phantasien in eine andere Richtung gingen? Ferner läßt uns die frühe Jugendgeschichte des Herrn C. P. im Stich. Wir wissen nicht, ob hinter diesem frühen Eindruck nicht noch ein viel wichtigerer, ganz infantiler sich verbirgt.

Davon abgesehen, illustriert der Casus den Kampf gegen die Libido und die Macht des Zwanges. Die Sinnlichkeit ist stärker als der Trieb zur Reinheit. (Der antisexuelle Instinkt von *James*.) Das Weib, die Personifikation der Sünde ist stärker als der Mann, welcher die Widerstandskraft der Tugend symbolisiert. Was diese Szene ihrem tiefsten Wesen nach bedeutet, das werden wir erst bei der Besprechung des Masochismus [1]) erörtern und ausführen können. Sicher ist, daß dieser Mensch sich gegen die Herrschaft des Weibes sträubt und der Sieg des Weibes nur ein scheinbarer ist. Denn er läßt die Frauen unbefriedigt weiter ziehen, als würde er sie zum Besten halten. Als würde er ihnen sagen: „So, jetzt seid ihr erregt und erwartet alle, daß ich euch koitieren werde. Ich tue es aber nicht. Ich bin befriedigt und um euch schere ich mich nicht. . . .“ Daher mag es kommen, daß die meisten Frauen diese Prozedur nur einmal vollführten. Frauen lassen sich zu den sonderbarsten Prozeduren bringen, wenn sie dafür durch eine gute Potenz des Partners

[1]) Band VIII.

entschädigt werden. Fällt diese Befriedigung aus, so haben sie kein Interesse an dem „erotischen Symbolismus“ *(Havelock-Ellis)* ihres Partners.

Ich möchte noch die spezifische Färbung der lusterregenden Objekte hervorheben. Alle Fetischisten beschreiben uns in ausführlichen Worten die besonderen Eigenschaften, die sie von ihrem Fetisch fordern. Je sonderbarer und verrückter, desto stolzer scheinen sie auf ihren Geschmack zu sein. Ich habe es beobachtet, daß sie genau auf das Gesicht des Arztes blicken, wenn sie ihre Absonderlichkeiten erzählen und sehr beleidigt sind, wenn er nicht in besonderes Erstaunen gerät. Ich sah den Mann, der in Wien dafür bekannt ist, daß er von einer jeden Prostituierten verlangt, sie möge ihm Federn in den Anus stecken, worauf er lebhaft „Kikeriki“ schreit. Ich hörte seine Erzählung an und machte mir den Spaß ihm zu sagen: „Sie sind nicht der Einzige. Ich kenne eine Menge solcher Männer, die den Hahn spielen . . .“ Er war darüber sehr beleidigt, war sichtlich verstimmt und bemühte sich zerstreut zuzugeben, daß es für ihn sehr beruhigend wäre, daß er noch Leidensgenossen habe . . . Wiedergesehen habe ich ihn nie mehr im Leben. . . .

Das zeigt, daß der echte Fetischist in dem Wahne lebt, der „Einzige“ und ein „Auserwählter“ zu sein. So ist auch die Oberfläche des Fetischismus ein Zerrbild der großen historischen Mission.

Auch Herr C. P. zeigt den Stolz des Parapathen auf seine abstruse Form der Geschlechtsbefriedigung. Sein dominierender Gedanke ist: Werde ich diese Frau dazu bringen, daß sie sich in die spezifische Situation begibt? Hat er sie dahin gebracht, dann triumphiert er über sie. . . . Ich kenne Männer, die eine Frau erst dann als ihren sicheren Besitz betrachten, wenn sie ihnen die Fellatio gemacht hat. Das Weib wird unter der Maske der Herrschaft erniedrigt. Mit außerordentlichem Raffinement ist diese Situation in den Dienst eines Frauenverächters gestellt. Denn das Resultat seines Lebens heißt: Alle Frauen sind schlecht: alle kann man mit Geduld und Ausdauer dahinbringen, wohin man sie haben will . . . Die nackte Frau als solche reizt ihn nicht. Sie stößt ihn sogar ab. . . . Er ist auf der Linie zum echten Fetischisten und in der Mitte stecken geblieben. . . .

Bedeutsam ist, daß der Druck auf den K e h l k o p f den gleichen Orgasmus auslösen kann. Hier schimmert die k r i m i n e l l e Wurzel seiner Paraphilie durch, welche nach dem Gesetze der Talion gebaut ist. (Phantasien, einen Rivalen zu erdrosseln. Der Penis ein Symbol dieses Rivalen — vielleicht des Vaters. Verlegung von oben nach unten.) Das Weib mit dem Absatz scheint nur eine bisexuelle Bedeutung zu haben: Das Weib mit dem Penis, das Urideal vieler Männer. Funktional ist seine Paraphilie zu verstehen als eine symbolische Konzession an seine latente Homosexualität. Das Weib in ihm siegt über den Mann. Der Mann ist der gedrückte, gepreßte, eingezwängte, unterworfene ...[1])

Der Druck auf den Penis, der Druck auf die Hand, der Druck eines Kleidungsstückes (enge Hose), der Druck des Korsetts (wir haben ein entsprechendes Beispiel kennen gelernt), einer engen Weste, enger Handschuhe, die fest pressen müssen, einer engen Kappe kann eine spezifische Liebesbedingung sein.

Interessant sind die Fälle, in denen von dem Besitz des Objektes abgesehen wird und der Druck allein genügt, um Orgasmus auszulösen. Es muß aber nicht wie im vorhergehenden Falle der Druck auf den Penis sein, es genügt der Druck auf den Arm oder auf die Zehen.

Ein derartiger Druck kann den Weg zum normalen Koitus bahnen. So erzählte mir ein Herr, daß er sich ein Jahr lang vergeblich um eine Dame beworben hatte. Einmal faßte er sie hart am Oberarm an, drückte sie fest und sagte: „Ich könnte Ihnen weh tun! Sie Grausame!" In diesem Momente wird die Frau blaß und sinkt ihm in die Arme. „In den Oberarm drücken hätten Sie nicht dürfen! Da werde ich schwach und kann nicht widerstehen." Sie wurde sein. Vergeblich bemühte er sich den nächsten Tag, sie zu erobern. Sie widerstand hartnäckig. Da erinnerte er sich an ihren Oberarm und drückte sie so fest, daß sie Schmerzen empfinden mußte. Wieder wurde sie willenlos und ergab sich ihm. In der Folge merkte er sich, daß dieser Griff der Schlüssel zu ihrem Körper war.

Ein echter Druckfetischist verzichtet auf den Besitz des Partners und sucht nur die Gelegenheiten, um an irgend einer Stelle des Körpers gedrückt zu werden. In der Elektrischen, in den Omnibussen, in jedem Gedränge gibt es ein paar Druckfetischisten, die auf ihre Rechnung kommen.

Ich bringe hier den klassischen Fall von *Féré*, der wohl einzig dastehen wird, weil er dies Symptom in deutlichster Ausbildung zeigt.

Fall Nr. 43. M. V., 38 Jahre alt, Branntweinbrenner. Schon in seiner Kindheit traten verschiedene neurotische Zustände auf. Er litt während des Zahnens an Krampfanfällen, bis zum Eintritt der Pubertät an Pavor nocturnus und an Enuresis. Noch jetzt erwacht er von Zeit zu Zeit bald nach dem Einschlafen mit ängstlichen Beklemmungen, meistens infolge von Übermüdung oder Verdauungsstörungen. Er hat während seiner Studien Fleiß und Intelligenz bewiesen; in seinem 18. Jahr hatte er zwei akademische Prüfungen mit Erfolg bestanden. Im Lyzeum, wo er, wegen seiner nächt-

[1]) Der Fall zeigt deutliche Beziehungen zur Urinsexualität. (Siehe Bd. V.) Die volle Blase erhöht den Genuß. Sollte nicht der erste Zwang von der Blase ausgegangen sein? Wahrscheinlich bestehen Spielereien mit der Blase, die der Patient in seiner Krankengeschichte verschwiegen hat.

lichen Zustände, nur halb intern war, hatte man ihm wegen seines zarten Teints, seiner weichen Haut und seines mädchenhaften Aussehens den Spitznamen „Fräulein V....“ gegeben. Er nahm niemals an den lärmenden Spielen seiner Kameraden teil und liebte die Einsamkeit. Er erklärt ganz entschieden, während seiner ganzen Schulzeit keinerlei sexuelle Regungen gehabt zu haben; er hat selten nächtliche Pollutionen mit Traumbildern oder Lustgefühlen gehabt, war aber in der Folge immer müde und sein Widerwillen gegen die Gespräche seiner Kameraden über geschlechtliche Dinge stieg. Er hat sich nie besonders zu den Knaben, mit denen er in Berührung kam, hingezogen gefühlt und junge Mädchen jagten ihm seit seiner Pubertät einen wahren Schrecken ein, hauptsächlich jene, die ihm wegen der Zierlichkeit seiner Erscheinung und seines Benehmens besonderes Entgegenkommen bewiesen. Noch die Erinnerung daran rief einen Schrecken hervor, welcher ihn erröten machte. Er war 18 Jahre alt, als er zum ersten Male eine sexuelle Empfindung, die von einem Wollustgefühl begleitet war, hatte. Er machte mit einer vielköpfigen Familie in einem Break, welches zu klein war um mehreren Leuten das Sitzen zu gestatten, einen Ausflug; mehrere Kinder standen zwischen den Erwachsenen. Ein junges Mädchen von beiläufig 12 Jahren kam gerade vor ihm und nach und nach zwischen seine Knie zu stehen, indem sie ihm den Rücken drehte. Erst war er sehr peinlich berührt, nachdem er sich aber unbeobachtet sah, beruhigte er sich. Die Reibung rief bald eine Erektion hervor. Beim Hin- und Herschütteln des Wagens trat ihm das Kind auf den Fuß und er bemerkte, daß dieser Druck das Wollustgefühl und die Erregung erhöhte. Infolge einer heftigeren Erschütterung des Wagens, die einen stärkeren Druck des Fußes zur Folge hatte, trat die Ejakulation ein. Er empfand eine sexuelle Befriedigung, die von keinem peinlichen Gefühl, wie es gewöhnlich die nächtliche Pollution zur Folge hatte, begleitet war. Am Heimweg war es ein anderes Kind, welches vor ihm den Platz des jungen Mädchens einnahm. Es war eine Kleine von sechs oder sieben Jahren, die sich nicht genierte, sich an ihn zu lehnen und keine Rücksicht auf seine Füße nahm. Die sexuelle Erregung trat wieder mit einem lebhaften Wollustgefühl auf, aber ohne diesmal von Orgasmus gefolgt zu sein. Dieses Fehlen der Entspannung versetzte ihn in ein den ganzen Tag andauerndes Gefühl der Erregung; diese überaus angenehmen Gefühle, welche durch den Druck des Fußes verursacht worden waren, hielten den ganzen Tag an. Von da an haben sich diese Gefühle oftmals wiederholt, wobei er einen Kitzelreiz und Kälte in den Füßen verspürte. Von diesem Augenblick an haben ihm der Anblick und die Berührung von Frauen nicht mehr dieses Gefühl der Angst, welches er ehedem empfunden hatte, eingeflößt; aber sie riefen keine sexuellen Wünsche wach. Die nächtlichen Pollutionen, die früher sehr selten gewesen und keinerlei Traumerinnerung zurückgelassen hatten, waren jetzt fortwährend von Vorstellungen von jungen Mädchen, die ihm auf die Füße traten, begleitet. Seit dem Ausflug im Break hatte er keine Gelegenheit mehr gehabt in Gesellschaft zu fahren und dabei ins Gedränge zu geraten. Er hatte auch nicht mehr dasselbe intensive Gefühl gehabt. Die Paraphilie äußerte sich mehrere Jahre hindurch nur in quälenden Gedankengängen und Träumen. Auch übte das andere Geschlecht gar keine Anziehungskraft auf ihn aus.

Mit 27 Jahren ist er nach Paris gekommen. Seither passiert es ihm nun öfters, daß er im Omnibus von Leuten, die an ihm vorübergehen müssen, auf den Fuß getreten wird. Zuerst machte sich die sexuelle Erregung nur in den gepflasterten Straßen, wo sie durch die mechanische Tätigkeit der Erschütterung vorbereitet war, geltend. Nach und nach haben sich dieselben Sensationen sogar in der Trambahn eingestellt. Zuerst waren es nur junge Mädchen, welche diese Sensationen, ohne sein Zutun, hervorriefen. Dann hatten alle Frauen dieses Privilegium und er fing an die Gelegenheit zu suchen, die diese Erregungen auslöste, trotzdem sie nie genug lange dauerten, um den Orgasmus herzuführen. Öfters produzierten diese Erregungen in der darauffolgenden Nacht Träume, welche ein immer stärkeres Gefühl der Müdigkeit bei ihm zurückließen.

Eines Tages, als er mit dem Omnibus fuhr, sah er, daß sich auf der Plattform nur Frauen befanden. Er bot einer von ihnen seinen Platz an, weniger aus Höflichkeit, als um sich den anderen nähern zu können. Bei jeder Unebenheit des Bodens, bei jeder Änderung der Fahrtrichtung rief die Erschütterung ein Schwanken des Körpers hervor und nötigte die Fußstellung zu ändern. Er empfand ein ungeheures Lustgefühl; da sein sexuelles Verlangen nur auf die Berührung mit dem Fuß eingestellt war, trat nach kurzer Zeit der Orgasmus ein. Er nahm die Gewohnheit an, sich in den Straßenbahnen so nah als möglich zum Eingang zu stellen und die Füße vorzustrecken, wenn er sah, daß eine Frau an ihm vorbeizugehen sich anschickte. Es war eine Enttäuschung für ihn, wenn sie ihm auswich oder wenn sie sich entschuldigte und ihm auswich; er bemerkte übrigens, daß dies seltener der Fall war als man glauben könnte, denn die Frauen genierten sich nicht im geringsten und entschuldigten sich selten. Wenn das Darauftreten sich wiederholte, so empfindet er manchmal vollkommene Befriedigung. Er war zirka 31 Jahre alt, als ihm infolge von frustranen Erregungen zum ersten Mal der Gedanke kam, normale Beziehungen zu suchen, besser gesagt, er sieht es plötzlich ein, eher um seine Neugierde zu befriedigen, als von einem normalen Instinkt getrieben. Der Versuch wurde in einem öffentlichen Hause gemacht; nach der Ejakulation, welche er nur schwer erzielte, verspürte er eine ungeheure Müdigkeit und einen unüberwindlichen Ekel. Der Ekel wirkt umso befremdender, als das Mädchen, mit welchem ihm der Zufall zusammenführte, durch die rührende Schilderung ihres Schicksals eine momentane Sympathie und Anteilnahme in ihm wachrief, die ihn noch heute in der Erinnerung in Erstaunen versetzen. Ein zweiter Versuch, den er nicht viel später ausführte, mißlang wieder; unglücklich über seinen Mißerfolg ließ er sich ohne Erfolg von dem Mädchen auf die Füße treten. Scheinbar hat diese Art von Erregung nur die starke Wirkung, wenn sie unerwartet und in einer bestimmten Weise öffentlich hervorgerufen wird. Seit diesen wiederholten Mißerfolg macht ihn der Gedanke traurig, daß er anders sei als die anderen Männer, daß man es vielleicht, besonders die Frauen, bemerken würde; er bekam Anfälle von Depression und gab 1894 seine Stellung auf. Er hat sich, allerdings ohne zu exzessieren, dem Alkohol ergeben; aber bald fing er an an Schlaflosigkeit und epilepsieartigen, nächtlichen Anfällen zu leiden. Als er hörte, daß der Alkohol neue Leiden hervorrufen könne, hat er ihm plötzlich entsagt; zur selben Zeit brach er brüsk alle Beziehungen ab und zog sich in die Einsamkeit zurück, wo er sich nur religiösen Beschäftigungen hingibt.

Als er die epilepsieartigen Anfälle hatte, war er 34 Jahre alt. Seine kleine Gestalt, seine eunuchenartige Stimme, die fahle Hautfarbe und die blonden Haare gaben ihm aus der Ferne das Aussehen eines ganz jungen

Mannes. Trotzdem war er wohl proportioniert, zeigte keinerlei Deformationen, bis auf eine Schwimmhaut zwischen zwei oder drei Zehen auf beiden Füßen. Seine Geschlechtsteile waren ohne Deformation und von normaler Größe, die Achselhöhlen und der Schamberg waren ziemlich behaart, aber der ganze übrige Körper war unbehaart und im Gesicht trug nur das Kinn einige spärliche Härchen. Seitdem er der Melancholie verfallen ist, hat er ein greisenhaftes Aussehen bekommen, sein Körper ist gebeugt, seine Haut verschrumpft und runzelig und sein Blick ist stumpf geworden. [L'instinct sexuel. Evolution et dissolution par *Ch. Féré*, Paris 1899, Félix Alcan Editeur (S. 262—265).]

Wir besitzen leider keine Analyse dieses bemerkenswerten Falles, aber wir können konstatieren, daß sich zugleich mit dem Druckfetischismus die Unfähigkeit zeigt, den normalen Verkehr auszuüben. Auch mündet sein Leben in einen religiösen Dämmerzustand.

Alle diese Kranken haben ein tiefes Schuldbewußtsein. Ohne Schuldbewußtsein gibt es keinen echten Fetischismus. Der Fetisch stellt dann Lust und Strafe zugleich dar. Ursprünglich soll der Schmerz die Lust vertreiben. Der Kranke will sich durch Schmerzen für seine sexuellen Sünden strafen. Er zieht enge Schuhe an, um durch den Schmerz den Fuß als Fetisch zu vergessen. Da schleicht sich die Sexualität in das Medium, das sie verdrängen sollte, sie bemächtigt sich des Schmerzes, Unlust wird zur Lust und schließlich gehen Unlust und Lust eine dauernde Verlötung ein. Aber der Hauptzweck ist erreicht. Das Weib ist ausgeschaltet (resp. der geschlechtliche Partner). Es handelt sich in allen diesen Fällen um Infantilisten, für die nur der Koitus, das Hineinstecken des Penis in die Vagina die Sünde darstellt. Lust von anderen erogenen oder erogenisierten (sensibilisierten) Zonen ist keine Sünde und wird nicht als Sünde gewertet. Die sündhaften Vorstellungen werden dann in hysterischen oder epileptischen Anfällen, im Traume oder in Traumzuständen erledigt. Auch der vorhergehende, sichtlich degenerierte Kranke, flüchtet in die Religion, wobei ihm seine epilepsieartigen Anfälle ein Ausleben seiner Sexualität gestatten. Ob der Druck auf den Fuß dem Nagel entspricht, der den Fuß Christi durchbohrt, das kann ich nicht sagen. Die Möglichkeit ist nach Analogie der vorhergehenden Fälle nicht von der Hand zu weisen. Die Paraphilie ist dann eine Art geheime Religion. Auf die „Urinsexualität" weist seine bis zur Pubertät bestehende Enuresis hin. Der Fall scheint mir wie der vorhergehende mit Mutterleibsphantasien verknüpft zu sein. Der späte Beginn der Paraphilie ist bemerkenswert. Es dürfte sich nur um einen parapathischen Überbau über ein lange bestehendes System handeln. Welches mögen die infantilen Wurzeln dieser Paraphilie sein?

Der nächste Fall eigener Beobachtung wirft etwas Licht auf die Entstehung solcher Paraphilien:

Fall Nr. 44. Herr A. L., ein 26jähriger Techniker, erzählt, daß er nur auf eine sonderbare Weise zum Orgasmus kommen könne. Er versuche den Verkehr immer in normaler Weise. Trotz heftigsten Bemühens komme es zu keinem Orgasmus und zu keiner Ejakulation. Erst, wenn das Weib seinen Penis mit der Spitze des Fußes berühre, treten beide ein. Die bloße Berührung des Fußes genügt schon, um Orgasmus und Ejakulation hervorzurufen. Zu diesem Zwecke lege er sich immer verkehrt, mit dem Kopfe nach unten, in das Bett. . . . . Mir fiel sofort ein, daß unter Geschwistern diese Position sehr häufig vorkommt. Er gibt auch zu, in der Kindheit viele Jahre mit einer älteren Schwester in dieser Position im Bette gelegen zu sein. Jeder mit dem Kopfe nach einem entgegengesetzten Bettende. Sie drückte wiederholt den Fuß auf seinem erigierten Penis. Er wisse jetzt nicht, ob es Absicht oder Zufall war. Er habe auch nicht daran gedacht. Meine Frage habe ihn auf diesen Zusammenhang gebracht. . . .

So eine ähnliche Ätiologie mag auch in dem vorhergehenden Falle, wie auch in anderen ähnlichen Fällen, anzunehmen sein. Daß die Menschen dann immer eine und dieselbe Szene spielen, braucht uns nicht Wunder zu nehmen. Der Parapathiker ist eben der Mensch, der seine Vergangenheit nicht überwinden kann. Ihm schwinden die Grenzen zwischen Phantasie und Realität und das Symbol wird zum alles dominierenden Alleinherrscher.

Sehr charakteristische Aufklärung über das wichtige Moment des Einpressens und Beengtseins bringen uns spätere Fälle. Ich möchte bei dieser Gelegenheit auf die zahlreichen Fälle in Band V (Psychosexueller Infantilismus) aufmerksam machen. Die infantile Wurzel ist dort durchsichtiger als bei den hier erwähnten Fällen. Aber wir dürfen nicht vergessen, daß die Kinder durch die Windeln und durch das Steckbett außerordentlich stark eingeengt werden, was bei der Psychogenese des Fetischismus eine große Rolle spielt. Denn alle Fetischisten sind ausgesprochene Infantilisten. Das zeigt schon die hartnäckige Persistenz eines infantilen Eindruckes.

Wir müssen eben bedenken, daß ein parapathisches Symptom niemals allein durch e i n e Determinante zustande kommt. Immer repräsentiert das Symptom eine Vielheit von Ursachen, die oft heterogenster Natur sind. Die Parapathie zeichnet sich ja eben durch diese Kompromißnatur aus. Jedes Symptom ist ein Kompromiß aus verschiedenen Regungen. Der Fetisch ist Zukunft und Vergangenheit, Kindheit und Gottheit, Zwang und Freiheit, Schein und Realität . . .

Lebt tatsächlich in jedem Menschen das Erinnerungsbild an die Zeit, wo er in den Windeln eingeschnürt die Wonne empfand ein Kind zu sein?[1]) Ich erinnere an den Fall (Band V, Nr. 19) eines Mannes,

[1]) Eine Mutter teilt mir folgende feine Beobachtung mit: „Mein kleiner 6jähriger Sohn pflegt schon seit seiner frühesten Kindheit sich mit Vorliebe die Füße unterhalb der Kniee zusammenzubinden. Er versucht dann zu gehen, was natürlich kaum möglich

der sich in Leintücher einband und defäzierte, um das Kind zu spielen. Ich glaube daran, daß die ersten Ursachen in somatischen Reizen liegen, sozusagen der primäre Kern des Leidens. Später kommt es zu einem psychischen Überbau, so daß der Druck den Zwang symbolisiert, den man auf sich selbst ausübt und den die Umwelt auf uns lasten läßt. Die Parapathie ist der Spiegel des inneren Kampfes, sie drückt den psychischen Konflikt und seine Kompromißlösung aus.

Der nächste Fall stammt aus der Praxis von *Löwenfeld* und bietet gleichfalls sehr interessante Gesichtspunkte.

Fall Nr. 45. Die erste Spur einer perversen Neigung merkte ich an mir schon in meinen Kinder- bzw. Knabenjahren; damals empfand ich schon eine wollüstige Empfindung, wenn ich an anderen Knaben Rohrstiefel mit steifen Schäften sah, besonders solche mit Lackleder. Ich muß hier vor allem einschalten, daß der Vater von Beruf Schuhmacher war, ich also ein großes Feld für meine Leidenschaft hatte. Deutlich erinnere ich mich noch, in den ersten Schuljahren öfters einem Knaben nachgeschlichen zu sein, der solche Stiefel trug. Diese Neigung nahm aber bald einen größeren Umfang an und richtete sich auch auf Mädchen, die weiße Strümpfe und Schuhe mit Spangen trugen, wie man dies früher oft sehen konnte. Als Kundschaft hatten wir unter anderen auch einen Professor H., der drei hübsche reizende Mädchen hatte, die oft bei uns plauderten und bei der Arbeit zusahen.

Damals schon verstand ich es, wenn diese Mädchen da waren, mir einen geeigneten Platz zu suchen und mit der raffinierten Sinnlichkeit eines Erwachsenen diese Mädchen zu beobachten, wie ihre Füße in den verschiedensten Paraden sich zeigten, wie sie neue Schuhe anprobierten usw. Auch trieb ich damals schon Onanie. Ich konnte mich im Bette in eine gewisse wollüstige Stellung bringen, mich meinen Gedanken an Schuhe hingeben und ein gewisses Höchstgefühl von Wollust haben. Später einmal las ich etwas über Onanie der Kinder, über Abgang eines gewissen Samenhauches und erinnerte mich an meine damaligen Handlungen. Wenn zu jener Zeit Schuhe von diesen

---

ist, ihm aber ungeheuren Spaß bereitet. Er spielt sehr gerne mit Gürteln, die er sich in allen möglichen Formen um den Leib legt. Mich bittet er immer, ich möge ihn doch binden! Er verkleidet sich furchtbar gerne, zieht dann von mir Kleidungsstücke an, die ihm erreichbar sind. Das Hauptvergnügen dabei ist für ihn, sich das Gesicht einzupudern. Sein Ideal wäre aber, wenn ich ihn einmal als Baby verkleiden würde. Er bettelt mich immer an, ich soll ihn doch einbinden wie einen Säugling, in eine Decke wickeln und dann herumtragen.

Wichtig ist sicherlich der Umstand, daß mein Junge unendlich an mir hängt und leider bis zu seinem zweiten Jahr zu mir ins Bett kam, wo er sehr zärtlich mit mir war. Er litt bis vor kurzem an Enuresis und Pavor nocturnus. Ich weiß seit der Lektüre Ihrer Bücher, daß ich sehr viel schuld an seinen neurotischen Zuständen bin, weil auch ich meine ganze Zärtlichkeit an ihn verschwendete, und ihn dadurch an mich fixierte.

Eines seiner Lieblingsspiele war es auch, sich die Rouleauschnur als Schlinge um den Hals zu legen, wobei er sie fest anzog. Dann rief er „Schau Mama, ich erwürge mich!"

hübschen Kindern da waren, konnte ich sie nicht genug betasten, beriechen und vor allem hineingreifen.

So vergingen Jahre. Mein schrecklicher Hang für Schuhe vermehrte sich nur und dehnte sich auch auf Knopfstiefel, hübsche hohe Schnürstiefel aus. Ich wurde im Geschmack förmlich raffiniert, vor allem verehrte ich solche Stiefel und Schuhe, die Mädchen und Frauen angehörten, die nur wenig oder gar keinen Fußschweiß hatten. Die Schuhe von solchen verglich ich im Geiste nur mit einem „engelreinen Kelche". Es reizten mich auch vor allem solche Knopfstiefel, die mit weißem Flanell gefüttert waren, der Duft eines solchen Stiefels konnte mich förmlich berauschen.

In meinen ersten Schuljahren hatte ich auch öfters ohne allen Grund eintretende Erektionen; diese Steifheit des Gliedes war aber mit keinem Wollustgefühl, sondern mit einem Brennen im Glied, allgemeinem Unbehagen im Unterleibe verknüpft. Auch litt ich zu jener Zeit an Bettnässen, dies alles verlor ich aber wieder. Noch mehr aber, als die Leidenschaft für Stiefel, machte sich nach und nach eine schrecklichere und nachhaltigere in mir breit, eine merkwürdige Neigung, unter der ich jetzt schon über 20 Jahre leide, und der ich ungezählte schmerzliche Stunden zu verdanken habe. Ich mochte vielleicht 10—12 Jahre zählen, als ich anfing, solche Knaben und Mädchen mit Interesse zu beobachten, die steife Kragen trugen. Zu jener Zeit waren gewisse breite Leinenchemisetten für Knaben und Mädchen im Gebrauch, und es machte mir ein Wollustgefühl, an diesen steifen Kragen zu kratzen. Ich erinnere mich an einen kleinen Verwandten, damals einen hübschen Jungen, der ein solches Ding am Halse hatte; er sagte zu mir, es sei ihm zu eng, und zeigte mir eine wunde Stelle am Halse, die ihm der Kragen verursacht hätte; damals empfand ich eine heftige geschlechtliche Erregung. Seit jener Zeit war ich wie von einem höllischen Zauber umstrickt, die Gedanken an steife weiße Kragen gewannen immer mehr Raum, insbesondere konnte mich der Anblick eines solchen Kragens an einem hübschen Mädchen ganz rasend machen. Ich bekam jedesmal heftiges Herzklopfen und geschlechtliche Erregung; wenn der Kragen hoch war, ein förmliches Gefühl von Schwindel. Dazwischen kamen auch noch die Neigungen für Schuhe, Knopfstiefel usw. In meinem 13. Jahre hatte ich schon eine Ahnung von dem unseligen Drang, der mich erfaßt hatte, obwohl mir der eigentliche Begriff „pervers" noch fremd war; so glaubte ich bereits, daß mein Zustand ein besonderer sei, ein unheilbarer, wie ich dies eigentlich noch jetzt glaube. Damals schon las ich einzelnes über Selbstbefleckung usw. Ich sollte nun auch irgend einen Beruf mich widmen; einige Handwerksmeister verschiedener Professionen schilderten ihr Gewerbe aber selbst in ungünstigem Lichte, warnten förmlich vor ihrem Handwerk, und so kam es, daß ich damals das Geschäft des Vaters lernen sollte. Trotz meiner Leidenschaft für Stiefel verspürte ich hierzu keine rechte Lust, das Sitzen wollte mir nicht recht behagen, auch hatte ich ein Gefühl, daß ich hier ewigen Anfechtungen ausgesetzt sei, es wäre besser für mich, etwas anderes zu ergreifen. Um keinen Preis aber hätte ich mich entdecken mögen. So kam es also, daß ich zu Hause blieb und mich der Schuhmacherei widmete.

Das Werk Dr. *Molls* kam im 22. Jahre in meine Hände. Ich möchte hier noch erwähnen, daß ich auch in jener Zeit mit einem Bekannten zu einer Prostituierten ging, der Erfolg war der bekannte. Über eine anfängliche Erektion brachte ich es nicht hinaus; ich ging mit der halben Überzeugung, impotent zu sein, und ähnlich den Personen in *Krafft-Ebings* Werke verspürte ich keine Lust mehr, zu einer öffentlichen Dirne zu gehen.

Von den Mitteln, die ich damals ergriff, meiner Triebe Herr zu werden, möchte ich die weiten Spaziergänge nennen, die ich damals unternahm, um nur recht müde zu werden. Die Freude an den Schönheiten der Natur ist es hauptsächlich auch heute, die mir mein Los erträglicher macht.

Wenn ich z. B. eine (am besten schwarz gekleidete) Dame sah, die einen hohen, engen Kragen trug, so ging ich ihr oft solange nach, bis sie mit der Hand eine Bewegung am Kragen machte, oder beim Umsehen oder Seitwärtssehen eine gewisse Kopfhaltung machte, als ob der hohe Kragen ihr eine Unbequemlichkeit verursache — in diesem Momente fühlte ich immer einen Schlag, einen Druck am Herzen, den ich am Besten mit einer Blutwelle vergleichen möchte. Sobald aber diese obenerwähnte Bewegung an Kopf oder Hand des weiblichen Wesens geschah, blieb immer ein gedankenerzeugender Moment dazwischen, in dem sich der Begriff herausschälte: „Kräftig wirkt der Zauber und so bist du verloren“ und gleich darauf fühlte ich prompt den Druck, die Blutwelle in der Brust. Und so ist es heute noch.

Ich kaufte einem Mädchen damals einen hohen Leinenkragen, ein paar Manschetten und freute mich wahnsinnig, einen genußreichen Abend zu haben. Sie zeigte auch hierfür viel Sinn, ich konnte mich nicht satt sehen jenen Abend an ihr, buchstäblich gesprochen, sie mußte mir unzählige Male immer wieder den Kragen, den sie sich auf mein glühendes Bitten recht eng gerichtet hatte, mit dem Finger lockern, und als ich bemerkte, daß an ihrem Hals eine aufgescheuerte Stelle entstand, verspürte ich die Sinneslust, wie sie ein Sadist vielleicht empfindet. So oft sie die Hand an den Kragen legte, gingen mir die sinnlichen Wellen durch den Körper. Ähnliches könnte ich schildern, als sie einst neue Knopfstiefel trug; als ich die neuen hübschen Stiefel sah, stand mir schon wieder der Genuß vor Augen, den mir das Ausziehen geben würde.

Das Verhältnis blieb aber nicht immer so ungetrübt und wurde ebenfalls nach kurzer Dauer gelöst.

Es folgte eine dritte Liaison, diesmal mit einem Mädchen, das sich als geschwängert und von ihrem Liebhaber verlassen erwies. Es heißt dann weiter: „Ich darf hier nicht vergessen, eine neue Liebhaberei zu erwähnen, die sich bei mir schon seit geraumer Zeit gebildet hatte: die Liebhaberei für enge Ärmel. Dem Mädchen nun wußte ich hierfür Interesse einzuflößen. Sie war von etwas voller Figur, und es machte mir Genuß, ihr unter den Arm zu greifen und den Schweiß spüren zu können, wenn sie eine anschließende Taille getragen hatte. Ich verstand es jetzt vortrefflich, das Mädchen abzurichten. Große Beredsamkeit, listige Komplimente, immerwährende Schmeichelei über ihre körperlichen Vorzüge wandte ich an, um sie für meine perversen Liebhabereien empfänglich zu machen, und ich kann sagen, es gelang mir auch. Im Laufe der Monate entstand ein förmlicher Briefwechsel in dieser Hinsicht zwischen uns; ich schrieb ihr die phantasiereichsten Schilderungen, und sie antwortete entsprechend. Diese Briefe habe ich verbrannt, um dem Reiz zu entgehen, den sie doch immer gehabt hätten. Der Inhalt ist mir aber doch noch im Gedächtnisse.“

„Über eine andere Gefühlserscheinung möchte ich noch berichten; nämlich daß eine weibliche Person, die einen Zwicker trägt, mir auf jeden Fall nur wenig oder kein Interesse einflößen kann, wenn sie auch die betreffenden Attribute am Leib hat. Sonderbar ist mir auch schon erschienen, daß mich sogar im Traum diese schrecklichen Bilder verfolgen, nicht nur einmal, öfters und merkwürdigerweise immer dieselbe Handlung.

Ich muß hier vorausschicken, daß ich alljährlich mindestens ein- oder zweimal eine gewisse Landschaft aufsuche; einen mir absolut ideal erscheinenden Platz, der mir als eine Zuflucht vor unreinen Dingen erscheint — von dieser Gegend nun bringt mir der Traum ein Bild vor die Seele, daß hier plötzlich ein Gebäude steht, und wenn ich erstaunt unwillig um die Ecke des Hauses gehe, so begegnet mir plötzlich eine ältere Frau die zu Boden sieht, gefolgt von drei hübschen Mädchen, die zu meiner Bestürzung das zeigen, dem zu entfliehen ich gekommen war.

Es gibt Zeiten, wo ich glaube der Sache gegenüber geklärter zu stehen, dann wieder kommen Momente von tiefsinniger entsetzlicher Traurigkeit. In förmlichen Schrecken und sinnliche Aufregung kann mich auch etwas Gedrucktes bringen, das meine Leidenschaft berührt. . . . .

Ich möchte nun zu dem übergehen, was mir als das Wichtigste und Bedeutendste erscheint, nämlich zu dem Gefühl des doppelten Ich, das mir bei besonderem Auftreten der perversen Gefühle zum Ausdruck kommt. Wie schon berichtet, bemühe ich mich ja fortwährend, die perversen Gefühle und die damit verbundenen Laster zu unterdrücken, teilweise gelingt es, aber immer kommen die Zeiten der Rückfälle; es ist wie mit einer auf- und absteigenden Periode. Es gibt Zeiten, wo die perversen Neigungen stärker als sonst auftreten, der Körper befindet sich wie in einem fieberhaften entzündlichen Zustand, das Druckgefühl unter einer Leidenschaft zu stehen, die von Normalen nur mit äußerstem Spott bedacht wird, die Meinung, daß auch der beste Arzt hinterher schließlich auch nur ähnlich denkt, wirkt lähmend auf alles. Und wenn dann wieder ein besonders reizvoll erscheinendes weibliches Wesen mir über den Weg kommt, dann tritt der gefürchtete Augenblick wieder ein, wo ich sehe, wie schrecklich tief das Übel Wurzel gefaßt hat. (Auszug aus *Löwenfeld*, „Sexualleben und Nervenleiden", 5. Aufl., I. F. Bergmann, Wiesbaden 1914.)

Dieser Fall zeigt uns wieder einmal, wie das „Beengende" so leicht zum Fetisch wird. Der infantile Eindruck der drei hübschen Mädchen kehrt auch in den Träumen wieder. Die Vergöttlichung des Fetisch zeigt sich in dem Vergleiche der Schuhe mit „engelreinen" Kelchen. Die Abneigung gegen Schweißfüße mag vielleicht einer verdrängten Neigung entsprechen und unterstützt die Behauptungen *Abrahams*, daß der Schweißfuß in der Psychogenese des Fußfetischismus eine gewisse Rolle spielt.[1]) Die Beziehungen zur Homosexualität sind sehr durchsichtig. Das Interesse springt immer von Knaben auf Mädchen. Es frägt sich, ob überhaupt ohne sehr starke Beteilung der Homosexualität ein Fetischismus zustande kommen kann. Denn immer wieder zeigt sich die Abkehr vom Weibe, die Neigung zu Knaben . . Erst läuft er Knaben nach, dann überträgt sich die Neigung auf Mädchen.

[1]) Die aktive Riechlust und die Bedeutung des Schweißes für sein Sexualleben beweist die Tatsache, daß ihn der Achselschweiß sexuell erregt und daß er direkt unter den Ärmel greift, um den Schweiß zu spüren.

Die steifen großen Leinenkragen interessieren ihn gleicherweise bei Mädchen und Knaben. Daß er impotent ist, weil er vor dem Weibe flieht, ist ebenso klar, wie daß er bei Prostituierten nicht reussieren kann. Wir sehen aber, wie das Interesse überhaupt dem eingeschnürten Körper zugewendet ist. Erst ist es der Fuß, dann kommt die Kragenmanie und dann der enge Ärmel. Er flieht vor der Homosexualität, vor den Schrecken des Weibes in eine Parapathie, er fixiert sich an ein Symbol. Die merkwürdigen Traum- und Schlafzustände, die wir bei der Besprechung des Infantilismus und der Impulshandlungen hervorgehoben haben, sind auch hier zu konstatieren. Deutlich ist auch die vorgeschrittene Spaltung der Persönlichkeit, die allerdings nicht zu epileptischen Zuständen geführt hat.

Bemerkenswert ist in diesem Falle, daß die Paraphilie vom Fuße auf den Hals übergegangen ist. Das erinnert an den klassischen Fall von *Havelock-Ellis*, in dem das Pressen des Kehlkopfes das Pressen des Gliedes ersetzen kann. Sicherlich spielen sadistisch-kriminelle Phantasien mit, deren sich der Kranke nicht bewußt sein will. Hängt es mit dieser aktiv-sadistischen Einstellung der Fetischisten zusammen, daß wir so selten weibliche Fetischisten beobachten konnten?

Einen weiblichen Fall von Stiefelfetischismus beschreibt *H. Hug-Hellmuth.*[1])

Fall Nr. 46. Es handelt sich um eine Generalstochter, die von Jugend auf eine besondere Leidenschaft für die glänzenden Reiterstiefel ihres Vaters zeigte. „Ein Mann zu Pferd mit den hohen Stiefeln ist eigentlich erst ein echter Mann." Sie wies verschiedene Bewerbungen zurück und verlobte sich mit einem um 30 Jahre älteren Oberstleutnant. (Vater-Imago!) Sie wies alle Vorstellungen der Familie mit Hinweis auf seine entzückenden Füße (Reiterstiefel) zurück. Der Bräutigam starb vor der Hochzeit und sie heiratete einen auffallend häßlichen Oberst wegen seiner hohen Reiterstiefel. Sie ist sterblich verliebt in seine entzückenden Reiterstiefel. Ein Zivilist mit niedrigen „verhatschten" Schuhen ist für sie gar kein Mann. „Vor Reiterstiefeln kann man zittern und sie zugleich lieben. Natürlich fällt die Ehe unglücklich aus. Wahrscheinlich ist sie anästhetisch. Sie rät einer Freundin nicht zu heiraten, weil nackte Füße schrecklich seien. Ein Mann mit nackten Füßen ist ein Scheusal. „Wenn ich mir nur die große Zehe vorstelle (offenbar ein Penis-Symbol!), graust es mir schon. Und die Nägel, die immer verkrüppelt sind und die kleine Zehe, die nicht wachsen kann, das ist ein greulicher Anblick." Sie selbst trug gerne möglichst hoch hinaufreichende Stiefletten, wegen des strammen Aussehens und des a n g e n e h m e n G e f ü h l e s d e s E i n g e s c h n ü r t s e i n s! Hohe Stiefel sind entzückend dezent, weil sie die Formen der Wade verhüllen, während sie Ledergamaschen und Wadenstutzen unanständig scharf hervortreten lassen.

---

[1]) Ein Fall von weiblichem Fuß, richtiger Stiefelfetischismus. Int. Zeitschr. für ärztl. Psychoanalyse, 3. Jahr, 1915, H. 2.

Als Kind wünschte sie sich hohe Reiterstiefel und war glücklich, als ihr der Vater an dem Geburtstage hohe Reiterstiefeln schenkte. (Identifizierung mit dem Vater!)

Hellmuth bemerkt zu diesem Falle: „Für den Charakter des echten Fetischismus spricht der Umstand, daß ihr volles und einziges Interesse an einem Manne dessen Fußbekleidung galt, daß der Mann sozusagen die unvermeidliche Staffage zu dem Fetisch war, was sie selbst in klaren Worten ausspricht. Sie verzichtet nicht bloß auf das normale Sexualziel, sondern sie nimmt zur Vorstellung ihres Fetisch Zuflucht, um sich die ehelichen Pflichten erträglich zu machen."

Würde es sich um einen Mann handeln, so würde er wahrscheinlich für den normalen Koitus impotent sein. Ein Weib kann trotz Anästhesie noch immer Kinder gebären und den Koitus passiv erdulden. Wir sehen aber deutlich ein Abrücken von der normalen Sexualität. Sie wählt sich ältere Männer und flieht die jungen, nicht nur um einen Vater-Ersatz ihr eigen zu nennen, sondern um dadurch der stürmischen Leidenschaft der Jugend zu entfliehen. Sie zeigt gleichfalls das Symptom „des symbolischen Zwanges" in ihrer Freude, in hohen Schaftstiefletten eingeschnürt zu sein. Ihr Ekel vor dem nackten Fuß entspricht wohl dem Ekel vor dem nackten Penis. Keineswegs bewiesen ist es aber — wie *Sadger* und *Hellmuth* es annehmen —, daß der Stiefel bloß Penis-Ersatz ist. Leider ist der Fall nicht analysiert. Er ist aber durchsichtig und charakteristisch genug, um hier erwähnt zu werden.

Ein ausgezeichnetes Beispiel, wie das Symbol das Geschlechtliche ganz verdrängen kann, bietet der nächste Fall *Löwenfelds*, der wieder das Thema der Schaftstiefel behandelt.

Fall Nr. 47. „Was nun die geschlechtliche Frage betrifft, so muß ich wohl als Kind einmal irgendwo im Theater oder auf der Straße eine Reitdame zu Gesicht bekommen haben, die hohe Schaftstiefel trug. Das hat auf mich einen bleibenden Eindruck gemacht; denn ich habe als Knabe immer die merkwürdige Tendenz gehabt, mit Vorliebe mir den Anblick von Reitdamen zu verschaffen, sei es in natura oder auf Abbildungen, und zwar waren es vor allem die h o h e n Stiefel, die mein besonderes Interesse erregten, aber nur wenn von weiblichen Personen getragen, dagegen von Männern, absolut nicht. Als Jüngling entstand beim Anblick derartiger Damen dann Samenerguß, und ich gestehe, daß mich die Neigung so packte, daß ich, wenn sich mir Gelegenheit bot, im Theater, Zirkus, in der Nähe von Reitschulen, einen solchen Anblick mir zu verschaffen, ich der Versuchung absolut nicht widerstehen konnte. Dabei erfolgte dann stets Samenerguß.

Infolgedessen p f l e g t e i c h k e i n e n n o r m a l e n g e s c h l e c h t l i c h e n V e r k e h r, sondern suchte meinen Geschlechtstrieb auf diese Weise zu befriedigen. Da sich in dieser Frage niemand um mich bekümmert hat, so habe ich es bis zum 26. Jahre so weiter gemacht. Im 26. Jahre suchte ich endlich in M. einen italienischen Psychiater auf, Prof. A. R. und bat um Ratschlag. Derselbe riet mir ein geeignetes Mädchen zu suchen, dasselbe

16*

so zu kleiden, wie es meine Phantasie liebe und dann den Geschlechtsakt zu versuchen. Das tat ich und der Geschlechtsakt gelang; ich fädelte den normalen Geschlechtsverkehr langsam ein. Ich versuchte nun auch ohne Kleid und Stiefel den Akt zu vollbringen, manchmal gelang er, manchmal auch nicht; bei entsprechender Kleidung ist eben mehr Sicherheit vorhanden. Die weiblichen Geschlechtsteile interessieren mich wenig.

Es hat sich nun bei mir die Tendenz herausgebildet, auf der Straße die Fußbekleidung der Frauen bisweilen zu beobachten und ruft hohe elegante Fußbekleidung leicht Erektion hervor, die sich zum Samenerguß steigern kann, wenn ich der betreffenden Person folge.

In Schaufensterauslagen rufen wohl hohe und Schaftstiefel für Damen einiges Interesse hervor, jedoch keine Erektion und Samenerguß. Derselbe tritt erst ein, wenn der Gegenstand von der Person getragen wird.

Da ich nun jedoch den Schlüssel zum normalen Geschlechtsverkehr gefunden habe, so suche ich meine Neigung im Zaum zu halten und den richtigen Geschlechtsakt einmal in der Woche zu vollbringen. Diese Neigung, mit der ich behaftet bin, ist für mich von größtem Schaden; leicht schweben mir Gaukelbilder von Reitdamen vor, auch bin ich ziemlich indifferent im Geschäftsverkehr. Ich betreibe hier ein Geschäft und wäre es später vielleicht von Vorteil für mich, wenn ich heiraten könnte, um eine Hilfe im Geschäft zu haben. Jetzt unterstützt mich noch mein Vater, aber er ist alt. Das Heiraten wird jedoch absolut nicht gehen, so lange ich solche merkwürdige Neigungen habe. Der italienische Professor, mit dem ich einmal darüber sprach, sagte mir, ich solle eine Reitdame heiraten. Das mag nun theoretisch vielleicht richtig sein, aber praktisch ist es nun nicht durchführbar; denn was tue ich in meiner Lebenslage mit einem Sportsweibe, außerdem müßte ich doch erst Bekanntschaften machen. Ich würde beim Anblick der Kleidung und speziell der Stiefel der betreffenden Dame dann immer in Aufregung und Samenverlust geraten, was mich noch mehr schwächen würde." (Aus „Sexualleben und Nervenleiden", *Löwenfeld*, l. c.)

Alle diese Fälle zeigen eine Übertreibung des spezifischen Geschmackes, die oft an das Absurde grenzt, wenn die analytische Auflösung dieser Eigentümlichkeiten keine Aufklärung bringt. Der eine liebt Damen mit Zwicker, der andere betont, daß sie keinen Zwicker tragen dürfe. Diese negative Einstellung ist eine Eigenschaft, die *Hirschfeld* irrtümlicherweise „Antifetischismus"[1]) genannt hat.

Natürlich sind die Abneigungen ebenso zu werten wie die Begierde. Ob der Fetisch negativ oder positiv wirkt, das ist dem Psychologen ganz gleich. Er sieht in beiden Formen Ausdrucksarten einer und derselben Kraft. Ich kann daher den Antifetischismus *Hirschfelds* als selbständige Paraphilie ebensowenig gelten lassen, wie seinen Transvestismus. Die psychosexuelle Teilaversion[2]) ist nur eine markierte psychosexuelle Teilanziehung. Einer seiner Patienten hat eine un-

---

[1]) Auch der „Zwicker" dient häufig der Symbolisierung des Zwanges.

[2]) Über Horror sexualis partialis (sexuelle Teilaversion, antifetischistische Zwangsvorstellungen, Fetischhaß). Neurolog. Zentralbl., 1911, Nr. 10.

überwindliche Abneigung gegen weibliche Brüste und scheut sich sogar das Wort Brust auszusprechen. Er ist Arzt und kann die Frauen vorne nicht perkutieren und auskultieren, geschweige denn die Mamma palpieren. Er wurde deshalb Kinderarzt. Die Ursache dieser Antipathie wisse er nicht. Nun kommt die bekannte Phrase der Parapathiker und besonders der parapathischen Ärzte: „Er habe sich genau geprüft und nichts entdecken können, worauf diese Abneigung zurückgeht." Das ist natürlich kein Beweis, wie der eigene Fall von Antifetischismus, den ich dann referieren werde, zeigen wird. . . . Eine andere Patientin haßt die Männer mit einem Vollbarte, der dritte haßt gelbe Schuhe, so daß er sie sogar in Hotels beschädigt, wenn sie vor der Türe stehen. Ich lasse nun einen solchen charakteristischen Fall aus der Kasuistik von *Hirschfeld* folgen. Er ist sehr verräterisch und zeigt, daß hinter dem Antifetischismus auf Gegenstände der sexuelle Ekel steckt, der diese Gegenstände als sexuelles Symbol wertet, wie wir es ja bei der Besprechung der Kleptomanie kennen gelernt haben.

Fall Nr. 48. Mechaniker, 31 Jahre alt, leidet an einem „wahren Haß" gegen „Wäscheknöpfe". Er könne sich nicht erinnern, diese tief in ihm wurzelnde Abneigung jemals nicht besessen zu haben, er sei sich aber erst später darüber klar geworden, daß sie mit seinem Geschlechtstrieb zusammenhänge, der sonst ganz normal und ausschließlich auf das Weib gerichtet sei. P. sagt: „Alle Arten von Knöpfen an der Wäsche erscheinen mir unanständig, ja sogar nach meinem unmaßgeblichen Urteil unsittlich; je größer und glänzender sie sind, um so häßlicher, um nicht zu sagen gräßlicher finde ich sie. Die bescheideneren mit weißem Stoff überzogenen stören mich weniger. Lebhaft erinnere ich mich, wie ich im Alter von 7 bis 12 Jahren gegen die Knöpfe vorging, die sich an Wäschestücken meiner Schwester befanden. Abreißen konnte ich den Knopf nicht, denn es war mir nicht möglich, ihn anzufassen, deshalb schnitt ich ihn mit einer Schere rasch fort und beförderte ihn dann durch Stoßen mit dem Fuß weiter. Ich wurde öfter von meinen Eltern wegen dieser Unart bestraft, konnte aber von dieser Absonderlichkeit nicht lassen, trotzdem ich sonst ein folgsames sanftmütiges Kind war. Auch heute noch hasse ich diese Knöpfe, wo ich sie finde. Gehe ich hinter einer Dame her, die von vorne oder von weitem gesehen mir sympathisch war, und ich entdecke dann eine nur mangelhaft oder garnicht verdeckte Knopfreihe am Rückenschluß der Bluse, so wird mir die Bluse und ihre Trägerin höchst unsympathisch. Ein Monstrum an Häßlichkeit sind für mich jene Reform- oder Gesundheitskorsetts, die an Stelle des üblichen Hakenverschlusses Knöpfe haben. Abstoßend häßlich würde mir ein in solcher Verpackung steckender, selbst körperlich schöner Weibtypus vorkommen. Je mehr der widerwärtigen Knöpfe in einer Reihe stehen, um so ekelhafter ist es mir. Merkwürdigerweise muß ich seit meinem 17. bis 18. Jahre bei ihrem Anblick immer an die in einer Reihe stehenden Brustwarzen von Mutterschweinen oder Hündinnen denken. Am liebsten wäre mir, wenn an der Damenwäsche, Hemdblusen usw. alles gebunden wäre. Ich habe aber nicht für Bänder einen Fetischismus. Auch Haken und Ösen oder Druckknöpfe sind für mich keine

Ärgernisorreger, dagegen fühle ich einen an Ekel grenzenden Abscheu, wenn ich an mangelhaft zugeknöpften Blusen und Taillen der Frauen Hemdlücken entdecke. Trotz meines furchtbaren Widerwillens suche ich unwillkürlich nach diesen abstoßenden Sachen und entdecke sie leider ziemlich oft. Sehe ich an solchen schlecht zugemachten Kleidungsstücken entblößte Knöpfe, so kommt mir ein solches Weib schlimmer vor, als ob sie nackt ginge. Der Ekel steigert sich dann aufs höchste und nie könnte ich mit einer solchen Frau verkehren, auch nicht ungeschlechtlich, geschweige denn geschlechtlich."

Es ist nicht schwer zu erkennen — und wird vom Antifetischisten selbst betont, daß diese Knöpfe nur symbolisch als Mamillen aufzufassen sind. Gerade bei dem Fetischismus zeigt sich die ungeheure Bedeutung des Symbols für das Sexualleben. Auf die sadistische Komponente weist das Abschneiden der Knöpfe an Wäschestücken, die seiner Schwester gehörten. Dabei benützte er eine Schere und schleuderte den Knopf mit dem Fuße weg. Es scheint sich um eine Haßverladung von seiner Schwester, der Rivalin in der Liebe seiner Mutter, auf ein Objekt zu handeln. Das „Mutterschwein" mit den zahlreichen Brustwarzen spricht eine deutliche Sprache. Der verdrängte „Voyeur" verrät sich in seinem affektbetonten Abscheu vor Enthüllungen des Busens.

Als weibliches Gegenstück zu dem vorigen Falle berichtet *Hirschfeld* (Sexualpathologie, III. Bd.).

Fall Nr. 49. „Ein höchst seltsamer Fall meiner Beobachtung betrifft eine Dame, die an Kragenknopffetischismus leidet. Ihre Grundempfindung ist ein intensiver **Fetischhaß** gegen diesen Toilettengegenstand, dessen Anblick am Halse, einschließlich der Druckstellen, die er vielfach in der Haut hinterläßt, sie stark irritiert. Erweckt aber jemand in ihr eine starke geschlechtliche Begierde — gewöhnlich sind dies, wie sie sich ausdrückt, „stilreine" Lebemänner, so verwandelt sich diese mit Berührungsfurcht einhergehende Aversion bei ihr in heftige Neugierde, das sonst verabscheute Objekt zu sehen, in den Mund zu nehmen und wenn möglich, zu zerstören. Für den Gefühlsumschlag eines negativen in einen positiven Tropismus und umgekehrt, sind solche Fälle überaus lehrreich."

Dieser Fall ist ebenso durchsichtig wie der vorhergehende. Der Fetischhaß ist eine verdrängte Fetischliebe — in diesem Falle Abwehr einer Fellatio-Phantasie.

Ich möchte noch erwähnen, daß *Hirschfeld* in der erwähnten Arbeit den Roman „Fetisch-Haß" von *Gustav Adolf Weber* (Berlin, York-Verlag) zitiert. Es wird dort die Lebensgeschichte einer Frau geschildert, die eine leidenschaftliche Abneigung gegen den Frack hatte. Sie hat allerlei Zusammenstöße mit befrackten Kellnern, erstickt fast an diesem Haß und . . . verliebt sich in einen jungen deutschen schwarzbefrackten Zimmerkellner. Der Autor schildert, wie der Haß gegen seine Kleidung mit ihrem Verlangen streitet, bis sie unterliegt. Als sie nach dem ersten intimen Verkehr, die Augen aufschlagend, den wieder angekleideten Geliebten in seinem Frack erblickt, „durchtobt plötzlich eine ungeheure Wut, ein ungehinderter Haß ihr Gehirn; wie rote Flammen, aus denen der schwarze Frack höhnisch hervorleuchtete, tanzt es vor ihren Augen, und ehe sie es ausdenken kann, hat sie einen im Schubfach liegenden Revolver ergriffen und ihn auf Reinhards — so ist der Name des Kellners — Kopf abgefeuert."

Dem Analytiker sind diese Fälle klar. Es handelt sich ja um das psychologische Abc. Solcher Fälle vom scheinbaren Anti-Fetischismus könnte ich eine ganze Zahl anführen. Ich erinnere mich an eine Frau, die mir sagte, sie hätte nur eine Abneigung: Große starke, selbstbewußte Männer mit einem „Es ist erreicht"-Schnurrbart. Ihr erster Geliebter, der sie zu Fall brachte, zeigte diesen Typus, gegen dessen Anziehungskraft sie sich durch diesen Antifetischismus schützen wollte.

Die Reihe dieser Fälle möge eine eigene Beobachtung schließen, die *Hirschfeld* gewiß als „Antifetischismus" bezeichnet hätte.

Fall Nr. 50. Der achtzehnjährige W. B. leidet seit einigen Monaten an einer völligen Unfähigkeit zu Studieren. Er war ein guter fleißiger Schüler, kam immer mit einem guten Zeugnis davon, hatte noch Zeit Nebenstudien zu betreiben. Seit einiger Zeit wurde es ihm immer schwerer aufzupassen und dem Unterrichte zu folgen. Er kann nicht lernen, wenn nicht der Hauslehrer oder seine Mutter bei ihm sitzt. Er ist reizbar und hypochondrisch, immer verstimmt, zeigt gar keine Lebensfreude und keine Interessen. Er klagt über Rückenschmerzen, schläft sehr schwer und spät ein, ist morgens schwer zu erwecken und meist müde, fühlt Kopfschmerzen, die vom Nacken bis in den Rücken ausstrahlen.

Da solche Erscheinungen sehr häufig nach oder bei sexueller Abstinenz auftreten, frage ich nach seinem Sexualleben. Er hat nie onaniert, da er schon mit 12 Jahren von einem Onkel belehrt und vor den fürchterlichen Folgen der Onanie verwarnt wurde! Er hat auch nie einen Geschlechtsverkehr gehabt. Er wurde mit 14 Jahren von Mitschülern sexuell aufgeklärt und erzählte das seiner Mutter, welche wieder den Onkel beauftragte, ihm die notwendigen Mitteilungen zu machen. Dieser erzählte ihm von den schrecklichen Folgen des allzu frühen Geschlechtsverkehres. Man werde rückenmarksleidend, man ergebe sich leicht der Ausschweifung, es gäbe verheerende Geschlechtskrankheiten, an denen man zugrunde gehen oder sein ganzes Leben leiden könne. Er möge sich nur beherrschen und warten, bis er heiraten könne . . . . .

In letzter Zeit wurden die sexuellen Phantasien übermächtig und er wußte sich manchmal keinen Rat. Er hat öfters erotische Träume, die mit einer Pollution enden, nie mit Männern, immer nur mit Frauen. Er sieht sich alle Frauen auf der Gasse an und spinnt seine Phantasien weiter. Plötzlich sagt er spontan: Ich habe eine unüberwindliche Abneigung: Frauen mit großen Füßen. Vor diesen habe ich einen großen Ekel. Ich könnte mit so einer Frau nicht zärtlich sein. Wenn ich eine Frau betrachte und ich bemerke zufällig einen großen Fuß, so ist sie für mich erledigt.

Diesen „Antifetischismus“ führt er auf einen seiner ersten infantilen Eindrücke zurück. Er war 12 Jahre alt, da zeigte ihm ein Kollege eine Slowakin, wie sie in Wien so zahlreich zu sehen sind. Sie tragen kurze Röcke, so daß man ihre Waden sehen kann. Der Kollege sagte: „Schau, was die für fesche Wadeln hat!“ Er sah hin und bemerkte kolossale Waden, „die fast über die Füße hinunterhingen.“ Seit damals sei ihm der Ekel vor großen Frauenfüßen bewußt.

„Hat Ihre Mutter oder Schwester große Füße?“

„Nein, meine Mutter hat wunderschöne, eher auffallend kleine Füße . . .“

Er erzählte dann, daß er in der Jugend sehr fromm gewesen sei, so daß er jeden Morgen in die Kirche ging. Dann hatten sie einen sehr strengen, ihm antipathischen Religionsprofessor. Er haßte ihn und wurde durch den Einfluß eines aufgeklärten Kollegen, eines getauften Juden, vollkommen unabhängig von der Kirche. Er glaube wohl an einen Gott, aber nicht an die Normen der katholischen Kirche. Ferner sei er ungeheuer abergläubisch und werde dafür in der Familie verlacht. Er hat seine Unglückstage, glaube an die verhängnisvolle Rolle der Zahl 13; der Freitag sei ein besonderer Unglückstag und solcher Dinge mehr. Er glaube auch an glückbringende Orakel, z. B. daß der Professor ihn immer jene Seite prüfe, die er sich gerade durchgelesen habe. . . .

Er sei sehr mißtrauisch und vertraue keinem Menschen. Seine Mutter überwache ihn immer und wolle ihm gar nichts glauben. Er gehe täglich spazieren, seine Mutter aber glaube, er sitze im Café oder bei irgend einem Kollegen. Er sei leicht zu beeinflussen. Wie ihn der erwähnte Freund der Familie abspenstig gemacht habe, sei ihm das aufgefallen. Er habe sich sofort gegen die Familie einnehmen lassen. Er habe sich schon einmal hypnotisieren lassen und sei sofort eingeschlafen.

Er schwärme für die Kunst und besonders für alte Bilder. Die modernen Bilder könne er nicht leiden, sie seien Farbenkleckse. Aber die alten Bilder zeigten schöne abgetönte Farben und eine wunderbare Ruhe, während die modernen unruhig wären und das Gemüt nicht erheben könnten.

Er haßt alle Menschen. Die anarchistischen Bücher ziehen ihn außerordentlich an und er begreift ihre Lehren als selbstverständlich. Er empfindet jede Autorität als störend und stellt sich zu ihr mit Trotz ein. Es macht ihm eine Freude, wenn er hört, daß die Anarchisten irgendwo ein Attentat ausgeübt haben. Ich erkläre ihm, daß diese Einstellung offenbar von einem Haß gegen seinen Vater stamme.

Das gibt er sofort zu. Er ist ein uneheliches Kind und kennt seinen Vater nicht. Die Mutter hat ihm niemals den Namen seines Vaters genannt. Aber er haßt ihn ingrimmig und er würde ihn töten, wenn er seinen Namen erfahren würde. Wie dürfe man ein Kind in die Welt setzen, ohne sich darum weiter zu kümmern? Sein größter Schmerz ist es, daß man in der Schule weiß, daß er ein uneheliches Kind sei. Er könne ja nichts dafür. Seine größte Angst ist aber, daß sein Vater vielleicht ein Jude sei. Denn er sei ein überzeugter Antisemit und hasse alle Juden. Er glaubt nämlich Anhaltspunkte zu haben, daß der Vater ein Jude sei . . . . Er fürchtet auch, daß er jüdisch aussehe, trägt gerne ein Kreuz, so daß man ihm den Christen anmerken kann.

Nach einigen Stunden erzählt er, daß er sehr eifersüchtig auf seine Schwester sei. Er zähle die Minuten, wenn die Schwester ausgehe. Er würde den Mann umbringen, der seiner Schwester nahetreten würde. Schließlich gibt er freiwillig zu, daß er die Schwester liebt, daß er wiederholt gegen den Gedanken kämpfen muß, die Schwester zu seiner Geliebten zu machen. Auch die Inzestphantasien, die sich mit der Mutter befassen, sind ihm bewußt, Träume von Verkehr mit Mutter und Schwester sind außerordentlich häufig. Er wagt es nicht mit fremden Mädchen zu verkehren. Da er seinen Vater nicht kenne, so könnte ja dies Mädchen zufällig seine Schwester sein. (Solche Umwege lieben die Parapathiker, wenn sie in jedem weiblichen Wesen ein Bild ihrer Schwester sehen. Jede Frau wird ihm zur Schwester . . .) Alle diese Kräfte drängen ihn in die homosexuelle Richtung. Er interessiert sich für schöne Männer. Einem feschen Offizier kann er nachgehen und ihn immer so bewundern, als wenn er ein Mädchen wäre. Er ist besonders bei seiner Schwester auf Offiziere eifersüchtig, weil er fühlt, daß man ihrem Werben nicht widerstehen kann.

„Gestern," fängt er zu erzählen an, „sah ich einen Offizier, der mir sehr gut gefiel. Ich ging ihm eine Viertelstunde nach . . ."

„Haben Sie auch seine Füße beobachtet?"

„Die sehe ich nie an. Da schaue ich nicht hin . . ."

„Warum denn?"

„Weil . . . ich kann es Ihnen nicht sagen."

„Ist es so peinlich, daß Sie es verschweigen wollen?"

„Ja . . . ich habe Ihnen nie davon gesprochen. Männer reizen mich nicht. Ich sehe sie nur platonisch an. Aber wenn sie einen schönen Fuß haben, elegante Schuhe und Sporen daran, werde ich sexuell sehr aufgeregt. Ich fürchte mich dann, ich könnte homosexuell werden."

„Muß der Fuß der Offiziere, wenn er sie erregen soll, klein oder groß sein?"

„Eigentlich erregt mich ein großer Fuß und eine große Nase. Ich habe von einem Kollegen gehört, daß Männer mit großen Füßen und einer großen Nase auch ein großes Glied haben . . ."

Ich breche hier die Unterredung ab. Es zeigt sich, daß der Antifetisch die Erinnerung an den Männerfuß ist. Außerdem ergibt die Analyse, daß ihm als kleinen Knaben der große Fuß der Mutter sehr interessiert hat. Er versuchte ihre Schuhe zu tragen und steckte immer sein Kinderfüßchen hinein. Obwohl die Mutter sehr kleine Füße habe, war der Schuh ihm immer zu groß. Das war sein Schmerz. Er wünschte sich einen so großen Fuß zu haben, daß er in den Schuh der Mutter passe. Es handelt sich auch um einen erotischen Symbolismus, wobei der Fuß ein phallisches Symbol repräsentiert.

Sein Antifetisch ist eine Sicherung gegen die Inzestgedanken und gegen die aus der Verdrängung der Inzestgedanken aufkeimende Homosexualität.

Wir sehen in diesem Falle die infantile Wurzel seines Partialismus, um einen solchen handelt es sich ja. (Anti-Partialismus könnte man mit *Hirschfeld* sagen.) Es ist der Fuß der Mutter, der ihm als Kind sehr groß erschien. Andrerseits sehen wir die deutliche homosexuelle Komponente. Er haßt das Weib, wenn es ihn an einen Mann erinnert. Der unbekannte Fuß seines unbekannten Vaters ist es, den er sucht und haßt. Er würde diesen Vater töten — sagte er, wenn er ihn finden würde. Er weiß nur, daß er ein reicher Mann ist und auf großem Fuß lebt. Diesen Ausspruch hörte er oft von seiner Mutter, die auch so lange auf großem Fuß lebte, als sie die Geliebte des Mannes war, während sie jetzt von den Zinsen seiner Abfertigung lebt. Jede Frau, die elegant ist und auf großem Fuß lebt, weckt in ihm die Assoziation: Das ist auch so eine „ausgehaltene Maitresse". Seine Angst ist, die Schwester könnte eine Maitresse wie die Mutter werden.

An Offizieren reizt es ihn am meisten, wenn sie in ihre Uniform eingeschnürt sind. Am verlockendsten erscheinen ihm Husaren mit vielen Schnüren, engen, prall sitzenden Hosen und hohen Schaftstiefeln. Der große Fuß muß in einen engen Stiefel gepreßt sein.

Seine Vorliebe für Offiziere entspricht einem hartnäckig festgehaltenen Infantilismus. Auch die Vorliebe der Frauen für das zweifärbige Tuch entspricht einerseits einem Infantilismus, andrerseits der Vorstellung, daß sich die Offiziere und Soldaten durch besondere Manneskraft auszeichnen. Übrigens findet sich diese Anziehungskraft des färbigen Tuches auch bei Homosexuellen, bei denen man alle Formen des Partialismus beobachten kann. Immer wieder hörte ich die Anziehungskraft der gut sitzenden Uniform preisen. Der Soldat ist ja an und für sich ein Symbol des Zwanges, der „euphemistisch" Disziplin genannt wird.

Sogenannte fetischistische Neigungen sind bei Homosexuellen ebenso häufig wie bei Heterosexuellen. (Wir werden einen solchen Fall kennen lernen.) Es kann sich dabei nur um Teilanziehung oder um echten Fetischismus handeln, wobei der Fetisch den Mann ersetzt. Besonders beliebt sind die verschiedenen Soldaten, was entschieden auf die infantile Wurzel dieser Neigungen hinweist. Denn jedermann weiß, was für eine große Rolle die Soldaten im Seelenleben des Kindes spielen. Sie sind vermöge der Uniform geeignet, den Sinn des Kindes, seine Phantasie zu erregen. Ferner kommen die kriminellen Instinkte zur Geltung, da sie ja Träger von Waffen sind und das Erstechen und Erschießen auf diese Weise gespielt werden kann, ohne daß die aufkeimenden sozialen Gefühle das hindern. *Hirschfeld* betont diese Eigenschaft der Homosexuellen. Seine Ausführungen über diesen Punkt sind sehr interessant:

„Aber auch hier gibt es innerhalb jeder Gruppe immer noch sehr starke Differenzierungen; so finden wir unter den „Soldatenfreiern" solche, die nur für die Mannschaften inklinieren, darunter wieder welche, die fast ausschließlich auf Unteroffiziere, andere, die fast nur auf Offiziersburschen „fliegen"; dann gibt es welche, die sich nur mit Offizieren befassen. Daneben spielen die verschiedenen Truppengattungen eine Rolle. Für viele existiert nur die Infanterie, für andere die Kavallerie, für dritte die Marine. Ich kannte einen Homosexuellen, für den nur die „ersten Garde-Ulanen" von erotischer Bedeutung waren, die ganze übrige deutsche Armee schien für ihn nicht vorhanden zu sein. Vor einiger Zeit hatte ich einen Arzt zu begutachten, der ausschließlich Kavallerieoffiziere liebte. Da er mit ihnen anderweitig nicht in

Konnex kommen konnte, hatte er sie dadurch auf sein Zimmer zu locken verstanden, daß er mit ihnen Geldgeschäfte entrierte. In allen diesen Fällen spielt offenbar der Fetischismus eine beträchtliche Rolle, von dem sich Anklänge übrigens auch bei allen anderen Homosexuellen meist unschwer nachweisen lassen.

„Daß es sich hier tatsächlich um Fetischismus handelt, geht daraus hervor, daß, wenn der Fetisch fehlt, an die Stelle der sexuellen Attraktion oft völlige Indifferenz, wenn nicht gar Aversion, tritt; so erzählen Soldatenfreunde, wie völlig „abgekühlt sie seien, wenn ihre früher geliebten Freunde sie als „Reservisten" aufsuchen. Diese wiederum, meist sehr erfreut über die schon längst ersehnte Zivilkleidung, sind oft nicht wenig verwundert über das gänzlich veränderte Benehmen ihrer Gönner. Ein junger Priester schreibt mir: „Ich bin vollständig homosexuell. Der Typus, der mich anzieht, ist der kräftige, schöne Mann im Alter von 25—40 Jahren. Ob dieser Typus nun blond oder schwarz ist, ist mir gleichgültig, nur muß er sympathische Gesichtszüge und vor allem einen Schnurrbart — aber ja keinen Vollbart — haben, bartlose Männer können mich auf keinen Fall reizen; wie sehr die geschlechtliche Reizung von dem Schnurrbart abhängt, illustriere folgendes: Mein Onkel — ein höherer katholischer Geistlicher — bei dem ich mich studienhalber aufhielt, hatte einen Kaplan, der jenen kräftigen schönen Typus darstellte, den ich liebe, und welcher als katholischer Geistlicher keinen Bart tragen durfte. Wir beide verkehrten freundschaftlich miteinander, ohne daß ich meinerseits sexuell von ihm erregt wurde. Ich brachte nun eines Tages einen beim Friseur gekauften Schnurrbart mit heim und bat ihn, er möge ihn anlegen, was er auch tat. Sofort bemächtigte sich meiner eine tiefe Erregung und ich hatte Mühe, ihn nicht an mich zu reißen und zu verküssen."

„Wie ungemein detailliert und spezialisiert die Geschmacksrichtung der Homosexuellen sein kann, mögen noch einige seltenere Fälle belegen. Ich kannte Urninge, die sich erotisch ausschließlich für Schutzleute interessierten, andere, die nur „Studenten mit Schmissen" liebten; einen Urning lernte ich kennen, dessen ausschließliche Leidenschaft Hirten waren. Nach diesen lugte er aus weiter Ferne aus. „Einmal," so erzählte er, „erblickte ich in der Gegend von San Remo oben auf dem Berge einen Hirten inmitten seiner Herde; leider hatte ich meinen Feldstecher vergessen. Da mir seine Gestalt jugendlich erschien, machte ich mich zu ihm auf den Weg, es war ein sehr beschwerlicher Weg durch ein tiefes Tal, wohl über eine Stunde. Als ich oben angelangt war, sah ich, daß es ein ganz alter Mann war. So ist es mir mehr als einmal gegangen."

„Ein anderer wurde durch den am Nacken stark hervortretenden siebenten Halswirbel mächtig angezogen, andere durch Kahlköpfe; von zwei urnischen Brüdern, die ich in Brüssel kennen lernte, liebte der eine nur „Chasseurs", der andere nur Chauffeure."

„Ich kannte einen Urning, der prinzipiell nur mit Rheinländern, Westfalen und Pommern sexuell verkehrte, „ ganz ausgeschlossen" seien für ihn Sachsen, Hamburger und Elsässer; einer wurde nur durch Leute, die kurze Shaghpfeife rauchten, erregt. Verschiedene Urninge und Urlinden teilten mit, daß schöne Menschen sie kalt ließen, dagegen fühlten sie sich angezogen durch Leute von grotesker Häßlichkeit. Überhaupt ist bei den homosexuellen Frauen diese Differenziertheit des Geschmackes ebenso groß. So konnte sich eine mir bekannte Urlinde nur für verheiratete Frauen interessieren, eine andere nur für Dienstmädchen, eine weitere wurde durch Pelze, eine andere durch große Ohrringe mächtig angezogen, eine liebte „Frauen nicht unter 200 Pfund."

„Wenn Kriegsminister von **Einem** über die Homosexuellen sagte: „Ich habe aus Broschüren und wissenschaftlichen Schriften gelesen, daß jene Männer, die mit dieser Leidenschaft behaftet sind, sich diejenigen Männer aussuchen, die ihnen die Verkörperung der Stärke und Vollkommenheit zu sein scheinen: z. B. sollen Lastträger, Rollkutscher und Bierkutscher ganz besondere Objekte ihrer Lust sein," so zeigte er sich nur sehr einseitig orientiert."

„Ein spekulativer Militärschneider in Berlin, der ein vielbesuchtes Absteigquartier für Homosexuelle unterhielt, hatte in seinen Schränken alle möglichen Uniformspiele hängen, mit denen er ganz nach Wunsch Infanteristen in Ulanen, Land- in Seesoldaten umwandeln konnte. Auch sonstige Requisiten, mit denen er fetischistischen Ansprüchen genügen konnte, fehlten nicht: vom Apachenhalstuch bis zum Priesterkragen, vom Sporenstiefel bis zum Lackhalbschuh „war alles da". Die Verfolgung der Ursachen solcher individueller Absonderlichkeiten bis an die Grenze des endogen Gegebenen geschieht am besten auf psychanalytischem Wege. Aus einer umfangreichen Statistik, in der ich die Eigenschaften des Liebesobjektes mit der eigenen Person verglich, ergab sich, daß etwa 55 Prozent der Homosexuellen Eigenschaften suchen, die sie selbst besitzen, ca. 45 Prozent in gegenteiligen Eigenschaften die Ergänzung ihres Ichs finden. (*Hirschfeld*, Die Homosexualität, S. 282.)

Das ist eine absolut richtige Beobachtung des Autors. Auch der letzte Patient, den ich als Antifetischisten beschrieben habe, hatte selbst sehr große Füße und kränkte sich darüber. Aus dem zu kleinen Kinderfüßchen war ein Riesenfuß geworden. Ursprünglich war er auf diesen Fuß stolz, dann stellte sich die polare Einstellung in den Vordergrund. Die analytische Durchforschung dieser Fälle wird immer die infantile Wurzel der individuellen Geschmacksrichtung nachweisen.

Ein Teil der von *Hirschfeld* erwähnten Fälle hat mit dem echten Fetischismus nichts zu tun. Es handelt sich um Fixierung infantiler Eindrücke — um Fälle von Partialismus. Aber auch diese Fälle zeigen uns das Phänomen des Zwanges. Der Partialist ist in eine bestimmte Geschmacksrichtung eingezwängt. Er kämpft oft gegen den Zwang und ist außerstande, ihn zu überwinden. Sollte ein einziger infantiler Eindruck imstande sein, das ganze Leben als Zwang zu wirken? Ich zweifle an der Theorie von *Binet*, seit ich die Fälle analytisch durchforscht habe. Sie ist zu billig . . . .

Daß aber damit das Wesen des Partialismus und Anti-Partialismus nicht erklärt ist, das beweist uns die Psychogenese des letzten Falles. Hier war der große Fuß das Symbol einer Maitresse. Allerdings findet sich auch das sexuelle Interesse für den Fuß und der Hinweis auf den großen Fuß der Mutter. Aber eine analytische Durchforschung der Fälle zeigt, daß es gefährlich ist, sich auf eine bestimmte

Hypothese festzulegen. So ließ sich im letzten Falle kein Anhaltspunkt finden, daß der Schweißfuß eine Rolle in der Ätiologie dieses Partialismus spielt. Es ist auch a priori nicht anzunehmen. Denn ich habe viele Fälle von Hand-Partialismus gesehen, die an Intensität dem Fuß-Partialismus nicht nachstanden. In keinem Falle war ein Anhaltspunkt für eine Schweißhand vorhanden. Bald war es die Hand der Mutter, die mit dem Gliede während der Kinderpflege gespielt hatte, bald die Hand einer Erziehungsperson, bald der Hinweis auf die Onanie und viele andere Zusammenhänge. Diese Fälle haben mit dem Fetischismus nichts zu tun. Ganz anders der Fall eines Handschuhfetischisten, der die Handschuhe der Frauen sammelte und den es besonders erregte, wenn der Glacélederhandschuh sehr enge auf der Hand saß, so daß er die Vorstellung haben konnte, die Finger seien in den Handschuh fest eingepreßt worden. Interessant ist der Umstand, daß dieser Patient nur durch festes Drücken und Zusammenpressen seines Penis Orgasmus erzielen konnte.

Doch ich würde mich ins Unendliche wiederholen, wollte ich die adäquaten Verhältnisse beim Handfetischismus aufweisen, wie ich sie beim Fußfetischismus finden konnte.

Gemeinsam ist beiden Krankheiten der Zwang, die Vorstellung des Eingeschnürtseins, das Abrücken vom geschlechtlichen Partner und der Haremskult.

Oft führt das Bedürfnis nach einem Zwange den Patienten dazu, sich das Glied einzuzwängen. Oft hört man, daß parapathische Kranke ihren Penis mit Stricken oder Bändern eingebunden haben. Viele legen eine solche Binde des Nachts an, andere tragen sie am Tage.

Viele sonst rätselhafte Vorgänge finden auf diese Weise ihre Erklärung. *Maresch* demonstrierte in der Gesellschaft der Ärzte in Wien ein Referat („ein Fall von jahrelanger Einschnürung des Penis durch einen Fingerring“, Wiener klin. Wochenschr., 1920, Nr. 5). Der Ring hatte zur Entstehung einer Urethralfistel geführt.

Die vorgenommenen katamnestischen Recherchen ergaben, daß der Verstorbene, der verheiratet gewesen war, in den letzten zehn Jahren keinen geschlechtlichen Verkehr mit seiner Frau gepflogen hatte, und daß er damals (also vor zehn Jahren) über lästige schmerzhafte Erektionen geklagt habe. Seine Frau hatte ihm den Rat erteilt, einen Arzt zu befragen, und als sie sich später wieder nach seinem Befinden erkundigte, meinte er, es sei eine ärztliche Konsultation nicht mehr notwendig. Von dem Ringe wußte die Frau nichts. Wir werden daher nicht fehlgehen, in diesen Zeitpunkt die Applikation des Ringes und die Inkarzeration des Penis zu verlegen, zumal der anatomische Befund dieser Annahme durchaus nicht widerspricht. Der Mann hat die mit gewiß nicht unbeträchtlichen Beschwerden verbundenen Folgen der Inkarzeration ohne ärztliche Intervention ertragen und sich auch mit der Urethralfistel abgefunden. Denn hätte er einen Arzt konsultiert, so wäre er zumindest von dem Ring befreit worden. Der Pfleger und die Zimmergenossen gaben auch an, daß der Kranke auffallend häufig das Klosett aufsuchte und sehr viele Tücher verbrauchte, mit denen er sich — und wie das Präparat zeigt, erfolgreich — vor einem Ekzem bewahrte.[1]) (Siehe Abbildung Nr. 24.)

Fig. 24.

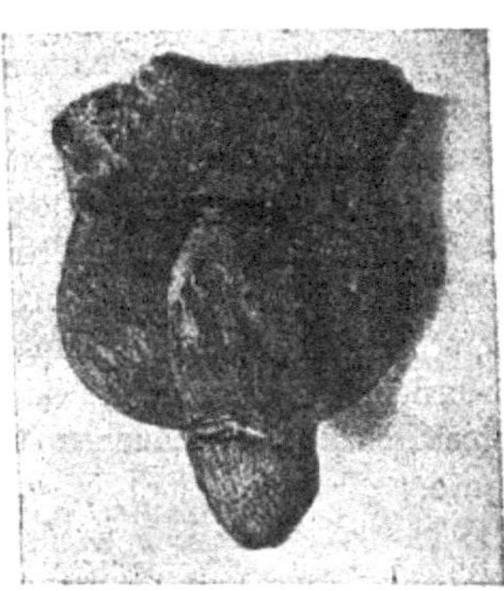

Einfache Menschen wählen ein einfaches Bild oder Werkzeug des Zwanges. Je komplizierter die Psyche des Menschen ist, desto komplizierter der Mechanismus des Zwanges.

Ein wichtiger Umstand erfordert eine gesonderte Besprechung. Wir haben gesehen, daß es sich in allen diesen Fällen um Impulshandlungen dreht. Viele dieser Fußfetischisten sind Kleptomanen, sie stehlen die Schuhe, von denen sie ein ganzes Lager haben, sie stehlen Handschuhe, sie stehlen Mieder. Wie verhält sich nun der Impuls zu diesem merkwürdigen Symptom des Zwanges?

Erstens empfindet der Kulturmensch diesen Impuls wie jede Urreaktion als lästigen Zwang. Der Kulturmensch kämpft gegen die Triebe, er will sie überwinden, er will diesem Zwange nicht erliegen. Die innere Freiheit — das höchste Ideal eines jeden Menschen — ist nur zu erreichen durch Überwindung des Zwanges. Der ursprüngliche

[1]) Einen ähnlichen Fall von Selbstverstümmlung hat *Jeanselme* in der Juninummer 1921 des „L'Encephale" veröffentlicht. Ein 12jähriger hatte sich den Penis im Sulcus so eingeschnürt, daß die Glans gangränös wurde und während des Urinierens abfiel. Zu diesem Fall macht *Saussure* in der „Int. Zeitschr. f. Psychoanalyse" (1922, Bd. VIII, H. 3. Bemerkungen zu einem Fall von Selbstverstümmelung) einige interessante Bemerkungen. Er erwägt die Möglichkeit von Kastrationsideen, verwirft sie aber, weil der Knabe sonst den Penis an der Wurzel abgeschnürt hätte. Meiner Ansicht nach scheint es sich um eine symbolische Darstellung eines Zwanges zu handeln, der vom Genitale ausgeht und am Genitale bestraft werden soll. Auch an Schutzmaßregeln gegen Onanie ist in solchen Fällen zu denken.

Zwang ist im echten Fetischismus nicht mehr zu erkennen. Der Impuls hat sich verwandelt, der Affekt erscheint verschoben, der Zwang hat sich vom Sexuellen auf ein Symbol verschoben. Der Kranke strebt nicht mehr nach dem Besitz der begehrten Person, er erliegt wohl dem Zwange, aber in einer symbolischen Form, die seiner asketischen Tendenz dadurch gerecht wird, daß er dem Geschlechtsverkehre entgeht oder ihn auf ein Minimum einschränkt. Er hat dem Zwang einen Gegenzwang entgegengestellt. Zwangssymptome sind Reaktionen des Gewissens auf eine unerfüllbare Triebforderung. Die Urreaktion verwandelt sich in eine vollkommen atypische Kulturreaktion. Er erliegt wohl einem Zwange, aber es ist ein Zwang, den er sich selbst geschaffen hat, um der ursprünglichen Forderung seiner Sexualität zu entfliehen. Der Fetischist hat sich in eine Parapathie hineingezwängt, um einem anderen Zwange zu entkommen. Er spielt den Paraphilen und bleibt der Asket. Der Zwang der Kultur, der Erziehung, der Religion, des Ethos bleibt doch siegreich. Aber er empfindet diesen Zwang nicht mehr als das Fremde, weil ja die Paraphilie seine eigenste Schöpfung ist. In Wirklichkeit reizt ihn der Fuß gar nicht. Er benimmt sich nur so, als ob er ihn reizen würde (*Vaihinger*). Er arbeitet mit einer Fiktion, um der Realität der Sexualität zu entgehen. Die bipolare Tendenz, Don Juan, Satan, Libertin, untreuer Ehemann einerseits, Priester, Heiliger andrerseits kommt in seiner eigensten Schöpfung zum Ausdruck. Dann wird der Trieb als das Fremde und der Fetischismus als das Eigene empfunden. Der Impuls wird sozusagen durch den Fetischismus immunisiert, er wird für das Leben unschädlich gemacht. Die Kraft des Impulses geht nicht verloren. Er wird nur von dem eigentlichen Strombett abgelenkt und gezwungen Arbeit zu leisten, die seiner Tendenz feindlich ist. Er wird dann ein Teil von jener Kraft, die stets das Böse will und doch das Gute schafft.

In dem eingeschnürten Symbol drückt der Kranke dann beide Tendenzen aus: den Zwang des Triebes und den Gegenzwang der Zwangsneurose.

So komme ich zu meiner alten Formel zurück: Der Fetischismus ist nur eine Abart der Zwangsneurose, seine psychische Struktur kann nur als Zwangsneurose verstanden werden. Der erotische Symbolismus des Fetischismus drückt diesen Zwang in der Wahl des sexuellen Fetisches aus, der diesen Zwang anschaulich und überzeugend vor Augen führt.

XI.
Kasuistik.

Alle unsere Untersuchungen haben das eine Resultat ergeben: Der Fetischismus ist ein Zwang, den der Kranke sich selbst aus Motiven der Buße auferlegt. Es ist scheinbar eine Paraphilie, in Wahrheit eine Religion, ein Kult. In dieser Religion herrschen die Götter der Kindheit. Der Fetisch muß imstande sein, den Zwang dieser Religion, die ja immer den Charakter eines Zwanges [1]) hat, symbolisch darzustellen. Er muß etwas Schützendes, Umhüllendes, Einschnürendes sein. Aus diesem Grunde eignen sich Schuhe ganz besonders, denn sie schützen den Fuß vor Verunreinigung. Es eignen sich auch enge Hosen sowie Korsetts zum Fetisch. Es ist nun klar, daß auch eine Mehrheit von Fetischen nebeneinander bestehen kann, wenn sie das Gleiche ausdrücken. Es ist so, als ob man einen Ausdruck in zwei verschiedenen Sprachen verwenden würde. Es kann sich daher der Schuhfetischismus mit einem anderen kombinieren. Einen solchen Fall beschreibt auch *Abraham* [2]) und über diesen Fall möchte ich einige Worte sprechen.

Fall Nr. 51. A. beschreibt einen 22jährigen Hochschüler, der sich schon in der Pubertät von anderen Altersgenossen dadurch unterschied, daß er sich für das weibliche Geschlecht nicht interessierte. Er hielt sich für impotent. Mit 14 Jahren begann er sich zu fesseln. Mit 15 Jahren begann er elegante Schuhe der männlichen Mitschüler zu beobachten. Nun kam das typische Erlebnis. Er verschob dies Interesse auf die weiblichen Schuhe. Besonders erregte ihn der Gedanke, wie unbequem das Gehen in solchen Schuhen sein müsse.

Er verwechselt die Schuhe, den rechten und den linken, um aus eigener Erfahrung zu lernen, wie das Gefühl des quälenden Druckes beschaffen sei. Diese Verwechslung von links und rechts ist eine wunder-

---

[1]) Vergleiche die Ausführungen über die Darstellung der Parapathie im Traume. Zbl. f. Psychoanalyse, Bd. III, S. 66. Der Schuh ist ein sehr häufiges Symbol der Parapathie selbst. Ebenso der Handschuh.

[2]) Psychoanalyse eines Falles von Fuß- und Korsettfetischismus. Jahrbuch für psychoanalytische und psychopathologische Forschungen. III. Bd., 1912.

schöne symbolische Handlung. Er möchte aus einem Manne ein Weib werden. Das dürfte aus einem eminenten Identifizierungsprozesse mit seiner Mutter stammen. Denn mit 16 Jahren nahm er ein altes Korsett der Mutter, schnürte sich darin fest ein und ging so damit auf der Straße spazieren. Wieder begegnen wir dem Fetischismus mit Requisiten aus der Toilette der Mutter. Patient erzählt: „Sehe ich eingeschnürte Frauen und Mädchen und vergegenwärtige ich mir den Druck des Korsetts auf ihre Brust und Unterleib, so kann ich Erektionen erzielen." Seine Träume handeln oft von Korsetts und vom Schnüren, ein Gegensatz zu den mir bekannten Fällen. Er hat ausgesprochen koprophile Riechlust, die auf seinen Infantilismus zurückzuführen ist. Eine seiner häufigsten Erinnerungen ist eine Szene, in der die Mutter im Wasser watet. Ich sehe darin den Kern seines Fußfetischismus. Er war bis zum 10. Lebensjahre mit seiner Mutter sehr zärtlich und hatte bis dahin auch sehr häufig ihr Bett aufgesucht. Sehr stark ist seine Sehnsucht, ein Weib zu sein. Damit dürften seine Kastrationsphantasien zusammenhängen. Er zeigt die charakteristische infantile Neigung, den Harn und den Urin zurückzuhalten. Seine Fesselungen fanden meist im Klosett statt. Sie dürften der Phantasie entstammen, in Windeln eingebunden zu sein. . . . Dazu stimmt, daß er sich seine Genitalien gern einschnürte.

Abraham bringt auch einen Traum des Patienten:

> Er ist mit seinem Bruder auf einem Schiffe, das durch einen Hafen fährt. Um aus dem Hafen zu kommen, müssen sie einen eigentümlichen wie ein Haus über dem Wasser gebauten Durchlaß passieren. Sie fahren dann durch freies Wasser, sind dann aber plötzlich auf dem Lande und fahren mit dem Schiffe durch eine Straße, ohne jedoch den Boden zu berühren. Sie fahren in der Luft; ein Schutzmann sieht ihnen dabei zu.

Der Traum ist in seiner fundamentalen Bedeutung von *Abraham* nicht erkannt worden, da er in jener Zeit der Publikation die Symbolik der Spermatozoenträume noch nicht kannte. Der wichtige Einfall des Patienten „Koloß von Rhodos" erklärt den Traum. Der Koloß stellte einen gewaltigen Mann dar, der mit ausgespreizten Beinen über dem Hafen von Rhodos stand. Er erinnert den Patienten an den urinierenden Vater. Der Traum stellt den Patienten als Spermatozoon dar und beschreibt seine Reise durch den Körper der Mutter. Daher das merkwürdige Fliegen . . . (vgl. den Mutterleibstraum eines vorhergehenden Falles, S. 218). Der Sinn des Traumes heißt: Ich möchte noch einmal auf die Welt kommen und ein neues Leben beginnen. Ich möchte noch einmal Kind sein. Einmal träumt der Patient, daß die Schuhe hinten niedergetreten sind, so daß die Ferse sichtbar ist. Das bedeutet neben anderen Determinationen, daß er seine Parapathie zu verlieren glaubt. Das ist in der Psychanalyse häufiger der Fall, als es die Analytiker selbst wissen. Denn diese fetischistischen Neigungen verlieren für ihren Träger den größten Wert, wenn er sie einmal mitteilt. Sie sind sein lange behütetes Geheimnis und entschließt er sich einmal sie mitzuteilen, so ist er schon halb entschlossen sie aufzugeben. Richtig ist, daß — wie *Abraham* betont — die Ferse die Bedeutung eines Genitalersatzes hat. Jeder Fetisch ersetzt das Genitale und kommt zustande, weil eine erogene Zone dabei beteiligt ist, aber damit ist das Wesen des Fetischismus noch nicht erklärt, wie wir ja bereits gesehen haben.

Diese Bemerkungen über den Fall *Abrahams* mögen vorläufig genügen. Über seine Auffassung des Fußfetischismus will ich mich später äußern. Ich mache hier nur auf die starke Tendenz aufmerksam: Ich will ein Weib sein! Diese Tendenz fehlt in keinem Falle von echtem Fetischismus und erklärt uns auch das merkwürdige Ausspielen des Fetischismus gegen das Weib. Sammelt der Fetischist Frauenschuhe, so stellt er sich vor, wie sie ihm passen würden: so geht es ihm mit den Hemden, Korsetts, Schürzen, Hüten usw. Die homosexuelle Grundlage des Fetischismus setzt sich in diesem Wunsche mächtig durch. Auch der Spermatozoentraum mag neben anderen Bedeutungen auch diese haben: Wenn ich nochmals auf die Welt komme, möchte ich eine Frau wie die Mutter oder die Schwester sein. Von diesem Wunsche bis zum Transvestismus von *Hirschfeld* ist nur ein kleiner Schritt. In der Tat zeigen alle Transvestiten die Eigenschaften der Fetischisten, sie sammeln weibliche Toilettestücke, sie treiben den Haremskult, sie versenken sich in eine ihnen verschlossene Welt mit der ganzen Macht einer irregeleiteten Phantasie.

Der nächste Fall zeigt uns alle diese Momente neben anderen sehr interessanten. Er ist von Dr. *Otto Walther* publiziert worden. Wir lassen ihm darüber das Wort:

Fall Nr. 52. M. K., Journalist, war zur Zeit seiner Aufnahme in die Irrenanstalt zwecks Beobachtung seines Geisteszustandes 36 Jahre alt. Über erbliche Belastung war nichts zu erfahren. Er hat in der Schule mäßig gelernt, aber doch mit 20 Jahren sein Maturitätsexamen bestanden. In Berlin und Marburg hat K. dann Rechts- und Staatswissenschaften studiert. Nachdem er in Kassel zweimal vergeblich die erste juristische Staatsprüfung versucht hat, wurde er nach dem Tode seines Vaters Journalist und hat sich dabei durchwegs pekuniär gut gestanden. Vom Hause aus war er so gut wie vermögenslos. Meist war K. an konservativen Zeitungen tätig, so in W., wo er eine recht angesehene Stellung einnahm, in den ersten Kreisen verkehrte, Mitglied des konservativen Wahlvereines war usw. 1895 verheiratete er sich, die Ehe blieb kinderlos; 1898 adoptierte er ein kleines Mädchen auf dringenden Wunsch seiner Frau. Mit seiner Frau hat K. geschlechtlich nicht verkehrt. 1899 bis Juni 1900 war er als Chefredakteur in R. tätig. Nach Angabe des Zeitungsverlegers hat er stets zur Zufriedenheit gearbeitet.

K. wurde angeklagt, wegen mehrfach versuchten, aber nicht vollendeten Betruges, indem er unter Vorspiegelung falscher Tatsachen, erstens ein Gut in Schlesien zu erwerben versuchte, zweitens wohlhabende Leute um Darlehen angegangen hatte.

Erst als der Staatsanwalt 3 Jahre Gefängnis beantragte und das Gericht die Urteilsverkündigung vertagt hatte, machte er seinem Verteidiger die Mitteilung, daß er das Gut nicht allein aus Interesse an der Landwirtschaft kaufen wollte, sondern weil er glaubte, daß er auf dem Lande seine Neigung besser kultivieren könne. Er habe nämlich eine ihm unerklärliche Neigung zu Schürzen und Waschkleidern und glaubte, daß seine Frau in der ländlichen Einsamkeit sich eher dazu entschließen könne, sich seinen Wünschen entsprechend zu kleiden, als in der Stadt. Er hat den Verteidiger noch weitere Mitteilungen über Tagebücher, Briefe und einen Konflikt mit der Polizei in Dr. wegen angeblichen Sittlichkeitsverbrechens gemacht. Der Verteidiger beantragte daraufhin Untersuchung des Geisteszustandes des K. Diesem Antrage wird stattgegeben und K. einer Anstalt zugeführt.

Er datiert seine Neigung zu Schürzen schon von früher Jugend her. Nach seiner Ansicht ist die Neigung dadurch hervorgerufen, daß seine Kinderfrau ihm zur Beruhigung Schürzen ins Bett gegeben hat. Zunächst beschränkte sich diese Leidenschaft auf Schürzen der Mutter und der Schwester, die er häufig heimlich an sich genommen und versteckt hatte. Trotz teilweise recht empfindlicher Strafen blieb die Neigung bestehen. Auch als Student ist die Neigung stets vorhanden gewesen, und als er sich noch als ein Student mit seiner jetzigen Frau verlobt hatte, hat er bei den häufigen Besuchen bei seiner Braut heimlich einzelne ihrer Schürzen mit nach Berlin genommen. In dieser Zeit erwachte auch allmählich die Liebe zu Waschkleidern nach seiner Ansicht, weil seine Braut und deren Schwestern häufig Waschkleider trugen, aber am liebsten sind ihm bis heute die Schürzen geblieben.

Die Schürzen müssen aus Waschstoff sein, auch müssen sie gewisse Farben und Muster zeigen. Am liebsten sind ihm Schürzen und Kleider, die getragen sind, ja schmutzig sein können, er duldet z. B. nicht, daß seine Sachen gewaschen werden. Der Gedanke, daß seine „lieben Schürzchen" nicht sorgfältig behandelt, ja durch Waschen mißhandelt werden, bereitet ihm fast einen körperlichen Schmerz. Überhaupt ist es ihm peinlich, Schürzen und Kleider, die seinem Geschmacke entsprechen, von Fremden getragen zu sehen, weil er dabei immer den Gedanken hat, man gehe nicht ordentlich und zärtlich mit den Sachen um. Deshalb, und weil eben seine Leidenschaft für solche Sachen durch den Anblick erregt wird, ist er häufig den Trägerinnen nachgegangen und hat die fraglichen Kleidungsstücke zu kaufen versucht, obgleich er ganze Schränke und Körbe voll im Laufe der Zeit angesammelt hat. Bei einer solchen Gelegenheit ist er in Dr. in den Verdacht des beabsichtigten Sittlichkeitsverbrechens gekommen. Er hatte ein kleines Mädchen mit einer ihm zusagenden Schürze gesehen, war ihm bis zur Wohnung gefolgt und hatte es beauftragt, die Mutter zu fragen, ob sie die Schürze nicht an ihn verkaufen wollte. Er wollte am Abend wiederkommen und die Schürze holen. Bei dieser Gelegenheit wurde er verhaftet. Er erklärte der Polizei, daß er nur die Schürze für seine Sammlung habe kaufen wollen. Die Polizei ließ nachsuchen und fand eine große Anzahl von Schürzen und Kleidern, über deren Erwerb und Schicksal er in gleichfalls gefundenen Büchern gewissermaßen Tagebuch geführt hatte (vom Jahre 1897 an). In B. beauftragte er eine Althändlerin, Frau U., für ihn eine Schürze, die er bei einem Kinde gesehen hat, zu kaufen und trägt ihr auf, noch andere Schürzen für ihn zu erwerben. Aber nicht nur alte Schürzen hat er gekauft, sondern, wenn er in einem Geschäft ein ihm zusagendes Stück fand, hat er es sich angeschafft.

Über sein Geschlechtsleben äußert er sich:

Nur als Student hat er kurze Zeit onaniert, jedoch ohne besondere Befriedigung. Wie er dazu gekommen ist, will er nicht mehr wissen, aber jedenfalls haben seine Schürzen usw. nichts damit zu tun. Er hat dann bald ohne jeden Zwang die Onanie unterlassen nach Lektüre eines Buches über die Schädlichkeit der Onanie. Mit einem Weibe hat er nie geschlechtlich verkehrt, auch nicht mit seiner Frau während der nunmehr 8jährigen Ehe. Das ist häufig die Ursache zu häuslichen Unfrieden gewesen, da seine Frau sehr kinderlieb ist. Deshalb hat er seiner Frau wegen ein Kind adoptiert. Er meint, sein Verkehr mit seinen Schürzen und Kleidern müsse wohl als Ersatz für den Geschlechtsverkehr angesehen werden, nach welchem er nie Verlangen gehabt habe. Mit seiner Frau verbände ihn eine aufrichtige Neigung, die aber wohl nichts mit Sexualität zu tun habe, wie ihm ja auch die Trägerinnen seiner Schürzen in dieser Hinsicht gleichgültig seien, es interessiere ihn eben nur der Gegenstand, den sie trügen. Nach seiner Angabe ist ihm schon mehrere Male der Gedanke gekommen, den Wunsch seiner Frau zu erfüllen, in dem Gedanken, daß er für sein zu erwerbendes Gut einen Erben haben wollte, aber die Schürzchen haben sich ihm hindernd in den Weg gestellt. Es sei gewesen, als ob die lieben Schürzchen zu ihm gesprochen hätten: das dürfe er ihretwegen nicht tun.

Seinen Verkehr mit den Schürzen und Kleidern schildert er:

Der Besitz und der Anblick seiner Schürzen und Waschkleider, sowie der Verkehr mit diesen, gewährt ihm ein Gefühl des Wohlseins und der Befriedigung. Zu einer sexuellen Erregung kommt es dabei nie, ebenso benutzt er sie nicht zu onanistischen Zwecken. Er findet seine Befriedigung darin, daß er sie ansieht, wenn sie von Frau und Kind getragen werden. Ferner umgibt er sich nachts mit Schürzchen und Kleidern, und die ihm gerade liebste Schürze nimmt er auch ins Bett, immer ohne sie zu onanistischen Zwecken zu benutzen. Am Tage hängt er sie im Zimmer auf und streichelt sie, küßt sie und redet mit ihnen „wie mit Frau und Kind". Auch auf Reisen hat er immer eine oder mehrere Schürzen mitgenommen, so auch auf seine letzte Reise nach Pommern. (Er hat tatsächlich bei seiner Verhaftung zwei Schürzen bei sich gehabt.)

Eine große Freude gewährte ihm auch das Führen von Tagebüchern (von 1897 an), worin er sich über den Erwerb, Aussehen und Schicksal seiner Schürzen und Kleider ausläßt.

Da sich Frau und Kind häufig weigerten, die zum Teil unmodernen, zum Teil schmutzigen Kleider und Schürzen zu tragen, ist allmählich der Gedanke bei ihm laut geworden, daß sie sich auf dem Lande wohl nicht mehr weigern würden, weil sie sich dort in ländlicher Einsamkeit nicht zu genieren brauchten. Daher ist allmählich die Absicht groß geworden, ein Gut zu erwerben. Hierbei spielt nun nach seiner Angabe nicht allein der Wunsch, seine Schürzenleidenschaft auf dem Lande besser kultivieren zu können, eine Rolle, sondern dazu kommen noch allerlei Vorstellungen, die sich in den letzten Jahren bei ihm festgesetzt haben. Er glaubt nämlich, im Besitze eines Rittergutes allerlei Pläne verwirklichen zu können, die er zur Verbesserung der sozialen Verhältnisse seiner Mitmenschen vor hat. Er will zunächst gar nicht mit diesen Plänen heraus, läßt sich aber schließlich herbei, einiges davon zu verraten. Bei seinen parteipolitischen Verbindungen glaubt er, als Gutsbesitzer eventuell ein Reichstagsmandat bekommen zu können, dadurch in Fühlung mit hohen und höchsten Kreisen zu kommen. Er spricht von Tätigkeit im Ministerium, ja ganz heimlich taucht auch der Gedanke auf, selbst Minister werden zu können. In diesen Stellungen hofft er, eben seine Pläne zur Verbesserung der sozialen Lage ausführen zu können. Was er für Pläne hat, will er noch nicht sagen. Von seiner Tätigkeit als Redakteur spricht er keineswegs mit Überhebung, sondern gibt nur an, daß er stets zur Zufriedenheit seiner Auftraggeber gearbeitet habe.

Aus der weiteren Krankengeschichte während seines Anstaltsaufenthaltes ist noch zu erwähnen seine Angabe, seit 3—4 Jahren (1898—1899) an anfallsweisen Kopfschmerzen zu leiden, die vorwiegend in Stirn und Hinterkopf sitzen. Hat Jahr und Tag bis 3 Migränepulver genommen. Seit 2—3 Jahren ist der Schlaf ungenügend mit häufigem Aufschrecken. Er verlangt dauernd die bei seinen Sachen befindlichen Kinderschürzen, die er selbst bei sich gehabt habe und ohne die er es nicht aushalten könne. Ist häufig weinerlich verstimmt.

Ich lasse jetzt einen Auszug aus seinen Tagebüchern folgen:

„Dunkelblaue Schürze mit blaugestreiftem Rand. Band die Schürze wieder früh, nachdem sie angezogen war, um, auf meine Bitte. Heute aber erst, nachdem sie auch Marga gewaschen und angezogen hatte, so daß mir das Furchtbare erspart blieb, zu sehen, wie sie in der süßen Schürze Marga wäscht. Frühstückte darin und trug in ihr das Geschirr in die Küche. Wusch Margas Haar in ihr mit Bayrum ein. Zog in ihr Marga die Kamaschen der Gummischuhe an, berührte dabei mit ihren Armen die herabhängende Schürze, die dadurch wieder ganz zusammengebogen und geknutscht wurde usw. Schürzidel hängt zu meinem furchtbarsten Schmerz ganz zerknutscht und zusammengebogen herunter, ist voller Knutschfalten, die sich von oben bis unten hinziehen, auch der blaugestreifte Rand ist auf beiden Seiten voll direkter Knutschfalten und der süße blaugestreifte Stoff ist oben rechts und links ganz zusammengebogen und zerknüllt. Ich bin tief traurig, daß das süße Schürzidel durch das Umbinden so furchtbar mitgenommen usw.

Kleine dunkelblaue Schürze.

Sonntag. J. band zu meiner innigsten Freude wieder die kleine dunkelblaue Schürze um, und zwar gerade zum Sonntag, trotzdem sie noch ungewaschen und schmutzig war, und ich gar nicht erwartet hatte, daß sie sie sich in N-Str. umbinden würde. Das herrliche Schürzidel ist noch von R., W., St., Dr. und St., ja sogar noch von O. schmutzig und ungewaschen, seit sie sie vor nahezu 12 Jahren in O. umgebunden hatte. Beim Umbinden erinnerte sie mich daran, daß das eine von ihren ältesten Schürzen sei usw. Zu meiner tiefsten Betrübnis sagte J. dann weiter, die Schürze sei schon fadenscheinig und würde wohl bald mal wie Zunder auseinanderfallen usw."

Schildert dann einen Streit mit seiner Frau über das Tragen dieser Schürze. Frau gibt nach.

Folgen noch Geschichten über einige andere Schürzen, so z. B. weiße gerippte Schürze mit schmalen Raspeln, blaugestreifte gerippte Schürze, dunkelblau gerippte Schürze mit rotgerippten Borten und Halskragen (Schließschürze), kleine mittelblau, gerippte Schürze mit rotgeblümter Kante, hellgelb gerippte Schürze mit blaugerippter Borte.

Dazwischen Schilderungen von Waschkleidern: Blaugestreifte Bluse mit Matrosenkragen. Blaugestreiftes geripptes Waschkleid. Dunkelblau geripptes Waschkleid usw.

Auch aus Briefen an seine Frau geht die Sorge um seine Schürzen und Kleider hervor. Er schreibt, daß sie in seiner Abwesenheit ja nicht seine lieben, süßen Schürzidel umbinden solle usw.

Seine Mutter gibt bei der gerichtlichen Vernehmung an, daß ihr Sohn als Knabe und auch als älterer Gymnasiast eine eigentümliche Neigung für Schürzen gezeigt habe, und zwar hauptsächlich für blaue Schürzen. Es wäre oft vorgekommen, daß ihr von ihren eigenen Schürzen Stücke fehlten, die sie dann oft erst nach Wochen in einem Winkel oder einer Ecke eines Kommodenschubfaches ihres Sohnes wiedergefunden habe. Ermahnungen und härtere Strafen halfen nichts. Ihr verstorbener Mann habe es für eine Spielerei gehalten, wenigstens als die Neigung auftrat. Sie selbst glaubte zuerst auch, daß die Sache von einer alten Kinderfrau ihres Sohnes herrühre, die ihm ihre Schürze zum Spielen zu geben pflegte. Wie die Neigung sich später entwickelt habe, und ob sie noch bestände, wisse sie nicht. Sie erinnere sich jedoch, daß ihr verstorbener Mann aus Briefen ihres Sohnes, die er zu Anfang des Liebesverhältnisses zu seiner jetzigen Frau an diese geschrieben habe, daß er auch ihr gegenüber die alte Neigung für Schürzen betätige. Von einer Passion für andere Kleidungsstücke sei ihr gar nichts bekannt. Sie habe ihren Sohn seit 11 Jahren nicht gesehen.

Die Ehefrau des K. bestätigt bei ihrer gerichtlichen Vernehmung im großen ganzen die Angaben ihres Mannes in bezug auf die Neigung für Schürzen und Kleider. Sie bestätigt auch, daß dadurch viel Unfrieden entstanden sei, namentlich wenn sie sich geweigert habe, sich nach dem Geschmacke ihres Mannes anzuziehen. Bezüglich des Gutskaufs ist sie der Ansicht, daß ohne Zweifel der Gedanke alleinbestimmend war, daß sie und das angenommene Kind sich dann nach seiner Laune und seinen Neigungen entsprechend kleiden könnten. Sie schildert ihren Mann als durchaus sparsam und arbeitsam. So lange er noch nicht die unglückliche Idee, sich ein Gut zu kaufen, gehabt habe, seien sie bei ihrer Sparsamkeit stets ohne Schulden mit dem Gehalte ihres Mannes ausgekommen, hätten sogar kleine Ersparnisse machen können. Lediglich die Provisionen, die ihr Mann für den Gutskauf an die Agenten habe zahlen müssen, hätten ihn in Schulden gestürzt. Sie wiederholt noch, daß lediglich die Schürzenpassion die Triebfeder für den Gutsankauf gewesen sei, nicht der Gedanke, auf dem Lande in unabhängiger Stellung ein bequemeres Leben führen zu können. Ferner hebt sie noch hervor, daß außer den ihrem Manne besonders zusagenden Farben, wie blauweiß gestreift, blau und rosa, auch die Zeichnung des Musters eine Rolle spielt. Es käme vor, daß trotz zusagender Farbe und Form das Muster nicht seinen Anforderungen entspräche und dadurch das ganze Stück für ihn wertlos sei, während er für ihm passende Stücke viel Geld ausgeben könne, was sonst nicht in seiner Art liege. Als Ersatz für den normalen Geschlechtsverkehr bleibt eben nur unter diesen Eindrücken der Verkehr mit seinen Schürzen und Kleidern bestehen und befähigt ihn seine Neigung, wenn auch zum Teil unbewußt, sein sexuelles Bedürfnis nur im Verkehr mit seinen Schürzen zu befriedigen, ohne daß es zu Äußerungen der Genitalorgane kommt. Allein der Besitz, der Anblick und der Umgang mit seinen Schürzen bereiten ihm das Vergnügen und die Befriedigung, die der normale Mensch im regelrechten Gesellschaftsverkehr empfindet. Das Weib als solches tritt ganz bei ihm in den Hintergrund, wenigstens ist z. B. seine Neigung zu seiner Frau erst in zweiter Linie sexueller Natur, insofern er sie als Trägerin seiner Schürzen und Kleider ansieht. (Fetischismus und Psychose. Ein Beitrag zur Kasuistik. Inaugural-Dissertation. *Otto Walther*. Rostock. Carl Boldt'sche Hof-Buchdruckerei, 1905.)

Dieser ganz außerordentliche Fall bringt uns in einer seltenen Reinkultur alle Charakteristika eines echten Fetischismus. Wir finden:

1. Der Fetisch hat das Weib vollkommen ersetzt. Er ersetzt sogar die Onanie und gestattet dem Patienten eine relative Keuschheit.

2. Der Haremskult ist besonders deutlich ausgesprochen.

3. Die infantile Wurzel besonders deutlich. Die ersten Fetische waren Schürzen der Mutter und Schwester. Die Hemmung, die ihn verhindert ein Weib zu besitzen, scheint in geheimen Inzestmotiven zu liegen.

4. Er trägt die Schürzen selbst, will ein Weib sein, identifiziert sich mit seiner Mutter.

5. Der Weg zur Homosexualität wurde nicht eingeschlagen, dafür entstand der Fetischismus.

6. Der Glaube an seine große historische Mission reicht nicht bis zur Gottheit empor. Er will Minister werden. Er ist nicht sicher, ob nicht eine genaue Psychanalyse die Christusneurose nachweisen würde. Leider haben wir keinen Traum des Patienten zur Verfügung. Doch könnte nach meinen Erfahrungen die Schürze für die Schürze stehen, die Christus auf den Bildern trägt. Ich vermute, daß der Kranke ein Heiligenbild sah, auf dem Christus eine weiße Schürze trug . . . (blau — die Himmelsfarbe). Doch es ist eine bloße Vermutung und natürlich nicht zu beweisen, wird aber aus einem ähnlichen Fall, dessen ausführliche Analyse folgen wird, zu ersehen sein. Schon das Führen eines Tagebuches läßt auf seinen inneren Größenwahn schließen.

7. Er hat ein Geheimnis, das ihm allein eigen ist — einen kostbaren Schatz.

Eine besondere Besprechung verdient das Moment, daß er ein Abnützen der Schürzen fürchtete. Die Schürze ist das Symbol der Parapathie. Sie schützt ihn vor dem Schmutz der Welt. Diese Sicherung darf nicht verloren gehen. Sein Fetischismus darf sich nicht abnützen, sonst ist seine Keuschheit verloren. . . . Ferner scheint mir die Liebe zur Mutter eine überragende Rolle zu spielen. Es macht nichts aus, daß er sie 11 Jahre nicht gesehen hatte. Die Schürze stand für die Mutter und begann die Mutter volkommen zu ersetzen. Doch scheint mir, daß das Gut nur gekauft werden sollte, damit die Mutter hinkommen sollte. Das sind nur Vermutungen und der Ankauf des Gutes kann auch das Erwerben des höchsten Gutes bedeuten. Ich muß gestehen, daß dieser Fall an Plastik alle anderen mir bekannten übertrifft. Er ist in der Tat ein Triumph der menschlichen Phantasie, ein hartnäckiges Ringen um das Ideal der Keuschheit, mit einer Versenkung in ein Symbol, wie es wohl selten zu finden ist. Für sein Symbol wird K. zum Verbrecher. Hier erwacht in ihm die Angst und er gesteht sein lange gehütetes Geheimnis. . . .

Ich bin in der seltenen Lage, einen ganz analogen Fall mitzuteilen, der einer eingehenden Analyse unterzogen wurde. Er wird uns später beschäftigen und uns beweisen, daß die Verhältnisse beim Fetischismus noch viel komplizierter liegen, als wir es bisher geschildert haben.

Erwähnenswert ist hier die animistische Tendenz. Die Schürze lebt und spricht zu ihm, die Schürze leidet beim Waschen, sie ist kein totes Gebilde, sie ist ein Teil seines Ich.

Noch tiefer in das Wesen des Fetischismus führt uns der nächste Fall. Er zeigt uns in wunderbarer Weise die ganze Systembildung, die dieser Parapathie zugrunde liegt und die man unmöglich mit einem infantilen Erlebnis erklären kann. Auch werden wir hier an Hand einer Traumanalyse einen tiefen Blick in die Psychogenese dieser Krankheit werfen dürfen.

Fall Nr. 53. Es handelt sich um einen 27jährigen sehr kräftigen Mann, nennen wir ihn Herrn Kappa, der sich für Männerhosen und zwar für Sporthosen interessiert. Er konsultierte zuerst verschiedene Ärzte, die sich nicht zu helfen wußten und schließlich *Schrenk-Notzing*, der ihn zu hypnotisieren versuchte und ihn in der mißlungenen Hypnose den Auftrag gab, zu einer Dirne zu gehen. Dies versuchte Herr Kappa. Aber mit welchem schrecklichen Erfolge! Im Lupanar brach ein Schweiß aus, er wurde von Schüttelfrost gebeutelt, es kam zu keiner Erektion, so daß er verzweifelt davonlief. Trotzdem mußte er noch einige Male diesen Versuch wiederholen, jedesmal mit demselben negativen oder nur halben Erfolge. Doch lassen wir Herrn Kappa das Wort zur Schilderung seines Leidens. Denn auch er leidet unter diesem Sporthosenzwange sehr bedeutend und bittet um Abhilfe. Außerdem ist er Masochist und huldigt dem Flaggelantismus. Wir haben Herrn Kappa ersucht, uns eine möglichst genaue Darstellung seines Systemes zu geben. Denn darum handelt es sich ja immer in diesen Fällen und wir lassen hier seine eingehende Schilderung folgen:

— — — — — — — — — — — — — — — — — — — —

„Eine geschlechtliche Erregung findet statt, wenn die Kleidung irgend eines männlichen Individuums im Alter bis zu etwa 30 Jahren der Vorstellung Raum gewährt, daß sie ihrem Träger lästig ist oder daß er bei deren Tragen einem Zwange unterliegt. Diese Vorstellung erwecken in erster Linie Hosen oder Röcke oder ganze Anzüge aus Manchester, in zweiter Linie aus anderen minderwertigen Stoffen wie imitiertem Leder oder aus echtem Leder. Eine bevorzugte Stellung nehmen mit minderwertigen Stoffen bekleidete Schüler ein, namentlich ältere und solche höherer Lehranstalten.

Der Reiz erhöht sich, sobald zu der Besonderheit des Stoffes Besonderheiten des Schnittes der Kleidung kommen, d. h. sobald diese eng anliegend gearbeitet ist, so daß Nates oder Oberschenkel oder auch die Kniegelenke plastisch hervortreten. Erregend wirken ferner einschnürende Bestandteile der Kleidung, wie Leibriemen oder die Knieverschlüsse von Sporthosen, weiterhin lange Stiefel, Stiefel mit genagelten Sohlen oder lederne Gamaschen. Die Wirkung eng sitzender Kleidungsstücke ist unabhängig von der Beschaffenheit des Stoffes, was z. B. bei Soldaten zur Geltung kommt.

Die Fetischkleidung gewinnt an Reiz, wenn sie Spuren langen Gebrauches zeigt, wobei das Gesäß den Vorrang einnimmt. Sehe ich jemanden radfahren, so wirkt auch die Vorstellung von dem körperlichen Gefühl erregend, das die Berührung des Anus mit dem Sattel hervorruft.

Bekleidungsstücke aller geschilderten Arten nehmen auch dann mein sexuelles Interesse in Anspruch, wenn sie unbenutzt etwa in einem Schaufenster zu sehen sind oder sich in meinem Besitz befinden.

Ohne all diesen Anforderungen betreffs der Kleidung entsprechen zu müssen, sind ferner solche Leute Verursacher sexueller Lust, deren Äußeres sie als Angehörige körperlich arbeitender oder dienender Stände erkennen läßt. Soldaten sehe ich zuweilen an auf die Beschaffenheit ihrer Hände hin, ob diese vermuten läßt, daß ihre soziale Stellung im Gegensatz zu dem Rang steht, den ein dreijährig dienender Soldat einnimmt.

Gegenstand meiner Schaulust sind weiterhin Knaben oder junge Männer, deren Gesichtsausdruck gewissen Anforderungen entspricht. Es soll entweder etwas Keckes oder Sinnendes darin liegen. Bartlosigkeit ist ebenso reizvoll wie das Vorhandensein eines nicht zu großen Schnurrbartes. Starke oder interessant gezeichnete Augenbrauen, lang bewimperte Lider, kleine oder lebhafte oder große dunkle Augen, gebräunte Gesichtsfarbe, eine in Falten gezogene Stirn, regelmäßig gestellte weiße Zähne, Haupthaar, das im Nacken in einen spitzen Winkel ausläuft, sind reizvolle Einzelheiten. Dunkle Behaarung genießt einen Vorzug vor heller. Eine schlanke Taille wiegt viele andere Vorzüge auf.

Bei der Betrachtung derart gekennzeichneter Männer entsteht oft der Wunsch in mir, so schön und so jung wie das jeweilige Schauobjekt zu sein.

Eine andere Art meiner Sexualbetätigung besteht darin, fetischistisch verehrte Kleidungsstücke zu kaufen und anzuziehen und mich darin vor den Leuten sehen zu lassen. Jedoch werde ich ihrer in der Regel schnell überdrüssig und verlange nach neuen Reizen. Die Bevorzugung einer bestimmten Farbe des in jeder Hinsicht am höchsten bewerteten Manchesters unterliegt stetem Wechsel; in allen Abschattungen wird bald braun, bald grau, bald grün, bald blau oder schwarz bevorzugt. Der Reiz der Fetischkleidung würde sich erst dann voll entwickeln, wenn ich gezwungen wäre, sie täglich zu tragen, und dadurch ihre Haltbarkeit erproben und Spuren der Abnutzung hervorrufen würde. Diesem Mangel helfe ich zuweilen durch scheuernde Bewegungen mit dem Anus auf Stuhl oder Fußboden ab. Mit einer Fetischhose angetan, vermeide ich es, mich auf einen gepolsterten Sessel zu setzen, was ich sonst bevorzuge. Jedesmal enttäuscht mich die Fetischkleidung in bezug auf ihre Haltbarkeit. Breit gerippter Manchester wird höher bewertet als schmal gerippter. Seine weiteren Reize sind sein glänzendes Aussehen, das er allein, und sein Geruch, den er mit anderen minderwertigen Stoffen gemeinsam hat. Eine lange Manchesterhose entfaltet erst dann ihren höchsten Reiz, wenn sich der Glanz von schwarzen Stiefeln dazu gesellt. Einen weiteren Vorzug der minderwertigen Stoffe erblicke ich in der Dicke, die sie vor anderen voraushaben.

Was den Flagellantismus anlangt, so werde ich ihm in der Hauptsache mit Hilfe eines Stockes gerecht, dessen bloßer Anblick oft schon genügt, um Erregung zu erzeugen. Die Schläge versetze ich mir auf die Schenkel und, soweit es geht, auf das Gesäß, das entweder nackt oder besser noch mit einer Fetischhose bekleidet ist. Besonders beachtenswert erscheinen mir die Hautveränderungen, die nach den Schlägen sich vollziehen.

Ein nie fehlender Bestandteil sadistischer Phantasien ist die Forderung, beim Geschlagenwerden keinerlei Schmerzensäußerung von sich zu geben. Häufig erscheint das Schlagen als eine beabsichtigte Gewöhnung an das Ertragen von Schmerzen. Gewisse Vorbereitungen inbetreff der Kleidung vor dem Geschlagenwerden, wie etwa das Weglassen von Unterkleidung oder das Anziehen dünner enger Hosen, die Uniform für irgend eine angenommene Kategorie von Leidensgefährten sind, gehören weiter zu den Phantasien. Prügelmaschinen, die vornehmlich für den eigenen Gebrauch dienen sollen, und Bänke mit Anschnallvorrichtungen konstruiere ich in Gedanken. Besondere Lust erweckt die Vorstellung, daß jemand halb freiwillig, halb unfreiwillig sich bückt und sein Gesäß den Schlägen darreicht. Nach der Prozedur erscheint der Gedanke reizvoll, daß der Geschlagene unter der Kleidung, versteckt vor den Leuten, als Besonderheit, von der nur er weiß, die Spuren der Schläge mit sich herumträgt."

Wir sehen nun aus diesem Beispiele erstens die genaue Darstellung der Systembildung. Es liegen eine Reihe verwirrender Details vor, die einer eingehenden Analyse bedürfen. Ferner erkennen wir die Neigung, sich einen Harem anzulegen. Unser Patient hat eine stattliche Sammlung von solchen Hosen, die er verschiedentlich verwendet. Ferner sehen wir wieder wie im vorhergehenden Falle, daß die Vorstellung des Zwanges beim Fetisch erregend wirkt. Auch Kappa muß sich denken, daß die Hose dem Träger lästig ist und er einem Zwange unterliegt. Er symbolisiert schon im Fetisch seine ganze Krankheit. Er empfindet seine Krankheit als lästig und unterliegt einem Zwange. . . Wieder begegnen wir den minderwertigen Stoffen und dienenden Individuen. Wieder spielten die Einschnürung und der Schmerz durch den Fetisch eine große Rolle. (Die unbenutzte Hose dagegen ist ein symbolischer Ausdruck seiner unbenutzten Männlichkeit, die er sich bisher aufgespart hat und auch dieser Gedanke hat für ihn einen großen Reiz.) Wichtig ist aber, daß die Fetischträger Angehörige der Arbeiter- oder niedrigen Soldatenklasse sind, wobei ihre ursprüngliche soziale Stellung einen Gegensatz zu ihrem nunmehrigen zeigen soll. Das ist so zu verstehen: Merkt er, daß Leute mit feinen Händen und intelligenten Gesichtszügen drei Jahre als gemeine Soldaten dienen müssen, so erregt das seine Sinnlichkeit in besonderem Maße. Auch hier finden wir eine Darstellung seines Lebens und seiner Tendenzen. Er ist der Sohn eines reichen Mannes, besitzt große Intelligenz, ist schriftstellerisch begabt und hat es zu nichts gebracht. Er hält sich gewaltsam von jeder höheren Stufenleiter fern und dient der Menschheit als Gemeiner. . . In jedem Sinne des Wortes. Er hat ein anderes Ziel im Auge als die Erfolge dieser Welt. Wir merken ferner die nie fehlende Identifizierung mit dem fetischistischen Objekte. Er stellt sich vor, so jung und so schön zu sein, wie das Schauobjekt. Das Vermeiden gepolsteter Möbel ist eine symbolische Darstellung, daß er es sich recht hart im Leben gemacht und sich nicht weich gebettet habe. Er ist der Büßer, der halb freiwillig, halb unfreiwillig sich bückt und sein Gesäß den Schlägen darreicht. Und es freut ihn, daß niemand sein Leben kennt und erkennt. Denn er sagt: „Nach der Prozedur erscheint mir der Gedanke reizvoll, daß der Geschlagene unter der Kleidung versteckt vor den Leuten als Besonderheit, von der er nur weiß, die Spuren der Schläge trägt." So freut ihn seine Parapathie, die er sich zurechtgelegt hat, weil sie von den Menschen nicht bemerkt wird. . . . Dieser Patient wurde von einem erfahrenen Schüler *Freuds* durch 14 Monate analysiert und durch die ganze Hölle der Sexualsymbolik geführt. Und das Resultat? Es war beschämend genug. Die Jagd nach infantilen Traumen, nach einem „Erlebnis mit einer kurzen Hose" ergab gar kein Resultat. Der Kranke war verzweifelt und der Arzt machte ihm noch Vorwürfe. Der Psychanalytiker könne nichts leisten, wenn der Kranke nicht das Material bringe. Er brachte aber genügend Material. Das Material bestand in einer langen Reihe von Träumen, zu dem dem Patienten gar nichts einfiel. Ich hatte dann Gelegenheit, den Kranken, der mich um seinen Rat fragte, zu analysieren und konnte das gesamte Traummaterial und die gewissenhaft stenographisch notierten Einfälle kontrollieren. Es war eine heitere Lektüre, die natürlich nicht eines tragischen Beigeschmackes entbehrte. Eine Reihe von Träumen dienten nur dazu, dem Hohne über den Traumdeuter Ausdruck zu geben. So lautete ein Traum:

„Ich liege auf dem Sofa. Hinter mir sitzt Dr. X. und träufelt fortwährend warmes Wasser über mein Haupt. Ich denke, so lange mein Helm fest anliegt, kann das Wasser ruhig plätschern".

Die stenographischen Notizen zeigen, daß dieser Traum als Zeichen der „Urinerotik" aufgefaßt wurde. Als ein infantiler Wunsch den analysierenden Arzt mit Urin zu beträufeln! Einfach unglaublich und doch wahr! Und der Traum heißt: Ich liege bei dir am Sofa und das warme Wasser deiner Rede ergießt sich über mein Haupt. Ich habe aber meine Parapathie (Helm!) in guter Hut und höre nicht auf dein Gerede.

Aus seinem Seelenleben wären folgende für die Psychogenese des Fetischismus wichtige Tatsachen zu konstatieren. Er stand unter einem sehr starken Eindruck der Kindheit. Wenn wir nachforschen, so werden wir in der Anamnese der schweren Parapathiker immer einen Todesfall in der Familie finden, von dem aus die Parapathie ausgeht. Er ist die Ursache des Schuldbewußtseins. Der geheime Glaube an die Allmacht der eigenen Gedanken, das Vertrauen auf seine eigenen übernatürlichen Kräfte läßt den Gedanken aufkommen: Der Tod kam zustande, weil du es wünschtest. Du bist eigentlich ein Mörder. Wir dürfen aber diese komplizierten Prozesse auch in den ersten Kinderjahren annehmen. Sie treten mit den kriminellen Gedanken auf und bilden den Kern der Parapathie. Unserem Kranken starb ein Schwesterchen an Diphteritis, als er kaum drei Jahre alt war. Sie wurde durch ihn infiziert. Er muß ihren Tod mit offener Schadenfreude begrüßt haben. Denn er zeigte als primäre Grundlage seiner Paraphilie schon sehr früh deutlich sadistische Züge. Er verhaute Sofakissen und selbst andere Jungens. Er fesselte mit 11 Jahren einen Mitschüler mit einem Stricke, er freute sich grausamer Darstellungen, er tötete Insekten usw. . . .

Aus diesem primären Sadismus, der schon früh kompensiert wurde, bildete sich ein starker Masochismus aus. Schon mit 6 Jahren schnürte er sich mit einem Riemen im Bette die Beine zusammen. Mit 13 Jahren schlug er sich selbst auf Oberschenkel und Gesäß. Das Einschnüren zeigt deutlich infantile Phantasien an das Steckbett, ebenso wie sie seine infantilen Spielereien mit dem Stuhl und Urin, die er als Kind schon sehr gerne zurückhielt, eine Erscheinung, die für den psychischen Infantilismus typisch ist und die wir so häufig schon bei echten Fetischisten feststellen konnten.

Er zeigt die hier schon erwähnte typische Vorliebe aller Fetischisten, vor Schaufenstern zu stehen und die geliebten Fetische zu bewundern. Dieses und das Stehen vor dem Spiegel sind Blicke in die Vergangenheit und versetzen ihn in die Stimmung des Halbtraumes.

Charakteristisch ist eine Wanzenfurcht des Kranken. Sie entspricht der Angst vor Infektionen und vor Gewissensbissen und vor Flecken in der Kleidung. Er zittert vor den Insekten, welche alle Vorwürfe symbolisieren.

Er onaniert seit der frühen Kindheit, mitunter exzessiv bis zu sechsmal in einer Nacht, dazwischen aber kommen Perioden längerer Zurückhaltung vor.

Während er auf seinen Fetischismus stolz ist, zeigt er eine ungeheure affektative Abwehr gegen seine Homosexualität, die sehr stark ausgeprägt ist. Dieser Widerstand gegen die Homosexualität ist vielen männlichen Fetischisten eigentümlich. Die Homosexualität wird ihnen noch mehr als das Weib der Vertreter der Sünde. Wie ich im vorigen Kapitel ausführte, ist Fetischismus oft ein Ausweichen vor der Homosexualität durch einen Zwang. Auch unserem Kranken ist das am stärksten lustbetonte Moment der Umstand, daß jemand gezwungen sein könnte, sich in minderwertige Stoffe zu kleiden. In der gezwungenen Demütigung liegt der größte Reiz. Die Parapathie ist nach dem treffenden Ausspruche des Kranken eine Überkompensation, ist eine bis in die letzte Konsequenz getriebene Symbolisierung, wo das Symbol die Realität vollkommen ersetzt. Die Paraphilie ist ein Umweg zur Askese, zu deren Verherrlichung der Patient entschieden neigt. Er ist nicht der Mensch, für den man ihn hält. Man hält ihn für einen Paraphilen und er ist ein frommer Asket. Das besagt auch ein Traum, der sehr charakteristisch ist. Er lockt einen schwarzen Pudel an sich, der sich in einen Menschen mit einem schwarzen Manchesteranzug verwandelt. Der schwarze Pudel ist das Symbol des Bösen, des Tierischen wie im Faust. Er verwandelt aber die Sünde in eine Buße.

Zum Beweise dieser Auffassung könnte ich das ganze Traumbuch des Patienten veröffentlichen. Ein jeder Traum erzählt von diesen Kämpfen um seine Reinheit und verrät uns das geheime Ziel — die Gottwerdung seines tierischen Ich.

Er hat die Paraphilie, sich selbst zu flagellieren. Charakteristisch ist, daß er von seiner Mutter geschlagen wurde, was in lustbetonten Träumen als wichtiges affektbetontes Erlebnis wiederkehrt und nach Wiederholung verlangt. Aber Schmerzen muß man ohne Schmerzensäußerung ertragen können wie ein antiker Held.

Einer seiner ersten Eindrücke ist die erste Hose, die er erhielt. Sie war aus Samt. Er hatte seinen Bruder sehr beneidet, daß er schon längst Hosen tragen durfte. Nun kam es ihm wie etwas Außerordentliches vor. Er sei der einzige Bub in Samthosen. Diese Freude an dem Besonderen, Außerordentlichen ist ihm auch bis heute geblieben und eine Wurzel seines Systems geworden. Aber diese Tendenz zu kostbaren Stoffen hat er eben wie seinen Sadismus in das Gegenteil verwandelt. Er hat den Zwang, sich in minderwertige Stoffe zu kleiden. Dabei hat er ein Gefühl des Hochmuts über seine Maskerade: „Ich bin gar nicht der arme Kerl in minderwertigen Kleidern, für den ihr mich haltet. Ich bin ein Edelstein von Schmutz und Kot bedeckt."

Nun lasse ich einen der vielen Träume dieses Kranken folgen. Er gewährt uns einen tiefen Einblick in die Struktur der Parapathie und in die Motive seines Fetischismus. Ich bemerke, daß ich die Analyse erst ohne die Einfälle des Analysierten durchführte und daß er allerdings dann durch seine von mir gelenkten Einfälle das dazugehörige Material in überreichem Maße brachte. Gerade diese Traumanalyse ist ein glänzender Beweis, daß man in den meisten Träumen mit der Methode *Freuds* nicht weiter kommt und unbedingt nach meiner Methode arbeiten muß, wenn man zu neuen Erkenntnissen kommen will. Freilich, es ist bequemer, auf den Einfall des Träumers zu warten, als durch eigene Einfälle auf die richtige Deutung zu kommen. Es ist auch nicht jedermann für diese Art der Traumdeutung begabt . . . Ich möchte noch betonen, daß mir dies Traummaterial[1]) deshalb so wertvoll ist, weil es

[1]) Ich besitze vier Traumbücher dieses Patienten, die er während der 14monatlichen Analyse anlegte. Er war besonders für den vorliegenden Traum interessiert, da er von seinem Arzte nicht gedeutet werden konnte.

von mir gar nicht beeinflußt wurde. Denn ich habe wiederholt betont, daß unsere Kranken in dem Jargon träumen, den sie bei uns lernen, und die Traumanalyse dazu benützen, sich über den Arzt lustig zu machen und über ihn zu triumphieren . . .

Der Traum lautet also:

„Wir sind zu einer Felddienstübung ausgerückt. Ich erhalte den schriftlichen Befehl, um 7 Uhr 50 Min. südlich an der Elster, dort, wo der Weg nach dem Drachenloch abzweigt, zur Verfügung des Obersten zu stehen. Ich sondere mich sofort von der Kompanie ab, um irgend etwas an meinem Anzug in Ordnung zu bringen. Die Kompanie marschiert in der Richtung, die auch ich einzuschlagen habe, weiter; ich muß, wenn ich fertig bin, sehr schnell gehen, um sie zu überholen und noch vor ihr an dem bezeichneten Rendezvousplatz einzutreffen. Die Zeit ist so knapp, daß ich kaum schon um 7 dort sein werde. Obendrein geht das Umziehen sehr langsam von statten, so, als ob ich in meinen Bewegungen fortwährend gehemmt würde. Endlich bin ich so weit fertig, daß ich nur noch die Fußbekleidung zu wechseln habe. Mit Rücksicht darauf aber, daß ich gar keine Zeit mehr habe, und selbst auf die Gefahr hin, mir die Füße wund zu laufen, stehe ich davon ab. Nur weiß ich freilich nicht, wo ich die Reservefußbekleidung lassen soll. Vor mir steht ein Soldat, vielleicht mein Bursche, mit einem Tournister, in den ich schon allerlei hineingestopft habe. Es geht nun aber nichts mehr hinein. Auf der Landstraße passieren fortwährend weitere Truppen. — Ich bin mit dem Oberst in einem hallenähnlichen Raum zusammen. Er zeigt mir eine Karte, die ein Schema für den späteren Gefechtsbericht enthält. Einzelne Angaben darauf, Striche und Ähnliches, sind sehr sauber mit roter Tinte oder Farbe verzeichnet (wohl ein Werk des Regimentsschreibers, denke ich bei mir; meine eigene Schreib- und Zeichenkunst würde mich dabei völlig im Stich lassen). Die erste auf der Karte vorgedruckte Frage fragt nach der „Kultur". Ein dicker, roter Strich gibt die Antwort darauf. Das heißt, so erklärt der Oberst, seine Partei sei der Feind. Nach seiner Auffassung sei das die richtige Antwort auf die Frage nach der Kultur. Dann folgen auf der Karte Buchstaben und Ziffern, die offenbar die Truppenteile angeben, aus denen das Detachement besteht. Ich weiß das, traue mich aber nicht mit der Sprache heraus, als der Oberst nach der Bedeutung dieser Zeichen fragt. Er läßt mich die Stelle in der Felddienstordnung aufschlagen, die darüber Auskunft gibt. Wenn ich auch sonst meine Unwissenheit nicht verbergen kann, so zeige ich wenigstens Geschicklichkeit beim Nachschlagen in der Felddienstordnung. Mir ist fortwährend sehr schwach zu Mute. Meine Besorgnis wächst, je mehr mir klar wird, daß der Oberst offenbar beabsichtigt, mir einmal gründlich auf den Zahn zu fühlen. Es ist jetzt noch sein Bursche zugegen, ein hübscher Mensch mit einem blonden Schnurrbart. Dieser sei viel pünktlicher dagewesen als ich, wird mir vorgehalten. Ich verwahre mich gegen jeden Vorwurf in dieser Richtung, indem ich aufs bestimmteste erkläre, ich sei Punkt 7 zur Stelle gewesen. — In die Halle dringen jetzt fremde Soldaten ein. Einige von ihnen tragen, wie mir scheint, gelbe Lederhosen. Sie machen sofort kehrt, als sie uns gewahren. Der Oberst jedoch hat sich über sie aus irgend einem Grunde entrüstet und gibt mir den Befehl, sie zurückzurufen. Obwohl ich mehrmals, so laut wie ich es vermag, „Halt" gebiete, kümmert man sich doch wenig darum: einige verhalten zögernd, andere drängen ins Freie hinaus. Noch ehe ich (etwas unsicher überhaupt, was ich kommandieren soll) Befehle gegeben habe, etwa wie: „Ganze Abteilung — kehrt!" und dann „ohne Tritt — marsch", fährt der Oberst auf mich los und macht sich vor allen Leuten über die Art meines Kommandos lustig. — Es tauchen für einen Augenblick Quedlinburger Damen und Herren auf, wie ich sie einmal gelegentlich einer Tagung des Vereines vom roten Kreuz in München versammelt gesehen habe. Sie wollen sich als Schlachtenbummler betätigen. — Der Oberst steht jetzt wie eine Garderobefrau hinter einem Dräsen und beschreibt mir auf umständliche Weise den Ort, wo ich ihn erwarten soll. Ich höre aus seinen Worten etwas von einer Wand und einem Zickzackweg heraus, und obwohl ich herzlich wenig von der Beschreibung verstanden habe, bitte ich doch nicht um eine Wiederholung, sondern bringe es nur zu dem zustimmenden „Zu Befehl, Herr Oberst!" Bei der Vorstellung jedoch, ich möchte ihn verfehlen, wird mir schwach zu Mute. Vor dem Dräsen befinden sich die Damen des Obersten. Während ich mich von diesem streng militärisch verabschiede, mache ich jenen eine halbe Verbeugung (die, wenn sie überhaupt nötig war, in ihrer mangelhaften Ausführung leicht als das Gegenteil von der beabsichtigten Höflichkeit ausgelegt werden kann, fällt mir hinterher ein). — Ich habe mich an einer Stelle der Landstraße etabliert, halb hinter einer Höhe versteckt, und bin dabei, einen Gefechtsbericht zu schreiben, was jetzt meine Hauptaufgabe ist. Der Oberst kommt und tadelt sofort den eingenommenen Platz. Es sei nicht der von ihm angeordnete. Er zeigt dabei auf einen Häuserkomplex halbrechts im Grunde als auf den Ort, der der richtige gewesen wäre. Ein hoher Schornstein besonders, der aus den Gebäuden hervorragt, hätte das freilich auch mich erkennen lassen können. Der Oberst erfüllt nun seine Führerpflichten, nachdem er mir noch gesagt hat, ich solle, um ganz unsichtbar zu sein, im Liegen meine Aufzeichnungen machen. Mir schwebt dabei eine niedrige Stellage mit schrägem Brett vor, das mir als Unterlage beim Schreiben dienen soll. Der Oberst sprengt mit seinem Pferde Stufen hinan, die fast senkrecht auf einen Berg führen. In eigentümlicher Weise springt er, während das Pferd vorn zieht, mit den Füßen, dem linken zuerst, die Stufen hinauf. Diese Leistung des alten Mannes flößte uns allen Bewunderung ein. Auf halber Höhe verharrte er. Wieder erscheint die erwähnte Quedlinburger Gesellschaft. Man unterhält sich über die Möglichkeiten, nach Hause zu gelangen. Ein umständlich fahrender Zug (es werden Namen von schleswigholsteinischen Stationen genannt) wird vorgeschlagen. Ich könnte ihn empfehlen, da ich einmal mit ihm gefahren bin, unterlasse es jedoch. — Ich beginne den Gefechtsbericht damit, daß ich auf der Karte, die ich glücklicherweise in der Rocktasche finde, den Namen des Ortes nachsehe, wo ich weile. Er klingt wie Vita oder Zita. — Ich hatte mich von meinem Beobachtungsposten entfernt und kehre nun zu ihm zurück. Ich bin darum besorgt, nicht vom Feinde gesehen zu werden. Besonders verräterisch erscheint mir mein blitzender Helm. Nicht auch dadurch noch mag ich den Oberst gegen mich aufbringen, daß ich unsere Stellung verrate. Ein einzelner Mensch, hoffe ich, wird nicht gesehen werden. Obendrein erscheine ich jetzt als Zivilist, mit einem Strohhut auf dem Kopf und einem Stock in der Hand. Der Generalmajor von Ende mit seinem Adjutanten von Festenberg-Rackisch kommen über das Feld gesprengt. Ersterer ist sehr zornig und schimpft über eine „blödsinnige Meldung". Wie sei es möglich, daß der Kerl 2 Tage vorher den Namen des Obersten gewußt habe! Der Oberst reitet vor mir vorbei. Ich höre die Worte: So ein Esel! und kann sie ebenso gut auf den vom Generalmajor Gemeinten wie auf mich beziehen. An meinem Standort angelangt, will ich mich wieder an den unglückseligen Gefechtsbericht machen, obwohl ich eigentlich nichts dazu weiß und andere nach ihren Beobachtungen fragen muß. Es sitzen mehrere Leute an einem Tisch. Meinen Platz nimmt ein gewisser Sontje ein, gibt ihn aber, etwas widerwillig freilich, auf mein Verlangen frei. — Der Oberst erscheint aufs neue. Er will sich eine Zigarre anzünden und hat schon seine Streichholzschachtel herausgeholt. Ich beeile mich, ihn mit Feuer zu versehen. Er murmelt so etwas wie: Erweisen sie mir wenigstens diesen Liebesdienst! Meine Hände zittern heftig dabei. Ein Streichholz erlischt, ein anderes bricht entzwei. Dann nimmt er mir die Schachtel aus der Hand. In der Weise bin ich ihm nun behilflich, daß ich meinen Rock aufschlage, um den Wind abzuhalten. Der Schweißgeruch, den mein Körper ausströmt, scheint ihn wider meine Erwartung nicht zu belästigen. Plötzlich fragt er: Sie sind homosexuell? Auf meine bestürzte Frage, woher er das wisse, antwortet er ausweichend. Die Stuarts seien davon gestorben, fügt er warnend hinzu, ich solle mich vor dem Tode in Acht nehmen. Er entfernt sich, während mir der Gedanke durch den Kopf schießt: Nun, nachdem mein Geheimnis verraten ist, bleibt mir nichts anderes übrig, als mir das Leben zu nehmen.

Dieser merkwürdige Traum erfordert eine eingehende Analyse. Er ist durchsichtig, wenn man einmal den Schlüssel gefunden hat. Wir können uns nicht anders helfen, als daß wir Satz für Satz der Analyse unterwerfen, um an einem großen Beispiele zu zeigen, daß die Sexualsymbolik allein noch keinen Traum restlos erklären kann.

„Wir sind zu einer Felddienstübung ausgerückt. Ich erhalte den schriftlichen Befehl, um 7 Uhr 50*m* südlich von der Elster, dort, wo der Weg nach dem Drachenloch abzweigt, zur Verfügung des Obersten zu stehen."

Die Felddienstübung ist das Leben. Das beweist uns noch später das plötzlich auftauchende „Vita". Der Oberste ist hier ein Symbol der höchsten Gewalt, also Gottes. Der „schriftliche Befehl" bezieht sich auf die heilige Schrift. Er ist Protestant und kennt seine Bibel sehr genau. Sein Leben wird also als eine Übung, als eine Vorbereitung zu einem anderen Leben aufgefaßt. Das Drachenloch symbolisiert den Eingang zur Hölle. Die Bedeutung der Zahl 750 ist ihm wohlbekannt. Er hat den geheimen Glauben,

75 Jahre alt zu werden. Der erste Satz hat also folgenden Sinn: „Ich soll mich nach vollbrachtem Leben vor Gott verantworten, wie ich es in der heiligen Schrift gelesen habe und es soll entschieden werden, ob ich in den Himmel oder in die Hölle kommen werde."

Fahren wir fort:

„Ich sondere mich von der Kompanie ab, um irgend etwas an meinem Anzug in Ordnung zu bringen. Die Kompanie marschiert in der Richtung, die ich auch einzuschlagen habe, weiter; ich muß, wenn ich fertig bin, sehr schnell gehen, um sie zu überholen und noch vor ihr an dem bezeichneten Rendezvousplatze einzutreffen."

Er sondert sich von den frommen Menschen, die hier als „Streiter Gottes", also als Soldaten erscheinen, und geht seiner eigenen Wege. Sein Kleid ist nicht in Ordnung. Hier merken wir schon, daß das Kleid[1]) das Symbol der Parapathie und seines Glaubens wird. Der Rendezvousplatz ist der Himmel respektive der Ort, wo die Menschen geprüft und gewogen werden . . . Er will alle Mitstreiter überholen, d. h. übertreffen und den ersten Platz einnehmen. Er will sich durch einen besonderen Eifer im Glauben auszeichnen.

„Die Zeit ist knapp, daß ich kaum um 7 Uhr dort sein werde. Obendrein geht das Umziehen sehr langsam von statten, so als ob ich in meinen Bewegungen fortwährend gehemmt würde. Endlich bin ich so weit fertig, daß ich nur noch die Fußbekleidung zu wechseln habe. Mit Rücksicht darauf aber, daß ich gar keine Zeit mehr habe, und selbst auf die Gefahr hin, mir die Füße wundzulaufen, stehe ich davon ab. Nun weiß ich nicht, wo ich die Reservefußbekleidung lassen soll. Vor mir steht ein Soldat, vielleicht mein Bursche, mit meinem Tornister, in den ich schon allerlei hineingesteckt habe. Es geht aber nun nichts mehr hinein. Auf der Landstraße passieren fortwährend weitere Truppen."

Auflösung: Alle Truppen gehen in einer Richtung, gegen den Himmel. Das Leben ist kurz bemessen. Er muß sich noch umziehen. Das erfordert eine genauere Erklärung. Er spielt im Leben den

[1]) Habe ich wiederholt gefunden: Der Anzug für den Charakter des Menschen.

Nietzscheaner und Freigeist. Er muß seine Konversion zum Glauben vollziehen, er muß als Frommer[1]) (andere Fußbekleidung!) durch das Leben wandern. Allein sein Intellekt hemmt ihn. Aber er kann ja als Atheist durch die Welt pilgern, denn er hat eine Reservefußbekleidung, einen Reserveglauben. Dieser Reserveglauben ist sein Fetischismus, der eine besondere Form der Religion darstellt. Sein Bursche ist das Symbol seiner Parapathie, seines „nebenbewußten Ich". Freilich hat er diesem so viel aufgeladen, daß nichts mehr hineingeht. „Er hat in den Tornister allerlei hineingestopft", das ist wohl die am meisten verräterische Stelle. Das stellt die ganze Konstruktion der Parapathie dar. Was mußte sie nicht alles aufnehmen! Religion und Sexualität, Sicherung der Keuschheit und seinen ganzen psychosexuellen Infantilismus. — —

Nun geht der Traum weiter und er erscheint vor Gott, der ihm mitteilt, was er von seinen Lebenskämpfen (Gefechtsbericht) hören will.

„Ich bin mit dem Obersten in einem hallenähnlichen Raume[2]) zusammen. Er zeigt mir eine Karte, die ein Schema für den späteren Gefechtsbericht enthält. Einzelne Anlagen sind mit roter Tinte oder Farbe bezeichnet, wohl ein Werk des Regimentsschreibers denke ich mir. Meine eigene Schreib- und Zeichenkunst würde mich dabei im Stiche lassen. Die erste auf der Karte vorgedruckte Frage fragt nach der „Kultur". Ein dicker roter Strich gibt die Antwort darauf. Das heißt, so erklärt der Oberst, seine Partei sei der Feind. Nach seiner Auffassung sei das die richtige Antwort auf die Frage nach der Kultur."

Wie ein Lehrer hat der Oberst einzelne Fehler rot angestrichen. Die Farben stellen die Flecken dar, an denen das Leben eines Menschen so reich ist. Sehr schön ist die Vorstellung vom Regimentsschreiber. In vielen religiösen Träumen wird man die Vorstellung finden, daß der liebe Gott alle Sünden in einem großen Buche von einem Schreiber notieren läßt. Unser Träumer seufzt, daß er über sein Leben eigentlich so wenig Bescheid weiß. Gleich die erste Frage Gottes nach der Kultur, die rot angestrichen ist, kann er nicht beantworten. Gott ist aber sehr gnädig in diesem Traume und erklärt ihm, die Kultur sei der Feind Gottes und der Frommen. Damit hat sich der Träumer, der alle Kulturbestrebungen verfolgt und unterstützt, als Frömmling entpuppt, der die Kultur als Werk des Teufels betrachtet.

---

[1]) Als barfüßiger Pilger wie Beta, der Fußfetischist.

[2]) Kirche!

„Dann folgen auf der Karte Buchstaben und Ziffern, die offenbar die Truppenteile angeben, aus denen das Detachement besteht. Ich weiß das, traue mich aber nicht mit der Sprache heraus, als der Oberst nach der Bedeutung dieser Zeichen fragt. Er läßt mich die Stelle in der Felddienstordnung nachschlagen, die darüber Auskunft gibt. Wenn ich auch sonst meine Unwissenheit nicht verbergen kann, so zeige ich wenigstens Geschicklichkeit beim Nachschlagen in der Felddienstordnung. Mir ist fortwährend sehr schwach zumute. Meine Besorgnis wächst, je mehr mir klar wird, daß der Oberst offenbar beabsichtigt, mir einmal gründlich auf den Zahn zu fühlen."

Die Ziffern und Zeichen sind die Stellenangaben der Bibel, die hier als „Felddienstordnung" symbolisiert wird. Er ist sehr bibelfest, fürchtet aber trotzdem die Prüfung Gottes, der ihm einmal auf den Zahn fühlen und nach seinem Leben und seinen Sünden fragen will . . .

„Es ist jetzt noch sein Bursche zugegen, ein hübscher Mensch mit einem blonden Schnurrbart. Dieser sei viel pünktlicher dagewesen als ich, wird mir vorgehalten. Ich verwahre mich gegen jeden Vorwurf in dieser Richtung aufs bestimmteste und erkläre, ich wäre Punkt sieben zur Stelle gewesen."

Wer ist dieser fremde blonde Bursche, der früher da war? Es ist wohl in erster Linie sein Bruder, der ihm zuvorgekommen ist. (Erstgeburtsthema!) Die viel wichtigere Determination ist jedoch die religiöse. Der Bursche des Obersten, der früher dagewesen ist, symbolisiert Christus. Auch unser Träumer leidet an der von mir schon oft erwähnten Christusneurose. Er hat den Glauben an seine große historische Mission und will nicht daran verzweifeln. Er beneidet Christus, daß er die Menschen erlösen konnte. Er sagt sich immer die Verse von Schiller vor:

> Es ist kein leerer, schmeichelnder Wahn,
> Erzeugt im Gehirne des Toren,
> Im Herzen kündet es laut sich an:
> Zu was Besserem sind wir geboren;
> Und was die innere Stimme spricht,
> Das täuscht die hoffende Seele nicht.

Der Ausdruck „Bruder in Christo", die Erstgeburt (das Früherkommen), geben die Brücke vom Bruder zu Christus. Er will auch leiden wie Christus und seine Parapathie ist das Kruzifix, an das er sich genagelt hat. Wir werden später die spezifischen Eigenschaften der Parapathie unterstreichen, die auf die Identifizierung mit Christus zurückzuführen sind. Gehen wir jetzt in der Traumanalyse weiter:

„In die Halle dringen jetzt fremde Soldaten ein. Einige von ihnen tragen, wie mir scheint, gelbe Lederhosen. Sie machen sofort kehrt, als sie uns gewahren. Der Oberst jedoch hat sich über sie aus irgend einem Grunde entrüstet und gibt mir den Befehl, sie zurückzurufen. Obwohl ich mehrmals so laut ich vermag Halt! gebiete, kümmert man sich doch wenig darum. Einige verhalten zögernd, andere drängen ins Freie hinaus. Noch ehe ich (etwas unsicher überhaupt, was ich kommandieren soll) Befehle gegeben habe, etwa wie „Ganze Abteilung — kehrt!" und dann „Ohne Tritt — marsch!", fährt der Oberst auf mich los und macht sich vor allen Leuten über die Art meines Kommandos lustig."

Diese Episode ist nur zu erklären, wenn man weiß, daß die einzelnen Gedanken als Streiter (Soldaten) gezeichnet sind, die miteinander im Kampfe liegen.[1]) Die Halle wird zum Symbole seines Gehirnes, die Frömmigkeit liegt im Kampfe mit dem Intellekte. Fremde Gedanken dringen in seine Seele und verlangen Aufklärung und Abschwören der alten Gefühle. Er will diesen rebellischen Kulturgedanken „Halt!" gebieten; sie verhalten sich aber verschieden. Einige scheinen sich in seinem Intellekte festsetzen zu wollen. Aber Gott verlangt einen ganzen Glauben und eine gründliche Purifikation seiner Seele. Gott ist auch über die laue Art, wie er die Kultur und Aufklärung bekämpft, nicht zufrieden. Wunderschön dringt durch die Traumgedanken das Gefühl der Unsicherheit, welche ihm jede Orientierung im Leben erschwert und seine Parapathie als Schutzmittel erfordert.

„Es tauchen für einen Augenblick Quedlinburger Damen und Herren auf, wie ich sie gelegentlich einer Tagung des Vereines vom Roten Kreuze in München versammelt gesehen habe. Sie wollen sich als Schlachtenbummler betätigen."

Das Rote Kreuz deutet schon auf die fromme Bedeutung dieses Vereines. Überdies fällt ihm ein Quedlinburger pietistischer Kirchen-

[1]) Die Soldaten mit Lederhosen sind seine Paraphilien, die ihm Gott vorhält, an denen er etwas Anstößiges findet. Diese Paraphilien parieren ihm nicht. Er ist unsicher, ob und wie er sie beherrschen soll.

verein ein, der sich ja in der Tat an den Kämpfen für den Glauben beteiligt. Die Färbung des Bildes wird konstant mit großer Geschicklichkeit festgehalten und der unerfahrene Deuter könnte wirklich verleitet werden zu glauben, es handle sich nur um einen harmlosen Manövertraum eines Reserveoffiziers. Es sind aber die anderen Menschen, die keine so ernste Prüfung durchzumachen haben wie er.

„Der Oberst steht jetzt wie eine Garderobefrau hinter einem Dräsen und beschreibt mir auf umständliche und schwer verständliche Weise den Ort, wo ich ihn erwarten soll. Ich höre aus seinen Worten etwas von einer Wand und einem Zickzackweg heraus und obwohl ich herzlich wenig von der Beschreibung verstanden habe, bitte ich doch nicht um eine Wiederholung, sondern bringe es nur zu dem zustimmenden „Zu Befehl, Herr Oberst!“ Bei der Vorstellung, ich möchte ihn verfehlen, wird mir schwach zu Mute.“

Hier baut sich eine Brücke zu seiner Paraphilie. Der Oberst, der liebe Gott, ist eine Garderobefrau. Er gibt jedem für das Leben ein Kleid, das man tragen muß. Er gibt Gestalt, Rang, Konfession, kurz er bestimmt das Kostüm, in dem wir auf Erden wandeln werden. Wir bekommen es nur geborgt für das kurze Leben, wie man eine Maske oder ein Kostüm in einer Leihanstalt borgt . . . Doch hat man einmal das Kostüm von Gott erhalten, so ist es nicht so leicht, ihn auf dem rechten Wege wieder zu finden. Gott zeigt uns zwar den Weg durch seine heilige Schrift. Aber wie sie verstehen und sich auskennen? Welches ist der richtige Weg? Jedenfalls geht unser Träumer keinen geraden Weg, sondern trachtet durch allerlei Kunstgriffe und Kunststücke in den Himmel zu kommen. Wieder wird er „schwach“ bei der Vorstellung, Gott zu verfehlen und durch ein sündiges Leben um die ewige Seligkeit zu kommen.

„Vor dem Dräsen befinden sich die Damen des Obersten. Während ich mich von diesem streng militärisch verabschiede, mache ich jenen eine halbe Verbeugung (die, wenn sie überhaupt nötig war, in ihrer mangelhaften Ausführung leicht als das Gegenteil von der beabsichtigten Höflichkeit ausgelegt werden kann, fällt mir hinterher ein) . . .“

Die Damen der Familie sind Maria, die Mutter Gottes, und einige katholische weibliche Heilige. Er zeigt eine deutliche Neigung zum Katholizismus wie alle Parapathiker, die nicht Katholiken sind, denen der mystische Sinn des Katholizismus sehr anziehend erscheint.

Er zeigt einen gewissen Marienkult (die halbe Verbeugung), macht sich aber auch über diesen Kult lustig. Wer diese sonderbare Form der Religionssymbolik, welche die Götter entthront und menschlich näher bringt so wie die antiken Religionen, nicht lernt, der wird den religiösen Sinn eines Traumes wohl nie entziffern können. Hier verbirgt er seinen Katholizismus, welcher den rechten Weg zur allein seligmachenden Kirche darstellt. Auch möchte er die Religion wie ein Kleid wechseln und so den alten Adam ausziehen. Nebenbei wird seine (halbe) Stellung zum Weibe in geschickter Weise mit dem religiösen Motiv verquickt. Doch fahren wir weiter:

„Ich habe mich an einer anderen Stelle der Landstraße etabliert, halb hinter einer Höhe versteckt, und bin dabei, einen Gefechtsbericht zu schreiben, was jetzt meine Hauptaufgabe ist. Der Oberst kommt und tadelt sofort den eingenommenen Platz. Er sei nicht der von ihm angeordnete. Er zeigt dabei auf einen Häuserkomplex halb rechts im Grunde als auf den Ort, der richtig gewesen wäre. Ein hoher Schornstein, der aus dem Gebäude hervorragt, hätte das freilich auch mich erkennen lassen können."

Der Weg ist ein falscher und führt nicht zu Gott, er ist gar nicht nach dem Willen Gottes. Seine versteckte Frömmigkeit will Gott nicht gefallen.[1]) Er sollte sich an die rechten Parteien (die Konservativen) halten. Der hohe hervorragende Schornstein ist eine Maske des Kirchturmes. Zurück zur Kirche! — lautet die Losung dieses Traumstückes.

„Der Oberst erfüllt nun seine Lehrerpflichten, nachdem er mir noch gesagt hat, ich solle, um ganz unsichtbar zu sein, im Liegen meine Aufzeichnungen machen. Mir schwebt dabei eine niedere Stellage mit schrägem Brette vor, das mir als Unterlage beim Schreiben dienen soll. Der Oberst sprengt mit seinem Pferde Stufen hinan, die fast senkrecht auf einen Berg führen. In eigentümlicher Weise springt er, während das Pferd vorne zieht, mit den Füßen, dem linken zuerst, die Stufen hinauf. Diese Leistung des alten Mannes flößt uns allen Bewunderung ein. Auf halber Höhe verharrt er und wieder erscheint die erwähnte Quedlinburger Gesellschaft. Man unterhält sich über die Möglich-

[1]) Seine fetischistische Stellung ist auch nicht der von Gott gewollte Platz.

keiten, nach Hause zu gelangen. Ein umständlich fahrender Zug wird vorgeschlagen. Ich könnte ihn empfehlen, da ich einmal mit ihm gefahren bin, unterlasse es jedoch."

Sein Gefechtsbericht, dies ist die Beichte über sein ganzes Leben, ist noch nicht fertig und Gott zeigt ihm als Lehrer den rechten Weg. Er solle seine Frömmigkeit verbergen und im Liegen seine Aufschreibungen machen. Ein artiges Wortspiel des Traumes, denn es heißt „im Lügen". Er solle nur alle Welt belügen und sich als Freigeist deklarieren, während er innerlich fromm bleiben könne.[1]) Die Schreibvorrichtung, die er nun beschreibt, ist ein Betpult. Der Oberst sprengt wie Odin (das Bild stammt aus der Ballade „Odins Ritt") in den Himmel zu lichten Höhen. Er zeigt ihm gewissermaßen, wie man mit dem linken Fuße, also mit der Sünde, doch in den Himmel kommen kann. (Hier mengen sich erotische Motive in die religiösen. Der kundige Deuter wird ja schon längst erkannt haben, daß auch Spermatozoenphantasien und Mutterleibssituationen eine anderweitige Determination zulassen würden.) Hier imponiert die Reitleistung des alten Herrn seinem Schüler.[2]) Brauche ich das noch zu erklären? . . . Die Damen erscheinen wieder und man berät, welcher Weg am sichersten und schnellsten zu Gott (nach Hause!) führe. Unser Träumer verrät, daß er einen „sehr umständlich fahrenden" kennt. Freilich, sein Zug ist wohl der komplizierteste, den je ein Mensch ausgeheckt hat.

„Ich beginne den Gefechtsbericht damit, daß ich auf der Karte, die ich glücklicherweise in der Rocktasche finde, den Namen des Ortes nachsehe, wo ich weile. Er klingt wie Vita oder Zita."

Er weiß jetzt, daß es sich um das Leben (Vita) handelt. Zita geht auf die andere Determination zurück und ist der Name der Exkaiserin, die eben in dieser Zeit geheiratet hatte.

„Ich hatte mich von meinem Beobachtungsposten entfernt und kehre zu ihm zurück. Ich bin darum besorgt, nicht vom Feinde gesehen zu werden. Besonders verräterisch erscheint mir mein blitzender Helm. Nicht noch dadurch mag ich den Obersten gegen mich aufbringen, daß ich unsere Stellung verrate. Ein einzelner Mensch, hoffe ich, wird nicht gesehen werden. Obendrein erscheine ich jetzt als Zivilist mit einem Strohhut auf dem

---

[1]) Das „Liegen" ist auch die Stellung der Demut und Unterwerfung.

[2]) Man denke auch an den Analytiker, der die Oberst- und Vater-Imago ist und an seinen Schüler.

K o p f e und einem S t o c k e in der H a n d. Der G e n e r a l m a j o r „von E n d e“ mit seinem A d j u t a n t e n „von F e s t e n b e r g - R a k i s c h“ kommen über das F e l d gesprengt. Der erstere ist sehr zornig und schimpft über eine blödsinnige M e l d u n g. „Wie ist es möglich, daß der Kerl zwei Tage vorher den Namen des Obersten gewußt habe?“ Der Oberst reitet an mir vorbei. Ich höre die Worte: „So ein Esel!“ und kann sie eben so gut auf den vom Generalmajor gemeinten als auf mich beziehen.“

Der blitzende Helm des Glaubens ist seine Parapathie[1]), seine Paraphilie, die ihn gegen alle Gefahren schützt. Sein Lebensplan ist, seine Frömmigkeit nicht zu verraten und zwei Tage vor dem Tode sich als gläubig für Gott bekennen. Der G e n e r a l m a j o r v o n E n d e i s t d e r T o d! Die Namen sind seinem militärischen Bekanntenkreis entnommen. Er trägt jetzt nur einen Strohhut, d. h. ein leicht brennbares Kleidungsstück, seine Paraphilie, die unter dem Bilde des Lasters seinen Glauben verbirgt. Zwei Tage vor dem Tode will er fromm werden. Darüber ist der Tod, der hier einen höheren Rang hat als Gott, entrüstet. Auch der liebe Gott, der jetzt immer mehr dem Vater ähnlich wird, unterläßt es nicht, ihn einen Esel zu nennen, was er im Traum ganz richtig ebenso auf sich bezieht wie den Ausspruch des Todes. Denn es ist offenbar eine Eselei, sich ungläubig und lasterhaft zu stellen und dabei innerlich fromme Ziele zu verfolgen . . .

„An meinem Standorte angelangt, will ich mich wieder an den unglückseligen Gefechtsbericht machen, obwohl ich eigentlich nichts dazu weiß und andere nach ihren Beobachtungen fragen muß. Es sitzen mehrere Leute an einem Tisch. Meinen Platz nimmt ein gewisser S. ein, gibt ihn aber etwas widerwillig auf mein Verlangen wieder frei.“

Seine Lebensbeichte, die Schilderung seiner Kämpfe wird immer schwerer. Er betont seine Unwissenheit, seine mangelnde Orientierung im Leben und den Umstand, daß er unselbständig auf fremde Führung angewiesen ist. Wie ein Blitz taucht sein Bruder[2]) auf (Herr S.), der als der Erstgeborene ihm immer im Wege stand und dem er nun den Platz streitig macht, was schon vorher in der Determination einer Spermatozoenphantasie zu erkennen war. Alle diese Phantasien heißen ja, wie *Silberer* sehr richtig betont hat: Ein neues Leben beginnen. Doch hören wir die Fortsetzung:

[1]) Vergleiche den Traum auf S. 268.

[2]) In einer anderen schon erwähnten Determination sein Vorbild „C h r i s t u s“.

„Der Oberst erscheint aufs Neue. Er will seine Zigarre anzünden und hat schon seine Streichholzschachtel herausgeholt. Ich beeile mich, ihn mit Feuer zu versehen. Er murmelt etwas wie: Erweisen Sie mir wenigstens diesen Liebesdienst! Meine Hände zittern heftig dabei. Ein Streichholz erlischt, ein anderes bricht entzwei. Dann nimmt er mir die Schachtel aus der Hand. In der Weise bin ich ihm behilflich, daß ich meinen Rock aufschlage, um den Wind abzuhalten. Der Schweißgeruch, den mein Körper ausströmt, scheint ihn wider meine Erwartung nicht zu belästigen. Plötzlich fragt er: Sind Sie homosexuell? Auf meine bestürzte Frage, woher er das wisse, antwortet er ausweichend. Die Stuarts seien daran gestorben, fügt er warnend hinzu. Ich solle mich vor dem Tode in acht nehmen."

Diese Stelle ist für das Studium der Traumanalysen sehr wichtig und zeigt, wie stark die Tendenz des Kranken ist, sich über seinen Arzt lustig zu machen und ihn hinters Licht zu führen. Man könnte diese Szene für einen Durchbruch der Homosexualität halten und der analysierende Arzt, dem die ersten Szenen ein undurchdringliches Dunkel waren und blieben, stürzte sich mit Feuereifer auf diese Stelle, welche eigentlich eine homosexuelle Beziehung zwischen Vater und Sohn zu schildern schien.

Man sei aber sehr vorsichtig, wenn intelligente Patienten — und um einen solchen handelte es sich in diesem Falle — er war seinem Arzte turmhoch überlegen — in ihren Träumen plötzlich irgend ein Trauma oder eine sexuelle Beziehung schildern, die der Arzt von ihnen erwartet. Sie stellen ihm gewiß eine Falle, in die er hineinfällt, wenn er nicht fortwährend auf der Hut ist.

Hier erhellt der Sinn des Traumes aus dem ganzen Traumbilde. Der Sinn kann nur ein religiöser sein und ist auch ein religiöser, was ja die erotische Determination nicht ausschließt. Er will sein Feuer an Gott entzünden. Er will glauben. Gott verlangt von ihm diesen einzigen Dienst: Den Glauben. Er versteckt sich in seine Kleider, um den bösen Wind, die Bewegung der Zeit abzuhalten, die das kleine flackernde Lichtchen seines Glaubens erlöschen könnte. Er zittert um sein Stückchen Glauben. Er soll sich im Schweiße seines Angesichts sein Brot verdienen. Er hat sich aber sein Leben durch die Paraphilie und den Masochismus sauer genug gemacht. Dieser Schweiß kann Gott nur Freude machen und ihn nicht genieren.

Jetzt kommt die Entlarvung. Nämlich die Frage: Sind Sie homosexuell? Diese Frage enthält ein artiges Wortspiel. Der Homo ist kein anderer als wieder Christus. Sein stärkster Eindruck ist ein Bild von Tizian, das bekannte „Ecce homo!" Auch er ist ja ein Christus. Auch er leidet für die Menschheit, um sie zu erlösen. Die Frage lautet also: Liebst du Christus? Bist du katholisch? Die Stuarts seien daran gestorben. Eine rätselhafte Stelle, deren klare Deutung mir erst nicht gelungen ist. Sie scheint sich auf Maria Stuart[1]) zu beziehen, welche als Künstlerin der Liebe und als fromme Frau galt. Hier spielen auch Reminiszenzen aus dem Drama von Schiller eine Rolle . . . Die spätere Warnung Gottes, er solle sich vor dem Tode in acht nehmen, finden wir jetzt verständlich, da er wieder fromm werden will, d. h. offen sich zu seiner Frömmigkeit bekennen will.

„Er entfernt sich, während mir der Gedanke durch den Kopf schießt: Nun, nachdem mein Geheimnis verraten ist, bleibt mir nichts anderes übrig, als mir das Leben zu nehmen."

Gott hat jetzt erkannt, daß er fromm ist, an Christus und Maria glaubt, daß er immer fromm war. Sein Glauben hat sich an dem Feuer Gottes entzündet, er kann jetzt ruhig sterben.

Wir erkennen, wie dieser Traum die ganze Lösung seiner Paraphilie und Parapathie enthält. Denn nie hat ein Fall klarer dargelegt, daß der Satz von *Freud:* „Die Neurose ist das Negativ der Perversion" nicht zu halten war. Die Perversion (Paraphilie) ist eine Neurose (Parapathie) und zeigt den gleichen seelischen Mechanismus wie die anderen Neurosen. Das ganze Leben dieses Kranken ist auf das Ziel gerichtet, den Himmel zu erobern und sich die Liebe Gottes zu sichern. Sein ganzes Gehaben geht auf die Identifizierung mit Christus zurück, den er beneidet und offenbar übertreffen will. Sein geheimer Glaube an „seine große historische Mission" ist eben unerschütterlich.

Welche Momente in der Parapathie unterstützen unsere Auffassung?

Die Paraphilie ist eine selbst diktierte Strafe für seinen Unglauben und seine Sünden. Er trägt sie wie ein fremdes lästiges Kleid. Deshalb erregt ihn die Vorstellung, daß jemand Kleider trägt, die einen Zwang auf ihn ausüben. Es müssen minderwertige Stoffe sein. Auch sein Leiden gibt ihm das Bild eines kranken, schlechten, raffinierten, minderwertigen Menschen. Die Stoffe müssen dauerhaft sein, denn so dauerhaft ist auch das Gespinst seiner Parapathie. Die Paraphilie schnürt ihn ein, so daß sie ihn dem Leben entfremdet, sie ist ein auf-

[1]) Nachträglich erfuhr ich die Deutung: Stuart ist das Weib.

erlegter Zwang. So regen ihn die Kleider auf, welche einschnüren, Riemen, welche binden, lange Stiefel usw. Wir kennen diese Gegenstände schon aus anderen Träumen als Symbolismen, welche die Parapathie beschreiben. Unser Patient regt sich also über seine eigene Parapathie auf, er schöpft sexuelle Lust aus seiner Parapathie, er berauscht sich an sich selbst und seinen genialen Konstruktionen. Alles Dienen und Gehorchen regt ihn auf, weil er sich auch als Soldaten, als Diener Gottes betrachtet.

Warum aber hat sich dieser Kranke gerade die Sporthose als Fetisch ausgesucht? Wird diese Wahl wirklich durch ein infantiles Erlebnis determiniert? Hat sein Bruder in der kurzen Hose auf ihn einen solchen starken Reiz ausgeübt?

Diese Erscheinung werden wir nur verstehen, wenn wir die Tatsache kennen, daß der Fetisch im Laufe der Jahre degeneriert. Er wird verändert, so daß er seinen ursprünglichen Charakter besser maskieren kann. Wir haben ja gesehen, wie aus dem mit einem Nagel durchstochenen Fuße von Christus ein roter schweißiger Fuß geworden ist und daß dann später das wichtigste Attribut, der Nagel, wegfiel.[1]) Auch unser Patient hat seinen ursprünglichen Fetisch verändert. Denn es reizte ihn ursprünglich ein Tuch, wie es die Orientalen um die Lenden tragen. Dies Tuch erwies sich als Abkömmling des Tuches, das Christus um die Lenden trägt. Der Helm ist wieder neben dem Symbol des Glaubens der Ersatz der Dornenkrone, welche ja die unsichtbaren Schläge ins Physische übersetzen.

Der Sinn der Parapathie lautet: Ich bin Christus, ich bin ein Erlöser und wenn ich mich mit Christus identifiziere, so empfinde ich die höchste Lust.

Eine andere Quelle seiner Erkrankung ist sein überbetonter Narzißmus. Er ist in sich verliebt und bewundert sich auch. Überall sucht und sieht er nur sich und seine Selbstliebe ist schier ohne jede Grenze. Er sieht sich in kecken und sinnenden Knaben, in bartlosen Männern und wünscht sich so schön zu sein wie die anderen, d. h. er identifiziert sich mit den Objekten, die ihm am besten gefallen.

Seine Bußideen dringen in den masochistischen Prozeduren deutlich durch. Er straft sich für seine sexuelle Lust und die Strafe selbst wird ihm zur Lust. Er beherrscht sich aber und leidet. Und er bezieht seine stärkste Lust aus diesem Leiden ohne Klagen. Er schlägt sich ja fortwährend mit den Widerwärtigkeiten des Lebens herum. Er versagt sich jede Freude und jeden Erfolg und hat sich an die Paraphilie

[1]) Nachträglich gestand jener Patient ein, daß er eine Lieblingsphantasie habe: Mit einem riesigen Nagel am Fuße über die Ringstraße zu gehen . . .

geschnürt wie an eine Folterbank. Er bückt sich freiwillig vor Gott und reicht seinen Leib freiwillig zur Strafe.

Den heimlichen Stolz auf die kunstvoll gebaute Parapathie verrät aber der Satz: „Besonders reizvoll erscheint mir der Gedanke, daß der Geschlagene unter der Kleidung versteckt vor den Leuten als Besonderheit, von der er allein nur weiß, die Spuren der Schläge herumträgt." Das ist sein Stolz. Er hat sich selbst geschlagen und leidet und kein Mensch weiß es, daß ein so heiliger frommer Mann unter den Menschen wandelt, der zu hohen Taten berufen ist und die Menschheit erlösen soll.

Es wirft sich die Frage auf, wie eine solche Paraphilie entsteht und wodurch sie festgehalten wird. Diese Paraphilie ist eine Karikatur der Erziehung mit ihrem Zwange, ihren Schlägen, ihren Einschnürungen. Die Kinderhose zeigt schon auf die Kinderzeit. Sie stellt eigentlich eine Abart des Infantilismus dar. Der Kranke möchte noch ein Kind sein und Kinderhosen tragen. Solche Wünsche (welche ja auch aus seiner Determination des Traumes als Spermatozoenphantasie hervorgehen), deuten auf innere Unzufriedenheit mit dem bisherigen Leben und tiefe Reue. Er möchte noch einmal leben und dann würde sein Gefechtsbericht ganz anders ausfallen. Diese Unzufriedenheit mit sich selbst stammt aus einer Zeit, da er dem Vater den Tod wünschte. Der Tod des Vaters würde ihn von jedem Zwange befreien und ihn selbständig machen. Ebenso haßte er seinen Bruder, der ihm als Rivale in der Gunst der Mutter und des Vaters im Wege stand. Auch diesem wünschte er den Tod. Erst die Erkenntnis dieser eigenen Schlechtigkeit erzeugte in ihm das Gefühl der Minderwertigkeit und er sagte sich, daß er weder Freiheit noch Glück verdiene. Seine Religiosität riß ihn immer tiefer in den Strudel der Schuldgefühle und bald gab es für ihn keine andere Rettung, als sich vom Glauben zu emanzipieren. Er wurde Atheist und Freigeist. Mit welchem Erfolge, das zeigen sein Traum und seine Parapathie. Aber innerlich wurde er immer frömmer, je antiklerikaler er sich nach außen gebärdete.

Die Parapathie schien aber unlöslich durch ein Junktim *(Adler)*, das er sich gemacht hatte. Solange er diese Art der Sexualbefriedigung betreiben werde, so lange werde sein Vater leben. Dieses Junktim entfernte ihn vollkommen vom Weibe. Es war aber auch die Quelle neuer Konflikte. Jetzt mußte er wünschen, daß der Vater sterben sollte, wenn er zum Weibe kommen wollte. Die Angst vor dem Weibe als dem Symbole der Sünde[1]) war aber so stark,

[1]) *Nietzsche* betont ebenfalls die „ewige Feigheit des Mannes vor dem Ewigweiblichen"

daß er diesen Schutz gerne vertrug. Wäre nun der Vater gestorben, so hätte trotz alledem die Befreiung nicht eintreten können. Dann wäre das Schuldbewußtsein wieder in den Vordergrund getreten, etwa wie: Du bist Schuld an dem Tode des Vaters. (Die Allmacht der Gedanken! *Freud.*) Er hätte sich neue Schuld und Bußjahre diktiert und sich so wieder vor dem Weibe geschützt, das für ihn gleichbedeutend mit dem Tode ist und sich im Traume im Symbole „Maria Stuart" nennt. Hüte dich vor den Frauen! — lautet ein geheimer Imperativ seines Inneren.

In einem anderen Traume sagt er: „Ein Mann hat andere grausam behandelt. Der Rächer tritt auf in Gestalt eines anderen älteren Mannes. Dieser befiehlt mir, einen Kasten, der so groß ist, daß ich ihn mit beiden Händen tragen muß, mitzunehmen und geht, den Übeltäter vor sich hintreibend, eine enge Treppe hinauf, die offenbar zum Hausboden führt. Unterwegs erhält der Schuldige fortwährend Schläge. Oben angelangt, entnimmt der Rächer meinem Kasten einen großen Lederknüppel und schlägt damit den Übeltäter in grausamer Weise."

Er ist der Sünder. Der Kasten symbolisiert den Hirnkasten, der alle grausamen Strafen enthält. Ebenso der Dachboden. Der Kasten ist wieder eine Darstellung seines Hirngespinstes, der Parapathie . . . Er schlägt sich als sein eigener Rächer und Richter für seine Sünden . . .

Aber nun hat er den Schlüssel zu dem Leiden, das in seinen Träumen als sein Bruder symbolisiert wird. So sagt er in einem Traume:

„Ich finde den Schlüssel zu dem Schranke, in welchem die Sachen meines Bruders liegen. Das ist mir sehr unangenehm, weil ich fürchte, man wird den Schlüssel brauchen und darnach suchen."

Der erste analysierende Arzt hielt den Schlüssel für den Phallus und übersah die wichtige Bedeutung: Ich fürchte, der Arzt könnte den Schlüssel zu meiner Parapathie finden und mich gesund machen. Er raubt mir dann den Weg zur Seligkeit . . . Und wir sehen wieder die Angst vor der Genesung und den Stolz auf die Parapathie.

Betrachten wir die ganze Paraphilie, so erkennen wir, daß es sich gar nicht um eine wirkliche Paraphilie handelt. Es handelt sich um ein Arrangement im Sinne *Adlers*, er benimmt sich, als ob er ein Paraphiler wäre. Sein Fetischismus ist eine künstliche Konstruktion, eine zweite Religion, welche ihm den verlorenen Glauben ersetzt und als Ersatz für die verlorenen Freuden dieser Welt, für den Verzicht auf Ehre, Ruhm und das Weib den Himmel sichert. Festgehalten wird aber diese Paraphilie, diese Karikatur einer Paraphilie könnte man eher sagen, durch ein **Gelübde**. Dies möchte ich besonders unterstreichen. Sein Vater wird so lange leben, so lange er dem Weibe entsagen wird. Ein ähnliches Gelübde war auch in all den anderen von mir analysierten Fällen gegeben worden. **Erst dieses Junktim macht die Parapathie unlöslich und enthält die Strafe für die verbrecherischen Todesgedanken.** Das Weib ist das Symbol der Sünde. Aber hinter der Angst vor der Sünde steckt auch hier die Furcht vor dem Weibe, die Furcht vor einer Niederlage im geschlechtlichen Leben. Dagegen finden wir keine Spur einer organischen Minderwertigkeit als Grundlage der Parapathie und ich muß immer wieder betonen, daß ich diesen Teil der Lehre *Adlers* für unrichtig halte und das Gefühl der Minderwertigkeit nur als Folge des Schuldbewußtseins auffassen muß.

Wie wunderbar ist jedoch die geniale Konstruktion unseres Kranken, den Perversen zu spielen und der Fromme zu bleiben! Wie ich es in meinem Aufsatze „Der Neurotiker als Schauspieler"[1]) sagte: „Der Neurotiker (Parapathiker) ist Akteur und Publikum in einer Person. Er spielt mit seinen parapathischen Symptomen eine bestimmte Szene." So spielte dieser Kranke vor sich selbst den Paraphilen und war ein Frömmling in der Maske eines Satanisten . . . Die Paraphilie sicherte ihn vor dem Weibe und vor der Sünde. So wurde seine fetischistische Sünde zur frommen Handlung und die Frömmigkeit zur Sünde wider seinen Intellekt . . .

Wir sehen, wie kompliziert sich die Analyse eines Falles von echtem Fetischismus gestaltet. Sicherlich führen auch bei diesem Falle Fäden zur primären Inzesteinstellung. Er betont, daß Manchester wie Urin riecht und kommt wiederholt auf sein Verhältnis zur Mutter zurück. Es ist ja möglich, daß er die Mutter einmal in prall sitzenden Unterhosen gesehen hat. Leider spricht er nichts davon und seine Träume enthalten nur Andeutungen, daß er ein Geheimnis verschweigen will, verraten aber nicht die Art des Geheimnisses.

Dies aber zugegeben, ist die Parapathie dieses Kranken ein so kompliziertes Gebilde, daß sie sich nicht einfach mit einem Schlüssel, wie der Inzest es ist, auflösen läßt. Auch der Riechtrieb, der bei diesem Kranken sehr stark ausgebildet ist, gestattet noch keine Erklärung dieses komplizierten religiösen Überbaues. Wir merken nur eine unwiderstehliche Tendenz, die sexuelle Aktivität durch den Schein einer Sexualität zu ersetzen.

Abraham betont die Herabsetzung der sexuellen Aktivität seines Patienten. Das konnte ich ja in allen meinen Fällen konstatieren.

[1]) Zentralbl. f. Psychoanalyse. 1911. S. 38. I. Bd.

Eine übergroße Aktivität führte zu der Drosselung derselben durch einen Fetischismus. Die Angst vor der eigenen Sexualität führt zur scheinbaren Ertötung derselben, zur Abbiegung von der sexuellen Leitlinie, die ursprünglich auf den ganzen Mann und die ganze Frau geht. Diesen Bestrebungen entsprechen wieder als symbolische Ausdrucksmittel die Kastrationsphantasien, an denen alle Fetischisten leiden. Sie haben in der Tat eine ideelle Kastration an sich vollzogen, spielen auch mit dem Gedanken der wirklichen Kastration, was ja einer völligen Entsagung gleich käme und auf der Linie ihrer asketisch-frömmlerischen Tendenzen liegt.

Aber *Abraham*, der schon die Mischung von Parapathie und Fetischismus bemerkt und auch betont, daß *Freud* seine Ansicht, „die Neurose sei das Negativ der Perversion", nicht mehr aufrecht erhält, sieht als Ursache der Parapathie: Dem Fuße kommt die Bedeutung eines Genitalersatzes zu. „Schautrieb und Riechtrieb, von jeher in auffälligem Maße auf das Exkrementelle gerichtet, wurden einer weitgehenden, freilich sehr ungleichen Umwandlung unterzogen. Der Riechtrieb wurde in weitem Ausmaße verdrängt, der Schautrieb hingegen um so stärker betont, freilich von seinem ursprünglichen Interessengebiet abgelenkt und idealisiert. Dieser Vorgang, dem nur der eine von beiden in Frage kommenden Trieben zum Opfer fällt, verdient den ihm von *Freud* gegebenen Namen der ‚Partialverdrängung'."

So weit geht das Bestreben der *Freud*schule strenger Observanz, alle Erscheinungen der Parapathie auf verdrängtes Triebleben zurückzuführen! Wie würde aber *Abraham* mit seinem Riechtrieb den Fall von Sporthosenfetischismus erklären oder einen Fall von reinem Korsettfetischismus auslegen, wie er mir bekannt ist? Wir sehen, wie wichtig die Kenntnis der religiösen Motive und der von mir geschilderten Mechanismen für das Verständnis dieser komplizierten Fälle ist. Ich stehe nicht an zu erklären, daß ich jetzt diese Fälle psychologisch begreifen kann, während die Partialverdrängung nichts bleibt als eine geistreiche Hypothese, die ein nicht unwesentliches Detail als Hauptsache behandelt . . .

Abraham betont auch die therapeutische Machtlosigkeit seiner Analyse und meint, der Patient hätte größere Widerstandskraft gegen seine fetischistischen Regungen erhalten. Dies beweist, daß diese Art von Analyse ohne Aufdeckung der wichtigen Mechanismen, welche Sinn und Zweck der Parapathie, das geheime Ideal verraten, eben nicht von

Wirkung sein kann, wie schon der vorher geschilderte, 14 Monate analytisch behandelte Patient beweist.

Der Fetischismus ist eben eine Krankheit, nicht nur eine zweite Religion. Er ist auch ein geistiger Parasit, der seinen Träger zu jeder anderen Denkbarkeit untauglich macht. Alles wird in den Dienst des Fetischismus gestellt und in der Sprache des Fetischismus ausgedrückt. Schließlich kann der Fetischist ganz arbeits- und lebensunfähig werden. Er versinkt in seine Träumereien. Er kann den Affekt nicht mehr auf seine sozialen Pflichten richten, er bringt keine Aufmerksamkeit für den Beruf auf, weil alle seine Affekte an andere Interessen gebunden sind *(Bleuler)*. Diesem Umstande verdanke ich es, daß der sonderbare Fall, von dem ich jetzt sprechen werde, in meine Behandlung kam.

Fall Nr. 54. Es handelt sich um einen zirka 30jährigen Beamten, der nicht mehr im Amte bleiben konnte, weil ihm die krankhaften fetischistischen Ideen keine Ruhe ließen und ihn arbeitsunfähig machten.

Er ist wohl einer der merkwürdigsten Fälle, die je publiziert wurden. Unser Patient — nennen wir ihn Herrn Lambda — interessiert sich nur für Männer, die eine geschwollene oder verletzte Backe haben und verbunden sind. Es sollen womöglich junge bartlose Männer oder nur mit einem Anflug von Bart sein. Er benimmt sich sehr sonderbar, wenn er ein solches Sexualobjekt sieht. Er sitzt beispielsweise im Kaffeehause und sieht zum Fenster hinaus. Plötzlich sieht er einen Mann mit einem schwarzen Tuche um den Kopf. Oder mit einem verbundenen Kopfe. Er ruft nun in höchster Aufregung: Kellner zahlen! Kommt der Kellner nicht sogleich, so wird er sehr ungeduldig, schimpft, hält sich auf, daß er gehindert wird und läßt das Geld am Tische liegen, um sein Objekt zu suchen. Wenn er den Mann nicht mehr findet, ist er sehr erregt, unglücklich und in höchster Spannung. Er kann viele Stunden den gleichen Weg absuchen, warten, ob er nicht vielleicht zurückkommt, ja auf dem Platze, wo er ihn gesehen hat, bis zu 6 Stunden stehen und ausharren, in der Hoffnung, er werde doch kommen. Er geht dann am nächsten Tage wieder um dieselbe Zeit auf die gleiche Stelle und wartet wieder . . . und das kann er eine Woche so fort machen, bis ein neuer Fetisch die Vorstellung des alten verdrängt hat. Immer aber bleibt ihm die Empfindung, als ob er gerade bei dem versäumten Objekte besondere Sensationen und überhaupt etwas Besonderes erlebt hätte. Nehmen wir aber jetzt den Fall an, er habe sein Objekt doch erreicht. Er beginnt ihm zu folgen, ihm vorzugehen und ihn von allen Seiten möglichst unauffällig zu beobachten und umkreisen. Geht der Fetisch in ein Geschäft, so wartet er geduldig stundenlange, bis er wieder zum Vorschein kommt. Dann spricht er ihn unter irgend einem

Vorwande an. Meistens *er sei hier fremd und bitte darum, ihm den rechten Weg zu zeigen. Er möchte auf den richtigen Weg kommen.*[1] Bei dieser Gelegenheit fragt er auch mitleidig, woran der Herr leide, ob er große Schmerzen habe und was er dagegen mache. So geht er eine Weile neben ihm her, so lange er kann. Am liebsten ist es ihm, wenn der Mann meint, er ginge den *gleichen* Weg, sie könnten ein Stück miteinander gehen. Wenn er sich dann verabschiedet hat, geht er in ein Geschäft und kauft sich ein Tuch, ähnlich wie das ist, welches der Fetisch getragen hat. (Verbandstoff, eine schwarze Binde usw.) Je einfacher und sozial niedrig stehender der Fetisch ist, desto größer wird seine Libido. Dabei empfindet Lambda eine gewisse Leere, eine Enttäuschung, wie ein unstillbares Verlangen, das nicht erfüllt wurde. Er hat gar keine Tendenzen, mit dem Fetisch allein zu bleiben oder gar mit ihm einen homosexuellen Akt zu vollziehen.

Im Gegenteil! Nun kommt die Zeit, in der er seinen Fetisch benützt, um sich die höchste Libido zu verschaffen. Er stellt sich vor den Spiegel, legt sich den Verband an, wie ihn der Fetisch getragen und *stellt sich nun vor, daß er der andere ist.* Ist diese geistige Identifizierung mit dem Sexualobjekte gelungen, dann onaniert er und blickt dabei immer die Binde an. Solcher Binden hat er einen ganzen Harem. Meist verlieren sie nach einigen Wochen, oft schon früher die Wirksamkeit. Dann müssen neue gesucht werden oder ein alter vergessener Liebling wird wieder Favorit. Sein Verlangen nach solchen Fetischen ist unstillbar und übermächtig. Er springt aus dem fahrenden Autobus, aus der Elektrischen, wenn er seinen Typ gesehen hat; er läßt die Karte verfallen, die er sich zu einer Theatervorstellung oder einem Konzerte mühsam erobert hat; er versäumt das Abendbrot, die Rendezvous, die Arbeit, wenn ihm ein Fetisch begegnet. Er läßt Damen und Vorgesetzte stehen, mit denen er gerade spazieren gegangen ist. (Interessant ist, daß der Zwang des Militärs stärker war als der des Leidens. Er versäumte während seines Freiwilligenjahres keine Übung und ließ sich von keinem Fetisch abhalten. Das beweist uns die Anpassungsfähigkeit aller dieser parapathischen Symptome, für die immer das Gesetz des geringsten Widerstandes gilt. Andrerseits werden wir oft diese Tatsache bestätigt hören. Beim Militär herrscht ein eiserner Zwang. Dieser Zwang ersetzt dann den Druck der Parapathie. Der eigene Imperativ wird durch den Imperativ des Militärs ersetzt.)

[1] Dieser Zug verrät schon die religiöse Tendenz der Parapathie. Er sucht einen Führer, der ihn auf den *rechten* Weg bringen soll. Er ist vom rechten Weg abgekommen. . . .

Er zeigt aber außer dem Fetischismus noch eine Reihe merkwürdiger Zwangshandlungen. Als er den ersten Tag in Wien war, führte ihn sein Vater einen Weg durch die innere Stadt an der Stefanskirche vorbei. Monatelang konnte er sich nicht entschließen, einen anderen Weg zu gehen. Erst nach einiger Zeit kamen neue Wege, von denen ihm der liebste der in die Mariahilferstraße war. Er sucht immer Wege, an deren Ende eine Kirche liegt . . . Er ist aber nicht fromm, geht nie in die Kirche, „außer wenn er einmal schöne Kirchenmusik hören will". Er hat in der antiklerikalen Bewegung seines Landes eine große führende Rolle gespielt und wurde deshalb heftig in den klerikalen Zeitungen angegriffen.

Furchtbar ist sein Jähzorn. Er fürchtet seine Leidenschaften. Zwei Jahre lang war er dem Spielteufel verfallen und büßte ein artiges Vermögen ein. Seine Stellung verurteilt ihn zur Einsamkeit auf dem Lande. Er muß in die nächste Stadt fahren, um seiner Leidenschaft zu fröhnen und ein Objekt zu suchen. Zu diesem Behufe kleidet er sich um, veranstaltet eine förmliche Maskerade. Er ist Amtsperson und muß auf seine Würde schauen. Deshalb verschwindet er aus der kleinen Stadt, um eine größere aufzusuchen, postiert sich in der Nähe des Spitals oder eines Zahnarztes, bis endlich das Objekt mit der geschwollenen Backe zu sehen ist.

Vorübergehend wollte er ein Trinker werden. Er bleibt aber immer nüchtern und kann keinen Rausch erzwingen. Das Trinken macht ihm keine Freude.

Seine einzige Lust ist die Onanie vor dem Spiegel, wenn er sich das Tuch um das Gesicht gebunden hat. Er kann aber auch ohne Spiegel in lange Träumereien versinken, wobei er ganz geistesabwesend ist. Am Schlusse der Miktio hat er ein Lustgefühl. Er war ziemlich lange Bettnässer und zeigte die für die Fetischisten charakteristischen Blasenstörungen.[1])

Sonderbar ist sein Benehmen mit Frauen. Er ist mit sehr vielen Frauen bekannt, mit denen er sehr gerne plaudert. Er weicht aber ängstlich sexuellem Verkehre aus. Ursprünglich hatte er ein sehr lebhaftes Interesse für Mädchen, war schon mit 12 Jahren in eine Kusine leidenschaftlich verliebt. Vor 6 Jahren verliebte er sich in ein Mädchen, das ihm sehr gut gesinnt war und auch zu verstehen gab, daß sie seiner Werbung kein Nein entgegenstellen würde. Er stand nahe vor der Verlobung und führte dann, um das Mädchen zu prüfen, einen Freund, einen schmucken Offizier, bei ihr ein. Nach einigen Monaten verliebte sich der Offizier in das ebenso schöne als wohlhabende Mädchen. Aber seine

[1]) Auf den Zusammenhang zwischen Blasenstörungen und Zwangsneurose hat zuerst *Hitschmann* aufmerksam gemacht.

Werbung hatte erst nach einiger Zeit Erfolg. Das Mädchen wartete immer darauf, daß Lambda sich erklären würde und nahm erst den anderen, als sie alle Hoffnung, eine Erklärung Lambdas zu provozieren, aufgab und verzweifelte, ihn zu erreichen. Ihre Verlobung war aber für Lambda der Anlaß zu einer schweren, monatelang währenden Depression. Er fühlte sich unglücklich und betrogen, verlassen und verraten. Hier zeigt sich wieder dieser heuchlerische, spielerische Zug, der diese Art von Kranken auszeichnet. Denn er hatte ja selber mit schlauer Berechnung den Offizier in das Haus eingeführt, um einer Entscheidung auszuweichen, seine Angst vor dem Weibe und der Ehe zu bemänteln und um ein Recht zu erlangen, sich unglücklich zu fühlen. Er wollte sich sagen können: Du hast dein Möglichstes getan, um zu heiraten. Du kannst nichts dafür, wenn die Mädchen so unverläßlich, so falsch und so treulos sind . . .

Momentan — verrät er mir — steht er in ähnlichen Beziehungen zu einer Kusine. Diese könnte er heiraten und bei dieser werde er bestimmt potent sein, wie er ja an seiner Potenz nicht zweifelte. Aber heiraten hieße seine Paraphilie aufgeben . . . und das war er vorläufig nicht imstande. Es sagte ihm zwar eine innere Stimme, daß er in der Ehe den Weg zum Weibe finden würde, aber er hatte noch nicht die Kraft, dieser Stimme zu folgen.

Diese merkwürdige Erscheinung werden wir in vielen Fällen von Fetischismus konstatieren können. Die kunstvolle Fiktion einer Paraphilie hat ursprünglich nur den Zweck, den Träger gegen die Gefahren des außerehelichen (sündigen) Koitus zu sichern. Denn nur dieser wird als Sünde angesehen. Mit der Zeit aber wird diese sexuelle Leitlinie verdeckt, der Weg zum Weibe versandet und die Möglichkeit einer Ehe wird immer geringer. Trotzdem ist die einzige Heilungschance die Ehe und ich habe schon zwei Fälle in der Ehe den Weg ins Normale finden gesehen. Grundfalsch ist eine Therapie, welche die Fetischisten zu heilen sucht, indem sie ihnen den Kongressus mit Puellis publicis oder anderen außerehelichen Verkehr empfiehlt. Die innere überempfindliche Moral dieser Menschen sträubt sich dagegen und die Erfolge, wenn sie überhaupt zu erzielen sind, halten nicht lange. Meistens sind es aber Mißerfolge, die das Vertrauen des Kranken erschüttern und ihm den Weg zur Ehe versperren. Manchmal verlangen solche Menschen eine Garantie ihrer Potenz oder sie wollen es erst bei einer Publica versuchen, um sicher zu sein. Solche Versuche mißlingen in der Regel. So war es auch bei diesem Fetischisten. Die Versuche seines Hausarztes, der mit ihm sogar ins Lupanar ging und die Dirne untersuchte, weil Angst vor Infektion als Sicherung vorgeschützt wurde, mißlangen vollkommen. „Nun kann ich ja nicht heiraten und meine Geliebte ist mir ewig verloren", jammerte der Kranke, der so wieder einer Entscheidung ausweichen konnte.

Er wollte aber seine Paraphilie nicht aufgeben, weil er einen großen Stolz auf seine Krankheit hatte. Er war der einzige, der eine so verrückte Form der Sexualbefriedigung gefunden hatte. Dieser Widerstand äußerte sich sofort in der Behandlung, indem er mir schon am zweiten Tage mitteilte, er glaube nicht an die Möglichkeit einer Heilung, die ich in weiser Voraussicht gar nicht versprochen hatte. Ich versprach, ihn wieder arbeitsfähig zu machen. Ich wollte dem Kranken keine Gelegenheit geben, am Schlusse der Behandlung über mich zu triumphieren und mir vorzuwerfen, daß ich mein Wort nicht gehalten hatte. Ich erwartete aber die Heilung, weil ich wußte, daß diese Krankheit nach gelungener Einsicht in sich zusammenfallen mußte. Schon am dritten Tag hatte der Kranke nichts zu erzählen und gestand mir später, daß er sich gedacht hatte: „Justament sage ich dem Doktor nichts. Wie wird er sich helfen? Er soll mich heilen, ohne daß ich fortwährend reden muß." Dann ließ er schon die vierte Stunde aus und kam nicht. Er hatte verschlafen. Wir wechselten die Stunden, da er jeden zweiten Tag die Morgenstunde verschlief. Der Widerstand war einen Tag besser, dann kam er auch am Nachmittag zu spät und brachte es sogar zustande, bis in den Nachmittag hinein zu schlafen. Die ganze Behandlung war ein fortwährender Kampf, der den Kranken immer wieder überzeugen mußte, daß er nur ein Ziel hatte: Seinen Fetischismus zu behalten und über den Arzt zu triumphieren.

Doch versuchen wir, der Frage der Parapathienwahl näher zu treten, wie Lambda gerade zu dieser sonderbaren Form der Paraphilie kommen konnte und mußte.

Sein Hausarzt teilte mir mit, daß Lambda als Knabe eine schöne Gouvernante gehabt habe, die er sehr liebte und die viel an Zahnschmerzen gelitten hat, also oft verbunden war. Wir sehen hier die Aufmerksamkeit des Kindes früh auf ein verbundenes Gesicht gerichtet. Aber wie viel geliebte Mütter und Pflegepersonen haben verbundene Gesichter und es kommt nicht zu einer so sonderbaren Fixierung des sexuellen Begehrens! Die Gründe müssen tiefer liegender Natur sein. Keineswegs können sie damit erschöpft sein.

Wir erfahren nun aus seiner Jugend folgende Tatsachen. Er hatte ein geradezu immenses, unstillbares Bedürfnis nach Zärtlichkeit. Zu seinem Leidwesen war der ältere Bruder immer krank und zog die ganze Aufmerksamkeit der Eltern auf sich. Die Eltern, besonders der Vater, pflegten das zarte Kind in rührender Weise; wiederholt wurden Badereisen unternommen, was der jüngere mit eifersüchtiger Regung überwachte und immer sehr schmerzlich empfand, besonders wenn der Bruder von den Wundern der neuen Gegenden erzählte. Der Bruder reizte ihn immer und setzte ihn immer herunter. Was er machte, war kindisch und nebensächlich, was der Bruder machte, war schon etwas Großes, obwohl nur ein Jahr Unterschied zwischen beiden war. Infolgedessen sonderte sich Lambda ängstlich von ihm ab. Er hatte seine Spielsachen für sich und war unglücklich, wenn der Bruder sie berührte. Einmal ging er mit einem Schießgewehr auf den Bruder los und schlug ihn so heftig aufs Auge, daß der Bruder um ein geringes das Auge hätte verlieren können. Der Bruder trug damals das Auge und die Wange verbunden und er selbst erhielt eine empfindliche Strafe neben endlosen Ermahnungen über seine Schlechtigkeit und Bosheit, er werde noch ein Verbrecher werden, man müsse sich seiner schämen, der liebe Gott werde ihn dafür schwer bestrafen. . . . Wir sehen also, er hat auch ein Motiv für die Krankheit, das dem Schuldbewußtsein entspringt. Die Talion verlangt, daß die Erinnerung an sein Verbrechen immer wieder behalten und ihm wie ein Memento vor Augen geführt wird. Überdies war ihm ein jüngerer Bruder gestorben, was ihn damals mit großer Befriedigung erfüllt hatte. Die Erinnerung an diese Schadenfreude trübte sein Gewissen und die Vorstellung, daß es Revenants gäbe und die Toten sich rächen können, spielt in dem Fetischismus eine eigentümliche Rolle, von der wir noch später sprechen werden, wenn wir das Mysterium seiner Religion und seines Leidens ganz entschleiert haben.

Er war mit 5 Jahren an Rotlauf erkrankt und wurde durch eine Woche in aufopfernder Weise von den Eltern betreut. Er wurde wie alle lebensgefährlich erkrankten Kinder mit Zärtlichkeiten überhäuft und jeder seiner Wünsche aufs schnellste erfüllt. . . . Das war die schönste Zeit seines Lebens und nach dieser Zeit geht sein ganzes Sehnen. Wir haben erzählt, daß er immer wieder die alten Wege geht und zu Orten zurückkommt, wo er einmal gewesen. Er blickt eigentlich immer in die Vergangenheit.

Er möchte diese Krankheitstage noch einmal erleben, da er von einem Arm in den anderen wanderte. Damals war sein Gesicht auch mit Salben bestrichen und verbunden. Er sucht also sich und die Jugendzeit. Er geht immer die alten Wege, das sind die Wege der Jugend, wie wir bald sehen werden noch aus anderen Motiven. Aber sein Fetischismus hält die Erinnerung an die schöne Zeit der Krankheit fest. So möchte er sein ganzes Leben verbringen, immer krank sein und immer von den Eltern behütet. Es war auch sein heimlicher Triumph, daß er jetzt so schwer krank war und den Eltern großen Kummer bereiten konnte. Sein Bruder war längst genesen und ein stattlicher Mann in Amt und Würden. Er aber war jetzt der schwer und vielleicht unheilbar Kranke. Der Hausarzt mußte seinem Vater von der Schwere der Erkrankung Mitteilung machen, der Vater mußte ihn unterstützen, für längere Zeit einen Urlaub zu nehmen, mußte die großen Kosten für eine Behandlung aufbringen, kurz . . . er konnte den lange vorbereiteten und langersehnten Triumph auskosten, der Schwerstkranke in der Familie zu sein. Nun hatte sich das allgemeine Mitleid der Familie auf ihn konzentriert. Parapathiker erpressen die Liebe in Form von Mitleid und es macht ihnen ein unbändiges Vergnügen, wenn die Eltern für sie Geld ausgeben müssen. Dies Geld wird dann auch ein Gradmesser der Liebe. So kommen parapathische Kinder leicht ins Verschwenden hinein, wenn es sich darum handelt, die Langmut und Liebe des Vaters immer wieder auf die Probe zu stellen. So auch in diesem Falle. Er hatte eines der Ziele erreicht, das ihm seit der Kindheit vorgeschwebt hatte: Er war krank, der am meisten Kranke in der Familie, er war arbeitsunfähig, sein Vater mußte ihn erhalten und er hatte eine Krankheit in einer absonderlichen Form, wie sein Bruder sie nie gehabt hatte, wie sie überhaupt kein Mensch vor ihm gehabt hatte. . . . Seine Krankheit war seine größte Leistung und sein größter Stolz!

Ein anderes Erlebnis spielte noch in seine Jugend hinein. Die Schwester, die um zwei Jahre jünger war, ging in ihrem achten Lebensjahre an einem Laden vorbei, in dem eine Explosion stattfand. Sie wurde am Oberschenkel verletzt. Es machte ihm die Wunde — er war im Zimmer, als sie vom Arzte verbunden wurde — einen großen Eindruck. Allgemein sprach man davon, daß sie hätte blind werden können, wenn sie im Gesicht getroffen worden wäre. Ob es sich hier auch um das Phänomen handelt, das *Freud* die Verlegung von unten nach oben nennt, das wage ich nicht zu entscheiden, da der Patient darüber nichts zu sagen weiß. Dagegen von einer anderen Verlegung.

Er hatte sich Phantasien über die Geburt gemacht und schwangere Frauen erschienen ihm immer als g e s c h w o l l e n. Als ihm der Zahnarzt einmal mit der Zange einen Zahn gezogen hatte, fiel es ihm ein, er wäre auch mit der Zange zur Welt gebracht worden und hätte längere Zeit einen geschwollenen Kopf gehabt. Ihn beschäftigt sehr lebhaft das Thema von der Wiedergeburt. Auch hat er sich die Frage vorgelegt, ob sein Gehirn bei der Geburt durch den furchtbaren Druck der Zange nicht dauernd gelitten hätte, ob er nicht ein Geisteskranker wäre und ob dieses Leiden nicht der Anfang des Wahnsinns wäre. Die geschwollene Backe mahnt an Geburtsphantasien und an die wichtige Frage der Wiedergeburt.

Er habe doch manchmal so sonderbare Ideen. Er wisse nicht, ob er lebe oder gestorben sei. Manchmal glaube er, er sehe Tote auf der

Straße. Ja, er erinnere sich, einen wie furchtbaren Eindruck auf ihn der Anblick eines Toten gemacht habe. Dem toten Brüderlein wurde auch das Gesicht verbunden und man verbinde Toten immer das Gesicht, um das Herunterfallen des Kiefers zu verhindern . . .

Er sucht also auf der Gasse seinen toten Bruder. Er sucht Tote, die vom Grabe auferstanden sind. Wenn ihn seine Rachephantasien peinigten und er grausame Todesarten erfand, an denen er seinen Bruder sterben lassen würde, so quälte ihn der Gedanke, daß der Tote wie ein Vampyr wieder kommen und sich rächen könne. Und ein abergläubisches Kindermädchen wußte eine Menge solcher Schauergeschichten und sie prägten sich so tief in sein empfängliches Herz ein! Er suchte einen solchen Wiedererstandenen. Er suchte das Wunder auf der Straße. Er suchte seinen toten Bruder, d. h. sich selbst, alles Schöne und Fromme in ihm, das längst tot war.

Aber die Krankheit war durch ein Junktim mit seinem Schuldbewußtsein verbunden, die sie schier unlöslich machte. Ich habe darauf aufmerksam gemacht, daß in keinem Falle von Zwangshandlung oder Zwangsvorstellungen die Todesklausel fehlt. Auch unser Fetischist hat seine Todesklausel und diese muß ich in Kürze mitteilen. Sein Vater hatte seine erste Frau verloren und hatte die Schwester der Verstorbenen geheiratet. Der Knabe hatte wiederholt Gelegenheit gehabt, manche Auseinandersetzung des Vaters mit dem Hausarzte zu hören. Seine Mutter war auch kränklich und schwächlich. Immer wieder mußte der Vater für ihr Leben zittern. Und der Knabe hörte, wie der Vater sagte: „Herr Doktor, den Tod dieser Frau könnte ich nicht überleben! Ich würde mir auf ihrem Grabe eine Kugel durch den Kopf schießen . . .“ Auch sein Bruder hörte diesen Ausspruch und es war einer der wenigen Momente brüderlicher Harmonie, an die er sich erinnern kann, daß er mit dem Bruder über diesen Ausspruch des Abends im finsteren Zimmer plauderte. Nun lag er viele Wochen schlaflos und dachte darüber nach. Er war schon 12 Jahre alt, als die Mutter wieder einmal erkrankte. Ihm fiel sofort der alte Ausspruch des Vaters ein. Damals hatte er mit einer Art Grauen darüber nachgedacht, wie das wäre, wenn beide Eltern sterben würden. Er käme dann zum Großvater; in der Schule würde man ihn so bemitleiden, alle Leute in der Stadt würden ihn bedauern. . . . Es regte sich etwas wie ein Wunsch nach dem schrecklichen Erlebnis in seiner Seele. Nun kamen die fürchterlichen Bilder wieder und er schwur sich, so lange kein Weib anzurühren, so lange Gott die Eltern leben ließe. Er brachte seine Sexualität Gott als Opfer dar, wofür er das Leben der Eltern verlangte. Und er glaubt an dieses Junktim. Er, der aufgeklärte Freigeist, gesteht mir, daß er die „Perversion“, wie er seinen Zustand nennt, nicht aufgeben kann, weil er der Ansicht ist, dann würde sofort der Vater oder die Mutter sterben. . . . Mit diesem Junktim hat er sich den Weg zur Gesundheit verschlossen. Es ist das jener Zustand, den ich auch das Vexierschloß der Parapathie genannt habe. Stirbt sein Vater, so kommt ein neues Gelübde und das Weib ist dann mit so viel Zäunen von Stacheldraht des Gewissens umgeben, daß es nicht möglich ist, diese Hindernisse zu überwinden.

Solche Gelübde spielen in allen Zwangshandlungen eine große Rolle. Die Analyse bringt sie selten zutage. Die Zwangsneurotiker sind in dieser Hinsicht genial. Sie bringen es zuwege, ein Jahr mit einem Arzte zu reden und ihm die wichtigsten Dinge zu verschweigen. So erzählte der Fall von *Abraham* ihm eine verwirrende Fülle von exkrementellen Details, als er merkte, daß der Arzt sich für seine koprophilen Tendenzen interessierte. Ja, die Patienten gehen so weit, Material zu erfinden, um das zu verschweigen, was den Kern der Parapathie ausmacht: das religiöse Problem. Und das möchte ich jetzt an unserem Falle besprechen.

Ich betonte schon seine prononzierte antiklerikale Stellung. Er hatte ein klerikales Gymnasium besucht, an dem er von katholischen Priestern unterrichtet wurde. Bis zu seinem 14. Lebensjahre war er sehr fromm. Er hatte sich vor seinen aggressiven Phantasien und verbrecherischen Neigungen zu Gott und in die Religion geflüchtet. Einen besonderen Eindruck hatte auf ihn im Gymnasium sein Religionslehrer gemacht, als er die Geschichte der Heiligen und Wunder vortrug. Und der Wunsch, ein solcher Heiliger zu werden und ein Wunder zu erleben, wurde übermächtig in ihm. Er konnte lange Stunden im ekstatischen Gebete vor einem Heiligenbilde knien, um ein Wunder und um Erlösung von den Sünden bitten. Da sich in der Pubertät stürmisch sein Blut regte, er von Kollegen hörte, sie hätten schon ein Weib besessen, steigerte sich der Konflikt und die häufig betriebene Onanie, von deren Schädlichkeit er Schauerdinge gehört hatte, verstärkte sein Schuldbewußtsein. Es machte ihm eine wollüstige Freude, sich vorzustellen, daß er sich durch die Onanie töte und um sein Lebensglück bringe... In der vierten Gymnasialklasse lernte er einen Knaben kennen, der einen äußerst aufgeklärten Vater hatte. Dieser machte ihn heimlich mit allerlei Büchern bekannt, welche für Aufklärung sorgten. Er warf den ganzen abergläubischen Wust — wie wir bald sehen werden nur scheinbar und nur halb — von sich. Bald begann er Philosophen zu lesen und sich auch mit dem Vater des Knaben zu unterhalten. In der sechsten Gymnasialklasse, also mit 16 Jahren, hatten sie schon einen philosophischen Geheimbund, in dem *Nietzsche*, *Häckel*, *Darwin* vorgelesen und erklärt wurden. Und so kam er in die Stellung eines leidenschaftlichen Antiklerikalen.

Aber jede Leidenschaft ist verdächtig. Solche Wandlungen sind als Befreiungsversuche von der — übermächtigen Autorität Gottes aufzufassen. Das Individuum revoltiert gegen die Alleinherrschaft und Allgewalt Gottes. Es macht einen heroischen Versuch, das Schuldbewußtsein abzuschütteln und sich frei zu machen. Eigentlich ist der Kampf ein Kampf gegen jeden Zwang. Jeder Parapathiker kämpft gegen alle Autorität und ist auf dem halben Wege zum psychischen Anarchismus.

Doch die Analyse ergab, daß diese Freigeisterei nur eine scheinbare war. Er zeigt eine Reihe von Zügen, die deutlich seine versteckte Religiosität beweisen, wie ich sie in meinem Aufsatze „Masken der Religiosität“[1]) nachgewiesen habe. Er trug bis vor kurzer Zeit noch das Skapulier, das er als Schüler als Schutz gegen den Bösen getragen hatte. Er hatte noch immer sein Gebetbuch und seinen Katechismus aufbewahrt und kramte wiederholt wie zufällig in seinen Büchern, um sie in die Hand zu nehmen und „aus Kuriosität“ diese „Dummheiten“, wie er geringschätzig sagte, zu lesen. Auch er war ein Frömmler in der Maske eines Freigeistes, auch er hoffte durch die Askese den Rang eines Heiligen zu erobern.

Er hatte sich eine sonderbare Art zu beten zurechtgelegt. Des Morgens im Halbschlummer und des Abends ebenfalls in einer Art Halbnarkose sagte er sich Gebete vor, von denen sein Bewußtsein dann gar nichts mehr wußte. Seine Wege gingen immer an Kirchen vorbei und er erlaubte sich manchmal, wenn er müde war, in eine Kirche hineinzugehen. Deshalb hatte er in meiner Behandlung seinen ersten Weg immer wieder und immer wieder so gern gemacht, weil er zur Stefanskirche führte. Er wollte den ersten Weg, den Weg des kindlichen Glaubens gehen, der zu Gott führte. Besonders hatten auf ihn in der Kindheit die Geschichten von den Martern gewirkt, denen Heilige ausgesetzt waren. Er hatte sich selbst eine Reihe von solchen Martern auferlegt. Er konnte sich plötzlich mit einer Zigarette die Hand anbrennen, ohne eine Miene zu verziehen. Er schlug sich mit einem Hammer gegen die Zähne und war wütend, daß er niemals an Zahnschmerzen litt. Er wäre glücklich gewesen, wenn er sich einmal im Ertragen von Schmerzen hätte üben können. Er fragte seine Objekte auch immer genau über ihre Schmerzen aus und wie sie die Schmerzen ertragen würden. Er konnte sich mit einem Stocke schlagen, legte sich auf den harten Fußboden schlafen.

Sein größtes Interesse aber galt Christus. Diese Figur beschäftigte ihn immer und er sagte: „Ich bewundere Christus als Mensch

[1]) Masken der Religiosität. Zentralbl. f. Psychoanalyse. III. Bd.

und nicht als Gott. Er war der größte Mensch, der je gelebt hat." Dabei brach aber sein Neid gegen den Menschensohn, der es zum Gotte gebracht hatte, immer wieder durch.

In der Analyse kam auch seine innere Frömmigkeit immer mehr zum Vorschein, wie wenn bei der Restaurierung eines alten Bildes die Übermalung weggebracht und das alte Heiligenbild zum Vorschein kommt. Die wichtigste Lösung aber brachte die Frage des Wunders. Was ihn in der Zeit der beginnenden Zweifel am meisten beschäftigte, war eben die Frage des Wunders. Er erwartete von Gott ein Wunder, um seinen Glauben neu zu stärken. Der Religionslehrer hatte ihnen erklärt, daß die Zeit der Wunder nicht zu Ende war. Wunder wären noch vor kurzer Zeit vorgekommen und er hatte ihnen sogar aus einem dicken Buche die Wunder von Lourdes vorgelesen. Warum sollte er nicht das Wunder erleben können?

Es kam zutage, daß er noch immer das Wunder erwartete. Christus wandelt unter den Menschen. Er wird Christus sehen. Der Mann mit der geschwollenen Backe erwies sich als eine Entstellung des leidenden Gottes mit der Dornenkrone. Diesen hoffte er unter den Leidenden zu finden. Er war auf der Suche nach Christus. Und er stellte sich dann beim Onanieren vor, daß er Christus wäre, er litt dann am Kreuze die Schmerzen des Erlösers und konnte dadurch die höchste Libido erzeugen.

Die Analyse ergab neben dieser anagogischen Tendenz eine zweite: die satanische. Er zeigte Inzestphantasien hetero- und homosexueller Art und überdies die Reste eines psychosexuellen Infantilismus. Eine besonders starke Fixation an Mutter und Schwester war aus vielen Träumen deutlich zu ersehen. Auch seine starke homosexuelle Komponente äußerte sich in der bipolaren Einstellung zu seinem Bruder und zu seinem Vater: Haß und Liebe.

Ich möchte noch einen Traum dieses Patienten anführen, der die geheimen Motive des Fetischismus aufdeckt:

„Ich war mit meiner ganzen Familie am Ostersonntag zum Mittagessen beim Bischof geladen. Wir gingen in das bischöfliche Palais und wurden eingelassen. Es hieß aber, der Bischof sei noch in der Kirche. Als wir im Vorzimmer die Oberkleider ablegten, sah ich, daß meine Mutter eine sonderbare Schürze aus Pelz trug, die sie auch ablegte. Ich fragte: Zu was dient diese Schürze? Mein Vater antwortete: Um Verkühlungen zu verhüten. Noch im Vorzimmer blicke ich in den Spiegel und sah, daß ich unrasiert, unfrisiert war. Meine Kleider waren staubig und die Schuhe schmutzig. Ich sagte: Ich muß mich rasieren lassen und meine Kleider putzen, sah auf die Uhr und dachte, ich hätte noch bis zum Essen Zeit dazu. Ich ging mit meinen Eltern fort. Als wir aus dem Palais auf die Straße traten, sah ich eine Herde reiner weißer Schafe und Lämmer aus dem Dom herausströmen und dachte: Jetzt ist der Gottesdienst zu Ende. Ich wollte zum Raseur. Sämtliche Rasierstuben waren schon geschlossen. Da ging ich nach Hause zu meinen Eltern, wo ich große Unordnung fand und suchte nach einer Bürste, konnte aber keine finden, bis mir endlich mein Bruder eine reichte. Ich sprach mit meinem Bruder darüber, daß ich wahrscheinlich in Folge der Protektion des mit uns bekannten Domherrn I. zum Bischof geladen wurde. Wir kehrten nun ins Palais zurück und gingen sofort in den Speisesaal, wo das Diner eben begann. Der Bischof stand vom Sitze auf und ging in seinem weißen Ornat zum offenen Fenster, wo er mit einer dünnen weiblichen Stimme in deutscher Sprache militärische Kommandoworte hinausrief. Dies wirkte auf mich im ersten Momente befremdend. Dann dachte ich aber, der Bischof hätte das Recht, die bei einem Gottesdienst erschienene Ehrenkompanie zu kommandieren."

Ohne mich in eine genaue Traumanalyse einzulassen, will ich nur auf einige wichtige Momente aufmerksam machen und besonders auf die Analogie mit dem Traume des Herrn Kappa verweisen. Die geheimnisvolle Stelle ist der Pelz, den die Mutter trägt und dem man ja leicht eine erotische Färbung unterlegen könnte. Die Mutter ist aber hier das Symbol seiner Parapathie.[1]) Sie trägt einen Pelz, der im Vorzimmer abgelegt werden soll. Das heißt, sie muß irgend eine Hülle ablegen. Ihm schwebt das Bild vor: Ein Wolf im Schafspelz und er deutet lachend: Ich bin gerade das Verkehrte: Ein Schaf im Wolfspelz. Das ist in der Tat das Rätsel seiner Parapathie. Und wie fein drückt dieser Traum sein Schuldbewußtsein aus! Er ist schmutzig, er ist nicht rasiert, er muß sich den Erdenstaub abbürsten. . . . Während dessen gehen die glücklichen weißen Lämmer und weißen Schafe aus dem Dome und er hat kaum Zeit, die nötige Umwandlung eines Wolfes in ein Schaf vorzunehmen. Das Essen, zu dem er eingeladen wurde, ist das heilige Abendmahl.

Wieder stoßen wir in diesem religiösen Traume auf das Bild einer militärischen Organisation: Ecclesia militans! Wie in dem Traum des Herrn Kappa der Oberst, so kommandiert hier der Bischof die ganze Kompanie . . .

Genug von dieser Analyse. Ich will ja in dieser Arbeit keine Traumanalysen bringen, sondern nur zeigen, wie sich die frommen Tendenzen dieser Kranken in ihren Träumen verhüllt und unverhüllt zeigen.

[1]) Vergleiche meinen Aufsatz: Die Darstellung der Neurose im Traume. Zentralbl. f. Psychoanalyse. III. Bd.

Das Bild vom Schafe im Wolfspelz ist das beste Charakteristikum dieser Fälle von Fetischismus.

Wir sehen aber, wie kompliziert diese Fälle von Fetischismus gestaltet sind und wie schwer es ist, ihnen mit den bisherigen Erklärungsmethoden gerecht zu werden. Wir können aber aus den hier vorgeführten Fällen einige Schlußfolgerungen ziehen.

Der Fetischismus ist eine Ersatzreligion. Er bietet seinem Träger in Form einer Paraphilie eine neue Religion, in der er seinem Bedürfnis nach Glauben gerecht werden kann. Der Fetischismus ist demnach keine Paraphilie, er ist nur die Karikatur, die Fiktion einer Paraphilie. Er entspringt aus einem Kompromisse zwischen einer übermächtigen Sexualität und einer starken Frömmigkeit. Er gewährleistet seinem Träger die Möglichkeit einer mehr oder minder vollkommenen Askese. Unter dem Bilde des Satanismus und der Libertinage verbirgt sich eine Frömmigkeit, deren Ziele weit über diese Welt hinausgehen. Der Fetischist ist im offenen Kampfe mit jeder Autorität, besonders aber mit Gott, dem er sich im geheimen unterwirft und dem er durch besondere Entbehrungen zu dienen glaubt.

Meine Fälle zeigen das deutliche Bild der Christusneurose. Weitere Untersuchungen müssen erst erweisen, ob es sich um ein allgemein gültiges Gesetz handelt. Für alle Entbehrungen im irdischen Leben erwartet der Fetischist eine Kompensation in der anderen Welt. Er ist nicht die Folge einer degenerativen Anlage, sondern als Versuch eines starken Triebmenschen aufzufassen, von seiner sexuellen Leitlinie abzubiegen. Der scheinbare primäre fetischistische Trieb erweist sich als sekundäre Bearbeitung und Vergewaltigung des primären normalen Geschlechtstriebes.

Zu betonen ist das Bestreben der Fetischisten, die Parapathie unlösbar zu machen. Dies geschieht mitunter durch ein geheimes Junktim, welches das Leben teuerer Familienmitglieder von dem Fortbestand des Leidens abhängig macht. Für das Brechen des heimlichen Eides droht als Strafe der Tod und die ewige Verdammnis. Dieses Junktim kam zustande, weil der Kranke in seiner Kindheit aus Gründen der Rivalität gerade dem Menschen den Tod wünschte, den er jetzt zur Wahrung seiner Askese in die Todesklausel einbezieht. Hier ergeben sich Beziehungen zu Inzestphantasien, die mir in keinem Falle zu fehlen scheinen. Der Fetischismus ist eine Kinderreligion, er ist aber auch ein hartnäckiges Festhalten an den infantilen sexuellen Idealen.[1])

Die Therapie muß mit diesen Tatsachen rechnen. Die Analyse hat die geheime Frömmigkeit und die religiöse Tendenz der Parapathie aufzudecken, den Kranken mit der Realität auszusöhnen und seine Ziele vom Himmlischen ins Irdische zu verlegen. Die Ausgänge sind dann entweder offene Frömmigkeit oder vollkommener, nicht getrübter Atheismus. Der Kranke muß sich für vollkommene Frömmigkeit oder wirkliche innere Freiheit entscheiden. Als einzige mögliche sexuelle Befriedigung erscheint in den meisten Fällen das Eingehen einer Ehe.

[1]) Es ist kein Widerspruch, wenn ich vorhin den Fetischismus als Zwangsneurose und jetzt als Religion auffaßte, denn die Zwangsneurose ist ja selbst eine Religion. (Vgl. *Freud*, Imago, I, S. 332: „Die Hysterie sei ein Zerrbild einer Kunstschöpfung, eine Zwangsneurose einer Religion, ein paranoischer Wahn, ein Zerrbild eines philosophischen Systems.") Es ist auch richtig, daß sowohl bei der Zwangsneurose wie bei der Religion der Kernpunkt im Verhältnis zum Vater zu suchen ist. Aber bei der einzelnen Zwangsneurose und beim einzelnen Fall von Fetischismus handelt es sich eben nicht um den Kern, sondern um das sich daran gebildete Kristallisationsgebilde, um einen gewaltigen psychischen Überbau über die allgemeine Grundfläche.

XII.

Analyse eines Falles von Schürzenfetischismus.

Fall Nr. 55.

Alfred G., ein 30jähriger Beamter, will von seiner unglückseligen Leidenschaft für Schürzen und von seinen quälenden Angstzuständen befreit werden. Er konnte bis vor einigen Jahren seine Frau nur begatten, wenn sie eine feuchte, womöglich schmutzige Schürze anhatte. In der letzten Zeit merkt er, daß er das sexuelle Interesse für die Frau immer mehr verliert und sich wieder seiner Schürzenneigung nähert, die in der Jugend sein größtes „Ideal" war. Mit 14 Jahren hatte er eine Anzahl Schürzen gestohlen, darunter war auch eine seiner Mutter, die er teils im Keller, teils am Dachboden versteckt hielt. Er onanierte dann, wenn er sich die Schürze umgebunden hatte, manchmal manuell, manchmal nur durch Bewegungen. Mit 28 Jahren heiratete er aus Liebe und konnte in den ersten Monaten seiner Ehe den Koitus ohne Schürze ausführen, dann nur mit Hilfe einer Schürze. Seine Frau kennt seine „Marotte" und trägt immer Schürzen im Hause. Er wird sehr ärgerlich, wenn sie die Schürze wechselt, weil er die Objekte recht schmutzig haben möchte, was natürlich auf die Dauer unmöglich ist, da sich seine Frau vor den allzu schmutzigen Schürzen ekelt.

Er ist körperlich bis auf leichte Degenerationszeichen am Ohr und der Andeutung eines Spitzschädels normal, hat sich normal entwickelt, zeigt Spuren von asthenischem Körperbau und bekleidet eine gute Stellung in einer größeren Firma, bei der er infolge seiner organisatorischen Talente und seiner mathematischen Fähigkeiten sehr geschätzt wird. Er beherrscht mehrere Sprachen, hat aber kein besonderes Interesse für Wissenschaft und Kunst.

Er interessiert sich eigentlich nur für Schürzen, kann sie in den Auslagen stundenlang anschauen. Ein Mädchen mit einer schmutzigen Schürze regt ihn auf; er ist gezwungen, ihr nachzulaufen. In früheren Jahren pflegte er, angetan mit einer Schürze, vor dem Spiegel zu onanieren und sich vorzustellen, daß er das Mädchen sei, dem er nachgelaufen ist.

Dies das Ergebnis der ersten Sitzung.

— —

Schon in der zweiten bringt er viele wichtige Änderungen seiner ersten Angaben. Über die Entstehung seiner Schürzenleidenschaft, die mit einem merkwürdigen Wasserspiel kombiniert ist, erzählt er folgende interessante Details:

„Ich führe meine Krankheit auf ein Jugenderlebnis zurück. Als Junge von 10 Jahren[1]) ging ich mit mehreren Kameraden in dem Hochwasserbett der Isar fischen. Dabei mußten wir die Hosen aufstülpen, um nicht naß zu werden. Einmal geriet ich nun in ein tieferes Loch und wurde bis zum Bauche naß. Wie das Wasser meinen Bauch bespülte, hatte ich ein außerordentlich wohliges Gefühl, das ich mir damals noch nicht erklären konnte. In der Folgezeit wollte ich dies süße Gefühl wieder erzwingen, ich suchte mir daher immer tiefere Stellen aus, um trotz aufgestülpter Hose wieder naß zu werden. Das ging natürlich nur im Sommer, den ich zu diesem Zwecke gehörig ausnützte. Aber — o wehe! — der Herbst kam, es wurde kalt und ich durfte nicht mehr ins Wasser. Man hatte sich ohnedies gewundert, daß ich in den Oktobertagen, wenn es kühl und regnerisch war, immer wieder fischen ging. Nun wurde es mir strenge verboten. Ich wollte aber um jeden Preis wieder das Wohlgefühl genießen. Ich verfiel auf den Gedanken, ein größeres Schaff auf den Speicher zu tragen und mit Wasser zu füllen. Aber meine Kleider durfte ich um keinen Preis naß machen. Da hätte ja man meine Spielereien, deren Charakter mir bewußt war, entdeckt! Ich entkleidete mich und suchte andere Kleidungsstücke auf dem Speicher und fand welche: einen alten Rock der Mutter, einige Fetzen, vielleicht waren Überbleibsel einer alten Schürze darunter, ferner einen groben Sack. Ich band diese Stücke fest um meinen Leib, so daß ich enge eingeschnürt war, und setzte mich in das Schaff, in dem gewöhnlich nur der mittlere Teil meines Körpers Platz hatte. Ich hatte eine heftige, fast schmerzhafte Erektion, wenn das Wasser durch die Stoffe drang und mein Glied naß wurde. Ich schaukelte hin und her, so daß das Wasser auch durch gewisse Stellen durchrinnen oder, besser ausgedrückt, durchsickern konnte. Nach einiger Zeit des Bespülens der Genitalien empfand ich die höchste Wollust. Bald darauf erfolgte eine Erschlaffung des Gliedes und des ganzen Körpers. (Damals hatte ich noch keine Samenentleerungen.)

Ich fühlte mich nach solchen Akten schuldbewußt. Ich wurde ängstlich, schämte mich und hatte ein unerklärliches Gefühl der Reue, als ob ich eine schlechte Handlung begangen hätte.

---

[1]) Man beachte die Widersprüche. Zuerst will er mit 14 Jahren begonnen haben. Viele Parapathiker zeigen diese Tendenz zur historischen Fälschung ihrer Anamnese.

Ich ließ aber nicht ab. Im Gegenteil! Ich erfand neue raffinierte Steigerungen meiner Wollust. Ich band mir die Fetzen enger um den Leib und kraxelte mit den feuchten Lappen auf die Speicherbalken oder rutschte auf dem Kellerboden hin und her. Mein Zweck war: mich schmutzig zu machen. Der auf den Balken oder auf dem Boden liegende Staub und Schmutz haftete den nassen Fetzen an, ich gab Wasser hinzu, bis mein Bauch recht schmutzig wurde. Diese Kletter- und Rutschpartien erhöhten mein Lustgefühl bis zur Ekstase. Am liebsten verwendete ich zu diesem Zwecke eine Schürze meiner Mutter oder einen alten Sack, der wie eine Schürze umgebunden wurde.

Diese Art der Befriedigung dauerte bis zu meiner Heirat. Ich schäme mich, es Ihnen zu gestehen, daß ich Sie in der ersten Sitzung betrogen habe. Ich habe diese Art von Onanie nach der Verheiratung fortgesetzt. Ich onanierte aber immer seltener, weil ich rastlos dagegen ankämpfte. Seit zwei Jahren onaniere ich überhaupt nicht mehr. Meine Frau mußte aber die Schürzen übernehmen. Sie mußte immer Schürzen anhaben.

Ich wünschte, daß sie naß und schmutzig werden, dann konnte ich Orgasmus erzielen. Ein Koitus ohne die nasse (schmutzige) Schürze verlief ohne oder nur mit einem minimalen Orgasmus. Jetzt hilft mir die Schürze auch nicht mehr. *Ich bin bei meiner Frau impotent und lebe seit zwei Jahren eigentlich das Leben eines Asketen.*

Mit dem Beginn der Onanie bin ich sehr menschenscheu geworden. Es fällt mir auch heute sehr schwer, Freundschaften zu schließen, ja auch nur Bekanntschaften anzuknüpfen. Die Furchtsamkeit macht sich besonders bemerkbar, wenn ich allein bin, sei es nun bei Tag oder bei Nacht.

Im Walde erschreckt mich alles, wenn ich allein in einem Dickicht bin, wo ich keine freie Aussicht habe. Das Rascheln der Blätter, Geräusche von Tieren, Schritte hinter mir oder aus der Ferne, selbst das Fallen der Blätter, das Summen der Insekten und der Ruf der Vögel versetzen mich in Schrecken. Auch wenn ich mich in einem größeren Büro oder in meiner Wohnung allein befinde, habe ich keine Ruhe. Ich kann nicht allein sein!

Bei Nacht steigern sich die Angstgefühle. Ein leises Geräusch macht mich erbeben, die Erregung wird so stark, daß mein Herz zu zerspringen droht, daß meine Glieder zittern. Ich habe Schüttelfrost, fühle, daß ich in Ohnmacht fallen werde.

Dabei fehlt mir der Mut, die natürliche Ursache der Geräusche zu erforschen.

Nebenbei will ich bemerken, daß ich schon mehrere Male in der Tat verfolgt wurde! Darüber ein anderes Mal!

Meine Ängstlichkeit äußert sich besonders beim Zusammentreffen mit fremden Personen, mit Unbekannten, besonders, wenn sie gesellschaftlich höher stehen als ich, oder wenn ich glaube, daß sie gebildeter sind, daß ich mich blamieren werde, daß sie höhere Schulen besucht haben als ich, der ich bald nach den ersten Klassen der Mittelschule in eine Handelsschule kam.

Sehr oft bleiben mir bei solchen Gelegenheiten die Gedanken stecken oder sie verschwinden, sobald ich reden möchte. Dieses Abreißen der Gedanken kommt aber auch oft im täglichen Leben vor und stört mich in meinem Berufe. Ich schreibe einen Brief. Plötzlich vergesse ich die Worte, die sich mir schon im Geiste geformt hatten, ich fange zu zittern an, die Feder verliert ihre Haltung, die Schrift wird unleserlich und kindlich, ich kann den Brief nicht absenden, ich muß ihn noch einmal schreiben, nachdem ich mir alle Gedanken zurecht gelegt habe.

Ich bin auch ängstlich beim Betreten eines Gasthauses, wenn ich nicht gleich einen für mich günstigen Platz erwische, das heißt, einen freien Tisch. Ich würde mich nie zu fremden Leuten hinsetzen. Lieber renne ich gleich wieder fort. Ähnlich geht es mir im Eisenbahnwagen. Am liebsten steige ich in leere Kupees. Ebenso peinlich ist mir das Einkaufen, das Eintreten in fremde Geschäfte. Ich gehe oft zehnmal vorbei, ehe ich eintrete. Ich wiederhole das gleiche Spiel einige Male, immer mit dem gleichen Erfolge. Dabei habe ich etwas Wichtiges zu kaufen, was ich notwendig brauche. Ich blicke immer in das Geschäft, ob viele Leute dort sind, ob ich allein sein werde, wie die Lage des Geschäftes beim Eintritt ist, ob mich viele Leute anstarren werden usw. Besonders schwer fällt es mir, etwas zu verlangen, wenn andere Käufer anwesend sind und zuhören können. Ich werde verlegen, bekomme einen roten Kopf, ich schwitze, meine Stimme zittert, ich stottere zuweilen, mein Herz klopft und ich fühle mich unbehaglich, ich möchte am liebsten hinauslaufen.

Ich trachte daher immer, nur mit e i n e r Person zu sprechen, und wenn es nicht möglich ist, lieber auf die Erfüllung meiner Wünsche zu verzichten. Nun kommt es vor, daß ich stundenlang herumlaufe, von Geschäft zu Geschäft, immer hineinstarre, als ob ich etwas suchen würde, mich überzeuge, ob Leute drinnen sind. Gestern wollte ich mir eine Zahnbürste und Kalodont kaufen und rannte von einem Geschäft zum anderen, es dauerte zwei Stunden. Ich war schon ganz ermüdet und trat endlich in einen Laden, wo nur eine Verkäuferin war. Da sah ich rückwärts den Eigentümer, ich wollte schon wieder hinauslaufen. Aber mit dem Mute der Verzweiflung brachte ich mein Ansinnen vor, kaufte die erste Bürste, die mir vorgelegt wurde, gab zitternd das Geld und eilte davon wie ein Verbrecher, der etwas Böses begangen hatte!

Diese Eigenschaft, diese Angst vor Fremden hat mir schon viel Ungemach gebracht. Und täglich leide ich neue Qualen. Ich kann bei meinen Gesprächen, Handlungen niemanden um mich haben, außer schon sehr gute Bekannte, an die ich mich schon gewöhnt habe. Jeder neue Beamte, der ins Geschäft eintritt, ist für mich ein Gegenstand des Schreckens und der Pein.

Ich wurde aus T. nach Wien versetzt, also in ein neues Büro. Wissen Sie, was das für Qualen für mich bedeutete? Ich habe es noch nicht zuwege gebracht, mich mit den hiesigen Kollegen in größere Gespräche einzulassen, ich spreche nur das Geschäftliche und nur das absolut Notwendige, so daß ich den Ruf habe, ein eingebildeter und unzugänglicher Kollege zu sein. Und niemand wäre glücklicher als ich, wenn ich mit den Kollegen so ungeniert verkehren könnte, wie die anderen normalen Menschen. Ich trachte mich zu überwinden und meine Erregung zu verbergen. Ich habe bei allen neuen Bekanntschaften während der ersten Worte immer eine erregte, zitternde Stimmung, aber ich überwinde mich, so daß ich jetzt in der letzten Zeit kaum etwas merken lasse."

— — — — — — — — — — — — — — — — — — — —

„Meine Hauptstörungen sind die schlaflosen Nächte. Ich huste, huste, huste die ganze Nacht, ohne etwas auswerfen zu können, höchstens nach Stunden ein kleines bißchen Schleim, ich ringe nach Atem, ich wechsle die Lage, setze mich hoch und dann lagere ich mich wieder tief, rolle mich in die Decken ein wie ein Igel, um dann wieder alle Hüllen abzuwerfen; ich stöhne und puste — kurz es ist ein Jammer!

Die ersten Störungen der Atmung bemerkte ich vor 6 Jahren gelegentlich einer Urlaubsreise in Salzburg und ein paar Tage darauf in Traunstein. Sie äußerten sich folgendermaßen:

Nach einem Schlafe von zirka 3 bis 4 Stunden erwachte ich aus einem Traume, an den ich mich nicht mehr erinnern konnte, mit einem Druck im Halse und einer Beklemmung auf der Brust. Die Atmung ging nicht mehr so frei von statten, ich konnte mich von den Gedanken an irgend welche harmlose Vorgänge des Vortages nicht befreien, sie verfolgten mich wie Zwangsgedanken. Ich ging zum Fenster, öffnete es und rang nach Atem.

Das war der erste Anfall. Der zweite kam nach ein paar Tagen mit den gleichen Erscheinungen zur gleichen Nachtstunde. Allmählich steigerten sich die Anfälle, sie dauerten bis zu zwei Stunden, sie dehnten sich den Tag hinein aus, bis schließlich im Mai dieses Jahres das Asthma durch 3 Wochen anhielt. Alle internen Mittel waren ohne Erfolg. Anfangs hatte ich nur einen trockenen Gaumen, später kam der Husten-

20*

reiz dazu, endlich, wenn das Asthma länger anhielt, kam auch ein schleimig-eitriger Auswurf, von gezackten und gewellten, feinen Fäden durchzogen. Die Zwangsgedanken durchtobten dabei mein Hirn, ich schwitzte am ganzen Körper, die Hände wurden schwach, es überkam mich dann zum Schlusse eine große Müdigkeit, die Gedanken flossen träger, ich war wie in einer Narkose. Die Anfälle zeigten immer den gleichen Beginn. Nach 2- bis 3stündigem Schlafe wachte ich mit den geschilderten Beschwerden auf, quälte mich bis zum Morgen, auf dem Wege ins Büro linderten sich die Symptome und verschwanden daselbst im Verlaufe einer Stunde vollkommen.

Ich war armer Leute Kind und hatte daher keine gute Erziehung genossen. Während der Ferien mußte ich meinem Schwager, das heißt dem Schwager meiner Mutter[1]) den Laufburschen abgeben. Er hatte meine Eltern dazu überredet, damit ich beschäftigt sei und etwas Geld verdienen konnte. Das kränkte mich außerordentlich, besonders wenn meine Mitschüler mich mit den Waren durch die Stadt laufen sahen. Ich war ein guter Schüler und brachte gute Zeugnisse heim. Ich kam dann frühzeitig in die Handelsschule, die ich mangels an Mitteln verlassen mußte. Ich wurde Lehrling in einem Geschäfte, hatte bis $^1/_2$9 Uhr abends zu tun, so daß mir keine Gelegenheit geboten war, mich fortzubilden.

Ich wurde nie sexuell aufgeklärt. Mit 17 Jahren kam ich ins Ausland, war selbständig und auf mich allein angewiesen. Mir fehlte ein Führer, ein Wegweiser in meinen Nöten. Ich kämpfte gegen meine Menschenscheu und versuchte alle möglichen Mittel. Mit 21 Jahren kam ich nach München zurück und trat in verschiedene Vereine ein, um mich zu zwingen, Bekanntschaften zu machen und meine Scheu abzulegen. Ich war sogar Mitglied eines dramatischen Klubs, trat nach einem dramatischen Unterricht in kleineren Rollen auf. Ich lernte schwimmen — natürlich in einem Schwimmverein, ich kaufte mir Bücher, naschte von allen Wissenschaften, las natürlich viele populär-medizinische Werke, die mich vollends zum Hypochonder machten. Aber meine Menschenscheu blieb bestehen.

Es kostet mich eine große Überwindung, meine Briefe einem Fräulein in die Maschine zu diktieren. Ich schreibe sie oft allein mit der Feder. Mein Gedächtnis läßt mich oft im Stich — zum Glück nicht in geschäftlichen Angelegenheiten. Aber Wiedergabe von Witzen, Erzählungen, Liedern, Versen ist mir unmöglich."

— —

[1]) Er nennt den Mann seiner Tante immer „Schwager".

Mich interessierten in diesem Berichte vor allem die Anfälle von Asthma. Patient wird aufgefordert, zu erzählen, an welche „Kleinigkeiten" er zwangsmäßig beim ersten Anfalle gedacht hat.

Er kann sich der Details nicht erinnern. Er glaubt, es wäre ein Gespräch mit seiner Frau gewesen. Er bringt einen Traum, den ersten Traum in der Analyse, der gewiß von großer Bedeutung ist. Der Traum lautet:

Ich war im Theater und wollte dem Spiele von der Bühne aus zusehen, weshalb ich mich auf die Bühne schlich und hinter einer Kulisse einen versteckten Platz einnahm.

Eine Sängerin war gerade im höchsten Spieleifer, als sie während ihres Spiels weiter zurück auf die Bühne kam, mich hinter der Kulisse entdeckte. Sie mußte hierüber furchtbar erschrocken sein, denn es schien, als ob sie im ersten Momente ihre Stimme verloren hätte, konnte sich aber rasch fassen und weiterspielen. Mit dem wahren, von tiefer Auffassung zeugenden Spiele aber war es vorüber.

Als ich dies merkte, machte ich mich auf, wollte die Bühne verlassen, es kam mir aber schon ein Bühnenpolizeimann mit einem Gewehre auf dem Rücken entgegen, um mich zu fassen. Ich entschuldigte mich sofort mit den Worten: „Verzeihen Sie, ich habe — glaube ich — eine große Dummheit begangen, aber ich hatte so großes Verlangen, einmal hinter die Kulissen zu kommen."

Der Polizeimann zeigte mir hierauf Handschellen mit der Bemerkung, er hätte Auftrag, mich gefesselt abzuführen, doch scheint ein Mißverständnis vom Präsidenten vorzuliegen. Er ließ mich ungefesselt. Nunmehr weiß ich, daß ich in einen Garderoberaum gekommen bin. Ob ich durch ein Trinkgeld ganz frei gelassen wurde und ungehindert das Theater verlassen konnte, ist nur verschwommen noch in Erinnerung.

Der Traum ist in jeder Hinsicht sehr interessant. Betrachten wir erst seine Einstellung zur Analyse. Er ist die Sängerin und hat die Aufgabe, sich zu beobachten. Aber er wird ergriffen, gefesselt und entkommt schließlich. Das zeigt den bekannten Fluchtreflex aller Fetischisten, die vor der Wahrheit fliehen und nichts sprechen wollen, was das Wesen ihrer Fiktion verraten könnte. Die Sängerin verliert in dem Momente, wo sie sich beobachtet fühlt, die Stimme und mit dem wahren Spiel ist es vorbei. Wir müssen uns daher auf einen harten Kampf mit dem Kranken gefaßt machen. Schon bei der Besprechung der Zwangsgedanken (Ursache des Asthmas) versagte sein Gedächtnis, er konnte sich an kein bestimmtes, determinierendes Detail erinnern.

Noch interessanter sind die Beziehungen zum Fetischismus und zu seiner Parapathie. Fetischisten haben sehr oft Schauspielerträume. (Auch Beta debütierte mit einem solchen Traume.) Und zwar sind oft die ersten Träume bezeichnenderweise Theaterträume. Damit drücken sie die schauspielerische Natur ihrer Parapathie aus.[1]) Er spielt eine bestimmte Rolle und beobachtet sich selbst dabei. Doch er sieht ein, daß er eine große Dummheit begangen hat. Er hat sich aber selbst gefesselt; Sein moralisches Ich legt ihm Handschellen an. Wir sehen hier wieder den Zwang des Fetischismus, den wir in jedem Falle feststellen konnten.

Die infantile Wurzel dieses Traumes ist unbedingt die wichtigste. Wir erkennen, daß er etwas in seiner Kindheit belauscht hat, was er nicht hätte belauschen sollen, wofür er vom Vater (dem Präsidenten) empfindlich bestraft wurde. Um ihn nicht auf eine falsche Fährte zu bringen, fragen wir, wer ihm zu der Sängerin des Traumes einfällt.

Er sagt sofort: „Es war Fräulein R., die in meinem Leben eine große Rolle gespielt hat.“

Nun soll er seine weiteren Einfälle sagen und die Rolle des Fräuleins R. feststellen. Er produziert einen Hustenanfall, kann nicht reden, wie die Sängerin des Traumes, die Zeit läuft ab.

— — — — — — — — — — — — — — — — — — — —

Am nächsten Tage bringt er seine Einfälle aufgeschrieben. Ich gebe sie mit seinen Worten wieder:

„Die Sängerin des Traumes erinnert mich an die kleine Hedwig R. in München. Ich wurde in das Haus ihrer Eltern durch meinen leider inzwischen gefallenen Freund Otto eingeführt. Er war mit der älteren Schwester verlobt und wollte mich als S c h w a g e r haben, um unsere Freundschaft enger zu knüpfen. Seine Braut hätte ich gleich genommen, aber gegen die kleine Hedwig hatte ich meine Bedenken. Sie war flatterhaft, kokett und liebte die Abwechslung. Sie hatte auch einen kleinen Schönheitsfehler — eine leicht gerötete Nasenspitze. Trotzdem hätte ich sie Otto zu Liebe geheiratet, um immer mit ihm durch enge Bande vereint zu sein.[2]) Aber sie schwärmte damals für einen bekannten Schauspieler, Lothar M., sandte ihm unzählige Liebesbriefe, Ansichtskarten, Blumen usw. Ihr Werben war — wie ich hörte — ganz erfolglos. Sie sprach immer über Lothar zu mir, was mich natürlich kränkte, und mich in die zweite Reihe stellte. Ich wollte der Erste bei ihr sein und fühlte mich gedemütigt und zurückgesetzt. Ich wünschte dem Schauspieler alle

---

[1]) Vgl. meinen Aufsatz: Der Neurotiker als Schauspieler. Zbl. f. Psychoanalyse, Bd. I, 1911, Verlag I. F. Bergmann, Wiesbaden.

[2]) Wir werden später ein anderes Motiv sehen: Er wollte auch ein S c h w a g e r sein.

bösen Unfälle und freute mich, wenn ich eine schlechte Kritik über ihn las.

Auch fürchtete ich ihre Leidenschaft. Ich hatte bisher noch nie bei Frauen einen ordentlichen Erfolg gehabt. Meine Onanie mit den Schürzen ging mir über alles. Werde ich ihr genügen? Sie schien mir überaus temperamentvoll. Dabei zogen mich ihr munteres Wesen, ihr scharfer Verstand und ihr Mutterwitz an. Ich langweilte mich nie in ihrer Gesellschaft. Dann versuchte ich wieder, sie zu entwerten. Ich fand Fehler. Sie sei zu anmaßend, sie werde zu große Ansprüche stellen, sie werde keine gute Hausfrau sein.

So schwankte ich hin und her, bis ein unerwartetes Ereignis mich eines Tages fast aus dem Gleichgewichte gebracht hätte. Wir hatten immer unsere kleinen erotischen Vergnügungen. Unter dem Tische trafen sich unsere Füße, wir saßen immer enge bei einander. Trotzdem hatte ich nie eine Erektion. Frauen ohne Schürze reizten mich ja nicht mehr.

Da waren wir eines Tages im Familienbad. Wir hatten benachbarte Kabinen und ich bemühte mich, durch eine Ritze ihr Auskleiden zu verfolgen. Es gelang mir auch; ich sah, daß sie einen kleinen, sehr schönen Busen hatte und wurde etwas erregt. (Erster Beitrag zum Verständnis des Traumes. Er hat etwas Verbotenes gesehen, die Sängerin Hedwig. Oberste Traumschichte.) Hedwig sang beim Entkleiden ein lustiges Lied vor sich hin. Sie hatte eine schöne Stimme und ich hörte ihr gerne zu. Die Melodie hatte etwas aufreizendes, was mich an einen Geschlechtsverkehr mahnte. Dann hetzten wir und jagten wir herum. So lange sie trocken war, ließ sie mich eigentlich kalt. Ich tat alles mehr aus einem knabenhaften Gefühl des Übermutes als aus einem heißen Verlangen heraus. Dann gingen wir ins Wasser. Im Wasser stieg mein Begehren. Ich hatte heftige, schmerzhafte Erektionen, wenn ihr nasser Leib sich an meinen schmiegte. Schon verlor ich die Besinnung. Wir gingen seitwärts und ich wollte sie besitzen — was natürlich mich für ewig an sie gebunden hätte — da war die Erregung so stark, daß ich mich nicht mehr beherrschen konnte; ich hatte eine Pollution und die Gefahr war vorüber. Der Eindruck des nassen Leibes war so überwältigend, daß ich ihn nie im Leben vergessen werde. Am Lande war ich auch erregt, weil sich die nassen Kleider gleich einer nassen Schürze um ihren Bauch schmiegten. Nachher vermied ich es, mit ihr wieder ins Bad zu gehen. Ich wußte, daß sie mir im Wasser gefährlich war. Ich verlor sie bald aus dem Auge, denn ich mußte München verlassen, und hörte auch von meinem Freunde nur sehr selten."

— — — — — — — — — — — — — — — — — — — —

Analysieren wir seine Erzählung, so merken wir, daß er unter einem homosexuellen Antrieb (Liebe und Freund) versuchte, Hedwig näher zu kommen. Allein seine Angst vor dem Weibe trieb ihn dazu, sie zu entwerten und allerlei Fehler zu finden. Er fühlte sich gedemütigt, weil sie ihm einen Schauspieler vorzog; er fand sie flatterhaft. Dann aber vollzog er die „Flucht vor dem Weibe". Er fühlte sich glücklich, daß er der Gefahr entronnen war. Ja noch mehr. Er hatte eine Stellung außerhalb Münchens angenommen, um dem Mädchen zu entfliehen.

Er meint, er hätte fast eine große Dummheit gemacht. (Nun verstehen wir die große Dummheit des Traumes.) Nur unter dem Eindrucke ihres nassen Körpers konnten die Hemmungen überwunden werden. Aber eine Ejaculatio praecox wirkte als Schutzfunktion.[1]) Wir werden bald sehen, daß noch andere Fluchtmotive vorhanden waren.

Ich betone ihm, daß noch ein älterer infantiler Eindruck im Materiale des Traumes verarbeitet sein müsse.

„Haben Sie schon vorher darnach getrachtet, eine Frau nackt zu sehen?"

Nach einer Pause sagt er:

„Ich weiß, daß ich mich bemüht habe, die Mutter nackt zu sehen. Ich mochte 10 Jahre alt gewesen sein, da hörte ich, wie sie sich wusch, und trat, ohne zu klopfen, in ihr Zimmer. Sie stand nackt vor dem Waschtisch. Wie sie mich sah, n a h m s i e e i n e a l t e S c h ü r z e u n d d e c k t e s i c h v o r n e z u. Sie wurde rot im Gesicht und schrie: ‚Mach', daß du hinaus kommst! Du Lausbub! Habe ich dir nicht verboten, einzutreten, wenn du nicht vorher klopfst?' Später bekam ich von ihr und vom Schwager tüchtige Haue und wurde, weil ich frech war, in eine finstere Kammer gesperrt. Einmal blickte ich durch das Schlüsselloch. Dann lauschte ich hinter der Türe. Mein Schwager kam herein und ich wurde als ‚Spion' von der Mutter verprügelt."

Somit hätten wir ein Erlebnis, das die Schürzenmanie erklären könnte. Aber, wie wir später sehen werden, hat sich sein Fetischismus aus vielen Komponenten aufgebaut. Jedenfalls hat das erwähnte Erlebnis dazu beigetragen, die Schürzenmanie zu fixieren. Wir wissen auch, daß die Sängerin des Traumes die Mutter, der Theaterpolizist den Vater und den Schwager (Verdichtung) symbolisieren. Inzwischen gehen seine Einfälle in eine andere Richtung.

„Es fällt mir auf, daß ich dem Polizisten ein Trinkgeld gegeben habe. Diese Stelle des Traumes muß einen Sinn haben. Ich habe ein pathologisches Verhältnis zum Trinkgeld. Ich fürchte immer, zu wenig gegeben zu haben und schäme mich dann vor den Kellnern. Unlängst war ich mit meiner Frau 14 Tage in einem Hotel. Ich zerbrach mir den Kopf,

[1]) Vgl. Band IV das Kapitel über „Ejaculatio praecox".

wie viel man geben sollte. Ich half mir schließlich aus dem Dilemma, indem ich meine Frau die Trinkgelder geben ließ. Aber ich ließ mich nicht mehr im Hotel blicken, weil ich die enttäuschten und unzufriedenen Gesichter der Kellner und Stubenmädchen nicht sehen wollte.

Auch Armen weiß ich nicht, wie viel zu geben, und schäme mich oft vor ihnen. In Triest gab es im Beginne des Krieges große Not, man wurde sehr häufig um Unterstützung gebeten, selbst von besser gekleideten Menschen. Das sind für mich äußerst schmerzliche Empfindungen. Ich möchte am liebsten meine ganze Börse ausleeren. Das war mir nicht möglich. Deshalb wählte ich Straßen, wo ich wußte, ich könnte nicht angebettelt werden und machte große Umwege. Ich kann nicht weiter gehen, ohne etwas zu geben. Daher umging ich oft Bettler, spielte „Vogel-Strauß-Politik“, als ob ich sie nicht sehen würde. Trotzdem drängte mich etwas, hinzusehen und wenigstens einen Blick auf den Bettler zu werfen.

Ich vertrage kein Unrecht und keine Bedrückung, ich vertrage nicht, wenn ich sehe, daß andere schlecht behandelt werden. Dann kann ich meine Scheu verlieren und mich überall einmengen.

Ich möchte alle Welt lieben und von aller Welt geliebt werden, ich möchte wie ein Heiliger durch Tugend alle anderen Menschen überragen. Im Geschäfte muß ich mir großen Zwang antun, um meinen Untergebenen gegenüber die Haltung zu bewahren und nicht entgegenkommend zu werden. Ich möchte alle zufrieden stellen. Ich vertrage aber nicht, schlecht behandelt und beherrscht zu werden. In dieser Hinsicht habe ich hier schlechte Tage. In Triest war ich Abteilungschef, hier habe ich noch keine richtige Verwendung und fühle mich wie in einem Gefängnis, wie gefesselt.“ (Siehe die Handschellen des Polizisten!)

Am nächsten Tage beginnt er von seiner Frau zu sprechen. „Den größten Genuß hatte ich bei ihr, wenn sie badete und im nassen Badekostüm war. Das war in Triest oft der Fall, wo wir im Meere badeten. Ich ging dann mit ihr in die Kabine und vollzog den Beischlaf. Es war ein unwiderstehlicher Drang und meine Frau wußte schon, daß jedes Bad eine oder mehrere Umarmungen nach sich zog.“

„Wirkt das nasse Kleid stärker als die Schürze?“

„Das kann ich nicht sagen. Ich stelle mir oft die Frauen und Mädchen im nassen Badekostüm vor, wo man alle Formen sieht. Dann ist es herrlich, den nackten oder eng bekleideten Körper zu fühlen. Das nasse Kleid kam erst nach dem Erlebnis mit der Hedwig auf. Sonst interessierte ich mich und interessiere mich noch heute für jede Weiblichkeit.

wenn sie eine Schürze trägt. Mein Entzücken bilden Köchinnen, Kellnerinnen, Dienstmädchen in Schürzen. Ich habe einige von ihnen verführt und gebraucht. Sie mußten sich aber in Kleidern mit der Schürze ergeben. Sonst war ich fast impotent. In ein dauerndes, ernstes Verhältnis habe ich mich daher nie eingelassen. Meist ging ich diesen Mädchen in der Dunkelheit auf der Straße nach und scheute mich vor verkehrsreichen Straßen. Ich hatte auch nie ein Gefühl der Liebe für diese Geschöpfe. Ich sah in ihnen nur die Schürze, und da meistens nur die schmutzige Arbeitsschürze. Weiße Schürzen berühren mich wenig. Es kränkte mich, daß die Schürzen nicht naß waren. Ich suchte meine Objekte daher am liebsten bei Regen, wenn die Mädels keinen Schirm hatten, bot ihnen, wenn sie ordentlich durchnäßt waren, meinen Schirm an und hatte so die Gelegenheit, mein Ziel zu erreichen. Viele Mädels wollten die nassen Kleider ablegen, ich aber schützte Mangel an Zeit vor und vollzog den Koitus in nassen Kleidern, was für mich ja der Hauptreiz war."

„Haben Sie nie wirklich geliebt?"

„Das kann ich nicht sagen. Ich habe zweierlei Richtungen. Bei der Schürzensache ist nie wirklich Liebe dabei.[1]) Zu anderen Mädchen fühlte ich schon Liebe, aber eine blasse, schwache Liebe, ein dunkles Gefühl von etwas Hohem und Reinem. Zu einer wirklich hohen, heißen, alle Sinne berauschenden, hinreißenden Liebe ist es nie gekommen. Meine Sinne waren nie ganz berückt! So eine Liebe habe ich leider nie kennen gelernt. Sobald ich mit den idealen Mädchen Beziehungen hatte, machte sich in mir der berechnende, überlegende, kritische, scharf beobachtende Mensch bemerkbar. Und wenn ich sah, daß die Verbindung materiell nicht günstig sein könnte, so ließ ich mich gar nicht ein."

„Sie wollten also unbedingt reich heiraten?"

„Ja, ich war armer Leute Kind, hatte die Armut qualvoll empfunden und wollte emporkommen. Meine Kinder sollten es besser haben."

„Sie wollen auch Geld haben, um andere beschenken zu können?"

„Das ist mein größter Genuß. Eigentlich etwas anderes. Ich habe eine Angst, ich könnte für einen „Schmutzian" gehalten werden."

„Dabei ist doch Ihr Ideal eine s c h m u t z i g e Schürze!"

„Das sind eben die merkwürdigen Gegensätze in meiner Brust. Ich bin im Leben ein peinlich reiner Mensch — auch in moralischer Hinsicht. Ich vertrage kein Gespräch über „Schweinereien", lasse mir nie obszöne Witze erzählen, ich würde mit Frauen niemals Zweideutigkeiten reden. Ich bin ein strenger Sittenrichter. Ich sagte Ihnen ja, ich hätte Hedwig geheiratet, wenn ich sie sexuell gebraucht hätte. Ich habe nie das sogenannte „Stinkfingerln" getrieben, wie man bei uns sagt."

[1]) Diese Behauptung erweist sich am Schluß der Analyse als falsch!

Eine Weile schweigt er und kommt dann auf seine Mutter zu sprechen: „Als ich ein 17jähriger Junge in A l a war, bat ich die ältere Tochter meiner Wirtin um die Erlaubnis, sie mit Mutter ansprechen zu dürfen und verlangte von ihr, geduzt zu werden, worauf sie leider nicht einging."

„Hatte sie eine gewisse Ähnlichkeit mit der Mutter?"

„Ja, entschieden. Ich brauchte einen Ersatz für meine Mutter, obgleich ich eigentlich froh war, von München weggekommen zu sein."

Plötzlich gehen seine Einfälle von der Mutter auf das Wasser.

„Das Wasser übt immer auf mich einen faszinierenden Eindruck aus. Immer zieht es mich zum Wasser und besonders zu größeren Wassermengen. Ich war 8 Jahre lang Radfahrer. Ein jeder Ausflug mußte zu einem See führen. Ich suchte stets eine Wirtschaft oder ein Café mit Aussicht auf den See oder mit einer Terrasse auf den See hinaus und war überglücklich, wenn ich es gefunden hatte und dort in den Anblick des Sees versunken sitzen konnte. Ich geriet in eine Art Ekstase, in einen schwärmerischen Tagtraum, aus dem mich meine Kollegen erst weckten, was mir oft Hänseleien eintrug. In Triest wohnte ich nur in Zimmern mit Aussicht auf das Meer. Jede freie Zeit benützte ich zu Schiffsausflügen und starrte stundenlang in die Wogen. Sturm und Wellenbewegungen lösten direkt sexuelle Gefühle aus.

Jedes Wannenbad war für mich eine sexuelle Gefahr, es endete mit einem onanistischen Akte. Die Versuchung war zu groß. Da war warmes Wasser, da gab es Badetücher, die ich eng um den Leib binden konnte, ich war allein, wie hätte ich da widerstehen sollen! Deshalb ging ich in München immer in die Schwimmvereine, um stets von Menschen umgeben und beobachtet zu sein. So schützte ich mich gegen meine krankhaften Regungen.

Damit in Zusammenhang fällt mir ein, daß ich eine jede Frau mustern muß, ob sie nicht schwanger ist. Wasser und Schwangerschaft haben bei mir Beziehungen.

Man erzählte mir als Kind, daß der Storch die Kinder aus dem Wasser bringt

Ich habe ein feines Gefühl für jede Schwangerschaft. Ich rieche sie förmlich. Ich erkenne sie am Glanz der Augen, am Teint, an einer sonst für jeden anderen unmerklichen Rundung der Figur. Konstatiere ich eine solche beginnende Gravidität, vielleicht im Stadium nach dem ersten Ausbleiben der Periode, so üben diese Frauen eine riesige Anziehungskraft auf mich aus. Ich möchte mich am liebsten auf sie stürzen und sie umarmen. Ich könnte ihnen stundenlang nachlaufen. Im Gedränge suche ich nach schwangeren Frauen. Es glückte mir einmal, den Bauch einer Graviden zu berühren; in diesem Momente war ich überglücklich und hatte eine Samenentleerung mit größtem Orgasmus.

Auch während der Schwangerschaft meiner Frau war ich — besonders in den ersten Monaten — überglücklich, ich trachtete, sie immer am Bauche zu berühren und wohnte ihr fast jeden Tag bei, viel öfters, als in den gewöhnlichen Zeiten.

Ich interessiere mich besonders für den Hinterteil der Frauen. Frauen in Hosen (auch meine Frau) reizen mich besonders (homosexuelle Komponente!). In den Seebädern und Familienbädern blicke ich immer auf den Bauch der Frauen. Entdecke ich eine Gravide, so bleiben meine Blicke wie gebannt haften. Ich schaue anstandshalber etwas weg, um sofort wieder auf die Stelle des Bauches zu starren.

So erinnere ich mich an eine Geschichte aus dem vorigen Jahre.

Auf meinem Büroweg fiel mir einmal eine jüngere Frau auf, bei der ich Schwangerschaft vermutete. Von da ab begegnete sie mir fast täglich und ich brauchte nicht allzu lange zu warten, um meiner Vermutung sicher zu sein.

Die Begegnung war für mich jetzt ein tägliches freudiges Ereignis. Es schmerzte mich sehr, wenn ich sie einmal eines Tages nicht sah. Auch hatte ich nicht übel Lust, sie anzusprechen, doch hielt mich im Moment des gefaßten Entschlusses eine Erregung über den ganzen Körper und besonderes Zittern in den Füßen ab, Ernst damit zu machen. Ich bemerke aber dabei, daß diese Dame — vielleicht war es ein Fräulein? — keine Schürze trug, sondern entweder ein rotes Jaquet oder einen langen Samtmantel anhatte. Außerdem war sie hellblond. Dies ist meine Lieblingsfarbe! Hellblonde, goldblonde, auch schon mit einem Stich ins rötliche. Haare tragende Frauen hatten immer auch eine besondere Anziehungskraft auf mich ausgeübt."

— —

Er fühlt sich in Wien sehr schlecht. Er war selbständiger Bürochef in Triest, wurde nach Wien berufen, um einen Oberbuchhalter zu ersetzen, der einrücken sollte. Dessen Einrückung wurde aufgeschoben, daher steht er ohne entsprechende Beschäftigung da und sträubt sich dagegen, minderwertige Dienste zu leisten. Vor allem wiederholt er, daß er sich nicht beherrschen lassen kann.

Damit dürfte zusammenhängen, daß er nie pünktlich ins Büro kommt. Er kommt auch zur Behandlung regelmäßig um 10 Minuten später, die seine Unabhängigkeit und Unbotmäßigkeit markieren sollen. Er geht lieber ein bißchen spazieren, wenn er zu früh vor dem Büro oder vor meiner Wohnung erscheint, als daß er den Gehorsam der Pünktlichkeit zeigen würde.

Handelt es sich aber um sehr wichtige Angelegenheiten, so daß er pünktlich sein m u ß (Vorgesetzter — Kommissionen — dringende Arbeit), so wird er unruhig, verliert die Beherrschung seiner Kräfte, macht irgend einen Unsinn. Dagegen will er das Büro immer pünktlich verlassen und nicht eine Minute länger arbeiten, als es die Pflicht vorschreibt. In Triest war das nicht möglich. Er sollte warten, um die Post zu unterschreiben. Es kostete ihm täglich einen schweren Kampf, zu bleiben, er wurde wütend, hätte am liebsten etwas zerrissen und richtete es nach Möglichkeit ein, daß sie fertig wurden. Seine grenzlose Herrschsucht, seine übergroße Empfindlichkeit, sein pathologischer Wille zur Macht drücken sich in diesen Zügen deutlich aus. Er kämpft um seine Unabhängigkeit, wie alle Fetischisten, die unter einer infantilen Fixierung zu leiden haben. Sie haben genug mit dem e i n e n Zwange. Sie sind nicht fähig, eine stärkere Belastung mit fremden Imperativen zu ertragen.

Er bringt folgenden Traum, den zweiten in der Behandlung:

Ich fuhr nach Triest zurück, um meine Familie nach Wien zu holen. Vor der Abfahrt in Triest wurde ich darauf aufmerksam gemacht, daß die Italiener inzwischen vorwärts gekommen seien und gegenwärtig die Granaten in und in nächster Nähe des Bahnhofes Nabresina oder Opcina (nicht ganz klar) einschlagen, wie ich mich selbst überzeugen konnte.

Ich ging nun ans Fenster — es war Nacht — und überzeugte mich selbst von dem Einschlagen der Granaten, die furchtbare Feuergarben aufspringen ließen. Es war fast eine helle Nacht durch das Feuer der Explosionen.

Ich frug, ob denn der Zug dennoch über Nabresina oder Opcina seinen Weg nehme und erhielt eine bejahende Antwort. Daraufhin wollte ich von der Reise abstehen und sagte zu meiner Frau, unter solchen Umständen könnten wir unmöglich reisen, doch bestand meine Frau auf Abreise und wir fuhren. Von da ab war der Traum unklar und ich glaube mich erinnern zu können, daß die Granaten neben unserem Zug einschlugen und glaube auch, einen Waggon trafen, wir aber trotzdem unverletzt durchkamen.

Dieser Traum bringt uns das wichtige Thema seiner Ehe. Er weiß nicht recht, warum er geheiratet hat. Er wollte um jeden Preis seine Paraphilie überwinden. Seine Frau hatte etwas Geld, sie gefiel ihm ganz gut und er wollte nun absolut einmal eine Jungfrau besitzen. Das malte er sich als höchste Wonne aus. Aber er kann sich in die Ehe nicht finden. Er ist zu sehr mit sich selbst beschäftigt, zu stark an seine Phantasien gekettet. Ihn locken alle anderen Frauen, wenn sie seine Liebesbedingungen erfüllen, während der Reiz seiner Frau immer mehr abnimmt. Nun zeugte er vier Kinder, um Wonnen der beginnenden Gravidität auskosten zu können. Der Arzt hat weitere Gravidität untersagt. Er muß Coitus interruptus machen, seine Potenz hat abgenommen, er verzichtet auf den Verkehr. Er liebt seine Kinder nicht. Er ist zu sehr Egoist, um jemanden anderen lieben zu können. Er ist angeblich liebesunfähig.

Die Analyse des Traumes zeigt, daß er mit Todesgedanken gegen seine Familie kämpft. In diesem Traume, dessen Schluß er willkürlich unter dem Einfluß einer moralischen Zensur redigiert hat, läßt er seine Familie zugrunde gehen. Er ist wieder Junggeselle.

Ich frage ihn, seit wann er an Husten und Asthma leidet. Es zeigt sich, daß die Beschwerden n a c h der Verheiratung aufgetreten sind. Seine Frau war damals im vierten Monat der ersten Schwangerschaft. Ihr Reiz verlor sich immer mehr und ihm graute vor dem Gedanken, ein „versimpelter Familienvater" zu werden. Er fürchtete den Verlust seiner Freiheit. Er haßte jeden Zwang, wie alle Fetischisten, die so unter dem Zwange ihrer vergewaltigten Sexualität leiden. Er wollte wieder unabhängig sein und reisen. Er haßte auch den Zwang des Militärs und war glücklich, daß seine schwache Konstitution es seiner Firma ermöglichte, ihn von jedem Dienste entheben zu lassen.

Vor dem ersten Erstickungsanfall, den er uns auf Seite 307 so anschaulich geschildert hatte, war er im Kino. Er sah ein Stück, in der ein Mann seine Frau erdrosselt hatte. Dies Stück hatte ihn sehr aufgeregt, denn das Erdrosseln, hatte ihn immer außerordentlich interessiert und seine Phantasie beschäftigt.

Er versuchte sich auch als Schriftsteller und hat eine kleine Novelle geschrieben, in der eine Frau erdrosselt wird.

Er haßt die Unannehmlichkeiten der Ehe. Er möchte wieder Mandoline spielen und darf es am Abend nicht, weil seine Kinder gestört werden. Was gehen ihn seine Kinder an? Er will sein Vergnügen haben! Er möchte gerne singen und sich von seiner Frau am Klavier begleiten lassen. Sie hat für ihn keine Zeit. Alles für die Kinder! In solchen Momenten haßt er seine Kinder.

Er beginnt zu begreifen, daß er seine Frau erdrosseln wollte und daß der Hustenreiz und sein Asthma mit kriminellen Phantasien zusammenhängen. Wie lästig er jeden Zwang empfindet, das beweist die Aufzeichnung, die er in der folgenden Nacht machte und die uns ein deutliches Bild von seinem Seelenzustande gibt.

„$^1/_2$3 U h r m o r g e n s! Gestern abends brachte meine Frau die Kinder etwas später als gewöhnlich ($^3/_4$10) zu Bett und kam aus dem Schlafzimmer mit aufgelösten Haaren zurück. Dies gab mir einen Stich durch den ganzen Körper, denn ich empfand darin eine indirekte wortlose Aufforderung, zu Bett zu gehen.

Ich las eben im „Platen" („Natürliche Heilmethoden") über die Kapitel: „Die Luft und das Licht", worauf ich im ziellosen Herumblättern gerade stieß. Ich hatte vorher nachgesehen über „Huflattichtee", den ich gegenwärtig als Bierersatz trinke, zeigte hierauf meinen Kindern die farbige Abbildung der Pflanze mit gleichzeitiger Aufforderung, auch einen solchen zu trinken. Während mein älterer Sohn sonst nie freiwillig derartige Tees trinken wollte, griff er diesmal rasch zu, probierte ihn und fand ihn gut. Ich hatte dabei merkwürdigerweise ein unangenehmes Gefühl.

Auf die Aufforderung meiner Frau hin schloß ich das Buch, obwohl mich das nächste Kapitel: „Wie sollen wir wohnen?" interessiert hätte (trotzdem ich es schon einmal gelesen hatte) und ging auch zu Bett.

Ich muß hiebei bemerken, daß wir stets zusammen zu Bett gehen.

Einschlafen jedoch konnte ich nicht und stand endlich um 2 Uhr wieder auf und fing an, diese Zeilen zu schreiben. Der Hustenreiz hat merklich nachgelassen.

Abertausend Gedanken schossen durch meinen Kopf, als wenn die Fäden eines Weberschiffchens unendlich rasch durcheinander laufen würden. Ich wollte schreiben und meine Gedanken fixieren. Da fiel es mir ein, daß ich ein armer, eingebildeter Narr bin.

Mein Hauptschmerz ist, daß ich keine Originalität habe! Ich könnte daran zugrunde gehen. Mein Bestreben ist, originell zu erscheinen. Ich will kein Alltagsmensch sein! Ich will nicht als dummer Philister enden."

— — — — — — — — — — — — — — — — — — — —

Wir sehen, wie er sich dem Zwange fügt und mit seiner Frau schlafen geht, während er noch lesen möchte. Er wagt es nicht, offen zu rebellieren. Er ist der Anarchist mit der Faust in der Hosentasche. Aber seine Erregung ist so groß, daß er keinen Schlaf findet. Ich gehe zuerst von dem Thema der Originalität aus und sage ihm:

„Ihre Sehnsucht nach Originalität haben Sie mit Ihrem Fetischismus erfüllt. Daher sind Sie stolz auf Ihre Krankheit!"

Er leugnet erst diesen Stolz, dann aber gibt er zu, daß er wohl der Ansicht ist, er sei der einzige, der an einer solchen verrückten Perversion leidet.

Er möchte aber etwas Außerordentliches leisten. Der Weltkrieg hat ihm gezeigt, wie schlecht die Menschen sind. Er möchte eine neue Religion der Liebe verkünden. Er möchte wandern von Ort zu Ort und überall Liebe und Vertrauen predigen. Darin hindert ihn jetzt seine Familie. Sein geistiger Aufschwung ist gehemmt, seit er verheiratet ist. Jetzt ist die Gelegenheit, sich auszuzeichnen, für den Frieden einzutreten, ein Märtyrer zu sein, für seine Idee zu sterben, aber er muß für seine Familie leben.

Nun führe ich ihn auf die Episode vom Tee und frage ihn, warum er den Kindern den Huflattichtee gegeben hat. Er meint, damit sie sich später an die Schrecken des Krieges erinnern sollen. Aber langsam erkennt er, daß andere Gedanken sich eingemischt haben, welche uns seine Erscheinungen nach dieser Episode und seine Aufregung nachher erklären helfen. Er hatte die Phantasie, seine Kinder und ganze Familie zu vergiften. Wie leicht kann man den Huflattichtee mit einem anderen, giftigen Tee verwechseln! Wie leicht kann ein Unglück geschehen und eine ganze Familie zugrunde gehen. Vor einigen Tagen hatte er in der Zeitung gelesen, daß eine ganze Familie nach dem Genusse giftiger Schwämme gestorben sei. Wie hatte ihn diese Notiz erregt!

So kämpfen immer zwei Tendenzen in seiner Brust, die religiöse und die satanische. Er will ein Heiliger sein und ist in Gefahr, ein Verbrecher zu werden. Auf den kriminellen Komplex deuten schon der erste Traum und sein Schuldbewußtsein, seine Menschenscheu, seine Angst, mit anderen allein zu bleiben.

Noch weiß er nicht — oder will es nicht wissen, warum er diese Angst hat. Wir erhoffen von der Analyse die Aufklärung dieser dunklen Punkte.

— — — — — — — — — — — — — — — — — — — —

Er hat einen sonderbaren Traum:

> Ich befinde mich in einer Kirche. Der Prediger spricht von der Liebe der Menschen und von der Pflicht, für den Kaiser zu sterben. Dann werde ich erregt und rufe aus: „Zuerst kommen die Pflichten gegen sich selbst und gegen die Familie!" Große Erregung in der Kirche. Ich springe auf die Kanzel. Alle meine Scheu ist verschwunden. Ich rede mit einer solchen Begeisterung, daß alle Menschen auf die Knie fallen. Sie drängen sich um mich, sie küssen meine Hände und meine Füße und den Saum meines Gewandes. Manche rufen: „Er ist ein Heiliger!" Ein alter Mann lacht höhnisch auf. Ich will mich auf ihn stürzen. Er hat eine Hacke in der Hand und weist auf eine Schürze hin: „Diese habe ich in Stücke zerhackt. So werde ich auch diesen Schwindler entlarven!" Die Menge stockt und blickt mich sprachlos an. Ich fange zu stottern an und verliere meine Kraft. In diesem Momente fällt eine Bombe in die Kirche. Ein Flieger hat sie geworfen. Ein Splitter fällt dicht neben meinen Kopf. Ich erwache mit Schrecken . . .

Es fällt ihm zuerst ein, daß es eine katholische Kirche war. Er ist Protestant, zeigt aber große Neigung zum Katholizismus. Er möchte gerne mit seiner Frau und seinen Kindern zum Katholizismus übertreten. Aber seine Frau wehrt sich dagegen. Er geht immer in die katholische Kirche, die ihm viel besser gefällt als der nüchterne protestantische Gottesdienst.

Am liebsten würde er eine neue Religion gründen, die zwischen beiden Religionen steht. Er war sehr fromm in seiner Jugend und dachte daran, ein Mönch zu werden. Er schwärmt für Christus und beschäftigt sich viel mit den Christuslegenden.

Andererseits mischte sich seine Sexualität in den Glauben. Er fragte sich als Knabe oft, ob Christus auch wie ein Mensch gebaut sei und versuchte hinter das Tuch zu blicken, das die Geschlechtsteile Christi verhüllt. Da sah er einst ein Bild in der Kirche: Die Beschneidung Christi. Dieses Bild machte einen großen Eindruck auf ihn. Er spielte oft mit dem Gedanken, sich zu kastrieren und ein Heiliger zu werden.

Er wollte ein zweiter Christus sein. Er wollte die Sekte der Wiedertäufer einführen. Das Wasser ist ein Symbol der Wiedertaufe. Die Schürze ist ein Symbol der Schürze, die das heilige Bild Christi verhüllt.

Von Christus gehen seine Gedanken auf seinen Vater, der auch ein frommer Mann war. Er war aber jähzornig und kam manchmal betrunken zu Hause. Er quälte ihn und schlug ihn grundlos.

Der Vater trug oft bei der Arbeit eine schmutzige Schürze. Einmal nahm Patient ein Beil und zerhackte diese Schürze in tausend Stücke.

Er fürchtete, daß man seine Missetat entdecken werde, nahm die einzelnen Fetzen mit sich und warf sie in die Isar.

Der Traum zeigt uns, wie diese Sünde sein Gewissen belastet. Er weiß es im Unbewußten, daß dies Zerhacken der Schürze ein symbolischer Vatermord war. Und er, der Verbrecher, will jetzt das Wort Gottes predigen! Gott wird ihn bestrafen. Eine Bombe wird ihn zerschmettern, weil er seinen Vater nicht geehrt hat. (Der Kaiser im Traum ein Symbol des Vaters! Die Bombe erscheint schon im zweiten Traum auf S. 317.)

— — — — — — — — — — — — — — — — — —

Unter Widerstreben erzählt er einen Vorfall, der sich in seinem 17. Jahre in Ala abspielte. Er ging einmal in das Klosett und fand dort alten Kot. Er dachte, das ist der Kot seiner Hausfrau oder einer ihrer Töchter. Er nahm eine alte Decke und gab den Kot in die Decke. Damit eilte er zur Etsch. An einem versteckten Orte breitete er die Decke aus. Dann legte er sich auf den Kot, so daß die Feuchtigkeit seinen Bauch benetzte. Er wälzte sich so lange, bis Ejakulation und heftiger Orgasmus eintraten. Dann versenkte er die Decke in die Etsch, badete sich rein.

Nachher tiefe Reue und Beschämung. (Er spielte einen Säugling in den Windeln.) Der ganze Vorfall ist ihm unerklärlich. Er handelte unter einem Impulse, der unwiderstehlich war. Er war wie in einem Traume.

Im Anschluß daran erzählt er, daß er sich ursprünglich vor den schmutzigen Schürzen der Mutter geekelt hatte. D i e S c h ü r z e n d e r M u t t e r w a r e n a n g e b l i c h f ü r i h n n i e m a l s S e x u a l o b j e k t e.

Er haßte seine Mutter, weil sie roh war und ihn sehr oft ungerecht geschlagen hatte. Er führt seine Krankheit auf die Schläge zurück, die er ungerechterweise bei den geringsten Kleinigkeiten von seinen Eltern erhalten hatte.

— — — — — — — — — — — — — — — —

Er hatte zwei Träume:

1. In einem Restaurant sagte der Kellner zu mir: „Die Italiener sind mir doch lieber als die Slovenen, weil sie sich nicht so tief eingraben."

2. Ich war in Nürnberg und sollte eine neue Stellung annehmen. Ich sagte „Unter Vorbehalt!". Kollega Neuleben sagte mir, daß der neue Posten mit einem Verzicht auf Geld verbunden sei.

Der erste Traum drückt die Kämpfe in seiner Brust aus. In Triest gab es immer Streitigkeiten zwischen Italienern und Slovenen. Er sympathisiert mit den Italienern. Die Slovenen sind ihm zu falsch. Die Italiener seien ehrlicher. Die Italiener symbolisieren hier die katholischen (frommen) Tendenzen im Gegensatze zu den satanischen, welche die Slovenen übernehmen. Die satanischen sind tiefer eingegraben. Er will sie nicht ausgraben. Den gleichen Widerstand gegen das neue Leben (Neuleben!) drückt der zweite Traum aus. Er behält sich vor, die alte Stellung (lies Einstellung) zu behalten. Er will auf die Genüsse der alten Paraphilie (Geld ein Symbol für Liebe und Sexualität) nicht verzichten.

Wir können aus der Kotepisode in Ala ersehen, wie mächtig sein Infantilismus ist. Seine mysophilen Instinkte hängen irgendwie mit der Mutter zusammen, mit einer infantilen Phantasie, deren Bedeutung wir noch nicht gefunden haben.

— — — — — — — — — — — — — — — — — — — —

Er bringt plötzlich eine Erinnerung, welche uns seine Leidenschaft für beginnende Gravidität in deutlicher Weise erklärt. Ich habe an diesen Kranken sehr wenige Fragen gerichtet, weil ich den Gang der Analyse nicht beeinflussen wollte. Ich erkundigte mich auch nicht nach seiner Familiengeschichte, in der Hoffnung, daß er selber darauf kommen werde.

Heute sah er auf dem Wege zu mir ein Mädchen, das ihn an seine um vier Jahre ältere Schwester erinnerte. Er war 13 Jahre alt, als er bemerkte, daß etwas mit ihr vorging. Sie hatte schon seit einem Jahre eine heimliche Liebschaft mit einem Studenten. Nun glaubte er zu entdecken, daß sie gravid war. Er beobachtete sie sehr genau und fand immer mehr Anzeichen, die dafür sprachen. Bald kam es im Hause zu einem Skandal. Der Vater drohte, er werde sie aus dem Hause jagen. Aber die Mutter legte sich ins Mittel. Der Student war aus sehr reichem Hause. Sein Vater zahlte eine größere Summe, so daß die Gravidität der Schwester als gutes Geschäft stillschweigend hingenommen wurde. Er aber schämte sich, weil seine Kollegen und die Nachbarn darüber sprachen.

Aber er gibt jetzt zu, daß er die Schwester mit lüsternen Augen betrachtet und den Studenten beneidet hatte. Er wäre gerne an seiner Stelle gewesen. Nachträglich fällt ihm ein, daß er seine Schwester öfters bei ihrer Toilette beobachtet hatte. (Die Sängerin des Traumes. Verdichtung.)

Bei dieser Gelegenheit fällt ihm auch ein, daß er als ganz kleiner Knabe (5 Jahre alt!) den Koitus der Eltern belauscht hatte. Die Mutter stöhnte sehr und der Vater sagte: „Mir scheint, der Bub schlaft nicht", weil Alfred plötzlich g e h u s t e t hatte. Darauf wurde die Mutter ruhig. Er wußte nicht, um was es sich handelte, ahnte aber dunkel, daß es verbotene Dinge wären.

Zum Nürnberger Traum trägt er nach, daß er sich in Nürnberg sehr für die Folterkammer interessiert hatte. Foltern und Martern regten ihn in der Jugend sehr an. D i e F o l t e r k n e c h t e t r u g e n a l l e S c h ü r z e n, u n d b l u t i g e S c h ü r z e n s c h e i n e n i n d e r P a r a p a t h i e e i n e g r o ß e R o l l e z u s p i e l e n.

Endlich sagte er:

„D i e S c h w e s t e r t r u g a u c h s o g e n a n n t e S c h ü r z e n k l e i d e r, um ihre Schwangerschaft zu verdecken. Diese Schürzenkleider sind wohl für mich die größte Anziehungskraft, wenn sie feucht und schmutzig sind.

Seine Vorliebe für die Schwangeren erklärt sich aus diesen Mitteilungen von selbst. Sie bedarf keines Kommentars.

— — — — — — — — — — — — — — — — — — — —

Er bemüht sich, an seine Jugend zurückzudenken und meint, sich an eine Begebenheit zu erinnern, als er 5 Jahre alt war. Er wurde einkaufen geschickt. Da traf er auf der Straße vier Elefanten, die von Hagenbeck ausgebrochen waren. Sie wurden gefesselt heimgebracht.

Es scheint sich um eine Deckerinnerung zu handeln. Interessant ist, daß die Fesselung schon hier vorkommt, die bei jedem Fetischisten eine solche Bedeutung hat. Heißt die Deckerinnerung: Ich habe meinen wilden Trieb gefesselt?

21*

Dann folgt die Erinnerung an den Koitus der Eltern und später eine in der Zeit naheliegende: Zwei Knaben onanierten sich gegenseitig in einem Pissoir; er sollte mittun und weigerte sich.

Nun folgen wieder einige Schürzenerinnerungen:

Ein Freund, der in einem Kolonialwarengeschäft angestellt war, trug eine Schürze! Er beneidete ihn und zog öfters seine Schürze an. Auch die Ladenarbeiter hatten Lederschürzen. Er half mit, nur um Schürzen anziehen zu können.

Die Ölarbeiter hatten Schürzen aus Säcken, die vorne feucht vom Öl waren. Großer Reiz! Versuch, sich eine solche Schürze zu verschaffen.

Selbstmordtendenzen sind bei ihm sehr häufig, seit er Todeswünsche gegen seine Familie hat. Er dachte auch daran, sich und seine Familie zu töten, wenn es mit ihm nicht besser würde. Er ist oft deprimiert. Besonders in Wien, weil er keine rechte Stelle hat. Er scheint seinen Posten in Triest verloren zu haben und will nicht recht mit der Sprache heraus. Ich verharre in der Taktik, alle Geständnisse an mich herankommen zu lassen.

Er spricht von seinem Stolze. Er konnte schon als Kind nicht „Danke" sagen und wurde oft dafür geschlagen. Er erhielt auch in der Schule öfters Prügel auf den Hintern, weil er sich nicht bedankte. Er kann auch seinem Chef nicht danken, wenn dieser ihn befördert oder ihm eine Remuneration gibt.

Lieber möchte er sterben . . .

— — — — — — — — — — — — — — — — — — — —

Er bringt als Illustration seiner Einstellung folgenden charakteristischen Traum:

> Dr. *Stekel* hatte am Fenster zu tun, bekam das Übergewicht und drohte herauszustürzen. Dies sehend sprang ich herbei und mit Aufwand aller meiner Kräfte und unter Einsetzung des eigenen Lebens konnte ich Herrn Doktor vor dem Sturze bewahren.
>
> Ich erhielt die Rettungsmedaille und außerdem sind mir noch die Worte: „Nun sind wir quitt!" aus einem Gespräche nachträglich in Erinnerung gekommen.

Der stolze Patient verträgt nicht den Gedanken, daß ich ihn retten soll und er mir dann Dank schulden sollte. Er rettet mir das Leben und nun sind wir quitt.

Freud hat eine treffliche Analyse des Rettungstraumes gegeben Einen retten heißt ihn sexuell besitzen. Es melden sich homosexuelle Gefühle der Übertragung.

Er erzählt:

„Wie ich in A. war (17 Jahre), speiste ich in einem Wirtshause, wo zwei sehr schöne Schwestern waren, die Schürzen trugen. Ich schlich mich einmal in das Nebenzimmer, zog eine Schürze an und onanierte. Die Situation war schrecklich, man hätte mich leicht erwischen können."

„Einmal stahl ich einem Bierträger eine alte Decke, wickelte mich zu Hause damit ein, schnürte mich zu, machte den Boden naß, legte mich darauf und wetzte so lange, bis die Nässe den Bauch erreichte, darauf sofort Ejakulation."

„Die Schürzen müssen festgeschnürt sein, je fester sie zusammengebunden sind, desto größer das Verlangen. Zierschürzen, die rückwärts nicht zusammengebunden sind, reizen mich gar nicht."

„In A. ging ich mit zwei Kollegen ins Bordell, hatte vorher eine sehr starke Erektion — aber trotzdem Impotenz. (Hom. Ziel!) Ein Kollege regte sich so dabei auf, daß er später im Café ein Eis bestellte und den Penis vor uns damit kühlte."

Er onanierte mit der Decke, als er mit einem Kollegen in A. im gleichen Zimmer wohnte. Jedesmal nach der Onanie Ekel und Angst — vorher geht er in den Keller, holt die Schürze, hat nie Angst. Nach dem onanistischen Akte sieht er Gespenster und zündet Kerzen an.

Wir können aus diesem Umstande ersehen, daß sich mit der Schürzenonanie kriminelle Phantasien verknüpfen. Er kann aber die Phantasien nicht schildern. Er sei zu aufgeregt, um einen Gedanken fassen zu können.

Nach einer kurzen Pause erzählt er folgende verblüffende Tatsachen: „Meine Frau hat die Gewohnheit, mit den Genitalien der beiden Buben zu spielen (sie sind 4 und 6 Jahre alt!). Ich fragte sie, warum sie das mache. Sie sagte, sie habe es bei ihrer Pflegemutter gesehen, die sehr kinderlieb war und viele Kinder heranzog. Sie spielte immer mit den Genitalien ihrer Pflegekinder. (!)

Ich erinnere mich, daß die Mutter meinen Neffen (7 Jahre alt) badete und dabei mit den Genitalien spielte."

Plötzlich sagte er: „Nun habe ich meine erste Erinnerung. Ich mag drei oder vier Jahre alt gewesen sein. Die Mutter spielte mit meinem Gliede. Sie spielte sehr lange und ich hatte ein großes Vergnügen daran. Ich habe es offenbar bei ihr gelernt. Denn wie ich acht Jahre alt war, beschäftigte ich mich sehr viel mit meinem Neffen. Ich trug ihn ins Bett, ich schlief oft mit ihm zusammen und hatte nachts beim Einschlafen sein Glied in der Hand."

Er beginnt heftig zu husten.

„Wissen Sie, was der Husten bedeutet?"

„Nein — aber mir fällt ein, daß ich das Glied des Neffen in den Mund genommen habe. Ich glaube, meine Mutter hat es auch mit mir getan. Denn ich meine mich zu erinnern, daß sie es auch dem Neffen tat."[1])

— — — — — — — — — — — — — — — — — — — —

Sein Trotz geht so weit, daß ihm das Beten schwer fällt. Er ist gläubig und kann trotzdem nicht seinen Nacken beugen. Er kann Gott nicht danken, nur in der höchsten Not entringt sich ein stammelndes Gebet.

Im Gewitter erkennt er die Macht Gottes. Er zittert und kann nicht allein bleiben. Das sind die Momente seiner größten Angst. Da fühlt er das Gewaltige der göttlichen Macht, das ihn niederschmettert und beweist, daß der sich empörende Prometheus nur ein kleinwinziger Erdenwurm ist.

Dabei macht er die gewöhnlichen Umwege der anarchistischen Parapathiker, die Gott in Form eines Aberglaubens lieber anerkennen als in gläubigen Gebeten. Er neigt zu jedem Unsinn, der sich als Aberglaube aufdrängt. So ließ er sich ein Horoskop stellen und glaubt bestimmt, daß alles in Erfüllung gehen werde. Das Horoskop prophezeit ihm nach unendlichen Mühen eine überragende Stellung und ein sehr langes Leben. Er glaubt fest an seine Mission.

Der Husten war seit der Analyse eine Zeit lang besser, für einige Nächte sogar verschwunden und kehrt nun wieder. So geht es immer, wenn man eine Determination des Symptoms entdeckt. Es schwindet für einige Zeit, um wieder zu kommen, weil es vielfach determiniert ist und jede Parapathie, also auch jedes parapathische Symptom mehr dimensional aufgebaut ist.

Zum Husten bringt er einige neue Einfälle.

„Ich hustete schon zwischen 6 und 8 Jahren. Meine Mutter hustete auch, ebenso der Schwager (der im Hause und in seiner Parapathie eine so große Rolle spielt).

„Es gab aber im Hause einen Gesellen, der war tuberkulös und hustete sehr viel. Dieser Geselle — es war um die gleiche Zeit (6—8) — spielte mit meinem Gliede und gab mir auch sein Glied in die Hand." Er führte ihn in das anatomische Museum und in die Pinakothek, wo er ihm die nackten Frauen zeigte.[2]) Dort sah er Adam und Eva. Beide

[1]) Leider sind diese Vorkommnisse beim Volke nicht so selten, als ich es früher geglaubt habe. Auch in den „besten Kreisen" habe ich ähnliche Missetaten der Mütter konstatieren können.

[2]) Ich sehe wiederholt kleine Kinder in den verschiedenen Bildergalerien. Einmal sah ich, wie ein englischer Vater seinem dreijährigen Söhnchen die Grausamkeiten des Kindermordes von Bethlehem erklärte. Andere Kinder gehen hin, um ihre Schaulust zu befriedigen. Auch die sadistische Komponente kommt reichlich auf ihre Rechnung.

hatten Feigenblätter, die wie Schürzen aussahen. Der Geselle sagte ihm: „Du weißt ja, was dahinter steckt!" — Der Mann war ein Homosexueller oder ein Bisexueller.

Jetzt hat er einen Ekel vor allen Homosexuellen. Er könnte nie wieder ein männliches Glied in die Hand, geschweige denn in den Mund nehmen. Als Beweis erzählt er die Episode mit einem dicken Wirt, der ihn verführen wollte, was dem „widerlichen Kerl" nicht gelang.

Er berichtet, daß er während des Hustens einen Zwangsgedanken hat, der ihm hilft, den Husten zu überwinden. Er muß sich denken: „S i e s i n d a l l e v e r g e s s e n!" Manchmal sagt er sich die Zauberformel laut vor.

Wir sehen, daß er gegen die Erinnerungsbilder der Fellatio kämpft und sich vormachen muß, daß sie alle vergessen sind.

— — — — — — — — — — — — — — — — — — — —

Ein bemerkenswerter Traum:

> Ich sah einen Mann in einem tiefen Brunnen in Lebensgefahr. Es gab aber eine Person, die ihn vor dem Verhungern schützte und ihm Speise und Trank zuführte. Eines Tages kam die Befreiung. Er wurde durch einen Strick herausgezogen, halb half er sich selbst heraus.

„Der Traum dauerte sehr lange. Ich sah die Leiden dieses Mannes und sah, wie er ernährt wurde, und sah die Rettung, die ziemlich lange dauerte."

Die funktionale Deutung des Traumes ist ja klar. Es lebt in ihm ein „besseres Ich", das nie gestorben ist, das heimlich genährt wird, das anagogische Ich (*Silberer*), dem jetzt die Rettung naht. Ich soll ihn aus der Parapathie befreien und er hilft mit. Der tiefe Brunnen ein Symbol der Seele.[1])

Ihm fällt zu dem Mann im Brunnen ein Arbeiter in Triest ein: Tiberio. Das war ein ehemaliger Athlet mit einer wunderbaren herkulischen Gestalt, der sehr gefürchtet war, man wußte wohl, daß er ein Dieb war, aber konnte ihm nichts anhaben. — Jetzt stocken seine Einfälle, wie immer, wenn er auf Diebstahl zu sprechen kommt . . .

Dann gibt er zu, daß Tiberio ihn sehr gereizt habe. Er habe oft nachgedacht, wie groß der Penis dieses Athleten sein müsse. Die zweite Bedeutung seines Traumes: Die homosexuelle Komponente wird langsam ans Licht des Tages gezogen. Es folgen mehrere Bestätigungen, daß er sich für schöne Männerkörper interessiert.

— — — — — — — — — — — — — — — — — — — —

[1]) Siehe „Die Träume der Dichter" das erste Kapitel „Der tiefe Brunnen".

Er hatte eine böse Nacht. Er hustete so arg, daß seine Frau ihm sagte: „Mir scheint, du hast einen Keuchhusten.“ — Da fiel ihm ein, daß er im 6. Jahre einen schweren Keuchhusten zu überstehen hatte. Seine Mutter war rührend lieb mit ihm, stand unzählige Male in der Nacht auf, gab ihm warmen Tee (siehe den Traum vom Huflattichtee), nahm ihn zu sich ins Bett und beruhigte ihn oft durch das alte, unfehlbare Mittel: Sie spielte mit seinem Penis!

Seine Hustenanfälle sind als Wunsch nach Wiederholung der mütterlichen Zärtlichkeiten aufzufassen.

Seine Mutter lebt noch, aber er schreibt ihr sehr selten. Er grollt ihr, ohne über die tiefere Ursache des Zwistes orientiert zu sein. Er meint, weil sie ihn oft ungerecht geschlagen habe.

Er träumte:

Ich bin wieder in Triest am Molo und sehe dem Wellenspiel des Meeres zu. Es ist kurz vor meiner Abreise. Ein Leichenzug zieht vorbei. Umstehende Personen sprechen, als ob der König von Griechenland den schweren Kämpfen erlegen sei.

Die Deutung ist nicht schwer. Seine Krankheit soll sterben und begraben werden. Er hält die schweren Angriffe der Analyse nicht mehr lange aus. Zum König fällt ihm ein, daß er Konstantin heißt und daß er die üble Gewohnheit hat, das Wort „konstant“ bei allen möglichen Gelegenheiten zu gebrauchen. Er denkt eben konstant an gewisse infantile Szenen.

Auch denkt er daran, daß sein älterer Sohn an Halsentzündung erkrankt war und er sich dachte: Wenn er sterben würde, dann . . .

Ihm fällt ein Spielkamerad ein (8), der an Diphtheritis starb. Er erstickte, weil er keine Luft mehr hatte. Er leidet unter der Angst, durch ein Stück Schleim im Munde (Fellatio-Phantasie?) zu ersticken. Er erzählt mir, daß kürzlich hier in Wien eine Prostituierte bei Ausübung der Fellatio erstickt sei.

Er trachtete früher immer, am Abend zu koitieren, um eine ruhige Nacht zu haben. Im Momente der Erschlaffung des Gliedes begann ihn der Hals zu kitzeln. Dieser Kitzel steigerte sich und kam des Nachts zum Durchbruch. Gestern nach zwei Jahren der erste Koitusversuch. Dabei hatte er wieder nachher den unerträglichen Kitzel im Halse. (Es handelt sich um eine Fellatio-Phantasie, die erst schüchtern auftritt und sich dann steigert. Vielleicht auch um kriminelle Impulse gegen seine Frau. Erwürgen? Selbstverständlich wird ihm keine Mitteilung von der letzteren Vermutung gemacht. Die erste Deutung gibt er selber.)

Unvermutet kommt er auf seine Säuglingsperiode. Er war sehr lange an der Brust der Mutter. Er glaubt, daß er zwei Jahre gestillt wurde. (Im Anfalle verlangt er nach warmer Milch, was oft den Anfall zu kupieren imstande ist.) Diese Zeit ist ihm unvergessen. Wenn er eine Frau ein Kind stillen sieht, so beneidet er den Säugling. Er hat auch, während seine Frau Amme war, wiederholt an ihrer Brust gesogen. Es bereitete ihm einen großen Genuß. Er ist ein „ewiger Säugling" und die Fellatio-Phantasie ist nichts anderes als der Brustersatz beim Manne.

Die Atembeschwerden traten in Salzburg nach einer schlaflosen Nacht auf. Er hatte zufällig eine Frau gesehen, die seiner Mutter sehr ähnlich war. Auch war er im bischöflichen Palast und ließ sich Schauergeschichten von den Foltern erzählen. Dann ging er in das schon erwähnte Kino. Er hatte Todesgedanken gegen seine Frau und dachte, er würde, wenn er frei wäre, in München — bei seiner Mutter — leben. Das ist ihm erst jetzt ganz klar geworden.

— — — — — — — — — — — — — — — — — — — —

Er leidet an Wutanfällen. Er stürzte sich einmal auf seine Schwester mit einem Messer und wollte sie erstechen.

Er bildet sich ein, daß er eine zu enge Speiseröhre hat und daß die Bissen stecken bleiben. (Verlegung von unten nach oben. Es dürfte bald das Thema des Anus darankommen.) Im Gasthaus hat er immer Angst beim Essen, wenn ihm die Männer (!) zuschauen. Er muß dann den Kopf nach links wenden (nach der homosexuellen Seite), dann wird es besser. Er kommt vom Essen auf Kunnilingus zu sprechen, den er öfters ausführt. Mit Vorliebe macht er auch 69. (Kunnilingus mit Fellatio kombiniert.)

Er hat heute das Gefühl, daß ihm etwas konstant im Halse steckt.

„Was soll in Ihrem Halse stecken?"

„Ein Wurm! Ich habe einmal als kleines Kind einen großen Wurm erbrochen. Ich leide unter schrecklicher Angst vor Bandwürmern. Ich hörte einmal, daß er mehrere Meter lang aus dem Mastdarm herauskommt. Schrecklich! — Jetzt fällt mir die Zahl 1889 ein, die ich zwangsmäßig diese Nacht sagen mußte."

Ich frage um Einfälle zu dieser Zahl und er bringt zuerst die Tatsache, daß er 8 bis 9 Jahre alt war, als der Geselle mit ihm spielte. Er habe mit ihm im Bette geschlafen.

Er wird sehr erregt.

„Etwas muß da vorgefallen sein. Ich habe jetzt ein furchtbares Kitzeln im After, als wenn ich Würmer hätte. Ich glaube, er versuchte, mir sein Glied einzuführen. Ich habe geschrien. Es war im Schlafe. Ich sehe es nur undeutlich. Mehr eine Empfindung als eine wirkliche Erinnerung . . ."

Seine Gedanken gehen auf Blut. Er kann kein Blut sehen. Eine blutige Metzgerschürze ist ihm ekelhaft. Er könnte brechen und fühlt einen kalten Schauer. Trotzdem muß er sich die Metzgergesellen anschauen und hat schon mit der Versuchung gekämpft, eine solche Schürze zu stehlen.

„Wie sind Sie von dem Gesellen auf den Metzger gekommen?"

„Ich habe vorher etwas ausgelassen, weil ich mich geschämt habe. Ich erzählte vom Kunnilingus. Ich genierte mich aber zu gestehen, daß ich das mit besonderer Vorliebe in der Menstruation gemacht habe. Das brachte mich auf Blut. Der Geselle zu Hause hatte einmal eine blutige Schürze, weil er ein Huhn geschlachtet hat."

Die Ursache seiner Wutanfälle ist ihm unbekannt.

— — — — — — — — — — — — — — — — — — — —

Er bringt zwei Träume:

1. Ich wollte scheinbar wieder onanieren, denn ich befand mich im Keller und traf Vorbereitungen, konnte es aber nicht ausführen, weil drüben das Waschhaus besetzt war. Darinnen waren Frauen in kurzen Hosen (Pumphosen mit Blusen), die wuschen die schmutzige Wäsche. Ich suchte den Speicher auf, muß mich aber in Gesellschaft befunden haben, denn ich traf Platzanordnungen. Da erwachte ich mit starker Erektion und lästigem Kitzelreiz, dem ein lang andauernder Husten folgte.

Ich schlief wieder ein und hatte einen zweiten Traum:

2. Ich ging mit meiner Gesellschaft auf einen Ball und trug ein Kissen am Arme. Dort angelangt nehmen wir Platz, dann sagte ich: „Nun muß ich zu meiner Frau und zu meiner Gesellschaft!" Ich fand sie in Gesellschaft meines jüngeren Schwagers, den ich kurz und kühl begrüßte. Meine Frau saß in der äußeren Reihe. In der inneren meine Mutter mit vielen Verwandten. Sie sagte zu mir: „Hast du schon Vetter B. und Tante V. begrüßt?" Ich sagte leise „Vetter hin und Tante her, Onkel hin und Schwager her!" und fühlte mich in dieser Gesellschaft nicht wohl. Ich sprach einige parodistische Worte, suchte mir einen entfernteren Platz. Bald sagte ich meiner Frau: „Komm, schauen wir, daß wir aus dieser Gesellschaft herauskommen."

Dieser Traum hat eine große Bedeutung, weil er uns helfen kann, die spezifische Phantasie seiner Onanie zu heben. Er will onanieren, aber Frauen in Pumphosen stören ihn. Damit drückt er schon das bisexuelle Wesen seiner Phantasie aus. Dann sehen wir, daß das Onanieren irgend etwas mit dem Waschen zu tun hat. Die Fortsetzung des Traumes ergibt Beziehungen zu seiner Mutter, die im inneren Kreise seines Herzens sitzt, während seiner Frau nur ein äußerer (entfernterer) Platz angewiesen ist. Die Mutter war eine Verwandtennärrin, die mit allen Verwandten einen förmlichen Kult trieb. Er war aber so an sie fixiert, daß er sie ganz allein für sich haben wollte. Er war mit den Verwandten immer unfreundlich, was ihm oft Schläge eintrug und seinen Haß vermehrte. Sein spezieller Haß war ihr Schwager, der hier durch den Schwager seiner Frau dargestellt ist, den er kurz und kühl begrüßt. Der Schwager ließ ihn in den Ferien in ein Geschäft gehen, um ungestört mit seiner Mutter charmieren zu können. So war der Verdacht des Jungen, der einmal die Mutter überrascht hatte, als der Schwager sie küßte. Er sagte es seinem Vater und erhielt für diese „Lügen" wieder — Schläge. Seit damals bedachte ihn der Schwager mit seiner Abneigung und er haßte ihn wie keinen zweiten Menschen auf der Welt.

Die Ursache seiner Wutanfälle war Eifersucht auf den Schwager und auf die anderen Verwandten, auch die Ursache des Hasses gegen seine Schwester, die er bekanntlich auch ermorden wollte.

Am nächsten Tage bringt er wieder wichtige Träume:

Herr B. machte neue Vorschläge, die die Möglichkeit in sich schließen sollten, die Filiale Triest verlustlos durch den weiteren Krieg zu ziehen und wollte schon bedeutende Transporte vorliegen haben, so daß ich schon zurückkehren könnte.

Ich besah mir die vorliegenden Avisen und konstatierte, daß es sich wohl um viele Sendungen handeln würde, doch von einem wirklichen Gewinn dabei keine Rede sein könne. Es handelte sich um die Sendungen der Apothekerfirma J. S., Triest, die schon von Spediteur zu Spediteur gewandert ist und als ganz besonders preisdrückend bekannt ist.

Außerdem handelt es sich bei den vorliegenden Avisen um pharmazeutische Artikel, deren Ausfuhr gegenwärtig verboten ist und die Expeditionen nur mit Falschdeklarationen vorgenommen werden könnten. Weiters sind die meisten Sendungen für Italien, Verona, Mailand bestimmt, also für unsere Feinde, was zu Unannehmlichkeiten führen könnte.

Er erzählt:

„Darauf aufgewacht, tauchte ein Geschäft vom vorigen Jahre vor mir auf, und zwar: Wir hatten für einen Zwischenhändler für Triest, der früher in Lebensmittel handelte, 2 Waggon Teigwaren in Italien abzudisponieren und nach Triest zu expedieren.

Die Waggons kamen kurz nacheinander an, wurden verzollt und gegen Bezahlung von Fracht, Zoll, Spesen übergeben und regelrecht verbucht. Kurze Zeit darauf kam eine Verfügung des Ministeriums, wonach Mehl und Mehlprodukte zollfrei eingeführt werden konnten und die Verordnung wurde mit Rückwirkung auf einen bestimmten Tag verlautbart.

Unser Zollspediteur fand nun heraus, daß ein Waggon von den beiden schon unter die neue Verordnung fiele und der Zoll hiefür zurückverlangt werden könnte. Ich berichtete dies Herrn B., welcher sofort bemerkte: „Dies gibt ein Geschäft für uns."

Die Zollbollette wurde herausgesucht, der Zoll reklamiert und nach einigen Wochen auch tatsächlich rückvergütet.

Herr B. wollte nun dem Empfänger, da dieser selbst nicht darauf gekommen und für seine beiden Waggons Wucherpreise erzielte, den Zoll nicht ohne sein Verlangen vergüten und ihm so noch einen weiteren mühelosen Gewinn zuschicken, sondern er teilte den Betrag zwischen sich, dem Zollspediteur und mir unter der Bedingung, daß, falls der Empfänger noch daraufkommen sollte, das Geld wieder herausgegeben werden müßte.

Von dieser Erinnerung konnte ich mich nun für mindestens 1 bis 2 Stunden nicht mehr befreien. Alsdann tauchten die schon oft gehabten Gedanken wegen Ansiedlung in Syrien, Beirut, Jaffa wieder auf und ließen die schon oft gesehenen Bilder (Photographien) an mir vorüberziehen. Weiters bekam ich wieder mit Griechenland zu tun und bewunderte die Zähigkeit, mit der sich der König aus all den ihm gelegten Schlingen zieht, ohne seine Selbständigkeit zu verlieren und ohne die Ruhe besonders zu stören.

Ich zog Parallele mit meiner gegenwärtigen Lage und es kamen mir verschiedene Gedanken, wie auch ich meine Unabhängigkeit bewahren könnte."

— — — — — — — — — — — — — — — — — —

Wir wissen, es ist sein Schmerz, daß er das schöne Triest und das Meer hat verlassen müssen. In Wien hat er nicht Wasser genug. Die Donau ist ihm zu fern. Der Traum bringt uns die Lösung des ersten Traumes, in dem ihm Handschellen angelegt werden sollen.

Er ist ein übertrieben ehrlicher Mensch und hat sich eine Unredlichkeit zuschulden kommen lassen. Er hat mit seinem Freunde B., der ein leichtsinniger Frauenjäger und Trinker, ein Kartenspieler ist, den Zoll eingesteckt, den er reklamiert hatte. Seit jener Zeit verschlimmerte sich sein Befinden, seine Menschenscheu wurde ärger und ärger. Er ahnt jetzt, daß seine Versetzung nicht grundlos ist, um so mehr als sein Freund B. entlassen wurde.

Er würde am liebsten den ganzen Vorfall gestehen, fürchtet aber seine gute Stellung zu verlieren. Seine Selbstmordabsichten haben also einen realen Grund.

Interessant ist, daß er das Geld genommen hat, um die Bettler beschenken zu können; ein Motiv, das wir bei der Kleptomanie schon kennen gelernt haben und das die Erhöhung des Persönlichkeitsgefühles durch Beschenken (Erniedrigen) anderer, die danken müssen (was er ja nicht kann) bezweckt.

Unsere Vermutung, daß es sich um ein reales kriminelles Faktum handeln müsse (siehe S. 320), erwies sich also als unzutreffend.

Die Aussprache und das Geständnis erleichtern ihn sichtlich. Er meint, es werde nie mehr in seinem Leben vorkommen und nimmt sich vor, der betreffenden Firma das Geld anonym einzusenden und so den Schaden wieder gutzumachen.

— — — — — — — — — — — — — — — —

Die Metzgerphantasien drängen sich immer mehr in den Vordergrund. Er träumte:

> Ich suchte nach Butter und kam in einen Metzgerladen; da war ein großer Ballen wie ein halbes Faß. Meine Frau meinte, ich hätte falsch gesehen, es sei nicht Butter, sondern Margarine. Sie ging fort, ich gab ihr 10 Kronen, sie aber griff in meine Tasche, um sich mehr zu holen und sagte dabei: „Laß mich tippen." Ich wollte mich überzeugen, ob es wirklich Butter war, sah auf dem Pulte den Ballen liegen. Er war Margarine.

Seiner Frau hatte er den Vorfall in Triest — es scheinen mehrere gewesen zu sein — ganz verschwiegen. Er ist falsch. Er ist die Margarine, während sein Chef und seine Frau glauben, daß er Butter sei.

Er wundert sich, daß in einem Metzgerladen Butter verkauft wird. Wie kam er nur auf den Metzgerladen? Das muß etwas mit seiner Schürze zu tun haben!

Plötzlich fällt ihm ein, daß er in München jedes Jahr den Metzgersprung gesehen hat. Die jungen Metzgerburschen kamen auf Pferden, sie zogen Felle an und stürzten sich in einen Brunnen (siehe den Brunnentraum S. 327) und kamen dann naß hervor.

Er ist voll von sadistischen Phantasien und Erinnerungen. Er warf einmal (5—6) eine Katze vom vierten Stock auf die Erde, sie blieb lebend, aber er quälte sie dann entsetzlich. Er lebte ganz in Karl May und seinen Indianergeschichten. Er tötete in seinen Träumen alle seine Widersacher. Er sah gerne zu, wenn in Triest die Skorpione aufgespießt und dann lebend verbrannt wurden.

Oft denkt er an einen vierfachen Raubmord, der sich in Salmdorf ereignete. Vier Frauen wurden ermordet. Er zählt andere Raubmorde, die ihm in Erinnerung geblieben sind.

Er trug bis zum 10. Jahre selber eine Schürze!

Mit 22 Jahren war er Zeuge, wie ein Geisteskranker sich auf das Pflaster warf und zerschmettert liegen blieb. (Vgl. den Traum S. 324.) Er lief davon. Er kann nicht unmittelbar helfen, wenn es gilt zu handeln.

— — — — — — — — — — — — — — — — — — —

In Träumen, die ich übergangen habe, kam das Wort A u r i e l vor, das ihn zwangsmäßig verfolgt. Der Name hat Beziehungen zu seinem Verbrechen. Auch hatte er mit einem Freund Aurel sexuelle Beziehungen (12—14). Seine Schwägerin reizt ihn sexuell, weshalb er auf seinen Schwager eifersüchtig ist. Er fühlt eine sexuelle Erregung, wenn er von ihr „Schwager" angesprochen wird. Erinnert sich an Konditorgehilfen (7), die halbnackt waren oder Schürzen um hatten.

Nun erinnert er sich an den Beginn seiner Paraphilie. Er war 12 Jahre alt, da füllte er ein Schaff mit Wasser, zog die Hose aus, legte sich in das Schaff und machte Wiegebewegungen. Damals tauchte er nur den Popo ein. Erst seit der Schwangerschaft seiner Schwester wurde auch der Bauch benetzt. Mit 4 Jahren wurde er von seinen Eltern in ein Varieté mitgenommen und sah eine indische Bauchtänzerin, die ihm gewaltig imponierte. Hatte damals den Wunsch, eine Bauchtänzerin zu werden.

Er sah gerne zu, wenn die Schwester ihr Kind stillte und beneidete den Säugling.

Hört gerne von Verbrechen und Mördern und liest in der Zeitung zuerst den „Gerichtssaal" und die Mordgeschichten. Am meisten regte ihn die Geschichte von „Jack the ripper" auf. Er wurde nicht müde, die Geschichte zu lesen. Er schlitzte einmal ein Badekostüm seiner Schwester mit einem Messer auf und onanierte in den Schlitz. (Phantasie eines aufgeschnittenen Weibes.) Wenn die Schürzen verdorben waren, schnitt er sie mit großem Vergnügen entzwei, hatte dabei Erektion!

Vielleicht erklärt das die faszinierende Wirkung der roten Farbe. Sah einmal in einem Wirtshause eine appetitliche Köchin in einem roten Kleide mit einer weißen Schürze und wurde sexuell sehr erregt, während ihn sonst weiße Schürzen kalt lassen.

Bei älteren Frauen stoßen ihn schmutzige Schürzen ab (Mutter?). er kann nicht hinsehen.

Er hustete sehr stark, hatte eine förmliche Ideenflucht dabei, konnte aber keinen Gedanken festhalten.

— — — — — — — — — — — — — — — — — — —

Er hatte vor dem Einschlafen ein hypnagoges Bild: Ein offener Mund, die Zahl 10 (Zähne). Er bezieht das Bild auf die Phantasie einer Fellatio. (Befindet sich im Stadium starker Übertragung, wollte mich bei Nacht an sein Bett rufen lassen, weil er sich so schlecht fühlte.)

Er sah in Triest Abbildungen von Orgien, die ihn sehr erregten. Besonders die nackten Männer mit den erigierten Phallussen regten ihn auf. Für gewöhnlich lassen ihn die Bilder nackter Frauen ganz kalt.

Er gibt eine Zusammenfassung seiner Angstzustände. Er hat Angst zu fallen, aus dem Fenster zu stürzen. Er geht in der Oper nie auf die vierte Galerie, er kann nicht hinunterschauen. Angst vor dem Alleingehen, vor finsteren Gängen, vor einem Überfall (trägt einen geladenen Revolver). Ein Mann, der hinter ihm einherschreitet, ist ihm unheimlich. Dreimal lief er vor Männern davon. Hört bei Nacht oft Geräusche und hat nicht den Mut, sich zu überzeugen, woher die Geräusche kommen. Er ist in jeder Hinsicht ein Kind geblieben.

Er hatte folgenden Traum:

> Ich sitze mit meiner Familie bei Tisch. Es wird eine Torte verabreicht, die giftgrün ist. Ich sage: „Das kann man nicht essen." Meine Frau sagt: „Du kannst sie ruhig essen." Mein Bub kostet zuerst und verfärbt sich. Auch die anderen Kinder wechseln die Farbe. Sie haben alle schon von der Torte gegessen. Auch meine Frau würgt und bricht. Ich rufe ihr zu: „Ich bin nicht schuld! Du hast die Torte ins Haus gebracht!"

Er kämpft mit Mordgedanken. Er möchte seine Familie vergiften. Er hat immer Sublimatpastillen (mit dem Totenkopf) zu Hause und fürchtet jedesmal, wenn er den Kindern oder der Frau Aspirin gibt, er habe das Aspirin mit dem Sublimat verwechselt.

Er hat auch Angst, daß Gas ausströmen könnte und überzeugt sich einige Male, ob der Gashahn geschlossen ist. (Ideen, die Familie durch Gasausströmen zu töten.)

— — — — — — — — — — — — — — — — — —

Er sieht jetzt seine starke Homosexualität ein und gesteht, daß es ihn mehr zu Männern in Schürzen zieht als zu Frauen. Seine erste Schürzenliebe waren Metzger mit blutigen Schürzen.

Und plötzlich fällt ihm etwas wichtiges ein. Er war in S., dem Geburtsorte seiner Eltern, bei seinem Onkel. Vom rückwärtigen Trakte des Hauses sah man in den Hof eines Metzgers. Er sah zu, wie die Schweine geschlachtet und wie die Würste gemacht wurden. (Siehe den Traum von der Verwandtschaft, wo die Familie des Onkels B. vorkommt. S. 330.) (4—6.) Ferner fällt ihm ein, daß er die Köchin mit der weißen Schürze und dem roten Kleide schon in der frühen Jugend gesehen hat (7—8). Der Wirt war Metzger und schlachtete seine Schweine und Kälber selbst.

Auf der Gasse sieht er nur Schürzen. Jetzt reizen ihn besonders blaue Schürzen. Er flieht vor dem Blutkomplex. Daher hat er die Metzgerschürze, die seine erste Liebe war, mit Ekel belegt. Er kann kein Blut sehen, er kann keine Blutwurst, kein blutiges Rostbeef essen. Er kann in der Küche nicht das rohe Fleisch sehen, weil er es dann nicht essen kann.

Er hat beim Raseur Angst, das Messer könnte ihm den Hals verletzen. Er rasiert sich deshalb selbst. Das Halsabdrehen der Hennen und Tauben kann er nicht sehen. Er hat Zeiten, in denen er gar kein Fleisch essen kann. Er versuchte oft, Vegetarier zu werden, aber die Ärzte rieten ihm immer wieder Fleisch an, weil er eine schwache Lunge hat. Als Kind ging er gerne auf den Friedhof, besonders beim Onkel. Nun kann er keinen Friedhof besuchen, kann keinen Leichenzug sehen (siehe Traum S. 328). eine Leiche anzusehen, wäre ihm unmöglich. (Nekrophilie?) Als Kind lief er den Leichenzügen nach und besuchte gerne die Toten, wenn sie ausgestellt waren.

— —

Während der Gravidität pflegte er seine Frau so stark an sich zu drücken, daß sie ausrief: „Alfred, gib acht auf das Kind!" — Er weiß, daß er das Kind im Mutterleibe zerdrücken wollte. Beim ersten Kind war es ein dunkles Gefühl, beim zweiten war es ihm vollkommen bewußt. Das Kind litt an Darmkatarrh und sah elend aus. Er hatte „Mitleid" mit dem Kinde und hoffte, es werde sterben, um erlöst zu sein. Er trug sich mit dem Gedanken, das Kind heimlich zu erdrosseln. Seit dieser Zeit verstärkte sich der Kitzel im Halse.

Er ist wieder potent bei seiner Frau. Gestern beobachtete er sich beim Koitus. Er stößt immer mit aller Gewalt und hat dabei eine Art Traumzustand. Der Penis wird zum Messer. Er schlitzt seiner Frau den Bauch auf. Er sieht jetzt alle kriminellen Gedanken ein und sagt: „Wie werde ich mich von den kranken Gedanken befreien? Solche Gedanken kommen mir vor wie konservierte Mumien."

Es wird ihm erklärt, daß Mumien oft zerfallen, wenn sie in das Licht des Tages gebracht werden, was ihn sehr beruhigt.

— —

Er sah gestern einen Metzgerwagen und kämpfte mit Brechreiz. Er erzählt, daß ihm das sehr unangenehm war, weil er gerade einer angenehmen Erinnerung nachhing. Er verliebte sich mit 10 Jahren in einen entzückenden Blondkopf. Das Mädchen trug eine reizende cremefarbene Schürze. Er lief ihr immer nach und suchte ihre Bekanntschaft zu machen. Sie ging in eine Klavierschule und er sekkierte zu Hause so lange, bis man ihm erlaubte, auch in derselben Schule Klavier zu lernen. Damals ging er im Sommer einmal fischen, seine Hosen wurden naß. Er hatte eine sexuelle Erregung. Das beschäftigte ihn so sehr, daß er das Mädchen vergaß.

Eigentlich war es keine rechte Liebe. Er hat angeblich nur einmal im Leben geliebt, und zwar nur den Freund, der ihn mit Hedwig bekannt machte. (Siehe S. 310.) Allerdings war er sehr frühreif und hatte schon mit 5 Jahren eine kleine Braut, der er bis zum 7. Jahre treu blieb. Doch interessierte ihn als Kind am meisten das Glied der Männer. Schon im 4. Jahre sah er immer zu, wenn die Burschen im Hofe urinierten. Ein Nachbar mit einem sehr großen Gliede imponierte ihm am meisten und er lief immer zum Fenster, um zu sehen, ob dieser Mann kommen würde.

Er hatte folgenden Traum:

> Für das Gast- und Schankgewerbe tritt wieder eine Steigerung ein, und zwar für Lagerbier. Als ob ein Kind vor das Haus gelegt werde, aber man darf es nicht drücken, daß nichts passiert . . .

Er fürchtet eine neue Gravidität seiner Frau, die hier das Lagerbier darstellt. Sein Haus wird als Gast- und Schankgewerbe ausgedrückt. Gedanken, das neugeborene Kind zu erwürgen, weil er es angeblich nicht mehr entsprechend ernähren kann.

— — — — — — — — — — — — — — — — — — — —

Er gesteht eine bisher versteckte Paraphilie, die seinem Infantilismus entspricht. Er merkt mit Schrecken, daß ihn kleine Kinder interessieren, besonders wenn sie die Notdurft verrichten. Er machte sich selbst darüber lustig. Er ärgerte sich, wenn er Kinder in kurzen Kleidchen sah, so daß er alles erblicken konnte. „Aber hingeschaut habe ich trotz meiner moralischen Entrüstung doch!" — Bei der Schwägerin beobachtet er oft ein achtmonatliches Kind, und zwar blickt er mit Vorliebe auf das Genitale. Vor einigen Wochen sah er auf der Gasse ein Kind, das die Notdurft verrichtete. Er blieb stehen und sah gespannt zu, obgleich er sich über seine kindische Neugierde und sexuelle Erregung ärgerte.

In der Analyse melden sich nun die verschiedenen Infantilismen. Jetzt beschäftigt ihn die Anal- und Urinsexualität seiner Kinder und seiner eigenen Jugend, von der er so viele Eigenarten beibehalten hat. Auch Tiere betrachtet er mit großem Interesse. Urinierende Hunde interessieren ihn. Mit Spannung verfolgt er die Begattung der Hunde auf der Gasse und gerät in sexuelle Erregung. Er hat oft die Empfindung, als ob er selbst ein Hund wäre.

— — — — — — — — — — — — — — — — — — — —

Eine Woche vergeht unter Widerständen. Er bringt mir Stimmen der Gegner der Analyse. Er meint, er wäre schon fertig mit dem Materiale. Die Übertragung wird geleugnet und ins Lächerliche gezogen. Wiewohl ich für seine Analyse sehr interessiert bin, sehe ich mich genötigt, ihm die Behandlung zu kündigen, weil er darauf anspielt, die Analytiker nützten ihre Kranken endlos aus. (Ich gebe allen Kollegen, die sich mit Analyse beschäftigen, den Rat, den Patienten nie zu zeigen, daß ihnen an der Analyse etwas gelegen ist und empfehle ihnen zu versuchen, den Patienten dadurch zu halten, daß sie ihn nur „bedingt" behandeln, d. h., wenn sie Aussicht auf einen guten Erfolg haben.) Ich stelle ihm also ganz frei, die Analyse abzubrechen und meine, die Behandlung wäre infolge seines Widerstandes aussichtslos. Aber nur wegen seines Widerstandes.

Am nächsten Tage kommt er ganz reuig. Es sei ihm klar geworden, daß er sich um sein Verhältnis zur Mutter drücken wolle. Er sei überhaupt ein zerrissener Mensch. Er wolle krank bleiben und möchte doch gesund werden. Es scheint, er könne auf seine Schürzen nicht verzichten. Er sei grausam und doch weichherzig. Er hatte vor der Analyse eine Streitszene mit seiner Frau. Als er seiner Frau etwas Böses sagen wollte, wurde er von Schluchzen überfallen und hatte einen längeren Weinkrampf. Er sei grausam, aber nicht von Natur aus. Er sei von seiner Mutter grausam gemacht worden. Er war der Dienstbote im Hause. Er mußte Gänge machen, Bier holen, um die Milch laufen, zum Krämer, um Tabak, zur Tante und zu den anderen Verwandten. Und es gab immer wieder Schläge! Einmal fehlte an einer Uhr ein Zeiger. Natürlich sollte er daran schuld sein. Er beteuerte und schwor, er habe die Uhr nicht angerührt. Da wurde ihm vorgehalten, daß er ein verstockter Sünder sei, der noch einmal am Galgen enden würde. Er schrie: „Ich habe es nicht getan!" Da wurde er mit den Füßen getreten und mit dem eisernen Schürhaken unbarmherzig geschlagen, so daß er ohnmächtig niederfiel. Oft wurden ihm Holzscheite nachgeworfen. Das Furchtbarste war, daß er nachher um Verzeihung bitten mußte, sonst gab es noch ärgere Quälereien. Er durfte sich nicht an den Kinderspielereien beteiligen wie alle seine Kameraden. Oft sah er sehnsüchtig nach dem Hofe, wo die Kinder spielten, während er sich im Hause betätigen mußte. Er wurde von seinen Kameraden ausgelacht, wenn er mit seinem Einkaufskorbe vorbeiging. Kaum blieb er bei ihnen stehen, so hörte er vom Fenster die schrille Stimme der Mutter gellen: „Alfred!" Dieses „Alfred" wurde ihm in der Schule nachgerufen und klingt ihm noch heute in den Ohren.

Die Schürze war seine Schmach. Er trug sie, wenn er einkaufen ging oder im Hause arbeitete. Er war ein Dienstmädchen, er identifiziert sich mit einer Magd. Überdies trug die Mutter immer einen Stock unter ihrer Schürze, der urplötzlich hervorkam und ihn bearbeitete, auch wenn er gar nichts verbrochen hatte.

Er gibt weitere Schilderungen seines Martyriums, die an die herzzerreißenden Kinderquälereien erinnern, die Dickens in seinen Romanen (Oliver Twist usw.) so grauenhaft gemalt hat. Er hat eine regelrechte

Erziehung zum Sadisten und Verbrecher mitgemacht. Es zeigt von seinen glänzenden Anlagen, daß sich bei ihm eine Christusneurose entwickeln konnte.

— —

Er träumt:

> Ich mache eine Autofahrt, ohne es zu Hause zu sagen. Als ich nach Hause kam, schrie mich die Mutter an und drohte mit dem Stocke: „Wo warst du jetzt?“ Ich entgegne ihr: „Was willst du denn? Ich bin großjährig.“ — Ich halte ihr eine lange Predigt.

Man sieht, er kämpft noch mit dem Gespenst der Mutter. Die Autofahrt deutet auf den Autoerotismus. Er onaniert mit Gedanken an die Mutter. Er hat es nie gewagt, ihr die Wahrheit zu sagen. Nun findet er den Mut zu der Strafpredigt. Er hat ihr merkwürdigerweise nie im späteren Leben Vorwürfe gemacht. Er kam gar nicht zum Bewußtsein seiner traurigen Jugend. Erst in der Analyse tauchen die Grausamkeiten der Mutter auf. Er hat sie alle annulliert und wollte von ihnen nichts wissen. Deshalb tauchte in der Analyse Widerstand auf, ehe er das Bild der Mutter nach Wirklichkeit zeichnete.

Die Analyse dieses Traumes dauert fast eine Woche. Aber die Mühe wird durch die Ergebnisse reich belohnt. Wir finden, daß Patient in der Kindheit Bettnässer war und dafür von seiner Mutter gezüchtigt wurde. Das Bettnässen war mit Lustgefühlen verbunden. Er hatte wunderbare Empfindungen, wenn er im nassen Linnen, von feuchtem warmen Dunste umgeben, liegen konnte. In diese Lust griff seine Mutter grausam ein und legte ihn auf den kalten, harten Boden, so daß er kein Linnen mehr naß machen konnte und erbärmlich fror.

Auch in seine erste Onanieperiode, die jetzt langsam aus der Versenkung der Verdrängung emporkriecht, mengte sich seine Mutter. Der Traum wird verständlich, wenn man weiß, daß er als Kind auf dem Aborte onanierte und die Mutter ihn immer fragte, wo er so lange verweilte. Sie verbot ihm, die Hände unter der Decke zu halten.

Er haßte seine Mutter, weil sie ihm jede Lust entzog, ohne ihm dafür Ersatz zu bieten.

Seine Paraphilie ist zugleich eine Trotzeinstellung gegen die Mutter. Jetzt, da er erwachsen ist, läßt er sich nichts verbieten. Jetzt wird er erst recht onanieren!

In vielen Fällen von Haßeinstellung gegen die Eltern werden wir als Wurzel das Onanieverbot dieser Eltern finden.

Unser Patient hat seiner Mutter nie über ihr grausames Verhalten, über ihr Prügeln, Strafen usw. Vorwürfe gemacht. Er duldete es und schwieg. Auch als Erwachsener konnte er ihr nichts nachtragen. Er wollte oft über ihre Erziehungsfehler sprechen, aber er hatte Mitleid mit ihr und schwieg. Aber sollte er ihr doch zu Dank verpflichtet sein und verbotene Liebkosungen von ihr empfangen haben?

In diesem Traume setzt er sich endlich mit ihr auseinander. Der Inhalt der langen Rede, die ihr das Sündenregister vorwarf, ist leider am Morgen vergessen. Er macht diese analytische Arbeit ohne mich. Er will seine Mutter nicht weiter belasten und entwerten.

— —

Traum:

Ich hatte einen heftigen Streit mit meiner Schwester, weil sie sich in meine Sachen hineinmischte und meine Frau angriff. Ich schrie sie an: „Kümmere dich um deinen Sohn und lasse mich in Ruhe!"

Er erwachte und hatte heftigen Kitzel im Halse und ein Jucken in der Glans. Es ist klar, daß sich nun Erinnerungen an die Schwester melden, die scheinbar auch mit ihm gespielt hat, als er Kind war. Sie vertrat die Mutter und er war ihre Puppe. Sie setzte ihn auf den Topf und nahm ihn oft ins Bett.

Folgen verschiedene Erinnerungen an die Schwester, die seine Fixierung beweisen.

— —

Er träumt:

Ich sehe große Buchstaben: S . . . . . T . . . . . . T. N.

Er hatte den Einfall in der Nacht: Stekel — traue — nicht.

Er wehrt sich gegen die Mitteilung des nun folgenden Materials. Er meint, seine Krankheit könnte organische Ursachen haben. Seine Mutter habe ihm erzählt, daß er eine so schwere Geburt mitmachte. Auch sei er in der Kindheit aus dem Kinderwagen gefallen und trage noch die Narbe von seiner Verletzung am Schädel.

Als ich darauf beharre, daß sein Leiden psychisch entstanden sei, kommt es zu einer Pause und endlich sagt er:

„Ich habe nie davon gesprochen, daß ich eine Schwangerschaft meiner Mutter beobachtet habe. Ich mochte 6 Jahre alt gewesen sein. Meine Mutter trug eine Schürze und sah immer nach, ob die Schürze fest sitze oder ob sie gerutscht sei, weil ein Zimmerherr sie beobachtete und auslachte. Er sprach immer, daß man den Baum schon durch die Schürze durchsehe. Auf diesen Zimmerherrn war ich eifersüchtig."

„Warum waren Sie eifersüchtig?"

„Weil meine Mutter mit ihm schön tat und sie sich oft zusammen in ein Zimmer zurückzogen. Ich vermutete, daß sie dort etwas Sexuelles machten."

„Was geschah mit dem Kinde, das nach Ihnen geboren wurde?"

„Es starb bei der Geburt. Ich habe es nie gesehen." (Pause.) „Ich glaube, meine Mutter hat es umgebracht, weil sie keine Kinder mehr haben wollte. Mir kommt die Sache nicht geheuer vor."

Er fühlt sich besser. Er hat nicht mehr das „Draufgängerische". Er muß den Schürzen und den Schwangeren nicht mehr nachlaufen. Er fühlt sich wie von einem Zwange befreit.

Er meint, die Schürze sei ihm etwas Heiliges, wie eine Reliquie. Es könne ihn zu Tränen rühren. Es vereinigt sich in der Schürze alles Gute, was er von der Mutter erfahren hat.

Hier ersehen wir die bipolare Einstellung zur Mutter. Ich frage ihn, was denn das Gute war, das er von der Mutter erfahren habe.

Erst schweigt er und dann sagt er: „Ich habe heute Nacht einen merkwürdigen Traum gehabt":

> „Ich hörte eine Stimme: Die Mutter hats — die Mutter kanns! Dann schwebten mir Zahlen vor: 408 oder 802 — vielleicht 208. Die Mutter sagte mir: Ich kann deine Schuhe viel besser wichsen als du und deine Frau. Ich gebrauche Fettglanzwichse."

Zum Traume hat er die Einfälle 12 (4 mehr 8) und 10 (8 mehr 2). Zum Schuhewichsen fällt ihm Onanieren ein.

Unter Widerstreben erinnerte er sich, daß in seiner Phantasie seine Mutter mit dem Gliede spielte, als er schon 10 und einmal als er 12 Jahre alt war und neben ihr im Bette lag. Er onanierte neben der Mutter und mit Gedanken an die Mutter. Im Keuchhusten wurden seine Anfälle durch Spielen mit dem Gliede beruhigt. Die Schürze symbolisiere die gute, mit seinem Gliede spielende Mutter.

Er bringt am nächsten Tage folgende Aufzeichnungen, die ich mit seinen Worten wiedergebe:

Das Schriftstück trägt die Aufschrift:

Die Liebe zur Schürze und ihre Erklärung.

Ich hatte meine Mutter unendlich lieb, trotz ihrer Grausamkeiten und Härten und liebe sie wahrscheinlich noch heute mit unverminderter Anhänglichkeit. Ich erwarte ihre Briefe mit Spannung und zittere, ehe ich den Brief aufmache. Ich ertappe mich stündlich bei Phantasien, daß ich mit ihr spreche und in ihrer Nähe bin. Ich zähle die Tage bis zum nächsten Briefe und würde sofort alles in Stich lassen und zu ihr reisen, wenn sie krank sein würde. Meine Liebe zur Mutter — wie sie heute ist — ist nur ein Teil der alten gewaltigen Kinderliebe, die mich ganz erfüllt hat. Es mischte sich jetzt zu viel Haß und Bitterkeit in unser Verhältnis.

Die Liebe ist nicht normal, sie ist gestört, der Strom ist unterbrochen. Meine ganze Liebe hat sich zur Schürze geflüchtet. Sie ist mein Ideal, etwas Hohes, etwas Heiliges, sie nimmt die ganze Liebe auf, die eigentlich meiner Mutter zugedacht war.

Meiner Mutter selbst kann ich in ihrer Nähe keine richtige Liebe entgegenbringen. Ich fühle mich wohl in ihrer Nähe, ich rede mit ihr gerne, aber wenn sie mich anrührt, so fühle ich Grausen, Ekel, es wirkt wie ein negativer elektrischer Strahl.

Ich erkläre mir die Umwandlung der Gefühle folgendermaßen. Ich wurde immer geprügelt, aber zwischen 8 und 12 Jahren erhielt ich die Prügel auf Anregung des Schwagers, den ich haßte und der erkannte, daß ich ihm gram war und seine Beziehungen zur Mutter durchschaute. Dabei wurde weder auf meine körperliche, noch auf meine geistige Verfassung Rücksicht genommen.

Besonders eine Prügelszene kann ich nicht vergessen und es vergeht fast kein Tag, daß ich nicht daran denke.

Durch diese ungerechte Prügelei hat sich die Mutter ihre Liebe aus meinem Herzen gerissen. Ich war aber nicht fähig, mich von ihr zu lösen und die Liebe auf andere Personen zu übertragen. Meine Liebe zur Mutter wählte nun den Umweg über die Schürze. Diese Schürze wurde nun mein Fetisch und mein Tyrann, der mich quält, an dem ich maßlos leide. Ich bin dadurch der unfähigste und unglücklichste Mensch geworden. Menschenscheu, Minderwertigkeitsgefühl, alle Verwirrungszustände stammen aus dieser Quelle.

Ich habe einen Beweis für diese pathologische Mutterliebe. Ich suchte immer nach einem Muttersatz. Ich habe schon von der Wirtsfamilie in Ala erzählt. Da gab es zwei Töchter. Die jüngere hübsch, liebreizend, gutmütig, lustig, zugänglich, die ältere abstoßend, mürrisch, vordrießlich, aller Reize bar. Obwohl mir die Jüngere besser gefiel, schloß ich mich an die Ältere und bat um die Erlaubnis, ihr Mutter sagen zu dürfen. Sie verweigerte mir den Muttersatz. Dann wandte ich mich wieder den krankhaften Verirrungen zu. Ich habe keinen Ausweg gefunden.

Ich möchte noch einen Beitrag zur Schürzenonanie liefern. Es war mir nicht genügend, wenn ich die ganze Schürze umband. Ich verlangte nach mehr. Ich wollte eigentlich den ganzen Körper einschnüren. Ich wollte mich so fesseln, daß auch Arme und Beine nicht frei waren, um beim Onanieren gezwungen zu sein, durch Bauchbewegungen wie eine Schlange den Reiz und die Befriedigung hervorzurufen. (Es ist die deutliche Säuglingsphantasie, der in Windeln eingebunden ist und durch Wiegebewegungen, wie sie *Henoch* als erster beschrieben hat, onanistische Befriedigung erzielt — ferner Erinnerungen an die Bauchtänzerin.) Ich konnte aber diese Fesselung nicht ausführen. Ich mußte jeden Moment gefaßt sein, überrascht zu werden. Ich hätte nicht Zeit genug gehabt, mich der Fesseln zu entledigen, während ich die Schürze oder den Sack in einer Sekunde abwerfen konnte. Aber ich band mir fast immer die Kniegegend ein. Ich glaube, ich wurde als Kind im Wickelkissen fest um das Knie eingebunden. Ich mache es jetzt gerade so, wenn ich die Knie mit einer Binde umwickle. Ich kann auch von der Mutter in den Windeln unten berührt worden sein. Denn ich habe sie bei der Pflege anderer Kinder (des Neffen) beobachtet und bemerkt, daß sie dem Kinde unter den Windeln Liebkosungen erweist. Sie fuhr über die Schamgegend und rieb daran, was dem Kinde Freude zu machen schien. Daraus kann ich schließen, daß mir ähnliche Liebkosungen im Steckkissen und unter den Windeln zuteil wurden.

— — — — — — — — — — — — — — — — — — — —

Schürzen reizen ihn nicht mehr. Er hat eher eine peinliche Empfindung, als ob er sich schämen würde, solchen Kindereien nachzuhängen.

Er hatte einen sehr wichtigen Traum:

> Ich befand mich in meiner Wohnung, da kam der Hafner oder Maurer und reparierte den einen Ofen vom Wohnzimmer; nach Fertigstellung ging er ins nächste Zimmer und warf mit Hilfe von anderen Arbeitern diesen Ofen um, obwohl vollkommen in Ordnung und eine Reparatur von mir auch nicht verlangt wurde. Ohne Rücksichtnahme auf die Möbel ließen sie den ganzen Ofen auf den nebenstehenden Diwan fallen. Auf meinen Protest wurde erklärt, der Hausherr verlange es. Er war auch im Zimmer anwesend, ohne daß ich jedoch mit ihm ins Gespräch gekommen wäre.
>
> Später entdeckte ich, daß die eine Wand vom Wohnzimmer wackelig war, ganz schief zu stehen schien, die Tapeten hingen nur mehr lose daran und die Wand drohte einzustürzen. Auch entdeckte ich an der Decke plötzlich ein großes Loch. Trotz aller dieser Unbequemlichkeiten verließ ich jedoch die Wohnung nicht und wollte auch nicht; empfing sogar Besuch, an den ich mich allerdings nur mehr ganz schwach, nebelhaft erinnern kann.

Er empört sich in diesem Traume gegen die Analyse. Der Fetischismus wird mit einem warmen Ofen verglichen. Ich habe meine Befugnis überschritten. Er wollte eigentlich nur die Angst loswerden und bei seiner Frau potent sein. Was bin ich für ein schlechter Hafner! Ich zerstöre ihm den schönsten Teil der Parapathie (Ofen). Ich überhöre alle Proteste seines inneren Menschen. Aber nicht der Ofen, das ganze Haus droht einzustürzen! Alles was er sich kunstvoll errichtet hat, soll zugrunde gehen? Und das große Loch in der Decke, durch das er bequem in sein Inneres sehen soll! Aber trotzdem! Er gibt seine Parapathie (seine Wohnung) nicht auf. Er richtet sich neu ein, neue Gedanken kommen hinzu. (Er empfängt sogar Besuch!)

— — — — — — — — — — — — — — — — — — — —

Viel tiefer in das Rätsel seiner Paràpathie bringt uns der nächste Traum, der ein sogenannter Schlüsseltraum ist.

Ich war im Theater bei einer Festvorstellung; gegeben wurde „Faust". In der Hofloge sah ich rechts in der Ecke, fast ganz an die Wand gelehnt, die „Königin" mit einer großen, hohen Krone auf dem Haupte, die fast etwas schief saß. Links sah ich dagegen in der gleichen Loge den „Prinzregenten"; um ihn zu sehen, mußte ich mich von meinem Platze aus vorbeugen.

Es sollte dem hohen Paar eine Huldigung dargebracht werden und ich sah einen Herrn in schwarzem Frack sich der Königsloge nähern. Dort angekommen, zeigte sich mir dieser Herr plötzlich mit einer großen weißen Schürze angetan und ich dachte sofort: Wie kommt denn dieser Bäcker jetzt hieher?

In der Person dieses Bäckers erkannte ich jedoch den Besitzer einer Handelskunstgärtnerei von Triest und Mitglied des Triester Männergesangvereines, Namens „German".

Weiters hörte ich plötzlich in meiner Nähe auf der Galerie italienische Worte; ich sah mich um und bemerkte zwei Mädels, gleich gekleidet, rot karierte Kleider, die mit einem jungen wilden Tier (Löwen?) spielten, und zwar schoben sie das Tier fortwährend vor sich her.

Die Vorbereitung zur Huldigung dauerte mir scheinbar zu lange, denn ich ging fort und wollte etwas holen. Beim Weggehen sehe ich, daß mir das Tier nachlaufen will und auch wirklich tat. Um mich davon zu befreien, machte ich einen größeren Bogen, das Tier blieb zurück.

Da kam ich vor einen Bäckerladen, sah in den Auslagefenstern eine Ankündigung von besonderem Kornbrot.

Ich ging in den Laden, um solches zu kaufen; es wurde mir aber von einer älteren Frau gesagt, es sei ausverkauft. Auf meine Frage wegen anderem Brot, erhielt ich ebenfalls eine verneinende Antwort. Ich sah mich hierauf im Laden um und entdeckte irgendwo einige Hörnchen in einem Glaskasten. Auf meine Frage, ob ich die haben könnte, erhielt ich eine bejahende Antwort und kaufte sie; weiters sah ich ein Stück Kranz und bekam auch dieses. Nun wollte ich zahlen und frug nach dem Betrag. Der genannte Betrag (5.237) erschien mir zu hoch und verlangte Details und erhielt folgende Zahlen aufgegeben: 4.22, dann —.71 und —.93. Bei 4.22 bemerkte ich: wieso so viel? Die Frau hatte sich geirrt und änderte auf 2.23 um. Ich rechnete und rechnete und bekam nicht die richtige Summe, einen ganzen Bogen Papier hatte ich schon verschmiert, da kam ich auf die Summe 7.11, doch nein, auch diese stimmte nicht, . endlich nach weiterem Rechnen kam ich auf die Summe 5.11, bei der es blieb. Als ich den Laden schon verlassen wollte, sah ich auf einem Fenster doch noch ein Stück von dem Brote liegen; schönes, lockeres, mit großen Löchern gebackenes Brot. In diesem Momente kam der Bäcker selbst in den Laden und ich erzählte ihm von meinem gehabten Wunsche und dem negativen Ausfall. Der Bäcker sah nun auch das Stück Brot liegen und wollte es rasch verschwinden lassen. Ich bemerkte dies und sagte sofort zu ihm: „Lassen Sie es nur liegen, ich habe es schon gesehen, es macht nichts, Sie werden es halt für jemanden reserviert haben.“

Nun ging ich aus dem Laden, es regnete, schaute auf die Uhr und konstatierte 7 Uhr. Donnerwetter, jetzt habe ich den größten Teil der Vorstellung schon verpaßt und besonders den Teil mit Margarete und die schönen Reden von Faust.

Hierauf erwachte ich etwas in Schweiß gebadet und bekam einen Kitzelreiz mit nachfolgendem leichten Husten. Nach einer Stunde etwa schlief ich wieder ein.

Wir erinnern uns des ersten Traumes von der Sängerin (S. 309). Das Thema wird in diesem Traume noch einmal aufgegriffen mit einer kleinen Variante. Zuschauer ist die Mutter (Königin). Allerdings, ihr Diadem ist etwas schief, womit die Entwertung im Traume einsetzt. Er muß sich vorbeugen, um den Prinzregenten (Vater und dessen Stellvertreter) zu sehen. Wir wissen, daß er den elterlichen Koitus belauscht hat. Die Huldigung geschieht durch einen Herrn im schwarzen Frack, der eine weiße Bäckerschürze trägt. Er agnosziert diesen Mann als „German“, d. h. als Deutschen. Der Name klingt aber wie der Name seines verhaßten Rivalen, des Schwagers (Schermann), der hier offenbar den König vertritt und Prinzregent ist. Er erscheint hier verdoppelt als der Mann und der Vertreter der huldigenden Bürgerschaft.

Die beiden Mädchen mit den Löwen stehen für die beiden Kinder der Eltern, für ihn und seine Schwester. Er tritt in weiblicher Maske auf, aber der Löwe symbolisiert seine verhaltene Kraft, seine Aggressionstendenz. Er will dem Tiere, dem Löwen entkommen, und flüchtet. Wir wissen, er hat München verlassen, weil er es nicht länger aushielt. Wir werden gleich die Ursache dieser Flucht kennen lernen. Der Bäcker ist sein Rivale, der Schwager. Der Bäckerladen seine Mutter. Er kann keine Liebe mehr erhalten (das im Kriege geschätzte Kornbrot). Die Bäckerin hat nur Hörnchen. Sie hat seinem Vater Hörner aufgesetzt. Die Hörnchen sind in einem Glaskasten. Jeder kann es sehen, nur der Vater nicht.

Jetzt kommen die mysteriösen Zahlen, die schon an den Traum (S. 341) erinnern. Dort waren es die Zahlen 208 und 802. Wir erkennen die gleichen Zahlen 422 ist (4 mal 2), gleich 82, ebenso verbirgt 71 den Achter (7+1), während die Zahl 93 noch rätselhaft bleibt. Er sieht aber, daß der Bäcker Brot hat. Er hat etwas gesehen („Ich habe es schon gesehen"). Nun wissen wir, daß die Vorstellung des ersten Traumes Faust ist. Der Traum wird aber erst verständlich, wenn man weiß, daß seine Mutter M a r g a r e t e heißt.

An den Zahlen analysiert er einige Tage und zeigt, daß sie alle mit den Geburtsdaten seiner Familie zusammenhängen. Aber das Wichtigste kommt erst. Er weiß nicht, ob er mir schon gesagt hat, daß er einen Koitus zwischen dem Schwager und der Mutter belauscht hat. Er kam einmal im Sommer — es war August — zu früh nach Hause und hörte ein verdächtiges Geräusch. Er sah nun, wie die Mutter dem Schwager eine Fellatio machte und wie er an ihr den Kunnilingus vollzog. Er weiß auch das Datum. Es war am 2. VIII. 1893. Er ist 1887 geboren und war damals 7 Jahre alt. Sein Geburtstag ist am 5. XI. (511), der Geburtstag der Mutter am 22. III. (223).

Dies Datum hat sich unauslöschlich eingegraben. Er haßte dann den Onkel, der ihm die Liebe seiner Mutter geraubt hatte. An dem kritischen Tage wendete er sein beliebtes Mittel an. Er hustete, um sich bemerkbar zu machen, die Mutter beendete rasch die Liebesszene und er wurde über Geheiß des Schwagers, weil er zu früh aus dem Geschäfte gegangen war, bestraft. Der Schwager war kein Bäcker, aber er hatte einen Konditorladen und verkaufte auch Gebäck, das unser armer Junge austragen mußte. Nun erkennen wir die Ursache seiner Widerstände. Er hat diese Szene immer gewußt, glaubt aber, sie mir bestimmt erzählt zu haben. Die ersten Erzählungen aber waren entweder Phantasien oder Deckerinnerungen.

— — — — — — — — — — — — — — — — — —

Er träumte wieder:

Ich war beim Nachhausegehen (nachts), trug einen Schreibtischstuhl vor mich her und war schon fast am Hause angelangt, als ich einen Herrn in das Haus eintreten sah, der kurz nachher wieder herauskam; er trug keinen Hut und es hatte den Anschein, als ob er mangels eines Schlüssels nicht wieder zurück könnte und auf mich wartete.

Im selben Momente, als ich schon fast vor der Haustüre war, sah ich neben mir ein Weib auftauchen, mit Hut und Jaquet bekleidet, und bevor ich noch recht sehen konnte, wer es eigentlich sei, wurde ich schon von dieser angegriffen und am Halse gepackt. Ich konnte mich nicht sofort befreien und rief nach meiner Frau, die auch sofort kam und mich befreien half.

Daraufhin wollte ich weiter gehen, wurde aber noch einige Male angegriffen und plötzlich sah ich mich sogar von zwei Seiten gepackt; es war auch ein Mann hinzugekommen.

Neuerdings um Hilfe rufend, ob da noch meine Frau einsprang, ist mir nicht mehr klar, konnte ich mich der neuerlichen Angriffe immer wieder erwehren, bis schließlich das Weib zurückblieb, wenigstens sah ich sie nicht mehr, und die Angriffe erfolgten nur mehr vom Manne. Den Mann frug ich, was er denn eigentlich von mir wolle und was ich ihm getan hätte, er solle doch ablassen. Schließlich ging er in einen Laden — ich glaube Obstladen — und benützte die Gelegenheit, um zu flüchten, und zwar in einen Hausflur; meine Frau kam zu mir, nachrufend. Im ersten Stock des Hauses, glaube ich, war ein Café, in das ich später ging und von da aus Ausschau nach dem Angreifer hielt, von dem ich aber nichts mehr sah.

Der Traum setzt eigentlich das Thema des vorhergehenden Traumes fort. Um den Traum und die „Metzgerschürze" zu verstehen, muß man wissen, daß er den Schwager umbringen wollte. Am liebsten hätte er ihn abgestochen wie ein Schwein. Er verließ München, um nicht zum Mörder zu werden. (Der Löwe!) Er wollte auch den Vater verständigen, ihm schreiben, aber er brachte den Mut nicht auf. (Schreibtischstuhl.) Der Mann des Traumes ist der Schwager, das Weib die Mutter. Von beiden Bildern kann er sich nicht befreien. Den Schwager wollte er auch erdrosseln (Hustenreiz), im Traume wird er von ihm am Halse gepackt. (Talion. Merkwürdige Ähnlichkeit mit dem Hamlet-Motiv.) Seine Frau, d. h. seine Ehe soll ihn aus den Banden der Mutter und der Homosexualität (Vater — Arzt) erlösen. Der Schwager wird zum Vertreter der Homosexualität. Er weiß jetzt, daß er ihn stets bewundert hatte und ursprünglich in ihn verliebt war. So lange er klein war, spielte der Schwager mit ihm und machte ihm kleine Geschenke. Er änderte erst seine Einstellung, als er merkte, daß der Kleine sich durch seine Eifersucht unangenehm bemerkbar machte, besonders nachdem er fürchtete, er könnte das Verhältnis seinem Vater verraten.

Der Konditor verkaufte auch Kaffee in seinem Laden; das erklärt den letzten Teil des Traumes. Im ersten Stocke seines Ladens wurde Kaffee ausgeschenkt.

Patient will die Erklärung wissen, warum er das „l" nie in Verbindung mit einem „d" schreiben kann. Er wird aufgefordert, nachzudenken und bringt als erste Assoziation „Luder".

Es war das Schimpfwort, das er im Geiste seiner Mutter zugerufen hatte.

— —

Er bringt wieder ein Schriftstück:

„Ein Beitrag zur Psychologie meines Hustens."

Mein Unglück ist meine grundfalsche Erziehung. Sie hat mir das Rückgrat gebrochen und mein Selbstbewußtsein zerstört. Ich habe mein Persönlichkeitsgefühl verloren! Das Grundübel war die Art, wie meine Mutter mich behandelte. Spielte ich mit Kameraden im Hofe oder kam ich von einer der endlosen Besorgungen nicht rasch genug nach Hause — und ich konnte meiner Mutter nie rasch genug sein —, so steckte sie den Kopf zum Fenster hinaus und es gellte durch den Hof: „Alfred! Wo bist du?" Die Rufe wurden in der ganzen Nachbarschaft gehört. Kam ich nicht gleich zum Vorschein, so begann ein Fluchen, Zetern und Schimpfen, ein Drohen und Beschimpfen, daß sich alle Leute darüber lustig machten. Meine Kameraden spotteten meiner und riefen mir auf der Gasse nach: „Alfred! Wo bist du?" Das war mein Spitzname.

Oft drohte sie mit einem roten Gesichte: „Warte, du Lausbub, freue dich, wenn du heraufkommst! Du wirst schon dein Teil kriegen!" Ich wußte, es wird Schläge absetzen, und der ganze Hof wußte es auch. Ich kauerte mich zusammen, ich wollte in ein Nichts verschwinden, mich in die Erde verkriechen, ich flog hinauf und sah weder nach rechts noch nach links, um meine Schande zu verbergen.

Und diese Frau liebte ich trotz dieser Mißhandlungen!

Aber ich bin menschenscheu geworden. Ich leide an einem Minderwertigkeitsgefühl, das ich nimmer überwinden kann. Wo wäre ich schon heute ohne dieses niederdrückende Gefühl der Unvollkommenheit!

In Triest war ich Bürochef. Ich zitterte vor jedem Neuangestellten, ja sogar vor einem neuen Laufburschen. Der Moment des Vorstellens war mir eine namenlose Pein. Ich glaubte, alle „Neuen" seien mir an Wissen und Bildung überlegen und müßten gleich auf den ersten Blick erkennen, daß ich ein minderwertiger Mensch sei. Ich wurde rot, ich stammelte, ich rang nach Luft, ich blickte zur Erde — o, es war nicht zum aushalten!

Auch der Empfang neuer Kunden, der Umgang mit anderen hochstehenden Personen war mir eine Marter. Ich zitterte am ganzen Körper, mich überkam eine Schwäche, so daß ich kaum stehen bleiben konnte. Oft hatte ich Stuhldrang und mußte jede Viertelstunde urinieren.

Das begann in Ala. Ich war 17 Jahre alt und stand allein in der Welt. Ich kam in eine gebildete Familie, die mich sehr freundlich aufnahm. Aber ich sah, daß ich kein Wissen hatte. Ich studierte Tag und Nacht, um die Lücken auszufüllen. Aber mir fehlte die nötige Führung und so stoppelte ich allerlei Kenntnisse zusammen, aber ohne System und ohne Gründlichkeit.

Besonders der erste Schritt zu neuen Menschen war mir eine schier unüberwindliche Schwierigkeit. So kam ich auf einen Ausweg, um die Pausen der Verlegenheit auszufüllen. Ich begann zu husten! Ich hustete mich über jede peinliche Situation hinweg. Ich brauchte nicht zu reden, konnte Zeit gewinnen, weil ich während des Hustens die Worte überdachte, die ich zu sprechen hatte. Dies Mittel kam wohl von meinem zweiten Ich. Ich bin mir erst jetzt bewußt, daß der andere in mir dieses Mittel gewählt hat, vielleicht in Erinnerung an meinen Keuchhusten, der meine Mutter so mild und nachgiebig gemacht hatte! Ich warb förmlich um das Mitleid der Menschen!

Ich erinnere mich jetzt mancher Bemerkung über meinen Husten, die mir hätte zu denken geben sollen. Aber erst Sie, Herr Doktor, haben mir die Augen geöffnet. Sie sagten mir gestern: „Sie begrüßen mich immer mit einem Husten.“ Und neulich betonten Sie: „Sie husten immer, wenn Sie etwas Wichtiges sagen sollen und es nicht herausbringen können!“

Ich dachte nach, überblickte mein Leben und sah, daß Sie vollkommen recht haben. Der Husten drückt meine Verlegenheit und meine Erregung aus, er hilft mir über die toten Punkte hinweg.

Ich bin wie eine Feuerwehr, die immer löschen muß und stets bereit sein muß. Ich habe die Bereitschaft meines Hustens.

Verlegenheitshusten ist wohl die richtigste Bezeichnung.

Ich benütze den Husten als Verteidigungsmittel meiner schwachen Positionen. Ich bringe dadurch die Rede auf andere Dinge, ich errege Mitleid, ich verdecke meine Schwächen, ich erzwinge mir einen Urlaub.

Ich ziehe mich immer mehr auf mich selbst zurück. Ich bin unfähig, mich in andere einzufühlen und ihnen eine Freude zu machen. Ich lebe wie in einem Traume und gehe am Leben vorüber.

Ich weiß, daß meine Menschenscheu auch mit meinen verbrecherischen Gedanken zusammenhängt, das habe ich bei ihnen gelernt. Aber warum bin ich jedem neuen Menschen gegenüber so befangen? Was erwarte ich, was fürchte ich von ihm?

Sie sehen also ein, daß der Beginn meines Leidens eine Flucht in den Husten war. Ich verkenne nicht die sexuelle Bedeutung des

Hustens. Sie ist mir vollkommen klar geworden. Ich spreche nur vom Beginne und wie ich den Husten ausgenützt habe, um meine Minderwertigkeit zu verbergen.“

— —

Diese Darstellung des Patienten bedarf noch einer Ergänzung. Der Husten repräsentiert auch ein Erinnerungsbild an die Untreue der Mutter, an die gute Mutter, an seine Sünden. Der Kitzel im Halse ist das Verlangen nach einer Fellatio, die er dem Schwager ursprünglich an Stelle der Mutter machen wollte. Ihn beherrscht die fixe Idee: „Werde ich einen Freund gewinnen, dem ich diesen Liebesdienst erweisen kann?“ Daher ist er jedem Neuen gegenüber verlegen. Er erwartet die Erfüllung seiner geheimen Wünsche. Aber er wendet ein Mittel mit bipolarer Tendenz an. Er schützt sich gegen Niederlagen durch eine Pause, die der Husten ausfüllt. Aber dieser Husten ist ein seelischer Verrat und fordert zu einer Liebesszene heraus.

In der Behandlung war in den ersten Tagen immer der Hustenstoß die Einleitung zu einer begeisterten Erklärung über die neue Methode, womit er seine Übertragung ausdrückte. Je mehr er überträgt, desto stärker wird der Husten.

Der Husten ist ebenso kompliziert aufgebaut wie seine Schürzenneigung. Er setzt sich aus zahlreichen Komponenten zusammen.

Er erinnert sich heute, daß ihn seine Mutter in den ersten Jahren immer in ihrer Nähe hielt, so daß eine Nachbarin meinte: „Der Kleine ist ja an ihrer Schürze angewachsen!“ Er hat oft das Gefühl, daß die Schürze kein Kleidungsstück, sondern eine Haut sei, etwas Lebendes!

Er ist die Mutter! Er möchte die Mutter sein!

Der nächste Traum erklärt die Schürze und die Fellatiophantasie mit einer neuen Variante.

> Ich bin in einem Zirkus, der wie eine Glaskugel aussieht. Rotes Licht. Ich sitze in einer kleinen Loge und blicke aus einem kleinen Fenster in den noch nicht erhellten Raum. Da steckt ein Mann eine Stange aus Zucker in die Loge, gerade auf meinen Mund zu. Ich beiße ein Stück ab . . . und erwache mit einer heftigen Erektion.

Der Traum ist ein typischer Mutterleibstraum. Er ist im Leib der Mutter, sieht aus einer kleinen Öffnung hinaus, der Vater erscheint und er beißt dem Vater den Penis ab.

Seine erste Assoziation zu diesem Traume, dessen Deutung ich ihm nicht verrate, ist ein Flohzirkus. Er habe einen Flohzirkus gesehen, der sehr drollig war. Dann berichtet er, daß er eine Geschichte geschrieben habe, von einem Floh, der an der Scheide einer Frau sitzt und von diesem Beobachtungsposten aus Dinge betrachtet, die er genau und lustig wiedergibt. Er hat auch die Phantasie gehabt, ein ganz kleines Menschlein zu sein und im Leib einer Riesin zu leben.

Spontan fährt er fort: „Manchmal wird es mir in engen Räumen ungemütlich. Ich stelle mir dann vor, daß ich in einem Sarge bin. Ich fürchte mich auch vor dem Lebendigbegraben werden. Und doch spiele ich jeden Abend vor dem Einschlafen das Eingraben. Ich grabe mich förmlich in mein Bett ein. Ich rolle mich wie ein Igel zusammen und ziehe die Decke über die Ohren. Meine Frau hat mir oft gesagt, es wäre für meinen Husten ungesund.

Ich rieche meine eigenen Winde sehr gerne. Ich habe gar keinen Ekel vor meinem Körper. Ich habe alles gekostet. Den Zehenkäse, den Käse am Gliede, das Ohrenschmalz, meinen Urin. Ich verstehe nicht, daß Menschen sich vor ihren Produkten ekeln können. Eine Mutter hat doch diesen Ekel beim kleinen Kinde nicht."

Von da gehen seine Gedanken wieder auf seine Mutter und die ersten Kinderjahre. Er denkt an seine Geburt und sagt: „Ich bin unter einer Glückshaube geboren worden. Aber Glück habe ich nicht im Leben. Ich glaube, die Haube ist auch die Schürze und die Haut meiner Mutter. Ich denke bei Schürze oft an die „Hottentottenschürze". Ich schaue mir gerne beim Kunnilingus die Schamlippen an und möchte sie verlängern. Ich wollte eine Frau mit sehr großen Schamlippen haben — mit einer Hottentottenschürze."

„Es fallen mir verschiedene Träume ein, in denen ich lebendig begraben war. Ich war oft ganz klein dabei. Es ist, als ob ich wieder in den Leib der Mutter zurückkehren wollte. Ja, die Schürze ist die Haut der Mutter! Ich entsinne mich eines Traumes, den ich hatte, ehe ich zu Ihnen kam und der mich sehr aufregte, ohne daß ich die tiefere Ursache erkannt habe.

> Ich wähnte mich mit einer nassen Schürze angetan, die sich ganz glatt, fast wie Seide anfühlte. Ich konnte nicht genug oft meine Bauchgegend betasten, drücken, abfühlen, als würde ich das Heiligste, Teuerste, Liebste berühren. Im Verlaufe des Traumes wollte ich meiner Frau beiwohnen. Es ging nicht. Die Scheide war mir zu eng, weil meine Frau immer kleiner und kleiner wurde und sich in ein Kind verwandelte . . . ."

In diesem Traume ist die Schürze die Haut der Mutter. Die Mutter ist ihm das Liebste, Teuerste und Heiligste. Vor ihrem Bilde schrumpft die Frau in nichts zusammen und macht jene Metamorphose mit, die er gerne erleben würde, zum zweiten Male ein Kind zu werden.

Er identifiziert sich in diesem Traume mit seiner Mutter. Wenn er die Schürze anzieht, so ist er die Mutter.

Er kann vor einer Schürze beten. Er möchte am liebsten die Heiligenbilder mit Schürzen verhängen und dann seine Andacht verrichten.

— — — — — — — — — — — — — — — — — — — —

Die Schürzenmanie ist für ihn beendet. Eine Schürze hat für ihn keine sexuelle Bedeutung mehr. Er bringt eine Reihe von Bestätigungen für die Mutterleibsphantasie. Er interessierte sich besonders für Kannibalismus und schwelgte in dem Gedanken, daß das Kind im Mutterleibe eigentlich von den Säften und dem Blute der Mutter lebe. Das Saugen sei dann ein Ersatz des Blutes.

Es melden sich dann Gedanken, die auf Nekrophilie und Vampirismus zu weisen scheinen.

Er ist leicht erkrankt und sendet mir folgende Schilderung seiner Einfälle:

„Ein Geschäftskollege erzählt mir von seinen Eindrücken gelegentlich der Leichentransporte, die er zu begleiten hatte, die in Arco, Riva oder Gardane Salo nachts zu übernehmen waren.

Seine Schilderungen über die dort gesehenen Erscheinungen bei Lungenkranken erweckten in mir teils Grauen, teils Abscheu, teils wieder Mitleid vor an solchen Leiden erkrankten Leuten, so daß ich in jener Zeit verschiedene qualvolle Träume hatte.

So träumte mir mal, daß ich auch einen Leichentransport zu begleiten und die Leiche in Arco zu übernehmen hätte. Von den Angehörigen des Verstorbenen war ich zum Essen eingeladen, welches im allgemeinen Speisesaal des Sanatoriums eingenommen werden sollte.

Es widerstrebte mir, mich in den Saal zu setzen oder da zu essen, wo alle die Lungenkranken um mich her waren. Ich weigerte mich teilzunehmen und konnte es durchsetzen, daß das Mahl in einem anderen Separatlokal eingenommen wurde, wo Lungenkranke nicht hinkommen konnten. Ob ich dann essen konnte, das weiß ich nicht mehr.

Ein andermal träumte mir wieder von einem Aufenthalt in einem hauptsächlich von Lungenkranken aufgesuchten Kurort und ich sah auf allen Wegen und Stegen, Promenaden und in allen Räumen des Hotels nur immer und immer wieder Spucknäpfe und Spucknäpfe. Ich sah Wandelnde mit Taschenspucknäpfen oder auch in die Taschentücher spucken. Es ekelte mich furchtbar an und ich hatte fortwährend Angst, ich könnte angesteckt werden.

Ein andermal begleitete ich eine Leiche in einem Güterwagen. Trotzdem ich wußte, daß die Leiche in drei Särgen geborgen war, hatte ich immer Angst, die Leiche könnte wieder auferstehen. Auch wollte es mit dem Transport nicht gut vorwärts gehen; denn es ergaben sich immer neue Hindernisse.

Bei der Ablieferung wollten die Angehörigen die Leiche ohne Bezahlung ausgeliefert erhalten und erst später bezahlen; ich aber durfte dies nicht tun. Ich hatte strenge Aufträge von meiner Firma. So gab es ein langes Hin und Her. Dies Feilschen um die Leiche war mir sehr peinlich im Traume.

Solche und ähnliche Träume dürfte ich wohl noch mehr gehabt haben, doch sind mir keine weiteren mehr so klar in Erinnerung. Lungenkranke betrachtete ich aber von dieser Zeit ab als für das Leben erledigte Menschen; sie erregen mein Mitleid und ich sehe sie immer schon als Leiche im Sarge, von Würmern zerfressen und zernagt.

Die Erinnerung an diese Erzählung dürfte auch in Zusammenhang stehen mit dem Verhalten meiner Frau gegenüber, vielleicht als eine Folge der damals in mir aufgenommenen Eindrücke anzusehen sein.

Die Eltern meiner Frau starben beide an Lungenerkrankungen, der Vater trotz oftmaligem Aufenthalt in südlichen Sanatorien, die Mutter im Wochenbett.

Wegen dieser Tatsachen hatte ich eine gewisse Angst vor meiner Frau, da ich fürchtete, es könnte ein ererbter Keim in ihr stecken und sich auf mich übertragen. Es kamen, wie mir heute ganz klar vor Augen kommt, besonders in den ersteren Jahren meiner Ehe beim geschlechtlichen Verkehr und beim Küssen Gedanken, die eine besondere Angst der Ansteckung verrieten.

Ferner möchte ich heute die Schürze, die ich beim geschlechtlichen Verkehr so gerne an meiner Frau sehe, die ich während des Aktes zumindest mit einer Hand fast krampfhaft halten muß, zum Teil als eine Art „Schutzgeist" ansehen, die mich durch das Dazwischenliegen vor Ansteckung schützen soll (? ?)[1])

Als ich nun im vorigen Jahre angeblich an „Lungenverschleimung" erkrankt war, machte sich entgegengesetzte Wirkung bemerkbar, d. h. ich schränkte den Geschlechtsverkehr möglichst ein, auch das Küssen aus Angst, ich könnte meine Frau anstecken!

Vielleicht ist auch aus diesem Grunde der Verbrecher in mir erwacht, der verhüten wollte, daß meine Frau das Wochenbett nicht mit dem Leben bezahlen müsse.

Gedanken, welche die Angst anzeigten, es könnte mir und meiner Frau ebenso ergehen wie den Eltern meiner Frau, wir müßten die Kinder

[1]) Die Fragezeichen stammen vom Patienten.

als Waisen zurücklassen, tauchten öfter auf und quälten mich. Sie tanzten vor meinen Augen, wenn ich den Beischlaf vollziehen wollte.

Auch das große Interesse, das ich dem Auswurf entgegenbringe, die überaus starke „Untersuchungsneigung", das Suchen nach etwas Besonderem im Schleim (Bazillen?) bekunden doch jedenfalls die Angst vor Lungenerkrankungen.

Ich möchte das noch deutlicher ausdrücken: Ich sehe oft mich und meine Frau als Leichen! Ich sehe uns tot und wenn ich verkehren will, also meinen Lebensdrang betätigen möchte, melden sich diese Bilder und sprechen mir von Tod und Verwesung. Ich verliere die Lust am Koitus, meine Erektion geht zurück, die Schürze behalte ich aber in der Hand und schlafe ein, immer die Schürze krampfhaft festhaltend, träume etwas und erwache mit einer sehr starken Erektion, die ich aber gleich verliere, wenn ich einen Koitus versuche. Das hat sich alles gebessert. Ich kann ohne Schürze verkehren, aber die Todesgedanken stören mich noch zuweilen."

— — — — — — — — — — — — — — — — — —

Wir erfahren da eine Tatsache, die er uns bisher verschwiegen hat. Seine Frau mußte beim Koitus eine Schürze tragen, sonst war er impotent. Diese Schürze hielt er krampfhaft fest. Er zerdrückte sie in der Hand. Das heißt: Er nahm das Erinnerungsbild an seine Mutter in den Beischlaf hinüber. Seine Frau wurde zur Mutter, im Gegensatz zu dem Traume, in dem sie zum Kind wurde. Er sieht seine Frau tot, er muß also nekrophile Phantasien mit seiner Mutter gehabt haben. Er ist der Wurm (Mutterleibphantasie — Lebendigbegraben werden), der am Leib der Mutter frißt. Tatsächlich spricht er in der nächsten Sitzung über die Angst, seine Frau könnte im schwangeren Zustande sterben und ein lebendes Kind in das Grab mitnehmen.

Seine Angst vor Leichen entspricht einem verdrängten Wunsche, sich mit Leichen zu beschäftigen.

— — — — — — — — — — — — — — — — — —

Es kommt oft vor, daß Menschen beim Koitus etwas in der Hand zerdrücken müssen. Ich kenne eine Frau, die immer einen Papierknäuel zerdrücken muß, wenn sie zu Orgasmus kommen will. Es sind Phantasien vom Erdrosseln, die sich derart ausdrücken.

„Ich merke, daß meine asketische Tendenz immer stärker wird. Ich habe die Impotenz wohl verloren und benötige nicht mehr die Schürze beim Verkehr. Aber es geht mir im Kopf herum, ich sollte mich schonen, ich könnte ja an Auszehrung erkranken. Ich soll einen Spitzenkatarrh haben. Ich kenne mich nicht aus. Beim Militär sagten sie einmal, ich sei links krank, dann hieß es die rechte Spitze. Es wird wohl nicht viel dabei sein. Aber ich benütze alles, um mich von den „ehelichen Pflichten" loszumachen, wiewohl ich weiß, daß meine Frau darauf wartet.

Auch habe ich mich bei Tag jetzt strenger kontrolliert und sehe ein, daß Sie recht haben, wenn Sie behaupten, die Ursache meiner Zerstreutheit seien meine Phantasien. Ich habe nie gewußt, daß ich bloß mit einem halben Kopfe arbeite. Jetzt erkenne ich klar, daß ich mich immer wieder mit meinen sexuellen Phantasien beschäftige. Gestern ertappte ich mich dabei, daß ich ein Kinderlied summte, das ich bei Muttern gelernt habe. Ich denke oft an sie und möchte eigentlich am liebsten nach München fahren, um sie zu besuchen. Ich weiß, daß es ein Unsinn ist und ich nur tiefer in meine Krankheit hineinkomme. Ich habe zahllose andere Phantasien erwischt, die ich für unmöglich gehalten habe. Ich denke offenbar von Morgen bis zum Abend an meine Jugend und an meine Mutter. Ich spinne Rachephantasien gegen den Schwager, obwohl er jetzt ein kranker gebrechlicher Mensch ist."

Endlich kommt er auch auf seinen Vater zu sprechen:

„Der Lieblosigkeit meines Vaters messe ich große Schuld an meinem Leiden bei.

Mein Vater war der einzige Sohn eines in guten Verhältnissen lebenden Handwerkers. Er starb sehr früh, die Mutter heiratete ein zweites und später ein drittes Mal (den Werkmeister des eigenen Geschäftes). Mein Stiefgroßvater Nr. III war ein krasser Egoist, ein bekannter Raufbold, Spieler und Trinker. Mein Vater war damals 9 Jahre alt und mußte zu fremden Leuten, weil der Unhold ihn nicht im Hause duldete. Er wurde Goldarbeiter und hat sich sein ganzes Leben schwer geplagt. Mein Stiefgroßvater aber verjubelte das ganze Geld. Geschäft und Haus kamen unter den Hammer. Das Leben meines Vaters war von Jugend auf ein sehr trauriges: Entbehrungen, Mangel an Liebe, Not, Aufregungen. Das mag seinen Charakter beeinflußt haben. Sein einziges Vergnügen war der Gesang. Er verfügte über eine kräftige, hellklingende Tenorstimme und war stolz, wenn er in seinem Gesangsvereine glänzen durfte.

Er war sehr strenge mit mir, hat mich aber verhältnismäßig selten geschlagen. Gegen die Mutter war er machtlos und hatte zu Hause nichts zu sagen. Vielleicht war er in den ersten Kinderjahren zärtlich mit mir. Später habe ich nie ein freundliches Wort von ihm gehört. Er war still im Hause und sprach fast kein Wort. Die einzige, mit der er sprach, war die Schwester. Doch nahm er sich ihre Entgleisung sehr zu Herzen und wurde noch verschlossener und ernster als vorher. Ich glaube, er wußte von den Verhältnissen der Mutter, vielleicht auch von ihren Beziehungen zum Schwager. Aber er schwieg, weil er seine Ruhe haben wollte und trachtete immer wieder, aus dem Hause zu seinen

Sangesbrüdern zu kommen. Ich war daher ganz der Mutter ausgeliefert und habe nie die Liebe eines Vaters genossen. Jetzt scheint das Verhältnis zwischen den Eltern etwas besser zu sein, da beide alt und auf einander angewiesen sind. Bei dieser Gelegenheit will ich betonen, daß ich trotz der traurigen Vorkommnisse meine Eltern unterstütze. Ich sende das Geld immer an meine Mutter, die regelmäßig dafür dankt"...

— —

Er bringt einen Traum, der für ihn stereotyp ist. Er hat ihn in verschiedenen Varianten wiederholt geträumt:

Ich habe ein Zimmer in einem Bordell in Miete, wohne und schlafe aber nie dort, sondern komme nur ab und zu hin, um nachzusehen, ob Post da ist. In meinem Zimmer, 3. Stock, angelangt, erwarte ich eigentlich stets etwas Besonderes; den Besuch eines hübschen Mädels, das aber nie kommt. Dagegen aber tritt aus dem anstoßenden Zimmer ein Weib heraus, meist angezogen zum Fortgehen bereit, das wohl Absichten auf mich haben dürfte, denn es versucht immer, eine Unterhaltung anzubahnen. Da mich aber dieses Weib vollständig kalt läßt und ich nicht das geringste Interesse für sie habe, dauert die Unterhaltung nur sehr kurze Zeit. Auf dem Tisch im Zimmer liegen unordentlich hingeworfen einige Briefe. Ins Auge fällt mir eine Vermählungsanzeige. Im weiteren Verlaufe des Traumes verlange ich stets nach einem Glas Bier, das ich aber ebenfalls nie erhalte, immer werde ich vertröstet oder kommt etwas dazwischen.

Beim letzten Besuch meines Zimmers fand ich nun die Schank im Parterre leer; der Schankkellner war gerade nicht da. Ich benützte die Gelegenheit, um doch endlich mal ein Bier zu bekommen, nahm ein Glas, schenkte mir selbst ein und wollte es in mein Zimmer tragen. Es gelang mir jedoch nicht, denn ich verschüttete auf dem Wege über die Treppen das ganze Bier, so daß ich oben mit leerem Gefäß ankam, allerdings kam mir das leere Gefäß dann nicht mehr wie ein Glas, sondern wie ein großer Löffel vor, von dem bald links, bald rechts das Bier herunterlief.

Solche stereotype Träume enthalten gewöhnlich eine die Parapathie ausdrückende Situation, welche sich symbolisch nach dem Gesetze des psychischen Parallelismus ausdrückt.

In erster Linie ist der Affekt zu beachten. Er befindet sich in einem Affekt der Erwartung. Statt der zu erwartenden Person kommt eine andere, die ihm gleichgültig ist. Der Affekt des zu erwartenden Genusses, der nie gestillt werden kann, ist durch das zweite Bild des Bieres ausgedrückt, das er trinken möchte und nie erhält.

Aber der Löffel, der übergeht, verrät die infantile Situation. Er erwartet Milch und erhält statt dessen einen Brei. Es ist das Trauma der Entwöhnung, das in diesen Träumen nachklingt. Er wurde erst nach dem 2. Jahre entwöhnt, was sicherlich ein starker unlustbetonter Eindruck für ihn war. Die Untreue der Mutter wird dadurch ausgedrückt, daß er in einem Bordell ist. Statt der jungen Mutter (des hübschen Mädels) findet er eine alternde Mutter (die bald sterben wird, d. h. die im Fortgehen begriffen ist). Seine ganze Enttäuschung über die Lieblosigkeit der Mutter wird in diesem Bilde ausgedrückt. Er sehnt sich aber nach der Zeit zurück, in der ihm zu trinken gegeben wurde. Er ist ja ein ewiger Säugling. Seine affektative Einstellung zum Trinkgeld erklärt sich aus seinen Phantasien. Er möchte bei jedem Menschen Liebe trinken.

Er äußert sich sehr offenherzig über seine kriminellen Gedanken:

„Als mein erster Bub so weit war, daß er in dem Wagen, wo er schlief, aufstehen konnte, kam es einige Male vor, daß er infolge seiner Lebhaftigkeit in unbewachten Augenblicken aus dem Wagen fiel.

In solchen Momenten tauchten immer zwei sich ganz und gar widersprechende Gedanken auf.

Der eine Gedanke gipfelte in dem Wunsche, daß der Sturz ohne Folgen bleibe, keine Gehirnerschütterung eintrete und ich ein normales und nicht etwa verblödetes Kind aufzuziehen hätte.

Der andere Gedanke jedoch ließ deutlich den Wunsch durchsickern, es möge der Sturz so ausgefallen sein, daß dem Leben des Kindes ein rasches Ende bereitet werde, wahrscheinlich um der Fesseln der Ehe wieder entledigt zu werden."

Ich war heute im Konzert. Gespielt wurde zuerst die „Eroika", als zweite Nummer der „Trauermarsch aus Götterdämmerung". Während ich bis nach der ersten Pause vollständig ruhig blieb, bemächtigte sich meiner bei Beginn der Trauermusik ein starker Kitzelreiz, den ich nicht mehr zu unterdrücken vermochte, der mich zum Husten zwang, was mir sehr peinlich war. Ich fühlte mich beengt. Es war mir zu heiß im Saale. Der Kitzelreiz steigerte sich. Es durchströmte meinen ganzen Körper ein Rieseln, das man allgemein als „Gänsehaut" bezeichnet.

Ich ertappte mich bei dem Gedanken, daß ich dem Leichenzuge meiner Frau und meiner Kinder folgte . . .

Meine zwei Buben hatten im Alter bis zu 2 Jahren einige Male Erstickungsanfälle, und zwar so stark, daß sie schon ganz blau wurden und die Augen hervorquollen. Diese Anfälle traten auf, wenn von ihnen etwas gegen ihren Willen verlangt wurde. (Wutanfälle!)

Bei diesen Anfällen, bei denen die Kinder unter die Wasserleitung gehalten und mit nassen Tüchern geschlagen wurden, um sie wieder zum Bewußtsein zu bringen, fiel es mir sehr schwer, selbst tätig mitzuhelfen. Ich war eigentlich meistens nur ein passiver Zuschauer.

Während ich von Angst erfüllt war, es könnte ihnen der Tod zustoßen, machten sich gleichzeitig starke Gegenströmungen bemerkbar, die verrieten, daß der „andere Mensch in mir" viel lieber das Sterben der Kinder wünschte als ihr Zurückkehren zum Bewußtsein."

„Ich habe beim Husten Angst, ich könnte ersticken. Ich weiß, daß ich meinen Kindern oft den Erstickungstod gewünscht habe. Warum bin ich ein so unglückseliger Mensch? Ich will allen Leuten Wohltaten erweisen, ich kann keinen Menschen leiden sehen und ertappe mich täglich auf den Gedanken, daß ich meine Familie umbringe oder sterben lasse. Habe ich noch immer nicht auf die fixe Idee verzichtet, zu meiner Mutter zurückzukehren und ihren Lebensabend zu verschönern? Mein Verstand macht sich über diese von ihnen entdeckte fixe Idee lustig, aber mein Unbewußtes strebt mit allen Kräften diesem Ziele zu."

— — — — — — — — — — — — — — — — — — — —

„Manchmal glaube ich, daß die Schürze einen Spiegel meines inneren Menschen darstellt. Ich habe während der Ehe eine sexuelle Infektion durchgemacht und sie meiner Frau verschwiegen. Seit jener Zeit merkte ich eine Steigerung meiner Vorliebe für beschmutzte Schürzen. Ich habe mich oft geärgert, daß meine Frau die schmutzigen Schürzen gegen reine umwechselte. Warum weiche ich ihren Blicken aus, wenn sie mich zärtlich suchen? Weil ich mich als unreiner, schmutziger Mensch fühle. Es kommt mir lächerlich vor, daß ich die Menschheit erlösen und ihnen eine neue Religion der Liebe geben wollte! Ich, der Verbrecher, der seine eigene Frau und seine Kinder, sein Fleisch und Blut umbringen will, der ich täglich ihren Tod wünsche, um meinen egoistischen Ideen nachzuhängen.

Oft sagte ich mir, daß ich frei sein müsse, um für die Menschheit zu wirken. Jetzt erkenne ich, daß es sich um Schleichwege meines egoistischen Ich handelt, wie Sie zu sagen pflegen, um „Rationalisierungen". Und ich will hoch hinaus, bin so krankhaft ehrgeizig und möchte alle anderen Menschen übertreffen. Meine Tagesphantasien decken sich mit meinen Träumen. Ich träumte oft, daß ich ohne Flugapparate, ja ohne Flügel, ja selbst ohne Armbewegungen hoch über alle Menschen hinausfliegen kann. Ich habe eine Tarnkappe, ich komme überall hin, ich gebe Befehle, die befolgt werden müssen, ohne daß man mich sieht und kennt.

— — — — — — — — — — — — — — — — — — — —

Er träumt:

Ich war wieder in meinem früheren Geschäft in München, nur war es in einem anderen Büro. Mein Zimmer hatte der Fensterseite zu schiefe Wände, also gleich einer Dachkammer. Ich war soeben im Gespräch mit meinem früheren Oberbuchhalter wegen eventuellem Wechsel des Zimmers — nebenan war ein größeres luftigeres Zimmer, in das auch die Sonne drang, nur hatte es die Unannehmlichkeit, daß vom Direktionszimmer ein Fenster in dieses Zimmer mündete und man so den ganzen Tag hätte beobachtet werden können —, als durch das Zimmer ein Fräulein, mager und kränklich aussehend, eilen wollte. Ich erkannte das Fräulein jedoch sofort als eine frühere Kollegin, und zwar als Fräulein K., und hielt sie durch Zuruf auf. Wir begrüßten uns sodann, sie mit den Worten: „Ach der Alfred!" Ich: „Sie wieder hier? Sieht so das Glück aus, das ich glaubte an Bord der „Bohemia" gebracht zu haben?"

„Ja, ich bin das Unglück, darum habe ich Ihnen auch nicht den Abschiedskuß gegeben, den Sie noch von mir begehrten!" Hierauf verschwand das Fräulein.

„Ich hatte für dieses Fräulein große Sympathie, ich liebte sie vielleicht, es hätte sich vielleicht mehr entwickeln können, wenn es nicht ein zu freies, ungezwungenes Leben geführt hätte. Sie war mir zu überlegen. Dann suchte ich nach Geld und sie selbst war vermögenslos, dafür stellte sie aber große Ansprüche, wollte immer hochmodern gekleidet sein. Ich verlor sie aus den Augen. Ich erwähne noch, daß wir oft im Scherze vom Heiraten sprachen. Ich hatte Angst vor ihr und suchte Geld. Ich verließ München und verlor ihre Spur. Ich war bereits 2 Jahre in Triest, als eines Tages das Fräulein ins Büro kam und erzählte, sie würde sich nach Indien verheiraten und sich an Bord der „Bohemia" einschiffen. Sie hielt sich 3 Tage vor der Einschiffung in Triest auf, während welcher Zeit ich ihr Gesellschaft leistete. Nach 3 Jahren wollte sie zum ersten Male wiederkehren. In diesen Tagen merkte ich, daß ich sie sehr lieb habe. Ihr munteres Wesen regte mich unendlich an. Ich glaube, bei ihr hatte ich keine Todeswünsche, denn heute nacht träumte mir fortwährend vom Tode meiner Frau und meiner Kinder, bald war der eine tot, bald der andere."

Je mehr er mir von Fräulein K. spricht, desto mehr erkenne ich, daß er sie wirklich und innig geliebt hat und aus intellektuellen Motiven diese Neigung unterdrückt hat. Sie ist die Sängerin des Traumes. Hedwig, die er zuerst assoziierte, war eine Deckfigur für dieses Mädchen, an das er nicht mehr denken wollte, die ihm aber immer im Kopfe herumgeht. Er gesteht, daß er oft von ihr träumte und viele Träume hatte, in denen er mit der K. verheiratet war. Im Traume wechselt er das Zimmer (lies Frauenzimmer), die alte Wohnung (lies Ehe) ist schief. Bei diesem Fräulein hatte er „ein größeres luftiges Zimmer, in das auch die Sonne drang". Er rühmt ihr sonniges Wesen, ihre Anmut, ihren Wuchs, sie war wie eine Gazelle. Allerdings, sie war ihm zu klug und zu sicher. Bei ihr hätte er auf seine Schürzenmanie verzichten müssen. Sie hatte auch durchschaut, daß etwas bei ihm nicht in Ordnung war und hatte ihm oft gesagt: „Ihnen werde ich erst Ihre böse Kinderstube abgewöhnen müssen!" Er fühlte sich durchschaut (im Traume sieht man vom Direktionszimmer direkt in seinen Arbeitsraum, so daß er beobachtet wird) und fühlte sich manchmal in ihrer Gegenwart geniert.

Er weiß aber, daß er bei ihr gewiß auf jede Schürzenmanie verzichtet hätte. Trotzdem floh er sie, verließ München, um in die Fremde zu gehen (das zweite Mal, ich spreche jetzt nicht von der ersten Abreise), heiratete dann ohne Liebe, um sich materiell besser zu versorgen und wählte sich eine einfache Frau, die er beherrschen und der er seine Schürzenmanie aufzwingen konnte.

Und die Folge dieser Vergewaltigung? Eine unglückliche Ehe, seine Parapathie verschlimmerte sich von Tag zu Tag, er litt Höllenqualen, weil er fühlte, daß er zuweilen seine Familie haßte und ihr den Tod wünschte, um zu Fräulein K. zurückkehren zu können.

Im Traume ist sie auch leidend, sie sieht sehr schlecht aus. Sie sehnt sich nach ihm. Sie ist unglücklich. Die „Bohemia", das stattliche Schiff, hat sie ins Land des Leidens geführt. Es geht ihr ebenso schlecht wie ihm. Sie gehören ja beide zusammen. Sie ist das Unglück. Und noch einmal tauchte ihm die Szene auf, als sie für immer von ihm Abschied nahm.

Sie waren nach drei glücklichen Tagen an Bord des Schiffes. Er sollte sich von ihr trennen. Sie waren sehr lieb miteinander, aber er hatte sie nie berührt. Sie war zu stolz und sagte: „Ich lasse mich nur von dem Manne küssen, den ich heiraten werde!" Trotzdem versprach sie ihm einen Abschiedskuß. In letzter Minute verweigerte sie den Kuß und meinte: „Es ist vielleicht besser, wir küssen uns nicht. Wir kommen sonst nie voneinander los!", wandte sich ab und weinte heftig. Er war auch erschüttert und verließ wortlos das Schiff. Als es den Hafen verließ, war es ihm, als ob sein Glück für ewig entschwinden würde

In den letzten drei Tagen hatte ein furchtbarer Kampf in ihm getobt. Er wollte ihr sagen: „Bleibe da und werde meine Frau! Ich opfere dir meine ganze Krankheit, meine Mutter, meine Schürzen, meine Phantasien", aber ein Dämon zwang ihn, sie zu entwerten, sich ihre Fehler vorzuhalten und sich zu sagen, sie paßten nicht zueinander usw. . . .

Heute weiß er, daß sie die einzige gewesen wäre, die ihn durch Liebe hätte heilen und die alten Fixationen hätte vergessen machen können! Er hat sein Glück zerstört. Jeder Mensch hat eine Stimme in seiner Brust — die Sängerin —, der er folgen soll. Diese Stimme sagte ihm immer: Heirate dieses Mädchen! (Für eine Liebschaft war sie nie zu haben!) Aber er begann sich zu beobachten. (Er ist der Mann, der hinter die Kulissen des Theaters blicken will.) Und die Sängerin verlor ihre Stimme. Die Liebe zog sich zurück. Er aber wurde wieder in die Fesseln seiner Parapathie geschlagen. Das ist der Sinn des ersten Traumes, in dem er mir das Unglück seines Lebens erzählte, an dem er selbst schuld war.

Er hat das größte Verbrechen begangen, das ein Mensch an sich begehen kann: Er ist an seiner Liebe vorbeigegangen und lief dem schnöden Mammon nach!

Eine andere Bedeutung des Traumes bezieht sich auf sein Verhältnis zum Direktor. Er hat ja manches auf dem Gewissen und fühlt sich hier zu viel beobachtet. Er hat keine Freude an der Arbeit. Er möchte am liebsten im Bette bleiben und sich mit seinem Husten entschuldigen. Er fühlt sich am Morgen matt und abgeschlagen.

— — — — — — — — — — — — — — — — — — —

Ich übergehe eine Reihe von Träumen, die zur Aufdeckung seiner kriminellen Phantasien führten. Schon das Zerdrücken der Schürze während der Begattung zeigt, daß er die Phantasie hat, eine Frau zu erdrosseln. Das erklärt wohl seinen Hustenreiz. Aber ein Traum bringt uns auf die Fährte, daß es ihn drängt, in einem Geschäfte eine Verkäuferin zu überfallen und sie zu erdrosseln, ihr dann mit der Schürze den Mund zu stopfen. Er wehrt sich gegen diesen krankhaften Impuls, aber er benötigt wenigstens einen „Fetzen Realität". Er spielt immer den Beginn der Phantasie. Deshalb sucht er die Geschäfte, in denen sich nur eine Verkäuferin befindet. Das erklärt sein scheues Wesen und sein Schuldbewußtsein. Er beschäftigte sich immer so viel mit kriminellen Phantasien, daß er jetzt die Wirklichkeit mit diesen Phantasien durchsetzt hat.

Seine Mutter hat ihm oft gesagt: „Du bist ein leichtsinniger Strick. Du gehörst auf den Galgen!" Er sah sich oft im Kerker, sah sich dem Henker ausgeliefert.

Er beschäftigte sich viel mit der Phantasie, ein Scharfrichter zu sein. Die Henkersknechte tragen Schürzen, wenn sie die armen Opfer foltern. Die Schürze der Metzger ist nur eine Abschwächung der Schürze des Folterknechtes. (Wir stoßen hier auf die sadistisch-masochistische Komponente, die in keinem Falle von echtem Fetischismus zu vermissen ist.)

— — — — — — — — — — — — — — — — — — —

Das Asthma ist vollkommen verschwunden. Er weiß, daß er das Erdrosseln am eigenen Körper gespielt hat. Dagegen merkt er eine Abnahme der Libido bei seiner Frau. Er beschäftigt sich viel mit ihrer Schwester, seiner Schwägerin. (Siehe Traum S. 330.) Sie gefällt ihm sehr gut, ihr Kind interessiert ihn und es freut ihn, sie bei der Pflege des Kindes zu beobachten, er will selbst als Schwager mit ihr etwas zu tun haben, um die alte infantile Konstellation neu zu beleben.

Er sah das Kind an einem Polsterzipf saugen und erinnert sich, daß er auch an der Schürze gesogen hat. „Die Schürze war für mich nie etwas Totes, wie ich Ihnen schon gesagt habe. Die Schürze war ein rätselhaftes, mysteriöses lebendes Wesen. Sie war Gott und Teufel, Strafe und Lust, Warnung und Lockung zugleich. Noch dunkler ist das Gefühl, das ich kaum in Worte fassen kann, als wäre ich selber die Schürze. Oft habe ich ein geheimnisvolles Gefühl der Vermengung aller Begriffe gehabt. Ich war die Schürze und die Schürze war ich, eine Unio mystica, die sich nur fühlen, nicht aber beschreiben läßt.

Ich weiß auch, daß ich die Schürze zu krampfhaft beim Koitus gehalten habe, weil ich auf das Alte nicht verzichten wollte. Das, was Sie Autismus nennen, ist bei mir am stärksten ausgebildet. Ich habe in diesen Tagen fürchterliche Kämpfe. Die Schürze spricht mit menschlicher Stimme: Gib mich nicht auf! Gib mich nicht auf! Und ich fühle, daß ich schwach werde und will in die alte Marotte verfallen. Nein! Sage ich mir, du wirst nicht nachgeben. Ich habe heute Nacht das erste Mal ohne Schürzenhilfe einen Koitus vollziehen können. Meine Schwägerin schlage ich mir auch aus dem Kopfe, seit ich weiß, daß ich nur den Schwager bei meiner Mutter spielen will."

— —

„Gestern war ich im Bade und wurde sexuell sehr erregt. Ich konnte mich zurückhalten. Nur wie ich beim Einseifen in die Gegend der Genitalien kam, empfand ich einen mächtigen Reiz. Da fiel es mir wie Schuppen von den Augen. Die Mutter hatte mich immer so lange geseift, bis mein Glied steif war. Sie hatte das gleiche Spiel auch mit dem Neffen getrieben. Deshalb war jedes Bad für mich ein Fest. Deshalb werde ich im Bade so erregt. Deshalb will ich vom Wasser bespült werden. Ich will der Säugling sein, ich will aber auch die herrlichen Bäder wieder erleben, in denen meine Mutter mich wusch und unten mit Seife reizte.

Bei diesem Bade trug die Mutter immer eine alte schmutzige Schürze, da ich im Wasser immer herumspritzte.

Ich habe den ganzen Tag an das Fräulein gedacht, das ich verloren habe. Sie haben recht: Ich habe mich immer vor der Liebe gefürchtet, weil ich das Alte nicht aufgeben wollte. Ich habe doch meine

Frau geheiratet, weil sie mir ungefährlich war und meinem Herzen nie nahe kam. Das hat sich bitter gerächt. Ich hänge an meiner Mutter, ich hänge an meiner Jugend. Ich verlange das Unmögliche. Ich möchte das Tote lebendig machen. Die Vergangenheit soll wieder auferstehen. Die tote Schürze soll sich in die lebende Mutter verwandeln. Ich muß jetzt von meinen Phantasien Abschied nehmen. Meine Gefahr ist das Tagträumen. Ich bin glücklich, wenn ich nicht arbeiten muß, weil ich träumen und meine Luftschlösser besuchen kann. Ich kämpfe jetzt einen erbitterten Kampf gegen meine Träumerei. Ich zwinge mich zur Arbeit.

Ich habe auch meinen Hochmutsteufel in der Arbeit und ringe ihn nieder. Ich weiß, daß ich nichts Besonderes werden werde. Ich will jetzt ein Mensch sein wie alle anderen Menschen. Mein Ziel haben Sie mir gezeigt: Ich will mich der Wirklichkeit anpassen und mein stilles Glück im Winkel suchen. Ich beschäftige mich mit meiner Frau und mit meinen Kindern. Ich will im Geschäfte wieder meinen Mann stellen. Meine Vorsätze sind die besten. Ich hoffe, daß ich sie ausführen kann."

— —

Er war beim Arzte, der keinen organischen Fehler finden konnte und ihm Luftveränderung empfahl.

Er fühlt sich in bezug auf die Schürzenmanie genesen. Er hat eine gewisse Zuneigung zu seiner Frau, kann mit den Kindern spielen. Er sieht ein, daß er Träumen nachhängt, die nicht zu erfüllen sind. Er hat noch immer die besten Vorsätze.

In der letzten Sitzung sagte er: „Es ist mir etwas eingefallen, was wohl der Ausgang meines Schürzenfetischismus sein dürfte. Ich mußte als kleiner Bub — schon im 7. Lebensjahre — oft in den Keller gehen, Holz und Kohle holen, mußte aber das Brennmaterial vorher im Keller zerkleinern. Ich sollte dazu eine Schürze anziehen. Ich weigerte mich, das zu tun, weil ja die Nachbarn mich mit der Schürze gesehen hätten. Ich weiß aber, daß ich *schon in jener Zeit* eine eigene Schürze zum Onanieren am Boden hatte. Ob ich sie vor dem Holzhacken besaß, das kann ich nicht entscheiden. *Ich weiß nur, daß ich manche Schürze aus Wut mit dem Beil in tausend Stücke zerhackte.* Ja, viele Schürzen fielen dem Beil zum Opfer. Besonders wenn die Mutter mit dem Schwager im Zimmer war und ich geschickt wurde, um Holz zu hacken, war eine Schürze das Opferlamm und wurde sinnlos zerhackt und in die Kohlen hineingeworfen und verbrannt. Ich war eifersüchtig und wollte die Mutter und den Schwager töten. Ich spielte oft mit dem Gedanken, Feuer anzulegen, wenn beide im Zimmer waren. Wenn der Vater dann von der

Arbeit nach Hause kam und seine Arbeitsschürze auszog, dann war ich so traurig, daß ich oft geweint hätte!

Meine Mutter war böse mit mir! Aber wenn ich krank war, wurde sie zärtlich. Deshalb flüchtete ich in die Krankheit und habe noch heute die Tendenz, allen Angriffen des Lebens durch Leiden zu entgehen. Jeder größeren Anforderung kann ich mich entziehen, wenn ich den Husten vergrößere. Dann kann ich im Bette liegen und meinen Träumen nachhängen, die sie ja alle zur Genüge kennen.

Das letzte habe ich Ihnen heute gesagt: Ich wollte die Mutter und den Schwager mit dem Beil umbringen oder ausräuchern, d. h. verbrennen lassen und war zu schwach dazu. Später habe ich die Geschichte von Orestes und Agamemnon gelesen. Ich war erschrocken. Denn es war mein Konflikt. Ich fühlte oft eine Verpflichtung, den Vater zu rächen. Als der Vater einmal krank war, hatte ich den Gedanken, daß die Mutter ihn vergiftet haben könnte. Aber ich wies diesen Gedanken zurück. Ich weiß, er wird eines natürlichen Todes sterben. Er ist vielleicht gar nicht blind. Er war froh, daß der Schwager ihm dies wilde herrische Weib abgenommen hatte und er seine Ruhe haben konnte.

Aber mein Leben ist an dieser Frau zugrunde gegangen. Das fühle ich . . ."

— — — — — — — — — — — — — — — — — —

Er fährt zur Erholung in die Berge mit der Absicht, nach der „Atempause" ein neues Leben zu beginnen und die Vergangenheit gänzlich abzuschütteln. Seine Vorsätze sollten nicht ausgeführt werden.

Er wurde von einem Freunde zu einer Autofahrt nach Mariazell, einem berühmten Wallfahrtsorte, eingeladen. An einer Serpentine geriet der Wagen ins Schleudern, er wurde aus dem Wagen geschleudert und starb sofort an den Folgen eines Schädelbruches.

— — — — — — — — — — — — — — — — — —

Die Analyse ist beendet. Ich habe sie aus wissenschaftlichem Interesse so durchgeführt, daß ich an den Patienten keine Fragen richtete, die als Suggestion hätten aufgefaßt werden können. Ich wollte nachweisen, daß wir Analytiker nichts in den Patienten hineinlegen, ihn nicht auf bestimmte Bahnen locken. Patient hatte keines meiner Bücher gelesen. Er brachte sein Material ganz unbefangen. Meistens waren es die Träume, die uns auf eine neue Spur brachten. Er erhielt nur die notwendigsten Aufklärungen und Beruhigungen.

Zuerst die Frage der Diagnose. Es handelt sich um einen Fall von echtem Fetischismus. Alfred war kein Asket, aber er befand sich auf dem Wege zum Asketen. Gewisse Genesungstendenzen trieben ihn immer wieder zum Weibe und zum Koitus. Aber dieser Koitus war ihm nur mit Hilfe einer Schürze möglich. Er zeigt den Sammeltrieb, denn er hatte daheim eine artige Sammlung von Schürzen, die er zum Teile seiner Frau vermachte, welche sich mit der Marotte ihres Mannes abfinden mußte, weil sie sonst nicht zur Sexualbefriedigung gekommen wäre. Man sieht solche Kompromisse in den Ehen sehr häufig. Er zeigt den charakteristischen Zwang und das kunstvolle System einer fetischistischen Parapathie.

Auffallend ist die ganz außerordentliche Verdichtung des Schürzensymbols. Wir sehen, wie schematisch und oberflächlich die Erklärung von *Binet* ist, welche den Objekt-Fetischismus auf einen einzigen, den ersten infantilen Eindruck zurückführt.

Freud[1]) betont mit Recht: „Tiefer eindringende psychanalytische Untersuchung hat zu einer berechtigten Kritik der *Binet*schen Behauptung geführt. Alle hieher gehörigen Beobachtungen haben ein erstes Zusammentreffen mit dem Fetisch zum Inhalt, in welchem dieser sich bereits im Besitze des sexuellen Interesses zeigt, ohne daß man aus den Begleitumständen verstehen könnte, wie er zu diesem Besitz gekommen ist. Auch fallen alle diese „frühzeitigen" Sexualeindrücke in die Zeit nach dem fünften, sechsten Jahr, während die Psychanalyse daran zweifeln läßt, ob sich pathologische Fixierungen so spät neubilden können. Der wirkliche Sachverhalt ist der, daß hinter der ersten Erinnerung an das Auftreten des Fetisch eine untergegangene und vergessene Phase der Sexualentwicklung liegt, die durch den Fetisch wie durch eine Deckerinnerung vertreten wird, deren Rest und Niederschlag der Fetisch also darstellt. Die Wendung dieser in die ersten Kinderjahre fallenden Phase zum Fetischismus sowie Auswahl des Fetisch selbst sind konstitutionell determiniert."

Auch in einer späteren Arbeit[2]) hält *Freud* an dieser Anschauung fest, er präzisiert sie genauer. Er spricht von einer primären Perversion.

„Eine der Komponenten der Sexualfunktion sei den anderen in der Entwicklung vorangeeilt, habe sich vorzeitig selbständig gemacht, sich fixiert und dadurch den späteren Entwicklungsvorgängen entzogen, damit aber ein Zeugnis für eine besondere, anomale Konstitution der Person gegeben. Wir wissen, daß eine solche Perversion nicht fürs Leben zu verbleiben braucht, sie kann noch später der Verdrängung verfallen, durch eine Reaktionsbildung ersetzt oder durch Sublimierung umgewandelt werden. Wenn aber diese Vorgänge ausbleiben, dann erhält sich die Perversion im reifen Leben, und

[1]) Drei Abhandlungen zur Sexualtheorie, S. 21. Anmerkung, IV. Aufl.

[2]) „Ein Kind wird geschlagen" in Sammlung klein. Schriften z. Neurosenlehre. Fünfte Folge, S. 198.

wo wir beim Erwachsenen eine sexuelle Abirrung — Perversion, Fetischismus, Inversion — vorfinden, da erwarten wir mit Recht, ein solches fixierendes Erlebnis der Kinderzeit durch anamnestische Erforschung aufzudecken. Ja, lange vor der Zeit der Psychanalyse haben Beobachter, wie *Binet*, die sonderbaren sexuellen Abirrungen der Reifezeit auf solche Eindrücke, gerade der nämlichen Kinderjahre von 5 und 6 an, zurückführen können. Man war hiebei allerdings auf eine Schranke unseres Verständnisses gestoßen, denn den fixierenden Eindrücken fehlte jede traumatische Kraft, sie waren zumeist banal und für andere Individuen nicht aufregend; man konnte nicht sagen, warum sich das Sexualleben gerade an sie fixiert hatte. Aber man konnte ihre Bedeutung darin suchen, daß sie eben der voreiligen und sprungbereiten Sexualkomponente den wenn auch zufälligen Anlaß zur Anheftung geboten hatten, und man mußte darauf vorbereitet sein, daß die Kette der Kausalverknüpfung irgendwo ein vorläufiges Ende finden werde. Gerade die mitgebrachte Konstitution schien allen Anforderungen an einen solchen Haltepunkt zu entsprechen."

Diese Ausführungen haben einen wahren Kern. Die angeblich erste Erinnerung ist in der Tat meistens eine Deckerinnerung. Aber es gibt unzweifelhaft Fälle, in denen sich eine pathologische Fixierung an einen Eindruck zwischen dem 6. und sogar 18. Jahre feststellen läßt, wenn es sich um einen sehr stark affektbetonten Eindruck handelt. Unrichtig dagegen ist, daß diese Neigung zum Fetisch konstitutionell begründet ist. Unser Fall zeigt keine Spur einer solchen konstitutionellen Begründung, welche in der Psychanalyse immer herangezogen wird, wenn die Lösung des Rätsels nicht vollkommen gelingt.

Ebenso einseitig und oberflächlich ist die Behauptung von *Sadger*, daß der Fetisch nur das Genitale der Mutter (resp. des Vaters) darstellt. Nehmen wir an, daß diese Behauptung einen richtigen Kern hat, da ja unser Kranker auch zu seiner Mutter und zu ihrem Besitze strebt, was wäre mit dieser Erkenntnis gewonnen? Ist die Schürze hier wirklich nur ein Ersatz der mütterlichen Vagina? Wir haben gesehen, daß der Fetischismus in diesem Falle einem Mosaikbild gleicht. In das Bild werden unzählige Steinchen eingefügt und alle zusammen geben uns erst das Bild des Fetisch.

Versuchen wir eine Analyse des vorliegenden Krankheitsbildes, d. h. versuchen wir die zahlreichen Komponenten dieses Fetischismus aufzuweisen.

1. Die Schürze ist ein Symbol seiner Säuglingszeit, seines psychosexuellen Infantilismus. Die ganze Form seiner Onanie zeigt, daß er immer wieder die Zeit seiner ersten zwei Lebensjahre durchmachen will, besonders die Zeit, da er in Windeln lag. Die Schürze wird dann ein

Symbol der Windeln und der Schürze seiner Mutter. Die organischen Lustgefühle, die er durchmachte, als er naß in den Windeln lag, mit Urin und Kot beschmiert, werden festgehalten und neu belebt. (Zahlreiche Beispiele in Band V, ohne daß es zum Fetischismus gekommen wäre.) Die Schürze ist also ein Erinnerungssymbol der Säuglingszeit.

2. Die Regression geht in seiner Phantasie weiter, sie geht bis zum Mutterleib. Diese Phantasie kann nicht als Erinnerungsspur aufgefaßt werden, sie muß später entstanden sein und drückt einen anagogischen Wunsch nach einem neuen Leben *(Silberer)* aus, zugleich den Wunsch nach der intimsten Vereinigung mit der Mutter ohne die Schuld eines geschlechtlichen Verkehres. Die Schürze wird zum Leib der Mutter, zur Mutter schlechtweg (Mutterleibsphantasie).

3. Auch die Phantasie eines Geschlechtsverkehres mit der Mutter — durch ihre zahlreichen Treulosigkeiten angeregt und durch traumatische Beobachtungen verstärkt — wird durch den Umstand betont, daß er während des Geschlechtsaktes eine Schürze zerdrücken muß. Er hält sich an die Mutter. Er verkehrt mit seiner Mutter.

4. Die Schürze ist deutlich bisexuell. Männer in Schürzen — das erste Vorbild wohl der Vater, was in der Analyse nur nebelhaft zum Vorschein kam, später zahlreiche Männerideale in Schürzen. Sein Interesse für den Phallus ist ebenso groß wie für die Vagina. So wird die Schürze auch zum Symbol des Phallus des Vaters und des Mannes überhaupt, wie sie andrerseits auch die Vagina (Hottentottenschürze) ist.

5. Die Schürze ist das Symbol seiner Demütigungen. Seine erste Demütigung wurde durch Schürzen verursacht. Die Schürze drückt seine Schmach aus und fordert zur Rache auf. Sie ist ein ewiges Memento *(Adler)* und dient zur Aufpeitschung seines Ehrgeizes.

6. Seine schmutzige Seele, die voll von kriminellen Phantasien ist, wird ihm wie in einem Spiegel durch die Schürze entgegengehalten. Die Schürze drückt die Sprache seines Gewissens aus. Sie drückt seine Tendenz aus, zum Verbrecher zu werden (kriminelle Phantasien) und den Schutz gegen diese Tendenzen durch ihre moralische Verurteilung.

7. Die Schürze ist zugleich etwas Heiliges und Hohes, vor dem er beten könnte. Sie drückt seine Sehnsucht nach der reinen Mutter aus, die dann zur Mutter Gottes wird. Sie deckt die Geschlechtsteile Christi. Sie fordert ihn auf zu büßen und zu entsagen. Bipolare Tendenz wie beim Tabu. Die Schürze ist Tabu und ist Gott. Die Schürze ist ein Symbol seiner Christusneurose.

8. Die Schürze ist seine Schutzkonstruktion und seine eigenste Erfindung. Sie ist die eigene Schöpfung seiner Phantasie, das Einzige, das ihn vom großen Durchschnitt unterscheidet. (Solipsismus — Autis-

mus.) Die Schürze ist der Triumph seiner Persönlichkeit, sie symbolisiert seine Eigenart, seine Unabhängigkeit von den Sexualobjekten der Welt, sie befreit ihn von der Tyrannei des Weibes. Die Schürze ist das Eigene!

9. Die Schürze ist etwas Lebendes und zugleich der Repräsentant des Toten. Er identifiziert sich mit der Schürze. Er ist die Schürze und die Schürze ist er. (Animismus.)

10. Die Schürze ist blutbefleckt, es ist die Metzgerschürze, die Schürze des Henkers. Sie symbolisiert das Verbrechen und seine Sühne. Die Schürze ist das Symbol seiner kriminellen Phantasien und seiner Buße. (Sadismus.)

11. Die Schürze muß eng gebunden sein. Sie symbolisiert den Zwang und zugleich den Impuls. Er muß jeder Schürze nachlaufen. So ist er an die Eindrücke seiner Jugend gebunden. Schon in der Geste beim Koitus (er hält und drückt eine Schürze) drückt er diesen Zwang, diese Fixierung an die Mutter aus. Die Schürze ist ihm ein Symbol dieses Zwanges.

12. Die Schürze hat eine mystische Bedeutung, sie hat eine magische Kraft, sie ist wie ein Zauber (Talisman), sie macht ihn potent und impotent, sie ist nicht tot, sie ist wie ein lebendiges Wesen.

Er hat aus einem lebenden Menschen ein Symbol gemacht und stattet dann das Symbol mit menschlichen und göttlichen Eigenschaften aus. Sie ist für ihn tatsächlich der Fetisch, der geheime Gott, seine versteckte Religion, die in der Anbetung der Mutter gipfelt und aus der Mutter und der Jungfrau Maria eine mystische Einheit macht, den Vater, die Mutter und das Kind in sich schließt.

Die Schürze ist die Dreieinigkeit.

— —

Mit diesen Determinanten haben wir nun einen Teil seines Fetischismus klargemacht. Die Verdichtung geht viel tiefer und weiter. Er benützt jeden Vorfall im Leben, um ihn auf die Schürze zu beziehen. Die Schürze ist der Mittelpunkt seiner Vorstellungen, sein Schwerpunkt, die Achse, um die sich sein Denken dreht.

Wir können uns die Entstehung des Fetischismus nur so vorstellen, daß irgend ein zufälliges, aber sehr stark affektbetontes Erlebnis der Kristallisationspunkt eines Systems wird. Darin stimmen wir mit *Binet* überein. Aber um den Nukleus bildet sich die Kristallisation *(Stendahl)*, bildet sich die Systemisierung, Schichte legt sich an Schichte an, bis ein kompliziertes Gebilde entsteht, ein System wie bei der Zwangsneurose. Jeder neue Schürzeneindruck legt sich wie eine neue Zwiebelschale um die alten Hüllen. Schließlich wächst das Neugebilde immer mehr in das Normale hinein, bis es den größten Raum des Seelenlebens einnimmt.

Wann kommen diese Fetischisten zum Analytiker? Warum kommen sie? Nie weil sie an dem Fetischismus leiden, sondern weil der Fetischismus sie arbeits- und lebensunfähig macht. Auch unser Kranker betont immer wieder seine Zerstreutheit, seine Lebensunfähigkeit, seinen Mangel an Konzentration. Er muß immer schwerer darum ringen, arbeiten zu können. Die Tagesphantasien werden immer stärker, er benötigt immer mehr Anstrengungen, um die Flucht in die Krankheit (hier der Husten) nicht in Szene zu setzen.

Was steckt aber hinter dem ganzen Gebilde? Die Absperrung eines Affektes, eines krankhaften Impulses durch Selbstschutz, durch Verschiebung und Symbolisierung, durch Entstellung und Schauspielerei. Das ganze Problem wird auf ein anderes Geleise geschoben.

Im Mittelpunkt des Krankheitsbildes steht der Impuls. Dieser Impuls ist komplexer Natur und setzt sich eigentlich aus einigen Impulsen zusammen. Die wichtigste Komponente dürfte wohl der Zug zur Vergangenheit sein, der Impuls, das versunkene Leben neu zu beleben, der sich in dem verborgenen Wunsche ausdrückt, zur Mutter zurückzukehren, sie zu umarmen, sie zu küssen, sie zu erobern und — vielleicht zu besitzen.

Die Mutter ist eine alte Frau, die ihn anwidern würde, wenn er Wirklichkeit und Phantasie trennen könnte. Es handelt sich ja um eine andere Mutter, um die Mutter seiner ersten Kinderjahre, um die Mutter, die am Bette des keuchhustenkranken Kindes saß und mit seinem Gliede spielte. Er verlangt das Unmögliche. Aber für die Konstruktionen der Parapathiker gelten nicht die Gesetze der Wirklichkeit. Sie zeigen das prälogische Denken, wie es *Levy-Brühl* so anschaulich an den Naturvölkern nachgewiesen hat. Der Impuls ist seine Urreaktion. Ein unerfüllter Wunsch drängt nach Erfüllung und Erlösung und setzt diese Erfüllung in symbolischer Form durch. Das ganze Krankheitsbild ist eine Fiktion *(Veihinger)*, ein „Als-Ob", in welcher nur die Gesetze des „Lust-Prinzipes" gelten. Der Inzest-Impuls wird in einer fiktiven Welt ausgelebt. Die reale Welt (das Realitäts-Prinzip) erscheint annulliert.

Andere Impulse sind krimineller Natur. Er möchte die Mutter töten, er möchte den verhaßten Schwager (und den Vater!) mit dem Beil zerhacken.

Sein Persönlichkeitsgefühl ist durch die Erziehung zerstört worden. Er wurde gedemütigt und hätte ebenso gut ein Verbrecher werden können wie ein Parapathiker, ein Verbrecher, der die Gesellschaft entgelten läßt, was man in der Jugend an ihm verbrochen hat. Er rettet sich aber in den Glauben und in Erlöserphantasien. Er ist der Gute, der Edle, der Mitleidsvolle, der jedem Bettler seine ganze Habe spenden würde. Dieser edle Mensch hat aber eines nicht lernen können, was den echten Erlöser kennzeichnet: die Demut. Er kann sich nicht beugen, er kann nicht danken, er will herrschen. Auch in der Liebe wich er dem einzigen weiblichen Wesen aus, das er hätte lieben können, d. h. dem er sich hätte unterwerfen können. Er kennt nur eine Herrin: die Schürze. Zu ihr blickt er auf, ihr unterwirft er sich, sie anerkennt er. Diese Schürze schützt ihn vor allen anderen Niederlagen und Demütigungen. Er kann den Paraphilen spielen und dabei ein Asket sein. Nicht ohne Grund suchte er eine Schauspielschule auf. Er lernte eine Kunst, die ihm im hohen Maße zu eigen war. Denn er spielt vor sich selbst und spielt vor der Welt. Wer würde hinter diesem menschenscheuen, zaghaften, zitternden, verlegenen Mann die grenzenlose Herrschsucht und die schrankenlose Grausamkeit vermuten? Er hat allen Grund, scheu zu sein und sich zu verbergen. Wir haben gesehen, wie offen die kriminellen Gedanken gegen die Kinder und seine Frau zum Vorschein kamen, wir haben auch gehört, daß seine bisher absolute Rechtlichkeit im Kriege erschüttert wurde — leider wie bei vielen anderen Menschen, welche bisher immer Treu und Redlichkeit geübt haben und sie bis an das „kühle Grab" geübt hätten, wenn der Krieg nicht eine Erschütterung aller sozialen Gefühle gebracht hätte.

Leider raffte ihn der Tod hinweg, ehe er die Wohltaten einer geordneten Seelenverfassung erproben und genießen konnte. Es war charakteristisch, daß er und sein Freund, der ihn zur Todesfahrt einlud, vom Semmering zu einem Wallfahrtskirchlein hatten fahren wollen. Auf dem Wege zu seinem Gott ereilte ihn der Tod. Er glaubte heimlich an Wunder und hatte mir oft gesagt, daß er seine Heilung nur von einem Wunder erwartet hatte.

Auch darin zeigte sich seine Ähnlichkeit mit dem Primitiven. Alle diese Fetischisten warten auf die Erlösung durch das Wunder, durch die Erleuchtung, durch die plötzliche Eingebung. Viele ihrer Wanderungen sind Wallfahrten in das Reich des Wunders. Was Alfred erwartete, war das absolut Wunderbare, das Unmögliche: die junge gütige liebevolle Mutter zu finden und das Leben neu zu beginnen. Er, der seiner Familie den Tod wünschte, hat sie nun allein gelassen und pilgerte als der erste in das Reich, in das er sie so gerne gesendet hätte.

XIII.

Schuhnägel und Absätze in ihren Beziehungen zum Liebesleben.

Es gibt kein Organ des menschlichen Körpers und kein Kleidungsstück, ja keinen Gebrauchsgegenstand, der nicht der Träger eines echten Fetischismus werden kann. Wir haben in dem letzten Falle des Schürzenfetischisten die unglaubliche Verdichtung des fetischistischen Symbols kennen gelernt. Wie in einem Brennpunkt vereinigen sich die Bewußtseinsstrahlen in dem einen Symbol.

So lange man dieses Phänomen der Verdichtung nicht kennt, erscheinen einem derartige Fälle unbegreiflich und verschroben.

Ich werde nun in diesem Kapitel zwei Fälle vorführen, welche uns das Phänomen einer speziellen Art von Schuhfetischismus vor Augen führen. Es handelt sich um die Bedeutung der Nägel oder der Zinken, welche das Leder befestigen.

Der erste Fall ist nicht analysiert, der zweite liegt in einer vollständigen Analyse vor.

Fall Nr. 56. *Charcot* und *Magnan* berichten von einem verschrobenen Manne, auf den nur die Nägel von Frauenschuhen sexuell erregend wirkten und den seine Verirrung zu den auffallendsten Extravaganzen trieb.

Er bemüht sich, die Nägel in Frauenstiefel zu sehen, sorgfältig prüft er deren Spur im Schnee und im feuchten Erdreich, er lauscht auf das Geräusch, welches sie auf dem Straßenpflaster hervorrufen, er findet ein namenloses Vergnügen daran, Worte zu wiederholen, welche bestimmt sind, ihm das Bild dieser Dinge vor Augen zu stellen, kurz, er faßt seine ganze Seligkeit in dem Ausdruck zusammen: „eine Frau zu beschlagen", ferrer une femme.

Dieser Kranke gibt sich der Masturbation hin, die hier, um den glücklich gewählten Ausdruck *Binets* anzuwenden, die Rolle des Resonanzbodens spielt. Während seiner onanistischen Handlungen denkt er nämlich unablässig an Stiefelnägel, und zwar mit der ganzen Intensität, welche die Geschlechtserregung dieser Praktiken zu verleihen imstande ist. So verhaftete man ihn eines Tages, während er sich auf der Straße vor einem Schuhwarenladen masturbierte.

Schon im Alter von 6 oder 7 Jahren trieb diesen Patienten ein unwiderstehlicher, instinktiver Drang, Frauenfüße zu betrachten, um zu sehen, ob sich in den Schuhen Nägel befänden. Nahm er dann solche Nägel wahr, so bereitete

24*

ihm dies ein unaussprechliches Glück. Zwei junge Mädchen, Verwandte von ihm, wohnten bei seiner Familie. Er begab sich an den Ort, wo ihr Schuhzeug stand, bemächtigte sich unter Fieberschauern desselben, berührte die Nägel, zählte sie und konnte seine Blicke nicht von ihnen abwenden. Abends, im Bette, richtete er abwechselnd seine Gedanken auf eines der jungen Mädchen, die er in seinen Vorstellungen eine phantastische Rolle spielen ließ. So sah er ihre Mutter sie zu einem Schuhmacher führen und hörte, wie sie Auftrag gab, der Schuster solle die Stiefel ihrer Töchter mit Nägeln versehen. Dann sah er den Schuster, wie er die Nägel befestigte und die Stiefel dem Mädchen übergab. Dann wieder suchte er sich auszumalen, welche Gefühle das junge Mädchen haben müßte, wenn sie mit diesen nägelbeschlagenen Schuhen ginge. Schließlich ging er in seiner Phantasie so weit, dem jungen Mädchen die grausamsten Martern aufzuerlegen, indem er ihr Hufeisen unter die Füße nagelte oder ihr gar die Füße abschnitt (Steigerung zu sadistischen Vorstellungen). Gleichzeitig befriedigte er sich durch Masturbation, die er aber nicht nur ausübte, um sich diesen Genuß zu verschaffen, sondern der er sich vielmehr hingab, um sie als Begleitakt für seine eingebildete phantastische Geschichte zu benützen.

Alle diese Dinge wiederholten sich reichlich häufig, ohne daß der Kranke irgendeine Anstrengung machte, den Zustand zu beseitigen. Ohne Gewissensbisse genoß er das sinnliche Vergnügen, von dessen Tragweite er sich, ein Kind, wie er ja noch war, keine Vorstellung machte. Später, nach Beendigung seiner Studien kam er zu einer Verwandten aufs Land. Dort sah er häufig zwei junge Mädchen, seine Basen, die in der Nachbarschaft wohnten. Wenn er dann allein im Garten war, setzte er sich auf eine Bank und erzählte sich selbst eine seiner phantastischen Geschichten, in deren Mittelpunkt natürlich als Heldinnen diese beiden jungen Mädchen standen. Dabei nahm er an sich selbst alle möglichen unzüchtigen Berührungen vor, die er auch an den folgenden Tagen wieder fortsetzte, ohne indes den onanistischen Akt zu vollenden. War er dann wieder mit den jungen Mädchen zusammen, so suchte er immer ihrer Schuhnägel ansichtig zu werden. Die eine von ihnen, die dies bemerkt hatte, berührte immer, ohne daß er ihr etwas gesagt hatte, besonders wenn sie neue Schuhe trug, mit ihrem Fuß den seinigen, um ihn die Nägel fühlen zu lassen. Eine solche Berührung führte augenblicklich Orgasmus bei ihm herbei, nicht durch den Eindruck, den das Mädchen, sondern durch den, welchen die Nägel hervorriefen. Häufig passierte es ihm, daß er die Stiefel der jungen Mädchen von dem Orte, wo sie standen, fortnahm, *den Eichelteil seines Penis auf die Nägel derselben legte*, wobei, ohne jegliche Unterstützung der Hände, sofort die Ejakulation eintrat.

Im Alter von 18 Jahren kam er nach Paris, wo ein wollüstiger Schauer seinen Körper durchrieselte, wenn er an den Schuhwarenläden vorüberging, wo sich Damenstiefel mit Nägeln in den Auslagen befanden. Außerhalb seiner geschlechtlichen Erregung sieht der Kranke häufig seine Vorstellungen sich seiner bemächtigen und trotzdem er sie zu verjagen bestrebt ist, verfolgen sie ihn wie Furien. Dann ist es ihm, als ob sich ein Schleier über sein ganzes Denken lege, der seinen Geist wie in Nacht hülle. Seine Augen werden ihm schwer und mit halblauter Stimme erzählt er sich eine seiner phantastischen Geschichten, wobei er zugleich onaniert, teils direkt mit der Hand, teils, indem er seinen Penis zwischen den Oberschenkeln reibt oder indem er sich auf seinem Stuhle zurücklehnt und auf ihn mit dem ganzen

Gewicht seines Körpers drückte. Zu gleicher Zeit, wo er die größte Arbeitskraft in sich spürt, hat der Kranke eine exaltierte Einbildung. Die Überreizung des Gehirns geht bisweilen so weit, daß sich bei ihm Sinnestäuschungen und fast Halluzinationen einstellen, ein Zustand, der besonders dann eintritt, wenn er gegen seine Gedanken und die sie begleitenden überwältigenden Eindrücke ankämpft. Dann hat er das Gefühl, als stände ein zweites Wesen neben ihm, das ihm durch Worte, welche ihm durch das Hirn abtönen, vernehmlich den Rat erteile, von dem zwecklosen Widerstand abzulassen. Wie in den meisten Fällen ist diese Verirrung auf dem Boden der Degeneration gediehen.

Es ist nun sehr wohlfeil, solche Fälle einfach als Degeneration abzutun und von jeder psychologischen Erklärung abzusehen. Mir scheint — von allen anderen Determinationen abgesehen — eine Identifizierung des Weibes mit einem Pferde vorzuliegen. Aber was können wir ohne eingehende Analyse über solche Verirrungen aussagen? Sicherlich steht nach unseren Erfahrungen fest, daß die „Nägelmanie" vielfach determiniert sein muß, um zu einem allbeherrschenden Fetisch zu werden.

Wohltuend hebt sich von dieser deskripten Schilderung die „Analyse einer hysterischen Phobie" ab, die uns in mustergültiger und fast erschöpfender Weise *Ludwig Binswanger* [1]) gegeben hat.

Fall Nr. 57. Es handelt sich um ein 20jähriges Mädchen, das wegen einer seit 15 Jahren bestehenden Phobie in die Behandlung *Binswangers* kam. Sie hatte Angst, in einen Schuhladen zu gehen und war trotzdem gezwungen, allen Menschen auf die Schuhe zu blicken. Ihre größte Angst war es, daß der Absatz sich vom Stiefel trennen könnte, so daß man die Zinken sehen könnte. Der Zeitpunkt der Entstehung des Leidens ist bekannt und knüpft sich an ein bestimmtes äußeres Ereignis.[2])

„Es war an einem Januarmorgen auf dem Eise, als unsere damals 5³/₄ Jahre alte Patientin — wir nennen sie Gerda — mit ihrer Kinderfrau und ihren Geschwistern Schlittschuhlaufen lernte. Plötzlich machten die Geschwister das Kind lachend darauf aufmerksam, daß ihre Haken[3]) abgerissen sei und nur noch auf einer Seite am Stiefel hänge. Gerda sah nach und fing bitterlich an zu weinen. Sie ging bald darauf mit der Wärterin nach Hause. Unterwegs trafen sie den jüngsten Bruder Max, der von seiner Wärterin im Kinderwagen spazieren gefahren würde. Gerda fing dabei wieder an zu weinen. Sie weiß kaum, wie sie dann nach Hause kam. Hier angelangt, warf sie sich der Mutter schluchzend an den Hals mit den Worten: „ich habe die Zinken[4]) gesehen!" Die Mutter zog ihr hierauf den defekten

[1]) Jahrbuch für psychoanalytische und psychopathische Forschungen, Bd. III, Franz Deuticke, Leipzig und Wien, 1911.

[2]) Die wörtlich entnommenen Stellen aus der Analyse sind durch kleineren Druck gekennzeichnet.

[3]) Haken ist der in der Heimat der Patientin gebräuchliche Ausdruck für Absatz.

[4]) Zinken nennt Gerda die Holzstifte, die die einzelnen Lederlagen des Absatzes untereinander und mit der Stiefelsohle verbinden.

Stiefel aus; in diesem Moment fiel Gerda in eine Ohnmacht. Als sie erwachte, fand sie sich auf dem Sofa liegen. Nachträglich sei sie von ihren Geschwistern wegen ihres Benehmens ausgelacht worden."

„Mit 7 Jahren trat, wie die Mutter angibt, beim Schlittschuhlaufen dasselbe auf: Gerda wurde wieder ohnmächtig. Diesmal war der Absatz ganz abgegangen. Von da an wurden ihre Stiefel genagelt und ihre Absätze mit Schrauben versehen. Trotzdem wiederholte sich mit 9 Jahren das Ereignis noch einmal."

Ich möchte auf den Umstand aufmerksam machen, daß Gerda nochmals zu weinen anfing, als sie den jüngsten Bruder Max getroffen hatte. Ebenso bedeutungsvoll ist der Umstand, daß sie zu Hause in Ohnmacht fiel. Diese Szenen verbunden mit Ohnmachten wiederholten sich noch einige Male. Sie wurde auch schwindlig, als die unterste Platte des Absatzes mit einigen Nägeln abging (11). Sie hatte die Empfindung, „als ob sie eine ungeheure Last am Fuße mitschleppte". Auch der Anblick von Stiefeln, deren Absätze nicht fest saßen, versetzte sie zweimal (15) in Ohnmacht. Neue Stiefel (16) verursachten ihr Schwindel. Gerda berichtet selbst:

„Als ich mit 17 Jahren in einem Laden Stiefel probierte, fiel ich in ziemlich tiefe Ohnmacht. Seit der Zeit ging ich jedesmal mit einer gewissen Angst in Schuhgeschäfte.

Im Gefühle, es sei etwas an meinem Absatze geschehen, als ich bei einer starken Kurve hinten auf der elektrischen Bahn stand, verlor ich das Bewußtsein ziemlich lange. Ich hatte schon vorher gesehen, daß alles in Ordnung war, doch war das Gefühl zu stark. Mit 18 Jahren verlor ich auf einem Ball meinen Absatz, wurde aber nicht ohnmächtig, denn der Haken war weder mit Stiften noch Nägeln befestigt gewesen, sondern nur geleimt, also es zerriß nichts. Zweitens war er aus einem Stücke, und dann war es ja auch kein Stiefelabsatz.

In der Eisenbahn hörte ich vor einem Jahre, daß eine Dame zu ihrem Manne sagte: „Dein Stiefel ist zerrissen." Ich habe nicht hingesehen, aber das Wort ging mir durch und durch und ich kämpfte gegen eine Ohnmacht an. Der Gedanke war mir entsetzlich: Zwei Stunden mit demselben Herrn, der vielleicht einen losen Absatz hatte, zusammen im Kupee sein zu müssen! Das konnte ich nicht ertragen und fiel in eine sehr tiefe Ohnmacht. Die darauffolgende Zeit bis X. war qualvoll; alle Augenblicke war ich nahe daran, wieder das Bewußtsein zu verlieren. Die nächsten drei oder vier Tage war ich absolut unfähig, zu denken, der ganze Körper, vor allem mein Kopf, war bleischwer, ich konnte weder essen noch schlafen. — Seit dem Anfall überkommt mich manchmal in der elektrischen Bahn oder sonst in einem geschlossenen Raume, wenn ich mit fremden Menschen zusammen bin, eine plötzliche Angst, es könnte etwas passieren. Auch auf Ausflügen usw. überkommt mich eine fürchterliche Unruhe, meist, wenn es mehrere Leute sind. Sobald dieses Gefühl gekommen ist, verläßt es mich oft den ganzen Tag nicht. Ich bleibe dann am liebsten allein, um wieder ruhig zu werden; in solchem Zustande habe ich an nichts Freude, eher einen starken Abscheu gegen alles."

In der Ohnmacht habe ich das Gefühl, als ob ich keine Beine hätte, als ob die auf der Erde geblieben wären. Ich war nur bis zur Hüfte, das andere entfernte sich.[1]) Da konnte niemand an mich heran. Ich hatte keine Verantwortung und brauchte mich nicht um die Menschen zu kümmern. Ich hatte Angst, wieder aufzuwachen und auf die Erde zurückzufallen."

Diese Unruhe beim Verkehr mit fremden Männern entspringt sicherlich einer mit Angst gemischten sexuellen Erwartung. Sie erklärt uns auch den Umstand, daß Gerda ihre letzte Ohnmacht mitmachte, nachdem ihr ihre Freundin von einem Heiratsantrag Mitteilung gemacht hatte.

Gerda wurde mit 11—12 Jahren vollständig sexuell aufgeklärt. Sie hat keine bewußte Sexualabneigung. Sie zeigt auch angeblich kein besonderes Interesse für die Geschlechtsunterschiede und die Vorgänge der Geburt.

„Wenn Gerda nur das Wort „Absatz" in einem Gespräche fallen hörte oder von sich aus an einen Absatz denkt, dann schwebt ihr das Bild eines halbabgerissenen Absatzes vor, mit den hervorstehenden Nägeln oder Holzstiften (Zinken); zugleich regt sie die helle Farbe des Leders der Bruchfläche auf. Oder sie stellt sich vor, daß ihr ein Schlittschuh abgenommen und abgerissen werde und hinten noch etwas festhake. Oder sie erblickt sich in der Situation, daß ein Mann auf dem Eise ihren Fuß zwischen seinen Beinen hält, ihr den Schlittschuh rasch anlegt und dann die Schraube dreht. Sie empfindet daher Angst, er könne die Schraube zu rasch und zu fest drehen. Dieser Gedanke sei der allerschlimmste. Sie hat das Gefühl, eine solche Situation könne gar nicht anders enden als mit einer Ohnmacht. „Das langsame Hineingreifen der Zacken (hinten am Schlittschuh) in den Absatz ist das Schlimmste," lautet ein anderer Ausspruch. Sie hat daher das Gefühl, wie wenn ihr selbst eine Klammer angelegt werden würde! Diese Übertragung des Gefühles vom Fuß auf den ganzen Leib ist zu beachten! Bemerkenswert ist ferner, daß Gerda auf der Straße den Zwang verspürt, den Leuten, die vor ihr gehen, auf die Absätze zu schauen. Ihr selbst ist es in hohem Grade peinlich, wenn andere Leute auf ihre Füße sehen!"[2])

Drückte Dr. *Binswanger* mit zwei Fingern auf den Absatz, zeigte Gerda eine furchtbare Angst vor der Ohnmacht. Auch ein Gefühl, wie wenn auf einen Knopf gedrückt wird, wie wenn ein elektrischer Schlag durch ihren Körper gehen würde. Nichts gehorcht ihr mehr, sie ist absolut willenlos, als ob sie irgend jemand anderem preisgegeben wäre! Sie fürchtet, der Absatz und

[1]) Später äußerte Gerda einmal: „Wenn ich an eine Geburt denke, ist das unten schwächer, wie wenn es nicht mehr zu mir gehörte."

[2]) „Gerade, wenn der Fuß sich hebt, sieht man die Spalte (zwischen Sohle und gelockertem Absatz). Wenn man steht, macht es mir nichts, aber wenn man geht. Das Hochziehen des Fußes ist das Schlimme: dann sieht man, daß etwas nicht in Ordnung ist, dann klafft es." Außer ihrer Furcht vor Absätzen finden wir also den Zwang, auf Absätze hinzusehen!

sie könnten es nicht aushalten. Sie macht die Augen zu und merkt dann nicht mehr, was die anderen mit ihr machen.

Es ist eine ausgesprochen sexuelle Empfindung, welche Gerda schildert. Der Absatz hat die Stellvertretung einer erogenen Zone übernommen, ja, er ist eigentlich ihre stärkste erogene Zone.

In der Ohnmacht erlebt sie seltsame Sensationen, als ob sie keine Beine hätte, nur einen Rumpf, sie besteht nur bis zur Hüfte, das andere entfernt sich. Niemand kann an sie heran. (Auch wenn sie an eine Geburt denkt, ist „das unten" schwächer und gehört nicht zu ihr.) Sie hat keine Verantwortung.

Sie möchte aber dann die Hand an den Absatz pressen. Sie hat ein „offenes Gefühl" an der Sohle. Sie möchte die Ferse reiben und drücken. Sie verspürt ein starkes Prickeln im Fuß. Er kommt ihr wie abgestorben vor.

Sie hat ihren Absatz sexualisiert. Sie ist zu den Stiefeln sexuell eingestellt. Sie hat auch eine animistische Auffassung des Absatzes. „Als Kind habe ich die Stiefel so gerne gehabt, ich weiß nicht warum. Als der Absatz abging, tat es mir weh, als ob es was Lebendes wäre."

Vor dem Trauma auf dem Eise hat Gerda mit Hilfe des Stiefels masturbiert. Diese Stiefelmasturbation faßt *Binswanger* als symbolische Verwertung ihres Anal- und Exkrementkomplexes auf. Sie leidet seit der Kindheit an hartnäckiger Obstipation, neigt zu Erbrechen und hat zugleich wahnsinnige Angst davor; sie benützt nur das häusliche Klosett, hat Angst vor dem Klosett und vor dem schwarzen Loche, natürlich auch Angst hineinzufallen.

Gerda zeigte schon als Kind eine ausgesprochene Phobie vor menschlichem und tierischem Darminhalt. Als eine Freundin ihrer Schwester im Walde in Kot getreten war, wollte sie nicht mehr in den betreffenden Wald gehen. Als ihre Schwester von den Brüdern geneckt wurde, weil sie am Knie mit Kot in Berührung gekommen war, lief sie aus dem Zimmer.[1]) Im Dunkeln wagte sie nicht aufzutreten, aus Angst vor Kot; über Kuhweiden zu gehen, verursachte ihr „Todesangst". Sie war immer äußerst vorsichtig mit ihren Schuhen und hatte nie schmutzige Schuhe! Ihre Phobie vor der Berührung mit Kot ging so weit, daß sie Kindergesellschaften, wenn Hunde vorher den Garten verunreinigt hatten, am liebsten abgesagt hätte, aus Angst, es könne jemand in den Kot treten. Sie hatte überhaupt einen Widerwillen gegen Hunde wegen ihrer „Unreinlichkeit". „Dünner Stuhl" ist ihr „besonders ekelhaft". Wenn sie an Durchfall leidet, glaubt sie „sterbenskrank" zu sein. Bei dieser starken Verdrängung des Exkrementalkomplexes lohnt es sich, einer Symptomhandlung Gerdas zu gedenken, die aus der Zeit stammt, da die Affektverkehrung noch nicht stattgefunden und das Interesse an Darm und Darminhalt noch ein unverhohlenes war. Gerda erzählt, wie sie und der 2 Jahre jüngere Bruder Albert ihrem Schaukelpferde den Schwanz ent-

[1]) Vgl. die Absatzphobie!

fernt, dann die Öffnung aufgerissen und darin herumgewühlt hatten, bis die Sägespäne herausfielen. „Es war uns interessant zu sehen, was darin ist, wenn der Schwanz draußen ist." Sie schaukelten dann kräftig, damit noch mehr herausfiele. Abends steckten sie den Schwanz wieder hinein, um morgens von neuem „zu untersuchen". Dies war vor der Episode auf dem Eise."

Sie litt oft an Jucken im After, das sie durch „Pressen und Öffnen" zu beseitigen suchte. Die Darmentleerung war lustbetont,[1]) weil dann das Jucken aufhörte. Sie drückte beim Stuhlabsetzen sehr stark, bis eine Wärterin ihr sagte, auf diese Weise könnte etwas „platzen". Sie vergleicht das Jucken mit dem Prickeln, wenn ein Fuß eingeschlafen ist und dann das Blut wieder hineinkommt. Dieses Prickeln im Fuße provoziert sie oft durch Sitzen mit gekreuzten Beinen. „Ich saß oft so verrenkt. Dann muß man fest auftreten, damit das Blut wieder hineinkommt."

„Wir stoßen hier zum ersten Male auf *Beziehungen* zwischen Darm (After) und Fuß. An beiden Regionen war das Prickeln oder Jucken aufgetreten und an beiden verfällt Gerda auf ähnliche Abwehrmaßregeln; sie drückt oder preßt dagegen; tritt mit dem Fuße fest auf, zieht den Darm zusammen.

Die Warnungen der Wärterin, es könne beim Drücken etwas platzen, waren nun offenbar nicht spurlos an Gerda vorübergegangen. Denn sie berichtet weiter, bei der Stuhlentleerung habe sie oft das Gefühl gehabt, „der Darm kann es nicht, er geht kaput dabei, er wird auseinandergerissen, er kann es nicht aushalten". Genau dieselben Befürchtungen werden oft wörtlich in bezug auf Absatz und Stiefel geäußert!

Gerda empfindet aber auch „dasselbe Gefühl im Kopf" bei der Stuhlentleerung wie bei den Ohnmachten: Die Augen sind nicht klar, es herrscht ein müdes, dumpfes Gefühl, nur vergeht es rascher nach der Stuhlentleerung als nach den Ohnmachten. Nach beiden fängt sie leicht an zu weinen, wenn man sie anredet, von beiden hat sie Angst zu sprechen. Wenn man einen Stiefel auseinanderzieht (vor dem Hineinschlüpfen), hat sie Angst, „es gäbe einen Knacks". „Nur nicht hineintreten, nur nicht fest auf den Absatz auftreten, sonst fühle ich es im Kopf!"

Binswanger beschreibt nun ausführlich[2]) die Beziehungen zwischen Ohnmacht und Stuhlentleerung. Vom mit Kot gefüllten Bauch ergeben sich interessante Beziehungen zum Schwangerschaftskomplex. Stuhl und Absatz zeigen innige Beziehungen zum Stuhlkomplex. Gerda hatte sich vorgestellt, der Kot wachse im Darme an wie mit Wurzeln. Der

[1]) Die einzigen Faktoren, die sonst noch auf die ursprüngliche Lust an der Defäkation usw. hindeuten, sind die Angabe, sie habe besonders gern auf des Vaters großen Topf gesessen, und ein Traum, in dem der Vater sie bei der Defäkation auf dem Topfe überrascht. Patientin hat einen deutlichen Exhibitionstrieb, während der Schautrieb bei ihr stark verdrängt ist. Wir finden ihn wieder bei dem Zwang, den Leuten auf die Absätze zu schauen.

[2]) Ich kann die Lektüre der Originalarbeit *Binswangers* jedem Analytiker wärmstens empfehlen. Dr. *W. St.*

Schleim heftet den Kot an die Darmwand. Das Losreißen des Absatzes findet sein Vorbild in dem Losreißen und Durchbrechen des Stuhles in die Bauchhöhle. (Infantile Exkrementaltheorien.) Vor der Eisepisode hatte sie zuweilen das Bett verunreinigt. Sie zeigt ausgesprochene Analsexualität. Ebenso deutlich ist ihre Urinsexualität.

„Im Anschluß an die Bemerkung, wenn sie etwas aufrege, müsse sie sehr häufig Wasser lassen, berichtet Gerda, daß ihr das Wasserlassen von jeher eine angenehme Empfindung verursache, besonders wenn sie dabei presse. Sie habe mit 7 Jahren auch öfters mit den Händen an jener Gegend gespielt. Es passierte besonders, wenn sie auf dem Topfe saß, eine ihrer Lieblingssituationen. Sie habe dabei jene Gegend genau so zusammengezogen wie den Darmausgang! „Ich wollte es nicht und tat es doch. Ich habe das Gefühl, es gehört sich nicht." Noch mit 11 oder 12 Jahren habe sie es getan.

Wir erfahren hier Beziehungen zwischen „der vorderen Gegend", wie wir in der Analyse die Vulva bezeichneten, und der Analregion (Pressen). Beides sind für Gerda erogene Zonen, die jetzt immer mehr als solche zum Vorschein kommen, neben der dritten, in der Neurose wichtigsten erogenen Zone, der Fersen-Absatz-Region. Die Beziehungen zwischen allen drei Regionen werden im folgenden klar zutage treten.

Zuerst erfolgt das Pressen vorne, dann das Hinfassen, dann kam der Drang, Wasser zu lassen und dann ein „offenes Gefühl", ein Gefühl, als ob es vorne nicht geschlossen wäre. Dieses Gefühl mußte Gerda durch den Druck der Hände steigern, sie „konnte es nicht lassen!"

Wir denken hier unwillkürlich an das „offene Gefühl", das Gerda beim Ziehen am Absatz verspürt, und ihren unwiderstehlichen Drang, „dagegen zu pressen".

Bei jenen Manipulationen an der Vulva konnte Gerda den Genuß noch erhöhen, indem sie sich in recht traurige Stimmungen versetzte, sich vorstellte, die Eltern würden sterben, es könne Albert etwas passieren usw. Auch wenn sie an gelbe Stiefel dachte, wurde das Gefühl stärker."

Wer die Beziehungen zwischen Sadismus und Analsexualität kennt, der wird erkennen, daß die Furcht, Albert könnte etwas passieren, die Umkehrung des Wunsches ist, es möge Albert etwas passieren. (Der erste Anfall hat ja Beziehungen zum jüngsten Bruder Max!) Sie drückte sich gerne so zusammen, daß niemand an sie herankommen konnte. Dabei preßte sie die Stiefel zwischen die Beine. Wie sie diesen Vorgang demonstriert, hat sie das Gefühl, der Absatz rutsche unter dem Stiefel weg, und muß weinen. (Tod des Bruders?)

Der Zwang wird wie bei allen Fetischisten wiederholt durch ein Symbol ausgedrückt. Ihren Zwang symbolisiert die Schlittschuhschraube.

Der Absatz ist ihr Ideal, er ist ihr Kind, ihr Fetisch, sie muß darauf sitzen, um Lust zu empfinden. Nachher konnte sie nicht mehr daraufsitzen, aus Angst, er könnte abbrechen. Sie gesteht es selbst ein:

„Ich muß mir ein Ideal aus den Stiefeln gemacht haben. Nach dem Unfall auf dem Eise dachte ich mir dann: Ich habe sie aber einmal so lieb gehabt und muß weiter an ihnen festhalten, weil sie so schwach sind. Es war ein gewöhnliches Pflichtgefühl. Die Pflicht trat aber an Stelle der Liebe!"[1])

Ich: „Sie müssen aber auch großen Haß gegen die Stiefel empfunden haben, weil Sie sie nicht mehr zu Ihren Manipulationen verwenden konnten!"

Gerda: „Wenn ich später wieder kapute Stiefel sah, schleuderte ich sie weg, da brach der Haß durch! Ich hatte das Gefühl, ich hätte es nicht um die Stiefel verdient. Ich hatte gerade so dafür gesorgt und anderen passierte es doch nie, die viel gröber damit umgingen. Ich fand es so ungerecht. Ich habe sie immer wie etwas Lebendes behandelt. Wie mein Absatz abging, war es wirklich eine Enttäuschung."

Es ist ziemlich durchsichtig, daß der Stiefel die Mutter repräsentiert und der Absatz das Kind, das sich aus dem Mutterleibe loslöst. Das wird bald klar werden. Ihr Haß geht gegen die Geschwister, besonders gegen Max. Daher verknüpft sich mit diesen Vorstellungen ein peinliches Schuldbewußtsein. Kot herauspressen und einen Absatz verlieren scheint identisch zu sein. *Binswanger* führt aus:

„Wir haben zuletzt nur die Genitalkomponente der Masturbation näher betrachtet. Nicht minder wichtig ist die Analkomponente. Erinnern wir uns, daß Gerda zugleich von vorn und hinten mit dem Stiefel masturbiert. Auch das Pressen gegen den Darmausgang war ihr ein „angenehmes Gefühl"."

„Ich wußte dabei, es konnte nichts kommen (Stuhlabgang erfolgen), denn der Darm war durch den Absatz von unten geschlossen, außerdem war der Darminhalt sehr hart und kam so wie so nie. Darum hatte ich nachts furchtbaren Schrecken, wie es doch kam, und seitdem furchtbare Angst vor Träumen.[2]) Wenn ich allein saß, habe ich mich entschieden am meisten mit Darm und Stiefel abgegeben. Die beiden gingen Hand in Hand, gehörten für mich zusammen; sie waren meine besondere Unterhaltung. Als es damals nachts kam, habe ich mich furchtbar geniert, daß die anderen es erfahren würden, und ging allen aus dem Wege. Und nun kurz darauf, zwei Monate später, kam dieselbe Sache mit dem Stiefel. Und dachte, ich kann ihm alles zumuten, ich pflegte ihn so gut, und nun hat der auch (d. h. wie der Darm) nicht ausgehalten, hat nachgegeben und sich geöffnet. Jetzt war es der Stiefel, der mich im Stich gelassen. Einer nach dem anderen fiel von mir ab und alles, was ich mir gedacht, wurde über den Haufen geworfen (bezieht sich auch auf ihre infantilen Sexualtheorien, wie wir später sehen werden). Wie der Darm nachgegeben hatte, war meine letzte Hilfe der Absatz (sc. um weiter masturbieren zu können); wie nun auch der nicht standhielt, fühlte ich mich ganz verlassen. Nun hatte ich nichts mehr zum Zustopfen, denn mein bloßer Fuß war nicht hart genug."

Binswanger faßt das Absatztrauma auf dem Eise als den Verzicht auf die genitale und anale Stiefelmasturbation auf. „Dieser Verzicht muß aber viel mehr bedeuten. Es ist wahrscheinlich, daß sie mit dem Absatz Mutter und Kind spielte. Kurz vor dem Trauma erfolgte die Geburt des Brüderchens Max."

---

[1]) Vgl. später die Wandlung des Mutterkomplexes!

[2]) Sie machte nämlich einmal Nachts in das Bett.

„Das Ereignis, welches vor dem Trauma auf dem Eise am gewaltigsten in das Leben Gerdas eingegriffen hat und dessen Spuren wir bei der Verfolgung der Analyse der Absatzphobie immer deutlicher auffinden werden, war die Geburt ihres jüngsten Bruders Max. Gerda war damals 5 Jahre und 3 Monate alt. (Das Trauma auf dem Eise erfolgte kaum ein halbes Jahr später.)

Bevor wir uns die Wirkung dieses Ereignisses auf das Seelenleben des Kindes klar machen können, müssen wir seiner infantilen Sexualforschung gedenken, die ihrerseits durch die Geburt von Max mächtig angeregt worden sein muß.[1]) Fiel sie doch gerade in ein Alter, wo jene Forschung ihren ersten Höhepunkt bereits erreicht hat. Hören wir Gerda selbst: „Kinder waren nach meiner Ansicht Ableger der Mutter; wollte sie ein Kind haben, so mußte sie etwas Besonderes essen[2]), Haferschleim usw., um dick zu werden. Hatte sich im Leib genug angesammelt, so platzte er auf. Zuerst sprang der Magenknopf[3]) auf, dann riß es weiter nach unten längs der dunklen Linie (Linea alba). Das Kind schob sich langsam heraus[4]) — ein fertiger Mensch, nur winzig klein.[5]) An einer Stelle war es noch mit der Mutter zusammengewachsen, das löste sich nicht von selbst, sondern mußte abgeschnitten werden. Der Arzt nähte nachher alles bei der Mutter wieder zu. Sobald das Kind nun das Tageslicht erblickt hatte, wuchs es sehr schnell, bis es ein normales Baby war. So wie ich's mir körperlich vorstellte, dachte ich mir auch die geistige Beziehung zwischen Mutter und Kind."

Hier stoßen wir auf den „M a g e n k n o p f", womit sie den Nabel bezeichnet. (Sollte Nabel nicht manchmal das Wort Nagel verdecken?) Wir erinnern uns, daß das Drücken des Absatzes das Gefühl auslöst, als wenn ein elektrischer Knopf berührt werden würde. Dann beachte man die sadistische Auffassung der Geburt. Gerade wie der Darm beim Stuhldrücken zerplatzen kann, so platzt der Leib der Mutter bei der Geburt. Das Kind reißt sich von der Mutter los wie der Absatz von einem Stiefel oder wie der Stuhl aus dem Darm.

Die Anschauung Gerdas, daß Kinder Ableger der Mutter seien, stammt aus ihren Beobachtungen im Pflanzenreich.

„Ich fühle mich ganz und gar als ein Ableger oder Abstecher meiner Mutter", schreibt Gerda. „Das hatte ich oft im Pflanzenreich gefunden, daß

[1]) Wir erinnern uns, daß Gerda noch einen anderen jüngeren Bruder hatte, Albert. Bei dessen Geburt war sie 2 Jahre alt. Wie weit Erinnerungsspuren an dieses Ereignis erhalten und etwa mit der Geburt von Max verquickt wurden, ist nicht mehr zu eruieren. Es scheint, wie wenn er immer da gewesen wäre als der unzertrennliche und stets bevorzugte Begleiter der Schwester.

[2]) Ein anderes Mal gebrauchte Gerda den Ausdruck „einnehmen".

[3]) In ihrer Kindersprache gebräuchlicher Ausdruck für Nabel.

[4]) In diesem Zusammenhang sei daran erinnert, daß Gerda immer möglichst dünn erscheinen wollte, ihren Leib einzog usw. Nur manchmal habe sie Freude daran gehabt, wenn der Darm ganz voll war; dann hatte sie das Gefühl, ‚jetzt muß es auch durchgehen, es schiebt so viel nach". Sie habe dann mit einem ihr selbst unbegreiflichen Hunger gegessen!

[5]) So groß wie eine „Badepuppe".

die jungen Pflanzen aus den alten herauswachsen. Wenn sie dann groß genug sind, so werden sie getrennt und in einen Topf für sich allein gesetzt. Ganz deutlich entsinne ich mich einer Amaryllis, an der sich langsam seitwärts an den Knollen eine neue Pflanze entwickelte. Jeden Tag habe ich nachgesehen und konnte gar nicht abwarten, bis ich sie von der Mutter trennen konnte. Es war wirklich ein kleines Wunderwerk. Genau die Formen der großen Amaryllis im kleinen. Langsam suchte sie nach unten Halt zu bekommen; die Wurzeln berührten schon die Erde, aber sie mußte doch noch von der Mutter genährt werden. Dann setzten sich nach oben Blätter an, schoben sich langsam und vorsichtig ans Licht. Da glaubte ich es wagen zu können. Ganz vorsichtig habe ich sie losgelöst, um nichts zu zerreißen! In kräftige schwarze Erde gesetzt, stellte ich sie in mein Gewächshaus, an die beste Stelle, wo jeder Sonnenstrahl hintraf. Doch vergebens wartete ich auf neue Schoße, allmählich ließ sie sogar nach und fing an zu welken. Ich habe sie begossen und gedüngt. Vielleicht war das gerade mein Fehler. Die kleine Amaryllis ging ein, sie verfaulte, weil sie noch nicht die Kraft besaß, alle die Nährstoffe, die ihr von außen zugeführt wurden, in sich aufzunehmen und zu verwerten. Ich hatte sie zu früh von der alten Pflanze losgerissen, von der sie noch gute Nahrung bekam. Sie hätte sich auf natürlichem Wege kräftigen müssen, statt dessen habe ich sie erstickt durch zu viel Fürsorge."

Es kommt neues Material für die Zinkensymbolik. Die Zinken sind etwas Kleines, Weißes, das durch den Spalt zwischen Absatz und Sohle hindurchschimmert. Es tut ihr weh, daran zu denken, daß es etwas Lebendes wäre. (Ein Kind?)

„Als wir bei einem Spaziergang im Walde einen alten zerfetzten Stiefel am Wege liegen sahen und ich am nächsten Tage fragte, warum Gerda beim Anblick dieses sehr defekten Stiefels keinerlei Gefühl gezeigt habe, antwortete sie: „Ich hatte das Gefühl, die (nämlich die alten Stiefel) leben nicht mehr, die Zinken sind nicht mehr hell, nicht mehr frisch, sind abgestorben, tot."

Im Gegensatze hierzu erinnere sie sich ganz besonders, daß die Zinken, die sie bei der Episode auf dem Eise an ihrem eigenen Absatz sah, „so schneeweiß waren". „Komisch", fährt sie fort, „es kam mir gestern auf einmal vor, wie wenn man einen frischen Zweig oder einen alten ausgedörrten abschneidet. Es ist hauptsächlich die frische Narbe, die mich an alles erinnerte, das Weiße. Und der Farbenkontrast bei dem schwarzen Stiefel! Und das Gelbliche im Absatz, es sah alles lebendig aus. Wenn man einen Ast abschneidet, da sind auch die weißen, da ist auch Mark drin und daran erinnern mich die Zinken im Stiefel. Wir haben oft Hollunderzweige abgeschnitten als Kinder (Albert und sie) und Peitschen davon gemacht. Wenn die langen Zweige abgestorben sind, ist das Mark eingetrocknet und dann haben sie keine Kraft mehr und dann kann man nichts mehr damit anfangen; dann war es tot. Daran erinnert mich ein Stiefel, der so verwittert daliegt. Da stören mich die Zinken gar nicht. Aber beim Stiefel, der getragen wird, sind die Zinken heller und das lebt für mich; wie ein Stock, in dem frisches Mark drin ist. „Zinken" erinnert mich an frisches Mark, in dem Saft drin ist. Ich dachte, daß bei Kinderstiefeln in den Zinken mehr Leben, mehr Saft drin steckt; bei Männern, da sind sie schon mehr ausgedörrt, da sind sie schon älter und kräftiger. Ich stellte mir vor, daß, wenn die Schuhe alt werden, auch die Zinken leblos, tot werden; dann ist es nicht mehr so schlimm; Kinderschuhe sind schlimmer, weil ich das Gefühl habe, sie sind jünger. Wenn ich Stiefel lange getragen habe, habe ich das Gefühl, jetzt können sie's aushalten. Ich wußte, was ich davon zu halten hatte, was ich ihnen zumuten konnte. Dies ist mir gestern ganz klar geworden, wie die ganze Natur lebte und der Stiefel tot dalag."

Ihre sadistischen Phantasien (Töten der neugeborenen Kinder?) verraten weitere Assoziationen, die verständlich werden, wenn man statt Hollundersaft Blut setzt. Hollunderstäbe sind pflanzliche Zeugungsorgane, sehen wie die Zinken aus. Sie erklärt in diesem Zusammenhang: „Vom Absatz habe ich nie reden hören wollen wie von der Zeugung."

Am nächsten (79.) Tage erfahren wir noch folgendes:

„Im Frühling sah alles noch gleich aus von außen, erst wenn man es abschnitt, merkte man, ob noch Leben drin war oder ob es tot war. Wir sollten die frischen Zweige nicht abschneiden. Wir wurden auch angehalten, die Rosen richtig abzuschneiden, sonst verbluteten sie und es ginge so viel Kraft fort. Hauptsächlich, wenn man daran reißt und es nicht ganz abkriegt, dann bleibt es hängen. Dann hat man es eigentlich getötet, verdorben, der Saft steigt dann nicht mehr nach oben. Mitnehmen konnte ich es nicht, weil es ganz fest saß! Sonst hätte ich's ins Wasser gesteckt. Ich hatte es zerstört, ohne Nutzen und Freude daran zu haben. Wenn so ein Zweig am nächsten Tage baumelte, dann hatte ich ein Schuldgefühl!"[1])

81. Tag: Hollunder? „Es war mit rätselhaft, wie Blätter und Blüten herauskamen aus dem einfachen Holze, rote Blüten! Da müßte man doch schon vorher Farben und kleine Blüten drin sehen. Man sagte immer, da ist Saft drin, der macht alles, aber es war mir unverständlich, rätselhaft, wie das sein sollte. Ich habe oft gefragt, wie weiß man vorher, was da für eine Blume herauskommt, z. B. wenn ich etwas gesät hatte; gerade weil man mir vorher gesagt hatte, daß die und die Farbe herauskommt. Ich hatte deswegen das Gefühl, ich könnte es bestimmen. Ich habe mich furchtbar geärgert, wenn mir widersprochen wurde. Ich glaubte nämlich, wenn ich etwas schrecklich gern wollte, dann müßte es geschehen."[2])

Wir nehmen also an, daß sie die Geburt von Max sehr peinlich empfunden hatte und allerlei sadistische Phantasien ausheckte, wie sie ihn umbringen würde. Wie stimmt damit, daß sie die Mutter gebeten hatte, ihr noch Zwillinge zu schenken? Einerseits können wir neben der bipolaren Einstellung eine gewisse Heuchelei und Schauspielerei annehmen, wie wir sie bei Kindern so häufig beobachtet haben, andrerseits vielleicht die Vorstellung, daß der Leib der Mutter dann gewiß platzen werde. Der Groll dürfte sich also auf die Tatsache der Geburt eines Konkurrenten beziehen.

[1]) Deutliche Masturbationsphantasie mit auffallend „männlichem" Charakter.

[2]) Gerda hatte auch ihre Mutter oft gebeten, sie möchte ihr noch Zwillinge schenken; als sich dieser Wunsch nicht erfüllte, machte sie einzig und allein den schlechten Willen der Mutter dafür verantwortlich und grollte ihr deswegen.

Gerda hat übrigens den Stiefel als Henne benützt, darüber gebrütet, damit ein Ei herauskommen soll. Das Platzen des Stiefels ist also das Platzen des Mutterleibes. Dabei betont sie immer wieder, daß Zinken, Stiefel und Absatz für sie etwas Lebendes sind.

„Wir sehen also, was in dieser Schichte der Analyse die Absatzphobie bedeutet: Sie ist ein Schutzbau gegen das Bewußtwerden einer Geburtsphantasie. Wir haben im Absatz, besser an der Verbindungsstelle zwischen Absatz und Stiefel eine Art Brutstätte oder, wie Gerda sagt, einen Keim entdeckt, ein Organ, aus dem sich ein neues Lebewesen entwickelt. Dieses Organ ist gewöhnlich verschlossen durch den Absatz; geht dieser ab, ist der Stiefel offen, so kommt es zum Wachstum des Lebewesens und zu dessen Geburt. Wir werden dies noch in mehrfacher Hinsicht bestätigt finden."

„In diesem Zusammenhange sei eines Traumes gedacht, der uns noch beschäftigen wird und aus dem wir hier nur ersehen wollen, daß die Theorie von der Entwicklung des Hühnchens von Gerda auch auf die Entstehung des Menschen übertragen wurde. Der Traum lautet:

> Ich habe mit Mama gebadet. Wie wir herausstiegen, hat sich bei Mama ein Stückchen Schleim gelöst und blieb im Wasser. Und da war noch etwas, ein dunkler Punkt, ich weiß nicht, ob es Stuhl war, der hing zusammen mit dem Schleim. Da guckte ich es einen Moment an und da entwickelte sich kolossal schnell ein Kind daraus. Ich sah es immer deutlicher. Da frug ich Mama, was das wäre. Sie sagte ein *totes Kind*, das sie noch in sich gehabt hätte. Das war so grauenhaft, wie Mama das sagte, daß sie das Kind noch in sich gehabt hätte. Das schwamm im Wasser; da bin ich aufgewacht."

Nachträge: „Aus dem Kernpunkte hat sich alles entwickelt, aus den Fetzen kamen die Glieder. Das Kind saß mit angezogenen Armen und Beinen, wie ich es mit 12 Jahren auf einem Bilde (in einem Lehrbuche der Geburtshilfe) in unserem Kränzchen gesehen habe. In dem Momente, wie Mama das sagte, war ich nicht mehr ihr Kind. Ich war entsetzt, daß sie das sagen konnte, ich war jetzt ihre *Gegnerin*. Ich fand es *grausam* von Mama, das zu sagen. Ich war empört, daß *sie nicht mehr Gefühl dabei* hatte. Ich glaubte übrigens im Traume, das Kind sei doch in der Mutter gewesen, schon seit Jahren und nun sei es durch einen Zufall herausgekommen."

Der erste Teil des Traumes verrät deutlich ihre verschiedenen Geburtsphantasien und ihre Angst, Mama könnte noch ein Kind gebären. In dem Traume verschiebt sie ihre eigene Herzlosigkeit auf die Mama und wird ihre Gegnerin, sie rationalisiert ihren Haß und ihre Empörung gegen die Mama. Sie war es aber, welche jedes neue Kind mit Haß erwartete und offenbar zitterte, es könnten neue Rivalen kommen. Nach ihrer infantilen Sexualtheorie können die Kinder jahrelange im Leibe der Mutter wachsen.

Sie ist grausam und *sie* hat kein Gefühl für das Kind, dem sie wünscht, es möchte tot zur Welt kommen. Auch die Schwangerschaft ihrer älteren Schwester war für sie eine Zeit der Besorgnis. Die Gravide könnte fallen, straucheln, stolpern oder mit dem F u ß e umklappen, wenn sie die Treppen herunterginge.[1]) Gerda selbst fühlte beim Zusammensein mit der Schwester in der kritischen Zeit ein Gefühl der Unsicherheit in Beinen und Knie und besonders in der „Absatzgegend".

Bei der Geburt dieses Kindes trat ein Gefühl auf, als wenn etwas abgetan wäre, als ob etwas in ihr sterben würde. Sie begräbt wieder etwas. Es ist offenbar der Wunsch, der neue Rivale (ein Enkel) möchte sterben oder totgeboren werden, den sie begräbt. Der ganze Schwangerschaftskomplex führt in der Analyse zur Aufdeckung des sadistischen Komplexes: Operation, Blinddarmentzündung, Aufschneiden des Bauches bei freiem Bewußtsein, Auseinanderreißen, Ausweiden — — Stuhlentleerung und Ohnmacht. Wird als Experiment der Absatz während der Analyse gedrückt, so hat sie die Angst, es würden ihr alle Eingeweide durchgerissen, sie werde von hinten nach vorne durchrissen, sie werde ausgeweidet. Sie empfindet das Berühren des Absatzes wie eine Narkose plus einem anderen unbekannten Gefühle.

Man sieht, der Absatz symbolisiert in erster Linie die Vertretung des sadistischen Komplexes. Der masochistische erweist sich als Angst vor der Strafe (Talion).

Sie kommt in dieser Schichte der Analyse auf das große Trauma ihres Lebens, meiner Ansicht nach das Urtrauma: Die Geburt von Max.

Der Absatz erweist sich in ihrer Darstellung als der Bruder Max:

„Dabei hatte ich doch das Gefühl, ich wisse etwas, wovon die anderen keine Ahnung hätten. Ich hatte immer so unschuldig zugehört und die anderen waren so unvorsichtig! Mama war etwa 3 Wochen getrennt von uns. Besonders zuerst hat sie mir sehr gefehlt. Als sie dann wiederkam, freute ich mich sehr und doch war das Verhältnis ein anderes geworden. Von da an hatte ich einen kleinen Bruder, der die Hauptaufmerksamkeit auf sich zog und ich war für ihn die große Schwester. Die Schwester mußte mir alles zeigen, wie er gepflegt werde, damit ich es genau so machen konnte bei meinen Puppen. Sie lehrte mich für meinen Bruder sorgen, das sei meine Pflicht als ältere Schwester; als ältere hätte ich auch die Verantwortlichkeit für ihn. So fand ich mich auch allmählich sehr gut in meinen neuen Posten ein und machte mich dadurch viel selbständiger. Im Bewußtsein der Verantwortlichkeit für meinen jüngeren Bruder ließen meine Ungezogenheiten auch etwas nach. Als es aber bald darauf benützt wurde, um meinen Trotz und Willen zu brechen, empfand ich es als Druck und Last und suchte oft mich dagegen zu sperren!

N a c h d e r G e b u r t v o n M a x w a r i c h e i g e n t l i c h e t w a s a u s m e i n e r f r ü h e r e n S t e l l u n g i m H a u s e v e r d r ä n g t. Ich verlangte nicht mehr so viel von meiner Mutter, denn in mir erwachte jetzt ein starkes, mütterliches Gefühl. Ich wurde selbstloser und fühlte mich schon ganz und gar verantwortlich für alles das, was in der Kinderstube geschah. Ich wollte mich unentbehrlich machen, wollte den Geschwistern wirklich etwas

[1]) Der Stiefel und Absatz als Kindesmörder!

sein. Deshalb durfte ich nichts Dummes sagen, noch fragen, damit sie keinen Grund hätten, über mich zu lachen."

Das Trauma auf dem Eise (Absatz!) wird verständlich. Der Bruder wird geboren und stirbt. Sie ist ja wahnsinnig eifersüchtig und in ihre Mutter verliebt.

„Wir finden bei Gerda ursprünglich eine sehr starke Mutterübertragung. Wenn sie als kleines Kind abends im Bette lag, mußten die Mutter oder deren Ersatzperson, die Kinderfrau, noch einmal nach ihr sehen, sonst weinte sie stundenlang. Oft hat sie die Mutter im Schlafe noch umarmt und geküßt. Besonders gern „drängte sie sich in den Schoß der Mutter, damit niemand an sie herankonnte". Wenn sie traurig war, machte sie sich ganz klein, um ganz von ihrer Mutter geschützt werden zu können. Mit Vorliebe legte sie dabei den Kopf an ihre Brust, halb unter den Arm der Mutter. Das sei ein wunderschönes Gefühl gewesen. Sie „preßte den Kopf dagegen" und dabei mußte die Mutter traurige Geschichten erzählen. Gerda war stolz darauf, von ihrer Mutter selbst gestillt worden zu sein im Gegensatz zu den jüngeren Brüdern. Entsprechend dieser starken Übertragung und als weiteren Beweis dafür finden wir bei Gerda eine neurotische Angst vor anderen Menschen, vor dem Leben selbst und jeder Veränderung ihres Milieus. „Wenn ich so bei Mama saß und dann dachte, es könne sich etwas ändern, dann hatte ich Angst vor Welt und Leben und Menschen. Darum mochte ich auch immer nur zu Hause bleiben." Wenn ihre Mutter vom Sterben sprach, geriet sie außer sich vor Angst und Schmerz. Sie wünschte nur immer, „klein" zu bleiben, „Mama immer zu behalten". Daher war ihr jede Änderung in ihren Kleidungsstücken, vor allem in ihren Stiefeln verhaßt. Sie fühlte dabei, daß die Zeit verging, daß sie älter wurde."

Sie identifiziert sich mit dem Stiefel!

Doch ihre Einstellung zur Mutter ist bipolar: Liebe und Haß. (Und zwar Haß infolge von Eifersucht.)

„Vor Max' Geburt war Gerda nun besonders viel mit ihrer Mutter zusammen. Oft durfte sie auf dem Sofa neben ihr liegen, wobei sie dann andächtig die regelmäßigen Atemzüge der Mutter verfolgte. Dann ging die Mutter plötzlich in die Stadt und Gerda war allein. „Mama konnte mir niemand nur annähernd ersetzen", sagte sie, „ich hing damals fast einzig nur an meiner Mutter, der ich auch äußerlich von allen meinen Geschwistern am ähnlichsten sehen sollte. Es bestand ein vollständiges Verstehen zwischen uns beiden, ich hing an ihr mit allen Fasern meines Herzens. Nun plötzlich schob sich mit Max' Geburt etwas dazwischen!"[1])

„Gerda berichtet von dem großen Eindruck, den ihr folgende Erzählung ihrer Mutter gemacht habe. Sie hörte sie zum ersten Male mit 4 Jahren, also vor der Episode auf dem Eise. Als ihre Mutter etwa 6 Jahre alt war, sei deren Mutter gestorben. Um die Tote im Sarg zu sehen, sei ihre Mutter auf einem Stuhl gestanden, worauf sie aber sofort zurückgerissen worden sei mit den Worten, sie solle nicht so neugierig sein, das passe sich nicht usw. „Das war die Geschichte, die mir immer den größten Eindruck

[1]) Als Gerda diese Einsicht voll zum Bewußtsein gekommen war, fühlte sie sich so frei im Kopfe, „seelenvergnügt", und rief aus: „Jetzt haben wir's!"

machte", sagte Gerda. Wenn sie nachts allein im Bette lag, habe sie oft mit Grausen und mit furchtbarem Mitleid mit ihrer Mutter daran denken müssen. Dann seien die Gedanken gekommen, wenn es ihr selbst so ginge, wenn sie selbst ihre Mutter verlöre! Sie stellte sich dann vor, die Mutter läge im Sarg; sie selber hätte ihn aufgemacht, wäre hineingekrochen und hätte den Deckel zugeschlagen; sie hätte sich ganz klein gemacht und zugeschlossen.

Wenn wir hier schon Phantasien über die Rückkehr in den Mutterleib vermuten, so finden wir diesen Gedanken ganz offen ausgesprochen, indem Gerda erklärt, sie habe sich schon als Kind eingebildet, sie würde sterben und dann wieder von ihrer Mutter geboren werden. Es wäre Nacht, alles wäre zu Ende und finge dann wieder von neuem an. „Ich wollte wissen, wie alles gemacht werde und alles gegangen ist in der Zeit, wo ich mich an nichts erinnere, wo Max und Albert noch nicht auf der Welt waren." Dann wollte sie sich aber besser an ihre — Taufe (?) erinnern!"

Also eine typische Mutterleibsphantasie, wie wir sie in allen diesen Fällen konstatieren konnten! Doch hören wir, wie Max' Geburt auf sie gewirkt hat:

„Ein auffallendes Gebaren Gerdas aus der Zeit der Schwangerschaft der Muter wurde uns bekannt im Anschluß an einen Traum, den Gerda am 147. Tag erzählte:

„Ein Paar schwarze Knopfstiefel, die meiner Mutter gehören sollten, standen vor mir. Die Haken waren ganz heil, aber das Leder an der Ferse hatte Löcher.[1]) Mir war das teils widerwärtig, scheußlich und dann tat es mir auch weh, daß ich am liebsten geweint hätte. Der Anblick war für mich persönlich ein tiefer Schmerz, und zwar so stark, daß ich davon sofort aufwachte und nicht wieder einschlafen konnte, bis ich an andere Dinge dachte."

In diesem Traum, der im übrigen für sich spricht, fällt der Patientin eine bestimmte Szene ein, aus der Zeit vor Max' Geburt, die sie folgendermaßen beschreibt:

„Ich sehe Mama noch deutlich vor mir, wie sie sich in ihren bequemen Polsterstuhl setzte und langsam Stiefel anzog, zu meinem Entsetzen aber nicht wie gewöhnlich Knopfstiefel, sondern neuerdings Schnürstiefel. Eine Änderung war mir nie recht; daran mußte ich mich immer erst gewöhnen. Jedenfalls ging ich zuerst etwas im Bogen um sie herum. Mama lachte über meine Abwehr gegen Neuerungen und erklärte mir, sie habe schon leicht geschwollene Füße, deswegen trage sie Schnürstiefel, die könne sie enge oder lose schnüren, wie sie wolle. Ein gewisses Etwas stellte sich in den nächsten Tagen zwischen Mama und mich, etwas Fremdes, gerade an meiner Mutter, was ich nicht übersehen konnte, und heimlich schielte ich öfters auf ihre Stiefel!"

Gerda muß also die geschwollenen Füße der Mutter nachträglich als wesentliches Schwangerschaftsmerkmal aufgefaßt haben, was ja gut zum übrigen stimmt. Die geschwollenen Füße haben ihr damals offenbar noch mehr Eindruck gemacht als der geschwollene Leib.

---

[1]) Hier handelt es sich um die „weibliche" Schuhsymbolik.

Von nachträglichen Bemerkungen zu jenem Traume sind noch für die Analyse besonders wichtig:

„Der Gedanke, daß ich einmal im Leben bei einem anderen Schuhmacher meine Stiefel machen lassen müßte oder vielleicht Schnürstiefel tragen müßte oder fertig gekaufte, war mir entsetzlich. Darum schonte ich meine Stiefel doppelt, damit sie nur nicht kaput gingen."[1])

Der Traum zeigt eine sehr durchsichtige Symbolik. Die schwarzen Schuhe sind Todessymbole. Das Kind (die Haken) ist erhalten, aber die Mutter geht zugrunde, sie hat Löcher, der Schuh ist zerrissen. Gefühle des Ekels und der Widerwärtigkeit (Ekel vor sich selbst!) und ein tiefer Schmerz (Trauer über den Verlust der Mutter!) überwältigen sie, so daß sie erwacht. Die geschwollenen Füße mögen sie an Krankheit und Tod und vielleicht an die Erektion erinnern (was aber nicht bewiesen ist, wie die ganze Phallussymbolik, die in der Analyse noch nicht zutage trat). Der Schuhmacher dürfte der Vater sein, der neue Schuhe in die Welt setzt. Sie will das Elternhaus nicht verlassen. Der Gedanke ist ihr entsetzlich.

„Weitere Einfälle zur Geburt von Max: „Mit Max' Geburt schnitt etwas Neues ein![2]) Mama hatte alles Alte hinter sich geworfen.[3]) Mama wird dem Alten abtrünnig; auf einmal kommt etwas Neues, was gar nicht zu uns paßt, was ich am allerwenigsten haben wollte. Ich hielt nun doppelt am Alten fest, weil Mama davon abgegangen war." Zu der Taufe von Max sollte Gerda neue Stiefel anziehen. Nach langem Widerstand wurde sie dazu gezwungen. Es gelang ihr aber in einem unbewachten Moment, sie rasch wieder gegen die alten zu vertauschen. „Ich konnte unmöglich neue Schuhe anziehen. Auch das noch neu!"

Zu der Episode auf dem Eis bemerkt sie jetzt: „Da rissen meine Stiefel auch noch! Wie ich den zerrissenen Stiefel sah, da riß auch etwas in mir. Auf einmal ging der Stiefel auseinander; bis dahin war alles gut gewesen, hatte ich die Stiefel so gern gehabt. In dem Moment ging, ich weiß nicht was alles von mir ab, als ob ich auf einmal sehend würde! So weiß ich, daß ich auch nur von Max' Geburt an mich an gewisse Dinge erinnere, bis dahin war alles schön und ruhig!"

Die letzten Seiten enthüllen den nun folgenden seelischen Kampf des Kindes schon deutlicher. Bevor wir aber weitergehen, muß noch einer Begebenheit gedacht werden, die in die letzte Zeit vor der Geburt Max' fällt und Gerda sehr beschäftigt hat. Es war der Tod eines Vetters, der 8 Tage vor Max' Geburt erfolgte. Gerda hatte den Vetter zwei Tage

[1]) Als Gerda wirklich einmal in einem anderen Schuhmacherladen Stiefel anprobierte, fiel sie, wie wir wissen (s. S. 374), in eine Ohnmacht. Sie erklärt, damals das Gefühl gehabt zu haben, sie habe sich von etwas losgesagt, sie habe ein Unrecht getan. Erinnern wir uns, daß die Ohnmacht in dem Momente eintrat, wo die Verkäuferin den Stiefel mit den Händen ausweitete, damit Gerda bequem hineintreten könnte!

[2]) Der Ausdruck erinnert sowohl an das Einschneiden der Stiefel in einen geschwollenen Fuß (vgl. auch die Angaben über das Sichschnüren!), als an das Einschneiden des Schlittschuhzackens in den Absatz.

[3]) Die symbolische Bedeutung des Stiefels für „Alte" ist bezeichnend.

vorher noch gesehen. Sie habe damals „das Blaue vom Himmel heruntergefragt und als Antwort immer wieder gehört, er wache nie wieder auf".

Das Wort konnte ich gar nicht recht fassen; „für immer eingeschlafen" wurde mir gesagt. Ich stellte fortwährend Fragen, um mir ein Bild vom Sterben eines Menschen machen zu können.

Ich wollte genau den Grund wissen! Da ist auf einmal ein Loch, da fehlt etwas. Auf dem Wort: „Nie wieder" trat ich immer herum, ich kam nicht davon ab, das war entsetzlich. Ferner: Wozu werden die Menschen in die Erde gesteckt, wenn sie noch ganz sind? Ich hätte gerne das Gefühl kennen gelernt, daß alles zu Ende ist."

Man sieht aus diesen Ausführungen, wie Geburt und Sterben ihr ganzes Denken beherrschten und wie sich alles wieder im Stiefel-Hakenbilde symbolisierte und ihrem Denken aufdrängte.

Zum Schwangerschaftskomplex in seiner Beziehung zum Stiefel ist noch einiges nachzutragen:

„Wenn Gerda eine dicke Frau sieht, die sich schnürt, muß sie immer denken: „Genau so, wie wenn die Zacken vom Schlittschuh in den Absatz einschneiden! Da wird auch allmählich etwas zerstört, da quillt etwas nach unten oder oben. So auch beim Absatze. Das Leder wird doch auseinandergezogen. Darum sind mir auch ausgebogene Absätze schrecklich, weil sie eine Taille haben. Wenn ich daher Leute mit solchen Schuhen laufen sehe, habe ich das Gefühl, sie kneifen sie einfach ab. Besonders habe ich dieses Gefühl, wenn schwangere Frauen hohe Absätze tragen!

Wenn schwangere Frauen sich schnüren, dann muß immer etwas reißen und dann wird etwas zerstört dadurch und das Kind kommt früher oder es wird zerstört."

„Bezeichnend ist ferner der Ausspruch Gerdas: „Wenn ein Mensch sich schnürt, dann fängt das Becken an zu wackeln wie ein lockerer Absatz." Gerda selbst hat nur einmal eine halbe Stunde lang ein Korsett getragen. Dabei hatte sie Angst, sie würde „daraufgehen". Sie trug ihre Kleider immer sehr lose. „Ja, nichts Festes um den Leib, sonst merkt man so leicht, wenn der Leib geschwollen ist." Am schlimmsten sind ihr die Korsetts, die vorne in die Leisten einschneiden."

Wer die vorigen Kapitel genau studiert hat und meine Ausführungen über den Zusammenhang von Zwang und Fetischismus kennt, der wird die folgenden und vorhergehenden Ausführungen leicht verstehen:

„Leib wie Absatz dürfen nicht eingeengt, nicht eingeschnürt oder eingeschnitten werden, damit innen nichts zerstört wird! Auf der hier eingeschlagenen Bahn führt uns eine Beobachtung weiter, die übrigens zeitlich vor der eben mitgeteilten erfolgte. Gerda hatte bei einem kleinen Mädchen auf der Straße einen losen Absatz gesehen. Sie hatte das Gefühl, sie sei verpflichtet, dem Kinde zu sagen: „Bleib stehen, sonst gucken andere da hinein; die sollen nicht merken, was da gleich passieren wird." Sie empfand ein lähmendes Gefühl und dachte dabei:

„Das Kind macht etwas durch, wovon es überwältigt werden muß, etwas, das es in seiner Natürlichkeit noch nicht verstehen kann. Wenn es weiter geht, kommt das Ereignis, dann kommt der Haken ganz ab, das ist die Katastrophe![1]) Ich dachte, das Kind gibt sich eine Blöße; ich hätte mich darüber werfen und sie mit dem eigenen Leibe schützen mögen!"

„Auffallend, aber sehr lehrreich ist der Umstand, daß Gerda bei Knaben nie auf den Gedanken gekommen ist, es könne ihnen etwas mit dem Absatz passieren. Harmlos erklärt sie: „Mädchen sind nicht so geschützt wie Knaben, daher passiert ihnen eher etwas." Es braucht kaum betont zu werden, daß wir hier auf Beziehungen zwischen Absatz und Geschlecht stoßen."

Allerdings — Knaben müssen nicht Kinder gebären, so daß ihr Leib platzen kann. Andrerseits zeigen sich hier Beziehungen zum Kastrationskomplex und zu einer Attitude, die in ihrem weiteren Ausbau zum „Kampf der Geschlechter" führt.

Der Absatz ist ein phallisches Symbol, sein Losreißen eine Kastration, sein Entblößen ein exhibitionistischer Akt:

„Wenn bei einem Manne etwas am Absatz passiert, dann zeigt er mir die Zinken und dann kann ich nicht anders, dann reagiere ich darauf, dann bin ich unten. Dann hat er mich absolut in seiner Gewalt. In der Ohnmacht weiß ich dann gar nicht, was er mit mir tut! Ich bin empört in dem Moment! Ich muß immer hinsehen, das Gefühl ist so stark, dann falle ich sofort. Er hat auch etwas drin in sich! Sobald ich das sehe, fühle ich meinen Haken — bin unten. Mit 12 oder 13 Jahren habe ich zum ersten Male bei einem Mann einen losen Absatz gesehen. Ich hatte gleich das Gefühl, das ist ein ordinärer Kerl! Das sagte ich auch dem Manne auf der Straße (dem Exhibitionisten), ohne zu wollen."

Allein die Symbolik Gerdas erstreckt sich nicht nur auf den Stiefel, sondern auf alles, was mit dem Stiefel in Berührung kommt. So wird der Schlittschuh ein Symbol des Kindes, das fest an der Mutter hängt. *Binswanger* macht das Experiment, einen Schlittschuh anzulegen und mit einem raschen Zuge den Absatz loszuhebeln. Gerda wird blaß, der Puls sinkt auf 48, Brechreiz und Schweißausbruch. Sie nimmt aber den Schlittschuh samt dem Absatz in den Arm, sie zieht ihn wie ein kleines Kind an die Brust.

Die Zinkensymbolik erweist sich als sehr reich determiniert. Der Stiefel ist ein bisexuelles Symbol. Der Absatz ist der Penis. Sie ist ein Mann und hat ein Glied. „Der Stiefel mit dem Absatz erweist sich als ein Ganzes, einzeln ist es wertlos."

„Das kam mir vor wie Max, den Mama zu sich genommen, direkt mit sich verbunden hatte und der mich verdrängt hat. Wenn ich einmal mit Mama verbunden war, hätte sie nichts Fremdes dazwischen tun sollen. Max war wie ein Fremdkörper zwischen Mama und mir, ich stand daneben!"

„Die Zinken stellten für mich das Schicksal dar, das sich dazwischen drängt und zerstörend in ein Ganzes eingreift. Mit Max seiner Geburt schob sich unwillkürlich etwas zwischen Mama und mich und ich wurde verdrängt."

Jetzt sehen wir ganz aus ihren eigenen Worten, daß Max durch die Zinken symbolisiert wird. Aber die Determination geht noch weiter:

[1]) Sc. die Geburt.

„Zu Gerdas Auffassung von dem Stiefel als von etwas Ganzem, Untrennbarem und Unzerstörbarem sei noch folgendes erwähnt: „Man muß warten, bis das im Absatz ausgewachsen ist, ganz dunkel ist, dann stirbt's allmählich ab, dann ist es ja egal, ob es kaputt gerissen wird oder nicht. Dann ist das Leben des Stiefels beendet, dann ist alles gut gegangen, dann sind sie zusammen gestorben und haben nichts durchgemacht, haben zusammengehalten und alles geteilt."

Ich: „Sie hatten also den Wunsch, zugleich mit Ihrer Mutter zu sterben?"

Gerda: „Der Gedanke, daß meine Mutter vor mir sterben könnte, wäre mir entsetzlich. Da wäre nichts mehr über mir gewesen."

„Wenn ihre Mutter vor ihr sterben würde, wäre sie frei von allem. Das wäre aber ein furchtbar beängstigendes Gefühl, denn dann müßte etwas Neues kommen, dann müßte das Neue kommen, dann finge alles von vorne wieder an und sie wäre oben."

„Ich hatte immer das Gefühl, Mama steht über mir, ich darunter, ich hänge mit allen meinen Gefühlen an Mama. Das sind die Zinken, die vom Absatz in den Stiefel greifen. Wenn Mama nun gestorben wäre, dann müßte ich auf ihren Platz rücken, dann müßte bei mir wieder ein Kind sein. Dann gingen meine Gefühle wieder nach unten. In dem Moment also, wo die Zinken da heraus kamen, hatte ich von mir etwas abgegeben nach unten, das durfte ich doch nicht, das kam mir doch gar nicht zu, da Max gerade geboren war und Mama noch mitten im Leben drin war, noch nicht im Absterben begriffen."

Gerda stellt diese Verhältnisse graphisch folgendermaßen dar: Das Leben erscheint ihr wie ein aufrecht stehender Kreis (später sagt sie: wie eine Baggermaschine!), auf dem die einzelnen Personen je nach ihrem Alter verschiedene Positionen einnehmen. Zu oberst steht die Mutter am Lebensabend, in der Mitte die ältere Schwester, zu unterst die Patientin. Nach der Episode auf dem Eise gestalten sich aber die Verhältnisse in ihrer Phantasie so, daß die Mutter sich schon jenseits des Höhepunktes des Kreises befand und sie selbst schon beinahe auf den früheren Standort der Mutter vorgerückt war. Patientin erwähnt ferner hiezu:

„In dieser (2.) Position kam mir schon etwas nach (von unten), das durfte nicht sein! Ich hatte mich fast auf den Posten von Mama gesetzt. Damit schob ich Mama ab, brachte sie dem Tode näher, verdrängte sie. Da bin ich ihre Rivalin und habe einen kolossalen Schritt nach oben getan. Das ist mir alles so klar, als ob ich es hätte gleich sagen können!"[1])

Wir sehen, wie jetzt die Machtverhältnisse in die Parapathie hineinspielen, das „Oben" und „Unten" *(Adler)*. Sie tritt auf den Stiefel. Sie ist oben und der Absatz unten. Der Stiefel und der Absatz werden das Symbol des Beherrschten und des Getretenen. Das entspricht ja tatsächlich der landläufigen Auffassung. Bei den Slaven treten während der Trauung die Bräute den Männern auf den Fuß. Das ist eine gute Vorbedeutung. Sie werden dann die „Herren" im Hause sein. Das

[1]) Dieser Ausspruch zeigt, daß wir es hier nicht etwa mit neu entstandenen Phantasien zu tun haben, sondern mit altem infantilem Material, das nie ganz vergessen worden war. Trotzdem bedurfte es der geschilderten großen Arbeit, um es aus der Verdrängung hervorzuheben. Ist dies geschehen, so glauben die Kranken stets, „es immer gewußt zu haben", und spotten so scheinbar der vorhergegangenen Anstrengungen.

Treten mit dem Stiefel bedeutet auch eine Besitzergreifung. Sie verträgt es nicht, daß die Mutter zu oberst steht. Wenn sie in Ohnmacht fällt, so wächst es unten immer stärker. Sie fällt von oben nach unten, sie gibt eine Herrschaft (über sich selbst?) auf.

Ihr Traum vom toten Kinde (S. 383) erhält eine neue Erklärung:

„Ich hätte eher das Kind sein mögen, das noch in ihr war, dann wäre es anders gewesen. Aber wir standen nebeneinander und da hatte sie etwas Totes in sich. Dadurch hat sie mich verletzt. Ich war direkt beiseite geschoben. Ich hatte im Traume den Platz, den ich früher immer gehabt hatte, abgetreten. Früher stand ich unter Mama und war ihr besonderer Vorzug. Das hatte ich alles aufgegeben. Dafür verlangte ich aber, daß sie allein bleibe. Da hat sie sich aber etwas Extras geschaffen und mir nichts davon gesagt, etwas, was ihr Inhalt war und wovon sie lebte. Hätte sie es mir gesagt, daß sie das Kind in sich habe oder hätte sie es nur in dem Moment gesagt, als es herauskam; hätte sie es mir nur anders gesagt, dann hätte sie alles gut machen können. So aber rissen die letzten Gefühle für sie und ich hatte das Gefühl, es ist etwas in mir wieder kalt geworden."

Sie unterwirft sich der Mutter, sie steht gerne unten, aber sie will dafür Liebe und will nicht durch neue Rivalen (Max) in der Liebe gestört sein. Sie kann nicht teilen. Im Traume steht sie neben der Mutter, sie ist ihr gleichberechtigt. Die Anfälle gehen auf dies Verhältnis zur Mutter zurück. Deshalb kann sie mit der Mutter über ihre Anfälle nicht reden. Sie läßt sich nicht zu Leibe rücken.

Und doch hängt sie mit allen Fasern an der Mutter und kann sich nicht von ihr trennen:

„Etwas hatte sich mit den Jahren zwischen uns geschoben und trennte uns. Wir wurden durch nichts mehr so fest verbunden wie früher. Mama hatte vielleicht nicht genug Druck auf mich ausgeübt, hatte mich nach und nach losgelassen oder beiseite geschoben und das vertrage ich nicht. Deshalb habe ich mich immer mehr abgesondert, bin meinen eigenen Weg gegangen und doch kann ich nicht ganz auf eigenen Füßen stehen, denn in meinem tiefsten Innern — oft verdrängt und beiseite geschoben — ist noch immer ein Gefühl, mit dem ich sehr an meiner Mutter hänge. Es läßt mich nie ganz los, sondern schleift mich immer mit; ich kann mich nicht ganz losreißen, weil ich zu viel Gefühl habe."

Man beachte die Sprache, die Wahl der Worte und den seelischen Verrat, der sich in diesen Worten ausdrückt. Sie ist wie ein Absatz, der losgelöst doch noch am Stiefel hängt und sich nicht trennen kann. Ihr ist die Loslösung von der Mutter nicht möglich. Bei den Haken ist ihr das Losreißen das Schreckliche. „Die Zinken ritzen Wunden in das Leder des Stiefels — in das Mutterherz."

Der Stiefel ist also auch das Mutterherz und sie der Absatz, der an diesem Herzen hängt. Die Zinken sind aber auch die Finger (der Phallus?). Sie sagt vom Handgeben bei befreundeten Menschen: „Das greife ineinander wie Finger einer Hand in Finger der anderen greifen. Je näher man befreundet ist, desto intimere Sachen bespricht man, desto tiefer greifen die Finger ineinander ein."

Sie erkennt, daß sie zu frühreif war und zu tief die Probleme von Tod und Geburt überdachte:

„Für mich hatte das Schicksal zu früh und überwältigend in mein Dasein eingegriffen. Ich verstand es nicht, war noch nicht kräftig und widerstandsfähig genug, um es zu begreifen. Ich ahnte nur die Macht des Schicksals und hatte Angst vor dem Leben. Das wurde mein Märchen vom Stiefel und Absatz; das schönste und auch das grausigste enthielt es zugleich für mich: Werden und Vergehen!"

Ja, der Stiefel war ihr das Schönste: Die Liebe und das Grausigste: Der Tod.

Aber auch ihr Verhältnis zum Vater tritt in der wunderschönen Analyse deutlich hervor. Der Tod und das Begräbnis des Vaters waren grauenhafte Begebnisse. Sie hatte eine „furchtbare Ähnlichkeit" zwischen den Gefühlen beim letzten Stiefelexperiment (Abreißen des Hakens) und den Gefühlen bei dem Begräbnis festgestellt. Der Haken ist also auch der Vater! Ihre Mutter sagte oft lächelnd, der Papa wäre verliebt in sie. Sie hatte das Gefühl, sie müßte für ihn sorgen, aber dann stand sie neben Mama und hatte dieselben Rechte wie Mama. Der Stiefel mit dem Haken wird dadurch zum Symbol der Ehe. Der Stiefel die Mutter, der Haken der Vater, beides ein Lingam.

Über die sexuelle Bedeutung des Stiefels gibt uns *Binswanger* reichlichen Aufschluß:

„Durch die Masturbation war der Stiefel ihr Freund, ihr Liebling, ihr Sorgenkind, ihr Allerschönstes, ihr Ideal geworden, das sie mit aller Sorgfalt hütete, man kann wohl sagen verhätschelte, das sie vor den Blicken anderer behutsam barg und mit dem sie bezeichnenderweise einen wahren Reinlichkeitskult trieb. Die Stiefel waren ihr Eigenstes, waren untrennbar mit ihr verbunden, geradezu mit ihr verwachsen. Wer den Stiefeln etwas antat, verletzte sie selber im Innersten. So schön war die innige Vereinigung mit dem Stiefel, daß Gerda stundenlang sich ihr hingeben und damit in seligen Träumen von der Welt abschließen konnte.

Mit überschlagenen Beinen, den Stiefel fest gegen den Damm gepreßt, so daß er Vulva- und Analgegend berührte, saß Gerda da; das Einschneiden der harten Sohle und des Absatzes tat ihr wohl, entsprechend der masochistischen Komponente ihres Sexualtriebes, die wir sowohl in der autoerotischen als in der allerotischen Phase finden. Der Fuß schlief dabei leicht ein, ein angenehmes Prickeln trat in ihm auf und oft stellte sich Harndrang ein, dessen Befriedigung als besonders angenehm empfunden wurde. Wenn Gerda mit dem Stiefel so „dagegen preßte", dann hatte sie das beruhigende Gefühl, daß da unten an Vulva und Anus alles gut verschlossen sei, daß niemand an sie heran könne, zumal ja auch Unterleib und Beine mit dem Kleide gut verdeckt waren. Der Stiefel diente aber nicht nur zum Schließen, zur Beseitigung des „offenen Gefühls", er sollte zugleich auch „zustopfen", ein Ausdruck, der an das Verstopfen einer Öffnung mittels eines Zapfens erinnert und der uns an die mit dem Schaukelpferde vorgenommene Symptomhandlung gemahnt."

„Die Stiefelmasturbation war nun bei Gerda nicht die ursprüngliche Form des analen Autoerotismus. Ihr muß jene Form vorausgegangen sein, die in einer willkürlichen, durch Öffnen und Schließen der Sphinktermuskulatur hervorgerufenen Bewegung der zurückgehaltenen Fäkalmassen selbst besteht. Gerda beschreibt diesen Vorgang ja ganz genau und führt ihn zurück auf das lästige Jucken im After, eine sehr häufige Ätiologie dieser Art der Masturbation. Bei der Darmentleerung hörte das Jucken von selbst auf und das war angenehm, berichtet sie. Durch das Zurückhalten des Darminhaltes konnte sie diesen Lusterwerb beliebig ausdehnen.[1]) Erst nachdem sie das gelernt hatte, muß dann der Absatz als unterstützendes Hilfsmittel hinzugekommen sein; dadurch, daß er den Darmausgang verschloß, eine etwaige ungewollte Stuhlentleerung verhinderte, konnte er jenem Spiel nur Vorschub leisten, ganz abgesehen von seiner direkten Reizung der Analgegend."

Wir sehen eine neue Determination des Absatzes. Er schließt wie eine Kotsäule den After ab.

Nun kommen aber die Einflüsse der Erziehung, welche das Symbol verändern und reicher ausgestalten:

„Diese autoerotische Betätigung fand aber bald allerhand Hindernisse. Einmal wurde das Kind durch die Worte der Wärterin erschreckt, bei dem starken Pressen könne etwas platzen (und was die Wärterin sagte, war ihm ein Evangelium!); dann kam es zu jener unfreiwilligen im Anschluß an Berührung mit dem Fuß aufgetretenen Stuhlentleerung im Bett, die Gerda so sehr in Schrecken versetzte. Sie zeigte ihr, daß sie sich auf den Darm allein bei der Masturbation nicht verlassen konnte; und doch mußte sie sich darauf verlassen können, daß kein Stuhl erfolgte, einmal um nicht von den Geschwistern ausgelacht, von den Erwachsenen gescholten zu werden, zu allermeist aber wegen ihres eigenen, jetzt schon exzessiven Horrors vor Darminhalt."

Wir müssen auf die erschöpfende Darstellung der Sexualgeschichte in der Arbeit von *Binswanger* hinweisen und uns mit den notwendigsten Hinweisen begnügen. Er erkennt, wie die ganze Sexualität und der Konflikt zwischen Erziehung und Trieb an dem Symbol des Stiefels abgewandelt werden. Der Ursprung der ganzen Phobie ist ihm ganz klar.

„Nachdem wir die Absatzsymbolik durchgearbeitet, ihre Assoziationsbahnen aufgezeigt haben, ist es an der Zeit, des Ereignisses zu gedenken, in dem wir den Ausgangspunkt, das Motiv all dieser Phantasien zu suchen haben und ohne das die Absatzphobie nicht denkbar wäre: der Geburt von Max. Ich kann mich hier kurz fassen, da in der Analyse selbst ja alles hieher Gehörige weitschweifig ausgemalt ist.[2]) Wir finden hier den „Familienroman" Gerdas, den Kernkomplex ihrer Neurose, finden alles, was in *Freuds* Traum-

---

[1]) Die noch heute bestehende Obstipation muß zum Teil als Folge dieser Angewöhnung betrachtet werden.

[2]) Auch auf die Wege, die zu dieser Erkenntnis führten (Operationen, Schwangerschaften, Erleben der Schwangerschaft und Geburt am eigenen Leibe), gehe ich nicht mehr ein.

deutung und Sexualtheorie über das Verhältnis des Kindes zu den Eltern und den nachgeborenen Geschwistern schon lange behauptet, in den beiden Kinderanalysen von *Freud* und *Jung*[1]) enthalten ist; daß dem 4—5jährigen Kinde die Schwangerschaft der Mutter nicht entgeht, daß es dem Neugeborenen feindselige Regungen entgegenbringt, ja es vernichten will, daß diese Regungen bald durch eine mütterliche Sorgfalt für das Geschwisterchen verdeckt werden, daß den Eltern, hier der Mutter, ihr Heimlichtun nicht verziehen wird, daß sich das Kind belogen, übergangen, enttäuscht fühlt, daß es der Mutter maßlose heimliche Vorwürfe macht, weil sie sich etwas „Extras" geschaffen habe, ein neues Wesen, mit dem es sich nun in die Liebe der Mutter teilen muß! Und die Folgen: daß es sich an der Mutter für die Mißachtung und Kränkung für den Treubruch rächen will, einmal indem es sich nun in der Phantasie selbst Kinder schafft (aus Puppen, Gespielen, dem Neugeborenen selbst, in unserem Falle aus dem Absatz), andrerseits indem es die Mutter (der Knabe den Vater) beseitigt, sich an deren Stelle setzt oder sie degradiert, im Märchen zur bösen Stiefmutter, zu einem Tier, in unserem Falle zum Stiefel. Damit ist der erste große Konflikt in der Seele des Kindes entstanden, der Konflikt zwischen Liebe und Haß zu einem der Eltern. Sehr durchsichtig ist die Schilderung Gerdas über den reparierten, mit einem neuen Absatz versehenen Stiefel, den sie nach dem Trauma auf dem Eise vom Schuhmacher zurückgeschickt bekam. Trotzdem die Zinken einmal nachgegeben hatten, hätte sie lieber wieder den alten Absatz gehabt, der von Anfang an zu dem Stiefel gehört hatte, als so einen „fremden Absatz, für den die Stiefel ihr schon viel zu alt schienen". Sie hätte dann doppelt aufgepaßt, bis sich das alte Vertrauen wieder hergestellt hätte. Gerda wollte also den fremden wieder beseitigen, wollte an ihren alten Platz rücken, wollte der Mutter verzeihen und versuchen, wieder Vertrauen zu ihr zu bekommen. Aber immer wieder riß der Absatz los, alle Versuche, das alte gute Einvernehmen wieder herzustellen, waren vergebens. Wir erkennen hier auch den Vorwurf gegen die Mutter: Was brauchst du in deinem Alter noch ein Kind zu bekommen!"

Die Geburt von Max ist ihr Urtrauma. Max ist der Eindringling, der „fremde Mensch", der Fremdkörper, der sich zwischen sie und die Mutter drängt. Sie aber wollte der Mutter alles sein, auch ein Mann, sie wollte wahrscheinlich auch den Vater verdrängen. Sie ist ja nur ein kastrierter Knabe: „Mama ist schuldig, daß ich ein Mädchen bin."

Binswanger betont die reiche Überdeterminierung des Absatzsymbols und gibt wertvolle Hinweise auf die Fuß- und Schuhsymbolik.

Der Erfolg der Analyse war ein glänzender. 14 Tage nach der Behandlung konnte Gerda einen Schuhladen betreten und Schuhe kaufen. Sechs Wochen nachher verlobte sie sich. Sie heiratete und überwand auch viele andere hysterische Symptome.

Binswanger faßt den Fall nicht als Schuhfetischismus auf. Er meint: „Wir haben es hier mit einer einfachen Sexualsymbolik zu tun, indem der Stiefel, speziell der Absatz, nur den Penis ersetzt." Gerda reagiert darauf, wie sie auf den Anblick eines Penis reagieren würde.

[1]) *Freud*, Analyse eines 5jährigen Knaben. *I. Jung*, Über Konflikte der kindlichen Seele. Dieses Jahrbuch, II, S. 33 ff.

Das ist etwas ganz anderes, als wenn ein Schuh oder ein Kleidungsstück einer geliebten Person infolge der Sexualüberschätzung zum Fetisch erhoben wird und fürderhin selbständig sexuell erregend wirkt. Er betrachtet den Fall als einen negativen Fetischismus und reiht ihn den Fällen von Antifetischismus an, die *Hirschfeld* beschrieben hat.

Ich bin anderer Ansicht. Wir haben es hier mit einem etwas atypischen Fall von Fetischismus zu tun, der durch eine gründliche Analyse geheilt und abgebaut wurde. Was wäre Gerdas Schicksal gewesen, wenn sie nicht behandelt worden wäre? Hätte sie sich von ihrem psychosexuellen Infantilismus und ihrer Fixation an die Familie befreien können? Wäre sie vielleicht zum Stiefel als Sexualobjekt zurückgekehrt oder besser ausgedrückt: Wäre sie nicht dabei geblieben? Ihr einziges Interesse waren die Stiefel. In ihnen konzentrierte sich ihr Sexualleben mit seinen positiven und besonders negativen Komponenten (Ekel, Angst, Scham, Grauen usw.).

Sie zeigt deutlich die Abkehr vom Normalen, die wir bei allen Fällen konstatieren konnten. Ich möchte mich nicht endlos wiederholen. Meine Leser finden in diesem Falle die ganze Verdichtung, wie wir sie in dem vorhergehenden Schürzenfetischismus gefunden haben. Der Stiefel ist ihre Höhe und Tiefe, Gott und Teufel. Sie hat die Weltanschauung des Stiefels und des Absatzes.

Ich stehe daher nicht an, den Fall als ein Musterbeispiel eines echten Fetischismus zu erklären. Der Erfolg der Therapie *Binswangers* weist uns die Wege des therapeutischen Handelns in ähnlichen Fällen. Allerdings kommen die meisten Patienten im späten Alter zu uns. Auch ist es viel schwerer, einen Mann zu sexueller Aktivität zu bringen als ein Weib, dem die Natur eine passive Rolle bestimmt hat. Es wäre wichtig zu wissen, ob Gerda in der Ehe eine kalte Frau geworden ist. Fast könnte man es befürchten . . .[1])

[1]) Über ihre weiteren Schicksale erfahre ich von Dr. *Binswanger:* „Ich habe Gerda seit der Analyse nie mehr gesehen und kaum mehr direkt von ihr gehört. Ich korrespondierte anfangs mit dem Mann, der mir sehr gute Berichte sandte. Dann hörte ich lange nichts mehr, bis mir auf Umwegen zu Ohren kam, daß sie „rückfällig" sei. Die Erklärung dafür erhielt ich erst später: Der Mann hat sie aufs schwerste enttäuscht, hat ihr Vermögen durchgebracht und soll sich überhaupt als sehr minderwertige Persönlichkeit erwiesen haben. Die Ehe wurde nach etwa vier- bis fünfjährigem Bestand geschieden. Die Kinder sind bei der Mutter und die Patientin selbst wieder bei ihrer Mutter. Ob sie selbst mir nicht geschrieben hat infolge unanalysierter Hemmungen (ihre ganze Einstellung zum männlichen Geschlecht blieb ja leider unanalysiert) oder aus Stolz, weil sie mir ihre Enttäuschung und ihr Unglück nicht mitteilen wollte, lasse ich dahingestellt; es spielt wohl beides mit."

XIV.

Maskierter Sadismus. (Pars pro toto.)

Wir haben in allen Fällen von echtem Fetischismus eine ausgesprochene Beimengung von Sadismus konstatieren können. Auf den ersten Blick sehen die Fälle wie ausgesprochene Masochisten aus. Sie quälen sich und zwängen sich ein, sie versagen sich die Freuden des Lebens. Erst die Analyse zeigt, daß dieser Masochismus den Überbau über einen originären Sadismus darstellt. Schuldgefühl und böses Gewissen formen den Fetischisten zu einem jammervollen Gebilde.

Sein Leiden entspringt einer schier unerschütterlichen Bußtendenz. Wofür hat er zu büßen? Was ist die große Sünde? Darauf geben die vorhergehenden Analysen eine unzweideutige Antwort: Der Fetischismus ist eine selbstdiktierte Strafe für grausame Einstellungen und Phantasien. Auch in dem fetischistischen Ideale konnten wir überall die sadistische Komponente des Zwanges nachweisen. Der Zwang muß unangenehm und mit Schmerzen oder zumindestens Beschwerden verbunden sein, wenn er seinen fetischistischen Zweck erfüllen soll.

Der verkappte Sadismus gibt uns das Verständnis vieler bisher vollkommen unlöslicher psychologischer Rätsel auf dem Gebiete des Fetischismus. Ich bin in der glücklichen Lage, die vollkommene Analyse eines solchen Falles vorlegen zu können. Bevor wir zu dieser Analyse schreiten, müssen wir uns mit der Kasuistik dieser Form des Fetischismus etwas eingehender beschäftigen. Ich will in diesem Kapitel jene Abart des Leidens besprechen, welche sich bisher nicht in eine der besprochenen Formen einreihen ließ. Der Fetischist ist im großen und ganzen ein passiver Charakter. Er stiehlt wohl Sacktücher, Korsetts, er sammelt allerlei Gegenstände, er läuft seinem Objekte nach, aber er schreitet sehr selten zur Tat, er beschädigt das Objekt sehr selten. Er begnügt sich meist mit dem Besitze eines harmlosen Symbols oder sogar in den meisten Fällen mit dem Anblick als Zündstoff für seine leicht entflammbare Phantasie. Er ist wie die meisten Parapathiker ein Verbrecher ohne den Mut zum Verbrechen. Seine Verbrechen sind Symbolismen, Ersatzhandlungen, blasse Schemen im Vergleiche zu seiner blutrünstigen Phantasie.

Mitunter aber vergreift er sich am Körper, und zwar an einem leicht faßbaren Teile des Körpers. Haare und Zöpfe sind beliebte Objekte in der Welt der Fetischisten. Das Abschneiden eines Zopfes ist schon eine arge Beschädigung des Objektes, das oft seiner schönsten Zier beraubt wird. Ebenso unangenehm wird den Frauen das Beschmutzen und Beschädigen ihrer Kleider.

Von der letzten Form gibt es zahlreiche Variationen. Im heurigen Jahre wütete in Paris ein Mann, der eleganten Damen den Pelz mit einer unbekannten ätzenden Flüssigkeit verbrannte und ganz wertlos machte. Es gelang der Polizei nicht, seiner habhaft zu werden. Andere dieser aktiven Fetischisten besprengen feine Toiletten mit Vitriol. Eine dritte Variation schneidet mit kleinen Scheren Stücke aus Mantel und Kleid.

Alle diese Handlungen werden mit großem Affekte in einem hyponoischen Zustande begangen. Die Kranken sind sich des sexuellen Motivs der Tat meist nicht bewußt. Diese Beschädigungen gehen wie die Diebstähle im Gedränge vor sich, in dem der Attentäter nicht beobachtet werden kann, besonders an öffentlichen Orten, in Theatern, Versammlungen, in der Eisenbahn, im Omnibus, in der Elektrischen. Oft wird das Andrücken an das Objekt lustbetont empfunden, oft wird jede Lust geleugnet, wie in dem Fall von *Jastrowitz*, der eigentlich nicht in diese Kategorie gehört, aber trefflich die Erregung schildert und durch Fehlen einer bewußten sexuellen Empfindung ausgezeichnet ist:

Fall Nr. 58: Ein 31 Jahre alter, seit neun Jahren in guter Ehe lebender Mann, Vater von fünf gesunden Kindern, verspürte seit einiger Zeit die Sucht, sich Gegenstände, die Frauen gehörten, anzueignen, ohne jedoch dabei ein Wollustgefühl zu empfinden. Als er hinter einer nichts weniger als hübschen Dame stand, entwendete er ihr so das Portemonnaie aus der Tasche ihres Jaketts. Bei der Berührung mit der Dame vibrierten und zuckten seine Nerven, er hatte ein Gefühl von Beklemmung, das in der Unterbrust aufstieg und ihm den Hals zuschnürte. Er litt an Schauder wie im kalten Wasser, wollte, um der Aufregung zu entgehen, einen anderen Platz suchen, war aber im überfüllten Wagen wie eingekeilt. Zeugen bestätigten seine große Aufregung bei der Tat. Er hatte angestrengt Klavier zu stimmen und war zufolgedessen in einen Zustand nervöser Überreizung geraten. Er wurde von der Diebstahlsanklage freigesprochen. (*Jastrowitz*, Deutsche med. Wochenschrift.)

Der Schauder und das heftige Angstgefühl zeigen, daß es sich um eine symbolische Tat handelt. In der Phantasie scheint dieser Mann viel weiter zu gehen als in der Wirklichkeit. Er nähert sich dem Typus, dessen Taten ich „Pars pro toto" bezeichne. Charakteristisch für diesen Typus ist es, daß es sich um abgeschnittene oder ausgebrochene, gewaltsam vom Körper getrennte Teile handelt. Hier reihen sich die Nägelsammler ein, die einen Harem von abgeschnittenen Frauennägeln anlegen, die Sammler echter und falscher Zähne und vor allem die Zopffetischisten, die wir als Typus dieser Reihe etwas eingehender besprechen wollen.

Über einen solchen Zopfabschneider berichtet *Petersen*[1]) in der „Münchner med. Wochenschrift" (1921):

Fall Nr. 59: „Ein 30jähriger, unverheirateter Kaufmann wurde am Ostersamstag 1920 dabei abgefaßt, wie er einem jungen Mädchen ein Stück des blonden Zopfes abschnitt. Der Zopfabschneider ist erblich sehr belastet, zwei Tanten sind in einer Irrenanstalt, ein Onkel ist blödsinnig, ein zweiter Säufer. Von zehn Geschwistern sind fünf früh an Krämpfen gestorben, von den fünf lebenden ist eines schwachsinnig und vier augenleidend. Der Zopfabschneider ist körperlich gesund, geistig ein wenig zurückgeblieben. Vor zehn Jahren stürzte er in eine fünf Meter tiefe Grube auf den Kopf und brach den Arm, der so schlecht verheilte, daß der Kranke aufs neue ins Krankenhaus kam und operiert wurde. Infolgedessen litt er monatelang an großer Erregung, mangelndem Schlaf. Während des Krieges war er volle vier Jahre im Felde und nahm an 27 Gefechten bzw. Schlachten teil, ohne schwerer verwundet zu werden. In bezug auf seine Paraphilie machte er folgende Angaben: Als achtjähriger Junge mußte er längere Zeit hindurch regelmäßig in einer Wirtschaft Essen holen. Hier sah er immer, wie ein gleichaltriges blondes Mädchen frisiert wurde. Das Verlangen nach dem Mädchenhaar steigerte sich allmählich immer mehr, so daß er oft tagelang physisch und psychisch aus dem Gleichgewicht war, wenn er Blondinen gesehen hatte: Schlaflosigkeit, Erregtheit, Angstgefühle, Kopfschmerzen, Herzbeschwerden usw. hemmten dann seine Arbeitskraft so, daß er seine Geschäftsbücher unordentlich führte und Auseinandersetzungen mit seinem Chef, der sonst mit ihm zufrieden war, bekam.

Niemand ahnte etwas von seiner Paraphilie und seinen inneren Kämpfen — bis zu jenem Ostersamstag 1920. Er hatte an diesem Tag nachmittags eine halbe Flasche Wein in einem Restaurant getrunken und sah, als er auf die Straße trat, gleich ein blondes Mädchen. Da kam der Trieb nach dem Besitz der Haare mit solcher Gewalt über ihn, daß er impulsiv, ohne sich seines Verlangens oder irgendwelcher Gegenvorstellungen bewußt zu werden, zirka 10 Zentimeter vom Zopfe mit einer gewöhnlichen Taschenschere abschnitt, dabei aber sofort verhaftet wurde. Weder auf der Wache noch bei seinen späteren Vernehmungen oder Untersuchungen hat er etwas über die Motive seines Handelns aussagen können; betrunken war er nicht, wenn auch der Alkohol seine lähmende Wirkung auf ihn ausgeübt haben mag. Er gab stets nur an, daß die Begierde nach den blonden Haaren plötzlich mit solcher Intensität über ihn gekommen sei, daß er willenlos, wie unter einem Zwang stehend, gehandelt habe; er hätte das Gefühl gehabt, daß er in dem Augenblick so hätte handeln müssen.

Das Schöffengericht verurteilte ihn zu einem Monat Gefängnis, weil in dem Zopfabschneiden eine körperliche Mißhandlung mittels eines gefährlichen Werkzeugs und ein hinterlistiger Überfall zu erblicken sei; mit dieser

[1]) Ein Zopfabschneider. Jg. 69. Nr. 14.

Entstellung sei eine schmerzliche Empfindung unvermeidlich. Die Berufungsinstanz konnte sich allerdings von dieser „schmerzlichen Empfindung" nicht überzeugen, nahm ebenfalls — das ist die übliche juristische Auffassung — eine Körperverletzung mittels eines gefährlichen Werkzeuges an und verurteilte ihn infolge geistiger Minderwertigkeit zu einer Geldstrafe.

In der Krankengeschichte des Zopfabschneiders ist die schwere erbliche Belastung sehr auffallend. Auch die späteren äußeren Lebensschicksale des jungen Mannes, der Unfall und vor allem die Teilnahme an zahlreichen Schlachten sind gewiß nicht ohne Einfluß auf sein Nervensystem geblieben, dürften dasselbe vielmehr ernstlich erschüttert und seine psychische Widerstandskraft herabgesetzt haben. Zu beachten ist ferner seine Angabe über das erste Auftreten des Triebes in den Kinderjahren und die allmähliche Entwicklung desselben: man ist — ohne die Psychanalyse anzuwenden — selten in der Lage, die ersten Anfänge der Perversion so genau feststellen zu können, wie gerade im vorliegenden Fall. Von Interesse ist auch die Schilderung, wie der Kranke bei der Begehung der Tat von seinem Trieb einfach überrumpelt wird, der so urplötzlich und zugleich in solcher Stärke auftritt, daß jedenfalls „zur Zeit" der Begehung der Handlung das klare Bewußtsein getrübt und die freie Willensbestimmung beträchtlich eingeengt, wenn nicht ausgeschaltet waren; es ist wie eine vorübergehende seelische Störung, wo die jahrelangen Hemmungen der Erziehung, Bildung, Religion, des Standes usw. einfach über den Haufen geworfen werden, und der Naturtrieb in seiner Urgewalt — wie ein Bergstrom — alle bisherigen Schranken zerbricht.

Hervorzuheben wäre noch die Tatsache, daß er beim Anblicke des achtjährigen Mädchens eine heftige Erektion hatte. Später onanierte er immer, nachdem er Blondinen gesehen hatte.

Bemerkenswert ist, daß er aus religiösen Motiven keinen Beischlaf ausübte, während er sich die Onanie gestattete, ein Phänomen, das wir bei so vielen Fetischisten beobachten konnten.

Nach der Verurteilung wurde er einer hypnotischen Behandlung unterzogen, welche vollen Erfolg hatte.

Der Mann hat vor einem Vierteljahr geheiratet. Er soll derzeit vollständig normal, ein braver Ehemann sein, ohne irgendein Interesse an den blonden Haaren fremder Mädchen und Frauen.

So weit der Bericht. Es ist natürlich sehr fraglich, ob das Mädchen mit den blonden Zöpfen, das er im achten Lebensjahre sah, in der Tat der erste bestimmende Eindruck gewesen ist. Wir müssen annehmen, daß das Zopfabschneiden tiefer determiniert ist und vielleicht auch mit dem Kastrationskomplex zusammenhängt. Leider ist es mir nicht gelungen, eines solchen Falles für die Analyse habhaft zu werden. Ausgezeichnet ist das Überwältigende der Impulse dargestellt. Er geht angeblich aus, ohne die Absicht des Zopfabschneidens zu haben. Doch das stimmt mit vielen anderen Berichten nicht überein. Viele dieser Zopfabschneider tragen immer eine kleine Schere bei sich. Allerdings kommt es auch vor, daß der Impuls zu Hause auftritt, dann erst die Schere ergriffen wird, um mit ihr wegzurennen und die Tat auszuführen

Einen anderen Fall entnehme ich der Sammlung von *Krafft-Ebing:*

Fall Nr. 60: Ein Zopfabschneider, P., 40 Jahre, Kunstschlosser, ledig, stammt von einem Vater, der temporär irrsinnig war, und von einer sehr nervösen Mutter. Er entwickelte sich gut, war intelligent, aber früh mit Tics und Zwangsvorstellungen behaftet gewesen. Er hatte nie masturbiert, liebte platonisch, trug sich öfters mit Heiratsplänen, koitierte nur selten mit Freudenmädchen, fühlte sich aber vom Verkehr mit solchen nie befriedigt, eher angewidert. Vor etwa drei Jahren trafen ihn schwere Schicksalsschläge (finanzieller Ruin) und machte er überdies eine fieberhafte Krankheit mit Delir durch. Diese Umstände schädigten schwer das Zentralnervensystem des erblich Belasteten. Am Abend des 18. August 1889 wurde P. auf dem Trocadero in Paris in flagranti verhaftet, als er im Gedränge einem jungen Mädchen den Zopf abgeschnitten hatte. Man verhaftete ihn mit dem Zopf in der Hand, eine Schere in der Tasche. Er entschuldigte sich mit momentaner Sinnesverwirrung, unseliger, unbezwinglicher Leidenschaft, gab zu, daß er schon 10mal Zöpfe abgeschnitten hatte, die er daheim in wonnigem Entzücken verwahre.

Bei der Hausdurchsuchung fand man 65 Zöpfe und Haarflechten, sortiert in Paketen vor. Schon am 15. Dezember 1886 war P. unter ähnlichen Umständen einmal verhaftet gewesen, aber wegen Mangel an Beweisen freigelassen worden.

P. gibt an, daß er seit drei Jahren, wenn abends allein im Zimmer, sich unwohl, ängstlich, erregt und schwindlig fühlte und dann vom Drang heimgesucht wurde, Frauenhaar zu betasten. Als er gelegentlich den Zopf eines jungen Mädchens wirklich in der Hand halten konnte, libidine valde excitatus est neque amplius puella tacta, erectio et ejaculatio evenit. Heimgekehrt, schämte er sich des Vorfalles, aber der Wunsch, Zöpfe zu besitzen, ungemein wollüstig betont, wurde immer mächtiger in ihm. Er wunderte sich sehr darüber, daß er doch früher beim intimsten Verkehr mit Weibern nie etwas derart empfunden hatte. Eines Abends konnte er dem Drang nicht widerstehen, einem Mädchen den Zopf abzuschneiden. Daheim, mit dem Zopf in der Hand, wiederholte sich der wollüstige Vorgang. Es zwang ihn, mit dem Zopf über seinen Körper zu fahren, seine Genitalien darein zu wickeln. Endlich ganz erschöpft, schämte er sich, getraute sich während einiger Tage gar nicht auszugehen. Nach Monaten der Ruhe trieb es ihn wieder, Frauenhaar, gleichgültig wem gehörig, unter die Hände zu bekommen. Gelangte er zum Ziel, so fühlte er sich wie besessen von einer übernatürlichen Gewalt, außerstande, seine Beute loszulassen. Konnte er den Gegenstand seiner Begierde nicht erreichen, so wurde er tief verstimmt, geriet dabei in mächtigen Orgasmus und befriedigte sich durch Masturbation. Zöpfe in den Auslagekästen der Friseure ließen ihn ganz kalt. Es mußten vom Kopf einer Frauensperson herabhängende Zöpfe sein.

Auf der Höhe seiner Zopfattentate will er jeweils in solcher Erregung gewesen sein, daß er nur unvollkommen Apperzeption und demgemäß Erinnerung hatte von dem, was um ihn her vorging. Sobald er mit der Schere den Zopf berührte, kam es zur Erektion und im Moment des Abschneidens zur Ejakulation.

Seit seinen Schicksalsschlägen vor etwa 3 Jahren will er gedächtnisschwach, geistig rasch erschöpft, von Schlaflosigkeit und nächtlichem Aufschrecken heimgesucht sein. P. bereut tief seine Streiche.

Man fand bei ihm nicht bloß Zöpfe vor, sondern auch eine Menge von Haarnadeln, Bänder und andere weibliche Toilettegegenstände, die er sich hatte schenken lassen. Er hatte von jeher eine wahre Manie gehabt, derlei zu sammeln, nicht minder Zeitungen, Holzstückchen und anderen ganz wertlosen Kram, von dem er nie hatte lassen wollen. Auch hatte er eine sonderbare, ihm ganz unerklärliche Scheu, eine gewisse Straße zu passieren; machte er einmal den Versuch dazu, so wurde ihm ganz unwohl.

Das Gutachten erwies den Hereditarier, den zwangmäßigen, impulsiven, entschieden unfreien Charakter der inkriminierten Akte, welche die Bedeutung einer Zwangshandlung, hervorgerufen durch eine mit abnormen sexuellen Gefühlen übermächtig betonte Zwangsvorstellung haben. Freispruch. Irrenhaus. (*Voisin, Soquet, Motet*, Annales d'hygiène, 1890 April.)

In diesem Falle sehen wir die uns bekannte Erscheinung des Ekels vor dem Weibe. Patient koitiert selten und ist beim Koitus nicht befriedigt, eher angewidert. Er zeigt den charakteristischen Haremskult, der sich aber nicht allein auf Zöpfe erstreckt. Die Tat geht in einem hyponoischen Zustande vor sich. Der nächste Fall ist teils von *Leppmann*, dem ausgezeichneten Kenner dieser Materie, teils von *Wulffen* bearbeitet.

Derselbe sei erst aus der Ärztlichen Sachverständigenzeitung in extenso wiedergegeben. (*A. Leppmann.*)

Fall Nr. 61: Der zurzeit 23 Jahre alte Student A., erblich schwer belastet, ist beschuldigt, im Laufe des vorigen November, Dezember und Jänner weiblichen Personen, insbesondere Kindern und halbwüchsigen Mädchen, die Zöpfe auf der Straße abgeschnitten zu haben. Zur Anklage stehen 16 Fälle, es wurden in seinem Hause 31 Zöpfe verwahrt gefunden. Die Erklärung, welche er bei der Polizei über die Ursache seines seltsamen Vorgehens abgab, stimmt ganz mit den Angaben, welche er mir über sein Geschlechtsleben machte.

Er war immer träumerisch, still und verschlossen. Trotzdem er ein guter und selbstloser Sohn war, trotzdem er von Freunden und Verwandten wohlgelitten war, hat er über sein Fühlen sich nie mit jemanden ausgesprochen. Auch seine Freunde traten ihm in dieser Beziehung nicht näher. Er machte nie den Eindruck der Selbstgefälligkeit, sondern nur der größten Bescheidenheit, so daß sein Verteidiger Zuschriften von urteilsfähigen Personen der besten Gesellschaft hat, daß denen, die ihn kannten, sein Handeln ein Rätsel ist.

In der letzten Zeit, wohl nach einer Seereise, ist er sogar auffallend still gewesen. In der Unterhaltung ließ er ein einseitiges Interesse für mathematische und technische Probleme erkennen. Für Literatur und öffentliches Leben hatte er weniger Interesse. Beim gesellschaftlichen Verkehr erschien er in der letzten Zeit auffällig interesselos. Im Schachspiel gelang es ihm nicht mehr, die, denen er sonst gewachsen war, zu besiegen.

Niemals zeigte er eine Spur von Sinnlichkeit. Gespräche über Mädchen, beziehungsweise über geschlechtliche Dinge interessierten ihn gar nicht. Er trat auf Wunsch seines Freundes E. in einen Studentenverein ein, welcher das Keuschheitsprinzip zur Bedingung der Mitgliedschaft macht. Er erklärte, daß es ihm gar nicht schwer falle, ein diesbezügliches Versprechen zu geben. Er zeigte aber nie irgendeinen Fanatismus bei der Besprechung des Prinzips. Ein einziger Vorfall ist den Freunden jetzt nachträglich als ungewöhnlich aufgefallen. Als er bei einem studentischen Feste sich gegen seine sonstige Gewohnheit einmal berauscht hatte und von seinen Freunden nach Hause gebracht wurde, öffnete ihm die Wirtin die Tür. Da sprang er auf sie zu und begann sie an den Haaren zu zausen.

Die Befragung der Mutter speziell über nervöse Symptome ergab folgendes: Robert A. hatte immer einen leisen Schlaf. Öfter war er schlaflos. Er klagte schon als Kind häufig über Kopfschmerzen. Spontane Ohnmachten oder Schwindelzustände hatte er niemals gehabt, wohl aber ist er oft in Ohnmacht gefallen, wenn er Blut sah. Auch konnte er mit hängendem Kopfe nicht turnen, ohne schwindlig zu werden.

Über sein Innenleben, namentlich über die Ursache seiner Stille und Verschlossenheit berichtet er folgendes:

Soweit er zurückdenken könne, habe er immer ein gewisses Gefühl des Druckes und der Verstimmung gehabt. Er habe dabei immer die Empfindung gehabt, als ob er auf jüngere Personen, sowohl auf männliche wie auch auf weibliche, keinen Eindruck mache, als ob er, wie er sagt, bei ihnen nicht durchdränge, obgleich er sich innerlich sehr viel zutraute, ja sogar zu Großem berufen fühlte. Dieses Gefühl der Verstimmung habe zugenommen, nachdem er sich während seiner Seereise und dann bei der Examenarbeit sehr angestrengt habe. Freier gefühlt habe er sich nur im Verkehr mit älteren Personen.

Eine sinnliche Regung zu Personen anderen Geschlechtes habe er nie empfunden. Es sei ihm dies recht klar geworden, als in dem Verein Ethos über die Schwierigkeit gesprochen wurde, geschlechtlichen Anfechtungen zu widerstehen. Er habe damals aus ehrlicher Überzeugung gesagt, für sich könne er garantieren, und habe gar nicht begriffen, daß auf andere die Versuchung so stark einwirken könne. Er habe auch niemals männlichen Personen gegenüber etwa irgendwelche sinnliche Regungen gehabt. Er sei auch niemals dazu gekommen, recht darüber nachzudenken, wie wahrscheinlich es sei, daß in seinem geschlechtlichen Fühlen etwas Abnormes stecke, da es wohl von dem der anderen wesentlich verschieden sein müsse.

Über dieses Fühlen berichtet er folgendes:

Schon in seinem achten Lebensjahre ungefähr hätten die Haare einer Freundin seiner Schwester sein Wohlgefallen und, wie er sich jetzt klar ist, unbewußte sinnliche Regungen in ihm erzeugt. Das gleiche Empfinden hätten dann die Haare seiner Schwester erregt und namentlich wollüstig sei es für ihn gewesen, von den Haaren der Schwester welche abzuschneiden. So sei er frühzeitig, wohl im 12. oder 13. Lebensjahre, zur Onanie gekommen, indem er in den Gedanken an schöne Haare mit seinem Gliede auf der Bettunterlage rieb. Mit den Händen habe er niemals onaniert. Es sei ihm die Berührung seines Gliedes unbehaglich, ja ekelhaft gewesen. Auch die Haare, welche er später in seinen Besitz bekam, habe er niemals mit seinen Genitalien in Berührung gebracht. Dieselben seien ihm, wie er sagt, zu heilig dafür gewesen. Er habe sie um seinen Kopf gewunden, auf sein Herz gelegt oder sich auf dieselben gelegt. In früheren Jahren sei der Drang nach derartiger geschlechtlicher Erregung seltener gewesen. Heftiger sei er geworden nach seiner Schiffsreise und nach der Vorbereitung zum Vorexamen, also nach geistigen und körperlichen Anstrengungen. Er habe den Drang bekommen, sich durch Abschneiden von Zöpfen Material für seine geschlechtlichen Phantasien zu verschaffen. Der Gedanke, daß er dadurch der von ihm angegriffenen Person einen Schaden zufüge, sie in ihrem Aussehen schände oder beeinträchtige, sei ihm nie gekommen. Er habe niemals etwa eine Geschlechtserregung sich dadurch erzeugt, daß er sich in die Situation versetzte, jemanden zu peinigen. Die Personen, welche die Haare trugen, seien ihm völlig gleichgültig gewesen. Es sei ihm egal gewesen, ob es alte oder junge gewesen seien. Er habe sich an Kinder und Halberwachsene deshalb angedrängt, weil sich bei diesen am ehesten geflochtene und herabhängende Zöpfe fanden, deren er habhaft werden konnte. Im Momente des Abschneidens schon habe er einen wollüstigen Kitzel empfunden. Das wesentliche sei aber immer dann das Kosen mit den Haaren gewesen.

Die Sucht, in seiner Weise zu onanieren, habe sich im vorigen Jahre so gesteigert, daß er es täglich wohl zweimal getan habe. Dabei habe er sich in seinen Gedanken eine Phantasiewelt aufgebaut. Er habe sich in die Idee eingeträumt, das heißt bei wachen Sinnen, er sei ein mächtiger Mann, der ein kostbares Schloß auf einer Insel besitze. Er habe auch die Gabe, sich unsichtbar zu machen, und könne sich auf diese Weise aus allen Ländern Mädchen mit schönen, das heißt namentlich mit blonden, trockenen Haaren, auf sein Schloß holen.

Diese müßten ihn bei Tisch bedienen und dann schnitt er ihnen die Haare ab und ließe sie ziehen. Diese Haare benütze er dann zu seiner geschlechtlichen Erregung und namentlich wollüstig wirke auf ihn der Gedanke, er könne sich einen ganzen Saal mit solchen Haaren austapezieren lassen. Auch hier sei ihm nie der Gedanke gekommen, daß das Bedienen etwas Unwürdiges, Demütigendes für die Mädchen sein solle.

Sein Drang nach dem Besitz von Haaren sei schließlich so stark geworden, daß er überzeugt sei, wenn er nicht entdeckt und verhaftet worden wäre, hätte er immer wieder versucht, solche an sich zu bringen. Jetzt sei er gleichsam wie aus einem Rausche aufgewacht. Jetzt habe er das erste Mal über sich und sein Tun nachgedacht und meint, er werde sich beherrschen können. Er könne sich keine Selbstvorwürfe über das, was er getan habe, machen, er könne nur sagen, daß er wie ein Kind ohne Erkenntnis und Verständnis in seine Ideenkreise, die er jetzt als verrückt bezeichnet, gebannt gewesen wäre.

A. wurde unter Anklage gestellt, aber auf Grund eines Gutachtens der psychiatrischen Sachverständigen, die ihn als geisteskrank bezeichneten, freigesprochen. Während des Verhörs hatte der Vorsitzende A. gefragt, ob er für die Zukunft eine Garantie dafür übernehme, daß er keine Zöpfe mehr abschneiden werde. A. antwortete: „Eine Garantie könnte ich nicht übernehmen. Der Trieb ist bei mir stärker als der Wille." Das hat sich nun wirklich gezeigt. Nachdem er aus der Heilanstalt als geheilt entlassen worden war, siedelte A. nach Hamburg über, und dort fiel er wieder seinen perversen Neigungen zum Opfer. Sieben Hamburgerinnen beklagten den Verlust ihrer schönen blonden Zöpfe. Über sein Sexualleben machte er dem Sachverständigen folgende, die früheren Ausführungen ergänzende Angaben, die einen vollen Einblick in den pathologischen Seelenzustand des Zopfabschneiders gewähren. Was ihn eigentlich zum Abschneiden der Haare bewegt hat, sei ihm früher überhaupt nicht klar gewesen. Das Haar allein sei es, was er liebe, nicht auch die Person, der es gehörte. So sei es ihm auch erklärlich, daß er seiner Schwester Haare abgeschnitten habe. Auf der Schule hätte er den Mädchen, wie es auch die anderen Jungen getan hätten, den Hof gemacht, sexuelle Vorstellungen und Gefühle hätte er dabei nicht gehabt, auch nicht, als er einmal einem jungen Mädchen einen Kuß gegeben hätte. Von früh an habe er von Haaren und Zöpfen geträumt.

Auch jetzt träume er öfters derartiges, von einem lebhaften Traume könne er noch jetzt Mitteilung machen:

> Er sei in einer einsamen felsigen Gegend mit viel Gestrüpp gewesen. In diesen Felsen seien viele verschlossene Höhlen gewesen, vor den Höhlen hätten Mädchen mit blonden Zöpfen gestanden, in den Zöpfen hätten Schlüssel zu den Höhlen gesteckt.

Schon in der Kinderzeit hätte der Zopf in seinem Leben eine Rolle gespielt. Wann zum ersten Mal ein sexuelles Fühlen dabei aufgetreten sei, wisse er nicht, es sei ihm das auch nicht bewußt gewesen, als er den Zopf abschnitt. Es sei wohl mehr ein körperliches Drängen gewesen, dem er nachgegeben habe, ohne zu wissen, worum es sich handle. Aufgeklärt über sexuelle Dinge sei er erst eigentlich durch den ersten Prozeß geworden. Mit einem weiblichen Wesen habe er nie sexuell verkehrt, *er habe sich entfremdet und abgestoßen gefühlt, sobald er von jemand wußte, daß er mit Weibern Umgang habe. Besonders widerwärtig sei es für ihn gewesen, wenn in zotiger Weise über derartiges gesprochen wurde.* Deshalb sei er auch in den Verein Ethos eingetreten. Nach seiner Freisprechung in B. hätte er den festen Vorsatz gehabt, seinem unnatürlichen Drange nicht mehr nachzugeben. Ein Jahr sei ihm das gelungen, im Jahre 1917 sei er aber wieder rückfällig geworden. Er fürchte, diesem unglücklichen Triebe nicht mehr widerstehen zu können, er wolle jede Hilfe annehmen, von wo auch immer sie komme. Hier in der Anstalt fühle er sich geborgen, zur Ruhe sei er aber noch nicht gekommen. Er frage sich immer wieder, wann Friede einziehen werde in seine ringende Seele. Im Sommersemester 1917 sei er allein in Br. und ganz auf sich angewiesen gewesen. Da sei es wieder schlechter mit ihm geworden. Er hätte geahnt, daß er bei dem Trubel aus Anlaß eines Festes leicht wieder einige Zöpfe abschneiden könne, das hätte ihn schon Wochen vorher beschäftigt und gequält. Seit Berlin hätte er keine Schere, auch nicht einmal eine Nagelschere im Besitz gehabt. Etwa 14 Tage vor dem Feste sei er zweimal vor einem Laden auf und ab gegangen und habe mit sich gekämpft, ob er eine Schere kaufen solle oder nicht; schließlich habe er sich beherrschen können. *Einige Tage später habe er sich doch eine Schere gekauft* und das sei sein Verderben gewesen, jetzt sei die Erregung immer stärker geworden. Er habe oft die Schere wegwerfen wollen, habe es aber nicht getan, *um zu zeigen, daß er auch trotz Schere seinem Zwange nicht nachgebe, und es sei so einfach gewesen, sich selbst vorzulügen, es sei eine Nagelschere, die er doch brauche.* Am Festtage sei er allein durch die Straßen geirrt, habe nur auf Zöpfe und Haare geachtet, etwaigen Bekannten, die er zufällig traf, sei er absichtlich aus dem Wege gegangen. Trotz großer Erregung habe er sich an diesem Tage beherrschen können. Aber am nächsten Tage sei er erlegen. Abends sei eine große Ovation vor dem Schloß gewesen, dort habe er verschiedene Zöpfe abgeschnitten. Beim ersten sei es ihm nicht völlig gelungen, ihn durchzuschneiden, da er zu dick und zu üppig war, der zweite sei ihm gleich entfallen. Dann stieß er auf ein größeres Mädchen mit wundervollem, gelöstem, auffallend langem Haar, das Haar wallte in wunderbarer Weise bis zu den Knien. Bis zum äußersten war er erregt. Er griff hinein in die Fülle, da zieht das Mädchen seine ganze Pracht nach vorne über die Schulter. Das sei ein harter Schlag gewesen und doch habe er sich nicht von der Stelle gerührt, denkend, sie würde das Haar wieder zurücklegen. Als er dann sah, daß damit doch nichts würde, habe er sich losgerissen und weiter gespäht, doch alle hätten ihr Haar nach vorne genommen. Schließlich riß er einem Mädchen das Haar über die Schulter zurück und schnitt sich eine Locke ab. Gegen Ende der Feier sei er in furchtbarer Erregung gewesen, die zum Teil wohl Wut war, daß er das herrliche Haar nicht bekommen hatte. Als er später allein war, holte er die erbeutete Locke aus der Tasche, um sie anzusehen, hat dann mit ihr geliebkost, sie geküßt und ins Gesicht gedrückt, schließlich habe er sie zusammengeballt und wohl zwanzigmal darauf losgeschnitten, die Haarschnitzel habe er dann zerstreut. Warum er das getan habe, wisse er nicht. In diesem Zustand sei er auf mehrere Freunde gestoßen, die ihn zu einem Glase Bier einluden und er sei — er könne es selbst nicht verstehen — wirklich mitgegangen. Durch derartige Schilderungen dem Sachverständigen gegenüber wurde A. sichtlich erregt und mitgenommen, er klagte denn auch noch an dem nächsten Tage, daß er, nachdem die Erinnerung wieder einmal geweckt sei, unaufhörlich an den langen dicken Zopf denken müsse. Er sehe den Zopf, wenn er zu Bett liege, aus dem Bett baumeln, könnte nicht einschlafen, bekomme Erektionen. „Kann es überhaupt so lange und so dicke Zöpfe geben?" Er messe an seinem Körper aus, wie lange er wohl sein könnte. Er stelle sich die Trägerin schlafend vor, träte an das Bett derselben, fasse den Zopf, fühle die herrliche Dicke, drücke ihn gegen Mund und Nase, sauge den Duft ein, nähme dann schließlich die Schere und schneide ihn ab. Dann Aufstöhnen und Aufächzen, der Kampf, dem körperlichen Druck nicht nachzugeben, läßt ihn nicht einschlafen; er legt sich auf den Rücken, auf die Seite, alles hilft nichts. Dann kommen in der Dunkelheit von allen Seiten die vielen unendlichen Locken und Zöpfe, die wirklichen sowohl, die er kennt, als die gedachten, und die Erregung wächst, eine furchtbare Unruhe kommt über ihn. Er zwingt sich zur Ruhe, zwingt sich still zu liegen. Umsonst. Die alten Phantasien kommen, die alten Bilder: Das Schloß, die Zopfträgerinnen werden herbeigebracht, ganze Städte werden ausgeraubt, Berlin, Hamburg, Braunschweig, London, Stockholm, und immer nur schöne Zöpfe, vom Schulhof, von der Straße werden sie entführt. Die hübschesten Mädchen. Von den schon anwesenden werden sie hergerichtet, die Haare werden sorgfältig gekämmt und geflochten, jeder Zopf wird unten und oben durch ein Haarband geschmückt und erhält Vermerk mit Namen und Alter der Trägerin, über Geburtsort und Haarfarbe der Eltern und darüber, ob das Haar schon einmal abgeschnitten. Dann werden immer fünfzig in den dazu bestimmten Saal geführt. Früher mußten sich alle in einer Reihe aufstellen und er schnitt ihnen einzeln die Zöpfe ab. Jetzt sei dann ein großer sinnreicher Apparat eingerichtet. Durch eine lange scharfe Schneide, die mechanisch mit großer Geschwindigkeit hinabsaust, werden alle 50 Zöpfe auf einmal dicht am Kopfe glatt durchgeschnitten. Dann kommen sie in die großen Glasschränke, dort werden sie hineingehängt. Dann habe er noch besondere Lieblinge, auch deren Locken fielen der Schere anheim, es geht dabei besonders feierlich zu und das Haar wird in prächtigen Holzkasten aufbewahrt, die innen mit färbiger Seide ausgeschlagen sind. Dann seine Frau, die hat zwei herrliche hellblonde Zöpfe, die weit länger sind, als sie groß ist. Nachts schläft er neben ihr, wenn sie schläft, spielt er mit ihren Zöpfen, morgens kämmt er ihr selbst das Haar, und zwar auf einem besonderen Stuhle, der sich in die Höhe heben läßt, damit das lange Haar frei herunterhängen kann. Schließlich stirbt sie jung, auf der Bahre schneidet er ihr die Zöpfe ab und schließt dann den Sarg. Ähnliche Szenen erlebe er auf einer Lustjacht, er möge darüber nicht sprechen. Manchmal habe er das Gefühl, als ob das ganze Kopfkissen aus Zöpfen bestehe und auf ihn einige duftige Locken zerstreut seien. Er vergrabe in diese sein Gesicht und um Brust, Arme und Gesicht spielten und fächelten Locken. Nachdem er dann durch Onanieren Samenerguß gehabt hätte, fühle er sich ganz matt, erst nach und nach könne er dann unter Abklingen der Erregung einschlafen, meist aber finde er erst nach Stunden Schlaf. Nicht selten hätte er in einer Nacht mehrfach Samenerguß gehabt. Er berühre sein Glied dabei nie mit den Händen, er läge meist auf der rechten Seite und mache stoßende Bewegungen, wobei sich sein Glied wohl an der Bettdecke reibe. Es dauere dabei manchmal längere Zeit, bis ein Samenerguß erfolge, wenn er aber sein Gesicht in die Haare vergrabe, dann hätte er sofort eine Ejakulation bekommen. A. wurde für unzurechnungsfähig erklärt. (Mitteilung der Polizeibehörde zu Hamburg.)

Über das weitere Schicksal des Robert St. finde ich in „Geschlecht und Charakter“ ergänzende Angaben.[1]) St. ging von Hamburg als Ingenieur nach Buenos-Aires und kam wieder vor das Gericht. Er bat seine Richter flehend, ihn lebenslänglich einzusperren, da er seinem krankhaften Triebe nicht widerstehen könne, aber er wurde wieder freigesprochen. In Berlin wurde der nun 37jährige festgenommen, als er sich im Gedränge an junge Mädchen heranmachte. In seiner Wohnung fand man 150 (!) Damenzöpfe, die er in Valparaiso erobert hatte. Aber auch acht Damenportemonnaies. Er ist inzwischen auch Taschendieb, vielleicht nur Kleptomane geworden.

Wir haben einen typischen Fall von Fetischismus vor uns. A. meidet den geschlechtlichen Verkehr, er legt sich einen Harem an, er schwelgt in den charakteristischen Phantasien, die wir im Kapitel „Die Bibel des Fetischisten“ so deutlich kennen gelernt haben. Solche seltsame Phantasiegebilde hat wohl jeder echte Fetischist.

Die Abkehr von der Sexualität zeigt sich in einer angeblichen Gleichgültigkeit bei sexuellen Gesprächen. Er verträgt keine Zoten. Diese Eigenschaft ist den meisten dieser Kranken eigen. So zügellos ihre Phantasie sein kann, so zurückhaltend und übertrieben prüde sind sie im Leben. Daher ist die Umgebung sehr überrascht, wenn der keusche Josef sich plötzlich als ein Exhibitionist oder Fetischist entpuppt. Im Rausche jedoch kommt die wahre Natur des letzten Kranken (A.) deutlich zum Durchbruch. Er zaust seine Wirtin bei den Haaren. Beim letzten

[1]) 1921, H. 1, Bd. X.

Delikt wendete er sogar Gewalt an.[1]) Er zeigt jene Form des überkompensierten Sadismus, der uns Analytikern, die wir die Kehrseite aller psychischen Erscheinungen studieren, wohlbekannt ist. Schon als Kind fiel er in Ohnmacht, wenn er Blut sah. Seine erste Erregung scheint vom Haare seiner Schwester herzustammen. Ihre Freundin war es, die ihn als Achtjährigen erregte. Er gibt aber zu, daß ihn die Haare der Schwester erregt hätten und daß er sich mit wollüstigen Empfindungen Locken abgeschnitten hätte. Doch scheint auch eine Fixierung an die Mutter vorzuliegen. Es ist ihm gleichgültig, ob die Haare einer Alten oder einer Jungen angehören.

Er zeigt ein starkes Minderwertigkeitsgefühl, das ihn wohl auf die Bahn der Paraphilie gedrängt hat. Er glaubt nicht, daß er einem Mädchen oder einem Manne (sic!) gefallen könnte. Nur in seiner Phantasie tobt sich sein Machtgefühl aus. Er ist ein mächtiger Mann, er hat Schlösser, die Frauen sind in seiner Gewalt. Das beweist doch, daß er sie im Leben fürchtet und daß die Angst vor dem Weibe einen Beitrag zu seiner Paraphilie liefert.

Sein Traum ist sehr interessant. Sein eigentliches Ziel ist versteckt. Der Zopf ist nur ein Symbol. In seinem berichteten Traume stecken die Schlüssel zur Höhle in den Zöpfen. Die verschlossenen Höhlen sind wohl die Kammern seines Innern, in die er niemanden blicken läßt.

Die Zöpfe, welche die Schlüssel zur Paraphilie enthalten, sperren ihm auch den Zugang zur normalen Sexualität. (Die Höhlen mit den Mädchen.)

In wunderbarer Weise zeigt sich hier die Schauspielernatur des Parapathikers. Er kauft sich eine Schere, um sich zu beweisen, daß er trotz der Schere nichts anstellen werde. Dabei weiß er doch, daß er sie für alle Fälle parat hat. Er spielt vor sich Komödie, rationalisiert noch, daß er eine Nagelschere dringend brauche. Aber warum läßt er diesen Gebrauchsgegenstand nicht zu Hause? Er will ihn eben mitnehmen.

Den Zopf als phallisches Symbol verrät deutlich die Schilderung der verschiedenen Zöpfe. Der Zopf muß lang und dick sein; er mißt, wie lang er wohl sein könnte. Er fühlt die „herrliche" Dicke. Er drückt den Zopf an Mund und Nase. (Fellatio?)

Seine Abstinenz zeigt, daß er sich psychisch kastriert hat. Sollte das die poena talionis für eine Kastration sein, die er an einem Rivalen vollziehen wollte? Wahrscheinlich handelt es sich in diesen Fällen um eine Mutterleibsphantasie, der wir ja so oft begegnet sind. Ich würde annehmen, daß er im Mutterleibe seinen Vater kastriert. Es ist natürlich nur eine Annahme, die aber durch große Erfahrung einen Schein von

[1]) Er zerstückelt einmal die geraubten Haare!

Berechtigung erhält. Aber erst eingehende Analysen solcher Fälle werden uns Klarheit über die Motive dieser seltsamen Krankheit geben können. In diesem Falle ist der Hinweis auf den Sadismus ziemlich klar. In seiner Phantasie hat er eine Zopfabschneidemaschine konstruiert, die 50 Zöpfe auf einmal abschneidet. Der Zopf scheint hier für den Kopf zu stehen und es könnte sich um eine Dekapitation handeln. Man bedenke, daß der Kranke die Frauen haßt, weil er weiß, daß er ihnen nicht gefallen kann. Er ist ausgeschlossen von der Liebe, ausgestoßen aus der Gemeinschaft der Genießenden. Wahrscheinlich verdichten sich die Motive in dem Zopffetischismus genau so, wie wir es an vorhergehenden Fällen beschrieben haben.

Es ist auch nicht ausgeschlossen, daß es sich um eine Selbstkastration handelt. Wir haben in vielen Fällen gesehen, daß sich die Masturbation mit dem Fetisch vor dem Spiegel vollzieht. In allen diesen Fällen suchen die Kranken sich selbst, sie schneiden sich selbst etwas ab, sie sind das Mädchen, sie berauben sich ihrer Männlichkeit. Sie identifizieren sich mit dem Objekte, genau wie mit dem Spiegelbilde. Das Gesetz der Talion herrscht auch hier uneingeschränkt. Wer einem anderen etwas antun wollte, tut es sich selbst an. So erklären sich Fälle wie der folgende:

Fall Nr. 62. Pt. wird von einer tiefen Trauer befallen, mit der sich Untätigkeit und Gleichgültigkeit, die er als „Krise von Lebensüberdruß" beschreibt, einstellen. Um sich daraus herauszureißen, hat er, wie er erzählt, durch 6 Monate versucht, sich zu berauschen und sich gut zu unterhalten. Es war erfolglos. Dann faßte er den Entschluß, sich zu töten. Von dem Augenblick an, wo er plötzlich den Gedanken des Selbstmordes faßt, fühlt er sich bedeutend glücklicher. Dieser Todesgedanke regte ihn viel mehr an, als alle vorhergehenden Belustigungen, durch die Erregung, welche er hervorrief. Er fühlte sich viel wohler, als er seinen Freunden rührende Abschiedsbriefe schrieb. Er hat sich damit belustigt, einen Schuß gegen sein Spiegelbild abzugeben. Als er sich eine Kugel in die Brust geschossen hatte, die ihm übrigens nur eine leichte Kratzwunde beibrachte, da empfand er in dem Augenblick einen solchen Genuß, wie er ihn seit Monaten nicht gehabt hatte. Sicherlich zeigt für gewöhnlich der Selbstmordimpuls nicht diese Eigentümlichkeit, es ist aber immerhin möglich, daß er sie manchmal aufweist. (*Janet.*)

Die Zusammenhänge zwischen Zopfabschneiden und Sadismus erhellt blitzartig ein von *H. Groß* (*Groß*' Archiv, Bd. XII, „Ein Fall von psychopathischem Aberglauben") veröffentlichter Fall.

Fall Nr. 63. Ein ehemaliger Armenhauszögling, beim Militär dauernd schwer diszipliniert, psychopathische Minderwertigkeit, überfällt mit 29 Jahren ein 10jähriges Mädchen, um es zu notzüchtigen. Er wirft es zu Boden, stemmt ein Knie auf ihren Hals, zieht das Messer aus der Tasche — und schneidet ihr, einer plötzlichen Eingebung folgend, den Zopf ab. Er macht keinen Koitus, sondern steckt ihr nur den Finger in die Scheide. Den Zopf hat er angeblich abgeschnitten, weil er das Haar zu einer Bürste brauchte. Mit 54 Jahren nach einer Strafzeit sieht er ein 16jähriges Mädchen, will es überfallen und notzüchtigen. Er tut es nicht, „da damals noch nicht der Blitz in ihn gefahren wäre". (Schöne Symbolisierung des Impulses!) Aber gleich darauf überfällt er eine ältere Frau, die er zum Beischlaf auffordert, was sie verweigert. Darauf erdrosselt er sie, schneidet ihre Brüste und Geschlechtsteile ab. Diese kocht er zu Hause in einer saueren Brühe und verzehrt sie während dreier Tage (Kannibalismus). Als Grund gibt er innerliche Gier an. Er hat eine pathologische Überempfindlichkeit gegen Pfeifen. Wenn er einen Menschen pfeifen hört, hat er einen Wutanfall.

Groß macht mit Recht auf die schwache Rationalisierung des Zopfabschneidens aufmerksam und meint, daß es sich um einen Aberglauben handelt, der Teile eines Körpers zu gewissen mystischen Zwecken verwendet. Ein deutlicher Fall. Das Zopfabschneiden ein Ersatz des Ausschneidens der Genitalien!

Verschiedene sonderbare Fälle von Pikazismus (*Eulenburgs* Ausdruck für sexuelle Gourmandise) sind sadistisch zu erklären und entspringen einem Gefühle der Überlegenheit, wenn man es mit minderwertigen Liebesobjekten zu tun hat. (S. Bd. III, „Besondere Liebesbedingungen", und Bd. IV, „Bedingungen der männlichen Potenz".) *Hirschfeld* (l. c.) führt aus seiner reichen Erfahrung interessante Fälle von Pikazismus an:

Einen von mir beobachteten Hermaphroditenfetischisten erwähnt *Block* in seinem „Sexualleben". Dieser Mann, ein Rittmeister, war ganz von der Zwangsvorstellung erfüllt, Zwitter ausfindig zu machen, mit denen er in geschlechtliche Beziehungen treten könnte. Ich kenne auch Fälle, in denen sich Männer besonders zu Frauen mit Sprachfehlern (wie „Lispeln") hingezogen fühlen, und auch eine Frau, die Stotterer allen anderen vorzog, befindet sich in meiner Kasuistik. Sogar ausgesprochene Krankheiten, wie Bleichsucht, Gelbsucht, Schwindsucht, bilden fetischistische Ziele, ja, was vielleicht das merkwürdigste ist, nicht einmal Geschlechtskrankheiten erscheinen ausgeschlossen. Eine vornehme Dame, die sich an mich wandte, wurde durch Warzen, Schwielen und vor allem Hühneraugen sexuell erregt. Fetischisten für Holzbeine, Liebhaber für Frauen mit starker Bartentwicklung sind beobachtet worden. Einen merkwürdigen Fall sah ich vor einiger Zeit: einen Mann, der eine leidenschaftliche Neigung für schwangere Frauen hatte. Er suchte auf der Straße nach Frauen, die guter Hoffnung waren, und ging ihnen oft lange Strecken nach. Je weiter die Schwangerschaft fortgeschritten war, um so heftiger regte sich sein Geschlechtstrieb.

Diese Zusammenstellung zeigt eine gewisse Verwirrung in der Auffindung der tieferen Motive. Menschen mit stark homosexueller Komponente suchen ein bisexuelles Ideal. Das erklärt uns die Neigung für Zwitter und für Frauen mit Bart. (S. Bd. II, „Masken der Homosexualität"). Andere Fälle gehen auf eine Furcht vor dem Partner *(Adler)* zurück, wobei infantile Eindrücke in Frage kommen. Die Neigung für Schwangere hat oft eine sadistische Wurzel, wie ich in zwei Fällen beobachten konnte. Es bestand die Phantasie, das Kind im Mutterleibe mit dem Penis aufzuspießen. Auch ist es oft der Anblick der schwangeren Mutter, der sich dauernd fixiert. Aber diese Fälle dürften nicht als Fetischismus aufzufassen sein, sie gehören zu den spezifischen Liebesbedingungen. Sie rangieren nicht unter die Kategorie „Pars pro toto“ Nur wenn der Kranke am Symbol haften bleibt und nicht zum Besitz übergeht, kann man von seinem Fetischismus sprechen, wie ich wiederholt betont habe.

Nun gibt es merkwürdige Fälle, die in der Literatur eine gewisse Berühmtheit erlangt haben. Die Neigung zu Menschen mit Krücken und zu Amputierten. Ich führe sie hier an, weil ich in der glücklichen Lage bin, eine Analyse eines solchen Falles vorzuführen. Bevor wir auf diese Analyse (im nächsten Kapitel) eingehen, möchte ich einige analoge Fälle aus der Literatur und meiner Erfahrung vorführen.

Da sind vor allem die Männer, die sich für Krücken und Prothesen interessieren. Während des Krieges annoncierte ein reicher Engländer in allen Zeitungen. Er ließ verwundeten Mädchen, die ein Bein verloren hatten, eine Prothese anfertigen und soll sich mit einem solchen Mädchen schließlich verheiratet haben. Die Neigung zu Krücken kann als echter Fetischismus auftreten. Das Interesse beschränkt sich auf die Krücke oder die Krücke bildet den Weg zum Besitze des Weibes. In beiden Fällen handelt es sich um einen maskierten Sadismus. Solche Menschen haben die Phantasie, einen anderen zu verletzen, ihm ein Bein abzuschneiden (oft ein verschobener Kastrationskomplex) und kommen mit Umgehung ihrer sadistischen Impulse zu einer vollzogenen Handlung (Prinzip der fertigen Sache.)

Einen Fall von Krückenmanie schildert *Hirschfeld* (l. c.):

Fall Nr. 64. Dr. S., Schriftsteller, holländischer Abstammung, 30 Jahre alt, wird von seiner Gattin zur Konsultation veranlaßt. Er mute ihr beim ehelichen Verkehr zu, an Krücken zu gehen. die Krücke mit ins Bett zu nehmen; er gehe auch selber dabei an Krücken. Patient gibt an, seine ersten sexuellen Regungen seien damit verknüpft gewesen, daß er als 5jähriges Kind einem Knaben zuschaute, der an Krücken ging. Seitdem übe der Anblick von Krücken einen faszinierenden geschlechtlichen Reiz auf ihn aus. Das Weib als solches sei lange Jahre hindurch für ihn als Geschlechtswesen gar nicht in Frage gekommen. Seit der Pubertät habe er in der Vorstellung an Krücken geschwelgt, habe sich auch mehrfach welche gekauft, immer aber nach einiger Zeit sie aus Scham und Ekel fortgeworfen oder verbrannt. Es habe aber nicht lange gedauert, so habe er sich neue gekauft. Besonderen Lustgewinn habe er empfunden, wenn er an solchen Krücken des Abends heimlich ausgegangen ist. Es sei aber nicht der Gedanke gewesen, von Vorübergehenden bemitleidet zu werden, sondern die Krücken selber mit den weichen Achselpolstern hätten ihn erregt. Er habe bis zur Ehe keusch gelebt. Seine jetzige Frau sei seine erste Liebe. Sie sei 16 Jahre älter als er und habe ihn, abgesehen von ihrem geistigen

Wesen, dadurch gefesselt, daß sie immer so reiches Pelzwerk trage, welches ebenfalls einen starken erotischen Reiz ausübe. Sie habe ihm anfangs volles Verständnis entgegengebracht. Besonders glücklich sei er in der Ehe gewesen, wenn seine Frau ihn unter die Schultern faßte, um ihn zu stützen, da er sehr schwächlich sei, oder wenn er seine Frau in der gleichen Weise beim Treppensteigen unterstützte. Neuerdings aber fühle die Frau sich hinter den Krücken des Mannes in ihrem erotischen Wert zurückgesetzt; ein Einwand, der in ähnlicher Weise nicht selten von Frauen in Hinblick auf Fetische ihrer Männer erhoben wird.

Wir wollen den seltsamen Krückenfetischisten, der keineswegs der einzige seiner Art ist, den ich beobachtete, noch selbst zu Wort kommen lassen. Er schreibt:

„Ich bin am 15. Mai 1890 geboren. Mein Vater war zur Zeit meiner Geburt etwa 46 Jahre, meine Mutter 33 Jahre alt, beide meines Wissens durchaus normal. Als ich $5^1/_2$ Jahre alt war, zog mein Vater mit uns nach R. Dort sah ich täglich vor unseren Fenstern auf der Straße einen Jungen von etwa 12 Jahren spielen, der infolge seines verkrüppelten rechten Beines an einer Krücke ging. Ich konnte meinen Blick nicht von ihm wenden, sondern empfand schon damals einen mir natürlich in diesem Alter nicht erklärlichen Reiz, den Jungen zu beobachten. Weiter entsinne ich mich aus der R... ner Zeit, auf Spaziergängen mit meiner Mutter öfters einen gutgekleideten Herrn gesehen zu haben, der an Krücken ging. aber, wie ich mich noch entsinne, offenbar ebenso „markierte", wie ich dies später tat.

Nach dem Tode meines Vaters zog meine Mutter nach Berlin. Damals, in meinem 11. Lebensjahre, begannen meine ersten „Gehversuche" an Krücken. Genau vermag ich es allerdings nicht anzugeben, es kann auch später mit etwa 15 Jahren gewesen sein. Letzteres halte ich für wahrscheinlicher. Jedenfalls besinne ich mich erst von dieser Zeit ab. Ich hatte mit $14^1/_2$ Jahren einen sehr schweren Fall von Gehirnhautentzündung und Genickstarre durchgemacht. Seit dieser Zeit habe ich — in großen Zwischenräumen — mir anfangs selbst Krücken aus Besenstielen und dergleichen hergestellt und bin heimlich im Zimmer daran gegangen. Später habe ich als Student, zuerst in Kiel, dann noch weitere dreimal Krücken gekauft und bin nunmehr, gewöhnlich spät in der Nacht, längere Zeit daran in den Straßen spazieren gegangen. Eine Ausnahme bildet die Zeit, bevor ich meine jetzige Frau kennen lernte. Ich habe meine Scheu vor der Öffentlichkeit damals — Winter 1917 — soweit überwunden gehabt, daß ich während meiner Referendarzeit in L. mit Ausnahme der wenigen Schritte zu Gericht etwa 14 Tage lang auch am Tage an Krücken ging.

Ich bin bis zu meinem 26. Lebensjahr nicht bei der Frau gewesen. Eine auch noch so geringe homosexuelle Empfindung habe ich nie verspürt. Dagegen hatte ich vor dem normalen Verkehr stets große Scheu. Teils hinderte mich meine anerzogene Schüchternheit, teils Furcht vor Ansteckung, teils sehr knapp bemessenes Taschengeld, mir auf der Straße eine „Gefährtin" zu suchen. Also ich onanierte. Gewöhnlich einmal, selten zweimal jede Nacht. Als Anreiz stellte ich mir schöne Frauen vor, in große Pelze gehüllt, an Krücken gehend."

Über denselben Fall berichtet *Kronfeld:*

„Aus der Selbstbiographie eines eigenartigen Falles von Fetischismus. Der Verfasser, ein nicht unbekannter Schriftsteller, ist ein hochbegabter, aber in sexueller Hinsicht abnormer Mensch; eine schwere neuropathische Konstitution, arischer Rasse, belastet von unausgeglichenem Trieb- und Gemütsleben, mit Tendenzen zu phantastischer und hysterischer Entgleisung. Neigung zu affektiv überwertigen und zu obsessiven Seelenvorgängen; körperlich hochgewachsen, aber von asthenischem Habitus, mit Wirbelsäulenverkrümmung und mancherlei Degenerationszeichen. Seine psychische Sexualität ist eine originelle Vereinigung infantilistischer Züge mit den Residuen überwertig gewordener Pubertätseindrücke und starker, aber mißglückter Sexualverdrängung. Er berichtet über sich selber folgendes:

1. Kindheit (5½—14 Jahre): Von — meines Wissens — vollkommen normalen Eltern[1]) im Jahre 1889 geboren, kam ich im Sommer 1895 mit ihnen nach B. Vor den Fenstern unserer im Hochparterre gelegenen Wohnung spielte ein etwa 12jähriger Knabe, der rechtsseitig verkrüppelt war und an einer Krücke ging. Meine Eltern haben es nie bemerkt, daß ich, anstatt nach Jungenart zu spielen, lieber am Fenster stand und diesen Knaben beobachtete. Ebenso ist es meiner Mutter nie aufgefallen, daß ich auf Spaziergängen einem an zwei Krücken gehenden Herrn — dem wir des öfteren begegneten — wie hypnotisiert nachstarrte. Die beiden Gestalten, der Junge und der erwachsene Mann, haben sich mir unauslöschlich im Gehirn eingeprägt.

Im Herbst 1896 zogen wir nach F., im Februar 1900 starb mein Vater, im Oktober 1900 eröffnete meine Mutter mit ihrer fast gleichaltrigen Schwester eine Fremdenpension, die bis zum Oktober 1918 bestanden hat. Bis zum Frühjahr 1911 bestand zwischen meinen „Müttern" und meinem Onkel — einem Leiter des dortigen Invalidenhauses — ein reger allsonntäglicher Verkehr und ich hatte wiederum Gelegenheit, im Invalidenhause häufig dort wohnende Offiziere usw. an Krücken zu beobachten.

Im Sommer 1903 erkrankte ich lebensgefährlich an Gehirn- und Rückenmarkshautentzündung. Während der Krankheit war ich rechtsseitig völlig gelähmt, der Sprache und des Gehöres beraubt. Nach meiner wie ein Wunder anmutenden Genesung schleppte ich das rechte Bein noch lange nach. Daneben hatte aber auch mein Gehirn insoweit gelitten, daß ich für das nächste Jahr dem ordnungsgemäßen Lehrplan im Gymnasium nicht zu folgen vermochte und die Anstalt verließ, um auf einer „Presse" mich zu erholen.

Seit der Zeit nach meiner Krankheit datieren meine ersten aktiven „Abnormalitäten".

2. Jünglingsalter (14½—21 Jahre): Im Oktober 1904 zogen wir nach C. Doch schon in der Zeit vom Frühjahr bis Herbst 1904 begann mein „zweites Ich". Aus Besenstielen, die ich auf eine gewisse Länge spaltete und mit Querhölzern (Feuerholz) aus der Küche, mit Stoffresten gepolstert, benagelte, entstanden meine ersten Krücken. Zugleich bildete sich bei mir ein Pelzfetischismus, der so weit ging, daß ich heimlich in die Zimmer unserer Pensionäre mich schlich und dort hängende oder herumliegende Pelzhüllen befühlte, mich darin einhüllte, oft nur auf Sekunden, wenn alles bei Tisch

[1]) Irrig. Patient ist erheblich hereditär belastet, in direkter mütterlicher Aszendenz. Das Geburtsjahr wird jetzt mit 1889 angegeben, vorher mit 1890.

noch saß. „Meine Mütter“ besaßen als sparsame Hausfrauen so gut wie gar keine Pelzgegenstände, wie auch ich persönlich nur einen kleinen Biberkragen. Ein Zufall brachte es mit sich, daß die Witwe eines Arztes den Nerzpelz ihres Gatten bei uns zum Verkauf ließ. Während der Wochen, in denen der Mantel noch nicht verkauft war, bildete er für mich eine Quelle von Freude und Qual zugleich. In ihn eingewickelt und auf meine selbstfabrizierten Krücken gestützt, gab ich mich hemmungslos den erwachten erotischen Selbstbefriedigungen hin, allabendlich ein- bis zweimal, unter Umständen auch am Tage.

So verlief die Zeit bis zum Abiturientenexamen (Herbst 1910). Als ich dann ein Jahr später zum ersten Mal das Elternhaus verließ, begann meine zweite „Aktivitas“.

3. Bis zum Beruf (21—28½ Jahre): Im Winter 1911/12 war ich in K. Dort kaufte ich mir zum ersten Mal ein paar richtige Krücken im medizinischen Warenhaus, benutzte dieselben jedoch — mit einer Ausnahme — lediglich in meinem Zimmer. Als ich im Frühjahr 1912 nach B. zurückkam, verbrannte ich meine Krücken vorher. Ebenso kaufte (und zerstörte bei der Abreise) ich mir Krücken in G. und ging damit nachts in den Anlagen spazieren (Frühjahr 1913 bis Frühjahr 1914). Desgleichen nach meiner Rückkehr aus G. zu Hause mit nächtlichen Spaziergängen in den belebtesten Straßen. Der Kriegsausbruch ließ auch mich seelisch nicht unberührt. Wenn ich auch zunächst nicht mitkonnte, überwog in mir das Vaterlandsgefühl selbst meine abnormalen aktiven Betätigungen insoweit, daß ich nur noch nachts zum Zwecke schnellerer Selbstbefriedigung an Pelze und Krücken dachte. Im Dezember 1915 wurde ich Soldat und blieb es bis zum Herbst 1917. Am 1. Januar 1916 besaß ich zum ersten Mal eine Frau. Mein Hang zur Onanie ließ damit erheblich nach, kam aber mit aller Kraft wieder, als ich im März 1916 als Freiwilliger an die Front kam. Mein „Verhältnis“ traf ich während meines dreimonatlichen Examenurlaubes (Mai bis Juli 1916) wieder. Dann verstärkte sich wieder die Onanie und hielt ziemlich gleich an bis zu meinem vollendeten 28. Jahr (Oktober 1917).

Im September 1917 wurde ich vom Kammergericht reklamiert und dem Amtsgericht zugeteilt. Alsbald kaufte ich mir wieder Krücken. Während der ersten 14 Tage ging ich — außer zum Dienst — auch am Tage an Krücken (Nervenleiden vorschützend), später nur noch spät abends wieder heimlich. Als ich meine Dienststelle verließ, überwies ich die Krücken dem dortigen Reservelazarett.

Mein Pelzfetischismus hatte sich in der Zeit von etwa 1909 an ebenfalls — so weit es noch möglich war — verstärkt. Einige Ablenkung erhielt er dadurch, daß ich selbst seit 1909 einen sehr großen Biberkragen besaß und im Herbst 1916 von meiner Mutter einen Uniform-Pelzmantel ins Feld als Geschenk erhielt. Diesen Mantel (der als Mannschaftsmantel ohne Pelzkragen war) ließ ich mir im Herbst 1917 zusammen mit dem Biberkragen zum Zivilpelz umarbeiten. Insoweit war ich nun nicht mehr gezwungen, bei Pensionären „Anleihen“ zu machen und nur passiv — im Anschauen von Pelzen — tobte sich daneben meine Anormalität aus.

Im Dezember 1917 starb meine Mutter. Im Januar 1918 lernte ich meine (im Mai 1920 leider verstorbene) Gattin kennen. Seit dieser Zeit ist meine Abnormalität in etwas andere Bahnen gelenkt.

4. Im Beruf (bis zum Tode meiner Gattin): Im Februar 1918 nahm ich meinen Abschied aus dem Staatsdienst und ging zur Schriftstellerei. Zugleich

begann ein dauernder, ziemlich regelmäßiger Geschlechtsverkehr zwischen mir und meiner zukünftigen Frau. Ein Rückfall trat noch einmal im November 1919 ein, als es zwischen uns beiden zu einem fast vollkommenen Bruch gekommen war, der mehr als drei Wochen anhielt. In dieser Zeit kaufte ich mir wieder ein paar Krücken, die ich später mit „in die Ehe" nahm und auf die Größe meiner Frau umbaute, während ich mir selbst dann neue Krücken kaufte, die ich noch jetzt besitze.

Meine Frau hatte aus dem Felde als Geschenk ein Flieger-Pelzfutter (Bisamrücken) erhalten. Da mein eigener Pelz sich ziemlich schlecht trug, schenkte sie mir dieses Futter und kaufte sich selbst — aus Liebe zu mir — einen Sealbisammantel, während ich mir aus dem anderen Futter einen schweren Gehpelz machen ließ. Jetzt habe ich mir aus dem Sealmantel meiner Frau ebenfalls einen zweiten, sehr schweren und langen Pelzmantel machen lassen. Meine Krücken — an sich schon weich gepolstert — habe ich mit unterwattiertem dickem Plüsch bezogen. Kurz, alles, was ich brauche, um ohne Frau leben zu können, ist vorhanden und zur restlosen Zufriedenheit fehlt mir vielleicht (? !) nur noch ein baldiger und strenger Winter.

5. Geschlechtsleben der letzten Jahre (seit etwa 1916): Die Zeiten, in denen ich mich ausschließlich der Onanie hingab, will ich hier nicht noch einmal breit treten. Erwähnt sei nur, daß — neben meinen abnormen Neigungen — zwei Hauptfaktoren bestanden, die mich vom normalen Verkehr zurückhielten: Der Ekel der „käuflichen Liebe", den ich nie überwunden habe, und auf der anderen Seite der ebenso unüberwindliche Zwang, nur mit sozial gleichstehenden Frauen — sei es auch nur im platonischen Flirt — mich einzulassen. Schon die verarbeiteten Hände von Dienstmädchen usw. flößen mir eine unüberwindliche Abscheu ein.

Außerdem — ich hatte ja meine „hölzernen Frauen", was brauchte ich solche aus Fleisch und Blut? So kam es, daß auch meine „Entjungferung" am 1. Januar 1916 mehr von der Frau — einer Großkaufmannsgattin — ausging als von mir. Ich ließ daneben — wie schon erwähnt — die Onanie nicht vollkommen „unterm Tisch" fallen. Immerhin, es waren berauschende Stunden. Jene Frau hatte mit weiblicher List bald meine Unnatur erforscht und kam stets im Sealpelzmantel zu mir. Aber dann war ich wieder „unbeweibt", bis ich diejenige kennen lernte, die im März 1919 meine Gattin wurde und die mich bis zu einem gewissen Grade umgewandelt hatte, als sie — leider viel zu früh — hinwegstarb. Oder — war es besser für mich?

Während der Zeit vom Februar 1918 bis Dezember 1918 (wo ich zu meiner späteren Frau zog) ließ mein Hang zur Onanie erheblich nach und auch die Betätigung meiner Abnormalitäten erlosch bald — wie ich glaubte — vollkommen.

Am 25. Dezember 1918 verlobten wir uns offiziell, am 11. März 1919 fand die Trauung statt. In diesen drei Monaten hatte ich mir — unter furchtbaren Nervenkrämpfen und wiederholten hysterischen Krisen — die Onanie so vollkommen abgewöhnt, daß ich jetzt erst wieder (Ende Juni 1920) und kaum etwa wöchentlich wieder angefangen habe.

Meine Ehe hat mir in vieler Beziehung genützt. Ich habe den normalen, aus gegenseitiger Liebe entspringenden Verkehr in allen seinen Schönheiten kennen gelernt. Ich habe den Zwang zur täglichen Onanie, der mir so viele Qualen bereitet hat, so überwunden, daß ich nur noch zur körperlichen Erleichterung dann und wann rückfällig werde.

Meine Krücken haben ihre Eigenschaft als Anreiz zur Selbstbefriedigung verloren. Sie dienen mir in der Hauptsache nur zur wirklichen wohltuenden Unterstützung nach Nerven und Körper anstrengender Beruftätigkeit. Sie sind mir Bedürfnis, um einem Schwächegefühl nachgeben zu können. Ihre weichen Pölster lösen ein ungemein wohliges beruhigendes Gefühl aus, das sich allerdings auch auf den Geschlechtsteil erstreckt, ihn momentan anschwellen läßt, aber sonst nicht übermäßig aufreizt. Daneben ist die passive Anomalie, die sich vorher im Anschauen jedes an Krücken gehenden Menschen gefiel, jetzt nur noch auf junge, gut gekleidete Frauen beschränkt. Das kommt meines Erachtens daher, daß meine Frau selbst einmal mehrere Monate an Krücken gegangen ist. Ich erfuhr es ganz harmlos im Gespräch von ihr. Und wenn uns alles getrennt hätte, ich glaube fast, die Krücken hätten uns wieder zusammengeführt. Bei gelegentlichen Nervenversagern benutzte meine Frau auch während unserer Ehe die Krücken, die ich ihr zurecht gemacht hatte. Und ebenso diente ihr Sealmantel dazu, unser Liebesleben bis zur Wildheit zu steigern.

Mein Pelzfetischismus ist dagegen der gleiche geblieben. Wie früher starre ich jedes Mädel mit einem hübschen Fuchs an und errege mich im Winter an den langen Pelzmänteln mit den großen Kragen. In meinem Zimmer daheim habe ich alles zusammengetragen, was an Fellen und Pelzdecken vorhanden war. Ich schlafe unter einer Pantherfelldecke, über die ich — im Sommer — eventuell noch eine zweite leichte Wolldecke lege (im Winter dazu Federbett). Meine Sommer- wie meine Winterhausschuhe haben Felleinlegesohlen. Meine Hausjacke hat einen breiten Kragen aus Sealsbisam.

Meine frühere Zurückhaltung — was das Gehen an Krücken anbelangt — ist im übrigen ebenfalls so weit geschwunden, daß ich zuweilen nach Dienstbeendigung (also abends) auch an Krücken ausgehe und daheim mich vor gelegentlichem Besuch nicht mehr geniere. Erleichtert wird mir diese Betätigung allerdings dadurch, daß die eingeweihte Tochter erster Ehe meiner Frau (die mir Wirtschaft führt), eine mir geschlechtlich indifferente Witwe von 26 Jahren, mich meist begleitet.

Das ist also mein gegenwärtiger Zustand: Pelzfetischismus größter Stärke. Krücken für mich persönlich mehr Stütze geschwächter Nerven als — wie früher — rein erotischer Anreiz. Krücken an anderen: Nur bei jungen gut gekleideten Frauen (am liebsten in Verbindung mit Pelz). Onanie: Früher allnächtlich, jetzt etwa zweimal in drei Wochen (zirka jeden zehnten Tag). Im Beruf hie und da einmal der Gedanke an meine „Frauen", aber ohne jede Erregung und ohne auch nur den leisesten Wunsch auf Betätigung.

Doch daneben schwingt unvertilgbar seit den glücklichsten letzten zwei Jahren die Sehnsucht nach der Frau. Der Frau meines Typs. Der herben Brünetten mit der linienschlanken Figur, den todestraurigen Märchenaugen, den kleinen Händen und Füßen. Aber sie müßte Verständnis haben für meine „Nebenfrauen" und sei es auch nur das Verständnis der allmächtigen Liebe. Diese Frau, die meine geschlechtliche Schwachheit durch weiche schimmernde Pelze, in die sie den nackten Körper hüllt, durch weichgepolsterte Krücken, auf die sie zuweilen den müden Körper stützt, aufstacheln könnte zur höchsten Leistung, zum tollsten Taumel, diese Frau wäre erst meine wahre Erlösung. Sie wäre mir erst das vollkommene irdische Glück, das Pelze und Krücken mir letzten Endes doch nur unvollkommen gewähren. Denn ihnen beiden fehlen die weichen Arme, die sich um den Hals schlingen, die roten heißen Lippen mangeln ihnen, die jauchzend dem Liebessuchenden entgegenblühen.

Krücken und Pelzwerk! Aber meine Frau hatte doch nicht recht, wenn sie zu mir einmal sagte: „Du brauchst gar keine Frau."

Aber wo finde ich die, die für mich die rechte sein kann und wer könnte mir helfen, sie zu finden?

Ich bin pervers. Und dennoch will mirs scheinen,
Als ob bei allem, was mich „glücklich" macht,
Als ob mit all' den Mittelchen, den kleinen,
Die wahre Glut in mir doch nie entfacht.
Pelzwerk und Krücken sind mir nur Erlösung,
Solang' das Herz, nur leise atmend, schweigt — —
Unirdische Liebesmacht erst, die sich neigt
Dem Suchenden, gibt mir Genesung.

[„Sexualreform", Beiblatt zu „Geschlecht und Gesellschaft". Herausgeber *Ferd. Frh. v. Reitzenstein.* Bd. X, H. 2, Okt. 1920. Verlag Richard A. Giesecke, Dresden. Aus der Selbstbiographie eines eigenartigen Falles von Fetischismus (l. c. S. 20—23).]

Es handelt sich um einen Fall von rudimentärem Fetischismus. Es ist bezeichnend, daß der Patient bis zum 25. Jahre, d. h. bis zur Ehe, nicht mit Frauen verkehrt hat und daß seine Frau sich hinter der Krücke zurückgesetzt fühlt. Wie alle diese Kranken frönte er der Onanie, die er sich in der Brautzeit mit eiserner Energie abgewöhnte. Die Beziehungen zu seiner Mutter sind ziemlich durchsichtig. Normal gebaute Menschen, die gut gekleidet sind und auf Krücken gehen, verursachen ihm sofort eine Erektion.

Ich mache auf dieses Moment aufmerksam, das uns später in der großen Analyse wieder begegnen wird.

Es ist der gesunde Mensch, der Krücken hat, der am meisten irritiert und fesselt. Das beweist, daß es sich um ein Spiegelbild des Kranken handelt, der zeitweilig auf Krücken den Kranken markiert.

Er vermutet auch, daß der Mann, den er mit seiner Mutter gesehen hat, den Lahmen markiert hat. Bettler und Amputierte interessieren ihn nicht. (Analogie später.) Er benützt angeblich die Krücken nicht aus sexuellen Motiven, nur weil er müde ist . . . „Nicht der Reiz geschlechtlicher Empfindungen ist es, der mich persönlich darnach schreien läßt, wieder einmal an Krücken zu gehen. Es ist ein Gefühl körperlicher Müdigkeit, das ich empfinde, wenn ich lange in der Straßenbahn stehen muß, wenn ich als Redakteur weite Wege zu Fuß gehen muß usw." — So lächerlich ist die Rationalisierung dieser Kranken. Bekanntlich ist das Gehen auf Krücken viel anstrengender als der normale Gang. Aber der Patient benötigt die sexuelle Erregung, deren er sich nicht bewußt wird.

Von seiner Potenz berichtet er, daß er nicht so stark sei, wie ein normaler Mann sein müßte. Er benötigt lange Zeit, bis der erste Erguß kommt, und erreicht die Ejakulation oft nur dadurch, daß seine Frau ihm von der Zeit ihres Rheumatismus erzählt, da sie Krücken gebrauchen mußte. Das heißt, er kommt nur durch seine spezifische Phantasie zum Orgasmus. Er freut sich eigentlich auf die Zeit, da er infolge Alters seiner Frau abstinent leben wird und sieht sie schon in Krücken. Er leugnet, daß er seiner Frau durch diese Phantasien die Liebe entzieht. („Und das ist nicht wahr.") Und das ist doch eine traurige Wahrheit ...

Als Kuriosität gelten in der Sexualliteratur die Fälle von Männern, welche sich nur in Amputierte verlieben können. Bekannt ist der Fall von *Lydston* (A Lecture on sexual perversion, Chicago 1890). Patient unterhielt ein Liebesverhältnis mit einer amputierten Frau und suchte nach deren Verlust gierig nach einem Ersatzobjekt. Den Übergang bilden die Fälle, in denen ein hinkendes Mädchen bevorzugt wird, ja das Hinken eine Liebesbedingung darstellt.

Zwei charakteristische Fälle berichtet *Krafft-Ebing* aus eigener Erfahrung:

Fall Nr. 65. X., 28 Jahre alt, werde seit dem 17. Jahre ausschließlich sexuell erregt durch den Anblick von weiblichen Gebrechen, ganz speziell von Weibern, die hinken und krumme Füße haben. Seit der Pubertät sei er im Bann dieses ihm selbst peinlichen Fetischismus. Das normale Weib habe für ihn nicht den geringsten Reiz, nur das krumme, hinkende, mit Gebrechen an den Füßen behaftete. Habe ein Weib dieses Gebrechen, so übe es auf ihn einen mächtigen sinnlichen Reiz, gleichgültig, ob dieses Weib schön oder häßlich sei. In Pollutionsträumen schweben ihm ausschließlich solche hinkende Frauenzimmer vor. Ab und zu könne er dem Antrieb nicht widerstehen, ein solches hinkendes Weib nachzumachen. In dieser Situation bekomme er heftigen Orgasmus und eine von lebhaftem Wohlgefühl begleitete Ejakulation. Patient versichert, sehr libidinös zu sein und unter der Nichtbefriedigung seiner Triebe sehr zu leiden. Gleichwohl habe er mit 22 Jahren und seither nur 5mal koitiert. Er habe dabei trotz Potenz nicht die geringste Befriedigung empfunden. Wenn er das Glück hätte, einmal mit einem hinkenden Frauenzimmer zu koitieren, würde dies gewiß anders sein. Jedenfalls könne er sich nur entschließen, eine Hinkende zu heiraten.

Fall Nr. 66. Analoger Fall. Herr V., 30 Jahre alt, Beamter, stammt von sehr neuropathischen Eltern. Vom 7. Jahre ab war durch Jahre hindurch seine Gespielin ein gleichaltriges hinkendes Mädchen.

Vom 12. Jahre ab gelangte der jedenfalls nervöse und hypersexuell veranlagte Knabe ohne Verführung zur Masturbation. Um dieselbe Zeit erfolgte die Pubertätsentwicklung und es ist wohl zweifellos, daß die ersten sexuellen Regungen des V. dem anderen Geschlechte gegenüber mit dem Anblick des hinkenden Mädchens zusammenfielen. Von nun ab erregten seine Sinnlichkeit nur hinkende Frauenzimmer. Sein Fetisch wurde eine hübsche Dame, die (gleich wie die Jugendgespielin) mit dem linken Fuß hinkte. Der ausschließlich heterosexuale und dabei enorm sexuell bedürftige V. versuchte mit dem anderen Geschlecht in Relation zu treten, war aber absolut impotent nichthinkenden Weibern gegenüber. Am größten war seine Potenz und Befriedigung, wenn die Puella mit dem linken Fuß hinkte, doch verkehrte er auch erfolgreich mit rechts hinkenden. Da er nur ausnahmsweise seinem Fetischismus gemäß koitieren konnte, half er sich durch Masturbation, die ihm aber als ein elendes Surrogat ekelhaft erschien. Über seine sexuelle Situation war er oft sehr unglücklich und dem Suizidium nahe, vor dem ihn nur die Rücksicht auf seine Eltern abhielt. Sein moralisches Leiden gipfelte darin, daß er sich als Ziel seiner Wünsche die Ehe mit einer sympathischen hinkenden Dame dachte, aber er fühlte, daß er an einer solchen Gattin nur das Hinken, nicht die Seele lieben könnte, was er als eine Profanation der Ehe, als eine unerträgliche, unwürdige Existenz empfand. Oft hatte er schon deswegen aus Resignation an Kastration gedacht.

Fall Nr. 67. Z., Privatier, aus belasteter Familie, will schon als Kind für lahme und hinkende Personen besonderes Mitleid empfunden haben. Es war ihm ein vorläufig sexuell ganz unbetonter Genuß, mit zwei Besen als Krücken heimlich in der Stube herumzugehen oder auch auf menschenleerer Straße Hinkende zu markieren. Allmählich gesellte sich dazu der Gedanke, als hübsches lahmes Kind einem schönen jungen Mädchen zu begegnen und seines Mitleides teilhaftig zu werden. Mitleid von Männern wäre ihm geradezu widerlich gewesen. Bis zum 20. Jahre versicherte der in vornehmen Häusern privatim erzogene Z., von Geschlecht und Geschlechtsverkehr noch nichts gewußt zu haben. Sein ihm vorläufig noch ganz unverdächtiges Fühlen bestand in Phantasien, ein lahmes Mädchen zu bemitleiden oder selbst hinkend, von einem schönen, gesunden Mädchen bemitleidet zu werden. Immer deutlicher verbanden sich mit solchen Phantasien erotische Gefühle und mit 20 Jahren ließ sich Z. zu einem masturbatorischen Akt hinreißen, dem viele weitere folgten. Es entwickelte sich allmählich Neurasthenia sexualis und die reizbare Schwäche wurde so groß, daß schon beim Anblick eines auf der Straße dahin hinkenden Mädchens Ejakulation auftrat. Selbstverständlich waren auch masturbatorische Akte und Traumpollutionen von solchen Phantasien begleitet. Es fiel Z. selbst auf, daß ihm die Persönlichkeit, welche hinkte, gleichgültig war und sein Interesse sich auf den hinkenden Fuß beschränkte. Zum Versuch eines Koitus mit einem seinen Fetisch aufweisenden Frauenzimmer ist Z. bisher noch nie gelangt. Er fühlt sich seelisch nicht dazu disponiert und mißtraut auch seiner Potenz. Seine Phantasien drehen sich um Masturbation am Fuße des hinkenden Weibes. Zuweilen rafft er sich auf zum Gedanken, die Liebe eines keuschen hinkenden Mädchens zu gewinnen und daß dieses, gerührt darüber, daß er liebt, was an ihm ein Gebrochen ist, ihn von seinem Fetischismus befreit, indem sie „seine Liebe von der Seele ihres Fußes zum Fuße ihrer Seele emporführt". Darin erblickt er seine Rettung. Er fühlt sich in seiner gegenwärtigen Situation höchst unglücklich.

In allen Fällen sehen wir das charakteristische Abrücken des Mannes von der aktiven Sexualität. Z. machte nie den Versuch eines Beischlafes und H. flieht die Ehe mit der heuchlerischen Rationalisierung, daß er an der Gattin nur das Hinken, nicht die Seele lieben würde.

V. führt seine Paraphilie auf einen aus dem 7. Lebensjahre herrührenden längeren Eindruck zurück, die beiden anderen wissen keine Erklärung für ihr Leiden. Patient X. identifiziert sich mit dem hinkenden Weibe, er macht es nach. Beim Koitus hat er keinen Orgasmus.

In allen Fällen scheint das „Mitleid", die Grausamkeit der Schwachen, von größter Bedeutung zu sein.

Über die Neigung zu Amputierten gibt uns ein Brief eines Kollegen eine gute Schilderung:

Fall Nr. 68. „Sehr verehrter Herr Kollege! Ich lasse es Ihrem Ermessen anheimgestellt, die in diesem Briefe enthaltenen Angaben wissenschaftlich zu verwerten. Damit Sie zunächst über meine äußeren Verhältnisse orientiert sind und ich mich gewissermaßen vorstelle, so gestatten Sie, sehr verehrter Herr Kollege, daß ich ein kurzes Curriculum vitae voranstelle:

Ich bin im Jahre 1894 zu N. als der Sohn eines Beamten geboren; meine Jugend bietet äußerlich keine nennenswerten Ereignisse; ich absolvierte Volks- und Mittelschule mit durchwegs gutem Erfolge, man möchte fast sagen spielend; die Erziehung, die ich durch meine Eltern genoß, war die denkbar beste. Ich verehre meine Eltern und namentlich meinen Vater aufs tiefste. Von frühester Jugend an wurden wir, ich sowie auch mein 4 Jahre jüngerer Bruder, durch das rechte Maß zwischen Arbeit, Sport in jeder Form und edle Vergnügungen, wie ich ohne Überhebung sagen darf, zu tüchtigen Menschen herangebildet. Auch eine große Zahl von Wanderungen und Reisen brachten mich frühzeitig dazu, unter Anleitung meines Vaters die Natur und ihre Wunder lieben und die Menschen kennen zu lernen. Nach vollendeter Mittelschule absolvierte ich als Einjährig-Freiwilliger mein Dienstjahr und bezog ein Jahr darauf die Universität in Innsbruck, um Medizin zu studieren. Unliebsam und jäh wurde im August 1914 mein Studium unterbrochen, ich mußte sogleich einrücken und leistete bis zum Ende des Krieges Frontdienst als Artillerieoffizier. Ein gütiges Geschick hat mich trotz einer Unsumme von Gefahren das Kriegsende heil erleben lassen. Geradezu mit einem geistigen Heißhunger nahm ich meine Studien wieder auf und erlangte Ende 1920 den Doktorgrad. Schon als Student war ich teils Volontär, teils Hilfsassistent an verschiedenen theoretischen Lehrkanzeln; dermalen bin ich Assistent an einer chirurgischen Klinik. Ich kann nur noch hinzufügen, daß mich meine Berufstätigkeit voll und ganz ausfüllt und befriedigt.

Bezüglich übriger anamnestischer Angaben vom rein ärztlichen Standpunkte aus wäre nicht sehr viel zu erwähnen. Meine Eltern leben und sind gesund, ebenso mein Bruder. In meiner übrigen Verwandtschaft sind keine Erkrankungen von Bedeutung zu verzeichnen. Was mich selbst anlangt, so war ich, abgesehen von den obligaten Kinderkrankheiten, nie ernstlich krank. Auch heute fühle ich mich körperlich vollkommen gesund.

Nach dieser etwas lang geratenen Einleitung will ich Ihnen nun über meine pathologische Vita sexualis berichten. Bei mir besteht nämlich, ich will es gleich vorausnehmen, eine ziemlich seltene Form des Fetischismus — ich weiß, sehr verehrter Kollege, Sie nennen das nicht mehr Fetischismus im eigentlichen Sinne. Es vermag nämlich auf mich ein weibliches Wesen, dem ein Bein amputiert ist, einen besonders starken sinnlichen Reiz auszuüben, und zwar habe ich mich wie alle Fetischisten „spezialisiert", denn das Maximum des sexuellen Reizes stellt für mich ein junges, hübsches Mädchen dar, das am Oberschenkel amputiert ist und einen Stelzfuß trägt. Amputierte Männer interessieren mich gar nicht. „Ausgeübt" habe ich diesen Fetischismus, wenn ich mich so ausdrücken darf, eigentlich nur in sehr bescheidenem Maße. Gelegentlich lief ich wie ein dummer Junge hinter einem Mädchen her, das einen Stelzfuß trug oder mit einer Prothese ging; einmal, ich kann mich noch erinnern, saß ich lange auf einer Bank im Hofe des Krankenhauses und beobachtete gierig ein junges, einbeiniges Mädchen. Ich war zu befangen. um jemals mit einer Amputierten ein „Verhältnis" anzufangen, wie ein solches der von *Merzbach* zitierte „Mediziner" besaß, worum ich denselben, namentlich früher, wahrhaft beneidete. Manuelle Onanie betrieb ich niemals, nur gab es Zeiten, wo ich, durch intensive Vorstellung meines Idols, heftige Erektionen und auch Ejakulationen erzeugte, also rein psychische Onanie ausübte. Im übrigen verlief mein sexuelles Leben in normalen Bahnen, ich übte mehrmals mit Genuß und Befriedigung den Beischlaf aus. Nur geschah dies bei sogenannter Gelegenheitsursache und nie mit Dirnen, sondern immer mit sogenannten „anständigen Mädchen". Hatte ich keine Gelegenheit zum Koitus, so stellten sich nicht allzu oft, etwa alle 10—14 Tage, Pollutionen ein, die sehr häufig, aber nicht immer mit Träumen verbunden waren, in denen mir Amputierte erschienen. Schließlich will ich noch anführen, daß das Vorwalten meiner abnormen Vita sexualis immer mehr und mehr abklingt, namentlich seitdem ich mich mit einem Mädchen verlobt habe, das ich aufrichtig liebe und hochschätze und welches ich auch in nächster Zeit zu ehelichen gedenke. Sobald sich die Beziehungen mit meiner nunmehrigen Braut inniger gestalteten, habe ich ihr alles wahrheitsgemäß und offen mitgeteilt und war überglücklich, eine Liebe zu finden und ein Verstehen meiner Schwächen zu erfahren, die es mit sich brachten, daß ich heute bestimmt weiß, durch diese Ehe völlig von meiner Perversion geheilt zu werden.

Sehr verehrter Herr Kollege, Sie werden wahrscheinlich als Facharzt und Psychologe eine Reihe von Fragen an mich zu richten haben. Einen Teil der Antworten kann ich vielleicht vorwegnehmen. Ich bin zwar auf dem Gebiete der Sexologie gar nicht bewandert und habe eigentlich nur aus der mir zugänglichen Literatur analoge Fälle herausgesucht und könnte diesbezüglich mit reichlichen Zitaten dienen. Das Wesen und der Verlauf meiner sexuell-psychologischen Erkrankung sind mir trotzdem noch nicht ganz klar. Zunächst was das erste Auftreten dieses meines Fetischismus anlangt. Es ist mir leider beim intensivsten Nachdenken nicht möglich, mit Sicherheit eine sogenannte „infantile Wurzel" zu finden. Ich kann mich nur erinnern, daß ich — ich war zirka 14 Jahre alt —, als ich ein amputiertes Mädchen sah, welches die Röcke gehoben hatte, um sich an dem Riemenzeug des Stelzfußes etwas zu richten, heftige Erektionen bekam und Wollust empfand, ohne so recht zu wissen, was das zu bedeuten habe. Später, als sich beim Anblicke Amputierter immer wieder Erregungen einstellten, wurde ich sehr bestürzt, suchte mir Aufklärung in allen erreichbaren Schriften und heute weiß ich so ziemlich, wie ich zu urteilen habe."

Da der Kollege nicht zur Analyse nach Wien kommen konnte. richtete ich einige Fragen an ihn, darunter die wichtige Frage nach den ersten Kindheitserinnerungen, die oft den Kern der Paraphilie enthalten.

Ich erhielt nach längerer Zeit folgendes Schreiben:

„Sehr geehrter Herr Kollege! Sie haben mir eine Reihe von Fragen gestellt, die ich nun — soweit ich es vermag — beantworten will.

Fürs erste glaube ich, Ihre Annahme, es handle sich bei mir um einen larvierten Sadismus, nicht für ganz feststehend halten zu müssen. Denn alle dahin abzielenden Fragen (Ausreißen von Fliegen- und Puppenbeinen, Zerbrechen von Spielzeug) kann ich mit vollster Bestimmtheit mit „Nein!" beantworten. Was Ihre weitere Frage betrifft, ob mich in meiner Jugend ein nacktes Bein erregt habe, so kann ich mitteilen, daß das wohl der Fall ist, wenn ich „Jugend" im weiteren Sinne gleichsetze mit dem Eintritt in das Pubertätsalter. Ich muß da noch hinzufügen, daß ein elegant bekleidetes Bein eigentlich stärker erregend wirkte als ein nacktes. Auch folgender Umstand mag erwähnenswert sein, daß es meine „individuelle Liebesbedingung" erfordert, daß beim Vorstellen oder auch beim Träumen amputierter Mädchen das nicht amputierte Bein möglichst elegant mit Strumpf und Schuh bekleidet sei. Und dabei besteht bestimmt kein Fetischismus, dessen Inhalt die genannten Kleidungsstücke für sich allein bilden würden. Noch ein weiteres Moment scheint nicht uninteressant: der Anblick oder die Vorstellung, ja selbst der sexuelle Verkehr mit einem doppelseitig amputierten Mädchen würde gar keine besonders erregende Wirkung ausüben. Was nun die Mitteilung von „Amputiertenträumen" anlangt, so ist es mir nicht möglich, gehabte Träume so genau zu reproduzieren, daß sie für eine eventuelle Analyse verwertbar wären. Ich werde aber nicht ermangeln, einen gelegentlich wieder auftretenden diesbezüglichen Traum Ihnen mit allen zunächst auch minder wichtigen Details mitzuteilen. Ihre letzte Frage nach den ersten Erinnerungen ist mir nicht ganz verständlich. Ich teilte Ihnen ja in meinem ersten Briefe das mir am frühesten erscheinende Erlebnis mit. Es kann sein, daß diese Begebenheit früher erhaltene Eindrücke übertönt hat. Ich kann mich derzeit an kein vorher stattgehabtes Ereignis erinnern, das in dieser Hinsicht von Wichtigkeit sein könnte.

Ihnen für das Interesse an diesem „Falle" dankend, verbleibe ich mit kollegialen Grüßen Ihr ganz ergebener

N. N."

Auf meinen zweiten Brief, der die Fragen genauer spezifizierte, auch einige Aufklärungen über die Kastrationsphantasie gab und nach den täglichen Träumen forschte, habe ich keine Antwort mehr erhalten.

Ich habe nun nach dieser Umschau in der Literatur nichts hinzuzufügen. Wir sehen die gewaltigen Unterschiede zwischen der analytischen Periode und der deskriptiven, wenn wir einen solchen Fall eingehend analysieren und uns bemühen, die Wurzeln des Leidens auszugraben, die Verdichtungen des Symbols zu zerlegen und das Motiv der Parapathie zu erforschen.

Alle die Fälle, die wir in diesem Kapitel angeführt haben, zeigen uns die innige Verbindung zwischen Fetischismus und Sadismus. Auf den ersten Blick erscheint der Fetischist als ein Masochist reinsten Wassers. Er fügt sich allerlei Schmerzen zu, er bindet und fesselt sich, er leidet für seine Paraphilie. Aber hinter diesem Masochismus verbirgt sich ein schrankenloser Sadismus. Die ursprünglich nach außen gerichtete Grausamkeit wendet sich gegen den eigenen Körper und gegen die eigene Seele. Gerade die Grausamkeit ist es, die den Fetischisten in die Arme der Religion treibt. Er sucht bei Gott Schutz gegen sich selbst und seine wilden Triebe. Wir verstehen es jetzt, warum der Fetischist den Partner meidet und am Fetisch Genüge findet. Er gleicht in dieser Hinsicht dem Homosexuellen, der aus Angst vor seinem eigenen Sadismus, das heißt wegen seiner sadistischen Einstellung zum entgegengesetzten Geschlechte sich zum eigenen Geschlechte flüchtet. Daher kommt es, daß Fetischisten eine Kombination beider Paraphilien konstruieren. Sie werden homosexuelle Fetischisten. Der nächste Fall wird uns die Psychogenese einer solchen kombinierten Paraphilie vorführen.

XV.

Ein Fall von orthopädischem Fetischismus.

Fall Nr. 69.

Der Patient, dessen Analyse ich im Folgenden wiedergebe, ist ein 27jähriger Arzt und stammt aus Riga. Seine Mutter ist Russin, sein Vater ein Deutscher. Seine Großmutter war Jüdin. Sein Vater wanderte schon 10 Jahre vor dem Krieg nach Deutschland aus, woselbst er eine Fabrik gründete, die ihm genügend Geld brachte, um ein stattliches Haus zu führen und seine Kinder standesgemäß erziehen zu können. Unser Patient — nennen wir ihn Otto — war immer ein kerngesundes Kind. Er litt immer unter seiner Abstammung, da er sich nicht als „Urgermane" fühlte.

Wegen eines sehr komplizierten Fetischismus, der später eingehend geschildert werden soll, wandte er sich an Prof. X. um Hilfe. X. verwies ihn auf mich. Otto hatte schon vorher einige Bände meiner Störungen studiert und sah selbst ein, daß ihn nur eine Psychanalyse von seinen Störungen befreien könnte. Er beschloß, sich in meine Behandlung zu begeben. Allerdings wollte er diese Behandlung ohne Wissen seines Vaters ausführen, was gewisse materielle Schwierigkeiten ergab.

Bevor wir auf die Analyse des Falles eingehen, lassen wir Otto das Wort. Er schildert in einem ausführlichen Briefe die Psychogenese seines Leidens. Diese Schilderung ist außerordentlich wertvoll. Sie stammt von einem Arzte, der die Bedeutung verschiedener psychologischer Momente gebührend erkannt hat. Er hebt viele Einzelheiten hervor, die später in der Analyse sich als wertvoll und bedeutungsvoll erweisen.

Ich lasse ihm nun das Wort:

Sehr geehrter Herr Doktor!

Unter dem Eindruck Ihrer Arbeiten über „Störungen des Trieb- und Affektlebens" habe ich zu meinen sexuellen Verhältnissen eine neue Einstellung gewonnen.

Ich habe mich deswegen heute an Herrn Prof. X. hier gewandt und ihn um Rat gebeten. Prof. X. sagte mir, daß er nach meinen Schilderungen glaube, daß Sie mir raten könnten. Er selbst sei dazu nicht in der Lage, da ihm die notwendigen speziellen Erkenntnisse und Erfahrungen fehlten.

Ich bemühe mich, im folgenden Ihnen eine Schilderung meines Sexuallebens, wie es jetzt vorhanden ist, und der Entwicklung, soweit ich darüber im Augenblick berichten kann, zu geben.

Ich bin zur Zeit 27 Jahre alt, Arzt und habe die Absicht, die akademische Karriere einzuschlagen. Augenblicklich beschäftige ich mich mit der Abfassung einer größeren Arbeit über orthopädische Fragen.

Meine Eltern leben und sind gesund. Mein Vater war immer sehr nervös. Meine Mutter liebe ich sehr, meinem Vater gegenüber habe ich immer starke Hemmungen zu beseitigen, wenn ich ihm näher kommen will.

Ich führe das auf sein völliges Unverstehen für meine sexuellen Nöte (Onanie, Homosexualität) zurück und auf das gespannte Verhältnis, das während meiner ganzen Schulzeit zwischen uns bestand, da meine Leistungen sehr schlechte waren und ich, obwohl gut begabt, nur immer mit Mühe und Nachhilfe versetzt wurde. Außerdem habe ich noch 3 Schwestern, 28, 22 und 17 Jahre alt, die mittlere glücklich verheiratet, die anderen unverheiratet.

Aus meiner Jugend erinnere ich mich, daß ich gern mit den Puppen meiner Schwestern spielte und auch Handarbeiten (Kreuzstich und ähnliche leichte Sachen) anfertigte. Ich glaube, daß das aber vor meiner Schulzeit liegt. Mit meiner ältesten Schwester war ich am engsten zusammen.

Etwa mit 9 und 10 Jahren führten wir des Morgens und auch sonst miteinander Ringkämpfe auf, im Hemd, und unterhielten uns, unsere Zimmer lagen nebeneinander, im Einschlafen durch die Tür, wobei ich Gespensterkönig war, sie Elfenkönigin, öfter stundenlang.

Ich habe dann an nächtlichen Angstzuständen gelitten, die sich bis in mein 14. Lebensjahr fortgesetzt haben müssen. In meiner Erinnerung sind sie an zwei Wohnungen, die meine Eltern nacheinander bewohnten, geknüpft. Ich hatte bestimmte Visionen, die das Alpdrücken herbeiführten. Ich sah in eine weite Ebene: einen kleinen Knäuel, der sich wie ein Wirbel vergrößerte, näher kam, mir die Luft benahm, bis ich dann mit wahnsinniger Angst aufwachte. Vorher und vor dem Einschlafen, besonders etwa im 13. und **14. Jahr:** Gefühl, daß meine Finger ganz dick wären, ich hörte alles wahnsinnig laut, mein Körper schien sehr groß und das Zimmer und alle Gegenstände unendlich weit. Das letztere trat in späteren Jahren auch oft bei Tage ein.

An meine erste Pollution erinnere ich mich deutlich. Ich war etwa $10^1/_2$ Jahre alt. Dabei träumte ich, ich springe auf den seitlichen Auftritt einer Kutsche, die fährt, und drücke den Leib gegen den Wagenschlag.

Vorher erinnere ich mich nicht, geschlechtliche Erlebnisse gehabt zu haben.

Etwa mit 11 Jahren bin ich nachts aufgestanden und im Schlafzustand herumgelaufen, meistens wurde ich dann heulend im Eßzimmer gefunden, wo ich nach meiner Erinnerung mich an der Tischkante stieß, dann aufwachte und mir hilflos und unorientiert vorkam. Einmal kamen meine Eltern nachts in das Zimmer, als ich gerade auf dem Fensterbrett stand.

Mit 11 Jahren nahm mich ein mehrere Jahre älterer Mitschüler, ich war in der Quarta, mit und onanierte mit mir. Wie er sich an mich heranmachte und die ersten Vorgänge dabei sind mir nicht erinnerlich.

Er befriedigte sich an mehreren anderen Jungen meines Alters ebenfalls, bei mir onanierte er nur.

Fig. 25.

Fig. 26.

Fig. 27.

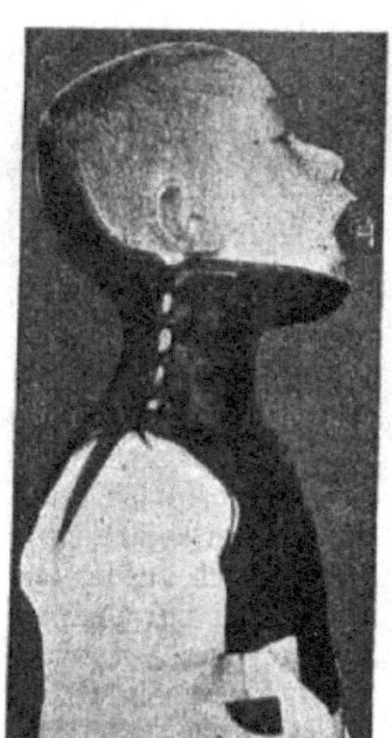

Fig. 28.

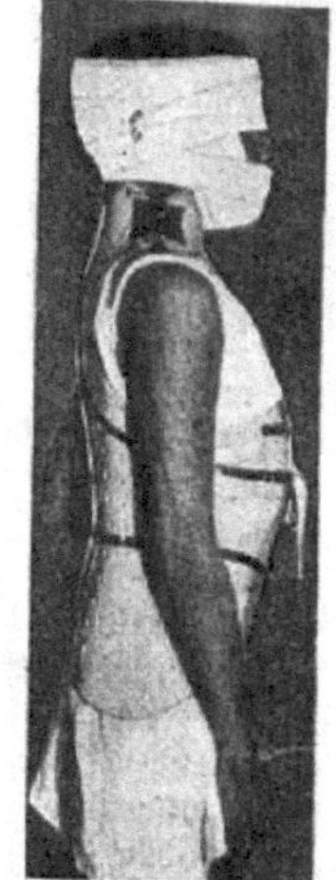

Figuren verändert.

Einer Aufforderung zur wechselseitigen Onanie kam ich nur sehr widerwillig nach. Die Berührung seines Gliedes muß mir sehr widerlich gewesen sein wie der ganze Kerl. Anziehend war er nur durch den Kitzel und hauptsächlich durch alle möglichen Gefälligkeiten, die er mir erwies. Er schenkte mir Briefmarken, Geld, Kuchen etc. etc.

Beim Onanieren ließ ich mich von ihm festbinden, d. h. an andere Vorstellungen erinnere ich mich zunächst nicht. Dieses Festbinden fand mit Stricken und Riemen auf dem Diwan statt. Dadurch wurde nur der Kitzel sehr verstärkt (das war wohl mit 12 Jahren). War die Ejakulation vorbei, so verlangte ich ungestüm danach, losgebunden zu werden. Wir haben auch einmal einen dritten Jungen gefesselt, ohne daß an ihm ein sexueller Akt vorgenommen wurde.

Als geistiger Reiz ist mir folgendes erinnerlich: Auf unsere Schule kam ein Junge, der an Unterschenkeln und Füßen vernickelte Stahl-

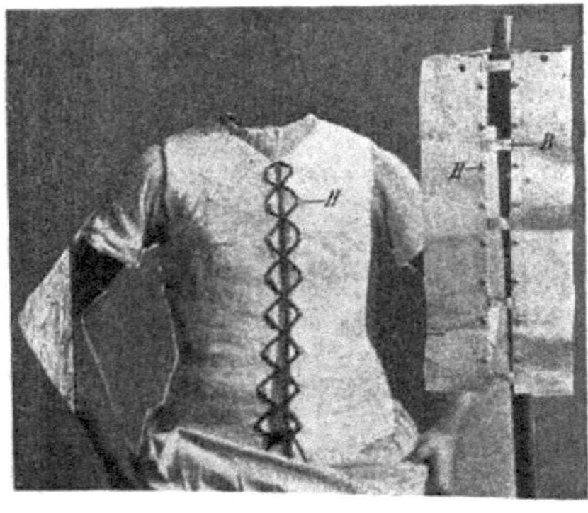

Verändert.

schienen tragen mußte und deswegen sehr gehänselt wurde. Dieser Anblick hat mich damals beim Onanieren beschäftigt.

Erinnerlicher wird mir dann die Periode, in der ich aus ethischen und sonstigen ästhetischen und moralischen Gründen mich weigerte, mich weiter von meinem Freund gebrauchen zu lassen. Dafür onanierte ich allein weiter. Zunächst ist wohl beides gleichzeitig nebeneinander hergegangen. Allmählich konnten weder seine Versprechungen noch Bitten mich zu der Gewährung des Aktes bringen. Da muß er aber schon jahrelang bei mir onaniert haben. Stets durch die Hand. Ein päderastischer oder anderer Akt wurde weder von ihm noch von mir gefordert. Möglicherweise hat er mein Glied (selten) in den Mund genommen.

Bei meiner nun folgenden autoerotischen Periode, die ich vom 14. Jahr beginnend ansetze, dienten mir zunächst Selbstfesselungen, Anbinden im Bett, Verbände und Knebelungen, Aufhängen zwischen zwei Plättbrettständern und anderes mehr. Dabei mußte ich immer eine Hand freibehalten für den onanistischen Akt. Dann zog ich mir Puppen an, benützte eine Jünglingsbüste, die in meinem Zimmer stand, als Kopf und legte mich mit diesem lebensgroßen Ersatz ins Bett, dem ich nun die Verbände und Fesselungen, die ich mir vorher selbst angelegt hatte, anlegte. Dann legte ich mich auf die Vorstellungskraft, die ich durch Bilder und Druckschriften unterstützte. Beschreibungen von Fesselungen und Verbänden und den Unbequemlichkeiten, die diese für ihre Träger bedeuteten, regten mich an, dabei gleichgültig ob Weib oder Mann. Jedoch mußten es junge und schöne Menschen sein. Ich ergänzte Zeichnungen oder Bilder dadurch, daß ich Ketten und Verbände hineinkonstruierte und zeichnete.

Ganz dunkel begleitet mich seit langen Jahren die Erinnerung daran, daß ich aus dem Haus eines Orthopäden in meiner Vaterstadt ein Kind, wohl einen Jungen, herauskommen sah, der, wie mir heute scheint, durch ein orthopädisches Korsett auffiel und in der Beweglichkeit, besonders des Halses, gehemmt war. Ich muß damals — wie alt ich war, weiß ich nicht — lange und oft nach dem Bilde gesucht haben. Oft, wenn es mich in den Jahren

Fig. 31.

Besonders erregendes Bild.

meines Kampfes gegen diese Triebrichtung zur Flucht vor mir durch die Straßen trieb, war mir diese undeutliche Gestalt lebendig. Das Kind war von einer Frau begleitet, die es an der linken Hand hielt.

Der Übersichtlichkeit halber lasse ich die Bemerkungen über die Kämpfe und Seelennöte, die seit meinem 14. Jahr dauernde sind, fort. Es sind das durch meine Erziehung und ethisch ästhetisch bedingte Einstellung erklärte Kämpfe, die für viele Onanisten typisch sind.

Bemerken will ich nur, daß ich zunächst Reizstoff sammelte, daß diese Sammlungen, die ich immer wieder verbrannte, wenn als Reaktion die Depression folgte, allmählich doch dauerhafter und größer wurden und die Verbrennungen seltener. (Siehe die verschiedenen Bilder aus seiner letzten Sammlung.)

Mit steigendem Reizverlangen stieg dann mit der Sucht nach neuem Material der Ärger über den Verlust des alten. Denn der Autoerotismus füllte nun die Zeit, in der ich mir selbst überlassen war, ganz aus und mein ganzes Leben während der Schulzeit war bestimmt durch die Sucht nach Reizen. In meiner schlimmsten Zeit habe ich vielleicht 3mal täglich onaniert.

Dann bin ich, während ich vorher sehr zurückgezogen lebte, mehr unter meine Schulkameraden gegangen. Floh das Alleinsein und sehnte mich danach, die Sache loszuwerden. Meine Erinnerung verblaßt.

Auch an homosexuelle oder heterosexuelle Neigungen vermag ich mich nicht zu erinnern.

Dann aber folgt von 1912—1914 eine Periode starker erotischer Erlebnisse.

Zunächst trat ich in der Jugendwehr in freundschaftliche Beziehungen zu jüngeren Mitschülern, die von mir aus durchaus körperlich betont waren.

Fig. 32.

Erregendes Titelbild.

Ich habe auch einmal versucht, beim gemeinsamen Nachtlager die Genitalien eines Jungen zu berühren, was er abwehrte.

Auch in der Folgezeit habe ich noch zuweilen die Möglichkeit gehabt, das Genitale eines anderen zu berühren. Jedoch war das mir immer nur insofern Wunsch, als ich mich überhaupt nach körperlicher Berührung, nach der Körperfühlung, dem „Contact des epidermes" zu sehnen begann.

Das ist auch heute der einzige Wunsch, den ich neben autoerotischer Sexualbetätigung aufbringe. Und heute besteht dieser Wunsch nur gegenüber meinen Freunden. Nie mehr oder wenn, dann automatisch unterdrückt gegen eine Frau.

Zunächst die heterosexuellen Erlebnisse:

Eine verheiratete 23jährige Frau, die sich mit mir angefreundet hatte, gelangte, nachdem ich sie in Berlin oft vergeblich (d. h. für sie, ich hatte mich gut amüsiert) bemüht hatte, am Karfreitag des Jahres 1913 endlich zu ihrem Ziel, d. h. wir saßen bei Vollmond nebeneinander auf dem Sofa, als sie mich mit der ganzen Schwere ihrer etwas üppigen Blondinenhaftigkeit (4 Kinder!) ans Herz drückte und mit Küssen, die ich sogleich erwiderte, bedeckte. Ich geriet in gewaltige, aber lähmende Erregung, zitterte am ganzen Körper und konnte sehr leicht ihrem Verlangen, nun mit ihr zu

Fig. 38.

Eigene Komposition.

schlafen, widerstehen, wobei mir auch ein Arsenal von Moral zur Verfügung stand. Danach aber über ein Jahr ein inniger, glühender, sexuell hocherregter Briefwechsel. Ich begeisterte mich an meiner versengenden Sexualität bis zu Versen.

Der Bruch dieses Verhältnisses erfolgte erst Ostern 1914, als ich in meine dritte Liebe verschossen war.

Dann ein kurzes Zwischenspiel mit einem kleinen blonden Mädel, das mit mir Theater gespielt hatte. Wir hatten uns auf der Bühne geküßt und setzten das später fort. Sie befriedigte mich ästhetisch nicht. Die Mutter ärgerte mich, nach 8 Tagen war die Sache erledigt.

Drittens hatte ich mich kurz vor dem Abiturium in die Freundin eines Freundes, der mit Freundinnen gesegnet war, verliebt, verschossen. Und eroberte die Festung im kühnen Angriff. Sie tat spröde, ich stellte ein Ultimatum und am nächsten Tag hatte ich Küsse und Körpergefühl, so viel ich bedurfte.[1])

Diesem Verhältnis fehlte auch der ideelle Bau keineswegs. Wir hatten uns sehr gern und meine Sexualität (körperliche) war voll befriedigt.

Ich ging zur Universität, sie in die Pension, der Abschied wurde mir so schwer, daß ich, als mein Vater mich damit aufzog, heulend aus dem Zimmer lief (19. Jahr).

Daneben waren noch wenige andere Mädchen, die mich sehr anzogen, mir auch körperlich zusagten, die aber sehr umlagert und besetzt waren und auch kokett. Ich wollte das Mädchen, wenn ich mit ihr zusammen war, ganz, d. h. in meiner Art ganz, und nicht flirten. Daneben bin ich auch mit Mädchen befreundet gewesen, ohne körperliches Gefühl, meist Freundinnen meiner Schwester.

Fig. 34.

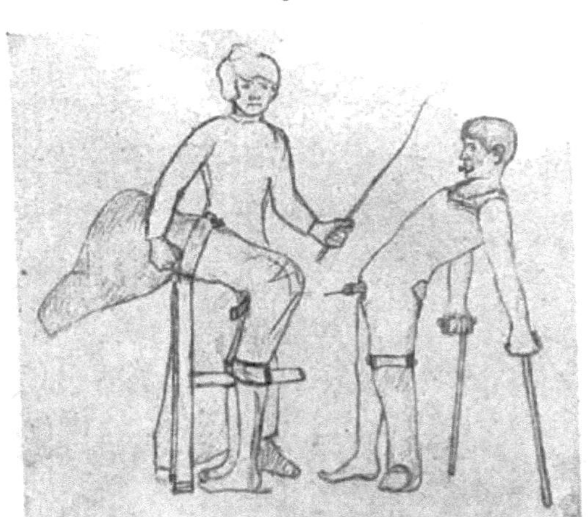

Eigene Komposition.

Meine heterosexuelle Periode, während der ich mich auch zu Männern, z. B. auch dem 12jährigen Bruder meiner dritten Dame hingezogen fühlte und auch der autoerotische Komplex sich meldete, aber leicht verdrängt wurde, wurde beendet durch den Abschiedsbrief meiner Freundin, den sie mir auf Veranlassung ihrer Mutter schrieb.

Sie gab mich auf und ich war tief deprimiert. Damals meldete sich der Autoerotismus wieder.

Meine Lektüre waren hauptsächlich Werke aus dem sadistischen Leipziger Verlag. Jedoch fand ich Ersatz in der Freundschaft mit jungen Leuten und Knaben, mit denen ich bei den Pfadfindern, denen ich angehörte, zusammen wanderte und lebte (Student in Riga).

[1]) Unter „Körpergefühl" versteht der Patient die Berührung der beiden nackten Körper. Das war die Grenze seiner Aktivität — und darüber hinaus wagte er nicht zu gehen.

Es war eine in der Erinnerung sehr schöne Zeit. Zu verschiedenen jüngeren und gleichaltrigen, auch einem älteren Studenten fühlte ich mich sehr hingezogen, war aber sehr verantwortungsbewußt und lehnte homosexuelle Anerbietungen eines anderen Jüngeren ab. Es bildete sich in mir das Ideal, dem ich schon in den letzten Jahren meiner Schulzeit zugestrebt war, weiter aus.

Sich reinhalten! Also auch nicht onanieren! Askese! (Ich war schon auf der Schule der einzige Abstinent und Nichtraucher, ging auch nicht in Kaffees und schweinigelte nicht.)

Fig. 86.

Eigene Komposition.

Sich rein und kräftig halten für die große Liebe. Eine sehr schöne ideale Einstellung.

Die große Liebe kam zunächst nicht, sondern der große Krieg, und dafür eine Unmenge homosexueller und sadistischer Attacken.

Ich meldete mich als Kriegsfreiwilliger. Empfand dann die Uniform als eine starke Reizstärkung und die Behandlung beim Militär war oft geeignet, meinen Autoerotismus zu stärken.

Solche Traumen für meine Sexualität wurden nun das Strafexerzieren, das Anschnauzen, die Vorstellung und später das Erleben der Strafe des

Anbindens usw. usw. und nicht zuletzt die verwundeten Soldaten, die ja durchaus wenigstens in großer Zahl den Ansprüchen meines Autoerotismus oder besser Sadismus genügten.

Mit Frauen kam ich nun überhaupt nicht mehr zusammen. Und war dann vom Dezember 1914 bis Jänner 1919 ununterbrochen bei der kämpfenden Truppe, seit Mai 1916 als Leutnant bei der Artillerie.

Meine sexuellen Verhältnisse während des Krieges waren also erschwert. Ich verließ auch die Prinzipien der Abstinenz und besonders je länger der Krieg dauerte, speziell als Offizier, bemühte ich mich, durch reichlichen Alkoholgenuß und Rauchen einmal mit meinen Kameraden mithalten zu können, dann auch mit den eigenen Gedanken, besonders auch der später wieder notwendigen Onanie fertig zu werden.

Fig. 30.

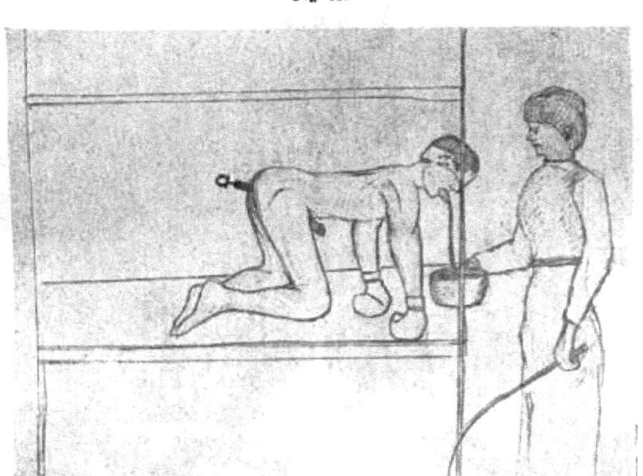

Eigene Komposition.

Onaniert habe ich während des Krieges hauptsächlich im Winter 1917, wo wir einen furchtbar öden Stellungskrieg führten. Aber auch sonst, besonders nach sexuellen Traumen, die für mich auf dem sadistischen Komplex immer stärker wurden.

Dabei habe ich es nie nötig gehabt, Menschen besonders zu quälen, sondern war im Dienst bestimmt und streng, aber kein Schleifer oder Strietzer, wie bei uns die Militärsadisten genannt wurden, im Gegenteil sublimierte ich mein Lustgefühl zu Mitleid und Empörung über eine derartige Behandlung, wie z. B. das Anbinden als Ersatz des Arrestes etc., während ich in Wirklichkeit ja nichts lieber gesehen hätte, als daß alle anderen recht streng wären, damit ich die armen Opfer bemitleiden und trösten könnte. Dieses Helfen- und Tröstenkönnen ist mir auch schon früher die bestimmende Komponente für meine Berufswahl geworden.

Ich bin mir jetzt darüber klar, daß immer das Treibende war: Du mußt Arzt werden, damit du deinen Sadismus dort in Mitleid sublimieren kannst. Es besteht ja natürlich die Frage und die Gefahr, ob ich mich aus dieser Einstellung heraus zu einem Handeln, das nicht ärztlich wäre, treiben lassen würde.

Ich glaube, dazu zwingt mich allerdings auch der letzte Funke der Selbsterhaltung, daß ich ein sadistisches Handeln gar nicht nötig habe, sondern daß das normale ärztliche Handeln nur, auch im Falle es für mich mit sexuellen Reizen verbunden wäre, wenn also eine Heilung dieses meines jetzigen Zustandes nicht möglich, immer zur Befriedigung genügen würde.

Denn, verzeihen Sie, wenn ich jetzt einen großen Sprung mache. Jetzt geht es mir so, daß mein Autoerotismus meine körperliche Sexualität allein befriedigt und dieser richtet sich auf Reize, die fast sämtlich dem Gebiet der Orthopädie entstammen. Das orthopädische Korsett. Kein Fetischismus, sondern Erregung nur, wenn ich bewußt das Korsett mit der Person in Ver-

Fig. 37.

Eigene Komposition.

bindung setze. Früher war die Frau in meinen onanistischen Phantasien gleichwertig, sogar bezüglich der Fesselung bevorzugt. Jetzt ist sie fast ganz verdrängt. Nur noch Surrogat. Das Gehen an Krücken. Der Schienenverband am Arm. Die Schienenapparate etc. etc. sind für meine Phantasie Reize. Das Verbinden eines Patienten kann für mich durchaus mit bewußtem Lustgefühl verbunden sein, wenn der Patient meiner homosexuellen Einstellung entspricht. Dieselbe richtet sich auf männliche Wesen etwa vom 15.—25. Lebensjahr. Es findet da eine Verschiebung der Altersgrenze entsprechend meinem Älterwerden statt, früher war ich schon an jüngere und nicht mehr an so alte fixiert. Der Schnurrbart stört. Ein paar Härchen werden ertragen.

Wenn ich meine Abneigung gegen das weibliche Geschlecht jetzt nach der Lektüre Ihres Buches betrachte, so glaube ich, daß meine Schwester recht hat, wenn sie mir sagte: „Du hast Angst davor, mit Frauen zusammen zu sein." Frauen sind mir nicht einfach gleichgültig, sondern je mehr das Sexuelle bei ihnen hervorsticht, um so widerlicher. Öfter fühlte ich selbst:

Ich habe Angst, ich könnte ihnen etwas tun. 1919, im Sommer, war ich mit einem sehr sexuellen Mädchen, Freundin meiner Schwester, zusammen, die mich „auftaute“. Schließlich kam es so weit, daß ich ein gewisses Lustgefühl dabei empfand, daß ich sie quälte, eine Vorstellung, die mir auch einmal den Beischlaf bei einer Prostituierten möglich zu machen schien.

Gegenüber einer Studentin, die sehr libidinös sich im Winter 1920 an mich heranmachte, auch körperlich beim Tanzen mich aus dem seelischen Gleichgewicht brachte, verfuhr ich ähnlich.

Sie wird von mir ihrer starken sexuellen Einstellung halber sofort als widerlich empfunden. Und bei Aufführung lebender Bilder reagiere ich dieses Unlustgefühl ab, indem ich sie als indischer Fakir in einen Karton packe und denselben nach Art dieser Schausteller mit einem gedachten Degen durch-

Fig. 38.

bohre. Das war mit keinerlei Lustgefühl verbunden, vielmehr von Ekel gefolgt, daß ich mich durch meinen Widerwillen so weit hatte hinreißen lassen, sie in diese ziemlich lächerliche und unbequeme Lage zu versetzen.

Der Gedanke: Was nützt dir eine Frau, wenn du nicht als Frau mit ihr zusammenleben kannst, ist häufig.

Andrerseits verliebe ich mich dauernd in junge Leute meines Geschlechts. Mit mehr oder weniger Intensität. Die „richtigen Homosexuellen“, d. h. Männer, die das von sich sagen, sind mir unangenehm und reizen mich, soweit ich sie kennen lerne, nicht. Ich habe mich auf den Mann mit meiner ganzen Erotik eingestellt, nur hört auch die Potenz und der Wunsch gegenüber dem Mann mit dem Wunsch nach geistiger Gemeinschaft und Körperatmosphäre auf. Versuche, die ich besonders während des Krieges in Hinsicht eines weitergehenden Geschlechtsverkehrs gemacht habe, fielen ebenso negativ aus und mit Ekel vor mir als Folge, wie gleiche Versuche bei käuflichen Frauen. Ich habe letzteres 2mal versucht, ohne Erfolg. Auch die perverse Reizung konnte keinerlei Libido herbeiführen, nicht einmal Erektion kam zustande.

Also ich betone das Verhältnis des griechischen Freundes im idealen Sinne als ein mir wünschenswertes, ohne aber dabei dies Verhältnis bis zum letzten, also gegenseitigen sexuellen Akt durchzuführen. Sondern die Libido, d. h. die durch Erektion gekennzeichnete Geilheit, die mich zur Onanie treibt, verfolgt mich nicht in meinen Verhältnissen zu Männern, wenngleich es auch da zuweilen zu Erektionen kommt, sondern ist geknüpft an mich, nur durch meine Phantasien oder Gedanken herstellbar und zu befriedigen nur durch die Onanie.

Ich habe gefunden, daß diese autoerotisch-sadistischen Phantasien abgeschwächt wurden, ja verdrängt durch Liebe, und zwar die oben erwähnten heterosexuellen und die homosexuellen Verhältnisse, jedoch waren die letzteren unbefriedigender, da sie sich auf heterosexuelle oder doch sein wollende Männer bezogen und die Herstellung der körperlichen Bedingungen oft sehr erschwert oder unmöglich war.

Fig. 30.

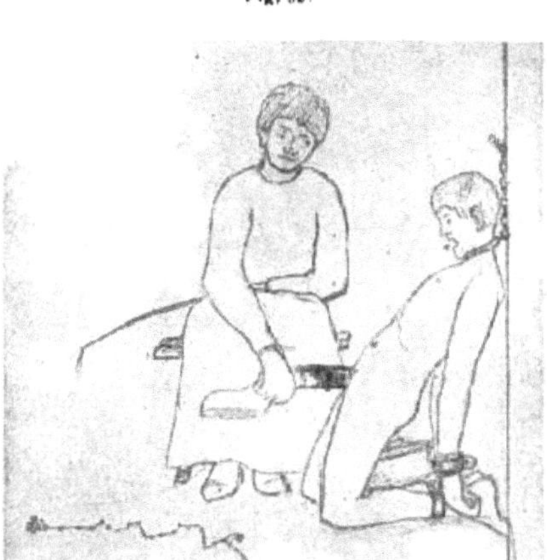

Eigene Komposition.

Ferner ließen die autoerotischen Komplexe, also der Zwang, sich sadistische Szenen vorzustellen nach, wenn die Möglichkeit der Sublimierung des Sadismus zu Mitleid, also z. B. auch während meiner Tätigkeit in der chirurgischen Klinik gegeben war. Ich muß aber sagen, daß Menschen, die im Moment dadurch, daß ich sublimierte, nur das befriedigte Gefühl helfen zu können in mir auslösten, später in meinen autoerotischen Vorstellungen eine sehr wesentliche Rolle spielten. Beispiele könnte ich anführen, sehe aber davon ab.

Die männlichen Wesen, die ich lieb habe, scheiden ebenfalls bei den sadistischen Ideen aus. Ich schütze sie vor mir selbst und reagiere mit Unbehagen und Nachlassen des Reizes, wenn ich den Versuch mache.

Objekte meiner Phantasien sind Menschen, die ich auf der Straße gesehen habe. Kranke, die ich gesehen habe, und Bilder in medizinischen Lehrbüchern und Zeitschriften (Fig. 25—31).

Solche Bilder mir zu beschaffen, ist in der Zeit des Unterliegens unter den Zwang mein Bestreben; ich kaufe die Bücher oder verschaffe die Bilder mir, oft erst nach Widerständen und tagelanger Unruhe, unter Umständen durch ungesetzliche Zugriffe.

Ein Sammelbuch solcher Reize für mich ist z. B. die Monographie *Wullsteins* über die Behandlung der Skoliose. Dies und viele andere Bücher habe ich mir im Januar 1918 in Berlin angeschafft, als ich dort zu einem Kursus war.

Ein Buch, das einen wesentlichen Teil meiner Phantasien gleichsam im Vordruck enthielt, ist *Neumann*, John Bull als Erzieher, und das mir kürzlich bekannt gewordene, *Rüdiger*, Aus harter Jugendzeit, und zwar in den

Fig. 40.

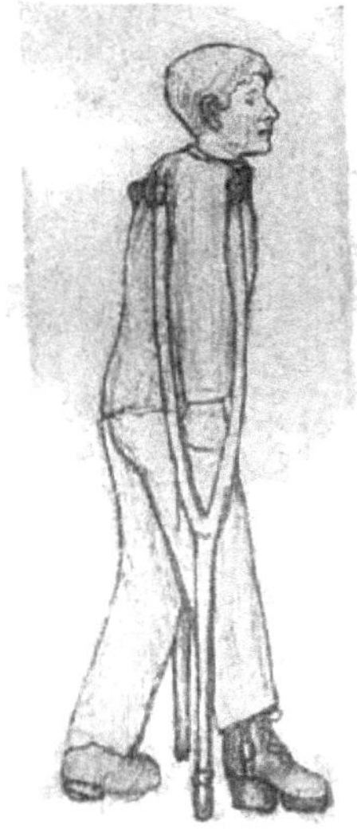

Sein Ideal.

Fig. 41.

Eigene Komposition.

Punkten, die von der Erziehung junger Burschen durch strenge Gouvernanten unter Zuhilfenahme von Korsett, Handschuhen, steifen Kragen, weiblicher Kleidung usw. usw. handeln. Auch die Geschichte im Hexenturm von *H. H. Dohrn*, die mit Fesselung zu tun hat, erregte mich dadurch, daß ich sie aus dem Masochistischen ins Sadistische übertrug. So noch wenige andere Bücher (Fig. 32).

Es ist also der Gedankenkreis des Masochistischen mir völlig fremd und reizlos. Wohl aber die Anwendung masochistischer Phantasien auf Phantasiegestalten meiner Neigung sehr erregend.

Seit Ende des Krieges bin ich etwa in folgendem Gedankenkreis gewesen:

Ich spann meine idealen Vorkriegsgedanken weiter und sagte: Der Krieg ist nicht gewesen. Alle sexuellen Erscheinungen deinerseits sind auf

Überreizung zurückzuführen. Sieh also lieber zu, daß du das los wirst und hilf jetzt daran wieder aufzubauen.

Darüber, daß ich, wenn ich lebend und gesund aus dem Krieg käme, Arzt werden würde, war ich mir ganz klar.

Ich ging dann in sozialen und jugendbewegerischen Bestrebungen auf und besonders das Zusammensein mit jungen Menschen half mir bei der Sublimierung meiner Triebe. Nur leider folgte dem siegreichen Durchsetzen auch oft erst nach Monaten der übliche Rückfall! Trotzdem beharrte ich dabei: Du bist nicht homosexuell. Die Grundlagen deines Handelns sind edel und rein und nicht von perverser Sexualität dirigiert. Lebensreformerische Gedanken, wie Abstinenz, Vegetarismus etc., waren mir ein geeignetes Betätigungsfeld mit vielen Begründungen. *Blüher* zog mich an und ich konnte

Fig. 42.

Eigene Komposition.

wohl für ihn eintreten, wie ich auch stets für die vernünftige Beurteilung von Onanie und Homosexualität eintrat, aber seine Männerhelden nicht bejahen.

Und bei allem Suchen und Lieben, Hassen, hat mir immer die g e f e h l t, von der ich mich immer fester abschließe, vielleicht weil ich sie (meine Mutter) zu sehr verehre und für sie von mir Sadismus befürchte! Ich bilde mir ein, die Frau, das Weibliche könnte mir Ruhe geben und einen Ort zum Ausruhen, den mir die Autoerotik nicht geben kann, meine Liebe zum Mann nicht geben konnte, weil dieses Aufgehen der Frau für den Mann eben etwas dem Mann nicht eigenes ist.

Ich habe die Meinung, daß ich einer der infantilistisch abgeirrten Menschen bin, von denen Sie sagen, daß es möglich ist, ihnen zu helfen. Ich liebe oberbewußt weder meine Perversion noch meine Homosexualität.

Wie weit ich unbewußt daran hänge, weiß ich nicht. Ich leide unter den Ideenverbindungen, wenn ich meinen Beruf ausübe, wenngleich ich mir jetzt klar bin, daß ich sie oft suche, um der Spannung eine Auslösung zu geben.

Wie weit ich bürgerlich und sozial dadurch gehemmt und geschädigt bin und bei weiterer Entwicklung noch werden kann, ist für mich nicht absehbar.

Mein Menschliches leidet und mein sehnlichster Wunsch ist es, für die Menschen zu schaffen, ein Wunsch, von dem ich nicht glauben kann, daß er an meinen Penis geknüpft ist.

Ich erinnere mich, daß ich völlig vergessen habe, auf mein Traumleben einzugehen.

Meinen frühesten Pollutionstraum habe ich erwähnt. Ich habe dann jahrelang nie Pollutionen gehabt. In den letzten Jahren habe ich mit einiger

Fig. 43

Eigene Komposition.

Regelmäßigkeit, soweit nicht onanistische Akte dazwischen lagen, pollutioniert. Soweit ich mich erinnere, waren die Pollutionen zunächst mit Angst und dem Gefühl: Du darft nicht onanieren oder: Nun hast du schon wieder onaniert! verknüpft, später blieben diese Selbstvorwürfe im Traume aus. Ich begrüßte die Pollutionsträume als etwas spannungslösendes. Meistens waren die Auslösungsreize Träume, die mich in das Gebiet meiner Autoerotik versetzten.

Ich werde in Zukunft versuchen, Träume zu notieren, um sie Ihnen im gegebenen Fall zur Verfügung stellen zu können. Bemerken will ich, daß ich sehr viel träume. Fast keine Nacht, in der ich nicht Träume oft sexuellen, oft asexuellen Anstrichs in größter Menge produziere. Sehr oft sind mir die Träume morgens noch durchaus im Bewußtsein.

Der Krieg, besonders der Gedanke, ich müsse wieder in den Krieg, käme zu meiner Kompanie zurück, suche unter großer Aufregung meine Kompanie und kann sie nicht finden. Ich trete wieder als Mann ein, trotzdem ich doch eigentlich Offizier bin. Ich reite sehr oft. (Ein Lieblingswunsch auch im Oberbewußtsein ist der, einmal wieder reiten zu können.) Ich bin schwer verwundet, Riesenwunden, die mir nicht wehtun, merkwürdig!

Ich habe ein oder zwei künstliche Beine, gehe aber tadellos mit ihnen. Alle Leute freuen sich mächtig, daß ich wieder da bin. Wir werden überfallen. Die Artillerie schießt wahnsinnig usw. usw.

Zu den Träumen, die mit Angst und Aufwachen verbunden waren, und die periodisch, nachdem der Pavor nocturnus in der früher beschriebenen Form nicht mehr auftrat, gehörte ein feststehendes Schema. In einer bestimmten Wohnung fühle ich, daß jetzt die Männer kommen, meistens sind es Indianer, aber auch andere Männer. Ich suche mich zu verstecken, laufe regelmäßig in dasselbe Zimmer, krieche, trotzdem ich weiß, daß ich doch gefunden werde, in diesem Zimmer, das übrigens in Wirklichkeit gar nicht existierte, unter das Bett, unter furchtbarer Angst höre ich die Suchenden immer näher kommen, endlich werde ich entdeckt und erwache mit großem Angstgefühl.

Seit 1914 glaube ich diesen Traum nicht mehr gehabt zu haben. In neuerer Zeit sind die Träume, in denen ich meinen Prinzipien untreu werde, rauche, Schnaps trinke, häufiger gewesen. Ich leistete zuerst Widerstand, machte mir im Traum die Folgen dieser mit meinen Prinzipien unvereinbaren Handlungen klar, erwachte verzweifelt.

Allmählich gewöhnte ich mich daran, im Traum zu rauchen oder zu trinken ohne Selbstvorwürfe, gleichsam, als wenn ich wüßte, daß es nur Traum wäre. Diese Träume sind in letzter Zeit nicht mehr aufgetreten.

Die Träume heterosexuellen Charakters müssen selten sein, kommen aber vor. Ich träumte nach einem vorhergehenden sehr wüsten Schuldtraum, ich war wegen eines Vergehens verfolgt und nur mit Mühe entkommen, ich habe mich mit Nelly K., einem mir aus dem Wandervogel bekannten Mädchen, das mir sympathisch ist, verheiratet. Wir kamen vom Standesamt, ich hatte ihr den Arm gegeben, meine älteste Schwester (die in Riga ebenfalls studiert und mit der ich eine verwandte Unterredung über sexuelle Fragen kurz vorher gehabt hatte) war dabei. Ich war sehr glücklich und hatte das Gefühl, jetzt ist alles gut.

Ich habe mir dann das Mädel bei Tag besehen. Ich muß zugeben, daß sie unter den ganzen Mädchen mir die erträglichste ist. Warum? Aber die Taggefühle bestätigten mir den Nachttraum nicht. Ich leistete nun zweifellos auch sofort Widerstand, indem ich mir vorüberlegte, daß sie ja doch nicht meine Frau werden könnte, selbst wenn ich jemals ihr gegenüber auch körperliche Neigung verspüren sollte usw. Ich muß vor einiger Zeit auch mal einen Traum gehabt haben, in dem mich eine Frau sexuell erregte, erinnere mich aber absolut nicht mehr an die Einzelheiten.

Von den heterosexuellen Träumen würde ich bei Überlegung und Bedarf schon Erinnerungen aufbringen können. Kürzlich, nachdem ich mich aus „wissenschaftlichem Interesse“ mit der Bibliothek eines Masochisten beschäftigt hatte, unter der sehr viel flagellantistische Literatur war, meldete sich in einem Militärtraum der Anblick einer Prügelszene, bei der ich Zuschauer war. Das flagellantistische Moment tritt bei mir sonst nicht auf, allerdings wirkt die Idee, daß der geliebte oder sexuell reizend empfundene

Gegenstand der Neigung gepeitscht worden ist, als ein Stimulans in der onanistischen Vorstellung.

Sonst träume ich, es läge ein junger Mann bei mir im Bett, drückte sich an mich, greift nach meinen Genitalien, was ich dann mit sanfter Ablehnung zurückweise (entsprechend meinem Verhalten in der Wirklichkeit), obwohl ich es im Traum als angenehm empfinde. Übrigens ist das „Krabbeln“ an der Genitalzone mir auch im wachen Zustande nicht unangenehm, wie mir meine Erinnerungen zeigen. In der Zeit, in der ich noch hemmungsloser in der Hingabe an aktive homosexuelle Betätigung war, muß es mir angenehm gewesen sein. Aber damals lag bestimmt die Hemmung vor weiteren aktiven Handlungen schon vor.

Das war also im Krieg im Winter 1916 und Frühjahr 1917.

Ich habe 1914, bevor ich mich in die Dritte verliebte, eine Freundschaft mit einem 3 Jahre jüngeren Mitschüler gehabt, der mich onanistisch-autoerotisch beschäftigte. Ich habe ihn auch veranlaßt, zweimal mit mir zusammen zu schlafen. Trotzdem ich den Wunsch hatte, sein Genitale zu berühren, waren die Gegenhemmungen so stark, daß es weder zur Berührung der Zone noch auch sonst zu etwas anderem kam, als daß wir eben zusammen im Bett lagen. Ich war dann später ganz froh, daß ich diesen Grad von „Selbstbeherrschung“ aufbringen konnte.

Noch einiges muß ich über meine perverse Fixierung sagen. Ich gehe auf der Straße vielleicht in bester Stimmung, optimistisch, da sehe ich einen Jungen, der an seinem rechten Bein einen Apparat trägt, der wahrscheinlich dafür bestimmt ist, eine Kontraktur des Beines nach Kniegelenksentzündung zu verhindern.

Ein eigenartiges Gefühl durchflutet mich. Wenn ich den Jungen jetzt ansprechen könnte, ihn als Arzt behandeln, könnte ich mich abreagieren, jetzt zwingt es mich, hinter ihm herzugehen und auf die Art, wie er geht, zu achten, es ist in sehr ausgeprägten Fällen, in denen der Gegenstand meiner Fixierung, auch meiner sonstigen homosexuellen Einstellung entspricht, wie eine Art Rausch, der über mich kommt.

Ich muß, trotzdem ich sonst gewissenhaft im Kollegbesuch bin, ohne Rücksicht, ob mir Kolleg oder sonst etwas verloren gehen, hinterher und wenn ich es nicht tue, wenn ich nicht versuche, gleich in dieser Weise abzureagieren, so verfolgt es mich durch die Zeit, läßt mich nicht zur Ruhe kommen, läßt mich nach dem Betreffenden suchen, wenn nicht ich autoerotisch mich ausgiebig befriedige oder sich eine Gelegenheit bietet, den Affekt durch einen anderen starken neuen Eindruck zu paralysieren oder in eine Abreaktion mitzuverarbeiten. Gelingt es mir, mit dem Betreffenden ein Gespräch über sein Leiden zu führen und ihm meine Anteilnahme zu zeigen, dann übt das eine hervorragende Wirkung aus. Die Erregung geht sofort herab und der Zwangsvorstellung ist die Spitze abgebrochen. Ich habe Ruhe und fühle mich sogar wohler. Das ist ein Beispiel für viele. Ich könnte eine große Reihe anführen. Wenn sich der autoerotische Komplex bemerkbar macht, das tut er besonders, wenn ich in dieser Hinsicht lange ganz abstiniert habe, steigt auf einmal der Wunsch hoch: Wenn du doch jetzt mal einen richtigen Menschen sehen könntest, der geeignet ist, dein Mitleid zu erregen. Geht das nun nicht, weil ich zu Hause bin und keine Gelegenheit habe, mit Kranken zusammen zu sein, besonders nicht mit den für besonders in Frage kommenden chirurgisch und orthopädisch Kranken, will ich aber auf der anderen Seite auch nicht onanieren, so muß ich die

Flucht ergreifen, renne durch die Straßen, gehe an Stellen, wo ich vermute, daß ich solche Menschen sehe, und dann beginnt das Spiel entweder, wenn ich nun einen Menschen sehe, der mich erregt, so wie oben beschrieben, oder ich bin schließlich doch gezwungen, zur Onanie zu greifen, was ich immer nur mit großem Widerstreben und nachfolgender Depression tue.

Ich habe natürlich alle möglichen Fluchtmittel, die öfter helfen. Ich wandere, radle, turne, treibe Sport, suche durch Anblick schöner Menschen und meine Freundschaften davon loszukommen.

Aber bisher sind noch immer wieder diese Schmerzlüsternheit und der Wunsch des Sadisten durchgebrochen.

Körperlich bin ich gesund. 1,76 Militärmaß. Und besonders bei Frauen, aber auch sonst gelte ich für einen gut aussehenden jungen Mann.

Wesentlich ist eine krankhaft anmutende Angst vor dem Zahnarzt, unter der ich seit Jahren leide, die ich mit allen möglichen Gründen larviere, die aber dazu führt, daß meine Zähne in einem besonders die Backenzähne betreffenden sehr schlechten Zustand sind, ich aber bei dem bloßen Gedanken an das Surren der Plombiermaschine Nerven- und Feigheitsanwandlungen habe, die mich im besten Fall nur bis zur Tür des Zahnarztes gelangen lassen.

Meine Mutter gab es nach meinem 13. Lebensjahr auf, mich zum Besuch des Zahnarztes zu zwingen. Ich muß die jämmerlichsten Szenen gemacht haben.

Beim Onanieren hatte ich mir angewöhnt, die Handlung immer wieder zu unterbrechen, seitdem ich die Onanie bekämpfte, dadurch zog sich der einzelne Akt durch Auskostung der Vorlust stundenlang hin. Oft kam ich, besonders in den letzten Jahren, dadurch von dem Trieb los.

Meist endete es dann oft nach tagelang protrahierter Vorlust mit Ejakulation und Kitzelgefühl.

Sowie der erste Kitzel einsetzte, unterbrach ich entsetzt den onanistischen Akt, drückte mit den Fingern der rechten Hand die tiefste mir erreichbare Partie der Pars cavernosa penis so zusammen, daß mechanisch die Ejakulation verhindert wurde und auch der Reiz „abgeklemmt". Dabei lief ich im Zimmer herum, um den Reiz zu kupieren. Ekelte mich vor dem spezifischen Spermageruch. Auf diese Weise habe ich seit etwa dem 14. Jahr freie Ejakulationen mehr oder weniger verhindert (das Spritzen).

Mein Glied ist sehr stark entwickelt, ebenso beide Testes. Es bestand bei mir geringe Phimosis, die ich aber durch onanistische Manipulationen so dehnte, daß das Frenulum der Vorhaut durchriß und ich heute auch im erigierten Zustand die Vorhaut über den Penis zurückziehen kann, allerdings unter gewisser Spannung. Bei nicht erigiertem Glied hält sich die Vorhaut nicht hinter der Eichelfurche, sondern ist in infantiler Lage.

Morgens erwache ich fast immer mit Erektion. Je nach meiner Notwendigkeit, sexuelle Komplexe zu fixieren, bleibt mir die Erektion gleichgültig oder führt zum Genuß der Vorlust. Zur vollen Onanie ist bei mir im allgemeinen ein größerer Apparat notwendig: Meine Sammlung in meiner Richtung sadistischer Bilder (jetzt etwa 15) und schriftliche Aufzeichnungen, in denen ich ähnliche Szenen oder Erlebnisse beschreibe.

Solche Fixierung ist mir auch schon aus meiner 11- und 12jährigen Zeit erinnerlich, zum mindesten aber seit meinem 13. Jahr bewußt. Ein Mitschüler gewann an Interesse, menschlich und sexuell, dadurch, daß er sich den Vorderarm brach und lange Zeit den Arm im Verband und einem Armtragetuch tragen mußte. Die Idee und der Anblick eines Knaben, der den Arm in der Binde trug, war mir damals schon sehr reizvoll. Auch damals waren es gleichaltrige und jüngere, die mich erregten.

Ein älterer Schüler nur einmal, und zwar auf einem Schulausflug in ein Seebad, dadurch, daß er, wie ich jetzt weiß, ein Korsett (Messing mit Halsstütze oder ähnlich) trug, von dem ich nur den Halsteil sah, der mich aber momentan sofort faszinierte. Ich war in der Zeit des Vorfalles noch nicht so mit meinem Innenleben vertraut und trennte mich, auch unter dem Einfluß der begleitenden Kameraden, leicht von dem Anblick, wenn ich ihn auch damals schon gern noch länger beobachtet hätte. Später habe ich unter der Sehnsucht nach diesem Anblick sehr gelitten.

Aus einer großen Reihe solcher Fixierungen hat sich dann die onanistische Phantasiebilderreihe immer schärfer herausgearbeitet und allmählich das Weibliche ganz verdrängt oder nur noch als Surrogat zugelassen. Aber immer mit dem Bemühen, die Frau zum Mann umzudenken, und nur der Gedanke an sehr vollbusige Frauen, wie sie etwa in den üblichen Schundromanen gezeichnet werden, die ich als Knabe eifrig in ihren sadistischen Momenten benutzte, spielt besonders in Verbindung dieser Frau mit dem männlichen Individuum eine gewisse Rolle.

Auch der Katheter, der in die männliche Harnröhre eingeführt ist, der Gedanke „Dauerkatheter" ist bei dem erregenden Gegenstand als Verstärkung des sonstigen Komplexes wesentlich. Betonung der Männlichkeit im Bilde durch die Genitalien sehr wesentlich.

Das weibliche Element tritt bei Zeichnungen, die ich verfertigt habe, von denen ich aber zurzeit keine besitze, auf, meist als Gouvernante oder strenge Erzieherin oder Wärterin. Jedoch sind auch hie und da als Pendant zu den gequälten Männern gefesselte und gefolterte Frauen wesentlich gewesen.

Doch nur hie und da und nur in Verbindung mit dem Mann.

Dabei bemerke ich: Während meiner Studienzeit ist mir der Besuch der gynäkologischen Klinik unangenehm, meine Empfindungen bei gynäkologischen Untersuchungen, wenn ich sie nicht mit wissenschaftlichem Ernst paralysiere, besonders wenn der Vulvageruch sehr stark ist: Widerwillen. Auch gynäkologische Operationen, Blut, Schmerzen der Patientinnen sind mir rein wissenschaftlich interessant, unnötige Brutalität der Ärzte empört mich auch hier, ohne daß jemals das Erregungs- und Mitleidsgefühl verbunden ist, das ich z. B. haben würde, wenn diese Brutalität gegenüber einem mir sympathischen Manne begangen würde.

Ich habe auch nie den Wunsch, daß so etwas nötig wäre, sondern ertrage die Gynäkologie eben nur, weil sie notwendig zum Studium ist und weil ich in meiner Idee des helfenden Arztes natürlich auch die Frauen einschließe, bemühe mich, alles genau zu lernen, um Müttern und Frauen später helfen zu können und schließe sie in meinen sozialen und helfenwollenden Komplex durchaus ein.

Eine Abneigung habe ich gegen Frauen- und Hautspezialistentum. Mein Wunsch richtet sich auf die Chirurgie und daneben auch sehr stark auf die Psychiatrie. Seitdem ich aber mir die Kenntnisse über mein Seelenleben und die Beurteilung desselben durch Privatbeschäftigung erschlossen habe, scheint mir damit die Neigung zur Psychiatrie sehr schwach, besonders da ich Angst habe vor der psychiatrischen Praxis in ihren Auswirkungen auf mich, auch da ich selbst nicht objektiv sein kann, sondern stark Neurotiker bin, fürchte, in meiner suggestiven und psychotherapeutischen Arbeit gehemmt zu sein.

An der Chirurgie langweilt mich die Operationstechnik der großen Chirurgie und ich habe in früheren Jahren meine Richtung schon dadurch angezeigt, daß ich den Wunsch hatte: Es wäre schön, wenn du Schwester werden könntest bzw. im Krieg Sanitätssoldat geworden wärest, wenn nicht die anderen Einflüsse und das gegen diese Ideen Ankämpfen diese Einstellung zu einer Unmöglichkeit gemacht hätten.

Ich stelle also fest: Auf Grund meiner sexuell-sadistischen Einstellung ist mir der Komplex der chirurgischen Pflege besonders angenehm. Dadurch, daß ich das Interesse an diesem Sonderzweig sublimiere, wird mir das Studium der gesamten, damit zusammenhängenden Medizin interessant und ich habe unter Umständen eine gewisse erhöhte Arbeitskraft. Jedoch richtet sich dieses Pflegebedürfnis nicht auf Frauen.

Die Idee, auf einer Frauenstation famulieren zu müssen, war mir unangenehm, als ich das erste Mal dem Ziel meiner Wünsche nahe war, d. h. auf der chirurgischen Klinik famulieren wollte. Ich war entschlossen zu erklären, ich wüßte mit den gynäkologischen Untersuchungsmethoden nicht genügend Bescheid und ähnliches.

Während ich bei meinen Freundschaften Männer bevorzuge, die nichts Weibisches, aber etwas Mädchenhaftes haben, also nicht robust sind, ein Typ, der unter den Studenten meiner Gegend sehr häufig ist, ist mir eine gewisse männlich robuste Entwicklung bezüglich meines sadistischen Komplexes durchaus nicht hinderlich.

Während des Feldzuges in der Ukraine war ich sexuell an mehrere Untergebene geknüpft, ohne daß ich dem Trieb nachgegeben hätte, außer in einem Fall, ein Einjähriger, dem ich näher stand und mit dem ich gelegentlich Ringkämpfe produzierte, bei denen ich abreagierte. Übrigens ein Mittel, von dem ich seither des öfteren Gebrauch gemacht habe, wenn die Spannung zu groß wurde, und stets mit momentanem und tagelang anhaltendem gutem Erfolg. D. h. ich kam wieder zu Besinnung, der Trieb ließ nach und ich wurde ruhig.

In der Ukraine habe ich einem Mädchen gegenüber sexuelle Reizungen empfunden und auch ein Verhältnis nach der Art meiner früheren heterosexuellen anzufangen versucht. Grund: Dieses Mädchen hatte einen sehr schönen Bruder meines Männertyps. Ich liebte in der Schwester den Bruder. Dadurch wurde mir die Überwindung der Hemmungen möglich. Wurde aber sehr bald von ihr getrennt.

Sehr eindrucksvoll war mir immer die elterliche Mahnung: „Denke bei allem, was Du mit einem anderen Mädchen tust, was würdest Du sagen, wenn das ein anderer mit Deiner Schwester täte!"

Moral habe ich immer übergenug gehabt. Mein Vater hielt mir Reinhaltung bis zur Ehe als Ziel vor. Er hoffte wohl, ich würde das Ziel erreichen, das er, er deutete es einmal leise an, nicht ganz erreicht hat. Empfahl mir auch, dauernd mich zu verlieben, zu verheiraten, wollte mir die Heirat ermöglichen (während des Krieges). Leider waren mir aber schon alle Wege versperrt und außerdem gab es auch 1000 Gründe außer dem einen Hauptgrund, daß ich keine Frau lieben konnte. Alle Fluchtversuche,

Versuche, mich in Frauen, zu denen ich eine Neigung verspürte, zu verlieben, scheiterten unter völliger Ablehnung durch meinen anderen übermächtigen Teil.

Ich lege Ihnen ein Bild bei. Es ist im Anfang November vorigen Jahres aufgenommen. Darauf war noch ein Freund von mir, gleichaltrig und mir ebenfalls freundschaftliche Gefühle entgegenbringend. Ich wollte ihn ganz besitzen, er war aber schon verlobt, hat inzwischen geheiratet, geht ganz in seiner Frau auf, ich war einmal bei ihnen und merkte, daß ich die Frau zu hassen begann oder zu beneiden, merkte, daß ich ihn an die Frau verloren hatte. Und entfernte mich.

Ich schicke Ihnen das ganze Bild. Ich bin überzeugt, daß ich das tun kann, bitte sie aber, den Teil des Bildes, auf dem mein Freund sitzt, wenn möglich zu vernichten.

Ich bin der blonde links, mein Freund ohne Schnurrbart rechts auf dem Bild.

Ich trage übrigens gescheiteltes Haupthaar, einen kleinen Bart und einen Schnurrbart (kurz gehalten) auf der Oberlippe.

Denselben mag ich nicht abrasieren, weil ich fürchte, dann weibisch auszusehen.

Einen Arzt habe ich noch nie konsultiert. Mein gestriger Besuch bei Prof. X., der mir schon sonst bekannt war, war der erste Versuch in dieser Richtung.

Ich bin Ihr ganz ergebener

Otto N.

Soeben fällt mir ein: Ich habe z. B. im Sommer 1910, also mit 14 Jahren, versucht, meine Fesselungsphantasien in Wirklichkeit umzusetzen, und zwar beim Indianer- und Räuberspielen mit jüngeren Knaben. Dabei war eine gewisse Erregung vorhanden, die aber durch gleichzeitiges Denken meines Erachtens unterhalten war. Solche Versuche sind auch bei Knabenspielen noch öfter von mir gemacht worden, dadurch kam es höchstens zu Erektionen, nie zu Orgasmus oder Ejakulation. Ein ganz altes Erinnerungsbild zeigt mir den schönen Park meiner Heimatstadt, den wir als Kinder besuchten, um da zu spielen: Ein Mädchen, das von Knaben an einen Baum gebunden ist und von ihnen mit brennenden Wattestücken beworfen wird. Das Mädchen muß eine Impfbinde (Zeichen der Wiederimpfung, um die anderen zur Schonung des Armes anzuhalten, bei Schülern üblich) um den Arm gehabt haben und ich habe das Erinnern, daß sie mir wie große, also im Verhältnis zu mir sehr viel ältere Kinder vorkamen. Dieser Vorgang hat mich sehr beschäftigt.

Mein frühestes Erinnerungsbild überhaupt ist das folgende: Ich sitze ganz klein im Wald auf einer Decke. Mein Kindermädchen hat ein helles Waschkleid an, also ein Leinenkleid wahrscheinlich. Sie hat Blaubeeren gesammelt (Heidelbeeren). Hat sich in die gesammelten Blaubeeren gesetzt und hat jetzt auf dem hellen Rock einen großen dunkelvioletten Fleck. Sie steht in gebückter Haltung und ich sehe den großen Fleck auf ihrem hellen Rock. Dies Bild war mir stets erinnerlich.

Hiemit schließt die erste Beichte des Patienten. Ich lade ihn ein, zur Behandlung nach Wien zu kommen, sich unentgeltlich behandeln zu lassen — aber unter der Bedingung, seinen Fall wissenschaftlich verwerten zu können.

Er geht auf meine Bedingungen ein.

Zu seinem Berichte muß ich noch einige Bemerkungen machen. Wir sehen zuerst den Sammeltrieb, der sich in Anlegung einer fetischistischen Bibel äußert. Diese Bibel wird zerstört, nachher wird die Zerstörung bedauert und eine neue Sammlung angelegt. Ferner sehen wir die begleitende Parapathie, die mir in keinem Falle zu fehlen scheint.

Früh treten Angstzustände als Zeichen des inneren Kampfes auf. Die Zahnarztphobie steht im Mittelpunkte des Krankheitsbildes. Wir erkennen daraus, daß der Mund des Kranken eine erogene Zone ist und daß ein Zusammenhang zwischen der genitalisierten Mundzone und dem Fetischismus bestehen muß.

Bemerkenswert sind nächtliche Wanderungen im somnambulen Zustande, die wir in Band VI eingehend besprochen haben und die einen Impuls verraten, der durch die fetischistische Konstruktion gefesselt werden soll. Wir finden auch die Onanie mit masochistisch-sadistischen Phantasien, wir sehen das Abrücken vom Weibe und den Ausbau einer homosexuellen Einstellung. Seine Erfahrungen mit Frauen sind spärlich und laufen alle auf einen Hautkontakt hinaus. Der Koitus wird als Sünde gewertet, wozu der strenge Imperativ des Vaters, der ein Junktim zwischen der Reinheit der Schwester und seinen (d. h. des Patienten) Erlebnissen geschaffen hat.

Sein Vater gab ihm den Imperativ „sich reinzuhalten" und er führte ihn mit Hilfe seiner Paraphilie aus. Der Zwang, den er auf sich ausübte, ist durch die Wahl der orthopädischen Apparate und Bandagen deutlich dargestellt. Er ist wie ein Pferd, das eine Kandare trägt.

Seine stereotypen Träume sind sehr charakteristisch. Er muß wieder zu seiner Kompanie zurück, d. h. er will wieder in die Vergangenheit, ins Jugendland. Er zeigt jene retropulsive Tendenz, die wir in allen diesen Fällen feststellen konnten. Er hat künstliche Beine, ein anderer Traum, womit er seine Parapathie symbolisiert. Überwältigungsphantasien durch Männer tauchen als Indianerträume auf und zeigen den bekannten Charakter der Pubertätsträume. Selbstverständlich durchbricht er im Traume alle asketischen Tendenzen, er trinkt, raucht, ja, er heiratet sogar Nelly, wobei die Gegenwart seiner Schwester zu beweisen scheint, daß die Braut einen Schwesterersatz darstellt.

Bemerkenswert ist hier die zu großer Virtuosität ausgebildete Masturbatio prolongata mit Hinausschieben oder mit Umgehung der Ejakulation. Das rührt nicht allein von der Angst vor dem Samenverlust her. Wir werden im Verlauf der Analyse lernen, daß es sich um ein Spiel handelt, das einen präparatorischen Charakter hat, wie es *Grooß* für die Spiele der Menschen und Tiere nachgewiesen hat. Auch bei der Masturbation begegnen wir dem uns bekannten Phänomen des Druckes auf den Penis, den Patient so stark ausübt, daß er den Orgasmus und die Ejakulation verhindert.

Seine erste Erinnerung — ein Fleck auf dem Kleide seines Kindermädchens — wird später eine bedeutsame Aufklärung erfahren.

Seine spezifische Form des Fetischismus zeigt eine Ausbildung, wie sie eigentlich nur bei einem Arzte auftreten konnte. Sicherlich hat seine Paraphilie seine Berufswahl determiniert.

Die Analyse dürfte großen Schwierigkeiten begegnen, da Patient analytisch vorgebildet ist. Schon die einleitenden Präliminarien geben uns einen Vorgeschmack künftiger Kämpfe.

Patient kommt unter ungeheueren Widerständen zur Behandlung. Zuerst setzte die Entwertung ein. Auf meine Aufforderung, nach Wien zu kommen und sich hier als Kollege unentgeltlich behandeln zu lassen, geht er freudig ein. Aber er findet die Aufmachung meines Briefes lächerlich und reklamehaft.[1]) Er schreibt einen Expreßbrief, der nicht ankommt. (Wahrscheinlich war die Adresse derart geschrieben, daß er nicht ankommen konnte. Symptomhandlung.) Er wird wütend. Ich lasse ihn warten. Endlich schreibt er einen zweiten Brief, der sein Ziel erreicht. Er versprach, alle Träume gewissenhaft zu notieren, ohne daß ich es verlangte. Aber von diesem Momente an kann er sich kaum einen Traum merken. Er hat alle am Morgen vergessen.

Er erinnert sich nur an „Lautetraume". Er lebt jetzt in seiner Laute. Er hat sich die Laute angeschafft, um eine Ablenkung zu haben, da er fürchtete, ganz in seine fetischistischen Phantasien zu versinken. Er strebt nach den Idealen. Gerade weil er als halber Slave in Deutschland lebt, will er den Deutschen ein Muster geben. Er will besser sein als alle die Deutschen und schon aus diesem Grunde möchte er alle krankhaften sinnlichen Regungen überwinden.

Beschäftigen wir uns zuerst mit drei Träumen, die er aus der ganzen Zeit zwischen dem ersten Briefe und seiner Ankunft (3 Wochen!) retten konnte:

Er träumte also vor der Behandlung:

1. Ich hatte meiner Mutter meine Laute zur Reparatur gegeben. Meine Mutter kam zurück und gab mir die Laute. Da waren falsche Wirbel eingesetzt. Da sagte ich: Das sind doch nicht die richtigen Wirbel. Ich muß sofort hingehen und sehen, daß ich meine Wirbel wieder bekomme. Da bin ich an der Ecke an dem Musikladen. Da sind große Schmutzhaufen von altem Schnee und Schmutz. Dabei waren zwei Männer vom Abfuhrwesen. In dem Schmutz lagen alle möglichen Wirbel von allen Größen. Die meisten waren aber von der Größe der Kontrabaßwirbel. Ich fragte, ob ich nach meinen Wirbeln suchen dürfte. Da sagten die: Ja. Ich fing zu suchen an und konnte die passenden nicht finden.

2. Es waren sehr viele Menschen zusammen. Es war wie auf einer Tagung von Wandervögeln. Wir wollten aufbrechen und ich fand meine

---

[1]) Nachträgliches Geständnis. Ich gebrauchte ein altes bescheidenes Briefpapier meiner amerikanischen Monatsschrift „Psyche and Eros".

Laute nicht. Ich suchte und sah überall Lauten von den unglaublichsten Formen herumliegen. Dazwischen lagen auch — wie ich glaube — Leichenteile. Ich hatte meine Laute auf einmal und ein Junge, den ich nicht näher erkannte, nahm sie mir wieder fort und wollte sie mir trotz meines Protestes nicht wiedergeben.

3. Ich stehe vor einer Kompanie. Ich war Fähnrich. Der Großherzog mit seiner Frau und anderen stand rechts von mir auch vor der Front. Ich sollte dann eine Predigt halten und ich wußte, daß sie darüber lachen würden. Ich habe dann auch gesprochen, ich weiß nicht, ob ich beabsichtigte, komisch zu wirken, aber es wurde dauernd gelacht. Dann traten die weg und ich blieb allein zurück. Ich folgte ihnen dann und konnte den Weg, den ich eigentlich genau wußte, nicht finden. Einmal glaubte ich, im Büro des Norddeutschen Lloyd oder überhaupt einer Schiffahrtsgesellschaft zu sein. Dann ging ich auf den Weg, aber er war falsch und führte auf einen Abort, der nach einem sehr häßlichen dunklen Hintergebäude offenbar führte . . . . Eine Unterbrechung . . . . Ich gehe mit 3 Freunden auf einem (richtigen) Wege. Wir sind auf der Wanderung. Plötzlich muß ich aus irgend einem Grund den ganzen langen und schmalen Feldweg zurücklaufen. Die anderen warten auf mich. Wie ich dann wieder zu ihnen hinsehe, ist rechts und links vom Weg der Nachlaß von *Ernst Haeckel* aufgebaut. Es waren lauter Knochen und Bronzefiguren und anderes — fast wie in einem Museum. Ich wollte mir etwas mitnehmen, es war mir aber alles zu schwer. Ich war schon voll bepackt. Schließlich steckte ich 2 ganz kleine Figuren und ein kleines Zentimetermaß ein und kam dann wieder zu meinen Freunden, die auf mich warteten.

Die Träume sind zum großen Teil Widerstandsträume und werden verständlich, wenn man weiß, daß die Laute seine Seele und seine Sexualität darstellt. Im ersten Traume merkt er, daß seine Seele nicht die richtigen Wirbel hat. Seine Wirbel sind alle im Schmutz zwischen anderen Wirbeln. Seine Seele ist befleckt. Er findet nicht die passenden Wirbel. Das drückt sein Mißverhältnis zum Leben aus. Er hat noch nicht den richtigen Weg gefunden. Wollen und Können zeigen ungeheure Gegensätze. Die Wirbel, die er findet, sind zu groß zu seiner Laute . . .

Ferner Beziehungen seines Leidens zu seiner Mutter. Die Mutter hat ihm das Leben gegeben, aber er kann es nicht verwenden. Die materiale Deutung ist noch unverständlich.

Im zweiten Traume ist das Leben als eine Wanderung dargestellt. Er kann seine Seele nicht finden. Es gibt unglaubliche Menschen, verschiedene Formen (er interessiert sich für Psychologie). Seine Laute besitzt ein Junge. (Sein Infantilismus, seine Jugend.) Er hat seine Seele und seine Sexualität an die Jugend verloren. (Fixation an infantile Eindrücke.)

Im dritten Traume bricht im Beginne seine Frömmigkeit durch, die ja in keinem Falle von Fetischismus fehlt. Dabei hat er die Angst, sich lächerlich zu machen. Er fürchtet, ich könnte mich über seine Absonderlichkeiten belustigen. Seine Familie (der Großherzog) versteht ihn nicht. Sein Vater hat keine Ahnung von seinem Leiden. Er hat ihm auch nicht mitgeteilt, warum er nach Wien gefahren ist. Er würde lachen oder verzweifelt sein. Darum ist er allein und kann den Weg nicht finden. Er muß die Lebensreise (Lloyd) in die neue Welt *(Stekel)* allein machen. Er fürchtet, er werde bei mir moralisch erzogen werden, sagt sein bewußtes Denken. Im Traume fürchtet er, ich werde ihn auf einen Abort führen, ich werde ihn zum Weibe bringen und unmoralisch machen . . . Er muß eine Weile zurückgehen. (Analyse, der Weg in das Infantile.) Aber nur eine kurze Weile. Dann kehrt er auf seinen alten Weg zurück. (Die drei Freunde ein Symbol seiner Parapathie.) *Ernst Haeckel* steht für *Wilhelm Stekel*. *Haeckel* ist ihm wegen seiner mannhaften politischen Haltung sympathisch, aber als Gelehrten schätzt er ihn nicht sehr hoch. Er ist tot. Er wirft mich schon im vorhinein zu den Toten. Er will sich nicht mit meiner ganzen Wissenschaft beschweren. Er will sich nur einige kleine Bronzefiguren mitnehmen und ein kleines Maß (infantiles Maß); dann wird er zu seinem Leiden zurückkehren.

Das gibt freilich schlechte Aussichten für die Analyse . . .

Er hat natürlich wie die meisten Fetischisten eine Bibel, eine Sammlung von Bildern und Auszügen aus Büchern, die er beim Onanieren benützt. Er hatte schon sechs derartige Sammlungen verbrannt. Allerdings nach heftigem Kampfe und unter den schwersten Widerständen. Kürzlich hat er eine solche Sammlung abgelegt, die er mir übergibt. Es sind Ausschnitte aus orthopädischen Büchern und Zeitschriften. Er wird rasend vor Verlangen, solche Bilder zu besitzen und schreckt selbst vor dem Diebstahl nicht zurück, um in den Besitz eines schönen Stückes zu kommen. Er leidet Höllenqualen und findet keine Ruhe, ehe er es besitzt. Neuerdings fertigt er sich die Zeichnungen auch selbst an. Wir haben eine sehr charakteristische Reihe seiner Schöpfungen vorgeführt. Die Bilder werden von ihm verändert, wenn sie ihm nicht passen. Frauen werden in Männer, Mädchen in Knaben verwandelt. Er meidet alle weiblichen Bilder als Sexualreiz.[1]) Frauen reizen ihn nicht. Die Sammlung bringt eine Menge von adaptierten Bildern, die er für seinen Zweck verändert. Er schneidet Köpfe und Beine ab und ersetzt sie durch andere. Das Ausschneiden hat einen gewissen Reiz für ihn. (Verkappter Sadismus.) Haare werden abgeschnitten, so daß ein Mädchen in einen Buben verwandelt werden kann.[2]) (Siehe die Bilder **Fig. Nr. 25** bis Fig. Nr. 31.)

In den eigenen Bildern spielt der Zwang durch ein herrschsüchtiges Weib die größte Rolle. (Siehe die eigenen Zeichnungen Fig. 38 bis 43.)

In diesen Bildern unterwirft er sich dem Weibe, während er es im Leben verachtet und — fürchtet.

Patient leitet die Behandlung durch eine „Traumdiarrhoe" ein. Er kränkt sich, daß er die ganze Zeit so wenig geträumt hat, nimmt sich vor, auf die Träume aufzupassen, hat unruhigen Schlaf und kritisiert während des Traumes seinen Traum, ja beginnt ihn beim Erinnern zu analysieren. Diese Träume haben keinen großen Wert und solche Schwierigkeiten hat man immer, wenn man Ärzte analysiert, welche genaue Kenntnis der Analyse haben. Die Unbefangenheit ist verloren gegangen. Der Antagonist spielt gegen den Analysator. Trotzdem erhalten wir von diesen Träumen einige Aufklärungen.

---

[1]) Wir werden später sehen, daß diese Darstellung unrichtig ist. Er hat früher verschiedene weibliche Objekte seinen Sammlungen eingefügt.

[2]) Diese Verwandlung ist sehr wichtig und zeigt, daß die Buben mitunter Mädchen repräsentieren können.

Ich teile erst die Träume mit:

1. Ich habe eine ganze Reihe von Porzellanfiguren, die ich selbst gemacht habe. Sie sind bunt und viele haben mit kleinen Heiligenfiguren oder großen Zinnsoldaten Ähnlichkeit. Wenn ich sie anfasse, sind sie sehr zerbrechlich.

Zu einer Serie ist auch ein Karton mit Zeichnungen. Ein Trompeter bläst, hinter ihm steht der liebe Gott und der Teufel. An drei Gruppen sieht man den Effekt des Blasens. Drei Zeichnungen, von denen eine einen Trompeter zeigt, den das Trompeten gerade beim Verrichten seines Bedürfnisses getroffen hat, veranlassen mich dann am Ende des Traumes zu der Bemerkung: Wenn *Freud* das sehen würde, würde er natürlich sagen: Loch.

Vorderhand fand sich aber an den Gruppen gar nichts Erotisches oder Sexuelles.

2. Ich befühle mein Kinn und finde, daß ich eigentlich schon wieder ziemlich rauh bin, trotzdem ich mich erst gestern rasiert habe.

3. Ich will mit einem anderen zu einer Gesellschaft gehen, die in irgend einem Lokal im Freien sitzt. Wir kommen zu einem breiten Fluß. Ein Bollwerk aus breiten Bretterbohlen; wie wir herauftreten, stellen sich einzelne Bretter hochkant, so daß ich ängstlich werde. Der andere redet mir zu. Wir sind über einem Sumpf. Ich mache absichtlich lächerliche Bewegungen, um meine Angst zu verbergen. Falle mehrfach. Von der anderen Seite kommt Familie Wagner angegangen. An der Spitze geht der verstorbene Herr Wagner. Die Frau Wagner sagt, mein Mann ist nicht tot. Ich habe das Gefühl, du darfst ihn nicht ansprechen! Dann müssen wir hinübergegangen sein und es folgt der Figurentraum.

4. Jugendversammlung. Ich trage eine Matrosenbluse und Kniestrümpfe und -hosen. Fühle mich sehr wohl.

Allmählich merke ich, daß die Bluse mir nicht paßt. Sie verändert sich. Ich habe mein graues Hemd an. Will mir einen Riemen umgürten. Er ist zu kurz. Wache auf.

5. Wir liegen im Freien. Ein Mädchen soll sich für einen von uns entscheiden. Ich wünschte, sie täte es für mich. Schwache Erinnerung an Fräulein Sänger. Als sie es tut, ist es Rosa, eine Jugendbekannte, die mir immer herzlich gleichgültig war. Und ich sage zu einem anderen, der mir eine Bemerkung macht: Gott, die kenne ich schon von meinem 2. Lebensjahr an.

Der erste Traum ist sehr charakteristisch. Seine neurotischen Spielzeuge (sein Infantilismus!) werden symbolisiert durch Porzellanfiguren, die halb Spielzeug, halb Religion (Heiligenfiguren!) darstellen. Er zittert für seine Fiktionen. Sie sind sehr zerbrechlich — die kleinen Porzellanfiguren. Die Zeichnungen beziehen sich auf den Karton mit Zeichnungen, den er mir gestern nach hartem inneren Kampfe übergeben hat. Ein Normalmensch wird die Größe eines solchen Opfers nicht begreifen können. Die Bipolarität der Psyche wird durch Gott und Teufel ausgedrückt. Den Trompeter faßt er anagogisch als die Stimme Gottes auf, die ihn auffordert, die Parapathie zu zerstören. (Die Trompeten von Jericho.) Die drei Gruppen stellen Defäkationen dar. Es ist so, als ob der Trompeter die Defäzierenden auffordern würde, das schmutzige Geschäft aufzugeben. Man sieht deutlich die Beziehungen zum Analkomplex. Patient behauptet, daß die *Freud*sche Trias der Analerotiker: „Sparsam — trotzig — ordnungsliebend" auf ihn auffallend stimme. Er hat in der Jugend Freude an Spielen mit dem Flatus gehabt, sogar den Schwefelwasserstoff seines Leibes in einer Flasche aufgefangen, um ihn zu entzünden, belustigte sich im Bade an den aufsteigenden Blasen der Gase, hatte deutliche Lustgefühle beim Defäzieren, hielt sogar den Stuhl zurück, um das Lustgefühl zu verstärken. Die Bemerkung, die er im Traume über *Freud* macht, richtet sich gegen mich und soll die Beziehungen zum Anus entwerten und lächerlich machen.

Der zweite Traum drückt eine Festsellung aus, daß die bisherige analytische Reinigung (Rasieren) noch keine Erfolge gehabt hat.

Im dritten Traum wird seine Sexualität als breiter Strom dargestellt. Er hat sich gegen die Strömungen seiner Seele durch ein Bollwerk (Parapathie) geschützt. Die Bretter sind nicht sehr fest und er hat Angst, seine Parapathie aufzugeben und in den Sumpf zu fallen. Bisher hatte er sich ja von jeder Aktivität nach Möglichkeit ferngehalten. Er fürchtet, durch die Analyse verführt zu werden. Wir sehen den Sinn des Fetischismus: Schutz vor dem Weibe und vor der aktiven Sexualität. Er findet, daß er sich mit dieser Angst lächerlich macht und hat die Selbsterkenntnis, daß sein Bemühen, diese Angst zu verbergen, lächerlich ist. Die Familie Wagner steht für seine Familie. Er hat seinem Vater, der das Haus tyrannisierte und die Mutter beherrschte, oft den Tod gewünscht. Er träumte häufig schon als Kind, daß der Vater gestorben sei, hatte im Traume ein drückendes Schuldbewußtsein, als ob er den Tod verursacht hätte, und erwachte immer glücklich, daß es nur ein Traum war.

Sein Verhältnis zum Vater, der auch im ersten Traum vorkommt (Nachtrag: Hinter Gott und dem Teufel steht der König!) ist ein sehr merkwürdiges. Er hat einen körperlichen Widerwillen gegen seinen Vater. Er hat vor ihm eine unerklärliche Scheu und kann mit ihm nicht in einem Zimmer bleiben. Wenn der Vater ihn umarmt, so erstarrt etwas in ihm. Er kann nicht zärtlich mit ihm sein. In der Ferne anerkennt er seine Verdienste und Vorzüge. Aber wenn er den Vater nackt sah, hatte er ein Grauen. Er machte auch dem Vater Vorwürfe wegen der Erziehung und mißt ihm (wie er einsieht ungerechter Weise) eine Schuld an seinem Leiden bei. Vater war zu Hause der Papst und jedes Wort war ein heiliges Gesetz. Die Mutter liebte Otto immer ganz außerordentlich und nahm stets für sie gegen den Vater Partei. Seine ältere Schwester ist parapathisch (Waschzwang), verkehrt nicht mit Männern, die mittlere ist das einzig wirkliche weibliche Wesen in der Familie, darum hat sie früh geheiratet, die jüngste ist auch sehr „sonderbar" (Waschzwang, Infantilismus, Naivität gemengt mit Zynismus). Im Traume überschreitet er die Schranke und kommt dann erst zu Traum 1.

Traum 4 ist deutlich infantil. Er hat Kinderkleider an und das Wandervogelhemd. Das Hemd paßt nicht recht zum Kragen, der Riemen ist zu kurz. Das Mißverhältnis zwischen seiner Parapathie (Infantilismus) und den Forderungen des Lebens ist symbolisch dargestellt. Der Riemen symbolisiert wieder einen Zwang. Er wächst aus seinen infantilen Einstellungen hinaus; er will sich anderwärts einschnüren. Graues Hemd — Riemen = Büßerhemd, Mönchsschnur.

Nun zu Traum 5. Fräulein Sänger ist das einzige Mädchen der letzten Jahre, das auf ihn einen gewissen sexuellen Eindruck gemacht hat. Er war jedoch immer bestrebt, Mädchen, die ihm gefallen, zu entwerten und zu asexualisieren. Es gelingt auch in diesem Traume. Sie wird zu Rosa, die ihm immer gleichgültig war. Spätere Traumanalysen müssen zeigen, welche Beziehungen Rosa zum Schwesternkomplex hat . . .

Er ist sich seiner Widerstände bewußt. Es ist ihm, als ob er früher einen Schlüssel zu seinem Innern gehabt hätte und als ob dieser Schlüssel verloren gegangen wäre. Er versinkt immer mehr in seine Phantasien und entfernt sich von jeder Realität — auch in homosexueller Richtung. Er meidet speziell den Orgasmus. Er hat sich die Onanie so eingerichtet, daß er bei der Vorlust bleibt. (Er unterdrückt ja den Orgasmus und die Ejakulation durch einen sehr kräftigen Druck auf die Peniswurzel, womit er den Zwang symbolisiert.) Sein letztes Abenteuer hatte er mit einem Patienten. Ein Mann konsultierte ihn, der von Onanie und Homosexualität befreit werden wollte, und zwar durch Hypnose. Er war sehr leicht zu hypnotisieren. In der Hypnose erlebte der Patient seine homosexuellen Phantasien. Er entblößte sich und onanierte, doch ließ es der Analysand nie zum Orgasmus kommen. Der Patient griff auch an den Penis des Hypnotiseurs. Er ließ ihn im Anfang gewähren — angeblich aus Zwecken der ärztlichen Beobachtung; erst als der Patient kühner wurde, gab er ihm den strengen Befehl abzulassen.

Otto zeigt eine Reihe spezifischer Infantilismen. Er kann den Geruch bestimmter Personen nicht ausstehen. Sein Vater und seine Schwester riechen ihm unausstehlich. Mancher Geruch von Kameraden bringt ihn zur Verzweiflung. Der spezifische Vaginalgeruch der Frauen ist ihm besonders ekelhaft. Er riecht aber die eigenen Sekrete zwischen den Zehen und sein Smegma sehr gerne. Seine Paraphilie hat innige Beziehungen zum Riechtrieb.

— — — — — — — — — — — — — — — — — —

Patient ist natürlich feindselig gegen mich eingestellt. Er haßt alles, was an einen Philister erinnert. Ich werde auch unter die Philister und Spießer eingereiht. Ich rauche während der Analyse eine Pfeife. Das ist Spießertum. Alles Zufriedene ist Spießertum. Jeder, der ehrgeizig ist, ist ein Spießer. Er will um Gottes willen nicht der Masse gleichen. Er will sich unterscheiden und seine eigenen Wege gehen.

Die Widerstände gegen die Behandlung drücken sich in dem folgenden Traume aus:

> Ich treffe vor den Postfächern den Oberstleutnant Vormann. Er gibt mir die linke Hand und drückt mir meine linke Hand sehr kräftig. Ich fühle, wie meine Hand ganz schwach in der seinen liegt. Er findet das jammervoll und faßt meine rechte Hand mit der linken. Ich versuche aus allen Kräften zu widerstehen, aber er drückt mir auch die rechte zusammen.
>
> Dann faßt er mit beiden Händen meine beiden Hände. Ich habe das Gefühl, er drückt sie mir aus den Handgelenken und will protestieren. Ich erwache mit dem Gefühl, daß mein Unterkiefer nach vorne verrenkt ist.

Er träumte den Traum am Nachmittag, nachdem er zwei Briefe geschrieben hatte. Der eine ging an den Vater und verlangte eine Erhöhung des Monatsbeitrages. Der zweite an die Schwester und behandelte die Frage, ob er seinem Vater — wie ich es geraten hatte — von seinem Leiden Mitteilung machen sollte oder nicht. Er teilte auch der Schwester meine Prognose mit, daß er nach 14 Tagen die Flucht ergreifen werde.[1])

Jetzt wenden wir uns zur Traumanalyse. Vormann ist ein Offizier, der schön, schlank, blond, energisch, für ihn das Vorbild eines Urgermanen darstellt. Er ist ein schneidiger Mensch. Im Traume war er um zwei Köpfe größer als unser Patient, der mit seinem Wuchse nicht zufrieden ist. Er möchte gerne größer sein. Er blickt gerne nackt in den Spiegel, bewundert sich zuweilen, zuweilen findet er Fehler. Vormann, ein Mann, der ihm v o r ist, stellt sein „I d e a l - I c h" dar. Er möchte gerne das Höchste erreichen, seine Triebe bewältigen; seine Triebe, besonders die linke Seite, werden durch seine ideale Forderung gebändigt und er gibt willenlos nach, obwohl er innerlich protestiert. Jetzt sind ihm beide Hände gebunden. Sowohl die normale (rechte) Befriedigung wie die Paraphilie (linke) ist ihm ganz verschlossen. Seine asketischen Tendenzen drängen zu völliger Entsagung. Er raucht nicht, er würde gerne Vegetarier sein, was im Kriege und nachher sehr schwer möglich war. Er weiß aber, daß er sich durch seine ideale Forderung ganz deformiert hat. Er hat wohl erreicht, daß er kein Spießer ist, aber um welchen Preis! Seine Handgelenke sind überdreht, sein Unterkiefer verrenkt, er kann nicht handeln und nicht sprechen.

In zweiter Determination ist Vormann der Vater und sein Stellvertreter der Analysator. Sein Vater hat ihm beide Hände gebunden. Er hat den Einfall, daß Vormann die linke Hand benützt, weil er etwas „Unrechtes" begehen will. Wir können also annehmen, daß die Berührung eine verbotene sexuelle ist, die er vom Arzte erwartet, wie alle Patienten mit der gleichen Vatereinstellung. Er bewunderte seinen Vater und war unglücklich über den Zwang im Hause. Dieser Zwang wird hier bildlich dargestellt. Aber auch der Zwang durch mich, der ich ihm Vorschriften gebe, willenlos mache und ihn jammervoll finde. Selbstverständlich kann er mit einem verrenkten Unterkiefer nicht reden und die unangenehme Analyse ist beendet. Ich werde ihn noch mehr verrückt machen, als er es schon ist. Das ist der Sinn des Traumes, der seine Spitze gegen mich richtet. Er will protestieren. Sein schwacher Protest geht unter, er ist willenlos, er muß seine Parapathie opfern.

Wunderschön ist das uns bekannte Druck- und Zwangssymptom des Fetischisten in diesem Traume ausgedrückt.

Es folgen eine Reihe Einfälle. Er berichtet erst über verschiedene stereotype Träume. Oft träumt er, daß er mit der Geschwindigkeit eines Torpedos durch das Wasser schwimmt, wie überhaupt Schwimmerträume sehr häufig sind. (Spermatozoenträume?) Sein typischer Eisenbahntraum ist, daß er in einen falschen Zug eingestiegen ist, daß er sein Gepäck nicht finden kann, daß er das Wichtigste einzupacken vergessen hat. Wie er einsteigen will, sind alle seine Koffer und Säcke von fremder Hand geöffnet. Auch das sind charakteristische Fetischistenträume. Der Zug ist seine Lebensreise. Er kann sein Ziel nicht erreichen, seine Richtung nicht finden, er hat sich für die Reise nicht genügend vorbereitet. Die Angst vor dem Verrat und dem Erkanntwerden äußert sich in der Angst, seine Koffer könnten geöffnet werden.

[1]) Eine solche Mitteilung ist ein Mittel, um den Fluchtreflex abzuschwächen. Aus Trotz bleiben die Patienten in der Behandlung. Auch arrangieren es solche Kranke so, daß sie ohne Geld bleiben und den Arzt um Darlehen ersuchen, ganz entrüstet sind, wenn er es ablehnt. Darüber wird der Kranke auch aufgeklärt.

Er hat wie alle Ehrgeizigen Schwebe- und Fliegeträume. Er träumt auch oft von einem Sturz in die Tiefe. Er erinnert sich an einen solchen Traum, den er noch vor der Behandlung hatte und der einen ziemlichen Eindruck auf ihn machte. Es ist einer seiner stereotypen Reitträume:

Reite zunächst bei einer Kompanie vorbei, deren Offiziere ich grüße. Die Landstraße wird dann immer schmaler. Ich sitze auf einem ehemaligen Mitschüler als Pferd. Wir sind auf einer schwindelnd hohen Brücke, deren Pfeiler die hohen Baumstämme bilden, und die Brücke ist auch nur ein Baumstamm. Ich klammere mich an. Er springt herunter in das Flußbett. Es dauert 4 Sekunden, er ist trotz der Felsblöcke gut angekommen. Ich weiß nicht, ob ich springen soll, bin in großer Angst. Zurück kann ich auch nicht.

In diesem Traume drückt er die Vergewaltigung des zweiten Ich durch einen Mitschüler aus, auf dem er reitet. (Zugleich ein homosexuelles Bild.) Der Sturz in die Tiefe und das langsame Fallen des Kameraden, die große Angst ergänzen das Bild. Ähnliche Träume mit langsamen Springen aus schwindelnder Höhe kommen häufig vor.

Er hat wilde Triebe, gegen die er sich schützen muß. Welches sind diese Triebe? Vielleicht erhält man einen Anhaltspunkt, wenn man weiß, daß er vor dem Einschlafen in die Decke oder ein Taschentuch beißen muß, daß er Nägel beißt, daß er die üble Gewohnheit hat, des Nachts mit den Zähnen zu knirschen. Auch muß er vor dem Einschlafen die Decke fest gegen den Bauch drücken. (Erinnerung an das Eingewickeltwerden als Säugling?)

Als Knabe stahl er „tüchtig" und kaufte sich dann Näschereien. Er kann nichts wegwerfen. (Angst, die Parapathie zu verlieren.) Er erhielt als Kind zahllose Einläufe oder Abführmittel, wurde zur Analsexualität erzogen. Seine Temperatur wurde bei jeder Gelegenheit im After gemessen.

Er zeigt bis in die jüngste Zeit allerlei Infantilismen. Er aß gerne den Nasenschleim oder die Nasenkruste, interessierte sich für alle Sekrete und Exkrete. Er steckte sich alles Mögliche und Unmögliche in seine Körperöffnungen. Unter anderem eine Bohne in die Nase und ins Ohr. Die letztere wurde nach Jahren zufällig von einem Spezialisten entdeckt.

Wir haben oben auf die Spuren des Kannibalismus (Beißen der Decke) hingewiesen. Dazu stimmt, daß er gerne das eigene Blut leckte und die Fleischspeisen immer als Tierleichen bezeichnete, stets den Kollegen sagte: „Ich bestelle mir jetzt eine Tierleiche vom Kalb" etc.

Er hatte die Gewohnheit (noch als 14--15jähriger Bub), vor dem Einschlafen mit sich im Bette zu reden. Er sprach sich an und es gab Rede und Gegenrede. Manchmal kam er ins Heulen, so daß seine Mutter bei ihm erschien oder ihn zu sich rief, um ihn zu trösten.

Er möchte immer ein Held sein. Im Felde ging er im Granatenregen spazieren, um seinen Mut zu beweisen, und zweifelte dabei, ob er wirklich mutig wäre oder sich das nur vormachte.

— —

Wir stoßen hier auf einen primitiven Sadismus, den wir in allen Fällen von analysiertem Fetischismus feststellen konnten. Seine Spaltung der Seele wird durch Rede und Gegenrede ausgedrückt, eine Erscheinung, die bei vielen Zwangsneurotikern zu finden ist und ihre besondere Art des Denkens ausdrückt. Es handelt sich um die zwei Pole: Primitiver Mensch und Kulturmensch. Der Sturz in die Tiefe, einer seiner stereotypen Träume, ist der Fall von der Höhe der Kultur in die Tiefen der Bestialität.

— —

Er träumte:

Ich traf meinen Patienten auf der Straße. Er wollte wieder hypnotisiert werden und wurde zudringlich. Ich wehrte ihn kühl ab.

Der Arzt, der sich bei mir als Patient fühlt, sieht sich im Traume in der Rolle des Herrschenden. Er hat auch die Widerstandskraft, die homosexuellen Anträge seines Kranken kühl zurückzuweisen. Er ist wieder in seiner Heimat. Er analysiert andere und seine Analyse ist vorüber . . .

Er spricht über seine pathologische Angst vor dem Zahnarzt. Sie begann schon im frühen Kindesalter. Nun hat er eine Menge kariöser Zähne. Er stellt sich in seiner Phantasie immer vor, daß er hingeht. Er war vor drei Monaten bis zur Tür eines befreundeten Zahnarztes gekommen und fand nicht den Mut, anzuläuten. Unter seinen Phantasien spielt auch ein Sarkom des Kiefers eine Rolle. Wichtige Frage, ob er sich in einem solchen Falle operieren lassen solle oder nicht. Er schämt sich vor dem Zahnarzt. Was wird er sagen, wenn er diese Menge fauler Zähne sieht? Die faulen Zähne sind ihm ein Selbstschutz gegen jeden Kuß. Was wird sie oder er denken, wenn ein fauler Geruch beim Küssen bemerkbar wird? Wird der Partner nicht Ekel empfinden?

Im Kriege, während dessen er ja immer seinen Mut beweisen wollte, kam ihm die Idee, wenn er Zahnschmerzen hatte: „Du darfst dir nicht den Zahn ziehen lassen, sonst wirst du am nächsten Tage fallen." Wir sehen hier eine Assoziation zwischen Zahn und Tod, was ja dem allgemeinen Volksglauben entspricht. (S. „Sprache des Traumes", das Kapitel der Zahnträume.[1])

Er ist sehr abergläubisch und religiös. Er ist Protestant, liebt es aber, in katholische Kirchen zu gehen, die ihn „mystisch" sehr anregen. Mit Hilfe seines Glaubens und Aberglaubens hat er sich allerlei Junktims geschaffen, um nicht zum Zahnarzte zu gehen. Der Zahnarzt scheint sein Zentralproblem zu sein. Er hat häufig Zahnträume. Jemand schlägt ihn auf den Mund und bricht ihm einen Zahn aus. Oder: Er soll zum Zahnarzt gehen, es gibt allerlei Hindernisse, er ist vor der Tür, aber geht nicht hinein.

Das Schmerzen der Zähne verschafft ihm auch Lust. Er saugt gerne an den schmerzenden Zähnen. Es macht ihm Spaß und dabei fühlt er ein intensives Kitzeln in der Spitze des Penis.

Er dachte schon daran, sich selbst die faulen Zähne zu extrahieren. Je länger es dauert, desto mehr schämt er sich vor dem Zahnarzte. Die Karies der Zähne ist ihm ein Symbol seiner faulen Seele. Die Idee, dem Zahnarzte ausgeliefert zu sein, ist ihm unerträglich. Er fürchtet den Bohrer noch mehr als die Zange. Schon das Schleifen eines Messers ist ihm unerträglich, geschweige das Bohren eines Trepans. Er verträgt auch nicht das Geräusch der Schädeltrepanationen.

[1]) Verlag J. F. Bergmann, München 1922. II. Aufl.

Er zeigte schon in der frühen Jugend einen „Schädelkomplex". Er pflegte den Disteln die Köpfe abzuhauen und sich dabei Feindesschädel vorzustellen.

Er hat einen ausgesprochenen Zerstörungstrieb. Er zerbrach oft Flaschen, Töpfe und andere Gegenstände, wobei das Kitzeln in der Harnröhre auftrat. Auch in der Marterkammer (in Kastans Wachsfigurenkabinett in Berlin) fühlte er Lust gemischt mit Ekel und Grauen. Er war als Knabe in einen Hermeskopf verliebt, den er bekleidete und sogar bemalte, um ihm mehr Leben einzuhauchen. Das Sezieren interessierte ihn anfangs gewaltig, später ließ das Interesse — wie bei allen seinen Beschäftigungen — nach.

Er ist immer unruhig, er kann nirgends sitzen bleiben, es treibt ihn ruhelos herum. Bei den ersten Präparierübungen im Seziersaale kam eine köstliche Ruhe über ihn. Leider verlor sich die Ruhe bald.

Er wurde wieder unstet. Er kämpfte einen stetigen Kampf zwischen Pflicht und Paraphilie. Er hörte plötzlich auf zu studieren und beschäftigte sich mit seinen Zeichnungen und Ausschnitten. Er hat übrigens auch vor einem Buche über Kieferbehandlung im Kriege onaniert, und zwar vor den Bildern mit den Kieferverbänden und Kieferprothesen.

Sein Mundknebel (Fig. Nr. 39, S. 435) zeigt schon sein Interesse für Mund und Schlund. Er hat eine ausgesprochene Mundsexualität. Er war lange Lutscher und Nägelkauer. Er liebte Schleckereien und Zuckerwerk, rauchte im Kriege leidenschaftlich. Aber er verschwor sich mit einigen Kameraden, alle Süßigkeiten aufzugeben. Immer siegt seine asketische Tendenz über sein Verlangen. Er hat häufige Zuckerlträume. Er kommt in reich ausgestattete Konditorladen und trägt Düten voll nach Hause. Ähnliche Träume hat er auch von Briefmarkenhandlungen. Er war leidenschaftlicher Markensammler und hat auch viele Stücke für seine Sammlungen gestohlen.

Eines der ersten Bücher, die er in die Hand bekam, war die Bibel von *Doré*, die er mühsam buchstabierte. Er erstaunte immer, wenn er G o t t oder J e h o v a mit den großen Lettern sah und buchstabierte G—o—t—t. Die Bilder von *Doré* regten ihn furchtbar auf. Er sah alle möglichen Greueltaten und glaubt in diesem infantilen Eindrucke eine der Wurzeln seines Leidens zu erkennen.

Er hat eine dunkle Erinnerung, als ob er als kleiner Knabe unter den Rock eines Dienstmädchens gekrochen wäre. (4.) Mit seiner älteren Schwester, mit der er lange das Zimmer teilte, raufte er sehr viel. Sie war lange Zeit die Stärkere, bis das Verhältnis sich verkehrte. Dann fand sie keinen Spaß mehr daran. Die Raufereien hörten auf. Er sollte jetzt in R. wieder ihr Zimmer teilen und wehrte sich dagegen. Ihre Ausdünstung ist ihm unangenehm. Er verträgt die Luft in ihrem Zimmer nicht. Sie ist offenbar das Vorbild der Gouvernante auf den Bildern (Fig. 38). Sie trug vorübergehend ein Lorgnon und benützt einen Zwicker. Die Schwester leidet an allerlei Beschwerden.

Sie wollte von ihm hypnotisiert werden; er möge in der Hypnose nach dem Vorbild von *Forel* ihre Menstruationsbeschwerden beheben. Die Hypnose gelang nicht . . . Offenbar ist der Patient des Hypnosetraumes (S. 454) seine Schwester und nicht Herr C. . . .

Als Kind hatte er eine lebhafte Phantasie und mußte den Kindern immer Märchen erzählen. Das war in einem Garten, wo sich auch ein offener Locus befand, für den er ein sehr großes Interesse hatte. Er kontrollierte mit großem Interesse die verschiedenen Formen und Farben der Fäces.

— —

Eine seiner frühesten Kindheitserinnerungen (2—3) ist eine Kinderheilstätte. Seine Schwester war an Masern erkrankt, er wurde in die Heilstätte gebracht und sah dort einen Knaben, der keine Arme hatte (sie waren beide amputiert), was auf ihn sehr starken Eindruck machte.

Er kämpft gegen einen lächerlichen Gedanken. Er kam doch nach Wien, um seine Paraphilie zu verlieren. Er denkt immer nach: Was habe ich dann vom Leben? Wie werde ich meine Befriedigung finden? Vor Frauen habe ich einen Abscheu, sie sagen mir zumindestens nichts. Vor einen homosexuellen Akt habe ich auch Ekel. Also was werde ich tun?

Das Kino erregte ihn schon früh. In der Kindheit (12—14) freute es ihn, wenn im „Kintop" Mädchen gequält wurden. Jetzt geht sein Interesse nur auf männliche Objekte.

Im 17. Jahre erlebte er seine große Liebesenttäuschung. Er war rasend in ein Mädchen verliebt, so daß er zu Hause sogar verlacht wurde. Er hatte seine sadistischen Phantasien zurückgedrängt. Sie waren in den Hintergrund seines sexuellen Interesses getreten. Er erinnert sich des Anlasses seines Zusammenbruches sehr genau. Er stand am Bahnhof. Sein Ideal sollte verreisen. Er war dem Weinen nahe. Da gab sie ihm einen Brief und stieg in den Zug, der in den nächsten Sekunden davondampfte. Der Brief enthielt eine entschiedene Absage. Das war für ihn ein schwerer Schlag. Mit 18 Jahren kam noch eine blasse Episode mit einer Engländerin und — dann waren die Frauen für ihn erledigt.

Er wollte sich nicht mehr demütigen lassen!

Vor ihm standen zwei Wege. Der eine führte zum Weibe. Der war ihm nun versperrt. Der andere zum Manne. Vor homosexuellen Akten hatte er Ekel. So wählte er als Ausweg die Keuschheit. Er wollte sich für die Eine, Reine, Hohe, für sein Ideal rein erhalten.

Er kam zur Abstinenz, die er auch auf Rauchen und Trinken ausdehnte. Er trank sehr gerne. Das Trinken als solches machte ihm Freude und er fühlte sich nach einem Trunke viel besser und gehobener. Trotzdem setzte er die Abstinenz durch.

Hier in Wien wurde ihm einmal ein Glas Schnaps vorgesetzt. Er trank es mit viel Behagen. Er trägt sich mit dem Gedanken, die ganze Abstinenz aufzugeben. Ich merke einen Schachzug gegen die Analyse. Die Analyse soll alle Hemmungen aufheben. Er will trinken, rauchen, eventuell zu Dirnen gehen, sein Geld verjubeln, um gezwungen nach Hause zu fahren. Ich soll dann als der böse Verführer figurieren. Ich mache ihn aufmerksam, daß er während der Analyse keine Änderungen in seinen Einstellungen vornehmen soll. Ich will nicht in die Rolle des Verführers und Feindes seiner anagogen Tendenz gedrängt werden . . .

Er leidet unter entsetzlicher Angst vor der Einsamkeit. Frauen können dies Gefühl nicht bannen. Er hat keine Themen, die er mit ihnen besprechen kann. Höchstens Fachsimpeln, und das ist bald erledigt. Mit Kameraden kann er stundenlange reden. Er inszeniert sich diese Einstellung gegen die Frauen, die er seit seiner Niederlage ($17^1/_2$) haßt, um eine körperliche Distanz herzustellen. Dafür spricht der Umstand, daß er mit älteren Frauen reden kann. Aber sie zählen nicht. Ihm zählen nur die Geschlechtswesen. Er meidet daher die Gesellschaft und macht ungern Besuche. Wenn er schon spricht, so spinnt er immer soziale Probleme. Er spricht über den Unsinn der modernen Unterhaltung. Jedermann denkt an was anderes und spricht was anderes. Darüber spricht er gerne. Auch über die Lüge der sexuellen Moral. Er ist für sexuelle

Offenheit und sexuelle Freiheit. Aber wie jeder echte Prophet verlangt er diese Freiheit nur für die anderen, nicht für sich. (Wie z. B. *Nietzsche.*) Die Diskrepanz zwischen dem, was gesagt und dem, was getan wird, ist ihm unerträglich.

Otto spricht auch gerne über die sexuelle Not der Jugend, über das Unverständnis der Lehrer für die Seele ihrer Schüler. In meinen Büchern habe er zuerst die Offenheit eines wirklichen Forschers gefunden.

— —

Er liegt beim Schlafen immer auf der rechten Seite, rollt sich wie ein Igel zusammen, nimmt die foetale Stellung ein und zieht die Decke über die Ohren.

Eine der ersten Erinnerungen ist auch eine Art orthopädischer Apparat: sein erster Hosenträger (4). Er war auf dem Aborte und hatte Hosenträger. Er konnte sich nicht helfen, er heulte, das Kindermädchen kam und brachte den Anzug in Ordnung. Er zeigte schon früh Angst vor dem Wasser und vor dem Haarschneiden (6—8). Er war unendlich empfindlich und wehleidig. Einmal hatte die Schwester sich den Magen verdorben, klagte über Bauchschmerzen und mußte erbrechen. Er rannte wie verrückt im Zimmer herum und heulte, die Schwester könnte sterben. Es wurde ihm erzählt, daß er als Säugling in den ersten Lebenstagen fast gestorben wäre. Er lag auf einem Haufen alter Wäsche und schrie entsetzlich. Man band ihn auf und fand, daß der ganze Körper von Wanzen zerbissen war. Aber diese Wanzen hätten ihm das Leben gerettet. Denn die Nurse packte das Kind auf und da sah man, daß der Nabelverband losgelöst war; er soll blutüberströmt gewesen sein. Er mußte rasch frisch verbunden werden. Er war fast ausgeblutet. Der Vorfall wurde ihm oft erzählt und scheint sein Interesse auf die Verbände gelenkt zu haben.

Er war frühreif, sehr phantastisch, zu allen Leidenschaften geneigt, eifersüchtig, jähzornig. Er hatte oft Phantasien, daß der Vater sterben würde, dann würde er die Familie erhalten und für die Mutter arbeiten. Die jüngeren Geschwister begrüßte er mit gemischten Gefühlen. Sie raubten ihm die Zärtlichkeiten seiner Eltern. Er erinnert sich, wie zornig er war, als er ins Kinderzimmer kam und sein Vater seine kleine neugeborene Schwester gerade auf den Popo küßte. („Auf die Backe mit Genuß — drückt er seinen Vaterkuß" zitiert er nach Busch.)

Ein schweres Trauma scheint für ihn der Tod der jüngeren Schwester gewesen zu sein, die an Masern verschied. Er sieht ein deutliches Bild: die Kleine im Bett, die Großmutter, die jedes Kind während der Krankheiten rührend pflegte, an einem Tische sitzend, eine brennende Lampe . . . Er erinnert sich auch, wie er nach der Geburt dieses Schwesterchens zum Bett der Mutter kam, sie ihm erzählte, der Storch hätte sie in die große Zehe gebissen, ihm die große Zehe zeigte, die eine Art Verband hatte. Ein Waschlappen war um die Zehe gebunden. Er hatte schon damals Zweifel an der ganzen Geschichte, konnte aber nicht auf die Wahrheit kommen, obgleich er immer fleißig in der Bibliothek seines Vaters kramte und mit Genuß die großen Bilder im Konversationslexikon betrachtete.

Es scheint damals die erste Forschungsperiode gewesen zu sein, die aber der Verdrängung anheimfiel. Noch beim Militär machte er sich lächerlich, weil er Stute, Hengst und Wallach nicht unterscheiden konnte und den Schweif aufheben mußte, um die Diagnose zu stellen, die ein Veterinärlehrer von ihm verlangte. Mit 10 bis 12 Jahren soll er angeblich den Unterschied zwischen Mann und Weib gar nicht gewußt und nur dunkle Vorstellungen gehabt haben. Das stimmt mit der Tatsache nicht überein, daß er das Baden der kleinen Geschwister mit Interesse verfolgte, wobei Neid, Eifersucht mit Neugierde gemischt waren. Er wurde früh in die Bildergalerie geführt, wobei ihn ein Bild sehr interessierte: Konradins Abschied vor der Hinrichtung. Auch die anderen Schlachtenbilder weckten sein Interesse. Er entsinnt sich auch eines Bildes, auf dem eine Karawane gefesselter Sklaven zu sehen war, die auf den Markt geführt wurden. Bei der Hinrichtung Konradins interessierte ihn das Kopfabschlagen.

Er hat viele Erinnerungen, die zu einem stark ausgeprägten Kastrationskomplex führen. Zuerst eine dunkle Erinnerung, als ob ihm die Mutter gesagt hätte: „Wenn du das oder das nicht unterläßt, so schneide ich dir etwas weg.“ Vielleicht war es der Penis, vielleicht der Daumen. Denn der Struwelpeter, dessen Verse er noch heute auswendig kann, hatte einen dauernden Eindruck auf seine Seele ausgeübt. Darin kommt der schlimme Bub vor, dem der Schneider wupps-schwupps die Daumen abschneidet, weil er daran lutscht. Er hatte alle Untugenden des bösen Friedrich im Struwelpeter. Er hat diese Untugenden noch nicht abgelegt. Er reißt den Fliegen den Kopf ab, wenn er sie fängt. Er ist seit der Kindheit ein wütender Fliegenfänger; es war auch im Feld seine Lieblingsbeschäftigung und er hat es teils mit der Hand, teils mit der Fliegenklatsche zu großer Geschicklichkeit gebracht. Wenn er die Fliegen mit der Hand fängt, so reißt er ihnen aus „Mitleid“ den Kopf ab, weil sie dann angeblich rascher sterben.

Eine neue Wurzel seiner Orthopädiemanie: Man drohte ihm in der Jugend mit allerlei orthopädischen Apparaten. Saß er beim Schreiben schief, so wurde das Schreckgespenst eines Geradehalters an die Wand gemalt, ging er zu sehr nach einwärts, so wurde mit Schienen usw. gedroht. Kurz, seine Aufmerksamkeit wurde schon in der Kinderstube auf orthopädische Apparate gelenkt. Er machte aus der Drohung eine Lust. Er kam dem Schrecken der Apparate zuvor, er entwertete sie, indem er sie sich an anderen Knaben vorstellte und dabei Lust empfand, schließlich auch dazu kam, sich selbst solche Apparate zu wünschen. Er machte es wie die Geusen, welche aus einem Schimpf eine Ehre machten.

Dies Prinzip der Umwertung der Empfindungen und Gefühle zum Zwecke des Selbstschutzes hat in der Psychologie des Fetischismus eine große Bedeutung, die wir bisher nicht genügend hervorgehoben haben.

Er hat Angst vor Krankheiten und vor weiblicher Krankenpflege. Der Gedanke, er liege krank zu Hause und Mutter und Großmutter verhätschelten ihn, scheint ihm unerträglich. Im männlichen Lazarett mit männlichen Pflegern war ihm im Felde das Kranksein recht angenehm. Er haßt nur die „Schwestern“ mit ihrem aufgetragenen Mitleid. Er hütet sich, zu Hause seine Gefühle zu zeigen. Fühlt er sentimental, so spricht er zynisch oder ironisch, er maskiert und verbirgt seine echten Gefühle. Er macht auch eine Orthopädie seiner Gefühle und legt sich Zwang auf, als ob er auch hier ein Redressement vollziehen wollte.

Eine seiner frühesten Erinnerungen (3—4): Er lag mit einem Kindermädchen im Grase. Seine Eltern kamen auf dem Rade an, stiegen ab, sprachen einige Worte, stiegen wieder aufs Rad und radelten davon. Er beneidete sie, daß sie sich so frei und so schnell bewegen konnten.

In der Kindheit litt er unter dem brennenden Wunsche, groß zu sein und wünschte glühend, schon die Rechte der Großen zu besitzen, etwas zu leisten. Dann kamen die erwähnten Phantasien. Er ließ in seiner Phantasie wiederholt den Vater sterben, dann hatte er für die Familie zu sorgen. Natürlich bewährte er sich trotz seiner Jugend glänzend. Er konnte in seinen Luftschlössern der Mutter ein viel besseres Leben bieten, als sie es beim Vater genossen hatte.

— — — — — — — — — — — — — — — — — — — —

Die Widerstände setzen prompt ein. Er kann keinen Traum fixieren. Er beginnt sich, wie alle Ärzte, die ich behandle, für meine Differenzen mit *Freud* zu interessieren. Er erwartet meine ausführlichen Belehrungen. Der Konflikt geht ihm nahe. Ich erledige die Angelegenheit in einigen Minuten. Er wird belehrt, daß es sich nur um eine Form des Widerstandes handelt. Das bestätigt er an einem zweiten Beispiele. Er war in der Universitätsbibliothek. Er wollte mir um jeden Preis behilflich sein. Ich gab ihm die Anregung, eine gewisse kriminalistische Literatur für mich durchzusehen. Darauf ging er mit Freuden ein. Allein nach kurzer Zeit ließ er sich die „Zeitschrift für Chirurgie und Orthopädie" geben und erfreute sich an seinen Lieblingen, hatte aber so viel Selbstbeherrschung, nichts zu beschädigen und keine Ausschnitte zu machen.

Er ist den ganzen Tag müde und hat ein übermächtiges Schlafbedürfnis. Er war heute in einem Garten und wollte lesen, versank aber in Schlaf. Er wird von seinen inneren Komplexen beherrscht. Immer gaukeln ihm die Bilder aus der Zeitschrift vor den Augen. Er weiß auch, daß er gewisse orthopädische Träume hat, die lustbetont sind. An einen solchen Traum kann er sich erinnern und würde glücklich sein, wenn er ihn wieder träumen würde. Er träumte ihn noch, ehe er an mich geschrieben hatte. Der Traum lautet:

> Ich bin in der Heimat. Ich muß mehrere Treppen hinaufsteigen und komme in einen Saal, der mit meinen Phantasiegestalten gefüllt ist. Junge Männer mit verschiedenen orthopädischen Verbänden. Ich habe das Gefühl: Ich habe da eigentlich nichts zu suchen. Ich gehöre nicht hier hinein. Ich bin ein Eindringling. Daher wage ich nicht zu sprechen. Da kommt plötzlich meine Mutter und bringt mir etwas. (Decken?) Sie entfernt sich, um Mittag zu essen. Ich schreibe währenddessen. Dann kommt sie zurück. Was dann vorging, weiß ich nicht. Ich glaube, ich hatte eine Pollution.

Sein Affekt war: „Was hat meine Mutter hier zu tun? Was macht sie hier?" Die Deutung ist nicht schwer. Der Saal ist sein Gehirn, das mit seinen Phantasiegestalten erfüllt ist. Aber etwas stimmt nicht. Die ganze Sache ist nicht echt. Den Umstand, daß diese Phantasiegestalten nicht zu ihm gehören, daß sie Eindringlinge sind, daß sie etwas verdecken sollen (Decke!), verwandelt er vom Passiven ins Aktive. Er ist der Eindringling, er gehört nicht zu den Phantasiegestalten, was ja einer inneren Wahrheit entspricht. „Er wagt nicht zu sprechen." Das entspricht den Tatsachen. Er hat nie den Mut gehabt, mit seinem Vater offen von seiner Paraphilie zu sprechen und fühlt sich sehr erleichtert, seit er sich mit mir aussprechen kann. (Sein Gewissen sträubt sich gegen diese Euphorie. Er fürchtet, daß es ihm in Wien zu gut geht.) Nur seiner Mutter hat er einige Mitteilungen über Homosexualität und Onanie gemacht. Allzuviel wagt er ihr nicht zu sagen, weil er weiß, daß sie bestimmt alles dem Vater mitteilen würde.

Der Traum zeigt aber, daß die Paraphilie Beziehungen zu seiner Mutter hat. Die Pollution am Schlusse könnte eine inzestuöse Einstellung verraten, von der ihm nichts bewußt ist. Er kam wohl als kleines Kind ins Bett der Eltern, er schlief, wenn er krank war, im Schlafzimmer der Eltern, aber es gab keine übergroßen Zärtlichkeiten im Elternhause. Die Mutter war eher kühl und reserviert. Sie konnte auch energisch zugreifen und ihn verhauen. Von beiden Eltern wurde er immer auf den Kopf verhauen, so daß er einmal seinem Vater den Vorwurf gemacht hatte, er hätte ihm die Intelligenz aus dem Kopfe gehauen.

Die Schläge erfolgten immer im Affekte wegen Kleinigkeiten. Er hatte einmal etwas angestellt und erhielt Schläge auf die Nates. Er stand gerade vor dem Waschtisch und putzte die Zähne. Er war im Hemde. Da kam der Vater und hob ihm sein Hemd auf und verhaute ihn gehörig, so daß die Zahnbürste an die Zähne schlug und er f ü r c h t e t e, e r h a b e s i c h e i n e n Z a h n a u s g e s t o ß e n. Es ist möglich, daß diese Szene in dem Mundknebel fixiert ist, welcher dann die Funktion eines einem Ressentiment entspringenden Memento hätte. Sonst hat er nur angenehme Erinnerungen an die Mutter. Sie ist beherrscht, gilt als kühl und hochmütig, unterwirft sich dem Vater, so daß er sie bedauert. Sie soll eine ausgesprochene Schönheit gewesen sein.

Er erinnert sich an einen Osterbrauch, der ihm viel Spaß machte. Schon als vierjähriger Knabe kamen er und die anderen Kinder mit einem Palmkätzchenzweige in das Schlafzimmer der Eltern, die in den Betten lagen. Die Kinder hauten lustig auf die Eltern los, die sich unter die Decken verkrochen und allerlei übertriebene Schmerzäußerungen zum besten gaben. Dann legten die Eltern für jedes Kind ein Osterei, mitunter von beträchtlicher Größe. So erhielt er einmal zu Ostern ein Bücherbrett, das angeblich gelegt worden war.

— — — — — — — — — — — — — — — — — — — —

Wir sehen, daß er mit seiner Zahnarztphobie eine Erinnerung an Schläge seines Vaters verbindet, bei denen er fast einen Zahn verloren hätte. Es ist, als ob er in kindischer Weise seinen Vater dafür bestrafen wollte. „Du bist schuld, wenn ich jetzt meine Zähne verliere!“ Jedenfalls zeigt es sich deutlich, daß der Zahnarzt den Vater repräsentiert und daß die Angst vor dem Zahnarzt eine Parallele zu der schon erwähnten Angst vor seinem Vater darstellt. Der Zahnarzt reißt die Zähne aus, sein Vater hatte ihm einen Zahn ausgestoßen oder fast ausgestoßen – er weiß es nicht mehr genau. Die Szene ist unauslöschlich in sein Gehirn gegraben. Leider weiß er sich nicht an den Anlaß dieser Szene zu erinnern. Es schwebt ihm dunkel vor, als ob er seiner Schwester etwas beschädigt hätte . . .

Er ist zu ruhig, um arbeiten zu können. Er benötigt Affekte und kann ohne Affektrausch nicht leben. Seine Zeichnungen machte er auch in einem Zustande der Ekstase. Er zeichnete die letzte hier publizierte Serie von 4 Uhr nachmittags bis 2 Uhr nachts, stand am Morgen wieder auf und arbeitete bis 2 Uhr nachmittags. Dann war er erschöpft und vollkommen abreagiert. Er brachte nichts mehr zusammen.

Seine künstlerische Kraft äußert sich nur in diesen Zuständen. Versucht er jetzt, in einer ruhigen Zeit, eine seiner fetischistischen Zeichnungen zu vollenden, so fällt der Versuch jämmerlich aus.

Er träumte:

1. Ich stehe an der Straße und sehe an einem Garten einige Männer arbeiten, von denen der eine mir sehr bekannt vorkommt. Es ist ein gewisser L..., den ich als Unteroffizier in meiner Gruppe gehabt habe. Während ich noch überlege, ob ich ihn ansprechen soll, werden mir auch die anderen Männer bekannter. Wir erkennen uns gegenseitig und es kommt eine große Menge anderer Soldaten hinzu, die mir alle aus dem Kriege bekannt sind. Sie freuen sich sehr, mich zu sehen. Ich auch. Plötzlich müssen alle sofort antreten. Der Oberst will eine Parade abnehmen. Es entsteht ein wüstes Gelaufe. Ich überlege mir, ob ich mit antreten soll. Ich habe zwar Offiziersrang, aber bin Zivilarzt oder etwas ähnliches. Wie ich durch die beiden Säle gehe, in denen die Leute antreten, stürzt der Leutnant, ein unangenehmer Kerl in Husarenuniform, an mir vorbei. Alles erwartet den Oberst. Er kommt aber nicht. Der Bursche des Leutnants soll das Gerücht verbreitet haben. —

2. Ich stehe an der Ecke mit Herrn W. Der spricht mit mehreren anderen und ich ärgere mich, weil er mich warten läßt und sich nicht mehr mit mir unterhält. Dann gehe ich mit ihm zu einer bekannten Familie und bin mit meinen Schwestern und den 4 Kindern zusammen. Später kommt der Großvater, der schon etwas senil ist, und fragt mich nach meinem Körperbau und ob ich ein kräftig entwickeltes Glied hätte. Ich renommiere und sage: Der Punkt läßt absolut nichts zu wünschen übrig. Auch meine älteste Schwester fragt er. Die antwortet ihm irgend etwas. Meine zweite Schwester sagt: „Ihr wißt doch, daß wir auf solche Fragen immer hysterische Anfälle bekommen." Der alte Herr lacht. Da wird ihm schwach zumute und ich halte ihn. Er tat so, als ob er zusammenklappen wollte; ich stützte ihn und er kam wieder hoch.

Zum ersten Traume fällt ihm ein, daß die Männer an einer hohen Mauer arbeiteten, die einen Garten umfriedete. Später sprangen sie über die Mauer, und dann war es nur ein Zaun. Es war wie ein Obstgarten. Der Unteroffizier L. war ein älterer schwächlicher Mensch, der ziemlich intelligent war und mit dem er gerne sprach. Er hatte die üble Gewohnheit, laut aus dem Schlafe zu sprechen, und so hörte ihn Patient wiederholt rufen: „Ach Gott! Was hab ich bloß verbrochen!" ... Ihm fallen einige Ergänzungen zum Traume ein. Beim Antreten im Zimmer machten die Soldaten erst die merkwürdigsten Freiübungen. Er war im Zweifel, ob er sich einreihen sollte oder nicht. Einerseits hatte er das Gefühl, daß er sich doch in Reih und Glied stellen mußte, andererseits das Gefühl, als hätte der Oberst ihm nichts zu sagen.

Der Leutnant war blond und sah wie ein unangenehmer Deutschnationaler aus. Sein Bursche war größer als der Leutnant, aber er war schwarz. Im Beginne des Traumes Affekt der Freude, mit so vielen Bekannten zusammen zu sein. Dann im Zimmer waren ihm die Leute fremd. (Gefühl der Vereinsamung.) Dabei die Vorstellung: „Jetzt kommt der Oberst, was hast du hier zu suchen?"

Die Deutung des Traumes ist ähnlich wie in dem Falle des Hosenfetischisten, auf dessen Soldatentraum ich hier hinweisen muß. (S. 271.) Schon der Ausspruch von L. deutet auf böses Gewissen. („Ach Gott, was hab ich nur verbrochen!") Die Soldaten sind die Frommen, die sich dem lieben Gott unterwerfen und fleißig beten (Freiübungen). Der Leutnant ist der Repräsentant des schneidigen Menschen, der sich der Autorität beugt, für den der Vorgesetzte ein kleiner Gott ist. Der Bursche stellt den Slaven (Semiten) im Gegensatz zum Arier dar. Angst vor der Wahrheit, vor der letzten Musterung durch Gott. Angst vor der Analyse. Aus dem Traume sprechen Schuldbewußtsein und Zweifel, ob er mir die Wahrheit gestehen solle. (Wille zur Macht gegen den Willen zur Unterwerfung.) Eine weitere Determination folgt später.

Der W. des zweiten Traumes war ein Privatlehrer, der ihm Nachhilfestunden gab. Es war sein liebster Lehrer. Er hatte Zuneigung zu ihm, weil er ihn für den Stoff zu interessieren wußte. Er war ein Parapathiker und schien an Examenangst gelitten zu haben, weshalb er nicht Professor wurde. W. steht wie der Großvater für mich. Er liebt mich, ist auf die anderen Patienten eifersüchtig („weil er mich warten läßt und sich nicht mehr mit mir unterhält"). Er hat als Kollege mehr Aufmerksamkeiten von mir erwartet. Er macht mich zum Parapathiker. Überdies bin ich der alte impotente Großvater, der an Dementia senilis leidet, der seine Hilfe benötigt und von ihm gestützt werden muß. Während ich mich in der Analyse um seine Genitalien nicht kümmere, frage ich hier nach seinen Genitalien. (Ur-Reaktion.) Ich kümmere mich auch um das Sexualleben seiner Schwestern, was ihm sichtlich unangenehm ist und hier von ihm im Namen der Schwester abgelehnt wird. Die Erkenntnis sickert durch die Maschen des Traumgewebes, daß die hysterischen Anfälle mit dem Sexualleben seiner Schwestern Zusammenhänge haben müssen. Andererseits repräsentieren der Oberst, W. und der Großvater seinen eigenen Vater. Er zeigte stets großes Interesse, das Genitale seines Vaters zu sehen. Es war kein erfreulicher Anblick. Es war ein „abgearbeitetes" Glied, bei dem die Vorhaut hinter die Glans zurückgekrochen war. Er liebt den Anblick der Glans nicht. Sie ist ihm ekelhaft. (Auf seiner Zeichnung erscheint die Glans überbetont.) Alte Glieder sind ekelhaft. Er sehnt sich nach dem Anblick von jungen frischen Burschen. Er freute sich als Offizier auf die sogenannte „Schwanzparade" beim Militär und war sehr enttäuscht, daß die Männer nicht mit entblößtem Gliede warteten, sondern einzeln zur Untersuchung vortraten. Es kam ihm vor, als ob der Militärarzt sich allerlei Scherze erlaubt hätte. (Projektion der eigenen Wünsche!) Erinnerung an einen Kameraden, der beim Baden permanente Erektionen hatte. Zu diesem Kameraden kroch er auch ins Bett, aber jener war kitzlich und quitschte, wenn er ihn berührte.

Sein eigener Großvater ist lange tot. Im Traume vertritt der Großvater mich und seinen Vater. Wir sehen Beziehungen der Parapathie zum Vater und seinen Schwestern. Auffallend ist im Traume die Häufung der Toten. Der Mann mit den 4 Kindern, Herr T., ist im Kriege gefallen. W. ist tot. L. ist vielleicht auch tot, ich werde wie der Großvater zu den Toten geworfen. Er läßt mich hier sterben, ich habe einen Ohnmachtsanfall. Ich kann ihm und seiner Paraphilie nicht mehr gefährlich werden. Ich werde sterben, ehe die Analyse beendet ist. Sein Verhältnis zum Tode ist durch infantile Eindrücke determiniert. Sein Vater ist sehr fromm und leidet an Angst vor dem Tode.

Der Frage nach der Größe seines Gliedes folgt eine Frage an seine älteste Schwester. Sollte doch etwas zwischen den Beiden vorgefallen sein? Die Fragen sind ihm sichtlich unangenehm. Aus diesem Grunde läßt er mich sterben. Er kann dann sein Geheimnis behalten und ungeheilt nach Hause fahren.

Wir sehen deutlich, daß seine Parapathie Beziehungen zum Schwesternkomplex hat.

Er ist sich seiner starken Widerstände bewußt. Er war vor der Behandlung ein lebhafter Träumer. Er hat jetzt die größten Schwierigkeiten, einen Traum zu erhaschen. Diese Nacht träumte er, daß er Soldaten einexerzierte. Er war also ein Kommandant. Er fügt sich gezwungen der Behandlung. Er merkt, daß er den Plan hat, hier zu bleiben und sich nicht zu ändern, so daß er sich sagen kann: „Du hast alles dazu getan, um geheilt zu werden; du warst auch bei Dr. *Stekel*, es ist nicht deine Schuld, daß du krank geblieben bist." —

Er weiß, daß er während der Analyse auf meine Gesellschaft nicht rechnen darf, aber er ist trotzdem beleidigt, daß ich mich außerhalb der Behandlung nicht um ihn kümmere. Er fühlt sich einsam und benötigt einen Freund, der ihn homosexuell anzieht und mit dem er dann nichts macht. Er leugnet die Möglichkeit einer Übertragung auf meine Person. Er will sie nicht sehen, wie er die Liebe zu seinem Vater nicht sehen will. Er gibt aber zu, daß ihn bis vor drei Jahren ältere Personen sehr angezogen haben. (Dafür spricht auch der Großvatertraum S. 461.) Zu dem Lehrer W., zu bestimmten Offizieren, zu einzelnen Hochschulprofessoren hatte er eine ausgesprochene Neigung. Aber er versteht es, jede ihm peinliche Regung zu verdrängen und zu übersehen. Er hat leider alle meine Bücher studiert und kam schon nach Wien mit dem Vorsatze, eine Übertragung nicht zuzulassen.

Er ist sich klar, daß er in diesen orthopädischen Figuren sich selbst sucht. Als er die letzten Zeichnungen, die wir hier veröffentlicht haben, verfertigte, merkte er mit Schrecken, daß zwei Bilder seine Züge trugen. Er radierte so lange, bis er die Gesichter verändert und unkenntlich gemacht hatte.

Er hatte auch früher vor dem Spiegel onaniert, jetzt „derlei Scherze" aufgegeben. Einmal verliebte er sich in einen Burschen, der ihm auffallend ähnlich sah, so daß er als sein Zwillingsbruder gelten konnte.

Er wird belehrt, daß seine Paraphilie der Ausdruck eines Zwanges ist, den er auf sich selbst ausgeübt hat. Seine seelische Orthopädie dient dazu, um die Askese festzuhalten. Was macht er mit Männern? Das äußerste, was er sich erlaubt, ist ein bißchen zu balgen und neben seinem Objekt (angezogen) auf dem Sofa zu liegen. Er hat hier schon einen Freund gefunden, nach dem er sich sehnt, den er sucht, mit dem er Ausflüge machen will. Er sehnt sich nach einer Aktualität, welche der Analyse ein Ende bereiten wird.

Er träumte:

Ich war irgendwo in der Küche. Wir übten uns im Schießen. Es war noch jemand anderer da, der gab uns verschiedene Ziele an. Ich zielte darauf, nahm Druckpunkt und setzte wieder ab. Dabei ging dann der Schuß los und immer ganz wo anders hin. Einmal durch das Spiegelglas, das wie ein Kronleuchter von der Decke hing. Schließlich schoß ich wieder. Dann war ein Wald draußen und ich hatte ein Gefühl, ich hätte etwas Schlimmes getan. Ich glaube, ich hatte auf einen Hirsch geschossen. Wir waren in einem Blockhaus. Durch den Wald kam ein Mensch gerannt, dessen Oberkörper stand in Flammen lichterloh. Daran war ich schuld. Er versuchte, in das Haus hinein zu kommen. Ich habe mich gewehrt.

Ich komme zu einem Ehepaar, das sitzt am Tisch im Garten und ißt Mittag. Ich bin eingeladen, weil ich durch meine Eltern empfohlen wurde. Der Mann ist erst ganz ablehnend, bemerkt mich gar nicht. Später wird er freundlicher. Dann bin ich im Auto und fahre durch wundervolle alte Parks mit riesigen Schlössern, sehr altertümlich. Das eine gehört diesem Ehepaar. Es müssen sehr vornehme Leute sein. Das Auto fährt durch sehr schmale Alleen. Ich wundere mich, daß wir da durchfahren können. Dann sehe ich rechts vom Wege eine sehr merkwürdige Landschaft, zerklüftet mit tiefen Abgründen und Schlössern und sonderbaren Gebäuden. Wir fahren weiter. Ich glaube, wir sind bei meinem Onkel S. und der schickt mich fort. Ich bin angekommen und sehe meine Großmutter und meinen verstorbenen Onkel Rudolf mit seiner Frau. Sie freuen sich sehr, daß ich da bin. Merkwürdigerweise ist an Stelle des Autos, mit dem ich glaube gekommen zu sein, ein Kinderwagen da. Zwei alte Diener. Ich weiß nicht, ob ich ihnen Trinkgeld geben soll. Mir fällt ein, daß meine Großmutter bei der Abfahrt von meinem Onkel gesagt hat, sie würde ihnen schon etwas geben. Ich frage: „Soll ich Ihnen etwas geben? Ich habe nur österreichische Kronen bei mir!" — Der erste wartet immer, daß ich ihm etwas gebe. Schließlich geht er ärgerlich fort. Dem zweiten sage ich: „Meine Großmutter wird es schon erledigen." — Nun muß ich über einen Zaun, der ist aus Weidenruten geflochten und paar Hühner rutschen darüber weg. Ich setze mich auch auf den Zaun. Die Weidenruten biegen sich (es kann auch Stroh gewesen sein) nach der Richtung hin um, wo mein Onkel und meine Tante sind und ich rutsche sehr angenehm auf den Weg.

Er weiß, daß ein sehr wichtiger Traum vorangegangen ist. Diesen Traum wollte er sofort fixieren, hatte ihn aber in dem Momente vergessen, als er ihn niederschreiben wollte. Zum ersten Traumstück ergänzt er, daß noch ein älterer Mann in der Küche war, der seine Schüsse kommandierte und lachte, wenn der Schuß falsch war — und er war immer falsch. Es kam immer eine andere Richtung heraus, als er intendierte. Das Gewehr ging nämlich beim Absetzen allein los. Er erinnert sich an das Laden im Traume. Es waren kleine schwarze Dingerchen, vorne abgeplattet, wie er sie nie verwendet hatte. Und der ältere sagte bei jedem Fehlschuß: „Ja, siehst du, wo das hingegangen ist!" Es waren immer Versager bis zum letzten Schuß. Da war er nicht mehr in der Küche, sondern in einem Blockhause. Der Mensch, den er getroffen hatte — erst war es ein Hirsch — war halb tot (verfault), halb lichterloh brennend. Die Flammen schlugen von innen heraus. Wie eine Dryade, halb Baum, halb Mensch, als ob es eine Figur aus Ovids Metamorphosen wäre.

Er hatte immer Interesse für Schießen. Mit 12 Jahren schaffte er sich einen Bolzen an und schoß auf alle möglichen Gegenstände im Hause. Beim Militär waren ihm die ersten Schüsse unangenehm. Er hatte Angst vor dem Knall. Im Felde mußte er sich an die Schießerei erst gewöhnen, dann ging es schon. Dann fällt ihm das Märchen von Brüderchen und Schwesterchen ein. Das Brüderchen ist ein Reh, verzaubert natürlich, und wird erlöst. An die näheren Details erinnert er sich nicht.

Die Beziehung des Traumes zur Analyse ist durchsichtig. Ich bin der ältere Mensch, der ihn kommandiert und ihn zwingt, auf seinen eigenen Bruder (die Paraphilie) zu schießen. Er will sein zweites Ich gar nicht töten. Aber er trifft wider seinen Willen in kostbare Gegenstände (Spiegel). Er trifft auch sein Brüderchen, seinen Antagonisten, das halb tot, halb brennend ist. Andererseits wehrt er sich gegen seine paraphilen Impulse, die in ihn eindringen und ihn in Flammen setzen wollen.

Eine zweite Bedeutung scheint sich auf den Tod der Schwester zu beziehen. Er muß ihr den Tod gewünscht haben. Weitere Beziehungen zu seiner ältesten Schwester werden erst später klar werden.

Der zweite Teil des Traumes wird verständlich, wenn man weiß, daß er mit der Phantasie hergekommen ist, in meinem Hause zu wohnen, an meinem Tische zu speisen, meine Gesellschaft zu genießen. Die schönen Phantasien sind zerronnen. Aber er hat einen reichen Onkel S. in der Nähe. Den wollte er gerne aufsuchen. Er rechnete damit, daß sein Geld bald alle sein werde, daher die Kur ein rasches Ende haben müsse. Dann bleibt ihm die Reise zu Onkel S., zu dem er ohnehin einmal fahren konnte. Außerdem hat ihm seine Mutter eine Empfehlung zu reichen, vornehmen Leuten geschickt. Im Traume ist er bereits der Gast dieses Ehepaares. Dieses Paar bin natürlich auch ich mit meiner Frau. Er macht die Reise in die Vergangenheit. (Kinderwagen.) Onkel S. war ihm immer sehr lieb. Er ist schon seit einigen Jahren gestorben. Er wirft mich immer zu den Toten. Mit Trinkgeld ist er sehr geizig. Er gibt nur jungen netten Burschen, die sein erotisches Wohlgefallen erregen. Natürlich werde ich zum Diener gemacht, dem er für die Fahrt ein Trinkgeld gibt. Er hat ein Schuldgefühl. Er muß zahlen. Der eingezäunte Garten liegt zwischen ihm und dem Onkel (Friedhof). Dieser Teil ist noch dunkel und muß in der nächsten Sitzung analysiert werden.

— —

Wie alle analysierten Ärzte spricht er mit allen Kollegen und Fremden über Psychanalyse. Er ist glücklich, wenn er ein absprechendes Urteil hört. Gestern machte er die Bekanntschaft eines Arztes, der die Ansicht aussprach, die ganze Analyse sei ein großer Schwindel. Natürlich fehlt es nicht an scharfen Kritiken über *Freud* und *Stekel*. Solche Äußerungen fängt er im Interesse seines Widerstandes gierig auf und verwendet sie zum Kampfe gegen mich.

Seine Träume verraten diese Widerstände:

1. Dr. *Stekel* sitzt vor mir, sieht mich an und links von ihm an der Wand hängt meine Laute. Ich sehe besonders das Schalloch. Er sagt dann zu mir: „Sie können gerade so schön Bier trinken, wie Ihre Laute."

2. Ich soll zu einem Begräbnis gehen, und zwar wird ein Kind begraben, jünger wie ich, vielleicht ein Mitschüler. Aber ich drücke mich davon. Dann sitzt der alte H. da und fragt mich, warum ich nicht hingehe. Die anderen gingen doch alle mit. Ich sage: Ich mag nicht.

3. Ich liege der Länge nach auf einem Manne, und zwar mit dem Bauche auf seinem Rücken. Er ist wie ein kräftiger Bursche, zuweilen erscheint er mir viel größer als ich. Ich versuche, ihn in eine Art Laken oder Windel einzuwickeln, dabei habe ich starke Lustempfindung. Er

wehrt sich dagegen; wie ich glaube, seine Arme fest zu haben, sehe ich, daß er wieder losgekommen ist.

Wenn er aufgeregt ist, spielt er leidenschaftlich Laute. Zum ersten Traum berichtet er, daß der letzte Satz geheißen haben könnte: „Sie können gerade so schön Bier trinken, wie Laute spielen.“ Er will mir offenbar Laute vorspielen und ist sehr gekränkt, daß ich ihn noch nicht dazu aufgefordert habe. Die Laute verrät ihren analen Charakter durch das „Schalloch“. Er gibt zu, daß er den Wunsch und die Phantasie hat, einen Mann oder schönen Jüngling zu pädizieren, meint aber, er könnte sich mit dem Gedanken einer passiven Päderastie nicht befreunden. Bier ist ihm ein Symbol der Männlichkeit. Bier steht hier für Urin. Er hat in der Kindheit öfter den Finger in den Urin gesteckt und ihn gekostet. Der Traum steht im Zeichen der Übertragung.

Auch der zweite Traum stellt den Widerstand dar, seine Paraphilie begraben zu lassen. Der Mitschüler ist sein alter Ego. Der alte H. ist sein ehemaliger Hausarzt, ein eingefleischter Junggeselle. Sein Name hat Beziehungen zu seinem religiösen Komplex.

Im dritten Traum umklammert er seinen Antagonisten und will ihn nicht loslassen. (Sein Vater hatte die Gewohnheit, vor dem Einschlafen sich von den Kindern fest einwickeln zu lassen, so daß er sich nicht rühren konnte, wohl ein Infantilismus, der an die Zeit erinnert, da man als Säugling fest eingewickelt war.) Otto will seinen Infantilismus nicht aufgeben. Er umklammert ihn und fürchtet, daß das zweite Ich loskommen könnte. In der Tat benützt er von seiner Sexualität nur den Kontrektationstrieb. (*Moll.*) Er berührt den Partner und läßt es ebenso wie bei der Onanie nie zu einer Detumeszenz kommen.

Es muß ein Erlebnis aus der Jugend sein, das ihn so an die Paraphilie fesselt, ein Erlebnis, von dem er nicht loskommen kann. Wie er über den zweiten Traum nachdenkt, fällt ihm ein Traum aus früherer Zeit ein, der ihn so erregte, daß er ihn bis heute noch nicht vergessen hat.

Der alte Traum lautet:

> Ich sehe eine Schwester, wahrscheinlich meine jüngste. Sie ist am ganzen Leib wie verstochen. Sie blutet. Sie ist ungefähr 4 Jahre alt. Ich soll sie getötet haben. Ich bin in großer Angst und es wird dann ein Familienrat einberufen. Dabei ist auch unser Hausarzt, und ich beruhige mich, wie ich höre, daß meine Schwester noch lebt. Mein Vater schlägt eine Sammlung vor, damit ich mich mal erholen kann. Dr. H. will erst einen 50-Mark-Schein geben, nachher gibt er nur 2 Mark, und zwar 2 weißrote Einmarkscheine.

Wieder sehen wir den alten Hausarzt Dr. H. und das Begräbnis. Es handelt sich um die jüngste Schwester, die an Masern gestorben ist. Im Traume sieht er auch, wie sein Vater eine große Summe Geldes auf den Tisch legt. In diesem Traume annulliert er den Tod der Schwester. Wir erinnern uns, daß seine Masern im Krankenhause den Beginn der Paraphilie darstellen. Dort sah er den Jungen, welchem beide Arme amputiert waren. Die kleine Schwester hat im Traume Flecke, wie sie von Wanzenbissen[1]) herrühren, sie hat Masern, blutunterlaufen, ein hämorrhagisches Exanthem, wie es bei letal

---

[1]) Er weist darauf hin, daß Wanzenbisse einst sein Leben gerettet haben. Siehe S. 457.

verlaufenden Morbillen häufig vorkommt. Die Schwester starb, als er 4 Jahre alt war. Auf die vier beziehen sich die zwei Zweimarkscheine, deren Farbe die blutrote Farbe des Exanthems nochmals betont. Die 50 könnte sich auf seinen Vater beziehen, der ein hoher Fünfziger ist. Das Geld scheint hier Schuld zu bedeuten. Eine kleine Schuld gegen die Schwester (vielleicht mißt er auch Dr. H. eine gewisse kleine Schuld an dem Tode der Schwester bei) und eine große seinem Vater.

Er hatte seiner kleinen Schwester den Tod gewünscht und war daher an ihrem Tode schuld. Er hat ein böses Gewissen.

In diesem Ereignis erblicke ich den Kern seiner Parapathie. Der Tod der Schwester ist die Schuld, die er durch seine Krankheit büßen muß.

Er hat angeblich gar keine Erinnerung an das Begräbnis. Plötzlich sieht er ein Bild: Seine Mutter im schwarzen Kleid und schwarzen Trauerhut. In diesem Momente verfällt er in eine merkwürdige Stimmung, in eine Art Trance. Solcher Zustände erinnert er sich aus der frühesten Jugend; aber auch später mit 15 und im reifen Alter überkam ihn dieser sonderbare, einem Tagtraum ähnliche Zustand.

Ihn überkommt ein Gefühl, als wäre der Raum unendlich und er befände sich in einem unendlichen Raume. Die Beine werden länger und länger, die Arme dehnen sich aus. (In früheren Anfällen wurden auch die Finger großmächtig und dick, was heute nicht angegeben wird.) Alles erscheint ihm weit und entfernt. Meine Stimme hörte er nur aus der Ferne. Seine eigene Stimme erscheint ihm unnatürlich stark. Ebenso dröhnen alle Geräusche, die durch das Fenster kommen. (Wagengerassel, Pferdebahn, Pfeifen usw.) Ein leichtes Schwindelgefühl. Als ob sich alle freien Teile hochheben würden, während die Körperteile, die das Sofa berühren, mit dem Sofa verwachsen erscheinen. Alle freien Gliedmaßen schweben leicht. Etwas dreht sich in seinem Kopfe; wie ein Wirbel verdreht es ihn. Er sieht mich und alle Gegenstände im Zimmer wie durch ein umgekehrtes Opernglas: ganz klein und in weiter Ferne.

Solche Gefühle leiteten früher immer einen heftigen Angstanfall ein. Zuerst trat das merkwürdige pelzige, wie abgestorbene Gefühl in den Fingern ein. Die Angst pflegte sich dann zu steigern. Dann sagte er sich: „Mensch! Du träumst ja! Wache auf!“ Aber es half nichts. Die Angst wurde immer stärker, es lag ihm wie ein Alpdruck auf der Brust, bis er sich mit einem Schrei oder Sprung aus der Situation befreite.

Als Junge hatte er schon oft über Mikropsie und Makropsie zu klagen. (12.) Er wurde zum Augenarzt geführt, der Übermüdung konstatierte und ihm eine Brille verordnete.

Einen ähnlichen Zustand beschreibt er als Spannung im Gesichte, das sein freundliches Gesicht in ein Dienstgesicht (Militärgesicht) verwandelt. Er hat finsteren Ausdruck und die Lösung will ihm nicht gelingen. Es ist wie ein Zwang, der ihn nicht freigibt.

Die Erklärung des ersten Phänomens ist sehr schwierig. Es scheint sich um ein teilweises Sterben, um eine Auflösung im Unendlichen zu handeln. Andererseits wird er der Große und die Großen werden klein. Es ist, als könnte

30*

er fliegen und sei doch an die Erde gebunden. Das heftige Angstgefühl zeigt uns, daß es sich um eine phantastische Darstellung des Sterbens handelt. Die Angst ist dann die Todesangst. Macht er den Tod seiner kleinen Schwester mit? Die Analyse wird uns hoffentlich diese Frage lösen.

— —

Der gestrige Anfall erweist sich als eine Art „Rückstoß in die Vergangenheit". Alles Gegenwärtige (z. B. meine Stimme) erscheint ihm ferne. Alles ferne, von außen Eindringende erscheint ihm nahe. Er sieht wie durch einen verkehrten Operngucker. Er sieht seine Kindheit.

Er hatte gestern einen entschiedenen Rückfall. Er sah einen Menschen auf der Straße. Wir gingen gerade spazieren, als so ein erbärmlicher Mann vorbeihumpelte. Er schien an einer Koxitis zu leiden. Patient sagte: „Sehen Sie, vorher wäre dieser Mann mein Ideal gewesen. Er hat Schienen an beiden Beinen. Aber er ist mir nicht schön genug." Nichtsdestoweniger machte er sich später Vorwürfe, daß er dem Manne nicht nachgegangen war und sich nicht sattgesehen hatte. Er phantasierte über diesen Menschen. Er beruhigte sich erst, als er in einer kriminalistischen Zeitschrift das sympathische Bild eines jungen Verbrechers sah, der vorne eine Stange trug, an die seine beiden Hände gefesselt waren.

Mir war es auffallend, daß sich der Anfall und die Erregung an einen Brief angeschlossen hatten, den er von seiner ältesten Schwester erhalten hatte. Auch war zu berücksichtigen, daß die beiden Schwesterträume (S. 466) sich auf eine lebende Schwester bezogen. Er hatte den Wunsch, die Schwester zu überwinden, sie zu begraben, und war es doch nicht imstande.

Patient gibt zu, daß ihm seine affektative Einstellung zu dieser Schwester in der letzten Zeit etwas verdächtig war. Erstens der physische Ekel, den er vor ihr hat, zweitens die Verlegenheit, die er in ihrer Gegenwart bekundet. Die Schwester litt an einem schweren Gelenksrheumatismus. Er war damals $10^1/_2$ Jahre alt. Sie hatte oft Verbände. Er erinnert sich, daß Dr. H. einmal zur Immobilisierung eines Gelenkes einen Pappschienenverband angelegt hatte. Dieselbe Schwester litt auch an einem Ohrenleiden und wurde operiert, so daß sie längere Zeit einen Kopfverband tragen mußte. Das war in seiner frühesten Jugend (4—5). Er hat keine Erinnerung an diesen Verband. Er befand sich vielleicht damals mit Masern im Kinderhospital. Damals hatte die Schwester kurzgeschnittene Haare, an die er sich erinnert, weil er einen mächtigen Lockenkopf hatte. Er war ein auffallend schöner Junge, wurde übertrieben verzärtelt und oft für ein Mädchen gehalten. Er weiß auch, daß er ziemlich oft mit der Schwester gemeinsam gebadet wurde und daß sie in späteren Jahren hintereinander badeten. Abends erzählten sie einander Geschichten, in denen sie die Elfenkönigin und er der Gespensterkönig war.

Als die jüngste Schwester geboren wurde, wurde sein Schmerz über die Ankunft der Rivalin durch eine große Zuckerwerkdüte gemildert, die die Kleine angeblich mitgebracht hatte. Er beobachtete in den ersten Monaten sehr genau das Baden und Einpudern der Kleinen. Das Einpudern wurde „Müller-Kitz" genannt. (Gestern fühlte er den ganzen Tag ein Kitzeln in der Genitalgegend. Es war das unterbewußte Verlangen, wieder Kind zu sein und eingepudert zu werden.) Er sieht sich in seinen Phantasien oft als Kind liegen und eingepudert werden. Um den „Müller-Kitz" hat er seine jüngeren Schwestern sehr beneidet.

Auffallend ist, daß in seinen orthopädischen Phantasien Korsetts eine große Bedeutung haben. Seine Mutter trug immer ein starkes Korsett, während seine Schwestern nur steife Leibchen gebrauchten. Bei seinem Erlebnis mit der verheirateten Frau (S. 429) war ihm ihr Korsett unangenehm und störte sein Vergnügen. Sie war sehr dick und üppig und fest eingeschnürt. Bei der Episode mit dem Mädchen (S. 429), das fest eingeschnürt war, machte ihm die Betastung des Korsetts und das Knarren Vergnügen, während er bei der erwähnten Frau bei der Berührung Ekel empfand. Die erste Frau war eine deutliche Mutterimago, während das Mädchen eine Mutter hatte, die sehr dick und fest eingeschnürt war. Da war das Korsett ein großer Anreiz, dort eine Hemmung. Er selbst hatte sich nie ein Korsett angelegt, glaubt aber zur Zeit, da er sich Verbände machte, solche Phantasien und Wünsche gehabt zu haben.

Charakteristisch sind die Träume dieser Nacht:

> Wir sind in einem Zimmer. Es ist Krieg. Wenn wir die Türe aufmachen, so schießen die anderen hinein. Der erste Schuß geht in mein Gepäck. Dann soll ich mit jemand anderem zusammen irgend jemanden verfolgen. Dazu soll ich mir einen falschen Bart ankleben. Weil er sehr unnatürlich aussieht, schneide ich ihn mit der Nagelschere ganz kurz und drehe ihn hoch. Die Revolver funktionieren nicht. Ich habe keine Munition dazu und kann sie auch nicht finden . . . Dann waren wir in einem großen Hause und ich mußte irgendwie vom Dache herunter. Ich hatte Angst. Wie ich heruntergekommen, weiß ich nicht. Schließlich träumte ich, ich sehe mir irgendwelche orthopädische Zeitschriften an und onaniere damit.

Er ist im steten Kampfe mit sich selbst. Jetzt bin ich der Feind. Er fürchtet, meine Schüsse könnten ihn treffen, wenn die Türe aufgeht. Er will die Türe zu seiner Seele fest versperren. Dann soll er jemanden verfolgen. Natürlich verfolgt er sein zweites Ich, und zwar mit mir zusammen. Dabei maskiert er sich. Er dichtet sich eine Männlichkeit (falscher Bart) an, die er gar nicht besitzt. Gestern hatte er den Impuls, sich seinen Bart rasieren zu lassen. Er will ein Weib und ein Kind sein. Er ist kein Mann. Sein Revolver (Phallus) funktioniert nicht, er hat keine Munition.

Neben dem Impotenzgedanken scheint ihn ein zweiter Komplex zu beschäftigen. Alle diese Fetischisten laufen einem infantilen Eindruck nach. Ursprünglich scheint sein Begehren auf die Schwester zu gehen, mit der er so viel raufte und rang, was sein Bedürfnis nach Kontakt ohne sexuellen Akt erklärt. Es ist die Erinnerung an das lustbetonte Raufen mit der Schwester. Ihr will er nachlaufen, sie will er erringen. Er sieht sie mit ihren Verbänden, wie sie im Bette lag. Soll damals sich etwas abgespielt haben? Der Kollege glaubt, daß sich hinter seinem Anfall (Rückstoß in die Vergangenheit) ein Erlebnis verbirgt, das er nicht bewußt machen will und darf. Dieses Erlebnis und der Wunsch nach Wiederholung scheint ihm den Sündenfall zu symbolisieren. Er hat Träume, in denen er fällt oder Angst vor dem Falle hat. In diesem Traume soll er vom Dache in die Tiefe kommen. Er hat Angst. Schließlich ist er unten. Das Wie verschweigt die Erinnerung. Aber er träumte noch, daß er onanierte, und zwar vor orthopädischen Zeitschriften. Der Sündenfall und die Onanie hängen zusammen, d. h. er onaniert mit der spezifischen Phantasie. Wichtig ist, daß er keine Pollution hatte und keine Spuren einer solchen an seiner Wäsche finden konnte. Der Traum zeigt nur die Beziehungen der Onanie mit dem orthopädischen Bilde, hinter dem sich seine Schwester zu verbergen scheint. Das Schneiden des Bartes erinnert an seinen Kastrationskomplex, an den auch das Bedürfnis, sich glatt rasieren zu lassen, mahnt. Er will kein Mann sein. Er fürchtet seine Männlichkeit. Er ließ den Bart stehen, weil er bewußt gegen diese femininen Tendenzen kämpft. Er soll sich überall als echter Mann erweisen. Aber der nicht funktionierende Revolver zeigt, daß er offenbar mit seiner Männlichkeit böse Erfahrungen gemacht hat. Die Impotenz wieder ist ein Selbstschutz gegen verbotene sexuelle Regungen.

Ich hebe nochmals die Beziehungen der Paraphilie zu seiner Schwester hervor. Der Mann im Schienenverband symbolisiert ihm seine Schwester, die wegen Rheumatismus Schienenverbände trug. Im Anfall erlebt er eine Szene mit seiner Schwester. Der falsche Bart im letzten Traume beweist uns, daß er sich vor dem Analytiker maskieren und etwas verbergen will.

— —

Schon vor der Stunde, als er gestern den lahmen Mann gesehen hat, saß er lauernd in einem Café und blickte gespannt aus dem Buche zum Fenster hinaus. Richtig kam sein Ideal dahergehumpelt. Er ging ihm nach, weil ihm die Spannung unerträglich war und er ein Stück Realität brauchte. Nun ging der Kampf in seinem Innern los. „Das ist ja heller Wahnsinn. Du läufst deinem eigenen Spiegelbilde nach! Denke, was Dr. *Stekel* gesagt hat" sprach die eine Stimme. Die andere dagegen erhob ihre Einwände. „Wenn du nicht nachgehst, so wirst du wieder stehlen und Bilder ausschneiden müssen. Es ist also besser, wenn du ihm nachgehst." Er begleitete sein Ideal. Richtig — sein Scharfblick hatte ihn nicht betrogen. Es war offenbar keine Koxitis, der Mann trug Schienen und ging in das Ambulatorium des hiesigen Orthopäden Lorenz. Unser Fetischist folgte ihm, sah sich den Warteraum an, wo ein paar Leute saßen, die aber nicht seinem Geschmacke entsprachen. Dann wartete er über eine Stunde, bis der Kranke wieder herauskam. Er folgte ihm wieder, erfreut, daß sein Objekt von einem Leidensgenossen begleitet war. Sie gingen beide ins Rathaus. Er wollte erst warten. Aber es war Mittagszeit und er mußte die Verfolgung aufgeben, während der er zeitweise seine Phantasie spielen ließ, zeitweise sich an dem Anblicke des Objektes erfreute. Er sagte sich, wenn er das nicht tun würde, so würde ihn der Gedanke an das Objekt wochenlang verfolgen. Er würde wieder eine „Sammlung" anlegen müssen. Oder er müßte onanieren. Und die Onanie nur mit der spezifischen Phantasie würde ihn viel tiefer in das Gestrüpp seines Fetischismus bringen. Wenn er vor den Bildern seiner Sammlung onaniert, so hat er wenigstens ein Stück Realität. Aber leider hat er mir die ganze Sammlung gegeben Sollte er sich eine neue anlegen? Dagegen kämpfte er mit ganzer Macht.

Der Mann im *Buche* (mit der Stange) reizte ihn nicht mehr, seit er das Objekt gesehen hatte. Aber er sprach das Objekt nicht an. Er würde es jetzt nie tun. Auch ist ihm der Mann nicht schön genug. Sein Begleiter hatte ein amputiertes Bein und eine Prothese. Solche Männer reizen ihn nicht. Ihn erregen nur junge kräftige Männer mit geraden Gliedern, die dann in irgend einen Verband gezwängt werden. Auch Krücken erregen ihn. Wenn aber der Mann nur ein Bein hat, so ist der Genuß kaum ein Zehntel von dem Genuß, den er bei einem g a n z e n Mann empfindet.

Nachmittags raunte er dann im Prater herum und abends sah er sich eine Veranstaltung der Wandervögel an, die ihn nicht befriedigte. Er kann nicht arbeiten. Er erwartet, daß ich ihn zwinge, ihm den strengen Auftrag gebe, was ich ebenso vermeide, wie ihn zu nötigen, zum Zahnarzt zu gehen. Er hatte diese Nacht wieder Zahnschmerzen und überlegte, warum ich ihn nicht zum „Zahnschlosser" (in die „Schnauzenklemperei") sende. Er beneidet ein Krokodil. Das Tier hat ihn immer mächtig interessiert, weil es im Alter die schlechten Zähne verliert und ihm neue nachwachsen. Der Krokodilkomplex muß für ihn eine gewisse Bedeutung haben. Denn er warf die Frage auf:

„Wenn hinter meinem Fetischismus eine viel schlimmere Paraphilie steckt, z. B. daß ich Kinder auffessen wollte oder wie ein Vampir Blut saugen würde, ist es nicht besser, daß ich Fetischist bleibe?"

Er wird belehrt, daß er niemals den erwähnten Paraphilien verfallen würde, auch wenn die Analyse diese Wurzeln ergeben würde und daß er ja symbolisch die ursprüngliche Paraphilie irgendwie auslebte. Er müßte erkennen und offen überwinden.

Er wird aufmerksam gemacht, daß sein Fetischismus irgendwie mit dem Leiden der Schwester (Operation nach Mastoiditis) zusammenhängen müsse. Hier scheinen auch die Wurzeln seiner Zahnarztphobie verborgen zu sein. Der Anfang der Paraphilie müsse sich am Kopfe abgespielt haben. Er bestätigt, daß er sich zuerst verschiedene Kopfverbände gemacht hat. Und nun kommt eine wichtige Fährte.

Sein erstes Verbandmittel waren Flanellbinden, die seiner Mutter gehörten und die sie irgendwie verwendet hatte.

Die wichtigsten Fragen sind: Ob die Mutter diese Binde nicht während der Schwangerschaft zum Wickeln der Unterschenkel benützt hatte? Ob diese Binden nicht beim Rheumatismus der Schwester in Verwendung standen? Das weiß er nicht, aber er will nachfragen.

Es ist von größter Bedeutung, daß er zuerst einen Gegenstand verwendete, der am Leibe der Mutter gelegen ist. (Siehe den Traum von der Laute S. 446, der auf die Mutter hinweist.)

Es war zwischen 12 und 13, als er mit den Binden im großen Stile begann. Er knebelte sich auch den Mund, er nahm zwei Besenstiele und machte sich Krücken, er machte allerlei phantastische Verbände, wobei er auch Handtücher, Sacktücher und andere Leinensachen verwendete. Seine Mutter schien etwas zu ahnen. Sie kam oft plötzlich in sein Zimmer, so daß er große Übung hatte, die Verbände rasch abzureißen. Man fand aber einmal hinter dem Ofen verschiedene verknotete Handtücher, so daß er ein peinliches Kreuzverhör zu bestehen hatte. Mit 11 Jahren hatte ihn ein Kamerad zur Masturbation verleitet. Nun fand seine Mutter auch die bekannten Flecke in seiner Wäsche. Auch wurde er manchmal des Nachts kontrolliert. Sie sprach aber nie offen mit ihm.

Gewaltig erregte ihn das „Streckbett" (Fig. 31), das er sich beim Onanieren vorstellte. Als Knabe (9) erhielt er einen Tierschutzkalender, dort war ein Mensch abgebildet, der eine Kandare trug. Es sollte das Unhumane der Kandarenzäumung im Gegensatz zur gewöhnlichen Trensenzäumung nachgewiesen werden. Die Kandare machte einen tiefen Eindruck auf ihn. (Kandaren brechen den Kiefer nach oben.) Seine ersten Zeichnungen waren Menschen mit Kandaren. (Ein Beitrag zur Zahnarztphobie.)

Mit 11 Jahren war seine Kleptomanie auf dem Höhepunkt. Er bestahl seine Großmutter, und zwar im großen, weil sie das Portemonnaie liegen ließ. Immer ein Goldstück (20 Mark). Nur einmal stahl er ein Einmarkstück und da kam man ihm darauf. Er stahl auch bei Fremden, wenn er zu Besuch mitgenommen wurde. Er stahl Briefmarken in den Geschäften. Seine Briefmarkensammlung besteht zum größten Teile aus gestohlenen Marken.

Er träumte:

Ein kleiner Junge hat eine Briefmarkensammlung, die ich schon kenne und sehr gerne besitzen möchte. Er will sie mir verkaufen und verlangt schließlich zwei Einmarkstücke. Ich gebe ihm 5 Kronen, eigentlich einen Zehnkronenschein und komme mir dabei äußerlich sehr vornehm vor, weil ich ihm mehr gebe, als er verlangt, innerlich habe ich Bedenken, weil seine Sammlung viel mehr wert ist.

Ich bin auf einer großen Konferenz, wahrscheinlich einer sozialistischen, und es sind alle möglichen Größen und Führer da. Auch Tschitscherin und andere. Ich werde von den anderen sehr beachtet, bin offenbar sehr angesehen, klar und ruhig. Rede auch manchmal.

Ich gehe hinter dem Hauptmann durch die Stuben. Mir fallen alle möglichen Kleinigkeiten und Nachlässigkeiten im Dienstbetrieb auf. Der Hauptmann ist ein sehr nervöser Mann und hat sich durch sein vieles Geschrei um den Respekt gebracht. Ich nehme mir vor, in aller Ruhe und Bestimmtheit dafür zu sorgen, daß die Sache wieder anders wird.

Der erste Traum zeigt seinen Kampf gegen seine Paraphilie. Sein Fetischismus wird als kleiner Junge dargestellt. (Infantilismus.) Er weiß nicht, ob der Preis, den er für seine Heilung zahlt (das Aufgeben der Sammlung), im Verhältnis steht zur verlorenen Lust. Die Zahlen sind charakteristisch. Sie kamen schon im Traum S. 466 vor. Die zwei Einser erklären sich aus dem Umstande, daß er an einem 11. geboren wurde. Die Zahl 50 kommt hier wieder vor. Wir fanden sie in Verbindung mit dem Hausarzt Dr. H. Sollte sein Schwesterchen am 5. X. gestorben sein? Er weiß nur, daß es im Herbst war. Aber er scheint einen „geheimen Kalender" zu haben. Vielleicht hat sich ihm das Datum eingeprägt. Er will nachfragen.

Im zweiten Traumstück wird der Traum von der großen historischen Mission erfüllt. Er ist ein berühmter Führer und redet wenig im Gegensatz zur Behandlung, wo er der Geführte ist und viel reden muß. Er ist im Traume ein sehr angesehener Mann.

Der Hauptmann des dritten Traumstückes ist nach seiner Ansicht sein Vater. Sein Vater war ein nervöser Mann, machte im Hause ein großes Geschrei, alles mußte mäuschenstille sein, wenn er da war. Er hatte sich offenbar vorgenommen, sich vom Vater zu differenzieren. Die aktuelle Beziehung zu mir ist klar. Er hat nicht mehr Respekt vor mir, er zweifelt, ob die Analyse gelingen wird.

— —

Er lief gestern wieder seinem „Ideal" nach, dann überkam ihn ein ziemlicher Arbeitseifer und er hoffte, studieren und arbeiten zu können. Er war aber sehr zerstreut.

Er hatte folgenden Traum:

Ich hatte die Krätze. Überall auf meinem Körper gehen kleine Milben spazieren. Die waren so ähnlich wie Holzzecken, aber sie saßen auf der Haut und ich nahm sie mit den Fingern fort und zerdrückte sie.

Ich bin zu Hause. Meine Mutter muß sehr viel Kuchen haben. Ich bin in einem Zimmer und liege im Bette. Da kommt ein Mädchen herein, das hat rote Haare, ungefähr die Größe einer 12jährigen, kommt zu mir erst ans Bett, dann ins Bett und legt mir die Hand ans Genitale. Sie hat einen pickelartigen Ausschlag, dicke rote Knoten. Ich sehe ihn an einer Stelle ihres Körpers, wahrscheinlich am Leib. Darüber ist ein Gewebe wie eine sehr weitmaschig gestrickte Überziehjacke aus dicker Wolle. Dabei scheint sie mir jetzt größer, bleibt aber kindhaft entwickelt. Ich weise sie aus dem Bette, habe aber deutliche Lustgefühle dabei gehabt. Die Türe geht wieder auf, da erscheint ein kleines Mädchen. Ungefähr 3- oder 4jährig und will sich auch zu mir ins Bett legen. Ich nehme sie auch herein. Sie hat auch einen Ausschlag am Körper. Sie weiß, daß ihre Schwester dagewesen ist. Ich fühle auch wieder die Hand in der Genitalgegend, kurz vor der Ejakulation raffe ich mich zusammen und schicke sie hinaus. Meine Schwester II[1]) kommt und sagt, Mutti hätte gescholten, daß ich das erste Kind bei mir gehabt hätte, weil bei den Leuten Diphtheritis wäre. Ich gehe in das Eßzimmer, um mit meiner Mutter zu sprechen. Meine Mutter steht da und packt das Silber fort. Ich nehme ein Stück Kranzkuchen und weil sie mich nicht anspricht, gehe ich wieder fort.

Nachtrag: Das kleine Mädchen sagte beim Fortgehen: „Wir haben alles für dich zurecht gemacht, du mußt jetzt herunterkommen, das Wasser ist heiß."

Beim Erwachen sagte er sich, daß der Traum wohl sehr wichtig sei und den Schlüssel zu seiner Krankheit geben könnte. Dann begann er ihn zu entwerten und hätte ihn sicher vergessen, wenn er ihn nicht sofort niedergeschrieben hätte.

Er kann es schwer begreifen, daß er das „schöne Kitzelgefühl" im Traume durch die Berührung einer M ä d c h e n hand hatte. Er glaubt jetzt ganz „Homo" zu sein. Ihn reizen nur schöne Jungens und angehende Männer. Auf der Gasse hat er oft das „s c h ö n e G e f ü h l" in der Genitalgegend, wenn er seinen Idealen nachgeht und sich vorstellt, daß sie mit seinen Genitalien spielen. Er merkt jetzt deutlich, daß er eine Transposition von weiblichen Objekten der Familie auf Männer vollzogen hat.

Es fällt auf, wie oft Ausschläge und Infektionen in seinen Träumen vorkommen. In diesem Traume hat er Krätze. Er ist ein Aussätziger. Die Holzzecken pflegten immer fest zu sitzen und wenn man sie ausriß, dann gab es Wunden und Entzündungen. So sitzen die bösen sündigen Gedanken in seinem Hirne und es wird viele Schmerzen geben, wenn sie ihm entrissen werden.

Zum Thema „Kuchen" fällt ihm ein, daß er leidenschaftlich gerne Kuchen aß und nie genug bekam. Er wertete die diversen Geburtstagsbesuche nach der Größe des Kuchens, den er vorgesetzt erhielt. Für das gestohlene Geld wurden entweder Marken oder Kuchen gekauft. In diesem Traume ist die Mutter Verwalterin der Süßigkeiten und Leckereien, was uns auf einen Zusammenhang der Parapathie mit dem Mutterkomplex führt. Zum rothaarigen Mädchen fällt ihm zuerst ein Kindermädchen ein, Rike. Es war das Mädchen, dem er unter die Röcke fuhr oder fahren wollte (4). Im Traume kommt sie

[1]) Er bezeichnet die Schwestern nach dem Alter I — II — III.

eigentlich zweimal vor, denn er hat den Eindruck, als ob beide Mädchen, die mit ihm spielten, eine und dieselbe Person in verschiedenen Lebensaltern wäre. Ihr Ausschlag sah fast wie eine Furunkulose aus. Sie trug ein grobmaschiges Wolljäckchen. Zwischen den weiten Lücken sah man die Furunkel durchleuchten. Aber das Gesicht war ganz rein. Merkwürdig die Sicherheit: Die Leute wohnen unter uns. Schon bei dem ersten Spiel war er über den nahenden Orgasmus erstaunt und beim kleinen Mädchen wuchs das Erstaunen. Noch im Traume kam ihm der Gedanke: „Du bildest dir ein, nur homosexuell empfinden zu können und bei Mädchen impotent zu sein, und nun empfindest du bei weiblichen Wesen!"

Er hatte die letzten Jahre nur Jungensträume, wenn er pollutionierte. Er erinnert sich nicht an Mädchenträume vor der Behandlung.

Er glaubt, daß die beiden Mädchen für seine Schwestern stehen. Sie sind ja im Traume als Schwestern gekennzeichnet. Sie hatten als Kinder die Gewohnheit, zu einander ins Bett zu kriechen, besonders am Morgen. Sie besuchten einander, selbst als die Betten nicht mehr im gleichen Zimmer standen. Später wurden die Besuche im Nachtkostüm an den Bettrand gemacht. Man setzte sich an den Bettrand und plauderte. Schwester II, die sich gerne als Wärmeflasche anbot, kam noch in den letzten Jahren im Nachtkostüm an sein Bett, um ein wenig zu plaudern.

Zum Silberbesteck der Mutter fiel ihm ein, daß die Mutter das Besteck gerne persönlich in den Kasten einsperrte, besonders das große, wertvolle, das nur bei feierlichen Gelegenheiten herauskam. Im Traume macht ihm die Mutter einen Vorwurf. Er hätte etwas nicht machen sollen. Er denkt an die kleine Schwester, die an Masern gestorben ist und es kommt ihm vor, als wenn er zu ihr ins Bett gekrochen und etwas angestellt hätte. Als ob ihm die Mutter gesagt hätte: „Das darf man nicht machen! Davon stirbt deine Schwester und du könntest auch dadurch krank werden!" Das ist nur ganz dunkel. Eigentlich keine Erinnerung. Vielleicht nur eine Konstruktion. Es fällt ihm auf, daß so oft Exantheme in seinen Träumen vorkommen. Immer die rote Aussaat am Körper, die an Masern erinnert. Er weiß nicht mehr, wie die Kinder im Traume neben ihm gelegen sind. Sie haben sein Glied nicht direkt angefaßt, nur in der Gegend des Dammes gespielt. Als wenn eine Hand ihn sanft berühren würde. Im Traume hatte er ein Gefühl: „Das kannst du nicht verantworten! Es ist ja verboten!"

Seine Mutter hatte auch eine Frühgeburt, von der er bisher nicht gesprochen hatte. Es war ein kleiner Bruder, der in seiner Familie „Archibald" genannt wird. Er weiß sich nicht zu erinnern, wann der Abortus stattgefunden hat.

Er weiß jetzt, daß die Flanellbinden der Mutter wegen ihres Geruches eine große Anziehungskraft auf ihn ausübten. Er wird durch den Geruch von getragener Wäsche und von getragenen Kleidern erregt, wenn ihm eine Person gefällt. Der Wanderkittel mancher Wandervögel erregte ihn außerordentlich und er ergötzte sich an dem Geruche des Schweißes. Auch der Anzug seines Freundes roch sehr kräftig. Dieser Geruch war für ihn ein sexuelles Stimulans. In der masochistischen Literatur erregten ihn Szenen, bei denen der Masochist einen weiblichen Unterrock anziehen mußte. Er dachte an einen getragenen Unterrock und wie gut er riechen müßte. (Besonders eine Szene in den Memoiren des Viscount of Robinson.)

Wir sehen ganz deutlich die Konturen infantiler Erlebnisse durchschimmern, welche seine Parapathie verursacht haben.

Was hat sich zwischen ihm und den Schwestern abgespielt?

Welche Rolle spielen die Dienstmädchen, die in seiner Erinnerung auftauchen? Auch bei der Mutter scheint er sich etwas herausgenommen zu haben. (Das Stück Kranzkuchen!)

Wir müssen geduldig den weiteren Verlauf der Analyse abwarten.

— — — — — — — — — — — — — — — — — — — —

Er hatte gestern eine furchtbare Reaktion. Erinnerungen wollten aufsteigen. Er drängte sie zurück. Er lugte wieder nach seinem Objekt aus und war unglücklich, als er es nicht sah. Den ganzen Tag wußte er nicht, was er mit sich anfangen sollte. Abends ging er in ein Konzert. Bald war ein hübscher Junge — blond, schlank — gefunden. Jener zeigte kein Entgegenkommen. Er beneidete andere, die sich scheinbar gefunden hatten. Endlich näherte er sich einem kleinen netten Burschen, mit dem er in eine Partitur sah. Aber er bekam Schwindel und fürchtete, er könnte umfallen. Er konnte nichts mehr von der Musik aufnehmen. Er machte krampfhafte Versuche, seine Heterosexualität zu unterdrücken und alle Regungen auf die homosexuelle Seite zu transponieren.

Wir analysieren den letzten Teil des letzten Traumes. („Du mußt jetzt hinunterkommen. Das Wasser ist heiß.") Es ist ihm, als ob es auch geheißen haben könnte: „Das Wasser wird kalt." Das erinnert ihn an Schwester III, die immer petzte, wenn die Suppe am Tische stand. Sie hat rotblonde Haare. Sie war 4, als er 12 Jahre alt war. Das erklärt die Zahlen im Traume. Dunkle, unklare Erinnerung, als ob sie des Morgens öfters zu ihm ins Bett gekommen wäre. Sie ist noch heute „furchtbar zärtlich". Sie galt im Hause als „der warme Umschlag" oder „die Wärmeflasche". Sie küßte und zärtelte den ganzen Tag. Es ist die Schwester, welche den klassischen Ausspruch machte: „Ich muß einen Mann haben, sonst nehme ich mir einen Stock zum Knutschen." Sie litt schon in der Kindheit an Pavor nocturnus. Auch Schwester II ist in ihn verliebt. Sie ist unglücklich, wenn er sich seine Schönheit ruiniert. Sie hält ihn für den schmuckesten Burschen der Welt. Sie war besonders stolz auf sein Bild in Uniform. Einmal stopfte er sich bei einer Unterhaltung einen dicken Bauch an und tanzte (als Bankier Feiteles einen Juden karikierend) im Zimmer herum. Seine Schwester weinte, weil er häßlich aussah.

Das Ausstopfen führt uns auf das Thema der Schwangerschaft. Schwangere Frauen waren ihm früher abstoßend und ekelhaft. Jetzt hat er angeblich diese Einstellung überwunden. Aber er weiß, daß es eine Zeit gab, da er sich für Brüste sehr interessierte. Das Bild einer eingeschnürten Negerin, bei der die Brüste plastisch hervortraten, regte ihn sehr auf.

Mitten in der Analyse fängt er leise zu singen an. Eine Arie aus Troubadour: „O teure Mutter, du sollst nicht sterben!" . . .

Es scheint, wenn man aus dem Traum Schlüsse ziehen darf, daß in seinem 12. Jahre sich die Wendung zum Fetischismus vollzogen hatte. Er onanierte wohl schon vorher mit masochistischen Phantasien, aber das System baute sich damals aus. Ob sich etwas zwischen ihm und Schwester zugetragen hat, was sein Gewissen belastet? Im Traume ist die Schwester aggressiv. Es ist höchste Zeit. Sie ist heiß. („Das Wasser ist heiß.")

Er ist zu Hause immer gehemmt, übler Laune und gerät in große sexuelle Erregung. Er onaniert, und zwar richtet er dann die Daueronanie ein. Er setzt den Akt bis zu 3 Wochen fort und läßt es nicht zum Orgasmus kommen, so daß er in ständiger Erwartung des Orgasmus herumlauft. Er spielt eine Erwartung, deren Erfüllung er hinausschieben muß. Er scheint zu warten, daß das große Wunder geschieht und die Schwester zu ihm ins Bett kommt wie in dem Traume. Dann würde er sicher nichts machen. Zu Hause ist er daher zerrissen, in ständiger Erregung und unglücklich.

Wenn er aber mit einem Kameraden wandert, da reagiert er alles ab, er begnügt sich mit den kleinen Vertraulichkeiten und erlebt seine glücklichsten Tage.

Gestern war ein Sonntag. Da es Samstag regnete, gestattete ich ihm, ausnahmsweise am Sonntag zu kommen, wenn das Wetter schlecht sein sollte. Er freute sich auf die Sonntagsstunde, spann allerlei Phantasien, mir näher zu kommen, hoffte, ich werde ihn zu einer Jause einladen, schien aber die Grenze der erlaubten Phantasien überschritten zu haben. Denn plötzlich kam ihm die Idee, zu Tristan in die Oper zu gehen, als ihm ein Collega mitteilte, er gehe in die Oper. Das Wetter war zweifelhaft. Was tun? Er beschloß, zu Tristan zu gehen. Er stellte sich schon früh an. Es begann zu regnen, er dachte, er wolle doch zu mir, hatte einen heftigen Kampf, blieb jedoch in der Oper, war zerrissen und hatte gar keinen Genuß.

Er behandelt mich wie seinen Vater, mit dem er sehr gerne normale und freundschaftliche Beziehungen hätte. Aber er entwertet ihn bei jeder Gelegenheit. Wie er im Felde war, schrieb er die herzlichsten Briefe. Daheim steht zwischen ihm und dem Vater eine unüberwindliche Scheidewand. Diese Scheidewand ist seine sexuelle Einstellung, über die er entsprechend ebenso wie über die Hemmung durch die Übertragung aufmerksam gemacht wird.

Verschiedene wirre Träume von Krieg und Gefangenschaft:

> Der Oberst will mit uns in unser Quartier zurück. Der Weg verengt sich. Links ist ein Haus und rechts und vorne ist ein Drahtzaun. Der Oberst sagt, wir müssen durch. In dem Haus ist eine ältere, ausgemergelte Frau, die auf uns schimpft. Ich will vorbei und bleibe dauernd an dem Drahtzaun hängen. Mit dem Anzug. Ich hackele mich immer so an, mache mich los und bleibe wieder hängen . . .
>
> Dauernd Krieg. Ich wurde mal gefangen genommen von den Engländern. Angst vor dem Tode beim Schießen. Gefühl der Sicherheit nach der Gefangennahme.

Wir begegnen dem Motiv des eingezäunten Feldes schon das dritte Mal. Er hat ein Stück seiner Seele umfriedet. Dieses Stück stellt seine Parapathie dar. Er bleibt aber immer daran hängen. Ich (der Oberst) befehle ihm hinüberzusteigen. Er bringt es nicht zusammen. Die alte magere Frau erinnert ihn an eine Arbeitersfrau, Nachbarin, sie zeigt aber die Figur und die Züge seiner Mutter. Im letzten Traume waren auch die Vorwürfe der Mutter dargestellt. Es ist, als ob seine Mutter ihn hindern würde, das eingezäunte Stück zu betreten.

Das zweite Traumstück zeigt den Widerstreit in seiner Seele (Krieg). Er ist von den frommen Tendenzen (Engländern) gefangen genommen worden und ist glücklich, daß er der Gefahr entronnen ist.

Er fürchtet den Kampf des Lebens. Er fürchtet die Sünde. Seine Parapathie gewährleistet ihm den Frieden.

Wir sehen deutlich die Paraphilie als Selbstschutz gegen seine bösen Triebregungen. Er fürchtet ungeheuer, daß er ohne seine Paraphilie verloren wäre. Er befindet sich nach der erschütternden Aufregung der letzten Tage in einem Stadium der Apathie. Im Theater hatte er Phantasien. Wie wäre es jetzt, wenn alles zusammenkrachen würde? Er stellte sich neben eine Säule, um geschützt zu sein. Dann stellte er sich vor, daß sich die Decke langsam, langsam heruntersenken würde. (Mutterleibsphantasien?)

Er kann sich nicht vorstellen, wie er gesund werden könnte, und verlangt eine Menge theoretischer Erklärungen über die Analyse. Warum ich den Parapathiker als Rückschlagserscheinung auffasse? Über die Bedeutung der konstitutionellen Anlage usw. will er belehrt werden. Ich kläre ihn auf, daß es sich um Widerstandsphänomene handelt. Er will davon nichts wissen. Er muß erst Klarheit haben.

Schließlich geht er auf seine Phantasien ein. Er erwartete die beiden letzten Tage sein Objekt und konnte es nicht finden. Er ist sich jetzt klar, was das Objekt für ihn bedeutet. Er phantasiert dabei und denkt sich seine Geschichten aus. Das Objekt dient nur als Illustration zu seinen Geschichten. Es ist das Stück Realität, das den Phantasien Leben gibt.

Er träumt:

Irgendwie oder wo oder wann bin ich zum Zahnarzt gekommen. Da ist ein älterer Mann mit Spitzbart, der soll sich paar Zähne ziehen lassen und da benimmt er sich recht kläglich. Dann sehe ich wieder durch eine Glastür zu dem Zahnarzt hinein und sehe meine Schwester. Später erkenne ich mit Bestimmtheit meine Schwester III, die sich in zahnärztlicher Behandlung befindet. Schließlich läuft sie vor Angst weg, aber ich halte sie an der Tür auf und bringe sie zurück. Dann habe ich ein Zahnfragment in der Hand und glaube einen kurzen Moment, ich wäre schon drinnen gewesen. Ich fühle mit der Zunge nach der Lücke, aber dann merke ich, daß das Fragment nicht von mir ist.

Ich bin beim Militär und habe Offiziersuniform an, kleinen Rock, silberne Achselstücke, Garnisonsuniform. Ich stehe mit anderen um einen großen Haufen Ausrüstungsstücke herum, Tornister, Rucksäcke usw. Ich suche einen Rucksack für mich, finde aber nichts Brauchbares. Viele alte Stiefel, Einlegsohlen, aber alles verbraucht. Wenn ich mir etwas näher besehe, so sind auch die Tornister und Rucksäcke eng, futteralartig. Als Rucksack wenig geeignet. Plötzlich sagt ein Leutnant zu mir: „Sie sind wohl Offiziersstellvertreter?" Ich frage ihn erstaunt, wie er darauf kommt. Er zeigt, daß ich keine Spiegel am Kragen habe.

Ich gehe mit dem Hauptmann Vormann. Er spricht mit mir über meine Zukunft. Scheinbar hat er vorher mit meinem Vater gesprochen. Er sieht vergrämt aus, trägt einen getragenen Lodenanzug, das bunte Hemd und der Ditokragen sind stark schmutzig. Er scheint zu meinen, ich solle wieder zum Militär gehen. Ich kann meine Bedenken dagegen nicht recht aussprechen. Schließlich ist er ärgerlich und sagt glaube ich: „Am besten würden Sie Koch!"

Ich bin irgendwo mit Verbindungsstudenten zusammen — ohne deutliche Erinnerung. Dann bin ich Räuber . . . Wir sind im Schlafzimmer meiner Großmutter. Es sieht aber ganz anders aus. Bei mir ist noch ein Junge, schwarzhaarig, kleiner als ich. Mein Vater kommt herein. Wir spielen Räuber und der Freund geht in scherzhafter Weise mit dem Messer auf meinen Vater los. Um ihn zu verhindern einzutreten. Ich habe auch ein Messer in der Hand; aber das Messer, das der andere hat, ist mir genau bekannt. Es ist ein schwedisches Messer mit Hornschale, das in dem Toilettetisch meines Vaters liegt. Mein Vater macht gute Miene zu dem Spiel.

Hast du auch geweint? . . .
Zahlen: 2mal 1 . . . 6 . . . 10 . . .

Dieser Traum bringt uns wieder ein großes Stück weiter in der Erkenntnis seines Leidens. Das erste Traumstück behandelt seine Angst vor dem Zahnarzt. Zuerst sieht er einen alten Mann, d. h. mich. Ich benehme mich kläglich. Ich leide an der gleichen Angst wie er. Dann zwingt er seine Schwester zur zahnärztlichen Behandlung. Er hält ein kleines Stück von einem Zahn in der Hand und merkt, daß es nicht sein Zahn ist.

Der Traum ist vorläufig dunkel, er hat keine Einfälle dazu. Im zweiten Stücke kommen seine Unsicherheit und sein Minderwertigkeitsgefühl zum Durchbruch. Er findet nichts Passendes im Leben. Er kann es zu gar nichts bringen. Der Hauptmann Vormann im dritten Traumstück ist in Wirklichkeit sehr elegant. Hier ist er vernachlässigt. Er erinnert ihn an seinen Vater. Ähnliche Gespräche hat er mit seinem Vater geführt. Ganz dunkel ist ihm das vierte Traumstück. Er hat nur das Gefühl, daß ihm sein kleines Messer ganz unbrauchbar vorkam im Vergleiche zum schwedischen Messer seines Vaters, das ihm immer sehr gefallen und seine Phantasie lebhaft beschäftigt hat. Nun klafft eine Lücke und er entsinnt sich nur des ihm unverständlichen Satzes: „Hast du auch geweint?"

Der ganze Traum wird erst verständlich, wenn man weiß, daß es sich um seine Einstellung zum Vater handelt. (Das große und das kleine Messer.) Die Angst vor dem Zahnarzt entschleiert sich als Kastrations- und Impotenzkomplex. (Verlegung von unten nach oben!) Das Ziehen eines Zahnes ist für ihn gleichbedeutend mit der Extraktion des Penis, mit einer Kastration. Seine Zahnarztphobie ist die Angst vor der Kastration. Es muß in der Jugend eine arge Kastrationsdrohung stattgefunden haben. Ihm fällt ein, daß seine Großmutter einmal hinter der Schwester III einherging, die ihr zu langsam vorwärts kam, und ihr drohte: „Wenn du nicht rascher läufst, so schlage ich dir mit dem Schirm hinten ein Loch hinein!", worauf die Schwester prompt erwiderte: „Da hab ich schon eins."

Im ersten Traumstück macht er mich impotent, ich habe alle Zähne verloren. Die Schwester ist ein kastrierter Mann und er hält ein Fragment ihres oder seines Penis in der Hand. Aber er findet kein Loch. Er ist beruhigt. Es ist der Penis seiner Schwester, der ihr abgeschnitten wurde. Nun versteht man auch das zweite Traumstück. Der Rucksack symbolisiert seinen Hodensack. Er findet, daß er einen zu kleinen Sack hat. Er litt als Knabe an dem Minderwertigkeitsgefühl, sein Genitale sei zu klein. Er greift noch jetzt manchmal an die Hoden, um mit Befriedigung zu konstatieren, daß sie groß genug sind. Aber der Vater ist der große Held mit dem mächtigen Genitale. (Der Offizier.) Er ist nur der Offiziersstellvertreter. D. h. er möchte gerne den Vater bei seiner Mutter vertreten. Aber an seinem Kragen (ein phallisches Symbol!) fehlt etwas. Sein Vater rät ihm einen weiblichen Beruf. Er soll Koch werden. Oft hatte sein Vater über seinen Mangel an Männlichkeit geklagt und sein schlappes Wesen getadelt. Allein er will sich am Vater rächen. Er geht mit dem Messer auf ihn los. Er hatte offenbar die Phantasie, den Vater zu kastrieren.

Der Koch geht auch auf einen Giftkomplex. (Hatte er die Idee, seinen Vater zu vergiften?) Er hatte als Kind den lebhaften Wunsch, Koch zu werden.

Nun verstehen wir seine Angst vor dem Zahnarzt. Der Zahnarzt ist der Vater, der ihn kastrieren wird. Er wird seine faulen Zähne (d. h. seine faulen Gedanken) sehen.

Hinter seiner Paraphilie steckt ein schweres Schuldbewußtsein. Er wollte seinen Vater entmannen. Auf seinen Bildern malt er die männlichen Geschlechtsorgane immer auffallend groß. (Ich habe sie in der Reproduktion etwas mildern müssen.) Sie stehen im Mißverhältnis zu den zarten Figuren. Sollte der Verband vielleicht dazu dienen, das Genitale zu schützen und wurde erst später auf andere Glieder verschoben?

Im Hause wird viel vom Tode und vom Begraben gesprochen. Er war sieben Jahre alt und litt an Pleuritis. In dieser Zeit starb sein Lehrer. Otto wurde damals punktiert. Kaum genesen, mußte er mit dem Vater das Grab des Lehrers besuchen. Der liebste Spaziergang des Vaters führt auf den Friedhof. So kam er schon als Kind dazu, das Thema des Todes von allen Seiten zu betrachten . . .

— —

Man müßte annehmen — wenn man ein Neuling in der Analyse ist —, daß ein analysierter Arzt über die gewonnenen Erkenntnisse nachdenken würde und daß er uns entweder neues Material bringt, das die Annahmen bestätigt, oder Einfälle, welche gegen unsere Erkenntnisse sprechen. Von unserem Kranken fließen die Worte ab wie Wasser von einer öligen Fläche. Im Gegenteil! Er verbohrt sich noch mehr in seine Einstellungen und schafft neue Widerstände, um die Analyse zu sabotieren. So rannte er gestern natürlich zum Platz hin, wo sein Objekt vorbeigehen sollte, blickte wieder aus dem Kaffeehaus auf die Straße, um den erwünschten Moment nicht zu versäumen. Dann suchte er auf der Straße und war glücklich, ein neues Objekt mit Schienen zu erhaschen. Es war zwar nur ein Mädchen, aber er ist seit der Analyse entschieden freundlicher zum weiblichen Geschlechte eingestellt. Er hatte auch am Abend (im Konzerte) Wohlgefallen an einigen Backfischen gefunden.

Zur Zahnarztphobie macht er einige wichtige Mitteilungen, die beweisen, daß sein Mund eine erogene Zone allerersten Ranges ist, was ja a priori anzunehmen war. Erst zeigen sich Zusammenhänge zwischen Zahnschmerzen und Onanie.

Wenn er sehr von Zahnschmerzen gequält wurde, so mußte er onanieren und schaffte sich dann Erleichterung.

Es ist nicht nachzuweisen, ob er sich Zahnschmerzen provoziert hatte, um einen Vorwand für die Onanie zu haben. Auch die Defäkation hat Beziehungen zu den Zähnen.

Wenn er den Stuhl lange zurückhält und endlich defäziert, so empfindet er eine Art „Schmerzlust" in den Zähnen. Darunter versteht er einen Schmerz, der zugleich lustbetont ist.

Manchmal saugt er an den kariösen Zähnen. Das erzeugt einen kurzen, scharfen, stechenden Schmerz, den er wieder als Lust empfindet. Er saugt auch gerne an den faulen Wurzeln, die eitrig sind. Der süßliche faulige Geschmack ist ihm angenehm. Er spuckte oft in das Taschentuch, um länger daran riechen zu können.

Er gibt zu, daß er heftige Todeswünsche gegen den Vater hatte. Auch Vorstellungen: „Wenn ich jetzt sterben würde, wie würden sie mich bemitleiden." Er befindet sich in einem permanenten Lustgefühl der gespannten Erwartung, welches sich in seinen Träumen ausdrückt.

Er träumte:

Ich wohne in einem Hotel und habe ein separates Zimmer. Es müssen dann andere da eingedrungen sein. Es ist mir nicht angenehm . . .

Ich komme in den Speisesaal. Es steht eine reich besetzte Tafel. Kuchen, Torte, Süßigkeiten. Es sitzen Bekannte von mir daran, unter anderem G. S. Ich möchte gerne etwas essen, aber es lädt mich keiner ein, etwas zu nehmen. Wie ich zugreifen will, ist auch schon alles weggegessen . . .

Ich stehe in dem Bett eines Baches, der verhältnismäßig wenig Wasser führt. Steiniger Untergrund. Ich bemerke eine Anschwellung auf dem rechten Fußrücken, ziemlich erheblich. In der Mitte eine kleine Öffnung wie eine Fistel. Ich denke, ich muß in die chirurgische Klinik gehen. Dann entleert sich beim Auftreten aus der Fistel ein dicker Strahl wie über einem punktierten Hydrops abdominalis. Viel mehr als in der Schwellung drin sein kann. Ich will den Fuß im Wasser abspülen, es hängt eine ekelhafte Masse daran, wie dicke Madenmassen und Schmutz. Sie haften fest, ich muß sie mit der Hand entfernen. Es ist ein schon in Verwesung übergegangener, sehr langer, zusammengeknollter Bandwurm.

Auf dem Weg komme ich an einen mit Wasser gefüllten breiten Graben. Er ist mit Stacheldraht abgezäunt. Deswegen kann ich so nicht hinüberkommen. Auf der anderen Seite liegen mehrere Gebäude. Ein Mann steht mit einer Schwester und ruft zu mir herüber. Ich glaube, ob ich von der empörenden Behandlung der Elsässer gehört hätte. Die Schwester bestätigt das. Dann habe ich zwei Balken, einen 5 *m* langen und einen halb so langen. Beide werfe ich über den Fluß. Der größere fällt durch das Tor in den Hof. Dann bin ich selbst drüben. Ich gehe in die Häuser links hinein, weil ich den Ausgang suche. Ich bin in einem Kinderheim, das von einem mir bekannten Arzt aus R. geleitet wird. Ich suche den Ausgang. Scheinbar bin ich im Waschhaus. Da begegne ich dem Arzt. Er sagt: „Das geht aber nicht, daß Sie hier auf eigene Faust herumlaufen." Ich gehe in das nächste Gebäude, komme auf den Abort, zwänge mich durch das Fenster und muß so ins Freie gekommen sein. Der Arzt sagt zu mir: „Eigentlich sind Sie zu alt, um so herumzulaufen!" (Wandervogelkluft.) Ich sagte: Ich würde davon wohl kaum loskommen. Die Neigung, mich so zu kleiden und zu wandern, säße doch seit Jahren in mir. Dann bin ich bei Bekannten zu Kaffee in einem Gartenlokal. Sie geben mir von dem Kuchen, den sie haben. Er ist nicht besonders gut. Es ist eine Frau P. mit ihrer Familie.

Diese Träume sind Widerstandsträume. Das Lustgefühl der gespannten Erwartung bezieht sich auf mich. Er überträgt es auf seine Paraphilie. Er erwartet, daß ich seine sexuelle Not erkennen und seine geheimen Wünsche erfüllen soll. Welches sind seine Wünsche? Das zweite Traumstück verrät sie. Ich soll mich wie sein Kamerad G. S. benehmen, der ihm das Onanieren beibrachte und mit ihm zusammen onanierte. Ich soll mit ihm spielen. Das erwartete er offenbar von seinem Vater. Weil diese Erwartung nicht erfüllt wurde, geriet er in die Trotzeinstellung.

Im ersten Traumstück hat er ein elegantes Zimmer im Hotel, während er jetzt in Wien in einer Art Massenquartier wohnen muß. Er kann im Hotel einzelne Personen empfangen. Er könnte selbst Analyse treiben, was ihm jetzt unmöglich ist. Andrerseits drückt er aus, daß es ihm unangenehm ist, daß ich in die Geheimnisse seiner Seele eindringe.

Er steht im zweiten Traumstück vor der reichbesetzten Tafel des Lebens. Es sind Freuden der Liebe, die ausgestellt sind, worauf G. S. hinweist. Aber er ist von diesen Freuden ausgeschlossen. Er ist Asket. Im dritten Stück vollzieht sich die analytische Reinigung in Form eines aufgestochenen Abszesses. Er hat mehr unangenehme Erlebnisse und Komplexe, als er es sich vorgestellt hatte. Und es bleibt immer etwas von dem Schmutz hängen. Die Analyse wird mit einer Bandwurmkur verglichen. Seine Paraphilie ist ein ekelhafter, zusammengeknullter Bandwurm. (Übrigens hatte er wirklich einen Bandwurm in seiner Jugend.) Im vierten Stück begegnen wir wieder dem eingezäunten Stalle. Auch eine Schwester taucht auf. Er wird von mir schlecht behandelt. (Schlechte Behandlung der Elsässer.) Ich gehe mit ihm nicht spazieren und lade ihn zu keiner Jause ein. Ich lasse ihn allein herumlaufen. Er zeigt mir aber die Absicht an, von seiner Paraphilie (Wandervogelkluft) nicht loszukommen. Schließlich wird seine Sehnsucht nach Kaffee und Kuchen im Kreise einer Familie (leider nicht meiner Familie) erfüllt. Er ist nicht sehr zufrieden. Frau P., eine frühere Zimmerfrau, hat einen Sohn, der Arzt ist und sie sehr schlecht behandelt. Ihre Tochter starb plötzlich. Ferner Geburts- und Schwangerschaftsphantasien.

Die schlechte Behandlung der Elsässer erweist sich als eine schlechte Behandlung von Elsa. (Elsa von Brabant aus dem Lohengrin — eine Schwesterimago.)

Die Fülle seiner Träume (Traumdiarrhöe) macht eine Tiefenanalyse der Träume unmöglich. Patient möchte auf diese Weise die Verlängerung unserer Arbeitszeit erzwingen. Ich hatte die Wahl, entweder einen einzigen Traum zu Ende zu analysieren oder jeden Tag die Träume zu erledigen. Ich wählte den letzteren Weg, weil man bei dem ersteren leicht die Widerstände übersehen kann. Der Erfolg hat später meine Technik gerechtfertigt.

Alle Patienten, die an Angst vor dem Zahnarzt leiden, zeigen Beziehungen zum Saugekomplex. Entweder ist es die Brust der Mutter oder der Penis des Vaters, zu denen die Assoziationen gehen. Unser Patient wird über Fellatiophantasien befragt und gibt zuerst ein paar wirkliche Erlebnisse zu. Der Freund, der ihn verführte, fing seinen Samen mit einer Schale auf, leckte daran und scheint ihn auch geschluckt zu haben (11 bis 12 Jahre). Von einem späteren Freunde (16 Jahre) wird zögernd zugegeben, daß es vorkam, daß er sein Glied in den Mund nahm. Daß dieser Vorgang einem Wunsche entspricht, beweist der Umstand, daß er seinem Homosexuellen in der Hypnose befahl, sein Glied in den Mund zu nehmen. Im vorhergehenden Falle war die Erfüllung leicht. Denn es war ja der Wunsch des homosexuellen Knaben, der nur für große Glieder schwärmte. Im letzteren Falle sträubte sich der Hypnotisierte, mußte es aber schließlich machen. (Man sieht deutlich, wozu die Hypnose dient und wie sie unter Umständen ausgenützt werden kann. Viele Parapathiker erwarten ein solches Vorgehen. Der erwähnte Patient ist unserem Arzte, der ihn angeblich bedeutend gebessert hat, sehr dankbar und schreibt ihm lange Briefe.)

Weitere Erkenntnisse kommen aus den Träumen dieser Nacht, die er wieder reichlich bringt:

1. Meine Laute ist durch irgend jemand beschädigt, stark gedrückt, so daß sie aus den Fugen geht. (Ich glaube, es ist der Sozius meines Vaters, N. gewesen.)

Zunächst zwinge ich mir etwas erkünstelt Tränen ab, aber allmählich fange ich wirklich an zu weinen, als wenn mir ein großes Unglück passiert wäre.

2. Ich bin in die Kompanie zurückgekommen, hatte bisher keinen Frontdienst mehr getan. Bin Offiziersstellvertreter. In einer Stube soll ich exerzieren lassen. Freiübungen, aber meine Kommandos werden so schlecht und ungeschickt ausgeführt, als ob ich keine rechte Autorität hätte. Mehrere Leute kommen in die Stube und stehen am Fenster und an den Betten herum, sie brauchten nicht mitzuexerzieren.

Dann kommt A. herein. Er trägt sein Glied mit der Hand, es ist sehr groß und etwa ½ *m* lang 5 *cm* Durchmesser, zuerst wie ein Wurm oder eine Schlange. Dann zeigt er uns den Penis. Ich sage: Sie haben eine Phimose und sehe auch rote Pickel, wie Ausschlag auf dem Glied. Das Glied ist nicht gestreckt, sondern unregelmäßig gewunden. Ich betrachte den ganzen Vorgang mit Ekel und Erstaunen. Dann habe ich Angst vor dem nachfolgenden M. G.-Exerzieren, weil ich so lange keinen Dienst mehr gemacht habe und wahrscheinlich mich beim Feuerbefehl etc. blamieren werde.

3. Ich muß zweimal (mit einem dazwischenliegenden Traum, der mir verloren ist) eine Chaussee entlang gehen, die schließlich steil ansteigt. Ich weiß aus früheren Träumen, daß jetzt gleich ein Mädchen in einem Automobil in rasender Fahrt diesen Buckel herunterkommen wird. Es handelt sich um eine Filmaufnahme. Früher kam dann noch einer im schwarzen Auto gleich hinterher. Das zweite Mal fuhr sie langsamer als das erste Mal. Wie das Mädchen zum zweiten Mal vorbei ist, gehe ich in das Gutshaus. Dort bin ich eingeladen, ich komme in mein Zimmer. Da steht ein Doppelbett (Ehebett meiner Eltern). Und in dem rechten liegt J. H., ein ungefähr 16jähriger junger Mensch. Ich freue mich, daß ich mich zu ihm legen werde. Es kommt der Vater H. herein, der zu meinem Erstaunen ganz einverstanden damit scheint, daß wir zusammen schlafen werden. Später scheint mir der Vater der

Ökonomierat M. gewesen zu sein. (Der Stier von Uri.) Die beiden H. und M. waren aber beide sehr groß und stark.

Traum 1 ist einer seiner typischen Lautenträume. Er ergänzt, der Sozius seines Vaters, N., hätte sich auf die Laute hinaufgesetzt, sie also mit seinem Hinterteil zerdrückt. Der Sozius steht für den Vater. Der Vater ist Schuld an seinem Leiden. Sein Vater hat zur Laute ein feindseliges Verhältnis. Er findet, daß sein Sohn übertreibt. Patient aber will jedermann mit seiner Laute erobern. Er hat auch den Wunsch, mir vorzusingen und ist sehr gekränkt, daß ich ihn dazu noch nicht aufgefordert habe. Er identifiziert sich auch im Leben mit seiner Laute. Sie ist ein lebendes Wesen (Animismus!). Er spricht zu ihr und mit ihr, er hüllt sie ein und legt sie schlafen. Wenn die Laute schnarrt, so ist es, als ob seine Seele verstimmt wäre. Als er den Entschluß faßte, nach Wien zu fahren, da riß er „seiner Laute den Bauch auf". Er singt sehr gerne vor und ist eifersüchtig, daß Vater sich lieber von einer Dame vorsingen läßt. Er glaubt an die Zaubergewalt seiner Stimme und meint (halbbewußt), ich würde mich sofort in ihn verlieben, wenn ich ihn nur singen hören würde. Er singt jetzt sehr gerne melancholische Lieder. Lieblingslied: „Drei Zigeuner" von Lenau. Menschen, die das Leben verrauchen, verspielen oder verschlafen. Andererseits brechen auch aktive Tendenzen durch. So mußte er dreißigmal die Strophe brüllen: „'s war eine rechte Freude — wie mich der Herrgott schuf! — So'n Kerl von Samt und Seide — Nur schade, daß er suff." Er ist in seine Laute verliebt, wie er in sich verliebt ist. Er kann auch Mädchen ansingen und sie anschmachten. Das heißt, er konnte es früher besser, jetzt hat er eine Hemmung: „Kerl, was hast du davon? Du kannst ja nicht einmal küssen!"

Zu Traum 2 bemerkt er, daß das vorherrschende Gefühl das der Minderwertigkeit war. Er ist nur der Vertreter und nicht der Erste, nicht der, der eigentlich was anzuschaffen hat. Die Leute, die er kommandierte, waren alle jünger; es waren Freunde und Kameraden. Die anderen, die nicht mitexerzieren, sind alle älter. Es kommt der bedeutsame Gegensatz älter und jünger zum Vorschein. Aber wie benehmen sich die Älteren? Der Lehrer A. kommt mit einem mächtigen erigierten Glied. Es ist derselbe Lehrer, dem er einst die Not der Onanie geklagt hatte und der viel liebevolles Verständnis für seine Nöte hatte. Er schien ein Homo gewesen zu sein; aber es kam nie zu irgend einer Handlung. Im Traume wird der Phallus von A. allerdings gehörig entwertet. Er ist infiziert (Pickel-Lues) und trotz seiner Größe, die imponierend ist, ekelhaft. Er ist gebogen und windet sich wie eine Schlange. Otto ist erstaunt und doch von Ekel erfüllt.

Der Lehrer steht natürlich für den Vater und für mich. Er erwartet von mir die Exhibition. (Urreaktion der Entkleidung.) Er erwartet einen homosexuellen Akt. Er will mir Fellatio machen und dabei den Penis abbeißen.

Die letztere Phantasie entspricht seiner Kastrationsphantasie und erscheint ihm sehr natürlich. Er gibt sie zu. Er weiß, daß er sich derartige sadistische Szenen wiederholt vorgestellt hat. Trotzdem weiß er nicht, daß er in der Übertragung mit mir eine dieser Phantasieszenen aufführen möchte und daß er sich in dem Traume vor diesem Wunsche durch Entwertung schützt. Ich bin doch infiziert und mein Penis ist eine ekelhafte Schlange. Da will er lieber die Mädchen M. G. exerzieren.

was aber Maschinengewehrabteilung heißen soll, offenbar das gleiche. Da fühlt er sich impotent.

Bei der Analyse des 3. Traumes assoziiert er zu „Hügel" den „Bauch der Mutter" und kommt auf eine Mutterleibsphantasie, die vorläufig noch unverständlich ist und ihre ersten Konturen zeigt.

Die Größe der Parapathie läßt sich aus der polaren Spannung zwischen dem bewußten und dem unbewußten Menschen ermessen. Im Bewußtsein würde er mich und den Vater abweisen, wenn wir ein solches Ansinnen an ihn stellen würden. Im Unbewußten (in der Phantasie) hängt er an seinen infantilen Wünschen. In der Phantasie ist er ein Kind mit Kinderwünschen, in der Realität will er ein Mann sein. Die Spannung zwischen dem bewußten Menschen und dem Antagonisten ist gewaltig groß und wird durch die Konstruktion eines Fetischismus überbrückt.

— — — — — — — — — — — — — — — — — — — —

Zu dem Traum 3 fällt ihm noch ein, daß er im Traume das Gefühl hatte, er wisse, was jetzt kommen werde. Es war wie eine Kinovorstellung. Als ob es für einen Kintop aufgenommen werden würde. Jetzt fährt das Mädchen im wahnsinnigen Tempo herunter und jetzt fährt der Mann ihr nach. Das Auto des Mädchens war rot, das des Mannes schwarz. Die Straße war steil und in Serpentinen gewunden. Er war in großer Spannung, als wenn er das Ereignis erwarten würde.

Heute Nacht träumte er:

> Ich bin in einer Gesellschaft mit Prof. R. und dem Kronprinzen. Es ist, als ob R. mich nicht dem Kronprinzen vorstellen wollte. Ich spreche dann mit dem Kronprinzen.

Der Kronprinz war ihm immer sehr sympathisch. Im Traume ist Prof. R. sehr unsympathisch. Otto hält ihn für impotent und glaubt, daß seine Frau ein Verhältnis hat. Er macht sich allerlei Gedanken über meine Familienverhältnisse und möchte meiner Familie vorgestellt werden. Er erkennt, daß er diese Herabsetzungen als Widerstände benützt.

Seine Haupteigenschaft ist Eifersucht, die er sich nicht gestehen will. Aber in einzelnen Punkten sah er sie doch. Er merkte, daß die ältere Schwester von seinem Vater, der Großmutter und einer Tante direkt verwöhnt und ihm vorgezogen wurde. Sie ist es, die vor ihm in das Tal des Lebens saust. Er beneidet sie um ihre Erstgeburt. Er fühlt sich von seinem Vater schlecht behandelt. Er glaubt, daß jener sich nicht genug um ihn kümmert. Daher verträgt er die Gesellschaft seines Vaters nicht. Schon im dritten Lebensjahre stahl er seiner Schwester den Kuchen, der für sie am ersten Geburtstage gebacken wurde. Er dachte: „Was hat denn dieser Wurm davon?"

Erinnerungen an den Maler, der sein lebensgroßes Bild gemalt hatte und zugleich ein „Zauberer" war. Er zog ihm wunderbare Pralinés aus Mund und Nase. Otto war auch auf seiner „Bude", woselbst er Äpfel bekam.

Er schlief einmal als kleines Kind mit dem Vater in einem Zimmer. Er wollte immer den Vater oder die Mutter für sich alleine haben. Er kann nicht teilen. Im Zimmer waren zwei große Ehebetten und ein kleines Kinderbett. Er wollte nicht in das kleine Bett und wollte partout neben seinem Vater schlafen.

Er war 15 Jahre alt, da waren sie zusammen im Riesengebirge. Sie hatten nur e i n Zimmer. Er muß des Nachts Licht haben, sein Vater liebt das Dunkel. Er fürchtete sich damals entsetzlich und war schrecklich aufgeregt. Da sah er endlich durch eine Türritze einen Lichtschimmer und war glücklich, daß hinter der Türe Licht war.

Zwei Jahre später war er mit seinen Eltern in der Schweiz. Es war eine unglückliche Zeit für ihn. Er wußte nicht, was anzufangen. Er war immer allein und konnte sich keinen Kameraden finden. Er hatte offenbar gehofft, nun werde der Vater ihm einen Teil der freien Zeit widmen. Aus Verzweiflung begann er in einer Spielbank zu spielen. Das Geld stahl er. Es wurde ihm verboten. Was sollte er nun mit der Zeit anfangen? Er wollte um jeden Preis wieder nach Hause. Er verträgt die gesamte Familie nicht. Die bekannten Sonntagsausflüge waren ihm ein Greuel. Er wollte immer e i n Mitglied der Familie für sich allein haben.

Seine Liebe zum Vater mischte sich mit Bewunderung. Vater war ein schneidiger Student gewesen und hatte viele Anhänger und Verehrer. Er las auch heimlich die Briefe, welche der Vater auf dem Schreibtisch liegen ließ. Er wollte den Vater für sich ganz allein haben, und da er dies nicht erreichte, wurde er trotzig. Er lernte schlecht und brachte schlechte Ausweise, was wieder zu Szenen führte, so daß die Situation wirklich unerträglich war. Sein Vater hielt ihm große Moralpauken und wies auf sein eigenes Beispiel hin. Aber der Vater war ihm ein unerreichbares Beispiel. Er war ihm ein „schrecklich moralischer Mensch". Weil sein Vater Sozialdemokrat war, so wurde er aus Opposition ein Kommunist, worüber sein Vater sich sehr kränkte.

Er verträgt das Schaukeln und das Fahren in Berg- und Talbahnen nicht. Fühlt dabei ein unangenehmes Ziehen im Bauche.

E r k u n d i g u n g e n b e i d e r M u t t e r e r g a b e n, d a ß d e r T o d e s t a g d e r S c h w e s t e r t a t s ä c h l i c h d i e v e r m u t e t e n B e z i e h u n g e n z u d e n e r w ä h n t e n Z a h l e n h a t.

Im Alter von 13 Jahren wurde er an Adenoiden operiert, was noch leidlich ging. Die Angst vor dem Zahnarzt scheint von seiner ersten Erkrankung (3) im „Kinderheil" herzustammen. Er hatte Diphtherie. Es ist möglich, daß er damals viel mit Spatel und Halsspiegel geplagt wurde.

Er ist empfindlich gegen alle Geräusche des Messerschleifens, des Kratzens der Kreide auf der Tafel, des Bohrens der Zähne, des Trepans. Er hat dabei Schmerzen in den Zähnen. (Er selbst knirscht mit den Zähnen bei Nacht.) Weitere Erkundigungen nach kannibalistischen Regungen ergaben einige Anhaltspunkte. Alles Krachen der Knochen ist ihm widerlich. Er konnte als Kind keine Nüsse essen. Sie hatten einen Riesennußknacker (König Nußknacker) zu Hause, der die Nüsse aufknackte. Er war für ihn der Menschenfresser. Er spielte selbst voriges Jahr auf einer Wandervogelbühne im „Tapferen Schneiderlein" den Menschenfresser. Mit 18 Jahren trat bei ihm die Neigung zum Vegetarismus auf. In einem Dispute mit einem Vegetarier, der behauptete, er sei Pflanzenesser, weil er keinen Menschen zum Mörder machen wolle, führte er den Beweis, daß diese Einstellung eine Abwehrreaktion gegen die eigenen Mordimpulse wäre.

In seinen Phantasien spielten auch Strafamputationen eine große Rolle. Er behauptet, sie hätten keine Beziehungen zur Kastration, da er dabei immer das Glied sehen mußte. Es scheint sich aber um Abwehr zu handeln. Denn er zeichnete früher viele Fellatio-Bilder, wobei ihm das Verschwinden des

Gliedes im Munde sehr unangenehm war und er so lange herumradierte, bis das Glied wieder zu sehen war.

Die Kot- und Urinphantasien traten erst in der letzten Zeit in den Bildern auf. (Deutliches Fortschreiten der Regression.)

Er erinnert sich, daß er als Kind mit dem Vater zärtlich sein wollte und daß der beschäftigte Vater immer abwehrte.

Heute beschäftigt ihn das Schuldgefühl, das er hatte, als Schwester III an Brechdurchfall erkrankte. Er warf sich zu Boden, er faltete die Hände und heulte: „Lieber Gott, laß sie nicht sterben!" Er hatte das Gefühl, daß er an ihrem Tode schuld wäre, wenn sie sterben würde. Ob er ihr etwas Unrechtes zum Essen gegeben habe? Er kann sich nicht deutlich daran erinnern.

— —

Eine dunkle Erinnerung, als ob der Vater beim Schreibtisch gesessen wäre. Er kommt als ganz kleiner Knabe auf ihn zu und will seine Füße umarmen. Der Vater ist unwillig über die Störung.

In der Behandlung erweist sich dieses Verlangen nach väterlichen Zärtlichkeiten als arge Hemmung. Mein wissenschaftliches Interesse genügt ihm nicht. Er wünscht wieder und spricht es aus, ich solle ihn zwingen, zum Zahnarzt zu gehen und gibt sich zufrieden, als ich ihm eine Empfehlung an einen befreundeten „Zahnschlosser" gebe. Er hat sich endlich aufgerafft und will sein Gebiß in Ordnung bringen. Er glaubt, daß die Zähne sein ganzes Leben determiniert haben. Er wäre vielleicht Sänger oder Schauspieler geworden, wenn sein schlechtes Gebiß ihn nicht daran gehindert hätte. Andererseits ist er sich klar, daß er schon im Gymnasium dachte: „Du mußt Arzt werden, da kannst du dein Leiden ausleben, sonst machst du noch irgend eine Dummheit."

Seine Einstellung zum Weibe erhellt aus einem gestrigen Erlebnis. Er hatte hier einen Kameraden, der ihm seine Freundin übergab, weil er abreisen mußte. Gestern machte er mit dem kleinen jüdischen Mädel einen Ausflug. Es war ihm unangenehm, daß sie klein und daß sie Jüdin war. Jüdinnen wären nicht sein Typ. (Aber sie ist sehr intelligent, gebildet und sehr lieb, so daß er gerne mit ihr ausgeht.) Sie kamen auf eine Wiese und lagerten im Grase. Plötzlich wurde sie ihm unerträglich. Er fühlt ein körperliches Unbehagen. Ekel! Am liebsten hätte er gesagt: „Nun gehen Sie mal bloß weg! Ich möchte allein bleiben!" — Dieser Ekel tritt auch bei Urgermaninnen und bei jeder anderen Weiblichkeit auf. Auch bei seiner Schwester, deren Geruch er nicht verträgt. Ihr Zimmer im Winter, wenn es nicht gelüftet ist, ist ihm unerträglich. Auch bei der „kleinen Jüdin" störte ihn hauptsächlich der Geruch und — die ganze Weiblichkeit. Er hatte plötzlich Zahnschmerzen. Die Zahnschmerzen scheinen auch als eine Art moralischer Wächter zu funktionieren und treten immer auf, wenn er sich ablenken soll. Er fürchtet das Weib! Er fürchtet seine Impotenz nicht so sehr als seine Potenz. Er fühlt sich nicht als Mann, weil er seine Minderwertigkeit benötigt und sie bei jeder Gelegenheit unterstreicht und verstärkt.

Gestern trat in die Baracke, wo er wohnt, ein Riesenkerl ein. Er fühlte sich ganz niedergeschmettert. Er war bisher der stärkste Mann. Nun ist er nur der zweitstärkste und das verträgt er nicht. Er beneidet den „Neuen" um seine Männlichkeit.

Er träumte:

Zuletzt Tanzstunde. Wir laufen hintereinander im Kreise im Zimmer herum. Ich bin in Zivil. Außer mir ist noch ein Offiziersstellvertreter, ein junger Mann von der Artillerie, da, der in den vorhergehenden Träumen eine Rolle gespielt hat. Ich will mich an einen Flügel setzen, der etwas im Wege steht; schlage der Länge nach hin. Alles amüsiert sich darüber; werde gefragt, ob das auch ein Tanz wäre.

Vorher Reitstunde. Ich bin viel im Traume geritten. Wir ritten immer im Kreise Galopp. Aber im Freien. Ich dachte, wir könnten auch einmal auf dem Zirkel reiten. Schließlich liefen wir ohne Pferde hintereinander Galopp.

Der Affekt im Traume: Er wird ausgelacht. Er versucht es mit einem kleinen Klavier (der kleinen Jüdin) und blamiert sich. Die Reit- und Tanzbewegungen entsprachen einem Koitus. Er ist unfähig zu einem Koitus, während der Offiziersstellvertreter (sein Freund) seine Sache ganz gut gemacht hat. So wie der neue große Kamerad ihn erdrückt, so fühlt er sich durch die Potenz der anderen Männer erdrückt.

Aufgefordert, zum Traume zu assoziieren, fällt ihm zuerst die Schwester, dann seine Eifersucht ein. Er hat eine Abneigung, mit den Schwestern zu tanzen, obwohl er das Tanzen bei ihnen erlernt hat. Die älteste Schwester tanzt ihm zu „schwülstig". Sie macht so eigentümliche Bewegungen und auch ein eigentümliches Gesicht dabei.

Er sieht sich als kleinen Jungen, wie er gespannt die Arbeit der Mutter am Wickeltisch der Schwester beobachtet. Eine Tante mit einem Lorgnon spielt dabei eine ihm unverständliche, ihm unangenehme Rolle. Denn er haßte sie. Sie scheint das Vorbild der strengen Gouvernante in seinen Bildern zu sein. Am meisten muß er seine Schwestern um den Kinderwagen beneidet haben. Er konnte es schon gar nicht vertragen, daß er auf einmal gar nichts bedeutete, sich alles um die kleine Schwester drehte und um sie herumtanzte. Der Kinderwagen scheint unzerstörbare Eindrücke hinterlassen zu haben. Wenn er Bauchschmerzen hat, drückt er sich an einen Stuhl und macht rhythmische Bewegungen. Bei Zahnschmerzen klopft er rhythmisch an den Zahn oder erschüttert den Körper durch rhythmische Bewegungen. Er übertönt die Unlust durch eine infantile Lust. Schaukeln und Fahren war ihm immer ein Hochgenuß bis auf parapathische Störungen. Sein erster Pollutionstraum (er springt auf einen fahrenden Wagen) wird verständlich als eine Erinnerung an den Kinderwagen. Auch der Hafersack, der den Boden des Kinderwagens füllte, hatte für ihn eine große Anziehungskraft. Er spielte mit ihm und drückte ihn oft ans Gesicht. Auch die schon erwähnte Wickelkommode hatte er in sein Herz geschlossen.

In seinem Objekte sieht er sich, er sieht aber auch die eingewickelte Schwester. Er identifiziert sich mit der Mutter und das Objekt ist ein von ihm eingebundenes Kind.

Obwohl er gespannt das Baden der Schwester beobachtete, hatte er keine rechte Vorstellung über die Geschlechtsunterschiede. Diese gewollte Unwissenheit ist ihm bis heute geblieben. Er kennt sich in der Topographie der Vulva nicht gut aus. Es ist, als ob er die Periode, da er auf sein Glied stolz war, vergessen hätte. Er kann sich nicht erinnern, ob er die Schwestern darum beneidet hatte, daß sie schon kastriert waren, während er mit seinem Anhängsel der Willkür des Messers ausgesetzt war. Da er die ersten anatomischen Studien an seinen Schwestern vollzogen hatte, ist ihm die Erinnerung sichtlich unangenehm und deshalb verdrängt. Die Vorstellung einer Vulva ist mit Ekel assoziiert.

— — — — — — — — — — — — — — — — — — — —

Das Unglaubliche ward Ereignis. Patient suchte den Zahnarzt auf, an den ich ihn empfohlen hatte, und ließ sich ohne Widerstreben einen unteren Molar ziehen. Heute soll er wieder hingehen. Ich rate ihm, die ganze Sache in einem zu überstehen.

In der Nacht hatte er einen merkwürdigen Traum, den er noch nachts fixiren konnte:

Motto des Traumbildes erschien mir am Morgen in grüner Schrift, wie von einem Kinematographen.

Ach Marta, wir könnten doch — —
Oder ist dir so — —
Ach sei so — — Nach Ostern (3. Zeile fraglich.)

Trauminhalt: Meine Schwester 1 und ich sind zusammen auf einer Vergnügungsreise und in ein mehr und mehr vornehm werdendes Lokal gekommen, das schließlich kabarettartigen Charakter annimmt. Meine Schwester will sich auch noch die 2. Vorstellung ansehen und redet mir zu. Es fände auch eine Diskussion statt über: . . . student . . . (???). Ich entschließe mich, dazubleiben; als aber das Billettfräulein kommt, nimmt meine Schwester zwei Billetts, ich sehe den Preis: jedes 23.000 K. Ich sage entsetzt, aber wir brauchen doch keine Loge, es gibt doch auch billigere, und das Fräulein zeigt solche um 8000 in grauer Farbe und noch eine rosa Sorte (Preis ?). Aber trotzdem will ich gehen. Das Fräulein, das die Billette verkauft, findet es sehr verständlich, daß ich gehe. Ich will nur noch einen großen Kelch Sekt leeren, der auf dem Tische steht. Meine Schwester bleibt da und wenn sie auch gar kein Geld mehr für die Reise übrig hat. Ich muß um den Tisch herumgehen und dabei aufstehen, um den Sekt zu trinken. Dabei kann ich mich kaum auf den Füßen halten. Ich trinke ihn aber, trotzdem ich taumle, in mehreren Zügen. Die Leute im Lokal sehen, daß ich betrunken bin.

Mein Vater macht mir Vorwürfe, weil ich an ihm dauernd auszusetzen habe und dabei selbst . . . ???

Ich will Geschenke meiner Eltern (Schokolade, Kartons mit Inhalt etc.) von einem hohen Schrank (Kinderschrank) herunterholen. Es ist sehr schwierig, denn ich kann kaum hinaufreichen und einiges Klebrig-süßes in Stangen fällt zerbrochen.

? will bei mir Bursche werden.

Wie ich in die Kaserne komme, sind alle Spinde und Betten schon belegt, ich gehe nach der linken Seite des langen Zimmers (Baracke). Dort stehen noch mehrere unbelegte Kinderdrahtbetten. Die kommen für mich nicht in Frage, weil sie viel zu kurz sind. (Trotzdem) belege ich dort ein Spind, weil die ersten 5 Spinde von links (oder 7) noch frei sind. Gleich wird auch das Spind vor meinem von einem andern belegt. Dann will ich mein Gepäck unterbringen und weil ich recht inkomplett bin, gehe ich nach Hause und will meinen Rucksack holen, der wohl schon gepackt ist. Jetzt habe ich bequeme Offiziersuniform an, weiche Mütze, ganz ins Genick gezogen. Ich springe die Treppen hinauf. Auf der zweiten

Treppe sieht der Unterwohner, blond, 40 Jahre, in weißem Ärztemantel, rotes, verdrießliches Gesicht, aus der weiß lackierten Tür. Er grüßt nicht und zieht sich sofort zurück, weil ich nun doch (trotz früherer anderer Meinung) in den Krieg gehe. Oben macht mir ein Fräulein auf und ich beginne gleich mit dem Einpacken (1 Paar Strümpfe, 1 zweites Paar Stiefel etc.). Ich treffe einen jungen Soldaten und frage ihn, wo er s t e h t. Er sagt, beim 33. Regiment, weil dort sein Bruder ist. Das tat mir leid, weil ich ihn sonst in meinem Regiment gehabt hätte.

Beim Erwachen waren ihm die drei voranstehenden Sätze mit großen Lettern vorschwebend. Marta ist Schwester I. Wie sind sie wohl zu ergänzen? Sind es Erinnerungen aus der Kinderzeit oder sind es unerfüllte Wünsche? Soll es heißen: „Ach Marta, wir könnten doch etwas machen!" — „Oder ist dir so zu Mute wie mir?" — „Ach sei so gut und laß uns nach Ostern einig werden." So ungefähr läßt sich mit Hilfe des Kranken jeder Satz ergänzen.

Was ihm zuerst beim Traume auffällt und sein größter Affekt ist, war das Taumeln mit einem Riesenkelchglas in der Hand. Zuerst denkt er an die Mutter. Es ist ihm, als ob er wie ein kleines Kind, das noch nicht gut gehen kann, zur Mutter gehen und fallen würde. Der Traum stellt es so dar, als ob er etwas mit der Schwester in der Kindheit erlebt hätte. (Erste Vorstellung!) Nun soll es eine zweite Vorstellung geben. Aber der Preis ist ihm zu hoch. Zu 23.000 Kronen fällt ihm ein, daß er seiner Mutter geschrieben hatte. 23 Jahre kämpfe ich unbewußt mit den Konflikten, 10 Jahre ganz bewußt. (Dauer der Paraphilie.) Die 8000 erklärt er, daß seit dem Trauma (3) acht Jahre verflossen sind und dann setzte die Onanie ein (3 + 8 = 11). Das Fräulein erinnert ihn an die Mutter. Im Glase war eine goldgelbe, moussierende Flüssigkeit. (Urin?)

Die erwähnte Diskussion sollte über das Thema „S t u d e n t a l s T e u f e l" stattfinden. Der Kabarettleiter, der auch die Diskussion dirigieren sollte, war ein schicker junger Mann. Er sah aus wie Herr F., ein gewesener Sozius seines Vaters, der Dipsomane war, bald heiratete, sich eine Kugel in den Leib schoß und früh verstarb. Dieser Mann steht als „E w i g e W a r n u n g" vor seinen Augen. Im Felde trank unser Patient wohl tüchtig, aber jetzt ist er absolut abstinent. Der Sinn des ersten Traumes: Er hat für seine ersten Vergnügungen mit der Schwester einen hohen Preis bezahlt. Die Schwester ist willens, in diesem Vergnügungslokal zu bleiben. Sie hat keine Liebe (Geld) für andere. Er ist trunken, aber er drückt mit der Trunkenheit seine Intoxikation aus. Er ist berauscht von einer Phantasie, von einem Wunsche oder von der Erinnerung eines tatsächlichen Erlebnisses.

Im zweiten Teil des Traumes macht ihm sein Vater Vorwürfe. Er fühlt, daß er mir ungerechterweise Vorwürfe macht und daß er nichts dazu tut, daß die Analyse vorwärts geht. Er will jetzt seine Infantilismen hergeben. Er will wieder dienen, sein eigener Bursche sein, er will kämpfen, er will zum Militär.

Er sieht, daß er in die Kinderbetten nicht hinein paßt. Er merkt, daß seine Infantilismen einen Gegensatz zu seinem realen Leben bilden. Der Zwang seiner Neurose soll aufhören. Er hat eine bequeme Offiziersuniform und weiche Kappe. Zum „Unterwohner" fällt ihm der Penis ein. Die weißlackierte Tür ist eine weiße Hose, er sieht einen Penis, der sich gleich zurückzieht. Die weiche Kappe und der sich zurückziehende Penis, der nicht in den Krieg will, deuten auf seinen Widerstand gegen das Weib und gegen den Geschlechtsverkehr. Das Fräulein erinnert ihn an ein Kinderfräulein von Schwester I.

Der junge Soldat vom 33. Regiment hat die Züge seiner Schwester. Er hätte die Schwester gerne bei seinem Regiment gehabt. Zu 33 fällt ihm ein Burschenlied ein:

33 Jahre — 33 Jahre währt die Knechtschaft schon.
Nieder mit die Hunde, nieder mit die Hunde von der Reaktion!
Blut muß fließen, knüppelhageldick,
Daraus soll ersprießen unsre neue deutsche Republik.

Hier bricht die Traumanalyse ab. Wir wollen uns morgen mit dem interessanten Traume noch einmal beschäftigen.

— —

Wir setzen die Traumanalyse fort. Er faßt das Kinderbett in der Soldatenstube als Flucht vor dem Weibe in die Kindheit und in die Homosexualität auf. Beim Militär, besonders unter den Soldaten, fühlte er sich sehr wohl. Es waren nur Männer um ihn herum.

Zu „Ostern" assoziiert er — grün — Mutter — Menagerie — Tiergarten —, dann sieht er die Schwester I mit kurzgeschnittenem Haar wie einen Buben vor sich. Es war nach der Ohrenkrankheit. Er selbst trug lange krause Locken, so daß er wie ein Mädchen und sie wie ein Bub aussah. Er weinte auch, als ihm die Locken beim Eintritt in die Schule geschnitten wurden. Ihn erregen Burschen, wenn sie Haare tragen wie die Freideutschen, d. h. Haare, wie sie die Schwester als Kind hatte. Solche faszinieren ihn. Gestern sah er eine Dame mit ähnlich geschnittenem Haar, er blieb stehen und fixierte sie lange. Sie saß auf einer Bank. Er wartete, bis sie aufstand, um zu konstatieren, ob sie ein Bursch in Frauenkleidern oder ein Weib mit männlichem Gehaben wäre.

Ostern erinnert ihn an Faust, woran auch der Pokal gemahnt. Ostern ist der Tag der Versetzung und der Prüfung, ein Wendepunkt. Er glaubt, es beziehe sich auf die Wende in seinem Leben durch die Analyse. Er war wieder beim Zahnarzt und opferte zwei schlechte Zähne.

Seine Schwester I will ihn durchaus mit einer ihrer Freundinnen verheiraten. Das fällt ihm ein, als er zu Kabarett assoziieren soll. Dann spricht er über die Farbe der Billette. Zuerst ein schmutziges Weiß (grau), das an schmutzige Bettwäsche gemahnt, dann eine grau-violette Farbe, zuletzt rosa. Lila ist seine Lieblingsfarbe. Die Vorliebe dürfte noch aus der Kindheit stammen. Seine Schwester hatte einen lila Schlafrock. Rosa mahnt an das liebliche Erröten von Mädchen und an rote Grütze. Zu Lila fällt ihm ein Lied von der schönen Tila ein. Sie ertrinkt im Meer und ruft beim roten Sonnenuntergang: Nicht rot, sondern lila. Seit seine Schwester ihm das Lied sang, ist ihm die Farbe verekelt. Er zeigt deutliche Audition coloré. Er sieht Lila bei tiefen Viola- und Holzbläsertönen. Lila geht oft in ein Schwarz über und zeigt Beziehungen zum Todeskomplex.

Es scheint das Verlangen vorzuliegen, eine infantile Szene mit der Schwester (erste Vorstellung) wieder zu erleben und eine zweite Vorstellung zu geben. Aber der Preis ist zu hoch. Die anderen Leitmotive sind uns bekannt. Die Angst vor den Vorwürfen des Vaters, das Dienen beim Militär, das auch in diesem Traume eine religiöse Bedeutung hat. Wieder verraten die Träume seinen übermächtigen Schwesternkomplex.

— —

Er zeigt heftige Widerstände gegen den Zahnarzt und ist tief verstimmt. Er ist wieder unruhig und fürchtet, seine Paraphilie zu verlieren. Er kam schließlich zu einem Kompromiß: „Du kannst dir die Zähne richten lassen und trotzdem krank bleiben." —

Er träumte:

> Wir sind wahrscheinlich im Felde draußen, es ist gegen Abend. Wir sind am Rande eines lichten Gebüsches (Erlen- oder Birkenwäldchen). Rechterhand liegt das Schloß, in dem unser Stabsquartier ist, linkerhand befindet sich der Gegner. Aber diese militärische Färbung ist nicht von vorhinein vorhanden. Es blitzt. Die Blitze kommen immer näher. Hinter dem Hause schlägt ein Blitz ein. Da sagt einer von uns: „Jetzt denkt er sicher, er hätte getroffen." Der nächste Schuß liegt aber wirklich in einer zu dem Schlosse gehörigen Scheune. Angriff! Der Gegner kommt! Ich stürze nach dem Unterstand, in dem wir unser M. G. haben. Ich bin der erste. Die Sache spielt auf unserem Schulhof. Der Unterstand ist in einem Kellerfenster des Vorschulgebäudes. Ich zerre das Gewehr heraus, wir bringen es in Stellung links von dem Aborthäuschen. Dort steht auch in Wirklichkeit eine Gruppe weißer Birkenstämme. Ich hole meine Laute und noch irgend etwas und lege sie rechts oben auf einen Vorsprung, der sich auch neben dem Abort befindet. Ich glaube, ich habe die Laute aus meinem Zimmer geholt, in dem 2 Vizefeldwebel und Offiziersaspiranten meiner Kompanie am Tische saßen. Sie machten einen etwas gedrückten Eindruck. Dann fing es an zu regnen und ich fürchtete, die Laute würde naß werden.

Dieser Traum drückt Widerstände gegen die Analyse aus. Ich bin der Feind und die Schüsse beginnen ihm etwas ungemütlich zu werden, nachdem er erst meine Bemühungen verlacht hatte. Er rüstet zur Gegenwehr. Er will nicht mehr zum Zahnarzt gehen. Er holt auch seine Laute und fürchtet, sie könnte verdorben werden. Die Laute ist ja seine Paraphilie, für die er jetzt ernste Besorgnisse hegt.

Aber der Traum bringt uns trotzdem einen Fortschritt. Er leitet mit dem Abort das Thema der Analsexualität ein. Sein Vater ist ein ausgesprochener Analsexualist. Er sitzt sehr lange auf dem Lokus, liest Bücher und Zeitungen, so daß dieser für die übrige Familie so lebenswichtige Ort von ihm stundenlang blockiert wird. Im Hause entspannen sich oft Kämpfe um den Lokus besonders mit einem Onkel, der die gleiche Leidenschaft hatte, so daß man schließlich zwei Lokusse einrichten mußte. Seine Schwester protestierte heftig dagegen, daß Vater ihre Bücher auf den Lokus mitnahm.

Er hat als Kind den Stuhl zurückgehalten und dabei Lustgefühle empfunden. Noch heute Lustgefühle bei Defäkation und Miktion nach längerer Retention. Vielleicht ist dieser Moment der Ursprung seines Zwanges. (Vielleicht nach *Jones* der organische Ursprung einer jeden Zwangsneurose.) Es ist jedenfalls der erste Zwang, den ein Kind auf sich ausübt und Lust erzeugt.

Sein Anus ist eine erogene Zone. Er hat Verlangen nach aktiver und passiver Päderastie. Bei Versuchen, aktiv vorzugehen (8) trat, wie schon erwähnt, vollkommene Impotenz auf.

Die weitere Analyse ergibt, daß sein Mund seinen Anus repräsentiert. Der üble Geruch aus dem Munde ermöglicht ihm die Identifizierung. Auch Verlangen nach aktivem und passivem Anilingus wird zögernd zugegeben. Hinter seinen orthopädischen Bildern steckt eine wichtige Phantasie, die er sich bisher nicht eingestanden hat.

Er möchte in einer Zwangslage gebunden sein und zu homosexuellen Akten gezwungen werden.

Er berichtet über ein Buch, das die deutsche Liga herausgegeben hat, in dem die Greueltaten der Gegner geschildert wurden. Der Herzog von Vendome soll einen angebundenen deutschen Gefangenen (einen Vizefeldwebel) sexuell mißbraucht haben. Jetzt verstehen wir den Vizefeldwebel und den Offiziersstellvertreter seiner Träume. Das Schloß im Traume ist der Abort. Er liebte den Abort und hat sogar noch bis in die letzte Zeit halbe Stunden lesend auf dem Aborte gesessen.

Das Bild wird durch Rattenangst vervollständigt. Eine Ratte könnte ihn beißen, während er die Notdurft verrichtet. Er behauptet, im Felde während der Defäkation von einer Ratte berührt worden zu sein. Besonders ekelhaft ist ihm der lange Schwanz der Ratte. Nun wird die Angst vor dem Zahnarzte etwas verständlicher. Er ist der Mann, der einem in den Mund (lies Anus) fährt und dort herumarbeitet.

Als Knabe hörte er eine Geschichte von einem eingemauerten Löwen. Er hatte oft Angst, aus der Wand könnte ein Löwe kommen. Diese Angst ist symbolisch leicht zu deuten. Er hat seine Leidenschaften eingemauert, fürchtet aber, sie könnten die Wände ihres Kerkers sprengen.

— —

Ich übergehe einige Träume, die nur einen Widerstand gegen die Analyse ausdrücken. Er beschäftigt sich den ganzen Tag mit dem Zahnarzt und fürchtet, er werde nicht mehr hingehen können. Er kann die anale Sexualität nicht erkennen. Dabei führt er folgende Symptomhandlung auf. Er kommt zur Stunde und entschuldigt sich mit plötzlichem Stuhldrang. Oder er bricht die Sitzung mit der Bemerkung ab, er müsse auf den Lokus. Ich erkläre ihm, daß er offenbar den gleichen Lokus benützen will wie sein Meister. (Das Tertium defaekationis.) Aus dem nun folgenden Traummaterial der nächsten zwei Tage, das ich noch nicht kannte, ergibt sich die Bestätigung. Es war ihm sehr unangenehm, nach dem Vater hinauszugehen, wenn der Sitz noch ganz warm war. Trotzdem muß er zugeben, daß vor dieser Zeit der Abneigung eine positive Einstellung vorhanden war. Auch den Lokus seiner Schwester benützt er mit Vorliebe. Er glaubt, daß er bei den Besuchen sexuell aufgeregt werde und sich ihm jede sexuelle Erregung auf den Darm „schlage", eine Erklärung, die nicht von der Hand zu weisen ist.

Einen weiteren Fortschritt in der Behandlung bringt der folgende Traum:

> Ich träume: . . . Dann bin ich zu Hause, sehe meine Briefmarken und denke sofort: Fein, jetzt kannst du sie gleich mitnehmen, wenn du nach Wien fährst, und da verkloppen. Daneben bin ich doch erstaunt, ohne es weiter zu betonen, daß ich zu Hause (in Riga) bin.
>
> Ich gehe mit anderen und gerate, von links kommend, in folgende Situation. Links eine Stadtmauer, aus deren Tor ein Zug Mönche in grauen Kutten hervorkommt. Rechts (jenseits des Baches?) eine Schar Kleriker, die das Allerheiligste bei sich führen. Ich sehe die Monstranz herüberleuchten. Zwischen beiden Scharen besteht eine zornige Spannung, ohne daß davon gesprochen wird. Von links, außen an der Mauer entlang, kommt ein neuer Zug Mönche, der uns aufnimmt. Wir gehören jetzt zur

linken Schar. Es wird an uns ein Verlangen gestellt; wir weigern uns. Man ruft, die jungen Leute sollen es mit Waffen austragen. Messer, 2 oder 3, funkeln über der erregten Menge. Dann hat einer von der Gegenseite unsere jungen Männer erschlagen und schreitet nun mit einem großen (Rasier-)Messer durch die Menge, überall den Männern in Arm, Bein und am Körper klaffende Wunden setzend. Kopflosigkeit. Angst. Er ist gut genährt, etwa 25 Jahre, blond, lockig, rosiges Gesicht.

Ich verwandle Angst in Zorn. Habe ein Messer und töte nicht nur ihn (unklar), sondern im ganzen 3 (?) Jünglinge. Der letzte ist mir deutlich. Nach dem ersten Schnitt durch den Hals sank er mit eröffnetem Kehlkopf zurück und stöhnte furchtbar. Ich erschrak und setzte noch einen Schnitt bis aufs Rückgrat darauf. Aus der klaffenden Spalte quoll es grau-rosa hervor. Merkwürdig wenig Blut. Er war schlank, etwa 18 Jahre und von blaßgrauer Farbe.

Allen, die ich tötete, habe ich mit einem Schnitt von rechts nach links den Hals durchgetrennt. Wunderte mich, daß die Karotiden nicht spritzten.

Zu diesem Traume hatte er sich unmittelbar nach dem Erwachen einige Schlagworte notiert. Dann schrieb er den Traum aus dem Gedächtnisse nieder, ohne die Notizen zu benützen. Später warf er einen Blick auf die Notizen und merkte mit Erstaunen, daß daselbst eine kannibalistische Episode vermerkt war, die er schon vollkommen verdrängt hatte.

Die Notizen lauten:

Der Sieger, ein etwas fetter, junger Mann, hat unserem Vertreter die Gurgel durchgeschnitten, dann schneidet er Wehrlose.

Mich packt die Wut, ich ergreife den Dolch und schneide nun 3 oder 4 meist jungen Leuten die Hälse ab.

Dabei ist mir grauenhaft zu Mute. Meist muß ich mehrmals schneiden, ehe ich die Schlagader treffe. Aus der Wunde stülpt es sich heraus. Wir essen von dem Fleische. (Leber.) Ich mag nicht mehr. Zwei andere disputieren deswegen. Der andere ist auch meiner Meinung.

Nun schreiten wir zur Traumanalyse. Die Briefmarkensammlung steht für seine fetischistische Sammlung. Er ist bereit, die Paraphilie aufzugeben Da entspinnt sich ein mächtiger Kampf zwischen seinen asketischen Tendenzen und den normalen. Links kämpft er in der Reihe der Asketen. Der Anführer der Rechten hat blonde Locken. Er dachte sich: Der sieht wie Amor aus. Bei dem Kampfe dachte er an die Braut von Messina (Die feindlichen Brüder), wo auch zwei Chöre aufmarschieren. Vor dem Rasiermesser hat er eine gewisse Angst. Es ist ihm sehr unangenehm, sich rasieren zu lassen. Gestern ließ er sich plötzlich die Haare schneiden und opferte seine schönen Locken, um männlicher zu erscheinen. Seine Schwester fuhr ihm oft in die Locken, und bei seinen Kämpfen greift er zuerst in das Haar. Zu dem Haar hat er eine affektative Einstellung. Ein behaarter Schamberg bei Mann und Weib ist ihm unangenehm, beim Weibe sogar ekelhaft. Der Schamberg der jungen Mädchen erregt ihn. Er wollte sich gestern häßlich machen, weil er fürchtet, er könnte mir und dem Zahnarzt zu gut gefallen. Er will ein Mann sein. (Vielleicht auch Ersatz für Kastration — bipolare Tendenz.)

Zu der Kampfszene in seinem Traume fällt ihm ein, daß er im Felde freiwillig beim Schlagen des Viehes geholfen hat. Einmal wurde eine Kuh mit einem Messer am Halse abgestochen, sie konnte nicht sterben, es wurden ihr noch einige Schüsse gegeben, schließlich mußte sie mit einer Axt erschlagen werden. Er war über und über mit Blut beschmutzt wie ein Metzgergeselle.

Die kannibalistische Szene weist auf jene frühe kannibalistische Periode, die sich später als eine orale Parapathie äußert *(Abraham).*

Er wundert sich, daß es jetzt in den Träumen zu keiner Pollution kommt. Es ist immer eine Erregung und Stimmung, wie vor einer Pollution, aber es kommt nicht zur erlösenden Ejakulation. Es scheint sich um eine verborgene Paraphilie zu handeln, welche noch nicht zum Vorschein gekommen ist. Die Ejakulation scheint an eine bestimmte Liebesbedingung geknüpft zu sein

Er sah gestern 3 Objekte, die ihn früher sehr erregt hätten. Zwei ließen ihn ganz kalt, während das dritte ihn ein wenig interessierte, aber nicht im entferntesten wie vorher. Die ganze Sache kam ihm etwas fremd und sonderbar vor und hatte den Affektwert so ziemlich verloren. Er sah dem Manne nach und drehte sich um, ohne ihm nachzulaufen und ohne sich in der Phantasie mit ihm fernerhin zu beschäftigen.

— —

Die Träume der nächsten Nacht sind sehr charakteristisch.

Undeutlich: Sehr viel geritten. Messerstechereien.

Deutlich: 1. Eine mehrstöckige, graue Häuserfront, auf dem Boden des mehrere Stockwerke tiefen Lichtschachtes im Halbdunkel zwei Gestalten, die miteinander ringen.

Traumassoziation: Ich und mein Vater.

2. Ich bin Leutnant, gehe wieder in den Krieg; bin mit Österreichern zusammen. Dr. H . . . . . . kommt mit mehreren anderen an der Hütte, vor der ich stehe, vorbei. Erst erkennt er mich gar nicht. Dann ist er bekümmert, als er von meinen kriegerischen Absichten hört, aber auch anerkennend.

3. Ich treffe meinen Vater. Der will auch zum Geburtstag gratulieren gehen. Ich denke: du mußt mit ihm zusammen gehen. Er geht aber nach kurzem Zusammensein in der Richtung eines dort befindlichen öffentlichen Abortes, den er erst benützen will. Ich gehe allein weiter.

4. Gehe mit hoch geklapptem Kragen (Militärmantel und Sportmütze) durch die schlecht beleuchteten, abendlichen, sehr belebten Straßen der Stadt. Menschen werden auf mich aufmerksam, besonders ein langer Bursche. Ich merke dann, daß mein Wunsch, unbemerkt zu bleiben, daher kommt, daß ich nicht merken lassen will, daß ich mein Taschentuch geknäult habe und darauf beiße.

5. Bin zur Gratulation (Grete Kolbert). Wir erwarten: Wen? Ich merke später, daß ich verbundene Augen habe. Kann aber trotzdem alles sehen. Gertrud Ziegenrücker kommt gratulieren mit ganz verklebtem Gesicht (weiße Pflaster), besonders über der Nase. Sie hat ihre Kinder mit. Nickt mir auch zu, aber es besteht die Tendenz, einander nicht zu kennen und nicht zu beachten.

6. Alter Park, Riga. Aber es fährt da jetzt eine Elektrische. Die Gegend ist sehr schön (Weidling). Es sind aber große Terrainarbeiten im Gange. Wir fahren unter mit Erde und Schutt beladenen Tribünen und Rampen durch. Ich denke: Wenn die nur nicht durchdrücken. Dann geht

es aber durch die Hügel. Alles ist hell und ich sehe die großen Felsblöcke, die, im Sande eingebettet, von der Decke hängen. Auch hier die Angst vor dem Herunterstürzen. Aber wir sind schon ausgestiegen.

Ich stehe allein auf weiter Flur. Rechts ist Wald und Busch, der mich nicht anzieht; links steigt der Hang zur Straße an. Ein schmaler Weg führt empor (Weinberg). Oben ist ein Tor in dem Stacheldrahtzaun.

Unten steckt ein Schild: Achtung! „Hund!" Dann lese ich noch wo: „Das Tor ist geschlossen." Ich kehre also um und gehe zurück.

Fig. 44. Fig. 45.

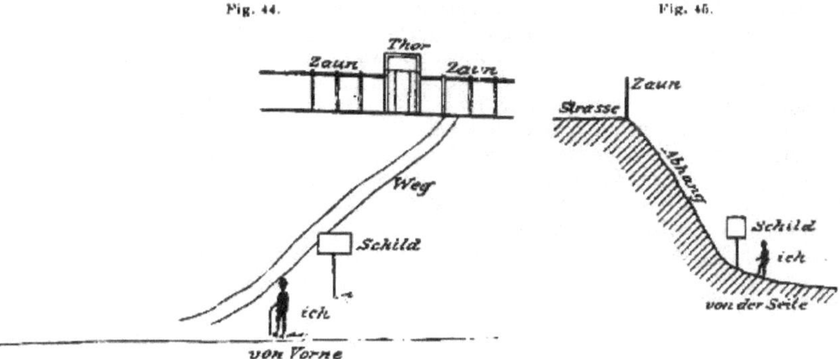

7. Und komme zu mehreren gewaltigen Blöcken. Roter Sandstein. Sie sind behauen, bearbeitet. Einer ist so wie ein kleines Haus. In seinem Schatten tagt die Museumskommission. Die Blöcke liegen vor dem Museum. Richtig, da sind auch die Bekannten dabei, die ich suchte. Prof. N. besonders deutlich und andere.

Schon im vorigen Kampftraume hatte ich die Vermutung, daß es sich um einen Mutterleibstraum handelt. Er bringt im Mutterleibe seine Geschwister um, er frißt sie alle auf. In diesem Traumbilde ringt er mit dem Vater. Im Grunde seiner Seele findet er seinen Kampf mit dem Vater. Vielleicht auch eine Mutterleibsphantasie. Ihm fällt jetzt ein, daß die Monstranz im vorhergehenden Traume die heilige Liebe zu den Eltern und der Familie bedeuten könnte, die Liebe überhaupt, wozu der „Amor" ja gut stimmen würde.

Traum 2 bezieht sich auf seinen jetzigen Kampf gegen die Paraphilie. Ich bin Dr. H.

Traum 3 bringt eine Abortszene. Er benützt den gleichen Abort wie der Vater. Inter Faeces et Urinas nascimur. Der Abort wieder ein Symbol für den Mutterleib.

Im Traum 4 erzählt er die Tatsache, daß er jede Nacht mit einem Taschentuch zwischen den Zähnen einschlafen muß. Er tut es, um nicht zu knirschen und um seine Zähne zu schonen. Er beißt fest auf das Taschentuch und dann schläft er ein. Er assoziiert selbst Fellatio-Phantasien und kannibalistische Impulse.

Traum 5 bringt ihm ein verklebtes Gesicht. Möglicherweise Erinnerungen an den verklebten Nabel seiner Schwestern . . .

Traum 6 eine deutliche Mutterleibsphantasie und Beziehungen zur Schwester. Die beiliegende Zeichnung stellt die Situation dar. Die Schwester ist Virgo, daher ist ihr Introitus mit Stacheldraht (Hymen — Dornröschen) versperrt. Die Inschrift (Achtung! Hund!) ist auf ihn zu beziehen. Er ist ein bissiger Hund und soll sich vor sich selbst in Acht nehmen.

— —

Die Widerstände werden immer stärker. Sie konzentrieren sich auf den Zahnarzt. Die Analyse ergibt, daß der Zahnarzt, der Vater und der Analysator eine Einheit bilden. Er erwartete, ich werde ihn für seinen Gang zum Zahnarzt, den er als höchsten Heroismus auffaßt, durch besondere Liebenswürdigkeit belohnen. Er versteht es nicht, daß er sich das Gebiß richten läßt, um ein gesunder Mensch zu werden. Er macht es mir zu Liebe und ich muß ihn täglich ermahnen: Tua res agitur! — Er hoffte auch, ich werde mit ihm hingehen und ihm behilflich sein, die Widerstände zu überwinden. Er erwartet Liebe und Anerkennung. Er ist wieder einmal entrüstet, daß ich ihn nicht an meinem Familienleben teilnehmen lasse. Bewußt hat er wohl gelernt, daß derartige Vertraulichkeiten in der Psychanalyse unmöglich sind. Aber unbewußt besteht er auf seinem Schein und kann sich mit dem „Pathos der Distanz" nicht befreunden, das ich im Interesse der Analyse anwende.

Seine ewige Klage: Sein Vater versteht ihn nicht. Er fühlt sich wohl von mir verstanden, aber er erkennt, daß hinter dem „Nichtverstandenwerden" das „Nichtgeliebtwerden" steht.

— —

Trotz meiner Aufklärung kommt er in hochgradiger Aufregung zu mir, muß meinen Abort benützen, die Ableitung auf den Darm vor sich gehen lassen, die er als Angst vor dem Zahnarzt erklärt. Der Zahnarzt ist ihm ungemütlich, weil er gar nicht mit ihm spricht und ihn für seine tapfere Haltung nicht belobt. Obwohl er schon einen Zahn plombieren ließ und gar keine Schmerzen dabei fühlte, zittert er vor der Bohrmaschine. Vergebens mache ich ihm die Sexualsymbolik des Bohrens und den Mechanismus der Affektverschiebung begreiflich. Er will nicht begreifen. Aber das Resultat ist doch ein gutes. Er geht zum Zahnarzt und die Behandlung nimmt ihren Fortgang.

— —

Er hat sich gestern wieder einen Zahn ziehen lassen. Er brachte ihn mir mit der Bemerkung: „Das ist mein kleiner Taschenpenis." — Er betrachtete ihn lange liebevoll und steckte ihn dann in seine Börse.[1]) Dann lief er den ganzen Tag wie verrückt herum, kam nach Schönbrunn, dem Schloßparke, wo früher der Kaiser gewohnt hatte, und warf dort den Zahn in einen Papierkorb.

Ich habe ihn darauf hingewiesen, aus welchen Motiven er immer meinen Abort benützen will. Die Entziehung dieser Gunst beantwortete er mit Trotz. Heute ist er sehr erregt und setzt mir alle möglichen Gründe auseinander, wes-

[1]) Man kann häufig die Bemerkung machen, daß die Menschen sich ungern von ihren Körperteilen trennen. Ich kenne Kranke, welche ihren herausgenommenen Blinddarm sehen und behalten wollen. Die narzißtische Liebe zum eigenen Körper äußert sich auf diese Weise. Bemerkungen über diese Eigentümlichkeit finden sich bei *Schilder*, „Über eine Psychose nach Staroperation". Intern. Ztschr. f. Psychanalyse, Bd. VIII, H. 1, 1922. Auch in *Leonhard Franks* erschütterndem Buche „Der Mensch ist gut" wird geschildert, wie schwer sich die verwundeten Soldaten von ihren amputierten Gliedmaßen trennen.

halb er gerade meinen Abort benützen müsse. Die anderen Abtritte seien schmutzig, die öffentlichen seien teuer, im Kaffeehaus könne man sich eine Infektion holen usw. Ich kläre ihn über die Rationalisierung auf. Es wird ihm klar, daß er ein ähnliches Spiel mit seinem Vater getrieben hat. Seine Einstellung zum Vater hat sich sehr gebessert. Er schrieb einen vernünftigen Brief nach Hause, teilte dem Vater mit, daß er erkenne, in welch lächerlicher Weise er sich infolge seines vermeintlichen Mißverstandenwerdens benommen habe und drückte die Hoffnung aus, zu einem guten Einvernehmen zu kommen.

In den Träumen dieser Nacht war er Offizier, d. h. der normale, bewußte Mensch. Alle die Träume begannen interessant und setzten vor jeder Aktion aus. Er erinnert sich nur an einen einzigen Traum ganz deutlich:

Ich gehe mit dem Kleinen. Er sieht so runzelig und verdrießlich aus.

Zu diesem Traume assoziiert er sofort: Der Kleine ist der Penis.

Das war mir sofort klar. Nun hatte er einmal behauptet, der Penis älterer Herren interessiere ihn nicht, weil er welk und runzelig sei. Er schwärme nur für jugendstrotzende Glieder. In diesem Falle tritt die ursprüngliche Einstellung hervor. Er zeigte angeblich immer eine Abneigung gegen ein hängendes Skrotum. Er kränkt sich, daß bei ihm das Skrotum lang herunterhängt. Sie machten beim Militär Proben, wer wohl seinen Sack am längsten ausziehen könne. Da war er der Sieger. Überhaupt scheinen dort niedliche homosexuelle Sitten geherrscht zu haben. Rekruten mußten den älteren Soldaten die „Eier schaukeln". Von dieser Prozedur hat er schon geträumt.

Er sah gestern Kinder auf der Gasse und hatte das Gefühl: „Du willst irgend etwas mit ihnen machen." Dies irgend etwas wäre, sie zertreten wie einen Wurm, sie packen, sie töten, sie zerquetschen.

Wenn er sich die Situation beim Zahnarzt aktiv vorstellt, d. h., daß er ihm vorschreibt, was heute gemacht werden soll, wächst seine Unruhe. Am besten geht es ihm, wenn er sich passiv einstellt und dem Zahnarzt die Entscheidung überläßt. Er hat offenbar beim Zahnarzt Phantasien, an den Operationsstuhl gebunden und ihm ausgeliefert zu sein. Er erwartet Fellatio, Päderastie oder Kastration.

Seine Urphantasie tritt zutage: Dem Vater im Mutterleibe den Penis abzubeißen. Er kann sonst nichts Näheres über seine Kastrationsangst angeben. Es fällt ihm nur selber auf, wie gleichgültig er gegen den Geschlechtsunterschied war und wie wenig er sich scheinbar für das Genitale von Mann und Weib interessierte. Er glaubt, diese Gleichgültigkeit wäre die Folge einer früheren Verdrängung.

Seine Paraphilie hat viele Varianten. Zwei Einstellungen scheiden sich. Er sucht den blühenden jungen Mann, der gesund ist. Das ist eine rein homosexuelle Einstellung. Da spielt er den Vater, der mit seinem gesunden Sohne spielt. Da ist keine Spur von Haß dabei. Dann hat er seine orthopädische Manie. Der Junge ist ein Symbol der Schwester, er hat sie zuerst verwundet und dann verbunden. Diese orthopädischen Objekte müssen lange Haare haben wie seine Schwester. Seine Differenzierung von der Schwester geht aus dem Umstande hervor, daß er sich jetzt seine Haare schneiden ließ.

— —

Patient befindet sich in hochgradiger Aufregung. Er läuft den ganzen Tag sinn- und planlos herum, sucht irgend einen Vorwand, um mich wieder aufzusuchen. Die Objekte haben jetzt allen Reiz für ihn verloren. Er fühlt eine große Neigung zu mir und zu dem Vater und beschäftigt sich sehr viel in Gedanken mit dem Zahnarzt. Der Zahnarzt hatte ihm einen Ruhetag empfohlen. Das paßt ihm nicht in sein Programm. Er fürchtet, später den Mut zu verlieren. Es wird ihm immer klarer und klarer, wie stark er an seinen Vater fixiert ist. Er kann sich nicht etablieren und selbständig werden, er kann die Arbeit nicht vollenden, die er vorhatte, weil er die Nabelschnur des Geldes, die ihn mit dem Vater verbindet, nicht durchreißen will. Er will in Abhängigkeit vom Vater bleiben. Er ist sehr bescheiden, geht eigentlich vernachlässigt umher, trägt Eisen an den Schuhen, benützt einen alten, abgerissenen Militärmantel und hätte es gar nicht nötig, weil ihm sein Vater immer so viel Geld schickt, als er verlangt, und jedesmal seine Bescheidenheit rühmend hervorhebt. Aber hinter seiner Bescheidenheit verbirgt sich die Angst, der Vater könnte eines Tages sagen: „Nun geht es nicht weiter!"

Er ging an dem „zahnfreien" Tage doch zum Zahnarzte, ließ sich an einem Zahne herumbohren und einen anderen extrahieren, so daß er jetzt bald mit dem Extrahieren fertig wird. Er hatte das Gefühl, daß er etwas Großes geleistet habe. Es war für ihn eine Heldentat und der Anfang der Selbständigkeit.

Er ging dann in die Kirche und setzte sich in der Ecke nieder. Fortwährend gingen ihm die Verse durch den Kopf, die Christus als Junge in dem Tempel gesprochen hatte: „Soll ich nicht sein in dem, das meines Vaters Haus ist." Er hatte einen Rausch von Größenwahn. Er kam sich unendlich groß vor, als würde er den ganzen Dom ausfüllen.

In der folgenden Nacht träumte er:

> G. S. schreibt mir, er habe sich nun als Spezialist für Steinleiden niedergelassen. Dabei ist der Kerl noch gar nicht Arzt! Wenn er nicht weiter kommt, dann wird ihm (?) ein Mann . . . (?) helfen.
>
> Ich bin englischer Offizier. Husarenoffizier. Blendende Uniform, ein mutiges Pferd. Bei mir ist ein junger Soldat, auch Engländer, den ich zu seinem Truppenteil bringen will. Ich bin abgesessen und wir begeben uns in die Feuerzone. Es ist gegen Abend. Straßen wie bei einer Stadt in französischem Kampfgebiet. Überall sind viele Soldaten, die sehen aus ihren Quartieren. Ich frage, wo die Engländer sind. Man sagt uns Bescheid, aber das Auffinden macht Schwierigkeiten.

S. ist der oberwähnte Bursche, der ihm die Onanie beibrachte. Er symbolisiert hier seine Paraphilie. Die Krankheit wird als Stein dargestellt, den man zertrümmern soll. Das Zertrümmern stellt die Analyse dar. Er will Analytiker werden, um Menschen von ihren Steinen (Beschwerden) zu erlösen. Ich soll ihm dazu helfen. Er ist noch kein Arzt, d. h., er kann noch zu wenig Analyse.

Im zweiten Traume ist er Offizier in strahlender Uniform. Er ist Engländer. Die Engländer symbolisieren die frommen Tendenzen, während die Franzosen die sündigen Menschen darstellen. Sein zweites Ich ist hier als junger Soldat dargestellt.

Wir kommen auf seine frommen Tendenzen zu sprechen und es zeigt sich, daß er bis vor kurzer Zeit noch ein Abendgebet sagte und gerne in Kirchen ging. Bei eingehender Besprechung entdeckt man, daß er gestern in der Kirche seinen Vater mit Gott Vater und sich mit Christus identifizierte.

In einem meiner Bücher machte folgender Ausspruch auf ihn den größten Eindruck: „Der Neurotiker hat sich ans Kreuz seiner Neurose geschlagen."

Er versteht jetzt, daß er ein Märtyrer sein wollte, ein zweiter Christus. Dazu dienten ihm die Zahnschmerzen. Jeder Zahn war ein Nagel, mit dem er ans Kreuz genagelt war. Die Angst vor dem Zahnarzt war die Angst, diese Nägel zu verlieren und dann in die Tiefe zu stürzen, d. h., weltlich zu werden.

Auf die Christusneurose weist das Taschentuch hin, das er sich jeden Abend vor dem Einschlafen in den Mund steckt. Es ist das Schweißtuch. Diese Tage hatte er das Verlangen nach scharfen, in Essig eingelegten Speisen. (Schwamm mit Essig — aus dem Neuen Testament.)

Als Wurzel der Einstellung hält er eine Bibel mit Bildern von Schnorr v. Carolsfeld. Da sah er als kleiner Knabe das Bild vom Lazarus. Da lag der arme Lazarus, mit Schwären bedeckt, vor der Türe des Reichen und nährte sich von Brosamen. Dann aber sah man ihn in Abrahams Schoß sitzen, während der Reiche in der Hölle gemartert wurde.

Damals kam ihm der Gedanke, ein armer Lazarus zu werden und im Himmel in Abrahams Schoß zu sitzen. Er geht — wie ich schon erwähnt habe — sehr einfach, fast dürftig gekleidet, trägt in der glühenden Hitze und im Sturme keinen Hut.

Jeder Kranke mit Krücken und Verbänden ist für ihn ein armer Lazarus. Seine Zahnschmerzen und seine Parapathie machen ihn auch zum Lazarus. Und das wichtigste: Er meidet das Weib und die Sünde, er kämpft sogar gegen seine Onanie. Er lebt in Wien vollkommen abstinent.

Gestern kam er sich sogar größer vor als sein Zimmerkamerad, den er um seine Größe beneidet hatte. Er hatte sich selbst überwunden und alle seine Schmerzen waren Qualen, die er als Märtyrer zu erdulden hatte. Dafür war ihm das Himmelreich sicher.

— — — — — — — — — — — — — — — — — — — —

Der größte Widerstand gegen die Aufdeckung der sexuellen Begehrungsvorstellungen zeigt sich in den Träumen. Es kann zu keiner Pollution kommen, weil er die Pollutionsträume zu scharf beobachtet. Es sind nur Vorläufer einer Pollution, dann aber bricht der Traum ab.

Einen solchen Traum konnte er erhaschen:

> Meine Schwester I kommt auf mich zu. Sie ist mit einer anderen Person. Ich glaube mit der Mutter. Die Schwester ist groß und erwachsen. Ihr Gesicht hat etwas Männliches. Fahlbraunes, volles Haar. Sie hat einen Ausschlag. Zuerst scheint es am ganzen Körper, dann sehe ich besonders die rechte untere Gesichtspartie und Halspartie infiltriert und belegt wie bei einer ausgedehnten Trychophitiasis oder Aktinomykosis profunda. Ihr Kleid zeigt eigentümliche Ornamente wie die antiken Friese.

Zum Traum fällt ihm zuerst ein: Lionel der Löwenmensch, der Liebling der Frauen und Kinder. Dann denkt er an die Furunkulose, an der die Schwester lange gelitten hatte. (Siehe Traum S. 473.) Sie hat einen schlechten Teint und leidet auch an Akne. Er litt lange Zeit an Syphilidophobie. Er denkt immer wieder an den armen Lazarus, wie er sich aus den Linnen und

32*

Lappen aufrichtet. Der Traum war lustbetont und schien zu einer Pollution führen zu wollen.

— — — — — — — — — — — — — — — — — — — —

Wir übergehen einige Träume, welche nur die Schwierigkeiten der jetzigen Situation spiegeln. Er hat sich bereits alle faulen Zähne reißen lassen. Er wird fleißig plombiert und er macht sich an eine große wissenschaftliche Arbeit.

Ich mache ihn aufmerksam, daß ein Detail des gestrigen Traumes nicht erklärt wurde. Das Kleid der Schwester! Er berichtet: „Ich habe erst geglaubt, der Ausschlag sei am ganzen Körper. Dann sah ich, daß sie ein gestreiftes Kleid anhatte. Auf der Brust sah ich die Zeichnungen, wie Mäander oder wie Sphynxe."

Von der Sphynx kommt er auf Ödipus. Ödipus hatte einen schweren Eingriff überstanden. Er wurde ausgesetzt, nachdem ihm die Sehnen durchschnitten waren. Und es ergibt sich die bemerkenswerte Tatsache, daß das Objekt einen Ödipus darstellt.

Er gibt zu, daß er offene Vatermordimpulse hatte. (14.) Noch vor einem Jahre träumte er, daß er seinen Vater erschlagen hatte. Er ging mit einem Messer oder einem Säbel auf ihn los. Solcher Träume hatte er mehrere. In der Jugend dachte er oft: „Der Hund behandelt mich, wie wenn ich nicht sein Sohn wäre. Ich bin vielleicht ein unterschobenes Kind. Oder er haßt mich, weil ich nicht von ihm abstamme." (Familienroman.) Natürlich phantasierte er sich eine Abstammung vom Kaiser. Oder er phantasierte, wie er dem Kaiser das Leben retten und dafür ausgezeichnet würde.[1])

Er hatte auch das lächerliche Gefühl, daß der Vater ihm das Leben verdanke, weil er so gütig war, ihn nicht umzubringen. Ein alter Armeerevolver, der zu Hause im Kasten des Vaters lag, spielte bei diesen Phantasien eine große Rolle. Wir haben eine neue große Erkenntnis gewonnen: Der verkrüppelte Mensch ist ein Vatermörder, der seine Impulse eingezwängt und überwunden hat.

— — — — — — — — — — — — — — — — — — — —

Ein kleiner Traum führt uns wieder zum Thema der Onanie:

> Ich ging zu S. in die Wohnung, ohne daß jemand etwas merkte. Im Zimmer war seine Briefmarkensammlung. Es waren 174 Marken. Sie gehörten nicht ihm, sondern einem anderen. In der Wohnung traf ich dann seine Mutter . . .

S. ist der Verführer, mit dem er allerlei niedliche Scherze aufführte. Er ließ sich auch von ihm binden und fesseln. S. steht für seine Onanie und Paraphilie.

Die Zahl 174 wird durch seine Einfälle folgendermaßen erklärt: 174 ist ein Paragraph des Gesetzbuches, der dem homosexuellen 175 vorangeht und sich auf Unzucht bezieht. Beim Regiment 174 (Gibraltar) diente ein Offizier, der sein väterlicher Freund war und das Lied von der freien deutschen Re-

[1]) Auf die bipolare Bedeutung der Rettungsphantasie (Retten und Töten) macht *Abraham* in der Internationalen Zeitschrift für Psychoanalyse, Band VIII, 1922, in einem Artikel „Vaterrettung und Vatermord in den neurotischen Phantasiegebilden" aufmerksam.

publik (S. 490) sang. 174 ist die Hälfte von 365 (was nicht ganz stimmt). Er onanierte fast jeden zweiten Tag, so daß die Zahl ungefähr seine Jahresleistung in der Onanie darstellt.

Beim Zahnarzt ist unser Patient ganz ruhig. In den ersten Tagen war er sehr erregt und macht bei der Extraktion einen arc de cercle (Opistotonus), hatte bei der Extraktion ein lustartiges Gefühl, glaubte einen großen Schmerz zu empfinden.

Die letzten Wurzeln gingen sehr leicht, so daß er sich sagte: „Nanu — ist die Chose schon vorüber?"

Der Zahnarztaffekt ist überstanden. Er hat das Hochgefühl eines Siegers und rüstet zu neuen Kämpfen. Aber der Teufel stirbt nicht. Gestern sah er ein Mädchen mit einer Halskrawatte, blickte ihr nach und konstatierte eine Erektion. Er registrierte als Fortschritt die Rückkehr zu einem heterosexuellen Objekt.

Merkwürdig ist, daß er selbst keinen Verband verträgt. Mit 14 Jahren machte er Schluß mit dem Selbstbinden und Selbstfesseln, konnte aber nie — auch bei einer Wunde — einen Verband ertragen.

Um diese Zeit (14—15) waren seine Ideale noch Frauen. Er las viele Räuberromane in Fortsetzungen, weil sich dort oft Bilder gefesselter Frauen befanden. Er borgte diese Bücher in einer Leihbibliothek, scheute sich aber nicht, die Bilder und selbst einzelne Seiten auszuschneiden und sein erstes Album anzulegen. Besonders wenn vorstehende Brüste zu sehen waren (Frauen an einen Mast gefesselt, dabei ein üppig vorquellender Busen), war er begeistert. In einem Romane befand sich eine Folterszene. Einer Frau wurden die vorquellenden Brüste mit einer Zange (!) herausgerissen. Dieses Bild war lange Zeit in seinem Harem seine Favoritin. (Sein eigenster Ausspruch.) Hinweis auf Kastrationskomplex (?).

Fig. 46.

Wie soll er sich jetzt an Frauen machen, wenn sein Vater von ihm Abstinenz verlangt? Wiederholt gab ihm sein Vater die Imperative: „Halte dich rein! Bleibe keusch!" — Als sein Vater von seiner Onanie hörte (Mutter teilte ihm das Geständnis des Sohnes mit), so weinte er wie ein Kind und meinte, er werde sich ganz ruinieren. Wenn Vater dann von Frauen sprach, so wiederholte er mit Emphase seinen Ausspruch: „Behandle jedes Mädchen als wenn es deine Schwester, jede Frau als wenn es deine Mutter wäre!"

Wir sprechen über seine homosexuelle Periode. Er gestand der Mutter den Verkehr mit einem Jungen. Er war damals 21 und Leutnant. Der Vater war höchlichst entrüstet und meinte: „Du kommst ins Zuchthaus! Über deine Familie bringst du Schande! Deine Schwestern werden nie heiraten können! Meine Karriere ist verdorben!" . . . Er hätte dem Vater an die Gurgel fahren können, aber er fühlte andererseits Liebe und Mitleid mit dem alten Herrn und seiner Familie.

Seine sexuelle Aufklärung durch die Mutter war auch merkwürdig. Erst teilte man ihm das Storchmärchen mit, dann aber sagte sie ihm: Das Kind wachse unter dem Herzen der Mutter und entstünde, wenn sich zwei Menschen besonders lieb hätten. Er selbst hatte Angst vor dem Kinderkriegen. Er muß etwas von einer Geburt mit einer Zange gehört haben. Das bestätigt er. Es ergibt sich eine neue Determinierung: Der Zahnarzt ist der Geburtshelfer und der Zahn ist das Kind.

— — — — — — — — — — — — — — — — — — — —

Seine Stellung zum Vater verrät der folgende, sehr affektreiche Traum:

Ich bin auf einem sehr sanft ansteigenden Hügel. Eine grüne Wiese. Weit im Hintergrund ist der Horizont von Wald und Busch abgeschlossen. Ich muß zuerst allein gewesen sein. Ich bleibe auch später allein, oder bin ich doch der Führer einer großen Schar? Ich werde verfolgt, niemand steht mir bei, ich muß die Lücke in einem Drahtzaungewinde, das sich auf der halben Höhe des Hügels entlang zieht, gewinnen. Das macht mir große Mühe. Hinter dem Zaun bin ich gerettet. Aber bevor ich ihn noch erreiche, kommt „Er". Der Führer der anderen! Der König! Ich bin mitten im Schlachtgetümmel. Es ist die Alexanderschlacht. Er steht auf dem Streitwagen, hat einen blonden, viereckig geschnittenen Vollbart wie Herr N. und wirft die Lanze nach mir. Ich muß auch mehrmals geworfen haben. Wir werfen immer abwechselnd. Die Lanzen sind sehr dünn, mit langen eisernen Spitzen. Ob ich jemals treffe? Es scheint nein . . . Oder habe ich gar nicht geworfen? Er trifft mich fast bei jedem Wurf. Auch Pfeile werden von anderen aus dem Gewühl geschossen. Ich habe Angst vor den Geschossen, aber keine Schmerzempfindung. Hagen hat mich verraten.

Der Drahtzaun sah aus wie der Kai in der Oper — Mäanderfigur. Der feindliche Führer glich Christus. Er sah strenge aus, blaß, und warf seine Speere, als wollte er sagen: „Ich muß es leider tun! Ich muß dich abstechen!" „Er" aber war unverletzbar. Er war ein Gott. Er war Gott Vater, Arzt und noch mehr. Sein besseres Ich, das seine Paraphilie tötete.

Ihm fällt als wichtigster Einfall sein Vater ein. Er fürchtet die Auseinandersetzung mit dem Vater. Er will sich ein Mädchen suchen und normalen Verkehr haben. Der Vater ist gegen jeden außerehelichen Verkehr. Werde ich ihm im Kampfe gegen den Vater beistehen oder wie Hagen verraten? Als er 21 Jahre alt war, wollte ihn der Vater, um ihn zu heilen, verheiraten und erhalten. Das wäre heute viel schwerer. Auch will er seine Frau selbst erhalten. Wie löst er das sexuelle Problem?

Ihm fällt auch die Alexanderschlacht ein, das berühmte Relief aus Pompeji. Die Schlacht zwischen Alexander und Darios. Es ist der Kampf zwischen ihm und dem Vater. Und plötzlich kommt ihm die Deutung. Der ansteigende Hügel, das Loch im Drahtzaun (auch die Parapathie, wo er sich sicher fühlt), der Busch und Wald . . .: Er steht vor den

Thermopylen und verteidigt die Scheide der Mutter gegen die Angriffe des Vaters. Hatte er sich doch eine Hypothese gebildet, daß der Vater die Mutter jedesmal vergewaltigt. Nun steht er in dem Engpaß, ein zweiter Ödipus, und läßt seine Mutter nicht berühren. Das Motiv des Kampfes ist Eifersucht. Er will keine Geschwister haben. Er will der Einzige sein. Er wollte keine Schwester haben. Die Mutter sollte nicht mehr der Gefahr der Schwangerschaft ausgesetzt werden . . .

Überdies ist der Traum ein Spermatozoentraum. (Gefiederte Pfeile flogen wie Samenfäden um ihn herum.) Er ist im Mutterleib und tötet alle seine Geschwister.

Seine Stimmung schwankt zwischen Größenwahn und Depression. Er fühlt ganz deutlich, wie der zweite Mensch in ihm gegen das Gesundwerden kämpft. Er arbeitet jetzt wissenschaftlich mit einem Feuereifer, der ihm selbst verdächtig ist. Er beginnt auch seine Tagesphantasien zu beobachten. Ein Teil der Phantasien findet Nahrung in seinem Größenwahn. Er hat seine große historische Mission. Er wird einer der größten Psychiater werden. Er wird die Analyse in neue Bahnen lenken. Er wird unzählige Menschen erlösen. Der andere Teil ist sadistischer Natur. Er weiß jetzt, daß er phantasiert, die ganze Familie werde sterben, er werde das ganze Geld erben und leben können, ohne Rücksicht auf seine Familie und speziell auf seinen Vater zu nehmen. Oft wenn der Friseur den Vater rasierte, hatte er den Wunsch: „O möge er ihm den Hals abschneiden." — Seine Schwestern ließ er in seinen Tagträumen täglich von der Elektrischen überfahren.

Eine wirre Nacht mit vielen Träumen, davon einige in Erinnerung:

Szene am Frühstückstisch. Wir sitzen an einem Tisch. Ich sitze meinem Vater gegenüber. Die Stimmung ist etwas gedrückt. Mein Vater wie gewöhnlich im Schlafrock mit Mützchen. Ich habe das übliche unangenehme Gefühl ihm gegenüber. Schließlich sage ich zu ihm (Franz Moor): „Geht es Euch wieder besser, lieber Vater?" Er antwortet: „Jedenfalls geht es mir wohl besser als dir!" Ich habe ein schlechtes Gewissen. Dann sagt er: „Ich habe dich auch sehr lieb und die Sache ist erledigt. Ich nehme an, daß du dich jetzt auch so benehmen wirst."

Ich stehe rechts in der Ecke, ziehe mich an und will mir gerade mein ziemlich schmutziges (schmutzsteifes) Hemd anziehen. Da wird mir gesagt: „Du, der König ist schon sehr wütend auf dich!" Das ist mir ganz Wurst. Indem kommt der König, untersetzt, schwarzer kurzer Vollbart, älterer Mann und sagt: „Du wirst sofort aufbrechen und Brünhilde überwinden. Du hast dazu 24 Stunden Zeit. Zehn goldene Eier sind dein eigen, wenn es dir gelingt. Ich gebe dir . . . als Ratgeber mit." — Ich denke mir: „Was, diesen falschen Hund?" Und bin nicht sehr siegessicher.

Ich fahre in einem Selbstfahrer mit einem Pferd auf der Straße. Bei mir ist noch jemand, zunächst unklar, später ist es Schwester III. Wir fahren um die Ecke rechts, kommen in eine Sackgasse, die abgeschlossen wird von einer großen Kirche, Moschee oder griechisch-orthodoxes Bethaus. Man verweist uns. Ich kehre um und fahre auf die Hauptstraße zurück. Wir sehen die Stadt sich auf der anderen Seite des Flusses erheben. Mächtige Bauwerke, die sich stufenweise übereinander aufbauen. (Luzern?) Ich weise sie auf einen Bau hin, das ist das Schloß des Kardinal Richelieu. Es erhebt sich in vielfacher Gliederung gelbbraun am

Abhang. An drei Stellen ist über Eingängen oder Fenstern leuchtend rote Stukkatur. Das sind die Kardinalsembleme.

Ich stehe allein auf der Straße. rechts sehe ich ein Haus, links auch ein Haus. Das rechte Haus wird soeben von dem Wirt mit seiner Frau verlassen. Er grinst mich an, ohne aber etwas zu sagen. Ich sage zu meiner Tante (?): „Wollen wir nun in das Haus gehen, wo die eben herausgegangen sind? Oder wollen wir in das andere gehen?"

Das erste Traumstück antizipiert die große Abrechnung mit dem Vater. Er zeigt einen sonderbaren Aberglauben, daß immer das Gegenteil seiner Träume eintrifft. Er träumte oft von guten Schulaufgaben, natürlich machte er sie dann schlecht. Er faßt den vorliegenden Traum als böses Omen auf.

Im zweiten Traumstück wird Brünhilde die Vertreterin des Weibes. Er ist natürlich Siegfried. Die 10 goldenen Eier sind 10 Tausendmarkscheine. die er vom Vater für das Richten seines Gebisses verlangt hatte.

Im dritten Stück werden die Hindernisse der Religion dargestellt und seine Paraphilie als kunstvolles Bauwerk symbolisiert. Er ist der Kardinal Richelieu. Also wieder seine große historische Mission. Ludwig XIV. ist sein Vater.

Im vierten Stück soll er die Krankheit, das alte Haus, verlassen und in ein neues Haus einziehen. Der Wirt trägt meine Züge.

Er fühlt nicht mehr das Interesse für die Objekte. Ja, er sieht sie wohl an, aber er hat nicht mehr das Gefühl einer Zwangsjacke. Er erkennt als Zentrum seiner Parapathie das Verhältnis zum Vater und teilt mir verschiedene Züge mit, welche die latente homosexuelle Einstellung seines Vaters verraten.

Das Ringen mit seiner Schwester sieht er als schwerstes Trauma an. Sie lagen ja auch einmal nackt nebeneinander. Beim Ringen fühlte er ihre Brüste. Das Kontaktgefühl der Brüste auf seiner Brust hat ihn lange verfolgt. Vor der Frau mit mächtigen Brüsten fühlt er Angst. (Sphynx.)

Und noch eine neue Erkenntnis ist ihm gekommen: Die Laute ist sein Vater. Sie hat seine schöne barytonale Stimme. Er kann mit ihr spielen, mit ihr zusammen singen, mit ihr spazieren gehen. Er kann neue Saiten aufziehen (eine Symptomhandlung der letzten Tage).

Hoffnung: Wird der Vater mit mir neue Saiten aufziehen?

Er träumte:

Im Halbdunkel krame ich in der mittelgroßen Holztruhe herum. Meine Schwester I ist anwesend. Sie beobachtet mich. Zwischen lauter Kram finde ich die 10.000 Kronen, die mir fehlen, und noch einen Haufen anderes Geld, von dem ich gar nicht wußte, daß ich es besitze.

Deutlich erinnere ich mich an einen Fünftausendkronenschein in rosa, einen Hundertmarkschein in blau und einige neue graugrüner Hunderter. Ich war sehr erfreut.

Während ich so (im Geld wühlte) in der Truhe krame, kommt von rechts B.....: er sieht blaß und niedergeschlagen aus und sagt. er müsse doch die Uhr verkaufen, und er zeigt mir 3 (?) Uhren, Damenuhren, eine immer niedlicher als die andere. die letzte ist allerliebst:

und als Armband ist ein schwarzes Moiréeband daran (Fig. 47). Er sagt, die Uhren hätten 260 M gekostet (das Stück?). Ich sage, dann sollte er sie doch lieber nicht verkaufen, denn so viel gäbe ihm jetzt niemand dafür. Dabei denke ich an meine goldene Herrenuhr und daß ich die nicht verkaufen werde.

Ich bin (in der Baracke?) mit Kameraden zusammen. Da schlägt mich einer mit einem 1 *m* langen, maßstabähnlichen, vierkantigen Stock zweimal über den Kopf oder auch gleichzeitig mit den in Kreuzform (Fig. 48) gekreuzten 2 Stäben. Ich fühle es hart auf dem geschorenen Schädel. Soll ich den Kerl fordern? Irgend was muß ich doch daraufhin tun, das kann ich mir doch nicht gefallen lassen! Aber fordern mag ich ihn nicht und weiß nun nicht, was ich tun soll.

In der alten Truhe findet er unvermutet Schätze. Er entdeckt die Kostbarkeiten der Vergangenheit und will sich von ihnen nicht trennen. Zu den Farben assoziiert er verschiedene Erfahrungen von Audition colorée. Zu Rosa fallen ihm die Maschen der Kinderwäsche und der Kinderwagen ein. Die drei Uhren sind seine drei Schwestern. Er ist 26 Jahre alt, was die 260 erklärt.

Fig. 47. Fig. 48.

Den heftigen Kampf mit seiner Paraphilie (Christusneurose) symbolisiert das letzte Traumstück. In der Tat kämpfen in ihm die zwei Tendenzen. Er ist unruhig, weil er keinen Brief vom Hause hat. Er hat eine ziemlich aufrichtige Beichte nach Hause geschrieben. Heute kam ein Brief von seinem Vater. Er sei ganz erschüttert über alles, was er erfahren. Er habe das Verlangen, ihn zu sehen und alle Mißverständnisse aufzuklären. Selbstredend erhielt Otto auch das Geld für den Zahnarzt.

— — — — — — — — —

Der Brief versetzt ihn in eine hochgradige Aufregung. Er malt sich die Wiedersehensszene mit dem Vater aus und sieht ein, daß er nicht imstande ist, sie auszuhalten. Der Vater könnte mit ihm über seine Paraphilie sprechen — dieser Gedanke ist ihm unerträglich. Während er vorher den Vater haßte und mich liebte, dreht er jetzt den Spieß um. Er hatte das Unglück, mich mit einer Dame spazieren gehen zu sehen. Seine Eifersucht ist aufs höchste entflammt. Auch habe ich ihn schwer beleidigt, weil ich mir während der Sitzung die Nägel schnitt. Das hätte ich mir mit einem zahlenden Patienten nie erlaubt. Er sieht jetzt meinen teuflischen Plan. Ich will ihn nicht gesund werden lassen. Er soll krank bleiben, sonst könnte er mich übertreffen. Ich leide überhaupt an einer schweren Parapathie, die ich geschickt verberge. Ich leide an der Schülerneurose. Ich fürchte meine Schüler. Aber er wird sich rächen. Er wird der Welt zeigen, was ein echter Analytiker ist. Er wird mich übertreffen und die Welt wird über mich zur Tagesordnung übergehen.

Der Zahnarztaffekt ist ganz verschwunden. Das Plombieren ist ihm ein Vergnügen. *Beim Bohren hat er Lustgefühle im Penis.* Überhaupt läuft er mit einem Kitzeln im Penis umher. Er ist nicht mehr zur

Arbeit fähig. Er ist mit Affekten bis zum Bersten überfüllt. Er sieht eine Menge seiner Infantilismen ein und will sie überwinden. Er möchte trotzdem einen Teil seines Leidens behalten und benimmt sich so herausfordernd, daß er einen Hinauswurf provoziert. Aber sein Intellekt siegt. Er sieht ein, daß er jetzt seinen Entscheidungskampf kämpft.

Er hatte vorige Nacht einen sehr merkwürdigen Traum:

> . . . N . . . . . (Oberdiener der Rigaer chir. Klinik) oder A . . . . . (mein letzter Bursche während des Krieges) kommt und sagt, ich soll der Schwester mal Bescheid sagen, die hätte sich unberechtigterweise meinen Papierkorb (?) angeeignet. Ich gehe in das Zimmer (Assoziation: des Kinderfräuleins) und dort steht das Bett quer mitten im Zimmer und auf der anderen Bettseite, rechter Hand, steht der Wäschepuff (meiner Eltern), gefüllt mit schmutziger Wäsche. Auch das Bett ist ungemacht. Es ist aber niemand in dem sonst ziemlich kahlen Raume. Da sehe ich auf dem Bette einen Kasten, in dem unter anderem ein Bandmaß, wie mein verlorenes, liegt, mit gelber Messinghülse, zum Ausziehen. Aber das ist zu groß, nicht wie meines. Auf dem zweiten, denn jetzt sind noch mehr solche Bandmaße da, steht eingraviert: Schr. Neuburger; das will ich erst nehmen, aber es ist doch nicht meines. Und dann finde ich meines; es ist etwas gedrückt und ich fürchte, es wird kaputt sein. Auf dem steht auch mein Name eingraviert. Ich ziehe es heraus und lasse es wieder zurückgehen. Trotzdem der Haltring am Ende abgerissen ist, geht es doch

Fig. 49

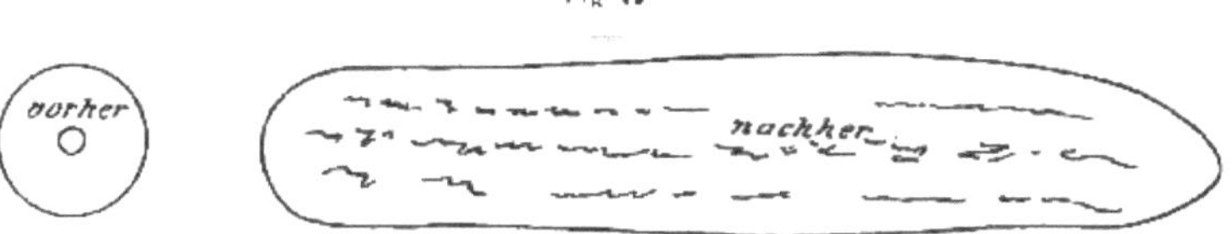

> nicht ganz hinein, sondern $1^1/_2$ *cm* bleiben draußen, so daß man es wieder gebrauchen kann. Die Metallhülle wird größer und es ist sehr viel eingraviert. Der Kreis wird immer schmaler, verwandelt sich in eine Ellipse und wird schließlich ein Bolzen (Fig. 49).

Er erinnert sich im Anschluß an den Traum, daß die alte Wäsche immer einen faszinierenden Eindruck auf ihn ausgeübt hatte. Er schnüffelte immer im Wäschekorb herum und roch an den einzelnen Stücken.

Neuburger ist ein Soldat, der schon tot ist und neun Kinder hatte. Er ist also Repräsentant des Familienlebens und sein Zukunftsbild. Er will wieder ein Mann sein. Dazu benötigt er das alte Maß. Er hat die Dinge mit falschem Maß gemessen und das alte Maß verloren. Nun findet er es wieder. Der Kreis (Vagina) verwandelt sich in eine Ellipse (Phallus). Etwas an seiner Sexualität ist verändert. Der Ring, der ihn an die Familie gebunden hat, scheint verloren zu sein.

Er machte einen Ausflug mit seinem niedlichen Mädchen, spielte mit ihr, hatte mächtige Erektionen, scheute aber vor dem letzten Schritte zurück. Er will von ihr aufgefordert werden, um keine Verantwortung zu haben. Er sucht Lust ohne Schuld. Zeitweilig verfiel er in Phantasien und da langweilte ihn die ganze Sache.

Er läuft noch immer den ganzen Tag mit dem Kitzelgefühl im Penis umher.

Immer mehr tritt in der Analyse ein starker Narzißmus zutage. Seine Familie leistete sich Erkleckliches in der Bewunderung des einzigen Sohnes. Seine Großmutter wies immer auf seine Schönheit hin, seine Schwestern hatten die Wände mit seinen Bildern tapeziert. Es muß anderen Leuten aufgefallen sein, denn bei der Konfirmation hatte ihn der Pastor vor der „Großmannssucht" gewarnt.

Es steigen langsam Erinnerungen an Misdroy auf. Besonders ein Kutscher, der Gemüse ausführte. Er am Kutschbock die Defäkation der Pferde beobachtend. Ferner: Großmutter hatte einen Kratzer. Ihm machte das Kratzen direkt wollüstige Empfindungen.

Er beneidet die Bären und Löwen. Er biß wohl auch seine Schwestern.

Er schildert einen Traum und gibt seine eigene Analyse. Ich lasse nun dem Patienten das Wort, der nun größtenteils über seine Analyse selbst berichtet.

Nacht vom 25. auf den 26. Deutung und Einfälle:

> „Ich bin beim Mittagessen, sitze mit anderen beim Tisch; das Mädchen, das uns bedient, kommt mit einer Platte, auf der alle möglichen guten Sachen liegen: Zitronen, Apfelsinen, Pfeffernüsse, Mehlspeise. Ich will aber erst die anderen nehmen lassen. Endlich kommt sie zu mir; es sieht nicht mehr so appetitlich aus wie vorher. Ich nehme eine halbe Zitrone und eine Handvoll Mehlspeise, die weich und warm und schmierig ist, an der Hand bleibt aber nichts hängen. Das Mädchen sagt zu mir, ich sollte doch noch die Apfelsine nehmen, die sei auch für mich, aber ich mag nicht recht, trotz ihres Zuredens, und weiß auch nicht, ob ich sie genommen habe."

Beim Erwachen scheint es mir, daß auch die Zitrone ausgepreßt war und von der Apfelsine nur die Schalen. Zugleich assoziiere ich zu der Mehlspeise Fäzes, und dann Fäzes meines Vaters. Es fällt mir folgendes Traumbild der gleichen Nacht ein:

> „Ich bin in einem Lebensmittelgeschäft, in dem ich schon vorher etwas eingekauft habe, das ließ ich aber da, weil ich eine neue Wohnung suchte. Ein halbes Pfund Fett war dabei. Das will ich jetzt abholen. Es liegen auch eingepackte Dinge auf dem Ladentisch, aber ich glaube, meines ist nicht darunter. Unter den ausgestellten Waren fällt mir ein Gebäck besonders in die Augen. Weißer Mürbteig. In der Mitte des etwa handtellergroßen Kuchens rote Marmelade. Sofort habe ich das Empfinden, das müßte aber süß und gut schmecken."

Zu diesem Kuchen fällt mir der rote Fleck auf dem hellen Waschkleid[1]) ein und die Idee, daß dies Erlebnis einen Defäkationsakt meines Vaters deckt.

[1]) Siehe die erste Erinnerung S. 494.

Weitere Einfälle: Meine Neigung als Kind, stets auf dem Bock neben dem Kutscher zu sitzen; ich setzte alles daran und war unglücklich, wenn ich im Wagen fahren mußte.

Ich sehe lustbetont einen riesigen Pferdehintern, und zwar ist das Pferd im Trab. Der Schwanz hebt sich und die Rosette des Darms wird hervorgepreßt, dann folgt die Entleerung der Roßäpfel. Die steife Haltung des Pferdes, das gezwungen während des Laufes die Defäkation verrichtet, macht mir großes Vergnügen. Auch der scharfe Geruch der Pferde und alles dessen, was damit zusammenhängt. So richtet sich auch meine erste homosexuelle Neigung auf Männer, die mit Pferden umgehen. Derbe Burschen, Kavalleristen. Kutscher. Den Pferdegeruch liebte ich auch als Soldat sehr. Als Kind hatte ich ein Schaukelpferd, dem drehte ich immer den Schwanz aus, klemmte ihn mir zwischen die Beine und spielte selbst Pferd; aber viel größeres Vergnügen gewährte mir ein schwarzer Roßhaarschweif an einem Ausklopfer. Den klemmte ich zwischen die Beine, dann hatte ich vorn den Griff (erigierter Penis) und hinten den Schwanz. Diesen Ausklopfer liebkoste ich, drückte mein Gesicht hinein und kitzelte mich damit im Gesicht. Dieser Ausklopfer war ein prachtvolles Pferd.

Fig. 50.

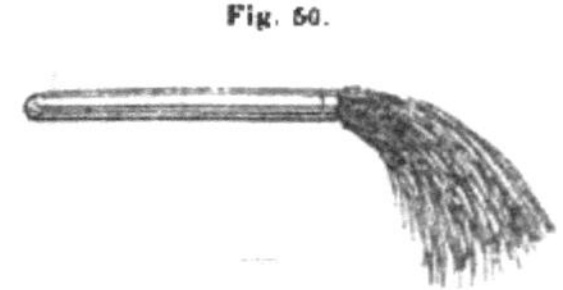

Pferde liebe ich auch heute sehr. Reiten möchte ich sehr gerne wieder. Zoophile Neigungen sind mir nur so weit bewußt geworden, als ich mein Reitpferd als Kameraden empfand, ihm gerne den Hals streichelte, auch mich an den Hals mit dem Kopf anschmiegte. Sowohl vom Sattel aus, als auch wenn ich beim Kopfe stand. Auch sonst habe ich mich sehr gerne im Stall aufgehalten. Als Kind kam ich in der Großstadt kaum mit Pferden in Berührung. Nur während des Sommers in Misdroy, wenn ich mit meinem Gärtnerfreund das Gemüse ausfuhr und dabei mit großem Genuß ihm Obst klaute.

Besonders aber wenn wir im Omnibus oder Wagen nach dem Jordansee fuhren und ich neben dem Kutscher auf dem Bocke saß. Wenn ich heute Frauen küsse, so empfinde ich Mißvergnügen, weil die Lippen so dünn sind. Mein Ziel ist die weiche, schöne Rosette am Anus, die mir beim Pferd so herrlich entgegengepreßt wurde. Ich suche also lieber fleischigere Zonen auf. Am liebsten würde ich die Brust küssen, oder wahrscheinlicher den Anus, wenn das Nr. I gestattete. Als 14jähriger etwa holte ich mit starkem Affekt für meine Mutter Kuhfladen aus einer Molkerei. Sie wollte den Balkon düngen. Ich tat es mit starkem Affekt, reagierte aber so stark mit Widerwillen, daß ich mich später nicht mehr dazu bereit fand. Auch den Bauch des Pferdes habe ich beim Pferdeputzen mit besonderem Affekt gereinigt. Die große Anziehungskraft der Haare bei Männern und Frauen: ich vergrabe bei Frauen mein Gesicht gerne in die Haare und küsse den Nacken. Ergibt Parallelen. Dabei bin ich stets unbefriedigt, aber doch verhältnismäßig erfreut.

Das Pferd wird eingespannt; man legt ihm eine eiserne Trense durch das Gebiß. Empfinde ich das Eisen an den Zähnen, Klirren der Gabel, besonders das Arbeiten des Zahnarztes am Gebiß? Ich hatte immer großes Vergnügen daran, andere Leute zu verrüppeln.

Wieder steigt die Abbildung eines Menschen, den man wie ein Pferd aufgezäumt hat und der, den Kopf im Nacken durch den Zügelzug, ein qualvolles Gesicht zeigt, vor mir auf. Erregt mich auch jetzt.

Dies Bild sah ich mit 8—10 (?) Jahren in einem Tierschutzkalender. Das Pferd wird so in das Geschirr geschnallt und gepeitscht. Ich habe oft als kleines Kind Pferd gespielt, indem ich Stühle (Schaukelstuhl) oder Plättbrettständer kutschierte; die wackelten und fielen doch nicht um, aber mehr Spaß machte es mir, wenn ich Pferd war (Der kleine Klaus und der große Klaus: „Hüh, alle meine sieben Pferde.")

Wie ich als Erwachsener die Angst vor dem Pferde überwunden hatte, ließ ich mir sehr gerne von einem Pferde aus der Hand fressen. Die dicken, weichen Lippen machten mir Freude.

Daher ist auch jetzt die erregendste orthopädische Vorstellung der Mensch im Korsett, das den Hals und Kopf mit umfaßt und ihn an der Bewegung des Kopfes Hintern (sollte hindert heißen). (Sehr starke Erektion.)

Dieser bezeichnende Schreibfehler konnte sich bilden, weil der Gedanke: „Du mußt dir mal das Bild in dem Lehrbuch der Chirurgie ansehen" sehr mächtig wurde. Davor ergriff ich dann die Flucht, trotzdem es noch nicht Zeit zum Mittagessen war.

Mir wird eine Platte gereicht, auf der ich Symbole der verschiedensten Art finde.

Die halbe Zitrone: 1. Symbol der weiblichen, spitz hervortretenden Brust. 2. Ich esse Zitronen oder vielmehr presse sie in den Mund, die Säure ist mir, nachdem ich den ersten Geschmacksimpuls überwunden habe, sehr angenehm: Die Zitrone ist sauer, aber man kann auch aus ihr Lust gewinnen.

Die Zitrone: Symbol des Masochismus. Sie erscheint mir ausgepreßt: Tendenz zu entwerten oder Einschlag von seiten der Schwester Nr. I.

Die Mehlspeise, die mir später immer kotähnlicher scheint, symbolisiert die infantilen Einstellungen der Munderotik, bzw. Analerotik. Es bleibt nichts hängen: Selbstschutz und Zensur. Man ißt doch keinen Kot. Wer Kot anfaßt, besudelt sich.

Die Apfelsine: Symbol der Fruchtbarkeit, Mutter, Weib; speziell Genießen der Frau: Koitus, die Frucht, die man brechen will.

Das Mädchen bietet mir die Apfelsine sogar an, sie erklärt sich bereit, mir die Frucht zu geben, aber ich kann es nicht tun. Genau der Vorgang zwischen mir und der Freundin, die im Traum durch die Bedienerin, die blond und schlank ist, während das Mädchen klein und schwarz ist, vertreten wird.

— — — — — — — — — — — — — — — — — — — —

Aus den Träumen:

. . . „Ich bin mit dem Mädchen, mit dem ich mich verlobt habe, in dem kahlen, weiß getünchten Zimmer. Rechts beim Fenster steht die Mutter und der imponierende Herr. Es ist nicht meine Mutter, sie ist blond und hat eine Raubvogelnase. Sie behandelt das Mädchen sehr schlecht, dabei wird sie von dem „getreuen Knecht" unterstützt. Der Mann ist wohlwollender.

Der unverschämte Bursche geht endlich raus und will die Treppe hinunter, ich nach; er trägt eine himmelblaue, steife Mütze, dann ein breites, rotseidenes Band darum. Ich packe ihn auf der Treppe und presse ihn mit beiden Armen so zusammen, daß er quietscht und ihm die Kraft ausgeht. Dann ist mein Rachedurst gestillt."

Einfälle: Nach diesem Traumstück wachte ich auf mit Erektion und preßte, wie das meine Gewohnheit ist, das erigierte Glied mit den Unterarmen an den Leib.

Dr. *Stekel* „macht auf die Identifizierung der Person mit dem Penis und umgekehrt aufmerksam. Der Mensch im Korsett erigiert, steif als Symbol des Penis!" Ich stimme zu und zitiere die gerade Haltung der Impotenten. Das Ziel wäre also, dauernd einen erigierten Penis zu haben.

Dr. *Stekel:* „Der Wunsch, allen Ansprüchen genügen zu können. Die Ejakulation wird vermieden. Beim Onanieakt wird dauernd nur die Vorlust ausgekostet, die Ejakulation nicht zugelassen."

Ich erinnere mich an den Versuch, dem Gliede einen Verband anzulegen 1. wenn es erigiert, 2. wenn es schlaff war, um den Zwang bei der Erektion auszukosten.

Die Versuche scheiterten am Nachlassen der Erektion beim Anlegen des Verbandes.

Die Vorstellung der Schlittenvorrichtung für Impotente erscheint mir gleichgültig.

Aber das Einführen des Katheters! Dauerkatheter! Welche Wonne!

Ein weiteres Traumstück:

„Ein Schlafraum, in dem ich mit andern jungen Leuten zusammen schlafe. Ein Bursche, der entfernt von mir schläft, ärgert mich. Ich gehe hin und umfasse ihn und drücke ihn so zusammen, daß die Beine und Arme an den Oberkörper gepreßt werden. Er ist ganz wehrlos. Ich trage ihn durch den Raum, presse ihn dabei fest an mich und stoße ihn dann mit dem Kopf nach unten oder mit dem Hinterteil mehrmals fest auf den Boden. Dabei presse ich ihn, bis ich denke, daß er genug hat. Er ist halbtot, ich bin befriedigt mit einem leisen Unterton von Schuldbewußtsein."

Einfälle: Sofort drängt sich mir die Idee auf, so halten die Leute die kleinen Kinder, wenn sie sie abhalten. Die Erinnerung daran, so gehalten zu werden, muß etwas lustbetontes haben. Die Beine werden an den Schenkeln auseinandergezogen (gynäkologischer Untersuchungsstuhl). Der Unterleib zusammengepreßt. Der Rücken und Kopf liegt gegen den Rock der Person, die das Kind hält. Es ist eine sehr unbequeme Situation. Angenehme Empfindungen beim Hocken auf Militärstangen, -latrinen oder beim Defäzieren in hockender Stellung. Sehe ich heute, wie Kinder von Frauen abgehalten werden, so ist geringer Affekt noch immer vorhanden. Als Kind war besonders das nachfolgende Abwischen sehr eindrucksvoll.

Der Gedanke, daß zwei Burschen, die in Ketten geschlossen, in der Eisenbahn zur Zwangserziehungsanstalt transportiert werden, unter Aufsicht des Begleiters und in durch die Fesselung oder auch Korsetts bedingter Zwangshaltung während der Bahnfahrt den Abort benützen müssen, war mir stets ungeheuer lusterregend (jetzt wollüstige Erektion). Besonders in der Bahn. (Siehe meine Zeichnungen.) Dieser Vorgang ist ein von mir in der Phantasie typisch wiederholter, auch in Wort und Bild. Das Abknöpfen der Hosen, besonders das Öffnen der Hosentür mit der notwendigen Berührung des Gliedes, dann die Notwendigkeit, daß der andere zusehen mußte, vielleicht Anilingus oder ähnliche Leckakte ausführen mußte. Ebenfalls unter Zwang stehend.

Dann die Fellatio, der Defäzierende uriniert in den Mund des andern, J ü n g e r e n. Zahlreiche bildliche Darstellungen, die leider vernichtet sind. —

Der Bursche mit der roten Binde ist der Penis erigatus, er quietscht: Pollutionswunsch? Er quietscht so wie die so viel beliebten Gummischweinchen, die aufgeblasen wurden und endlich wieder mit einem Quiek zusammensanken. Die fliegenden Würste. Das Schweinchen, dem ein Stift in den Anus gesteckt wurde, der dann angesteckt, eine mächtige Kotschlange aus Asche entwickelte. Das beliebte Bierbankspiel: Emser Pastillen in Asche gelegt, mit Spiritus übergossen und angesteckt, geben mächtige Ascheschlangen.

Besondere Vorliebe für die Schere, die sich beim Schluß streckt.

Fig. 51

War als Kind einer meiner sehnlichsten Wünsche. Also starke Vorliebe für alle Symbole der Erektion.

In dem Traume bin ich dreimal vertreten.

1. Das Traum-Ich: Der Neurotiker, der sich nach der Frau sehnt und sich mit dem blonden Ideal verlobt hat.

2. Der seriöse Herr: Der männliche, analysierende, die Gesundheit wollende Teil meines Ich.

3. Der grobe Bursche: Meine körperliche Sexualität, die koitieren will.

Die Frau mit dem Raubvogelprofil, die so erbarmungslos auf mein blondes Ideal loshackt, ist Dr. *Stekel*, der mir klarmacht, daß ich mit dieser Frau nicht zur Ruhe kommen würde, da ich ganz anderes ersehnte. Dich kann dies platonische Ideal nicht befriedigen, weil du körperliche Befriedigung brauchst. Der grobe Bursche, das dritte Ich, brüllt Beifall.

Der seriöse Herr hat zwar gegen das, was Dr. *Stekel* vorbringt, nichts einzuwenden, steht mir und meinen Wünschen aber wohlwollender gegenüber. Wie der dritte Herr, der Penis, nun wirklich die Treppe herunter will, d. h. in die Vagina, und die Eichel schon ganz rot wird, nicht mehr so blaugrau ist, wie sie vorher war, da stürzt der Neurotiker hinter dem Penis her und umklammert den Penis so lange, bis die Erektion, der Wille zum körperlichen Genuß, zurückgeht.

Die Situation ist einem Detektivroman entnommen, den ich kurz vorher gelesen hatte. Dort will in einem Kapitel eine Mutter ihren Sohn von der Heirat dadurch abbringen, daß sie in seiner Anwesenheit dem Mädchen Unannehmlichkeiten über ihre Vergangenheit sagt.

Das z w e i t e T r a u m s t ü c k:

Der junge Mann: Ein mir bekannter Neurotiker. Ärgert mich. Regt homosexuelle Neigungen in mir. Ich bin energisch, bekämpfe dieselben. Der junge Mann wird also symbolisch für die erledigte Homosexualität. Sie ist halb tot, darüber habe ich doch ein Bedauern, Angst, daß ich keine homosexuellen Lustgewinne mehr haben könnte.

Ferner ist der zusammengepreßte junge Mann wieder mein Penis, den ich aus aller Kraft an mich presse, bis die lästige Erektion abklingt. Auch er wird schlapp.

Die Einfälle sind schon früher erwähnt.

Weitere Einfälle:

Bei einem Ringkampf mit meinem damals liebsten Freunde, einem kleinen, untersetzten, stämmigen Arbeiter, hatte derselbe, der sehr zu Wutanfällen während des Ringens neigte, mich um den Unterleib gefaßt und stieß mich so mit Kopf und Schultern nach unten mehrfach auf den Fußboden.

Das Steifwerden während der Zahnextraktion auf dem Zahnarztstuhl und daraus resultierende Lustgefühl.

Ob ich wohl meine Schwestern so auf den Boden gebumst habe oder mich mit dem Gedanken trug, sie so tot zu machen? Die Fische schlägt man bei uns gegen eine scharfe Holzkante mit dem Genick, damit sie sterben. Das habe ich als Kind im Seebad oft gesehen.

— —

Träume aus der Nacht vom 28. zum 29.

Die Tage vorher standen unter dem Zeichen zunehmender Angst vor dem Nichtverstandenwerden von seiten meiner Familie. Ein Brief der Eltern am 27. brachte die Affektsteigerung in Form der Abneigung gegen die Frau, merkbarer Belegung der homosexuellen und fetischistischen Positionen. Die Nacht vom 27. auf den 28. äußerte durch Amnesie für alle Traumbilder die Stärke des Widerstandes. Nachträglich folgendes Traumbild:

> Ich sitze beim Mittag, mir gegenüber zwei bekannte Verbindungsstudenten aus Riga, der eine mit sehr rotem Gesicht und mir unsympathisch. Der mit dem roten Kopf frägt mich: „Sind Sie eigentlich katholisch oder christlich?“ Ich sage: „Ich bin Christ.“ Er: „Sind Sie etwa kein Arier?“ Ich sage: „Nein, ich bin Semit.“ Er: „Und Sie sind hier noch nicht raus!“ Der andere, sympathischere sagt auch, ich müßte gehen. Ich: „Ich habe meine Eintrittskarte bezahlt und kann ebenso hier bleiben wie Sie.“ Ich bleibe da und die anderen sind wieder ruhig, aber ich denke, morgen gehst du nicht wieder her.

Die Nacht vom 28. auf den 29. ließ bis $4^{1}/_{4}$ morgens nur undeutliche Reste reproduzierbar. „Dauernde, starke Depression, Mutlosigkeit.“ „Examenangst.“ „Der eine Zahnrest, den der Zahnarzt noch als Brückenpfeiler benützen will, ist herausgebrochen, ich halte ihn in der Hand und denke: „Da wird Dr. R. (der Zahnarzt) schimpfen.“

Diese Bruchstücke notiere ich, nachdem ich mich beim ersten Erwachen, als ich noch mehr Erinnerungen hatte, nicht zu Notizen zwingen konnte. Dann schlafe ich wieder ein und habe nach dem Erwachen folgende Traumerinnerungen, die ich in der Reihenfolge des Traumes bringe.

> 1. „Ich bin mit meinem Vater zusammen, erlebe mit ihm die Szene, vor der ich Angst habe. Er versteht meinen Zustand nicht, Dr. *Stekel* ist ein Charlatan, so viel verstehe er auch von der Psychanalyse, ich sei schlapp, faul usw. Ich verteidige sehr energisch aber auch angstvoll Dr. *Stekel*. Mein Vater geht auf und ab. Wir bleiben in immer heftiger werdendem Gegensatz.“

Zusatz: Dieser Traum enthält die Affekte, die auch in meine Antwort auf den Brief meiner Eltern überströmten, in theatralischer Aufmachung. Er löst die Spannung nicht.

2. „Ich bin in einem Raum und habe einen sonderbaren Standpunkt; ich fasse von oben in den Raum, der mit Jungen und jungen Burschen gefüllt ist; es ist ein Jugendverein, in dem ich tätig war. Auch ein anderer Erwachsener, der Turnleiter, ist da. Ich muß etwa auf einem Balkon unter der Decke stehen.

Ich habe einen kleinen Jungen ergriffen und halte ihn am Bein freischwebend in der Luft. Erst fürchte ich, ich könnte ihn fallen lassen, aber dann macht mir sein Zappeln Spaß. Er versucht, sich überall anzuklammern, aber ich lasse ihn erst nach langem Zappeln sich festhalten und lasse ihn dann los, er muß sich sehr ängstigen. Das wiederhole ich. Jedesmal sehe ich am Schluß einen Penis, wie einen Kinderpenis mit Phimose, so daß bei der Erektion die Glans sich nur wenig durch die Vorhaut zwängt. Daran hängen ein oder zwei helle, urinähnliche Tropfen. Ich denke, daß der Penis mir gehört."

Fig. 52.

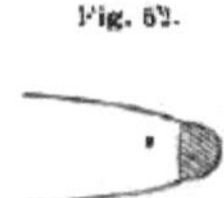

3. „Ich sehe einen Offizier stehen, er hat Hochwasser an den Hosen, d. h. die Hosen sind zu kurz, einen Degen in Nickelscheide an der linken Seite und eine breite Silberborte um die Mütze . . . Dann ist da ein Blumenladen. Der Offizier ist seitwärts davon im Gebüsch. Ich finde einen silbernen Herrenklemmer, den hebe ich auf und gebe ihn in dem Blumenladen bei dem Mädchen ab; er ist aber jetzt ein silberner Operngucker geworden. Auch von mehreren 100-Kronenscheinen kommt etwas vor. — Dann soll ich den Offizier beleidigt haben. Er kommt mit seiner Begleitung auf mich zu, es sind mehrere Herren und auch Mädchen. Sie wissen aber nicht recht, ob sie mich fordern sollen. Ich erkenne in dem Offizier den einen Bruder Rehtaler, der andere jüngere ist auch da, ich entschuldige mich, wir vertragen uns und gehen zusammen, uns unterhaltend, weiter.

Dann bin ich mit dem jüngeren Bruder zusammen. Homosexuelle Neigungen werden wach, wir liegen dicht zusammen, er legt mir die Hände auf die Stirn. Ich fühle seinen Körper und sehe durch das Gitter seiner gekreuzten Finger, die über meinem Gesicht liegen; wie er die Hände fortzieht, liege ich und auf mich herauf legt sich ein Mädchen, seine Schwester. Sie rafft das Kleid vorne hoch und legt sich auf mich. Ich wundere mich, wie ich schon die weiche Vagina um mein erigiertes Glied fühle; sie windet und dreht sich vor Vergnügen und ich habe zwar mächtige Erektion, aber nicht den geringsten Gefühlorgasmus. Meine Gedanken verlaufen in zwei Bahnen: 1. Wenn sie bloß nicht krank ist und ich mich bei ihr anstecke. 2. Na, ich werde ihr schon trotzdem meine Riesenpotenz beweisen. Nur Technik muß man haben; ich werde ihr einen mächtigen Orgasmus machen.

Das Mädchen scheint dann befriedigt, jedenfalls sind wir von dem Sofa aufgestanden und ich will mir das Glied, das noch halbsteif ist, säubern. Es ist vorne ganz mit Sperma beschmiert oder ähnlichem, und auch am Schaft sind einige käseähnliche Bröckel. Aber die Wasserleitungen sind alle nicht recht erreichbar für mich, weil ich über die Becken davor nicht herüberreichen kann. Eigentlich sollte ich die Freundin auch noch koitieren.

Während das Mädchen auf mir lag und ich ängstlich bemüht war, mit ihren Bewegungen zusammenzustoßen, schien der Freund viel größer zu werden. Er saß zwar noch an meiner Seite, aber es war doch eine viel größere Person als ich."

Sofort erwachte ich, glaubte, es wäre doch etwas Sperma entleert. Es war aber alles trocken.

Es war $^{3}/_{4}$6 Uhr früh.

Ich hatte sofort die Überzeugung, daß das Mädchen in dem Traume meine älteste Schwester war, und dies besonders, weil sie auch meiner Schwester auf ihren Kinderbildern durchaus ähnelte, besonders das vergnügte Lachen während des Vorganges war durchaus das meiner Schwester I.

Die große Person neben mir war nach meiner sofortigen Assoziation das Kindermädchen oder Kinderfräulein. Auch war mir beim Waschen im Traume der Penis phimotisch vorgekommen. Die Eichel konnte gar nicht durchtreten, aber das Glied war nicht mehr so kindlich wie im Traume 2.

Dadurch gewann ich auch sofort die Überzeugung, daß sowohl dem Traum 3 als auch dem Traum 2 infantile Erlebnisse zugrunde liegen müßten.

Die Reaktion, die sich im spärlichen Fluß der Einfälle zeigte, war eine sehr starke, und verstärkt durch andere, ungelöste Widerstände führte die Analyse meinerseits zu keinen weiteren Einfällen.

Ich bemerke weiter, daß ich früher, wie schon erwähnt, eine mittlere Phimose hatte, die ich erst durch onanistische Exerzitien überwand. Es war mir vor meinem 12. Lebensjahre unmöglich, die Vorhaut über den erigierten Penis zurückzustreifen. Auch heute ist es nicht ganz schmerzlos.

Nachdem das Bändchen der Vorhaut durchgerissen war, mit 13 Jahren etwa, ging es dann immer besser und es bereitete mir eine große Lust, wenn ich am Penis erigatus die Vorhaut zurückzog, trotz der damit verbundenen Schmerzen.

Dr. *Stekel* macht mich darauf aufmerksam, daß eine unter den vielen Deutungen meines Korsettfetischs auch die sein könne, daß die Phimose den Penis ebenso schmerzhaft einenge, wie das Korsett den Träger, speziell Kopf und Hals. — Ich bejahe dies und betone besonders das Gequetschtwerden und Zusammengepreßtwerden der Lippen und Backen in der Glissonschen Schwinge, bzw. im Wallsteinrahmen oder Korsetts mit Halsstütze und Kopfteil. Dr. *Stekel* sieht in der Phimose vielleicht eine Grundlage der Zwangsidee.

Auch weist Dr. *Stekel* darauf hin, daß die Onanie eine Vorbereitung für das spätere Leben ist. Was man im Leben zu leisten wünscht, wird vorher in der Onanie erprobt und geübt. Das Hinhalten der Ejakulation durch Tage und Wochen würde also mich befähigen, dauernd mit erigiertem Penis alle Frauen, die mein Sexualziel sind, zu befriedigen, ohne sie zu schwängern.

So erklärt sich also auch das jetzt 2 Monate übersteigende Ausbleiben der Pollution, bei dauerndem Reiz im Glied und dauerndem Affekt, aus diesem Wunsche.

Beim Zahnarzt wandelte sich der Wunsch, weitere seelische Erlebnisse nicht mehr von mir zu geben, in eine Überempfindlichkeit, besonders Übermächtigwerden der Bohrphantasie und Überempfindlichkeit gegenüber den durch die Tür vernehmbaren Geräuschen aus dem Zimmer des Zahnarztes.

Der Wunsch, nichts weiter zu entdecken, zeigte sich auch darin, daß ich entgegen meiner Absicht, Dr. *Stekel* um Papier zu bitten, dies nicht tat. Als ich dann später in Dr. *Stekels* Abwesenheit in sein Zimmer trat, empfand ich seine Körperlichkeit und nahm 5 Bogen. Hiebei ist mir 5 das Symbol der Hand und dessen, was man mit der Hand tut (Onanie, das Glied berühren). Überhaupt ist auch die Enttäuschung und der Wunsch, das Körperliche wenigstens äußerlich in gemeinsamem Theaterbesuch zu genießen, sehr stark. Als Doktor *Stekel* darauf einging, wenigstens z. T. und mir ein Theaterbillett auf seine Kosten schenken wollte, war das Vergnugen sehr stark. Natürlich lehnte ich ab. Ich warte noch immer auf die Einladung zum Kaffee. --

Erklärlich wird mir nach Traum 3 auch, daß mir die Momente beim körperlichen Verkehr mit Frauen am liebsten sind, in denen ich denke: Jetzt wird sie etwas unternehmen. Ich liege auf dem Rücken, schließe die Augen (im Traum werden sie mir verschlossen) und erwarte, daß das Mädchen jetzt auf meinen Penis steigt.

Auch scheint es mir, daß die Kleidung des Mädchens im Traume, „sie hebt die Röcke und legt sich bekleidet auf mich," für mein Sexualziel von Bedeutung ist.

Vielleicht ist es auch nur eine koitusähnliche Handlung gewesen, die mir in der Erinnerung als Koitus imponiert. Immerhin war das Gefühl am Penis so deutlich und angenehm, daß ich geneigt bin, es auf die Vagina zu beziehen.

Rehtaler I, der Offizier, der sich mit mir duellieren will, den ich beleidigt habe, ist eine Maske des Dr. *St.* Nachher unterhalten wir uns ja wieder ganz friedlich und ich habe an dem Ort, an den er mich hinführt, sehr intimes Zusammensein mit seinem Bruder und seiner Schwester.

Die überhaupt komplizierte 1. Abspaltung scheint mir der Offizier, der in viele Beziehungen zu setzen ist. Er ist z. B. mein Neurotiker, aber auch Dr. *Stekel*, und mein Vater.

Verfolgen wir eine Deutung. Mein Vater sitzt links im Gebüsch und kontrolliert den Blumenladen, die Jungfrauen, meine Schwestern. Mit Hilfe der Anschauung, die ich an Vater (der silberne Herrenklemmer) und Großmutter (immer sich wieder aufdrängende Assoziation zu dem silbernen Perspektiv) gewonnen habe, will ich jetzt in den Blumenladen hinein. Dadurch beleidige ich meinen Vater, der vom Gebüsch aus zusieht, weil er nicht hineindarf.

Oder aktueller: Ich darf jetzt die neuen Anschauungen meinen Schwestern nicht mitteilen, weil mein Vater durch diese Handlungsweise beleidigt würde. Material: Das Eindringen in den Blumenladen, die Defloration der Schwestern. Und nach dem Traum bin ich drin gewesen, zumindestens habe ich das Gefundene abgegeben, also, wenn ein infantiles Erlebnis zugrunde liegt, verwertet, soweit dies meiner kindlichen Auffassung entsprach.

Mein Vater sitzt im Gebüsch, d. h. er hat die Mutter. Das Gebüsch: Schamhaar. Aber von da sieht er immer nach den Schwestern und bewacht sie eifersüchtig.

Wenn ich den Offizier als Neurose betrachte: Die zu kurzen (infantilen) Hosen, der Degen blitzt; aber er ist kein Kampfdegen (Penis), die Mütze ist grau (der Peniskopf), silbergrau. Dabei steht er wie ein Gockel auf dem Mist. Das wird auch auf den Vater und Dr. *Stekel* angewandt, wichtiges über meine augenblickliche Einstellung zu ihnen ergeben. Damit über die Affektlage überhaupt.

Zum Traum 2 wäre noch zu bemerken, daß sich das infantile Erlebnis etwa so denken ließe, daß ich mich des jüngeren Schwesterchens bemächtigt habe und es habe zappeln lassen. Oder liegt dem nur ein Wunsch zugrunde. Jedoch erscheint mir der immer wieder erscheinende Kinderpenis mit den herausgepreßten Tropfen darauf zu deuten, daß tatsächlich eine solche Situation mit starkem Lustgewinn für mich bestanden haben muß.

Ich hatte vor dem Turnen am Reck immer eine furchtbare Angst, überhaupt vor jeder Turnübung, bei der ich meine Gleichgewichtslage aufgeben und mich überschlagen mußte. Frösche und Raupen ließ ich gerne zappeln. Erstere hielt ich am Bein, letzteren entzog ich immer wieder die Stücke, an die sie sich anklammern wollten.

Zu Traum 3: Mit den beiden Brüdern Rehtaler war ich als Kriegsfreiwilliger zusammen. Der jüngere zog mich sexuell sehr an, nur störte mich, daß er schielte. Es kam auch zu keinem Verkehr, da er, besonders aber der Bruder, stark heterosexuellen Erfolgen nachliefen.

Hier schiebe ich in den Berichten des Patienten einige Bemerkungen ein. Es ist interessant, daß er einiges vergessen hat. Zuerst drückt er es nicht ganz deutlich aus, daß sein erster Einfall nach dem Erwachen war: Pauline, das Kindermädchen, hält ihm die Hände vor das Gesicht, nachdem sie den Koitus zwischen seiner Schwester und ihm inszeniert hatte. Dazu würde die erste Erinnerung (der Fleck auf dem weißen Kleide) stimmen. Es ist ihm, als ob er sich dunkel an diese Szene erinnern könnte.

Endlich vergaß er, die Onanie als Vorbereitung seiner sexuellen Aufgabe entsprechend darzustellen. Er hatte Angst, seine Schwester zu schwängern. Daher lernte er onanieren, ohne zu ejakulieren. Er kann die Masturbation stunden- und tagelang hinausziehen. Das heißt er kann die Schwester koitieren, er kann jedes Mädchen koitieren, ohne Gefahr zu laufen, sie gravid zu machen. Seine Onanie ist also eine Vorbereitung für den Sexualverkehr mit seinem Privatharem, d. h. mit seinen Schwestern und ihren Freundinnen. Auch die ganze Zeit der Analyse, in der es trotz erotischer Träume nicht zu einer Ejakulation kommt, deutet auf eine bestimmte fixe Idee. Das würde heißen: Ich habe es gelernt, andern Orgasmus zu machen, mich mit der Vorlust zu begnügen, ohne daß ich Gefahr laufe. Die Gefahr ist der Vater. Wenn die Schwester gravid würde, könnte der Vater alles erfahren.

Er war vorigen Sonntag mit seinem Mädchen im Walde. Er spielte mit ihr, ließ es aber nicht zum Koitus kommen. Er erwartete die Szene, wie er sie im Traume geschildert hat. Das Mädchen solle sich auf ihn setzen; er wollte ganz passiv bleiben. Deshalb streckte er sich oft im Grase aus und verlangte die Aggression des Partners. Sie blieb aber passiv. Sie wollte genommen werden. Für diesen Sonntag sagte sie ihm ab, offenbar weil sie die sexuelle Spannung ohne Befriedigung nicht ertragen kann.

Der Patient berichtet:

Die Nacht ergibt eine Menge Träume, von denen, gegen starken Widerstand, 3 Traumstücke wiedergegeben werden können.

1. Ich bin in einer Art chirurgischem Hörsaal. Dort ist soeben eine Operation ausgeführt worden. Der Operierte, ein Litauer aus meiner Baracke (Klopfhengst), geht fort und sieht mich an. Ich sah eine große Wunde am rechten Oberschenkel, seitlich oberhalb des Knies. Jetzt soll der nächste daran kommen, der bin ich. „Ich denke ja gar nicht daran, mich operieren zu lassen, ich möchte lieber noch etwas warten!“

Es soll die rechte Hand an den Oberschenkel oder das Knie angenäht werden und die rechte Hand abgehackt werden. „Aber die Hand brauche ich doch noch, kann ich die nicht behalten?“ „Nein, aber Sie können es zweizeitig machen lassen.“ — Dann wache ich auf.

2. . . . N. N. kommt zu mir und sagt, mir drohte ein kriegsgerichtliches Verfahren. Der Kaiser (Napoleon) ist krank. Ich denke „vor Ärger“, ich weiß bestimmt, er hat sich krank geärgert.

Ich hätte durch einen meiner Leute, mit Namen Atophan (?), den Russen hochverräterische Dinge berichtet. Ich sage: „Ich konnte den Kerl ja gar nicht verstehen, wie kann ich dafür verantwortlich sein, was der gesagt hat?“

3. Mein Vater und ich im Zimmer. Irgend etwas hängt von der Decke oder steht auf dem Tisch in der alten Wohnung. Jetzt denke ich, es war eine (Kinderglocke) große Glocke, die in einem Rahmen hing. Sie konnte nicht schwingen, weil sie irgendwo an den Rahmen stieß. Ich wollte nachsehen. Aber mein Vater nimmt Hammer und Meißel und schlägt trotz meines Protestes auf die schöne Glocke los, so daß sie ganz zerbeult und zerdrückt wird. Ich sage: „Aber du machst ja alles kaputt!“ Er ist wütend, daß ich mich einmische. Schließlich ist sie ganz verbeult und verbogen, aber sie kann wohl wieder schwingen.

Dr. *Stekel* hält 1. und 3. für sehr wichtig, weil sie auf den Kastrationskomplex hindeuten, dem gegenüber ich aber nur einige altbekannte Beziehungen finde. Dr. *Stekel* ist mit mir unzufrieden, ich kann ihm nicht helfen. Bei mir wächst die Neigung, die Analyse abzubrechen. Ich singe: „Wehe, wehe, du Wind“, „Es weht der Wind der Heimat zu“ und ähnliche schöne Lieder.

Dann kommt ein schwacher Versuch, mich rauswerfen zu lassen, dadurch, daß ich über seine telepathischen Träume skeptisch urteile. Aber ich bin vom vorigen Mal gewitzigt. Dr. *Stekel* hat aber wieder das empfindliche Gesicht gemacht. Sein Medusenhaupt.

Also ich erkenne den Widerstand gegen die Analyse, aber das hilft nicht prompt und es bleibt Hemmung. Das Erlebnis mit der Schwester will auch nicht Frucht tragen. Dr. *Stekel* findet das Bestreben, das Kindermädchen zu unterschlagen. Ich wundere mich, daß er nicht mehr auf die Großmutter eingeht. Die hat nach meinem Gefühl auch unangenehme Gedanken bezüglich der Analyse. Tut mir für die alte Dame leid.

Aber quoad analysum. Der Litauer kommt mir tatsächlich etwas kastriert vor. Die Hand, besonders die rechte, hatte bei mir stets zum Penis sehr enge Beziehungen, links habe ich mit viel weniger Genuß onaniert. Schon möglich, daß die Hand für den Penis steht. Angenäht soll sie werden. So wie bei Autotransplantaten in zweizeitiger Operation beim 1. Tempo. Dadurch wird unter Umständen eine für den Patienten sehr üble Zwangshaltung erzeugt, die mich oft zum Onanieren reizte.

Traum 3. Erstens: Der Vater = Dr. *Stekel*. Die Kinderglocke meines Infantilismus soll sich der Realität, dem Rahmen, anpassen, damit ich wieder was leisten kann. Dazu benützt er den Hammer und Holzmeißel des Zahnarztes. Der schlägt damit immer die Kronen auf den Zahn fest. Ein verdammtes Vergnügen.

Also Widerstand gegen die Analyse.

Oder Angst, daß der Vater wieder — oder Wut gegen den Vater, der durch Erziehung und Strenge (Einlage gegen den Kopf) mich in die Realität zwingen will.

Während ich mich bemühe, zu erkennen, wo die Hemmungen liegen, will er, daß ich als Krüppel verbeult weiterlebe, wenn ich nur seinen Ansprüchen genüge.

Traum 2. Der Vater hat gehört, daß ich durch den Atophan, d. h. Beulenlosen, also den Gesunden, zu den Feinden über seine Angelegenheiten Aufklärungen gegeben habe. Vor Angst ist er schon krank und wird sich an mir rächen. Die Feinde wären alle die, denen meine Erklärungen neue Ansichten über meinen Vater und meine Familie mitteilten. Andererseits bin ich auch selbst Napoleon, der große Mann, der mir sehr imponiert und auch die Frauen so schlecht behandelte. Ich habe mich selbst verraten und ziehe mich also selbst zur Rechenschaft. In dem Falle wäre der Feind Dr. *Stekel*.

Auch im kriegsgerichtlichen Verfahren kann man den (Penis) Kopf verlieren. Wenn man will, auch hier eine Beziehung zum Kastrationskomplex. —

Es liegt wieder in der Geburt, was ich nicht hochkommen lassen will. Auch diese schriftliche Aufzeichnung geht nicht vorwärts. Der Drang, fortzugehen, ist sehr stark. Keine bestimmte Fixierung, nur starke Unruhe.

Am A b e n d: Ich habe einen ruhelosen Tag hinter mir. Einerseits muß ich in die Bibliothek gehen, komme aber dort nicht zu ruhigem Arbeiten.

Nach dem Mittagessen führte mich mein Weg an der 38er vorbei. Ich bin, einem Impuls folgend, eingestiegen, wollte fast wieder heraus. Fuhr dann aber doch nach Grinzing. Durch das letzte Kapitel im V. Bd. wurde meine Depression noch verstärkt. Andererseits wurde Nr. 1 aufgebracht. Ich ging wieder in die Stadt usw.

Ich will jetzt das auf Kastration bezügliche aus meiner Erinnerung zusammenstellen.

1. Der Schneider mit der Schere. Ich lutsche intensiv Daumen und hatte große Angst vor dem Daumenabschneiden. Damit wurde mir auch oft gedroht.

2. Mein Vater ist beschnitten. Ich fand schon früh, daß die Vorhaut über meinem Penis etwas minderwertiges war, zog sie zurück, aber sie rutschte immer wieder vor.

3. Ich habe den Penis verschiedentlich wegbinden wollen, und zwar zuerst erinnerlich in der Verbandperiode. Auch bei den dauernden Erektionen hatte ich oft den Wunsch, den Penis hochbinden zu können, weil er mir in der Hose Unbequemlichkeiten machte. Andererseits habe ich zuweilen bedauert, kein Weib zu sein, so daß der Penis des Partners irgendwo untergebracht werden könnte. Aber die paedicatio in anum war mir gar nicht das Ziel, vorne hätte ich ihn aber gerne untergebracht. Vor allen schneidenden, knallenden usw.

Instrumenten hatte ich großen Respekt. Besonders den knallenden. Knallbonbons zog ich nur mit großer Angst. Ich war überhaupt feige und habe diese Feigheit in den wesentlichen Punkten, den auf normale Ziele gerichteten, erst spät überwunden. Wagemutig bin ich auch heute noch nicht.

Übrigens ließ ich mir ziemlich lange die Fingernägel von anderen schneiden. Meine Schwester 1 hat erst mit 12 oder 13 Jahren gelernt, Streichhölzer anzuzünden. Vorher war sie nicht dazu zu bewegen. — Jetzt ist es wieder so weit, daß nichts einfällt. Soll ich Pfeife rauchen? Ist das Festhalten des Nichtrauchens eine Askese, die das Verbleiben im Infantilen gestatten soll? Dabei habe ich weniger sexuelle Erregung, nur bin ich dumpf und gleichgültig. Abwechselnd energisch zuredend, aber dann wieder nachgebend. Jetzt habe ich Angst (den Wunsch), daß ich in der Nacht nichts träumen werde. Angst vor Riga. Dem Alleinsein. Den Anforderungen des Examens. Dem dort wieder Übermächtigwerden der fetischistischen und homosexuellen Neigungen.

Kurz und gut. Unter Null. Keine Lust zum Essen, zum Laute spielen. Das Reden der anderen geht mir auf die Nerven. Dabei dumpfe Spannung.

Zu diesem Traume ist noch zu bemerken, daß die rechte Hand offenbar auch seine Schwester symbolisiert. Er ist an sie fixiert und soll nun von ihr getrennt werden. Er reagiert auf diese meine Versuche mit Haß. Er will nicht auf seine Phantasien verzichten. Er befindet sich im Stadium einer tiefen Depression und macht alle Anstrengungen, sich selbst zu analysieren. Er wird belehrt, daß er dieses Grübeln aufgeben solle. Es wird ihm Ablenkung (Lektüre, Theater, Arbeit usw.) empfohlen.

Die nächsten Träume bringen Variationen der alten Gedankengänge.

Ich lasse ihm wieder das Wort:

Als Ende einer Traumreihe bleibt mir folgende Erinnerung:

. . . Ich bin des längeren mit meinem Vater zusammen; ich bin schließlich ganz verzweifelt, daß ich mit ihm nur in gegenseitigem Streit und Ärger zusammen sein kann, daß er mich absolut nicht verstehen will. Schließlich sage ich: „Weißt du, ich hatte heute nachts einen Traum, ich habe sehr geblutet und dann . . . (damit verläßt mich die Traumerinnerung); ich gehe dann hinaus. —

Und treffe im Schlafzimmer meiner Eltern T . . ., P . . . . Ein erwachsenes, großes Mädchen, etwa 25 Jahre alt (re vera: Freundin meiner Tante). Sie ist auch wirklich sehr blaß. Und legt sich auf das Sofa; ich reibe ihr die Stirn mit Eau de Cologne ein und sie klagt, daß es so brennt. Da tauche ich ein Handtuch ins Wasser und lege ihr es auf die Stirn. Da ist ihr wohler.

Dabei steht dauernd Fräulein (unser letztes Kinderfräulein) und grinst teuflisch blöde von einem Ohr zum andern. Dann gehe ich wieder nach nebenan. H . . . . . ist inzwischen gekommen und fragt mich nach der Diagnose. Ich sage: „Kann sein Hysterie, epilepsoid oder organische Grundlagen." Er sagt: „Die war ja schon Kleptomanin."

H . . . . . . wird dann ganz bartlos und immer vertraulicher. Wir sind in der „Gesellschaft der Ärzte". Plötzlich packt er mich um den Leib und macht einen Ringkampf mit mir. Ich finde den Ort etwas merkwürdig und die Umstehenden sind auch sehr erstaunt. Er hört also gleich wieder auf. Wir sprechen dann von der Patientin. Er sagt, organisch ist sie ganz gesund, nur am Rücken hat sie eine kleine Anschwellung, darin ist eine Lymphdrüse fühlbar. Ich sage: „Das sagt doch gar nichts, dann hätte ich längst ein Kiefersarkom, denn ich habe am Halse unter dem Kiefer genau die Drüsen, wie sie immer in der Chirurgie als Symptome gezeigt werden." Ich will die Drüsen herausdrücken über den Mandibelrand. H ...... fühlt auch flüchtig hin und sagt dann: „Ja, es steht aber in dem Lehrbuche der Chirurgie."

Mir steht jetzt wieder die Frau in einem blauen Leinenkleid vor Augen. Ich glaube, sie war schwanger. Aber Benno sagt, die könne gar nicht mehr schwanger werden.

Im übrigen ist mir noch immer steinübel von der gestrigen Pfeife; mir steht es bis zum Hals.[1]) Ich habe keine Einfälle, nur das grinsende Kinderfräulein ist konstant und sehr deutlich. Interesse erweckt die Großmutter. Ich überlege, welche Beziehungen ich zu ihrem Schlafzimmer hatte. Bringe auch eine Erinnerung, daß wir als Kinder, wenn wir bei der Großmutter waren, nachmittags dort schliefen. Ausgehend von dem Eau de Cologne, das bei meiner Großmutter im Schlafzimmer stand und mich sehr anzog. Meine Großmutter bewahrte auch in einem Holzkästchen unter anderem einen Eckzahn (dens caninus) meines Onkels Karl auf, der, obwohl ganz gesund, von einem Zahnarzt zu ihrer Empörung gezogen worden war. Er hatte dieselbe enorme Wurzel wie mein kleiner Taschenpenis.

Ich erinnerte mich auch nach der Extraktion meines Zahnes an diesen Onkelzahn. Aus der Ansicht Dr. *Stekels*, daß der Traum ein Decktraum für das Koituserlebnis mit der Schwester sei, erwachsen mir neue Hemmungen; ich komme immer wieder auf andere Dinge zu sprechen. Besonders äußere ich mich energisch bezüglich meiner Abreise. Der Gedanke, daß ich Pfingsten von Dr. *Stekel* versetzt werden werde, kränkt mich wieder sehr. Ein Besuch in der Folterkammer des Niederösterr. Museums erleichtert mich etwas, ebenso der Zahnarzt, der mich etwas piesackt. Aber im übrigen häufiges Schwächegefühl und eine nicht zu befriedigende Eßlust mit starkem Durst. Ich trinke ein Seidel Bier. Das schmeckt mir besser, als unzähliges Wasser vorher; aber es ist auch nicht das richtige.

Der Zahnarzt hat heute mit den Patienten vor mir stundenlang geredet. Mit mir 3 Worte. Natürlich, wahrscheinlich ärgert er sich, daß er mich billiger behandelt. Warum redet er nicht mit mir? Ebenso bin ich auf den neulich nach mir gekommenen kleinen Knaben eifersüchtig. Kurzum, ein schöner Blumenstrauß von Widerständen und Übertragungen. Bei dem Jungen überwog die Tendenz, ihn zu bevatern. Zu dem Mädchen zu gehen, kann ich mich noch nicht wieder entschließen. Da ich in ihr die Schwester sehe, ergo sie koitieren will, ist die Situation bei meinem Verbot höchst unerquicklich.

Da ich mich nicht zu viel mit Analyse beschäftigen darf (Dr. *Stekel* hat gut reden), so überlasse ich die Traumdeutung meinem Seelenarzt.

— — — — — — — — — — — — — — — — — — — —

Patient kommt nicht vorwärts. Er steckt in Widerständen. Heute Nacht konnte er sich nur an einen kurzen Traum erinnern:

Dr. *Stekel* spielt mit meiner Laute . . .

---

[1]) Er versuchte aus einer Pfeife zu rauchen, die ich ihm geschenkt hatte. Phantasie einer Fellatio!

Der Traum zeigt, daß er auf sein ursprüngliches Begehren, ich sollte mit ihm spielen (Laute — Genitale), nicht verzichten will. Er faßt die Analyse als Ringkampf auf, wie die Träume der vorigen Nacht beweisen. Ich solle ihn nicht besiegen. Er gönnt mir den Triumph nicht, ihn geheilt zu haben. Die Affekte werden vom Vater auf mich übertragen. Er verblutet sich an dieser Liebe. (Siehe Traum 1.)

Im Traum 2 finden wir die Variation des Schwester-Erlebnisses. Aber es kommt kein neues Material. Auch über Kastration kann er nichts sagen. Er sieht mit Schrecken, daß Pfingsten herannaht und daß er zwei Tage keine Analyse haben soll. Was soll er machen? Soll er mit dem kleinen Mädchen ausgehen? Er fürchtet die Blamage. Er fürchtet den Koitus. Es stellt sich heraus, daß er sie beleidigt hat. Er sagte ihr das letzte Mal: „Ich komme, wenn ich nichts besseres vorhabe." Dann ärgerte er sich, als sie ihm absagte. Nun kam ein freundlicher Versöhnungsbrief und er steht wieder vor der Entscheidung. Soll er die alte Einstellung aufgeben? In dem Momente, indem er sich das Mädchen nimmt, sinkt eine alte Phantasie in Trümmer.

Seine fixe Idee: So lange ich abstinent bin, bleiben die Schwestern abstinent. Wenn er mit dem Mädchen intim wird, gibt er auch seine Schwestern, seinen Harem auf. Dagegen sträubt er sich. Er kann auf die Vergangenheit und auf die abenteuerlichen Pläne nicht verzichten.

— — — — — — — — — — — — — — — —

Nun sind die Widerstände so stark, daß es keinen Schritt weiter geht. Er versucht allerlei Triks. Er sagte sich gestern: „Du wirst das Mädchen koitieren, um dich an deinem Vater zu rächen." Er war mit ihr beisammen. Sie waren allein im Zimmer. Er spielte mit ihr. Die Erektion kam und verschwand. Er konstruierte sich Widerstände und begann sie zu entwerten. Er entdeckte natürlich, daß sie einen Geruch aus dem Munde hatte. Schon auf der Tram hatte er ein schönes Mädchen gesehen, das ihm gefallen hätte, wenn es nicht aus dem Munde gerochen hätte. Er versucht nun, den Ekel in Begierde zu verwandeln. Er will aus diesem Geruch einen Stimulus machen. Einmal war es ihm bei einem Soldaten geglückt, der an Schweißfüßen litt. Dieser Geruch erregte ihn nach Überwindung des Ekels. Er liebte als Soldat den Geruch der Mannschaft, diese Mischung aus Schmutz, Schweiß und anderen Körperausdünstungen. Es tat ihm leid, als er Offizier wurde und seinen eigenen Raum erhielt. Er suchte dann die Unterstände auf, mit dem Vorwand, zu inspizieren, in Wahrheit aber, um sich wieder an dem Geruch zu erfreuen. Er erinnert sich an den Morgengeruch der Mutter, der so eigentümlich war. Sein Onkel nannte das: Die sauere Morgenschnauze. Diese sauere Morgenschnauze war gleichfalls ein Stimulans für ihn.

Das kleine Mädchen konnte gestern nicht gut küssen, sie hatte zu dünne Lippen und er fühlte gleich die Zähne. Dann konnte sie keine rechte Lage finden. Kurzum, er findet Rationalisierungen, weil sein Junktim ihm den Koitus verbiete. Und dies Junktim ist: S o l a n g e i c h k e u s c h b l e i b e, w e r d e n m e i n e S c h w e s t e r n a u c h k e u s c h b l e i b e n.

— — — — — — — — — — — — — — — —

Um die Analyse nicht ins Endlose anschwellen zu lassen, übergehe ich nun die meisten Träume. Patient eröffnet die Sitzung mit der Ansage seines Kampfes bis aufs Messer. Gestern war er mit seinem Mädchen beisammen. Er überdachte alle möglichen Folgen, natürlich auch Gravidität, und kam zum Schlusse: „Nur gewissenlose Menschen können gesund sein! Also gut! Werde gewissenlos." — Das war leichter gedacht als ausgeführt. Im Traume hatte er ein Duell mit seinem zweiten Ich, mit dem arischen Ideal. Das arische Ideal ist der Asket, der Semite genießt gewissenlos. Der Arier hat Verantwortungsgefühl, der Semite ist egoistisch, asozial.

Schließlich dachte er über das Junktim zwischen Koitus und Schwesternehre nach. Es wurde ihm klar, daß sein Vater ihm die Aufgabe gestellt hatte, ein Wächter ihrer Ehre zu sein. Er könnte nie einen anderen Mann zur Verantwortung ziehen, der sich an seinen Schwestern vergangen hätte, wenn er selbst nicht keusch wäre. Er ist der Custos virginitatis sororum!

Der Verband ist ein Keuschheitsgürtel und das Objekt ist ein Asket. Der ursprüngliche Verband sollte ja den Penis schützen und zugleich an der Aktivität verhindern.

Auch der Gedanke, daß die Abstinenz stark macht und sein Schaffen begünstigt, scheint mitgespielt zu haben.

Gestern hatte er offene Koitusphantasien mit Schwester I. Seine Mutter bestätigt ihm, daß sie mit der Zange zur Welt gebracht wurde. Es war eine sehr schwere Operation. Die Nabelschnur war um ihren Hals und sie war fast erstickt. Über diese Geburt wurde im Hause gesprochen, denn er erinnert sich, davon gehört zu haben. Die Angst vor der Zange des Zahnarztes erscheint neu determiniert, ebenso die Halskrawatte. Übrigens machte er verschiedene Versuche, sich selbst aufzuhängen. Er scheint als Kind verschiedene Gespräche belauscht zu haben. Aus dieser Zeit stammen die ersten Wurzeln seiner Angst.

— —

Patient setzt wieder auf sein Verlangen seine Schilderungen fort. Er hat sich endlich als Mann erwiesen. Wir lassen ihm das Wort:

Die Beschreibung meiner ersten Liebesnacht[1]):

Nachdem ich mit der festen Absicht, den Coitus interruptus auszuführen, ausmarschiert war, traf es sich sehr günstig, daß wir ein Zimmer mit einem Bett bei Bauern hatten. Sie war vorher sehr erregt und in großer Spannung, aber entschlossen, „mich glücklich zu machen". Das Peinliche wurde schnell überwunden. An Stelle der Liebe, die sich, je näher der Tat, je mehr zurückzog — ich war wie ein Stock und ohne jede Erektion — rührte ich ihr Herz durch die Schilderung meiner kläglichen Lage und Unerfahrenheit.

Darauf bestiegen wir das Bett und es begann eine 6 Stunden lange, sehr anstrengende Übung. Sie war sehr heiß, ich sehr kalt, aber entschlossen. Nachdem wir lange Vorübungen einfachster Art gemacht hatten und sie von mir absolut als Geliebte begrüßt werden wollte, ich aber mich mit Affektverlagerung entschuldigte, ging ich entschlossen zum Angriff vor. Fand aber den Eingang nicht. Sie stand mir bei und ich bemühte mich, die Erektion aufrecht zu erhalten. Ich war aber ganz gefühllos und machte nur Technik. Sie krampfte bei jedem Einführen die Muskulatur zusammen und bat mich, nur ja vorsichtig zu sein, es täte rasend weh. Dann verging nach längerer Arbeit der Impuls. Und ich gab es auf. Der zweite Versuch war schon besser. Hilfephantasien hatte ich beim ersten abgelehnt, sie wurden auch beim zweiten nur momentan mächtig. Die Erektion war schon besser. Etwas Gefühl vorhanden. Ich dachte aber nur an mich.

Danach wieder kindliches Beisammensein. Ruhe und Frieden. Sie sagte, das wäre so auch sehr schön. Ich war etwas deprimiert. Fand dann die Berüh-

[1]) Die ganze Affäre spielte sich auf einem Ausfluge in die Wachau ab.

rung der Perineal- und Genitalgegend durch sie sehr erregend und kam dann beim dritten Versuch nach längerer starker Erektion, deren Nachlassen teils physisch, teils psychisch überwunden wurde, zu mäßigem Orgasmus und starkem Samenerguß. Sie war dauernd in großer Sorge, ob ich auch rechtzeitig rausziehen würde, infolgedessen setzte ich viermal zu früh ab. Dabei äußerte sie bei jedem Wiedereinführen starken Schmerz. Zeitweise unterstützte sie wohl durch Mitbewegungen, dann kam ich aber aus dem Takt.

Endresultat: Ich hatte es zur Ejakulation gebracht, war zwar angestrengt, aber doch befriedigt. Nur froh, daß die Sache zu Ende war, und am nächsten Morgen etwas mitgenommen und zu Rückschlägen geneigt.

— — — — — — — — — — — — — — — — —

2. Nacht.

Da der Tag uns neben der Nacht sehr angestrengt hatte — sie war ebenfalls hundemüde —, legten wir uns früh schlafen. Ich auf dem Fußboden, sie im Bett. Ich dachte: „Wenn sie bloß nicht wieder anfängt,“ war aber entschlossen, alle Kraft zu sammeln, um sie zum Orgasmus zu bringen. Das hatte ich ihr auch schon tagsüber gesagt und ihre Einwände, ich liebte sie nicht genug, mit dem Gegeneinwand, sie sei zu anspruchsvoll und habe irgend einen Grund, sich den Orgasmus zu verbieten, zurückgewiesen. Ich hatte auch selbst den Wunsch, sie einmal zu einem großen Lustgefühl zu bringen, damit sie auf die dauernden kleinen Witzchen mal eine Zeitlang verzichten könnte. Also nahm ich alle Kraft zusammen. Spürte auch bei dem Gedanken große Lust zum Koitus und zum Beweis meiner Männlichkeit. Um $^1/_2$11 Uhr legte ich mich zu ihr, ohne daß es zu Zärtlichkeiten kam, schliefen wir bis 5 Uhr früh. Dann begannen wir und bald fand ich, daß ihre kitzliche Stelle am Mons pubis und davon ausgehend in der Vulva und Vagina lag, wenn sie dabei die Schenkel fest zusammenpressen konnte. Sie reizte mich am Genitale, was wohltat, aber von mir dann als infantil abgelehnt wurde. Ich hatte dauernd starke Erektion. Arbeitete aber langsam und gab Hilfen am Mons, was nach ihrer Behauptung gut war. Das dauerte sehr lange. Ein paar Mal verstand ich so etwas wie Klagen über Schmerzen und: „es wird doch nichts.“

Trotzdem ich also mich bemühte, ihr gerecht zu werden, wurde es mir schließlich zu störend und ich führte dann mit sehr schönem Gefühl den Koitus zu Ende. Nachdem wir uns gewaschen hatten und das Bett sauber gemacht: Wiederholung mit ähnlichem Bemühen meinerseits, sehr starker Erektion, unter zeitweiliger Beihilfe durch Berührung ihrerseits am Perinäum. Schließlich nach der Interruptio und Ejaculatio blieben wir noch etwas aufeinander liegen, wobei wir uns aber nicht bewegten, weil sie etwa die Berührung mit dem Samen fürchtete.

Ich ging dann — es war etwa $^1/_4$8 Uhr — in die Donau baden. Wie ich zurückkam, wollte ich es noch ein drittes Mal versuchen. Leider ließ ich mich auf gynäkologische Manipulationen ein, und in dem Gedanken, sonst ist sie heute wieder den ganzen Tag nicht zufriedenzustellen, machte ihr die von ihr benötigten Bewegungen, „ganz zart und langsam und tief“, wobei sie dann in starken Orgasmus geriet. Danach war sie dann ruhiger und ich stand dann vom dritten Mal ab. Sie bat mich auch darum. Aber es war wahrscheinlich doch eine Dummheit von mir.

— — — — — — — — — — — — — — — — —

Zur 1. Nacht will ich noch bemerken, daß ich auch die Rückenlage meinerseits versuchte, dabei aber gänzlich ohne Erektion blieb. Gerne hätte ich die Seitenlage benützt. Das ging aber nicht.

Als wir abends zurückfuhren, war ich sehr glücklich, leider ließ sie aber die Wiener Atmosphäre und ihre wachsame Hausfrau so gehemmt sein, daß wir, ohne viel zu sprechen, auseinander gingen.

— —

Zu diesem Berichte des Patienten möchte ich bemerken, daß ich ihn (getreu meinen Grundsätzen) nicht zu heterosexuellen Heldentaten angefeuert habe. Der Entschluß, sich endlich normal zu betätigen, kam aus freien Stücken. Dabei hatte der Kranke ungeheuere Widerstände zu überwinden. Das Mädchen wollte aus seinem Munde die Versicherung hören, daß er sie liebe. Er verweigerte diese Versicherung. Er vermied jede seelische Annäherung und beschränkte sich auf physische Zärtlichkeiten. Seine Fixation an die Schwester war zu stark, als daß er es tun konnte. Seine Überlegung war: „Wenn ich schon die physische Fixation an die Schwester löse, so will ich wenigstens die seelische Liebe zurückbehalten und sie als ihr Eigentum betrachten."

Von der Größe seines Opfers und seines Seelenkampfes gibt seine Schilderung nur eine leise Ahnung. Er zieht die Sache ins Lächerliche und schlägt einen zynischen Ton an, der keineswegs dem wahren Sachverhalte entspricht. Ich habe übrigens die realistische Darstellung etwas gemildert . .

Er bringt noch eine Traumanalyse und setzt seine Schilderungen fort.

1. . . . Ich bin mit Prof. B . . . . in einem Flur. Rechts ein Fenster, in das man wie in ein naturwissenschaftliches Kabinett hineinschaut. Er fragt mich, ob ich die neue Sammlung schon gesehen habe. Die Tür ist verschlossen. Neben der Tür hängt aber ein Kasten mit allerlei schillernden Schmetterlingsflügeln und Käfern.

Er sagt, Jemand muß doch drinnen sein; dann gehen wir zum zweiten Fenster. Dort hängen auch im Rahmen bunte Schnitte von Präparaten. Ergelett kommt heraus, aber wir gehen nicht hinein.

2. . . . sondern stehen dann wieder auf dem Flur. Ich merke, daß ich keine Krawatte umhabe. Einer der Herren, groß und männlich, mustert mich mit einem eigenartigen Blick. Ich fange mit einem Assistenten an zu schäkern und schlage ihn wie auf eine Trommel mit den Fäusten oder Ellbogen auf den Leib, und zwar an den Seiten. Er findet wohl auch daran Spaß, aber ich höre dann auf, besonders des großen Herrn wegen, der sehr verwundert ist.

3. . . . und bin im Eßzimmer meiner Großmutter. Dort ist noch meine Tante hinter mir im Zimmer. Auf einem Schrank liegen neue lilaseidene, lange Strümpfe, die meiner Großmutter gehören. Ich will mir einen als Krawatte umbinden. Trotzdem ich schon höre, daß meine Tante hinter mir sagt: „Daß du dich nicht unterstehst, einen von Großmutters Strümpfen zu nehmen," nehme ich ihn doch und gehe durch den Flur in das Schlafzimmer meiner Großmutter. Dort finde ich auf einem Stuhl

eine Socke, die auch meiner Großmutter gehört und schwarz und weiß klein karriert ist.

Aber die binde ich auch nicht vor.

Wie ich dann wieder mit jenen zusammen bin, bemerke ich auf einmal, daß ich einen schwarzen Selbstbinder umhabe, den trug ich unter der anderen Krawatte und habe nur nicht daran gedacht. Also kann ich mich ja ruhig vor meinem Vater sehen lassen.

Einfälle. Das ist jedenfalls sonderbar, daß wieder das Schlafzimmer meiner Großmutter, meine Tante als drohende Gouvernante und die lila Farbe zusammen auftreten. Auch daß der Traum mich wieder in das Zimmer meiner Großmutter führt, an dessen große Anziehungskraft ich schon wiederholt erinnerte. Ich saß als kleiner Junge immer auf dem Fußkissen und habe den Fuß und wohl auch die Waden meiner Großmutter oft gesehen. (Meine Abscheu vor dicken Frauen!) Meine Großmutter war ziemlich stark.

Ich habe ihr auch später noch zuweilen die Schuhe an- und ausgezogen, wenn ich gerade da war, als Kavaliersdienst, damit die alte Frau sich nicht so bücken brauchte. Sie hatte nämlich einen Bauchbruch. Merkwürdig, daß ich mich so lange nicht daran erinnerte, daß sie auch ein Bruchband trägt, so lange ich lebe. Sie trägt auch ein Korsett und ich weiß, daß ich sie als kleines Kind oft beobachtete, wenn sie sich das Korsett zuschnürte. Meine Mutter trug auch ein Korsett, ich sah oft zu, wenn sie es zuschnürte, während meine Schwestern kein Korsett trugen. Mein großes Entsetzen und Ekel, als ich bei einer meiner ersten Liebesannäherungen die Korsettstangen fühlte, fällt mir jetzt ein.

Dr. *Stekel* ist „entzückt"[1]) und behauptet, daß das Bruchband der Ausgangspunkt sein müsse. Ich muß als kleines Kind das Anlegen des Bruchbandes beobachtet haben, denn als etwa 8jähriger suchte ich schon dauernd in dem Zimmer meiner Großmutter nach irgend etwas, das ich besonders im Nachttisch vermutete, ohne mir klar zu sein, was das war. Als ich dann nach dem Kriege zum ersten Mal bewußt das Bruchband sah, war es mir furchtbar eklig. Wie überhaupt mein Ekel vor alter Menschen Geruch und Körperlichkeit sehr groß ist, bzw. war.

Dr. *Stekel* glaubt, daß irgend eine infantile Geburtsphantasie sich hierhinter versteckt, etwa, daß der Bauch geplatzt sei, als das Kind herausgekommen ist und daß deswegen meine Großmutter und Mutter sich dauernd so zusammenbinden müßten.

Bei der infantilen Einstellung hat dann die Angst, auch ein Kind zu bekommen und dann der Glaube, man könne das durch festes Zusammenschnüren verhindern, zu dem späteren Schnürtrieb und Fetisch geführt. Dabei ist das Bruchband von mir völlig verdrängt, auch später habe ich nie mit Bruchbändern in der Phantasie gespielt und das Frauenkorsett mußte schon sehr steif und lang sein, war dann aber noch verwendbar, besonders bei den Knaben und jungen Leuten, die als Mädchen erzogen wurden.

Dr. *Stekel* sieht auch in der Krawatte ein Fetischsymbol; es ist der Zwang am Halse. Der Selbstbinder.

Neben einem aktuellen Erlebnis, ein Anpreiser auf dem Markte, der einen Damenstrumpf als Schlips verwandte, erinnere ich mich auch daran.

---

[1]) Davon war in Wirklichkeit keine Rede. Ich vermeide derlei Affektausbrüche. Der Patient drückt damit aus, daß er mir mit seinen Enthüllungen eine große Freude bereitet zu haben glaubt.

daß Strümpfe schon in meiner frühesten Onaniezeit durch Geruch und Gebrauch als Stricke um den Hals oder besonders als Binde über die Augen oder Knebel im Munde eine große Rolle spielten. Allerdings eigene Strümpfe.

Daß es gerade wieder lila Strümpfe sind, läßt mir keine Ruhe, aber in meiner Erinnerung trug sowohl meine Mutter als auch Großmutter und Tante irgend wann einmal ein lila Kleidungsstück. Ich komme da vorläufig nicht recht weiter.

Auch das Minderwertigkeitsgefühl, das Schwächegefühl gegenüber der Frau wäre erklärlich, wenn ich einmal durch den starken Leib meiner Großmutter einen überwältigenden Eindruck, in Anbetracht meiner eigenen Kleinheit, empfangen hätte.

Ob meine Tante mich einmal bei meinem Suchen und Kramen überraschte und die im Traum gesprochenen Worte mir einmal früher gesagt hat, weiß ich nicht. Es steht aber sofort eine andere, spätere Szene vor meinem Auge. Meine Tante vertrat bei uns Elternstelle. Ich hatte Schokolade geklaut und sagte auf die Frage meiner Tante „nein", trotzdem ich den ganzen Mund voll hatte. Sie quittierte mit einer Ohrfeige.

— — — — — — — — — — — — — — — — — — — —

Traum.

Zunächst unklare Erinnerungen an unruhige Gänge durch Zimmer im Hotel-Restaurant und zuletzt zu Hause. Viel von gutem Essen, aber zum Essen komme ich nicht. Schließlich sehe ich vom Balkon unserer Wohnung im 2. Stock auf der Straße Lina Kreidler mit einer anderen Person. Auf ihrem linken Arm trägt sie eine große Tüte. Es ist $^1/_2$? (? *kg* ? Zentner ?). Sie soll das bei uns abgeben. Ich gehe direkt vom Balkon auf die Straße und nehme ihr den Zucker ab. Sie muß aber gleich wieder gehen.

Da sehe ich, daß um die Ecke ein Pöbelhaufen angezogen kommt. Ich habe Angst, daß sie zu uns in die Wohnung wollen. Aber sie halten zunächst vor dem Hause davor. Ich gehe auf die andere Straßenseite und will mich entfernen; starke Angstempfindung. Da sehe ich den Schutzmann. Er sitzt zu Pferde und hat einen Vollbart. Er wird von dem Pöbel belästigt, aber er läßt es sich gefallen und reitet vor ihnen weg. Ich biege links um die Ecke. Der Schutzmann dummerweise auch, hinter ihm her der Pöbel. Dann ist da ein kleiner Junge, der auf einem Handwagen leere Kisten und Kasten hinter sich her zieht. Er faßt den Schweif des Pferdes und zieht mit aller Kraft daran; aber statt daß der Schutzmann sich wehrt, wird er ganz schlapp, legt sich weit auf den Hals des Pferdes vor und wird nun von der Menge mit Schnee beworfen, so daß er ganz weiß wird und sein Pferd auch. Endlich wird er energisch, dreht um und geht gegen den Jungen vor. Ich denke: Jetzt wird er doch wohl schießen. Da springen zwischen ihm und die Menge zwei uniformierte Männer. Ich weiß dann, das ist die neutrale Kommission. Die springen mit großen Gebärden, und wenn er schießen will, schreien sie: „Halt, Sie sind noch nicht daran, erst die anderen." Ich will sagen: „Meine Herren! In Deutschland ist man empört über ihre Ungerechtigkeit," aber dann überlege ich mir, das könnte für mich unangenehme Folgen haben, und sage: „Erwartet man von Ihnen wahre Neutralität". Dann undeutlich und Erwachen.

Der eine von der neutralen Kommission erinnert mich an einen Franzosen, der mir gestern in der Bahn gegenüber saß. Er hatte griechische Uniform an, weiß mit blau, und hatte Kintopkonstablerbewegungen.

Lina K. ist ein Mädchen in Riga, das ich kenne. Mir fällt zu ihr gleich mein Freund Rolf B. und dann Kurt M. ein, von dem wurde mal erzählt, er sei mit ihr verlobt oder so.

Dr. *Stekel* meint, sie verberge meine Schwester. Ich glaube mehr an die homosexuellen Neigungen. Meine Freunde fehlten mir zu Hause immer sehr, besonders Rolf B. und Kurt M. hätte ich gerne bei mir gesehen.

Funktional würde sich also ergeben, daß mir die vielen (Zimmer und Essen) Frauen und Genüsse, die ich zu Hause suche, nicht genießbar sind, ich halte mich an die Homosexualität, die mir aber nur halben Halt gibt und mich den Angriffen der Triebe (Pöbel) preisgibt. Der Schutzmann, *Stekels* Präsidialgewissen, meine Askese mache ich gegen die Triebe mobil, aber die rückt vor den Trieben aus, hat Angst vor ihnen, das heißt, dieser Schutz ist nicht mehr kräftig, der Fetisch entwertet. Die infantilen Spielereien beantwortet er nicht energisch, sondern er läßt sich von den Jungen zum Besten halten.

— —

Wir gehen auf die tiefere Analyse des Traumes ein. Patient hat sehr häufig Restaurationsträume. Er kommt in ein Gasthaus, es sind viele Leute da, er kommt nie dazu, sich satt zu essen. Er erinnert sich nie an einen Traum, in dem er das Gefühl der Sättigung gehabt hätte. Er steht vor den Genüssen des Lebens und hat nicht die Macht, sie sich zu eigen zu machen. Andrerseits zeigt der Traum deutliche Beziehungen zu seinem Mutterkomplex. Die Mutter ist das erste Restaurant des Menschen. Er reproduziert eine Menge von Einfällen aus der Jugendzeit, die sich auf das Essen beziehen. Schließlich stoßen wir auf die Tatsache, daß das Objekt den Säugling bedeutet. Jeder Fetischist drückt den Zwang der Windeln und des Eingebundenseins durch den Zwang eines Objektes aus. Er erinnert sich nun an den Kinderstuhl, in den er oft eingezwängt wurde. Er scheint die ersten Kinderjahre nicht vergessen zu haben. Er sah oft zu, wenn die jüngeren Geschwister gestillt wurden, wobei ihm das Herauspressen der Brust sehr anregte. Etwas ähnliches kommt auch in seinen Phantasien vor.

Die Entwöhnung scheint er schwer vertragen zu haben. Er war lange Lutscher, sein Daumen wurde mit Senf eingeschmiert, was zu einer wahren Senfleidenschaft führte und das Gegenteil erzielte. Erbsensuppe, die er als Kind oft erhielt, wurde ihm eine widerliche Speise.

Der Lutscher und die Mutterbrust wurden ihm gewaltsam entrissen. Das mag auch zur Zahnarztphobie beigetragen haben. Er läßt sich nichts mehr aus dem Munde reißen. In seinem Objekte sieht er den eingewickelten Säugling, ein Symbol seiner glücklichen Zeit. Er läuft ihm nach und denkt an seine Kindheit: er läuft seiner Vergangenheit nach.

Otto setzt seine Analyse fort:

— —

Traum.

. . . Wir sind in Paradeaufstellung und erwarten den Kaiser und die Kaiserin. Ich bin bei den Elisabethern angetreten. Ich bin Hauptmann, aber etwas befangen und nicht ganz klar, ob mein Platz bei der Aufstellung richtig ist. Dann stehen wir in Gruppen herum und die Kaiserin Auguste Viktoria und der Kaiser Wilhelm kommen. Die

Kaiserin spricht mich sofort an. Als den ersten von allen. Ich erweise Ehrenbezeugung, aber statt den Helm aufzubehalten, halte ich ihn vor das Gesicht und sehe durch ein rundes, 2 M.-Stück großes Loch im Helmdach auf die Kaiserin. Dann fällt mir aber das Vorschriftswidrige meiner Handlung ein. Ich nehme den Helm in die rechte Hand. Der Kaiser sieht mich mißbilligend an. Ich kann den Helm gar nicht ordentlich halten, er ist so unförmig, der Helmrand so dick und die Spitze bietet keine feste Handhabe. Auch stehen kann ich nicht sicher, mir ist so schwindelig, trotzdem ich dann im Rücken einen Stützpunkt fühle und mich an ihn anlehne. Die Kaiserin erkundigt sich, ob unser Garten jetzt besser gepflegt sei. Ich sage: „Darauf kann ich Euer Majestät keine Auskunft geben." Sie fragt dann noch einmal, ob der Schmutz aus dem Garten jetzt entfernt sei; ich sage wieder, ich wüßte das nicht. Dann sitzt da ein kleiner, verhungerter Österreicher im Garten, den wir aus Mitleid aufgenommen haben. Der Kaiser sagt, er solle sich jetzt entfernen. An alle Soldaten sind inzwischen Platzkarten verteilt, so daß ich für meinen Platz bei den Elisabethern keine Berechtigung mehr habe. Ich gehe zu den 9ern, meinem alten Regiment; dort lasse ich mir von einem Soldaten (Herry) so eine Karte zeigen, es ist eine vorgeschriebene Ansichtskarte.

— —

. . . ich laufe mit dem kleinen Mädchen einen steilen Berg hinunter. Ich habe eine Gerte in der Hand. Sie ist sehr ängstlich und fängt dann sehr zu weinen an, daß sie zu spät in die Schule kommen wird. Hinter mir ist noch einer, von dem fürchte ich, daß er schwatzt. Links ist der Weg, wir laufen rechts auf der Wiese und zwischen uns und dem Weg ist ein Beet von etwa $1^1/_4$—$1^1/_2$ Meter Breite. Ich springe über das „Beet" und komme glatt hinüber, das Mädchen tritt auf das Beet. (Im Original steht zuerst einmal „Bett".)

Ich sage: „Wenn du gefragt wirst, dann sage nur, daß ich daran Schuld bin. Ich übernehme die Verantwortung." Sie heult, wischt dann aber die Tränen ab und die Schule hat auch noch nicht angefangen. (Frida Naht.) Die Lehrer sind noch nicht in den Klassen. Es sollte da auch ein Vortrag für Eltern und Erwachsene sein, mit Lichtbildern, den wollte ich mir ansehen. Aber die Vorbereitungen waren noch nicht fertig getroffen. Ich sehe viele kleine Mädchen (Schulmädel) in dem großen Saal, sie verschwinden fast und eine Gruppe Lehrer in einer Ecke.

Ich gehe wieder fort.

— —

Einfälle: Der Kaiser und die Kaiserin: Vater und Mutter. Sonderbar, die Kaiserin Auguste Viktoria ist tot. Todeswunsch gegen die Mutter? Ich sehe durch den Helm: der Helm = Mutterbrust. Ich sehe also aus meinem kindlichen Gesichtswinkel auf die Mutter. Wie ich die männliche Ehrenbezeugung machen will, wird mir schwindelig, ich kann kaum stehen. Mein Helm wird zur „Vulva". Ich kann ihn nicht ordentlich halten. Ich habe neulich digital an der Vulva meiner Freundin gespielt. Das darf meine Mutter nicht wissen. Oder bin ich nun, nachdem der Helm meinen Kopf nicht mehr bedeckt — der Fetischzwang ist abgelegt —, nicht mehr in der Lage, vor meine Mutter zu treten. Sie muß sehen, daß ich die Hand an der Vulva gehabt habe. Und dann habe ich auch einen Degen in der Hand gehabt. Bin ich bisexuell? Penis und Vagina habe ich in der Hand. Deutet das durch das Loch schauen auf ein infantiles Voyeurtum? Ich verkroch mich gerne unter den Tisch, auch den

Schreibtisch meines Vaters und spielte dann Wauwau. Durch Vorhanglöcher und Löcher in Gardinen und Decken sah ich mit großem Vergnügen. Der Garten ist wohl meine Seele. Zu Hause sollte ich einmal auf Wunsch meiner Mutter den kleinen Hofgarten umgraben. Aber ich schob es immer auf. Dagegen buddelte ich in der gleichen Zeit bei den Eltern eines jungen Freundes Kartoffeln. Daraus machte mir meine Mutter einen Vorwurf, der mich auch traf. Und auch die Frage ist mir unangenehm, wie kann ich das wissen? Ich bin ja so lange nicht da gewesen. Dabei weiß ich wohl, was sie meint. Ich kann nicht sagen, jetzt bin ich gesund, ich zweifle, ich habe den Wunsch, daß der Schmutz in meiner Seele bleibt, weil der verwilderte Garten mir lieb ist. Auch die Angst vor der Frage: „Bist du nun gesund?"

Der Österreicher ist Dr. *Stekel*. Er ist entwertet, ich bin großmütig, habe ihn aufgenommen. Mein Vater schickt ihn fort, das heißt ich. Und nun kommt das Dilemma. Ich war hier bei den Elisabethern oder Franzern, also Österreichern, hatte Anschluß gefunden (das Mädchen), dann habe ich dem Infantilismus wieder den homosexuellen Erwerb geopfert. Und nun kann ich nicht mehr zu ihr zurück. Ergo gehe ich zu meinem alten Sexualziel, dem alten Regiment, den 9ern. Zu den geschriebenen Ansichtskarten fallen mir Postkarten mit Karrikaturen auf die Firmung mit faksimilierter Schrift ein.

Der Soldat, der mir die Postkarte zeigt, ist Alfred. Kor, ein Elsässer meiner Kompanie, ist während des Krieges an Lungenentzündung gestorben. Er steht wohl für seinen Freund Marly, der bei mir lange Bursche war und mit dem ich sehr enge körperliche Beziehungen hatte und ihn auch sehr liebte. Also Rückkehr zum homosexuellen Sexualziel. Entwertung der heterosexuellen Position, in der ich mich ja auch noch gar nicht sicher fühlte, denn ich fühlte mich bei den Elisabethern nicht hingehörig. —

Zu dem kleinen Mädchen im Traum 2 fällt mir Frida G. ein, eine Freundin meiner Schwester. Wir spielten zusammen auf dem Sandhaufen und waren Braut und Bräutigam. Wir gingen dann Arm in Arm. Als Kinder haben wir wohl auch Doktor gespielt, aber ich erinnere mich nur an Spiele mit Puppen. Dagegen betone ich noch einmal mein Vergnügen, unter die Tische zu kriechen.

Puppen interessierten mich sehr, besonders was im Bauch wäre und warum sie mit den Augen klappern könnten. Das habe ich dann auch gelegentlich gründlich untersucht.

Die Gerte in der Hand: ein Penissymbol.

Dr. *Stekel* fragt, ob Schulespielen und Schlagen und Geschlagenwerden wohl für mich erinnerlich werden. Schule haben wir sicher gespielt. An gegenseitiges Schlagen kann ich mich nicht erinnern. Die Puppenkinder haben sicher Schläge bekommen.

Ob sich dahinter ein infantiles Erlebnis verbirgt? Die Angst, daß etwas herauskommt?

— — — — — — — — — — — — — — — — — — — —

T r a u m.

. . . Ich liege mit dem Kopf in Dr. *Stekels* Schoß oder vielmehr auf seinem linken Oberschenkel. Ich fühle mich sehr glücklich und empfinde die Wärme seines Körpers. . . . Rolf Riemer, den ich vorher lange gesucht habe, kommt und hat von Dr. *Stekel* gehört, er sagt: „Ich war früher so ein lustiger Bursche und möchte so furchtbar gern wieder jemand lieb haben." Dr. *Stekel* sagt ihm dann etwas. . . . Er scheint mir auch sehr froh geworden zu sein. Ich habe jetzt den Wunsch, Dr. *Stekel* hätte mir im Traum die Hände auf den Kopf gelegt.

Das muß etwa der Ausgang einer langen, erregten, dauernd suchenden Traumreihe gewesen sein.

— —

Immer deutlicher tritt in der Analyse die Beziehung zum Vater auf. Er überträgt alle seine Affekte auf mich. Er hofft noch in letzter Stunde eine Wendung. Er will einen Abend mit mir verbringen und mir „menschlich" näher kommen. Er sieht es ein, daß ich ihm so viel Zeit und Mühe geopfert habe, aber sein Herz verlangt nach mehr. In diesem Traume ist seine Sehnsucht erfüllt. Er ist in Abrahams Schoß. R. R. ist ein Symbol für ihn selbst. Seine sexuellen Beziehungen sind ganz normale. Er ist sehr potent bei seinem Mädchen und bringt sie mehrfach zum Orgasmus durch seine Fähigkeit, die Ejakulation hinauszuschieben. Die Zähne sind ganz in Ordnung, die fehlenden durch Brücken ersetzt. Jetzt will er sich an eine wissenschaftliche, große Arbeit machen, die er während der letzten zwei Wochen ein wenig vernachlässigt hat.

— —

Otto setzt den Bericht fort.

T r a u m. Dazwischen in Klammern die Einfälle.

. . . Ich bin auf dem großen Bahnhof, der mit seinen Gängen und Treppen in die Stadt übergeht, ein Gewirre von Häusern und Höfen und Straßen (wie meine Neurose) und sehe hinter einem Zaun (Kaserne) einen Burschen, von dem ich weiß, daß er reiten lernt und dort beim Reiten (ich sehe immer nur den Oberkörper über dem Zaun) gequält wird. (Einem Soldaten wurde im Frieden einmal an jedes Bein ein Stalleimer mit Wasser gefüllt angebunden und er so gezwungen, Trab zu reiten.) Ich gehe hinunter, da ist das Bild verschwunden. Ich bin wieder oben im Bahnhof und sehe jetzt den Eingang der Kaserne. Ein Bursche wird von zwei Männern geführt gebracht. Er ist gefesselt und trägt eine sonderbare Zwangsjacke (erinnert an den chinesischen Kang). Die Augen sind verbunden, im Mund steckt ein Knebel. Er wird in das Tor hineingetrieben. (Auch der andere, der ritt, war aufgezäumt, er trug, glaube ich, Scheuklappen.) Ich versuche wieder, das Schauspiel aus der Nähe zu genießen, aber verwirre mich in den Straßen und Häusern.

Ich bin auf dem Bahnhof, mein Zug soll abfahren. Er steht schon da. Er ist überfüllt. (Lauter Valutaausländer.) Ein Luxuszug. Ich sehe einen Speisewagen. Einen Friseur und ein Stoffgeschäft. Das kann doch nicht der Zug für mich sein. Nein, da steht ja auch daran: „Nach der Schweiz." (In den Bergen wohnt die Freiheit.) Ich muß ja in den nächsten Zug. Da steht daran: „Nach Berlin." Aber auch der ist überfüllt. Ich suche alle Abteile ab. Endlich finde ich hinten im letzten Wagen Platz. Da sitzen wir wie auf dem Heck eines Dampfers. Außerhalb des Schutzdaches. Es regnet, aber ich werde wohl nicht naß. Ich spreche mit einem Herrn. Der Zug fährt rückwärts los. Die Wagen vor uns sind lauter Plattformwagen, sie verschwinden unter der Wasseroberfläche, man sieht aber, wie sie mitfahren. Wir fahren um den Molenkopf herum. Mir ist das sehr wunderbar, und machen dann an der anderen Seite des Mole fest. Jetzt fehlt mir mein Gepäck. Ich öffne eine Tür nach der andern. Überall viele Leute, meistens junge Burschen (Wandervögel, Pfadfinder). Sie liegen über- und durcheinander und schlafen. Wenn ich einen anstoße, habe ich immer Angst, er könnte aufwachen. Dann komme ich in ein Zimmer, da sind nur zwei Frauen. Sonst ist das Zimmer hell, aber in der Mitte liegt ein Kehrichthaufen (Sowjetrußland, Bolschewisierung). Die Frau links läßt ihr blondes Kind an der Brust trinken. Sie ist auch blond. Rechts sitzt eine Schwarze. (Später bilde ich mir ein, die Schwarze hätte ein Kind auf den Nachttopf gesetzt. Es ist Anna: „Schwester I.")

Die nächste Tür: Eine Badewanne, darin schläft ein Bursche ganz angezogen und in Decken gewickelt. Die Wanne ist voll Wasser. Das Gesicht wird wie das einer katholischen Schwester, meiner Schwester I. (Sie ist tot, liegt im Sarg! Sie ist im Uterus eingezwängt, schwimmt im Fruchtwasser.) Ich habe Angst, er könnte aufwachen. Suche weiter nach meinem Gepäck. Im Bahnhof ist es auch nicht. Das muß ja meine Familie mit im Zug haben, die sind ja in dem Zug drin. Ich laufe zurück. Ein Zaun aus Pfählen ist im Weg, wird überklettert. Ein Drahtzaun, ich zwänge mich durch, noch ein Zaun; als ich auch den überwunden habe, sehe ich gerade noch den Zug abfahren.

Herrgott, jetzt bist du sitzen geblieben! Aber dann sage ich mir, das Gepäck muß ja aufgegeben sein. Du fährst eben mit dem nächsten Zug nach. Dann hast du eben einen Tag verloren . . .

. . . Meine Mutter sagt zu mir: „Ist es denn wirklich wahr, daß du Anna[1]) koitiert hast?" Ich sage: „Ja, und es war eine erwachsene Person dabei." Meine Mutter: „Das ist sicher dies Fräulein gewesen!" Ich hatte Sorge, meine Mutter könnte sich durch die erwachsene Person betroffen fühlen. (Vorher war wohl auch mein Vater da und wir hatten uns ganz ruhig miteinander über mein Ergehen ausgesprochen.

— —

Die eingehende Analyse dieses Traumes hat sich Otto geschenkt, dessen Berichte immer kürzer wurden. . . . Der Traum zeigt die deutliche Abschiedsstimmung vor dem Ende der Analyse. Er fährt nach Hause und verläßt Wien. Seine Parapathie wird als Gewirr von Häusern und Gängen symbolisiert. Er ist der arme Bursche, der reiten lernt. Er stellt es so dar, als ob ich ihn zum heterosexuellen Verkehre animiert hätte. Sein Liebesabenteuer wird als Quälerei seines parapathischen (asketischen) Ich geschildert. Der Zwang der Parapathie erscheint durch den Zwang des Normalen und des Analytikers ersetzt. Er ist geknebelt und trägt eine Zwangsjacke.

Das Fahren kommt ihm nicht leicht an. Er weiß nicht, wie es ihm im Leben ergehen wird. Er versucht, das Dunkel der Zukunft zu durchdringen. Er ist frei wie ein Wandervogel und hat kein Gepäck mit. Die Schwester ist verheiratet und hat ein Kind, das er beneidet.

Er möchte aber auf seine Schwester und seine Paraphilie (sein Gepäck) nicht verzichten. Sich und seine Schwester läßt er wohl sterben, aber um wieder aufzuerstehen. Der Traum führt ihn in die fötale Existenz zurück. Er kann ein neues Leben beginnen, auch die Schwester wird neugeboren; sie können dann jede sündige Tat vermeiden.

Er versäumt den Zug. Er kann noch einen Tag in Wien bleiben. Er muß ja bleiben und kann wieder zu mir kommen. Und er hat sich das lästige Geständnis daheim erspart. Seine Mutter weiß alles. Er hat nichts mehr

[1]) Schwester I.

zu gestehen. Mit dem Vater spricht er ganz ruhig. Warum also fürchten, nach Hause zu fahren? Es ist alles im Traume schon erledigt, was ihn daheim bedrückt. Er kann dem Vater wieder in die Augen sehen.

Die Analyse ist beendet. Otto kann nicht länger in Wien bleiben. Das praktische Resultat ist ein vorzügliches. Die Zahnarztphobie ist überwunden, der normale Geschlechtsverkehr hat seine Paraphilie ersetzt. Die Objekte haben jeden Reiz für ihn verloren.

Die Zeit wird lehren, inwieferne das Resultat ein dauerndes ist. In der Zeit von $2\frac{1}{2}$ Monaten haben wir unendlich viel erreicht. Aus theoretischen Gründen wäre eine weitere Analyse gewiß sehr interessant und lehrreich. Aber haben wir Ärzte das Recht dazu?[1])

Der Fall liefert eine glänzende Bestätigung aller Thesen, die ich in den vorigen Kapiteln über den Fetischismus aufgestellt habe. Trachten wir in kurzem die Ergebnisse zusammenzufassen.

Wir sehen einen Menschen, der sich bemüht, seine Sexualität zu unterdrücken und als Asket zu leben. Er rückt ganz von der Heterosexualität ab und betrachtet sich als Homosexuellen. Ja, er bringt sich einen Freund ins Haus und gesteht seiner Mutter, daß er mit ihm homosexuelle Beziehungen hat. Sein Vater erfährt es durch die Mutter, was wohl die Absicht des Geständnisses war. Er rächt sich an seiner Familie, weil sie ihm nicht die Befriedigung gewährt, die er von ihr erwartet. Im Mittelpunkte des Krankheitsbildes steht seine Liebe zum Vater, an den er homosexuell fixiert ist. Diese Liebe scheint größtenteils in Haß konvertiert zu sein. Dieser Gedanke ist der am tiefsten verdrängte. Auch seine Fixierungen an Mutter, Schwestern und die Großmutter waren ihm vor der Analyse nicht bewußt.

Für das Zustandekommen des Leidens kommen zwei Traumen in Betracht. Das eine ist der Tod der Schwester IV. Er fühlte sich schuldig, er war ein Mörder, weil er diesen Tod gewünscht hatte. Aus dieser Quelle stammt sein Minderwertigkeitsgefühl und hier haben wir den Kern seiner Bußtendenzen zu suchen. Sein brennender Ehrgeiz wird von diesen Gefühle der Minderwertigkeit in Schach gehalten. Er darf nichts erreichen, weil er es nicht verdient. Er muß auf alle Freuden des Lebens verzichten (Asketische Tendenz ausgedrückt in Abstinenz von Weib, Alkohol und Tabak, durch strenge, entbehrende Lebensführung, unscheinbare Kleidung usw.) Durch diese asketische Haltung hofft er den Zorn Gottes zu erweichen und selbst zum Heiligen zu werden. (Christusneurose.) Ein schweres Trauma war der Verkehr mit der Schwester, den er als Kind vollzogen hatte. Schon die ersten Träume deuten auf dieses Erlebnis hin.

[1]) Über die weiteren Schicksale Ottos hoffe ich in der nächsten Auflage zu berichten. Er steht noch zu sehr unter dem Eindruck der Analyse und Entwöhnung, um ein klares Bild geben zu können.

Die Analyse muß zweimal gelesen werden, dann kann man ersehen, wie oft schon in den ersten Träumen die späteren Erkenntnisse präludiert werden. Bestimmend für die spezifische Form seines Leidens waren verschiedene infantile Eindrücke. 1. Der erste Hosenträger. 2. Der rettende Nabelverband. 3. Das Bruchband der Großmutter. 4. Die Binden der Mutter. 5. Die Erinnerung an die glückliche Säuglingszeit. Das Lendentuch Christi.[1])

In seinen fetischistischen Objekten sammeln sich die verschiedenen Komponenten seiner Parapathie.

Das Objekt stellt dar:

1. Ihn selbst. Er ist verstümmelt und durch Selbstschutz gebunden.

2. Die Schwester und ihren Kopfverband.

3. Einen Geist, einen Revenant, den toten Bruder und die tote Schwester.

4. Christus.

5. Ein Opfer der Kastration.

6. Ein eingewickeltes Kind.

7. Ödipus und den Vatermörder.

8. Den armen Lazarus. Eine ewige Warnung! (Sei froh, daß du deine geraden Glieder hast!)

Determinierend waren auch die Eindrücke. Der Knabe im Lazarett, den er sah, als sein Schwesterchen starb. Das Bild vom armen Lazarus. Der Zehenverband der Mutter bei der Geburt des Schwesterchens. Der Maulknebel als Erinnerung an den Lutscher und die Zange. Die Schienenverbände der Schwester. Das Korsett der Mutter. Die Identifizierung mit einem Pferde. (Kandaren!) Die Phimose und der anale Zwang.

Der wichtigste Eindruck war wohl das Bild vom armen Lazarus. Er ist der arme Lazarus und wird als solcher einmal in Abrahams Schoß sitzen.

Der therapeutische Erfolg beweist, was ich immer behauptet habe, die Unabhängigkeit dieser Zustände von der inneren Sekretion, die Heilbarkeit der Homosexualität und des echten Fetischismus.

[1]) Dr. *Mißriegler* vermutet noch eine Menstruationsbinde, wozu aber kein Material an Einfällen gebracht wurde. Auch der Verband als Custos virginitatis wäre in Betracht zu ziehen.

XVI.

Analyse eines Falles von Transvestitismus.

Von M. U. C. *Emil Gutheil.*[1])

Fall Nr. 70.

Einleitende Bemerkung: Patientin ging auf die Analyse unter einer Bedingung ein: daß wir ihre sexuelle Triebeinstellung nicht zerstören. Sie wünschte lediglich, wir möchten ihr bei den Bemühungen um eine polizeiliche Erlaubnis, Männerkleidung tragen zu dürfen, durch ein ärztliches Attest behilflich sein.

Elsa B., 34 Jahre alt, Bundesbeamtin.

Status praesens: Schlanke Statur, kirchdachförmige Schultern, schmaler, asthenischer Thorax; anämische Hautfarbe; Kehlkopf weiblich. Primäre und sekundäre Geschlechtsmerkmale normal. Laut Angaben der Kranken sind die Menses regelmäßig, erste Menstruation im 13. Lebensjahre. Während der Periode kann Patientin angeblich ohne Schwierigkeiten auch Bergpartien und dergleichen unternehmen. Sicheres Auftreten, Schritte groß, männliche Gangart. Die Altersangabe erfolgt zögernd. Leichtes Erröten bei Besprechung der Sexualität. Altstimme. Patientin behauptet, Tenor zu singen, in der Pubertät habe sich die Stimme gesenkt. Die Verrichtung der Miktio erfolgt in stehender Postur. Keine wesentlichen Degenerationszeichen.

Maße[2]) in Zentimetern:

Schulterbreite[3])	Hüftbreite[4])	Beckenbreite[5])	Standlänge[6])	Armlänge[7])	Oberlänge[8])	Unterlänge[9])
36	40	37	162	69	77	85

[1]) Die vorliegende Analyse wurde von meinem Mitarbeiter unter meiner Leitung und mit meiner Hilfe durchgeführt. Ich möchte aber betonen, daß meine Mitarbeiterschaft sich meist nur auf die Vertiefung einzelner Traumanalysen und Formulierung der Schlußfolgerungen beschränkte. Dr. *St.*

[2]) Meßverfahren nach Dr. *Arthur Weil:* Geschlechtstrieb und Körperform. Sonderabdruck aus Bd. 8, H. 5, 1921, der Zeitschrift für Sexualwissenschaft, Dr. *Max Marcuse*, Berlin. Verlag A. Marcus & E. Webers, Bonn. — [3]) Entfernung der beiden Processus coracoidei. — [4]) Entfernung der beiden großen Trochanteren. — [5]) Entfernung der beiden Spinae iliacae anteriores superiores. — [6]) Entfernung vom Scheitel bis zur Sohle. — [7]) Entfernung vom Proc. coracoideus bis zur Spitze des Mittelfingers. — [8]) Entfernung vom Scheitel bis zum Steiß. — [9]) Entfernung vom Steiß bis zur Sohle.

Sexuelle Proportionen			Asexuelle Proportion
Schulter : Becken = 100 :	Schulter : Hüfte = 100 :	Oberlänge : Unterlänge = 100 :	Standlänge : Armlänge = 100 :
103 [94, 97][1]	111 [82, 86]	110·4 [106, 91]	42·5 [44, 44]

Eine Durchschnittsintelligenz, gute Auffassungsfähigkeit, künstlerische Interessen (Violine).[2]

Das Einführungsschreiben an Dr. *Stekel:*

„Herr Doktor hatten bei meinem letzten Besuche die Forderung an mich gestellt, Ihnen eine Beschreibung meiner Wesensart zu übermitteln. Obwohl ich kaum über Schreibegewandtheit verfüge, so will ich dennoch versuchen, Ihnen, sehr geehrter Herr Doktor, ein einigermaßen zutreffendes Bild meiner Person zu geben.

Soweit ich mich an meine Kindheit zurückerinnern kann, hatte ich gegen weibliche Spielsachen starke Abneigung. Beschäftigt habe ich mich ausschließlich mit Knabenspielsachen, wie Säbel, Gewehr, Soldaten; ein großes Schaukelpferd war mein Lieblingsspielzeug. Eine anläßlich eines Weihnachtsfestes erhaltene Puppe fiel der Vernichtung anheim, eine Handarbeitsschachtel wanderte ins Feuer. Meine Lust zum Reiten, welcher ich anläßlich eines Sommeraufenthaltes in M. auf einem Bernhardinerhund ausgiebig frönte, trug mir eine bleibende Erinnerung in Form einer Narbe ein. Auch entsinne ich mich noch eines Wintermantels aus dunkelblauem Stoff mit Verschnürungen, an welchem ich

[1]) Die eingeklammerten Zahlen entstammen der Arbeit von Dr. *Weil* (l. c.); die erstere bezieht sich auf homosexuelle, die zweite auf heterosexuelle Frauen seiner Beobachtung. Wie ersichtlich, ist in unserem Falle die Relation Schulter—Becken und Schulter—Hüfte zugunsten der Becken—Hüftepartie, somit stark nach der heterosexuellen Richtung verschoben. Der asthenische Thorax hat allerdings zu diesem Resultate in nicht geringem Maße beigetragen. Oberlänge—Unterlänge sowie die asexuelle Proportion sind beinahe typisch.

[2]) Ich bringe zunächst gekürzt die wichtigsten Angaben der Kranken aus den einzelnen Sitzungen. Es soll hier dargetan werden, was man von dem Berichte der Parapathiker in der Zeit vor der vollen Entfaltung der Übertragung zu halten habe. Nichtanalytiker pflegen gewöhnlich den ersten Angaben der Kranken zum Opfer zu fallen. [Die mit einem Sterne (*) bezeichneten Angaben entsprechen nicht den Tatsachen und wurden später von der Patientin korrigiert. Es handelt sich um teilweise unbewußte Entstellungen der Lebensgeschichte („Krankheitsgewinn") Die richtiggestellten Sätze sind mit einem Kreuze (†) bezeichnet.] Schon dieser eine Umstand gibt ein Bild von den Schwierigkeiten der Analyse wieder. Dabei fehlte hier das drängende Moment des Heilungsbedürfnisses. Patientin erwartete keine Veränderung ihres Zustandes durch die Analyse. — Das sitzungsweise aufgenommene Material bringt es mit sich, daß die Darstellung stellenweise der Einheitlichkeit entbehren muß; sie gewinnt aber andrerseits an Plastik.

mit großer Vorliebe hing. Wahrscheinlich war es die große Ähnlichkeit des Mantels mit den verschnürten Uniformröcken der Husaren, welchem derselbe die große Beliebtheit zu verdanken hatte, so zwar, daß ich sogar Frühjahr und Sommer darauf bestand, diesen Mantel zu tragen und dies auch mit allen Mitteln durchzusetzen versuchte.

Zugleich mit den Jahren wuchs meine Abneigung gegen weibliche Spielereien. Da meine Zerstörungswut mir harte Strafen eingetragen hatte, begnügte ich mich damit, derartige Spielsachen in die dunkelste Ecke zu verbergen, da ich mich ihrer schämte, und sie hiemit ihrem Schicksal zu überlassen.

Während meiner Schulzeit kann ich mich nicht erinnern, irgend eine Freundin oder Spielkameradin besessen zu haben. Mitteilungsbedürfnis war keines vorhanden und ihre Spiele waren nicht die meinen. So war ich immer einsam. Da mir mit der Zeit meine Lieblingsspielsachen entzogen wurden, weil sie angeblich für mich nicht passend waren, hielt ich Umschau nach anderer Beschäftigung. Meine besten Freunde wurden von da an nicht Menschen, wohl aber Bücher.

Mit zunehmenden Jahren wurde die Kleidungsfrage für mich zur Katastrophe. Ein Ausgang in duftigen Kleidern und Hüten mit Bändern und Spitzen wurde mir zur Qual. Ich kam mir vor wie ein aufgeputzter Affe. Nach solchen Spaziergängen oder Besuchen bemächtigte sich meiner stets tiefe Niedergeschlagenheit und mir war es immer wie eine Erlösung, wenn ich endlich das ganze Zeug wieder vom Leibe hatte. Ich hatte damals dasselbe Unbehagen in dieser Kleidung, wie ich es auch heute noch habe. Gegen jedes neue Kleid wurde ein erbitterter Kampf geführt und wenn ich es dennoch einmal anziehen mußte, hätte ich mich lieber in irgend einen Winkel geflüchtet, als damit unter Menschen zu gehen.

Alle diese Gegensätze führten naturgemäß zwischen meiner Familie und mir zu einer Entfremdung, die immer größer wurde und zum Schlusse überhaupt nicht mehr zu überbrücken war. Meine Verwandten konnten meine Wesensart nicht verstehen und ich war mir damals über das Woher meiner Empfindungen selbst noch nicht klar.

Seit vielen Jahren lebe ich nun allein auf das angewiesen, was ich mir durch redliche Arbeit verdiene. Aber immer noch bin ich gezwungen, eine Kleidung zu tragen, welche mich heute noch ebenso wenig glücklich macht und befriedigt, wie ehemals, und die oft auf der Straße zu den peinlichsten Situationen führt. Während des Krieges bin ich zu wiederholten Malen beanständet worden, da man stets einen Mann in mir vermutet hatte. Aber auch heute noch ist es für mich unangenehm genug, ausgehen zu müssen. Oft kann ich es nicht vermeiden, mit Kollegen und Kolleginnen auf die Straße zu gehen, und wie peinlich dies für mich ist, wenn die Leute stehen bleiben und ihre Glossen über mich machen, im Beisein meiner Begleitpersonen, dies glaube ich, brauche ich Ihnen ja gar nicht weiter zu schildern.

Aber nicht nur auf der Straße, sondern auch auf der Eisenbahn, Straßenbahn, ja überall wiederholt sich dasselbe.[1]) Da ich fast täglich den oft recht ordinären Anspielungen der Leute ausgesetzt bin, so sehe ich mich gezwungen, nur die allernotwendigsten Gänge zu machen. So mache ich jetzt täglich nur mehr den Weg in das Amt und nach Hause Spaziergänge oder Ausflüge unterbleiben jetzt gänzlich, um allen Unannehmlichkeiten auszuweichen. Wie sehr dies auf mein seelisches und körperliches Befinden einwirkt, werden Sie selbst, Herr Doktor, am besten zu beurteilen wissen.

Glauben Sie, bitte, nicht, daß ich mit diesen Schilderungen übertrieben habe. Es wäre mir daher angenehm, wenn Sie zur Überprüfung dieser Tatsachen eine Person hören wollten, die oft und oft Zeuge solcher Situationen war.[2])

Daher möchte ich mir erlauben, an Sie nochmals die Bitte richten zu dürfen, mir das Tragen von Herrenkleidern zu ermöglichen und mir dadurch ein menschenwürdiges Dasein zu bereiten. Ich glaube dadurch wohl niemandes Rechte zu schmälern und mir wäre dadurch eine Wohltat erwiesen, für die ich mich stets dankbar erweisen würde."

I. Anamnese und Analyse der Träume.

Sitzung 1. Rückerinnerung 3./4. Lebensjahr [s. Einführungsschreiben!].[3]) Ich soll ein 7-Monate-Kind gewesen sein. War schwächlich und habe alle Kinderkrankheiten durchgemacht. Vater starb 70 Jahre alt, in meinem 2. Lj., an Paralyse. War Lehrer an einer Lehrerbildungsanstalt. Er hatte die Mutter im 38 Lj. geheiratet, obwohl sie erst im 17. Lj. stand. Dieser große Altersunterschied führte später öfters Differenzen zwischen den Eltern herbei, besonders da die Mutter lebenslustig und putzsüchtig und der Vater ein ernster und solider Mensch war. Die Mutter hatte, da sie ununterbrochen Vergnügungen nachging, für meine Erziehung keine Zeit übrig, so daß ich von den Großeltern erzogen werden mußte. Großvater (Ethnologe) und Großmutter kümmerten sich jedoch ebenfalls nur wenig um mich und so kam es, daß ich zum größten Teile mir selbst überlassen war. Vier

---

[1]) Das Exterieur der Kranken ist in der Tat auffallend. Auf dem kurzgeschorenen, gescheitelten Haupthaar sitzt ein Herrenschlapphut. Ein fast bis zu den Knöcheln reichender Regenmantel läßt dem Zweifel Raum, ob darunter Hosen oder Rock verborgen seien. Aber es befindet sich dort ein Frauenrock, das einzige weibliche Attribut der Kleidung. Über einer Hemdbluse trägt Patientin ein Herrengilet, auch einen steifen Kragen mit einer Bindekrawatte und Manschetten. Herrenwäsche, Herrenschuhe, alle Kleinigkeiten, wie Taschenmesser, Taschenfeuerzeug, Zigarettendose etc., nach Herrenart. (Siehe Fig. 53 und 54!)

[2]) Gemeint ist Frau Justine. (Siehe Sitzung 1!)

[3]) In den eckigen Klammern befinden sich meine Anmerkungen.

Jahre nach dem Tode meines Vaters heiratete die Mutter zum zweiten Male. Mit der Entfaltung meiner Veranlagung wurde das bis dahin erträgliche Verhältnis zu den Großeltern auch zerstört und ich ging aus dem Hause fort, um mir eine selbständige Existenz zu gründen. Das Glück war mir hold, ich bekam eine Anstellung im Staatsdienste und lebe bereits zirka 10 Jahre von der Familie getrennt, vom Ertrage meiner Arbeit. In meinem 25. Jahre starb der Großvater, zwei Jahre später die Großmutter.

Unter meiner Veranlagung leide ich nicht. (*) Habe in der Kindheit größtenteils mit Knaben gespielt, Mädchen habe ich nicht gerne gehabt. Freundinnen bis zum 15./16. Lj. keine, das erste Freundschaftsverhältnis be-

Fig. 53.

Die Arbeitskleidung des Frl. B. – Auf der Straße wird darüber der in der Fußnote S. 537 erwähnte Mantel getragen. — Die Veröffentlichung dieser Bilder wurde uns von der Patientin in ihrem Schreiben vom 10. Oktober 1922 bewilligt, welcher Umstand auch für die Beurteilung des Falles von Bedeutung ist (vgl. Fußnote 2, S. 555).
(Gesicht durch Hinzufügung eines Schnurrbartes unkenntlich gemacht.)

stand im gemeinsamen Musizieren. (*) Die einzige Person, zu der ich tief freundschaftliche Gefühle hege, ist Frau Justine, bei der ich wohne. Sie ist 64 Jahre alt und ist mir wie eine Mutter lieb. (Ich pflege sie auch „Mutter“ zu nennen.)

Das Verhältnis zum Manne ist rein kameradschaftlich, ohne Erotik; im Gegenteil, beim Gedanken an eine Berührung habe ich ein starkes Ekelgefühl, [auf meine Frage] auch wenn er Frauenkleider tragen sollte. Sexuelle Aufklärung spät, erst 18./19. (*), um dieselbe Zeit kam auch der sexuelle Trieb zum Vorschein (*), eine sexuelle Betätigung hat jedoch nie stattgefunden (*). Der Sexualtrieb ist auf Frauen gerichtet.

Das Liebesverhältnis denke ich mir aber stets ideal und verabscheue die körperlichen Umgangsformen (*).

Was die Kleidung anbelangt, befriedigt mich schon das Anlegen der Herrengarderobe. Der Vorgang gleicht der spannenden Erwartung eines Genusses, der sich dann als Entspannung, Beruhigung und Wunschlosigkeit äußert, wenn ich die Transvestitur vollzogen habe. Auch in den Träumen erlebe ich oft Wollustzustände.

Traum 1: Ich gehe in Herrenkleidung frei herum in Begleitung meiner „Mutter" [Justine].

Fig. 51.

Die männliche Tracht des Frl. B. — Außer dem abgebildeten Straßenanzug verfügt sie über einen Gehrock und einen Hausanzug. Die schlechten materiellen Verhältnisse verhindern sie, ihre Garderobe nach Wunsch und Laune zu erweitern.
(Gesicht durch Hinzufügung eines Schnurrbartes unkenntlich gemacht.)

[Auf meine Frage.] In der Kleidung fühle ich mich so wohl und ungezwungen, daß ich nie das Bedürfnis habe, in den Spiegel zu schauen; meinetwegen brauchte es überhaupt keinen zu geben. (*) Wohl habe ich mich einmal in Herrenkleidern photographieren lassen. Man behauptet, ich sei auf dieser Photographie dem Vater ungemein ähnlich.

[„Freut Sie das?"]

Ja!

Ich habe ein großes Bedürfnis nach dem Familienleben. Ich müßte aber der ums tägliche Brot sorgende Teil sein. In der Phantasie sehe ich mich oft als einen Familienvater, der für eine Frau sorgt. So ist jetzt auch mein Verhältnis zur „Mutter": ich sorge für unseren gemeinsamen Lebensunterhalt, sie dagegen kocht, näht und besorgt die sonstigen Obliegenheiten der Hausfrau.

— —

Sitzung 2. Ich bezeichne meinen Zustand als angeboren und wohl abnorm, jedoch durchaus nicht krankhaft. Auch sind mir keine nervöse Beschwerden bekannt (*). Im 13./14. Lj. [In der vorigen Sitzung heißt es im 15./16. Lj.] hatte ich das erste Verhältnis mit einem Mädchen, namens Marie. Wir besuchten vom 12.—16. Lj. gemeinsam eine Klosterschule. Es kam zu Küssen, Liebkosungen und Umarmungen — mehr nicht; ich glaube, daß das Mädchen, ebenso wie ich, stark empfunden hatte. [+ Vgl. diesbezügliche Äußerungen in der vorigen Sitzung!]

Mein Stiefvater kaufte mir oft Puppen, ich zerschlug sie aber und wünschte mit Knabenspielzeug zu spielen. Daß ich meinen Vater nicht kannte, betrübte mich stets und ich beneidete die anderen Kinder, die ich in Gesellschaft ihrer Väter und Mütter spazieren sah. Meine Gesellschaft war meistens die Großmutter. Das erste Erlebnis transvestitischen Charakters war der eingangs erwähnte Wintermantel (*). Von wem ich ihn bekam, kann ich mich nicht mehr entsinnen. Wie man mir ihn anprobierte, hat er mir sehr gefallen.

In meinem 6./7. Lebensjahre heiratete die Mutter zum zweiten Male. Ich konnte meinen Stiefvater nicht leiden und hatte später viele Unannehmlichkeiten aus diesem Grunde zu überstehen.

Im 11./12. Lebensjahre wurde ich von einem Dienstmädchen aufgeklärt [+ Vgl. vorige Sitzung: „Sexuelle Aufklärung erst 18./19. Lj. Die Sexualität wird allmählich zurückdatiert.]

— —

Sitzung 3.

(Traum 2.) [Der erste in der Psychanalyse, daher wichtig!] Von einem Konzerte oder Kirche fahre ich mit der Eisenbahn nach Hause. Es kommen ins Coupé Personen, die mit Bildern (Künstlerphotographien mit Autogrammen) hausieren gehen. Ein Bild wurde mir angeboten, ich fragte nach dem Preis, dieser betrug 22.000 Kronen. Da mir dies zu hoch war, lehnte ich ab.

[Die Assoziationen stocken. Widerstand. Der Traum konnte aus diesem Grunde erst später gedeutet werden. Er hat zwei Determinationen. Die erste betrifft den Widerstand und lautet: Wir — Dr. Stekel und ich — bieten der Analysandin Zukunfts bilder an, für die sie uns das Geheimnis ihrer 22 Jahre opfern soll. Der Preis ist ihr zu hoch. (In der Zahl 22.000 können die Nullen vernachlässigt werden. Im 22. Lj. erfolgte der Bruch mit der Weiblichkeit. Pat. schor sich das Haar und nahm Herrenkleidung an; siehe unten!) — Die zweite Determination enthält die Reproduktion eines traumatischen Erlebnisses. Der Widerstand der Kranken verhinderte die endgültige Lösung, die erst später erfolgte.]

Das Verhältnis zwischen meinen Eltern scheint nicht gut gewesen zu sein, die Mutter äußerte sich nach dem Tode des Vaters abfällig über ihn. Sie hatten die letzten Jahre überhaupt getrennt gelebt. Die Mutter soll der „Herr" im Hause gewesen sein.

Mit dem zunehmenden Alter wurde ich der Mutter immer unsympathischer, wahrscheinlich, weil ich sie an ihren ersten Gatten erinnerte.

Vom zweiten Manne hatte die Mutter zwei Söhne, der erste, Eduard, war um 8, der zweite, Otto, um 10 Jahre jünger als ich. Sie waren mir beide sympathisch, in der Kindheit spielten wir viel miteinander. Als ich 23—24 Jahre alt war, wurden der Mutter die Eierstöcke entfernt. Ich dachte mir: das sind die Folgen der Liebe! [Es folgen unwesentliche Details der Bericht wird auf Nebenbahnen geleitet. Ich frage daher, um die Assoziationen womöglich aufs sexuelle Gebiet zu drängen: „Welche Enttäuschungen haben Sie seitens der Männer erlitten?"] Mit den Männern habe ich keine schwereren, insbesondere keine sexuellen Erlebnisse gehabt. Ich habe Ihnen bereits gesagt, daß ich davor Ekel empfinde. Den stärksten sexuellen Eindruck habe ich der Marie (13./14.) zu verdanken. (*)

— — — — — — — — — — — — — —

Sitzung 4. Mit der Zeit verschärfte sich meine Lage daheim. Im August 1914, also zu Anfang des Weltkrieges, verließ ich infolge der unüberwindlichen Konflikte das Haus und mietete mir ein Zimmer bei einer alleinstehenden Dame. Der Stiefvater hängte mir inzwischen einen Prozeß an, da er mich unter Kuratel stellen wollte. Der Zufall wollte, daß ich in derselben Zeit wegen meiner auffallenden Art unter dem Verdachte, ein verkleideter serbischer Spion zu sein, auf der Straße von Passanten blutig verprügelt wurde. Ich suchte damals zum ersten Male um die polizeiliche Erlaubnis an, Männerkleider tragen zu dürfen. In Beantwortung meines Gesuches bestellte man mich zum Polizeiarzt, welcher mich aber zur Beobachtung auf die psychiatrische Klinik überstellte. Dort ist keine Notwendigkeit gefunden worden, mich unter Kuratel zu stellen und ich verließ nach 6 Tagen mit dem Befunde: „Gebessert entlassen" (!) die Anstalt. Es ergaben sich für mich große materielle Schwierigkeiten.

Pat. bringt einen Traum:

> (Traum 3.) Ich bin verheiratet, habe ein Weib. Ich vollziehe mit ihr den Koitus und freue mich über die Größe meines Penis und die männliche Brustform. Erguß, dann minutenlanger Orgasmus.

[Ein deutlicher Wunschtraum; auch der große Penis, von dem sie träumt, kann nur einer Wunschphantasie entsprungen sein. Auffallend ist der nach dem Erguß erfolgende Orgasmus. Weder beim Weibe noch beim Manne gibt es diese Reihenfolge; beim Weibe kann es wohl vorkommen, daß der Orgasmus über den Erguß hinaus andauert, doch liegt der letztere unter allen Umständen auf der orgastischen Parabel. Pat. will im Traume einen „männlichen Orgasmus" erleben. Nach ihrer Auffassung erfolgt nämlich beim Manne zuerst die Ejakulation und dann der Orgasmus. Wir finden hier ein lehrreiches Beispiel für die Abhängigkeit des Orgasmus von den spezifischen Vorstellungen über denselben. Näheres s. *Stekel*, Band IV!]

In meinem 8./9. Lj. bemerkte ich bei meinem Bruder, daß er andere Geschlechtsteile habe. Ich beneidete ihn darob. Habe auch Träume gehabt, daß ich im Besitze eines Penis sei. [Diese Äußerungen sind unvollständig. Sie verschweigt einen wichtigen Komplex.] Ich erinnere mich, im 10./11. Lj. habe ich während eines Ausfluges von jemandem (Mutter?) Schläge bekommen. Eine unbekannte Lehrerin, die in der Nähe mit den Schulkindern weilte, nahm sich meiner an und legte ihren Arm schützend um meinen Hals. Ich empfand eine starke Lust, gleichsam einen elektrischen Schlag. Ich wußte damals nicht, was dies bedeuten solle. Diese Situation bildete aber später (18./19.) oft den Gegenstand onanistischer Phantasien. Die Onanie wird in bäuchlingsliegender Stellung unter männlichen Podexbewegungen vollzogen. — Ich habe keine Gesundheitsstörungen infolge von Onanie bemerkt und halte diesen Vorgang als einen für mich natürlichen. [† Wir erfahren hier, daß nicht die sexuelle Aufklärung, wie in Sitzung 1 behauptet wurde, sondern die Onanie in die Zeit vom 18./19. Lj. fällt. Vgl. auch Sitzung 1. „Eine sexuelle Betätigung hat nie stattgefunden."]

— —

Sitzung 5. [Keine Träume, Widerstand. Wahrscheinlich Beginn der Übertragung. Alle Angaben liegen vom Gegenstande weit weg.]

— —

Sitzung 6. Da ich als Kind große Sehnsucht nach Zärtlichkeiten hatte, diese Sehnsucht aber von Seite meiner Verwandten nicht befriedigt wurde, habe ich mir in meiner Phantasie eine andere Frau als Mutter gedacht, von der ich instinktiv fühlte, daß sie solche Zärtlichkeiten Kindern nicht verweigern würde. Ich stelle mir also vor, eine solche Frau läßt liebkosend ihre Hände über meinen Kopf gleiten, oder über meine Wangen, oder sie drückt mich zärtlich an sich usw. Als ich älter wurde, war diese Phantasie manchmal so intensiv, daß ich die Zärtlichkeiten förmlich fühlte und darin Wollust und Befriedigung fand. [Mutter und Sexualobjekt erscheinen hier in einer parapathischen Verdichtung.]

Ich habe nach Jahren an die Mutter öfters Briefe geschrieben, auf die ich aber keine Antwort erhielt. Meine Annäherungsversuche fanden damit ein Ende. Ich habe darunter furchtbar gelitten und leide an dieser Teilnahmslosigkeit auch jetzt. Wenn ich auf der Straße gehe, kommt mir oft der Gedanke, wie würdest du dich benehmen, wenn du der Mutter begegnetest? Was mit meinen Brüdern im Kriege geworden ist, weiß ich nicht, sind sie gefallen oder haben sie mit mir gebrochen?

Ich bin nicht religiös, an Feiertagen besuche ich aber die Kirche. Diese Eigenschaft habe ich der Großmutter zu verdanken, meine Eltern waren nichts weniger als fromm.

— —

Sitzung 7. [Mehreren Träumen entnehme ich einen Übertragungstraum, der einen Hinweis auf den Kastrationskomplex enthält.]

(Traum 4.) Ich bin beim Zahnarzt, und zwar befinde ich mich bereits im Ordinationszimmer. Der Arzt bittet mich, im Wartezimmer zu warten. Da mir dies zu lange dauert, beschließe ich, fortzugehen und nach einer Weile wieder zu kommen. Ich gehe fort. Auf dem Wege bemerke ich, daß ich in meiner linken Hand einen länglichen Gegenstand trage. Ich vermag nicht zu erkennen, was dies ist, doch kommt mir der Gedanke, daß dieser Gegenstand nur dem Arzt gehören könne. Ich mache mich daher sofort auf den Rückweg, um diesen Gegenstand, ehe dessen Abgang bemerkt werden kann, zurückzustellen, denn mir ist der Gedanke peinlich, der Arzt könnte glauben, daß ich ihm den Gegenstand entwenden wollte.

[Der Kastrationskomplex ist, wie es sich später zeigt, das wichtigste Merkmal der erotischen Einstellung der Kranken zum anderen Geschlechte. Meine Person kommt also bereits in den Bereich ihrer Begehrungsvorstellungen. Diese Tatsache erwies sich in unserem Falle als ganz besonders ersprießlich. Der Kranken fehlte, wie erwähnt, das Gesundungsbedürfnis; anderseits fehlte es uns an den usuellen Mitteln, die Mittätigkeit der Pat. bei der Analyse anzuregen. Dieser Übertragung allein, die dann noch um ein geringes gewachsen ist, haben wir die Exploitation der tieferen Schichten des unterbewußten Materials zu verdanken. — Ich mache auf die erotisierte orale Zone der Träumerin aufmerksam; ich erscheine hier als Zahnarzt, meine Tätigkeit erstreckt sich also auf den Bereich der Mundhöhle.]

Ich kann mir nicht vorstellen, daß mein Zustand heilbar wäre. Wenn da jemand herkäme und mich mit Hilfe irgendwelcher Methode zum Weibe machen wollte, ich würde sein Angebot zurückweisen.

[„Inwieferne können Sie Ihren Verkleidungstrieb erotisch nennen?"]

Er verschafft mir sexuelle Lust. Das Anziehen der Herrenkleider kann zum Orgasmus führen.

[„Ich kann mir wohl denken, daß Sie als Homosexuelle die Herrenkleidung vorziehen. Aber ist es nicht der Reiz des Verbotenen, der Ihnen diese Tracht als so besonders lustreich erscheinen läßt?"]

Nein! Die Kleidungsfrage spielt bei mir eine ganz besondere Rolle. Sie richtet sich nicht nach meinem Wesen, die Transvestitur steht in bezug auf den Lustwert über einem Geschlechtsverkehr, so daß ich auf den letzteren glatt verzichten kann.

Ich dachte mir schon früher, daß ich Bekanntschaften zwecks homosexuellen Verkehrs nicht so leicht machen könne, das Verführen einer Normalgeschlechtlichen würde mich aber in den schwersten Seelenkonflikt stürzen, da ich stets denken müßte, daß ich auf deren Liebesart für das ganze Leben bestimmend gewirkt habe. So habe ich mich auch mit dem transvestitischen Gedanken und der autoerotischen Betätigung abgefunden.

Da fällt mir gerade ein, daß mir im 8./9. Lebensjahr mein 15jähriger Kusin sagte, er wolle mich, wenn ich älter sein werde, heiraten. Ich stellte mir in der Phantasie diesen Zustand vor und fand ihn durchaus sympathisch. Im 5. bis 7. Lebensjahr spielten wir Kinder „Vater und Mutter". Ich war öfter die Mutter (†). Puppen oder Spielgenossen waren meine Kinder. Ich hatte einen „Mann", der ging „arbeiten", während ich daheim kochte. Ich hatte mich dabei in Gedanken mit meiner Mutter identifiziert, ja sogar einmal vor dem Spiegel mich so zu frisieren versucht, wie sie es zu tun pflegte. († Vgl. Sitzung 2.)

In der Kindheit hatte ich viel mit Minderwertigkeitsgefühlen zu kämpfen. Man beachtete mich zu Hause nicht, ich hatte Angst vor der Gegenwart, vor der Zukunft, ich verstand nicht, warum ich von allen heruntergesetzt wurde. Auch wirkten die abfälligen Bemerkungen über meinen Vater, die ich meistens vom Stiefvater zu hören bekam, aufs tiefste deprimierend. Ich dachte mir, daß ich ja genau so wie die Söhne des Stiefvaters unter dem Herzen der Mutter getragen wurde, und wünschte dem Stiefvater oft sogar den Tod.

— —

Sitzung 8. [Ein Traum zeigt uns, daß eine volle Aufrichtigkeit seitens der Patientin noch nicht erreicht wurde. Noch immer empfindet sie es als lästig, daß „fremde Leute" hinter die Kulissen ihrer Seele „hineinblicken".]

(Traum 5.) Es scheint Morgen zu sein. In dem Zimmer, wo ich mich befinde, steht ein Bett. Eine Frau liegt darinnen. Ich selbst bin auf und bekleidet. So zwar, daß ich über den Unterkleidern noch eine Bluse und ein Gilet anhabe, aber keinen Rock. In dieser Verfassung sitze ich am Rande des Bettes und, über die Frau gebeugt, bedecke ich Brust, Hals und Wangen derselben mit meinen Küssen. Wie ich mich vom Bette erheben will, werfe ich einen Blick nach rückwärts und bin peinlich überrascht, keine Wand zu sehen, vielmehr streift mein Blick in dieser Richtung ungehindert ins Freie. Ich sehe dort fremde Menschen stehen, die zu uns hereinblicken, und ist mir der Gedanke unangenehm, daß uns Leute beobachtet haben.

[Es bedarf keiner besonderen analytischen Technik, um in der im Bette liegenden Frau die „Mutter" aus dem analogen Phantasiegebilde zu agnoszieren (vgl. Sitzung 6). Es handelt sich im Traume um den Ausdruck einer Mutterfixierung seitens der Träumerin. Die Wäsche des Mädchens besteht, wie bereits erwähnt, aus Unterhose und Hemd nach Männerart; wenn sie nun im Traume Gilet und Bluse anzieht, dann ist der männliche Habitus gegeben. In dieser Traumsituation spielt die Träumerin somit die Rolle eines Mannes.

Der nächste Traum steht ebenfalls in diesem Zeichen. Andere Träume aus dieser Sitzung unwichtig.]

(Traum 6.) Ich mache mit meiner Mutter (Justine) einen Ausflug. Wir kommen gerade in einen größeren Marktflecken und weil wir beide Hunger haben, trete ich in einen Delikatessenladen. Ich kaufe dort Salzstangen, Salami und ein Paket Lebkuchen, zahle und verwahre die gekauften Sachen in einer Mappe, dann trete ich wieder heraus und wir setzen unsere Wanderung fort. Einer Kirche gegenüber bleiben wir stehen, viele Menschen erfüllen den Marktplatz. Wir beschließen, die kommenden Dinge abzuwarten. Es dauerte nicht lange, so sah ich (die Mutter war mittlerweile verschwunden), daß es eine etwas seltsame Prozession war, welche hier vor meinen Augen vorüberzog. Sie bestand aus lauter rot kostümierten Männern, welche Fahnen trugen. Plötzlich befand ich mich im Amte, über eine Tabelle gebeugt, bei meinem Schreibtisch. Nach einer Weile unterbrach ich diese Arbeit und nahm meine Mappe zur Hand, um etwas zu suchen. Ich fand das unverzehrte Frühstück und ärgerte mich, daß ich dasselbe nicht mit meiner Mutter verzehrt habe.

[Dieser Traum ist an Wichtigkeit dem Traume 2 gleichzusetzen; gleich ihm enthält er das Motiv des Zuschauens und der kostümierten Männer, gleich wie in jenem Falle verhinderte mich der beharrliche Widerstand der Kranken, der sich in mangelhaften Assoziationen ausdrückte, die Lösung endgültig zu gestalten. Was aber der Traum deutlich enthielt, war folgendes: Gemeinsamer Ausflug mit der Mutter, eine Korrektur der Wirklichkeit, in der dies nie stattgefunden hat. (Justine ist nur ein Verladungsobjekt!) Es werden Salzstangen, Salami und Lebkuchen gekauft, alles phallische Symbole, die ebenso wie der „Delikatessenladen", in welchem sie gekauft, und die „Mappe" (Vagina), in welche dieselben gesteckt werden, auf die sexuelle Grundlage des ersten Traumteiles hinweisen. Dann ist die Träumerin Zeugin einer seltsamen Prozession: Es marschieren Männer mit Fahnen (wieder phallische Symbole) in roten Kostümen an ihr vorbei . . . Die Szene ist so zu verstehen: Die Seele der Kranken ist zerrissen; sie pendelt zwischen Gasthaus (oral ausgedrückte Sexualität, beachte die Wahl: Salzstangen, Lebkuchen, Salami usw. als Penissymbole!) und Kirche (Religiosität), zwischen Sinnengenuß und Askese. Die rotkostümierten Männer sind Männer im allgemeinen, die Gefahr der Straße[1]), vor welcher Gefahr sie durch das männliche Exterieur geschützt ist. Warum schützt sie sich aber vor den Männern? Die „Kirche" des Traumes bildet ein verdichtetes Symbol des religiösen Prinzips in ihrer Seele; die Antwort auf diese Frage lautet: sie darf — aus Gründen, die uns allerdings erst später völlig klar geworden sind — mit dem Manne nicht in Kontakt kommen. Daher sehen wir sie im Traume nach der Gasthof-Kirchenszene im Amte. (Sie ist „Beamter"!) Die Symbolik des Amtes beinhaltet die Pflicht, im weiteren Sinne den äußeren Zwang, das Zwanghafte. Wir werden auf dieses Problem noch zurückkommen. — Der dritte Teil des Traumes bringt die Reproduktion eines onanistischen Aktes („ich nehme meine Mappe zur Hand"), enthält wieder einen Hinweis auf die sexualisierte orale Zone („das Frühstück" und die „Mappe") und drückt die Unzufriedenheit der Träumerin aus, daß sie die Salzstangen usw. nicht mit der Mutter geteilt hatte. — Diese Sitzung sowie die 9. und 10. bringen weiter nichts Wesentliches.]

— —

Sitzung 11. Nach starkem Widerstande bringt Patientin folgende famose Erinnerung:

In meinem 10./11. Lebensjahre erzählte mir unser Dienstmädel in Form einer sexuellen Aufklärung († vgl. Sitzung 1! „Sexuelle Aufklärung erfolgte spät, erst 18./19.") folgende Geschichte:

Ein Vater schläft mit seiner Tochter im Bette, um sie vor der Unkeuschheit zu bewahren (!). Einmal entfernt sich aber die Tochter in der Nacht heimlich aus dem Zimmer und geht in den Hof, wo sie vom Liebhaber erwartet wird. Sie vollziehen, an einen Wagen angelehnt, den Akt (genaue Beschreibung desselben). Durch die Erschütterungen des Wagens kommt die darauf liegende Sense ins Gleiten und fällt zwischen die Beiden derart, daß sie dem Burschen das Glied abhackt (!). Die Tochter flüchtet mit dem blutigen Gliede in der Scheide ins Zimmer zurück, steigt über den schlafenden Vater und will sich niederlegen. Da fällt das Glied aus ihrer Scheide heraus, dem Vater direkt in den Mund (!!!).

Diese Erzählung hat auf mich einen ungeheuren Eindruck gemacht und mich jahrelang in Gedanken beschäftigt.

[„Finden Sie nicht die Rolle dieser Deus-ex-machina-Sense ein wenig sonderbar?"]

Ja, ich habe aber über die Logik in dieser Geschichte nie nachgedacht. Es herrschte stets nur ein undifferenziertes Gefühl vor: das der Angst.

[Auf meine weitere Frage.] Ich denke mir heute, daß der Kontakt zwischen dem Gliede des Mädchens und dem Munde des Vaters kein ganz zu-

[1]) Interessant sind die Assoziationen der Kranken zu „rot": Blut — Operation — Chirurg — Stier — Stierkampf — Torrero.

fälliger sein konnte, daß es sich eher um eine Art von Geschlechtsverkehr handelte.

[Diese Erzählung läßt uns an einen Kastrationskomplex und eine Fellatiophantasie denken. Schenken wir der Kranken Glauben, dann müssen wir annehmen, daß das Dienstmädchen — zweifellos eine pathologische Erscheinung — die Paraphilie des Kastrations- oder Fellatiokomplexes dem Kinde übermittelt oder die bei demselben etwa bestehenden Paraphilien verstärkt hatte. Allein wir finden, wie es sich später zeigt, die beiden Komplexe bei unserer Patientin vor, und zwar von einem früheren Zeitpunkte stammend. Daher neigen wir zu der Annahme, daß die ganze Erzählung erfunden sei und eine hysterische Wunschphantasie vorstelle, trotzdem dies von der Kranken selbst nicht direkt hervorgeholt werden konnte.]

Sitzung 12. Meine Mutter hat mich in der ersten Zeit meines Lebens oft mit stürmischen Zärtlichkeiten überhäuft. Ich habe mich schon als Kind nach diesen Zärtlichkeiten gesehnt. Leider waren sie für mich vom 3./4. Lebensjahre unrettbar verloren.

(Traum 7.) Ich trete eben aus einem Stationsgebäude heraus. In diesem Augenblicke setzt sich ein vor diesem Gebäude gestandener Wagen in Bewegung, in welchem zwei meiner Kolleginnen sich befinden.[1]) Die eine der beiden ruft mir zu, ich müsse nun zu Fuß gehen, da ich mich so lange verweilt habe. Trotz Einwendungen der zweiten Kollegin sowie des Kutschers fährt der Wagen fort. Ich trete also meine Wanderung an und da ein junger Bursche an mir vorbeigeht, benütze ich diese Gelegenheit und frage denselben um den Weg. Er gibt mir Auskunft und begleitet mich ein Stück des Weges, welcher durch diese Ortschaft führt. Dort angekommen verläßt er mich und ich setze meinen Weg allein fort. Eine steile Straße führt mich nun empor. An der rechten Seite habe ich Wald, linker Hand dehnen sich Wiesen aus. Der Weg wird immer steiler und steiniger und mühsam schreite ich vorwärts. Der Wagen, der erst meinen Blicken entschwunden war, fährt jetzt vor mir. Wie der Kutscher sich umsieht und mich erblickt, sehe ich, wie er sich an meine Kollegin wendet, so ungefähr, als ob er fragen würde, ob sie mich nicht doch mitfahren lassen möchte. Mittlerweile bin ich dem Wagen nahegekommen und ehe noch meine Kollegin auf die Frage des Kutschers geantwortet hat, lehne ich selbst dankend ab. Ich denke mir, ich will euch meine Gesellschaft nicht aufdrängen, ihr habt mich bis jetzt gehen lassen, so werde ich meinen Weg jetzt unbedingt allein fortsetzen, um so mehr als ich an dem Alleinsein nun Gefallen gefunden habe. Nach einer ziemlichen Strecke, die ich noch gewandert bin, gelangte ich endlich in ein Gebirgsdorf. Mir schien es, als wäre ich fern von meiner Heimat. Die Menschen und ihre Gebräuche waren mir fremd. Die Bewohner dieses Dorfes schienen ein Fest oder dergleichen zu feiern, sie waren in ländlicher Tracht, aber festlich gekleidet, auf einem großen Platze versammelt. Ich blieb stehen und sah ihrem Treiben zu.

[1]) Die Träume sind in bezug auf Stil und Orthographie unverändert wiedergegeben.

Ich sah, daß sie einen großen Kreis gebildet hatten, so daß in der Mitte freier Raum war. Die meisten von den Leuten hatten zwei kleine, rechteckige, rote Gefäße, welche sie zur Erde warfen. Bei dem Auffall zerschellten dieselben und aus je einem Gefäß sprang eine rotgekleidete Figur, und zwar immer eine männliche und eine weibliche. Sie waren ungefähr kostümiert wie Satan und Satanella. Diese Pärchen, welche ungefähr die Höhe von 20 *cm* haben mochten, begannen nun zum Ergötzen der Zuschauer einen drolligen Streit. Eine Weile sah ich diesem Spiele zu, dann entfernte ich mich kopfschüttelnd über diesen sonderbaren Gebrauch.

[Dem Traume ist es unschwer zu entnehmen, daß es sich um das Verhältnis zur Familie handelt. Der junge Bursche, der ihr den Weg zeigt, ist der Analytiker, „die steile Straße" versinnbildlicht ihren parapathischen Lebensweg. Die Trotzeinstellung zur Familie ist ihren Worten deutlich zu entnehmen. Wichtig ist der zweite Teil des Traumes. Es werden je zwei längliche Gefäße zu Boden geworfen, aus denen je ein Männchen und Weibchen entspringen. Sie führen miteinander einen „drolligen Streit". Der Streit ist der Kampf des männlichen und des weiblichen Prinzips in der Seele der Kranken. Gleichzeitig bedeutet das „Fest" ein Zeugungsfest, bei welchem sowohl Männchen als auch Weibchen zur Welt kommen. Träumerin ist beides zugleich, ein psychischer Hermaphrodit, eine Art Lingam.[1]) Der psychische Hermaphroditismus scheint den Kern des Transvestitismus auszumachen.]

— —

Sitzung 13. Der Stiefvater bemühte sich schon in meiner frühesten Jugend darum, daß ich zur Stütze des Hauses und womöglich zu einer braven Hausfrau erzogen werde. Das brachte mich stets in Wut. Er kaufte mir absichtlich lauter Mädchenspielzeug und Handarbeiten und versuchte auf diese Weise die Liebe zu diesen Dingen bei mir hervorzurufen. Ich haßte aber alle Gegenstände, die von ihm stammten. Meine Mutter machte mir oft Vorwürfe, daß ich dem Stiefvater nicht freundlicher entgegenkomme. Ich weiß, daß ich mir dadurch viele Konflikte erspart hätte, allein ich konnte nicht anders. Übrigens erinnere ich mich, daß mein Großvater und selbst mein Stiefvater von den häuslichen Arbeiten eine sehr geringe Meinung hatten. Mir ist die Hausfrau wie ein unbezahlter Dienstbote vorgekommen. [Andere Mitteilungen belanglos.]

— —

Sitzung 14. Als die Mutter zum zweiten Mal verlobt war (6./7.), erfuhr ich, daß sie sich nie ein Mädchen gewünscht hatte, daß ich sie mit meiner Ankunft sozusagen enttäuschte. Sie sagte, ihr sehnlichster Wunsch sei es gewesen, wenigstens in der zweiten Ehe Buben zu bekommen. Glauben Sie nicht, daß der Wunsch der Mutter für die Veranlagung des Kindes von Bedeutung ist? —

[„Darauf kann ich Ihnen keine Antwort geben. Wohl aber erscheint es mir möglich, daß ein Kind, welches einen solchen Wunsch kennt und um die Gunst eines Elternteiles wirbt, unter Umständen durch diesen Wunsch allein in seinem Wesen beeinflußt werden kann."]

Ich trug bis 12./13. Ohrringe und Mädchenkleider. In dieser Zeit (12./13.) trat eigentlich auch der Wunsch nach Herrenkleidung

[1]) Bemerkung von Dr. *Stekel.*

zum ersten Male auf, welcher Wunsch sowohl vom Stiefvater als auch von der Mutter mit größter Mißbilligung aufgenommen wurde. So kam es, daß ich erst im 22. Lebensjahre, nachdem ich 7 Jahre bereits von den Eltern getrennt, bei der Großmutter gelebt hatte, das Haar nach Männerart geschoren habe und in meinem Zimmer gelegentlich die Herrenkeidung anlegte. In der Zwischenzeit (12./22.) begnügte ich mich mit einem halbgestutzten Haar, Herrenkragen, Manschetten und Krawatten, konnte aber dem Drange, die peinliche Mädchenkleidung von mir zu werfen, nur mit Mühe widerstehen. [† Vgl. die Angaben aus der 1. Sitzung und dem Einführungsschreiben, in welchem der Eindruck erweckt werden soll, der Transvestitismus habe mit dem Wintermantel (3./4.) seinen Ursprung genommen. Wir werden die Entwicklung des transvestitischen Gedankens einer eingehenden Prüfung unterziehen müssen.

„Versuchen Sie, soweit es Ihnen möglich ist, die Gefühle wieder zu erleben, die Sie beim Tragen des bewußten Wintermantels hatten!"]

Ja, da fällt mir etwas ein. Ich schaute in den Spiegel [† vgl. Sitzung 1 über den Spiegel!] und habe mir in dem Mantel außerordentlich gefallen.

[„Fiel Ihnen schon damals die Ähnlichkeit mit einem Husarenrocke auf?"]

Nein, dies ist meine heutige Vermutung. Damals hatte ich nur ein Gefühl der Zufriedenheit, des Stolzes über meine Schönheit. Alle, die mich damals sahen, lobten mich.

[„Können Sie mir angeben, ob nicht dieser Umstand es war, der Sie zum unablässigen Tragen dieses Kleidungsstückes bewog?"]

Ich kann mich daran nicht erinnern; dieser Gedankengang erscheint mir aber sehr wahrscheinlich. Es war ein außerordentliches Geschenk und eine Tracht, die mich über die anderen Kinder stellte; ich kam mir sehr überlegen vor, wohl zum ersten Mal im Leben.

Sitzung 15. Ich habe von der frühesten Kindheit an gehört, die Mutter hätte sich geärgert, daß sie keinen Buben hätte. Ich habe sie bedauert. Später dachte ich mir, daß dies der Grund sei, warum sie mich vernachlässige. Wenn ich ein Knabe gewesen wäre, dann wäre alles anders gekommen.

[„Sie sagten in der vorigen Sitzung, daß es in erster Linie Selbstgefallen gewesen wäre, welches Sie zu dem ununterbrochenen Tragen des Wintermantels bewogen hätte; hatten Sie denn bei den anderen Kleidern keine Möglichkeit, Ihre Eitelkeit auszuleben?"]

Ich glaube, nicht. Mir ist kein Kleid, keine Frisur gut gestanden. Mein Haar brachte mich oft in eine solche Wut, daß ich es an der Stelle abschneiden wollte. Ich fand dann, als es so weit gekommen war, daß mich diese Frisur viel besser kleide als die weibliche.

(Traum 8.) Ich bin daheim in meinem Zimmer. Zufällig werfe ich einen Blick auf meinen Vogel und sehe zu meinem Erstaunen, daß derselbe am Boden seines Hauses im Sande liegt, mit geschlossenen Augen, als wenn ihm etwas zugestoßen wäre. Ich rufe die Mutter[1]) herbei, zeige ihr das Tier, öffne den Käfig und nehme dasselbe heraus. Die Mutter hat

[1]) Justine.

mittlerweile Wasser gebracht, ich tauche einen Schwamm ins Wasser und beginne damit den Vogel zu waschen. Wie ich spüre, daß sich derselbe wieder zu regen beginnt und die Augen aufschlägt, bringe ich ihn wieder in seinen Käfig zurück. Bei dieser Gelegenheit beschmutzt mich das Tier am Arm und zugleich habe ich das Gefühl, als wenn ich auch den Mund voll Kot hätte. Über diesem Gefühl des Ekels erwache ich.

[Der Traum ist mehrfach determiniert. Der Anfang steht im onanistischen Zeichen. („Ich wasche meinen Vogel.") Charakteristisch für das homosexuelle Denken ist die bisexuelle Verwendung der Genitalsymbolik; der Vogel gilt ansonsten als Phallussymbol. — Die Mutterfixierung beherrscht die onanistische Phantasie. — Zum Schlusse finden wir eine Bestätigung für die Annahme, der Mund der Kranken stelle eine erogene Zone dar. Es handelt sich um eine Fellatiophantasie. — Wie aus den späteren Angaben folgt, äußert sich diese Phantasie in unserem Falle sowohl in der negativen, das heißt phobischen Richtung (Ekel, Abneigung), als auch in der positiven, libidinösen. Die zweite Deutung lautet: Der Vogel — der blaue Vogel — das Romantische ist die Parapathie. Patientin verhindert das Absterben der Parapathie. Sie hat „Kot im Munde" bedeutet, daß sie darüber Ekel empfindet, daß sie in der Analyse über so viel „Schmutz" berichten müsse. In diesem Sinne ist der Traum ein Widerstandstraum. — Koprophile Tendenzen kommen nicht in Betracht. Gleichsinnig: Ihr gestorben gewähntes Geschlechtsleben erwacht während der Analyse, aber sie sperrt es wieder in den Käfig ein, als sie merkt, daß es lebendig wird.

Schließlich äußert sich hier noch ein Problem. Die Träumerin erweckt „ihren Vogel" zum Leben bedeutet: sie belebt ihren Phallus, der unentwickelt (tot) ist, ein Gedankengang, der, wie tiefer zu sehen ist, zu den wichtigsten aus der Kindheit des Mädchens gezählt werden muß. Der Muttergedanke („die Mutter bringt mittlerweile Wasser") ist bei der Belebung des Phallus wirksam.]

(Traum 9.) Ich gehe auf der Straße und trete nach einer Weile in ein großes Haus. Ich steige die Treppe empor und bleibe vor einer geschlossenen Türe stehen, als ob ich etwas kaufen wollte und warten müßte. Wie mein Blick an mir heruntergleitet, sehe ich, daß ich in Herrenkleidern bin. Da ich die Absicht hatte, nach besorgtem Einkauf mich in das Amt zu begeben, ich aber meine Kleidung soeben bemerkt habe, entferne ich mich, weil mir der Gedanke kommt, es könnten andere Personen aus meinem Amte kommen und mich in dieser Kleidung sehen. Ich beschließe daher, mit der Elektrischen nach Hause zu fahren, um mich umzukleiden. Ich gehe fort. Auf der Straße konstatiere ich mit großer Freude, daß ich mich in dieser Kleidung ganz ungezwungen bewege, ohne von den Menschen belästigt zu werden, auch freue ich mich über mein vorteilhaftes Aussehen. Ich steige in die Tramway und fahre heim.

[Wir sehen hier wiederum das Problem der Straße. Der Einkauf betrifft, wie die Assoziationen zeigen, die Liebe, im engeren Sinne das männliche Genitale. Das Verhältnis der Träumerin zu den Herrenkleidern verrät einen Mechanismus, den wir bereits kennen. Sie wird auf der Straße „von den Menschen nicht belästigt" ist meiner Ansicht nach der wichtigste Teil des Traumes. Er bedeutet, daß sie durch die Herrenkleidung vor den Anfechtungen des realen Lebens, in erster Linie denen der Männer, geschützt ist. Das Wort „ungezwungen" erklärt den im Traume 6 angedeuteten Komplex. Beim Anlegen der Männerkleidung fällt ein Zwang weg: der Zwang Weib zu sein. Sie fühlt sich „ungezwungen". Sie revoltiert in ihrer Parapathie gegen diesen Zwang des Schicksals und schafft sich eine Idée fixe, einen parapathischen Zwang Mann zu sein, respektive als solcher zu erscheinen.

Der Mechanismus dieses Falles verrät wichtige Beziehungen zu dem einer Zwangsneurose. Deutlich tritt auch der narzißtische Hintergrund der Parapathie zutage.]

Sitzung 16. (Traum 10.) Ich befinde mich in einer größeren Gesellschaft auf einem Spaziergange. Wir treten in ein altes Haus, zuerst in einen Hof, dann gehen wir eine Stiege empor. Von den mich begleitenden Personen werde ich unablässig gehänselt. Wie wir über die Stiege emporgehen, sehe ich durch ein Gangfenster und da scheint es mir, als wenn drinnen eine Schneiderwerkstätte wäre. Ich trete also ein. Eine Frau kommt mir entgegen und fragt nach meinem Begehr. Ich erkundige mich, ob hier eine Schneiderwerkstätte wäre. Dies wird von der Frau bejaht. Nun erkundige ich mich weiter, ob dies ein Damen- oder Herrenschneider wäre. In diesem Augenblicke tritt ein junger, kränklich aussehender, ungefähr 20 Jahre alter Bursche ins Zimmer. Auf diesen Burschen weisend, antwortet die Frau, daß ihr Sohn zwar Herrenschneider wäre, wegen Arbeitsmangel aber auch Damenarbeit übernehmen müsse. Ich frage noch, wie hoch sich der Preis für einen Herrenanzug stellt, und entferne mich dann. Ich gehe die Treppe hinunter und trete in den Hof. Auf dem offenen Gange stehen einige von meinen Begleitpersonen und bewerfen mich von oben mit Blättern, Steinen, Papierabfällen u. dgl.

[Der Traum enthält eine Mutterleibsphantasie (die Wanderung durch das alte Haus). Der Sinn des Traumes ist, daß sich die Träumerin darin „umschneidern" läßt (Schneider — Kleider — Sexuell). Der Sohn der Frau ist die Kranke selbst. Sie nahm früher „Herrenarbeit" an (sie war in der Kindheit heterosexuell), jetzt aber müsse sie wegen „Arbeitsmangel" „Damenarbeit" übernehmen (homosexuell sein). Wieder kommt hier die Frage zum Vorschein, „um welchen Preis" sie die „Damenarbeit" annehmen solle. — Die Personen, welche die Träumerin mit „Blättern, Steinen, Papierabfällen u. dgl." bewerfen, drücken vor allem das Schuldbewußtsein aus, ferner stellen sie plastisch die Verhöhnung ihrer Weiblichkeit vor; schließlich bietet die Szene einen wichtigen Hinweis auf die Christusidentifizierung, die wir später besprechen werden. — Was ist hier der Sinn der Mutterleibsphantasie? — Die utopischen Glücksträume aufzugeben, das verpfuschte Leben rückgängig zu machen, in die „Heimat", ins „alte Haus" zurückzukehren, um neugeboren zu werden, in einer, ihrer Wesensart entsprechenden Gestalt. Das Gefühl, das Leben ungenützt verstreichen zu lassen, spiegelt sich in einem Gedichte der Patientin aus der Pubertätszeit wieder:]

Glaubet nicht, es sind nur Worte,
Die ich hier im Liede klag',

Nein, ihr wißt nicht, wie viel Sehnen
Ich im Herzen trag'.
Nein, ihr wißt nicht, wie viel Qualen
Ich schon stumm begrub,
Wie kein einz'ges Herz von allen
Nach dem meinen schlug.
Wie nach Zärtlichkeit und Liebe
Qualvoll ich mich sehn',
Wie des Lebens schönste Tage
Ungenützt vergeh'n.
O, daß ich das Herz noch fände,
Das für mich auch schlägt,
Sonne mir das Leben spende,
Einmal, eh's zu spät!

[Der Sohn der Frau ist auch der Bruder der Patientin, mit dem sie sich in der Parapathie zu identifizieren scheint.]

Sitzung 17. [Ich übergehe einen unwichtigen Traum.] Ich habe zeitweise große Abneigung gegen Würstel. In der Zeit des 10. bis 12. Lebensjahres habe ich überhaupt keine essen können. Ich habe vor dem darin befindlichen Fett starken Ekel und laufe Gefahr, die Würstel zu erbrechen. Möglicherweise spielt hier eine Wurstvergiftung eine Rolle, die ich mir in der Kindheit zugezogen hatte. Diesen Ekel empfinde ich merkwürdigerweise auch vor dicken Männern.

[„Was hat Ihnen in Ihrem Leben den stärksten Ekel verursacht?"]

Mir fällt soeben ein scheußliches Erlebnis ein. Ich war zirka 15 bis 16 Jahre alt und fuhr mit der Stadtbahn nach Hause. Mir gegenüber saß ein älterer Mann, sonst war der Wagen leer. Wir kamen gerade in einen Tunnel, als der Mann aufstand, seine Genitalien entblößte und vor mir onanierte. [† Vgl. Sitzung 3, meine direkte Frage nach einem traumatischen Erlebnis mit einem Manne wird verneint!] Ich war momentan vor Schreck ganz lahm, dann wurde mir übel und ich verließ das Abteil. Ich glaube, daß diese Roheit zur Abneigung gegen die Männer beigetragen hat.

[„Was dachten Sie momentan, als Sie das Glied erblickten?"]

Ich kann mich nicht erinnern. Ich war vor Schrecken gelähmt.

[„Wollen Sie nachdenken, solche Fragen kann man nicht glattweg beantworten!"]

— — Ja, jetzt fällt mir's ein. Es war aber ein ganz dummer Gedanke. Mir fiel nämlich momentan ein: Schneide ihm mit deiner Schere das Ding ab! Hier hast du, was du suchst, reiße es an dich! Der Ekel war damals ganz besonders groß, weil mir die Größe der Genitalien so unwahrscheinlich vorkam. Finden Sie nicht, daß es einigermaßen komisch ist, daß ich Ekel vor diesen Genitalien empfand und gleichzeitig den Wunsch hatte, sie zu besitzen? —

[Sie lenkt systematisch meine Aufmerksamkeit vom Kastrationskomplex ab; darum frage ich direkt:

„Ist Ihnen der Gedanke, ein Glied abzuschneiden, in keiner anderen Situation mehr gekommen?"]

Ja, im 8./9. Lebensjahr bemerkte ich bei meinem Bruder zum ersten Male einen Penis. Augenblicklich kam mir der Gedanke: *Das ist es, was den Buben ausmacht, das ist es, was dir fehlt und was die Mutter an dir haben wollte!* Und dann: *Du bist ja stärker als er, schneide ihm das Ding weg, eigne dir sein Glied an.* Diese Gedanken sind blitzschnell aufgetaucht und ebenso vergangen. Ich dachte mir nur: Du warst krank und bist noch immer kleiner und schwächer als deine Altersgenossen; *dir wird das Glied noch wachsen.* Als dann aber die Menstruation kam, *wußte ich bereits, daß alles vergebens sei und war längere Zeit ganz unglücklich.*

Ich erinnere mich, daß ich bis zu meinem 8./9. Lebensjahre den Ge*schlechtsunterschied nur nach den Kleidern beurteilte; ich dachte, daß es nur der Umkleidung bedürfe, um ein Bub zu werden.*

[Die Mitteilungen enthalten wichtige Details. Die Deutung der Träume 2 und 5 wird immer vollkommener; das „Zuschauen" und die „rotkostümierten, fahnentragenden Männer" werden uns verständlich. Traum 2 bildet eine Reproduktion des eben geschilderten traumatischen Erlebnisses. Kostümierte Bilder gleich rotkostümierte Männer mit Fahnen sind Phallusse, die sie betrachtet. Rot kostümierte Männer heißen auch sinnlich begehrende oder kurz: *Männer*. Im Worte „*Autogramm*" liegt der Hinweis auf die stattgehabte Onanie und eine Eigenschaft der Kranken, die sie vorläufig unerwähnt ließ. Der „zu hohe Preis" bezieht sich auf die Größe des Gliedes und die verbotene Natur des Kastrationsgedankens. — *Der Traum enthält das Bild der erotischen Einstellung der Kranken zum anderen Geschlechte,* das Bild des Ekels und der Angst vor der eigenen Kriminalität. — Traum 5 wird von diesen Gesichtspunkten aus ebenfalls verständlicher. — Ich weise bei dieser Gelegenheit auf die überaus wichtige Mitteilung der Kranken hin, in welcher sie ihre kindliche Auffassung der Geschlechtsunterschiede kundgibt.]

— — — — — — — — — — — — — — — —

Sitzung 18. Habe ich in der vorigen Sitzung behauptet, daß mich der Anblick der Genitalien ekelt? Das muß ich korrigieren. Nur die männlichen Geschlechtsteile verursachen Ekel. Wenn ich eine Frau hätte, die ich liebte, dann wäre ich ohneweiters imstande, ihr sogar den Kunnilingus zu machen [† vgl. Sitzung 2]. Übrigens ist so etwas auch schon vorgekommen. Die alleinstehende Dame, bei der ich nach dem Bruche mit der Familie wohnte, eine gewesene Schauspielerin, war leidenschaftliche Morphinistin und in ihren Launen unberechenbar. Sie stellte mir einmal den Antrag eines gegenseitigen Kunnilingus; ich willigte ein und wir haben uns von diesem Tage an auf diese Weise öfters befriedigt. Sie pflegte auch Herrenbesuche zu empfangen. Die Vorstellung davon verursachte mir gewöhnlich Ekelgefühle. Da mir dieser Ekel mit der Zeit die Ausübung des Kunnilingus unmöglich machte, beschränkten wir uns auf gegenseitige Onanie (in liegender Position). Bei dieser Gelegenheit machte ich die Wahrnehmung, *daß ich an der Vagina vollkommen unempfindlich bin.* — Am Weibe interessieren mich in erster Linie die Brüste, insbesondere die Brustwarzen, an denen ich beim Geschlechtsakte gerne sauge. Der Saugvorgang gehört zu den lustreichen.

— — — — — — — — — — — — — — — —

Sitzung 19. *Nicht eine beliebige, sondern stets nur die europäische Männerkleidung kommt für mich in Frage.* Unter anderen Völkerschaften könnte ich nur als Europäer mich wohl fühlen. [Andere Details belanglos.]

(Traum 11.) Ich gehe mit einer weiblichen Begleitperson auf der Straße. Wir kommen zu einem großen Eckgebäude. Dasselbe erweckt den Eindruck, als wenn es im orientalischen Stile gebaut wäre, ich halte dasselbe für eine Moschee. Wir treten in dieses Gebäude. Innen sieht es aus wie eine große *Wallfahrtskirche*. Wir lassen uns zu einem kurzen Gebet nieder und ich äußere dann den Wunsch, das *Gnadenbildnis* zu besichtigen. Da ich aber nicht weiß, wo sich dasselbe befindet, frage ich meine Begleiterin. Diese deutet auf eine große Treppe hin, wo ich viele Personen ab- und zugehen sehe, und sagt mir, diese Treppe solle ich emporgehen, dort werde ich schon *eine Novize* finden, dieser solle ich mein *Losungswort* geben und ersuchen, mir den Weg zu weisen, dieser würde mich dann vor das Gnadenbild führen. Ich folge also dieser Weisung. Auf der Treppe begegne ich einer *Frauensperson, ich grüße sie, indem ich den Hut abnehme*, und trage ihr mein Begehren vor. Sie fragt nach meinem Losungsworte, ich mache dasselbe namhaft und sie übernimmt nun die Führung. Der Weg führt uns durch Säle, in einem davon *stehen Betten*. Sie tritt zu einem Bett, ich sehe auf demselben Papiere liegen; in diesen Papieren sucht sie etwas, dann setzen wir den Weg wieder fort. Endlich sind wir vor dem Bilde angelangt. Es sieht wie *ein Madonnenbild* aus und ich höre dasselbe weinen. Ich bleibe eine Weile stehen und betrachte dieses Bild und seine Umgebung. Dann ziehe ich einen Beutel hervor, fasse mit einem kleinen darin befindlichen Gefäß Tabak heraus und leere denselben in ein vor dem Bilde bereit gestelltes Gefäß. Dann entferne ich mich, um meine Begleitperson zu suchen.

[Zwei weitere Träume der Patientin bringen nichts von Bedeutung. — Der oben zitierte Traum gehört zu den wichtigsten in der Analyse. Wir sehen hier die *Mutterfixierung* und den *religiösen Komplex* in einer wichtigen Kondensation: dem Madonnenkult. In der Phantasie vollzieht die Träumerin eine Wallfahrt zur Mutter, um bei ihr Gnade zu erflehen. Gnade für ihr rebellisches Gehaben in der Kindheit und Gnade als Ausdruck der Liebe. Es fällt der Patientin plötzlich ein, daß ihr *Weibideal eigentlich einen Madonnentypus darstellt*. Ihren Augen hatte stets eine lustreiche Phantasie der stillenden Mutter Gottes vorgeschwebt. Daß sie das saugende Kind war, ist ohneweiters klar.[1]) Wir haben hier also einen Fall von *Christusneurose*. (Vgl. Traum 12!) Sie trägt das Kreuz ihrer Parapathie auf den Schultern, sie ist auch *keusch* geblieben, wie Christus. Ihre Parapathie bewahrt sie vor „Unkeuschheit", das heißt vor dem Kontakt mit dem Manne. Allmählich entwickelt sie großartige Phantasien, in denen sie zu Geld gekommen, Wohltaten erweist, Heil- und Bildungsanstalten fördert usw. So ein Madonnentypus war Marie, ihre erste homosexuelle Liebe. Marie verblieb im Kloster (Novize).[2]) Zum Losungswort fällt der Patientin das Wort „Laurentius" ein. Sie hat das Wort, welches den

[1]) Ursprung der Fellatiophantasie.

[2]) Vgl. auch: Die heilige Maria!

Vornamen des Geigenbauers Storioni ausdrückt, als Losungswort für das Postsparkassenbüchel gebraucht. Die Assoziationen zu Storioni gehen über Stradivarius zu ihrem Vater, der Geiger war. Auf meine Äußerung, daß das Losungswort, welches im Traume verdrängt wurde, vermutlich „Vater" hieß, fällt der Analysandin plötzlich die vergessene Stelle des Traumes ein:

„Im Namen des Vaters, des Sohnes und des heiligen Geistes!"

Es paßt dann die weitere Stelle des Traumes, an der sie eine Frauensperson grüßt, indem sie den Hut abnimmt (also nach Männerart), gut zu der Auffassung, daß sie „im Namen des Vaters" den Eintritt zur Mutter erheischt. Die Frauensperson, die sie zum Gnadenbild geleitet, wird wohl die Phantasie, in engerem Sinne die Parapathie bedeuten. Auf dem Wege zur Mutter Gottes sieht sie in verschiedenen Sälen Betten, auf denen Papiere liegen. Die Wanderung durch Säle symbolisiert nach *Stekel* Erinnerungen. Die Betten stehen für onanistische Akte, deren Inhalt die Mutter war. (Betten auf dem Wege zur Mutter. Die Onanie wurde im Bette vollzogen.) Zu den „Papieren" fallen ihr „Akten" ein, womit die Ergänzung zur Deutung der „Betten" (onanistische Akte) gegeben wird. Auch dürfen hier die von der Mutter unbeantworteten Briefe symbolbildend gewirkt haben. — Das Madonnenbild weint . . . Die Mutter empfindet Schmerz und Reue ob des Unglücks ihrer Tochter; sie ist zur Verzeihung bereit. — Die Schlußszene stellt eine Opferung mit einer sexuellen Determination vor. (Die Entleerung des Tabaks in das vor dem Bilde befindliche Gefäß.) Tabak — wiederum ein Symbol der Männlichkeit.]

Sitzung 20. Ich habe infolge meines Zustandes, d. h. infolge des Mißverhältnisses zwischen Körper und Seele oft furchtbar gelitten [† vgl. Sitzung 1!]. Merkwürdigerweise pflegten sich in solchen Momenten die Gedanken an das Abschneiden des Gliedes in gehäuftem Maße und in Form von lustreichen Phantasien einzustellen. Auch habe ich öfters über das Aufschneiden von Schlangenbäuchen und ähnliches phantasiert.

Ich vertrage eigentlich den Anblick eines Gliedes nicht; sofort stellt sich der Kastrationsgedanke ein. Dies dauert seit der Szene mit dem Bruder unvermindert an.

[Diese Mitteilung der Kranken läßt uns auf den tiefsten Grund der homosexuellen Parapathie blicken.]

Sitzung 21. Mein Stiefvater pflegte mir, seitdem ich ihn kenne, zu sagen, daß ich häßlich bin. Ich habe zum Schluß selber daran geglaubt und es war mir ungemein peinlich. Im 11./12. Lj. habe ich mich photographieren lassen, mußte aber das Bild verbrennen, weil ich da scheußlich ausgesehen habe. Ich glaube, daß bei mir die Eitelkeit eine große Rolle spielt. (†) Besonders kam es beim vollständigen Abschneiden der Haare zum Ausdruck.

[„Wie kommen sie sich als Mann vor?"]

Ich glaube ein hübscher Mann zu sein. Im 12./13. Lj. zog ich einmal in Abwesenheit des Großvaters seinen Anzug an, ich bemerkte im Spiegel, daß ich darin sehr vorteilhaft aussehe, viel besser als in Frauenkleidern. Da habe ich mir solche Kleider gewünscht. Ähnlich erging es mir, als ich einmal (15./16.) am Sylvesterabend den Anzug vom älteren Bruder anlegte. Ich fand mich darin außerordentlich hübsch. Der Eindruck, den die Redensarten des Stiefvaters auf mich machten, muß sehr groß gewesen sein, nachdem ich mir dann selbst als ein Ausbund der Häßlichkeit vorgekommen bin. [Dieses Gefühl ist unbegründet.] In der Männerkleidung fühle ich mich von diesem Gefühle frei, ein Alb weicht von mir und an Stelle von Minderwertigkeitsgefühlen tritt ein Gefühl der Ruhe und Zufriedenheit.

[In der Brennweite unserer Untersuchung befindet sich soeben das Bild einer neuen Krankheitswurzel: des Narzißmus. Wir werden seine Stellung in der Ätiologie der transvestitischen Parapathie tieferstehend kritisch beleuchten.]

— — — — — — — — — — — — — — — —

Sitzung 22. [Ein interessanter Traum:]

(12) Ich gehe mit mehreren Kolleginnen zu einem Fest. Nach einer gewissen Zeit kommen wir in eine Ortschaft. Auf dem Marktplatze befindet sich ein großer Gasthof. In diesen treten wir ein. Der Saal, wo wir uns niederlassen, ist sehr groß und die Tische von vielen Menschen besetzt. Durch die Fenster dieses Saales sehen wir auf den Platz. Wir bestellen Speisen und Getränke. Nach und nach kommt ein lustiger Zug in die Gesellschaft, es wird gelacht und gesungen. Auch auf dem Marktplatze ist es mittlerweile lebhaft geworden, Menschen haben sich angesammelt, es werden Reden gehalten, danach spielt eine Musikkapelle und ein Chor bringt Lieder zum Vortrag. Wie sich die Leute zerstreut haben und der Platz wieder frei ist, erscheint ein Kirchendiener, welcher ein Kreuz trägt, dasselbe muß schwer sein, denn es macht ihm sichtlich Mühe, dasselbe zu tragen. Er schreitet über den Marktplatz und entschwindet dann unseren Blicken.

[Nach dem in den früheren Träumen Gesagten fällt uns die Deutung des Traumes nicht allzu schwer. Wieder der Gegensatz von Gasthaus und Kirche. Während der Sinnenlust erblickt sie durch das Fenster ihrer Parapathie den „Kirchendiener, welcher ein Kreuz trägt": das ist ihr eigenes Spiegelbild[1]). Ihre auffallende Kleidung trägt ihr Hohn und Spott der Straße ein; jeder Weg durch die Stadt wird für sie zum Golgathaweg.[2]) Sie ist Märtyrerin ihrer Parapathie, sie hat (siehe Sitzung 4!) für ihre Leidenschaft sogar geblutet.]

— — — — — — — — — — — — — — — —

Sitzung 23. Als ich mir endlich (25./26.) eine Herrengarderobe aus Eigenem beschaffen konnte, kam es zu direktem Bruche mit den Eltern. Ich wußte, daß ich mich jetzt endgültig entscheiden müsse, ob ich bei der Familie bleiben oder dem Triebe folgen solle; ich habe mich zum letzteren entschlossen. Ich versuchte mich womöglich äußerlich der Photographie des Vaters und innerlich seinem Wesen, soweit ich mir von diesem eine Vorstellung machen konnte, anzugleichen. Die zweite Ehe der Mutter war mir widerlich, der Stiefvater kam mir wie ein Räuber der Mutter vor.

[1]) Sie ist der treue Diener ihrer Kirche.

[2]) Vgl. Traum 10! Auch die Bereitwilligkeit der Patientin, uns die Bilder zur Verfügung zu stellen, dürfte in dem Bedürfnis, ihr Märtyrertum der Mit- und Nachwelt (vielleicht hauptsächlich ihrer Mutter) kundzugeben, den Grund haben.

[„Wie ist heute Ihr Gefühl zur Mutter beschaffen?“]

Ich hasse sie. In meiner Phantasie schuf ich mir aber eine Situation, in der ich ihre Mängel nicht fühle.

— — — — — — — — — — — — — — — — — — —

Sitzung 24. Den Gedanken, daß sich mein Geschlechtsteil noch entwickeln werde, habe ich mit der Heranbildung der sekundären Geschlechtsmerkmale begraben müssen. In diese Zeit (ungefähr 12. Lj.) fällt der Anfang meines Bestrebens, mich in der Kleidung womöglich zu vermännlichen. Es war der feste Wunsch vorhanden, wenn ich schon kein Mann werden kann, wenigstens auch kein Weib zu sein. Stürmisch meldete sich die Sehnsucht nach dem Vater; ich dachte mir, wenn er gelebt hätte, würde es mir nicht so schlecht ergehen. Ich wollte auch keine hausbackene Erziehung genießen; deshalb wandte ich mich dem Musik- und Geschichtsstudium zu. Was das letztere anbelangt, beschäftigte mich hauptsächlich die Entwicklung der einzelnen Kulturen, insbesondere aber das Altertum. [Auch hier spielen parapathische Motive mit; der Vater war ein guter Geiger, ergo wurde in dem Identifizierungsbestreben der Pat. diese seine Eigenschaft übernommen. (Zugleich Trotzäußerung gegen die Erziehungsmethode des Stiefvaters.) Die finstere Gegenwart, ferner das Rätsel, das um die Person des Vaters lag, veranlaßten das Mädchen, sich mit Altertumsforschung zu befassen.]

Lange wurde ich von der Depression gemartert, doch allmählich hat sich der Schwerpunkt in der Frage der Geschlechtlichkeit nach der Richtung der Kleidung verschoben und heute bildet die Kleidung für mich den äußeren Ausdruck meiner Männlichkeit, welcher gepaart mit dem Bewußtsein, auch seelisch mannhaft zu sein, mich meine körperliche Beschaffenheit vergessen läßt. .

— — — — — — — — — — — — — — — — — — —

Sitzung 25. 26 und 27. [Nichts von Belang.]

— — — — — — — — — — — — — — — — — — —

Sitzung 28. Ich habe mir öfters die Frage vorgelegt, wozu ich einen Stiefvater brauche. Ich war später oft eifersüchtig. Wenn mir die Mutter ein Unrecht getan hat, dachte ich mir, daß der Stiefvater derjenige sei, der mir die Liebe der Mutter wegnimmt.

Nach der Hochzeitsfeierlichkeit ging die Mutter mit dem Stiefvater zur Bahn, um eine Reise nach S. anzutreten. Ich weinte, als ich die Mutter mit einem fremden Manne fortfahren sah und empfand einen unbändigen Zorn, daß sie mich zurückließ (6./7. Lj.).

Eine Gewohnheit fällt mir aus meinem 15./16. Lebensjahre ein. Ich sammelte Autogramme von bedeutenden Künstlern und hatte bereits eine große Anzahl der bekanntesten Namen in meiner Sammlung. Ich machte es so, daß ich den Künstlern ihre Photographien zusandte, mit der Bitte, dieselben mit einem Autogramm zu versehen. Es war bloß Eitelkeit. Ich pries mich glücklich, mit diesen Persönlichkeiten im „Kontakt“ zu stehen. Ähnlich sammelte ich Künstlerpostkarten mit Reproduktionen aus dem Gebiete der Malerei. Ich hatte unter anderem einen ganzen Zyklus von Madonnenbildern.

[Wir gewinnen einen wichtigen Beitrag zum Verständnis des Traumes 2. Der Träumerin werden dort Bilder mit Autogrammen angeboten, deren Preis für sie zu hoch ist. In *Stekels* Bd. VI findet sich eine genaue Charakteristik der Sammelmanie, in welcher auf den erotischen Hintergrund dieser Neigung hingewiesen wird. Wir wissen, daß neben den Eitelkeitsgründen, wie sie Patientin angibt, auch in unserem Falle bei der Sammelmanie erotische Phantasien maßgebend gewesen seien, in denen der „Kontakt" mit den Künstlern zu einem ganz „innigen" wurde. Der Preis, der für das männliche Sexualobjekt gefordert wird, ist für die Träumerin zu hoch (22.000 Kronen — 22 Jahre war sie äußerlich Weib, dann nahm sie das männliche Exterieur an); er lautet: Du mußt Weib bleiben. — Die Sammelmanie ist hier auch ein Versuch, die Inzesterotik zu sublimieren. — Ich verweise schließlich auf den Umstand, daß wir es hier mit einem Analogon der für den Fetischismus typischen Sammelmanie zu tun haben.]

— —

Sitzung 29.

(Traum 13.) Gehe mit meinem älteren Bruder in einen Verschlag, um nachzusehen, ob alles in Ordnung ist. Vor demselben angekommen, öffnen wir die Türe und treten ein. Wir sehen also nach, ob alles vorhanden ist (Kohle, Brennmaterial), entdecken aber, daß verschiedene Dinge fehlen. Wir wollen uns gerade wieder herausbegeben, als wir bemerken, daß eine Person versteckt ist. Da wir dieselbe für einen Dieb halten, treten wir heraus und verschließen die Türe. Ich sage zu meinem Bruder, er soll dort aufpassen, daß der Dieb nicht entkommt. Ich muß aber schleunigst ins Amt.

[Der Traum bringt, was wir bereits ahnten, einen Hinweis auf die Sexualfixierung an den Bruder. Die Träumerin verrät uns, daß sie den Bruder, den Dieb ihres „Brennmaterials" (= Liebe) vor uns „verschließen will". Wir wollen uns ihren Assoziationen zuwenden.]

Meine erste Erinnerung an Eduard stammt aus seinem 2./3. Lj. Er hatte sich einen Nagel in den Fuß getreten und das ganze Haus war in fürchterlicher Aufregung. Ferner fällt mir aus seinem 5. Lebensjahre ein, daß ihn ein Gänserich, während wir auf der Wiese spielten, zwicken wollte und ich große Angst um ihn ausstehen mußte. Dann erinnere ich mich an sein 6. Lj. Er mußte seine Nasenwucherungen operieren lassen. Ich dachte an die Operation, stellte mir sie sehr schmerzhaft und grausam vor und kränkte mich so, als ob er dabei ums Leben kommen müßte. In seinem 11. Lj. (ich war 19 Jahre alt) sah ich, während er einmal krank im Bette lag, zufällig seine Genitalien. Ich beneidete ihn darob.

— —

Sitzung 30. Ich glaube, daß ich mich schon zu der Zeit, als ich mit Mario gemeinsam die Klosterschule besuchte, durch meine Kleidung von den Mädchen unterschieden habe. Die Männer gingen mich nicht an, ich bot ja für sie wenig Reiz. Der Anfang meines Verkleidungstriebes fällt auch in diese Zeit (14./15.). Den ersten Orgasmus beim Anlegen der Kleider empfand ich im Anzuge meines Bruders Eduard. Wir hatten uns damals alle kostümiert (Fasching). Ich schaute in den Spiegel und hatte eine große Ähnlichkeit mit meinem Vater entdeckt.

— —

Sitzung 31. Ich habe von der Oper „Madame Butterfly" einen starken Eindruck davongetragen. Die Sängerin, die die Butterflyrolle spielte, fesselte mich sexuell. Ich hatte während des Schauspiels und nachher sehr lebhafte Phantasien, in denen ich mich bald von ihr liebkosen ließ, bald als Offizier um sie warb. Das Weib mit der pathetischen Geste zieht mich ganz besonders an.

— —

[Die Anamnese erscheint mit diesen Mitteilungen beendet. Sitzung 32 und 33 waren allgemeinen Besprechungen gewidmet.][1])

— —

II. Analyse der Parapathie.

Die Dominante in der Sexualeinstellung der Kranken bildet der Elektrakomplex, dessen parapathischer Ausdruck in der Identifizierung mit dem Vater gelegen ist. In dem Verhältnisse des Mädchens zum Bruder Eduard sehen wir eine Neuauflage dieser primären Inzestkonstellation mit eigenartigen, die tiefsten psychologischen Probleme umfassenden Determinationen. Diese Identifizierung, diese „Introjektion des Objektes ins Ich", geschieht in der Regel in jener Zeit, in welcher die Elektrabindung aufgegeben werden soll *(Freud)*.

Wenn aus bestimmten, fallweise variablen Gründen für das Inzestobjekt kein extrafamiliäres Ersatzobjekt gefunden werden kann, dann ergeben sich für das Individuum zwei Möglichkeiten:

entweder wird die infantile Einstellung in sublimierter Form beibehalten, was eine beliebige Parapathie ergibt;

oder es erfolgt eine Identifizierung mit dem aufzugebenden Objekte, wodurch *a)* die Abhebung der Inzestbindung vereitelt und *b)* der Grundstein für eine homosexuelle Parapathie gelegt wird.

In unserem Falle kommt es aus besonderen, später zur Erörterung gelangenden Gründen zur Entfaltung der letzteren Kombination, und zwar in einem viel früheren Zeitpunkte, infolge des frühzeitigen Todes des Vaters unserer Kranken und der eigenartigen Umstände, welche den Kinderjahren des Mädchens das besondere Gepräge verliehen.

Die Mutter wendet sich von dem Kinde in dessen ersten Lebensjahren ab, läßt es in seinem großen Zärtlichkeitsbedürfnis darben und bald muß das Kind erfahren, daß es ungewünscht sei, daß die Mutter nicht ein Mädchen, sondern einen Buben erwartete. Worauf beruht aber der Unterschied? Die erste kindliche Erklärung lautete: in den Kleidern. Doch was auch immer den Unterschied zwischen Bub und Mädel ausmachen mochte — sie wollte kein Mädchen sein. Als sie später vom Stiefvater von ihrer Häßlichkeit erfuhr, sträubte sie

[1]) Während der Korrektur dieses Werkes erhielten wir von der Patientin die Mitteilung, daß ihr Gesuch an die Polizeidirektion günstig erledigt sei und sie bereits die männliche Tracht angenommen habe.

sich gegen diese Herabsetzung beharrlich, lange bevor sie noch wußte, worin diese Häßlichkeit bestand. Sie wollte schön sein.

Daß die spätere Einstellung des Sexualtriebes nur psychologischen Gesetzen folgte, erhellt daraus, daß das Mädchen im Spiele mitunter auch die Rolle des Weibes (der Mutter) übernahm, kochte, Kinder wartete und ans Heiraten dachte (Sitzung 7). Doch bald bedrückten das Gefühl der Weiblichkeit und das der angeblichen Häßlichkeit den infantilen Narzißmus aufs tiefste, so daß diese gesunde Geistesart der Verdrängung anheimfallen mußte.

Da merkte das Mädchen eines Tages den wahren Geschlechtsunterschied und es wurde ihr auf einmal klar, woran es liege, daß sie der mütterlichen Liebe nicht teilhaftig werden könne. In dem kindlichen Gemüte faßte die Anschauung Wurzel, daß nur der Mangel des gewissen körperlichen Adnexes für die mütterliche Einstellung maßgebend sei.

Wenn nun die Depression der Ausdruck ist, daß irgend ein geheimes Ziel (beachte auch: *Freuds* Ideal-Ich!) unerreichbar geworden ist *(Stekel)*, dann hätte normalerweise hier eine Depression einsetzen müssen, deren Kern in der Aussichtslosigkeit gelegen wäre, die mütterliche Liebe jemals zu erreichen. Die kindliche Psyche verträgt jedoch in der Regel solche Zustände nicht. So kommt es hier zum reflexartigen Aufflackern des Kastrationsgedankens („Da hast du, was dir fehlt, schneide das Ding ab!"), welcher den Mangel kompensiert (Sitzung 17).

Wir sehen z. B. die Erinnerungen der Kranken an Bruder Eduard (Sitzung 29) ausschließlich vom Kastrationsgedanken getragen. Unter den Einfällen gibt es keinen, der nicht diesen Komplex zum Inhalte hätte. (Der Nagel im Fuße — Wunde; der Gänserich schnappt nach dem Bruder — das Glied abzwicken; Operation der Nasenwucherungen — Nase für Glied etc.) Alle diese Assoziationen beinhalten auch Lebensgefahren, in denen sich der Bruder befand, und haben in Todeswünschen gegen den Bruder ihren Ursprung, welche Todeswünsche einerseits Eifersucht ausdrücken, andrerseits dem Fixationsphänomen polar gegenüberstehen. Die Unhaltbarkeit dieses sadistischen Gedankens ist die Ursache seiner sofortigen Verdrängung.

An Stelle des verdrängten Kastrationskomplexes tritt die trostspendende Auffassung, der Mangel des Membrums sei bloß ein Entwicklungsdefekt infolge überstandener Kinderkrankheiten, der Penis werde sich noch entwickeln. Allein diese Erwartung mußte mit dem Auftreten der Menses und der Entwicklung der sekundären Geschlechtscharaktere ein Ende finden. Hierher finden wir nun die Depression aus der Kindheit verschoben, zu der noch starke Schuldgefühle infolge der kriminellen Gedanken hinzukommen, hier liegt auch der große Wendepunkt in der psychosexuellen Entwicklung des Mädchens. Sie mußte nun ihre Hoffnung, auf normalem Wege jemals ein Bub zu werden, restlos aufgeben.

Allmählich wurde auch diese Depression durch den lebenbejahenden Einfluß ihrer Jugend nivelliert. Die Ohnmacht dem Schicksal gegenüber schwand, denn es erwuchs an ihrer Stelle eine großangelegte Fiktion der Männlichkeit mit allen daran geknüpften erhebenden Gefühlen der Schönheit, Vater- resp. Bruderähnlichkeit und nicht zuletzt — des Andersseins.

Die Kranke wandelte mit Hilfe ihrer Parapathie das Wellental der Verzagtheit und seelischen Not in den Wellenberg des Selbstbewußtseins, der Lustvorstellungen, der relativen Euphorie.[1])

Wie bei allen Kindern, die in der Parapathie Träger des elterlichen Ehegedankens sind, finden wir auch hier eine sexuelle Doppeleinstellung zu Vater und Mutter. In der Transvestitur stellt die Kranke den sexuellen Kontakt mit dem Vater her (Orgasmus beim Anlegen der Männerkleidung) und sucht in ihrer äußeren Triebeinstellung einen Mutterersatz. Allein es kommt noch ein psychologisches Motiv in Betracht. Für uns ist die Tatsache, daß nach mehreren transvestitischen Akten der erste Orgasmus beim Anlegen der Kleidung des Bruders erfolgte, von enormer Wichtigkeit. Die Szene trägt einen ausgesprochen fetischistischen Charakter und ist der Ausdruck einer unterbewußten Phantasie, in welcher die Kranke dem Bruder gleich geworden ist und als solcher auf die mütterliche Liebe vollen Anspruch erheben kann. Merkte sie doch genau, daß die Mutter den Bruder ihr vorzog. So kommt es bei dem Aufbau der Parapathie zur Verdichtung beider Ideale, Vater und Bruder (vgl. Madame Butterfly, Sitzung 31!) in dem Sexual- und Identifizierungsobjekte; zahlreiche Brücken führen von hier auch zum religiösen Komplexe und der Phantasie, sie sei der Sohn der heiligen Maria und gleichzeitig ihr Geliebter.

Aus Träumen und Tagesphantasien unserer Kranken ist diese Fixierung deutlich ersichtlich. Patientin nennt auch ihre Zimmerfrau „Mutter", dabei ist das Verhältnis der beiden wie das eines Gatten zur Gattin und eines Sohnes zur Mutter (Sitzung 1).[2])

[1]) Mein Assistent fand diesen Mechanismus ohne Kenntnis der *Adler*schen Theorie. Dr. *St.*

[2]) Patientin soll angeblich dem verstorbenen Sohne der Justine sehr ähnlich sein so daß das Verhältnis auch von der anderen Seite erotisch determiniert zu sein scheint

Die Haßeinstellung der Kranken zum Stiefvater läßt sich von den ersten Kinderjahren an deutlich verfolgen; die Kranke sträubte sich gegen die Wiedervermählung der Mutter, sie wollte ihr ja selbst den Gatten ersetzen.[1])

Bei dieser Betrachtungsweise ergibt sich eindeutig, daß an dem transvestitischen Akte die heterogene Komponente der Sexualität unserer Kranken verankert ist, wobei an Stelle des verpönten Inzestobjektes ein Symbol tritt: die Kleidung.

Aus der Identifizierung mit dem andersgeschlechtlichen Sexualobjekte ergibt sich die Anlage für die Homosexualität, deren volle Entfaltung durch später zu besprechende Ursachen bewirkt wurde. Bei unserer Kranken haben wir es mit der manifesten Homosexualität zu tun, doch ist anderen Krankengeschichten (siehe tiefer!) zu entnehmen, daß sie häufiger in latenter Form auftritt und noch Teile der heterogenen Sexualität an den Partner abgesetzt werden können.

Stekel behauptet, die Homosexualität sei eine infolge von Paraphilien und Haßeinstellungen, insbesondere Sadismus, erfolgte Flucht vor dem anderen Geschlechte. Wir können es auch in diesem Falle bestätigen, und zwar sehen wir hier die Hauptursache dieser Flucht im aktiven Kastrationskomplexe, einer im sadistischen Zeichen stehenden Phantasie. Wir kennen wohl bereits die Wurzeln des Kastrationskomplexes; doch seine Tragweite und insbesondere seine Bedeutung für die homosexuelle Parapathie wird uns erst klarer, wenn wir uns vergegenwärtigen, daß das Mädchen den Anblick des Membrums überhaupt nicht vertrug, daß sich der Kastrationsgedanke auf dem Wege der Assoziation dem Anblicke des Membrums unmittelbar anschloß (Sitzung 20).

Unter solchen Umständen ist für das Mädchen ein direkter Kontakt mit einem Penis undenkbar. Die Angst vor der eigenen Kriminalität und die daraus fließenden Schuldgefühle haben hier die Verdrängung der heterogenen Sexualität entschieden beeinflußt.

Ich betone an dieser Stelle ausdrücklich, daß ein passiver Kastrationskomplex analytisch nicht gefunden werden konnte. Es konnte nicht nachgewiesen werden, daß Patientin jemals der Vorstellung huldigte, sie hätte einen Penis bereits gehabt und ihn durch irgend welche Einflüsse, sei es im Mutterleibe — die Mutterleibsphantasie ist vorhanden! — oder im extrauterinen Leben verloren. Dagegen ver-

[1]) Nicht unwichtig ist der Umstand, daß Patientin am IV. rechten Finger einen Ehering trägt. Sie hat ihn gekauft, weil er ihr angeblich gefallen hatte.

möchten wir den aktiven Kastrationskomplex als ein ätiologisch hochwertiges Merkmal der Flucht vor dem anderen Geschlechte einwandfrei herauszukristallisieren.

Es ist nicht unwichtig zu bemerken, daß die Sexualität auch in der homogenen Richtung Hemmungen unterworfen ist, so daß wir tatsächlich von einem verringerten Kopulationsbedürfnis sprechen können. Diese Erscheinung durch die Tatsache zu erklären, daß die Sexualität ja an die Kleidung verankert sei, hieße oberflächlich urteilen. Auch kommt hier ein etwaiger somatischer Aufklärungsversuch nicht in Betracht, da es sich lediglich um eine Verladung der Sexualität, nicht aber um eine Ausfallserscheinung handelt. Es erweist sich vielmehr in der Analyse, daß die Verladung eine Äußerung der Flucht vor dem anderen Geschlechte sei und die Motive dieser Flucht das tiefste psychologische Problem des Falles umfassen.

An erster Stelle steht hier der religiös-asketische Komplex.

Die Lösung des Traumes 11 hat uns dem Verständnis dieses Problems näher gebracht. Die Transvestitur vollzieht sich tatsächlich „im Namen des Vaters, des Sohnes und des heiligen Geistes". Der „Vater" ist das primäre infantile Ideal, der „Sohn" (Bruder Eduard) das aktuelle Fixierungsobjekt, der „Heilige Geist" aber ist das große Wunder, welches die Kranke erwartet, das Wunder ihrer Geschlechtsmetamorphose, welchem sie mit Hilfe ihrer Parapathie Wirklichkeitswert zu verleihen sucht. Wir sehen vor uns eine äußerlich freigeistige, innerlich jedoch tief religiöse Natur und es wird uns klar, daß die große polare Spannung zwischen Trieb und Hemmung auf den psychischen Mechanismus dieses Falles von verhängnisvoller Wirkung sein mußte. Jetzt verstehen wir auch die häufige Koinzidenz der Gasthof- und Kirchenbilder in den Träumen der Kranken: Im Namen des Vaters, des Sohnes und des heiligen Geistes darf sie mit dem anderen Geschlechte nicht in erotische Beziehungen treten!

Nun wollen wir noch zwei andere, teilweise akzidentelle, androphob orientierte Triebkräfte erwähnen, die an der Entfaltung der Parapathie in nicht geringem Maße teilgenommen und in erster Linie die Verdrängung der heterosexuellen Komponente beeinflußt haben. Es sind dies die Kräfte, die aus der Fellatiophantasie und dem um das 15. Lebensjahr stattgefundenen Erlebnis mit dem Exhibitionisten ihren Impuls geschöpft haben. Die erste kommt in den diversen Eßphobien zum Ausdruck (Sitzung 17), ist in der Sexualaufklärung enthalten (Sitzung 11) und spricht aus den lustreichen Akten an den Mamillen des Weibes (Sitzung 18) sowie der Identifizierung der Kranken mit dem saugenden Jesuskinde (Sitzung 19). Hierher gehört auch der Kunnilingus, der Saugakt an der Klitoris, dem weiblichen Membrum, schließlich der Inhalt des Traumes 7. Wir müssen notwendigerweise annehmen, daß der Anblick eines männlichen Genitale außer der Kastrationsassoziation auch eine Fellatioassoziation, womöglich noch als die primäre verursacht haben müsse.

Auch diese Assoziation ist geeignet, die Angst vor dem Membrum zu verstärken, die Distanz zum anderen Geschlechte zu vergrößern und somit pathogen zu wirken.

Die Wirkung des traumatischen Erlebnisses mit dem Exhibitionisten gibt Patientin (Sitzung 17) selbst an.

Hirschfelds biologische Theorie des Transvestitismus haben Psychanalytiker (*Stekel*, Bd. III, Analyse einer Transvestitin) bereits widerlegt, auch dieser Fall konnte für jene Auffassung keinen Anhaltspunkt bieten. Es gelang uns vielmehr, die Genese dieser Triebrichtung auf psychosexuellem Gebiete zu ergründen und ihre Zusammenhänge zu erschließen.

Die Zurückführung des Transvestitismus seitens der Patientin auf das 3. Lebensjahr (Wintermantel) beruht auf einer Erinnerungsfälschung; es handelt sich bloß um eine Auswirkung des nachstehend zu besprechenden Häßlichkeitskomplexes.

Der eigentliche transvestitische Gedanke taucht zum ersten Male erst im 12./13. Lebensjahre (Sitzung 14) im Anschluß an die Depression wegen des Penismangels auf.

Der normale Weg zum Manne war für das Mädchen durch schwere Angst- und Ekelvorstellungen versperrt; das Selbstbewußtsein infolge krimineller Gedanken, grober Erziehungsfehler und vermeintlicher Häßlichkeit gedrückt. Der verwundete Narzißmus fand von selbst den Weg zur Lust und Schönheit. Im 3. Lebensjahre hatte das Mädchen zum ersten Male das Vollgefühl der Schönheit durch das Anlegen des Wintermantels erlebt. Nicht die Ähnlichkeit mit dem Husarenrocke war es, die das Mädchen veranlaßte, den Mantel ununterbrochen zu tragen (Sitzung 14), sondern die einfache Tatsache, daß sie sich darin schön vorkam. Der Zusammenhang zwischen „schön" und „männlich" ist ihr erst später aufgefallen. Sie merkte einmal, daß sie ein hübscher Mann sei. Die Ähnlichkeit mit dem Vater ergab einen willkommenen, von der Elektrabindung stammenden sexuellen Impuls zur Herbeiführung der Metamorphose. Wüßten wir dies nicht und hielten uns daran, daß die Kleidung in diesen Fällen nur der Ausdruck einer Wesensart und die Erscheinung eine Zwischenstufe sei (*Hirschfeld*), dann wäre uns der Orgasmus bei der Transvestitur völlig unverständlich. In der Transvestitur verschmolzen hier inzestuöser Sexualgenuß und das Schönheitsgefühl miteinander; es kam zur Resurrektion des infantilen narzißtischen Ideals. Nach dem Vorbilde des geliebten Vaters (Bruders) dem Schicksal zum Trotze und Gott zu Ehren „Mann" zu sein resp. zu scheinen: dies war der tiefste Sinn ihres Transvestitismus.

III. Kritische Bemerkungen über *Hirschfelds* Buch: „Die Transvestiten"[1]) und unsere Auffassung über Transvestitismus.

Hirschfeld, dem wir auf dem Gebiete des Transvestitismus die ersten ausführlichen Krankenschilderungen verdanken, mit einem Versuche, auf die Erscheinung kritisch einzugehen, übersieht in seinen Analysen die Äußerungen der latenten Homosexualität und behandelt den Transvestitismus als sexuelle Zwischenstufe ganz gesondert. Im Bande „Onanie und Homosexualität" hat *Stekel* dieses System widerlegt. In der Tat ist der Grund, warum der bedeutende Forscher ein so wichtiges Charakteristikum des Transvestitismus übersehen konnte, nur in dem Umstande gelegen, daß *Hirschfeld* in seiner umfang- und inhaltsreichen Arbeit auf die Technik der psychologischen Tiefenforschung verzichtet hat. Seine Kranken lehnen teilweise die Homosexualität affektativ ab (Fall I, III und VIII) oder sie träumen (fast alle) von geschlechtlichen Umarmungen mit Personen gleichen Geschlechtes, wie Fall II, III, IV, VII u. a., oder sie können (fast alle) nur in actu succumbentes kohabitieren (I, III, V, XIII u. a.), oder endlich sind sie ausgesprochene Homosexuelle, wie Fall VII, XII oder XV. Wir wissen[2]), daß es sich bei den sogenannten „normalgeschlechtlichen" Transvestiten um Masken der Homosexualität handelt.

Haben wir in unserem Falle ein geringes Kopulationsbedürfnis gesehen, so finden wir auch in der *Hirschfeld*schen Kasuistik die gleichen Verhältnisse.[3]) Von seinen 17 Fällen übte I den ersten Koitus erst mit 24 Jahren aus und enthielt sich dann 4 Jahre jeglichen Verkehrs; II verkehrte erst nach dem 20. Lebensjahre; III hat vor dem 35. Lebensjahre nie mit Frauen Umgang gehabt; IV kam in 6 Jahren „gar nicht der Gedanke", mit seiner Geliebten sexuell zu verkehren. Auch die übrigen verkehren jahrelang nicht. Daß diese Er-

[1]) Die Transvestiten, eine Untersuchung über den erotischen Verkleidungstrieb. Verlag Max Spohr, Leipzig. — *Hirschfelds* „vier Grade der Zwischenstufen" Hermaphroditen (I. Grad), Androgynen (II. Grad), Uranier (III. Grad) und Transvestiten (IV. Grad).

[2]) *Stekel*, Bd. II.

[3]) l. c. S. 167.

scheinung größtenteils religiös-asketischen und narzißtischen Motiven entstammt, ist bereits erwähnt worden.

Wir begegnen in den *Hirschfeld*schen Krankenschilderungen auch auffallend häufig masochistischen Tendenzen, welche, wie wir wissen, Umkehrerscheinungen sind und mit Askese einen gewissen Zusammenhang haben.

Masochismus darf nach dem Gesetze der Bipolarität aller psychischen Phänomene (*Stekel*) nicht gesondert behandelt werden, wie dies *Hirschfeld* tut, indem er dem Verhältnis desselben zum Transvestitismus ein spezielles Kapitel widmet. Der Masochismus ist ein Pendant zum Sadismus, eine parapathische, ethisch determinierte Umkehrerscheinung (der gegen das eigene Ich zurückflutende Haß). Ist es doch in erster Linie der innere Konflikt mit dem Sadismus, der die Sexualität der Kranken in versteckter und offener Form der Homosexualität zutreibt, der bei weitem wichtigsten Erscheinung im Bilde des Transvestitismus. *Hirschfeld* spricht von dem manifesten, d. h. dem im Verhältnis zum Liebespartner auftretenden Masochismus. Sein einziger analysierter weiblicher Fall und mein vorliegender weisen aber in bezug auf den Partner keine Spur von Masochismus auf: im Gegenteil, sie sind hoch aktiv und zeigen gelegentlich sadistische Züge. Der Masochismus, wie er in *Hirschfelds* Kasuistik zu sehen ist, ist ein Spezifikum der männlichen Transvestiten und es will mir scheinen, als ob diese Erscheinung auch den sexuellen Passivismus, das „Weibsein" der Kranken in einer krassen Art versinnbildlichen sollte.[1]) Doch findet eine tiefer sondierende Psychologie in jedem dieser Fälle als polare Erscheinung auch jenen Sadismus, welcher ursächlich mit der latenten oder manifesten Homosexualität des Transvestiten zusammenhängt.

Welche Rolle die Nachahmung bei dem Transvestitismus spielt, wie die Identifizierung mit den andersgeschlechtlichen Objekten vor sich geht, schließlich wie sehr der infantile Narzißmus an dem Zustandekommen der Parapathie beteiligt ist, ersieht man deutlich aus den Darstellungen der Kranken *Hirschfelds*. Leider ist dabei das Inzestproblem unberücksichtigt geblieben, obwohl manche seiner Kranken eine ziemlich deutliche Sprache darüber führen.

So sagt Fall I[2]): „Meine Mutter und Schwester fertigten viel Handarbeiten, für die ich reges Interesse bekundete. Ich lernte daher selbst häkeln und brachte mit ziemlicher Geschicklichkeit hübsche Häkelarbeiten in Wolle und Zwirn zustande . . ."

[1]) Nach *Krafft-Ebing* bedeutet Sadismus „eine pathologische Steigerung männlicher psychischer Geschlechtscharaktere". (Zit. nach *Hirschfeld*, l. c.)

[2]) S. 7 l. c.

Ferner: „. . . Pfeifen kann ich sehr gut, darin bin ich ganz Mutters Sohn, denn meine Mutter konnte ausgezeichnet pfeifen . . ."

Fall II berichtet, daß ihn die Schürzen seiner Schwestern unwiderstehlich verlockten; Fall IV zog sich zum ersten Mal heimlich das cremefarbene Damastkleid seiner Mutter an; Fall V versuchte im Alter von 4 Jahren und später das Kleid der Schwester anzuziehen; Fall VI, VII, XI, XII, XIII, XVI und XVII berichten Ähnliches. Das Argument, die Kranken hätten in ihrer Jugend keine andere Gelegenheit zur Transvestitur gehabt als mit Hilfe der Kleider ihrer Mütter und Schwestern, ist wohl richtig, ebenso wie das Argument, daß man nur dann die Eigenschaften des anderen Geschlechtes sich anzueignen wünscht, wenn man psychisch entsprechend prädisponiert ist; doch liegt, wie unsere Analyse zeigt und wie es zweifellos aus jedem der *Hirschfeld*schen Fälle zu ersehen wäre, wollte man die Analysen vertiefen, eine Inzestbindung als primäres und treibendes Motiv der Metamorphose vor. Diese ergibt eben die erwähnte Prädisposition. Wie weit dabei der Wunsch die subjektiven Empfindungen beeinflussen kann, ersieht man z. B. aus dem Berichte eines transvestitischen ungarischen Arztes an *Krafft-Ebing*[1]: „. . . Alle 4 Wochen, zur Vollmondszeit, habe ich 5 Tage lang alle Molimina wie eine Frau, körperlich und geistig, nur daß ich nicht blute, während ich das Gefühl von Abgang von Flüssigkeit, ein Gefühl von Geschwollensein der Genitalien und des Unterleibes (innen) habe; eine sehr angenehme Zeit . . ." (!)

Vielfach vernimmt man, die Kranken hätten sich durch Übung eine Fistelstimme angeeignet oder den Gang der Mädchen und ihr Wiegen in der Hüfte nachgeahmt (Fall V); auch Träume bringen in dieser Hinsicht ganz typische Wunscherfüllungen zum Ausdruck, so z. B. der von Fall VII, den ich wörtlich zitiere:

„Ich war eine Ritterdame in einem geräumigen altdeutschen Zimmer. Ich hatte ein hellblaues Gretchenkostüm an und einen Knaben an der Brust, während ein kleines täppisches Mädchen zu meinen Füßen mit der Puppe spielte. Von der Holzveranda überblickte ich Wälder, Täler, Höhen. Ich legte das Kind in die Wiege und ging ans Spinnrad. Das kleine Mädchen hielt sich an meinem Kleide fest und sagte: Mutti![2]) Da küßte ich es auf die Stirn. Eine Fanfare schmetterte und mein sieghafter Gemahl trat ein. Seine kräftigen Männerarme umschlangen mich."[2]) — Der

[1]) Zit. nach *Hirschfeld*, l. c. S. 246.

[2]) Von mir gesperrt.

Traum bedarf in seiner Eindeutigkeit in bezug auf die Identifizierung keiner Analyse.

Besonders lehrreich ist aber der Bericht des Falles VII von *Hirschfeld:*

„In dem kleinen Jungen entwickelte sich nun sehr bald eine Zuneigung zu seiner ein paar Jahre alten Schwester, besonders zu ihrem Hals oder Halsausschnitt und zu ihrer gesamten Kleidung.[1]) Er empfand diese Neigung schon deutlich als erotisch; denn sie wurde für ihn bald zu einer inneren Heimlichkeit. „Kam meine Schwester aus der Schule und setzte sich dann zum Mittagessen nieder, so kletterte ich von hinten auf ihren Stuhl und bedeckte ihren Nacken mit innigen Küssen . . ."

Ferner heißt es[2]): „ . . . Dagegen hatte er das „Vergnügen", daß ausnahmsweise die Tochter des Schuldirektors[3]) in der gleichen Klasse mitunterrichtet wurde. Beim Nachhausegehen folgte er ihr oft von fern. Wieder regte sich der Wunsch, so ein Mädchen „in duftigem, tief ausgeschnittenem Kleide" sein zu können . . ."

„ . . . Im 9. Jahre stellten sich Nacht- und Tagträume ein.[4]) Ich hatte die Illusion, als stände eine ganze Reihe der schönsten Frauen in ausgeschnittenen Gewändern vor mir und ich küßte und beleckte sie an Hals und Brust nach Herzenslust . . ."[5])

„ . . . Mit 10 Jahren geriet er in eine heftige Erregung beim Anblick eines „stark dekolletierten Mädchens von 6—7 Jahren".[6]) In seinem Bericht vibrierte dieser Eindruck noch so sehr nach, daß er die Einzelheiten der Kleidung dieses Mädchens genau angibt. „Ich bedauerte, daß ich nicht auch so frei und luftig um den Hals gehen, nicht auch die Haare so schön lang wachsen lassen durfte"[7]) usw."

Ferner[8]):

„ . . . Im Sommer desselben Jahres konnte ich der Versuchung nicht länger widerstehen: ich schlich in unbewachten

[1]) Von mir gesperrt.

[2]) l. c. S. 59.

[3]) Schwesterersatz. Von mir gesperrt. Schuldirektor für Vater.

[4]) Tagträume, das typische Symptom der Parapathie, der Spaltung der Persönlichkeit.

[5]) Von mir gesperrt. Hier können wir eine Haremkonstruktion beobachten. „Vielheit" tritt an Stelle einer verpönten „Einheit".

[6]) Deutliche Schwesterimago.

[7]) Identifizierung mit dem unerreichbaren Sexualobjekte. Von mir gesperrt.

[8]) l. c. S. 61.

Augenblicken an den Korb mit der schmutzigen Wäsche, holte mir ein Hemd meiner Schwester hervor und zog es mir über. Es roch so schön nach Schweiß. Mein Herz klopfte zum Zerspringen, Schauer durchrieselten meinen Körper und ich zitterte wie Espenlaub. Vor Entzücken biß ich in die Kanten des Brustausschnittes und schlug klatschend auf meine Brust. Schultern und Oberarme . . ."[1])

Die Wandlung des Inzestgedankens in Fetischismus und schließlich in Transvestitismus kann man diesen Fragmenten unschwer entnehmen. Interessant ist auch ein Passus im Berichte von Fall VI:

„ . . .Endlich wurde ich dreister, trat mit der Behauptung auf, meine Stiefel drückten mich beim Schlittschuhlaufen und veranlaßte meine Mutter, mir ihre zu borgen. Dies fiel nicht weiter auf. Ich war damals so wild, daß ich manche Mädchen, deren Schuhe mir gefielen, hätte überfallen mögen, um mich ihrer Fußbekleidung zu bemächtigen . . ."[2])

Der Spiegel und die Selbstbewunderung nehmen in den transvestitischen Krankheitsbildern eine besondere Rolle ein, ja es kommt sporadisch sogar zu exhibitionistischen Akten. (Hier würde vielleicht die Tiefenpsychologie den Schönheitskomplex feststellen können.)

Hirschfelds Fall III sagt: „ . . . Wenn ich . vor dem Spiegel so viel Weibliches an mir erblicke, werde ich vollständig ruhig . . ., es ist wie ein Ausruhen bei großer Müdigkeit, wie das Heimatsgefühl der ganzen Individualität in der Rolle der Frau . . ."

Fall XII: „ . . . Nächte brachte ich damit zu, vor dem Spiegel zu sitzen und mich mit Hilfe der Kostüme meiner Mutter als Frau zu verkleiden . . ."

Fall VII erzählt: „ . . . Damals empfand ich in meinen Brüsten ein wollüstiges Gefühl, so daß ich mir mein Knabenhemd zuweilen öffnete und meine Brüste betastete . . .

Ferner heißt es über diesen Fall[3]): „An heißen Sommertagen spazierte er in der Umgebung auf Waldwegen umher, statt der Weste nur mit einem Gürtel angetan. An den Hut steckte er sich Rosen, den Gehrock hängte er über den Arm, Kragen, Vorhemd und Schlips praktizierte er in die Tasche. Jetzt war das Damenhemd, das er trug, und vor allem sein „Schwanenhals". den er zudem noch mit einem

[1]) Ein narzißtischer Zug — Brust, Schultern und Oberarm haben bei ihm eine partialistische Bedeutung. Vgl. S. 567. Beachte auch den sadistisch-masochistischen Zug in der Transvestitur!

[2]) l. c. S. 55. Von mir gesperrt.

[3]) l. c. S. 67.

schwarzen Samtbändchen und goldenem Medaillon schmückte, in ganzer „Schönheit" für jeden zufälligen Passanten sichtbar."

Wir wollen uns nun die Frage vorlegen, ob wir den Transvestitismus unter den Begriff des Fetischismus, und zwar des Kleiderfetischismus, subsumieren dürfen.

Hirschfeld verneint diese Frage, indem er[1]) betont, daß der Fetischist „das Objekt seiner Neigung in erster Linie in Verbindung mit einer zweiten Person, in mehr pathologischen Fällen auch von dieser losgelöst, allein für sich liebt (z. B. einen abgeschnittenen Zopf, ein entwendetes Taschentuch), keineswegs aber hauptsächlich als Teil von sich selbst", daß der in seinen Fällen „so ausgeprägte Drang, die Gestalt des geliebten Gegenstandes anzunehmen, sich mit ihm zu identifizieren", bei dem Fetischisten nicht vorhanden sei.

In dieser Scheidung des Transvestitismus vom Fetischismus berührt *Hirschfeld* nur die Oberfläche des Problems; die wahren Unterschiede sind jedoch tiefer gelegen.

Zusammenfassung.

Nach eingehender Besprechung mit Dr. *Stekel* kommen wir in dieser Frage zu folgenden Resultaten:

Beim Transvestitismus ist die fetischistische Systembildung, die ungemein starke Verdichtung des Symbols und seine mehrfache Verwendung im Dienste einer bestimmten Tendenz nicht vorhanden. Das Kleid ist der Ausdruck eines starken Wunsches, einer überwertigen Idee: „ich möchte ein Mann (ein Weib) sein."

Während der Fetischismus eine Religion darstellt, die dazu bestimmt ist, den Gefahren der Sexualität und der aktiven Sexualbetätigung auszuweichen, wird hier das Kleid verwendet, mit der bestimmten Tendenz, dem Häßlichkeitskomplexe durch Flucht in das andere Geschlecht zu entgehen. Wir sind wohl überzeugt, daß der Mechanismus in anderen Fällen eine andere Bedeutung haben kann; doch ist es Dr. *Stekel* fast immer gelungen, den „Schönheits"- resp. „Häßlichkeitskomplex" als determinierenden Faktor nachzuweisen, wie in dem Falle eines sonst heterosexuellen Schauspielers, der Frauenkleider trug, um zu sehen, ob er schön genug sei, um als Weib Eroberungen zu machen. Daraus zeigt sich als überwertige Idee ein Rivalitätsverhältnis mit dem anderen Geschlechte, das sozusagen auf dessen eigenem Boden geschlagen wird.

[1]) l. c. S. 203.

Die starke Impulsivität, an welcher der Fetischist leidet, beschränkt sich hier auf den Impuls, in der Kleidung des anderen Geschlechtes auszugehen. In der Verkleidung fühlt sich der Transvestit als ein bisexuelles Wesen, ein altes, infantiles Ideal erfüllend (das „Lingamprinzip“).

Das treibende infantilistische Motiv ist hier — in anderen Fällen scheinen ähnliche Verhältnisse vorzuliegen — eine Inzesteinstellung, in unserem Falle der Wunsch, der Mutter den Mann zu ersetzen. Diesen primären Kern hat der Transvestitismus mit dem Fetischismus gemeinsam, ebenso die konzentrische Einschränkung des erotischen Horizontes und ebenso in manchen Fällen die Tendenz zur Askese, d. h. das Bestreben, der eigentlichen Geschlechtsbestimmung auszuweichen. Auch die Märtyrertendenz (für die Ideen zu leiden), jene merkwürdige religiös-libidinöse parapathische Konstruktion, wie sie in der Christusneurose des Fetischisten zu sehen ist, finden wir im Transvestitismus wieder; die überwertige Idee ist beiden Paraphilien gemeinsam.

Wir können den Transvestitismus trotz seiner auffallenden inneren Ähnlichkeit mit dem Fetischismus nicht als echten Fetischismus bezeichnen; er stellt eine besondere Form der Zwangsneurose dar, in welcher das Begehren nach dem Genitale des anderen Geschlechtes auf das Kleid verschoben ist.

Der Transvestit begnügt sich mit dem Scheine, dem entgegengesetzten Geschlechte anzugehören, er benötigt einen „Fetzen Realität“, um seine ursprüngliche Fiktion der Geschlechtsumwandlung aufrecht erhalten zu können. Während der echte Fetischist gewöhnlich eine Szene aus der Vergangenheit rekonstruiert und wieder zum Kinde wird, um etwas Bestimmtes zu erleben, verlegt der Transvestit einen unerfüllten Wunsch in die Zukunft und erwartet das große Wunder seiner Erfüllung, das Wunder der Geschlechtsmetamorphose.

Der Fetischismus hat somit eine retrospektive, der Transvestitismus eine prospektive Tendenz.

XVII.

Rückblick und Ausblick.

> Ein Narreng'wand wird immer besser 'zahlt als ein vernünftiger Anzug.
>
> *Nestroy.*

Der Fetischismus zeigt uns eine merkwürdige Verschmelzung von Synthese und Antithese. Das eigenartige Phänomen, daß der Parapathiker sich selbst nicht versteht, rührt von der Spaltung seines Ich her. Man kann bei jedem Fetischisten eine Periode beobachten, in der das fetischistische Ich und das moralische Ich im Kampfe liegen. Das Gesamt-Ich nimmt in diesem Kampfe bald für die eine, bald für die andere Komponente Partei. Schließlich kommt es zu einer Kompromißbildung, zur Synthese der beiden Strömungen. Um diese Synthese zu verstehen, müssen wir etwas tiefer auf die Psychogenese der moralischen Persönlichkeit eingehen. In jedem Menschen wohnt ein moralischer Imperativ. Er ist angeboren und anerzogen, setzt sich aus Eigenem und Fremdem zusammen. Vieles von dem Fremden (Erziehung, Beispiel, Religion, Gesetz) wird durch geistige Assimilation zum Eigenen. Dieser moralische Imperativ verlangt seine Erfüllung. Er errichtet vor unserem geistigen Auge ein Ideal-Ich *(Freud)*, dessen Ziele bis in das Göttliche reichen. Die Gottheit ist die Projektion dieses Ideal-Ich in die Unendlichkeit. Diesem Ideal-Ich oder Gott-Ich steht als Gegensatz das Tier-Ich, das primitive Ich entgegen. Tier-Ich und Ideal-Ich, Trieb und „moralischer Imperativ" befinden sich im steten Kampfe.

Das Ideal-Ich verlangt Unterwerfung unter die Gesetze der Ethik, verlangt Opferung der Triebe, verlangt Gemeingefühl, verlangt aber auch Erhebung über den Alltag und über den Durchschnitt.

Der in jedem Individuum vorhandene Drang zur Unabhängigkeit manifestiert sich in zweierlei Weise. Er trachtet zu erreichen: 1. Die Unabhängigkeit gegenüber den Forderungen der Umwelt. (Äußere Freiheit.) 2. Die Unabhängigkeit gegen die Forderungen des eigenen Trieblebens. (Innere Freiheit.)

Im ersteren Falle stellt sich das Individuum den Forderungen der Welt gegenüber mit Trotz ein. Gegen die Forderungen des moralischen Imperativs der Gesellschaft wird ein amoralischer Gegenimperativ errichtet, der den Trieb zum Gott macht und einer Weltanschauung des Auslebens huldigt.

Andrerseits macht jeder Mensch den Versuch, seine eigenen Triebe zu überwinden und sich zum Herrn seines eigenen Ich zu machen: die innere Freiheit.

Nach innerer und äußerer Freiheit lechzen alle Menschen, wobei der moralische und amoralische Imperativ die Rolle des Feindes und Unterdrückers übernimmt.

Der Fetischist steht mitten zwischen beiden Gewalten. An seiner Seele zerren sowohl der moralische als der amoralische Imperativ. Er muß schließlich zu einem Kompromiß gelangen, in dem er das Unmögliche vollbringt: beiden Forderungen gerecht zu werden. Er hat seine Religion gefunden. Er verschmilzt sein Tier-Ideal mit dem Gott-Ideal Sein Fetisch wird also für ihn sein Gott, genau so wie er es für den Primitiven ist. Er ist die Karikatur dieses Gottes. Aber hinter den verzerrten grotesken Zügen des Tieres entdeckt der Analytiker die göttlichen Linien. Gerade diese Beimengung des Religiösen und Idealen macht den Fetischismus fast unlösbar. Wir kommen daher zur Formel, die im ersten Momente widersinnig erscheint: Der Fetisch repräsentiert das Gott-Ich u n d das Tier-Ich. Die Synthese zwischen Gott und Satan scheint gelungen. Beide herrschen, aber diese Teilung der Herrschaft bietet die Gewähr, daß weder Gott noch der Satan die Alleinherrschaft der Seele antreten können. Liebe und Religion sind zu einer mystischen Einheit verbunden. Wenn Lieben nichts anderes heißt, als seinen Gott gefunden zu haben, so hat der Fetischist sein verlorenes Liebesideal. das ihm das Gewissen als Vertreter des moralischen Imperativs entreißen wollte, mit Gott vereint. Er hat in seinem Liebesideal seinen Gott, in seinem Gott seine Liebe wiedergefunden. Er hat Himmel und Hölle zu einem Zwischenreich vereint, aus dem es weder einen Ausgang in den Himmel noch in die Hölle gibt.

Wunderbar kombinieren sich beim Fetischismus zwei andere bipolare Tendenzen: Der Drang, sich öffentlich zu betätigen und die Tendenz, die Paraphilie geheim zu halten. Es scheint, daß jedes Geheimnis eine latente Kraft darstellt, sich in Bekanntes zu verwandeln. Der Impuls drängt den Fetischisten in die Öffentlichkeit. Schließlich masturbiert er öffentlich oder erregt ein anderes öffentliches Ärgernis und sein Geheimnis kommt ans Tageslicht. (Die gärende Macht des Geheimnisses.) Dieser Impuls entspricht auch dem Gegenzwange, den Zwang loszuwerden. Nach Gerichtsverhandlungen, nach Analysen sieht man oft Besserungen, welche nur darauf zurückzuführen sind, daß der Fetischismus den Charakter des Geheimen verloren hat. Der Fetischist befindet sich in einer furchtbaren sozialen Isolierung, er ist stolz darauf und leidet darunter. Die Sehnsucht nach dem Normalen kämpft mit dem Stolze, ein Abnormaler, eine Ausnahme, ein Besonderer zu sein.

Das geheime Schuldbewußtsein, ohne das es keinen echten Fetischismus gibt, treibt den Fetischisten in Situationen, in denen er für seine Paraphilie leidet. Wir haben gesehen, wie stark in allen Fällen der ursprüngliche Sadismus ist. Er wendet sich dann gegen das eigene Ich und wird zum Masochismus, was dann der Fiktion einer Märtyrerrolle entspricht.

In allen Fällen konnten wir eine Einengung des erotischen Horizontes (pathologische Treue) feststellen. Diese Einengung des erotischen Horizontes führt zu einer konzentrischen Einschränkung des gesamten geistigen Blickfeldes. Es bestätigt sich eine alte Wahrheit, daß die Erotik unsere gesamte Affektivität speist, d. h. daß das Phänomen des Interesses mit der Erotik innig zusammenhängt. Wir erstaunen immer mehr, wenn wir sehen, wie die Sexualität das ganze Denken und Fühlen des Menschen, seine Lebensführung, seine soziale Einstellung determiniert. Der Fetischist steht unter der Herrschaft einer überwertigen Idee (Idée fixe). Eine solche Einstellung ist die Folge einer fixierten Affektivität. Hinter dieser Affektivität steht ein bestimmtes Begehren. Der Fetischist ist der Parapathiker, der auf sein infantiles Ideal nicht verzichten kann und nicht verzichten will. Seine Tendenz ist eine retrospektive. Er möchte das Unmögliche: Die Vergangenheit wieder beleben und sie zur Gegenwart machen. Diese Tendenz rückt ihn von der Realität ab und zwingt ihn zur Konstruktion einer Fiktion. In dieser Fiktion scheint das erste Erlebnis von größter Bedeutung zu sein. (Es fragt sich aber, ob dieses erste Erlebnis nicht eine Deckerinnerung im Sinne von *Freud* ist und eine viel wichtigere Einstellung zu verbergen hat.) In seinen Tagträumen erlebt der Fetischist wieder die Vergangenheit. Daher mag es kommen, daß die Träume der Fetischisten so selten ihrem System entsprechen. Man sollte a priori annehmen, daß die Fetischisten immer wieder von ihrem Fetisch träumen und die Wunscherfüllung in ihren Träumen erleben. Unsere Analysen haben uns das Gegenteil gezeigt. Die Träume sind sehr selten Ausdruck ihres Systems. Sie enthüllen vielmehr die versteckte asketische Tendenz, sie sind Warnung und Drohung und vergebliche Versuche, die Paraphilie zu überwinden. Sie sind meistens prospektiv gerichtet. Dieser Gegensatz zwischen dem nächtlichen Traumleben und den Tagträumen ist ein wichtiges Charakteristikum des echten Fetischisten.

Wie haben wir uns die Entstehung eines Fetischismus vorzustellen?

Als nie fehlenden Kern sehen wir den Inzestwunsch. Dieser Inzestwunsch ist mit irgend einem Kleidungsstück oder einem Gegenstande verknüpft, der infolge der Affektverschiebung (Verladung) der Repräsentant dieses Wunsches wird. Dieser Wunsch ist ein unerfüllbarer und durch die Gebote der Religion und Ethik unerreichbar. Alles Unerfüllte ist ewig im Menschen. Die Hoffnung auf eine Erfüllung dieses Wunsches wird aus der Realität in die Welt der Phantasie verlegt. Es kommt zur Bildung einer Fiktion, in der der Fetisch die Stelle der begehrten Person annimmt. Infolge der Verdrängung wird der ursprüngliche Wunsch von dem Objekte abgelenkt und auf den Fetisch gerichtet. Der Impuls erfährt eine Verschiebung (Impulsverschiebung). Infolge einer Trotzeinstellung gegen Gott und das Schicksal kommt es zu folgender Formulierung: Wenn ich das begehrte Objekt (Mutter oder Schwester oder eine andere Erziehungsperson) nicht erreichen kann, so verzichte ich auf jeden anderen Partner.[1]) Die vorübergehende Trotzattitude gegen Gott, die blasphemische Periode, die Sündhaftigkeit der Wünsche führt zu einer Verdrängung, verstärkt das Schuldgefühl, unterstreicht die asketischen Tendenzen, so daß die Fiktion einen religiösen Charakter annimmt. Sie ersetzt die Religion, wie sie ursprünglich den Inzest ersetzt hat. Infolge des starken Affektes kommt es zu einer Einengung des Bewußtseins. Das gesamte geistige Leben spielt sich innerhalb der Fiktion ab. Zu diesem Behufe übernimmt der Fetisch die Rolle eines echten Symbols durch Verdrängung, Verladung und Verdichtung. Um den ursprünglichen Inzestkern bilden sich neue Auflagerungen. Alle paraphilen Regungen werden in das Schema eingetragen. Das Leben in der Fiktion führt schließlich zu einer hochgradigen Spaltung des Bewußtseins, so daß sich der Affektwert der Realität immer mehr verringert, während die Traumwelt reichlich Ersatz bietet. Infolge der Affektverarmung verliert die Wirklichkeit das Interesse. Infolge der Wiederholung verstärkt sich die Fiktion, so daß sie fast den Charakter der Realität annimmt und der Kranke schließlich an seine Fiktion glaubt. Er wird zum Dichter seines eigenen Lebens.

In jedem Menschen schlummert ein heimlicher Dichter, der sich in seinen Träumen offenbart. Im Traume spricht das Unbewußte seine eigene Sprache. Die Rätsel des Traumes lassen sich nur deuten, wenn man die archaische Symbolsprache der Seele, wenn man die Mechanismen der Umwertung, der Verwandlung in das Gegenteil, der Verschiebung und Verdichtung kennt, wie sie uns *Freud* mit genialer Meisterschaft enthüllt hat. Wir haben mit Erstaunen gesehen, wie der Fetischist

[1]) Und so werden die Affekte, die diesem gebühren sollten, ebenfalls an das Objekt gehängt.

die gleichen Mechanismen anwendet. Der Fetisch erhält seinen spezifischen Wert als Symbol. Dieses Symbol aber erhält durch Umkehrung, Verdichtung und Verschiebung einen unschätzbaren Affektwert. Der Fetischist bildet sein System, als wenn er einen Traum konstruieren würde.

Das Studium des Fetischismus hat uns einen Gewinn gebracht, auf den wir von Haus aus nicht ausgegangen sind. Wir haben die überragende Bedeutung des Symbolismus kennen gelernt und dürfen hoffen, vom pathologischen Symbolismus zum Verständnis des normalen Symbols vordringen zu können. Denn die Begriffe „parapathisches Symbol" und „Symbol des Normalmenschen" sind scharf zu trennen.

Die Parapathie ist die Tyrannei der Symbolismen! — habe ich einmal ausgeführt. Und der Fetischismus ist gerade jene Form der Parapathie, welche uns diese Tyrannei in ihrer stärksten Ausbildung vor Augen führt. Der Normalmensch ist auch der Macht des Symbols untertan. Die ganze Welt ist ja erfüllt von Symbolismen. Aber nur wenn das Symbolische das Reale überwuchert, haben wir das Recht, von einem „parapathischen Symbolismus" zu sprechen.

Zuerst müssen wir uns über das Wesen des Symbols auseinandersetzen. Es wird vieles als Symbol bezeichnet, was dem wahren Wesen des Symbols nicht entspricht.

Was verstehen wir unter einem Symbol? Diese Frage drängt nach Erledigung.

Der Begriff „Symbol" ist ein schwankender. Er wurde bald in weiterer, bald in engerer und überhaupt in verschiedener Anwendung gebraucht. Der Bedeutungswandel, den Wörter im Laufe der Zeit erfahren, geht meistens in degradierender Richtung vor sich; sie sinken zu etwas minderem herab, z. B. Fräulein, Dämon, Kalfakter, gemein.

Zu dem selteneren Gegenteil gehört das Wort „Symbol" (Symbolon), das ehemals in einigen recht banalen Bedeutungen gang und gäbe war, wie: Erkennungsmarke, Siegelring, Vertrag, Paß, Steuerquittung u. dgl., mit der Zeit dann diese geringeren Bedeutungen ganz abstreifte und die daneben vorkommende philosophisch-religiöse Bedeutung (die etwa zwischen Vorzeichen, Zeugnis und Offenbarung schwankte) immer mehr verfeinerte und verinnerlichte, bis das Wort — abgesehen von seiner rein kirchlichen Bedeutung als „Symbolum" dieser oder jener Konfession — den besonders in der Ästhetik so tonangebenden, vielsagenden und auch recht umstrittenen Sinn gewann, den wir heute kennen. Mit „kennen" ist freilich — angesichts des schwankenden Gebrauchs — zu viel gesagt; aber es läßt sich doch nicht verkennen, daß der Begriff in der Entwicklung von seinen Anfängen her sich gewissen Merkmalen zielstrebig genähert hat, die man nun als ihnen charakteristisch betrachten darf. Bevor wir versuchen, diese Merkmale in einige Worte zusammenzufassen, wird es gut sein, einige Autoren zu hören, die an der rezenteren Entwicklung oder Festlegung des Begriffes beteiligt sind, eine Zusammenstellung, bei der das vorzügliche Werk „Geschichte des Symbols“ von *Max Schlesinger* (Berlin 1912) gute Führerdienste leistet.

Besonders verdient um die Erneuerung und Abklärung des Symbolbegriffs ist *Friedrich Creuzer*, jener Romantiker und Mytholog, auf den in der psychanalytischen Literatur *Herbert Silberer*, den wir als Symbolforscher noch zu würdigen haben werden, mit Nachdruck hingewiesen hat. *Creuzer* resumiert die Entwicklung des Symbols in seiner überschwänglich-genialen, gehaltvollen Weise und fügt zu dem bis dahin Bekannten so manchen neuen Gesichtspunkt. Er hat vor allem das Symbol als Lehr-Vehikel im Auge. Hier nur einige seiner Äußerungen: „. . . Es (das Symbol) schließt das Verhältnis zwischen Göttern und Menschen, das keiner Erklärung, wohl aber einer Deutung fähig ist, in sich. . . Aus dem Mysteriendienst entnimmt es die älteste christliche Kirche für die ausgewählten höheren Sinnbilder, Formeln und Merkworte, die sichtbaren Zeichen und Unterpfänder des unsichtbaren Heils. Noch einen anderen Grundbegriff (des Symbols) erzeugt die körperliche Zeichensprache, deren Wesen es mit sich bringt, kurz zu sein, nämlich den der momentanen Anschaulichkeit. . . Da die Vorzeit noch nicht Leibliches von Geistigem trennen konnte, Anschaulichkeit und Bildlichkeit nicht willkürlich, sondern unumgänglich war, so war auch das bildliche Gepräge des Denkens, das Symbol, eine Nötigung. . . . Die Elemente des Symbols lassen seine doppelte Herkunft aus der Ideenwelt und dem Gebiet der Sinne erkennen, daher ist auch jenes Schweben sein Los, das entsteht aus . . . der Überfülle des Inhalts im Vergleich zu der Dürftigkeit des Ausdrucks. . . . Nur das Wichtigste sollte mit der Würde des Symbols bekleidet werden. Wo wir ahnen und fürchten, was vieles zu denken gibt, was den ganzen Menschen in Anspruch nimmt, was an das Geheimnis des Daseins erinnert, was das Leben erfüllt und bewegt . . ., das Lieben und Hassen . . ., das sind Dinge, welche des Symbols bedürfen. . . . Mit der Kunst und der Religion muß es (das Symbol) zum Unendlichen und Schrankenlosen erweitern: es nimmt entweder mystischen Charakter an oder es wird . . . zum Göttersymbol. Es sagt alles, was dieser Gattung eigentümlich ist: das Momentane, das Totale, das Notwendige, das Unergründliche. . . . Durch dieses einzige Wort ist die Erscheinung des Göttlichen und die Verklärung des irdischen Bildes bezeichnet. . . . Beim Symbol steigt gleichsam der Begriff (die darin dargestellte Idee) selbst in die Körperwelt."

Creuzer arbeitet namentlich das Symbolische in der Mythologie meisterhaft heraus. (Vgl. sein Werk „Symbolik und Mythologie der alten Völker", das in mythologischer Beziehung natürlich in vielen Punkten durch die neuere Forschung überholt, aber in den ideellen Grundzügen keineswegs desavouiert ist.) Den Natursymbolismus in den Mythen hatte kurz vorher *Dupuis* mit einem politischen Seitenblick und mit demagogischer Verve hervorgehoben: in anderer Färbung als bei *Creuzer* auch hier das Symbol als vortastende Erkenntnisform für noch Unfaßliches (neben seinen anderen Bestimmungsstücken), nur daß *Dupuis*, gewiß fälschlich, an bewußt geschaffene, nicht aus der menschlichen Natur notwendig gewachsene Bilder denkt.[1])

Nach *Hegel* läuft die willkürliche Ineinandersetzung, die dem „Zeichen" genügt, dem Symbol zuwider, also z. B. in den Farben einer Landesfahne, denen allerdings auch später bisweilen Gedanken und Gefühle untergelegt werden. Das Symbol ist, wie er ausführt, ein Zeichen, welches in seiner Äußerlichkeit zugleich den Inhalt der Vorstellung in sich faßt, die es erscheinen macht. Die Form muß aber nicht notwendigerweise immer die gleiche Bedeutung haben. (Das Symbol ist etwas Vieldeutiges oder, wie *Silberer* sagt, es „geht schwanger mit Bedeutungen".)

Der große Ästhetiker *Friedrich Theodor Vischer* nennt den Begriff Symbol „schwierig, einen gestaltwechselnden Proteus". Er erfaßt als seine Funktion ungefähr so: Die Körperwelt zu beseelen und das Geistige zu verkörpern. . . . Es (das Symbol) entspringt dem Drange, Geist und Natur, die scheinbar verschiedenen, ineinanderzuschauen; es dient der Aufgabe, das Weltall als Eines vor Sinn und Phantasie hinzustellen.

Usener leitet die Symbolik aus den zwei „elementaren" oder „unbewußten" Vorgängen der Vorstellung, aus Beseelung und Verbildlichung, die Symbolik ab.

Nach *Jodl* „drängt alle Tätigkeit des Denkens und Dichtens nach Verkörperung mittelst der Symbole (in einem weiteren Sinne), weil diese allein die Mitteilung an andere gestatten, und weil ihr Gebrauch die flüchtigen Gebilde des tertiären Bewußtseins fixieren und klären hilft".

René Ghil bezeichnete (in seinem „Traité du Verbe") das Symbolisieren als eine synthetische Form, welche Bilder zur Verknüpfung der in Betracht kommenden Gegenstände schafft. Die Synthese am Symbol betont besonders *Verlaine*.

[1]) Vgl. auch *Schopenhauer*, Bd. I, S. 316 u. 321.

Höffding sagt, alles Symbolisieren benütze Vorstellungen aus engeren, jedoch anschaulichen Verhältnissen zum Ausdruck für Verhältnisse, welche sich wegen ihrer Erhabenheit und Idealität nicht unmittelbar verdeutlichen lassen.

Der Historiker *Lamprecht* läßt das Dynamische am Symbol stark hervortreten: „Der symbolische Trieb erzeugte stets symbolisches Tun. . . . Das Symbol ist Sinnbild der Handlung, eng verknüpft es sich an ihren Höhepunkt . . .“

Joseph Hillebrand spricht von einer Symbolik der Empfindung, der Vorstellung, des Gedankens; sie sei besonders an ihrem Platze, wo die Begriffssprache versagt, wo das Gefühl sich noch nicht zum Gedanken durchgerungen hat oder wo die tiefen rätselhaften Fragen nach Werden, Sein und Vergehen, nach Vorzeit und Zukunft der Beantwortung harren.

Friedrich Albert Lange sieht im Symbol „die Ergänzung der Wirklichkeit, die der Mensch nicht entbehren kann“.

Mit *Creuzer* betont *Silberer*[1]), daß man einigen Hauptmerkmalen des Symbols am leichtesten nahekomme, wenn man es dem allegorischen Bild entgegensetze. Dieses sei, in seiner einfachsten emblematischen Art wenigstens, etwas Ähnliches und könne mit einem Gleichheitszeichen aufgelöst werden. „Das Weib da mit der Mauerkrone ist die und die Stadt.“ Das Symbol hingegen ist, wenn auch anspruchslos in der Form, von großem, ja vielleicht unerschöpflichem Gehalt: es wird nie durch Anführung einer Beziehung erledigt. Er weist auf *Goethe* hin, der in seinen „Sprüchen in Prosa“ sagt: „Die Allegorie verwandelt die Erscheinung in einen Begriff, den Begriff in ein Bild, doch so, daß der Begriff im Bilde immer noch begrenzt und vollständig zu halten und zu haben und an demselben auszusprechen sei. — Die Symbolik verwandelt die Erscheinung in Idee, die Idee in ein Bild und so, daß die Idee im Bild immer unendlich wirksam und unerreichbar bleibt, und selbst in allen Sprachen ausgesprochen, doch unaussprechlich bliebe.“ Die Allegorie ist nach *Silberer* mehr statischen, das Symbol dynamischen Charakters. Der gleiche Autor findet im Symbol auch eine besonders intensive oder lebendige Verknüpfung mit den Ideen oder Regungen, die zu ihm drängen: eine gewisse „Notwendigkeit“ als Gegen-

[1]) In einer demnächst erscheinenden Schrift „Die Zeichen des Tempels“. Seine übrigen hierhergehörigen, ein tieferes psychologisches Verständnis der Symbolik anstrebenden Arbeiten sind: „Probleme der Mystik und ihrer Symbolik“ (ein Buch, das leider vergriffen ist, doch, wie ich höre, bald neu aufgelegt werden soll); „Durch Tod zum Leben (Leipzig 1915); der Essay „Phantasie und Mythos“ und die denselben fortsetzenden Studien über Symbolbildung in dem *Freud-Bleuler*schen „Jahrbuch der Psychoanalyse“.

satz zufälliger konventioneller Einsetzung eines Zeichens. Er behandelt das Symbol weiters in der Perspektive als vorläufige (ahnende) Form einer Erkenntnis (mythologisches Erkennen) und läßt naturgemäß das Symbol dort wiedereintreten, wo die Erkenntnis- oder Denkkraft vorübergehend wieder auf relativ niedrige Kapazität herabsinkt (Traum, Ermattungszustände etc.); er folgt hier, von seinen hypnagogischen Erfahrungen ausgehend, sowohl den Fingerzeigen von Mythologen als denen *Freuds* und der Züricher Schule.

Wir sind somit bei der Psychanalyse und ihrer Stellung zur Symbolik angelangt. *Freud* („Traumdeutung") betont besonders das Primitive in der Symbolsprache. Er hat das Verdienst, zuerst die sexuelle Bedeutung der Traumsymbole erkannt zu haben. Er faßt sie alle noch material auf und übersieht ihre funktionale Bedeutung. Aber er hat uns die Augen geöffnet und uns die ersten Hieroglyphen entziffert. Jetzt, da wir das ABC beherrschen, können wir tiefer blicken. *Freud* vergleicht die Symbolik mit einer alten Sprache, die fast ausgestorben ist, von der sich aber noch hier und dort verstreut einzelne Reste finden.

Die Psychanalyse ließ sich namentlich die Verknüpfung des Symbols mit dem Unbewußten und dem Verdrängten angelegen sein. *Riklin* („Wunscherfüllung und Symbolik im Märchen", Wien 1908) war wohl der erste, der die von *Freud* stammenden Anregungen mehr auszubauen unternahm. Er liefert einen „Beweis, daß die menschliche Psyche . . . allgemein eine Symbolik hervorbringt, die hauptsächlich vom Unbewußten aufgebaut wird und sich im Märchen als primitiver dichterischer Produktion, im Traum und in der Psychopathologie wieder findet". Die Auswirkung des verdrängten Materials (nebst der stark betonten Überdeterminierung bzw. Verdichtung) im Symbol kommt bei ihm und in umfassenderer Weise bei *Abraham*, *Rank* sowie in anderer Art bei *Jung* zur Darstellung. *Silberer* glaubt die Beziehung zum Verdrängten, als zu dem unbewußten Dynamismus gehörig, zwar für unvermeidlich vorhanden, aber nicht für dem Symbol wesentlich halten zu sollen, als wenn behauptet wird, nur dasjenige sei ein Symbol, was „etwas Verdrängtes bedeute" — ein Standpunkt, den mehrere Psychanalytiker, von denen gleich die Rede sein wird, einnehmen.

Rank und *Sachs* haben sich in ihrer Arbeit „Die Bedeutung der Psychoanalyse für die Geisteswissenschaften" (Wiesbaden 1913) bemüht, die Ergebnisse der Psychanalyse für die Symbolforschung zusammenzufassen. Es wird da geradezu „ein Ausdrucksmittel des Verdrängten" genannt. Und als charakteristische Merkmale „wirklicher" Symbole werden „nach den von Prof. *Freud* in seinen akademischen Vorlesungen vorgetragenen Gesichtspunkten" angegeben: „Die Stellvertretung für Unbewußtes, die konstante Bedeutung, die Unabhängig-

37*

keit von individuellen Bedingungen (?), die entwicklungsgeschichtliche Grundlage, die sprachlichen Beziehungen, die phylogenetischen Parallelen (in Mythus, Kult, Religion etc.)."

Diese Unabhängigkeit von individuellen Bedingungen entspricht, wie wir gesehen haben, nicht den Tatsachen. Trotzdem muß betont werden, daß *Rank* und *Sachs* dem Wesen des Symbols sehr nahe gekommen sind, wenn sie ausführen: „Wir verstehen unter Symbol eine besondere Art der indirekten Darstellung, die durch gewisse Eigentümlichkeiten von den ihr nahestehenden des Gleichnisses, der Metapher, der Allegorie, der Anspielung und anderen Formen der bildlichen Darstellung von Gedankenmaterial (nach Art eines Rebus) ausgezeichnet ist. Das Symbol stellt gewissermaßen eine ideale Vereinigung aller dieser Ausdrucksmittel dar: Es ist ein stellvertretender anschaulicher Ersatzausdruck für etwas Verborgenes, mit dem es sinnfällige Merkmale gemein hat oder durch innere Zusammenhänge assoziativ verbunden ist. Sein Wesen liegt in der Zwei- oder Mehrdeutigkeit, wie es ja selbst durch eine Art Verdichtung, ein Zusammenwerfen einzelner charakteristischer Elemente entstanden ist. Seine Tendenz vom Begrifflichen nach dem Anschaulichen stellt es in die Nähe des primitiven Denkens und als solches gehört die Symbolisierung wesentlich dem Unbewußten an, entbehrt aber als Kompromißleistung keineswegs der bewußten Determinanten, die in verschieden starkem Anteil die Symbolbildung und das Symbolverständnis bedingen."

Eine viel eingehendere vortreffliche Zusammenfassung mit kritischem Einschlag und weiterer Verarbeitung, doch auf den gleichen Linien, hat *Ernest Jones* geliefert. („The Theory of Symbolism." Brit. Journ. of Psychol., Vol. IX, part. 2, Oct. 1918, eine unvollständige Übersetzung davon befindet sich in der „Internat. Ztschr. f. ärztl. Psychoanalyse", V., 1919, S. 244 ff.) *Jones* gelangt zur Schlußfolgerung: „Alle psychoanalytische Erfahrung geht dahin zu zeigen, daß die ursprünglichen Vorstellungen unserer Existenz, die einzigen, die symbolisch dargestellt werden können — nämlich jene, die den Körper selbst umfassen, die Beziehungen zur Familie, Geburt, Liebe und Tod —, im Unbewußten das ganze Leben hindurch ihre Bedeutung beibehalten und daß von ihnen ein großer Teil der mehr sekundären Interessen des bewußten Seelenlebens abstammt. Da die Energie von ihnen ausströmt, aber nie zu ihnen hinströmt, und da sie den am stärksten verdrängten Anteil unseres Seelenlebens bilden, ist es begreiflich, daß sich die Symbolik nur nach einer Seite bilden kann. Nur was verdrängt ist, wird symbolisch dargestellt, und was verdrängt ist, bedarf der symbolischen Darstellung. Diese Schlußfolgerung ist der Prüfstein der psychoanalytischen Theorie der Symbolik."

In einer ausführlichen Kritik („Psyche and Eros", Vol. I, Nr. 1, p. 53, und Vol. II, Nr. 4, p. 249) zeigt *H. Silberer*, daß die Konstatierung, nur das Verdrängte werde „symbolisch" dargestellt, nur zustandekommen könne, wenn von vornherein das Symbol als Darstellung des Verdrängten definiert und wenn das Beweismaterial auf Grund dieser petitio principii gewählt werde. Auch dürfe nicht deshalb, weil Verdrängtes wirklich im Hintergrund der meisten Symbole entdeckt werden könne, nun gerade dieses immer als der eigentliche Sinn des Symbols proklamiert werden. Besonders sind noch folgende Gegensätze zwischen *Jones* und *Silberer* hervorzuheben. Ersterer schreibt:

„Die Symbole dienen zur Darstellung des eigenen Ich und der nächsten Blutsverwandten oder der Phänomene von Geburt, Liebe und Tod. Mit anderen Worten, sie stellen die denkbar primitivsten Ideen und Interessen dar. Ihre tatsächliche Anzahl ist jedoch größer, als man nach der Kürze dieser Zusammenfassung annehmen möchte — sie betragen vielleicht gegen 100. . . . Das Ich umfaßt den ganzen Körper oder jeden einzelnen Körperteil, aber nicht das Seelenleben (? ?). . . . Das Feld der Sexualsymbolik ist verblüffend reich, und die große Mehrzahl aller Symbole gehört hierher. Es gibt wahrscheinlich mehr Symbole für das männliche Glied allein, als alle anderen Symbole miteinander ausmachen (?) . . ."

Silberer wendet sich mit Recht gegen die oben mit Fragezeichen versehenen Behauptungen. Die erste, die das Seelenleben ausschaltet oder als nicht fähig erachtet, Gegenstand eines genuinen Symbols zu werden, erledigt sich von selbst. Zu der zweiten Stelle bemerkt *Silberer*, daß zur Charakteristik des Symbols auch die Darstellung von Abstraktem durch Konkretes gehöre; das männliche Glied als solches (oder ein sonstiger Körperteil) sei jedoch nicht abstrakt, und es gehe daher streng genommen gar nicht an, von einem Symbol desselben zu sprechen; es gebe wohl phallische Symbole, nicht aber (streng genommen) ein Symbol des Phallus, man nehme denn diesen wieder als Repräsentanten eines ganzen Komplexes von unanschaulichen Ideen, Gefühlen usw., womit wir sogleich wieder im Seelischen und Geistigen angelangt sind.

Silberer hat als eine wichtige Klasse der Symbolik jene aufgestellt, welche durch ihre Bilder nicht Gedankeninhalte, sondern das Leben der Gedanken und die Vorgänge (auch die unbewußten) in der Seele selbst zum Ausdruck bringt.

Jones übersieht zwar diese seiner Theorie unbequeme und wohl fundierte Symbolik nicht, bestätigt auch ihr Vorhandensein, glaubt sie aber dadurch aus dem Spiele bringen zu können, daß er ihre Erzeugnisse einfach aus dem Gebiete der genuinen Symbole hinaus unter die Metaphern verweist, was ihm kraft seiner ursprünglichen Definition des Symbols ein Leichtes ist.

Bei *Jones* also und vielleicht den meisten Psychanalytikern der Wiener Schule beruht die ein Symbol bildende Kraft auf verdrängten affektativen Vorstellungen. *Silberer* betont die allgemeinere Bedingung der „apperzeptischen Insuffizienz" (*Jones* fügt ganz richtig noch die Insuffizienz der Darstellungsfähigkeit als minder wichtiges Moment hinzu) und läßt nun die Möglichkeit offen, daß diese Insuffizienz entweder durch verdrängte Affekte (bzw. Affekte überhaupt) o d e r durch relativen Mangel an Erkenntnis-Kapazität hervorgebracht wurde: beides bewirke die Ersetzung des (schwierigeren oder widerborstigen) Eigentlichen durch ein (leichter faßliches oder leichter darstellbares oder besser verdauliches) Uneigentliches.

Eine andere sehr fruchtbare Konstatierung *Silberers* ist die, daß vielen Symbolen neben dem psychanalytisch zu erschließenden „titanischen" ein diesem korrespondierender „anagogischer" Gehalt innewohne; ein Zug aufwärts, nach den metaphysischen Zielen der Menschheit sozusagen. So kommt es, daß eine Menge Symbole (der Mythen, Träume, Dichtungen usw.) nicht nur in den psychanalytischen, sondern auch in einen ethisch-religiösen Zusammenhang zu reihen sind, wodurch erst ihr vollkommenes Verständnis in bezug auf den Menschen zu erlangen ist.

Schließlich ist zu erwähnen, daß einige Psychanalytiker, z. B. *Jung*, der Anschauung sind, daß Symbole durch direkte Vererbung übernommen sein können. Sie sehen in den Symbolen ein archaisches Phänomen. Symbole sprechen die Sprache einer versunkenen Zeit, was sich eigentlich mit den erwähnten Anschauungen von *Freud* deckt.

Fassen wir das Ausgeführte zusammen: Das Symbol des Normalmenschen und das Symbol des Parapathikers sind zwei differente Begriffe. Der Parapathiker verwendet Symbole des Normalmenschen, aber er füllt sie mit neuem Inhalt. Aber es gibt allgemeine Symbole und individuelle Symbole. Wir haben gesehen, daß der erotische Symbolismus und der Fetischismus sich gar nicht um die allgemeine Bedeutung ihres Objektes und um ihre ursprüngliche symbolische Verwendbarkeit kümmern. Sie schaffen sich ihre ureigensten Symbole. Denken wir an den Schürzen-Fetischisten. Die Schürze ist ein Symbol der Weiblichkeit. Aber welche reiche Verwendung findet die Schürze in dem System unseres Fetischisten!

Ein jedes Symbol kommt durch drei Momente zusammen: Verdrängung, Verdichtung und Verladung. Die vorher angeführten Autoren haben das Moment der Verladung gar nicht berücksichtigt, das der Verdichtung angedeutet. Ein parapathisches Symbol zeigt wie in einem Vergrößerungsglase die Eigenschaften eines echten Symbols.

1. Es stellt eine Vielheit durch eine Einheit dar (Verdichtung). Das gilt für viele Symbole. (Die Fahne repräsentiert ein Regiment, das Kreuz die ganze ecclesia militans.) Wie in einem Brennpunkte treffen im fetischistischen Symbol alle Teilstrahlen zusammen. Ganz ähnlich verhält es sich z. B. mit dem Kreuz. Es repräsentiert die ganze Christenheit, es repräsentiert aber auch das Leiden Christi.

Damit kommen wir zum zweiten wichtigen Punkte.

2. Das fetischistische Symbol kommt durch Affektverschiebung zustande. Man kann auch sagen durch Verdrängung. Denn nur ein unlustbetonter, also affektativer Gedanke wird verdrängt. Auch das echte Symbol des Normalmenschen muß uns ein Geheimnis repräsentieren, wenn es mehr als ein Gleichnis sein soll. Der Affekt wird von einem verbotenen Objekt abgelenkt und auf das Symbol verschoben. Die Mutter wird durch die Schürze symbolisiert, wenn es sich handelt, peinliche Inzestregungen vor dem Bewußtsein zu verschleiern. Dieser Vorgang kommt durch Verladung zustande. Wir haben zahlreiche Beispiele gesehen, wie Kleidungsstücke durch Verladung sexuelle Bedeutung erhalten haben.

3. Das Symbol drückt eine Wunscherfüllung aus. Der verdrängte Wunsch wird an dem Symbol befriedigt.

4. Das fetischistische Symbol erhält seinen ersten Affektwert als Deckerinnerung. Es repräsentiert eine versunkene Szene aus der Vergangenheit.

5. Die anagogische Tendenz des fetischistischen Symbols zeigt sich in seiner religiösen Bedeutung. Wir haben ja gesehen, wie hochgesteckt das Ziel des Fetischisten ist. Er rivalisiert mit Christus, er wird selbst zum Christus. Er benützt das Symbol zum Ausdrucke seiner religiösen Komponente.

6. Dem Symbol haftet etwas Mystisches an. Dem Fetischisten repräsentiert es das Geheimnis. Um das Mystische nicht durch die Kritik der Wirklichkeit zu ertöten, wird das ursprüngliche Symbol verändert. Es wird durch Degeneration entstellt und durch eine erneute Regeneration umgebildet. Es wird durch Verengerung und Erweiterung, durch Verschiebung auf Kleines und durch Verschiebung auf ein Großes, durch Errichtung einer Distanz und Zerstörung der Distanz so lange verändert, bis es dem Träger selbst ein Mythos wird, bis der Träger endlich so weit kommt, daß er den Sinn seines Symbols nicht mehr erkennen kann.

7. Das Symbol stellt etwas Lebendiges dar, es ist durch animistische Tendenzen zum Range eines Lebewesens erhoben.

8. Der Fetischist identifiziert sich mit seinem Symbole. Durch die Prozesse der Identifizierung und Differenzierung wird das Symbol ein Spiegel oder eine Karikatur des eigenen Ich.

9. Das Symbol wird in den Dienst der funktionalen Symbolik gestellt. Es repräsentiert einen Zustand der Seele — und das ist vielleicht (das betone ich mit *Silberer* im Gegensatze zu *Jones*) eine seiner wichtigsten Funktionen.

10. Das Symbol wird hauptsächlich in hyponoischen Zuständen verwendet. (Die apperzeptive Insuffizienz *Silberers*.) Der Fetischist ist ein Träumer, daher die Verwandtschaft der Symbolik des Traumes mit der des Fetischismus.

11. Das Symbol wird das Zeichen einer „pathologischen Treue". Wir haben an zahlreichen Beispielen gesehen, daß der Fetischist sich von seinem Fetisch nicht trennen kann. Die Vielheit seiner Sammlung dient dazu, um die Einheit zu ersetzen. Der Haremskult verbirgt einen starren erotischen Monotheismus.

Der Fetisch wird zum Symbol des Gefühles. Er repräsentiert dann die Treue an die Objekte der Jugend. Da sich hinter diesen Fixationen oft Gelübde verbergen, so kann der Fetisch auch das Gelübde darstellen. Jeder onanistische Akt bedeutet dann eine Wiederholung des Gelübdes, diese Treue durch das ganze Leben zu halten. („Wenn alle untreu werden, ich bleibe dir doch treu!" . . .) Das fetischistische Symbol stellt dann das Bleibende im Wechsel der Begebenheiten dar.

12. Die Bedeutung des Symbols in der parapathischen Fiktion führt schließlich zum Einbruch der symbolischen Wertung in die Wirklichkeit.[1])

[1]) Auf die Frage: Was stellt der Fetisch seinem Träger vor? gibt uns *Sadger* (l. c. S. 328) eine klare Antwort: „Der eigentliche Fetisch, der immer wieder, wenn auch in verschiedener Umhüllung oder Symbolisierung erspäht und erstrebt wird, ist der nackte Geschlechtsteil von Mutter oder Mutterersatz." Wir haben die komplexe Bedeutung des Fetisch kennen gelernt. Wir haben keinen einzigen Fall gesehen, in dem der Fetisch direkt nur das Genitale ersetzte. Wenn *Sadger* gesagt hätte: Der Fetisch ist Mutterersatz! so hätte diese Behauptung gewiß einige Berechtigung. Aber ist es denn möglich, daß das Sacktuch, der Schuh, der Handschuh nur das Genitale ersetzt? Gewiß, der Fetisch ersetzt die ganze Person, den Besitz des geliebten Objektes, und ein Objekt ganz besitzen, heißt sich seiner Genitalien zum Zwecke der Lust bemächtigen. Wir haben zu begreifen, daß das Kind seine fetischistische Neigung sehr oft betätigt, in einer Zeit, in der es sich über die Bedeutung der Genitalien noch nicht klar ist. — In dieser Zeit herrschen noch die „erogenen Zonen". *Freud* verlegt das Primat der Genitalien in die Pubertät. Er sagt: „Mit dem Eintritt der Pubertät setzen die Wandlungen ein, welche das infantile Sexualleben in seine endgültige normale Gestaltung überführen sollen. Der Sexualtrieb war bisher vorwiegend autoerotisch, er findet nun das Sexual-

Der wesentliche Fortschritt der neuen Erkenntnis liegt in der Betonung der Affektivität des Symboles. Diese Tatsache haben die früheren Symbolforscher vollkommen übersehen. Durch den Affektwert und den Mechanismus der Verdrängung unterscheidet sich das Symbol vom Emblem, der Allegorie, der Metapher, die Gleichnisse darstellen, ein Subjekt mit einer bestimmten Eigenschaft für ein anderes Subjekt setzen. Die Beziehung des Symboles ist nicht inhaltlich determiniert, sondern gefühlsmäßig. Der Gefühlsinhalt ist verdrängt, daher erscheint der innere Gehalt dem Beobachter nicht gleich erfaßbar.

Auch gewisse Alltagssymbole wie z. B. die Fahne repräsentieren einen Gefühlswert, sie zeigen das Phänomen des Pretium affectionis. Aber diese Gefühle liegen offen zutage. Wir wissen, daß die Fahne das Regiment und damit das Vaterland darstellt, daß die Ehre des Regimentes in der Fahne einen sichtbaren Ausdruck findet.

Das parapathische Symbol bezieht seine Affektivität aus dem Unbewußten. Es bildet beim Feti-

objekt. Er betätigte sich bisher von einzelnen Trieben und erogenen Zonen aus, die unabhängig von einander eine gewisse Lust als einziges Sexualziel suchten. Nun wird ein neues Sexualziel gegeben, zu dessen Erreichung alle Partialtriebe zusammenwirken, während die erogenen Zonen sich dem Primat der Genitalzone unterordnen." — *Freud* spricht es ganz deutlich aus, daß das Kind nur eine gewisse Lust sucht, die von den erogenen Zonen ausgeht. Es ist ein bekanntes Gesetz im Sexualleben, daß wir die Lust an dem Partner in jenen Zonen suchen, die bei uns selbst lusterzeugend sind. Das würde beweisen, daß das Kind vor der Pubertät nur in seltenen Ausnahmsfällen den Besitz des Genitales erstrebt. In den meisten Fällen handelt es sich um Befriedigung des Riechtriebes oder Schautriebes, Lust bei der Defäkation oder Miktion, kurz um eine der Formen infantiler Befriedigung, wie ich sie in Band V ausführlich beschrieben habe *Freud* scheint tatsächlich das Wesen des Fetischismus nur in der Konservierung eines Partialtriebes zu erblicken, wie z. B. *Abraham* den Fußfetischismus auf den verdrängten Riechtrieb zurückführt. Das klingt freilich ganz anders als die Auffassung, daß der Fetisch ein Genitale darstellt. *Sadger* verwechselt hier zwei Begriffe, die strenge geschieden werden müssen. Der Fetischist genitalisiert seinen Fetisch, d. h. er ersetzt ihm das Genitale, von dem der Erwachsene Lust erwartet und empfängt. Genitalisierung ist nur ein Ausdruck und will besagen, daß er seine Befriedigung statt am Genitale am Fetisch findet. In der Zeit, da sich der Fetischismus ausbildet, bildet das Genitale noch kein Sexualziel. Wir haben gesehen, wie bedeutsam der Geruch alter Wäschestücke sein kann. Sie riechen, weil sie mit den Ausdünstungen des ganzen Körpers durchsetzt sind. Sie ersetzen den Geruch des Trägers, sie wecken die Illusion, daß man den Träger direkt riecht. Es handelt sich um ein Phänomen der Verladung. Daß aber *Sadger* von der komplexen Bedeutung des Symbols keine blasse Ahnung hat, ergibt sich aus seinen Ausführungen.

schisten die Stütze seiner Fiktion, er benimmt sich, als ob das Symbol der lebende Gegenstand wäre, den es vertritt. Mit diesem „Als-Ob" erklärt sich der Animismus des fetischistischen Symbols

Nur in der fiktiven Welt kann sich das Symbol zu der hier geschilderten Bedeutung ausbilden. *Adler* hat mit Recht auf die Bedeutung der Fiktion im Leben des Parapathikers hingewiesen, dabei aber den großen Fehler gemacht, die sexuellen Einstellungen des Kranken als eine Fiktion aufzufassen, als ein „Als-Ob". Der Parapathiker benimmt sich, als ob er seine Mutter begehren würde. Das ist eine arge Verfälschung der Tatsachen. Er liebt seine Mutter und bildet seine Fiktion. um sich benehmen zu können, als ob er sie nicht lieben würde.

Gerade der nie fehlende Inzestkomplex ist es, der den Parapathiker beim Fetischismus zur Bildung einer Fiktion drängt. Die Sexualität ist kein Als-Ob. Der Fetischismus wird gebildet, um ein Als-Ob aus der Sexualität zu gestalten.

Im Fetischismus sehen wir die Tendenz des Parapathikers zur Bildung einer Fiktion zur Potenz gesteigert. Er wird Fetischist, verdrängt seine Religiosität und benimmt sich, als ob er ein Paraphiler wäre. Diese Neigung zur Fiktion stammt aus dem Infantilen.

Hans Vaihinger, auf den *Adler* hinweist, erkennt den Ursprung der Fiktion, wenn er auf die Spiele der Kinder hinweist. Ich lasse ihm das Wort. In einem populären Aufsatz schreibt er über „Das Als-Ob im täglichen Leben":

„Es ist ein Vorurteil, daß die Philosophie des Als-Ob eine hypermoderne Erfindung von mir sei: ich habe verschiedentlich gezeigt, daß fiktive Vorstellungsweisen, das heißt bewußt falsche Als-Ob-Betrachtungen, in der Kulturgeschichte der Menschheit von jeher eine große Rolle spielten. So ist es auch ein Vorurteil, daß die Als-Ob-Betrachtung nur eine Sache der abstrakten Wissenschaft sei, sie spielt vielmehr auch im täglichen Leben eine gewaltige Rolle.

Ich wähle mit Absicht ein fast banales Beispiel. Wer einen ihm unbequemen Besuch damit ablehnt, daß er dem an der Tür Wartenden sagen läßt, er sei nicht zu Hause, oder wer, wenn er allein in seiner Wohnung ist, in solcher Lage auf die Tafel vor der Tür die Worte schreibt: „Nicht zu Hause", macht keine Vorspiegelung falscher Tatsachen, keinen Betrug und keine Lüge, sondern er bedient sich einer berechtigten und allgemein anerkannten konventionellen Fiktion. Er hat vielleicht schon einen anderen Besuch, dem er sich allein widmen muß, oder er steckt in der Vorbereitung zu einem Vortrag, den er in einer Stunde halten muß, oder er schreibt einen eiligen und sehr wichtigen Brief, an dessen rechtzeitiger Absendung die schwersten Folgen hängen, oder er ist körperlich oder seelisch sehr angegriffen, ohne sich doch krank nennen zu können: kurz, tausend Gründe, die andere nichts angehen und die man anderen nicht detaillieren kann, können uns das Recht geben und sogar die Pflicht auferlegen, den Besucher nicht zu empfangen. Aber abgewiesen zu werden, wenn der zu Besuchende zu Hause und nicht krank ist, ist überaus peinlich und direkt beleidigend. So hat man die gesellschaftliche Fiktion eingeführt, daß der Betreffende „nicht zu Hause" ist. Letzterer handelt also so, als ob er nicht zu Hause wäre.

Noch ein Beispiel aus ganz anderem Gebiet. Tante Frieda hat eine reizende Nichte, die sie gern unter die Haube brächte. Zu diesem Zweck arrangiert sie einen Kaffee, zu dem sie einen jungen Herrn einlädt, den sie vor kurzem zufällig auf der Reise kennen gelernt hat, und der sie jetzt während eines flüchtigen Aufenthaltes in ihrem von seiner Heimat weit entfernten Wohnort aufgesucht hat. Sie ist überzeugt, daß beide vorzüglich zueinander passen und sagt das sogar auch beiden vorher. Und richtig – nach einem halben Jahr haben sich die Fäden zwischen beiden verknüpft. Gott Amor hat beider Herzen verbunden in wahrster Liebe, Verlobung findet zu Ostern statt. „Wir beide sind von Ewigkeit her für einander bestimmt. Nicht der Zufall, sondern eine ewige Vorherbestimmung hat uns zusammengeführt usw." — Dies ist die Überzeugung der beiden und kann auch bei beiden sogar religiöser Glaube sein. Es kann aber auch eine bewußte Selbsttäuschung sein, eine absichtliche Selbstsuggestion, eine bewußte Fiktion, die beide glücklich macht und erhebt.

Zehn Jahre später, und die beiden haben ein Töchterchen, das mit seinen Puppen spielt. Das achtjährige Kind weiß ganz sicher, daß die Puppe aus Porzellan, Leder, Sägemehl oder einem anderen Füllsel besteht. Aber für das spielende Kind ist die Puppe etwas Lebendes. Das Kind spricht mit seiner Puppe, als ob diese lebte, als ob sie Empfindungen und Bewegungen zeigte. Alles Spielen der Kinder, so z. B. auch wenn die Jungens „Räuber spielen", beruht auf solchen bewußten Fiktionen. Es wäre ein grober Erziehungsfehler, vom Standpunkt der Logik aus die spielenden Kinder aus diesen „bewußten Selbsttäuschungen", aus diesem selbst klar durchschauten Traumleben aufzuwecken, und nur ein roher Pedant könnte einen solchen Frevel an dem selbsterbauten Tempel der Jugend ausführen, und die in ihrem Traum gestörten Kinder würden ihn mit Entrüstung fortjagen. Das Ehepaar, von dem wir sprachen, hat auch einen Sohn. Nochmals zehn Jahre später, und er tritt in die politische Arena ein. Was findet er da? Unser politisches Leben ist bedingt durch Parteien, und deren Programme sind einseitige Gebilde, die aber trotz ihrer Einseitigkeit in dieser Form notwendig sind und wenigstens für eine Zeitlang in dieser Form beibehalten werden müssen. Vielfach sehen dies auch die geistigen Führer der betreffenden Partei selbst ein, und so kann es kommen, daß führende Geister für ein solches Programm eintreten, als ob sie an dasselbe noch vollinhaltlich glaubten, und daß also dieses Programm so behandelt werden muß, als ob es noch in voller Geltung wäre. Eine Fiktion ist es auch, wenn jede politische Partei behauptet, sie spreche den „Willen des Volkes" aus: der „Volkswille" ist eine Fiktion, die auch nicht durch die vornehmer klingende Formel „la volonté générale" zur Realität wird, aber eine zweckmäßige und notwendige Fiktion des Staatsrechtes. Von solchen politischen Fiktionen guter und schlimmer Art ist unser Leben durchsetzt. Die größte derartige Fiktion der neuesten Zeit ist der vielberufene Paragraph des Versailler Friedens, der die alleinige Schuld Deutschlands am Weltkrieg ausspricht, allerdings eine verhängnisvolle Fiktion.

Eine der merkwürdigsten Fiktionen der Neuzeit ist die sogenannte Gefangenschaft des Papstes. Jeder weiß, daß der Papst den Vatikan jeden Augenblick frei und ungestört verlassen kann, daß ihn niemand hindern wird zu gehen, zu fahren, zu reiten, wohin in der Welt er will. Aber die römische Kirche hält die Fiktion aufrecht, als ob er ein Gefangener sei: auch in den heißesten Fiebermonaten darf er den Vatikan, respektive die vatikanischen Gärten nicht verlassen und die früheren, kühlen Sommerpaläste auf dem Gebirge darf er nicht aufsuchen. Für diesen fiktiven Gefangenen kämpft die ganze katholische Welt.

Wie alles in der Welt, so kann auch die Fiktion mißbraucht werden, aber auch hier gilt: abusus non tollit usum: der Mißbrauch ist kein Gegengrund gegen den richtigen Gebrauch.

Ein berechtigter Gebrauch der Fiktion findet tausendfach in allen Religionen statt. Die Sprache unserer Kirchen, unserer Geistlichen ist voll von Bildern, deren mehr oder minder unzutreffende Natur den sich dieser Sprache Bedienenden mehr oder minder bewußt ist. Im Anschluß an *Kant* hat in Frankreich der protestantische „Simbolo-Fideismus", das heißt der sich symbolischer bildlicher Vorstellung bedienende Glaube der Schule von Sabatier, sowie der katholische „Modernismus" von Le Roy, dem auch schon Renan vorgearbeitet hat, das offen ausgesprochen, und damit das mythische Element in der Religion anerkannt.

Ein neuer „Mythus", oder wie man auch vielfach richtiger griechisch sagt „Mythos", wird von vielen Seiten als unsere hauptsächlichste Zukunftsaufgabe betrachtet, und manche Versuche dazu sind schon gemacht worden. Ich nenne nur Bruno Wille, Julius Hart, Eugen Dietrich, Otto zur Linde, Karl Röttger. Die Freude am Symbolischen, am Bildhaften, an Legenden und das Verständnis dafür hat in den letzten Jahren sichtlich stark zugenommen. Man kann hoffen, daß ein neuer „Mythos", den auch der Theologe und Philosoph *Troeltsch* dem „Logos" als berechtigtes Moment gegenüberstellt, seinen sieghaften Einzug feiern wird. Aber man kann nicht hoffen, daß dies in naher Zukunft geschehen wird. Einstweilen und wohl noch auf lange Zeit hinaus werden wir uns der alten, aber deshalb nicht veralteten Mythen noch bedienen können oder müssen. Diese mythische Welt unserer Religion ist uns nicht bloß durch die Kunst, speziell die Architektur des Mittelalters, später durch die Malerei der Renaissance, weiterhin durch die Musik eines Händel und eines Bach, Haydn, Mozart und Beethoven, teuer und lieb geworden und in der Literatur noch immer wirksam. Aber was den früheren Generationen Dogma war, das ist uns Heutigen zu einer bewußten Fiktion geworden. Niemals wird der Mensch, der ja doch nicht bloß Verstand ist, sich mit der bloß verstandesmäßig aufgefaßten Umwelt begnügen. Seine Phantasie überbaut die flache Umwelt mit einer erdichteten Als-Ob-Welt wie mit einer Kuppel. Wer dies irrational schilt, vergißt, daß das Irrationale in der Welt mindestens eine ebenso große Rolle spielt und spielen muß wie das Rationale."

Wie wunderbar ist das Beispiel des mit den Puppen spielenden Kindes! Der Fetischist betrachtet seinen Fetisch erst als ein sexuelles Spielzeug. Er lebt erst in der Fiktion des Spieles, bis der Affektwert der Fiktion so stark wird, daß er nicht mehr weiß, daß er spielt. Er ist ein Schauspieler, der vor sich selbst Komödie spielt. Es ist daher eigentlich falsch, vom Fetischismus als „erotischen Symbolismus" zu sprechen. Er ist mehr als ein bloßer Symbolismus. Er ist eine „erotische Fiktion", in welcher der Logos dazu verwendet wird, die Fiktion zu stützen und zu erweitern. Der Logos wird zum Sklaven des Pathos. Das Irrationale bemächtigt sich des Rationalen. Der Fetischist rationalisiert seine Fiktion so lange, bis er sie schließlich mit seinem Logos aussöhnt. Er versteht es auch, Motive zu finden, die sich von der Realität sehr weit entfernt haben, weil er die wahren Motive nicht sehen will. Es handelt sich um ein „Nicht-Sehenwollen". Nur oberflächliche Betrachtung könnte ein „Nicht-Sehenkönnen" annehmen.

Diese „apperzeptive Insuffizienz" dem eigenen Ich gegenüber wird nur dadurch erreicht, daß der Fetischist die Gabe hat, sich in Trance zu setzen. Die Ekstase des Trance kommt durch Affektstauung und plötzliche Entladung der Affekte zustande. Ursprünglich waren wohl die Welten des Fetischisten getrennt. Es gab eine Welt der Fiktion und eine der Realität. Mit dem Eindringen der Fiktion in die Realität verwandelt sich das träumend spielende Kind in einen Fetischisten. Der Fetischist bleibt ein Kind. Er hält an seiner Kindheit fest und speziell an der Traumwelt seiner Kindheit. Der psychosexuelle Infantilismus des Fetischisten repräsentiert uns die Traumwelt des normalen Kindes.

In der Tat! Alle diese komplizierten Fälle von Fetischismus lassen sich nur verstehen, wenn man sich immer vor Augen hält, daß der Fetischist in einer eigenen Traumwelt lebt, in der ihm die Grenzen zwischen Realität und Schein gänzlich verschwimmen. Diese Kranken sind alle Tagträumer. Was sie von ihrem Fetischismus ins Bewußtsein durchsickern lassen, ist nur ein kleiner Bruchteil ihres Systems und ihrer Traumwelt. Diese Traumwelt leben sie in Tagträumen aus, welche einen schroffen Gegensatz zu ihrem sonstigen Wachleben bilden. Das ist die große Gefahr des Fetischismus. Er macht seinen Träger unbrauchbar für die reale Welt, er macht ihn arbeitsunfähig, er entzieht dem Alltag alle Affekte, so daß er immer mehr und mehr der unheimlichen Macht seiner Träume verfällt. Das System ist einem Neugebilde zu vergleichen. Erst unscheinbar klein, breitet es sich allmählich aus, bis es schließlich alles Gesunde verdrängt und den Bestand des Ganzen gefährdet. Auch beim Fetischismus handelt es sich, wie wir bewiesen haben, um „embryonale Seelenzellen". Es sind Kindheitsträume, welche diese Patienten von der Gegenwart abdrängen; es ist ein Impuls, das Alte wieder zu erleben, der diese Menschen zu Impulshandlungen drängt.

Alle Kinder zeigen rudimentäre Formen von Fetischismus und Neigung zur Systembildung. Das System ist das Eigene, das sie hartnäckig gegen die Einflüsse des Fremden verteidigen. Das System ist ein Geheimnis, das einmal mitgeteilt, seinen ganzen Reiz verliert. Das Kind symbolisiert und lebt in einer fiktiven Welt. Das Kind hat noch die wundervolle Gabe, aus dem Urbronnen der Poesie zu schöpfen. Es ist ein Dichter von Gottes Gnaden. Der Fetischist hat sich einen Teil seiner Kindheit konserviert und sein System aus der Kindheit in die Welt des Erwachsenen hinübergerettet.

Von der ungeheueren Leistung einer solchen Systembildung macht sich der Uneingeweihte kaum eine richtige Vorstellung. Es gehört eine große schöpferische Kraft dazu, ein solches System zu bilden, es gehört eine reiche Phantasie dazu, in einer solchen fiktiven Welt zu leben und sie auf den Alltag auszudehnen. Das ist nur möglich durch unaufhörliche Annullierungsarbeit. Die Fiktion läßt sich nur durch Zerstörung der Wirklichkeit aufrecht erhalten. Deshalb nimmt dieser Parapathiker eine unaufhörliche Umwertung aller Werte vor, er annulliert einfach alles, was ihm in sein System nicht hineinpaßt. Er annulliert Zeit und Raum, er anerkennt nicht die Majestät des Todes und die Grenzen des Möglichen. Alles ist möglich und der Tod eines geliebten Objektes verhindert nicht seine Verwertung als Stützpunkt des Systems. In jedem Fetischisten ist vielleicht ein großer Dichter verloren gegangen. Hätte er die Gabe zu sublimieren und seine inneren Konflikte nach außen zu projizieren, er könnte sich aus den Fesseln seiner Paraphilie erlösen. Er projiziert aber nicht, er introjiziert nur, um den treffenden Ausdruck von *Ferenczi* zu gebrauchen. Er benützt die Außenwelt, um sein System zu erweitern, während der Dichter sein System benützt, um die Welt zu bereichern. Der Dichter wird durch jedes Kunstwerk um einen Komplex ärmer, während der Fetischist jeden äußeren Eindruck benützt, um sich zu bereichern, d. h. um sein System auszubauen.

Auch zum Aufbau eines echten Fetischismus ist eine schöpferische Kraft der Phantasie nötig. Ich glaube wohl, daß dies eine der Ursachen ist, daß sich unter den Fetischisten so selten Frauen finden. Sie zeigen nicht diese intuitive Anlage wie die Männer. Der Fetischist ist in seiner Art ein symbolistisches Genie. Ich persönlich habe keinen einzigen Fall von weiblichem Fetischismus beobachten können. Der Fall, den *Binswanger* so trefflich analysiert hat, ist eine Ausnahme. Vielleicht hängt diese Tatsache mit dem Umstande zusammen, daß den Frauen die reiche Schöpferkraft des Mannes abgeht. Freilich fällt auch ein anderer Umstand in Betracht. Es gab mir lange zu denken, daß meine Fetischisten mit einer einzigen Ausnahme Christen waren. (Mein Material zeigt sonst einen Prozentsatz von 30—35% Juden, die ein großes Kontingent zur Parapathie stellen.) Der einzige fetischistische Jude war nicht beschnitten und zeigte große Neigung zum Christentum. Man könnte diese Tatsachen mit der Christusneurose in Zusammenhang bringen. Wir haben ja gesehen, welche bedeutende Rolle die Identifizierung mit Christus in der Psychopathologie des Fetischismus spielt. Frauen und Juden können schwer zu dieser Identifizierung gelangen. Aber es scheint auch ein anderes Moment mitzuspielen: Die Identifizierung des Parapathikers mit seinem Penis. Sonderbarer Weise litten fast die meisten dieser Kranken an mehr oder minder starken Phimosen und alle waren Enuretiker. *Hitschmann* hat in einer Mitteilung auf den Zusammenhang zwischen Harnerotik und Zwangsneurose aufmerksam gemacht.[1]) Die Einschnürung des Penis durch das phimotische Präputium, ferner der Zwang, den der Enuretiker auf seine Blase ausgeübt hat, können wohl das Vorbild des fetischistischen Zwanges gewesen sein.

Auch der Zwang, den das Kind auf seinen Mastdarm auszuüben lernt, wobei die Zurückhaltung des Stuhles Lustempfindungen auslöst, scheint mir ein zum Fetischismus prädisponierendes Moment zu sein. Wir sehen in diesen Fällen eine eigenartige Form von Konversion: die Übersetzung der Organempfindungen in psychische Symptome. Es ist die umgekehrte Form der Konversion, wie sie *Freud* beschrieben hat. Die Umsetzung psychischer Kräfte in organische Symptome, welche zu einer eigenartigen Organsprache der Seele führt, ist wohlbekannt und besonders in Band I dieses Werkes beschrieben worden. Beim Fetischismus sehen wir Konversion von Organempfindungen des Zwanges in das psychische Phänomen des Zwanges, was ich als „Phänomene des psychischen Überbaues" bezeichnen möchte.

Ein ausgezeichnetes Beispiel liefert uns die Phimose. Das Kind muß die Einschnürung des Penis durch die Phimose lustvoll empfinden. Das Gleiten der engen Vorhaut über den Sulcus coronarius weckt Empfindungen und schafft Reizzustände, die nach Wiederholung verlangen. Zu diesem Moment tritt die Tatsache der Identifizierung der meisten Menschen mit ihrem Genitale. Erinnerungsbilder aus der seligen Säuglingszeit, in der man fest in Windeln gebunden war, verbinden sich mit diesem Zustand. Das Genitale wird im Traume als das Kind symbolisiert. Das Genitale (der Kleine, die Kleine) repräsentiert die Kinderzeit. Um diesen Kern gruppieren sich dann andere Vorstellungen. Der Zwang, der von den Organen auf Blase und Mastdarm ausgeübt wird, wird zum Symbol der Erziehung und des Zwanges. Das Kind durfte in seiner ersten Lebenszeit dem Drange nachgeben und die Un-

[1]) „Urethralerotik und Zwangsneurose." Vorläufige Mitteilung von Dr. *E. Hitschmann.* (Int. Ztschr. f. Psychoanalyse, Bd. VI, S. 263, 1920.) *Hitschmann* postuliert einen „Urethral-Charakter", dessen prominente Züge „brennender Ehrgeiz" und Vorliebe zur Beschäftigung mit Wasser wären. Den brennenden Ehrgeiz dürfen wir als Dominante einer jeden Parapathie annehmen, während die Beschäftigung mit Wasser sicher bei Enuretikern vorhanden ist, aber keineswegs als Charakterzug angesprochen werden kann, sondern als psychosexueller Infantilismus. Die Arbeit von *Hitschmann* enthält nur einen Hinweis auf die Koinzidenz von Zwangsneurose und analerotischen und urethralerotischen Symptomen.

lust des Dranges durch Miktion und Defäkation aufheben. Wie wir aus den Resultaten unserer Analysen wissen, waren diese Funktionen ursprünglich stark lustbetont. Es bedurfte erst des Einflusses der Erziehung, um das Kind zu bewegen, sich zu beherrschen und die Miktion und Defäkation unter bestimmten Regeln und Vorschriften vorzunehmen. Die Erziehung beginnt mit dem ersten Zwange, diesen Drang zu überwinden und zu beherrschen. Es ist der erste Einfluß des Fremden auf das Eigene. Der psychische Zwang, den der Fetischist auf sich ausübt, ist ein Spiegelbild dieses Zwanges. Denn unmittelbar nach dem Kampfe gegen die unbeschränkte Befriedigung der natürlichen Funktionen setzt der Kampf gegen die Sexualität des Kindes ein. Die Eltern merken, daß das Kind nach onanistischen (autoerotischen) Lustgefühlen strebt, und setzen diesem Bestreben ihr Veto entgegen. Der erste Kampf gegen die Onanie endet gewöhnlich mit dem Siege der Erziehungspersonen. Aber wir haben gesehen, daß alle echten Fetischisten Onanisten sind. Sie rächen sich für die erste Vergewaltigung durch die Fortsetzung der Onanie.

Es wirft sich die Frage auf, ob denn der Sexualtrieb als solcher vom Individuum nicht als Zwang empfunden wird. Diese Frage ist unbedingt bejahend zu beantworten. In diesem Sinne gesellt sich zu den anderen Komponenten noch diese als eine der wichtigsten. Wir haben gesehen, daß der Fetischist sich in einem erbitterten, ewigen Kampfe gegen seine Sexualität befindet. Sein System ist eine Kompromißbildung, das Resultat dieses Kampfes. Die Tendenz des Fetischisten ist eine autoerotische. Er wird immer mehr asozial, er zieht sich von seinem Partner zurück, erlebt seine Orgien nur in seiner Phantasie und introvertiert sich immer mehr. Die asketischen Tendenzen prägen sich in seiner Flucht vor dem Partner aus. Das Weib wird dem männlichen Fetischisten das Symbol der Sünde, während die Onanie als Trotz, Buße, Strafe und zugleich als Lust hartnäckig festgehalten wird. Fast alle diese Kranken glauben an die Schädlichkeit der Onanie und setzen sie trotzdem oder gerade deshalb fort. Sie setzen sich selbst unter die Kontrolle eines Zwanges, der aber hauptsächlich in der Richtung ausgeübt wird, daß der Koitus als Lustmöglichkeit ausgeschaltet wird. Das System wird dann als Trotz gegen die Gesellschaft aufgebaut und ausgebaut. Es ist das Eigene, das über das Fremde triumphiert.

Auch die Religion wird als Zwang, als Fremdes, das aufgezwungen wurde, angesehen. Deshalb wird die offene Religiosität verworfen und eine eigene Religion errichtet, welche der Sexualität den ihr gebührenden, entsprechenden Raum freiläßt. In diesem System stoßen wie in jedem Kompromisse die Gegensätze aufeinander. Aber sie werden gebunden und zu einer Einheit zusammengeschweißt. So ist es möglich, daß die Paraphilie und die Religion in einem Symptom ausgedrückt werden können. Der Fetischismus vereinigt Himmel und Hölle, oben und unten, Vergangenheit und Zukunft, zeigt die Regression und die Progression, die finale Tendenz der Askese und eine Vernachlässigung der Gegenwart und aller teleologischen Tendenzen.

In diesem Sinne ist der Fetischismus ein Heilungsversuch, ja, er bedeutet für die armen Kranken einen Selbstschutz vor ihren sadistischen Tendenzen, er ist Lust und Strafe zugleich. Sie fühlen sich alle als Märtyrer ihres Triebes. Sie opfern scheinbar ebenso viel, als sie sich zugestehen. Als Symbol des Märtyrertums sehen sie Christus, der durch seine Leiden die Menschheit erlöste. Ich bin aber überzeugt, daß auch andere Identifizierungen mit den Märtyrern vorkommen werden. Das zeigt uns, wie gewaltig das Schuldgefühl dieser Kranken ist. Die Beziehungen des Sadismus zum Fetischismus sind in diesem Buche deutlich hervorgetreten. Die ursprünglich nach außen gerichtete Grausamkeit wendet sich gegen die eigene Persönlichkeit.

Die Selbsterkenntnis dieser Grausamkeit, die introspektive Wahrnehmung der feindseligen Einstellung zur Gesellschaft, die Tatsache der autistisch-asozialen Tendenz des Parapathikers führt auf dem Wege der sozialen Erziehung zur Bildung des Schuldgefühles, als stärksten Ausdruck des Gewissens. Der primitive Mensch hatte kein Gewissen. Er kannte keine andere Schuld als die Schuld gegen sich selbst. Erst die Bildung sozialer Verbände hat als sozialen Selbstschutz das Gewissen ausgebildet. Gewissen ist ursprünglich ein Gegen-wissen. Ein Wissen um die Imperative der Umwelt, die sich gegen unsere Lusttendenzen richten. Als Hüter der Gesetze, die die Allgemeinheit vor dem Einzelnen schützen sollen, wurden ursprünglich nur irdische Instanzen eingesetzt. Der König oder Häuptling war zugleich der Richter und Bestrafer. Bald hatte er Helfer notwendig, die in seinem Namen Recht und Strafe verkündigten. Das Recht richtet sich gegen alle asozialen Tendenzen. Da aber dem Häuptling nicht alle asozialen Vergehen bekannt werden konnten, wurde eine zweite, höhere Instanz errichtet: Die Gottheit. Die Gottheit ist allmächtig und allsehend. Vor ihr gibt es kein Verbergen und kein Entfliehen. Die Tatsache, daß asoziale Menschen sich ungestraft ihrer Vergehen erfreuen konnten, mußte zu einer ausgleichenden Gerechtigkeit im Jenseits führen, welche strafbare irdische Lust, die der Strafe entgangen sein konnte, durch überstrenge Strafen kompensieren konnte.

Der Fetischist fürchtet die Strafe der Gottheit und beugt sich in Demut ihren Geboten. Dabei wird er aber selbst ein Gott. Er bestraft sich selbst und erlöst sich selbst. Er schafft sich seine Hölle auf Erden, um sich den Platz im Himmel zu sichern Und er bildet sich selbstherrlich seinen Himmel der Lust, in dem er sich die Qualen der Hölle auferlegt.

Der Konflikt des Fetischisten ist der Konflikt eines jeden Kulturmenschen, nur unendlich vergrößert, zur Karikatur verzerrt und durch Verdrängung und Verschiebung zur Unkenntlichkeit entstellt. Seine Religiosität ist eine infantile. Sie ist im Gefühle verankert, durch die ersten Eindrücke der Kindheit eingehämmert und unzerstörbar für das ganze Leben fixiert. Im Intellektuellen steht er jenseits seines eigenen Glaubens. Er kann seinen Glauben nicht verstehen, er kann ihn nur fühlen. Sein Intellekt schämt sich dieses Gefühles, so daß er gezwungen ist, den Glauben vor sich selbst zu verbergen, die Rolle eines Freigeistes zu spielen. Er stellt sich zu Gott wie zu seinem Vater. Die meisten dieser Kranken scheinen ihren Vater überwunden zu haben und hängen trotzdem an ihm. Der letzte Fall Nr. 69 hat uns ein lehrreiches Beispiel gegeben. Hinter der Haßeinstellung gegen den Vater oder der Gleichgültigkeit gegen den Vater oder der Verachtung und Entwertung des Vaters verbirgt sich die infantile Vaterüberschätzung, der Stolz auf den Vater, der Neid auf den Vater und das alte Rivalitätsverhältnis, um dessen Aufdeckung sich die *Freud*schule so verdient gemacht hat. Der Vater, der Lehrer und Gott, die Obrigkeit und die Allgemeinheit verschmelzen zu einem Komplexe, zu dem Autoritätskomplexe. Der Fetischist ist ein Anarchist und zu gleicher Zeit ein Sklave der Allgemeinheit. In seinem System ist Raum für alle Gegensätze, wie ich wiederholt betont und nachgewiesen habe.

So wird der Fetischist ein Zerrspiegel unserer kranken Zeit, die zwischen Unglauben und Glauben, zwischen Vergangenheit und Zukunft steht. Er ist das Opfer einer Erziehung, die religiöse Grundlagen schafft, welche sie dann zu zerstören trachtet. Die Erziehung zur Gottesfurcht führt zu dieser sonderbarsten aller Masken der Religiosität.

Wir legen den Finger an eine schwärende Wunde. Längst haben Menschenfreunde erkannt, daß eine Reform der religiösen Erziehung notwendig wäre und versucht, diese Frage durch Einführung einer freien Schule zu lösen. Die Frage ist: Sollen wir unsere Kinder ohne jede Religion erziehen oder sollen wir es vorziehen, ihnen eine allgemeine religiöse Grundlage zu geben, welche die Gottesfurcht durch die Gottesliebe ersetzt?

Der Grundfehler unserer Erziehung ist, daß sie eine Erziehung durch Angst darstellt. Der Fetischismus ist ein Schutzbau zur Überwindung dieser Angst. So lange die Fiktion einer Hölle und einer Strafe im Jenseits, eines obersten Richters festgehalten wird, kann man keine Besserung dieser Paraphilien erwarten. Nun scheint diese Welt aber noch nicht fähig zu sein, die Religion der Angst durch eine Religion der Liebe zu ersetzen. D. h. das Gute zu lieben aus Freude am Guten, nicht als ein Schachergeschäft, für das man eine Belohnung im Jenseits erwartet. Könnten wir die Kinder zur Religion des Ethos erziehen, wir würden gewiß die Entstehung des Fetischismus verhindern können. Eine solche Erziehung in der Gegenwart ist eine Utopie. Gesetzt den Fall, wir hätten schon eine Menge von freien Schulen was bedeutet ihre Zahl gegen die Macht der Kirche, die ihre Herrschaft für lange, lange Zeiten bewahren wird? Ich halte dafür, daß die plötzliche Entziehung der religiösen Angst zu einer Katastrophe führen würde, in der sich die ursprüngliche Tiernatur des Menschen noch wilder austoben würde als im Weltkriege unseligen Angedenkens. Es wird vieler Jahrtausende bedürfen, ehe die Schutzwälle der Angst durch die Pfeiler der wirklichen Nächstenliebe ersetzt werden können. Es ist fraglich, ob die Menschheit zu diesem Ziel gelangen wird, dem sie auf allerlei Umwegen unentwegt zustrebt.

Die Prophylaxe des Fetischismus kann nur in den Familien vor sich gehen. Wir haben in den vorigen Bänden genügend Anhaltspunkte gegeben, wie diese Erziehung durchzuführen wäre. Ich kann hier nur betonen, daß die wichtigste Aufgabe der Erzieher ist, die Liebe zum Ethos in die kindlichen Herzen einzupflanzen, ohne es durch Angst zu versklaven. Daß die falsche Vorstellung vom Geschlechtsverkehr als Erbsünde eines der Motive zum Aufbau eines fetischistischen Systems bildet, das habe ich an zahlreichen Beispielen dargelegt. Die Sexualität muß wieder als natürlicher Vorgang in die Phänomene des Naturlebens aufgenommen werden. Das kann nur durch eine rechtzeitige vernünftige Aufklärung und noch mehr durch Vermeidung grober Erziehungsfehler erreicht werden. Aber von unserer Moralheuchelei bis zur Rehabilitierung des Sexuallebens zieht sich ein langer Weg . . .

Überblickt man die heutigen Verhältnisse, so kann man nur konstatieren, daß sich der Kampf zwischen Klerikalismus und Sozialismus in allen Ländern in einer Schärfe ausprägt, wie wir sie vor dem Kriege kaum beobachten konnten. Oft halten sich die Parteien die Wage und wechseln sich in der Herrschaft ab. Welcher Partei wird der endgültige Sieg zufallen?

Man unterschätzt das metaphysische Bedürfnis der Massen und der Individuen. Die Religion des Sozialismus ist noch nicht geschaffen worden. Vielleicht beginnt jede Religion als Religion des Sozialismus und endet damit, daß sie sich in den Dienst des Konservatismus und damit des Kapitalismus stellt. Das Christentum hat in dieser Weise begonnen. Es gab eine Zeit, in der gepredigt wurde, daß ein Kamel eher durch ein Nadelöhr gehen würde, ehe ein Reicher in den Himmel

38*

kommen würde. Hat dieses Axiom die Menschen aufgehalten, reich und fromm zu werden? Und stützt sich die Kirche heute nicht ebenso auf die Armen wie auf die Reichen und schützt sie nicht die Reichen gegen die Armen? Schon sehen wir, wie der Kommunismus den Sozialismus als Feind betrachtet, der noch grimmiger bekämpft werden muß als der verhaßte Bourgois. Und die christliche Lehre war ursprünglich wie die jüdische eine kommunistische. Wird sich das Spiel wiederholen und haben wir in der Tat den Untergang des Abendlandes zu erwarten?

Der Fetischismus ist eine soziale Krankheit. Aber da der Konflikt zwischen Freigeisterei und Glauben sich verstärken wird, wird die Zahl der Fetischisten wahrscheinlich zunehmen. Es bleibt jedem unbenommen, sich in seinem Heime eine Privatkapelle zu errichten, dem der Weg ins Gotteshaus gefährlich oder lächerlich erscheint. Die Fetischisten sind Gottsucher. Sie nähern sich Gott auf Umwegen, sie wandeln wie in einem Traume an den Abgründen des Lebens und der Sünde vorbei. Aber für sich haben sie ihren Gott gefunden. Er gibt ihnen auch die Liebe, nach der sie verdürsten. Jeder onanistische Akt ist in bipolarer Tendenz eine Schmähung dieses Gottes und ein Gebet. Sie haben den Glauben der Kinder und der Naturvölker, der es gestattet, einen Gott zu schlagen, wenn er ihre Wünsche nicht erfüllt.

Die Heilung kann in zweierlei Weise vor sich gehen: Der Fetischist erkennt seine tiefreligiöse Veranlagung und setzt an Stelle seiner Ersatzreligion die ursprüngliche, seinem gegenwärtigen Intellekte angepaßte. Er bildet ein Kompromiß zwischen infantilem Glauben und seiner jetzigen Weltanschauung. Oder er versucht, den infantilen Glauben zu überwinden und zu einem echten Agnostizismus oder Atheismus zu gelangen. Ich gestehe aber freimütig, daß ich den letzten Ausgang nie beobachten konnte, während eine agnostische, beobachtende, zurückhaltende Attitüde zuweilen vorkommt.

Wir haben in allen Fällen den ungeheuren Ehrgeiz der Kranken, ihren pathologischen Willen zur Macht nachweisen können, der in der Christusneurose seinen stärksten Ausdruck findet. Aber immer gelang es, die infantilen, sexuellen Wurzeln, die Bindung an die Familie, mit einem Worte die *Freud*schen Mechanismen klarzulegen. Die Heilung des Fetischisten verlangt seine Loslösung von der Familie, die Überwindung seines psychosexuellen Infantilismus und den Verzicht auf seine fixe Idee, welche sich in die Formel pressen läßt: „Wenn ich mein geheimes Sexualziel nicht erreiche, so verzichte ich auf jede Form der Sexualität." Ich verstehe darunter das Ausleben mit einem Objekte. Die Gefahr der Onanie läßt sich aus diesem Festhalten an der fixen Idee, an der Ur-Phantasie erkennen. Die physische Schädigung der Onanie ist gleich null zu erachten. Aber die psychische Schädigung in diesen Fällen is unendlich groß. Jeder onanistische Akt frischt die alte Szene, die Urszene *Freuds*, wieder auf, ist ein Nagel, der den Fetischisten an seine Paraphilie fixiert. Ist der Fetischist imstande, auf seinen Autoerotismus zu verzichten und sich allerotische Lust zu verschaffen, so hat man das Recht, von einer Heilung zu sprechen. Wir haben aber mehrere Fälle gesehen, welche ein anderes Verhalten zeigten. Der Fetischist heiratete, hatte seine allerotische (normale) Befriedigung und setzt trotzdem seine Onanie mit Hilfe des Fetisch fort. Diese Menschen sind in steter Gefahr, rückfällig zu werden und wieder ganz ihrer Paraphilie zu verfallen. Besonders wenn die Ehe, was bei einer unvollständigen Selbstheilung oft der Fall ist, unglücklich ausfällt. Nur die Psychanalyse ist imstande, die infantilen Fixationen aufzuheben, die sexuelle Leitlinie des Kranken umzubiegen und ihn auf eine andere Bahn zu bringen.

Der Kranke setzt diesem Bestreben des Arztes den hartnäckigsten Widerstand entgegen. Er will auf seine infantile Lust nicht verzichten. Hat er sein System doch im kühnen Trotz zu seinen Autoritäten, besonders gegen den Vater, aufgerichtet! Es dient als ewige Mahnung der Erinnerung, daß die Erziehungspersonen in sein Sexualleben eingegriffen und ihm die süße Lust erschwert oder verboten hatten!

Nun wendet sich sein Haß gegen den Arzt, den er um Heilung anfleht, obgleich er diese Heilung fürchtet. Der Arzt wird wieder zum Vater, der in sein geheimes Sexualleben eingreift und es stören will. Es bedarf großer therapeutischer Kunst, um in der Analyse diese Klippe zu umschiffen. Dem Kranken muß es immer wieder klar gemacht werden, daß er gegen seine Heilung ankämpft, daß er den Arzt entwertet und lächerlich macht, um über ihn zu triumphieren, wie er mit seinem System über jede Autorität triumphiert hat. Der Kranke muß es schließlich lernen, daß er sich sozial unmöglich macht und immer wieder die einfache und doch für ihn unfaßbare Wahrheit erfassen: Tua res agitur!

Der Arzt hat einen mächtigen Helfer in der Tatsache, daß die Mitteilung der fetischistischen Phantasien zugleich eine Entwertung dieser Gebilde bedeutet. Die Lächerlichkeit tötet! Und alle diese fetischistischen Spielereien haben etwas Lächerliches an sich. Ist der Kranke schon so weit, daß er während einer fetischistischen Phantasie sich kritisieren kann und die Lächerlichkeit nicht nur einsieht, sondern auch fühlt, so hat er die Macht, den Affektrausch zu überwinden, in den ihn seine fetischistische Phantasie versetzt hat.

Die forensische Seite dieser Frage darf nicht übersehen werden. Wir haben an zahlreichen Beispielen nachgewiesen, wie die unterlassene Handlung zu einer Ersatzhandlung drängt. Alle diese Kranken stehen unter der Herrschaft eines Impulses. Sie kommen als Kleptomanen oder Exhibitionisten leicht mit dem Gerichte in Konflikt. Die Frage „strafbar" oder „nicht strafbar" ist nicht so leicht zu entscheiden. Würde man für alle diese Fälle Straflosigkeit infolge von zeitweiser Unzurechnungsfähigkeit oder wegen unwiderstehlichen Dranges fordern, ohne sich um die Kranken weiter zu kümmern, so würde die Zahl dieser Vergehen sicherlich ansteigen. Die Furcht vor der Strafe hält viele Fetischisten vor Impulshandlungen zurück.

Aber wir können die eine Forderung stellen: Jeder dieser Täter ist einer analytischen Untersuchung zu unterziehen, die zugleich eine analytische Behandlung sein müßte. Ergibt die Analyse das Vorhandensein eines echten Fetischismus, so ist Straflosigkeit auszusprechen resp. Nachlaß der Strafe, Aufschub bis zu einem Rückfall und der Kranke wäre, statt auf Kosten des Staates einige Zeit in einem Kerker oder einer Irrenanstalt zu verbringen, auf Kosten des Staates zu behandeln. Der Fall Nr. 59 von *Petersen* zeigt, daß solche Fälle auch ohne Analyse geheilt werden können, wenn der Schock des gerichtlichen Verfahrens alle Abwehrkräfte der Seele zum Kampf gegen die Paraphilie mobilisiert. Um wie viel wichtiger und tiefer eindringend ist erst die analytische Behandlung, welche nachweist, daß hinter den angeblich ersten auslösenden Momenten noch viele andere verborgen sind, ohne deren Bewußtmachung und Überwindung eine Heilung unmöglich ist!

Der Gerichtsarzt der Zukunft wird Psychiater und Analytiker sein müssen, ja die Zeit ist nicht mehr ferne, daß die Analyse ein notwendiger Bestandteil der Psychiatrie sein wird. Deshalb schließen alle meine Bücher mit der einen Forderung: Sexualwissenschaft und Psychanalyse müssen in den allgemeinen Lehrplan des Mediziners aufgenommen oder zumindestens in obligaten Fortbildungskursen für Ärzte gelehrt werden!

Sachregister.

Die Ziffern bedeuten die Seitenzahlen.

R.

S.

T.

U.

V.

W.

Z.

Autorenverzeichnis.

Die Ziffern bedeuten die Seitenzahlen.

Bisher sind erschienen:

Teil I: Nervöse Angstzustände und ihre Behandlung. *Dritte, vermehrte und verbesserte Auflage* . . . . . GZ. 18, geb. 22,2

Teil II: Onanie und Homosexualität. (Die homosexuelle Neurose.) *Zweite, vermehrte Auflage* . . . . GZ. 14,4, geb. 18,2

Teil III: Die Geschlechtskälte der Frau. (Eine Psychopathologie des weiblichen Liebeslebens.) *Zweite, verbesserte und vermehrte Auflage* . . . . GZ. 13,8, geb. 18

Teil IV: Die Impotenz des Mannes. (Die psychischen Störungen der männlichen Sexualfunktion) . . . . GZ. 13,8, geb. 18

Teil V: Psychosexueller Infantilismus. (Die seelischen Kinderkrankheiten der Erwachsenen.) Mit 8 Textabbild. . . GZ. 16,8, geb. 21

Teil VI: Impulshandlungen (Wandertrieb, Dipsomanie, Kleptomanie, Pyromanie und verwandte Zustände). Mit 4 Textabbildungen. GZ. 16,8, geb. 21

Die innerhalb **Deutschland** ohne jeden Zuschlag gültigen Ladenpreise ergeben sich durch Vervielfachung der oben genannten **Grundzahlen** (GZ.) mit der jeweils bekanntgegebenen **Schlüsselzahl**. Diese betrug am 1. Januar 1923 600. Die Preise für **Österreich**, für die **Tschechoslowakei**, für **Jugoslawien, Ungarn, Polen, Rumänien, Bulgarien** und **Italien** in den Währungen dieser Länder sind den Ladenpreisen in Mark angepaßt. Für das **Ausland** mit hochwertiger Währung gelten die angegebenen GZ. als Ladenpreise in **Schweizer Franken**.

In Vorbereitung befinden sich:

Teil VIII: Sadismus und Masochismus.

Teil IX u. X: Zwangsneurosen.

Ein Ergänzungsband (Technik der Psychotherapie, Sachregister, zusammenfassende Erkenntnisse) soll folgen.

Die große Beachtung und vielfache Würdigung, die die bisher erschienenen Teile des Werkes erfuhren, zeigen die auf den folgenden Seiten abgedruckten Auszüge aus den in- und ausländischen

Urteilen der Fachpresse.

Teil I: Nervöse Angstzustände und ihre Behandlung.

. . . Die Krankheitsbilder, die Verfasser gibt, sind als klinisches Material interessant; die angegebenen therapeutischen Maßnahmen haften durchaus nicht einseitig an der Psychoanalyse, sondern weisen namentlich auch für die Prophylaxe der Neurosen viel Beherzigenswertes auf. („Zeitschrift für Psychiatrie.")

. . . Das Buch enthält eine Fülle lehrreicher Beobachtungen und viele der gebrachten Erklärungen dürften auch dem, der die Theorien *Stekels* nicht anerkennt, interessant sein. (*Löwenstein* in der „Deutsch. med. Wochenschr.")

. . . Bisher hat uns die Kasuistik der *Freud*schen Analytik sehr gefehlt. *Stekels* Buch füllt diese Lücke aus. Es ist sehr anregend und frisch geschrieben und ist darum allen praktischen Ärzten, nicht nur den Spezialisten, aufs wärmste zu empfehlen, da der offenen und verkappten Neurosen Legion ist und darum jeder Arzt mit ihnen zu rechnen hat. (*Jung* in „Medizinische Klinik".)

. . . Es kann nicht schaden, wenn ein großer Kreis ärztlicher Leser sich ein eigenes Urteil über die Methode bildet, wozu gerade die Lektüre dieses Buches des schriftstellerisch begabten Verfassers besonders geeignet ist. („Berliner klinische Wochenschrift.")

Auch der praktische Arzt findet in dem geistvollen und gescheiten Buche eine Menge nützlicher Hinweise. Wichtig genug sind diese Zustände für den praktischen Arzt, umfassen sie doch nach *Stekel* zugleich fast alle Krankheitsbilder, die bisher mit Neurasthenie bezeichnet wurden. (*Rohrschach* im „Correspondenzblatt für Schweizer Ärzte".)

Verfasser löst sich immer mehr von einer Anzahl enger Formulierungen *Freuds*, namentlich von der pantosexualistischen Ursachentheorie der Neurosen, und bekommt dadurch eine breitere und gewiß auch eine richtigere Basis. Im Prinzip anerkennt er auch die hereditären und überhaupt physischen Dispositionen und Ursachen; doch beschränkt er seine Ausführungen auf den psychischen Teil. (*Bleuler* in der „Münchener med. Wochenschrift".)

Es ist auch für denjenigen, der sich seiner Lebtag mit Psychopathologie beschäftigt hat, eine Fundgrube von Beispielen und Anregungen aus derjenigen Psychologie, die man vor *Freud* nicht kennen wollte, derjenigen, die unser ganzes Streben und Handeln und einen großen Teil unserer Krankheiten beherrscht.
(*Bleuler* in der „Münchener med. Wochenschrift".)

Cet aperçu nous permet de nous borner à signaler cet ouvrage comme un recueil intéréssant d'observations de différentes modalités de l'angoisse.

(*M. Ternel* in „Revue Neurologique".)

All kinds of neurotic and hysterical symptoms are most ingeniously traced by analysis, and the results recorded testify to the value of *Freud*'s methods. even if one is not convinced as to the accuracy of the theories and interpretations.

(„New York medical Journal.")

Ich halte *Stekels* Buch über Angstzustände für ein standard work, einen Markstein in der psychiatrischen, speziell psychotherapeutischen Literatur.

(Geh. Sanitätsrat Dr. *Gerster* in „Die neue Generation".)

Teil II: Onanie und Homosexualität.

. . . Es wäre lebhaft zu bedauern, wenn das vorliegende Werk nicht die volle Aufmerksamkeit der wissenschaftlichen Welt fände, denn mit seinem tiefen Ernst und seiner Fülle von kasuistischen Einzelheiten ist es eine Fundgrube der Erkenntnis, deren Bedeutung wohl in erster Linie für den Arzt, aber in weitgehendem Maße auch für den Erzieher, den Lehrer, den Geistlichen und nicht zuletzt für den Kriminalogen gegeben ist.

(*Horch* im „Archiv für Kriminalogie".)

Ich empfehle eine ausgiebige Vertiefung in das mit würdigem wissenschaftlichen Ernst und in reizvollem Stil geschriebene Werk angelegentlich.

(*Fürbringer* in der „Deutschen mediz. Wochenschrift".)

Erfahrungen wie die *Stekels* müssen zur Kenntnis genommen werden. Jedenfalls schreiten wir fort. Dies zeigt das Buch *Stekels* im Vergleich zu klassischen Werken über Sexualpathologie. (*Raimann* in „Jahrbücher für Psychiatrie".)

Das bedeutsame Buch bietet den vielen, die noch nicht wissen, was alles Strebungen und Gegenstrebungen in unserer Seele bewirken können, eine Fülle von Neuem und Gutem, aber auch denen, die sich in der Sache bereits auskennen, eine Menge von neuen Beispielen, Anregungen und Fragestellungen. (*Bleuler* in der „Münchner mediz. Wochenschrift".)

Der Wert und die Bedeutung des *Stekel*schen Buches liegen aber weniger in diesen theoretischen Auseinandersetzungen, als in den zahlreichen mitgeteilten eigenen Beobachtungen mit meist sehr ausführlicher und sorgfältiger psychoanalytischer Darlegung. Diese Krankengeschichten wird wohl jeder, auch der Psychoanalyse mit Zurückhaltung gegenüberstehende Arzt mit großem Interesse lesen. (*Eulenburg* in „Mediz. Klinik".)

Stekels Werke geben dem praktischen Arzte viel Aufklärung und Wissen von Dingen, von denen er bisher nichts wußte, so namentlich über die Bedeutung von Psychologie und Sexualität in der Medizin. (*Hitschmann* in „Internat. Zeitschr. f. Psychoanalyse".)

Man wird wohl mit einiger Spannung den weiteren Bänden entgegensehen dürfen. *St.* hat jedenfalls Einfälle, oft recht einleuchtend, zuweilen sonderbar, fast immer interessant. Er ist noch nicht im Schema erstarrt; seine Anschauungen weiten und wandeln sich. Alles in allem: man wird sich mit ihm auseinandersetzen müssen, ihn billigen oder bekämpfen, jedenfalls ihn lesen. (*Rud. Allers* im „Zentralbl. f. d. ges. Neurologie u. Psychiatrie".)

Stekel has given in this book a separate discussion of onanism or masturbation and of homosexuality as of two phases of far more prevalence and importance than had once been considered. — His review of the situations in regard to both his subjects helps to bring the importance of this matters before us as actually existing and widespread factors in every life. The are of pressing importance for the psychoanalyst.

(Journal of Nervous and mental Disease, New York.)

Teil III: Die Geschlechtskälte der Frau.

Jeder, der ein wahrer Frauenarzt ist, sollte sich in dieses Buch vertiefen. Eine gewaltige Erfahrung spricht aus *Stekels* Buch; eingehende Krankenschilderung, fesselnde Darstellung, überlegene Entwirrung verwickeltster und verfahrenster Seelenvorgänge stempeln es zu einer bedeutenden Erscheinung des Büchermarktes und ziehen auch den, der nicht allen Folgerungen des grundgescheiten, belesenen Autors folgen mag, von der ersten bis zur letzten Seite in den Bann der meisterhaften Verarbeitung.

(*Krüsler* in der „Med. Klinik".)

Het belangrijke van dit boek blijft dan ok het diep gaande inzicht, dat *Stekel* ons geeft in het ontstaan en wezen der dyspareunie en het feit, dat bij ongekende perspectieven opent bij de bestrijding dezer afwijking. In het bijzonder moeten deze vraagstukken den vrouwenartsen ter harte gaan.

(*Van der Chijs* in „Nederlandsch Tijdschr. voor Geneeskunde".)

Stekels außergewöhnliches Verdienst ist es, daß er uns zwingt, von einer erdrückenden Fülle von Tatsachen Kenntnis zu nehmen, die er uns mit leider noch immer beispiellosem wissenschaftlichen Mut zur öffentlichen Beachtung unterbreitet, Beobach-

Zeitfracht Medien GmbH
Ferdinand-Jühlke-Straße 7
99095 Erfurt, Deutschland
produktsicherheit@kolibri360.de